都国史

京中通

[日] 内藤湖南
[日] 冈崎文夫 ◎ 著

李雨桃 熊心梅 曹京柱 ◎ 译

岳麓書社 · 长沙　博集天卷 CS-BOOKY

图书在版编目（CIP）数据

京都中国通史 /（日）内藤湖南，（日）冈崎文夫著；李雨桃，熊心梅，曹京柱译 . —长沙：岳麓书社，2022.6
ISBN 978-7-5538-1309-7

Ⅰ.①京… Ⅱ.①内… ②冈… ③李… ④熊… ⑤曹…
Ⅲ.①中国历史 Ⅳ.① K20

中国版本图书馆 CIP 数据核字（2022）第 071473 号

JINGDU ZHONGGUO TONGSHI
京都中国通史

［日］内藤湖南　　［日］冈崎文夫　著
李雨桃　熊心梅　曹京柱　译
责任编辑：蒋　浩　冯文丹
责任校对：舒　舍
封面设计：利　锐

岳麓书社出版
地址：湖南省长沙市爱民路 47 号
邮编：410006

版次：2022 年 6 月第 1 版
印次：2022 年 6 月第 1 次印刷
开本：680mm×955mm　1/16
印张：57
字数：873 千字
书号：ISBN 978-7-5538-1309-7
定价：138.00 元

承印：三河市兴博印务有限公司

如有质量问题，请致电质量监督电话：010-59096394
团购电话：010-59320018

出版说明

本书是将日本中国学京都学派的奠基人物内藤湖南所著《中国上古史》《中国中古的文化》《中国近世史》《清朝史通论》《清朝衰亡论》及其学生冈崎文夫所著《魏晋南北朝通史》缀合而成，从而形成比较完整的中国通史叙事。

内藤湖南（1866—1934），日本中国学京都学派创始人之一。生于秋田县，本名虎次郎，字炳卿，号湖南。毕业于秋田师范学校。1907年受聘于京都帝国大学（今京都大学）。1909年晋升教授，主持东洋史学第一讲座，讲授中国古代史。1926年被任命为帝国学士院（今日本学士院）院士。其著作被后人编成《内藤湖南全集》（14卷）。

冈崎文夫（1888—1950），出生于富山县。毕业于京都大学史学科，后升入大学院继续研究。留学中国两年，回国后在佛教大学任教授，1924年起为东北帝国大学助教授、教授。

内藤湖南及冈崎文夫的上述著作虽已出版多年，但他们对中国历史的理解、建立的讲史框架等对当代读者仍有较大参考价值。书中各编，有的是作者原著，有的是整理学生的听课笔记而成，风格不尽一致。同时，因为时代的差异和学术的发展，书中的某些提法和观点或有不当之处。但为保持原书风貌，本次出版，翻译时我们尽量忠实原著，只对明显的错误进行了改正。特此说明。

第一编　中国上古史

第三编 魏晋南北朝通史

内 篇

外　篇

第四编　中国近世史

第五编　清朝史通论

第六编 清朝衰亡论

第一编

中国上古史

ZHONGGUO SHANGGU SHI

绪　言

　　我这里所说的东洋史，指的是中国文化发展的历史。亚洲大陆以葱岭、西藏等高原地带为中心，向四方扩展。古时候的中国人、印度人均已知道这一事实。印度人将亚洲大陆称为"四大部洲"，中国人则认为，河从昆仑之墟向四方流淌，之后形成各自的流域。这些流域均有各自的历史。北方因为气候严寒没有完整的历史，除此之外的三方，均有各自的历史。由于各方历史分别发展，因此我们很难对它们进行总括性的研究。不过这些地方的人皆倾向于向附近的河流上游寻找自己种族的起源，然而它们多数是毫无历史根据的传说。事实上，不仅亚洲地区，其他地区的情况也相差无几：文化通常是从河流的下游向上游扩展的，并非源自河流的上游。比如欧洲亦是如此。欧洲最早开发的是地中海地区，相当于亚洲向印度洋开拓的地区；而欧洲面向大西洋的地区，相当于亚洲面向太平洋的地区，即中国。从现在的世界历史研究成果来看，就像欧洲很早开发其东南地区那般，亚洲很早就开发了其西南地区。然而，显然欧洲文化很早就从亚洲西南隅和欧洲东南隅发展起来，继而有系统地扩展到各处，但亚洲西南部分的文化有系统地往中国扩展的迹象并不明显。尽管如此，依旧有很多人试图从这一模式出发来进行研究。颇为著名的怪论家拉克佩里等人对之最为努力，但其说大都毫无根据。试图从西北方探究中国文化之起源，试图通过大陆中心这一途径解决中国文化起源之学说，只是为了满足一部分人的好奇心，这在事实上是很难实现的。但是，有一点是显而易见的事实：印度与中国有文化交流，某些时代的印度文化对中国文化产生过影响。但印度和中国发展的年代差别不大。印度文化与中国文化有交流时，中国已经有了自己的优秀文化。研究印度文化的困难之处在于：印度人极度缺乏纪年思想，并且难于在他们的观点中去区分哪些是空想，哪些是事实。或许在印度人的思想中，他们认为本身就不该对空想与事实进行区分，他们将之视为一种错误。然而，历史不能建立在空想之上。是以近来从事印度研究的人们，开始参照印度和邻国之间的相关事件，依据邻国的纪年对印度的年代进行推测。从历史学的角度来看，研究印度学确实有一些困难，不能期望如同中国的文化史那般准确无误。因此只能将这些难题交给印度学专家，别无他法。所以我所说的东洋史，就是中国文化发展的历史。然而，以中国文化为中心的国家并不仅仅只有中国，还包含其他不同语言的国家。但是，总而言之，中国文化的发展促进其他种族及语言不同的国家形成了有系统的、持续发展的历史。由此观之，东洋史是中国文化发展的历史这一说法没有什么不当之处。

以中国文化为中心的东洋史经历了十分长久的时间。基于中国人的普遍观点，近来甚至有人认为这段历史可以用黄帝以来四千几百年来纪年。尽管中国多有革命战争发生，但不同朝代之间依旧连续，是以人们认为按照朝代来进行时代划分最为便利。如今又效仿西方，将中国文化发展划分为上古史、中世史、近世史。通常以如下方法进行划分，即：上古从开天辟地起到三代，中世包含两汉、六朝，唐朝、宋朝划分为下一阶段，将元朝、明朝、清朝又划分为再下一阶段。然而，这种划分对于代表东洋整体的中国文化发展的历史来说，是毫无意义的。倘若一定要进行有意义的划分，就必须观察中国文化发展的波动所引起的形势变化，基于内外两个方面进行考虑。第一是由内而外的发展途径，即在上古的某一时代，于中国某一地方产生文化，而后逐步发展，向其他地方扩展的途径。这就好比将石头投入水池中，产生的波纹向水池的四周扩散之情形。第二是进行与之相反的观察。中国文化向周边由近及远地扩散，这一过程促进周边野蛮种族产生新的觉醒，带动他们在觉醒中前进。这一种族觉醒的结果往往是随之产生颇具影响力的人物。由此就会形成一种指向大陆内部的反弹力量。这种现象就如同波浪碰撞到水池壁后反弹回来。但并不是以同样的年数持续产生反作用，而是类似波浪起伏，间歇地产生反作用。这会在中国的政治及内部的其他方面，产生显而易见的影响。第三，作为第一、第二点的副作用，时有波浪溢出水池而流到附近其他地区的情况发生。就陆地上的情况来看，它越过亚洲中部，打开了通往印度、西域的道路。由此引入印度、西域的文化，之后借由海上交通，经由印度洋与西方各国产生联系。历史上的世界性波动中，文化交流甚多者，多是基于这样的原因。但是，实际上多为第一、第二点反复发生，为文化带来时代特色。在我看来，最为自然、合理的方式应该是基于文化的时代特色来进行时代的划分。在这样的考量之下，东洋史大体上可以划分为四个大的时代。

第一期：开天辟地至东汉中期——上古。

第一期还可以继续划分为前后两期。前期为中国文化的形成时期，后期为中国文化向外部发展，演化成东洋史的时期。其实从历史的严密性角度来说，将之划分为前后两期的做法并不准确。因为到目前为止，人们习惯将中国本土视作中国，以中国文化在中国扩展充实的时期为前期，以文化发展至外部之时期为后期。然而实际上，中国本土最初并不是由种族相同、语言相同的人居住的。确切来说，第一期当是中国文化从某一地方缓慢流传至其他地方的时期。基于目前中国本土这一地理上的界限进行考虑并不正确。只是从人们的习惯来看，划分为两期较为方便。但第一期与第二期之间存在一个过渡期。

第一过渡期：东汉的后半期至西晋。这一时期可以称之为中国文化暂停向外扩展的时期。

第二期：五胡十六国至唐代中期——中世。

这一时期，因着外部种族之觉醒，致使外部文化力量反向作用于中国内部。这之后，出现了第二过渡期。

第二过渡期：唐末至五代。这一时期源自外部的力量在中国达到顶点。

第三期：宋、元时代——近世前期。

第四期：明、清时代——近世后期。

上述各个时期，事实上中国内部产生的文化样式各异。各时代因其文化样式而产生其特色。基于整体来看，这其实是中国文化的发展史。通观中国文化发展的整体，就像一棵树，从树根到枝干，再到树叶，实际上形成一种文化自然发展的系统，如同形成一部世界史。日本人、欧洲人将自己国家之历史发展视作标准，而认为中国历史之发展不合常规，实际上这种看法是错误的。中国文化是自然而然发展起来的，极大地区别于那些因受到别的文化刺激，在别的文化推动下发展起来的文化。中国发展起来的历史时期相当漫长，因此中国远古时代的文化遗物、记录和传说等，很多均已遗失。由于那些遗失的部分，相较于日本这样发达较迟而得以较为完整地保存古旧状态，不免会让人觉得资料不够完整。但是，存在这种不完整的情况是很正常的。这就好比孩子并不知晓自己年幼时的事情，但是身边的大人知道相关情况，可以告诉他。像日本和欧洲，可以借由邻近的具有古老文化的国家之记录，详细知晓本国古代之历史情况。尽管看起来较为勉强，我们可以通过这种研究历史的方法，借助并不顺当的材料来对最古老时代的情况进行研究。

第一章
三皇五帝

中国民族的历史觉悟和传说、记录的编纂

开天辟地至秦统一是历来所指的上古史，相当于我所说的上古史前期。近来，希尔特氏所著《中国古代史》出于某些理由仍承袭历来方法，将五帝以前划分为神话传说时代，尧、舜时期归为儒教传说时代，春秋战国归为五霸及孔子、老子时代。此因袭式划分法虽简易明了，但因缺乏史料的批判，故不能称之为真正的文化发展史。

在中国，自古以来也考虑过一些时代划分方法。司马迁按照有无纪年的时代划分法对《史记》的《表》部分进行了如下规整：无纪年部分纳入《三代世表》，有纪年部分列入《十二诸侯年表》《六国年表》。但是，被纳入《世表》的部分就全然没有纪年吗？事实上并不是这样的。正如《三代世表》序所说："余读牒记，黄帝以来皆有年数。"不过，这里所指"年数"源于五行推测，出自理论，并无可靠的文字记录，所以司马氏并未采用。又，十二诸侯时期大致等同于春秋时代，但司马迁的《十二诸侯年表》却略早于此，大致处于周宣王、周厉王的共和时代。后继的历史学家们多采用了《史记》的划分法，稍有些改动的是郑樵的《通志》。《通志》改《史记》中的"世表""年表"为"世谱""年谱"。《通志》上限至三皇，开始即为世谱，而年谱则开始于春秋时代有纪年之时。《史记》则始于黄帝时代。因此，总的来说，《史记》的年表比《通志》的年谱早了一百二三十年。若从现存史料来看，《通志》所载确然，但因司马迁所用的史料今已无从考据，因此也不可说《史记》全无根据。毕竟，司马氏也是在周全考虑下区分了世表与年表，上溯共和时代为纪年伊始恐怕也并非毫无根据。不可仅依据现存资料轻下断

言谓《通志》记载属实而《史记》所载不实。

以上是根据有无纪年来划分上古时期的方法。吾人现今采用的是完全不同的方法。每个民族都有其历史自觉期，就好似已经有所成长的儿童会想知道自己出生时的情况。我想以此历史自觉期的产生时间来划分上古史。所谓"历史自觉"并不若文中所说的"史"那样意味着已经存在记录。有时候在没有自觉的时期，记录也是存在的。如若我们基于更加严谨的态度来考虑，这种历史自觉大致有二，即"传说自觉"和"记录自觉"。有时虽是传说，但在自觉时期，亦可进行编纂。佛经的编纂正是如此。但最初，并未将佛经写成文字再进行编纂，而是亲近的门人相聚而坐，互诉所闻并互相补充，以补缺漏，更正谬误。最后，再加以归纳，这些传说便开始流传了。最早，承担此类工作的大多是盲人。《国语·楚语》中的"瞽蒙"一职，《周礼》中"大师""小师"之类的乐官就属这类。这些与日本的语部类似，没有史料说明日本的语部是盲人，即便非盲人，也须由记忆力强者担任此职。中国的这些盲人多以歌曲口传历史资料，其中有的带有曲谱，有的是没有曲谱只带节拍的资料。口传资料愈积愈多，便有了汇聚成册的想法。同时，又因国家统一的需要，许多种类的传说民谣都因重要家族的灭亡而遭受严重损伤，有的甚至消失殆尽，时人也就愈加感到保留传说的必要性。就像在日本，在各个家族将近衰亡时候，卜部、忌部在国史之外汇集传说传播出去。总体而言，当一个民族在其发展过程中遭遇了重大的变故，往往会引发其人民对自身历史的回归，因此传说方面的自觉也就形成了。就像中国的《诗经》，特别是《诗经》中的《大雅》《小雅》，可以说是特别合适的例子。周朝势力受到内乱的打击，最先想到的便是使得内乱平息的中兴君主，因此开始回溯民族的过去、起源，这便是《大雅》《小雅》之内容。而《诗经》中的《颂》则反映的是民族与自身祖先——神之间的关系。《国风》由地方民间传说和民歌汇聚而成，此即一种汇集工作。传说方面的自觉即在这一汇集中得以反映出来。

古往今来举凡有编纂记录者可谓记录自觉。现今可考最早的记录材料为龟卜文和金石文，金石文主要是铜器铭文，更加进步以后有了简册。龟卜文顾名思义是刻于龟甲上的占卜文。龟卜文网罗了古时生活的大量历史事实，可称之为"有记录的材料"。龟卜文分为"卜问之辞"和"繇",现今出土的龟甲可见的只有卜问之辞,繇可能是最初由大官暗诵,后来才记录的,成为中国最早的字典。卜问之辞和繇只不过是职业上的记录,并不能称为历史。铜器上加铸铭文用来记录制造的动机和用途等,开始时只是记录,后来有的成为了历史材料,但这些材料没有被立即整理编纂成历史。后来,随着王室兴衰更替且常伴随征伐战乱,龟卜文没有成为记录历史的有力材料,青铜器则成为了主要的记录历史之材料。但青铜器或被掠夺或被赠送,其存放地方时常改变,因此也不能成为有力的传世材料。因而,时人渐有保存记录的想法,轻便易带的简册便开始发挥大用。现存的《尚书》便是按此法得以存留于世,而作为经书重要代表的《春秋》和礼书也是如此。《春秋》和礼书带有明显的诸国兴亡之学派色彩,兵戈扰攘的春秋战国之后是百家争鸣时代,成就了诸子百家的繁盛。当时,各家学派都纷纷以文字形式将自家经典保存下来,简册成为了有力的传世资料。

进而,有了详尽、易存的文字记录,也就有了将这些记录规整、综合的想法。这时便有了真正的"史"。当然,综合、规整所涵自是林林总总,笔录文字、口述传说都包含其中。"综录"将记录与传说进行汇总,是为真正的历史自觉。这一"综录"显然以孔子为中心。正如前所述《尚书》,其间有严密记录,也有孔子的盲人朋友口述的传说,我以为这大体上是没有问题的。《春秋》是否为孔子所著仍旧存疑,据估计其正文可能多数源自记录。自春秋以后,规整记录、综合成书渐趋成熟,清代汪中的《左氏春秋释疑》对这一过程进行了极好的说明。而此间集大成者当数司马迁所著《史记》。《史记·十二诸侯年表》便是汇集各家言论,整理归纳而成。司马迁如此概说其所著《史记》宗旨:

> 儒者断其义,驰说者骋其辞,不务综其终始;历人取其年月,数家隆于神运,谱牒独记世谥,其辞略,欲一观诸要难。于是谱十二诸侯。

不难看出,《史记》一书乃是汇儒者、驰说者等数家而成。所谓儒者即是春秋儒家门徒,驰说者乃《国语》《战国策》中所提游说家,历人为掌管历法之人,数家指专擅五行术数之人,谱牒指制作年谱、系谱之派。故《史记》便是集各家之言编纂而成。这种方法始于孔子,其后逐渐发展,司马迁是集大成者。司马氏所著《史记》，乃是回溯汉以前的记录，相当于我所说的上古前期——中国文化形成的时代，写出《史记》的司马迁本人，可以称其为有历史自觉意识，这是当时的学者未必具有的。即便一百年以后出现的刘向之《别录》、刘歆之《七略》(《汉书·艺文志》)，两者依旧没有"史部"这一门，故若论历史自觉产物的集大成者，还是当数司马氏的《史记》。但是《史记》当时并未获得人们的普遍承认。作为第一部正史，《史记》是经过司马迁的天才将纯粹的记录与记录化的传说进行奇妙融合后形成的历史著作，其完整和综合程度令人震惊。后世历史学家将《史记》的做法视为标准，对古往今来各事实进行纯粹的记录，并不对其加以评述或批判。从今日来看，这种做法并不恰当。今人治史不仅是对历史事实进行记录，还应反思历史教训，进而总结历史规律以启发后人。中国第一部纯粹记录的史书是《汉书》，成书于东汉中期，正好处于我所说的中国文化史即将变形为东洋史的过渡期。当然，《汉书》比之《史记》自有诸多不足，只能说其很好地秉持了史家实录的精神。

传说的形成

传说的划分方法有很多种。希尔特认为应将中国古代的传说分为古代神话传说和儒教传说，但实际上这种划分方式并不完全准确恰当。虽然近年来有学者从民间传说和儒教传说这一角度进行划分，但大体上依旧如前所说的划分方式，并不能全面反映其特征。实际上像神话传说或民间传说这类的东西本身存在两种类型。一类是来自地方原始信仰中的口述，又可以称为"地方传说"；另一类是开天辟地的传说或以祖先为题的传说，这类不单是从原始信仰发展而来并逐渐剔除旧有的故事成分类型的传说，而是在传说的自觉意识的影响下产生而来，可以说比前一类进步一些。这两类也就形成了神话传说。而到后来，开始出现各类传说趋于统一的形势，引起了各种各样的地方传说或各种类型的传说融会在一起的风潮，我们暂且将其称为"统一传说"。

统一趋势兴起之后，传说经历了层累叠加的过程，因此在被统一的传说中，从空间层面产生的要素，会被纳入到时间范围中进行再构建。因此，新成立的传说时常会被安置在遥远的古代。

传说的形成过程大致如上述所说。一百七八十年前日本著名佛教学者富永仲基曾提出通过累加学说来研究历史。富永仲基最初研究印度的古代宗教，随之研究佛教的转变，后来又对佛教各宗派的发展轨迹进行研究，在其《出定后语》中的《教起前后》篇中写道："宗教的发展来自于层累叠加，否则不会产生新的道法。这正是古往今来道法的自然。"这个说法好像没什么大不了，但他是在日本利用汉译佛典来探索研究印度宗教之类对象的方法，尤其是研究佛教这类完全无视时间原则、最不具备历史结构的要素的东西，却发现了考虑前后关系的原则，非常了不起。因此可以知道，具备传说的形式的东西，在中国现在的书籍中被置于最古老年代的是最新的传说，而被置于较近年代的是相对古老的传说。

盘古传说

人们一般把盘古传说作为中国历史中最早的传说。这是一个由各种要素构成的离奇的传说，它既有关于开创天地万物的部分，也有关于人类祖先的思想。盘古传说在中国传说发展的历程中，算是形成时间最晚的。在目前尚存的书籍中，它始见于梁代任昉的《述异记》一文中。书中有这样的叙述："昔盘古氏之死也，头为四岳，目为日月，脂膏为江海，毛发为草木。秦汉间俗说：盘古氏头为东岳，腹为中岳，左臂为南岳，右臂为北岳，足为西岳。先儒说：盘古泣为江河，气为风，声为雷，目瞳为电。古说：盘古氏喜为晴，怒为阴。吴楚间说：盘古氏夫妻，阴阳之始也。今南海有盘古氏墓，亘三百余里，俗云后人追葬盘古之魂也。桂林有盘古氏庙，今人祝祀。南海中盘古国，今人皆以盘古为姓。"在其他书中也有类似的说法。此外，三国时代东吴人徐整的《三五历记》及作者不详的《五运历年记》中也提及这些说法引自古籍，其传说大体与前者类似。最令人感到有趣的是关于盘古氏出生日的说法，《荆州风土记》中记载为十月十六日。从记载此事的书籍年代来看，这种说法似乎形成于六朝时期。而且这个故事并不是起源于中国北方，应该是源自南方的传说，是在南方某地区的传说基础上加以修饰夸张而呈现出来的东西。例如《后汉书·南蛮传》中有关于盘瓠的传说。此即为五色犬的故事。昔高辛氏有犬戎为寇，征伐不克，于是昭告天下，有能得犬戎之将吴将军头者，除赏重金外，还将其少女赐之为妻。时高辛帝有五色犬名盘瓠，取下吴将军首级。高辛氏大喜，但不愿将少女嫁给盘瓠为妻。其女听闻此事，认为天子不可失信，因请行。帝不得已，允少女配盘瓠。后生六子六女，相配为夫妻，繁衍后裔。其子孙繁衍生息而成为日后的南蛮，即当时长沙的武陵蛮。这个地方现在是湖南的一部分，以前则是苗族的地盘。总之，苗族中确实存在这样的说法。苗族文明的发展相较于中原地区在时间上偏晚，是以将有关高辛氏的记载进行编纂重构成一个相对浅薄的传说，但奇妙的是，传说一旦流行，并有意使之成为旧故事时，随着苗族文化在乡间的影响力逐渐扩大，则会形成一种竭力采用乡间传说，并将此置于先形成的苗族传说之前的风气。日本的情况也是如此，大和文明较早开化，势力扩大后征服出云，把出云先祖之神和大和先祖之神视为兄弟。然而实际上，历代出云神的数目远远少于大和神的数目。还有将势力扩展到九州地区后，将阿苏的先祖视为大和天子的兄弟等情况。不仅日本如此，朝鲜和满洲的传说中也可以找到类似的故事。就如前面所说的盘古的传说，即试图将东汉时才形成的苗族的传说放到中国固有的三皇五帝的传说前面，并进行排序，认为盘古为一，三皇为三，五帝为五，一生三，三成五，使得盘古变成中国开创天地万物的始祖。但是，中国古代传说中，并没有一生三，三成五，五生七这样依次递增的前进模式，而由三五或三五组成的反复是常见的，因此盘古传说并不能完美契合这一观点。这里举出这个例子，说明尽管盘古开天辟地这样的传说看起来荒诞离奇，却流传到了后世。

三皇五帝说

接下来是关于三皇五帝的传说。它以盘古开天辟地的传说为基础，其中既包括以地方传说为根据的成分，也包含理想化的社会发展的合理部分，尽管年代久远，却算得上精致的传说。最终在西汉初期，非常巧妙地形成了一套以三和五交互构成的传说系统。西汉公羊学者董仲舒认为，这类三和五的交替，时代越久远，数值就越大。也就是说在三王前，有五帝的存在，五帝之前是九皇，由当朝向古代追溯进行说明。天子统治当朝，是为三王之一，与在此之前的两代王朝的天子合称三王。王被称作天子，用王的名义统治国家。除当朝以外，给予前两朝的王的末代子孙最高待遇，且随后的各朝都遵循古时的礼乐，视前朝末代子孙为当朝的宾客，且以宾客身份受封于大国。从而以此之前的五代朝廷为五帝，将其子孙后代分封到小国或附庸国家。除此之外，九皇的末代子孙变成平民百姓，每当朝代更替就会往前追溯一代。如果把周作为当朝，那夏、殷即为三王中的二王，五帝依旧是五帝，前面的三皇则划入九皇之中。汉代与周、秦合称为三王，夏、殷则位列五帝。董仲舒认为当朝的天子独尊，帝、皇的地位依次下降，因此有"绌王而帝，绌帝而皇"的说法。即使按今天的实际情况来看，也符合这套理论。但通常情况，多数人并不采纳此说，而以三皇代替九皇。董仲舒的论说中也并未提出九皇之名。而公羊春秋的构成则非常有趣，它制定了一个无王的春秋时代，提出孔子以"素王"身份进行治理教化。因此董仲舒说："远者号尊而地小，近者号卑而地大，亲疏之义也。"（见《春秋繁露·三代改制质文》篇）目前存世的史书中，可以推断《史记》是沿用董仲舒的论说写成的。通常来说，应视夏、殷为王，但《史记》中将其记为帝。夏、殷时期的王没有自称为帝的，因此断定这极可能是依据董仲舒的论说来写的。

三皇说

关于三皇，大致有三种说法。第一种把三皇分为天皇、地皇和人皇，

"人皇"有时也被称为"泰皇"。《史记·秦始皇本纪》中记载了泰皇之事，宋代胡宏的《皇王大纪》则最早记录了天皇、地皇、人皇之事，更详细的记述见于宋代罗泌的《路史》。根据《路史》的记载，三皇又分为初三皇、中三皇，三皇变得更加重复。人们一般认为的三皇则是最后出现的三皇。此外，将三皇分为伏羲、神农和燧人的也比较多，也有人将三皇分为伏羲、神农、黄帝，还有说法认为三皇为羲皇、农皇和燧皇，更有以祝融或女娲代替燧人的说法，但都大同小异。汉代的史书中关于这类的记载屡见不鲜。例如《尚书大传》《白虎通》《风俗通》《潜夫论》《古史考》等许多的纬书，主要采用伏羲、神农、燧人说；而《古文尚书》的《孔安国序》（即使是伪作，但因成书于晋代故视为古书）、《世本》、《帝王世纪》，宋代苏辙的《古史》等则采纳伏羲、神农、黄帝说。第三类则试图将前二说进行调和，将伏羲视作天皇，黄帝视作地皇，神农视作人皇。这是以郑樵的《通志》中的三皇太古书为根据的。上述就是三皇说的基本构成。除此之外，罗泌在《路史》中设置了初三皇、中三皇和十纪。这来源于纬书，纬书自古以来有其根本，而其形成是在西汉哀帝、平帝时期，即王莽掌权的时代。从这可以推断伏羲、神农、燧人说大体是汉代形成的；伏羲、神农、黄帝说，除《世本》外，晋代主要采纳这一说法。此外，纬书通过种种计算得出开创天地万物以来的年代为数百万年。如果想要更为确切地了解这些事情，《路史》《通鉴外纪胡注》和马骕的《绎史》可以较为便利地提供材料佐证。这类传说并不若盘古传说那样带有乡土气息，相反，它体现了社会发展的过程：伏羲代表狩猎时代，神农代表农业时代，燧人代表火食时代。这即意味着，作为开辟论的传说，它拥有一套相当成熟的体系。其中某些记载的故事，并不是汉代时突然出现的，实际上在战国时代这些故事就已经存在，于汉代至晋代这一时期整理而成。人们通常将这一时代放在盘古时代之后，但这类说法的出现，却早于盘古传说三四百年。

五帝说

其后是关于五帝的传说。古代通常从时间（年代顺序）或者从空间（方位）层面来思考。因此，将按照时间先后出现的五帝称为人帝，将之视为实际上是已成帝王的人，从空间层面来考虑，将之视为一种近似神的事物，但即便是神，也是极其复杂的。到了东汉时期，这两种论说有合并的趋势，形成了今天普遍认同的五帝说。

（一）基于时间来看有：

黄帝　颛顼　帝喾　尧　舜（《史记》）

帝鸿　金天　高阳　高辛　唐　虞（郑玄）

少昊　颛顼　帝喾　尧　舜（《帝王世纪》）

庖牺　神农　黄帝　尧　舜（《易·系辞传》等）

（二）基于空间来看有：

黄帝　炎帝　共工　太皞　少皞（《左传·昭公十七年》）

黄帝　炎帝　颛顼　太皞　少皞（《吕氏春秋》《礼记·月令》）

黄帝　神农　颛顼　伏羲　帝挚或少昊金天（东汉时的说法之一）

第二论说中，《礼记·月令》的论说较为普遍，在这里，它将五帝分为帝和神两种。

（帝）黄帝　炎帝　颛顼　太皞　少皞

（神）后土　祝融　玄冥　句芒　蓐收

《淮南子·天文训》与《礼记·月令》内容一致，只是《月令》中将可以称为神的命名为佐，且按照如下所列的五行等顺序进行分配。

土　　火　水　木　金

　　　夏　冬　春　秋

中央　南　北　东　西

《淮南子》所说的五帝之佐，在《左传》中以五官的形式出现，即土正、火正、水正、木正、金正。

以上所述是在完全整理了关于五帝的各种论说后的思考，但在五行说统一之前，它经历了怎样的发展过程，相信会是让人非常有兴趣的论题。根据《吕氏春秋》的解释，帝出生的时候是王（伏羲），死后于东方被祭拜，成为木德之帝则被称作太皞，而对木德之帝予以帮助的神，倘使成为《左传》中的木官之神，那就是所说的"句芒"。其余的帝也可以根据这个事例进行推断。五帝是非常重要的神，五神则是他们的辅佐神。但是，汉代时期的五帝说远不止于此，人们将天上星宿与五帝座相关联，由此推断汉朝开始出现以下说法：

苍帝——灵威仰——东

赤帝——赤熛怒——南

黄帝——含枢纽——中

白帝——白招拒——西

黑帝——汁光纪——北

这是纬书的说法。在对以上所说的五帝进行祭祀时，如前面所说的五神将按照各自的方位配食。如此一来，方位上的五帝与作为活人的五帝，这两者之间的关系就显得比较疏远，这是需要予以考虑的问题。

关于这类神是如何形成的，《吕氏春秋》《淮南子》中并未记载各方位上五帝的具体形象，但其辅佐五神中的东、西、南、北四神有已明确的形象。《山海经》的《海外经》（东西南北四经）对祝融、玄冥、句芒、蓐收四神（只有玄冥是用别名记载）的形象进行了描绘。根据《海外经》的记载，神的形象都很奇特，如句芒是鸟身人面，骑在双条龙之上的形象。不仅《山海经》，《墨子》中也有关于句芒的故事。《国语》中也记录了蓐收的事情，基本与前者相符。这就好比在日本，尽管真神的形象并不确定，但依旧使用狐和鸠作为神的使者。这样一来，这些神看起来就似乎在别的地方被祭祀过，《山海经》中记载，这些神到处都会被祭祀，即作为土地神被祭祀。《山海经》中的神虽在山中受到祭祀，但似乎不只是山，河也供奉这种神。《左传·昭公元年》有记载汾河之神为台骀。由此可以想象，那些名为五帝的神可能与某些地方存在一定的关联，事实上，确实如此。即《左传·昭公十七年》中记载：

宋，大辰之虚也；陈，大皞之虚也；郑，祝融之虚也……卫，颛顼之虚也。故为帝丘。

又，《左传·定公四年》记载：

命以伯禽，而封于少皞之虚（鲁）。

由此可知，陈、郑、卫、鲁等地是各神之虚。这里的"虚"就是"墟"，指的是从前有名望的家族其居所旧址。"虚之丘"指的是人类居住的高地。古时认为地势低洼之处有湿气，不适合人类居住。

　　由此看来，曾经有过以帝的身份享受祭祀的时代，即春秋时代的诸侯在国家因衰亡或毁灭而成为废墟后，在其上建立新的国家。唯一的大辰是星，而星的痕迹指的大概是祭祀大辰之百姓所居住的地方（墟）。在宋国，对大辰的祭祀十分繁杂，对此，《左传》中有相关记录。《左传·襄公九年》及《左传·昭公元年》中就出现过这样的情况。根据这类记载可以得知，此处在宋人到来之前，已经存在祭祀大辰的房舍。即高辛氏有阏伯和实沈两个儿子，兄弟二人关系恶劣，日寻干戈以相征伐。高辛氏便将阏伯迁到商丘，主管辰星；将实沈迁到大夏，主管参星。商丘即后来的宋，大夏即后来的晋。这说明祭星的旧址后来发展成为了一个国家。各地都分布这类种族，他们祭祀的对象除了星以外还有诸如太皞、少皞、颛顼之类。有人认为《左传》的这一说法源自五行说和编造，但实际其与五行的方位有不一致的地方，是以此说法并不成立。

　　鲁——少皞　根据五行，少皞配之西，而鲁在东；

　　陈——太皞　根据五行，太皞配之东，而陈在南；

　　郑——祝融　根据五行，祝融配之南，而郑在西；

　　卫——颛顼

　　根据上述列出内容，可以看到有三条所述异于五行的方位，因此推断应当是地方传说。各地诸如此类传说应该数量繁多，流传较广，在用五行说对地方传说进行整理的时候，可能上述五神得以保留下来。

结合以上述说，大抵太皞、少皞、颛顼、祝融的传说是黄河下游的地方传说。但历来有关黄帝、炎帝的传说就有多种说法，黄帝、炎帝有可能原本是各地方的开天辟地传说中的一种。《国语》卷十《晋语》中记载：

> 昔少典取于有蟜氏。生黄帝、炎帝。黄帝以姬水成，炎帝以姜水成。

这说的是黄帝成长在姬水流域，炎帝生活在姜水流域，各自成为地方首领的故事。这两条河在陕西渭水的上游。后来，姬水流域的人姓姬，姜水流域的人姓姜，成了周王室及其辅佐齐太公的家族。我们可以将之视为与周代先祖发祥地有因缘的开创天地说。这样的记述还不止一例，《左传·僖公二十五年》中有言，晋文公占卜时，黄帝与炎帝在阪泉作战。《史记》也记载了黄帝与蚩尤在涿鹿大战。这些地方是古时的上谷，也即现在的宣化、大同附近，因此这些传说在直隶、山西等地也曾出现过。《史记·五帝本纪》说到，全国各地都有黄帝说在流传，对此不能全部认为是假的，如果真的全部是假的，那么皇帝说在中国大概就变成开创天地万物的传说了。黄帝是土神，炎帝是火神，日本也流传着类似的开创天地万物的传说（传说天火明尊是火神，琼琼杵尊是土神，兄弟相争，琼琼杵尊获得胜利。这是一个例子）。因此，地方传说中可能会出现以祝融之事加诸炎帝，将之与黄帝合并，形成开创天地万物的传说。最初可能只有四神，在此基础上发展为五帝，而后又在五帝之上有了所谓天的五帝神，从中可以看出，出现时间越晚的越显得尊贵，因此五帝沦为了配享，五帝又有了人类的帝、神之分。

　　"帝"的本义是一个复杂的问题，原本的"帝"有"神"的含义，但又可指人。目前尚存的《尚书》中，关于这类的记述也存在矛盾。《尧典》《舜典》《皋陶谟》中说帝是人，而《洪范》《吕刑》中对"帝"究竟是什么并不明确，《洪范》将上帝或天解释为神，《吕刑》的说法则各有不同，按《今文尚书》的说法，被认为是没有任何可以阻碍，《古文尚书》则认为是颛顼或尧。但是，单纯说到"帝"，最初的含义是上帝、天或是曾经是王的人死后受到祭祀，并没有考虑将现存的王称作帝。这样一来，五帝的来源，大抵是开辟说或地方传说中王死后被祭祀的神，两者择其一。六国时代黄帝的传说大量出现，有证据显示神农的传说也有起于战国时代的，黄帝和神农之事在最初的时候被人们依据开辟传说编成了故事，因此有时候就与地方传说产生了联系。于是，最初与空间方位相匹配的神，再次从时间上加以整理，及至汉代，又将理想的历史人物观念加在上面，最终形成了流传至今的传说。一旦将之与历史人物对等进行思考，就会产生宗谱，《大戴礼》中分为《帝德》和《帝系》。《帝德》中记录的是实际存在过的王，对其治世情形进行记录，论述的是理想化的五帝之德；《帝系》相当于帝王的系谱，在制作之时，将之当成真正的人来看待，会考虑到他们的后世子孙统治天下的情景。当然，《帝系》中也存在种种难以解决的可疑之处，《绎史》中已经针对这一问题提出过疑问，《通鉴外纪》中也有谈论五帝的内容，结合二者来看，大体可以知晓存疑之根本所在。

　　综上所述，五帝说可能曾经是一种地方传说，也可能曾经是开创天地万物的传说，二者在历史推进的过程中混杂在一起，又在五行说框架下进行筛选淘汰，最终成为五帝。此后又产生三皇说，最终发展到认为神实际是现实存在的人，古代传说的真相大抵如此。人们将这些传说按照历史年代的顺序进行整理，再将社会发展与之相关，继而像《易经》之《系辞传》那般，根据年代顺序对五帝进行排列，将之与社会发展过程进行巧妙组合，今日之传说便形成了。

第二章
尧、舜

对《尧典》《舜典》的批判

有关尧、舜位列前五帝记载，最早就出现于儒教经典之中。通常而言，《尚书》中的记载可信度较高。《尚书》中的《尧典》《舜典》《大禹谟》《皋陶谟》《益稷》《禹贡》等篇章对尧、舜进行了介绍。此外，《洪范》《吕刑》中似乎也有提及。目前大家公认的《尚书》存在古文和今文版本的区别。成书于东汉初年的是《今文尚书》，随后产生的《古文尚书》，这之后还存在诸多变化。现今的《古文尚书》附有《孔安国传》，被认为是伪书，称为《伪古文尚书》。《今文尚书》与《伪古文尚书》在内容上有重合的部分，但《伪古文尚书》的内容比《今文尚书》多。《今文尚书》中尧、舜二典被归纳为一典，称为《尧典》，没有《大禹谟》，《皋陶谟》和《益稷》也是合二为一的，叫作《皋陶谟》。《伪古文尚书》与此相反，均分为两篇。总之，就目前现存版本而言，《今文尚书》较为可信，《伪古文尚书》则相反。本文对尧、舜事迹的记载大部分取自《今文尚书》，而《伪古文尚书》中只取其可信的部分以补充说明。

大致通览《尚书》中关于尧、舜事迹的记载可以看出，记述中几乎没有类似于神话或传说一类装腔作势的成分，行文流畅自然，叙述合理，足够让人信服这是真实的记录。过去人们都认为《尚书》是夏朝的史官所写，近来也有很多刚开始读这本书的人认为其作者是周朝史官。因为《周礼·春官·外史》中有"掌三皇五帝之书"的记载，因此认为此书作者可能是周朝史官。那么《尚书》中所写的尧、舜之事，可信度有多高呢？一直以来，人们普遍认为，《尚书》以外的记述不可信。至于应该怎样看待《尚书》，倘若认真思考，不难发现《今文尚书》中所记《尧典》（《古文尚书》中是《尧典》《舜典》两篇）可能并不完整。

其余古书中所记录的尧、舜之事也有真实可信的内容，但《尧典》《舜典》中没有记录。《孟子·滕文公上》中说：

> 放勋曰：劳之来之，匡之直之，辅之翼之，使自得之，又从而振德之。

这里的放勋指的就是尧，但现在的《尧典》《舜典》中并没有这样的记载。这一问题亦为古代学者所注意，朱子说："这句话大概是对负责教育人民的契发布命令。"朱子学派的学者王柏受此说的影响，便在舜对契下达的命令中将这句话补充进去。但是，放勋指的是尧，把尧说的话放在《舜典》中合适吗？总的来说，《尚书》存在遗漏是不争的事实。

除此之外，《孟子·万章上》记述尧的死，说："二十有八载。放勋乃徂落。"现在的《尚书》中只提到了放勋成为帝。《孟子·万章上》中还说："《书》曰：祗载见瞽瞍，夔夔齐栗，瞽瞍亦允若。"意思是舜即使成为了天子，也仍然听从父亲瞽瞍的命令，但《今文尚书》对此并无记载，只在《大禹谟》中有此内容，但这一内容来源于《孟子》。这句话最初大概出自《舜典》。

此外，《孟子·万章》中还有很多关于舜的记述：舜的父母让舜修理谷仓顶却又撤掉梯子放火烧谷仓，让舜疏通水井却又用土封上井口想将舜活埋于井下。尽管没有明确说这些记述引自《尚书》，但从其古朴文风来看，很有《尚书》风格。魏源在写《古微堂集》时，对《舜典》的遗漏部分进行了收集整理，写成《舜典补亡》。孟子看起来似乎通晓《尚书》，对《尚书》中的典故多有引用，但孟子所引用的《尚书》较之现在的《尚书》确实存在很多不同。这种不同不仅体现在有关尧、舜的内容上，就是与尧、舜无关的内容也存在很多不同，当然，最明显的不同还是有关尧、舜的记载。

以下是《论语·尧曰》中尧对舜所下之命令：

> 咨！尔舜！天之历数在尔躬，允执厥中。四海困穷，天禄永终。

现存的《大禹谟》中将这段话分割记述，当是伪作。一直以来，这段话被认当作《尧典》或《舜典》中的内容，是以王柏、魏源在整理《尧典》

《舜典》时将之补入其中。所以，编纂《论语》之人见到的《尚书》与目前的《尚书》并不一样。即便是较为可信的《今文尚书》，较之《孟子》《论语》时代的《尚书》也存在不同之处，同样有不可取信的地方。

因此，有人认为出现在这样的《论语》《孟子》中的句子，相较于现今《尚书》中的句子可信度更低。著有《考信录》的崔述就赞同这一说法。崔述的理由是：《论语》《孟子》中引用的句子其特征以押韵而语意浅显为主。事实上，崔的这一理由并不充分。我们不能因为《尧典》《舜典》不押韵就认为其是旧物，而将有韵内容视为新作。实际上《尧典》《舜典》中有很多地方是押韵的。比如《尧典》的开头，授时条、尧寻找继承人条、舜命官篇、《舜典》、《皋陶谟》和《益稷》的部分语句。崔述认为只有《益稷》最后的部分君臣和睦的地方存在押韵，实际上押韵存在于各个地方。有时候成书之初有韵到后来逐渐失去了韵，又或者随着时代的变化字义发生改变，过去的字有了新的解释，因为演变成新时代的语言而失去了韵。例如《孟子》中所述之"廪""井"同样无韵。我们并不能断言《论语》《孟子》中所引的《尚书》中内容不如现在的《尚书》可信。更何况，即便如今的《尚书》中所记述的尧、舜之事皆为事实，也存在诸多显而易见的缺漏。可以确定的是，《孟子》《论语》以后，典籍中对尧、舜之事的记述不断发生变化，这些记述在变化中显示出更加合理的趋势。

尧、舜传说的构成

如此说来，思考尧、舜二帝的故事大体如何构成，以及现今的《尚书》中的记述又是如何构建的，可以发现尧、舜的故事本来是一种十分统一的传说。要确定这一点，就需要将比《尧典》《舜典》的记述更近于传说的部分筛选出来。

《尧典》中的授时条（天文）记述了羲仲、羲叔、和仲、和叔被派往四方去掌管天文之事，四者合而为一的时候就成为羲和。《尧典》有记羲和一族，分开则成为四人，如同实际存在的人一般。《楚辞·天问》篇中的羲和被看作日御——太阳的驭手，指的是乘在车上让六龙拉着跑时太阳的移动变化。这样一来，《尧典》将羲和本来是太阳的驭手这样一个传说变成了历史的事实。

除此之外，《尧典》中还记有共工之事，尧问有谁能胜任己事，驩兜回答：唯有共工最合适。对此，尧如是说：

　　帝曰："畴咨若予采？"驩兜曰："都！共工方鸠僝功。"帝曰："吁！静言庸违，象恭滔天。"

对于此句中的"静言庸违"，惠栋、孙星衍、皮锡瑞等人做过相关研究。这句话在《左传·文公十八年》写作"靖潜庸回"，有时候"庸回"也写成"康回"。《楚辞·天问》中有"康回冯怒，地何故以东南倾"句。王逸持"康回"乃共工名字的观点。皮锡瑞则坚持《尚书》中的"庸违"就是"康回"，与《楚辞·天问》中所说不是同一事情，应当将之视作共工的名字。皮锡瑞认为《楚辞》中所讲为颛顼时共工毁灭的天地被女娲修补的事。共工在尧时存在，到了颛顼时依旧存在，共工一直存在是件奇怪的事情，实际上不过是分化了共工击毁天地的传说。由此可知，《尧典》中也收录了共工击毁天地的传说，此即为古代传说成分进入《尧典》的一个具体例子。

有关羲和的传说有以下的说法："分命羲仲，宅嵎夷，曰旸谷"，"申命羲叔，宅南交"，"分命和仲，宅西，曰昧谷"，"申命和叔，宅朔方，曰幽都（有人认为南交应叫明都）"，以此四分天下，掌管天文。对此研究《今文尚书》的学者认为，文中的"旸谷""昧谷"皆不表示地名，应该解释为太阳运行的躔度（星躔）。即为太阳的驭手所经之地起的名字。由此可以得知《尧典》中已经收录了有关驭日的传说。

此外，后世有很多把尧、舜作为实际存在的人的记述，根据这些资料可以推测出尧、舜传说源起何地。这些记述一致认为尧从最初即为出色的天子，但认为舜从低贱之位逐渐成为天子，其生活随之发生变化，是以有关舜的种种事迹流传颇多。根据《帝王世纪》的说法，一般认为尧的都城在平阳，舜的都城在蒲阪，禹的都城在安邑。《帝王世纪》的作者是晋朝人皇甫谧，因此可知源自此作的说法形成时间非常晚。根据《帝王世纪》的论说，这些都城都被设置于山西境内，然而《孟子·离娄下》有言："舜生于诸冯，迁于负夏，卒于鸣条，东夷之人也。"诸冯为今之山东诸城，负夏为卫国属地，在今天的河南，鸣条则同名于商代汤王流放夏桀之地，在今安徽省的南部靠近巢湖处。这些地方都处于中国的东部，因此有"东夷之人也"的说法。后来的《史记》《淮南子》又补充《孟子·离娄下》的内容，说舜在历山耕种，在雷泽捕鱼，在河滨做陶器，在寿丘制造什器等。这些地方均在今天山东、河南境内。《尚书》中没有记载这些地名，对舜的记录只说了住在沩汭。至于"沩汭"在哪里，有不同说法，有的说在山西，也有的说在直隶北部（上谷）。总的来说，将有关舜的所有传说全部知悉后，就能明确知晓这是源自中国东部的传说。同样，清楚了舜起家的地区，尧的所居地就能推测出来，尧的传说大致在山东、河南境内兴起也就显而易见了。

与尧、舜有关的传说，在成为统一传说之前是由谁流传的呢？这就类同于日本的忌部、卜部，各家均有不同的家世传说。那么是什么样的家族在流传有关尧、舜的传说呢？这里需要注意，我们应当将尧称为陶唐氏，舜称为有虞氏。陶唐氏是尧的家族，舜继承尧的家业，其子孙后代以制造陶器传家进行延续。相传，周武王灭殷商后，找到了舜的后裔胡公满，将其任命为陶正。在古代，制作陶器是极为重要的职位，一般都由大家族制作（类似日本的土师部）。与有虞氏相关的记载很少，但是掌管山泽的人是虞，是以舜的家族可能担任看守山林的职务。也就是说尧、舜传说最初是由这种家族流传下来的，其后以此为中心，与其他传说混合，最终统一传说形成了。

古代的地理知识

接下来探讨尧、舜时代的疆域及其他地理方面的问题。这里所说的疆域及地理方面的问题并非传说一类，代表的是当时学问所能达到的极限。《尧典》《舜典》中记载有十二州，《禹贡》的记载是九州，各州的位置如下所示。（其他文献中也记录了九州的情况，如《尔雅》，《尔雅》无"青州""梁州"，代之以"营州""幽州"）。

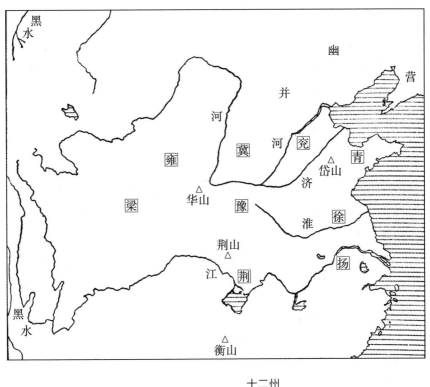

十二州

			禹贡九州						三州	
中央	济河间	海岱间	海淮间	海江间	荆衡间	荆河间	华山黑水间	河西黑水间	并州	幽州 营州
冀州	兖州	青州	徐州	扬州	荆州	豫州	梁州	雍州		

《周礼·职方氏》所记九州则无徐、梁二州，而加入了并州、幽州。对于这类不同的说法，以前认为《禹贡》的九州是尧的时代禹治水后所划分而来，后来舜即位将之扩张成了十二州；《尔雅》《周礼·职方氏》中所记的九州则分别是殷商时期和周朝的情况。即便如此，依旧存在怪异之处，比如禹时代已有梁州，而商朝以后梁州却没有了。是以，我以为流传九州说的时代同期还有各种不同的说法并存。例如战国时代，因为学问突然兴盛，对同

一件事会出现各种各样的说法，有关地理方面的不同学说，恐怕也是那一时期出现的。处在西部的学者对西边的地理非常了解，知道有梁州，处在东部的人则非常熟悉东边的地理，知道幽州、并州、营州，是以，即便他们都认为有九州，但实际上，他们所认为的九州所指是不同的。这一现象在战国时期十分普遍，几乎所有事情皆是如此，对同一件事常常都有不同的说法。因此，人们习惯将同一件事分成夏、殷、周三类。有关年份的说法也各不相同，《尔雅》中的年份有"载、岁、祀、年（季）"之分，尧的时代用"载"，夏时用"岁"，殷商时用"祀"，周时用"年"。"岁"指每十二年在空中绕行一周的岁星（木星），"祀"指一年一次的祭祀，"季"指谷物一年一熟，因此"岁"最具进步意义且广为推行。有关九州说，每一个时代均有不同的说法，尤其是《尔雅》中所记九州说，因其并未使用殷时所指的九州，是以《尔雅》九州说应当是殷时的九州。关于九州说，晋代张华在《博物志》中表明了不同看法，他在说起赵的事情时是这样表述的："赵东临九州，西瞻恒岳。"战国时期的赵国都城在邯郸，从赵国地理位置来看，其东面为九州，恒岳则是太行山脉中的一座山，九州位置均在全太行以东的地区。《禹贡》及其他战国时代的史书中均有黄河河口分为九河的记载。《博物志》中的九州，大致所指为此九河之间的区域。州即洲，表示河流之间的陆地，即三角洲。我想"九州"的起源或许就和洲有关。另外，战国时代各个学派对"九"这一数字颇为重视，总是将所有事物划分为九种，其中《洪范》九畴、井田法即为例证。九州应该也是基于与此相同的理由而形成的说法。这一黄河口的九洲，后来扩展到用于指代中国全部国土的九州。对此有不同的说法出现，但因并无定论，后来在各个时代得以延续。因此，即便是《禹贡》中记载的九州说也不一定是最早的说法。

　　接下来探讨"四至"，也就是当时能知道的土地范围的极限。《禹贡》最后的记述中写道："东渐于海。西被于流沙。朔南暨声教讫于四海。"《伪古文尚书》中"朔南暨"为一句，而《今文尚书》中"朔南暨声教"连成一句，有些微的不同。这话表示把声威教化传播到东、南、西、北四方。那是当时能够知道的地理的极限。不单《禹贡》有此记述，《尔雅》中也记录了。《尔雅·四极部》中说："东至于泰远。西至于邠国。南至于濮铅。北至于祝栗。"以上四处被称为"四极"。除四极之外还有"四荒""四海"的说法，"四海"即九夷、八狄、七戎、六蛮。还有一种记述是以齐州为中心的："岠齐州以南戴日为丹穴，北戴斗极为空桐，东至日所出为太平，西至日所入为太蒙。"

《史记》中记载了黄帝时期的地理："东至于海，登丸山，及岱宗。西至于空桐，登鸡头。南至于江，登熊、湘。北逐荤粥，合符釜山。"

《史记》《大戴礼·五帝德》中（《大戴礼》中的记述被认为是颛顼时期）还有这样的说法："北至于幽陵，南至于交阯，西至于流沙，东至于蟠木。"这种说法与《尧典》中羲和之说相关。由此来看，《尧典》天文条中所讲之"四至说"、《禹贡》及其他"四至说"都为同一系统中的不同说法，其来源均为当时的地理学知识。不仅经书持这类看法，帝王、霸者同样持这类看法。《管子·小匡》和《国语·齐语》中都记载了齐桓公的这类看法。可以说《管子》《国语》没什么区别。"四至说"普遍认为东侧是海，需要注意的是，多数学说都认同西到流沙。因此我们可以知道，这类学说诞生于中国地理学上关于流沙的认识之后。当然其中有比较旧的说法也有比较新的论说，也有还不知道流沙的论说，但还是以像《禹贡》一样知道流沙为主。由此可以推断这类说法出现在战国时期。

接下来是与水脉相关的说法。即"九河""四渎"之说。《禹贡》中尚未有明确的四渎之说，但关于水脉的记述已经存在。《孟子·滕文公上》中记述说："禹疏九河，瀹济漯而注诸海，决汝汉，排淮泗而注之江。"这与《禹贡》的说法稍有不同。在《禹贡》中，河、济、淮、江都分别流入大海中。《孟子》中有关九河、济的说法与《禹贡》一致，但淮和江合一这一点与《禹贡》不同，《孟子》中认为吴王夫差在淮与江之间开凿了一条叫作"邗沟"的运河。大概《孟子》时期曾出现过淮、江合一的论说吧。《孟子》时期的《尚书》中有没有《禹贡》尚不能明确，多半是没有这部分内容的。因此，我认为《孟子》中并不太了解《禹贡》中对水脉的记载。《史记·殷本纪·汤诰》中明确记述了四渎。《墨子·兼爱》篇中也有对水脉的记载，其看法与《孟子》类似。水脉在中国地理中占据主要部分，《禹贡》中的记载与《孟子》《墨子》不同，原因在于战国时期出现了多种"四渎说"，且这些不同的"四渎说"在经、子诸书都有记录。

我们接着说说税赋的情形。《禹贡》中有赋、贡、筐、包、匦（《今文尚书》中将包、匦合在一起）几种，存疑的是赋。赋源自田制，田分九等征税，但这是耕作水平提高、田地产量得以提升之后的事情。禹时是否具备完备的田制不得而知。"贡"是对自然物附加人工的产物，是百姓的贡献品；"筐"是女工制作的物品，"包""匦"是把地方的特产打包装箱后献上。这些可以在天下尚未统一时实行，但赋需要在天下统一后才能实施。《禹贡》中同时记载了这两种情况，所记物品包括砮、羽旄、齿革等。这些物品存在于射猎时代。《禹贡》中还记录了"莱夷作牧"，这是关于牧畜时代的记录。当然还是以记述农耕时代的事为主，但似乎把各个时代的事都混杂在一起了。中国幅员辽阔，到现在，依旧存在田制或像蒙古那样实行牧畜制的地方。但有关赋的记录应该是在田制已有相当发展时的事情。在"田"还没有成为耕地之时，其意思是"猎场"，也写作"佃"（"佃"后来变成"佃耕"的意思了）。《禹贡》中"田"的字义为"耕作地"，基于此，可以明确《禹贡》创作于农业兴盛时期。虽然《禹贡》的内容有些杂乱，但其中依然有其可取之处。比如，"贡"原本的意思是"将加工后的自然物献上"，《孟子》中其义为"田租"，将其视作夏之贡法、殷之助法、周之彻法。相比之下，《禹贡》算是准确地传达了"贡"的原义。《周礼》中的"九贡"之义类似于《禹贡》中的"贡"的意思。在有关当时产物的记述中，《周礼·职方氏》中九州的地利所讲的产物与《禹贡》中相似。《逸周书·王会解》的附录中有《汤四方献令》。《逸周书·王会解》有周成王时期由四方集聚物产的记录，而据说《汤四方献令》中则记录的是殷汤时伊尹集聚四方献上物之事。这两本书估计成书于汉代之后，是以将匈奴的产物也记录其中，涵盖范围很广，所记大致与《禹贡》差不多。总而言之，战国末期到西汉初期已经产生根据当时的地理学知识对产物进行记述的学问。于是就出现了上述四种不同的说法。四种异说有的被当作尧、舜时代的叙述收入《禹贡》中，有的收入《周礼·职方氏》中，有的收入《逸周书·王会解》和《汤四方献令》中。

尧、舜传说中的人物

接下来我们来看尧、舜时代出现的主要人物，这时候要注意《尧典》《舜典》的"命官说"和有关"四罪"的记载。我们来看命官，《舜典》的最后有"咨汝二十有二人"这样的话语，这"二十有二人"具体指谁，《古文尚书》的说法与《今文尚书》的说法不同。《伪古文尚书》认为这二十二人当指四岳、十二牧，外加禹、垂、益、伯夷、夔、龙六人。《舜典》则认为这二十二人除上述禹、垂、益、伯夷、夔、龙六人之外，还要加上皋陶、后稷、契三人，合称"九官"。《舜典》中之所以将皋陶、后稷、契三人列入后面加上的三人之中，据说是因为这三人在尧的时代便已为官，并不是舜的时期新任命的官。

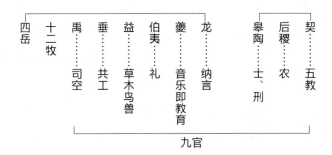

四岳
十二牧……司空
禹………司空
垂………共工
益………草木鸟兽
伯夷……礼
夔………音乐即教育
龙………纳言
契………五教
后稷……农
皋陶……士、刑

九官

郑玄将四岳去掉，在此基础上增加尨斨、伯与、朱虎、熊罴。此即真正的《古文尚书》的说法。《今文尚书》也去掉了四岳，这一点与之相同，不同的是增加的是皋陶、后稷、契及彭祖（出自《大戴礼》）。这是所谓二十二人说中的不同说法。除此之外，有关舜时期所任用的人也存在异说，这就是《左传》《史记》中都有记录的"八元八恺"说。据传，八元乃高辛氏之后，八恺则为高阳氏之后。八元八恺的名称如下：

八元：伯奋、仲堪、叔献、季仲、伯虎、仲熊、叔豹、季狸。

八恺：苍舒、隤敳、梼戭、大临、尨降、庭坚、仲容、叔达。

过去的论说把不同之处进行了巧妙的变通，将"八元八恺"看作舜在尧时期为宰相之时任命的官员，而二十二人则是其成为天子后任命的官员。这里应当注意的一点是，伯虎、朱虎，仲熊、熊罴之间的相似之处。此外还要注意皋陶、庭坚这两人,《左传·文公五年》中记录了楚灭六国和蓼国的事,其中有"皋陶庭坚不祀忽诸"这样的语句。我认为这说的是皋陶与庭坚有亲属关系。总的来看,二十二人说和"八元八恺"说均为舜任用贤人的不同说法。

接下来要讲的"四罪"实际上是惩罚恶人的论说。根据《尧典》记载,共工被流放到幽州(北)、驩兜被流放到崇山(南)、三苗被流放到三危(西)、鲧被流放到羽山(东)。《左传·文公十八年》中论及"八元八恺"时,同样有针对四个罪人的惩罚,只是此四人的名字分别为浑敦、穷奇、饕餮、梼杌四人。自古以来,这两种说法就混杂在一起,认为浑敦即驩兜,穷奇即共工,饕餮即三苗,梼杌即鲧。在我看来,这其实是把原本相同的人和事当作不同的人和事流传开来了。《尧典》《舜典》中出现的最主要人物为禹、皋陶、后稷、契、益、伯夷等。对此有"三公""三后"之说,将禹、皋陶、后稷三人视作"三公"的说法最为流行。《尧典》《舜典》《皋陶谟》《益稷》等篇中所说的就是这样。《史记·殷本纪·汤诰》中明确将禹、皋陶、后稷视为"三公"。据说因为这三人在为民方面有功德,他们的后代都成为了天子。即禹的后代是夏的天子,皋陶的后代是秦的天子,后稷的后代是周朝天子。另外,《吕刑》中将禹、后稷、伯夷视为"三后",用伯夷取代了皋陶。这是"三公"说的不同说法。伯夷为齐国的始祖,益与皋陶是父子关系,被认为是秦的始祖,契是殷的始祖。总而言之,考察战国时期有关大国祖先的论说,似乎特别盛行将大国与"三公"相结合。基于此,一般认为,禹、皋陶、后稷为"三公"说为真,以皋陶取代伯夷的"三公"说为伪。然而,实际上很难断定谁真谁假,应该说二者都是当时存在的关于"三公"的不同说法。《史记·陈杞世家》的末尾部分记录了这一说法。古时候,那些于民有功德之人,其后裔必然会成为天子或杰出的诸侯,尧、舜时期的名人皆沿袭这一轨迹。留下的历史记载中,成为天子的人多有留下《本纪》,成为诸侯的人则有《世家》。人们的这一思考方式一直延续到写作《史记》的时候。更有甚者,在开辟论的传说中,周之后稷、殷之契都分别作为人类的始祖出现过。《诗经·大雅·生民》中记录了后稷的事迹,《诗经·商颂》中记录了契的事迹,《秦本纪》中记录了皋陶的事迹,并且成为了一个独立的传说。这些关于人类始祖的原本独立的传说，被后代归纳整理，结合其功德和职位，成为了《尚书》中从尧、舜到益稷的各个篇章。禹即土地，皋陶即刑，后稷即农，契即教，益即山泽，伯夷即礼。

然而，这些零散的传说完全统一起来是在秦代。这是因为其中记录了秦代才被人知晓的地理知识。介于尧、舜传说的形成是这样的，是以很难判断其真伪的范围。

洪水传说

如前所述，尧、舜传说是被统合的综合传说，在中国古代的传说中，比尧、舜传说更为真实、久远的是关于洪水的传说。世界各民族中均有这类传说。结合中国最初开辟的地势来看，洪水传说的出现也就不足为奇了。这类传说并不少见，中国学者巧妙地将这些传说嵌入各时代当中，看起来好像发生过多次洪灾，实际上，可能仅仅发生过一次而已。其中之一便是关于共工的洪水传说。共工巡游各地，后来各个时代都有不同的与之相关的传说出现，这就决定了共工必然会频繁在与洪水有关的传说中出现。罗泌所作《路史》中，共工出场三次，最早的一次时间在太皞和炎帝之间，相当于伏羲和神农之间。这类传说，郑玄所注的《礼记·祭法》中，《淮南子·原道训》注及《帝王世纪》中（《鲁语》有言："共工氏之伯九有也，其子曰后土，能平九土。"这里所指大概是年代最久远的古代）均有记载。随着历史往前推移，《列子·汤问》中出现了共工与五帝之一的颛顼相争的传说。《列子·汤问》中记载："昔者共工与颛顼争为帝，怒而触不周之山，天柱折，地维绝。"毫无疑问，这即是开辟论的一种。由此可知，"天倾西北，故日月星辰移焉；地不满东南，故水潦尘埃归焉"。这种传说是为解释中国地势西北高、东南低而编造的。《史记·律书》也引用了这一说法，认为颛顼与共工相争，平定了水患（《淮南子·天文训》中也是这样的说法）。《国语·周语》的注中以及《淮南子·原道训》中还记载了一种说法：高辛氏（帝喾）、共工共同对抗颛顼。《淮南子》中所讲仍为不周山之事。这之后的时代，人们将共工视为尧时期的人，《尧典》中所记共工被流放之事即指此。还有传说将共工视为舜时期的人。《淮南子·本经训》记载："舜时共工振滔洪水。"原本是为防止洪水"壅防百川"，反倒使得洪水泛滥。又有传说将共工当作禹时期的人，《荀子·议兵》记录了禹讨伐共工之事，《山海经·大荒西经》记录了"禹攻共工国山"。这就可以看出，共工的传说上起伏羲、神农时代，下至禹时代，均出现过。此外，《楚辞·天问》中有"康回冯怒，地何故以东南倾"的语句。有些说法认为康回即共工之名。也有些说法认为康回即庸回，这是不妥当的。"共工"是双声字，《左传》中的"穷奇"也是双声字，因此将"康回"理解成双声字更为妥当。上述所指都是同一件与共工相关的事而产生的洪水传说，后逐渐演变为多个传说。总之，我们不能确定究竟是共工导致洪水泛滥，还是共工治理了洪水，又或者是因治理不当致使洪水泛滥，有一点可以确定，共工与洪水相关，所以他是洪水传说中的重要人物。

下面要说的是关于洪水的传说，这是根据建立王朝之先祖治理洪水的说法形成的。即禹的父亲鲧和禹治水的传说。《尧典》《禹贡》中的各篇都记录了这一传说，《孟子》《墨子》《淮南子》及其他古书中亦有记载。《孟子》《淮南子》记录了一些洪水时代的中国地理情况，主要体现在有关九河、济漯、淮江的记录。这一记录开始于九河，说黄河下游分成九个支流。战国时期开始盛传禹疏通九河，派伯益焚烧山泽以去除猛兽、毒蛇危害的传说。此即夏代后氏先祖治理洪水的传说。其实，不单夏代后氏与治水有关，相传殷的先祖也与治水有关。据说在汤时代的九代之前已经有冥（或玄冥）治理洪水之事。这种说法在《竹书纪年》《山海经》中都有记录。除此以外，《国语·鲁语》《礼记·祭法》亦有相关记录。因为夏代和殷代的祖先都曾治理过洪水，是以《竹书纪年》将夏、殷合并记述，所以关于冥的记述就放在了后面。夏代中兴之主康使商侯冥治水，少康之后的帝王杼时代有"商侯冥死于河"。《史记·秦本纪》中记录了秦的祖先大业、大费两人辅佐禹治理水土。这种说法后来又发生改变，将之与伯益相关联，认为大费即费侯伯益，大业即皋陶。秦是后来的国家，可能是在皋陶、伯益的传说流传之后才编造了上面的故事。

这样看来，洪水传说与各王朝的先祖都有密切联系。但仔细思考，依旧无法确认这类洪水传说从何处兴起。禹治水的传说流传最为广泛，但也不能断言是最早的。《史记》有关于夏后氏及那一时期殷之宗谱的记载。夏后氏时从禹到桀共计十四代，殷代从冥到汤共计九代。但是，传说中述及夏后氏的事情相当少，是以我们很难从中获知夏后氏时代的相关情况。殷代从汤往前数七代有一个名叫上甲微的人，他最早用十干为名，他的父亲名叫王亥，从十二支中取一为名，在此之前是冥。但这类祖先的名字是否可信，尚且存疑。值得注意的是，以干支命名的人便是在其干支之日被祭祀的人，我们可以追溯到被祭祀者是王亥，在王亥之前的是冥，而冥是确定无疑的洪水传说的主人公。

　　殷商王朝苦于洪水危害，因此几次迁都。这是由于人口激增，山林遭到大幅度砍伐导致的洪灾。也就是从这时候开始，人们开始意识到洪水带来的危害，于是出现了各种与洪水相关的传说。倘使情况确然如此，则无疑禹、冥的传说属于同一时代，这就表示殷商人从很早开始就知道与自己相关的洪水传说。有说法认为玄冥、共工都是负责治理洪水的官名。在后来知晓殷代之前尚有夏后氏，且夏后氏的祖先有治理洪水的功劳，可能因此而产生了有关禹的洪水神话。将夏后氏记为十四代，殷记为九代，是由于尧、舜的综合传说的出现，同时为了与洪水传说叠加，将冥之前的世代进行了重叠，并将殷是掌管卜法和教育的契的后代这一情况考虑了进去。可以说，洪水传说是历史最悠久的神话故事了。有关周朝先祖的记载中并未出现洪水传说。这可能是因为传说与其起源的地方（陕西的高原）相关。简而言之，若将这些与洪水传说相关的人物比之日本神话中的人物，大概相当于日本神话中的大国主命、少彦名命一类。日本因地势与中国不同，所以没有洪水传说。

　　洪水传说与中国民族最初的起源地的地势有关。但这些传说又起源于哪里呢？传说起源的中心应该是九河。关于九河的范围，《尔雅》中是这样说的，东是鬲津，西是徒骇，中间有九河。据说鬲津的位置在现在的山东济南（平原），徒骇的位置在现在的直隶中央的成平。但崔述所著的《考信录》中说这种说法并不可信。藤田元春君根据《汉书·地理志》进行了研究，认为徒骇的位置大概在成平县，但九河的古道不限于徒骇，应处在更西边的位置。洪水传说便是从这样的地方兴起的。东南地区产生的似乎是夏后氏的传说。《帝王世纪》中虽然记载禹时的都城是安邑，但不可轻信。《竹书纪年》

中的记载认为禹的都城在阳城（嵩山登封）。王国维则认为禹的都城介于河、济之间，我也认为其位置大概在从济南附近到淮县一带。据说，在禹后数代，即夏代势衰的太康、仲康、相、少康时期，有穷氏的后代羿取代夏取得了统治权，羿的所在地是从前一个叫穷石的地方，距离今天的汲县很近。在关于羿为臣子寒浞所杀害，寒浞与夏后氏发生战争的记载中，出现了斟郡、斟灌、戈、过等地名。斟郡、斟灌的位置在今天的潍县附近，戈和过的位置则在山东沿海地区。结合这些地名，可以推测夏后氏的传说兴起于河南的东部到山东的西部一带。

在有关殷商的传说中，虽然有说法认为在冥之前，契被分封于商，商在黄河的上流，但这种说法并不可信。比较准确的说法是，商在河南的归德府（商丘）。此外，有人认为在冥之前，有叫相土的人在商丘居住。实际上，祭祀大辰星的氏族一直居住在商丘。关于王亥、上甲微的传说则说的是王亥去易，为当地领主所杀害，他的儿子上甲微得到河伯的援助，最终消灭了领主的事。易即今天的易州，易的古音是"**テキ**"，与狄同音。不能确定易与狄的含义是否相同，可以确定的是这地方是当时中国的边境。我们可以确定，殷的位置在太行山脚，起源于黄河北部，即洪水传说起源于黄河河口，是中国最古老民族中最早的传说。

禹之后，夏、殷、周三代其世系如下：

```
禹—启—太康
     └仲康—相—少康—予（杼）—槐—芒
         —泄—不降—孔甲—皋—发—履癸（桀）
             └扃—廑
契—昭明—相土—昌若—曹圉—冥—王亥—上甲微—报丁
    —报乙—报丙—主壬—主癸—天乙（汤）
弃（后稷）—不窋—鞠—公刘—庆节—皇仆—差弗—毁隃
        —公非—高圉—亚圉—公叔祖类—古公亶父
```

据《世本·作篇》中的记录，禹之前的鲧是第一个建立城郭的人，禹是第一个建造宫室的人，奚仲第一个造车，少康最先造酒，予（或作"杼"或

"舆","舆"也许为"作"之意）最先造甲，羿的弟子逢蒙最先学射，孔甲时豢龙氏首先养龙（也许是养马）。殷代的时候，相土第一个乘马，王亥第一个服牛（或仆牛）。报丁、报乙的"报"是与祭祀相关的名字，由此可以得知，在当时社会，祭祀是十分重要的活动。有意思的是，孔甲养马、王亥服牛的时代与奚仲、相土的所从事的职业之间存在十分密切的关系。到了周代，情况变得比较奇怪，弃和公刘以务农为生，而皇仆、高圉、亚圉这些养马的人却出现在务农的人之后。由此可见，其可信度很低，当为后世之人所编造。周朝古公亶父之前的事，可信度不高。简单来说，显而易见的是，夏为畜牧时代，殷为农耕、畜牧混合时代，这一时代十分重视宗教祭祀。夏、殷的记述是可信的，周代的记述则很混乱。结合前面的世系表，可以推测出每一时代的社会状态，还可以弄清传说是基于什么样的条件而产生的。现在已经知道夏代的廑被称为胤甲，与孔甲为堂兄弟。履癸这个名字，说明当时有用十干取名的风潮。《白虎通》中记录，殷人将生日作为名字，夏代中也有人用胤甲、孔甲、履癸这样的名字，确切地说，同一时代的其他民族中，也存在类似风俗。但是，周代却完全没有这样的情况，这说明有关周代的记录并不准确。总而言之，夏、殷是从同一时期，在黄河下游地区，按照相同的顺序，相同的传说，同步发展起来的。

第三章
夏殷时代

夏　朝

《尚书》中《甘誓》《五子之歌》《胤征》三篇描述了夏代的事情。因《五子之歌》《胤征》是《伪古文尚书》，至今较为可信的只有《今文尚书》中的《甘誓》。对《甘誓》的说法，自古就有很多种。《书序》《史记》认为这是禹的儿子启时的作品；《墨子·明鬼》中的《禹誓》《庄子·人间世》则认为这是禹时的作品。《吕氏春秋·先己》中认为，这是夏后相时的作品，而清朝的孙星衍则认为"相"是写错的"柏"字，柏禹就是禹，显然这种说法不可信。各种说法中出现了一类调停说，认为此篇内容从讨伐有扈氏开始，可理解为是在禹时开始记述，其子启时仍在讨伐。这样一来，就把一个人的事分向两个人，就更难判断究竟产生于禹时还是启时了。除此之外《甘誓》原文是否于夏代问世也存疑。就其内容而言，似乎不是夏朝的作品。《甘誓》中有如下语句：

> 大战于甘。乃召六卿。王曰："嗟六事之人，予誓告汝：有扈氏威侮五行，怠弃三正，天用剿绝其命。今予惟恭行天之罚。左不攻于左，汝不恭命；右不攻于右，汝不恭命；御非其马之正，汝不恭命。用命，赏于祖；弗用命，戮于社，予则孥戮汝！"

此文有韵且具有古文的风格，但内容有可疑之处。其中，五行指的是木、火、土、金、水五类，三正是定年的三法。殷代使用夏的历法，以十二月为正月，周朝将十一月作为正月，每当王朝更替，哪一个月为正月就会变化。这就是历日。左右是军令。祖是祖庙的主人，社为社稷，祭土地的坛，其中有社主；"孥戮"的"孥"字在《伪古文尚书》中表示"孩子"的意思，意思是不仅本人，就连孩子同样会遭受惩罚，而在《今文尚书》中，"孥"通"奴"，是"使之成为奴隶"的意思。其中不符合常理的地方首先是六卿，根据前文内容来看，似乎夏代时就记录了《周礼》中所说的六人大臣，但是我们再看出现时间相较它晚得多的、记述殷代法制的《洪范》可以得知，只有这六人大臣中的三个。这就是说，夏时完备的六人大臣到了殷时减少了三个。不合常理的地方在于，前代已然完备的事物到后来反而减少了。我们接着说五行和三正。认为五行之说盛行于周代末期，《洪范》中也有关于五行的记录，这些都值得怀疑，而认为从夏代开始就有五行更加令人怀疑。更加让人难以置信的是，在此之前就有了六府的说法，即在木、火、土、金、水五行中又加上谷。此外，三正之说源于天子三统，三正随着三统的变化而变化，三统是夏、殷、周出现以后的事，因此可以知道，在夏代初期出现三正的说法也是不可信的。更有甚者，认为夏以前就有三统互相更替的事，毫无疑问，这一观点是后来人的想象。《甘誓》中有这样一句十分重要的话，即"威侮五行，怠弃三正"，但这句话是不可信的。而"左不攻于左""右不攻于右"也非《尚书·甘誓》所特有，《国语·吴语》中越王勾践为攻打吴国所下的军令中就使用了与此相似的一段话：

> 谓二三子，归而不归，处而不处，进而不进，退而不退，左而不左，右而不右。身斩，妻子鬻。

宋代《两汉刊误补遗》的作者吴仁杰认为，这段话是勾践模仿《甘誓》中的语句所说的，实则不然，"左""右"等是周朝末期军令的通用语，我更倾向于是后人将其收录到《甘誓》中和勾践的军令中。如此看来，《甘誓》的疑点还有许多，实在难以让人信服，孔子收录的是自夏朝开始就没有变过的东西。我们甚至可以说，《甘誓》中完全没有夏以来的文书。因此，与其说《甘誓》是文书，其实它更像是一种朗诵文，在此基础上流传下来。《甘誓》中的很多内容非常怪异，因此我认为这些内容极有可能是战国时代编造的。

经学认为，禹时关于天子的继承法成了问题，是指尧、舜时期是让位给有贤能的人，但禹将天子之位传给了自己的儿子。这就意味着，到夏代重视德行的风气已经减退。孟子则反对这种说法，认为天子之位传给贤能之人，或者传给儿子，并不意味着德行的减退。对此，崔述在其著作《考信录》中提出了普遍的见解。他认为古代没有固定的帝王，是由诸侯选出有德望的人并归顺于他。既没有把天子之位传给贤能之人的规定，也没有传给儿子的规定。先王去世的时候，如果有可以代替他的贤能之人就服从贤能之人，如果故去先王的儿子是贤能之人，就服从他的儿子。这种说法与事实接近。在文明尚未开化的时代，继承并无明确规定，较为接近共和制。夏代启时并未明确将天子之位传给自己的儿子，根据《考信录》的记载，将天子之位传给儿子是后来的决定。太康、仲康、相三代，德行衰减十分厉害，其地位未能维持，到少康和他的儿子杼时恢复了势力，实现了天下的统一，这之后，才有禹的子孙继承天子之位的规定。这种说法源于《孟子》。孟子认为，殷代出现过六七位圣贤之君，每人统治时都恢复了势力，势力到最后也没有失去。总而言之，子孙继承天子之位的制度始于这一时期。我认为此论点更为可信。

　　《左传》中对太康、仲康、相、少康时代的传说有十分详细的记录，但是《史记》并未记录这些内容，过去的评论家将之认为是《史记》的疏漏，倘若《史记》是因为无法确定《左传》的记载是否属实而不收录，我认为这种做法是十分有见识的。《左传》中记载太康时期的事情时，说到一个名叫羿的人，擅长射箭，后来接替太康治理夏都。根据《淮南子》的记载，弈是尧时的人，羿的妻子姮娥就是嫦娥，她因偷吃了羿从西王母那里得到的长生不死药被发现而逃到了月亮上。这个传说在《淮南子》和张衡的《后汉天文志注》中有记录。但也存在嫦娥是舜的妻子的说法，是说舜的妻子是尧的女儿娥皇和女英。《帝王世纪》对此有记录。但是《山海经·大荒西经》中将娥皇称作常羲，《山海经·大荒南经》中则将之称作羲和，而《帝王世纪》中又将之称作常仪。因此很难断定姮娥究竟是舜的妻子，还是羿的妻子。原先有羲和是太阳的驭手的传说，这个传说又引入到舜和羿两人的故事中来，是以传说的真伪难以辨别。关于中兴之主少康的传说也有不同的种类，其中有一种说法称少康还在母胎时亡国，母亲逃出来后生下少康，后来少康建功立业。还有传闻说，少康在逃难的时候成了有虞氏的庖正，主人虞思将两名姓姚的女子送给少康。这种做法类似于尧将娥皇、女英送给舜。如此看来，此即家境贫寒之人在艰难度日时娶妻的传说形式。两种传说中都有少康的事情，哪一种更为可信是很难界定的。只能根据传说中提及的地名，大致分辨其发源地。

目前为止，考古发掘中几乎没有见到夏代的遗物，据说存在一些疑似夏代的古老铜器，但缺少证据来证明就是夏代的物件。当然也不能就此断言绝对没有，但至少目前尚缺少证据来证明存在夏代的物件，因此，试图弄清楚有关夏代的事还存在诸多困难。《论语》中有这样的话语："夏礼，吾能言之，杞不足征也。殷礼，吾能言之，宋不足征也。文献不足故也。"的确是这样。"杞、宋不足征"在《论语》《中庸》《礼运》是三种不同的记载，据此三者可以得知这一说法是按照怎样的顺序发展的。《礼记·礼运》认为：夏得到了小正。这比《论语》出现得晚，这就意味着，夏代的历法出现在孔子之后，可能是六国时期。孟子所说"夏后氏五十而贡"，指的是夏代的井田制和学校制度。孔、孟所记载的有关夏代的事情不过是一些传闻，很难判断孔、孟之时是否已经存在书籍，因此很难确定孔、孟记录的传闻是否属实，只能说夏后氏是真实存在的。有关夏代的情况，我们仅能知道这些罢了。《竹书纪年》中记载仲康五年曾出现过日食。这事引起了西方学者的注意。此说被记录在《竹书纪年》可以被证实的部分中，并不是后来伪造的部分，但此书成书于周代末期，又可能是根据周代末期的历法推算出来的。

夏殷革命说

夏的末代君王桀十分残暴，成汤取代夏桀，建立了殷朝，迈出革命的第一步。很早以前就有这种革命说在流传了。《尚书》对周公的记录是可信的，其中《多士》《多方》两篇是周灭殷后，向殷的遗民所发的告谕。这两篇所记内容为《尚书》中确实存在的部分，其中有关于夏殷革命说的记录。《多士》《多方》记载，周灭商时，遭到了商朝人民的强烈抵抗，周人将之称为顽民，周公劝说他们说："天命无常。你们的祖先成汤不也是因夏君主无德而取代夏成为天子的吗？周代替殷也与之相同。"这段话多少包含一些策略。夏商革命是否类似商周革命，借助残酷灭敌来推翻前代王朝，我们不得而知，但可以确定的是——不知什么时候开始就有这样的说法存在——桀因为残暴而被成汤取代，与纣因为残暴而被周消灭是相同的道理。桀、纣成了暴君的范本。但根据《论语》所记子贡的话来看，似乎纣王并没有那么暴虐。常言道：君子恶居下游，天下之恶皆归焉。这句话的议论十分正确。虽然亡国有其原因，但我们并不清楚桀的真实情况，只能根据后世纣的情况来推测桀的行为。近来王国维称："古代的诸侯和天子，在地位上的差别不大，诸侯在自己的封国内都称王。殷的祖先中也有叫王亥的，这里的'王'即是'大王'的意思，尽管这有可能是后来追谥的，但也有像汤自己用'武王'为号的例子。周朝在本族诸侯之外，异姓诸侯中也有人在很早的时候就称王的，如徐州的偃王和楚国各代的王。周文王也是王，但这不一定是赞颂的称谓。因此，称王是被允许的，只是此'王'是否居于诸侯之上的问题，区别在于是否为天下一统之王的问题。"根据王国维的说法，夏殷革命并未发生翻天覆地的变化，是由于夏代子孙德行衰颓以致国势下降，所以殷取代了夏。也有可能由于末代君王要强，在进攻新兴起来的汤时失败了，最终被扣上了暴君的恶名。总的来说，夏殷革命不过是根据后来的殷周革命想象的说法，没有确凿的材料可以证实。

对此，《尚书·汤誓》记录了桀灭亡的一些情况。《尚书·汤誓》类似于《甘誓》，是一篇押韵文。此文在现今的《尚书》中与《史记》中所录不同，《史记》中收录的是今文本，大致是可信的。根据这篇文章的前后内容来看，《史记》中时间顺序更加顺当。这是讨伐夏桀时的军令，除此之外，似乎还有名为《汤誓》的文章，其文与《论语·尧曰》《墨子》《吕氏春秋》《国语》中的文句都有共通的地方。从前学者们将这些名为《汤誓》的文章都视为讨桀的军令，而清朝学者对其进行研究后，认为它并非讨桀的军令，应当是汤的时期，面对长久的干旱向上天表示愿意牺牲自己以换取降雨的誓言。这就意味着，认为《汤誓》是那时的文章是有事实依据的。同样是韵文，以此考察古代祭祀的状况是可以的，但不一定能据此断定此即为殷汤时的事实。由于汤的时期年代相较于夏代而言更加晚，是以总是有一些可信的事物存在的，但不可将之作为确然的史料。

《尚书·汤誓》和《诗经·商颂》五篇中都有关于殷商之事的记录，但可信度较低，不能将之视作强有力的史料。《商颂》中有关于殷的始祖契诞生的故事，讲的是简狄吞下玄鸟的蛋而生下了契，这是开辟论的说法。然而在中国，因为洪水传说是开辟论，那么《商颂》中应该记录洪水传说中的冥的事迹，但是这一点在《商颂》中没有体现，所记录的与洪水相关的事只讲到了禹。《商颂》中出现了"九围""九有"的说法，据此可以知道，《商颂》是在禹的洪水传说确定以后，产生了将中国划分为九州的想法，"九围""九有"出现在"九州"之后。大致来说，因《诗经》是口头流传的作品，比文字记述更古老，所以《商颂》中并未记载。一般认为，《商颂》为孔子祖上正考父的作品，也有人认为取自周代大师，被正考父带到自己国内。这是西周末期的事，距今十分久远；实际上，就其出现的时间来说，似乎比那时晚得多。南宋朱子的门人早已对此产生怀疑，认为《商颂》较之简洁的《周颂》，文句过长。朱子对此进行了暧昧的解释，认为"《商颂》之辞本来就奥古"。根据其所记载的内容，也不能将之视为考察殷代的准确材料。那么，中国历史有据可考是从何时开始的呢？我们接下来将论述这个问题。

殷代的史实

中国古代史的传说和事实是何时开始趋于统一的，这是一个重要的课题。我认为大致上开始于殷商的盘庚时期。《尚书》中有记载盘庚时候的事情，《尚书·盘庚》三篇都是对当时的记录，但所记是否全然属实，答案是否定的。这三篇作为记述殷代情况的文章，篇幅过长，内容也比较复杂。文章的形式与《尚书·周书》中记录周公的内容类似，且不同于当时《周书》完全从简册或金文中传录的《洛诰》。周代初期成书的《多士》《多方》《无逸》《君奭》等均不是源自直接记录，它们最初由传说形成，后来才以记录的形式保留下来。《盘庚》的情况与这些书差不多。只是相较于《尚书》的古代部分，如《典》《谟》《甘誓》《汤誓》等，《盘庚》的记录时间上更早。《盘庚》三篇又名《盘庚之诰》。《史记》记载了这部书的成书时间，说是盘庚死后，小辛时期国势衰落，民众因想念盘庚，作《盘庚之诰》。我认为这实际上还类似于一种传说。《吕氏春秋》有记载，周武王攻克殷时，命周公问殷的遗老殷亡国的原因以及殷民有什么要求。遗老回答说："希望回到盘庚之政。"是以周武王同意在过去殷商的地盘推行盘庚之政。我认为这是《盘庚》篇得以留存于现今《尚书》中的原因。但周武王时《盘庚》三篇并未即刻被记载下来，而是在其后不久的年代成书的。因此，即便不是直接记录的内容，也是口口相传的事实。《盘庚》中所记事情不同于后来那些通过想象写成的内容，可以确定《盘庚》所记内容源自从殷代百姓那里询问的情况。

《史记》中有记，殷曾经数度迁都，盘庚时期将国名定为殷。在此之前，商代的都城从黄河的南边迁至北边，盘庚又把都城迁回先祖成汤的亳（今河南商丘北）。关于此事有不同说法，《史记·殷本纪》的注中引用古书《竹书纪年》的说法：自盘庚到纣，其都城位置都没有变化，其间有七百七十三年。王国维认为实际上是二百七十三年，盘庚将都城迁到殷，后来殷字变成卫字，是以周代的卫即过去殷的地盘，所以，殷的都城并不是由黄河北边迁到南边，而是由黄河南边迁到北边。王国维的看法有一定根据，在殷墟中发掘的文物可以证实这一点。殷代盘庚之后，一直居于原来的地方，在那期间武丁（高宗）出现了，两三百年来国泰民安。尽管后来出现了暴君纣，但正如孟子所说，如果君主暴虐，但辅佐中有贤者的话，周灭殷也不是一件容易的事。

殷人似乎对盘庚以后的事记忆特别清晰。从盘庚到纣有八代直系。日本阿伊努族人可以记忆十代的事。因此，现存的书籍中记录的关于盘庚之后的事，具有一定的可信度。再加上近年殷墟的发掘成果，给历史研究带来了光明的前景。"殷虚（墟）"这个名字是早就产生了的，《史记·项羽本纪》中有记载："项羽乃与（章邯）期洹水南殷墟上。"《水经注》中的"洹水"一条，也记录了殷墟。在近年的发掘中，从很早开始便被称作殷墟的地方挖掘出了很多甲骨文以及其他遗物，这些东西，与以往的传说和记述十分一致。很多出土的甲骨文中记载了历代帝王的名字，其中也有排列殷时历代帝王名字的甲骨文。王国维的研究中可以看到这一点，并且将其中殷代帝王的排列顺序，与《史记》以及其他书籍中一些篇目（《史记·殷本纪》《史记·三代世表》《汉书·古今人表》）中的排列顺序进行对比，可以说非常一致。尽管甲骨文的记录中只有直系的人，省略了其他人，但无论如何，总算是有实际的证据能与目前的记录相吻合了。终于出现了能够证明殷代的帝王并不只是传说中人物的证据了。这些出土的文物还记录了一些盘庚之前的事情，据此，我们得以证实以前那些书籍中所记录的盘庚之前的事情是否属实。成汤以前的事也与《史记》所载的殷代宗谱吻合。《史记》记载的顺序是：上甲微、报丁、报乙、报丙、主壬、主癸、天乙（成汤）。甲骨文中的记录则是这样的：上甲微为甲、报丁为乙、报乙为丙、报丙为丁、主壬为示壬、主癸为示癸，无天乙，之后是大丁。究竟上甲微的"上"是标注"甲、乙、丙顺序的最早的人"的意思，还是类似"帝（商）"字之上的"二"那样表示"称帝"的意思？报是祭祀的名称，主和示都是被祭祀的人，称为木主。令人产生疑问的是这个排列顺序（甲、乙、丙、丁、壬、癸等）太过严谨，这不禁让人怀疑，是否成汤以前的记述存在想象的成分？原来殷时的人祭祀生日，会对生日进行占卜。但值得怀疑的是，甲、乙、丙、丁的顺序过于严谨。如果怀疑汤以前的记录有存疑之处，那么汤以后的记录基本可信。在汤以前，商的祖先以十干为名，夏代也有人以十干为名，二者的可信度应该是一样的。夏代只留下了胤甲、孔甲、履癸几个名字，最开始是甲，最后是癸，其排列顺序也十分严谨。此外，桀和汤的名字都叫履，可能"履"在传说中有特殊的意义。我认为"履"字在古代应该有另外的含义。综上所述，盘庚以后的事是殷灭亡时的存活的殷民准确流传下来的，通过这点可以断定，盘庚以前到汤为止的那些严谨的排列或许是可信的。以往书籍中读到的记述，与近年新出土的文物提供的信息是一致的。这些材料，并不是历史学家为编著史书而留下的记录，而是在偶然的事实下书写，并保存至今的。盘庚因其无比伟大，因此那个时代只有他的事被百姓记住。

根据上述关于殷代系统的论述来看，王国维的研究结论表明，古代的继承法并不坚持子承父位的原则，这一点有确凿的证据可以证明，且无长子继承王位这样的固定模式。殷商共计三十一代，其中由直系继承的共计十七代，很多是兄弟继承王位。同辈兄弟间继承了王位后，下一任王位继承人，多数情况是年幼儿子之子，而非年长儿子之子。这样的继承模式，很多地方都曾实行过。这种继承方式并不看重嫡庶的区别，在长子和少子中，继承权也总是在少子一方。这是中国严格的继承制度，即宗法制，尚未形成的时代。因此，此时服的关系，即继承关系，较之周代，尤其是周代中期以后有很大的区别。王国维认为直到周代初期仍保留着殷代遗风，而殷周更替之际正是宗法制产生的时期。

因此关于殷代的记述，《尚书·周书》中开始的部分大致是可信的。即《无逸》《君奭》中记述的是殷代的事实。《无逸》中告诫天子说，君主不贪图享乐便能长寿，其中引用了殷代天子的事以证明这一说法，说中宗（大戊）很长寿，在位七十五年，高宗（武丁）在位五十九年，祖甲在位三十三年。这几代帝王都体会过农耕的艰辛，不贪图享乐。但其中完全没有引用殷以前的事，因为当时还不了解殷以前的事情。此外，《君奭》有记载：明君应有贤者辅佐。作为例子，后世肯定会举尧、舜、禹等人，但《君奭》中只列举了殷代的人，如成汤时的伊尹，太甲时的保衡，大戊时的伊陟、臣扈、巫咸，祖乙时的巫贤，武丁时的甘盘等。虽然不能确定《君奭》成书的年代，但可以确认，周代初期已开始流传有关殷代的君臣关系的故事。这些说法与孟子说的"由汤至于武丁，贤圣之君六七作"是吻合的。孟子的话证实了殷代的传说是确实存在的。尽管目前尚无确凿证据，但如果基于古书，以确实的证据为中心，去寻找与之相符的可信的记述，我想也能得出以上结论。

殷代的社会状态

此外，从殷墟出土的遗物还引发了人们的种种想法。罗振玉发表在《殷虚书契考释》中的研究成果也让很多事情逐渐清晰明了了。他认为，那些为占卜而写在甲骨上的文字就是殷墟的书契。罗振玉根据占卜的种类对甲骨上的文字进行了研究，把占卜的内容划分为祭、告、享、出入、田猎、年、风雨、征伐等。这里所列举出来的内容，实际上过去已经知道，关于祭祀的竟有三百零六项，占比最多。告是指向神灵或祖先报告，有十六项；享（酒席）有十五项；出入有一百二十八项，步、往、在、还等与场所有关的内容也包含在内，步、在等，《尚书》中也有记述，且金文（铜器上的铭文）中也有记载，这些材料证实了金文与甲骨文的一致性，增强了史料价值；与田猎相关的有一百三十项，其中狩占一百二十三项，渔占七项；年有二十二项；风雨有七十七项；征伐有三十五项。所列出来的数据，仅仅只是罗振玉读过部分的统计，并不是对整体的统计，但是根据这些数据可以推测其大概。如果把那个时代的事情与日本进行比较，会更加便于理解。在中国，祭祀是古代天子一年里固定的活动，而日本到明治初年为止，祭祀活动的日子在日历中有体现。享在古代中国是相当平常的活动，日本德川时代大名与大名的往来也以这种活动为主。出入、田猎等活动到日本德川时代初期为止称为狩鹰猎，中国曾在三代存在过的活动，在日本则一直到德川初期依然存在。甲骨文记述的内容主要以占卜为主，因此，如果将前面所说的事情看作史料，就需要明确这是事先的记录，而不是事后的记录。《春秋》等书中的记录就是事后的记录。这与历法相关，日本王朝时代也有"具注历"，由贺茂氏（土御门氏）执掌，每年将历本颁发给天皇和大臣。天皇一天有五行，摄政和关白有三行，地位往下行数递减，把每一天发生的事写在历本上。这说明《春秋》的历法流传到了日本。因此说《春秋》之法是以日历为本，将已经发生的事情按天记录下来。殷墟的记录，是在事情发生之前将问卜的话写到甲骨上，而形成的记录。罗振玉的研究则以当时存在的文字为依据，有关祭祀的内容很多，从他的著作中可以读到从殷代开始出现了哪些祭祀。

此外，读罗振玉的著作还能知晓殷代官职的情况。罗振玉发现如下官名：卿士、大史、方、小臣、竖、扫臣、巫、衡、尹等。卿士自然是最主要的官职，官名中"卿"字之后的"士"表明其掌管刑、罚方面的事。大史，我认为是执掌与记录相关的官职。方指的是地方官，《周礼》中提到的"职方""训方""土方"，可能就是出自此处。小臣是奴隶的官，臣扈地位也在奴隶之上，竖同。扫臣是负责打扫卫生的官职，类似于日本的扫部头。另外，巫也是十分重要的官职，包括巫咸、巫贤，都是辅佐天子的职位。衡也称为衡麓，章炳麟认为这一官职后来成为光禄，光禄是负责工的官职。章炳麟认为，古时候天子居住在山上。《尔雅》中有"林为君"的意思，君的住所"禁"即由"林"字衍生而来，即禁区。因为君主居住在山上，所以宰相居住在山麓。这样就产生了"大麓"的说法，"衡"也随之出现。虽然不能完全确定这句话是否可信，但从中可以得到研究古代官职问题的一些启发。虞也是山林的官职："尹""君"字义相同，"尹"加上"口"就是"君"。与殷有关的事一半是传说，另一半则不是古代想象出来的故事，而是事实，这些事情反映的是当时社会的进步。

对于殷墟出土的遗物，《朝日讲演集》有对当时使用的物品进行记录，主要是骨器或牙器。骨器或牙器显示了非常高的制作水平，雕刻很精巧。我在对铜器进行研究的时候，认为殷代铜器的制作工艺十分高超，铜器非常精美，而周代的铜器则比较粗糙。我想，这是由于殷代狩猎十分盛行，那时人们经常在动物骨头上进行雕刻，人们直接将雕刻骨头的技巧转用在了铜器上，是以这一时期的铜器雕刻技术十分了得。而周朝人从西边来，尽管灭了殷，但周朝人的文化程度有限，制作技术也很一般，所以周朝的铜器看起来很粗糙。我在近期见到的牙器中，发现有些试图在上面镶嵌石头。我曾怀疑过罗振玉的《殷代古铜器图录》中讲述的镶嵌铜器，但结合我所看到的牙器的工艺水平，罗振玉所说的镶嵌铜器应该是真实存在的。殷墟的出土遗物中还有石器、玉器，这些东西的质地不算上乘，但其磨琢雕刻的水平已经称得上是艺术级别。需要特别注意的是，还有一些看起来像货币的东西，无法分辨究竟是用作装饰品还是货币，或是既是装饰品又是货币，这类东西是用骨头做成的，形状类似贝。这种用骨做的类似贝的东西比天然的贝还要多，这说明当时社会上已经将骨器作为货币大量使用。殷墟出土的遗物以骨器、牙器为主，这些似乎都是狩猎时代的东西。但是已然发现的文字遗物中有"牧"字，这就说明当时有一部分人也从事农业生产。就建筑方面来说，根据《商代遗物铭》中的重层形◆可以看出当时已有了两层结构的房子，后来这种房子成了明堂，也就是祀天祭祖的地方。政治上祭祀是重要的活动，因此明堂成了祭祀建筑。结合明堂和卜辞中诸多有关祭祀的内容，就会知道殷代非常重视祭祀。用祭祀记录年代，是从一年一度的大祭——冬至的祭祀为起始的。天子就是神主，因此殷代在天子之外没有其他祭祀方面的官职。当遭遇大旱的时候，汤向桑林祈祷，这时候汤一动不动，做出一副神灵附体的样子，可以看出殷代的天子基本上扮演了神主的角色。"王"字也由祭祀而来，后来说"王"乃统贯天地人之三才。而其原字是王，山是火，火是祭祀中的重要东西，因此，"王"的字义应当是"掌管火的主神"。

上面所讲的这些，都是针对殷代出土的遗物、记录所做的解释。可以说，中国文化有据可考起于殷代，在那之前不过是开创天地万物等传说类的东西，中国的史实大致是从殷代开始的。

殷的亡因

殷代亡于纣。关于纣的说法有很多。某个时期把所有暴君所做的事都强加于纣王身上，但也有人同情纣王。对纣王的同情自古就有，比如之前所提的《论语》中子贡的话，认为纣王的不善并未及于如此程度。"君子恶居下流，天下之恶皆归焉"，所说的便是对纣王的同情。《论语》成书的时代大致是在战国初期到中期。《尚书》中有关纣王的议论比较多。《尚书·商书》的《西伯戡黎》和《微子》（今文）都对纣王之事有所记录。今文《尚书·周书》中的《牧誓》《酒诰》《立政》也都记录了纣王的一些事情；虽然《无逸》篇中的记载未明说是纣王，但有记载说殷代末期的诸王天生享乐安逸。但是必须认真思考这些材料是否值得相信。最初的两篇，特别是《微子》看起来较为可信。现在我们仅从文体上来判读《微子》，《微子》文体与周代初期的史书较相近，相较于《牧誓》，更类《酒诰》或《大诰》《洛诰》，看起来确实像是源自简册的内容。当然《商书》等于战国初期编纂成书，但它可能把时间更早的简册的内容汇编到了书中。尽管我们不能说其成书于殷代灭亡之时，但可以推测其写作年代应该距离殷亡时不远。因为其中还未收录春秋战国时代的思想。

根据上述资料，我们得以了解诸多情况，其中不乏与《论语》中子贡所言相符之处。《西伯戡黎》中记载，文王讨伐黎时，纣王的臣子祖尹惊恐地说："天子！天既讫我殷命。格人元龟，罔敢知吉。非先王不相我后人，惟王淫戏用自绝，故天弃我。"对此，纣王答："呜呼！我生不有命在天？"《微子》中说纣："沉酗于酒，用乱败厥德于下。殷罔不小大好草窃奸宄，卿士师师非度。凡有辜罪，乃罔恒获，小民方兴，相为敌仇。"据说微子是纣王的庶兄，《微子》中还记录了其告太师、少师的话。《牧誓》中记载："今商王受惟妇言是用，昏弃厥肆祀弗答，昏弃厥，遗王父母弟不迪，乃惟四方之多罪逋逃是崇是长，是信是使，是以为大夫卿士，俾暴虐于百姓，以奸宄于商邑。"《牧誓》在殷周的书籍中文辞比较流畅，不像是简册的转述。《牧誓》为武王讨伐殷时发出的命令，可能因为比较出名，得以广泛流传。《酒诰》中也讲述了与纣王相关的事，将殷代天子的事情作为告诫饮酒惹祸的例子进行了记录：因溺于酒，祭祀时酒臭冲天，以至天灭之。《立政》中记载，纣王重用受过刑罚的坏人，却不用本国贤人。《商书》《周书》有诸多相似的内容，我认为这些相似的内容大概很久以前就以传说的形式出现了。《无逸》中说到：直至祖甲均为好天子，不贪图享乐且深知百姓的艰难；这之后的王贪图享乐且不知农业劳动的艰难，因此短命。关于这类事，崔述的《考信录》中所发论说较为中肯。崔述认为：《微子》中记录的纣王之事，除了嗜酒外，其他事与其说是纣王所犯的过错，毋宁说是殷人自己犯下的错误。此皆民众风俗之弊，并非针对纣王。话虽如此，但究其原因还在于，官吏互相效仿做坏事，不听前人的劝告。但根本原因在于王不知用人之道，最终以淫戏断绝自身。将帝王失德作为亡国原因的说法，在中国的兴替论中是常见的，但崔述能注意到百姓中风俗弊坏，这一点是其见解卓越。此外，崔氏认为，纣王过错有五点：听妇人之言、嗜酒、怠祭、不纳谏、用小人。别的方面，比如各种书籍中记载的恶事，这就好比将所有应验的预言全都看作孔明、刘伯温的预测，将所有奸诈的事都归于曹操，将公正的裁决全都算作海瑞的功劳一样，将所有恶事都推给纣王，这是不公正的。崔述的这种看法是十分符合常识的判断。近年夏曾佑在其所作的《中国历史》中说："但凡提及暴君，必将同时列出桀、纣，并且二人所做恶事皆相同：妇人之事、饮酒之事、兴土木之事、拒谏之事、受贿赂之事、信天命而不反省之事。恶人也不一定会去模仿别人所做的恶事，两者之间这种一致性是不太可能的。"尽管夏曾佑的说法基于传说而来，但不失为一种进步的历史观。

　　从现今的情形来考察，即便《尚书》所记多少有些真实性，也仅仅是崔述、夏曾佑两人所列举的那般罢了。从《尚书》以后，认为历代中国君主因失德而亡国，大概就是从这时开始的。这中间还引出了一个可能古代即存在的事实：百姓失去了信仰的观念。战国时代就流传"殷人信鬼神"，这说明战国时人们信仰观念已经越发淡薄。《史记》中说："帝武乙无道，为偶人，谓之天神。与之博，令人为行。天神不胜，乃僇辱之。为革囊，盛血，卬而射之，命曰'射天'。武乙猎于河、渭之间，暴雷，武乙震死。"这一记载可信度多高不得而知，但其中一些内容与《微子》中的记述吻合。在古代，民众的信仰衰退是国之大事。其次是纲纪废弛。《微子》篇中所记的无论大人小孩都偷盗的现象，即是一种无管理的状态，这也是导致国运不强的原因。再就是《牧誓》《立政》中记载的恶人聚集在天子身边的情况，这也是导致国家灭亡的原因。没有敏锐的历史眼光，是很难注意到这些情况的。这类记述还见于《牧誓》及其他篇章，因此能够判断《牧誓》等篇是事实。前面所讲的导致国家灭亡的原因，清朝也同样存在，清朝皇室成了赌徒的黑窝。日本德川幕府的末期也存在与此相同的情况。这都是历史上引人深思的事实，没有历史眼光的人难以认知。《牧誓》《立政》记载了这些事情，就可以将之视作记述事实的证据。接下来是《微子》《牧誓》中所记的听妇人之言、不任用贵戚老成人之事，这也是后世同样存在的事实。如上所言，即使纣王是明君，面对殷的国势衰颓，也难以避免灭亡的厄运，且另一方面还有来自周的威胁。周朝到文王、武王时候，国势如日中天，其势难当。即便情况如此，殷依旧拖延了数年，才为商所灭，原因就如同孟子所言，先王中有贤君，人民受其余泽，且纣王时代贤人众多，只是未被重用。例如《论语》中说殷有微子、箕子、王子比干三位贤人。孟子所说的商容、胶鬲的事大概也是真实存在的。总之，殷代确实有贤人。

殷周革命的性质，王国维的《殷周制度论》

殷被周灭掉，在当时中国历史上是从未有过的大事件。在此之前，夏殷更替不过是被古代以来并存的同一性质的国家所取代，夏王虽战败但并没有遭到杀害。然而殷周更替完全是另外一回事：第一，似乎人种不同。夏、殷均在渤海沿岸、黄河口生存繁衍，说着相同的语言（近似于乌拉尔-阿尔泰语系的语言），曾经有过交替做盟主的时候。而殷、周情况则不一样，兴起于西边渭水上游地区的周，可能和后来的氐羌人是同一种族。周迅速强大，对与自身不是同一种族的殷人展开了非常残忍的进攻。《逸周书》中有记载（《史记》中也记载了），殷被灭亡之时，纣王自杀，其尸体遭受周人侮辱。

这一时间的革命是非常重大的事件。

近年来王国维著有《殷周制度论》，讨论殷与周的不同之处。我认为，王国维在书中忽视周代制度初期与中期以后的不同，只讲殷、周的差异，好像哪里有不足，从整体上来说，还是论述得很不错。书中认为，都邑最初位于东方，后来逐渐移到西方，为了证明这一点还举出了例子，尽管所举例子有不恰当的地方，但着眼点是好的。换言之，这说明文化从黄河河口转移到了上游地区。这实际上表明王国维认为殷、周间制度差异相较于夏、殷间的差异要大。此外，王国维还注意到了在殷代以前，没有嫡子、庶子之分，继承形式也并非嫡子继承，而是将王位传给兄弟。结合殷代的宗谱来看，多数是传位给兄弟，继位的兄弟去世时，王位也不会由长兄的长子继承，而是传给年纪最小的弟弟的儿子。这样一来，祭祀时兄弟同辈人受到相同规格的祭祀，且对父亲和对伯父、叔父采用相同的称呼。这种情况并不独行于殷代，周代同样存在。大王的三个儿子中，排在前面的泰伯、仲雍没有继承王位，而由后面的季历继承王位，文王之后不是伯邑而是武王继承了王位。再之后，周公摄政时，依旧沿袭继承法行事。这里需要注意的一点是，摄政期间将天子称作王的称呼。古代几乎都是这样的，这与后来的中国史不一样，古代的王也与后面的君主独裁时候的王不同。古代中国是同族人继承王位，而之所以不由兄长的儿子继承王位，是因为当时倾向于兄长的儿子长大后离开中央。可能由纣继位，而不是微子继位的原因也是如此吧。殷、周在制度上没有变化，证明古代确实有过年少的儿子继承王位的传统，长子继承是后来才有的事。另外，王国维认为帝王给自己的儿子、兄弟分封这样的事情是没有的，这也是王氏的卓见。一直以来，人们认为殷代也存在封建制，子爵是最高的。王国维则认为没有这回事。出于某种原因，确实存在过王子离开都城到很远的地方居住的事情，但并不是封建。可能因为微子、箕子是天子的儿子，名字中用了"子"字，自然"子"就成了尊称。因为"子"受到尊重，铜器中也多次出现过9。在后世形成的风气中，不是父子关系不能继承王位，王位也必须传给长子，但殷代并不在意这些。甚至有兄长继位的，因此在祭祖的时候也祭祀兄长。这一认知源自罗振玉发现的古代武器。从"大祖曰己祖曰丁父曰癸兄曰戊"这句话中就可以明白。在后世的中国人看来，这是不可思议的。罗振玉认为，在殷之前，天子与诸侯间并无明确的君臣之别。诸侯在自己国内同样能称王。过去认为统一的国家中不可能出现像周文王这样，在纣王时期就以王自称的事。对此，王国维进行了解释。另外，殷代妇女没有姓（周代开始妇女有姓），所以天子的母亲、妻子都用生日作为自己的姓。像妲己的"己"姓是不存在的，可能这是用生日作为称呼（但王国维遵从旧有的说法，认为这是称呼妇女姓的开始）。总的来说，将之视为周代以后出现的新事物，王国维的着眼点十分明智。看了殷、周之间不同的地方，可以了解古代中国。但是这中间的情况，并不会跟随王朝更迭而完全变化，它象征着时代的进步。

殷代文明同样如此，是在不断进步的。《史记》中引用《竹书纪年》的记述说，盘庚以后国都没有改变，纣王时都城扩大，南到朝歌，北至邯郸、沙丘都设立了分都。如果记述属实，殷代百姓似乎都聚集于都城范围内。《诗经》认为殷的地域分为邶、鄘、卫三部分，其中卫风与郑风多出男女淫乱的诗歌，其地进步和堕落并存。因此尽管武王封了武庚，又派管叔、蔡叔辅佐，依旧忧心对此处的治理。成为大国后随着文化的进步，好像不会轻易灭亡。据说箕子后来把殷代文化精粹——《洪范》传到了周代。因此，作为不同种族的周朝人，继承了文明发展程度较高的殷人的文化。只要看了现今出土的殷代文物，就能感受其呈现的文化发展高度，文化的发展甚至在艺术领域也有所表现，这些文物正是殷代文化进步的证明。

第四章
西周时代

周的先祖

　　《诗经》的《大雅》《鲁颂》中都有记述周代祖先后稷的事。后稷的母亲名叫姜嫄，据《诗经·大雅·生民》记载，此女郊禖时（无子者为求生子而祭神，似乎是公开允许野合的古代祭祀风俗）踩到上帝武敏的脚印上，有感而孕生了后稷。这件事在《诗经》中有两种解释：一是《三家诗》之说，这本书今已失传，其说法在郑玄《毛诗传笺》中还有保存；一是《毛诗故训传》之说。《三家诗》称其踩了上帝小脚趾的脚印，《毛诗故训传》称其踩了上帝脚印而生后稷。对于姜嫄，《毛诗故训传》说她是高辛氏的妻子，但后来朱子写《诗经集传》时参照的是《三家诗》的说法。总而言之，姜嫄受孕生了儿子，却想把儿子扔掉，将之扔到狭窄的巷道里，有牛羊养他；扔到冰面之上，鸟儿们呵护他；扔到山林中，又被砍伐树木的人救下；最终无奈之下只得自己抱回来抚养，在有邰居住下来。据说有邰是姜嫄的娘家。后来，周人美化自己祖先，《史记》中认为姜嫄是高辛氏帝喾的元妃，认为生了殷代祖先的简狄是帝喾的次妃。根据《毛诗故训传》的说法，帝武就是帝喾的脚印；《三家诗》则认为是一个不知名的大神的脚印；《史记》中认为是巨人的脚印；朱子也认为是巨人，即神的脚印。尽管宋代的欧阳修、苏洵极力排斥巨人脚印的说法，但在他们之后的朱子仍然坚持自己的观点。古代的传说虽有不合理的地方，但这样的说法是确实存在的，所以朱子参照《三家诗》的说法较为合适。《诗经·鲁颂·闷宫》篇（说及经常关在宫中祭祀姜嫄的部分）中记载了后稷的事。诗中说后稷生来就对农耕十分精通，积极开展农业生产。《诗经·大雅·生民》篇中认为周代的祖先是掌管农业的神。"有邰"

的"邰"字，一作"漦"字［或作"漦"或"釐（厘）"字］，为川名。有说法认为周之所以是姬姓，是因其源于姬水，推测"姬"与"漦"是同一个字（据说黄帝来自姬水，炎帝来自姜水，且炎帝的"姜水"和"姜嫄"的"姜"指同一个地方）。

想要弄清楚这些传说起于何时，这需要研究《诗经》的《鲁颂》和《大雅》。《鲁颂·闷宫》产生的年代大致是清楚的。《鲁颂》是为赞美鲁僖公而作，《闷宫》篇的最后也有关于僖公的记录。因为讲到僖公为庄公之子，可以确定《闷宫》篇中的诗必定在僖公之后。此外，至于《大雅》《小雅》《民生》是何时的作品则无法判定。《大雅·文王之什》记录的主要为文王之事，《大雅·生民之什》记录的则多为文王以前的周代祖先之事。不能确定《大雅·生民之什》创作于何时，也不知是否与《大雅·文王之什》为同时期作品。另外，不用考据《毛诗故训传》的注解就能知晓《小雅》所讲主要为宣王之事。我们在分析这些诗的产生过程时，应该注意，并不是描写更早时代的东西先写成，描写较晚时代的东西后写成，而是由较新的时代向更古的时代进行回溯，如此一来，可能描写较晚时代的东西反而成书时间更早。这方面在日本也有同样的情况，比如《大镜》是受到藤原氏衰落的影响写成的，《水镜》写的则是藤原氏之前的事，但《水镜》成书晚于《大镜》。《大雅》《小雅》是口头传唱的内容而非文字的记录。这类诗中的大部分最初成了歌颂宣王的《小雅》，随后出现歌颂文王的《文王之什》，再之后出现了歌颂周代祖先后稷的《生民之什》。这一点与今天的《大雅》《小雅》的顺序是相同的。而关于歌颂宣王的诗歌出现于何时，我认为情况大致类此：宣王在位的五十年，周朝达到鼎盛时期，其后是周幽王亡国，再往后平王兴东周，可能是感叹王朝的盛衰交替而出现了歌颂宣王的《小雅》诗篇，随后逐渐往之前回溯，因此《小雅》大概是周幽王、周平王时期的作品，最主要是平王时期的作品，《大雅》应该是《小雅》之后出现的作品。从《大雅》《小雅》的文辞来看，铜器的铭文中也出现了与之类似的东西，比如说虢季子白盘。这是七八十年前于陕西省宝鸡县出土的文物。结合出土的地区分析，金石学者断定此非东周时代的东西，而是西周时代的东西。因此《大雅》《小雅》中的诗歌可能都产生于两周交替时期。可以说，《大雅》《小雅》中传说的部分是比较古代的东西。正因为其是年代很早的传说，所以和后来关于后稷的传说有矛盾之处，而这恰恰说明它具有价值。

上述传说中，后稷被当作人类的始祖，《大雅·生民》篇中特别明显地显示出了这种倾向，而《鲁颂·閟宫》篇则认为后稷继承了禹的王位，即："奄有下土，缵禹之绪。"从中可以知道《閟宫》篇的时间晚于《大雅·生民》。这即意味着，后稷起初被认为是周的始祖；后来又被认为继承了禹的王位，成为引领整个中国的人；到了《尧典》《皋陶谟》中，则变成了尧、舜时期诸多官吏中专司农事之人。《尧典》与《大雅·生民》篇中不一样的地方，恰好成为《大雅·生民》篇是很早就存在的传说的证明，其价值便体现于此。

但是后稷是否一开始就被认为是周的祖先，这一点尚不清楚。《史记》根据《世本》的传说对周代的宗谱排列如下：

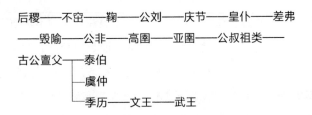

此说中有一些不太合理的地方，比如说公刘专研后稷的事业，精通农事。《大雅·公刘》诗中的"彻田为粮"说的是井田法，而皇仆、高圉、亚圉几人的名字显而易见表示他们与牧畜有关。如果此说是真实的，就成了先有农耕后有畜牧，这违背了自然的发展过程。可能周人最初先有牧畜时代的传说，而后进入农耕社会，因此将后稷当成农耕的始祖，同时也将其视为周人之祖，百姓之祖。倘使果然如此，可能周人最早的传说中所讲的即为宗谱中公刘以后，那些与牧畜相关之人的事情？尧、舜之后，夏、殷两朝持续千年左右，假设一代为三十年，以直系计算就有三十代。夏、殷两朝的直系代数大致与此数目相符，而周从后稷到文王只有十四代，因此认为后稷与尧、舜属于同一时代的人，这是让人难以信服的。从殷代中期以后，文化逐渐传播到地方，从那时起的事是可以知道的，随后将皇仆、高圉等当作周的创始人，此后又将这一认知与公刘说、后稷结合在一起，形成了后稷与尧、舜为同一时代人的认识，最终形成前面那不合理的宗谱。更何况，认为彻法税开始于公刘时代，本身就是错误的。

从古公亶父开始就进入了真正可以弄清事实的时代。但是仅有《大雅·绵》的一段歌词中出现过古公亶父，此外再没有关于古公亶父的史料记载。《大雅·绵》中说古公亶父似乎曾经居于名为沮或漆的河边。他穴居于岐山脚下，开始没有房屋。这一说法也与《大雅·生民》中所说的后稷在有邰有家庭相冲突。可能有关古公亶父的说法是正确的。尤其就中国的情况来看，穴居未必是年代久远之事，直到现今山西、陕西仍有人穴居。但一般来说，屋居比穴居更进步。建设房屋始于古公亶父的说法，与后稷时开始有房屋的说法冲突。《大雅·绵》中记载，负责居住的官吏为司空，此外还有负责指挥农奴的官吏，即司徒。还有说法认为古公亶父的妻子是个姜姓女子，此时的说法似乎回溯到后稷，后稷的母亲就是姜姓女子。《鲁颂·閟宫》中有关古公亶父的记录有一句是"实始翦商"。一般认为这句话所说为侵略殷的事情，后来将"翦"字释义为"践"，这句话的意思就变成了与殷交往建立联系。不管怎样，与具有先进文化的殷建立联系，接受其文化并进入屋居的社会形态，这是早就有认知的事情。于周而言，这是自己国家兴起的过程；于中国整体而言，这一时期先进的殷文化沿着黄河而上，传播到陕西，教化当地较落后的人，使得酋长中诞生了像亶父这样的人物。

亶父有泰伯、虞仲、季历三个儿子。季历的儿子中有一个是后来的文王。因文王生来有祥瑞之兆，亶父有意传位于他，于是泰伯、虞仲逃往荆蛮，断发文身，从此没有再回来过。此与王国维的说法相符，其继承方式是与殷代相同，都是年少的儿子继承王位。但将泰伯之事与吴混杂在一起，将其说成是吴太伯，实属牵强附会。周文王扩大了国土，迁居到渭水边上的丰。此时有文王受命称王的说法，这里所说的受命指的是接受上天的指示。虽然根据后来的一统天子论，认为殷王在位时，文王是不能称王的，但是在古代，势力稍大一些的诸侯称王是常有的事情。基于此，可以猜想，这一时期的周已经成为相当大的诸侯国。也有人认为文王只是一个谥号，或者是自己这样称呼。我认为应该是自己这样称呼的。周文王与纣之间发生过很多故事，大抵与桀、纣之间的情况类似。纣王下令抓捕文王，文王的属下行了很重的贿赂才使文王免于被捕。文王手下有名的佐臣很多，对此，《商书·君奭》中所记载，这在一定程度上反映了事实。实际上灭殷的是武王，但一般认为文王是周朝的开创者，古代的传统是将自己出生的地点作为始祖祭祀，所以始祖祭祀文王是顺理成章之事。这种说法直到《史记》问世依然存在。

周文王时已经开始征伐其他国家，扩张了自身的领土，《论语》中有："三分天下有其二，以服事殷。"《史记》中也记录了此事，《诗经·文王之什》《尚书》中都有明确的记述。可以说这是从很早以前流传下来的说法。据记载，文王受天命成为王以后，"一年断虞芮之质，二年伐邘，三年伐密须，四年伐畎夷，五年伐耆（西伯戡黎），六年伐崇，七年而崩"。这五六年的征伐已经进入殷的畿内，可以看出周对殷所形成的压迫态势。《史记》中关于这一点的记载略有不同，其认为伐崇后即定都于丰。丰的位置在今天的西安市附近，定都于此，可以看出周想要从渭水上游向下游进攻东边的愿景。所谓的天下三分占其二，是指在当时的九州中，周占了六州，但这是后人附会的说法，当时并不存在九州。文王在国势蒸蒸日上的时候因病离世，由武王继承了王位。

武王的事迹

《尚书》的《泰誓（大誓）》《牧誓》《武成》各篇中都记述了武王伐纣的事情，但《今文尚书》中仅有《牧誓》一篇具有一定可信度。人们通常认为《泰誓（大誓）》是很早以前插入其中的。伏生的《今文尚书》问世之时，二十九篇中有无《泰誓》存疑。有人认为《泰誓》不在其中，并书序共二十九篇。此观点的论据是，西汉末年，刘向在《别录》中记载，汉武帝末期从百姓家的墙壁中取出《泰誓》。倘使二十九篇中包含《泰誓》，此时就不会发现这本新的《泰誓》。认为二十九篇包含《泰誓》的，其证据是，据说因欧阳、大夏侯、小夏侯从小受到伏生学问的影响，他们传承下来的《尚书大传》（目前尚有残篇）中引用了《泰誓》中的句子。还有一种说法，反对《泰誓》成书于武帝末期，理由是武帝初年的董仲舒，其"对策"有《泰誓》的内容。有人将这些论说进行折中，认为伏生的《尚书》中包含《泰誓》，但只包含残缺不全的上、下两篇，后来又得到中篇，才形成完整的《泰誓》。这一说意味着现存的《古文尚书》中的《泰誓》为伪作，真的《泰誓》可能还存在某个地方。大多数相信有真的《泰誓》的人认为，《泰誓》的大致内容在《史记》中得以保存下来。即便现在尚有《尚书大传》，其中也是残缺较多，《史记》中的《泰誓》相对来说是较为完整的。接下来是清代的学者曾尝试通过《史记》来复原《泰誓》本来的样貌。孙星衍写了《尚书今古文注疏》，又有人搜集马、郑所注的《尚书》，两者都尝试复原《泰誓》。魏源在《书古微》中也进行了相同的尝试。今日想考察《泰誓》原貌的学者一般以这些资料为依据。这与《伪古文尚书·泰誓》在做法上有相似之处，《伪古文尚书》把与《泰誓》类似的文句从古书中摘录出来进行汇总，再根据自己的想象将残缺的部分补充完整。而孙星衍和魏源则按照《史记》中所记《泰誓》的基本框架，以现存部分为基础，加以补充说明。这两种复原古书的方法，都是可取的。《史记》在对类似《尚书》这样的古书进行引用时，会根据当时的语言习惯，将比较久远晦涩的说法替换成通俗易懂的语言，因此，在这一前提下复原的《尚书》，在语言上不可能实现真正的复原，只能做到不丢失其原本表达的意思。所以说，尽管现在还存在《泰誓》，实际上这个《泰誓》是存疑的东西。如果我们读这样作成的《泰誓》上、下篇中的下篇，会感觉与《牧誓》的文句非常相似。《史记》中将《泰誓》《牧誓》两篇都记录进去了，但给人的感觉就好像这两篇从很早起其内容便是混在一起的，使人认为《牧誓》的来源和《泰誓》的来源似乎不是一个途径。除上述疑问之外，关于《泰誓》《牧誓》一开始是否存在于简册、铜器的记录中也不清楚。《孟子》中引用的《泰誓》佚文，包括韵律在内都非常流畅，风格与《牧誓》一致。如今尚存的周代青铜器大盂鼎、毛公鼎上的铭文，与《周书》中的《召诰》《洛诰》的文句有相似之处，但较之《泰誓》《牧誓》，则《泰誓》《牧誓》的文句太显得太过流畅。因此我认为，这两篇最初在传播方式是讽诵，并未被记入过简册。另外，《武成》从很早开始就是颇有争议的著作，孟子有言：“尽信《书》，则不如无《书》。吾于《武成》，取二三策而已矣。”更何况现存的《武成》还是伪古文。《泰誓》《牧誓》也一样，是讽诵传说，从未被记录过。总之，《泰誓》《牧誓》均未如《诗经》中的《小雅》《大雅》

及"虢季子白盘"那般形成确凿文字的记录。《大雅》《小雅》和"虢季子白盘"中均为整齐的四字句形式，《泰誓》《牧誓》却不是。所以我认为《泰誓》《牧誓》是出现于西周时代，借助讽诵的方式得以传播的作品。

就如上面所说，倘使将其作为古代的传说，文末的落款年代在一定程度上可以相信。但从很早开始，其落款年代就存在问题。《泰誓》的落款为"九年""十一年"。今文家认为这个时间是从文王接受天命开始称王的时候算起的。文王受命后七年去世，再加两年即九年，此基础上再加两年即十一年，正是武王灭纣的时间。古文家则认为文王在第九年去世，从九年算起到十三年时灭殷。大致上今文家的说法是准确的。总之关于年数的计算，今文家和古文家意见一致，均从文王称王时开始，并未因文王去世武王即位改元而更换年代的计算方法。这些是上古时期朴实的地方，但我们不能据此推断周代文王、武王时期距今多少年。《国语·周语》中有"伶州鸠"的说法，孔颖达在《正义》中，将之作为计算年代的开始，这异于《淮南子》中的计算方法，但还是不能明确计算出距今有多少年。《牧誓》中也记录过"甲子"，根据周历计算，应该是十二年二月，但仍然无法确定准确的年代。看起来《牧誓》中的日期大致准确，但因不是当时的记录，所以很难说没有掺杂后世记录时候的一些见解。但可以明确的是，就内容而言，这是距周代初期不远的传说，大体来说，它的内容可信度较高。

这些东西于后世较有助益的是其中对官名的记载。《大雅·绵》中有司徒、司空，《牧誓》中有司马。将此与《洪范》一同考证，就可以了解周初的官名。此外，武王的部队中包含叫作庸、蜀、羌、髳、微、卢、彭、濮人的各种各样的蛮人。这些是以四川为中心包括从渭水沿岸到云南的西南夷人。这些人来到云南，较之同一时期兴起于黄河下游的具有先进文化的国家之间的斗争，即夏、殷革命，总归存在不同之处。夏、殷革命不过是同等文化水平国家的胜负较量，而周灭殷时，则是武王率领于渭水上游聚集起来的西南夷人，侵略黄河下游地区的文明国家。四川、云南的百姓基本是西藏系即泰族，而黄河下游的文明国家的百姓是东北民族，即接近蒙古和满族的人。这里需要注意《尔雅》等古辞典中包含的东北系语言，从这些语言中可以知晓古代不同人种之间实施侵略再到实现统一的状态。这也可以打破中亚民族制服中国原住民的谬论。根据中国文化西方起源论的说法，中国人多数为泰族，源自中亚的人帮助他们建立了新的国家，实际上并无丝毫古代中亚人来过的记载。只在说及周朝发生的革命时，有西南民族与东北民族发生冲突的记载。在此之前的黄帝时期，没有任何证据表明中国土著民族曾经遭受来自中亚民族的压迫。这次革命发生于文明程度差距较大的人群之间，显而易见，周文王征服了文明开化程度更高的地方。尽管这是一个传说，但《左传·定公四年》记载了纣王灭亡时有关分配财宝和殷朝百姓的事。财宝包括车、旗、玉器、铜器、武器等战利品，有的是从殷朝掠夺来，还有的是从文王时期消灭的其他小国那里掠夺而来。《左传》中记载，这些财宝主要分配给了鲁、卫、晋。据说《尚书》中还有一篇年代久远的名为《分器》的文章。在对财宝进行分配的同时，也将战败国的遗民进行了分配。遗民中包括各种职业的人，例如分配给卫国的有陶氏等。这一情况类似于日本征伐朝鲜，可以从现存的铜器中找到证据。总之，殷代是进步的文明，而周代的特点是朴实。根据上述比较可靠的古代传说可以让我们了解周代初期的事实。

《史记》中有《逸周书》，但此书价值问题需要认真考虑。诚然《逸周书》的可信度远不及《尚书》的实在部分，但我也不认为真的如以往的学者认为的那般不可信。《逸周书》先辑成的部分和后辑成的部分是有不同的，先辑成的部分，大部分内容可以说源自古代简册和铜器中搜集的材料，有一定利用价值。《史记》中对此部分内容的利用十分巧妙，周代初期的情形记载得比较详细。这是古代流传下来的资料，对其可信的部分可以斟酌使用。因此，魏源的《书古微》因《武成》不可信，便用《逸周书》的《克殷解》和《世俘解》代替。这个例子可以说明中国学者认为《尚书》和《逸周书》的可信度没有太大差别。《墨子》中所引的《尚书》的内容大部分由传说组成，太史公根据这些传说写成雅训，将之变成理论上看来可信的事物，但是将之当成史料，以今日的判断来看，并不具备十分重大的意义。古代的传说虽成不了雅训，甚至包含一些怪异之事，反而可信的内容更多。

武王即位后几年就去世了，很多关于周朝建设的大业都是在其死后完成的。因此，武王想做的事情实际与他去世后别人想出来的事情差别不大。大体而言，武王在对待战败国皇族、百姓方面显示了比较宽容的气度。周在灭殷时，依旧封殷之后裔管理殷都，让自己的弟弟负责做监督。大概对其他战败国也采取了相同的措施，在他们的故土上，给他们的子孙封官，使得他们在故地拥有领土。周武王时期，类似后来那样分封同姓诸侯的现象并不明显。总而言之，武王的着眼点是让百姓安心。武王还把被纣王赶走的殷人中的贤者请回来，对殷人进行安抚。据《史记》《逸周书》记载，武王前去被纣王杀害的比干墓前吊唁，旌表殷时贤人商容之闾里，向箕子问《洪范》。尽管这些都是后世的传说，但其中有些事可能真实发生过。另外，武王还四处找寻古代帝王的后裔，为他们加封。武王为黄帝、尧、舜、禹的子孙加封的故事在《史记》中有记载。尽管黄帝、尧的子孙之事难以弄清楚，但舜、禹的后代一直繁衍到了春秋时代，可能武王为他们加封的事情确实发生过也不一定。武王采取这些优待以往的名门望族的措施，为当地带来了稳定。至于武王将自己的同姓族人或大臣分封为诸侯，究竟哪些是武王直接所为，还是个疑问。齐太公这样的人，可能因功劳卓著而被加封，但并未发现周公接受封地去鲁国的证据。还有管叔、蔡叔那样的，只是去殷地监督武庚，并没有封国。总的说来，短暂的数年内，周朝的威势并未远播四方，因此似乎也不存在明确的分封同姓诸侯的政策。

《尚书·金縢》中有记述武王患病时周公做替身为其占卜祈祷的事，这个说法有很多疑点。今天的常识论者认为，圣贤如周公，不会相信迷信，加上《金縢》篇的体裁异于《尚书》其他篇，或许有可能是将很长一段时间里发生的事，在经过取舍后，加工整理而成。但利用替身祈祷是极有可能存在的，祈祷所用语言也很质朴，能够充分反映当时的状态，因此这一事件可能得以用古老传说的形式记载下来。只是令人怀疑的是，汉初的《今文尚书》中并未对此进行解释，因此太史公也是根据《古文尚书》来解释，结果使得其与《尚书》中其他的古代传说部分并不一致。《尚书·微子》中也有同样的情况。往往比较古老的传说是在后来才被汇编，不若《召诰》《洛诰》一开始就有文字记录。尽管如此，我依旧认为此类史书可以被视作相当确实的记录。

《洪范》的成书

一般流传《洪范》是周武王询问箕子的内容。对此持有不同观点的人认为，《洪范》中"十有三祀"的"祀"指的是殷代纪年，而武王在位不到十三年，这里说的应该是纣王。中井履轩认可这一观点。他认为纣王虽然暴虐，但也不用质疑他的聪慧，所以问《洪范》的人不是纣王也没有其他人了。然而这是一种谬论。"祀"字在周朝初期即有使用，大盂鼎中的记述便是证明。此外，十三年是从文王接受天命算起的，文王于此后七年去世，十一年的时候武王灭殷，十三年已经是殷灭亡两年后。这样一来，就如古代流传的那样，武王问箕子而产生《洪范》也不是不可能发生。

但是，《洪范》因其内容存在错乱，一直遭到学者的怀疑。宋代的苏东坡最先质疑。他认为从"王眚惟岁"到"则以风雨"这段话，从文义来说，若将其看成是对王纪的解释，应该放在五纪下，现在的排列顺序是错乱的（《东坡书传》）。另外，《中吴纪闻》中也曾记录过宋代余焘上书纠正文章的错乱。这样来看，世人很早之前就已经提出了《洪范》的错乱问题。对《洪范》进行研究的学者很多，王柏（宋末）、金履祥、吴澄（元代）等人都做过订正。明末的黄道周在订正《洪范》错乱方面花了很大力气，写成《洪范明义》。黄道周的观点为后世儒者广泛采用，魏源的《书古微》在对《洪范》进行论述时，便完全按照黄道周的观点进行。黄道周的订正如下所述：

从"十有三祀"到"四、五纪"，其下插入苏东坡指出的："曰王眚惟岁……则以风雨。"原文在"五、皇极：皇建其有极"处断，……

接"六、三德"，然后在"高明柔克"处断……

接"七、稽疑"，到"曰雾，恒风若"再往下（跳过"曰王眚惟岁……"）直到"九、五福"，"六曰弱"下接"惟辟作福，惟辟作威"一节，直到"民用僭忒"，其下接"五、皇极：皇建其有极"，……

"敛时五福"，至"以为天下王"。

进行了这样的订正之后，文义变得清晰明确，是以应该遵从这一说法。

我想对"皇极"的几个部分进行修订。因为大致《洪范》的文是押韵的，可以根据其韵律来推测错乱的地方。原来《尚书》是用竹简写成的，按照规定，一简的长度固定为二尺四寸，因此每一简的字数基本也是固定的。据《汉书·艺文志》记载，《酒诰》脱简一，"简二十二字者，脱亦有二十二字"。据我考察，《洪范》错简为二十三字，每简大概为二十三字。据此推理可以订正一部分错简：

从"惟辟作福"到"民用僭忒"这一章的"福""威""食""国""辟""忒"字与"敛时五福"中的"福"押韵。这样，其后到"于汝极"的"极"、"锡汝保极"的"极"、"无有比德"的"德"、"惟皇作极"的"极"都有韵，所以下文"凡厥正人，既富方穀"（韵）也接这个韵，再到"而康尔色，曰：'予攸好德。'汝则锡之福，时人斯其惟皇之极"（加着重号的都是韵）。至此一段完结。

下文"无虐茕独而畏高明（改韵）。人之有能有为，使羞其行，而邦其昌"（到此押明韵）。

下接"凡厥庶民，有猷有为有守（改韵），汝则念之。不协于极，不罹于咎，皇则受之"之后，下文"汝弗能使有好于而家，时人斯其辜。于其无好德，汝虽锡之福，其作汝用咎"继续押这个韵。

进行了这样的修订后，文章所表达的意思可以更加清晰。

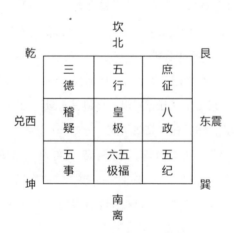

以前认为《洪范》出自"河图洛书"，由龟背着的如上图所示的东西就是洛书，但现今看来，这一说法不足取信。即使是《洪范》本文，最初是不是像今天一样有这般完备的九畴，也是可疑的。古代的学者中就有人怀疑。

《尚书》以今文本形式出现后，还可以看到其中的变化。有人认为"八、庶征"中原本无"曰时"二字，因此怀疑其他部分或许也存在附加的内容。宋代的王应麟认为，《诗经》的《小雅·小旻》中所说的"国虽靡止，或圣或否。民虽靡膴，或哲或谋，或肃或艾"是《洪范》的学说。《庄子·天运》中说的"天有六极五常，帝王顺之则治，逆之则凶"也是《洪范》的学说。《庄子》的说法很模糊，《诗经》则包含了五事。朱子注意到了这一点，认为创作这首诗的人是在传播《洪范》。实际情况可能并不是这样。结合《诗经》的句子来看，只是将《洪范》的内容整理成"五事"，这是《洪范》的作者参照《诗经》所为。那如果《诗经·小雅》成书于西周末期东周初期，则《诗经》中的内容与《洪范》的"五事"相近的《庶征》发生联系就是再之后的事。且《韩非子·有度》中说："先王之法曰，臣毋或作威，毋或作利。从王之指，毋或作恶，从王之路。"王应麟指出，这一说法也出自《洪范》，只是《洪范》中这一内容已经缺失。有一点需要特别注意，《洪范》的文句在《荀子》《吕氏春秋》中也有引用，这些事情应该是读了《洪范》之后出现的，此篇似乎于战国末期广为流传。因此，这个时期人们所见的《洪范》应该不是很久远的东西。但令人奇怪的是"惟辟作威……"一段所述非常重视君权，与法家韩非子的观点相近，而实际执行这类观点的是秦始皇。另外，"稽疑"中的"谋及卿士，谋及庶人"，不是"稽疑"的本意。随着社会的进步，完全相信占卜的思想逐渐消失，而产生了遇事与很多人商量的风气。尤其是"谋及庶人"值得怀疑。"五纪"中的历数是历法发展以后才增补进去的，这一点要弄清楚。而"八政"中"六曰司寇"和"八曰师"是重复的，以三官摄六官时，司寇与司马是同一官职。在国内逮捕盗贼的时候，这一官职被称为司寇，征战率领军队出征的时候这一官职被称为师，二者并存是不合常理的。"三曰祀"和"七曰宾"也是重复的，殷代祭祖的时候，将被祭之祖作为"宾"，这时候的"宾"没有后世"宾客"的含义。但《洪范》中的"宾"使用了后世的含义，这也能说明这样的《洪范》不可能是很久以前的作品。"食"和"货"二者也应该去其一。"稽疑"中出现了"卜五筮二"的内容，但不确定箕子生活的时代，《周易》中的筮是否已经出现。如前所述"庶征"中的"曰时"也应该删掉。"五福"和"六极"并不对称也令人生疑，去掉"弱"字，"五极"是可以成立的。

综合考虑，我认为"九畴"之说并不是《洪范》最初的形式，各畴中的细目大致由五项构成，因此可以认为"八政"中的"宾"和"师"、"食"和"货"中各有一项是后来才加上的，"稽疑"中的"贞"和"悔"（这两个字旧皆从"卜"即"卤龟"）原本是与"卜法"相关的词，后来演变成了筮法，此亦为附加内容。如果把"庶征"中的"六极"之弱看作是附加的，那么"皇极"和"三德"以外各畴数目均为五项。倘使细目由五项构成是合理的，那么存疑之处在于汇总而成的《洪范》不是五畴而是九畴。用数目表现思想时，战国时代流行用九或者十二，战国之前多用五。例如，《山海经》成书之初也叫《五藏山经》。

若把《洪范》定为五畴，那九畴中哪些应该保留，哪些应该删去呢？我认为附加内容是最初的一畴到四畴，即"五行""五事""八政""五纪"。后来被分开的"皇极"和"三德"可能原本是一畴，这一畴的内容是关于王者之德的垂训，可能后来被分割成了两畴；"稽疑"和"庶征"是王的事业的两大项，由此产生的是"五福"和"五极"。可能这才是原始的王者的大法。《洪范》就是大法的本义。

尽管《洪范》中多有后世附加的内容，但原有的部分确实是很古老的，序文中自"十有三祀……"的这段文字，可以将之视作帝向禹传授《洪范》的记述。这里的"帝"字自古以来，从未被解释为尧或舜，而是将之解释成天，这内容去掉后，可以说中国古代的帝王所遵循的大法便是以《洪范》来传播的。

周公的事迹

《史记》中有关武王、成王的记录，主要是依据《逸周书》。后世的史学家与经学家认为，《尚书》和《逸周书》作为史料的价值有很大的区别，往往忽视《逸周书》的史学价值。但太史公认为《逸周书》《尚书大传》《大戴礼》与经书有同样的价值。《逸周书》的材料比较混乱，秦汉以前的书籍经常将年代久远的简册的记与战国时期的论说一同编纂，此为当时书籍的经常出现的事情，后人在对这些材料加以运用的时候，一定要注意剔出当中不正确的东西。《逸周书》编纂的时代是比较晚的，即便是古老的资料也会因为词句的变化产生新的东西。《尚书》中也存在同样的情况。《尚书》中最古老的内容是《今文尚书》的《大诰》到《立政》这一部分，这部分内容很多是从简册上引用而来。最早将这些内容编纂起来大概是在孔子时期。即便是孔子时代的书籍，在周公以后的流传中，不可能在词句上完全没有变化。孔子以后到汉代这段时期，《今文尚书》和《古文尚书》中的文字就有差异。这一情况在任何国家都是有可能存在的，是以在将这类材料作为史料进行运用的时候，一定要注意加以甄别。孔子以前的事无法明确，在孔子之后，经、传时常混为一体，无法分别。汉代的《春秋》当中，也有一些汉代初期发掘出来的只有经的版本。即便是这样的经书，依旧难以判断真伪。汉代初期的《尚书》附有类似《大传》，但结合现在流传的《尚书大传》的文体来看，其与《尚书》中的某些部分并未明显差别，《尧典》在文句方面较之《尚书大传》也没有明显的不同。这些内容均有简册或金石文原本，能够将经和传区别开来。倘使不能加以区分，则将经与传作为同等价值的资料对待也是没有办法的事。对于这个问题，我认为后世学者非难《史记》的编纂杂乱无章的做法并不合适。

大致《尚书》从《大诰》到《立政》的各篇，即《今文尚书》的《大诰》《金縢》《康诰》《酒诰》《梓材》《召诰》《洛诰》《多士》《无逸》《君奭》《多方》《立政》十二篇，记述了周公时代的事。关于周公的事在《尚书》中有很多记载，假设《今文尚书》的二十八篇都是可信的，则如上所列出的十二篇所记均与周公相关。如果对《尚书》作为史料的价值存疑，将其中有疑问的篇章去掉，则孔子时期编纂的七八成的内容与周公相关，这就好比孔子是为周公编纂的《尚书》。上述十二篇并非同一种体裁。比如，《无逸》和《君奭》带入历史性的思考，以古戒今，让人怀疑其中是否夹杂了后世的思想。而《召诰》《洛诰》的内容取自简册，基本没有可疑之处。据说《召诰》《洛诰》是后来才分成两篇的，原本是一篇文章。其写作手法类似于现今尚存的金文——大盂鼎的铭文。阅读各篇的内容，我认为这些篇目编纂于孔子及孔子以后的时期，因为有些地方包含了当时的思想和语言。因此，在使用古代的书研究古代之事时，必须考虑这本书编纂的时代。需要意识到，编纂《史记》的人，必然会用当时的思想去看待周代的事情。孔子也会用他所处时代的思想去看待问题。因此，要想了解当时的真实情况，只有从现存的金文或类似今文的历史材料着眼。对于上述十二篇，今文和古文有不同的说法，纵然二者在古代没有不同，但近年随着对金文的研究和分析也会产生疑问。例如《金縢》的今文本与古文本在大的方面没有差异，但在周公代武王祈祷这里，《史记》曾经有过成王生病的时候，周公代其祈祷的记载。当然所记之事的真伪现在无从判断。近几年，研究今文的学者们提出了很多疑问，虽说仅凭一两个疑问不能打破以往的解释，但确实存在置疑的余地。想要逐一鉴别那个时代发生的事显然是不现实的。以后可能会先了解大致的情况，在此基础上再结合后世人所写的史书，两相对比，再去探讨两者之间存在哪些不一致的地方。

武王去世后，成王继承王位，但因其年幼而由周公践祚，据说周公以王的身份坐在王的坐处摄政。以下自古就流传下来的说法，一种认为不可能有周公践祚之事，一种认为当时的成王还是襁褓中的婴儿所以需要抱着他登基，这些都不一定准确。我认为成王当时已经是少年，但还不能亲理朝政，是以周公即位的说法是比较可信的。这是殷代的遗风，兄长去世后，由弟弟代为理政十分常见，那时候还没有形成后世那般严格的名分论，即便周公自立为王也不是大问题。践祚之说不受欢迎是因为王莽篡位而摄政，最后夺取西汉政权，人们认为王莽此举是仿效周公的故事，导致周公践祚之事也遭到忌讳。事实上我认为周公就是王。周公的事迹大致有居摄、救乱、克殷、践奄、封卫康叔、营成周、制礼乐、致政等。到制礼乐为止，一年对应一件事，七年做了七件事。虽然这有可能是后人为方便整理事实而编排的次序，但大体上是事实。周公平乱后摄政，派兄弟管叔、蔡叔监督武庚，由此开始流传周公篡夺王位的说法，于是周公派兵讨伐武庚，随即彻底灭掉了殷。根据上述七年七事的顺序，周公先平息叛乱征伐至奄，建立了宋国，而后封微子启，将夺取而来的殷故地封给了卫康叔，且建都洛阳，开始重视礼乐。很难相信这时已有了《周礼》《仪礼》。也不知道此时是否制定了礼乐，如果已经制定了官制，情况大概也就是《立政》中所记载的那样。可以确定的是，周公时期已经制定了作为周代基础的制度。接下来是还政于成王。后世遵奉武王、周公是圣人，因周朝后来的制度是长子继承制，因此在武王去世后，由他的儿子成王即位，真实情况究竟怎样不得而知。在任何时候有军功的人受到尊重都是很正常的事情。人们尊武王为圣人，因为他打败了殷，其子也因此得到部下的拥立（可以参考清朝初期的继嗣情况。清太宗有军功，尽管其弟睿亲王十分聪明，太宗的部下依旧希望太宗的儿子继承帝位，于是世祖顺治继位，睿亲王摄政。周朝的事情也可以据此进行推测）。总之从十二篇的记载来看，周公确然是一位极具才智的政治家，殊为不易的是，在灭掉殷之后，将殷的族人封官之事。武王时依旧留存殷之后裔，此后可能还存在武庚作为殷王与周王并立而延续的事情，到周公时对殷后裔的势力进行了削弱，即便依旧封了微子启，但只是将他封到别的地方，并未封在殷都。不仅殷代后裔，夏代和舜的后裔也获封，三者合称为"三恪（愙）"。意即周之客分，并不是周朝真正的臣下。较之武王时代，周公削弱了殷后代的势力，也降低了礼遇。此外，还将卫康叔封在了殷的故地，并且向卫康叔下达了镇住敌国的命令，这在《酒诰》《康诰》《梓材》中均有记载。除此之外，《尚书》中的《多士》《多方》中存在一些警示殷商遗民的布告，还存在一些警示以前其他灭亡国家遗民的布告。这些可以看出周公在建立统一国家方面所做的努力。《召诰》《洛诰》讲了经营周朝的事情，即修建新的都城的事，《无逸》《君奭》讲了统一内部的事。前者告诫君主不能贪图享乐，后者教导宰相明白职责。可见，周公致力于内外政治。最后，《立政》中对主要官职进行了规定。

相较于武王时代，周公时代在中央集权方面加强了，分封同姓诸侯的现象比较兴盛。强化中央集权的政策在成王以后继续沿用。《尚书》中将太子称为孟侯，其意为侯伯中的领头人物。诸侯前来朝拜周王之时，太子要前往迎接，这似乎是合理的。因为周原本与其他诸侯国一样，只不过后来灭了殷，取而代之。异姓诸侯类似于日本的"外样大名"（德川时期直到第三代将军的时候，外样大名前来参见时，老中要前往距离很远的品川迎接）。如此看来，不能用后世一统君主的名分论来解释周朝初期太子远迎诸侯的事。但是，周朝后来封了很多同姓的诸侯，如在莱夷封了齐太公、在徐淮封了鲁公伯禽，原本的诸侯国则成为了周的附庸国。尽管鲁国有颛臾、邾娄这样的本地旧领主，依然成为了周之附庸国。自周公以后，越来越多的同姓被封为诸侯，致使异姓势力逐渐衰落，及至春秋时期，十二诸侯中大部分是同姓，异姓只占极少数。此番看来，周朝的封建制与日本德川时代的封建制一般无二，是为真正的封建制度。现今的西方史学界总是将"feudal system"翻译成"封建制度"，认为德川时代的制度并不是封建制度，这是用语错误。在中国同样如此，历史上反而周代之前更接近 feudal。实际上中国人所认为的自尧、舜以来就存在封建制度，也是错误的，这不过是用后来的制度解释前代的事实。据说这时开始流行同姓不婚、异姓通婚的制度，事实上并不是这样。这还是在用后来规定的道德理论来解释先前已有的事，实际上，直到春秋时期，同姓通婚依然存在。周朝在自然需求的压力下，很多新事物应运而生，但也并不是一开始就是全部产生，有些是基于某些需要和目的，才建立的制度，后来又用道德的意义来解释这些制度。关于姓的事情后面会论述，总之，大概是从这个时期开始，严格意义上的姓氏区分产生了。

官职及姓氏

一般认为周代的制度是周公一手建立的，但是现存的书中，有关这一观点的记载多数不可信。主要是《周礼》，《周礼》中将官职分成六官，每一官职额外配置附属官职，合起来共有三百六十个官职。六官的名称如下：

天官——冢宰（大宰）

地官——司徒

春官——宗伯

夏官——司马

秋官——司寇

冬官——司空

现存的《周礼》中没有冬官，是用《考工记》补的。六官制是合理的，是后世制度的起源，但是否出现在周公时代有待商榷。《管子》也记载了六官的划分，但名称不同。即：

天道——当时

地利——廪者

春　东方——土师……相当于司空

夏　南方——司徒……相当于地官

秋　西方——司马……相当于夏官

冬　北方——李……司寇，相当于秋官

《管子·五行》中记载了上述内容，认为其是黄帝时期的制度，而非周代的制度。《管子》成书于战国末期，年代较晚。

此外，《曲礼》中有天子设立天官的说法，将大宰、大宗、大史、大祝、大士、大卜等六官作为"六大"，将司徒、司马、司空、司土、司寇作为"五官"。《曲礼》中还记述了天子的"六府""六工"，分类方式与其他书不同。郑玄的《曲礼注》中认为这是殷代的制度，但书中并未质疑周朝末期儒家传播的孔子之学所提出的制度，因此应当将之视为周代的制度。郑玄之所以认为这是殷代的制度，是因为《周礼》中官职分为六官，这与《曲礼》不同。总的来说，可以明确一点，《曲礼》出现的时候，六官还未被确定为《周礼》中的六官。此外，《礼记·王制》有关于官职的记载，《荀子·王制》也记载了有关序官的事情，但两者有区别，甚至都没有把它分成六官。《荀子》序官条与《管子·立政》的记述相同（一般认为《立政》是《管子》中最早成书的部分）。《管子》中有类似《荀子》的说法的内容，也有《五行》那样，含有类似《周礼》之六官的内容。《孟子》中未涉及官职，但对涉及爵位，对卿、大夫、士进行了区别，类似《礼记·王制》。

五爵之解

公是周朝的宰辅及三恪。侯是帝王同姓和前代帝王的后裔以及因功受封的人。伯是畿内的诸侯并分辖外诸侯的人，外面的诸侯能担此任的也是伯。子是殷以来对贵族的尊称，周朝更多地将它用于对异姓的外诸侯的称呼，后来反而成了对夷狄等使用的贱称，楚、吴便是如此。附庸国多称作男，其意在春秋中期以后发生改变，单指五爵中的一类，表示尊卑关系。（此为我个人想法）

像孟子、荀子这样的儒家主要代表人物的说法有其特别之处，他们认为帝王也算官职中的一种。孟子认为在卿、大夫的上一位是帝王，王并不是超越官职的存在。《荀子》序官条中把辟后、天王视为官职，纳入序官。可能中国传统中就有此类的思想，不若后来的专制君主时期那般，将君主地位特别凸显出来，天下所有的事都统筹治理，只是天子的位置在其中是最高的。

此外，周代初期就有的官职，也就是《尚书》中记述周公的各篇，即《今文尚书》中从《牧誓》到《立政》各篇中均有记载的官职名应该是实际存在过的。司徒、司马、司空三个官职名称应该是主要的，《牧誓》《梓材》《立政》中均有记载。《洪范》中的主要官职名也是三个，其中"司寇"取代了"司马"。《诗经·大雅·绵》中也有司徒和司空的记载。我认为这些是原本就有的官职，恐怕在周代以前就已经存在。《尚书》中记载的其他官职是：亚旅、师氏、少正、大史、太宗、内史、尹旅、大保、作册（作册原本没有被视为官职，近年王国维等人的研究认为，作册与大史等类似，是一种官职）、常伯、常任、准人、缀衣、虎贲、趣马、小尹、尹伯、庶常等。其中，虎贲、趣马在《周礼》中也有记载。这样看来，《周礼》中的记录也并非全是编造。依据支持《周礼》的学者的说法，《逸周书》中收录的《职方解》与作夏官司马的职方氏所记相同，并且《周礼》所记春官、宗伯的大司乐部分，相传为生活于战国魏文侯时期到汉代文帝时期的乐人窦公献提供，因此《周礼》可能是收集先前留下的资料汇编而成，书中的说法是可信的。今文学者的说法有些极端，他们认为《礼记·王制》世代久远，因而与《孟子》一致。但《周礼》是后来的东西，所以与《孟子》不一致。《周礼》中与《王制》一致的部分引自《王制》，是可信的；其中与《王制》不一样的部分为汉代刘歆的伪作。然而，《王制》中包含的内容不一定与现今的《今文尚书》一致，《王制》中没有包含而《周礼》记载了的官职，《尚书》中通常也有记载，且与近年出土的铜器的铭文或玺印中所见到的官职是吻合的。我们不能因为《周礼》成书的时间比较晚，就认为其是编造的，后人知晓前人不知道的事情是十分常见的事情。作为记述周代制度的书籍，《周礼》成书时间最晚，因为得以汇总了到自身成书为止所有已知的内容。周朝经历了长久的岁月，时有先前的官职突然不见，由新的官职取代的现象。并且在将所有官职进行归纳汇总成为体系之时，也不乏为了凑成六官三百六十种官职而随意编造附加内容的情况。有很多认为《周礼》是伪作的说法，其中有的认为：如果有三百六十级官职，那官吏总数则会超过一万，较之四方王畿的总面积还要多。这种说法是行不通的，这种算法实际上将今天不认为是官职的村长都包括进来，数字自然会变得巨大。

就如《尚书》和铜器中的记载那般，一些官职因实际需要产生了。出于农事的需求，最初就产生了一些季节性的官职。周朝为农业社会，重视农时，《诗经·豳风·七月》的词句中便展示了当时以农事为主的社会状态。这些官职的产生均出于实际需要，并无多少理想性的东西。因为重视农事，根据农事设置官职，这体现了社会的进步。根据时间设置官职称为月令。《礼记》《吕氏春秋》《逸周书》中关于月令的记述，说法大致相同。每月都会安排月令，以此来区别不同的官事。月令的设置与明堂的实际存在一定的关系。明堂是古代天子理政的场所，如下图所示，明堂是一个四方形的场所。

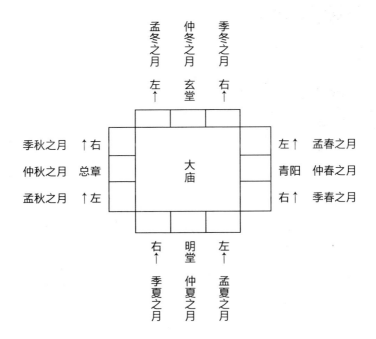

根据这个说法，天子一年到头围着明堂处理政事（此说法是战国末期天子理政的一种理想，实际没有执行）。因遇到闰月的时候，天子在有门的地方处理政事，所以"闰"字的构成是"门"中有"王"。此外，月与官职是对应的，据说如果在春季做了夏季的事，就会招致灾祸，反之亦然，因此必须严格执行，每个月做对应的事情。不仅《月令》中记述了这一说法，《管子》的《幼官》《四时》《五行》中也记录了类似的说法，均是将一年中的季节与为政相联系。但这类说法之间多少有些差异，《幼官》与《月令》的差别最大，《四时》《五行》的内容则似乎与《月令》更为相似。由此我们得以知晓最初与官职相关的各种思想逐渐融合走向统一的过程。最终形成了与天、地、春、夏、秋、冬相对应的《周礼》中的"六官"，并完成了理想化官职体系的构建。《周礼》是调和从周公到汉初，理想和实际存在的官职的作品，由此可知周公时代尚未形成如此完备的制度。

　　周公时代的官职是怎样的呢？这一时期的官职与殷代的制度有莫大的联系，可以说殷代的制度传到了周。从甲骨文的研究中可以知道一些情况，再根据《周礼》的内容可以大致判断出来。《周礼》的三百六十官职中频繁出现附带"××氏"的官名是其中一个特点。"氏"字之上有附带一字的，也有附带两字的，为什么会有这样的情况，不得而知。具体情况如下：

地官司徒——师氏	保氏	媒氏
春官宗伯——鞮鞻氏	冯相氏	保章氏
夏官司马——挈壶氏	服不氏	射鸟氏
罗氏	虎贲氏	旅贲氏
节服氏	方相氏	职方氏
土方氏	怀方氏	合方氏
训方氏	形方氏	
秋官司寇——禁暴氏	野卢氏	蜡氏
雍氏	萍氏	司寤氏
司烜氏	条狼氏	修闾氏
冥氏	庶氏	穴氏
翨氏	柞氏	薙氏
硩蔟氏	翦氏	赤发氏
蝈氏	壶涿氏	庭氏
衔枚氏	伊耆氏	

冬官（考工记）——筑氏　冶氏　　　　桃氏

　　　　　　　　凫氏　栗氏　　　　等

　　上面所列出的文字，有些从字面上就能推断是什么职务，有的则不能。例如师氏、保氏、媒氏、鞮鞻氏等，根据名称就知道掌管的事务。像冯相氏、保章氏这类，划分在春官大史的职务范围内，是掌管天文的官职，但从文字上无法直接理解其意义。像条狼、修闾、硩蔟、赤友、壶涿就更难根据文字来理解是什么官职了。这些不明白其意的官职多数是家族世袭的官职，在殷代是一种职业，一直传承到周朝。桃氏造剑，凫氏制钟，并形成一个部落。周灭殷后，这些部落仍然存在，但在其部落之上又配备了周朝的长官，让周朝长官统辖这种官职。后来的中国也存在这种情况，日本在氏族制改郡县制时也有过相同的情况。日本的国造借助大化改新得以成为郡领或神主，在此之外又依照天皇命令设立国守。中国的元代、清代也是在以前的汉人官吏基础上，加设蒙古人或满洲人（蒙古人和色目人担任各省各司的长官）。这些都是古代曾经有过的政策，非我想象杜撰。《周礼》中可以找到一两个例子来证明。冯相氏、保章氏的情况即如此。这两家原本掌管天文，周朝时候，在他们之上又任命了大史统辖，这个大史本来不是天文官，而是由殷代数个制作弓箭的家族发展起来，后来变成了《周礼》中记载的统管天文官的官吏。这种情况是非常常见的。早前夏、殷时代于河南、山东兴起的文化发展速度极快，这有赖于氏族制度，但后来兴起的周聚集农民打败了夏、殷，周开始统治这些拥有历史文化传统的国家，这些国家有很多周朝国内没有的官职，于是周朝便在原来的各种官职上，加设了周自己的官职，并且效仿夏、殷，将周原本并不世袭的官职改成世袭。因此可以说，这类官职是周朝在夏、殷制度之外新设立的官职。这是顺应需求，自然而然的结果，并不是没有天才般的周公就不会出现的事。相比而言，前述的对内制定告诫天子、宰相的规范，对外封同姓诸侯强化中央集权，这是周公的伟绩所在。

　　制度上的变化使得"氏"的性质渐渐清晰。"姓"很明显是从同姓异姓的诸侯关系产生，而"氏"则源起于职务关系。"氏"表示自古承袭的家族，而"姓"产生于从古代传承而来的家族与周朝同姓的关系。原来古代不需要姓和氏，也不称呼姓和氏，及至周朝初期，姓和氏的作用逐渐明显，且后来又有新的氏出现，在经历子孙数代后分裂成公孙氏、王孙氏等。还出现了以先祖之名字为氏的"氏"，以及其他不同于其他世袭的职业中"氏"的"氏"，"氏"在内容和数量上都有所增加。与姓氏相关的很多论说还牵强附会地添加了一些理想主义的东西，这实在让人难以置信。

礼乐制作之说

关于周公制礼乐的说法，学者认为《仪礼》一书较为可信。汉族人称之为《礼经》，此说据传为周公所作。从宋代朱子开始，很多学者认为《仪礼》并不是一时之作，近年林泰辅博士的著作《周公及其时代》中认为《仪礼》为西周末年作品。然而中国学者中有人认为《仪礼》成书时间更晚，崔述在《考信录》中表述的说法便是其中一种，这一说法也有其可取的地方。崔述认为《仪礼》不是周公所作有几个理由，其一是《仪礼》繁缛，书中所记文字繁琐事情奢靡，与周公和孔子的思想相反。其二，从前臣面对君时有堂下拜的礼节，并没有登堂拜的礼节，但是《仪礼》中有关于堂上拜的记载。朱子为《仪礼》中的堂上拜做了辩护，但孔子也认为下拜为礼，若将堂上拜视为僭上，这就与古礼一致了。这就可以明确，《仪礼》确实与孔子的思想相反。其三，旧有的制度是王下有公，公的臣子是大夫。王下如果无王，公下也应该没有公。但是根据《仪礼》的记述，诸侯的臣下有诸公，这大概是周朝末期，诸侯的大夫僭上称公的结果。其四，《仪礼》共计十七篇，婚礼、冠礼等内容包含其中，还有聘礼、觐礼。觐礼为诸侯朝拜天子时的大礼，聘礼为诸侯派大夫面见其他诸侯时的小礼。基于此，在对"礼"进行描述的时候，觐礼比聘礼详细百倍是理所应当的，实际上，对聘礼的记述反而相当于觐礼的十倍。导致这一情况的原因是，春秋以后由于王室衰落并未实行觐礼，书中所记为仅存的部分，而当时非常盛行聘礼，因此记述得非常详细。基于此，可以得知《仪礼》是春秋以后出现的作品。周公制定的礼，只是大纲，是一些比较简单的东西。《仪礼》所记，大部分为关于士的礼，而非天子、诸侯、大夫的礼。如果将其全部搜集起来，其内容相当庞杂，若制作成古代的竹简，可能需要十余车才能装下。通晓并遵守所有的礼显然是不可能的事情。后世唐代的开元礼、宋代的开宝礼记录非常详细，体裁也齐全，但只放在官署衙门内，连很多学士、大夫等也不曾看过。因此周公制定的礼制不可能那么细致，他只是制作了大纲，礼的具体内容由各国根据自己的国俗编定而成，且周朝在进入东周时发生了一系列变化。甚至有一些证据表明，我们目前所见到的《仪礼》，不是出自孔子之手。写书通常需要后人反复补充，司马迁所写《史记》经由褚先生接着编写完成，刘向所作《列女传》同样由东汉人续写，许慎所著《说文》从五代开始写到宋代，后来由徐铉校订成书。这足以说明，秦始皇焚书之前的书，并不是最初成书的样子。孔子的书尚且存在可疑的地方，所以，认为周公写成了完备的《仪礼》，这种说法根本无法成立。一般认为，通常是当时担任与"礼"相关职务的人才能掌握礼的东西，由他们将"礼"记录下来也是很简单的事情。在日本德川时代，高层武士及在朝廷里有职位的人，便是这样的。孔子到大庙询问就是向礼官打听事务之细节。《仪礼》大概就这样的情况，最初只是简单的纲目，到后来不断积累变得繁缛，再加上孔子门生及其后人将之视作学派的重要内容，不断进行完善，最终形成秘传。不只《仪礼》如此，自《礼记》开始，《管子·弟子职》等都类似，均是根据教导弟子日常行为的内容，配上韵律而写成的。后来"礼家"这样的专职出现以后，这类记述就变得庞大起来。

据说乐的情况也类似。有人认为，最初的乐也由周公所作，《诗经》中的《周颂》三十一篇以及《小雅》中的一部分便是周公所作。《考信录》中的记载对此有不同的说法。《周颂》中写有"成王不敢康"，"成王"这个称谓在其他地方也有使用，还有一句是"自彼成康，奄有四方"，"成王"或"成康"都是谥号，出现于二王之后。所以自古就将"成王"称为"成王功"。宋代的欧阳修和朱子已注意到这个不合理的现象。关于《小雅》中认为出自周公手笔的部分内容，相传吴国的季札于鲁国观周乐时听到《小雅》后，发出周德衰落的慨叹。倘使《小雅》中的部分内容真的出自周公之手，应该不会有人觉得周德已然衰落。对此写注解的人认为，"衰"也读作"小"，可将之理解为道德微弱。"小"和"衰"是一样的含义，都不表示此时的周朝处于兴盛时期。这应该是恰当的说法。此外，根据《考信录》中的记载，《礼记·月令》中也有能够证明《周颂》并非出自周公之手的反证。《月令》中记载，天子在明堂中，按照十二个月分居不同地点理政。明堂在大概周朝初期就有了，但每月换居的说法似乎出自战国时代的附会之言。明堂展示的是原始素朴的风气，是真实存在的兼居住、祭祀、政治等各类活动的场所。后来分别修筑明堂、宗庙、大寝，建筑形式发生了改变，但最初三者一样，均为四面开门的简单的建筑结构（今天北京的中和殿和日本古代的大极殿保留了当时建筑的风格）。

如此看来，关于周公制礼作乐的说法存疑的地方有很多，《尚书》中《金縢》到《立政》各篇文章最能说明问题。这些文章都是孔子所编，从文章中可以了解到孔子理想中的周公是怎样的。今天要想比孔子更加了解周公是十分困难的。此外，还可以以金文为材料进行一些研究。金文中的毛公鼎，其文章古朴雅致，相传为周公时代所制，对其字句进行考察后发现，有些地方非常类似《尚书》中的《文侯之命》，不清楚究竟是不是周公时期的作品。大盂鼎中有类似《洛诰》写法的地方，其"年""纪"的写法比《洛诰》时间更为久远，用"祀"代替"年"，这可以表明其为周公时代的产物，但不能认为什么都是周公所作，大致是经历了成康时代渐渐发展起来的。金文中，有些内容像《洛诰》一样古朴（如大盂鼎等），也不乏类似《大雅》《小雅》的规整的韵文，可以根据这些来分辨究竟是周公时代的东西还是宣王时代的东西。结合这些东西进行思考，大致能明白周公时代的礼有哪些内容。《左传》中记载，晋代的韩宣子看了《易》中的《象》和鲁国的《春秋》之后，认为周礼尽在鲁，但根据上述所说就能明白这是编造的故事。《大戴礼》中的《武王践阼》记载，家中的柱子或自己使用的器物上都镌刻了君主的警示语。确实有可能存在这样的事情，但很少能从现存的铜器中看到。据说在罗振玉的全部两千篇铭文中，镌刻了警示语的只有"取他人之善"一例。目前尚存的铜器一般都是祭器，祭器便于保存，而日常器具因其易于磨损而难以保存，因此现存的铜器中，很少有常用器具。这一时期，口传的东西远远多于手写的文章，原因是辅佐君主的人中有盲人，他们常采取与君主问答的形式记述故事。此外，主管天文的人通晓天文，卜筮的人掌握卜筮，史官知道与君主的训诫相关的事，当时并不盛行写文章。通常在纪念某种功绩或君主的赏赐时，在铜器上镌刻铭文，并将铜器放置在宗庙里，这些铜器作为祭器得以留存至今。当时可能也有简册，但只是暂时的辞令类的东西，用完之后，基本没有保留的价值，是以逐渐流失。所以我认为，指望《尚书》收录当时所有的竹简内容，这是不现实的。

《周礼》并不是进入周朝后，短时间内就编纂完成的书。周朝初期沿用了殷的礼，逐渐整理出了后来的《周礼》。周代的盂鼎中仍旧使用"祀"字便是例证。《洪范》中使用"祀"字也是同样的情况。周朝出现了谥法，文王、武王可能都是谥号，但实际情况究竟怎样不得而知。据说殷代的汤自称武王，那文王、武王这样的称呼也有可能是自称。我认为，谥号这一制度可能出现于昭王、穆王时期。一般认为周朝有昭穆制，如下图所示。但是，倘使最初就确定了昭穆，那它必然要与昭王、穆王的实际一致。如果将文王视为太祖，就会出现下图所示之悖于昭穆的情况。

所以无论是周代的谥号制还是昭穆制都是后来才出现的，最初也没有把文王作为太祖的想法。最初的诸侯中，很多人都没有谥号。像"齐大公"的"大公"好像并不是谥号。据《史记》记载，齐大公的儿子是丁公，丁公的儿子是乙公，乙公的儿子是癸公。这是根据以祖先的生日为祭日的殷代风俗的做法。由此可知，此时尚在殷代风俗的影响之下。大公活的时间很长，其曾孙癸公与昭、穆两代同时期。其他诸侯的家族中，最初的几代也是没有谥号的。虽然周公被封了谥号，但他的儿子伯禽却没有。因此崔述认为谥号是自然而然形成的东西。但他又认为，自成王以后开始出现了加谥号之风。结合前面所说的，我认为加谥号的风气大概出现于昭王、穆王以后。总之，周朝沿袭殷代制度，时间大概在一百年到一百五十年之间，在此之后，才逐渐成为周朝的制度。

像"乐"这类多数是在成康时代以后出现的。"颂"应该是这里面年代最为久远的，据说是为了宗庙祭祀而写的歌。"颂"意为向神明祈福，并不是后世"歌功颂德"的意思。王国维的观点贴近事实，他认为周代的颂不押韵的很多，是因为调子太长不能押韵。若不是四言两句一断的格式，就没有押韵的必要。"颂"附在祝词之后的歌，大概是由非常原始的曳声之类的东西变化而来。《大雅》《小雅》是在宴会的时候使用的华丽高雅的乐曲。《国风》是民间流传的歌谣，不需要押韵的占绝大多数。这些都不是周朝初期产生的，大概出现于平王时期，据说《国风》中第一篇《关雎》是歌颂文王后妃德行的作品，也有人认为是讽刺康王失德的作品。这与后来出现的《周南》《召南》这类回忆召公功德的作品相同，变成了成康以后对前代的回忆（召公已经十分长寿了，据说《召南》《甘棠》等篇在召公去世后又经过数十年才问世）。

总之，周公时代的礼乐制度非常有限，孔子理想中的周公的经纶，即《尚书》十二篇所收录的事迹，只停留在对殷民的怀柔、对成王及卫康叔的辅佐、确立国家制度和建设国家中心都城、培养宰相四个方面。孔子之后，周公更被理想化。特别是王莽时期，甚至认为周公创造了一切制度和文化，是大圣人。

周公被理想化了两次：第一次是孔子将其理想化，由此产生了以礼乐为主的儒家；第二次是刘歆将其理想化，由此周公成为了一切制度的创造者。

成康昭穆的时代

接下来是成王和康王的时代，倘使将这一时代较之后世具有明确的记载的时代，则类似于汉代的文帝、景帝时代。当时四方仍未平定，需要多次征伐。周公的时代也是同样的情况。有说法认为成王时代又讨伐了徐淮和奄，因此不能说进入了真正的平稳时期。好像到康王的时候，才逐渐平息了战事。据说成王、康王时代持续一百四十年，与汉代文、景两代相似。

《尚书》的《顾命》和《康王之诰》两篇记载了康王、成王之间的传承。书中记载的成王病重让位于康王和康王即位时的情况，显然不是源自当时的记录，但书中所记的传承成了后来的范式。可能最初是以口头形式流传下来的，后来才形成了文字记录。因此传说也是可以相信的。《尚书》中关于官职的记载，不说与《周礼》相比，就是与战国时代的文字资料中的名称进行比对，也会发现很多矛盾的地方。我认为《尚书》的记载反而更加接近事实。

顺利经过成、康时代，接下来是昭、穆时代。《史记》中记载，周朝的王道自昭王开始就显示出逐渐衰落的趋势，昭王到南方巡狩时死于江上。关于昭王的死因有很多传说，有的说昭王渡江时，乘坐船夫用胶粘起来的船，船行到江中破裂，昭王溺死。虽然这时候德行颓靡，但帝王执掌国家大权，其势力不可能未及江边。其后的穆王时代是一个勇于尝试、扩张领土的时代。后来的史学家忌讳谈领土扩张，因为战争征税带给百姓很多痛苦，作为贤明的君主不该有这样的行为。此外，据说穆王起初攻击犬戎失败，夷狄便不再前来朝拜。《国语》即起于此，即从周朝开始出现动乱开始叙述。这些和穆王相关的故事，也许是偶然现象，但是非常类似汉武帝的事迹。《左传》记载，穆王在征伐巡幸之后，因祭公谋父作"祈招"之诗，最终放弃了过分夸张的欲望，在自己的住所里安乐而死。这与汉武帝早期四处征战，在发出轮台撤兵之诏后平静死去的故事非常类似。

《尚书》中有三篇关于穆王的记载，即《君牙》《冏命》《吕刑》，《今文尚书》中只有《吕刑》，《吕刑》在《今文尚书》中叫《甫刑》，所讲为刑和罚，对刑和罚的种类进行了规定。《吕刑》中将刑分为五种，并记载了与刑相关的大量犯罪事项。值得怀疑的是，目前还不确定这是不是当时的记录。在关于罚金事项的记述中用了"锾"字，有"百锾""千锾"之说（《今文尚书》中用的是"率"或"锊"字）。有"锾"字的货币在更早的时代就已出现。之前有"梁正尚金当爰"，其中的"爰"就是"锾"。开头的"梁"读作"乘"，古钱家将之称为乘马币，根据《管子》的《乘马》篇记载应该是尧、舜时代的货币，但现今没人相信。因为"锾"字与《吕刑》中的"锾"相同，如果将之视为穆王时代出现的文字，在此基础上可以考察《吕刑》与穆王时代的关系。但从货币的制作方式来看，我认为它更有可能是春秋战国时代的文字。此外，尽管金文中没有实物，但只有铭文留存的"散氏盘"上刻有"爰千""罚千"的字样；智鼎中有"百爰"的字样。据传这两种东西是西周的，看起来也确实像西周的东西，但根据字义，有人认为"叉"（爰）字中间的两点是贝币的形状。这样的话，散氏盘和智鼎中的"爰"就有可能是贝币。金文中常有"锡贝百朋"的词句，穆王时代用铜币作为罚金显然是不可能的，但用贝币偿还罚金是有可能的。有人认为穆王征伐四方，使得国内财政匮乏，希望通过罚金保证财政收入。这种说法毫无根据，仅仅是用后世人的想法来推测古代的事情罢了。还有人认为穆王是杰出的名君，但没有证据可以证明，《诗经》等也没有相关记载。这种观点，出现于明代张燧的《千百年眼》和马骕的《绎史》中，其目的是反对普遍认为的从昭、穆时代开始，周朝逐渐走向衰败的说法。这种说法尚不明确，只是根据想象认为昭、穆时代由于增加了姬姓国，领土得到大幅扩张。他们以汉文帝之后出了汉武帝比拟周公、成康之后出现昭、穆二王，以此推测那个时代可能取得了重大发展。建立王朝的君主之后紧接着是勤俭的君主，再之后出现致力于功业的君主是中国常见的历史规律。所以推测昭王征伐徐淮是真实发生过的事。总而言之，这个时代征服了四方，姬姓国家的数量也大大增加。这是根据反面事实推导出来的结论：春秋时期齐桓公看着楚国日益强大，便以征伐的名义将江汉之间的很多姬姓小国消灭了。除此之外，还有人认为《穆天子传》等是战国时期的小说，都不可信。

从共王到西周末期的时代

昭王、穆王之后是共王、懿王、孝王、夷王、厉王、宣王、幽王。《史记》根据《国语》等史料记载了历代周王的事情。一般认为，穆王之后的事情以《国语》的记述为准。《国语》中的《周语》，主要针对穆王以后周朝走向衰落的原因进行了记述。《左传·昭公二十六年》里出现的王子朝的言论也简单介绍了周朝走向衰败的原因。王子朝之言概括地讲述了成王以来的变迁，对夷王开始的变化叙述得尤为清晰明了。其中记载了夷王生病，诸侯期盼他痊愈；厉王因为暴虐被人民赶到彘，诸侯希望他归还王政；宣王致力于重修政事达到中兴；幽王不懂如何做王而放弃王位。这些是王子朝所说的内容。《左传》中的这些记述可能是根据简册创作的，都是后来的东西。这些是王子朝告诫诸侯的话。《国语》对这一时期的事也有记载，尤其对厉王、宣王时期的事记录特别详细。《国语》的内容多半不是引自简册，而是保存下来的瞽史的谈话内容，这些内容大致于战国初期或中期被载入简册竹帛。《史记》中记载懿王以来周朝渐渐衰落，遭到戎狄侵犯。这一观点可能也是源自根据瞽史的言传汇编而成的书籍。即便王子朝之言载入简册，也是春秋时代的事了，时代并不算早，其资料大概也是来自瞽史。大致这一时期的史实都是以瞽史的口头传诵为基础而形成的。

从《诗经》的《大雅》《小雅》中可以了解到宣王和幽王的事。《大雅》《小雅》中记录了很多关于宣王的事，并且以诗的形式详细地讲述了事实。虽然《国风》也详细地叙述了事实，但不借助《诗序》一般无法理解。有人认为《毛诗·序》是毛公写的，这一观点不可靠，也有人认为是东汉卫宏写的，朱子、郑樵将这部分内容删掉了。《诗序》记载《关雎》是"述后妃之德也"，《诗序》中讲的事实与《诗经》是否存在《诗序》中所说的那种关系，这还是一个疑问。就算认为《诗序》与《诗经》没有关系，但《诗序》中所写的事不会是毫无根据的。如果抛开《诗经》来看，《诗序》的记述作为历史资料的价值是很大的。当然，《诗序》是作为传说时代的史料起作用，但《诗序》中颂扬的人物都是明君，昏君是被讽刺的对象，可以说《诗序》中不存在很大的错误，可是它与《诗经》结合到一起，就出现了错误的地方。简而言之，《诗经》的《大雅》《小雅》中所记载的宣王、幽王时代的事，不借助《诗序》也能知道。里面记录了宣王时期有功绩的人的姓名。有讨伐夷狄的一支——猃狁（与獯鬻、匈奴、昆夷、鬼方所指相同）的尹吉甫，有讨伐南方荆蛮的方叔，有讨伐江汉的召虎（召公的子孙），有讨伐徐淮的南仲。此外，还可以看到韩侯、申伯、仲山甫这些人的名字。《大雅》《小雅》中都记载这些在内外战争中立下功劳的人的名字，即便没有《诗序》也可以很清楚。这一时期征伐的区域相当广阔，南边一直到江汉淮水附近，东北方一直到貊（也称貉，这是后来对高句丽、朝鲜等所有东北部落的称呼。大概到了直隶附近，还没有到中国东北）。《史记》中记载召公受封于燕，实际上这一地区在西周时期还处在野蛮状态，这应该是编造的话。

《大雅》《小雅》中与宣王有关的部分，有些内容应该是当时编撰而成的。据说当时有尹吉甫这样的名人传诵这些事实。这就可以知道，当时已经创作了一些诗。这一做法类似日本将说话的底本编写成《古事记》。这一时期周朝文化得到发展。虢季子白盘——被认为是这一时期的铜器（出土于陕西，铭文所记被认为是西周时代的事）——中的文句与《大雅》《小雅》的文句非常相似。因此，认为《大雅》《小雅》是那时开始编写的观点是可信的。这些大概是为纪念当时的功绩所写的诗。这种功绩报告是上传给明堂、大庙的，据说后来于辟雍进行报告。辟雍是在方形的建筑物外侧修建一个圆形池塘，也就是大学。报告诵诗或庆祝活动都在辟雍举行。清朝也效仿这种做法，在国子监竖了征伐西域的献馘碑。《大雅》《小雅》是那时流传下来的，可以说内容是传说中比较真实的部分，所谓史诗时代就是以这一时代为中心的。"颂"出现的时间比这个时代更早，因此文和韵都不规范，较为粗糙，大部分用于祈神。"雅"则与"颂"相反，大部分内容是歌功颂德的。因此，通过"雅"来考察那个时代的事，可信度较高。而有关宣王的故事，《国语》中仅记载了他不好的方面。《诗经》中则记述了他的功绩。《国语》中所记认为宣王征伐无功，调查人民的户籍（"料民于大原"），制定了发兵、征税的政策。古史研究者们说宣王开始是明君，是后来变得昏庸无能，理政中不恰当的事情很多。但《诗经》大体是为颂扬功绩而作的。《国语》记述了穆王以来君王的失政，用以训诫君王。应该从两者不同的侧重点看到全面的事实。

厉王、宣王之间出现过一段共和的时代。据《史记》记载，周公、召公曾经有一段时期暂时没有参与政治，所以将这一时期称为共和时代。《竹书纪年》中记载共伯和代替君王处理政事。《史记》《竹书纪年》中都出现了"共和"，不知道哪方的记载是真的，但共和时代应该真实存在过。此"共和"在历史上非常重要的原因在于，从这个时候开始，《史记》开始有了明确的纪年。《史记》以前有《三代世表》，其中没有纪年只记代，《十二诸侯年表》中记载了共和，因此明确了纪年。郑樵认为从春秋开始有纪年，但不清楚从共和到春秋有多少年，似乎《史记》中有些可以作为依据的史料。所以，不应该用后世的见解去全面排斥这些东西。根据《史记》的纪年，大体可以明白宣王的年代，即在位四十六年。宣王在位时间这么漫长，此间有过征伐，又整肃国内政治，可以想见这是一个政治非常紧张的时期。因此，倘若宣王之后的继承人不够优秀的话，很难继承宣王的事业。这是实际情况，后世也有这种情况，汉武帝就是一个例子。及至幽王时代，王子朝所言也认为幽王昏庸，可能最开始的时候就有幽王是昏君的传闻。《国语》中记载，幽王时期遭遇地震等天灾，幽王也因为家庭关系紊乱受到犬戎的侵略，最终导致西周走向灭亡。这里所说的家庭关系紊乱，指的是因为与女人有关的事情而导致国家灭亡。《大雅》也记载了此事，可见应该是事实。《大雅》还记载，除地震外，还出现过饥荒。这是十分常见的现象，当王朝到达鼎盛之后普遍流于贪图奢靡，内部腐败，再加上自然灾害，没有相当杰出的人物很难维持政局。幽王昏聩，用人也不当，才造成了亡国。尽管这些是传闻，但大概也是事实。所以，像《国语》这样的史书，将周朝的衰亡作为根本进行记述，告诫君主，再追溯到国家全盛时代的起源和穆王时代。而穆王、宣王时代正是鼎盛时期，即使出现过一两次政治失误，国力依然强盛。但由于当时对外征伐，培养了很多诸侯，这给外敌带来了新的刺激，导致一旦内部产生羸弱的状况，由于之前的四方征伐，一定会遭受外部的压迫。《史记》中记载，猃狁进攻周朝始于懿王，也就是说从穆王的孙一代开始出现了对此前征伐的反弹。秦始皇征伐匈奴，致使汉代初期遭受来自冒顿的压迫，这大概也是对秦始皇征伐的反弹。来自徐淮的反弹在穆王时代已然出现。因宣王时代对外的征伐还在继续，所以来自外部的反弹对应推迟。到幽王时，邻近猃狁的犬戎消灭了西周。《考信录》质疑周室是被申侯与犬戎联手消灭了的说法。最初，申侯的女儿是幽王的王后，后来被废，幽王宠爱褒姒并想把王位传给褒姒的儿子，申侯愤怒之下勾结犬戎灭掉了幽王。这可能是后来编造的动乱，虽说有些诡异，但被邻近的蛮人所灭是事实。那么对远处蛮人的影响是怎样的呢？荆蛮地区在成王时期诞生了楚国，及至昭王之后，受到宣王征伐的刺激，楚国在春秋时代发展为同姓诸侯的大敌。从周朝全局来看，周朝文化影响到地方，对戎狄造成了刺激，戎狄中出现了新兴国家，甚至这些国家发展到了企图侵犯中原的地步，同时也成了中国文化扩展的一条路径。《史记》记载西周灭亡的原因是自穆王开始君主德行衰退，从外界来看，周朝于穆王、宣王时期实现鼎盛，较之由小国突然变成大国的武王、成王时期，这一时期的周朝的确有很多不可相提并论的地方。就如同厉王时期，因为国家实力过于强大，民众加以反对，到了幽王时期，又因为国家在全盛之后遭受四方的反弹，加之君主昏庸，还有天灾，民众在国内已经难以为生。穆王、宣王时期，在向四方进行征伐的同时，也将周朝的文化带到了各个地方，就如同楚国因受到周朝征伐的刺激而获得发展一般，这个时候的夷狄已经学会了利用周朝的文化来实现自己的目的。

　　考察《大雅》《小雅》以及铜器铭文中的内容，可以得知这一时期已经产生了贝币。借由计算贝币时使用的"十朋""百朋"之语，也能对这时候经济发展的程度有所了解。《大雅》中记有"彻土田"等说法，意为种田之人需要负担十分之一的税。虽然尚不清楚先前公刘时期是否实行过"彻法"，但据《大雅》中的记录，这已经是确然在实行的政策。后来由于课税过重，《孟子》等书认为应该维持之前的轻税政策。奇怪的是，宣王时期的"彻土田"并没有减轻租税。当时对周朝境外的土地，不用缴纳田税，只需缴纳当地土特产，但是周朝新近平定的地区，则需要"彻土田"，让种田的人承担十分之一的税。

　　《竹书纪年》认为西周持续了两百五十七年，有的书则认为持续的时间还稍微长一些。根据后来的历史来看，一个王朝从出现到灭亡的过程通常需要两百五十到三百年的时间。经过了这么长的时间之后，祖先的功德就会变得淡薄，这时候一旦有动乱出现，王朝便会遭致灭亡。由此可见，《竹书纪年》的说法大致是可信的。

第五章
春秋时代

《春秋》之经、传的形成

平王迁都洛阳后为东周。平王四十九年（前722年）是鲁隐公元年，这之后的两百四十二年为春秋时代。在《史记》中，共和元年（前841年）到春秋时代结束四年后这段时期用《十二诸侯年表》来表示，虽然是《十二诸侯年表》，实际有十三诸侯，此外，还包括周朝本国。实际上就是十四国年表。燕国不计算在十三诸侯国内，因此通称十二诸侯国。

如果问起哪些史料有记载这段时期发生的事情，那就是《春秋》。《春秋》在当时的记录基础上经过编纂而成书进而成为"经"。但是《春秋》内容并不若后世史学家所认为的那样，记述了整个国家的沿革，而只是根据不同时期的不同需求，将一些重要的事件进行了汇总。我们现今看到的《春秋》是鲁国的记录，但是《春秋》作为一国的记录，也对别国之事情进行了记录。这种情况，实际与日本平安时代以后，各种个人日记年表中，也记录了别人的事一样。尤其是日本寺院的记录，与《春秋》非常类似。《春秋》中主要记载的是诸侯的会盟聘问。其原因是当时天子的中央统一式微，诸侯的会同盟约变得重要，自然以这类事为中心进行记录。但"传"中的记录不限于此。《左传》是主要的传，所记内容不限于会盟。清朝的汪中认为，《左传》中所记载的事不限于人事，还专门记录了天道、鬼神、灾祥、卜筮、梦幻类等。这些事情都有专门的人员负责掌管，并负责进行记录。后来因为周朝东迁，导致部分官职缺失，而各国中又无能够代替这些官职之人，故而这些职务逐渐落入史官手里，由史官将所有事情记录在简册中。后来史官也被撤销，转而由儒士承担这项工作，儒士们因此编纂了《左传》。这种说法基本上是事实。《左转》除了记录政治上的事，还记载了与宗教相关的事，但不确定这些最终是否都记入了简册。原本《春秋》中的经、传是分别记述的，传是比较晚的时候写成的，将二者进行汇总则是更晚的事，战国中期才形成资料式的《左传》。传记式书籍的编成是从史学的立场出发的，在此之前的《春秋》并不是基于这样的立场进行编纂的。《礼记·经解》中也说"属辞比事，《春秋》教也"，"疏通知远，《书》教也"。站在今天的角度去看，《尚书》具有史学价值，《春秋》则不具备史学意义。"属辞比事"是把类似的事汇集在一起便于了解，《春秋》中汇集关于"礼"的例子，并不是基于史学的考虑。司马迁在《十二诸侯年表》的序文中说：

> 儒者断其义，驰说者骋其辞，不务综其终始，历人取其年月，数家隆于神运，谱牒独记世谥，其辞略，欲一观诸要难，于是谱十二诸侯。

很明显，司马迁上述的话运用的是史学的思考方式。司马迁知道儒者依赖《春秋》，驰说者依赖《国语》《左传》和天文、五行、宗谱等，还没有一种书籍汇集了所有材料。

《春秋》的各种传记中，《左传》除了记录"礼"之外，也记录一些政治上的事。但是《公羊传》《穀梁传》相对简单，只记述了"礼"。所以，最初的时候，儒者利用《公羊传》《穀梁传》，说明其中还存有《春秋》最初的意味。《公羊传》中有"所见异辞""所闻异辞""所传闻异辞"，表明公羊的意思是一切都按礼进行。但是春秋时期持续的时间很长，对这一期间的事情进行记录有疏密的差异，所以写《公羊传》的人做了上述说明。汉代的何休将《公羊传》中的上述内容加上了对应的时间，认为"所见"指的是孔子和孔子父亲那个时代的事，对应鲁国昭、定、哀三公的时代；"所闻"指的是王父即孔子祖父时代的事，对应文、宣、成、襄四公时代；"所传闻"指的是孔子高祖父、曾祖父时代的事，对应隐、桓、庄、闵、僖五公时代。何休还将这段时期划分为衰乱、升平、太平三个时代。但是何休的这种划分方式有失妥当。但是他以春秋时期义理通畅的程度来划分衰乱、升平、太平，这种方式十分有意思。何休认为，《公羊传》最开始的时候所记仅为国内之事，后来记录了一些与夷狄的关系，最后记录夷狄进入国内，接受当地文化并与诸侯并立的事情，因此可以把《公羊传》的内容分成三部分考虑。然而汉代才有这种理想的历史观，编纂《春秋》的时候未必有这样的认识。《公羊传》建立了"所见""所闻""所传闻"三原则，这是其伟大之处。即使到了现在，面对古代的事情时，习惯上仍然想将之立即归纳成整体，用三原则来表述这种几乎不可能办到的事，确实是既有趣又深刻的认识。

对于《春秋》的成书，孟子最早有明确的想法。他认为"王者之迹熄而《诗》亡。《诗》亡然后《春秋》作。晋之《乘》，楚之《梼杌》，鲁之《春秋》，一也。其事则齐桓、晋文，其文则史，孔子曰：其义则丘窃取之矣"。

这里的"王者"可以理解为君主大一统的政治。君主大一统时期有采诗官，从各地收集诗，判断是否符合风俗以作为施政参考。一旦大一统的君主没有了，采诗官也就没有了，采诗一事也就消失了。因此创作了以道理褒贬诸侯的《春秋》。《春秋》的素材来自各国的国史，楚国的《梼杌》、晋国的《乘》、鲁国的《春秋》，这些书都是一样的，所记载的大多是齐桓公、晋文公的事情，内容多为诸侯会盟方面的。孔子按自己的想法，把这些故事整理后定书名为《春秋》。根据赵岐的说法，《乘》是根据田赋、乘马等军备记录编撰而成的，所以将之用作书名。"梼杌"原本是一个恶人的名字，因为历史多书写坏人之事，所以将"梼杌"作为书名。另外，"诗亡"的"诗"所指为《诗经》中的《颂》《大雅》《小雅》及《国风》中的《周南》《召南》等。这些诗描绘的都是君王的活动。《国风》中其他十一个诸侯国的诗写的是诸侯国的事情，称为"变风"，这一名称是相对于"正风"的《周南》《召南》来说的。其中也有春秋时代的诗。总而言之，通过孟子简单的语言可以了解《春秋》是怎样编纂成书的。十一个诸侯国的"变风"基本与《春秋》相对应，几乎是直接套用了《春秋》的形式。所谓十一个诸侯国指的是邶、鄘、卫、王、郑、齐、魏、唐、秦、陈、桧、曹、豳（其中两个不是国）。邶、鄘、卫三国为殷之旧地，周王将旧之殷地划分为三部分，封纣王之子武庚于卫地，其他两地分给管叔、蔡叔治理。王都所在地是东周，豳是西周旧地，魏、唐合为一体相当于晋地。孔子一派的人认为这时的君王与列国的王是一样的，等同视之。虽然可以说《诗经》中已有《春秋》的理想，但实际上，这一时期的周王因为没有权力，处于与诸侯同样的地位。对"变风"进行研究之时，需要注意到它所唱的大概是春秋中期的事情。在春秋时期里，隐、桓、庄、闵、僖时期是一个特殊时代。

齐桓公、晋文公的霸业和楚的崛起

在东周初期大约一百年间，君王完全失势，各诸侯国都忙于解决内乱。大多数诸侯国的内乱类似日本的"御家骚动"，起因是女人和家业的继承人。十二诸侯国中比较重要的国家基本都发生过内乱。这种内乱持续了百年的时间，结果出现了在内乱中受到锻炼的人物，这一时期，齐桓公成为了霸主。总的来说，各诸侯国的内乱与周幽王灭亡的原因一样，一半在于王室的内乱。大体来说，从周宣王以后，周开始富有起来，与此同时，各诸侯国也富裕起来，由此出现了内乱。这种富有起来的现象不同于日本德川初期的诸侯。日本的诸侯在最初的时候就拥有财力，虽然内乱一直存在，诸侯的经济实力也能应对长时间的战争消耗，自天正年间统一后，各国因为没有了战争一下变得富裕。德川幕府致力于抑制诸侯的发展。在这之后的一百年时间里，幕府以及诸侯各国要么忙着解决"御家骚动"，要么沉醉于奢侈生活。这一情况十分类似东周初期诸侯的情况。内乱促使各国产生了贤明的君主和丞相。日本也有同样的例子，德川时代的享保年间以后，幕府和各诸侯国中都出现了贤明的君主和丞相。这一时期中国贤明的君主和丞相以齐国的桓公和他的辅佐者管仲为最。这时候，其他各国也出现了与桓公不相上下的明君。鲁国在经过不断的内乱后，出了僖公，与齐桓公大致处于同一时期。晋国的献公从某些方面来说也是杰出人物，晋国后来又出现了文公。这些诸侯国中多少有共通之处，即明君之后又出现了得力的辅佐者。齐国的管仲，鲁国的三桓，即桓公之后的孟孙、叔孙、季孙（这几人后来成了国家的祸害），季孙后的季友，辅佐僖公建立了国家。

上述人物中最出色的是齐桓公，因采用管仲的良策，使齐国取得了很大发展。但管仲的政策是否如《管子》所言那般杰出是个疑问。《左传》中所记关于桓公的事，也有必要思考其真实性。《左传》中详细记录了有关齐桓公的事情：向北征伐山戎收复燕地，向西南方征伐召陵，召见楚国使臣，指责其不向周朝贡，以及其经历的"九合一匡"等。所记很多，不能确定哪些是真实的。《春秋》中也记载了讨伐山戎的事情，但燕国是周国的亲族，不存在被山戎侵犯又收复的说法。《公羊传》中完全没有提及此事，只在《左传》和《穀梁传》中有记述。《穀梁传》对此事的记述非常模糊。另外，《韩非子》中说，讨伐山戎的时间是从秋天到春天，但《左传》认为时间在冬天，认为从齐国到燕国，为讨伐山戎进军到孤竹，冬天行军非常艰难。其中所记录的翌夏将捕获的东西送回鲁国也值得怀疑。后来注解《公羊传》的人说，讨伐山戎后，在归来的路上顺便去了鲁国。山戎与燕国没有关系，好像是在中国曾经存在过的夷狄的一支。《穀梁传》弄不清楚这类记述，在对"献戎捷"进行解释时，将"戎"说成是"豆菽"来敷衍了事。总的来看，帮助燕国的事情不实，可能是为了夸耀春秋时代齐国的霸业才编造的。另外，召楚国使臣至召陵，《公羊传》中并未记载责备楚国不向周王朝贡和昭王南征不归的事情，只是《左传》和《穀梁传》中有记述。这同样是让人怀疑的夸张记录。这些说法类似于说书先生讲的战争故事，不能完全相信。当然，这一时期楚国已经崛起，基于此，作为接触政治家的管仲必然会考虑做些什么，我想基本事实或许存在。

　　齐桓公的真正事业，在于邢国、卫国遭到狄（翟）人侵略，几乎快要亡国时使其复兴。在中国，历来颇受赞赏的王霸之业是"继绝兴废"，特别看重继承绝国的功绩。且不说文王、武王之后的姬姓诸侯，就是一般诸侯也被看作神圣的后裔，要消灭它是极大的罪恶，反之，如果使之复兴，则被认为是极大的善事。尤其不是让邢国、卫两回故地，而是在别处另立新城使其复兴。齐桓公为达成此事召集各路诸侯，运用了同盟的力量。差点使得邢国、卫国灭亡的狄人大致住在太行山脉附近，防御狄人入侵也是齐国自身的大事。因此，不可能发生为了燕国跨越此地征伐山戎之事。再说平息周国内乱，保护王室的事。周朝东迁后国势已经非常衰弱，这一时期，与周朝距离最近的郑国也向东迁移，迁到东周的东边，郑国是分封时期（厉王时期）新生的国家。"周之东迁，晋、郑是依"可以说明周对郑国的信赖。但是郑国与周朝的关系最糟糕，最先与周朝开战，甚至有郑人用箭射中周王肩膀的故事流传。周朝向东迁移不久，刚尝到国家灭亡的痛苦，此时王室紧张，才刚刚得以缓一缓，国内就发生了动乱。第一次是王子颓的内乱，第二次是王子带的内乱。其中第二次内乱依靠桓公的力量得以缓和，没有动用武力。在齐桓公的努力之下，离开都城的周王得以重新返回。后世传言当时的诸侯都轻视周王室，齐桓公却非常尊重周王室，使得周王室多少恢复了一些尊严。这样的做法被后来的霸业者效仿。这样的事情在内乱之后经常发生，让我想起日本足利时代末期的情况。所谓"九合一匡"，是指兵车之会有三次，衣裳之会有六次。因此有人认为桓公的政策是和平政策。也有人认为是兵车之会六次，衣裳之会三次。这些说法都是传说，不可信。总而言之，持续了百余年的动乱局面暂时得到了控制。桓公在位长达四十余年，成为了那个时期的中心力量。

这个时候，中国的诸侯中还有与桓公所起作用不同的人，那就是晋国的献公。一开始，晋国的内乱较之其他国家就更为严重，本家的晋国与分家的曲沃一直处于战争中，分家逐渐强大而压制了本家，后来干脆攻占了本家。这时晋献公出现了。晋献公的做法与齐桓公的做法完全相反，他一开始就采取残酷手段，将所有同姓诸侯全部消灭。这种做法不得民心，最终未能成就霸业。到了晋文公时期，晋献公的做法产生了强大的反弹效果。献公死后，晋国发生了大内乱，文公在国外流亡十九年。这时候齐桓公已死，齐国也出现了内乱。宋国的襄公作为齐国的保护人本想借机继承霸业，但迫于楚国的压力没能成功。这时候，流亡国外的晋文公回国，君主与侍从长期流亡，其间尝尽各种艰辛，也因此出了很多其他诸侯国中没有的人才。这个时期，晋文公想要成就霸业的理由之一是效法齐桓公，实现攘楚救王之目的。于是在城濮与楚国开战，为整治王室内乱杀了王子带。晋文公的做法与桓公相反，完全凭借兵力权谋达到目的。尽管晋文公治世只有短暂的十年，但其下辅佐的臣子中杰出人物众多，承继了他的计划，使得其霸业持续到了春秋时代结束。

这时面临的问题是楚国的崛起。楚国在以周朝同姓诸侯为中心的中国同盟之外，形成独占一方的势力。关于楚国是怎样兴起的，有各种说法，《史记·楚世家》中记载了很长的宗谱。有说楚的祖先曾侍奉周文王，是文王的老师等，诸如此类。这些都是后世编造的。楚源自芈氏，"芈"是南方蛮夷中常用的名字。如同闽、苗、濮、沐、孟一样，同属南方的泰族，芈也是其中之一。《史记》也记录了楚国最早时候王的情况，当时称楚王为夷王。楚国人认为自己是蛮夷，不受中原王朝的统治，因此一个叫熊渠的人，将自己的三个儿子任命为王。这也是后人编造的传说，当时的楚人不可能在如此早的时期就知道有王的称呼。西周末期的宣王、幽王时期，楚地的王叫若敖，这之后的王叫霄敖，再然后是蚡冒，由此推测，大概前二者中的"敖"字在楚语中是"王"的意思。这些夷狄语言最初用来称呼地位最尊贵的人，及至中国语言传入后，也开始尊重中国的称呼，使原有语言变得卑贱，我们从楚国把宰相称为莫敖，即可知道降低了"王"的含义。因此，尽管楚地之前没有王的称呼，但蚡冒之后，他的弟弟成了武王，武王的儿子成了文王，于是有王的称呼。此时是春秋时代的初期。根据《史记》的记载，说自己的祖先是周文王老师的说法，大概开始于楚武王时期。此时的楚国在江陵（郢，今天长江沿岸的荆州），后来不断扩大领土，到楚文王时，齐桓公称霸。楚文王之后，又出现了一个叫杜敖的人，杜敖以后是他的弟弟楚成王。楚成王时期发生了齐桓公的召陵之会和晋文公的城濮之战等事。所以，真正给王加谥号是成王之后的事情，之前的武王、文王只是模仿周朝追加的谥号罢了。简单来讲，上面讲了周以外的夷狄中崛起的大国最初是如何与周发生关系的，同时也是制造假宗谱的开始。这时候地处江汉的姬姓国家开始衰落。即使桓公称霸，楚国的势力依旧延伸到召陵，即陈、蔡之间（颍水、淮水附近），且楚国接连灭掉江、黄、息等淮水沿岸的小国，势力扩张到了蔡国境内并即将与齐桓公发生冲突。晋文公时，楚国俘虏了宋襄公，楚国势力进一步扩大，郑国甚至已对楚国称臣。如果继续发展下去，楚国的势力将延伸到黄河沿岸。周朝即将陷于楚国的威胁之下，这关系到中原地区的局势，晋文公为遏制楚国的势力被迫对楚发起战争。宋国、郑国是晋国与楚国的必争之地，陈国、蔡国加入到楚国阵营，直到楚国完全控制淮水沿岸，晋国和楚国开始争夺黄河南岸。上面所说便是晋文公称霸末期时的情况。

晋、楚争霸和吴国的崛起

　　齐桓公的霸业只维持了一代就结束了，而晋文公的霸业在他死后还持续了百年有余。晋文公在位时间非常短，其子即位后保持了晋国的势力，原因大概是晋文公有很多辅佐者。齐桓公除管仲以外没有其他人辅佐，而晋文公在长期流亡过程中，身边聚集了很多有才干的辅臣，这些人在晋文公死后继续辅佐襄公。如前所述，晋文公时期发动城濮之战，遏制住了楚国对中原的攻占，晋襄公时期又遏制住了西边秦国的扩张。原来秦国帮助晋文公回到本国，有恩于晋，并且在城濮之战中帮助晋国一方，与晋国的关系十分友好。晋文公去世后，在襄公服丧期间，秦国想要进攻郑国。秦国攻击郑国时，必须经过其他国家，这时候晋襄公选择援助郑国，在朝臣大力支持下阻止了秦军。虽然此事获得成功，其后果是此后六七十年秦、晋两国不和。晋国对战南方的楚国时，还要提防西边的秦国。晋文公为了帮助周王室，甚至接纳原本敌对的狄人。晋国执行以武力立国、称霸中原的政策，与秦国、楚国展开激战，一胜一负。因为与秦国关系不睦，晋国于秦穆公时期，堵住了秦国通往中原的道路，导致后来百余年间秦国都不能到中原去。秦国虽与楚国同样出自夷狄，但成立的过程不同于楚国，文化较为落后。但是，落后这一缺点，最终却成为走向强盛的原因（马骕《绎史》）。

　　尽管晋国三面受敌，但实际上是晋国在与楚国争霸。楚成王败给晋文公，后来的楚穆王等依旧试图争霸中原。到了楚庄王时期，楚国国力强盛，楚国成了春秋时代屈指可数的五霸之一。春秋时期楚国处于鼎盛时期，在邲打败晋军，然后打着讨伐东周附近陆浑的戎人的旗号，进军抵达黄河沿岸，向当时周的使者询问鼎的轻重，周朝的王孙满回答说："在德而不在鼎。"由于楚国的势力太强，在宋国华元的斡旋之下，晋国与楚国在宋国展开了一次和谈。这是和平会议的萌芽，为召开更大范围的和谈打下基础。楚庄王是楚国难得一见的明君，十分注重德行，当时中原的诸侯纷纷加入以楚国为首的同盟，削弱了晋国势力。

　　但是，从庄王参与了陈国内乱之后，楚国已然出现衰落的征兆。晋国、楚国之间隔着陈、宋、蔡、郑四国。其中宋国、郑国较为强大，这两个国家的变化经常会影响晋国、楚国势力的消长。陈国、蔡国在楚国的势力范围内，是楚国进入中原的门户，因此楚国经常干涉陈国的内乱。实际上，这个时候楚国事实上灭亡并吞并了陈国，将它变成了一个县。那个时代灭掉别人的国家，断绝别人的后裔，是为罪大恶极之事，尤其陈国为舜的后裔，这是绝对不能做的事。因此，后来楚庄王采纳意见使陈复国。原本这可以说是庄王盛德的体现，但此事却无端给楚国带来了打击，这发生在楚庄王去世之后。楚庄王在位二十三年，又过了七年，事情发生了。实际上，在楚庄王去世后的第三年就已经初见端倪，在楚庄王之子楚共王时爆发。陈国发生内乱。陈灵公与臣下夏徵舒的母亲夏姬之间有苟且，同时陈灵公的两个臣下也与夏姬私通。夏徵舒将陈灵公杀了。当时楚庄王讨伐夏徵舒，平定了内乱，但楚庄王因为夏姬美丽想娶夏姬。这时候，楚庄王的臣下申公巫臣进谏说，美人是妖物，有很多的人因为她受到伤害，不能娶她。这时候，楚国有个掌握实权的名叫子反的大臣也喜欢夏姬，申公巫臣同样加以劝阻。于是楚庄王把夏姬嫁给了别人，那个娶了夏姬的人果然没有好结果。楚庄王的时代随之结束。楚共王二年（前589年）申公巫臣出使齐国，不知为何中途改变了主意，偷偷把夏姬安排到自己身边，不能回国就去了晋国。后来申公巫臣又替晋国出使吴国。此时的吴国处于寿梦时代，吴国自寿梦时代开始强大起来，其中申公巫臣起了一定的作用。申公巫臣逃亡后，他的家人遭到杀害，为向楚国报仇，申公巫臣认为应该极力促成晋国与吴国联合。此前，吴国是与楚国接壤的蛮国，楚国根本瞧不上吴国。申公巫臣到吴国后，将中原战法传授给吴国，以谋求吴国强大，结果吴国成了楚国的敌对国。可能也是申公巫臣告诉吴国他们是太伯的后裔。申公帮助吴国与鲁国接触，想让吴国与中原建立联系。周朝遗物在鲁国为最多，吴国大概从这里得知自己的祖先是周王室之兄，从此以后，吴国经常以"吴子"之称参与中原的会盟。春秋时代，子是蛮人爵位的称呼，楚国也一样。在周朝，子是个暧昧的爵位，用它称呼暧昧的国家非常适合。夏姬是有名的淫妇，但就像前面所说的那样，她以一己之力使晋国、楚国的形势发生了很大变化。楚国文化的进步也对边境产生影响，借此将一些小国吞并了。另一方面，由于申公巫臣的力量，原本的边疆小国——吴国也强大起来，成了楚国的强劲对手，楚国对此很苦恼又无可奈何。楚国兼并了庸、濮、舒等国。庸国、濮国曾经帮助过周武王征伐，根据《牧誓》的记载，舒国在江淮地区。吴国则在偏南的地方。申公巫臣见吴国逐渐强大起来，便让它保持独立。因为楚国一直陷入与吴国的争斗中，国力损耗，于是不能专门对付中原。处于崛起时期的吴国又出现了贤人，这就是寿梦的第四个儿子季札。寿梦想让季札继承王位，但季札没有接受，而选择了出使中原，后闻名天下（季札是类似圣德太子与稚郎子合体的才子）。

　　这个时期，晋国、楚国争霸不断，楚共王与晋厉公战于鄢陵，此战晋国取胜。晋国与吴国之间有了联系，而且此时的晋悼公是继晋文公、晋襄公之后的贤君，晋国的霸业终于又恢复了。当时是这样的形势：秦国独立于西边，晋国灭掉了狄人中的赤狄，东边的齐国还有着齐桓公以来霸业的影响，依旧算是大国，常常持中立态度。因此，晋国、楚国想将齐国、秦国拉入到自己的阵营中。楚共王时期曾经试图进攻中原以扩大势力，但没有成功，这之后再无新的举动，于是楚康王时代真正的和平会议召开了。和平会议名为"弭兵会"。在宋国的斡旋下以停战为目的，召开了各路诸侯都参加的和平会议。按规定盟主先歃血，晋国、楚国都想争先，最终楚国人衷甲劫盟抢先歃血。这时候，晋国正处于霸业开始衰落的时代。由于晋国衰落，楚国也逐渐失去与晋国对抗的力量，这之后，诸侯中没再出现过有名的盟主。

春秋末期的形势

　　一旦失去盟主，各诸侯国被迫加强自卫。这是中等诸侯国中产生政治家的最好时机，此时大国却苦于内乱。因为失去了外部战争的压力，晋国发生内乱，楚灵王时期，国内也发生了大乱。晋国、楚国的势力都因此减弱。这时，中等诸侯国中出现一些政治家，如郑国的子产，齐国的晏婴，时间再晚一点有鲁国的孔子和卫国的蘧伯玉等，这些有名的政治家在各国加强自身防卫的过程中发挥了极大作用。这一时期大概是春秋时代文化发展最快的阶段。在各国依靠霸主就可以生存的时代，霸主国一心发动战争，各国响应其号令，很少会去专心思考本国发展的机会。到了现在，霸主已经不存在，各诸侯国都要独立考虑自身防卫的问题，且这时候隐隐有了改革内政的趋势。

郑国的子产作为改革的先驱为人所知。子产新政的一项内容是铸刑书，它作为中国最早的成文法，可以说是很大的突破。子产的政治是法治性的，刚开始，民众因嫌麻烦不愿意执行。经过一段时间以后，人们觉得它确实带来很大的便利，于是各国争相效仿。从中国政治的发展过程来看，子产是这个时代十分重要的存在。这一时期，各诸侯国贤人辈出，据说吴国的季札出使中原的诸侯国时，曾与这些贤人有过交流。但这话可信度有多少不能确定。说季札在鲁国欣赏音乐，评论各国的诗等，这很像后来编造的。不管怎样，各诸侯国中都有贤人出现应该是确定无疑的。这个时期，多数的贤人并不是依靠明君施政，齐国的晏婴侍奉了三代君主，三代君主皆昏庸，但晏婴仍然推行了杰出的政治措施。《论语》中说卫灵公昏庸无道，凭着手下的贤人没有亡国。在这些贤人中，孔子在政治上并不成功，他在这方面比不上晏婴和子产。这固然与孔子本人有关系，但也与国情有很大关系。鲁国虽然不是大国，但三桓得势，其领地比鲁公的领地还大，因此孔子削掉三桓、恢复王室的愿望未能实现。

吴国的崛起给春秋的形势带来了巨大的变化。吴国在寿梦之孙阖闾时期迎来强盛，讨伐楚国并占领了其都城。楚国几乎要被灭亡了。楚国在秦国的帮助下，好不容易才恢复了国家。这时候帮助吴国的是来自楚国的逃亡者伍子胥。齐国的逃亡者庆封没有向齐国报仇，伍子胥却差点帮助吴国灭亡了自己的国家。到阖闾之子夫差时，吴国已位列中原大国之列，开始与晋国争霸。晋国拥有被周朝称为伯的家世，吴国拥有被周朝称为兄的家世，现在这两个国家争夺霸主之位。夫差因为本国遭受越国袭击，对晋国让步。春秋末期，类似吴国、越国这样的以地方为根据地进入中原争夺势力的情况十分常见。这与日本足利时代末期细川、大内等人以地方为根据地争夺京都的情况是一样的。总体来说，这时候已经没有了占据优势地位的霸主，大国苦于内乱，主要的士大夫家族飞扬跋扈，公室衰弱，中等诸侯国中一些有名的政治家应运而生，为文化进步做出了贡献。这些便是春秋末期的整体形势。

春秋时代通论

春秋时代的整体情况在一些地方与日本德川时代后半期的情况类似。春秋时代初期，众多诸侯国中出现贤明的人，也类似日本田沼时代前后的情况。日本田沼时代因为国家穷困出现了很多贤侯，而春秋时代则因为各诸侯国忙于解决内乱或其他问题，使得很多贤侯出现。其中主要代表有齐桓公、晋文公、宋襄公等，此外还有平王时期的晋文侯，桓王时期的郑庄公，五霸时期的晋献公、鲁僖公、卫文公等。他们使濒临衰亡的国家得以复兴。这之后，周王室日益衰落，其主要原因就像《绎史》和其他书籍中所记那样，比起归因于诸侯的跋扈，不如说原因在于王室内部不统一、大臣之间纷争不断，以及君王家族内部出现矛盾等。这时候正处于家族制度变迁的过渡时期。中国历来延续少子继承王位，随着国事变得复杂，继承方式改成了长子继承。这一时期，年少的儿子备受宠爱，大臣也帮助他，这就使得同族不和，甚至导致王室混乱。针对这种情况，诸侯国中在较早的时候自然地顺利改变家族制度的国家，没有受到危害。但是在实现从少子继承变成长子继承的过程中，出现同族不和的情况较多。就像前面所说的，到了春秋后半期，有力的霸主已经衰落，中等诸侯国兴起，但这时候多数中等诸侯国家兴起并不是因为出了贤明的诸侯。大的诸侯国的一般情况是这样的，公室衰颓，往往势力大的卿大夫家族横行霸道，其中也有卿大夫的家臣得势，卿大夫反而受制于家臣的情况。春秋时代末期，卿大夫家臣横行的现象很明显，晋国、鲁国都苦于家臣的叛逆。另外，一些比较小的国家中，也出现了一些贤能之人。总而言之，在诸侯或上大夫中产生贤人的时代已经过去了，越来越多的贤人从下层中产生，这是向战国时代转移的过渡时期的特点。

此时同样显著的是兼并现象。很多春秋时代初期存在的国家逐渐消失，到春秋时代末期，只剩下了数量很少的国家，逐渐演变成为后来的战国七雄。其中，齐国兼并了莱夷（自称莱侯），宋国灭了曹国，卫国灭了邢国，郑国兼并了许国。消灭小国最多的是楚国，不仅消灭了一些姬姓国，甚至还消灭了古代圣贤后裔的国家（如皋陶的子孙受封的英、六等国）。秦国成了西戎的霸主，据传有二十个小国被它吞并。晋国先灭了同姓的国家，然后吞并了赤狄和其他戎狄。如此一来，各诸侯国都扩大了自身的规模，就像战国时代初期的孟子所说，最初面积仅为方圆百里的国家都成了大国，就连较小的鲁国，其面积也扩大了四五倍。事实证明，只有大国才能存留下来，这种变化随之带来文化方面的变化。

春秋向战国过渡的这段时期，军事上的车战变为步战，这一现象值得注意。似乎这一变化源自春秋时期与戎狄作战的需要。刚开始晋国与肥、鼓等赤狄作战时，使用的都是战车组成的军队，后来临时把车战改成步战才打败了夷狄。可能这就是最初的步战。进入战国时期，又将车战改为骑战，还比较新奇，这个时候开始，车战转变为步战是常见的。此事关系到战士的名誉，据说此时晋国有人不听命令。但总的来说，这一变化是由实际需要引起的。

还有一件应该注意的事，即春秋时代边境的夷狄发展强大。最初，楚国的崛起引起了人们的注意，后来楚国逐步扩张，其势力延伸到了中原，并与晋国争夺霸主之位，甚至成为了主导中原的盟主，楚国在文化上也不断发展，看起来似乎与中原相融合了。但根据《左传》和《国语》的记载，对楚国与中原具有相同的文化是否起于春秋时代，仍然存疑。《左传·昭公十二年》中记录"左史倚相读《三坟》《五典》《八索》《九丘》"，虽然《三坟》《五典》可解释为三皇五帝之书，但不知此话是不是春秋时代的真实记述。有可能是把《左传》成书时的话，当成了春秋时代的事从而收录在《左传》中。但总归会有一些这方面的记述。孟子也曾说及梼杌之事，从其素朴的名称可以知道其所记也是素朴的内容。楚国是大国，可以想象楚国国君及国内主要贵族的生活状态应该与中原并无多大差异。楚国逐渐强大，同时位于其边境的吴国也兴盛起来，吴国之后，越国也逐渐强盛。《左传》中记载，楚国曾有个叫熊绎的人侍奉过周康王。这一传说产生的基础是将楚国与当时的齐国、晋国等同视之。吴国为周太伯的后人，是周天子祖先之兄的后裔。而越国从更古老的宗谱关系来看，则是夏人的后裔。这些都不可信。燕国据说与齐国也有关系，是召公的后裔，这也是没有根据的说法。鲁昭公时期与齐景公时期确实有过燕的国名出现。最开始把燕国与齐国联系起来，大概是因为黄河口逐渐出现土地，使得齐国和燕国在黄河口接壤。边境上兴起的国家，除燕国外都能左右中原的会盟，而这些新兴国家崛起时，最先与之结成强国同盟的是周的同姓国。与楚国接触的国家中，不用说郑国，就连鲁僖公都与楚国来往且将楚国作为倚靠。鲁国在吴国刚刚强大起来的时候就与之建立了亲密关系，并怂恿它与齐开战，同晋国争夺盟主地位。据说孔子的门人子贡参与过此事。鲁国素来被认为是中国文化的主要继承国，它在国际间采取了上述做法。越国开始强大的时候，也是鲁国最先与其建立联系，鲁哀公甚至亲自走访越国，想借助越国的力量抑制国内三桓的势力。然而，新兴国家都不长久，吴国仅仅两代就亡国了。越国因为很快就与中原断绝了联系，存在时间稍微久一点，但最终持续的时间也不算长。中国人口中夷狄国家不会长久存在的说法就是据此来的。更早就吸收、融合中国文化而发展起来的楚国和秦国，得以长久地存续下来。战国时代大约持续两百余年，这时期文化方面也发生了各种变化。

尽管《左传》中收录的当时的文章和辞命等内容，其可信度值得怀疑，但似乎可以从中看出初期的辞命与中期以后的辞命有明显的差异。齐桓公、晋文公从周王那里接受的辞命，其风格多少类似《尚书》，后期的辞命则变成了大段文章。晋国的吕相以使臣的身份与秦国断绝交往时所写的《绝秦书》（名义上是绝秦书，实际上不是书，是口述的辞命）是一篇很长的文章。王子朝将自己的立场向诸侯宣告的辞命，也是从周初的事开始陈述的长篇文章。另外，郑国的子产写给晋国的叔向的信，据说也是一篇实在的名文，尽管不知道这一说法是否可信。这篇文章的体裁也不同于多少带有《尚书》风格的《左传》初期的作品，虽然都是辞命，但有进步，文章中带有某些游说的意味。从中期开始，《左传》中收录了很多长段记述的篇章，有点像《国语》的记言。但两者所收文章的情况还是存在不同之处。崔述在《考信录》中对《左传》和《国语》进行了区别，他认为《左传》是当时的记录，《国语》是后世的创作。这个见解有些偏激，实际上，《左传》可能因为有后人的加工，反而文章更为通畅。但无论如何，二者都收录了当时的辞辩，因此在内容上有相似的地方。根据《左传》《国语》大致的倾向来看，两书均以《周礼》为基础，认为依照这一原则记述的文章则荣，反之则衰。在这种倾向的影响下，时常同情小国，认为将小国灭掉是坏事，议论也相对保守，这些都与战国时代不同。这种辞命或不成辞命的瞽史，是通过述说古代事实来告诫当代人，从而引起人们回顾思考。从《左传》等的辞命及《国语》等的说书先生一样的语言中，逐渐产生了具有历史意义的故事。不用说这时代的人，他们的语言多具有诗性，但即使是诗，实际上也有试图让人们回顾这一时代的倾向包含在里面。《诗经·周颂》中有很多向神报告的文句，非常容易理解。但《鲁颂》首先是回顾鲁僖公功德的文句较多，并追溯到周人祖先，变得具有历史性、回顾性的意味。春秋时代中期以后，很多辞命中都利用了诗，于是出现了不顾其原本意思，断章取义的风潮。也就是将把诗作为当时所谈到的事件的证据，并将之当成可靠史料来用。

另外，春秋时代末期，还盛行针对春秋时代所发生灾祸所做的预言。当然，这当中很多都不能看成是当时确实存在过的事物。尤其是《左传》或《国语》中所引的《易经》预言，很多都直接照搬了盛行于战国时代的《易经》家的记录。《易经》各家为吹嘘自我而编造了一些事情，这是根本不能相信的，但春秋时代中期以后，与术数相关的东西似乎有了很大发展。新城博士认为春秋时代中期以后明确了历法。而《左传》中所记录的四到处散布灾祸论的梓慎、苌弘等人，也是春秋时代中期以后的人。这样的事情，经常出现在拥有很多文献却又面临衰败的国家里。纵然《左传》所记不可全信，但应该可以确定，确实出现了这样的人，并且成为了术数的始祖。大体而言，从周朝初期开始，延续到春秋时代，重视祭祀的风气逐渐淡化，取而代之的是对灾祸的预言。也就是说，从以古代祭祀为中心的信仰转变为相信预言，这是宗教发展的必然过程。

春秋时代末期出现了依靠术数建功立业的趋势。此外，孔子门下的人也促进了文化的发展。孔子的门人均跟随孔子学习周朝作为治国工具的礼乐。这无关乎人的地位，而是专门研讨学问。学问需要找到用武之地，孔子在世时一直致力于寻找这样的地方。孔子的弟子中，子路去了卫国，冉有效力于鲁国的季孙氏，这些都不是孔子满意的地方。据说后来子夏去了魏文侯处。这些人运用自身的学问，成为诸侯的老师或者辅佐诸侯，成了到处奔走谋生的官吏。这些人与前面所说的不被自己本国接纳而出走他国的申公、庆封的流亡相比，虽然情况不同，但从实际功用的角度来看，结果几乎是一样的。

可以说，他们在文化的发展方面做出了很大的贡献。另一方面，与官职相伴的文化从官职中分离出来，官吏也由过去的国人变成上面所说的流亡者。这是新出现的局面，是从春秋时代到战国时代的过渡时期的情况。春秋末年之后的两年，孔子去世，其后的数十年间是孔子弟子活跃的时代。这一时期，缺少详细记录和传说，是一段十分模糊的时期，但姑且可以将之认为是孔子弟子的初期教会史的时期吧。

在此期间，制度也发生了变化。根据儒者的说法，周朝爵位中有非常严格的尊卑之别，但是到了春秋时代，随着国家的盛衰，实际上爵位发生了改变。且不说从夷狄进入中原而获得爵位的楚国和吴国，即便是中原的诸侯，也面临着僭越的问题。像楚国君主自称为王，其臣下称公的也很多。在周朝，公仅用于称呼三王之下的人，而这时出现了诸侯之下称公的人。春秋时代"公"是内部的称呼，对侯称"公"仍被视为僭越。《尚书》中有"文侯之命"的记述，这表示使用谥号应当与爵位相匹配。另外，滕、薛、杞是从高位变为低位的例子。杞属于公一级的国家，但最开始的时候将其记为"伯"，滕、薛属于侯一级的国家，却记为"子"。这说明爵位的登记随着国势的下降跟着下降。在春秋时代的诸侯会盟中，不能提供相应数量的玉、帛、币的国家，只能列入低爵国家之中，依照的是实力本位制。大夫中随意称"子"的有鲁国的季文子、季平子、季康子等。到这时为止，还与爵位无关。用伯、仲、叔、季等做谥号的，有齐国的管敬仲、鲁国的臧僖伯、臧文仲等。带有这几个字的谥号，大概已经难以与爵位分出高低了。这个时候，礼乐也逐渐下移，传言特别允许鲁国使用天子的礼乐，后来作为臣下的季氏也使用了王的礼乐（《左传》《礼记》）。从春秋时代中期开始，就出现了大夫享受华夏礼乐的例子。这意味着下位者已经能够享用原本上位者所用的器物和礼法，上位者日益颓靡，中位者获得了财富和势力。崔述详细研究了鲁国的三桓、晋国的六卿、齐国的田氏得势的情况。不知三桓肆虐乡党、六卿横行都鄙的说法有多少可信度，需另外考虑但中间阶层得势是确定无疑的［殷代以来的古国旧族灭亡（例如颛臾、阏伯、实沈、台骀等），周朝同姓诸侯（十二国中的大部分）进入全盛时期］。

第六章
战国时代

战国时代的相关史料

书写战国时代的历史并保留至今日的史书有《战国策》。从刘向在《别录》中记载且存于现今《战国策》开篇的内容，可知此书的大概性质。此书原名《国策》《国事》，又称《短长》《事语》《长书》《修书》。刘向认为其主要内容是战国时代的游说之士为其效力之国策谋，故名"战国策"。但是不清楚原作《国策》是"策谋"之意，还是"策书"之意。若据"国事"等名称推测，可能是"策书"之意。《国事》的"事"可解作"史"之意，《短长》可解作"纵横策谋"之意，"长"也可以解作"长篇策书"之意，像《长书》《修书》一样，或许是因为其既有长文又有短文，故名"短长"。《事语》大概是因为其初次纪事，故有此名，相对地，《国语》之名则与其是留传下来记载传说的专门典籍有关。当然，也有可能是因其初次记载长篇策书，故名"事语"。汉初时，过去的书开始载于竹帛，此前短文借简书而传续，长文赖语言而流布，而《战国策》的出现，意味着策书首次形成了。

《战国策》堪称纵横家的教科书，年月不明这一点显示出当时的中国人尚未意识到以纪年体叙述历史的必要。以前的《春秋》，是孔子一派特别保存简册的结果，可以推知这并非一般风气。据司马迁说，特别是战国时代的列国史学记录均在秦时遭焚毁。另一方面虽有类似于《竹书纪年》的史书，但司马迁称，他依据《秦记》作《六国年表》，也未按时间记载。现今《秦始皇本纪》末尾的附录仍不明出处，有人认为这也许是《秦记》原本。若果真如此，单纯记秦纪年本是容易的，这样的记载可能就是当时真实的录史风格。与此相比《竹书纪年》有了很大的进步，但它是魏的国史，与现今的《竹书纪年》体裁有所不同。魏国较早开展学问，对历法的考证出现得也很早，或许它是用历法编写历史。除此以外，像一般的编年史还没有被实际运用。《孟子》提到的晋的《乘》，也许就是《竹书纪年》一类的记载，而楚的《梼杌》专记恶行，非常粗略混杂。即便如此，春秋时期有明确的编年史，战国时代则没有，由此可以说春秋时期的编年史保存下来了，这在当时大概是一件特别的事。孔子一派没有意识到记载编年史的必要性，仅重视记录春秋时期各色事例的确实史料。因此，想根据今日残存的史料了解战国时代的纪年，确实比春秋时代要难。以《孟子》提出的问题为中心对年代进行考据，也常常缺乏实据而困难重重。如梁惠王与襄王之间的年数，《史记》记载惠王三十六年，其后是襄王；《竹书纪年》在三十六年之后有惠王元年，又持续了十六年。《史记》则在第二个元年后加入襄王。《通鉴》取《竹书纪年》的说法，近年也流行此说。且《史记》和《孟子》中齐宣王与湣王的年数也不一致，因此有人主张将《史记》宣王的年代往下推延以与《孟子》一致。然而对从哪一年往下推延，也没有确切的提议。因此关于这一时代，司马迁也只是简单地以《秦记》为基础将列国之事分开，至于比春秋更远的时代就难以确定了。《战国策》创作的目的更多的是为了作为纵横家的教科书，而非记录事件，故年月不明。其记事较少像《春秋传》那样在间隔很大的年数后面附加话题。有的地方《史记》要比《战国策》记载更详细。《战国策》虽然年月记载不明，但关于纵横家的内容是可信的。

刘向谈到此书成书时，说本字误脱而成为半字的地方有很多。与现今战国时代的文物相对照，可以得到有意思的结论。如刘向说"赵"为"肖"，"齐"为"立"，而现存古玺上，"赵"皆写作"肖"，又将"齐"写作"㡭"，或许是可见"立"形。因此，此书并无误脱，使用的是当时通用的文字，在当时就形成了策书。可以认为《战国策》是较早写成的书籍，"肖""立"等文字在秦李斯、赵高作字书以前就存在。

要想知道战国时代的事情，可参考《六国年表》及其他一些书。尽管各国的事情不能对年表所记信之无疑，但至少可以从中推测出世代嬗变的大致情况。

三晋的兴起及其影响

周威烈王二十三年（前403年）出现的三晋，也就是赵、魏、韩的兴起，作为战国时期的著名事件广为人知。三家原为晋的大夫，此时被威烈王封为诸侯，《通鉴》等书即从此事开始记载。不久后，齐大夫田和也夺其国从而成为诸侯。这些当时的重大政治事件，被视为战国时代出现的标志与基础。但是崔述的《考信录》提出疑问：威烈王以晋大夫为诸侯这一点与《史记》中的记载有矛盾。《周本纪》《晋世家》等有封诸侯的记载，而《赵世家》的说法是诸国"皆相立为诸侯"，此后又有诸国称王、互相称王的事。崔述以此认为封诸侯并不是出自周的命令，但可能两方面都有一部分是真实的。如东汉末期的英雄任意成为州牧，但表面向朝廷上表，受命成为州牧的体制依然延续。这种情况在日本战国时代也出现了，即在遵从足利氏的教书、天子敕书的体制下行事。因此在这种场合下，也许两方面都有可信的部分。总而言之，三晋成为诸侯，田氏代齐，是进入战国时代后的标志性政治事件。

此事给当时带来的影响是，列国的形势因新兴诸侯国的出现而变得十分紧张，战国初期的各国出乎意料地得到了有效治理，可以称得上治世。春秋中期以后，中等诸侯国力量转衰，在孔子去世前后变得混乱不堪。但自孔子去世后到三晋兴起，列国内政的效率都大大提高。由此看来，当时的诸侯中必有伟人。如三晋的开创者中，有赵襄子等贤人。魏文侯、武侯甚至失败的惠王，都有所作为，韩昭侯也非常贤明。这些主要人物，都活跃于此前后时代。齐则继田和之后，出现了威王、宣王等明君；秦则有献公、孝公等。此时楚国因为吴伐楚之后出现白公之乱，国势不振，内乱绵延。

游士的活跃

如前所述，此时贤君辈出，但对这些贤君的记载不显。在此时，游士始开一家之学，自成一家者为列国所用，其志亦有所实现。最初，即孔子死后至三晋为诸侯之间，孔子弟子为诸侯所用且受礼遇。在鲁国，孔子之孙子思受到的待遇也比孔子要好。特别是这一时代的游士常作为诸侯的宾师，而非臣下。这和孔子之前，子产和晏子为臣入仕而发挥作用有所不同。这是个游士作为宾师发挥作用的时代。与此同时，孔、孟之间，儒家及诸子百家的学问大盛。据《孟子》记载，有杨子、墨子、农家等诸学派。为韩昭公所用的申不害是刑名之家的鼻祖，李悝是法家鼻祖。这些人立一家之言，采用其言可奏实效，各国争相用之。即便流派各异，但凭一家之言便可大展治国抱负，这与德川末期的二宫尊德、佐藤信渊为各侯国所用而有所成效的情况十分相似。采用各家之言的结果是，诸侯国力强盛，开始频生冲突，落败而受压制的国家转衰。梁惠王、齐宣王就是例子。然而各国所用游士的数量一旦增加，便自然开始走向衰亡，在治国上显得力不从心，于是纵横家出现了。这个时代是游士的全盛期。此前孟子就有提及这些游士对各诸侯自矜身份，如田子方不答魏武侯之礼。这只是受国君优待的例子。到苏秦时则情形大异，苏秦为六国之相，从约之长。从约之长是苏秦本人，而非诸侯，这本身就说明游士的地位得到了很大的提高。张仪对苏秦言连横，在各国任宰相，备受优待。这两人中，苏秦有大丈夫气，与诸侯夫人恋爱以及失败的方式也有男子气概。张仪相反，有诈欺的嫌疑。游士的地位在这个短暂的时代达到了顶端，并随着数量的增加，开始走向衰落。

四君时代，秦孝公与赵武灵王

此后是四君时代。四君即齐之孟尝君、赵之平原君、魏之信陵君、楚之春申君。此时诸国大体上皆称王，尽管其中也有赵武灵王排斥称王。然而诸侯中不通政务的昏庸者很多，因此出现了实际代王理政、背负一国重任的人，即"四君"。四君也好蓄游士，往往聚集了一些平庸之辈，他们待遇微薄，缺乏自信。这个游士自甘堕落的时代持续了百年有余。其中孟尝君地位特殊。他从齐土获得领地，却在秦任相。齐宣王伐燕，几乎灭亡燕国，此后潜王时齐又几乎为燕所灭，然而此时孟尝君居其领地袖手旁观。相比之下，平原君、信陵君更乐意为国效力。信陵君最有人望，是中心人物，但其地位非常微妙。尽管没有得到魏王许可，他仍以私人关系发魏兵救赵。为信陵君所用者，与其称游士，倒不如称游侠，这是一个自孟尝君以来衰落的群体。信陵君、春申君末年已是秦始皇时代，二君与六国势力同时薪尽火灭，终并入秦。

自献公、孝公以来，秦逐渐兴盛。尤其是秦孝公任用魏之游士商鞅并委以国政，力图富国强兵。商鞅一改由来已久的贫富平均政策，鼓吹自由竞争政治，在战场上也推行此法，立功者受重赏，秦国由此强盛。商鞅虽然被孝公之子惠王所杀，但其改革措施被保留了下来。秦也用游士，但与三晋不同，并不是在国政陷入困境时使用游士，而是作为新兴之国在上升期使用游士，此法奏奇功，使秦最终成为第一强国。从秦国国情看，它缺乏如晋六卿、鲁三桓等在古典文化兴起地掌握政权的中间人物，因此在推动富国强兵之策的同时，国君权力加强，君主独裁的倾向也出现了，这是值得注意的。比起当时因历史原因而多有碍难的国家，能实行君主独裁政治而以强势制服他国，这成为秦国兼并六国的原因之一。三晋游士进入秦国，想必也会与李斯、韩非同道，竭力提倡强化君主的权力。

赵武灵王在秦之前就有统一天下的资格，或许称得上最成功者。在同时代昏庸的诸侯中，唯独他堪称贤明，以胡服骑射攻破胡人。这得益于赵国的地势、兵制，但利用这一点讨伐新兴的秦国，也是一个很伟大的想法与举动。胡服骑射使春秋以来的车战向步战转变，数量的多寡成为胜败的关键。赵国因地势与胡相接而有骑射的想法。据王国维考证，胡服是其冠去冕旒而用武弁（如汉时貂蝉冠形制），并开始废履穿靴，衣为窄袖。这样的服饰装扮越来越流行，传统服装由累赘变为简易，由此逐渐成为一般的风俗。赵军穿戴这种装备经过胡地攻打秦国。《史记》提到赵武灵王曾亲自派间谍入秦侦察，他还独自称君而不称王，大概是他隐居而为自由之身，不为他人所并的意向的反映吧。然而他不幸因为家庭内乱被杀害。如果这一事件没有发生，战国形势也许会截然不同。在他的感化下，赵国出了廉颇、李牧等名将，这些名将至死都在保存赵的实力。六国就是这样在文武人才枯竭后，被开化较晚，人民质朴而不受传统历史桎梏，顺利实施正规改革的秦所并。可以说这一结果的起因是出现了秦始皇这一伟大人物，但也可以认为是秦始皇顺应了兼并的趋势。

统一的前提

顾炎武在《日知录》"周末风俗"条简述春秋与战国时代的差异，其大意为：（一）春秋时重礼、信，而战国不然。（二）春秋仍以周王为宗，而战国不然。（三）春秋犹重祭祀和聘享，而战国不行此事。（四）春秋论宗族姓氏，而战国不然。（五）春秋时宴会赋诗，而战国无此风习。（六）春秋时犹有赴告策书，战国则无，原因是国无定交，士无定主。比较《左传》与《战国策》，可略见差别。从儒学者的立场来看，战国是礼崩乐坏、风俗沦丧的时代，但又有逐渐走向统一的趋势。只是统一的过程中旧事物被破坏，由新人实施统一的倾向明显。

如《日知录》所言，诸侯并不以周王为宗，而事实上，周王也不具有作为诸侯之宗的资格。因此《战国策》不载周王，只记西周君、东周君。通常认为赧王向秦献地之前的是正统之王，但据崔述研究，周王室名存实亡或许还要更早。即使有王，也仅称西周君、东周君。在战国威烈王的上一代，即周考王弟弟的时代，分为西周君和东周君。战国末周亡，西周、东周向秦献国，已经不具备一个完整的王室。普遍认为周经八百余年，"卜世三十，卜年七百"，是对周亡的预言，其年数恰好是西周、东周分立之时，因此认为周结束于威烈王时代是合理的。诸侯不称王由来已久，并不是出于顾忌周王的考虑。虽然也有证据反对此说，但这种见解基本上是切中肯綮的。且诸侯中有地位提高而称王的。秦昭襄王时，以齐为东帝，以秦为西帝，鲁仲连甚至认为以秦为帝是一种耻辱。这是首次称在世君王为帝，尽管很短暂，但在秦统一的过程中，把在世君王称为皇帝的现象究竟产生了。此时逐渐产生了一人独尊的倾向。西帝、东帝二人中称为皇帝的只有一人。这是新旧交替，趋于统一的过程。与之相对应的也出现了上位者沦落为下位者的情况，最典型的例子就是周王室的分裂与东周君、西周君之称。战国诸侯大抵称公，势力稍下者称侯，再下称君。

如顾炎武所说，郡县制的基础是春秋时代奠定的。《左传》中有相关记载，县是指君主直辖的土地，而非分封给人的。从战国时的郡名也能推测出来。郡是更大的地方直辖地。君主此时有直辖新得土地的倾向。虽然这些新得土地中，有取自夷狄而成为郡县的，但大体是随着世禄之家灭亡后合并而成，这成了统一的基础。其中也有小国灭亡后合并而成的。小国灭亡的事例自春秋战国时代开始增多，但也有小国出乎意料地留存下来。如鲁一直留存到东周灭亡之时，卫虽称下君，但到秦二世时才灭亡。七国因吞并这些小国而变得非常强大。

秦国是其中增强最快的。秦压迫山东诸侯，伺机夺取土地，六国不堪其扰，向东迁移。赵都自晋阳翻越太行山迁至邯郸，魏都自安邑迁至大梁，楚迁至陈，后迁寿春。六国中心自河南、湖北移往安徽一带。秦越发壮大，范雎的远交近攻策略功不可没（从前诸侯国越国境攻伐较远的国家，很难获得领土，而采用此策则容易取得攻克的土地）。特别是秦压制楚，其结果是开辟了西南夷之地：楚的陕西汉中落入秦国之手，最后贵州、云南的一部分也被吞并。《禹贡》中的梁州大概就是于此时为人所知，地理学家自此开始注意梁州在内的九州。由于秦的重心是侵略东方，西边的甘肃方面的情况依旧蒙昧不明，《禹贡》也只是把昆仑、析支、渠搜归入西戎而含糊其辞。汉代的记载中可见月氏，但其来由也不详。若其起自战国时代，那秦人应该知道，然而当时的书籍经未提及，因此月氏出现的时间可能更早。而且也无法确认西方中亚文化经此传入中国的迹象。

受秦压迫的其他六国，此时也在扩大其疆域。楚向东扩张，战国初期合并了蔡，中期合并越，末期合并了鲁。越被楚灭亡后东移，开辟现今的浙江东南为瓯越，随后又开垦闽越地区，因此楚的东迁使东海岸得到了发展。齐国原处东隅，难以发展，只与魏楚分割了宋。既然无从对外扩张，便着重内部发展。齐初以临淄为都，濒临海岸，土地肥沃，且潍县之地自夏朝起就得到开发，自北方渤海沿岸到南海岸的胶州即墨，经济发达，与吴通过海路交通。齐自古就被称为富庶之国。《史记》将之归功于太公望和齐中兴之际的管仲。但这是在解释战国时代现状时归功于此二人，而事实上齐从此并没有多少发展。与秦和胡（匈奴的旧称）相交的赵，在军事和经济上都迅速发展。赵将北方的代（今大同）作为军事中心，将邯郸作为经济中心（邯郸因处于交通之要衢而昌盛，据说此地盛产美人）。军事发展促进了对林胡、楼烦等夷狄领土的侵夺。燕国本不强大，却因周围无强国而得以发展。燕与东胡相接，燕国将领秦开讨伐满潘汗，掠地二千余里，大致为鸭绿江以南、大同江以北的土地。燕国很早就拥有这些土地，扬雄之《方言》多次提到燕至列阳使用大体相同的方言。列阳在大同江北侧。据《山海经》记载，其实际的势力范围已延伸到大同江以南。大同江之南有朝鲜，其南有盖国（韩），再往南有倭国，倭是位于朝鲜南岸的国家。《山海经》称倭属燕，最近在南海岸康津出土的明刀证明，这未必是牵强附会的说法。齐的经济实力虽然很强，但和朝鲜不通往来，今天的辽东朝鲜也并没有出土齐刀。战国时期人们认为庙岛列岛是神仙居处，据说羡门子高居于此，这也许可以作为齐未向东扩张的依据。因此，可以说燕是单独向朝鲜发展的大陆国家，但它与大同江以南仅有经济关系，没有纳为领土。

交通、经济发展的同时，防御也成为必要。长城显著地表明了这为领土一点。顾炎武《日知录》中《长城》一节称，秦始皇以前长城已开始建造，后来始皇帝想联结燕、赵、秦三国长城，其中燕长城是从造阳（居庸关附近）至襄平（辽阳）。如此，长城的内侧实行郡县制，可以知道在秦始皇统一之前，郡县的基础就已渐渐形成。

文化中心的移动

以上是外部的统一趋势，在内部则出现了文化中心的移动。魏是战国初期的文化中心，魏文侯作为儒家的保护者享有盛名，子夏在西河便受到了文侯的尊敬。此地今属陕西，夹河与山西接界，古时为秦晋间的交通必经之路，儒士汇集。此时的游士皆为儒家，道家尚处于萌芽期，其余诸家皆未兴起。附近的少梁，后成为秦魏争夺之地。魏惠王时因失去少梁而受到重大打击。这是第一阶段的文化中心。齐是下一阶段的文化中心，威王、宣王时，在稷下（临淄城门外）学者云集，学问兴盛。魏为文化中心时，从文武二侯到惠王持续了数十年；齐的稷下则历威、宣、湣三王间的数十年。后来齐被燕乐毅打败，燕昭王聚集游士，建黄金台，但这只是一时之举，并未持续。接替稷下而兴盛的是楚春申君所在的原吴国。荀卿曾从齐来到此地。吴在阖闾时代初次昌盛，春申君时代再次繁盛。楚文化中，《楚辞》流传至今，不过春申君要稍晚于以《楚辞》为代表的屈原、宋玉时代。历来认为《楚辞》是在屈原、宋玉时代编纂的，但楚文化的昌盛应该说是在春申君时代。从荀子也作赋这点，或许可以推测《楚辞》的编纂可能正是在这一时代。原本《楚辞》就不是凭一己之力而成，它汇集了《九歌》《招魂》《大招》等关于古代祭祀的民谣，《天问》等来自中原的开辟传说，如果它编纂于屈原、宋玉之后，那只能是春申君时代。此后文化中心自楚向秦转移，吕不韦曾聚学者著书。这种文化中心的转移，不久便成为趋向统一的原因。

文化中心移动期间，文化兴盛的国家各有其特色，对后来的汉代文化产生了深刻影响。在汉代《诗经》这种诗体并不流行，反而楚的辞赋十分流行。这可能与汉高祖是楚人有关，但最重要的原因是汉代继承了战国时最后成熟的文化。当然汉代包含了战国各地方的思想，因此汉初成书的《淮南子》，多处有战国末期作为文化中心的秦国的丞相吕不韦编写的《吕氏春秋》痕迹。毕竟这是汉代继承的战国时最后成熟的另一种文化。这也是汉代文化表述的体裁形式多用辞赋的原因。这显示了文化发展上的一种必然趋势，即不属中原的秦楚文化对汉代影响深远。

财富的分布

同时，不得不思考另一种趋势，即财富中心的转移。细读《禹贡》《职方氏》《史记·货殖列传》等记载便能知道，开化较早的地区，如渤海岸的青州、兖州和河南的豫州，盛产手工纺织品；较晚开化的地区，如荆州、雍州、扬州、梁州，天然物产较多（《禹贡》《职方氏》）。《货殖列传》记载，齐早先开发了天然物产多的临海地区，后对交通便利的地区进行开发。陶朱公之"陶为天下之中"便表明了这一点：交通的便利有助于贸易的方便和活跃。陶在今直隶、山东、河南、江苏等地中心，为诸国间的交通要冲，是财富集中的地区。

其次考察货币流通的区域。根据现今发掘的文物来看，秦、韩、魏、赵布币很多。布币由农具变化而来，空首布最为古老。秦币较小，且只有布，但赵和东边齐往来后也用刀币。齐和燕部分地区通行刀币。今日出土的货币多属于齐与赵，说明战国末期时此处货币流通活跃。罗振玉认为楚国没有本国铸造的货币。秦国货币很多，有点不可思议，恐怕是因为开发魏之西河因而货币发达。从空首布到尖足布、方足布、圆足布，布币逐渐失去农具的原形。刀也从起初的⌐形，变成◎形，最后成为⬭形。《国语》记载，周景王时铸大钱，其宝货即⬭形，然而景王时代是否有⬭形货币值得怀疑。⬭自刀变化而来的证据是燕的明刀，它是秦始皇统一天下后制造的半两钱的前身。商业发达地区，货币形状往往更富于变化。这样来看，从齐、赵到燕的直隶地区最为发达，其中心想必为邯郸一带。且现存古玺中关于经济的也较多见，廪、计之玺等就是此类。

思想统一的倾向

其次，思想层面也值得注意。大多数中国学者认为，春秋时期原本从事古代官师职务者在失去职务后，逐渐将其作为家业而成为专家。如汪中在解说《左传》的由来时认为，与天道、鬼神、梦、灾祥、卜筮有关的职务，在春秋末期落入史官之手，而后又从史官之手落入儒家之手。以儒家为范式衍生出九流百家，战国初期又出现了各自学派的专家。其趋势大体为先涌现出一批人，然后逐步融合，最后在秦时走向统一。儒家首先兴起，各家随后竞兴，九流各家皆称以其言易天下，提倡己说，排斥他说，其证据见于《孟子》《庄子·天下》《荀子·非十二子》等书。《吕氏春秋》最终把各家学说归纳为一，统一了各家学说。学说的统一要稍早于秦始皇的国家统一。不仅是形式上，在内容上也具有统一的倾向。如名家之言共通于各家而融入孟、荀二子的学说，也融入了道家。其思想基础可能是道家学说，思辨手段可能是名家学说，这种现象已经显现出学说归一的形式。另一方面，道统思想兴起，为推重自己的道统而称己说历史最悠久，但最终做出妥协而形成秩序：

周公—汤—禹—尧、舜—黄帝—神农—伏羲—三皇（天皇、地皇、泰皇）

儒　　墨　　儒　　道　　农　　卜筮　　方士

平民力量的发展

　　世禄之家的灭亡使得君权扩大，也促进了平民阶层的发展，这是战国时代的特殊现象。就像顾炎武所说的，春秋时代位高权重的宗姓氏族到战国时代大都已消亡，士无定主，有才能的人，无论出身，仕于何处，都有展示自己才能的机会，立身之道开阔，因此统一的可能性很快就出现了。出于这个原因，《史记》设列传。世家等处除记载与一个天子、家族有关的事之外，还重视个人之力，记录为个人而行动的人，这是太史公作为史家的伟大之处。同时，战术由车战变为步战，因此需要扩充兵源而使用平民，后来还征发无赖之徒。这种倾向到秦统一之前最明显，即使是下等身份的士兵也可受到重用。以至于罪人身份的人消灭了世家出身者。使用这类不逞之徒以及富人的产生，二者结合，使得富人也有了自卫能力，君主不得不重视富人。另一方面，游侠有自己的部下，趁治安力量缺失之机，凭借武力在乡里横行。因此，虽然君权得到扩张，却使得过去带有自治性质的、严密的、不成文法的秩序遭到破坏，通过个人自卫产生一种新的社会关系。因此，战国是一切秩序被破坏，社会持续动乱分裂，却又趋向统一的时代。此时应运而生的就是秦始皇。

第七章
秦楚时代

秦代的相关史料

　　秦史在古代历史中是采用比较准确的史料书写的。在始皇以前就已经留有一些确切的记录。虽然因为被秦灭亡，六国的记录没有遗存，但《史记·秦本纪》是根据留存下来的《秦记》编撰而来。《秦记》的写法与《春秋》相同，司马迁在写《史记》时，为了便于理解进行了一些改动。《史记》中关于六国及其他的记事，主要依据《左传》《国语》《战国策》等，其中很多是依据真正的史料来写的，不能断定是取自传说。到编写《秦始皇本纪》时更是依据确切的史料。《史记》成书的时间去秦未远，所以相关史料应该多有留存。如《史记》提到的"金匮石室之书"，大概就是当时留存下来的资料。又金石文字特别是碑文等作为史料准确性非常高。始皇本纪中包含的很多诏令奏议，可以作为《史记》取材于原始书籍的证据。甚至其他记事，例如秦始皇二十九年（前218年）张良在博浪沙行刺始皇的事，被写作"为盗所惊"，这显然是根据秦皇时代的记录书写的，且应该是秦的史官记录的事件。后世的历史学家，也许会抛下原始记录而凭着历史家的喜好来书写，但司马迁着笔不尚修饰，如果当时的记录并非如此，他就不会这样写。以金石之文为写史的依据，现在仍可以通过一些从当时留存下来的实物得到证实。现存的秦碑中，泰山碑仅有十字，保存在岱庙中。二三十年前，琅邪台刻石还残存着一部分，后因雷击而沉没于海。好在琅邪台刻石年代不算久远，往往有确切的拓本。又邹县峄山刻石今已不存，但有宋时所刻摹本全文。此后因为秦统一了度量衡，今天也常见所传衡，即秦权，其后量往往也有留存。它们大体都有刻文，将其与《史记》的文句相比较，几乎是相同的。由此可以得知秦朝史是采用当时正确的史料书写的，《秦本纪》《秦始皇本纪》的记录在古代历史中可以说是相当准确的。

秦始皇和天下一统

秦把以往分裂的中国统一起来开创了新局面，实行统一的始皇是顺应时势的人物。他非常聪明、精力充沛，不交权力于臣下。当时的学者侯生、卢生评论说，天下的事无论大小，皆由天子直接定夺。文件奏折用衡石作为计量单位，不问日夜，有文书皆上呈给天子，若不见文书则官吏不得休息，对权势的执念到了如此的地步。他在十三岁时成为秦王，在位第二十六年统一了天下。统一天下后仍没有闲下，常常巡幸、微行地方。在中国的天子中秦始皇是罕见的喜欢活动的人。

在统一天下的过程中，六国强盛时的实力并未持续到始皇时期，其国力逐渐衰微，秦的势力逐渐强大。始皇的曾祖父昭襄王在位五十六年间，秦的势力得到扩张，接壤的韩、魏、赵、楚皆被秦所蚕食，周边全然为秦所亡。昭襄王之后的两代秦王皆在位时间不长，孝文王两日，庄襄王三年。此间六国由魏信陵君率兵击破秦兵，这是一件前后少有，堪称仅此一回的事。其时六国兵卒迫近函谷关，虽只是一时，但韩、魏二国侵略了一半的秦地。此时始皇幼年即位，其间吕不韦理政，致力于输入中原文化，并吸取六国的优秀文化，侵略的企图尚未产生。但始皇到三十岁时便急于侵略。十七年（前230年）灭韩，十九年亡赵，二十一年吞燕，二十二年覆魏，二十四年破楚。燕国的余党逃往辽东，二十五年复亡，二十六年齐亡，天下终成一统。

始皇的政治

始皇一统天下后，虽然在位仅十一二年，但是其间他为中国之后的统治开创了标准。第一，皇帝自称为朕，确定了具备统一君主资格的称号。其次，在政治方面采取的最重大措施，是废止封建制，实行郡县制。如前所述，郡县制并非创于始皇时，六国时各国已经实行，此时趁天下统一而全面实行。但如《史记》记载，当时对实行封建制还是郡县制意见并不统一，后来采纳李斯的建议实行郡县制。关于废止封建制、确立郡县制的这一决策众说纷纭，儒者认为其本质是天下为私因而大力攻击，这颇不合理。对此，王夫之的评论应该是最妥当的，即使今日的议论也多认为其合乎逻辑。即昔日的封建政治，是诸侯代代领有其国，大夫世袭其官，士之子代代为士，农夫之子永远为农夫的封建政治，即便士人不才而农夫贤能，其天生的才能也因士农的身份而无法区别。因此，郡县政治选用有才能者治人是合理的，通过选举使用人才理所当然。封建国家持续时间很长，而郡县国家仅存续了十六年，但是封建长久持续的本质是王室的持续，其间战乱不绝，人民受苦。但郡县制不利天子，所以国家持续时间不长，与世袭的诸侯或大夫残虐人民相比，即便出现恶官也仅限于一时。国脉不长是就王室一姓而言，但从天下公义来说，郡县制不执着于天子宗室的延续，多造福于民，是好的决策。始皇之所以废封建而立郡县政治，或许是因为吝惜分封子弟功臣，然而上天借始皇的这种私心而行大公，即便终不利于王室，却可以说对天下有大功。在儒者的众多议论中这是最卓越的。此时秦全面推行郡县制，初划三十六郡，后达到四十郡。其疆域南至今安南地区，北、西至流沙，东则至朝鲜大同江边。

其次，另一项显著的事业是内部文化的统一。《秦始皇本纪》中"车同轨，书同文"的记载，是此后凡谈论大一统时不能略过的。它是中国一统政治的最初标语。与它有着相同意味的是"中庸"的"中"。今天普遍认为《中庸》是孔子之孙子思所作，但我认为它是秦始皇时代的作品，其记载的内容，无论从哪个角度都在表达始皇时代的理想。如"子曰：愚而好自用，贱而好自专，生乎今之世，反古之道。如此者，灾及其身者也。非天子不议礼，不制度，不考文。今天下车同轨，书同文，行同伦……"叙述的始终像是始皇的理想，同样的文句在《史记·秦始皇本纪》也有记载，因此这不是偶然。尤其这是荀子学派的观点，大概是由李斯实行的。列举其中的细目，有不议礼则行同伦，不制度则车同轨（统一度量衡），不考文则书同文（统一文字）。显然这些对政治和社会而言都是重要的方面。

书同文方面，据《汉书·艺文志》载，此时李斯作《仓颉》七章，赵高作《爰历》六章，太史令胡毋敬作《博学》七章。这三种书当时既通用"仓颉"之名，则字体上也应是同一的。它们都是当时的字典。这种字体在周时的字典《史籀篇》基础上对篆书稍做变化。这三种字典的字体，被称作秦篆。琅邪台刻石等所见文字就是这类。罗振玉、王国维研究始皇统一文字的原因，发现战国时通行籀文和古文，六国采用古文，秦和周采用籀文。秦兴起于西周旧地，故继承了周的文字。六国文字则可能传自殷代，所以字体有差异。始皇时代以籀文为基础作秦篆，六国使用的文字遭到废除，这就是书同文。此外，秦朝还出现了隶书。这是由于官狱事务繁冗，简省文字变得必要，因此隶书是徒隶用的文字。徒隶是没有为官资格的下级职员。缺乏文化素养的人也能书写的隶书于是逐渐产生了。到汉时，隶书大为通行，文字进一步统一，成为今天的楷书的起源。

至于行同伦，《史记》中虽无确切记载，但事实上存在。始皇好立碑刻文，而从会稽碑开始，记载发生了一种变化。顾炎武《日知录》最先注意到，碑文对男女关系做出规定，为了防范淫乱之风，有儿子的女子，丧夫后弃子改嫁为不贞；男子去别人家行不义的，杀之无罪；妻子弃夫逃跑而改嫁的，儿子不以其为母亲。按顾炎武的说法，会稽昔日属于越国，越国是新兴国，经三十年"生聚"而破吴。当时越国政策重视繁殖人口，对淫乱之风不加制止，所以越与其他地方相比淫乱成风。为移风易俗，秦特地在会稽山刻写相关规定。当时的儒者认为始皇做出了亡国的行为，然而这样施行人伦教化，可作为美事赞赏。且不提六国仪礼伦理的异同，这显然是一项志在统一、去除弊风的举措。从这点来看，《中庸》也是为始皇申辩的史书。

其后《秦始皇本纪》在二十六年（前221年）记载了封域之事，写了四至以及领土的大小，这在琅邪台碑上也有记载。此例表明记述前代之事时中国人一定会标示"四至"，我认为可能是以始皇为范的。暂不论秦始皇的其他事业，仅论其疆域的异常广大，就给当时的政策增赋了特别的意义。

再往后，发生了始皇将十二万富户迁徙至都城的事情。这也是始皇为后人效仿的创举之一。汉以长安为都，周围有五陵，于是将南方的富豪安置于此。这不仅能繁荣都城，也有助于都城集中资本，提升财力，对于大一统政治是必要的措施。此举一开始遭到反对，但后来却形成一种风俗，使人为之自得。如唐诗屡屡提及的五陵少年。这是由秦始皇开创的范本。日本在以奈良、京都为都以及丰臣氏建设大阪时，江户开府时也采用了类似的做法。这在政治上是相当重要的大事，后世的君主也纷纷效仿。

始皇的统一事业中，还有一点尤为重要，即统一货币。最近中国学者特别是罗振玉认为，货币自古就有的说法并不可信，货币始盛于周，这在古代史书中能找到证据。《说文》提到，"古者化贝而宝龟，周而有泉，至秦废贝行钱"，这清晰地显示了古代货币的变迁。十三四年前罗振玉发表上述观点的时候，贝币尚未被发现，明治四十三年（1910年），贝币第一次被发现，其后又陆续出土。最初殷代以子安贝为货币，而自殷墟出土的货币比子安贝先进，它是用骨雕刻而成。随后出现了蚁鼻钱这种铜币，这可能起自西周时代。西周铜器上铭文常见"赐贝"字样，《诗经》也提到过"贝百朋"。朋，古文作拜，字形与贝有关。就这样在春秋时代货币迅速发展。西周与春秋之间，有两种货币盛行，如前所述，一为布，一为刀。布写作凸，其中空首布最为古老，或许是仿农具之形。以后有方足布、圆足布、尖足布等形，布逐渐变化发展。刀有齐刀、明刀、尖首刀，广泛使用齐刀的地方为齐，即山东至河南，明刀、尖首刀通行的地方为赵、燕，即今直隶、山西。布流行于韩、魏、赵、周、秦。战国时代通行的基本就是这两种货币。若干阶段后，它们发展为圆形圆孔钱。圆形圆孔钱起自赵、齐边境，形状像是刀的下部。随后圆形方孔钱出世，还有稀少的方形圆孔钱。始皇时统一货币，推行半两钱，实现了货币的统一。汉时，半两钱太重，不便于使用，政府允许百姓自由铸造小钱，即榆荚钱。半两钱当时仍具有很高价值，这种形状的货币此后基本变为五铢钱。半两与五铢的重量一如其文，半两近于今天日本货币五匁。（一两合二十四铢。唐开元通宝重二铢四参，十枚为一两。一两约为日本的十匁，一枚开元通宝为一匁，故云通宝一文，意为一匁。）

遗留后世的恶例与焚书坑儒

始皇的其他行为也成为后世天子恶行的范本。即封禅、巡幸、神仙等，这些都为后世君主长久效仿。封禅是祭祀泰山的礼法。在泰山顶上筑土祭祀称作封，在泰山山麓扫梁父之土称为禅。中国的征服者开始吸取被征服者的文化正是起于此时。封禅本就不是秦国之礼，而是齐鲁地区的土地祭祀。齐鲁以泰山为中国中心，改朝换代时帝王必须祭拜泰山的信仰盛行。于是秦始皇统一天下后也在泰山封禅。由此秦不祭祀本国古来的上畤或西畤，改为信仰他国流行的观念。这种祭祀活动非同寻常，需要攀登险阻的山峰。此后在和平时期，成大业的天子都去泰山封禅。然而相关的资金问题随之出现，封禅对人民成为流毒之事。结果宗教性质的封禅，导致君主挥霍金银、煽动天子夸张的妄想。其次为巡幸。始皇统一天下后立即执行此事，其目的之一是向被征服的地方夸耀自己的权威。他几乎每年都要巡幸，给人民带来沉重的苦难。天子巡幸耗费极大，即使是国富民安之时，人民也深受其苦。明武宗南巡，清康熙、乾隆南巡，都令百姓受苦。但这一做法是受到当时学者们的煽动而产生的。《尧典》和《舜典》中记载的巡行之事，或许正是为了煽动始皇的妄想而附加进书中的内容。对长生的渴求或许是天子最真实的想法。天子认为贵为人君就可以恣意妄为，所以讨厌老死，这也导致始皇迷信神仙。始皇既开此先河，此风遂在中国绵延不绝，即便到了清朝，也有雍正帝这样在晚年笃信仙术的皇帝。因此，始皇是这一风气的始作俑者。秦始皇为了求神而造船等，也开辟了与日本等国的交通往来。

焚书坑儒是始皇最受诟病之处。这是一个议论纷纷的问题。杀掉一批人，这种激进的行为，在任何一个时代中统一国家或兼并他国时都是常事，不足为奇。焚书是因为此前六国记述了自己本国的历史，并以此作为批评始皇新政的标准，这些书的后果除蛊惑人民外没有其他好处了，所以始皇下令焚烧这些书籍并学习秦律。始皇是一个相信法家的人，从这一立场看，禁止迷惑人民视听的学说并坑杀其宣传者是理所应当的事情。总之，秦始皇在统一之后仅十年成绩就如此显著，即使在今天也称得上有为的君主。

秦的亡因

秦统一天下后，国内出现了兵器过剩的情况，秦与六国兵器均有剩余，于是始皇命令销毁兵器，将铜集中在都城，制造十二金人。同时，用残余的兵力征伐外敌，派兵三十万讨伐匈奴，用兵数十万征南方五岭。经过这一时期，今广东至安南的地区皆被纳入秦朝版图。到此为止的施策我认为是合理的。从本质上看这些政策虽然不错，但其补充外征士兵的方式存在缺点，最终成为秦灭亡的原因之一。始皇凭借武力巧妙地统一天下，自认为很聪明，以为自己死后李斯与赵高等人也会延续自己的理想。然而在这种唯天子独尊的独裁统治下，始皇崩于巡幸途中的同时便发生了皇家的骚动。始皇遗言让位于太子扶苏，但李斯与赵高擅自篡改遗言，迫使太子扶苏自杀，拥立二世皇帝。中国学者认为，秦不遵循先王之道所以灭亡，因为专制政治下君主贤明则治，暗愚则乱，这是定则。然而即便如此，争乱起自人民，不是起自良民，而起自更替征讨外敌的士卒时输送手续的不完备。始皇好法律，以天子身份兼任最高审判长的职责，此时地方罪犯众多，这些罪犯用以充实兵源。此外又征发百姓戍边。长途输送戍卒前往边疆是错误的根源。因降雨而延缓抵达的士兵，在严苛的秦法下必受重惩，这些人因此起兵，这是秦亡的直接原因。如果及早设置屯田兵，或许就不会引发这场争乱。

王夫之指出秦法虽然严苛，但仍有许多疏漏。例如，后来对秦起兵的项梁是楚将项燕之子，杀人后因得到狱掾的书信介绍，躲去了其他地方，逍遥法外。[1] 王夫之的观点值得注意，如张良等人刺杀始皇未成功，但逃脱了追捕。这揭示了战国以来的社会状态。六国诸侯领地广阔，政令难及，百姓间往往自发地进行自由的裁断。游侠与货殖即是如此。游侠不借助政府的力量而支配地方，货殖依靠财力支配地方，藏匿于地方的罪人得以逃避刑法责罚。在大一统时代这种情况数见不鲜，因此尽管法律表面上严苛，其实漏洞百出，不逞之徒隐匿以避刑。于是一旦谪戍引发动乱，便蜂拥而起。秦始皇三十三年（前214年），逋亡人、赘婿、贾人等被列入流民之中，编入军队遣派戍边，三十四年又将失职的狱吏充作戍卒。调动这些社会剩余力量前往边疆，从人力经济的角度来看虽然是好的，但埋下了祸根，秦因此天下大

---

[1] 此处叙事有误。《史记》卷七《项羽本纪》说："项梁尝有栎阳逮，乃请蕲狱掾曹咎书抵栎阳狱掾司马欣，以故事得已。项梁杀人，与籍避仇于吴中。"可见项梁受狱掾关照和后来杀人逃亡是两件事。——编者

乱。这样一来，始皇为了将来的和平而销毁兵器，地方官军和民军却因此失去兵器，兵器和兵种没有了甲乙优劣，使人数多寡决定了胜负。叛乱者孤立无援，人怀必死之心，地方官不敢效仿昔日诸侯死守，故反乱之势一发不可收拾。唐末的庞勋之乱与此同理。驻云南的边防士兵，期限到了却等不到返回的命令，于是擅自返回都城。既已触犯法律便抱着必死的决心，地方官也无法遏制这些叛卒，任其通行。这些士兵一旦不怕死就会变得很强。然而秦都毕竟兵器装备充足，最先带兵镇压的章邯便击破民军，项梁等战败而死。秦兵抵达直隶巨鹿，民军的联络被破坏。此时民军全面崩溃，然而项羽赶到解救了民军。此时项羽处于全然不利的地形，却凭借其天才和勇气取胜。章邯战败而降项羽，秦军的溃败自此开始。在秦朝内部则李斯被杀，二世皇帝被赵高所杀，其后所立的孺子婴向汉高祖投降。

秦朝灭亡，是一个统一的国家走向崩溃的过程，因此值得后世君主引以为戒。汉初贾谊的《过秦论》详论此事。《过秦论》凡三篇，论说秦如何才能避免亡失天下；秦亡根本在于不施仁政，对叛乱采取守势（"仁义不施而攻守之势异也"）；秦二世时尤其应有的作为。与后世学者将暴虐之政作为秦之亡因的陈腐说法相比，贾谊的议论显然更有价值。然而聪明的君主能否持续出现是无法预期的，中国各朝大多是最初两三代君主贤明，不然国祚就无法延续。秦始皇是比较聪明的，相比之下其子孙暗愚，这是秦室的不幸。

布衣白身的抬头

如前所述，秦亡始于谪戍之人延误期限将被处以死刑，所以引起暴动，但这不单是普通的谪戍骚乱。此时秦刚刚统一天下，战国末期以来养成了一种民间风习，即游侠与货殖富者广布，人民不安于太平政治。更有一群不逞之徒伺机起事。这是因为战国末期以来，王侯将相常起自民间，风习犹存，显得和一统政治的规则不相适应。谪戍中最先起事的是陈胜，打着"王侯将相宁有种乎"口号而举兵。其口号反映了战国末期的习俗，即战国时，谁都可能出将入相，称王封侯，而不论家世出身。或许只有陈胜确实说过这样的话。项羽见始皇巡幸，说要取而代之，汉高祖说大丈夫当如此，实际上是后人附会之言。陈胜举兵后的七八年间，中国的局面发生了非常大的变化。赵翼的《廿二史札记》巧妙地论述了此事。如其所言，汉初臣子中出身最为尊贵是张良，他是六国时韩国宰相之子。次一等中，张苍曾任秦御史，叔孙通是秦博士，萧何是沛县主吏掾，曹参是沛县狱吏，这些人地位居中。然后是王陵、陆贾等无官职的平民，称为白徒。在此以下，樊哙是杀狗的，周勃是办丧事的，灌婴是卖缯的，娄敬是车夫。然而这些人最终都出将入相。这种事是前所未有的，因为秦汉易代是天地间一大变局。赵翼解释其由来道："自古皆封建诸侯，各君其国，卿大夫亦世其官，成例相沿，视为固然。其后积弊日甚，暴君荒主，既虐用其民，无有底止。强臣大族又篡弑相仍，祸乱不已。再并而为七国，益务战争，肝脑涂地，其势不得不变。而数千年世侯世卿之局，一时亦难遽变。于是先从在下者起，游说则范雎、蔡泽、苏秦、张仪等，徒步而为相。征战则孙膑、白起、乐毅、廉颇、王翦等，白身而为将。此已开后世布衣将相之例，而兼并之力，尚在有国者。天方借其力以成混一，固不能一旦扫除之，使匹夫而有天下也。于是纵秦皇尽灭六国，以开一统之局。使秦皇当日发政施仁，与民休息，则祸乱不兴。下虽无世禄之臣，而上犹是继体之主也。惟其威虐毒痛，人人思乱，四海鼎沸，草泽竞奋。于是汉祖以匹夫起事，角群雄而定一尊。其君既起自布衣，其臣亦自多亡命、无赖之徒……"亡命无赖之徒多的原因在于秦的一统政治没有深化，百姓还没有因习惯太平而惧怕动乱，所以经常引起动乱的情绪。赵翼接着说道："然楚汉之际，六国各立后……即汉所封功臣，亦先裂地以王彭、韩等……盖人情习见前世封建故事，不得而遽易之也。乃不数年而六国诸王皆败灭，汉所封异姓王八人，其七人亦皆败灭，则知人情犹狃于故见，而天意已换新局。"

赵翼的议论大体上得其要领。秦朝兴起的动乱，始于以陈胜为首的谪戍之徒，但此后六国残余相率起事。当时楚国第一策士范增，认为秦亡六国的过程中，亡楚时最残酷。当时"楚虽三户，亡秦必楚"的谚语广为流传，故立楚宗室后裔为王。总之，颠覆秦的统治的是楚人项羽，项羽为六国之后，与新起豪杰联合而割分秦的天下，因在分割方法上引起不平，导致楚汉之争。楚汉之争期间，有人称应当拥立六国之后，郦食其便这样劝告高祖，但明察时势的人自然知道此举无益。如张良虽然是韩宰相的后代，但自知当时已不是能靠立六国之后来分割天下的时代了，因此劝诫高祖停止拥立六国宗室。果不其然，在楚汉相争的五年中，立六国之后者皆亡，布衣取而代之相继兴起。随后汉灭楚，虽然汉阵营中的韩信出身普通，彭越、黥布则本是群盗，但汉通过他们的力量达成了天下统一。此时离争乱兴起仅七年，但此时活跃的人物发生了极大变化，昔日的世家名士不再发挥其作用，布衣白身的平民大为活跃。例如范增失意而死，张耳、陈馀等无处施展本领，即便他们一度作为名士而为人所知，如今大展拳脚的却是楚汉相争之前无甚名气之人。萧何等人即便出任宰相，也仍像郡县主吏掾的一个俗吏，采取处理一县事务的手腕来做天下的宰相。至此六国以来实力逐渐归于民间的趋势已暴露无遗。

东西局面

这里需要注意，此时中国天下的局面是由古来的文化中心区域决定的，形势上还未像今天一样明确划分南北。秦亡六国诸侯时，也是据关西消灭作为对手的关东诸侯。楚这样的大国虽然在南方，但是真正的实力中心、财力中心是在六国中除楚以外的五国之中，尤其是在商贾云集的三晋和齐之间的地区。楚国的东北部，流行中原文化，富裕且有实力。项羽破秦将章邯的地方巨鹿，在今直隶南部，即三晋与齐的交界处，而楚汉的斗争多在荥阳和成皋之间进行。这里是黄河横断太行山脉流经之地，也是今日河南中心所在，处于山西、河南和直隶的交界处，也是当时决定天下大势的地方。此时天下形势一直是仅分东西而不分南北，这表明南方文化整体仍然处于不发达阶段。直到三国时期才出现南北之争，而此前一直只分东西，即以黄河流域划分东西，此种局面在《史记·项羽本纪》中有详细的记述。

第八章
西汉时代（上）

汉高祖的政治

经历约五年的楚汉相争后，汉高祖刘邦统一天下。此时昔日代代相续的学问治国，即以学问制定制度的方式，消亡殆尽，其中的情形，有陆贾为例（《史记》记载，陆贾时常在高祖面前谈论《诗》《书》，高祖对他说："乃公居马上而得之，安事《诗》《书》！"陆贾曰："居马上得之，宁可以马上治之乎？"陆贾著有《新语》）。陆贾撰写的《楚汉春秋》等著作中，保存了相关的历史资料［太史公所依据的汉代史料，主要有陆贾的《楚汉春秋》、案牍，曹参、周勃的传记，实见者之传闻、图画（张良的画像等）］。陆贾在汉高祖治下没有多大的作为，因为汉初的宰相都是随高祖起事的亡命徒，叔孙通这类人只有在朝廷制定礼仪时得到任用。叔孙通带领自己的弟子来到长安为汉朝制定礼法，汉高祖从此刻开始才知道皇帝的尊贵。当时有两个没有追随叔孙通的鲁国儒生，认为礼乐兴起需要积百年之德，而叔孙通为当时刚夺取政权的汉朝起草礼法，是谄媚的行为。后世也有赞成这种说法的学者。不过，明末清初的王夫之等人对此却有异议，认为叔孙通制定的礼法，是适用于当时的朴实的制度，鲁国的二生所说的礼，仅能粉饰太平，没有实际作用。对当时来说，叔孙通所制的礼仪是有必要的，王夫之所言是正确的。尤其汉高祖由匹夫而成天子，昔日君臣箕踞而坐饮酒取乐的做法显然不合适了，叔孙通定礼法正是要解决这类问题。

政治方面，萧何等人虽然是俗吏出身，但对行政事务多少有些了解，因而在汉初也发挥了作用。萧何本人才思敏捷，高祖刚入咸阳时萧何就开始收集秦朝政治方面的图籍。得益于此，在后来的楚汉战争中，刘邦对天下之要冲、人口繁密之地、缴纳租税多的地方都了然于胸。楚汉战争之后萧何也颇有作为，尤其在弥补战争创伤、稳定政治形势上起到非常大的作用。后世有人非难萧何广收图籍一事，认为萧何作为俗吏，仅采纳图籍，而舍却三代以来的礼乐典籍。这种观点是不合适的。汉高祖统一天下的时候，有百卷的《尚书》已经散落失传，关于周代封建的典籍还有一些遗存，但这些东西在政治上毫无作用。幸好萧何只是一介俗吏，舍经书而取图籍，才对后来的政治有所匡益。

其后天下大局已定，政治都由高祖的意志决定，这似乎是一条正确的途径。正如苏老泉《高祖论》所言，汉高祖靠三杰取得天下，其后传天下是凭借高祖一人的力量。汉高祖集权于一身，刚一破楚便驰入韩信军中，解其兵权，十分巧妙地控制了韩信的军队。后来彭越和黥布反叛，高祖亲自平定。随后虽封功臣为王，但其意图可以从最先封长沙王吴芮、闽粤王无诸的做法看出。这些人灭项羽无功，但在叛秦时却有很大的功劳。也可从刘邦对最先反秦的陈胜的态度窥破。刘邦视陈胜为王侯，派人为他守冢。从司马迁的思想中也可以窥见一二，《史记》未将陈胜列入列传，而是收入世家。汉高祖视陈胜为王侯，原因在于认可陈胜对秦发难引起群雄逐鹿，最后高祖自己才能夺取天下。其赏罚标准就是以亡秦为首功。高祖正是因为通晓全局，而具备了成为一个开国英雄的资格。

秦汉交替的六七年间是最引人注目的时代。韩信及项羽等人在带兵上没有特别的经验，但战术非常优秀，成为后世效仿的对象。汉高祖更是一个伟大的人物，他此时已经在思考所有的治国方略。原来儒者的经书是世袭国家时的产物，对于以匹夫之身起而取得天下的刘氏政权来说，没有实际作用。相反，汉高祖设想的政策很契合当时的实情。萧何出任宰相，以其俗吏手腕，修订法律，不制作礼乐，根据当时形势的需要施行政策。当时实行与秦始皇时相同的中央集权政治，被分封的都是同姓诸侯，这种现象持续到汉末。此时强化中央权力十分必要，张良、娄敬等人极力劝谏高祖定都关中，正是出于这种需要。为此，还要考虑都城的宏伟程度。秦始皇的都城最为华丽，每当灭六国中的一国就会在都城周围营建具有这个国家风格的建筑，集六国之富贵壮丽于咸阳，然而大部分后来都被项羽破坏。这就是当时中国的实情，即富贵壮丽集中于中央。中国人素有"王侯将相宁有种乎"的说法，但人一旦成为王侯将相，就会汲汲于富贵，凭借其富贵享受奢侈的生活。无论如何也要在富贵和壮丽上压服天下的想法也就应时而生了。为此，汉初大兴土木，建未央、长乐等宫殿，将六国后裔及豪杰（无赖首领）集中在关中。集中六国后裔及豪杰于关中这一做法的主要目的是防止叛乱。这与日本的德川家将诸侯家室聚集在江户是相同的做法。这种做法对后来关中地区的繁荣起到了推进作用。其他方面，则顺应秦以来自然的变化，制度也大体与秦朝相同。但与秦朝相比，此时的汉朝版图反而缩小了。秦之疆域，南至安南，而汉初尚未将今天的广东、广西地区纳入版图。这是由于秦吏赵佗乘楚汉相争的混乱独立，占据南越，称南越王，因此五岭以南并未划入汉代版图。在北方，秦据有沙漠以南的土地，在楚汉之争期间由于对匈奴的压力减弱，于是匈奴前所未有的豪杰冒顿单于迅速崛起，窥伺汉朝疆土。汉高祖就曾在山西地区遭遇被匈奴围困之危，北方领土也缩小了。领土的缩小，解除了像秦时一样将谪戍遣赴远方及调军守护的麻烦。另外，匈奴入侵也因采用娄敬的和亲政策而得以免除，所以汉初反而不需要预备大量的财力和兵力。而在政治上尽可能沿袭秦朝制度，平稳的基础也就建立了。

但仍有一个难题，在天下动乱之时需要强盛的兵力，可是今日海晏河清，需要遣返士兵回乡。王夫之对此评论道：过去兵出于农，兵有家业，罢兵可以回家继续农事，与后世募流民当兵是不同的，因而罢兵不会像后世那样困难。此种情况秦始皇时代即已存在。始皇之时，天下游民众多，他们被遣往边疆驻防。汉初内乱停止后冗余的士兵能否回乡务农成为一大问题。刘邦打败项羽后，异姓王八人先后被灭掉七个，亡国的士兵大都无条件解散。高祖讨伐项羽时，聚集了庞大的军队，而彭越、韩信分兵讨项羽，也并非一次即成功，也就是说其士兵被重复使用。于是高祖一方不需要反复训练士兵，而敌对者的兵力不断削减，所以战争结束后也不必担心士兵无业的问题。即当时为消灭项羽而聚集的大军，通过继续消灭诸王而得到调整。尽管其初衷不是裁军，但自然而然地得到了方便。另一方面，经过七八年的动乱，壮丁数量大减，即便士兵纷纷回乡务农，也不会出现劳动力剩余的现象。对此汉初十分重视使田宅返归原主。

在这个时代，战争造成的破坏已不令人惊异，而经历了七八年的大乱斗，终于迎来焕然一新的新局面后，采用何种政治来治理成为问题的关键。儒者津津乐道的礼乐之类无济于事，幸而君臣也没有采纳。秦朝制度中，人们吸取了对当时有用的内容，摒弃了容易引起动乱的东西。然而在此七八年间，民间有势力的人都竞相争斗，结果或被杀害，或被制服。高祖之后，吕后辅佐惠帝治世，汉进入平稳时期。

高祖其人

汉高祖在位第十二年去世，不将做汉王的五年包含在内，实际做皇帝仅七年，不足八年。有关高祖的传记在《史记》出世时已在很大程度上被传说化。如高祖之母感龙而生高祖，他是赤帝子，斩大蛇杀白帝子而起义，他躲藏之处上方常有白云围绕等传说，都是后来附加的具有神秘色彩的故事。然而《史记》问世距高祖之时为七八十年，流传的事迹应有可以确信的内容。特别是司马迁作为史家不仅重视文书记录，也看重耳闻眼见，因此《史记》中不少内容取自实际经历。所以，高祖草创时期的英雄言行，得到了相当准确的记录，《史记》中相应的记载因而特别精彩，大异于仅依据案牍文字记载写成的史书。

如前所述，秦汉交替之时布衣也能大展拳脚，高祖刘邦就是其中的代表。历朝帝王中，高祖是最能展现中国人特色的人，特别是他虽无学问，却不好虚饰。他听到萧何去世的消息时非常苦恼，《史记》用"如失左右手"来表达其痛苦。有人说汉高祖宽仁大度，但又不忘其中的利害得失。也正因为他不忘利害得失，所以他的行为有时近于残酷，或许正如注文之言，他是天生的英雄。此后中国历史上的英雄人物皆以高祖为理想。像尧、舜、文、武等神秘人物，不足为人间的范本。东汉光武帝曾发问，他与高祖有哪些不同，蜀汉的刘备也一直希望成为汉高祖一样的人物。不过这些人都有虚饰之嫌。光武帝刘秀作为儒生，多少有些学问；刘备长于民间，有游侠之风，即便不甘凡庸，但也不是生来如此。后世唐太宗、明太祖好虚饰，且残忍。在这方面，汉高祖可以说是最伟大的模范人物，这也是时势造英雄。高祖崛起时，恰逢战国后列国学问颓废，秦始皇废毁学问，所以得以免除学问的弊病。不过，他平时听到的前代逸事对其修养的提高并非毫无匡益。高祖最钦慕魏国的信陵君。他称帝之后，为秦始皇及六国之后护陵，置守冢十家（秦始皇守冢二十家，陈胜三十家），尤其是为信陵君也置守冢户五家，可见他对具有游侠气质的信陵君有好感。他虽然不如信陵君那样谦让和礼贤下士，但却有"己不能为而任之以人"的度量，因此比信陵君更为自然。所以，若认为汉高祖多少有修养的话，应该是他效仿信陵君的结果。司马迁在传记中也有类似的议论，但以其为创业之君而略嫌拘泥，并未展开充分的议论。只将其作为顺应天运循环、三统之序的天子。但总之司马迁这样的卓越史家的记录，使高祖这等人物的故事令今人也颇觉合宜。

初期的无为政策

高祖死后，吕后立孝惠帝。《史记》不立《惠帝本纪》而作《吕后本纪》，主要是因为实权为吕后掌握。这一做法颇为后世史家非难，但却是当时重视实权的思想的反映，为项羽作本纪有着同样的意味。

自吕后开始持续了相当长的时间，汉朝主要实行无为而治。关于这点司马迁曾指出，孝惠帝吕后之时，百姓脱离战国以来的痛苦，君臣安乐无为，吕后在内实际掌管政治，天下晏然。刑罚罕用而少罪人，百姓从事耕作，生活渐渐殷实。所谓少罪人，并非指没有人犯罪，而是当时的政治方针是不刻意揭发那些邪恶之徒，尽可能不用刑。此时继萧何之后为相的是曹参，此人曾为狱吏，在征战中显示出了能力，但是个性格温厚的人。因此最初高祖论功行赏时，一般人希望曹参的地位可以在萧何之上。作为政治家，曹参推崇黄老之术，无为而治，尤其是自己为相后并没有更改任何政策。曹参从最初辅佐高祖长子齐王时，就致力于推行无为政策。

吕后晚年，孝惠帝病死。对于是否立惠帝后嗣，朝野争论纷纷。吕氏之乱结束不久后，文帝以代王的身份即位，行黄老之术，厉行节俭，其生活几乎与稍富足的普通百姓无异。此时天下二三十年间都十分安定，百姓富足，很多人劝谏文帝效仿古天子的礼乐而创立新制，这些人中最有名的是贾谊，他提出了定制度、变服色、修历法等措施。所谓变服色，来源于战国以来的五行说，即制定与自己的"德"对应的服色。但文帝是谦让的天子，以自己无德而不采纳此说。其原因完全在于文帝的谦让，即文帝认为那种空论不足为用，这并非出自其见识，而是出于谦让。另一方面，他希望避免多事而动摇社会，尽力维持平稳的政策。

所以文帝时的第一要务是注意避免与周边外国发生冲突。汉高祖时，曾偶然与匈奴发生冲突，这并非因为高祖好战，是因为楚汉之争导致边防松弛，加之汉朝立国后大量诛杀异姓诸侯，其中与匈奴邻近的韩王信、燕王卢绾等畏惧高祖猜忌，转而依附匈奴作为自己的后路，最后引匈奴入内，高祖与其发生冲突，且吃过其苦头。好在冲突消弭后，后继者都避免与匈奴发生冲突。吕后之时，匈奴多次致信汉朝，其言相当无礼，例如扬言："今汉朝太后吕氏为寡妇，我匈奴单于亦为鳏夫，何不结为姻亲之好？"即便如此，汉也没有出兵征讨。随后冒顿单于病死，老上稽粥单于即位，汉送其阏氏北上，中行说随从前往。中行说不愿随行却被强行派遣，所以他到匈奴后，频繁做出不利于汉朝的事。这就是"汉奸"一词的由来。汉给匈奴的文牍长一尺一寸，辞为"皇帝敬问匈奴大单于无恙"，而在中行说授意下，匈奴给汉朝的文牍长一尺二寸，印封也更大，且言辞倨傲，自称"天地所生，日月所置，匈奴大单于敬问汉皇帝无恙"。中行说又说所谓匈奴的风俗落后（《史记》中记述，汉之使者谓"匈奴俗贱老""父子乃同穹庐而卧。父死，妻其后母；兄弟死，尽娶其妻妻之，无冠带之饰，阙庭之礼"），也是出于生活的必要。若置汉朝于相同境遇，想必也是如此。中行说主张保存匈奴的传统。当时匈奴颇好汉人的绢（缯）及食物，中行说都不以为然，他说匈奴即使黄毛孺子穿着旃裘也很好看，且作为食物，匈奴的乳酪也要更好。中行说的这些言论，作为对匈奴的忠告是有一定见识的，其本国汉朝却颇受其患。尽管有这样的事情，文帝始终认为应该和平相处，避免战争。此外，自高祖时就活跃的南越王赵佗，因吕后政策稍有不妥，一怒之下在广东自称武帝，侵略湖南。即使如此，文帝仍为其先祖守墓，厚遇其亲族。赵佗本就无意与汉相争，于是最终主动归附，撤去帝号而称藩臣，但在其领地内仍以王相称，向汉朝派使臣称"王朝命如诸侯"，文帝也继续与他往来。

汉高祖夺取天下后，吸取秦始皇不行封建制，不分封功臣子弟，导致秦顷刻翻覆的教训，将自己的子弟都分封为诸侯王，并赐予大量的土地。此后不久，拥有很多土地的诸侯王势力渐渐扩大。如高祖之侄吴王濞就拥有非常富庶的土地。吴王广招天下亡命者开采吴地铜山。尤其是当时允许私铸铜钱，吴于是多造铜钱。且吴濒临大海，又有煮盐之利。因此吴王不必向百姓征收赋税也财政富裕，傲慢之心日渐增长。不过文帝对他尽量予以宽恕，并未严惩。尤其是文帝之弟淮南王刘长傲慢，屡犯法律，也未受到惩罚，最后因废黜而自杀。文帝常常忍耐诸侯的傲慢，一点也不想社会出现动乱。当然，这种极端的无为政策不可能一直延续，但在文帝统治的二十年间一直如此，并且一直与各诸侯相安无事。

无为政策延伸到经济领域的体现是尽量不与百姓发生关系。最初，高祖认为民间崇尚奢侈之风的源头是商人，因此对商人课以重税以严禁奢侈之风。此时天下战乱的局面刚刚结束，经济凋敝，因此采取这种政策是妥当的。其后管束商人的法律逐渐松弛。不过由于汉天子、诸侯王均布衣出身，最初其生活是质朴的。何况他们各自都有私人收入，借征收租税获取生活费全无必要。众多官吏居住在都城长安，其衣食从东方运送而来，仅谷物一项，一年就需运送数十万石。货币方面，由于允许私铸，导致私铸的榆荚钱泛滥，物价上涨，因此文帝时铸造的四铢钱被称作"半两钱"。与秦半两相比，四铢钱的质量已有所下降。由于当时货币质量的下降，继续流通秦十二铢，可能会引发国内经济混乱，故将四铢钱作为半两钱发行。因为国家放任私铸，吴王濞等靠私铸而成巨富，文帝嬖臣邓通也因文帝赏赐的铜山而暴富。此时纳谷物赎罪的做法出现了，还有将谷物运至边疆而封爵的，人民对上流社会生活的渴望，助长了奢侈之风。只不过因天下承平日久，又无大的灾害，所以社会富裕，都城多有余财，天子仓库的谷物常有陈腐。生活优裕，食物充足，官吏形成了将自己职位传给儿子的习惯，官员以官为氏的倾向也出现了。汉朝这样自然发展，生活环境宽松悠闲。百姓大都行为驯良，耻于作乱，罪人稀少，社会安宁。然而放任也导致有钱人兼并土地，逐渐形成势力进而统治乡曲。事实上，这种太平景象背后，隐藏着奢侈成风、贫富悬殊的事实，这就是经济上完全推行放任主义的后果。幸而文帝治下的二十三年间汉朝平安无事。

　　文帝在位期间也并非全无立新制、兴礼乐的意向。如文帝在位期间出现了后元年年号的说法。文帝时最初称元年，直到十六年。十七年始称后元年，直到后七年。其以五行运行说为据，当时官吏中唯一的学者是丞相张苍，民间也有人上书，建议改正朔，于是改元为后元年。当时对五行中汉居之"德"众说纷纭。张苍认为是水德，民间上书称土德（鲁人公孙臣持土德说，贾谊也持土德说）。秦始皇时已称秦居水德，故秦以黑为尊，以十月为一年之始，张苍也依照此说。这样的改制虽有几次，但大都没有实际意义。于是贾谊献策对国家整体组织进行大改革，认为汉朝若这样持续下去会陷入非常危险的境地。他在太平无事的时期提出的这种悲观论，势必不会被采纳，但其后果真出现了大动荡。

贾谊的《治安策》及封建制度

　　汉朝制度文物大体都是自文帝时期开始准备，也就是发起讨论，大多到汉武帝时才逐步付诸实践。其中最明显的是封建制度。文帝时，贾谊对此有过透彻的议论。贾谊所著的《新书》记载了他对汉朝制度的论述。《新书》体裁顺序各异，论述主旨也很晦涩，而《汉书·贾谊传》对此则做了很好的归纳。但《汉书》的本传太过简略，所举项目不能相合。宋代王益之的《西汉年纪》，选取较《汉书》所记为详的《新书》叙事加以补充，因此若要考察贾谊的议论，《西汉年纪》是不错的。

　　提及贾谊的论说，一般会讲到《治安策》。此文分项列举了"可为痛哭者一""可为流涕者二""可为长太息者六"。其中"可为痛哭者一"对封建制度的议论尤为深刻，指出了汉初对有爵位的诸侯封土过多的弊病。贾谊的观点是正确的。汉赐给齐王七十余城，吴王五十余城，楚王四十余城，即其例证。贾谊指出：高祖时分封的异姓诸侯大国已全部灭亡，其中长沙王吴芮能残存，是因为其封地仅有二万五千户。韩信、彭越被封赏的如果也是这样的小国，其家族或许就能延续至今了。非独异姓诸侯，同姓诸侯也如此，特别是同姓诸侯，名曰臣下，布衣时都是当成兄弟的，实际上不认为自己是臣下，因此在自己的封土内享受与天子一样的待遇。文帝之弟淮南王就正是如此。为了保全他们，贾谊提出"众建诸侯少其力"的建议。

根据贾谊的建议，文帝时仅分封了齐悼惠王六子和淮南厉王三子，并未普遍分封。景帝时晁错施策过急而失败被杀，吴楚"七国之乱"爆发。文帝时优待如吴王等骄横的诸侯，景帝时有过失的诸侯则会被削减土地。为此有两三个诸侯王的土地被削，然而削吴王土地时，吴王与楚王联合起来作乱。实际上齐王和梁王并没有参与反叛。梁王作为景帝之弟，有希望继承皇位，所以极力防守。在齐和梁防守的时候，汉派大军灭掉七国。当初汉朝内部讨论四起，为了向七国道歉，晁错被杀。平息叛乱后像吴国这样的祸首被灭国，像楚国这样的，则将其土地分为小块，再授予楚人后代。从此这种细分土地封赏的做法一直持续到汉武帝时期，也未引起争乱。原因在于确立了划分土地的制度。这种政策称为"推恩令"，即诸侯把土地切分给自己所有的子弟，授予封号。中央政府自上而下，形成统一的推恩形式。这样，不用中央自己出手即可施加恩泽，同时，诸侯之子通过封土得以存续，并且其势力也逐渐减弱。

汉朝的各诸侯王国，最初大体都设丞相。这些丞相由天子直接任命，诸侯可自己任命属官，因此封国内几乎是一个独立国。各诸侯王虽然奉汉之正朔，但封国各有自己的纪年，其制度一直延续。吴楚七国之乱以及汉武帝实行推恩令的结果是官吏逐渐转由中央任命，诸侯王只能收取地租以供衣食。由于势力减弱，诸侯有过失就会被削减土地，诸侯国因此逐渐消亡。这是封建制度的一大变化。像周代那样的封建制度在汉朝仅存在了四五十年，说明必须采用这种制度的时代已经过去，适宜采取中央集权制度的时代来临，这也是自然变化的趋势。但是，其中也存在利害得失。汉初吕后让诸吕姓人称王，根据汉高祖刘邦的规定，"非刘氏而王者，天下共诛之"，为此最先举兵的是齐国。齐是汉高祖长子的封国。吕氏派灌婴去抵御齐国，结果灌婴与齐不战而和。吕氏死后诸吕被杀，刘氏一族得以保全。这是在诸侯有势力时才能出现的情况。景帝以后的小诸侯，很难做出类似的事情。因此，后来想依靠外部势力来保护王室政权的事情变得很难。总之这是封建制度的一大变化。此后封建制度即便短暂恢复，也大多以动乱告终，司马氏的晋朝就是一个例子。

贾谊及晁错对匈奴的政策，贾谊的皇太子教育论

当时对汉而言有一个大问题，就是如何对待匈奴。文帝时对匈奴采取宽大的政策，即便屡遭侵略，也只做防御，不出国境主动追击。贾谊查考此事，说匈奴人口不过与汉朝大县相当，以汉土之辽阔而屡受一大县迫压，是难以忍受的。汉朝每年向匈奴赠送大量物品，本来只有臣下向天子进贡，而没有天子向臣下贡礼的。如果自己做属国之官，"必系单于之头而制其命，伏中行说而笞其背"。然而贾谊不过是说大话罢了，没有提出明确的制服匈奴之策，他的谋策也不过是三表五饵之类。

晁错对此提出屯田驻兵的明确主张。在谈论屯田制之前，晁错从各方面对汉与匈奴进行了比较，提出匈奴不足为惧的结论。其论是可行的，并在后来的武帝时期被采用。其着眼点在于比较双方的优劣之势，从地形等方面入手进行缜密的论证。晁错认为决定战争的要素有三：一是地形；二是士卒的训练；三是兵器的精良与否。匈奴地形多山坡深谷，不利于汉军作战；且匈奴士兵擅长骑马射箭，汉军骑兵难以与之抗衡；在忍耐饥渴方面，汉军也比不上匈奴。这是匈奴的三个特长。但在平地车战，突破匈奴军队就很容易；弓弩长戟这些远距离兵器，也是汉军战胜匈奴军队的利器；在甲坚刃利上，汉强于匈奴；令擅长射箭的士兵发箭，是匈奴粗劣的铠甲难以防御的；在下马的情况下战斗，汉军凭借优良的兵器，比匈奴更有优势。此为汉军的五个长处。大体汉军兵器精良，平地作战，汉军比匈奴更有优势。根据当时的实际情况，汉人不输于匈奴的观点，是有根据的议论。特别是汉武帝时战胜匈奴，与其说是运用汉军的优势，毋宁说是吸取了匈奴的长处。这也是参考了晁错汉人不负于匈奴的论述的结果。

晁错还提议强化边防以抵御匈奴入侵。秦时曾实行过守备边塞政策，却以失败而告终。晁错对此进行了缜密的思考，以免使汉代重蹈覆辙。秦北攻匈奴，南征两广，向两地都派遣戍卒。但这两个地方风土大异于中原，中原

人难以忍受。因此秦时人认为去往两处等于进入死地，"谪戍"之名就是这么来的。起初，有罪的官吏被送往此地，后来又将赘婿、贾人发派到那里，再到后来，祖父母、父母曾为贾人者也被遣派，谪戍人数增多。甚至居住闾左者亦被发遣，致使人民非常不满，以致引发叛乱。而匈奴过着逐水草而居的生活，难以预料其将侵略何方，因此仅在一地设防收效甚微。若从远方向边境派兵，兵未至匈奴就已经撤走。并且边境戍卒需要定期换防，频繁更换的军卒不知道匈奴的长处，失败也就理所当然。所以，最好的办法就是屯田。也就是最初主要派遣罪犯及被赦免者，再到奴婢，分配土地让他们屯住耕作，并且习武练兵。晁错的方法是良策，汉武帝时的策略是一方面用屯田防止匈奴的侵袭，另一方面深入匈奴腹地，主动攻击其根据地。当然，汉朝为此耗费了大量的财力。而文帝时少有需要大量费用的情况，所以晁错的做法得到采用。文帝是对各种建言献策具有足够的判断能力的人，但为节约资金和避免事务繁复，没有全盘采纳晁错的建议。

贾谊的议论还涉及其他制度，但他用力最多的是将来要成天子的即皇太子的教育。他对此事非常热心，自己也曾担任诸侯王之子的太傅。后因王子从马上摔下而死，痛感自己失职而过早地去世。文帝时，贾谊的主张通过晁错部分地得到实施。在他影响下，晁错主张贤君政治，但因为过于急躁，引发了吴楚七国之乱。针对贾谊的论述，王夫之认为即使贾谊的理论付诸实践，皇太子也不会成为他理想中的人物。在生活优越放纵的环境中成长的天子，很难以断定其品行是否能与其所受的良好教育相匹配。因为即使像成帝这样谨慎的人也沉溺于女色。因此不如像文帝那样自身修黄老无为之术，自然地感化其子，若教以学问或其他，难有成效。王夫之这种观点，与汉初天子起自布衣，内部不尚规矩有关系。像贾谊这样重视礼乐制度的人，自然会崇尚良好的教育。据说景帝为皇太子时，吴王太子来京，两人以双陆博弈，因吴王太子不懂规矩，皇太子用棋盘殴打他导致其死亡。这正是贾谊最为担心的地方。

总而言之，这个时代有贾谊和晁错两个见识卓越的政治家，而且不可思议的是他们都非常年轻。贾谊死时刚三十三岁，晁错虽然活到了景帝时代，但被杀时年纪也不大。可见能看清时势的，有不少是年轻的学者。反之，

《儒林传》罗列的学者先生，则没有如此剀切的政论。特别是贾谊学养深厚，晁错也曾从伏生学《尚书》，但都并未专于治学。

景帝的政治

　　大体上文景时代持续了四十年，其间爆发了吴楚七国之乱，但几乎没有特别大的动荡，是最泰平的时代，汉朝的统治基础也得以巩固。文、景二帝为人做事有不少差异，文帝实行黄老之术，景帝则吸取一些法家学说，可以说晁错实际上教授的就是法家学说，即以法律为实际的统治工具。这是因为文帝时代政治留下的善事恶事，都由景帝继承。文帝政治的不少弊端，到了后来才暴露出来。文帝在世时多少意识到遗留下来的隐患，也预见到吴楚七国之乱并且给予了重视。例如文帝在长安集结军队时，看到周亚夫的军队纪律严明，才留下遗言，称若有异变可用周亚夫。因此七国之乱一起，景帝便立即任用周亚夫。周亚夫治军严格，以持久战大破七国疲惫之师。此时天子的亲弟弟梁孝王（他深受皇太后的宠爱）被叛军围困，向天子求援，但周亚夫因顾全大局而决定牺牲梁不予救援。梁持必死之心防御的同时，周亚夫拖垮七国疲师，最终为梁解围。由此可见他是一位精通战略的将军。当时的将领，为了增强势力而起用有影响力的人物，就像如今利用土匪与马贼一样，将游侠编入军队。当时洛阳有名的游侠剧孟，颇有作为，周亚夫率先任用他，并说"吴楚举大事而不求剧孟，吾知其无能为已"。由于当时实行放任政治，地方势力四处横行，因此把游侠收入便可壮大势力。周亚夫在严整军队的同时，也察觉到了当时的社会中，这些人顺应时势。经过两个节俭的时代，景帝时又严行规范，汉王朝的内部得到巩固。其后，武帝则在外部颇有建树。当时的政治主张也由过去的消极政治转变为积极政治。

　　幸有《汉书》存世，汉史得以传续。《汉书》是根据当时实际的记录写成，是可以信赖的史料。这些实际的事情，汉代自不必说，对考察其他时代的情况，也有很大的参考价值。例如，人们普遍认为周代是理想社会，但并不知晓其实际情况。以往的学者称，成康时代因周公之力而整顿了典章制度，但这是后来推测的说法，真实情况不得而知。从汉代的史实考察，文、景两代实行的是无为政治，那么周的成康时代是否也实行无为而治？是否可以认为周公设立的典章制度也是后来才发展起来的？贾谊等人倡导由无为转为完善制度文物，但在议论中采取非常宽厚的态度，如大臣不予罚罪，令其自杀等。由此可以明白贾谊等虽是主张以制度为主的论者，但在当时仍持宽厚的态度。

第九章
西汉时代（中）

武帝的尊崇儒术

接下来是漫长的武帝时代。在五十余年的时间里，国内外形势出现了彻底的变化。在对学问的喜好上，武帝异于文、景二帝。文、景推崇的是黄老之学，外加名家、法家，而武帝则崇尚儒学。武帝初期，尽管当时仍在世的景帝之妃窦太后好黄老之学而不喜儒学，武帝所用的申培等儒者被太后排斥，但儒学逐渐发展的势头已经出现。黄老之学崇尚无为自然，在政治上运用此说的弊端就是贫富悬殊，游侠横行，因此其逐渐被名家取代。所以景帝时代，外平吴楚之乱，内整官吏制度，政权得以巩固。武帝承其基础，时势便倾向儒学。在政治实务方面，儒家重视整顿制度，这点和法家是相同的，再加上礼乐所具有的文化色彩，因此在文景以来国家强盛、秩序逐渐完备的基础上，饰以儒教礼乐，是最适应时代要求的政策。由此不仅天子武帝，宰相田蚡等也同样尊崇儒学。景帝时对诸侯的管理过于严格，小过皆罚，导致宗室诸侯也如履薄冰，而武帝没有景帝那样严酷。武帝初年在官中设宴款待宗室诸侯时，武帝兄弟中山靖王闻乐而泣，武帝问其原因，他以作为血亲的诸侯难以安居的实情对答，被称为"闻乐对"，由此可知当时的实际情况。至武帝之世，逐渐采取对诸侯宽大的政策，而且形成喜好华美与好学的风气。如武帝叔父淮南王刘安（文帝之弟淮南厉王之子），聚集众多的文人学士写成《淮南子》一书，被武帝所尊敬。武帝答淮南王的书信，常常由司马相如审阅草稿。事实上《淮南子》不是代表武帝时期学术的作品，其代表的是前代的治学风气，此书后来被分入杂家。此书仿效吕不韦《吕氏春秋》的体裁，《吕氏春秋》主要采用儒家、墨家的观点，而《淮南子》又再收入道家之言。其文体与辞赋相近，是受淮南王喜好而聚其门下之文士的风格的反映。虽然武帝初期青睐司马相如这样的文士，但后来专重儒学。对学术偏好的划时代转变起自董仲舒的贤良对策。贤良对策因向武帝推举贤良产生，这与淮南子统合百家之学而成杂家有所不同，其主张以百家之中的儒学为主，排斥他学。实际上汉代采用儒家学说在汉初就开始了，并不是武帝时代突然如此。昔日高祖命叔孙通定仪礼，是汉代最早起用儒生的例子，但尚未采用儒家的学术主张。儒学在秦时受到最严重的迫害打压，因此儒者最为怨恨秦。陈胜起义时，就有孔子八代孙孔鲋作为博士跟随。陈胜为王不过半年就有儒者归附，可见儒生对秦的态度。至汉初，即便未到鼓励发展学术的程度，但在废除挟书律、放宽压迫的同时，礼乐之风已经在鲁地复苏，大射礼、乡饮酒礼等的盛行即是其例。朝廷不用儒生，不过是因为高祖讨厌甚至辱骂穿儒服的人。然而在民间，已盛行各种学问且成书甚多。现今被称为先秦古籍的史书，多在此时创作。刚脱离黑暗时代的国家，总是盛产著作，其中也有借古贤之名而作伪书的人。这和日本德川时代初期的情况几乎一致。《淮南子》成书最晚，因而不是伪托之作，可以说是秦以前学术的汇总。

秦时已设置博士之职，作为天子的顾问，但没有教育上的用途，不过汉初，前代遗留的博士开始向民间传播学问，民间的经学也因秦的压迫消失，迎来复兴。窦太后在世时，民间已经兴起对儒学的传习。太后死后，儒学便被公开用于朝廷。其中董仲舒的学说以《春秋公羊传》为主，其以促使战国以来的中国实现大一统为理想，与主张顺应大一统时代形势的孟子思想相近。董仲舒根据他的一统主义，将其对策广泛地运用在政治、学术等方面，排斥百家学说而独尊儒家学说。此时与董仲舒一同学习《春秋公羊传》的公孙弘，任博士数年后成为宰相。学究而成宰相，是汉初以来少有的特例。汉初宰相有如萧何那样出身属吏的，其后又多是有战功或其他功劳，也就是有威望的人，但这些人多为不学无术之徒，像张苍这种以秦博士而为汉宰相的例子并不常见。到了武帝时情况大变。《史记·儒林列传》记载，当时人通过考试选用学者，对学术的实际作用展开议论。公孙弘对此制定法令，即功令，此人在没有被登用时就努力迎合天子，因此被当时的老儒、齐人辕固生批判说"曲学阿世"，然而正是此人劝武帝建立任用学者的制度。根据《儒林列传》记载，战国以来的学者即便不被重用、受压迫，也以死守道，即便穷困也不曲道，因此他们的学术思想受到尊崇。而任用学者的制度，为做学问的人开辟了做官的道路，虽然守道之学的逐渐衰亡令人遗憾，但儒学在性质上已经染上政治文化的色彩，因此这个新制度是顺应时势的。无论学者还是君主宰相，无疑都是认可这一制度的。董仲舒是君子，与曲学之徒公孙弘不同，但他们的学说在当时得以实行，是因为《春秋公羊传》的大一统主张与汉代的政策相吻合，儒学能弥补当时法律的缺陷，因此具有实用价值。董仲舒著有《春秋决狱》，经常根据春秋之理裁断法律上的疑问，于是形成了凡事都以儒学为依据以弥补缺陷的风气。《史记》有《循吏列传》和《酷吏列传》，颇为讽刺的是，在《循吏列传》中，司马迁只列秦以前的人而不列汉代人，而《酷吏列传》又只列汉代人，其中又以张汤最为有名。张汤援引儒学为自己辩白，可见当时儒学相当普及，以致被用于弊政。儒学不单单是实用，它的盛行主要是因为具有相当的文化色彩，这也是当时社会上下的要求。像武帝尤其喜好文饰，最初多用文士，后来又逐步任用经学者，其奖励的学术犹不免文化之风。

当时不少诸侯也尊崇儒学，如河间献王。献王是武帝之兄，其学风如其传所说，以实事求是为主，即喜好经学一类，不重视淮南王这样的浮华文士。据说他搜集的经书比汉代朝廷还要多，对后世儒者来说是有大功的人。只是此时的经学已不局限于名家、法家一类的实用政治，还加上礼乐为主的文饰要素，因此献王收集的书中不少是讲礼乐的。学术复古成为一种自然的趋势。此外，武帝之兄鲁恭王好兴土木，为扩建官殿而毁孔子旧宅，从墙壁中得到许多古书。传闻他因壁中有乐声而停止破坏，即便这是巧合，也必然如此。当时人称古书多自山岩墙壁中出现，也完全是事实。

司马迁用"物盛而衰，固其变也"来评论当时的状态。即自文景时代改黄老为名法以来，天下承平日久且国力充实，武帝利用国力，进一步推行积极的政策，甚至导致了对民间财富的掠取。

征服匈奴

武帝的积极政策中，最显著的是对匈奴的征服，特别是这一政策起先针对的并非匈奴。战国之前，最初的闽越王、东瓯王等的领地被认为是中国以外的地方，秦时虽然并入版图，但随着秦的灭亡又重新独立，直至汉初。此二王因领土相接而发生冲突，汉加以干涉后便着手扩张疆土。广东的南越王赵佗殁于武帝初年，于是汉一改文帝以来的政策，转而打算征服南越。

匈奴继冒顿单于、稽粥单于后的军臣单于活跃于武帝初期。文景时代，汉对匈奴主要采取防御的对策，以致有时匈奴攻到长安附近，防御在一定程度上失去了战略意义。当时虽有周亚夫这样的名将，也不过凭借个人的才干抵御匈奴。但至武帝初年，防御逐步发挥战略作用，主要是阻止了匈奴对边境的蚕食。当时有代表性的名将是李广与程不识。其中程不识采用最消极的防御法，昼夜整顿守备，深夜击打刁斗以作为警戒，士卒苦于不得安眠，以此不给敌人乘隙而入的机会。李广是位天才将军，弓马娴熟，主张迎击入境匈奴，令其畏惧。李广因冒进，曾被匈奴俘虏。李广经常远远地派出斥候，以预先察觉还未靠近的敌人的意图，所以士卒都放心跟随他。但后来因过于自负，遭到失败而自杀。

武帝不单采用防御之策征服匈奴，更常采用深入匈奴内地激怒敌人的积极策略。这种战略上的变化是谁的发明，《史记》及其他史书皆未记载。此时，汉军的武器比匈奴精良，并尽量采用匈奴的战术，大量用马与匈奴接战。这个战术会损伤更多的士兵，但汉军丁壮是匈奴的数倍，损伤的结果对丁壮多的汉军是有利的，这是一种用数量制敌的战术。此时有代表性的将军是卫青与霍去病。二人并非出身于武将之家，而是皇后亲族。西汉时代的皇后出身本就非常杂乱，更不问家世。卫青的姐姐卫皇后，原是武帝的姐姐平阳公主家的歌姬，但武帝行幸公主居所时喜欢上她，后来将她封为皇后。卫青作为皇后之弟被任用，后成为平阳公主的丈夫。公主因卫青曾是仆从而拒绝过他，但卫青此时已是功成名就的大将军，因此强行娶平阳公主为妻。霍去病也是皇后的亲族，容貌俊美，很被武帝看重，教给他骑射之术，后从军而成为名将。卫青是大将军，霍去病是骠骑将军。卫青谨直，极力顺从天子，更不会上谏天子的过错。且地位虽然尊贵，但并不将交游的名士举荐给朝廷，司马迁对此不满，将其战功归于天运。霍去病是被作为贵公子养育的，也不会将军中多余的天子赐物分给士卒，缺乏同情心；士卒在苦难中时他自己却在玩蹴鞠，司马迁也对此不满。然而霍去病在大规模的战争中表现优秀，且有将帅意气。武帝曾为他营建宅邸，霍去病以"匈奴未灭，何以家为"对答。霍去病死时仅二十六岁，武帝深为痛惜（武帝偏爱霍去病，他死后，方士进言霍去病之姿可以在李夫人之兄李广利身上见到，于是李广利被任命为贰师将军出征大宛①，与匈奴交战，战败被杀）。由于此时战术战略的变化，缺乏弓马素养的卫青、贵公子风范的霍去病均立下战功，李广这样的将军却遭失败，《史记》对此显示出不满的情绪。司马迁青睐类似日本乃木将军的李广，钦慕其育于历代将家的武士风采。对李广之孙李陵也偏爱有加，以至当李陵征讨匈奴失败而降敌时，他因为在武帝面前为李陵辩护而受刑罚处置。因此，他对人物的评价是有偏颇的，因此对卫青、霍去病这样立有大功的人不加以褒奖。但武帝的用人、赏罚方针也有贯彻始终之处，即用人不问出身而得以奏功，不能简单地归于天运。故战争的结局虽然损耗巨大，出征时十四万匹军马，归来时仅剩三万匹，但终于以数量压倒匈奴，屡屡追击匈奴，将其驱赶到外蒙古一带，匈奴日益疲弊，以致军臣单于死后，其弟伊稚斜与其子於单互相争位，其子最终降汉。这是武帝最为得意的时期，国防守备严整，取河南即今鄂尔多斯，设朔方郡，从长安到此郡亭障烽燧相连，匈奴一旦入侵，信号声响起，即可应声出击。武帝曾亲率十八万骑至河南，向单于派遣使者称"南越王头已悬于汉北阙，今单于即能前与汉战，天子自将兵待边"。此时南至南越，即今安南，北至大漠，尽收入汉朝版图。

---

① 此处叙事似有误。据《汉书》卷九十七上《外戚传》，武帝因为宠爱李夫人，所以任其兄李广利为贰师将军。李夫人去世后，"上思念李夫人不已，方士齐人少翁言能致其神。乃夜张灯烛，设帷帐，陈酒肉，而令上居他帐，遥望见好女如李夫人之貌，还幄坐而步"。正文所说方士称李广利的姿容与霍去病相似，不知是何依据。——编者

武帝时代的对外关系

武帝时对外关系中最重要的是开辟了与西域的交通。这项政策最初是出于牵制匈奴的考虑。武帝初年，自匈奴降汉的人告诉汉朝："因匈奴打败了月氏王，月氏逃往远方，时常怨恨匈奴。"据说月氏原居住在敦煌、祁连一带。其地在今甘肃西部的通往沙漠的道路上。月氏是什么种族，仍是个问题。如果月氏原来就居住在此地，则应是汉时的羌（后之唐古特）。但他们是土著，还是移民，以前的情形很不清楚。总之，月氏从甘肃西部被匈奴驱逐，逃到中亚的妫水一带。汉朝认为若与之联盟讨伐匈奴，便可削弱匈奴的势力，于是打算向月氏派遣使者，但去月氏必须通过匈奴的地盘。这项任务非常艰难，朝廷募集使者，汉中人张骞应募出使，在百余人伴同下奔赴月氏，但途中被匈奴俘虏。匈奴不允许使节通过本国前往他国，因此张骞在匈奴艰辛地度过了十余年，之后逃亡到大宛国（今俄属中亚地区。关于其都贵山城，是白鸟、桑原二人争论之处）。大宛国人素闻汉朝富强，于是礼遇张骞。张骞讲明情况后请求大宛人将自己带往月氏。于是大宛人作为向导携张骞自康居（多为吉尔吉斯族）到达月氏。月氏为大月氏（甘肃边界残留的居民称小月氏）。这时的大月氏居处在妫水一带，受周边大族大夏族（巴克特里亚族）支配，安居于这片沃土，加上汉朝远在一万数千里外，所以并不愿意与汉朝联手向匈奴复仇。张骞未得到月氏的支持，于是返汉。张骞打算经羌人的地方归汉，因此沿南山而行，却又被匈奴捉捕，羁留一年多。这期间匈奴发生内讧，军臣单于死后，其弟与其子争战不休，张骞于是乘其内乱逃归汉朝。一往一返间已是十三年，同行者百余人中仅有两人生还。经过十三年羁旅的张骞，向汉朝输入了很多有关西域的知识，如大宛出产葡萄酒、良马，其城郭与房屋证明他们不是游牧民族。其北面为康居，是游牧民族。西边为大月氏，也是游牧民族。其他还有西南的大夏，东北的乌孙，东方在相当于今葱岭一带，有扜罙和于阗等。又大月氏、大夏的西边为安息，安息以西有条支。又说帕米尔高地以西的河水都向西流，东流的河是当时还未取名的塔里木河，流入盐泽即今罗布泊。当时的说法是盐泽经地下向南流动而成为黄河源头。这成为黄河复源说的根本。塔里木河产玉和宝石，武帝以其地为昆仑，将于阗南山称为昆仑山。

张骞足迹所到之处，似乎都夸张地宣传汉朝的事情，受此影响，产生了两件事情。一是乌孙与汉朝的联合。张骞归汉后，跟随卫青讨伐匈奴，一时被封为博望侯。后来因失去封号深感苦闷，便同武帝谈论乌孙之事。乌孙被匈奴攻打，首领因父亲被杀，很痛恨匈奴，月氏从前的居所祁连、敦煌一带，因汉战胜匈奴而成为空地，可与乌孙交通，然后让他们进入此地，羌人与匈奴的交通路径便断绝了，这等同于是切断了匈奴的右臂。若乌孙归附汉朝，自此西部诸国都可以仿效乌孙归附。于是武帝让张骞带领三百人，携马、家禽、金帛等大量赠物出使，并向乌孙承诺，若能按汉朝的指引迁往原浑邪故地，汉便派遣公主和亲。当时乌孙因内讧分裂为三，不能直接回答张骞。张骞于是以乌孙人为向导，向大宛、月氏、大夏、身毒等国派出副使，赠送许多宝物，乌孙惊异于汉朝的富足。张骞归汉不久便去世，但他的活动产生了效果，这些国家之后都开辟了同汉朝的交往。乌孙最终没来浑邪，所以汉在此设置了酒泉、张掖、武威（后加敦煌）等郡。这里是黄河上游土壤最肥沃的地方，汉在此设置行政官，与内地实行同样的制度。其后汉将公主嫁给乌孙，又向南北两道入口的楼兰、姑师发动征伐，西域三十六国先后归附，又在新郡筑长城，置驿站，直通玉门关。始皇时的长城止于临洮，而新长城延长至玉门关。

二是张骞在大夏时即考虑到的开辟西南夷，从武帝初年就有此计划。前述的闽越（福建）和东瓯（浙江温州一带）发生战争时，汉帮助东瓯将其百姓移至内地，闽越和南越（广东、广西、安南北部）发生战争时，汉又救济南越，后来把闽越与南越一同消灭。南越之事使汉开始注意西南夷，后在张骞时代因物产的传播而发现了交通道路。赴南越的汉使者唐蒙见到了蜀地特产枸酱，发现没有其他通路，只有从长江上游的牂牁江进入夜郎（云南的一部分），再从这里通往广东珠江的道路。据此开辟的通往西南夷的道路，相当艰险。尽管如此，开辟西南蜀地，并在最后征伐南越时，汉军走的就是这条路。然而由于交通极为困难，每三十石军粮仅能送到一石，汉最终放弃了此路。张骞在大夏时见到邛竹杖（邛即今日雅州）、蜀布，问其由来，才知道大夏东南方有身毒，从身毒可达中国西南，路途并不遥远。张骞认为经此路可不受匈奴妨害地与中亚往来。武帝采纳其说，派人开辟与西南夷的交通，虽然没有成功，但因此开辟了通往滇国（云南府）的道路。这样，闽越、南越的领土全部成为汉郡县，汉在南越置九郡（秦时为三郡，跨越广东、广西、安南）。这就是汉向南开辟扩张的大致情况。

东北的朝鲜也被纳入了汉之版图。朝鲜在战国时已有一部分并入燕版图，其语言也与燕相同，使用这种语言的区域一直到列阳（列水即大同江）附近。秦汉之际的燕王卢绾后来因反叛高祖而逃至匈奴。燕人卫满率一千人出塞（始皇时代的边塞，不清楚具体位置。京畿道与黄海道之间有慈悲岭，是京城、开城与平壤的分水岭，边塞似已延至其周边），渡过浿水（白鸟、箭田二氏认为是鸭绿江，今西氏认为是清川江），向当时的朝鲜与秦塞（双重塞）之间逃亡。当时的朝鲜是号称箕子后代的箕准为王。但箕子后代的说法是后世附会，根据的是乐浪郡韩氏所作伪系图。后来国王被卫满追击，逃至木浦附近的岛屿，卫满占领了朝鲜。武帝时期，卫满之孙卫右渠代为朝鲜之王。此时朝鲜以外还有真番（忠清或全罗？）、辰国（庆尚道，以后的新罗），两国有和汉朝交往的打算，但受卫氏妨碍，汉警告卫氏不要干涉，后来卫氏拒诏，汉于是发兵征讨。当时朝鲜以王险（也有说法指今平壤，存疑）为都。汉军一路经陆路自辽东渡过鸭绿江，一路经海路，自山东进击王险，但二军因失去联络，一度被击败。后围其都城，王在内乱中被杀，朝鲜于是灭亡。汉置真番、临屯、乐浪、玄菟（真番多半为今忠清、全罗地区，临屯在东南方，乐浪在大同江两岸，玄菟为鸭绿江以北）四郡，后来废除真番、临屯二郡。

当时统治朝鲜的方法，可以说是汉朝治理新领土的标本，其法在《汉书·地理志》中有记载。即主要官吏由汉朝派遣，人民皆土人，汉的商人可以自由出入当地。不过中国商人在这里的活动并非此时才开始，大概从燕就有了。最近在朝鲜的西南部康津便发掘出燕赵所用的明刀。此地最初是原始村落，没有国家的形态，而中国人的进入对其形成刺激，各种知识传入后也使得其风俗恶化，由此渐渐产生凝聚力，从而开始了对土地的开发。在新统治的地方中，没有人会怀疑南越直至安南边地为汉县。但是到不久后的东汉及三国时期，朝鲜土著中的韩族抬头，建立了众多小国。也有说法认为武帝征伐时，没有把南方小国纳入汉的统治范围内。但据汉朝的记载，当时汉支配了朝鲜的全部土地并实施统治。其间，在朝鲜南部的倭人，与日本人是同一种族。日本一般认为崇神天皇时代派遣盐乘津彦往三已汶之地为宰时，日本人开始进入朝鲜半岛，但实际上倭人本就居住在朝鲜半岛，在有史料记录之前逐渐渡来日本，其剩余的人至汉时仍在半岛，而武帝时并不承认半岛上这一种族有自己的国家。到西汉末王莽时期，汉朝的统治力减弱，在中国人的刺激下，朝鲜土著开始组织小国家，从此初具国家形态。王莽时代，其他地区也发生了同样的事情。汉在玄菟郡置三县，其中高句丽县在汉朝被视作县，但到西汉末期统治力减弱后，在王莽时期土著建立了高句丽国。王莽时高句丽侯驹（在国内称王，驹为骊之误），可以说是高句丽的第一代王邹牟王（又称朱蒙王、东明王、都慕王）。这是朝鲜族中最早开国的，三韩的崛起恐怕就是从此时开始。由此认为武帝时代，高句丽、三韩均在汉朝版图之内。

这样一来，武帝时代汉朝的疆域是前代不能相比的。此时匈奴衰微，漠南无王庭的局面出现，甚至连居地都失去了。

武帝时代的经济状况

武帝一代持续五十余年，对外关系发展显著，内部财政状况自然发生了巨大变化。当时司马迁在《史记·平准书》中有相关记述。《汉书·食货志》也记载了这方面的情况，但《平准书》准确详密地记述事实，细读即能明了这一时期的经济状况。《平准书》不单纯罗列事实，不仅包含了作者司马迁的感情，同时当时人的思想感情也自然地反映在其中。但是其记述并未因带有感情而牵强附会。因此当时的实际事情和当时人们对待此事的感情都汇聚在此书中。此时财政经济的变化，从中国自古以来的情况来看，是突飞猛进的，尤其这是一个与时代相应的财政天才频出的时代，后世为《史记》作注的一般学者难以接受其中的一些事物，注文也有不可信的地方。但如果仔细地阅读文献，再结合现今的情况考察，就可以大致明白《平准书》的写法。

大体上，汉初承战国之后。秦始皇实现了天下一统，但他的对内政策不过是沿袭战国时的政策而已。如置郡守以代替大诸侯，郡以下的民政并无大变化。汉继续沿袭其做法，到文景时代仍在沿用战国时代的民政。战国以来下层人物崛起，世族逐渐衰亡，但这并不意味着世族制度彻底改变。战国终结后，卿大夫仍得以维持其世袭权力。这种情况在秦汉之际有所改变，自宰相以下官吏由天子任命，因此不能世袭。然而卿相多被封为侯（有土地之侯与无土地之关内侯），因此卿相以下的官吏自然多为世袭，《平准书》记载的以官为姓即为其例。此外，另一个显著现象是商人阶层即富者的崛起，高祖时虽一度压抑，但并未成功。文景时采取放任的态度，官吏、商人各安其分。伴随富者的增加，兼并逐渐增多，穷困的贫民与奴婢也就增加了。在世袭为官的反面是不能为官者的增加。由于任这种状态自然发展，因此即便财富增殖，政府的岁入岁出也不会增加多少，从诸侯到官吏，都依赖领土内的收入生活，即使皇室生计再大也与政府财政无关。但政府在七十年间也自然增收，导致社会出现奢侈之风。此时武帝出现，以其雄才大略谋求对外发展，促进了财政增长。他的方法，首先是寻找适应新政的新人才，替代无能的世袭官吏；其次为补充军费，确立献纳财物亦可得官，并可赎罪的制度。司马迁认为此法降低了官吏素质。这可能是出于当时一般的社会心态，即习惯顺其自然，不喜欢官吏的品位跃升，嫌恶冒险的投机者取而代之成为官吏。卫青、霍去病外征，不单需要军费，还需要赏赐，耗费巨大。太平之后，对于有特殊才能的士，也有必要赠以财物。因此最初的数年间，素来有余裕的府库财物几乎用尽，卖官政策等也无济于事，因此财政政策为之一变。此时，以天子为首，宰相亦率先提倡俭约，公孙弘就是好的例子。然而据《平准书》记载，当时的节俭并不能抗拒社会生活的窘迫。政府财政匮乏，然而大富豪则坐拥巨资，贪求买卖物品之利。当时的诸侯（《史记》中的封君）都屈从于商人，谋求资金的融通（同样，德川初期江户旗本于太平后数十年穷乏，以抵当禄米换钱，从中牟利的札差因此得势）。又，因允许民间自由从事产业，经营矿山、制盐者获利颇多，然而对当时财政的穷乏都袖手旁观，无人伸出援手。

此时政府采取的第一个财政策略是铸造货币。即铸造恶货，使其与常用的良货具有同等价值，可以通用，以此兼并摧折富豪。此时，除铸造通用货币和用于朝觐聘享的货币外，还废止秦以来的半两钱——四铢钱，改铸三铢钱（一两合二十四铢。战国时有十二铢钱，其后渐渐降低），然而随之而来的是物价暴涨。第二是实行盐铁管理。当时东郭咸阳是大盐商，孔仅是大矿商，皆任大农丞。此外，桑弘羊是数学天才，因擅长税法计算而得到拔擢。当时的政策罢免了历来的世袭官吏，登用商人，司马迁等因此心有嫌隙。然而铸钱政策以失败告终，之后改铸五铢钱，尽力平抑物价。又当时剪凿钱币的现象很多，所以在钱周边附加轮廓防止剪凿。盐铁管理即盐铁专卖，禁止私人制造。汉武帝派东郭咸阳等人前往全国各地，召集失业的盐铁商人，任命他们为官吏，由此商人官吏越来越多。第三个财政政策，是征收营业税和财产税。随着人口自然增加，游民多，商人也多，但多数无产者需要政府的救济，汉武帝于是想从商人那里谋取费用。营业税、财产税实际上被充作救济金。这个税钱即算缗，每千文征收二十文税钱。在固定场所经营的商人，按其持有的财物计算，每二千文征收二十文，手工业者每四千文征收二十文。此外，除三老、北边骑士外，一般的车辆每车征二十文，商人的车加倍，且五丈以上的船征二十文。隐瞒私有财产的人，遣往戍边，没收财产。这时出现了一个名为卜式的怪人，最初他以畜牧积蓄财产，于是上书请求将一半财产献给政府，充作外征军费。天子问其缘由，他回答既不为做官，也不为伸冤，只是因为天子苦于征伐匈奴，才能出众者应当以命相助，有财者应当贡献金钱。天子问公孙弘对此事的看法，公孙弘认为不合人情而劝阻。后来在需要大量迁徙贫民转移至外地时，卜式又出资帮助地方官，天子对他予以奖赏，以此教育社会上的富人，令其出资，但是此诱导捐献政策以失败告终。卜式任县令后大兴漕运，遂拜齐王太傅，其施策均取得成功。接下来是均输法，这是桑弘羊提出的措施。远处的地方向官府输纳时，交纳当地产出较多的东西而平稳时价，官府考虑总体收入，易地买卖以获利。

从上述政策的结果来看，算缗没有获得足够的收入，于是开始实行告缗。告缗指的是告发隐匿财产者，没收其财产，告发者得到一半没收的财产。其结果是中产以上大部分被告缗。汉初商人处境宽松，政府听任其发展，后来登用商人为官吏实行专卖制，对资本家课税。其手段是出于商人本位的考虑，向不劳而获者征税，商人被收取重税。当时一方面下令严禁私铸，另一方面五铢钱精致而盗铸获利少，小规模的盗铸因而绝迹。财产税的彻底推行，持有大量金钱者破产，百姓贪图一时之快，无心储蓄。如此一来，政府达成当初的目的，收入变得丰富，以至于为司掌盐铁而设置的水衡官，成为专门管理所没收的财产的官吏。为军备计，在武帝和公孙弘倡导下，朝廷曾一度行节俭之风，如今却盛行奢靡之风，以没入官府的奴婢饲养狗马禽兽，又令其附属各官署。无偿劳动者的增加便利了漕运。此后迫害富人的政策愈演愈烈，斗鸡、博弈、狩猎等游戏均被视为犯罪，又让犯罪者互相告发，称为"株送徒"，即因一人之罪而引出与之关联者。此外，贵门子弟出钱给官府便能为郎，郎素质降低，这也引发了司马迁的感叹。由于政府只考虑收入，百姓与地方因没有积蓄多有不便，以致天子巡幸时，由富豪出资欢迎，武帝巡幸至河东时，郡太守因没有做好欢迎准备而自杀。陇西太守也因不能给天子从官设食而自杀。当时汉新得河套，天子在此地狩猎时，见既无驿站，也没有人巡逻，一怒将北地太守以下官员诛杀。于是允许百姓在与匈奴接触的地区畜牧，由官府贷牝马使出利息，也停止在此地告缗。封禅时由地方官负责做准备。此外，对南越、西羌的征讨，由大农出资修缮道路，输送粮食。由于马难得，让封君以至官吏准备马匹，并让亭驿贷马畜牧，使其繁殖。此时作为官吏的卜式上书，提出以率先示范的方式，引导官吏捐钱，补上未征缴到的钱财，然而没有成效。官吏与封君既不愿出钱，也不随军征伐，汉于是采取打压诸侯的措施。这一时期因酎金而亡国的诸侯很多。酎金是指根据诸侯国内人口的多少，向天子提供祭祀费用，并于祭日提供祭酒。如果交纳的黄金成色不纯或数量不足，则会被削地灭国。另一方面，盐铁专卖也陷入困境：官制铁器因粗劣昂贵难以贩卖，于是强令百姓购买。且百姓运输铁器需要征税，因此不愿运输，为此卜式与孔仅准备上书请求废除此税，引发武帝不满。只有均输法获得了成功，司马迁却认为此举等同于商贾，加以反对。让远边的郡交纳租税，耗费巨大，但若取其本地特产，按兑换政策折抵，便可毫无缺憾地利用。均输法使平准物价得以实现，这也是《平准书》得名的由来。官府以都城为中心，尽集天下物品，以物价的高低分品类买卖，夺取了商人的利益，但物价的剧烈波动消失了。此时的告缗法好像并没有严格实行。卜式对桑弘羊的成功之举表示反对，认为这是以官为商。当时久旱无雨，天子下诏求雨，卜式进言"烹弘羊，天乃雨"。这意味着他的温情政策与桑弘羊的劳农政策发生了冲突。总之，战国以来中国一直处于自然发展的状态，但在汉武帝时，社会和财政发生了一大变革。

武帝政治对后世的影响

关于武帝内政，对后世的影响之一是封禅。司马迁作《封禅书》，《汉书》收入《郊祀志》，《郊祀志》大体不过是依据《封禅书》撰写的。但《封禅书》并未记述有关祭祀礼仪的详细内容。司马迁考虑到礼仪的细枝末节在有司存有记录，因此写自古以来人君如何被宗教欺骗即可。尽管司马迁说这些细节性的礼仪是为封禅而作，不属于昔日的礼仪，不足为取，但从另一方面看，载有详细仪式书籍的存在，对《封禅书》也有影响。封禅指自古以来一统帝王祭拜泰山，本就与术士的附会有关。一统天子封禅，无疑始于秦始皇而成于汉武帝。其仪式细目若能流传下来，或许可以显示古代祭祀的发展状况。今人仅能通过《后汉书》所引马第伯《封禅仪记》了解部分情形。司马迁不予详谈，是他作为史家见识卓越，但今人通常认为还是把这些无趣的仪式记录保存下来为好。武帝之后，封禅成为大一统天子必须做的事。因此，这也成为当时官吏煽动天子好大之心，并加以满足的方式，以至挥霍巨资，苦了沿途百姓。从政治上看，封禅无疑是一大弊害，但据此可窥见中国人宗教层面的一统思想。

当时与宗教思想相关的事件还有修改历法。武帝太初年间产生的《太初历》，使传统历法为之一变，在一定程度上为后世的历法奠定了基础。在此之前，历法有称为夏、殷、周历的，也有称为颛顼历的，议论纷纷，当然这些多数出自当时历算家的理论。颛顼历大概是夏、殷、周时代的历法，但与其说它实行于那个时代，不如说是战国至汉初历算家的推断。武帝时，出于各种原因而以十月为岁首。《太初历》产生后历法确定，据此可推算出前代历日，也在一定程度上为后世确立历日提供了基础。尽管后来仍有改历的争论，但当时据夏历而定的阴历正月制一直沿用至今，地位不可动摇。当然，这不仅牵涉到历算，多少还带有宗教意味。例如对于五德顺序中汉天子应居何德，《太初历》以汉为土德，在此意义上一切都以此为准则。

武帝时实行，成为后世典范的，是首次使用年号这件事。武帝建元元年是普通年号的开始。不过实际在稍早时元年就已经具有了一定含义，即文帝在位期间改元年为后元年，这是因为当时出现了某种祥瑞。景帝时也有中元、后元（不过此时并不称中元元年，而只称元年，但之后出现元年时，则称前之元年为中元）。一代帝王于在位期间如此多作元年的例子始于文景时期。武帝之时每六年改元。当时在第五个元年中的第三年，规定了以天瑞立元年为宜。而此前，元年初称一元，次称二元。自此一元、二元、三元、四元的说法被废止，将一元作为建元元年，二元为元光元年，三元为元朔元年，四元为元狩元年。至五元四年，宝鼎出土，此年遂为元鼎元年。其后每四年改元，从开始即定元号。这就是一直传到清朝的元号的由来。武帝时存在后来附加年号的情况，而史家有意无意地将其用于历史中，遂引起误解。《汉书》记武帝册封其子为王的策书颁布时间为元狩六年，似乎此时已称元狩，但《史记》作"维六年"，这是当时没有元号的证据。而后世年号屡改，不厌烦琐。使用年号有利有弊，后世也长期实行。

汉武帝的举措中最重要的是统一思想，将学问与思想结合。《汉书·武帝纪·赞》专门称赞了此点，而对征伐匈奴、实现统一未加褒奖，甚至可以说将之作为穷兵黩武的实例而加以贬斥。最近史家开始赞赏其征伐，而对思想统一的褒奖从过去就一直存在。据说武帝统一思想的举措主要是根据董仲舒的贤良对策完成的。贤良对策分为三部分，其一即统一思想策，主张排斥百家而统一于儒教。如前所述，董仲舒是一位公羊学者，公羊学主张统一主义。当时人们甚至认为孔子预先为汉而作《春秋》，公羊学顺应了这种时势。当然，实际上《春秋》部分内容是后人根据当时思想撰写的，而且传承过程中为了符合汉之情势也有所改易。但主张统一的公羊学当时得到运用，可以说是中国统一思想的起源（近来思想家中，也有人攻击此思想统一成为中国长期以来的弊端）。当时的宰相公孙弘也是公羊学者，他主张公羊学并在政治上加以运用。其政策上无处不体现了他的统一主义，一切都取决于政令，不允许将丝毫的自由作为理想，尤其不可在民间聚集人望。卜式申请向政府献金，公孙弘以违背人情为由排斥，也就是出于这种思想。当时的著名游侠郭解，是破落户的首领，借施仁义而得人望。但他也有恶劣的地方，即对待仇敌实施复仇极为残酷。武帝初年警备力量薄弱，他具有弥补警备不足的力量，因此在民间拥有势力。然而他成为公孙弘统一主义反对的对象，结果并未犯任何重罪却被杀。公孙弘不只在政治上运用统一主义，还将政治与学问结合起来。一方面虽然是因为董仲舒提出了思想统一，另一方面武帝原本就喜好儒教。武帝时代，天下太平富裕，儒教成为粉饰政治的便利工具，而且也迎合武帝浮华的性格。公孙弘顺势引导儒教与政治结合起来。他设置五经博士，其下置博士弟子员，登用弟子员中学问优异者为官吏。武帝时期，公孙弘这样的由学者出任大官的人有不少。治学者为官，即可衣食无忧，这对后来的政治有深远的影响。虽然后来形式有变化，但在中国，此主义一直延续。这就是董仲舒、公孙弘一统思想的结果。司马迁对此事的观察见于《儒林传》序。他认为治学者为官是值得高兴的事。在没有制度保障的时代，学者为守道而身陷苦难。新制度产生后，守道开始衰微，出现了为功名利禄而做学问的人。他的说法不能明确说是对新制度的赞成，但总之充分揭示了这一制度的利弊两个方面。虽然此制度也得到了后世儒者的赞赏，但不得不承认，把政治纳入一个统一的模式，会妨碍学问通过竞争得到发展。由此看来，近世学者对此的批评也有一定的道理。

如史学家所说，武帝是个具有雄才大略的人物。他的伟大在于打破以前所有的惯例，树立新制度。大体如前所述，在官吏的选用上，排斥传统的无能者通过世袭可任高官的方法，卑贱者以其才能得到拔擢。与此同时，用学问粉饰政治，这成为中国长期的政治特色。《汉书·公孙弘传·赞》记载，此时人才辈出。武帝非常欢迎人才，作为历经五代的天子，却不以己为尊，完全如布衣之交一样礼遇民间人才。《公孙弘传·赞》载，当时各色人才汇聚，儒雅如公孙弘、董仲舒、儿宽，笃行如石建、石庆，质朴如汲黯、卜式，推贤如韩安国、郑当时，定令如赵禹、张汤，文章如司马迁、司马相如，诙谐如东方朔、枚皋，应对如严助、朱买臣，历数如唐都、洛下闳，协律如李延年，运筹如桑弘羊，奉使如张骞、苏武，将帅如卫青、霍去病，受遗如霍光、金日磾。这些人都不是士人出身。卜式是牧羊人出身而被提拔，桑弘羊作为商贾被拔擢，卫青、霍去病是武帝姐姐家的奴仆，金日䃅是自匈奴归附的浑邪王之子。武帝做事亲力亲为，将自己的精力和国家的精力，全部用于整个时代，政治也是一统的政治，其政治方策与韩非子等相同，即选用从战国流传下来的最发达的方式：效仿战国时齐国进行盐铁专卖，效法战国时魏、韩统御臣下。但其政治过于严厉不留余裕，以致其爱子卫太子刘据叛乱，这是由武帝苛酷的官吏与太子发生冲突导致的。武帝后来为此悔恨不已，但其集中权力的政策并未因此改变。在立继承人时，武帝立最年少的昭帝为后嗣，并命其母自杀。这是因为天子年幼而其母年轻，担心其母专权。武帝一生都将权力掌握在自己手中，并实行那样严苛残酷的政治。以后史家经常提及轮台之诏。武帝晚年时，桑弘羊进行了周密的计划，请求派屯田兵前往位于中亚地区的轮台。但武帝后悔因长年征战导致的人口损耗和国库靡费，于是下令停止轮台屯田。厌恶穷兵黩武的学者说因为此诏武帝晚年政治安定。但这是武帝年老气衰所致，并不代表他回心转意成为仁义之君。不过拔擢霍光、金日䃅，委托二人辅佐昭帝，可以说是他最后的明智之举。霍光是霍去病的弟弟，为人谨直，在殿内的步伐有一定的规矩。金日䃅自匈奴降附，但好像比一般的汉人正直。这些事说明武帝虽然年老，但并不昏聩。武帝被称作中国历史上少有的英主之一。近代史家逐渐脱离了抨击成就大事业人物的旧习，赵翼的《廿二史札记》等即盛赞武帝之功业：武帝恢复了秦时的旧有领土，又开拓了新领土，使汉人领土数倍于旧时，贻利千万载后。武帝对有功者大加封赏，但又直接摧折。因功成为诸侯的七十五人，到武帝末年有六十八人失去侯位；此外，一百七十五人的王子侯中，有一百一十三人失去侯位。外戚因恩泽而为侯者九人中有六人失去侯位。其残酷薄情，成为后世一统君主的普遍作风。

第十章
西汉时代（下）

昭、宣二帝时代

　　武帝之后是昭帝。昭帝年幼即位，由霍光和金日磾辅佐。霍光做事极为谨慎，因此受到了拔擢任用；金日磾从匈奴降附，为人正直，因而与霍光一道受武帝委托。金日磾在昭帝即位的第二年就去世了，其后的十三年间，霍光作为大将军一直辅佐在昭帝的左右，帮助他处理政务。从此大将军就成为辅相，其权力堪比丞相。这一时代承继武帝的内外着力扩张之后，需要紧缩调整。当时的国内外形势对于这一点是有利的。所幸此时匈奴势力渐渐衰退，不需要进行外征，可以专门治理内政。于是当时省去始于武帝的种种税法，与民休息，又罢榷酤。当时《盐铁论》一书出现，这是一本臧否武帝新组织的税法的书。当时地方出身的贤良文学之士与推行新税法的桑弘羊之间的讨论也记载于其中。贤良之士认为新法不便，主张废止。桑弘羊则举其优势加以辩护。实际双方各有道理。此书是关于对汉代税法的议论的极其重要的资料。后来桑弘羊因为其他事而被杀害。主张维持新税法的人没有了，武帝时的新组织也废止了。上面的"其他事"，是指一场对霍光及新皇帝的阴谋。这一阴谋纯粹是统治者家庭的内斗。武帝的儿子中年长的燕王是昭帝之兄。最初，武帝废太子之后，燕王以为自己会被立为太子。结果武帝嫌恶其失德而不立，改为立昭帝。燕王的姊妹中最年长的长公主，与霍光不和。此外昭帝皇后的父亲上官桀等也一同策划阴谋。他们上书说霍光专权，疑有非常之事。霍光为人谨慎，故对此并未采取任何对策。幸好昭帝虽为年仅十四的少年，却非常聪明，看破了他们的阴谋，置之不理。于是又企图暗杀霍光，但因内情被泄露出去，燕王、长公主自杀，上官桀被杀，桑弘羊连坐被诛。昭帝在位十三年，刚过二十岁即早逝，霍光迎武帝之孙昌邑王刘贺即位。因其行为不检，霍光与当时主要的大臣一同上奏皇太后将其废黜。当时随昌邑王来的两百多臣下都被杀。历史上虽未明确记载，但可能是因为针对霍光策划阴谋。

其后宣帝即位。他是武帝时因谋反被杀的卫太子之孙。最初卫太子被杀时，他的妻子儿女都被杀。只有他的孙子，即后来的宣帝，因年纪太小未被杀。宣帝长于民间，通晓民情，因昭帝无子，于是年满十八岁的他被迎立为天子。霍光因为在昭帝及宣帝初年辅佐幼主以及废昏君，事迹成为后世不论是德政还是失政的范本。特别是他废天子的事情，后人往往拿来与殷代伊尹废太甲之事相比较，以"伊霍"并称，后世废立之事往往援引为例。霍光在职二十年间，社会安定，四海无事。他死后，他的儿子企图反叛，被宣帝所杀。霍光虽然处事谨慎，但在大事上缺乏决断。《汉书》对他的评价中有"不学无术"的说法。历史上的实例说明，尽管霍光功劳很大，但无论对国还是对家的治理都不算成功，以致其后人受到如此残酷的处分。其过错之一，在昭帝时已有所表现。即昭帝已经成年且贤明，而霍光仍不肯交出权力。当时上奏者先将副本呈送霍光，霍光看过之后，才将正本上呈天子。宣帝时，对霍光的阴谋逐渐增多，处境的日益险恶，使霍光深具戒心。宣帝极其聪明，十八岁左右即位，但霍光仍未交出权力。宣帝由于是在不得志的环境中成长的，具有游侠的气质。也是因为他熟知民间事情，他认为天子不能仅注重行仪的风范。然而霍光是个极为谨慎正直的人，据说，宣帝即位，去参拜祖庙时，霍光作为骖乘，宣帝与霍光同乘一车，如芒刺在背。据说此事是导致霍光的后人被杀的开端。可见霍光也有未顾及的地方。宣帝在民间时，已与许氏订婚，即位后便遵守约定迎娶许氏。霍光的妻子想让自己的女儿成为皇后，而宣帝的婚约使她非常失望。她乘许氏分娩之际命令侍医将其毒死，于是将自己的女儿册立为皇后。宣帝还在民间时，比起了解霍光其人，更多的是从外面看到霍氏一族非常强盛、生活豪奢，由此心生不快。对霍光感到难以接近，也是由于一开始就反感霍氏一家。再加上此时发生了许皇后的事件。霍光起初不知毒死许氏的事情，知道后又不忍揭发妻子，在踌躇之间霍光死去。宣帝最初是想诛杀霍氏，由于他是很谨慎的人，所以先把霍氏一族在军中有职务的人都调离，让自己的心腹之臣取代，于是与霍氏发生冲突，霍光之子及其兄之子愤而作乱，全部被捕杀。

此后宣帝亲政，他既有一定的学问，又知道如何在民间施政，因此他不喜欢武帝时代那种以粉饰为主的儒家政治。因此大体上采用法家的学说，其政治专门实施彰显君权实效的举措。这一时代，不单纯是继承武帝政治之后的休养时代，而是相当紧缩的时代。用人的主要依据是才能，因此官吏都比较称职。他在民政上尤其用心，曾说"朕与良吏二千石共治天下"的话。"良吏二千石"是指地方官吏。当时地方官的主要任务是处理好诉讼事务，并抑制地方豪强。其中，压制地方上有钱势大、为害人民的人是民政的主要任务。擅长处理此事的人在当时被称为循吏。循吏若有实绩，则加以拔擢甚至任命为宰相。宣帝初期任宰相的魏相、丙吉等人都是宣帝还未即位时的好友，也有为压制霍氏势力而登用的人，但都称职。魏相任宰相之后，废除了大臣上奏章先将副本呈递丞相的制度，改用汉初的办法，由丞相从中选出适当的奏章上奏天子。丙吉在宣帝身处民间时对他有恩，而宣帝即位后，他绝口不提以前对宣帝的恩情。宣帝通晓世情但也有残酷薄情之处，据说性格宽宏的丙吉可以补救宣帝的缺点。继之成为宰相的，是以循吏知名的黄霸。黄霸类似日本的大冈越前守，在明断曲直上有特殊的才能，擅断隐情。但他任宰相之后，声望不如任地方官时那样高。这是因为做宰相与做地方官的窍门有不同之处。做天子宰相，不一定需要知晓民间隐微、善于裁断的人物，而是需要以宰相的重要地位来抑制天子容易有的任性行为的人物。然而，黄霸在这方面并非得心应手，有被天子宠爱的倾向，而缺乏节义与深沉。但他绝非无能之人。黄霸运用自己做地方官时的经验，建常平仓以调节谷物价格，这成为后世中国民政长期相沿的重要制度（当然，武帝时就有常平仓，当时主要考虑的是为政府增加收入。然而黄霸的做法考虑的是使人民生活安定）。

宣帝中期以后用这些人做宰相，在民政方面做出了实绩，但是对宫中的管理力量逐渐衰弱，最终给汉代后期遗留祸根。最初，用魏相、丙吉为宰相，不是宣帝真正的方针，从地方官中举用有成绩者为宰相，才是其真正的方针。即用取得有目共睹的效果的人为相，而不是用不显眼的能纠正君主过错的人。天子自恃聪明，任用的多为自己信任的人。天子不信任宰相这样显要的大官，外戚宦官受宠信的趋势渐渐出现了。宣帝在世时，因为他聪明，宦官等唯命是从，如果君主在政治上并不贤明的话，受宠信者很可能坏事。秦始皇即为其例。法家自有法在，因此凭借实效而有好评的人不为所喜；那些从自己立场出发、不肯屈从天子或外戚的人，也总觉得被嫌恶。赵广汉这样出色的能吏，后来被宣帝所杀。当时官吏和百姓为他求情的很多。宣帝这类人，对民间声名好、人民为之不惜抵抗天子也要尽力袒护的人总是心怀不满。这往往是中国政治发生矛盾的地方。在民间有人望的人，不一定是为了中央的掌权者，想调和二者的关系是非常麻烦的。此时已出现了这种征兆。因此中国大多只有明君在位时管理有方，其后继者往往难以维持这种局面。并且过去得到抑制的弊害会突然发作，往往因此走向衰败引发暴乱。宣帝时所用的人物与武帝时不同。武帝对那些虽有缺点但有特殊技能的人，常破格任用，有过失则不加赦免地处罚。而宣帝多举用坚奉天子之命的谨直之人，他们对其事务极为忠实，不越常轨。这种政治上的风格，也与一般社会的状态是共通的。这是一个任何事情都紧缩的安定时代。

幸运的是对外国，这一方针当时也行得通。中国的历史学家都责备武帝，褒扬宣帝的对外消极政策，这是错误的。昭宣时代一般被当作是从古到今中国对外最有威力的时代。但这是由于武帝时，竭尽国力、财力与人力压服外敌的结果。中国虽然疲敝，但外敌则更早趋于疲敝。由此可知，昭宣时期的安定，完全是武帝政策的结果。昭帝时，对外只有诛杀楼兰王一件事，此外边疆没有其他事；宣帝时，匈奴疲敝，以至于内部分裂，五单于相互争斗，最后仅呼韩邪、郅支二单于残存。二人相互憎恶，呼韩邪败而降汉，郅支虽然起初在国内势力猖獗，但由于内斗，势力也自然衰弱，最后导致灭亡。呼韩邪降附，对匈奴势力而言是自汉初以来的一次非常大的挫折，因而汉朝全国上下大喜，并以诸侯王以上的礼遇优待他（当时此事已向四方宣传，十余年前，在归化城发掘出的砖刻有"单于和亲""千秋万岁""安乐未央"等字样）。此次匈奴降附发生在宣帝时期。其原因当然是武帝此前的征伐。此时又发生了居于甘肃地区的羌族的骚乱。赵充国并未采取大远征的对策，而用屯田以逸待劳的策略。其后，这一策略成为中国抵御外敌的经济政策的范本之一。蛮族的侵掠猖獗于一时，但不能持久，这样则以独力也可驱逐外敌。这些是对外敌侵略采取紧缩方针的例子。

武帝到宣帝之间，是西汉的全盛时代，其间人才辈出。这个时代的人物各有特色。荀悦所著《汉纪·宣帝纪·赞》已有论及。关于武帝时代的人物情况，前面已举《汉书·公孙弘传·赞》加以论述。总的来说，宣帝时的但人物与武帝时的人物相比有差异。武帝时既有缺点，但从才能上说属于天才的人很多。宣帝时的人物大多修养深厚，谨慎严肃，在不脱出世俗道德范围的情况下发挥其才能。这种情况部分是由宣帝的为人所造成的。武帝本是在贵族的环境下成长、接受教育且具有好奇心，但不通晓下情。而宣帝虽说是皇族，但从小在苦劳的环境中长大，通达下情。因此在选用人才时，武帝只从自己的喜好出发，根据其才能任用，而又轻易罢免。宣帝选人的习惯是，避免录用徒有其名而无实效者。当时社会环境逐渐稳定，民间良民与不逞之徒清楚地区分开来，不逞之徒如果能得到抑制，政令自然易行，因而侧重于提拔适合治理的人物。所以宣帝时的人物，能吏多于学者。正如张燧在《千百年眼》中所说，当时的人物多出自吏胥，而非学者。据其考证，汉代以后的宰相，大多不是功业显赫的人，而功业显著的人则多为吏胥出身。如赵广汉（河间郡吏）、尹翁归（河东狱吏）、张敞（太守卒吏）、王尊（涿郡书佐）等，这些多是宣帝时的人物。他们有可与大将、宰相并列而无愧色的功绩。他们少时即对法律颇有心得，擅长诉讼，熟知民间恶棍的内情。一旦拔为大官，由于深知人民受吏胥之害，可以巧妙地加以抑制。本来吏胥之流，如果放置在下级则才能无处发挥，往往只做坏事；一旦提拔至高位，这些人力求向上，便可以脱离当年的恶癖，发挥与公卿大夫同等的作用。张燧的言论，本为讽刺明朝末年的情况，与汉代的情况有多少契合之处，固然值得怀疑，但总有一些相符。宣帝时是汉代学问盛行的时期，但像宣帝那样，把施政重点放在实际的民政上，当然是由于他与吏胥出身的人更了解这些。这也是当时学者出身的人无处发挥的证据。

宣帝在位期间是中国历代中民生尤其安定的大治时期。这归功于他崇尚实效。宣帝认为汉采用的是和霸术交杂的政治。总之，大体上采取申商之说，即推行综核名实的政治。为此皇帝需要像宣帝那样通晓下情，并自己掌握实权。这非常困难，汉代也仅仅在宣帝这一代实现了。宣帝时，当时还是皇太子的元帝曾向宣帝谏言，称刑罚过于苛刻严酷。宣帝说：汉代的政治与霸术交杂（"霸王道杂之"），并非专行王道，招致汉的败亡的一定会是太子。

元、成二帝的为人与外戚、宦官的跋扈

元帝以后的皇帝大都在贵族环境中成长，没有宣帝那样深刻的经历。此外，外戚参与政治给汉代政权带来了重大危害。古之三代时，外戚参与政治的迹象全无。一个原因是记录不完备，后人无从知晓。另一个原因是，当时整体上实行贵族政治，没有出现以天子一人之意志决定政治的现象。秦始皇的独裁政治虽无弊害，但独裁政治下的天子若不够英明，大臣或外戚专制的局面在所难免。汉代惠帝时已有吕后引起的祸乱，文、景、武帝时，因天子有作为，未发生大臣及外戚专权的现象。当时外戚偶有参与政治而流于骄奢者，天子加以刑罚或诛杀。武帝深知其弊害，曾因为昭帝年幼而杀其母，因而没有外戚祸害。到霍光时，出现了大臣专权。但由于霍光为人正直谨慎，因而未引发弊害。宣帝死后，情况为之一变。宣帝时，由于天子英明，未引起祸乱，而此时登用的外戚，在元帝、成帝时，逐渐趋于跋扈。景帝后，汉朝削弱宗室之力，导致压制中央大臣及外戚的力量逐渐丧失。

除了外戚、大臣，危害中国政治的还有宦官。宦官的弊害从宣帝时已有萌芽，至元帝时正式出现。宦官专权被认为是中国政治上的一种必然趋势。武帝时，有一技之长的人，不论出身，都被委任，使朝廷成为有才能的人的竞技场。宣帝时，则以权术加以约束，与这一权力伴生的，是宦官或外戚的专权，大臣的危害也由此产生。

元帝时，首先出现的是宦官与大臣的冲突。宣帝自己考虑到死后需要大臣来辅佐元帝，于是指定当时通晓学问、事务的萧望之作为辅政者。另一方面，宣帝之时宦官中弘恭、石显得到天子宠信。这两派在元帝时发生冲突。如王夫之等所说，中国政治上的朋党斗争起于元帝（《读通鉴论》）。元帝时实际参与政治的人成为两派，并且形成各自的势力团体。这是因为元帝缺乏英明果断的作风，不能制御朋党阋墙相争。这场斗争以大臣一方萧望之的败北结束，宦官派弘恭、石显取胜。由此开启中国政治上宦官跋扈的时代。王

夫之认为元帝自身没有责任，但后来皇后王氏一族辅政，导致最后王莽篡汉。这被认为是外戚弊害最为惨重的一次。这是天子不作为的结果，元帝为人优柔寡断，刑罚中残酷的部分都被停用。从《汉书·元帝纪·赞》可以看出，此时皇帝的生活已经高度贵族化。据说元帝擅长才艺，精书法，好读书，通音乐，鼓琴吹洞箫，自度声曲，区分节度，穷极要妙。此时宰相多自学者中选用。政治上每有问题，皇帝、大臣都喜好引用经书，做出与之相合的判断，而不是做与情况切合的正确决策。幸运的是当时社会比较安定，得以无为而治。据《汉书》的"赞"记载，当时诏敕等文章浮华、主意稳妥，有古代天子的风范。但另一方面，则反映了政治上毫无做实事的能力。

接下来的成帝时期，温雅的学者风范流行，同时，不拘束的贵族风范也兴起。成帝相当有学问，喜好读书，甚至让汉宗室刘向进行整理书籍的工作。又《汉书》的"赞"中记载他讲究仪表，坐在车上笔直挺立，不左顾右盼，不快速说话，不自满，临朝渊默，尊严如神，有穆穆天子之容。当时大臣公卿等上书，引经书论天子失德时，他假装将之作为直言接受，表面很平和，而实际内心却不然。此外，成帝对妇女的态度很不符合礼仪，因美貌而被册封为皇后的赵飞燕以及被封为昭仪的其妹赵合德，都是卑贱的舞妓出身。此二人行为也有不检之处，成帝本身淫乱以致早死，因而没有子嗣。此人尽管外在以贵族风格为饰，而内在有与之不相符合的缺点。由于没有太子，外戚王氏大张势力，最终走向王莽篡汉的结局。然而民政方面延续了宣帝以来的状况，朝政的紊乱并未造成直接影响。正如日本王朝时代的藤原氏专权一样，地方官大体行政正直，也能较好治理民间。汉代从宣帝时起，地方官中的能吏与宰相之器全然有别。从此时起，朝廷内部紊乱，并未出现宰相之器，但地方官并未行恶政，民政自宣帝以后到元帝、成帝时期仍然正常运行，人民安堵如故。

王莽篡夺

成帝无子，因此立哀帝为嗣，此后立平帝。这时开始王莽的势力逐渐壮大。同时，学问普及，朝廷的政治、礼仪等均以经学为基准。王莽的阴谋也以当时流行的学问为基础。王莽在王氏一族中本来是势力最弱小的。成帝时代王氏一族的骄奢趋于极点时，王莽却如学者一般俭约，通晓人情，多施善行。这未必尽是伪善，王莽当时可能以此走完一生。然而，王氏一族的其他人无后，于是王莽成为首位。当时元帝的皇后王太后，成为几代朝廷的中心，而深得太后宠爱的王莽就是她的侄子。从此他的野心越来越大，这是显而易见的。当时经学的发展有利于王莽得势是原因之一。此时普遍认为经学是孔子的思想，周公的政治成为模范，凡礼乐制度标榜周公的均获得好评，王莽正是利用了这一点。哀帝、平帝以来，天子年幼即位，因而需要辅佐的人。由于王莽身为外戚，且是大臣，可以像周公一样辅佐天子，尤其是在哀帝、平帝之后，更幼弱的孺子婴被立为君主，王莽于是开始摄政。这以当时流行的经学来思考是理所当然的事。根据经书的说法，当年周公辅佐成王，因而称王，王莽于是自称"摄皇帝"，以至于后来成为真正的皇帝。此时，刘歆在学问上给王莽的行动提供正当的依据。刘歆在当时的学问之上巧妙地加以附会，助王莽实现野心。而王莽即真皇帝之位时，诱使各方上书，在顺从舆望的美名下夺取汉朝天下。此时，王太后还在世，到了王莽篡位时，她才意识到事情不对。她怒斥王莽，称自己作为汉家的寡妇掌管汉家的天下，王莽受汉家恩典辅佐，反倒夺取天下，令人难以置信。但为时已晚，王莽胁迫王太后，夺取了天子印绶。由此，西汉末年，汉朝由于外戚干政以致一时失去天下，这是说明外戚政治弊害的典型案例。然而，政治上由于权力集中在帝室，既不像三代时那样有贵族势力加以牵制，也不像汉代初年，宗室强势，遇事可举兵平定。这就是全部权力集中于天子身上的结果：如果天子英明还可以维持，然而天子周围的人恣意专横，牵制的力量无法形成。权力集中于一处的危险，在西汉末年已经得到证明。

王莽与经术

正如古来的历史学家之言，王莽篡夺汉室，是汉朝制度造成的结果，内有宫室之乱，外部也缺少抑制的力量。但此时最为直接的原因是王太后长寿、外戚专权。《汉书》称王太后为元后。《汉书》认为，汉朝一时丧失天下，是元后长寿、外戚专横的结果。因此特别立《元后传》，作为西汉的终结，这是班固作为史家的见识。

此外，王莽有人望的原因在于利用了当时兴起的学问。学问以不同的利用方法而用于善恶不同的目的。王莽之前的时代，从学者层面来说是刘向的时代；从学问发展的层面来说，是中国历史上学问前所未有地发达的时代。刘向正是妥善地利用了这一点。他的学说即便未被充分实行，其著述却成为当时君王的参考，刘向自身的意见也成为政治的良好导向。当时学问已得以独立，发展到可以用于善、恶两方面的程度。到其子刘歆时，则完全将学问用于坏的方面。王莽篡夺，在学问上的根据，大部分都是由刘歆提出。当然，正如以往的历史学家之言，王莽在实际政治方面，并没有什么作为。王莽成为篡汉的奸雄，是因为他一开始就是这样的人物，还是顺应其境遇的自然结果？这一点我们并不清楚。中国人往往用结果逆推动机。但王莽是否从一开始就是奸人，这没有确凿的结论。若是顺其境遇的结果，那么刘歆等人的学问便是主要原因。

王莽的行为总是以学问为根据。夺取汉室天下自不必说，其他的政治行为也都如此。学者之间，当时有所谓古今文之争。刘歆这样用古文之学助王莽行篡夺之事的人固然是有的，然而大体说来，因为如果不根据当时被普遍认可的学问的话，王莽的企图就不会实现，所以不能与以今文之学为基础相违。正因如此，王莽都是以今文说为根据发布命令。当时的学问以古代周公所行的政治为模范。王莽尤其努力效仿周公，这也成为他篡夺帝位的基础，这都是以周公为范的结果。当然，今文之学以外，有时也根据古文之学行事。王莽在政治上的失败很多都出于此。例如，自己摄政显然是以今文之学为依据，但实际民政以当时新出的《周礼》作为依据运行，才是招致民政上失败的原因。

实行周礼，在古来的中国史家眼中毫无价值。最近读了社会主义作品的人，则对《周礼》中实施了一些社会政策表示赞赏。但两者都是脱离实际的。《周礼》中的政治是出于当时的理想而规划的，即出自汉初学者的理想，但它在中国历史长河中绝非毫无效力。第一个用《周礼》招致失败的人是王莽，第二个是王安石。不能说王安石完全失败，某种程度上其政策在后世得到了执行。它的官制等，与后世自明代开始根据《周礼》之理想所制定的东西，是相同的。因此《周礼》的理想在任何朝代都可以实行，只是王莽时代尚早而已。此后一千五百年中，其中的一部分得到实施，如官制，但如果要在一千五百年前实施就是错误的。其中所记载的内容，随着中国政治的发展，渐渐得到实行。王莽将人民的田都视为王田，拟实行昔日的井田制，且下令禁止买卖奴婢属官，以一切商业为官业，制定统一的货币法，这些都是理想上的好事。但如果在国土广阔且各地区文明程度参差不齐的中国，要实行划一的理想的政治，从根本上就会失败。王莽所做的这些事，都以失败告终，当时推行的一些极其原始、幼稚的事其后也有被人效仿的。例如对符瑞和谶纬等的重视。王莽宣布实行《周礼》中的理想政治的同时，又利用当时民间盛行的符瑞和谶纬。汉光武帝等人也信符瑞和谶纬，作为天下归心之本。对照这两者，可充分了解当时的中国社会。因为实行理想的善政的人都以失败告终。固然裁决民间诉讼，取缔强横的豪强，对实政确实有其作用，但所实行的政治一旦超过这一限度，就行不通了。因此，史家认为汉代政治的长处是整顿吏治，虽然王莽的政治确立了制度，但因为忽视吏治而招致失败。而王莽的失败也让我们得以了解当时社会发展的程度。

当时对王莽篡位这样的不符合常理的恶行，中国的道德没有发挥牵制作用，令人感到惊讶。王莽的态度显示出他从摄政到真正做皇帝，都不是自己的喜好。据说，到他做天子为止，上书颂其德的官吏与人民共达四十八万人，成为后来袁世凯制造"民意"的模范。这应该是集中当时知识分子的舆论所造成的。若从当时学问发展的程度来看，学问有过分集中于官学的弊病。关于经学，经师各有家法，各自发展为家学，这是西汉时学问的特点。虽然近年来清朝学者认为有其益处，但由于学问被专门的阶层占有，其门下所培养的博士、弟子等，都是为做官而做学问。博士之学并不能培养个人的道德，就像今天学法律的人只学习能成为官吏的学问，而不培养道德一样。只要做了官，是汉的天下也好，王莽的天下也好，他们不加选择。而这正好为王莽提供了便利。到了东汉末年，由于学问转移到民间，所以产生了与此相反的结果。此时民间盛行学问，道德得到真正的发展。虽然这成为争乱的源头，但对个人人格的培养是有用的。而西汉末年还未发展到如此程度。

王莽统御蛮夷的失败与蛮夷的觉悟

王莽的失败与其不注意民政脱不了干系，而其最早的败笔出现在处理蛮夷问题时。汉武帝时，倾国力制御夷狄，国家疲敝，向诸方彻底展示了汉朝的威力。因此，昭、宣之后，每当夷狄犯事，汉人都有轻易制御夷狄的自信。出使国外的使者有时处置果决，有时则临机对天子之命做处理，通过压制夷狄的暴动来彰显汉室的威力。经过多少一些纠葛后，匈奴大体上被一分为二，降汉者荣，敌对者亡，大敌不存。因此，汉末以前的对外关系是安全的，夷狄的酋长都归附了汉室。而王莽没有思考过汉室对外安全的形势是如何来的，也不认为这是武帝以来倾国力、派人才的结果，而只是计划肆意伸张中国的威力。汉时匈奴的待遇在汉的王侯之上，王莽将诸蛮夷王的地位降为侯，于是引发自匈奴开始的各外夷叛乱。而对于征伐匈奴叛乱，他却不能做到像汉武帝那样用独到的眼光拔擢将帅人才，而是像秦始皇和秦二世那样，将罪人充军征伐。这与秦的灭亡有着相同的命运。王莽此举也成为其后暴乱突起的根源。如此因与蛮夷的关系，导致内部的叛乱。王莽相信凭学问可以治国，但他到死也不明白亡国的原因。

然而，王莽在统御蛮夷上的失败，明显影响了东亚整体形势。可以说，因为王莽的失败，中国的历史开始转变为东洋史。到此时为止，即有史以来至汉末为止，是中国文化波及四方的历史。不同种族在中国影响下趋于中国化。很多昔日与中国语言、风俗不通的蛮夷之地也中国化，开始流行中国的语言与风俗。然而，王莽的失败，使接受中国文化而有了自觉倾向的各蛮夷认识到，中国并不是那么难以抵抗。历史上，西汉时期蛮夷归附汉的例子固然很多，但看不到各蛮夷思考自己的起源、有过作为独立的种族的自觉。王莽时代以后，王充的《论衡》中才有扶余国（在今中国东北农安县）的起源说。它与周朝的起源说相似，这表示类似周代圣天子那样的传说在蛮夷国也有。这不过是其中一例而已。四方的蛮夷中，恐怕或早或晚都将进入自觉的时代。当然，这是未开化的种族在接受中国文化后自然发生的现象。而王莽对蛮夷的虐待，刺激各蛮夷产生了自觉。到《后汉书》时，各蛮夷种族起源的说法都有了记载。从《后汉书》开始，东洋历史不再单由中国汉族构成，而是由不同种族构成。汉时高句丽国的兴起也是出于此。高句丽本在汉玄菟郡高句丽县，在高句丽语中指"大城"，因而说明当时此地的确有种族集团存在，他们接受且满足于汉的优待而封王（例如，濊王等）。王莽将其降为高句丽侯，后来又降为下句丽侯，高句丽因此大怒，以至于在整个东汉时期，虽附汉而不听命，遂开高句丽大国之基。《汉书》中记载的"下句丽侯骓"，恐怕与高句丽祖先邹牟是同一个人。

此时起，东亚的历史成为各种族共有的历史，不再单纯是中国文化向四方扩展、统一异族的历史，而是产生了因为各种族的反动，使得中国本部趋于动摇的巨大变化。王莽的失败，成为中国的失败，这在历史上是一个有趣的事情。也就是说，中国文化的发达，使得汉武帝及其后来的一段时间内，学问的进步超过实际生活需要，学问的流毒甚至于扰乱了社会，其代表就是王莽。在中国文化发展的过程中，这是个有趣的时代。当然，无论王莽还是刘歆，都没能意识到这一点。他们自认为越是努力推动学问进步，结果就越好。此事在历史上正是追求学问而收获不到预期结果的证据。

西汉的风俗

此时实际的社会状态也为中国史家所关注。赵翼的《廿二史札记》注意到，西汉的社会风俗，并没有像后来的中国人想的那样，因为学问而十分讲究。书中还指出，汉代的皇后多出身微贱。文帝这样优秀的天子，其母薄太后是从敌人宫中掠来的。虽然她的容貌也许并不算美，但她与其他被掠来的女子约定，最先被高祖召见而居高位者，应该再推举其他人。随后其他二人均被召见，而薄氏并没有。高祖听说他们耻笑薄氏，才召而幸之，生了文帝。武帝的卫皇后曾是武帝姐姐身边的歌妓。成帝的赵飞燕也是一样。他们之间确立夫妇关系，不像后世贵族出身的皇后那样需要举行仪式，而是靠女人笼络男人的技巧，与平民百姓并无差别。武帝与陈皇后是青梅竹马，据说她进入宫中就被武帝藏入金屋。陈皇后也专研笼络男子的方法，这与地位低下者之间的男女关系几乎相同。此外，汉代帝室的婚姻不讲辈分，非常混乱。如惠帝立姐姐鲁元公主的女儿为后，哀帝将相当于他母亲婶婶的人立为皇后。小孩冠母姓，如卫皇后之子称卫太子，宣帝曾起名史皇孙，这都是母亲的姓。在日本，即大家族的女子，孕产时往往会回娘家，在娘家抚养子女长大，连孩子穿的衣服也要在娘家找，这种习俗从藤原时代以后一直延续到今天。从后来中国的情况来看，这是不可思议的。还有，据说汉代的公主不忌讳有情夫，汉代诸王的行为也不检点，当然在后代也有同样的情况。只是到了明清之际，才开始惩治这些现象，通过对皇族进行严格的教育，这些陋习才逐渐消弭。这大概是因为汉之皇室像暴发户一样，以微贱的身份突然兴起，其子弟并没有受教育的时间。像刘向之家那样从祖先开始就喜好学问，成为一种家风，是不常见的。皇帝亲属中大多数人，生活上自由放任，也不具备特别的教养。这种现象不仅仅是在汉代才有，主要是因为皇族没有受到严格教育所致。丧葬制度在汉时也无定规。文帝诏：以日代月。也就是将应当用二十七月办完的丧礼在二十七日内完成。这实际上无法实现，国中一般都不照此行事。当时能做到三年之丧的很少，能做到的皇族往往会受到皇帝的夸奖。此做法往往以礼节的形式在学者间流传，但并未成为制度。后世中国出现丧服之制，违反者将受制裁。而汉代并没有三年之丧的制度。作为风俗，也没有被普遍遵行，只不过是学者的理想。仪礼这类严格的东西，本就不过是儒家等的一种规则。汉武帝利用儒学完成思想统一的同时，也希望把儒家的理想变成一般的风俗，当时正是这种转变的过渡期。而实际的制度在后来才形成。即使有人被称严守服丧之制，但实际生活中往往并非如此。到东汉时期，据说有人服丧二十年，服丧期间生了五个孩子。总的来说，民间文化在慢慢向儒家的方向发展的风气是存在的。王莽企图一蹴而就，结果失败。如果因势利导，是有可能取得成功的。光武帝与王莽做了同样的事，只因为他是汉室的后裔，所以取得了成功。

西汉的官制

汉代的官制，西汉与东汉多少有些不同。西汉大体上沿袭了秦的官制。王莽采用了《周礼》的制度，东汉时王莽的制度大部分被采用。即东汉时期，王莽与西汉的制度并用。西汉时期，中央政府中最主要的官职是丞相、太尉、御史大夫。丞相是文官中的最高职，太尉是武官中的最高职，御史大夫是丞相的副手，御史中丞监察文武官员。此外，霍光辅政后出现了大司马、大将军这类重要官职。后来外戚专权时，往往不担任丞相，而担任这类官职。王莽时，改丞相为大司徒，改御史大夫为大司空。秦汉以后的专制时代中，实际上天子理政时必要的官是作为监察官的御史。后来的地方官中也开始把地方官与监察官分开。

汉代的官制中逐渐增加了一些自然需要的官，但并未考虑到像《周礼》那样划分六部以统率各种官吏。只是按需求次第增加，其统属关系并不明确。这种统属机关是王莽改制时建立的理想制度的优势。从那以后，逐步确立根据官的大小相互统属的制度。在西汉时期，起主要作用的官吏因时而异。武帝重视财政，所以这方面的官吏被重用。宣帝以后重视地方民政，地方长官又备受重视。另外，武帝以前，丞相一般出自功臣或其后裔、皇帝的外戚等。武帝时喜好学问，贫困书生也能受拔擢而为丞相。由于是武帝根据自己的特别赏识而提拔，因此没有确定的采用标准。宣帝以后又变了，不少有政绩的地方官被提拔为丞相，且在后来逐步形成制度上的秩序。

汉代官制的显著优势之一是对地方官的重视。宣帝曾说："朕与良吏二千石共治天下。"一般认为这是地方制度完善的结果。由于当时处在制度发展的阶段，所以地方的制度自然而然地与时势相契合。其中，乡官制度是后世眼中最好的制度。在地方官中郡有太守，诸侯国有相（西汉中期以后，诸侯实际上不参与政治，实际上政务执掌者是相）。其下设县，大县有"令"，小县有"长"，再往下各郡国有丞、都尉；县也有丞、尉，这些官都是由天子直接任命。与后世相比，郡太守的属官即掾属，由太守自己任命，而不由朝廷任命。虽称为郡县制，但封建制的残余仍很多。如长官与属官的关系，二者仍以君臣相称（《廿二史札记》）。此外，有乡官，作为自治团体的官吏。县下有乡、亭、里（大体十里为一亭、十亭为一乡）。乡有乡官，三老、啬夫、游徼为其中的主要官吏。三老管教化，啬夫负责诉讼与税收，游徼查禁盗贼。当然乡官是由上面任命的，但选用的都是当地有人望的人。对这个职务是很看重的。县的令、长拥有一样的权力，名义上称为"相教"，实际可以相互命令。上述皆为地方官的职务，他们可以直接上书天子。卫太子叛乱时，壶关三老曾上书为卫太子辩护，就是一个有名的例子。另外，地方官的属吏上，汉时任用本地人为当地的地方官，以便办理民政。此制度经六朝到隋朝时被废除，这是对中国民政的破坏。其后，本省的人不再能在本省为官，开始实行回避制度。因为人性的移易，而实行回避本省的办法。中国不适用自治制已经有很长一段历史了。汉时情况还比较好，但后世并不能即刻复兴。此事在中国政治史上议论纷纷，后来有人认为地方上的事应该完全委托给地方官，应恢复封建制，等等。但事实上复古是行不通的，因为汉代在政治演变的阶段中处于最适合这种地方官制的阶段。

汉时中央与地方的关系也处理得很好。这是因为实行部刺史制度。汉时分全部领土为十三部，大体相当于以前的九州。九州并不是实际实行的制度，仅仅是学问上的理想而已。也有说法认为九州是十二州，再加上一州就变成十三部。这是将战国以来地理上的理想区划化为现实。在十三部中，分别设置刺史，这是由中央派遣的监察官，根据六条监察科目，流动监察地方。这一制度非常有趣，郡的太守为禄二千石（相当于米一百二十斛）的官，部刺史为六百石的官。六百石相当于县的令或长的中间值（令、长的禄为千石至三百石）。刺史地位低，禄也更低，却可以监督二千石的地方官，这是因为它由中央直接委派。据说这一制度在武帝开创时就已全面执行。地方监察官若有政绩，可提拔为太守。在专制政治时代，刺史是对地方官非常必要的监察者。但到成帝时，有人对此制度产生了不同意见，认为让卑官监督尊官是不合理的。于是在十二州重新设置十二州牧，给予二千石俸禄。但这一做法背离了原来的主旨。原来刺史是中央政府派出的官吏，而他成为州牧后，既是郡太守以上的统辖官，又是地方官。设置这样大的地方官并非初衷。其结果是招致地方官专横，对这一改制的非议也产生了。大体来看，在大小官统属的问题上，汉朝官制是自然发展而来的。乡官、刺史等地方制度的完善，也是自然发展的结果。从成帝以后，到王莽时逐渐混乱。王莽时代开始试图把理想的制度行之实际，这有可取之处，但失败了，直到后世才被执行。

　　中国实际的制度，从汉代才开始实行，其后经历种种沿革。如地方制度，人们都以汉朝的地方制度为最善。此后经历种种变革，终于发现一个原则，即"自古及今，小官多者其世盛，大官多者其世衰"（《日知录》）。这项原则也适用于中国以外的地方。按汉末王莽时的制度，郡国合计一百零三个，县与邑共有一千三百一十四个。还有许多诸侯小邦。这是全国的行政区划。县以户数一万为基准，分为一万户以上的与一万户以下的。其幅员按中国的里数来说，以方百里为大体标准，大致相当于日本的一个大郡。一般来说人口多的地方则幅员小，人口少的地方则幅员大。中国的地方制度不是将自古以来诸侯的小领地直接变为行政区划。秦汉之际主要按照上述标准人为划分。此时户数一千二百余万，人口六千九百余万。此时关于户数及人口的计算不会有太大的偏差。西汉时确定了这一数字后，便成为后世的标准。后世只要国力强盛，人口总是大致保持这一数字，并不会增加多少。这与其他国家相比显得有些奇特，但这是由中国的经济状况决定的。即东至朝鲜、北西至流沙、南至安南、东至海边的这一疆域，使用祖先制定的耕作方法，决定了其发展程度。此外的地方，由于自然地理条件的限制，且不能实行中国内地的政治模式，因此在最鼎盛时期最多达到西汉的程度，超过这个限度就开始倒退。由此一来，人口和户数就自然得到了调节。西汉末年，中国政治、经济的自然发展几乎达到了顶点，可以说事情大致都已成为定式。其后的政治，仅会不够全面，有一些缺陷而已。这就是汉初与汉末社会产生不同状况的根本原因。司马迁所见的社会是快速发展的文景之世，是武帝千方百计榨取自然积蓄的财富的时代。而班固时社会状态则有很大的差异。这便导致两人对中国社会持不同的观点。如对货殖、游侠的态度，受到货殖、游侠的表现情况差异的影响。货殖、游侠在汉初很多，武帝时加以取缔，在后世便消亡。到了汉末，富人写入货殖传者极少。大富一旦超越法律许可范围，便会招致失败，因此也走向灭亡。因为汉中期以后确立制度，整顿秩序，不能违背法律，所以富者与游侠都难以存世。王莽时虽有若干游侠，但远不及汉初。游侠消失，取而代之在王莽时流贼兴起。虽称流贼，但与后世到处骚扰的流贼不同，他们在各地割据。流贼或许近于游侠，但并不相同。游侠可能作为地方警察的替代而维持治安，但流贼对他人的安全毫不考虑。整顿法律的结果是男性不能再四处游荡，而秩序混乱的时候，只以私利为计的盗贼就容易出现了。

西汉的学术

如前所述，在学问上，汉朝博士之学各以一家之家法的形式相传，经书也是用家法来研究。武帝之后此家法之学虽长期流行，但到西汉末年时其内容已发生了一些变化。这是此时世间出现的书籍渐渐增加的结果。书籍一旦出现，都会被送到政府。到成帝时，汇聚到皇帝那里的书籍已非常多，刘向的校书事业便由此展开。今日《汉书·艺文志》中所见的书籍，大体就是这些。此时，除了博士家的书籍，保存在中秘的书籍也逐渐增多。学问自此分为今文之学与古文之学两派。今文之学是刘向校书以前的博士家传之学，它把所有书籍的文字改为当时通行的文字。而中秘收集的大部分是古文书，以当时不通行的古文写成。古文书籍出现后，学问就进入从实用向真正的学问转变的阶段。如今中国认为今文之学是古代传承下来的东西，因此极为尊崇今文之学，其实仍是最初汉人看待经书的方式。而当时学问得以成为真正的学问，是因为古文的出现。当时以刘向、刘歆为首的学者调查了这些书，但由于兵书、方术等属于专门的学问，所以皆由精通此道的人担任调查任务。这就打开了中国的治学之路。以前中国人一般只考虑学问在政治上、社会上有何作用。只有很少人对深层次的学问进行研究，一般人需要的是其他方面的知识。为了满足这种需要，谶纬之学兴起。武帝开始举行封禅，于是宗教的办法被用来执行古代祭祀之礼。在此以前，礼具有宗教萌芽的性质，是祭祀天和祖先的原始的东西。武帝的做法传到民间，结果产生了谶纬。谶是预言，纬是将经书以外的当时的科学知识与宗教糅合而形成的，其作者不明。到刘向校书时，朝廷的书库中并未收集这类书。当然也不是完全没有，只是皇室对之并不像对古代传下来的书那样重视，朝廷书库并没有专门收集这一类著作。王莽时大体是学问演变的阶段，他巧妙地利用今文，在实际制度上又取古文的知识。他将利用谶纬作为策略，最终成为皇帝。这可能是刘歆等博学之人劝导王莽利用谶纬的结果。王莽迂愚，但在学问上不乏知识。他只是加以利用，自己却不信谶纬，这对后世产生了影响。光武帝虽然有点学识，但对王莽所利用的谶纬深信不疑，以至于整个东汉时代都十分盛行谶纬，信者众多。西汉末年，刘向、王莽之间，是学问的转变期。当时许多东西受到利用，却不被信仰，而在后来信仰它的人变多。谶纬之书、古文经书就是这样的。总之，王莽时代是在政治上实际应用经学的特殊时期。此前的武帝时代虽然盛行儒学，但只是从文学角度考虑，喜好文章，而没有把经书应用于政治。经学用于政治是从汉末至王莽这一时期开始的。到东汉，又出现各种变化。在这个意义上，西汉末王莽时代，从国势上看是重要的时期，从内部文化上看，也可以说相当重要。

第十一章
东汉时代

光武帝及其政治

王莽在位仅十五年便因叛乱而败亡。此时各地盗贼蜂起，但汉的德泽似乎仍残存于百姓中，因此取汉姓名的盗贼众多。其中有假冒者，也有真正的汉室后裔。其结果是，汉的后裔，东汉光武帝，再一次统一全国。在此之前，已有更始帝（刘玄）被立为汉天子，又有刘盆子被赤眉军拥立。二人虽被称为"盗贼"，但也是被一种势力拥立的，因缺乏统御的力量而失败。此二人得到拥立之前，王莽政权已被乱民所灭，由于这二人未平天下，更始的部下，光武兄弟刘縯、刘秀崛起。其中，兄长刘縯，开始投身判乱势力时颇有人望，像汉高祖那样有游侠风气。弟弟刘秀为人谨直，刘縯常自比为汉高祖兄弟而耻笑其弟。然而刘縯因锋芒毕露而失败，光武获得成功。与汉高祖不同，光武帝刘秀是治学之人，通晓《尚书》等。但他也不是志向特别远大的人，如果生于太平盛世，大概会甘于做普通的事，作为一名廉吏结束一生。刘秀曾说："仕宦当作执金吾，娶妻当得阴丽华。"他本想成为一个皇宫警卫，手执棍棒威严肃立。总之，与汉高祖相比他更有修养，但没有作为英雄的修养。起初他不过一介良民，经过一番磨砺，因环境造就而成为英雄。

在起兵之初，他的兄长富于豪杰气概，人们都因无法预测其行动而自危。同时期发兵的光武的跟从者却都感到安心。这自然成为一个造就英雄的环境。起兵之时，他作为汉室后裔，深孚众望。与王莽的军队接战，己方作为乌合之众，一旦战败有溃亡之虞，但由于拼死奋战，大胜王莽军队，因此大获人心。汉高祖自己常常打败仗，但是擅长用人。光武帝则既会用人，又能打胜仗。这是因为有年轻时的修养。高祖用人，即使性格无赖的人也可凭技能而受任用。光武帝则多用与自己同样有修养的读书人。高祖自起兵入关中起就作统一天下的考虑。光武帝则逐步扩张领土，顺势而为，最后应运统一天下。高祖是出了名的不讲规矩，辱骂儒生，不讲礼仪，叔孙通定礼法之后，才知道自己地位的尊贵。而光武帝一开始便有修养，这也与他之前的更始帝、刘盆子等农家子相反。当他进入洛阳时，由于随他进城的属吏都行仪严整，百姓们几乎喜极而泣，说道："不图今日复见汉官威仪。"高祖完全是创业型君主，而光武帝则是创业、守成兼有几分的君主。二人在平定动乱后制定制度的方法上差异最大。高祖靠多杀功臣平定天下，当然，这与功臣的为人有关。高祖的功臣多是自六国时期以来已充分施展了其才力、带有几分无赖作风的人。而光武帝的功臣多为有学问的谨直之人。不将政权交给功臣，同时尽力保全他们，这也是光武经过细致考虑而采取的方针。在功臣中，有"中兴二十八将"。二十八这个数字，根据当时的迷信思想，正与天上的二十八星宿相应。光武帝把这些人封于各地，给予厚禄，不令其参与政治，而政治完全交给负责执行实际事务的人。尽管设有"三公"，但西汉的丞相、太尉、御史大夫等是不理政事的。而光武帝设置的"三公"参谋政事，但天子掌握实权，可以说统筹了三公权力。开国英雄等人则多难以忍受，被封诸侯、做三公仅有一部分人，大部分人选择避嫌。不参与政治，危险就少，也不会有企图谋反的嫌疑。把功臣与政治分离，在当时可以说是一个较好的制度。《后汉书》关于二十八将的评论十分有名，对后世深有影响，连日本也有引用。如《神皇正统记》谈及建武中兴的失败时，就引以为例，赞赏光武帝的做法。

后来五胡十六国之时，石勒曾将汉高祖与光武帝进行比较。他说如果遇到汉高祖就要做他的臣子，如果遇到光武帝就要与之较量，这是由石勒自身的情况所决定的。石勒有无赖的游侠气概，因此有轻蔑为人谨直的光武帝的倾向。而高祖与光武帝的差别也有时代的原因。光武帝是汉朝经过两百余年的太平，学问趋于昌盛，在一定程度上进入文化时代后才出现的英雄。他没有像王莽那样过度利用文化，他恰恰是当时具有普通程度知识的人物之一，因而他与高祖不同。在利用当时文化这一点上，王莽通晓一些深刻的知识，又有学者向他提供知识，他将当时流行的谶语利用得恰到好处，却见不到有迹象证明他自身相信这些。而我们可以时常看到证据表明，对于谶纬，光武帝虽然并不完全相信，但大体上是信的。也就是说，王莽掌握当时最高的学问，借伪造谶语一时取得天下。但由于有过分迷信这些谶纬的人，反而利用伪造的谶的结果，把天下一同夺走。按照汉代五行学说，汉天子居火德，这在王莽时期已明确告知天下。王莽以自己为土德，将汉定为火德。光武帝全盘接受其理论，以为刘氏居火德，此后汉又继续统治了一百多年。掌握着当时最高知识的人企图蒙骗世人，最终反被受骗的正直者夺走天下。在中国这类事情时有发生。

外戚、宦官之祸

光武帝至明帝两代，政治上非常安定。明帝也是个明察之君。鉴于西汉的衰亡，光武帝和明帝都十分提防外戚篡夺。因此对光武帝的阴皇后家、明帝的马皇后家，都没有给予权力。而皇后自身也不给自己的同族谋求权力。王夫之认为，马皇后实际上想给自己的族人谋求权力，但表面上予以压抑，这样的说法未免失之严苛。东汉以后，令人困扰的是天子短命的问题。光武帝享年六十二岁，明帝四十八岁，算是长命的天子。此后的君主，普遍在二三十岁就过世，即使天下太平也常有此事。日本的藤原时代便是如此。这成为权力下移的症结。造成这一现象的原因不明，多半是因为将天子的养育委托给妇人，天子长大后居处周围也尽是妇女。

因此，第三代的章帝以后，汉的政权重归外戚手中。其中势力较大的是窦氏、梁氏。外戚跋扈，挟持年幼天子和其母后以弄权。天子长大后嫌恶外戚专横，想夺得权力。为此天子只能从被外戚包围的人中，寻找可以相谈的助力，这样的人往往是最亲近皇帝的宦官。最初从窦氏手中夺取政权时，天子合作的对象是宦官中较好的郑众，因此没有遗留后患。宦官可获封高爵，并且封侯，就是始于此时。梁氏时，皇帝年轻，因为正统绝嗣，旁系入嗣承继大统，以致拥立者专权。梁氏极其跋扈，此时与皇帝合谋夺权的也是宦官，即五名中常侍。后来灭梁氏，五人皆被封侯。由此一来，中常侍的人数增加，从桓帝到灵帝期间，被称为十常侍时代。这是政权全归宦官的时代。当然这时的宦官并不像《廿二史札记》所说的那样都是坏人。从郑众起，也有一些好人，甚至有对中国文化功绩卓越的蔡伦。蔡伦是今天制纸的鼻祖，"纸"本指帛，蔡伦造纸后，才指今天的纸。宦官中也有人对中国文化做出贡献，这是很有趣的一件事。秦始皇时，赵高编写字典，就是另一个例子。

一般认为宦官兴盛会产生极大的危害，其主要原因是宦官封侯，官位显要。封侯的宦官，会因一代而亡而惋惜，若欲立后嗣，就需要讨他人之子为后继者。其中更奇怪的是蓄女的行为。这是宦官令人费解的行为之一。宦官假有子嗣、聚敛财富的手段也极其恶劣。此时有臭名昭著的宦官侯览等，强夺他人宅地三百八十余处，自建邸宅十六处，活着的时候就开始为自己造墓，高度、宽度均达百尺。后来的宦官更是如此。当东汉末年发生动乱、皇帝宫殿被烧时，宦官邸宅常充作皇帝行所，宦官预先建好的墓，被充作遭废立的天子的墓，可见其僭越的程度。宦官的兄弟等皆为高官、地方官，在地方横征暴敛，把强夺人民的财产视为平常事，这些就是东汉末年社会动乱的根本原因。外戚也非常专横，他们往往是以一人一家为单位，如梁冀等人被抄家时，据说发现他积攒了几亿金，而这还只是一个家族而已。宦官人数众多，其子弟亲属也无恶不作。而灭掉一家外戚，便使一处的毒害波及全国。东汉的政治，大体上只有初期值得称道，中期开始有腐败之弊，宦官的跋扈，更加速了腐败扩散。当时政治就这样被外戚、宦官轮番把持。即使中央也没有机关能抑制其专横。光武中兴以后，即使宰相也得不到权力，加上皇帝总揽大权，如遇光武帝、章帝这样的明君先后在位，自然安然无事，若皇帝幼小而昏愚，政权自然转移到君侧之人手中，外部的力量无法抑制。

名节与"党锢"

汉时官吏出身大体上分荐举与征辟两种，且都以人望为依据。前者是由民间特别举荐有学问德行者或有名望的官吏；后者是由皇帝或地方官直接征召并登用。由于宦官专权，当时登用的人多与宦官往来密切，人为制造人望的现象也就开始了。西汉宣帝时所谓"良吏二千石"，此时也与中央政府中极其横暴者沆瀣一气。但此时社会上存在着足以抵抗这些加速东汉灭亡的人的力量，即当时的名士。于是其后党狱和党禁事件大兴。本来桓帝即位之初，急于任用其师周福。但在周福的乡里有比他更有人望的人存在，于是两家势同水火，门下互相诽谤，引发党论。这也是因为东汉普及教育，民间文化进步的结果。另外则是因为国民富裕，结果接受教育的人众多，求学于大学者增多。

东汉一代尊崇名节。西汉末年有学问者向王莽献媚，加入其麾下的很多，东汉时则多有不愿俯身折节者。这是因为自光武帝开始就奖励尊重名节的风气。光武帝想任用卑微时的友人严子陵，严子陵拒绝，皇帝待之如故，同床就寝时，他甚至以足抵皇帝之腹。光武帝曾问他自己比过去如何，答曰：稍胜以前。皇帝既宽容，又不惜奖励名节之士，恐怕也是原因之一。明帝以后没有谁再这样做。《廿二史札记》中注意到，东汉重名节其实是游侠刺客之风的残余导致的。尊重名节的原因显然不只如此，但这也是其中之一。汉初的游侠，对男性来说是一种磨砺，西汉末游侠消失，盗贼兴起。只是游侠的风气并未完全消失。最近有人认为游侠之风源自墨子的思想。实际上，战国以后普通百姓多有此风。武帝以后，学问统一，学问仅限于儒学。游侠的风气并不是消失无余，而是汇入到儒学之中。一些非常极端的事也因此而生。东汉的人为博得名誉，为人之所难，由此演变成一种风气。这样的事例《廿二史札记》中列举了许多。当时上司与属官之间如同君臣，下属为上司披肝沥胆，为救上司之祸毫不顾惜其身，为上司治丧的礼仪与对父母相同。当时习惯用礼的理论来解释这些不合理的事情。此时还流行把自己的爵位让给兄弟。这或许是受《论语》中伯夷、叔齐的影响。也有在无人可让时才自己接受的事例。总之，当时盛行这类讲求名誉的风气。为别人报仇也很流行，这与游侠刺客的风格完全一致。针对这些事，《廿二史札记》评论说，因为朋友之私而舍弃从父母那里得到的身体，是错误的。总之，当时人们已是在不合常理地博取名誉。这也是学问普及，效仿古人的结果。随着学问的普及，那些与游侠作风相近的东西也广为传播，这不仅仅是光武帝政策的结果，而是这种风气蔓延的结果。随着学问的普及，民间也开始重视礼仪。儒学的礼仪也不再局限于学问上，而被运用到实际生活当中。并非富人的普通百姓也有做学问的余地，又出现了重视名节的富豪。王莽的政策并不彻底，自西汉以来豪族势力逐渐扩张的趋势没有得到抑制。到东汉时，这种趋势更加明显，这些人对其家族感到自豪，又讲究礼仪。此时宦官专权，地方荒废，虽有附势者，但反抗气氛也强盛。当时重名节者争相反抗，各种议论喧声震耳。东汉宦官为害之大超过了任何时代，而东汉士人对宦官的抵制也是其他时代所无的。这也是学问普及，一般人磨砺名节的风气的结果。

作为其结果，党狱、党禁之事兴起。这是宦官对抗名节之士的策略。先冠以党派之名加以禁锢，后来再将其杀害。汉末名士以能入党禁而显扬其名。其中最有名的是李膺、范滂。李膺遭党禁时，有人希望自己的儿子能入李膺门下，未能入其党者甚至因不平而罢官归乡。当时很多人都希望成为党人而扬名。张俭为逃避禁锢而流亡，有人不顾自家破灭也要藏匿张俭。简而言之，围绕中央的专权者与民间知识阶层的对抗引起了汉末的动乱。动乱兴起后，宦官被名士所杀。正如取出蚀木之虫也会使树木枯萎一样，去除了围绕在皇帝周围的宦官也导致了汉室灭亡。这些名士中也有一些明哲保身的人物，回避过分激烈的事，稳妥地保全其身，务求免祸。但这样的人仅是一小部分，大部分人舍身以求名，都卷入争乱的旋涡。《廿二史札记》说，过去认为衰世重名节。如果气节随时代而丧失，其世更衰。东汉时还有抵抗作恶者的力量。这是武帝以来独尊儒术的结果。当然其初衷并非如此，而是考虑到有学识者在民间游荡是很危险的事，因而采取让他做官的方针。对此，司马迁等人评论说，奖励学问反而导致坚守节义的学者消失。这是因为在当时治学的人少，仅限于某些优秀的人物，这导致其不能守节。其结果是学者是为当官而做学问，致力于谄媚中央掌权者。至东汉时，做学问的人数增加，原来所具有的各学问的系统和气氛，都汇入儒学当中，游侠的风气亦归入儒学，于是尊重名誉的风气盛行，导致了士人与宦官的冲突，这是骚乱的原因。但这种骚乱绝不是坏的，中央有恶人，却无力抑制，因此借舆论来抑制。这是中国自上古以来形成的文化之力普及到普通人中间的时代。

之后各种变化兴起，其结果是周末以来的文化成果普及至全体百姓中。当然其中并不是没有反动的思想。近年有人引东汉仲长统的诗句"寄愁天上，埋忧地下，叛散五经，灭裂风雅"为例，认为魏晋六朝流行的清谈等打破名教的思想在东汉末就已经出现了。但这只是少数人，不能代表一般的风气。明哲保身也并非一般风气。行难行之事，好名节，才是当时的一般风气。这不同于奖励儒学的初衷，但这里完全体现出儒学教育的真正结果。由文化观之，中国自上古发展而来的文化自此可谓告一段落，中国上古史也在此收束。

东汉时代的对外关系

东汉时的要事是对外关系。东汉没有西汉武帝那样高瞻远瞩的君王。但是，西汉以来的威力继续发挥着作用。王莽固然以浮夸妄想招致败亡，但其国家威势依旧留有影响。光武帝时采取不与外国发生关系的方针，而南北匈奴之争使匈奴不得不与汉发生关系。有名的窦宪征伐匈奴，勒石燕然，班固为之作铭，深入边塞三千余里。自此匈奴式微，北方太平。东汉中期西域也发生了种种事件。班超作为西域长史，因仰慕西汉末年傅介子轻车简从，出使西域诸国，使其归附的故事，于是率少数随从，进入西域，平定诸国。此事仍是仰仗武帝以来的汉之威势。班超之时，甘英西行，自安息至条支，抵达海滨。此海大概是地中海，也有人认为是波斯湾，乃至黎轩（白鸟库吉博士认为是亚历山大港）。汉武帝时其影响范围止于中亚，而无疑东汉甘英更向西行进，抵达海滨。之后中国与西方进行文化交通的道路得到了开发。从此中国艺术也得以吸收西域元素。今日的存世器物中，也有不少在模样和制作上带有西域风，而并未局限于三代以来中国的传统风格。班超年迈，故其子班勇进驻西域。直到中期为止，我们所知的东汉与西域关系，大体如上所述，其后则不太明了。近年发现的龟兹将军刘平国的摩崖碑，时代在班勇以后。因此，班勇以后西域仍有通晓汉文的人。但西域与汉的从属关系尚且不明。

这一时代最著名的事件，是明帝时佛教的传入。有人认为佛教此前即已传入，这是不准确的。光武帝末年至明帝初年，汉与四方诸国一度断绝的交通往来才重新恢复。光武帝末年，日本岛的倭奴曾与汉往来。博多志贺岛出土的倭奴国王印就是那时的东西。王莽之时一度断绝的对外关系得到恢复，而佛教传入也应该是在这一时期。当时，明帝的兄弟楚王英很快便信奉佛教。此后慢慢传播开来，但人们只是将佛教当作夷狄之咒术，不知佛教的真义。东汉张衡《二京赋》中已出现了"桑门"一词，恐怕是指东汉中期在京城活动的僧人，他们依据传自外国的法术，过着一种异样的生活。若说此时已开始翻译佛经，此言不确。有人说此时已翻译了《四十二章经》，但现在存世的《四十二章经》并没有当时翻译的。翻译佛经是东汉末以后出现的，这是由社会形势决定的。印度之所以盛行佛教，是因为当时有很多诸侯贵族对它进行保护。耶稣教新教也是受到诸侯大力支持才兴起的，即便有平民基础，也需要借助贵族的力量才能流行。这一现象是对传统的统一教权的反动，是由新兴阶级推动的。东汉中叶时，中国仍未进入贵族时代，此时民间经学普及，而佛教这样面向贵族的宗教，不迎合时代，所以并未迅速传播。但从汉末到魏晋六朝时代，随着地方名族兴起，佛教逐渐兴盛。五胡十六国这样分裂为许多小国的时代，也使佛教的传播变得容易。

当时对外关系的情况大致如此。东汉对外国不像西汉那样注重政治上的统御力，而是用文化自然地影响周边。文化的传播刺激了各种族的自觉，使各种族开始思考自己的起源。在普及汉字、传播文化上，东汉的成就远胜西汉。东汉时代马援征伐安南后，中国文化在很大程度上影响了安南地区，汉末时，安南甚至有能用汉文著述的学者。西汉在政治上的权力普及周边，而东汉是文化普及四方的时代。文化的普及刺激了各种族的自觉。这是中国自上古以来的文化从中央向四方的扩展告一段落的时代。

附　记

　　此处出版的《中国上古史》，是先父在京都大学讲授的"东洋史概说"课程的一部分。先父曾在大学多次讲述中国上古史，现在付梓的是大正十年（1921年）以后、大致是最后一次的授课内容。

　　《中国上古史》与预定另外刊行的《中国史学史》，先父生前都有出版的意愿，虽然有所准备，但最终没有结果。先父在讲课的时候，只准备了记有讲义大纲的卡片，没有预先写作原稿，因此后来准备著作成书时，开始征集几位听讲者的笔记，略加补充订正。大正十二年，我在做完胆囊手术后到有马温泉调养避暑，在两三个月里每天对本书做一点补订的工作。但这件先父生前具体要做的事情，结局也就是这样了。亨利·马伯乐教授 ① 的《中国古代史》出版时，打算参考本书等著作，命我加以翻译。当译完一部分后，我从中得到了启示，虽然也说过要补写一些东西，但也都不了了之。昭和九年（1934年）在病床边侍奉先父的最后时刻，我问他《中国上古史》与《中国史学史》的出版意向，他说："出版时当然需要本人改订，但如果实在不行，按照原稿也可以。"事实上，根据当时的病情，由先父改订几乎是不可能的。因此，最后只有在上述听讲者的笔记上用朱笔所作的修改，以及授课时的讲义大纲等。那些笔记后面只有极少的字迹。

　　此书不得不作为先父的遗著出版，即便如此，笔记的文体因听讲者而各有不同，且文字没有全部订正的地方仍有很多，另外还有因文章过于简略导致读者难以理解的地方。对这些地方加以程度不同的补充修订是必要的。关

---

　　① 马伯乐（Henri Maspéro，1883—1945），法国著名汉学家。——编者

于这件事，我求助了与先父同时在京都大学，听过中国上古史课程，且是我的恩师的小岛祐马博士。小岛博士慨然接受了这份麻烦的工作，这样本书有了最专业的校订者，后来我又向百忙之中的他提出了种种不情之请。经过小岛博士去年的校订工作，本书终于迎来了出版。文字的统一、段落的分割、内容的校正这类枝节的工作本来应该由我负责，但由于弘文堂督促甚急，未能假以时日，因此很不完善，这是本书的遗憾。

必须注意的是，先父的讲义原来不分章节，导致阅读困难，检索不便。后来虽然参照讲义的大纲试着增加章节标题，但也有不恰当的地方。此外，先父的修改往往记在本文以外的一栏，在后文又为应该补充说明的事项添加备忘录。但本书为了方便起见，已经将之放在正文中，或是采用注解的形式。尤其是注解部分，对听讲者以注解的形式做的笔记并不一定保持原样，不一一加以区别。

先父临终时，在枕边的包袱里存放着用钢笔疾书的三首诗。其中一首写道："声名百代梦中虚，富贵浮云久忽诸。只有寸心灰不尽，筐中一卷未成书。"如今此书问世，回忆起这些事情来感慨万千。同时，此书的出版受到小岛博士的极大帮助，在此必须深深表示感谢。

昭和十九年二月十九日内藤乾吉识。

第二编
中国中古的文化

ZHONGGUO ZHONGGU
DE WENHUA

第一章
汉武帝财政政策的影响

时代划分

兹所谓中古，大体指东汉末期至唐朝末年。这一阶段，从古代延续而来的中国文化在达到成熟后，逐步因自身文化中的毒素产生的一种分解作用而趋于瓦解，其彻底瓦解大体是在东晋时期。而后，因为本国新生的文化和从外国传入的文化，一种新文化出现了。在这一新文化渐趋成熟后又再次在南北朝时期与唐代末年之间分解和崩坏。由是观之，中国中古时期大致可划分为两个时期。这次授课就将从第一时期讲起。不过，为阐明自上古延续而来的文化是如何形成的，现有必要先对两汉时期的整体概况做一阐释说明。

汉武帝的国政改革

西汉时代，社会状态的显著变化，是在汉武帝以后发生的。在武帝之前，所有的社会状态是自然地萌生、发展而来的，为政者有目的地加以人为改变的情况几乎不存在。过去，在战国等时代，在各自分立的国家，虽然考虑过进行人为的改变，但中国作为一个整体几乎没有这种事。即使是秦始皇统一中国，也只是考虑天子统治如此大国的手段。考虑这一点是在汉武帝时代。这既因为武帝雄才大略，又因为当时人才辈出，政治、经济上都由于各色天才人物而提出了新方法。且由于汉武帝治世时间较长，政策得以延续，最终结出丰硕的成果。

汉武帝的财政政策

武帝一代尤其在应对外敌的政策上做了很多考虑，为了寻找每年军费的财源而煞费苦心。《汉书·食货志》载，"国用饶给，民不益赋"。此"国用"，指的是国家的岁出岁入，有别于人民的财富。《汉书》关于武帝穷兵黩武、奢侈无度、国中空虚的记述比比皆是，户数人口因此一度剧烈减少。但国家毕竟没有向人民增税，事实上，国家是通过调整国中物产和租税融通的方式来增加政府的岁入的。均输、平准的政策使货物流通加快，因此即便中国国土广阔，租税被运费抵消的情况也不会发生。中国国土如此广阔，货物运费当然高昂。武帝征云南，向云南运送大米，每三十石最终只有一石能抵达。均输、平准的方法，则使货物能用最低的运费送到任意地方。这就是《食货志》所谓"国用饶给，民不益赋"的原因。

汉武帝殁后的紧缩财政与财富余裕的产生

但无论如何，武帝一代把前述之流通收益充作国家之费用。武帝死后，霍光摄政。他努力节省军费和其他费用，即罢兵、少兴土木，人民渐渐富裕起来。当然，武帝政策的一部分被废除，如酒的专卖等，但武帝的重要政策并未废除。盐铁专卖此后依然延续，元帝时中止了三年，后来又恢复如初。收入来源如旧，但支出上的节约，使无论政府还是人民生活都有了财富上的余裕。战乱绵延之后的平和时期，经常会出现财富上的绰有余裕。日本在丰成秀吉到德川家三代前后便是这样。战乱时代，常常需要为不知何时爆发的战乱作非常的准备，并非急需的费用都被节约下来，一旦进入平和时期，节约依旧，但支出减少了。

奢侈现象的增加

由于上述种种原因，汉代自霍光执政时期就已有大量财富结余。不过，过剩的财富也成了后来奢靡之风的温床。据《汉书·霍光传》，霍光本人为人谨慎，凡事秉持节俭主义。但其家人却与霍光的节俭之风大相径庭。譬如其子霍禹就挥霍无度，生活异常奢靡。其妻亦好奢侈之风，所乘车座褥垫是刺绣而成，乘舆上更是镶镀黄金，车轮则用皮革柳絮包裹以防颠簸。不仅霍家这样的上流人家铺张浪费，普通百姓的生活也异常铺张，更不用提天子一族的奢侈了。汉成帝宠妃赵飞燕、赵合德姐妹就是穷奢极欲的典例。据《汉书·外戚传》，赵合德所居昭阳舍，中庭施以彤朱，殿上涂以髹漆，而门槛上更是包铜镏金，并以大理石制成台阶。就连墙壁上也都镶嵌黄金图饰，以玉石、珍珠、孔雀翎点缀。《文选》收录的班固《西都赋》也对昭阳舍的美丽大书特书。

宣帝时代工艺的进步

到了汉宣帝时代，所有工艺都有了进步，《汉书·宣帝纪·赞》对之有所记述。汉武帝进行大规模国政改革后，宣帝时代控制所有民政开支，方方面面都在缩紧，恐怕是中国有史以来最为注意民政的时代。同时，精通时政、法理、文学的人才不断涌现，技巧、工匠、器械在汉宣帝时代也取得了较大进步。虽然汉宣帝以后的汉元帝时代大行奢侈之风，但这一时期技巧、工匠、器械却不及汉宣帝时代。最近在平壤出土的各种遗物中，年代最为久远的就是霍光、汉宣帝时期的。宣帝时代的器物很多，在工艺上也达到了顶峰。当然，在此之后也有几次达到了这种程度，但比较起来，宣帝时代的进步深入民间，这是值得注意的。

昭帝时代的奢侈现象

《盐铁论》对当时的奢靡之风有详细记载。它的《散不足》篇列举了大量汉武帝前后诸方面的差异，对比武帝之前和之后的衣食住、器物，特别是食器，马具、车舆等。过去的谷物、野菜、瓜果，不到时令不吃。捕捉鸟兽鱼鳖也有一定的时期。如今饮食变得奢侈，变着花样来吃。吃鹿要吃鹿崽，吃蛋要吃将要孵化成雏的，还吃尚在胎中的羊崽、猪崽等动物。野菜也不按时节食用。在居住方面也与过去不同，富人对住宅加以各种装饰。器物方面，过去有种种规定，逾制者不得出售，如今不是以实用而是以装饰为主。各种器物色彩斑斓，衣服也绣成五颜六色。娱乐也是花样百出，例如教野兽学艺，斗虎、驯马以为杂耍。服饰方面，富人不用说是穿锦着绣，轻罗薄纱，中等人家也穿白绢、薄纱、锦等。老百姓满不在乎地穿得像后妃一样。

除此之外，该文还谈到乘舆、马具等各种物事，其中有的器物与在平壤发掘出的相同，这很有意思，例如银口、金耳等物。这样的东西是富人使用的，而中产之家也用玉器、纻器（在木胎表面裱上麻布后涂漆而制成的漆器）、金错蜀杯（金错，是在物体表面镶金。多出于蜀，平壤也有出土）。即使是当时，这些装饰精美的器物，价格也是普通铜制品的十倍。总之，当时的人喜爱价值高昂的东西。因此《盐铁论》的作者说："箕子之讥，始在天子，今在匹夫。"读《散不足》篇，可以看到汉代中期庶民生活的奢靡。祭祀山川是天子之事，但如今富人、中产之家、贫者都在祭祀时召集艺人游乐。如此这般的奢侈流行之事，该文都有记述。

宣帝时代的奢侈现象

奢侈之风在霍光执政期间，即汉昭帝时代就已存在。到了汉宣帝时代，由于制作工艺上的进步，相关费用变得巨大无比。这一点反映在贡禹的上书中。贡禹也说武帝以前文帝时代左右生活朴素，但近年奢侈之风大行。当时在衣服方面，齐地即山东有三服官，各有工人数千。蜀的广汉地区制作金银器物，一年的费用是五百万，这里的五百万指的是当时的五铢钱。还有三工官，《汉书》的注释中对它有不同说法，或以为是地方的工官，或以为是附属于中央政府的工官，总之三工官每官花费五千万。从当时的物价看，这些费用是极大的。他说东、西织室也是如此。他又去过东宫，见到天子赏赐的杯案，全都用图案金银装饰，不是应该赐给臣下的。若再加上东宫的花费，支出一定十分庞大。另一方面，是非常贫困的人民，二者的贫富差距无以复加。有些诸侯妻妾多达数百人，而有的富豪和官吏豢养歌伎数十人。另外，这一时期已开始流行厚葬，死后尸身覆金。奢侈之风遍及普通人也就是当然的了，就是说，武帝改易财政政策的结果是，数十年间从天子到百姓奢侈之风盛行。这些是经济产出繁多的结果。正如王安石的财政政策施行数十年后，导致了宋徽宗时期的财富剧增。

两汉奢侈的差异

这种奢侈之风一直延续到了东汉时期。其间一度有王莽的骚乱。王莽的朝代持续了约十五年，其中真正的骚乱期约十年。此后，汉朝天子的政策便与之前有了很大不同，开始十分注重紧缩财政开支。但是，一般民众因富裕而奢侈并无太大改变，只是不像西汉时那样过分而已。这些都充分反映在班固的《两都赋》和张衡的《二京赋》中。总之，西汉的奢靡之气相当严重，而东汉的奢侈用学问道德来粉饰，不再像西汉那样毫无理由了。比如，在建都上两汉就有着较大差别。西汉在营建都城长安时，力图繁华壮丽，使它在财富上凌驾于中国各地之上。为实行重本轻末的统治政策，将战国以来的豪族集中到长安附近。建造陵墓时也在附近规划营建城市，安置这些豪强。这样不仅长安城内市街繁华，而且附近居住的豪强也都很富，使之更上一层。这是长安城盛行奢侈之风的原因之一。长安城建在平原上，附近住着富豪，交通便利。洛阳城与之相反，位于山间狭窄的土地上，都市的风气也不同，但东汉时它的工艺也很发达，这是很清楚的。据《后汉书·和熹邓皇后纪》，当时这里制造从前代延续下来的蜀汉地区的釦器；御府尚方，即官立的工艺品制作工场也很兴盛。东汉的皇后等世读诗书，崇尚道德名誉，邓皇后禁止进献奢靡的器物。

东汉奢侈的状况

那么，东汉的奢侈是怎样的呢？正如西汉有《盐铁论》一样，东汉也有王符的《潜夫论·浮侈》篇对当时的情景做了详细记载。王符是东汉中后期的人，他说道："现洛阳的浮末者（因为以农业为本，所以称工商业者为浮末）十倍于农夫，而游手好闲者又十倍于浮末。"这个数字即便不尽准确，也多少展示了几分真相。另外，他还提到这些人或图谋坏事，或热衷赌博。当时洛阳城流行射弹丸（即一种用弓射弹丸的游戏），有许多人便在腰间别上弹弓四处闲逛。此外，还流行做竹簧（竹笛）等。游戏在玩的过程中需要撕掉许多上等的丝绸。特别是当时社会盛行的巫祝等活动也需要撕毁各色各类的丝绸。不仅贵族阶层生活奢侈，就连奴婢、小妾的服装也非常骄奢。王符还说："箕子所唏，今在仆妾。"富人以上竞相奢侈，贫者以不如人为耻，为一餐之食破一生之产。当时的葬俗也很奢侈，过去棺椁用的是本地出产的木材，现在则使用南方出产的橡樟梗楠，这些木材产自长江流域，经过淮海、黄河进入洛水，运输非常麻烦。对这些木材加以雕刻，饰以黄金，做成沉重巨大的棺椁。它们被向东送到乐浪，向西送到敦煌。都城中的贵族、郡县中的豪强，生前极养，死后崇丧。随葬珍宝、土偶、车马之类，构筑大冢，广种松柏，建立祠堂。遇有宠臣、贵戚、州郡的世家下葬，小吏往来奔走馈赠礼物，为做好接待的准备而极尽华美。这些事搅扰他人，因为贫富的悬殊，有些人被任意驱使。由此看来，东汉时民间的奢侈之风与西汉时没有大的差别。

贫富的差距与知识阶层的烦恼

这样的结果是贫富非常不均。仲长统在《昌言》（载于《后汉书·仲长统传》）的《理乱》《损益》篇说明了这种不均带来的弊害。仲长统是东汉末年的人，在曹操强盛时曾做过他的幕僚。他论说当时的弊害，关于富人的奢侈，所言大体与王符相同，其中尤其令人感到痛切的弊害是，知识阶层的人多少要砥砺品行、保有体面，但非常困难。也就是说，尽管他们为官治民需要相当的生活费用，但不节俭会被说成无德，因此不得不过极度节俭的生活，十分困苦。担任公职的人，要被强制遵守道德，过节俭的生活。没有职务的人，则存钱花钱都没有限制，也不受非难。这是东汉时代其他原因造成的，不单是因为贫富悬殊。后来，这一点成为汉代从道德而引起文化崩坏的原因。《昌言》的这些观点，阅读时需要注意。

第二章
汉武帝教育政策的影响

汉武帝的教育政策

在汉武帝的诸多治国政策中，给后世留下深刻影响的，除了财政政策，还有教育政策。就像司马迁等人讥讽的那样，武帝为做学问的人开辟了利禄之路，却也使得这些人失去了节操。总之，过去做学问的人不能以学问为生，汉武帝开辟了雇佣文官的途径。这见于《汉书·儒林传》的序中（大体取自《史记·儒林传》）。据这篇序记载，凡是精通任何一种经书的人可以据此成为官吏。与此同时，做学问的路也打开了。当时，太学中有五经博士。五经之中，每种经书又有好几家流派，都为之设立博士，又据之设博士弟子。太学在汉代是太常之官。当时，太常官除直接选择博士弟子外，也从各郡、国、县选拔人才，这些人拿着官费与去都城交纳政府收入、赋税的官吏同行，来太常研习学问。当时的学问，就是背诵经书，对经书的解释也要背诵。根据背诵的多少，决定他们被任命的官职等级。这些博士弟子，武帝以后不断增多，武帝之后的昭帝时约有百人，宣帝末年人数加倍，之后的元帝时有上千人。到成帝末年，天子以为孔子以一介平民而有弟子三千，那么天子不能少于此数，于是增加到三千。但是不久又恢复如旧。博士弟子中，每年都有甲课、乙课、丙课的差别，根据成绩任命为官。当然，博士弟子在求学期间是免去租税的，这样在西汉末年，出身太学者非常之多。

东汉的教育制度

据《后汉书·儒林传》，上述制度一直延续到了东汉。在东汉时代，还专门为国家功臣的子孙后代以及四姓（指东汉樊、郭、阴、马四大外戚。樊姓为汉光武帝母亲本家；郭、阴两姓为皇后本家；马姓则是汉明帝皇后本家）建立学校，如同今天日本的学习院一样。如此一来，尚武之人亦可有研习学问的机会，就连当时的匈奴也派了留学生。到了东汉中期，游学之风日益盛行，常在京城的游学者就达三万余人。而这也成为了后来汉代太学生骚动的根源。除了太学，在东汉有学者个人办的私塾。有许多人不远万里自带粮食到太学博士所在的地方学习，其门下记录在册者不下万人。因此产生学派之争，导致种种学问上的弊害。但是，从总体上来讲，汉武帝的教育政策带来学问的普及。此外，如果只是想担任低级的吏人，还有其他途径，不必学习经书那样的高深学问，只凭简单的学问就可以成为吏人。这在《说文》的"叙"中有记载。律令是由执掌法律的廷尉之官来执行的，要成为这种官吏，十七岁以上的年轻人可接受考试，如果能阅读九千字以上的文章便可成为"史"，即书记官；其中成绩最为优异者可成为尚书史。这些都是与法律相关的职位，因此，主要要求是能够准确无误地书写文字。为了能准确无误地书写文字，在中国人们被一味地要求写一笔好字。

学问的普及，天子、皇后的学问

制度上既然大体流行这种风气，学问最终得到普及。对比西汉和东汉，二者在各方面都有着很大差异。汉高祖刘邦几乎是个文盲，十分憎恶儒生。而东汉的光武帝刘秀却是中国历代帝王中最有学问才识的人之一，他在年轻时就研习过《尚书》，如果世道太平，本想以学问立身。王夫之（船山）《读通鉴论》卷六称：在研究学问的人当中，学习经学而后成为天子的有三人，即东汉光武帝、蜀汉昭烈帝和梁武帝。这三人在成为天子后所实行的治国政策与那些草莽出身的英雄有很大不同。其中光武帝即便作为经学学者也很优秀。在他之后的明帝也很有学问。赵翼的《廿二史札记》卷四说，汉代天子往往亲自撰写诏书。原本诏书多由尚书郎等撰写，随着天子学问渐精，便开始亲自撰写了。此事始于汉武帝。武帝以文章自夸，像他那样雄才大略的人也有可爱的虚荣心。当时，淮南王刘安擅长作文章。因而，汉武帝每次赐信给刘安时都会先交由司马相如等润色修改。汉哀帝的一些诏书，也是亲自撰写的。这样的例子，在西汉并不多。到了东汉，光武帝、明帝特别是明帝的马皇后等，大都亲自写过敕语。当然，这并不是说西汉的天子没人有学问，只是东汉的帝王大都在学问上有所造诣。另外，东汉与西汉还有一个很大的不同，即东汉女子做学问十分盛行。在东汉，有许多皇后既有学问，又擅写书法。特别是马皇后，亦称明德马皇后，她年轻时期就好读书，不仅通读《春秋》《楚辞》一类书，也博览《周官》和董仲舒的书，俨然是一位出色的学者。她文才很好，为汉明帝写起居注，并将其编纂入自己的著述中。继明德马皇后以后，又有汉章帝的窦皇后、汉和帝的阴皇后以及邓皇后、汉顺帝的梁皇后等，都相当有学问，擅长书法。当时还有一位曹大家，做过宫中皇后和女官的老师，她是班固的妹妹，据说补全了班固《汉书》没写完的地方，并将研究《汉书》的方法教给了后来有名的经学大师马融。她繁荣了宫中的学问。这些都是经学兴盛的结果。

臣下的学问

谈到臣下的学问，在太平盛世，当然常见的是他们如果是做学问出身，就要靠学问立身。但在东汉，从一开始光武帝的臣下中有学问的就有很多。这也与西汉初年不同。赵翼的《廿二史札记》（卷二及卷四）注意到了这一点。西汉的将相多为布衣出身，有像樊哙那样的屠狗户，亦有为丧事奏乐的周勃，而奠都长安的娄敬原本是个拉车的。除此以外，更有像彭越、黥布这样出身盗贼的大臣。再看东汉的功臣，有很多近于儒生的人，比如邓禹、寇恂、冯异、贾复、耿弇、祭遵、李忠、朱佑、郭凉、窦融等人。这些人年轻时期便从事学问，后来成为大将军亦没有停止，谨直的君子很多。这首先是因为光武帝本人就是学者，当时学问广泛普及，在战乱中立功的人也有学问。只有东汉是一群书生不可思议地夺取了天下。

学问的后果和弊害

由此可知学问已经普及，但这个时代，学问的另一面后果是产生了大量的弊害。关于学问的后果，《后汉书·儒林传》的"论"说，因为东汉学问的兴盛，国势却不断衰颓。即使是有权势的大臣，也惧怕学问中教授的名分而不敢干大的坏事。豪杰中起兵的人，也因钦佩书生无足轻重的言论而不做太过凶暴的事。国势衰颓后，天子得以长保其位，帝室没有立即覆亡，这是学问的后果。但是，因为学问商贾化，学者为学问而学问，尽可能地小题大做，把学问作为自己的营生。《汉书·儒林传》的"赞"说，"一经说至百余万言，大师众至千余人，盖禄利之路然也"，即如果做学问，就开启了做官的途径。《汉书·艺文志》中也列举了学问商贾化的事例，即在论说六艺时最后写道，过去做学问的人，只是记诵经书正文，玩味它的意思，但后来经后附传，经传分离，学者各自随意加以解释，不懂多闻阙疑之义，致力于穿凿细微的含义，能牵强附会地回答别人的问难就行。有人解说《尚书·尧典》开头的"曰若稽古"四个字，用了三万字，解释"尧典"这个标题的意思，用了十万字。上面所说的可能是事实。就这样，学问变得尽可能地烦琐，这是学问中毒的一大弊害。

学问范围的扩大，谶纬之学和方术

上面说的是经书方面的学问，经书以外的各种学问也产生了。武帝时代，凭诸子百家的学问是不能做官的，因此这些学问在汉代衰落了，但经书方面，种种牵强附会多少得到许可，各种这样的学问出现了，其中最著名的是谶纬之学。谶是预言。汉代的预言之学很兴盛。纬是和经相对的，在经书的传和注之外，纬不断出现。纬是什么时候开始出现的呢？大约是西汉末年。成帝时刘向调查天子的藏书时，还没看到谶纬之书，所以他编制的图书目录里一本也没有。东汉末年荀悦写的《申鉴》提到，荀悦的叔父荀爽认为纬书是西汉末年、东汉中兴以前出现的，要说它们是孔子的制作，根本就是撒谎。根据东汉张衡的说法，纬书是西汉哀、平之际出现的，这有确实的证据。东汉初年的学者张纯在建武三十年的上奏中，引用了乐纬的文字。另外，王应麟《困学纪闻》卷五对"夏小正"的论说中，举出了纬书是在刘歆以后出现的证据。纬书中往往有一些不像中国思想的东西。现在纬书都残缺不全，只有易纬的一部分是完整的，因此想要调查它们的思想与经书有多少不同是很困难的，但确实有不是源于经书的思想。这大概是因为武帝时开始与西域交通，西域地区的知识传入，因此这些思想被吸收进入对经书的解释之中。

对谶纬大加利用的是王莽，他通过伪造谶纂夺了汉室。不可思议的是，光武帝也利用谶纬为武器推翻了王莽，实现中兴，这是因果报应。光武帝非常相信谶纬，什么事都根据它来决定。学问固然重要，但谶纬作为圣人的制作，被认为与经书具有同样的价值。不管是怎样的学者，如果不喜欢谶纬，就不被信用。当时就有反对谶纬的人，桓谭是其中之一，虽然他所著的《新论》没有流传下来，但他是坚决反对谶纬的，因此不被光武帝所用。郑兴也不信谶纬，当他被光武帝问询的时候，委婉地回答说自己不曾学谶。东汉时期谶纬相当盛行，同时方术也是如此。王符的《潜夫论》有《卜列》《巫列》《相列》《梦列》各篇，对这些盛行的东西加以攻击。东汉末年的大学者郑玄也曾为纬书做注。从某些方面讲，由于过去学问普及，当人们把它当成一种玩具时，就不满足于对经书的一种解释了，根据古怪的知识加以牵强附会。学者的思考范围扩大了，将知识运用到各种不同的事情之中。

佛教的传入

也正是这个时候，佛教传入了中国。关于佛教传入一事，见于《后汉书》中光武帝之子楚王英的传记和《西域传》。《后汉书》大部分是后来刘宋时期编纂的，不知道这部书是根据什么写成。现存的书籍中，在《后汉书》之前记载佛教传入的，是东晋成书的袁宏《后汉纪》。在汉代就记载了这件事的大概是牟子。他们记载是同一件事，即汉明帝梦见金人，召群臣解梦。在佛教传入后，最先信奉的是楚王英。明帝时楚王英因为犯了过错自杀身亡。明帝知道英信奉佛教，在下赐给英的诏敕中，还专门提到楚王崇尚浮屠之仁祠，故归还他献上的缣帛，以助伊蒲塞（优婆塞）桑门之盛馔。似乎佛教已在王族间广泛传播。《牟子》记载，汉明帝在为自己建造的陵墓上画了佛像。虽然《牟子》等书往往有误传，现已无从考证究竟有多少内容可信，但可以肯定的是，当时佛教已相当流行。张衡在《西京赋》中也曾提到"桑门"一词，还将其与"展季"（柳下惠）并列，合称"桑门展季"。由此可见，早期佛教僧人是严守戒律、行仪端美的。总之，在某一方面，与经学相对的纬书出现了，从而满足了当时对知识的欲望；到了东汉，在此基础上又出现了外国学问传入的机遇，佛教逐渐传入。东汉末年经文也渐渐被翻译出来。这些从某些方面说，是武帝繁荣学术，开通与西域地区的交通，开辟新知识传播的道路的结果。

学术兴盛的功罪

上述学术兴盛结果，如果往坏的方向加以利用，就会出现王莽那样夺取天下的人；若是往善的方向加以利用，也有像汉光武帝那样以之为利器安定天下的人。当然，王莽之乱是天下学术过度兴盛引起的中毒，但它也有作用好的地方。因此，很难轻易去说学术与社会治乱究竟有着怎样的关联。皇后中间学问盛行，结果是以学问过分粉饰其行为。《读通鉴论》卷七谈论这种作伪时说，明德马皇后以学问粉饰其行为，虽然想对外戚施以种种恩惠，却装作讨厌施恩的样子，实际上后来的天子都对外戚施恩。但东汉的外戚不能像西汉的外戚那样放纵，关于东汉皇后从事学问的效果，王夫之的观点有点太过严苛。

帝王行为的变化

说起两汉的差异，帝王的行为也显著不同。不仅天子，就连寻常士大夫的行为也有不同，只不过其表现并不如天子那般明显罢了。关于天子的行为，差别相当明显。大抵说来，西汉的天子只要是有学识的，多少都有些随便。像武帝那样的人，对待大臣也很怠慢，会见大臣时常常是箕踞而坐，但对汲黯例外。总之在礼仪上比较粗疏。后来的汉宣帝非常聪明，但年轻时喜欢游侠，会斗鸡、赛马。他深知歹徒藏于民间，也清楚官吏的得失。日本的水户义公就属于这类人。宣帝的皇太子（元帝）好儒教，而宣帝认为仅凭这个是无法搞好政治的。后来，从汉元帝开始，有了天子的风度。他擅长艺能，精通音律和书法，有的甚至能够自行谱曲。此外，他也好儒教经学，处事稳重。不过也有人认为因此导致了外戚专权的局面。接下来是成帝，他的行为有很多矛盾。据《汉书·成帝纪·赞》，班固由于父亲班彪的姑姑班婕好在后宫侍奉天子，十分了解宫中的事，他说汉成帝善加修饰自己的仪容，其举止做派都相当有天子的风范。汉成帝乘车时坐得笔直，不左顾右盼；说话时缓慢有力，也不以手指物；临朝时不说多余的话，尊严若神。并且他也好读书，做事严谨认真。然而，另一方面汉成帝又喜欢做不良少年之事。这在《汉书·谷永传》中有记载。谷永多次上奏向成帝进谏。其中说汉成帝常常不顾万乘至尊的身份，喜欢民间的一些俗事。比如他讨厌天子的尊号，喜欢匹夫卑贱的名字。当时他喜欢微服出行，乐于让别人用张公子、富平侯家人等名字称呼自己。此外，他还时常召集一些行为不轨的少年，同他们一起饮酒作乐，而宫中侍卫总是守着一座空宫。因此，谷永屡次进谏，恐汉成帝这样下去会有不测。然后，汉成帝也十分聪明，他看穿了谷永进谏的目的，那就是外戚王氏家族被封侯者甚多，享尽各种荣华富贵，然而，他们若想争权，就必须常常针砭天子，使其依赖外戚，这样看来，谷永也正是为了讨好外戚才频繁上奏天子的。这样，即使他说的是良善之言，也不会被听取。由此可见，西汉时一方面学术兴盛，表面上天子、宰相没有理由行仪不好，但实际上不是这么回事。这是西汉的贵族风气。但是，到了东汉，情况便截然不同了。汉光武帝没有汉宣帝、汉成帝那样的不良倾向。而汉明帝也因皇后贤明，几乎没有做过有失礼仪的事情。此外，东汉的天子大多短命，他们中活到三十岁的也是少数，还未等到因厌烦繁文缛节而胡作非为的时候便已驾崩。这样，东汉的宫廷自然没有大的动荡，十分平静。王室家族谨慎节制，一般士大夫家族也就不会不这样。

第三章
礼制的完备与礼学的进步

皇后出身的变化

　　如前所述，两汉时期天子的生活有着很大差异。同时，这两个时代立后的情形也有所不同。《廿二史札记》卷三中指出，西汉皇后大多出身卑微。例如汉文帝的母亲薄太后曾是汉高祖的俘虏。汉武帝的母亲王太后起初只是嫁给了一个平平无奇的人，后来她的母亲听占卜的人说王氏日后有富贵之命，就把她要回来送去了汉景帝宫中。王氏生了汉武帝，也就成了皇后。而汉武帝时期的卫皇后，原本是汉武帝姐姐平阳公主家的歌姬。汉武帝去公主家时，见卫子夫唱歌，便将其带回宫中。后来卫子夫生了戾太子，也就成了皇后。之后的汉成帝宠爱的赵氏姐妹，也都是舞女出身。当时把这些人立为皇后，没有任何阻力。但是，到了东汉，皇后们大多是名家之女。汉明帝的马皇后是将军马援之女；汉章帝的窦皇后是功臣窦融的曾孙女；汉和帝的第一位皇后阴皇后是光武帝的阴皇后的哥哥的曾孙女，阴家是所谓四大家族之一，他的另一位皇后邓皇后则是光武的功臣邓禹的孙女。汉安帝的阎皇后也是不错的人家的女儿，祖上曾在宫中担任叫做贵人的女官，为了避嫌，没有封阎家人高官，但阎家门第较高。汉顺帝的梁皇后是大将军梁商之女；汉桓帝的梁皇后是汉顺帝皇后的胞妹。另外，汉桓帝的窦皇后是汉章帝窦皇后的从祖弟之孙女；汉灵帝的宋皇后是汉章帝女官宋贵人的从曾孙女；汉献帝的伏皇后（后被曹操所杀）是大司徒伏湛的第八代孙女，曹皇后是曹操之女。唯有汉灵帝的何皇后出身卑微。何皇后出自屠户之家，但相当富裕，何氏靠着贿赂进宫，后来成了皇后。

纳后的礼仪

如前所述,东汉的皇后皆出身名门,因而在订婚礼仪上也是十分讲究的。在《汉旧仪》《杂事秘辛》等记述汉代礼仪的书中,记录了天子订婚的情形。据载,彩礼一般是黄金两万斤、马十二匹。汉桓帝立梁皇后时用了黄金两万斤,另外还有雁、璧、乘马、束帛等彩礼。不过,《后汉书》记载此事,说这是"悉依孝惠皇帝纳后故事……一如旧典",因此并不是东汉的礼仪。关于汉桓帝立梁皇后,《杂事秘辛》记载了选后的仪式和检查身体的事情。但是,《杂事秘辛》被视作伪书,所载未必可信。不过,彩礼的记载应该是确有其事的。总的来说,西汉时期礼仪粗疏,不够严格。《廿二史札记》卷三指出,汉惠帝的张皇后是惠帝姐姐之女,相当于他的外甥女,汉哀帝的皇后中有一位相当于他的姑姑。即便是天子之女即公主,也不以随便拥有情夫为耻,有的甚至让情夫去谒见天子。这种状况的出现,是因为高祖是平民出身,所以西汉天子的家庭和平民家庭相同,在礼仪上并不烦琐,没有贵族化。而到了东汉,公主们大都会下嫁到相应的地方,西汉之风不复存在。在《后汉书·皇后纪》的末尾就列举了皇女们的婚嫁情况。

礼制的完备与实施

此外,一般的礼制也逐渐完备起来并开始实施。中国人普遍认为,《礼记》《仪礼》中的礼由周公制定,在周代被严格执行,但到了秦汉时期,社会一度混乱,一直到了东汉,才改行周礼。我对上述观点持怀疑态度。西汉开始,文化繁荣,与"礼"相关的讨论逐渐增多,就拿《礼记》来说,它是专门研究"礼"的学者所著笔记。此后,在两汉四百多年的时间里,礼的制度逐渐确定,经书中的内容也得到了普遍实行。然而在此之前,周代的士大夫们是否按经书来做事是个疑问。各种学者都注意到了礼的不断进步。赵翼《陔余丛考》卷十六有"汉时大臣不服父母丧"条,列举大臣三年不服丧的例子,称根本原因是汉文帝在遗诏中规定了以日易月,不必服丧三年之久的制度。然而,也许是因为礼的学问慢慢兴盛,尽管有如此制度,但有的官吏愿服三年之丧，并被当时的人称许。到了汉安帝初年邓太后执政时期，由于礼学的兴盛，还颁布了不为双亲服丧者不可为地方官的诏令。当时还有人进言说，州、郡的刺史太守也应当这样做，于是让公卿们商议此事。结果，不少大臣认为服丧三年会带来许多不便，只有刘恺上奏说，刺史是一个地方为人的榜样，应当以身作则。如果百姓行三年之丧，却说刺史行之不便的话，那不等于是浊源清流吗？邓太后最终采纳了刘恺的意见。但是实际上这个想法在后来基本没有实行。例如，赵岐建议刺史辞官归家为父母守丧，荀爽也认为公卿大臣乃国家政教之本，如果不能为父母服丧，无法教人。由此便可知，即便在邓太后定制之后，高官也未服丧。后来，行丧不行丧，直到汉亡时也没有定制。不过一般来说，为官之人服丧三年也并不算是件坏事，这样做是一种名誉。人们一般的倾向是尊崇守礼的行为，这是无疑的。

杜佑关于礼制进步的见解

另外，关于一般的礼在汉代的进步，唐代杜佑在《通典》《理道要诀》中也有记述。杜佑的《理道要诀》今已亡佚不存，但在王应麟的《困学纪闻》卷五、卷六中载有其中的佚文。其中说到，礼制随着社会进步而进步。过去周代人吃食物是"以手抟食"，即用手抓饭。所以，《礼记》中有"共饭不泽手"的说法，指的是与他人吃饭时手不要拍食物，也就是说以前的陋习还没完全改正。今天夷狄、南海诸国和五岭以南地区的人都以手抓食，相较而言，还是用匙和筷子进食更为进步。此外，三代时期，人们在祭祀时要立尸，这是因为在空无一物的地方祭祀没有供奉物品的凭借，所以立尸作为鬼神的替身。例如，祭祀自己的双亲时，将自己的子辈立为尸。子女不充当父母的尸，孙子孙女可充当祖父母的尸。秦汉以后，这种风俗被废除，但在夷狄地区遗留到后来。北魏时有关于这种风俗的议论。北魏还在代北的文成帝时代，有个名为高允的官员上奏说，代北地区还有父母去世后以与死者相貌相仿者为尸来祭拜的习俗。这对教化和礼都有害。祭尸之礼本来已经废止，现请求废绝这个风俗。另外，南北朝时的四川一带，存在以尸祭祀的风俗。在杜佑生活的唐代，湖南、广西的边境地区，与过去的尸相似，有迎接同姓之人与神明共同享受祭祀的习俗。这些是三代的遗法，本来是夷狄的风俗，到周代还没有革除。另外三代还有殉死、殉葬的风俗，在周代终于改正了，但是没有完全绝迹，在今天的戎狄还有，然而在中华已经灭绝了。《通典》卷四十八的"立尸义"中有旨趣相同的议论，认为这些都是野蛮风俗，它们都将会随社会进步而灭绝。不过，中国那些尚古的学者并不这么认为，比如《道理要诀》一直都遭受着许多非议，朱熹曾隐晦地攻击此书是"非古是今"之书。清朝的学者也有各种议论。阎若璩解释说，立尸而祭是古法，夷狄尚有此风是古法残存。大体来看，对于《通典》的议论，即便是通儒也多半倾向于反对。不过，今天看来，杜佑的意见必须说是正确的，三代之礼包含迷信因素。

礼学的进步

礼学自西汉逐步兴盛，戴德（大戴）、戴圣（小戴）先后对《礼记》进行了整理。到了东汉时期，礼学更加兴盛，随着学问的进步，形成了各种不同学派。不仅"两戴"，和五经相关的所有学说都与"礼"有关。各学派均有自己的家学，被立为学官，传续礼学。各学派的学说均不相同，这就有必要将各不相同的学说进行汇总统一，使之融会贯通，如此一来就促进了学问的进步。为了统一有关经书的各家学说，便让各家学者在汉章帝面前进行讨论，然后将皇帝最后裁定的结果收集整理成书，就是东汉时期班固编纂的《白虎通》。今天若要了解两汉学者们的讨论，根据此书最为方便。书中的大部分内容是有关礼的议论。到了东汉中期，著名学者许慎（死于汉安帝末年）撰写了《五经异义》一书，记述各家学说关于五经的论述不相同的地方。借由此书，可以了解各家学派关于礼的见解的差异所在。东汉末年学者郑玄批驳《五经异义》，著有《驳五经异义》，他曾经为《三礼》作注，他精于礼学，因此批驳许慎论述的不足之处。用今天的眼光来看，郑玄的著述较之班固的《白虎通》，更优之处在于以"左氏云""公羊云"的形式列出了各家学派的议论，这比《白虎通》没有写明哪家学派是何主张，让人更容易了解各家学派所持的观点。从此书中也可以看出当时礼学兴盛的情状。在这方面，郑玄一派可以说是付出了很多心血，郑玄的学问在其逝世后被汇编成集，即《郑志》（现已亡佚，存有辑本）。《郑志》针对各经书分别列志，诸如《易志》《礼记志》等，将对各经书的议论集中起来，许多郑玄对门人提问的回答也收入其中。除此之外，还有一本名为《郑记》的书，专门记载了门人之间的问答。《通典》中多次引用《郑记》，两百卷中有一半都是关于礼的内容。由此可以看出，直至唐代，礼学依旧很受重视。《通典》记录了历代的实际制度及对礼的议论，这些议论中，汉代部分根据《郑记》记载郑玄的门人有关礼的议论，从中可以了解到郑玄的门人对礼的研究方法和见解。根据书中内容可知，当时关于礼的议论已经趋于平息，记载的是礼在实施过程需要解决的各种问题。由此可知，当时除了要对书本内容进行解释，还有解决实施过程中的问题的需求，因此，书中内容主要是对如何实行的思考。尤其是《通典》所引多为与实施吉凶之礼相关的内容。《郑志》《郑记》两书中出现过冷刚、赵商、张逸、孙皓、刘琰、田琼等人。综上所述，汉代特别是到东汉末年，礼学兴盛，明显出现了实行的倾向。这样看来，事实是礼学在汉代发展到了出现实行方面的问题的程度，由此可知礼学是到汉代才开始付诸实施。这与汉代的风俗有很大关系。如果说东汉的风俗是中国古今历史上最好的，就是因为礼学的实行。作为它的结果，各种问题产生了。

第四章
学问的后果与毒害

程、顾二人关于学问兴盛后果的议论

一直以来，有各种关于两汉学问兴盛所产生的后果的议论。除上述《后汉书·儒林传》外，《后汉书》的《逸民传·序》和《左雄传·论》中也有论述。此外，宋代的程颐（伊川）所著《程子遗书》卷十八及近代的顾炎武《日知录》卷十三"两汉风俗"也有讨论。总的来说，后两者充分讨论学问兴盛的一系列后果。程颐的主要观点是：秦始皇时代焚书坑儒，因暴虐亡国。汉兴后鉴其弊端，崇经术之士，因而学者以经学为宗，识义理者甚多。即使在王莽篡汉之时，守节之人也颇多。东汉光武终于中兴汉室，自然不能不崇尚名节，因此东汉名节之士颇多。然东汉之士，虽然知道名节，但不知要节其名节，当以礼为之，因此成了苦节。苦节趋于极端。因此，魏晋之士多旷荡，尚虚无，无礼法。而无礼法则无异于夷狄，遂有五胡乱华。顾炎武的论述中也有同样说法，顾氏认为：汉代自汉武帝表彰六经后师儒虽盛，而大义未明。这便是为什么王莽摄政之时天下人都歌颂其功德，认为他有做天子的符瑞。汉光武帝有鉴于此，尊名节，励名实，选用的都是明经修行的人，因此风俗为之一变。东汉末年朝政紊乱，国事日非，党锢之人、独行之辈也能遵从仁义，舍命不变节操。顾氏还引用《后汉书》的《儒林传》《左雄传》的相关论点，认为东汉的风俗之美三代以来无出其右者。

关于东汉，顾、程二人观点大体相近，但是，两人对西汉末年王莽的评述却不同。即顾氏认为王莽执政时期，因不明大义而附莽者多。但程氏的观点相反，认为守节者甚多。旧来学说多与程氏观点相似，如《后汉书·逸民传·序》也说：王莽篡位时有许多人"弃冠去朝"。不过，顾炎武所论也是事实。尽管当时讲释之学盛行，"以礼正身"却尚未真正深入人心，于是王莽利用当时的学问夺取了天下。然而到了东汉，礼学的真义才在社会真正普及，即使中央有人利用学问行不轨之事，世人也不会受其蒙骗。

崇尚名节

东汉崇尚名节，这一点在《廿二史札记》卷五中分为数种加以论述。根据《札记》，两汉的士风延续了战国以来的传统。战国的士尚义气，尊重做事有始有终、行他人所不敢行的人。《史记》的《刺客列传》中记载的那些事迹被推崇。这种风气盛行到汉初，变成游侠之风——为了他人能够忍耐任何困苦的风气。这种风气到东汉更加盛行，当时举荐、召起官吏时，任用名望高的人，因此一般士人汲汲于得名，喜欢去做别人做不到的事情。虽然《札记》将东汉崇尚名节之风，溯源于战国以来的刺客、游侠，但不能将之看作全部。还是像程、顾二人说的那样，尊重学问的结果，使刺客、游侠之风向好的方向改变。游侠之风直至汉初还很盛行，但到西汉末年就不振了。这是因为政治秩序已经确立，破坏秩序的人被压制。武帝的时候，侠客的头目郭解，就作为有害秩序的人被杀，后来刺客、游侠就不再流行了。荀悦的《申鉴》中有关于复仇的议论，复仇似乎也不像战国时代那样没有限制了。但是在中国，经学特别是公羊学将复仇作为美事，褒扬齐襄公因为九世以前的旧仇灭掉纪国，而且认为百世之仇也该报。然而在汉代这样天下统一、秩序渐渐严密的时代，这种事情是有害的，因此被加以限制——不仅从法律上，而且从道德上。《札记》说战国汉初的风气一直遗传到东汉，是言过其实了。归根到底，风靡当时社会的，还是合乎当时的秩序、从学问礼仪中产生的一种风气。

总之，《札记》中分类列举了崇尚名节的事例，其中有一条是"尽力于所事，以著其忠义"。本来秦汉天下一统之后，天子之外别无君主，与封建时代不同。然而汉代仍有几分封建之遗风，郡吏对长官太守的态度如同对君主一样，这在宋代以后的中国是没有的。在汉代，上至三公，自己选择属下的官吏，即使是地方官，也可以自由任用官制中规定的下级官吏，即自己任命掾史等。在这种风气下，被任用的人受到的待遇如同家臣一样。这样的官吏往往为了长官可以舍弃性命，事情再难也要全力而为，并把这种行为视作忠义、名节。他们为长官服三年之丧。不仅如此，当时的事务官中还有对最初向朝廷举荐自己的人尽情分的风气，有人为之服三年之丧，也就是为感激知遇之恩而服丧，可是当时也有人对父母也不服三年之丧。因此《礼记》也认为为长官服三年之丧是过头了。

下面是"让爵"。这在西汉就有，东汉盛行。把爵让给兄弟等人，像伯夷、叔齐那样，似乎将之视为高尚。请求让爵，有的被许可，有的不被许可。这有几分追求名誉的意思。《礼记》也认为，即使请求不被许可，在提高名声上也会得到实惠。其次是"复仇"。为父兄报仇之事不时发生。虽然在当时来说这是扰乱政府秩序的行为，但在某种程度上是被认可的。还有代人复仇的事情，这是游侠的余风，既不合秩序，也不合道德。《礼记》也认为，单单为了对友人的情分而轻视从父母那里得来的身体，是非常错误的。但是这种行为，是培养在国家危急之际支持国家倾危的力量。有人将这种气节之盛，看作政治上存在缺陷导致个人怀有义愤的结果，是世运衰落的征兆。但他不知道，如果连气节都没有的话，衰落会更严重。

服侍名士的风气

此外，在《困学纪闻》卷十三的《考史》中谈到，当时社会上还流行服侍德高望重之人的风气，即《曲礼》《少仪》之礼被废除后，像年少者服侍年长者，不肖之人服侍贤德之人这类事情就不复存在了。但是，到了东汉，这一美俗又复兴了。在《困学纪闻》中列举了一些事例。东汉年间，有一个名叫魏昭的少年找到当时的名儒郭泰（字林宗），请求做他的仆人。郭泰问他：小小年纪应当读书，为何执意要来我身边？魏昭答道："经师易遇，人师难求"，像我这样纯白如丝之人，希望能染上美丽光鲜的颜色。郭泰便将其留下作为仆人。有一天，郭泰在半夜里三次让魏昭为自己熬粥，而魏昭始终面不改色。像这样的事例还有：荀爽甘愿为名士李膺驾车；党锢名士范滂获准回家时，同乡人殷陶、黄穆充当范滂的侍卫。《考史》列举了这类尊崇名士的事例，并认为过去孔子门人服侍孔子也不过如此。这些事例都是东汉末年作为学问的后果而出现的。

独行与逸民

在《后汉书》中，新增了过去《史记》《汉书》中未曾记载之人的传记，即《独行传》《逸民传》。在《后汉书》中《独行传》替代的是前代的《游侠传》。《独行传》中列举了孔子所讲的"狂狷之人"，即不得中庸，但将所行之事贯彻到底的人。《独行传》大概代替的是前代的《游侠传》。《逸民传》中记载了以不出仕为荣的人。尽管当时也不是没有通过此举沽名的倾向，但这些人确实如普通民众从事劳作，崇尚道德，以此为乐，不去做官。这些都是东汉的学问带来的特别的风气。西汉武帝时期，学问兴盛是因为开辟了新的为官之道，司马迁等人对武帝的政策不满，认为虽则为官之人中没有学问的减少了，但从前那种崇尚和遵守道德的风气也随之消失了。然而，由于这一风气又出现了为做学问而不做官的风气，这显然有悖于最初的意图，但这是学问普及的后果。

学问的两种极端后果的冲突

无论如何，到东汉末年，学问的普及大体上带来的是好的结果。但是，这也给当时的社会状态带来了冲突。东汉的政治，大致情况是光武帝鉴于西汉的政治，试图革除其弊端，但还是陷入了同样的麻烦。东汉末年出现的显著弊端，是外戚专权和宦官跋扈。宦官跋扈始于元帝时期，光武帝因此只任用受过宫刑的人为宦官。但即便如此，弊端还是出现了。西汉几乎是因外戚而亡，对于外戚，光武帝和明帝都注意到了。像明帝的马皇后，就禁止亲戚干预政事。但这种限制后来渐渐放松了。总体来说，东汉的天子大多夭折，没有后嗣，每到这时就由亲属拥立年幼的天子。像和帝的邓皇后，曾几次立年幼的天子，自己长年执政。这样一来，宦官和外戚又得势了。后来外戚梁氏跋扈，桓帝想要打倒梁氏，但前后左右都是梁氏的天下，没有人可以商量，于是与宦官谋划灭亡了梁氏。当时宦官一度有五人被封为侯（所谓五侯），他们都做了中常侍。就这样，宦官得势，自身的弊端不断酝酿。《廿二史札记》卷五详细记述了这些弊端。于是，一方是宦官荼毒人民，一方是重视名节的士人，双方的冲突不可避免。《札记》卷五中详述了汉末朝廷内外的臣下不满宦官的恶事，全力予以压抑。上面的情况，是同一原因产生的两种极端后果，它们互相冲突起来。也就是说，东汉因为学问兴盛，天子也从名门中挑选皇后，结果外戚的势力崛起。为了摧毁这种势力又起用宦官，引起宦官之祸。另一方面，由于学问在民间普及，产生了名节之士，他们又要起来打倒宦官。

学问的毒害

学问兴盛，学者们开始自立门户，结果出现党派。学者自立门户，西汉就有了，不过那是经师的流派，属于家法之争。在东汉，为了融会这些流派产生了《白虎通》等著作，于是通学兴盛，家法之争变少了。但是因为东汉的士人重视名节，所以产生了弟子们为老师的名誉而争的情况。桓帝还是诸侯时向老师周福问学，等到他即位，周福也就做了官。当时和周福同郡的房植很有名。因为周福是被提拔的，所以当地人褒扬房植而讥讽周福，他们的门生学徒也互相争吵。这件事成为当时名士党派之争的发端。那时，在太学的学生有三万人，他们各自标榜自己的老师，砥砺名节。其中名士李膺的名气很大。当时河内有一个叫张成的人擅长占卜，他的儿子杀了人。他是预先知道将要发布大赦令，才让儿子杀人的。当时李膺是河南尹，将张成的儿子抓获，不顾大赦令而将他杀了。然而张成和宦官有关系，得到他们的后援，说李膺等人结成朋党，讥讽朝廷，扰乱风俗。当时宦官与天子关系很好，所以驱逐李膺的党人。这些人虽然一度得到赦免，但被禁锢终身。然而这并没有惩戒党人，反而成了对他们的奖励。党人中甚至有人以未遭此祸而感到羞耻。据说后来蒙受迫害的党人张俭，被别人藏匿在家里，藏匿他的人不顾自己家将遭受灭顶之灾。这些不如说是学问的后果异乎寻常，成了毒害。也就是如前所述，按程颐的看法，人们知道崇尚名节，却不知道以礼来节制名节，勉强去做无理之事，变成了苦节。即使是当时的名士，也有人觉得这是过激的行为。党人岑晊被追捕，逃到贾彪那里，贾彪关上大门不予帮助。面对非难，贾彪说，为了树立自己的名节而麻烦别人，这是不对的。要而言之，这是学问的毒害，特别是伦理学的毒害。学问的毒害，在西汉的大学者中就能看到，例如博学的刘歆教给王莽篡夺的方法，但这是因为学问仅仅集中到中央的一部分人，只有特定的人群是博学的。与之相反，东汉末年学问的毒害，是学问普及的结果。

对学问毒害的反动

这种毒害的结果，必然是对它的反动。程颐说，极尽苦节的后果，是士人不思节义，崇尚放任自由。从东汉末年就有这种倾向了。《困学纪闻》卷十三中载有西晋傅玄的上疏，提到"魏武（曹操）好法术，而天下贵刑名；魏文慕通达，而天下贱守节"，据此认为士人放任自由之风始于魏文帝时期。然而自曹操时期开始，就有这种风气的倾向了，《日知录》卷十三"两汉风俗"指出了这一点。东汉末年曹操掌握实权后曾三次发布"求贤令"。建安十五年发布的诏令说，不论是像太公望那样才德很大却归隐的人，还是因品行恶劣而即使有才也不得任用的人，只要他自己有才，即使是隐遁或品行不好，曹操都想任用，请大家举荐这样的人。建安十九年十二月，曹操再次发布同样的诏令，他在诏令中以盗兄嫂的陈平和战国时期的苏秦这样品行不好的人为例，认为品行好的人未必是上进之人。一个有缺点的人，只要他也有优点，用人之时就可以考虑他。建安二十二年八月，曹操第三次发布相同宗旨的诏令。就这样，曹操选择了与东汉相反的用人政策，并不考虑个人品行的优劣。曹操选用了仲长统，仲氏的《述志诗》中有关于与当时崇尚礼节的风气相背离的内容，诗中说：

寄愁天上，埋忧地下。叛散五经，灭弃风雅。百家杂碎，请用从火。

抗志山西，游心海左。元气为舟，微风为柁。敖翔太清，纵意容冶。

这些话与魏晋后的清谈之徒的言论类似。张燧在《千百年眼》中说到，清谈开始于东汉末年。曹操排除道德方面的约束，学者中也有仲长统这样的人。

汉武帝元丰五年发布过求"茂材""异等"的诏书，诏书中言，若要成就非常之功，须待非常之人。有的马虽踢人，却能行千里，有的士虽有"负俗之累"，却能成就功名，这全在于如何驾驭。这封诏书的宗旨与魏武的求贤令无异。汉代秩序建立，两汉三百年间恪守礼节，但魏武的手段成为打破汉代秩序的命令。世界上的治乱，一旦命数来临，无论掌权者如何能力卓越，一样回天乏术。

第五章
东汉社会的停滞

保全功臣

东汉时期，社会秩序逐渐建立，但是当它长期延续时，又会导致社会的停滞。而且，这一趋势越发明显。它的直接原因是东汉初年光武帝想要保全有功之臣。光武帝的这个想法并非只是为了保全功臣，其实也是现实政治的需要。关于这一点，《后汉书》卷二十二《列传第十二》的"论"有关于"中兴二十八将"（因汉明帝时期在云台南宫悬挂了他们的肖像，故又称"云台二十八将"）的议论。书中记载，西汉初年的功臣大多为军人和一些出身低微之人，随着太平盛世的到来，这些功臣获得了巨额俸禄，有些被任命为王侯，甚至有些人官至宰相。但是，这种现象导致了严重的祸患，主要的有功之臣大部分被杀，有的被关入监狱。另一方面，西汉初年，尤其是汉武帝以前，很多功臣都当过宰相，很多有政治才能之人的晋升之路因此被阻塞了。大多数因为功绩而受封为王侯的人，在一两代内便没了后嗣。汉武帝善于用人，经常亲自加封所用之人，但人才一旦有了罪过，汉武帝又会毫不宽恕地将其革职。这样，这些人中能有后继者的，往往七八十人中只有十分之一。东汉光武帝综合考虑这些情况，因此在加封非常的功臣如寇恂、邓禹、耿弇、贾复等人时，大县不过四，有的给两县，最高不过六县，而且不让这些功臣干预政治，只让他们享有爵位和俸禄。同时，光武帝时期也不设宰相一职，中央政府只设能处理日常行政事务的事务官，让他们尽责。它作为政治方法是进步的、最优的，这是后世的定论。将政治职务与爵位相分离，无论如何不让功臣与吏务发生关系，因此功臣之后较少陷入犯罪和过失，终于得以保全。

取缔外戚，永续家业

　　另一项出自光武帝，并且后来传给历代天子、皇后等人的政策，是经常性地取缔外戚，也就是不让外戚与政治发生关系，禁止外戚为所欲为。由于外戚多少容易肆意妄为，帝王就想让他们去研究学问，因此特意为樊、郭、阴、马四大外戚家族建立了学校。邓太后还特意让邓氏的族人研修学问。结果未必达到了目的，但无论如何，外戚通过研习学问，谨言慎行，有些家族也因此得以长久地延续下去。另外，东汉中期本初元年（146年），梁太后曾经下诏书让高官的子弟都要去太学读书（《后汉书·儒林传·序》）。在这样的举措下，良家得到了指导，没有因为骄奢而致家族败落，家业延续下来。据《廿二史札记》卷五"四世三公"项记载，有名的杨震家族延续了四代，做了三公（太尉、司徒、司空）；袁安的家族也代代做了三公。这些情况是到东汉才有的，西汉时两代人连续做宰相的仅有一家。《廿二史札记》卷五中还有"累世经学"项，书中记载，承继累世家业，从西汉时就有此倾向。不仅是学问，从事商业、工业的家族，代代相传的很多，这在班固的《西都赋》末尾有相关的记载。特别是经学，汉代有家学，从它的传续情况看，自然是在同一个家族的人中相传。其中传续得最好的，是孔子的后代家族。传授《尚书》的伏生家族，西汉以来传续不已。从西汉末年延续到东汉的，有桓荣等人的家族。学者的家族世代相传的倾向已经存在。上面的情况，无论如何是因为社会秩序建立，没有激烈的变动。

尊重氏族

　　此外，到了太平时代，看重氏族的风气日渐盛行。在时间上，这可以往前追溯。像把汉高祖奉为尧的后代这种事，是西汉末年才有的，初年还没有。《史记》中没写这件事，到《汉书》则详细记载。但《史记》也说，根据中国传统的思想，一个人要成为天子，不能仅仅靠他这一代人的力量，他的祖先也要对百姓有功。这种思想在《史记》中屡屡出现，例如项羽统治天下五年，也许是因为他是舜的后代。把这种事煞有介事地说得和真的一样，是从东汉时期开始的。无论如何，这种看重氏族的倾向，到了汉代，也表现为有关氏族的著述增加。东汉应劭的《风俗通》中有《姓氏》篇（无今本，但有清朝学者的辑录），文中序言有说到姓氏正在逐渐盛行起来。除此之外，汉代还有《潜夫论》中的《志氏姓》篇和其他两三种和姓氏相关的著作。但记录详细的，还是《姓氏》和《志氏姓》篇。这些著述都探讨了汉时姓氏的起源，一致认为姓氏源自三代以前。随着门第观念的兴起，各氏族都倾向于向前追溯自己姓氏的起源。《姓氏》《志氏姓》篇汇集了东汉时的名族为了将起源古老化而做出的材料。《风俗通》中的《姓氏》篇只留下了只言片语的记录，《潜夫论》中的《志氏姓》篇则得以原样保留下来。其中所述的内容均按照"今之某某乃古之某某后人"的形式表达。这表现了当时人们的想法。实际来看，从东汉到六朝、唐代，得以延续下来的大姓氏族，确实大致上都源自汉代。至唐代仍留存的大姓中，最有名的当数西晋到东晋时期从北向南渡过长江的王、谢、袁、萧等氏族。他们被称作"侨姓"。此外，还有本就起源于江南的朱、张、顾、陆等姓氏。山东的郡姓是王、崔、卢、李、郑等，关中的郡姓则是韦、裴、柳、薛、杨、杜等。从《新唐书》的宰相世系表可知，以上姓氏多数源自汉代。此外，唐代的大姓中有的来自夷狄，而不是汉朝的。唐代有不少关于姓氏的书，但留存至今的不多，流传至今的有林宝的《元和姓纂》辑本。看这本书可以知道，大体而言，从六朝相传到唐的大姓，多半是从东汉延续下来的。其中虽然有像张姓这样的，传自出身战国时代韩国宰相家族的张良，但大部分是从东汉来的。崔、杨、袁氏就是如此。崔氏等姓，从六朝到唐代，势力比天子还大。唐代帝室是陇西李氏，而像博陵崔氏这样的，即使是在唐太宗时，也比太宗的家族更受人仰慕。

豪族的发展和奴婢的增多

总之，东汉时期，名门望族就这样渐渐发展起来。每逢事变时，他们的势力就会愈加强盛。即便不是这样的情形，自然产生的贫富差距很大，很多人自己卖身为奴。王莽时期，奴婢非常之多，光武帝将他们解放，《廿二史札记》卷四中记述了这样的事例。解放奴婢在政治上是必要的。如果形成大家族，家族的数量就会减少，租税也会减少。于是，有作为的天子就会考虑解放奴婢的政策。但是，和平时期持续，社会发展停滞，这样奴婢还是会增多，富豪也会增多。

门阀录用的日趋严重

另一方面，选举也有关联，即官吏的录用。最初，作为开明天子的方针，公平地选用人才是目的。东汉时期，从光武帝时代开始，也制定了选举的法令，认为选举必须相当慎重。西汉时期，武帝等对于出类拔萃的人，即使社会评价很差，也予以任用。然而，东汉采取慎重选举的方针。光武帝规定，地方官赴任不满一年不得举荐人才，因为还不清楚人们对被举荐人的评价。武帝的时候，社会还十分淳朴，所以修饰自己的行为，从而获得选举的人很少，但是东汉出现了造作夸饰的人物。到章帝时期，选举方针还是良好的，但是实际选举中已经多少产生了弊害。章帝建初元年（76 年）的诏书中称："夫乡举里选，必累功劳。今刺史、守相不明真伪，茂才、孝廉岁以百数，既非能显，而当授之政事，甚无谓也。每寻前世举人贡士，或起圳亩，不系阀阅，敷奏以言，则文章可采，明试以功，则政有异迹。"[1] 由此可以想象，当时选举已经考虑阀阅[2]。关于这一点，在别的地方也能看到，即东汉中期的《潜夫论》的《交际》篇，其中说道："论古则知称夷齐原颜，言今则必官爵职位，虚谈则知以德义为贤，贡荐则必阀阅为前。"另外，东汉末年仲长统的《昌言》也说："天下士有三俗：选士而论族姓阀阅，一俗；交游趋富贵之门，二俗；畏服不接于贵尊，三俗。"（这些话不见于《后汉书》本传所引《昌言》，而是遗存在《意林》一书中。）因此可知这是当时的事实。东汉末年，因为选举中存在弊害，连朝廷也相应地警惕起来。《通典·选举

---

① 引文据《后汉书》卷三《肃宗孝章帝纪》。——译者
② 阀指功劳，阅指经历。阀阅，原指建有功勋的世家巨室，后泛指门第家世。——译者

典》说，桓帝时因为"凡所选用，莫非情故"的情况，制定了"三互法"。也就是有婚姻关系的家族不能互相举荐，两州的人不能事先约定互相举荐。[①]这个办法矫正了选举的弊端，但选举因此变得太过死板，因此蔡邕上奏陈说这个禁令带来的不便。总之，设置上面的限制，是因为选举中出现了弊端——选举出于私情，而且看重家世。尽管当时有限制这些弊端的法令，但是这种倾向比限制的力量更为强大，后来终于发展成任用某人只根据他的门阀，这种情况起源于东汉时期。上面所说，是随着太平之世时代进步，社会停滞的结果。

学问的变化，校勘学的发展

在上述倾向发展的同时，学问的方针也改变了，对文学等的爱好，不能不逐渐发生变化。从某个方面说，这是一种进步，对学问来说不完全是坏事。首先，从学问上来考虑，各种书籍渐渐大量出现，因此论争也发生了，今天所谓的校勘之学也开始流行。校勘之学在西汉末年已经出现。成帝之时，刘向校勘天子的藏书，从此开始校对多种书籍，制作定本。刘向在他的著述中，说明校勘的经过，特别是对于经书，核对不同的版本，说明脱简等情况。就这样，一方面朝廷中校勘变得盛行，另一方面学者都认为校勘是必要的。东汉初年王充的《论衡》卷二十八《正说》《书解》、卷二十九《按书》等篇，列举了当时书籍的流传和异同。就是说，民间的学问也出现了这种比较的研究方法。这个时代与过去不同。过去把学问仅仅作为思想的产物，书籍和学派因为出现新思想而产生；而现在是对已经出现的学问，加以种种思考，通过复杂的程序加以研究。如果没有学问的进步，这是不可能出现的。从刘向的时候起，人们根据各种书籍进行校勘工作，到了东汉，开始利用发掘出来的古本和不行于世的书籍。例如，就《尚书》来说，漆书的版

---

① 此处对三互法的解释似乎不太准确。史籍中对三互法缺乏详细记载，但可以知道这是一种担任官职的回避制度。可参考《后汉书·蔡邕传》、《通典》卷十三《选举一》及相关研究著述。——编者

本出现了，杜林根据它进行校勘。《说文》的序文中也说，在郡国的山川中鼎彝等铜器经常被发现，于是利用上面的前代古文来研究文字。就是说，学问具有了校勘学、考古学的性质，不再仅仅是思想的产物，变成了带有历史的学问。这是东汉时代学问的显著倾向。

今古文学的融合，石经的建立

太学的学问，从西汉开始就存在博士的家学。到了东汉时期，引入了西汉时没有的古文经学，《左传》《周礼》《毛诗》之学因之设立。在民间传授学问的人，原来分为今文学家和古文学家，现在出现了将二者合并的学问。

东汉的最后，兴起了对经书进行大规模校勘的活动。这不仅是因为学问的发展，也是因为选举的弊害。从学问上来说，当时的学问距离圣人已经很久，经书中的文字出现了不少错误，而俗儒对这些错误勉强加以穿凿附会，贻误后学。于是熹平四年（175 年），以蔡邕为首的学者上奏天子，想要订正五经的文字。灵帝同意了，让他们制作标准文字的经书。蔡邕亲自把经书写在石碑上，并请人雕刻，立于太学之门，这就是汉代石经。（后来石碑不存，过去只有一部分宋代拓本传世，但三十年前石碑的断片被发现，数年前又有很多断片被发现。）这对当时的学问影响很大，据说立碑时观者云集，每天来的车有一千辆。

经书文字产生错误，不仅是因为书籍经历了长久的年代，也是因为选举的弊害。当时的考试，必须背诵经书的正文。然而，学派分立，经书的不同版本很多。这样，为了抬高和自己有利害关系的人、和自己同一学派的人，就不能不把这些人传授的经书作为正宗，而没有道理地更改别家的正确文字，使之与自己的主张相符。因为这种情况，产生了更改文字的弊端。为了扫除这种弊害，统一经书的文字是必要的。对经书正文进行大规模校勘，于是有了汉代的石经。就这样，学问一旦进入对正文的比较研究阶段，就变得复杂起来。一方面这是进步，但另一方面又不免产生抑制新思想的倾向，使学问停滞。这就是东汉时代学问的大致倾向。

第六章
文学的变迁

辞赋的兴盛

顾炎武在《日知录》卷十三"两汉风俗"中说:"东京之末,节义衰而文章盛,自蔡邕始。"蔡邕建立汉代石经,在有关校正经书的学问上很有功劳,这在前面已经说过了。另一方面,他也是文章家。他的文章十分优美,善用对句,开之后魏晋以下文章的先河。顾炎武说,在此人以后,过去汉代学者质朴地把经书作为教诲手段的风气消失了,把经书当成文学一样的玩具成为风气。蔡邕自身也不在意节义,为覆亡汉朝天下的董卓所用,生命的最后阶段不太光彩。但是,当时的人过于崇尚文学的弊害,蔡邕本人是知道的。蔡邕向天子上奏了七件事,其中第五条说到当时的文章。他说,书画辞赋是小才,当时诸生的辞赋,有的低级地用俗语的对句,类似于俳优,有的原样抄袭过去的成文。这样看来,顾氏所说弊害是从蔡邕开始的看法,有将时间推得太确定的嫌疑。我认为形成这种弊害有一定的原因,有一个过程。

想要寻找起源的话,可以发现,从西汉末年就多少存在这种倾向。总体而言,西汉辞赋兴盛,作为文章的体裁,它使用许多美辞、对句来修饰文字,在叙述事件时,喜欢尽可能地夸大其词。在西汉初年,已有枚乘和司马相如等人喜欢这种体裁的文章。这种文章,模仿的是屈原、宋玉等人的楚辞。到了汉末,扬雄等人更加喜欢这种文章。不过,在这种文章中,可谓非同寻常的雄篇大作、极尽铺陈夸张能事的,还是要从东汉班固的《两都赋》、张衡的《二京赋》算起。这类文章不单为记事,也铺陈夸张。这种倾向在西汉就已经存在,但特别显著地表现出来,是始于《两都赋》和《二京赋》。这样说是没有问题的。当时的《潜夫论·务本》篇,也指出并抨击了辞赋的弊害，说道："诗赋者，所以颂善丑之德，泄哀乐之情也。故温雅以广文，兴喻以尽意。今赋颂之徒，苟为饶辩屈塞之辞，竞陈诬罔无然之事，以索见怪于世，愚夫憨士，从而奇之。此悖孩童之思，而长不诚之言者也。"

模仿文学时期

此外，特别是从西汉末年开始，文章进入模仿时期。这一点在扬雄身上表现得非常明显，可以说是当时一般的风气。模仿，不单是表达自己的思想，而且在仿效别人的时候，加入了鉴赏的情绪。当时即使不说扬雄，与王莽有关的政治性文章也说明了模仿的全盛，这就是对《尚书》的模仿。王莽的《大诰》，是《周书·大诰》的改编。王莽自己为之十分得意，而且知识阶级的人对这种东西都十分佩服。模仿大概与文学鉴赏的趣味是一致的。王莽的政治，真实的政治，最后是以模仿为主。模仿政治很有趣，完全不是出自当时的实际需要，而去模仿当时不存在的东西。要从事政治，必须有充分的爱好；模仿没必要的东西，必须有充分的财力。政治鉴赏力和财力都是必要的。中国政治的文化性质就在这里，很有意思。这种模仿政治后来也存在，但与其说是因为爱好，不如说是出于必要，所以即使在中国，按照欣赏的趣味而行事的政治家也是稀少的。然而这种模仿政治，不能是忽视政治的实际需要，耽溺于其他东西，一点都不严肃地实行；也不能是极力复兴古代政治，为改革现实政治而竭尽全力地苦干。它必须由生活有几分从容的人来做。从事政治有趣的地方，是一半是为了好玩。唐太宗差不多就是这样，他想实行三代的政治。如果像玄宗那样将政治置之度外，实现不了中国式的文化政治。宋神宗、王安石模仿《周礼》的政治，可谓尽心尽力，那样是不行的。像宋朝徽宗皇帝那样，耽溺于自己的爱好，也不行。乾隆皇帝、新井白石①也是如此。王莽是这种模仿政治的鼻祖，在中国政治上十分重要。然而，王莽制作的诏敕、告谕，模仿得太过了，没有了文学鉴赏的余地。在这方面留有余地的是扬雄。但是他的作品如模仿《论语》的《法言》、模仿《易》

---

① 新井白石（1657—1725），日本江户时代政治家、诗人、儒学学者。——编者

的《太玄》等，为写成哲学性的著述花费了太多气力。扬雄还有一篇《解嘲》，模仿的是西汉东方朔的《客难》，这篇文章有文学鉴赏的余地。因为它是辞赋，所以与模仿有关。这是因为伴随模仿而产生的鉴赏能力，大体而言是辞赋的特点。这些辞赋吸收了楚辞的传统，辞赋是楚辞派文学的延续，写作辞赋的人都是在模仿。今天的《楚辞》有王逸的注。屈原、宋玉以后，到王逸为止的作者都是模仿型的。通过模仿，文学的鉴赏力渐渐培养起来，到了东汉，这种鉴赏力已经得到普及。《解嘲》之后，有班固的《答宾戏》。这些都是一种模仿文学。另外还有扬雄的《剧秦美新》，是对司马相如《封禅文》的模仿，班固与之相对写了《典引》篇。西汉枚乘的《七发》有八段，辞藻华丽，东汉末年建安年间的曹植模仿它写了《七启》八段。

文学性实用文的创立

总之，因为楚辞的影响，铺陈夸张的风气本来就已经存在，扬雄出现后，这种风气更加盛行，并把它看成文学的趣味。从上述的模仿中产生了文学鉴赏的思想，而这种思想在蔡邕之后又产生了一个变化。蔡邕的文章，有的极为夸张，但另一方面因为他是学者的缘故，减少使用这种手法，企图以此产生一种新的文学趣味。蔡邕在撰写碑文上很有名。汉代的碑文，剽窃经书文句的很多，蔡邕这样的人，与其说是记录事实，不如说意在给别人写颂德文之类的东西。蔡邕自己也说，无愧于自己所写碑文的，只有郭泰（林宗）一人。由此可知，他写的其他碑文，都是夸张之作。无论如何，蔡邕或多或少地减少写作辞赋这样的东西，将文学与实用结合，开始写作带有文学性趣味的实用文章。这种形式的文章，恐怕是从蔡邕开始的。

文章评论时期

如上所述，蔡邕本人承认辞赋的弊害。后来他虽然也承认这一点，但又给实用文学添入辞赋的趣味，这时文章的评论时期就到来了。本来从战国、汉初以来就有大文章家了，例如司马迁等人，但对文章的评论之前是没有的。《史记》中也有对前代诸家学术的评论，但仅仅是就其内容，不评论文章。刘向、刘歆在为各种书籍做内容简介和评论时，设立了诗赋之部，这里已经有了鉴赏的意思。但是，大体而言他们都是按照自己的新想法从事著述，一般不怎么做比较评论的工作。从西汉活到东汉的班彪（班固之父）评论《史记》，说它"文质相称"，但这也是对内容的评论。经过东汉时期，普通的实用文学中也加入了辞赋的趣味，到了蔡邕之后的建安时期，文章的评论变得兴盛起来。蔡邕之前的马融是经学家，而且也是文章家，但他的著作与此无关。将实用之文和辞赋结合起来的是蔡邕，其结果是建安文学评论时期的到来。这个时期的评论家中，时至今日必须提到的，是魏文帝曹丕和他的弟弟曹植。文帝的《典论》今日不存，但其中的《论文》留存在《文选》卷五十二中。这篇文章评论当时的文人，为了评论，还提到了前代的人物，包括张衡、蔡邕、扬雄、班固。通过举出这些人，评论当时的文人，当时这四个人被视为写作文学性文章的人的标准。文帝评论的人有王粲、孔融、陈琳、徐干、阮瑀、应玚、刘桢，他们被称为建安七子。他说：王粲和徐干擅长辞赋，张衡、蔡邕也超过不了；陈琳、阮瑀长于表章和书记；应玚"和而不壮"；刘桢"壮而不密"；孔融"体气高妙，有过人者"，然而不善辩论，词句美而内容差，但他的长处与扬雄、孔融相同。文帝兄弟似乎都喜欢评论，文帝的《与吴质书》和曹植的《与杨德祖（修）书》《文选》卷四十二）等，也是对建安七子的评论。可以看到，这个时期的人为了获得好评，竞相写作名文。另外也可以看到，有人继承从前的传统，巧于辞赋，但也有人擅长制作表章、书记这样的实用文，在实用文学中加入鉴赏的趣味。

曹操的文学趣味

　　一般认为，建安时期是中国自古以来文章最盛的时代，东汉以后文章衰退了。虽然有的时代推崇不使用对句的古文（例如唐宋八大家的文章），但在清朝，古文家推崇建安时代的文章。总之，评论的精神旺盛，实用和文学一致，实用文变得有文学性，这些趋势兴盛起来，形成汉末到魏初的风潮。一方面，这是因为有蔡邕这样的大家，造就了上面的形势；另一方面，大概也与文帝和曹植的父亲曹操的文学趣味有关。曹操实行的主要政治，与其说文化性的，不如说是实用性的。另一方面，他嗜好文学，与蔡邕很有交情。蔡邕死后，他的女儿，杰出的文学家蔡琰（文姬），在战乱中被匈奴掳走，成为南匈奴左贤王的妾。曹操惋惜蔡邕没有了继承人，用重金将文姬赎回。后来文姬嫁给了董祀，但董祀犯法被判死罪，文姬向曹操求情。曹操问她："你们家原来有很多书，你现在还记得吗？"文姬回答说："亡父有天子所赐书籍四千多卷，战乱中全部丢失，现在我能背诵的只有四百余卷。"曹操说："那么我给你派十名书吏，你通过口授把它们抄写下来。"文姬说："我听说根据礼法男女授受不亲。如果给我纸笔，我将遵命用楷书或草书将它们写出来。"于是曹操让文姬来写，结果没有一点文字等错误。这是一个有名的故事，说明曹操爱好文学，而且曹操的儿子文帝、曹植也写了很多文章。这样，汉末魏初的文章时代出现了，而且最进步的文学评论时代也出现了。

社会的风气与文人学者的好尚

顾炎武认为，东汉崇尚名节，但因为出现了党锢，使得守节义之风衰落，出现了蔡邕那种无节义之人，于是，华美的文风开始盛行。这大部分是事实。但是，虽然节义衰落，然而另一方面，就如蔡文姬的事例那样，也存在着在家中守持经书中的礼仪的事实。也就是说，社会一般风气和文人学者的好尚，变迁不一定一致。

文学的家传

这一时期尤其引人注目的，是文人形成了一种阶层。王应麟《困学纪闻》卷十三说："《文苑传》自东汉始，而文始卑矣。"《文苑传》始于东汉，这是说写文章的人开始把文章当成一种交易。"而文始卑"，说的是王应麟的想法类似唐宋八大家，将对句看成是文章的弊病，因此他将之称为"文卑"。但是从文学鉴赏的角度来讲，汉末魏初的文章反而有长足的进步。因此从这些人中出现了家传之学。家传之学并非专属文苑中人，在儒生中也有代代从事家学的倾向。比如，东汉马融的族孙马日䃅就和蔡邕一起校正过石经的经文。在文苑中，这种家学相传的风气十分盛行。高祖的兄弟楚元王就是楚辞家学的始祖，在他的后裔中出了刘向一族。另外还有司马谈和司马迁两父子，班彪、班固父子及班固的妹妹曹大家。王逸曾为《楚辞》作注，其子王延寿因撰写了《文选》中收录的《鲁灵光殿赋》而闻名。蔡邕及其女儿蔡文姬我们在前文已经讲过。还有建安七子之一的刘桢也是跟随其父刘梁学习文学的。这些事例从一个方面说明，文学工作逐渐落入了门第之手。总之，东汉末期党锢以后，崇尚名节的风气变为了崇尚文章的风气，并且出现了文学评论。

第七章
风气的变化

伪君子的出现

　　大体而言，从汉末到魏初，是中国风气变化的时代。就像前面提到的程颐所言那样，崇尚名节，把它极端地加以实行，就变成了苦节。不论是什么名节，当它走到极端时，弊端就出现了。另一方面，与崇尚名节的时代相应，伪君子出现了。顾炎武《日知录》卷十三《分居》引用《抱朴子外篇》卷十五《审举》中的谚语："举秀才不知书，察孝廉父别居。"这句话说的是东汉桓帝时期胡乱举荐人才的情况。中国人基本上把兄弟父子分居看成不德，把同居看成荣誉。顾炎武说，即使是这个时代，分居也被看作是不体面的。孝廉本来是因品行方正而被举荐的人，但这种人其实是分居的。由此可以看到，当时的虚伪之风十分严重。《潜夫论·务本》篇也说：

> 尽孝悌于父母，正操行于闺门，所以为列士也。今多务交游以结党助，偷世窃名以取济渡，夸末之徒，从而尚之。此逼贞士之节，而炫世俗之心者也。养生顺志，所以为孝也。今多违志俭养，约生以待终，终没之后，乃崇饬丧纪以言孝。盛飨宾旅以求名，诬善之徒，从而称之。此乱孝悌之真行，而误后生之痛者也。

优柔寡断人物的出现

　　另一方面，崇尚名节的教育，自然地有让人变得优柔寡断的倾向。东汉快结束时，党人有了"三君""八俊""八及"等名称，以此互相夸赞。其中有一个主要人物，就是活到曹操时期、"八俊"之一的刘表。刘表做过荆州牧，是一个优柔寡断的人物。在当时的人中，他学问相当出众，但被评价为"外貌儒雅，而心多疑忌"，每当遇到大事，便狐疑不决。他甚至还有文集，在当时是出色的文人。他给袁谭及袁尚的信，见于《三国志》卷六的注文，据说不逊色于蔡邕等人的文章。另外，据说他也擅长书法，作为当时的优秀绅士，具备各种修养。然而，在曹操和袁绍争夺天下时，虽然他没有依附任何一方，但最终在曹操前来征伐时死去了，他的儿子投降了曹操。太平之时有作为绅士的修养，但大事发生时不能决断。这就是由虚名产生的弊害。当时在蜀地有汉朝宗室刘焉、刘璋父子，他们是特别出色的绅士，父子相继为益州牧。但大事发生时，他们也不做任何处置，平定不了辖区内爆发的张鲁的叛乱，因而依赖刘备，却被刘备夺取了政权。（近来的徐世昌和刘表很相似。）

曹操的矫正办法

此种风气自然而然被看作弊害，于是就有人想加以矫正，在这方面最有名的是曹操和诸葛孔明。二人所采取的方针基本相同。关于曹操，《三国志·魏书·武帝纪》的"评"说他"揽申商之法术"，这是史家对曹操施政方针的概括，即评论他采用的是战国刑名家申不害、商鞅的政治理论。另外，在曹操建安十九年发布的命令中，有选择明习刑罚法理的人在军中执掌典刑的说法。因此，晋代傅玄在谈及曹操时曾说道："魏武好法术，而天下贵刑名。"（《晋书》卷四十七本传）曹操运用这种方针政策，因此与之相应的人物大量出现。汉末建安年间，曹操掌握政治实权，他便运用此法治理天下。王夫之的《读通鉴论》卷十也说，"进崔琰、毛玠、陈群、钟繇之徒，任法课能"，也就是根据法令施政，让有实际能力的人来做事。通过这样的做法，一时改变了汉末纲纪废弛的现象，建安时代得以延续。如果像东汉时期那样，只重视互相的赞誉，只根据这个来选用人物，那么一个人是否有实际业绩就成为次要的了。曹操的政治，是效率主义的，从实际效果出发考虑问题。这种方针不考虑名誉，一个人即使品行有些差，但只要在政治上有实际功绩，就予以任用。这样的政治，只依靠法律。当时有恢复汉初以来已被废除的肉刑的讨论。汉代多使用笞刑、朴刑等不会导致外部可见伤害的刑罚，但是这种温和的法律没有效果，因此有了肉刑的主张。魏中期的刘劭在所作《新律》十八篇中有相关的讨论。除此之外，刘劭还作有《都官考课七十二条》（即"官吏管理法"）。汉律在汉代逐渐进步。曹魏时期，过去没有写入律法正文的内容成为明文。魏律对汉律做了很大修改，它在曹操的孙子明帝时期颁布，曹操的政治方针一直延续到那个时期。

诸葛亮的矫正办法

另一方面，关于诸葛亮，《三国志》的注中有一段有名的记叙。不过，是不是事实尚不清楚。书里是这么说的——刘备从刘璋手中夺取益州后，诸葛亮采取了"刑法峻急，刻剥百姓"的治国方略，致使君子小人皆有怨言。因此，有一个叫法正的人劝谏诸葛亮："过去高祖入关时，曾约法三章，秦民对此感恩戴德。如今你夺取益州，却未能施惠于百姓。你是作为外来人治理当地，希望你能在刑罚方面稍稍宽容。"但诸葛亮答道："你说得不对。秦时严刑苛政，高祖于此情形下入关，自当采取宽大政策，以抚民心。但是，如今的益州因为之前刘璋的愚蠢，法度废弛，所以百姓既不知恩的可贵，也不知刑的可怕。故此，我才要用律法威慑百姓，只有严格执行律法，百姓才知感恩。"当时的历史学家也对这段记载表示过怀疑，列举了法正进谏的年代与事实不符等反证，以为这段话不可信。但我认为，大体来说，诸葛亮在益州确实实施严格整肃的政治方针。《三国志·诸葛亮传》的"评"说诸葛亮"抚百姓，示仪轨，约官职，从权制……尽忠益时者虽仇必赏，犯法怠慢者虽亲必罚"。又说他"循名责实，虚伪不齿"。他的政治方针政策大体上与刑名家一致。"评"也说诸葛亮"刑政虽峻而无怨者"，由此可以看出，诸葛亮的政策是公平且实际的。

意外的后果，权谋家辈出

整体而言，在整肃汉末散漫的社会状况这点上，曹操与诸葛亮的政治方略是一致的。我想这是优秀的政治家所见略同吧。不过，这样的政治只能在像益州这样的地方，在命令可以直达社会每个角落的地方实施。倘若在整个中国实施这样的政治，能否达到相同的效果值得怀疑。当时，蜀国统治着一个州，吴国统治着三个州，而魏统治九个州（魏号称有十州、十二州，实为九个州），可以说，曹操实际上统治了整个中原地区。所以，曹操若想完全按照自己的想法在政治上取得成效，是很困难的。这样一来，曹操的政治带来了一些意想不到的结果。《日知录》卷十三"两汉风俗"问道：曹操不拘品行、任人唯才的做法，给当时社会带来的影响是什么？书中的回答是："权诈迭进，奸逆萌生"。关于这一点的证据是，在曹操去世十余年后，魏明帝太和六年（232年）时，董昭的上疏（《魏志》卷十四《董昭传》）中提到末流的弊病："凡有天下者，莫不贵尚敦朴忠信之士，深疾虚伪不真之人者，以其毁教乱治，败俗伤化也。"曹操的政治的目的，当然是排斥那些伪善之徒，但是当今的年轻人不以学问为本，而专以交游为业；国士不以孝悌清修为首，乃以趋势游利为先。不仅如此，这些人还结成党派，常常互相吹捧或是攻讦。这种种行为，完全背离了曹操当初要改造当时士大夫的做法。在《三国志》卷二十八《诸葛诞传》中就记载了魏明帝时期，诸葛诞、夏侯玄、邓飏等人互相浮华虚誉、结党营私之事。总而言之，根据律法对社会进行整治，其目的在于恢复东汉的、伪君子出现之前的质朴的社会风气，然而在此过程中出现了与东汉时期虚伪地互相吹捧的现象相类的倾向。三国时期权谋家辈出，《三国志》卷十中列举的荀攸、贾诩等人还是不错的；但是卷十四中列举的程昱、郭嘉、董昭以下诸人，是"明智计之士"，他们见利忘义，是不可信赖的人（《十七史商榷》卷四十）。这是一种弊害。

尚流荡之风

除此之外，当时还有一种弊害，就是流荡，即不崇尚品行的风气。王鸣盛在《十七史商榷》卷十四中认为，建安七子开创了后世文人浮华轻薄的风气，他们目无中国传统礼仪，书中列举了这样的事例：曹丕和建安七子是一伙的。在他还是太子时，曾设宴招待这伙文人。在觥筹交错、酒宴正酣之际，曹丕请上了自己的夫人，即美人甄宓向众人问候。当时，在座者均俯身低眉，不敢直视。只有刘桢满不在乎地紧盯甄氏（《魏志》卷二十一《王粲传》注）。另外，魏文帝在宴请吴质、曹休等人时，也请了郭皇后出面行礼问候，魏文帝更是直接请二人直视皇后面容（同上）。天子如此破坏礼法实属罕见。还有，当时的陈留太守夏侯惇，任命一个名叫卫臻的做会计官。夏侯惇请出了自己的夫人来招待卫臻。卫臻认为夏侯惇的做法是一种奇怪的末世风俗，因而当场被夏侯惇捆绑起来（《魏志》卷二十二《卫臻传》）。从这些例子可以看出当时的风气是打破常规的。在这种风气中，破坏现有礼法的有一伙人。前文中已经讲到晋代傅玄评论曹操的那段话，后面还有一句针对魏文帝的评论——"魏文帝慕通达，而天下贱守节"。即东汉末年崇尚苦节的风气渐渐被打破，不再裁抑虚名之人、崇尚名节。这种打破并非要回到从前的质朴，而是演变成了崇尚流荡。

清谈之风

下面到了正始时期。在魏国，是明帝的继任者齐王芳在位。这一时期只有短短九年时间。这一时期开创了一种对后世颇具影响的风气，即所谓魏晋清谈之风。顾炎武《日知录》卷十三"正始"引用《晋书·儒林传》的序文："摈阙里之典经，习正始之余论，指礼法为流俗，目纵诞以清高。"书中还说："讲明六艺，郑（玄）、王（肃）为集汉之终，演说老庄，王（弼）、何（晏）为开晋之始。"这段话的意思是说，在认真研究经书方面，郑玄、王肃（王肃是反对郑玄的，他采用的是贾逵、马融的学说。但是郑玄和王肃在全力以赴研究经书这一点上面是一致的）是集汉代思想的大成者，而王弼、何晏研究老庄，始开晋代学术。也就是说，正始时期是王弼、何晏出现的时期。

第八章
老庄的影响

王弼、何晏的老庄之学

王弼、何晏是使老子、庄子的学问开始兴盛的人。何晏所著《道德论》今已失传，其《无名论》流传下来的仅有一部分，并不完整。这些人，特别是何晏，同前面说过的夏侯玄、邓飏等人一样，喜好世俗的名誉，但他表面上是研习老庄的学问，有着淡泊名利的作风。在曹魏中期的宫廷政变，即曹爽被打倒、司马懿掌握权力的动乱中，何晏被杀。何晏著有《论语集解》等书，并不是完全只研究老庄，但即使在《论语》中，也只是喜欢与道家相近的内容，将描述尧舜的"荡荡无能名"之类与老庄联系起来，主张这样来看《论语》。王弼比何晏年轻，而且二十四岁就死了。他为《易》和《老子》做的注，与何晏对《论语》的注解一道，到今天还很有名。王弼的注释，大体上是用老子的思想解释《易》，与过去对《易》的研究完全不同。这些人的议论，作为超脱糟糕的俗世的思想，当时受到世人的钦佩。从这时起到后来，正始年间的清谈长期被人敬慕，经常被模仿。

竹林七贤的行为

然而，这些人尽管谈吐高尚，却不照此实行。不过，到了曹魏末期，涌现出许多将正始年间的思想如实地付诸实践的人。竹林七贤这群人就是如此，他们中最有名的是阮籍和嵇康，二人为七贤的中心人物。竹林七贤与东汉末期的伪善之徒不同，他们所做之事几乎可以用"伪恶"来称呼。嵇康、阮籍的文章，有不少流传至今。比如阮籍的《大人先生传》，嵇康的《与山涛绝交书》《养生论》等。这些文章的思想都与当日的孔子之教背离，是对它的反动，而且要在实际生活中加以实施。阮籍等人把自己的本性伪装起来，装作恶人。他目无世事，故作旷达，故意去做别人认为是罪恶的事情，例如在母丧时饮酒，实际上他心情并不好，结果悲痛得吐血。嵇康的《绝交书》，也说想要完全摆脱世间的约束，过任性而为的生活。但是，这样行事的两个人，性格是不同的，阮籍保全了自身，然而嵇康被当权者忌恨，因此被杀。阮籍虽然行为旷达，但他很懂不被当权的司马师、司马昭憎恨的办法。阮籍被当时遵守礼法的人反对，但总是得到司马昭的保护。而嵇康过分强调自己旷达的主张，在文章中说自己"非汤武而薄周孔"，没想到这引起了司马昭的不快。当时司马昭想要夺取魏的政权，自己来做天子，也就是做汤武做过的事情，因此厌恶嵇康，终于把他杀了。竹林七贤的其他人，多是阮籍之流，虽然主张、实行旷达之事，但实际上懂得不触犯当权者的处世方法。这些人都是名门望族，拥有资产。阮籍据说比较贫困，但他原本是有资产的，是个游手好闲、坐吃山空的人。这些人做的事就是这样，把反对当时遵守礼法的人当成一种癖好。即使是没有进入七贤，被当世所用的人，也被当权者巧妙地使用，没有反抗社会的意图。被嵇康绝交的山涛，反对阮、嵇无端破坏礼法，认为名教之中如果也有可以自得其乐的境地，就没有必要反抗。因此，他没有加入当时清谈者的行列。这些人的名教纳入了孝行，但是几乎不考虑君臣的大义。嵇康虽然是被司马昭所杀，但山涛劝嵇康的儿子嵇绍出仕于司马昭的儿子晋武帝。这件事经常被议论。嵇绍入仕后十分忠心，在晋朝动乱灭亡之际为天子殉死。

东汉名节的破坏

这些从事清淡、贬低道德的人，也可以分为两种：一种是阮籍那样暗自圆滑处世的，另一种是嵇康那样直接反对社会的。此外，那些为社会所用的人当中，也有类似山涛那样暗自圆滑处世之人。总体而言，他们在形式上都有反对一切尊崇东汉儒教礼法的行为的倾向。不管是在这些反对的人中，还是在山涛这样不反对的人中，东汉的名节在这个时代都被打破了。导致这情况的，是汉到魏、魏到晋四五十年间社会的剧烈变化。读书人倘若忠实地按照书上说的去做事，就会招来祸患，因此他们虽然读了某些书，但自己做事时尽量偏离名教。结果造成了这种风气。到了晋初，这种风气变得盛行。干宝在《晋纪总论》(《文选》卷四十九)中大量列举了当时弊坏的社会风气：

> 风俗淫僻，耻尚失所。学者以老庄为宗而黜六经，谈者以虚薄为辩而贱名检，行身者以放浊为通而狭节信，进仕者以苟得为贵而鄙居正，当官者以望空为高而笑勤恪。

这是当时的一般风俗。干宝身为晋代人，写晋代事，因此写的恐怕是事实。另外，干宝在文章中说有人把论政治、正礼法的人称为"俗吏"，把谈说政治、道德的人称为"俗吏""俗生"，把老老实实、循规蹈矩视为俗，崇尚俗的反面。这些人崇尚的是旷达，与东汉那些崇尚礼教、名节之人在立场是相对立的。即便不是如此，恐怕当时也基本上没有谁鼓励名节了。关于这一点，王夫之《读通鉴论》卷十也有议论。他举出了傅嘏、王昶、王祥、郑小同等人的事例。傅嘏反对刘邵重视法律的主张，认为政治不能只靠法律，应该任其自然发展。王昶著有《治论》《治略》，从他的议论看，他崇道笃学，欲绝浮华，与何晏、王弼等人全然不同，是极为实在的人。王祥是"二十四孝"之一，为侍奉继母想破冰求鲤，他从魏生活到晋，为人质朴。郑小同是郑玄的孙子。当时，何晏、王弼当然也不是想故意惹出是非，他们主要是为了保全身家。不违背时势是他们的擅长，他们自始至终没有想过树立名节、端正行为，没有想过君臣大义。极为现实的人就是这样。

鲍生的无政府论

有了这种风气的存在，将之推向极端的，就产生了与今天的"无政府论"相同的思想。根据晋代葛洪《抱朴子外篇》卷四十八的《诘鲍》篇，鲍生敬言喜读老庄著作，尤好辩论。他曾提出"古代无君而盛于今世"的观点。即使在老庄家中，这也是最极端的观点。抱朴子基本上属于道家，可以说后世的神仙家和道家合二为一就是从他开始的。一方面，他为求仙而钻研炼丹之术，另一方面又形成道家学说。这里所说的道家与何晏、王弼之后的相差无几。他们并非全然反对孔子，而是用道家的方式来解读孔子的学说，并没有完全放弃五伦之道。因此，鲍生的极端学说受到他们的极力辩驳。鲍生认为，奢侈产生完全是由于君主，君主因此是人民受苦的根本原因，最好取消君主。针对这一观点，抱朴子说：即使有君主，如果他像尧舜那样，人民就不会受苦，因此人民受苦与有无君主没有关系；即便没有君主，人们的争讼也不会消失，如果没有裁断争讼的人，反而难办；有了君主，就能进行管理。总之，老庄派的议论中，最极端的是这个鲍生的观点。虽然不能说它在当时普遍流行，但可以看到，当时也有提出这样极端学说的人。

在文学中引入老庄和佛教思想

思想上产生这样的变化，与其说是对君臣关系的观念变了，不如说是社会现实发生了改变，这一变化对文学产生影响。在文学中，老庄及神仙思想变得盛行，而且与佛教有关的思想也融入进来。《困学纪闻》卷十三引用《文心雕龙》和《续晋阳秋》，谈到了这种变化。《文心雕龙》卷二《明诗第六》说到东晋时期的文章沉溺于玄风。《续晋阳秋》中说，王弼、何晏喜好老庄的学问，世间也以此为贵。东晋之后，佛教思想开始盛行。把老庄思想吸收到诗中的是郭璞，他最先在自己的诗中引用了道家的词句——郭璞的《游仙诗》（《文选》卷二十一）中吸收了摆脱世间一切束缚，淡泊官位名利，食云霞，饮仙药，完全脱离俗世的观念。后来的许询和孙绰也崇尚仿效这样的风气。因此，诗骚之体即《诗经》《楚辞》风格的诗歌据说完全消失了。所谓《诗经》《楚辞》的诗风，是说《诗经》是温柔敦厚之教，以人情淳厚的内容为主，《楚辞》也是思君忧世，人情味十分浓厚。《楚辞》之中说到美人，总之与人伦相关。而继郭璞之后，诗歌中融入了老庄之风，脱离了人世间，想置身于自由的境界，过去重视人伦的体裁的诗歌完全消失了。许询、孙绰的诗作几乎没能流传下来，实际是怎样的风格，不得而知。但无论如何，当时有这样的评论，恐怕是真的。本来，魏晋时代建安七子之风被崇尚，在诗文中锤炼语言和思想是文学的目的。到了晋初，这种风尚多少发生了改变，虽然在语言上还是锤炼文字，但在情绪上有些崇尚浮华。这种风尚流行到晋末永嘉之际。然而郭璞在东晋初期出现，使永嘉之风为之一变。东晋百年间，诗歌基本都是郭璞的风格，尊崇"上德"。"上德"一词，意思是脱离世间。据说许恂、孙绰还把佛教思想引入诗歌。今天如果要看有佛教意味的虚无诗，有王羲之、孙绰等四十多位诗人在兰亭集会时所作的诗，其中许多是有佛教意味的。（王羲之的《兰亭序》中也有与佛教的意思相近的地方。）孙绰也写了与佛教有关的文章，他的《喻道论》收在《弘明集》中。孙绰说，儒教和老庄没有到达真道，如果认为"至德穷于尧舜，微言尽乎老易"，就不能看到"方外之妙趣，冥中之玄照"。由此可见，孙绰是真正相信佛教的，可以想象他的诗中也有这样的意味。

佛教的老庄化

　　大致从魏晋时期开始，老庄之学开始盛行，并被引入诗文。最初，佛教在东汉末年还没有像老庄那样，从超脱俗世这个意义上反对儒教。那时候的佛教徒在中国人看来大概是以严守戒律、实践苦行为宗旨，与儒教崇尚名教不同，但在努力这一点上二者是一致的，佛教不被认为和庄子一样崇尚旷达，要摆脱世间的束缚。

　　因此，那时的佛教徒若不守戒律、做了恶事，就会被攻击，但不会因为行为旷达这一点受攻击。这见于上面讲到的《牟子》（《弘明集》卷一）。到了东晋，佛教也以旷达为主，孙绰认为它与老易相同，或者还在其上。这时的佛教，与传入中国时相比发生了变化，被用老庄的思想加以解释。也许是由于这个原因，出现了上面的情况。当时的佛教，因为在中国兴起的老庄学说而发生了一定的变化。中国当时的情况是崇尚旷达，因此佛教开始与之调和。到东晋为止，老庄对思想和文学的大致影响，表现为上述形式。

第九章
从尊重礼仪到尊重门阀

一般家庭中尊重礼仪的风习

魏晋时期的清谈以及某些人放纵的生活方式，把中国社会推向了一种相当极端的状态。顾炎武等为此有亡国、亡天下的议论。(《日知录》卷十三"正始"条)他说："易姓改号谓之亡国，仁义充塞，而至于率兽食人，人将相食，谓之亡天下。"也就是说，一国天子的革命，只是其家族建立的国家灭亡；但如果灭亡人伦，则是亡天下。与"亡国"相对的所谓"保国"，是国君和大臣即领取国家俸禄的人必须谋划的。因此，亡国了是当权者的责任。而与"亡天下"相对的"保天下"，是匹夫之贱也应该承担的责任。顾炎武的议论很极端，照之看来魏晋时期的情况极度混乱，他的议论有点言过其实了。顾炎武是明朝灭亡时期的人，在明朝灭亡之前，有些人用行动反对孔子之教，鼓吹消灭人伦。顾炎武有感于此，因而他对魏晋时期的印象也有点极端。当时的真实情况是，从事清谈、生活放纵的只是一部分人，不能说所有人都是这样。关于当时的一般行为，有一个好样本，就是王昶的《家诫》，它出自《三国志》卷二十七①王昶本传。其中说道："夫人为子之道，莫大于宝身全行，以显父母。"《家诫》篇幅很长，还举例说明什么人值得仿效，什么人不值得。除此之外，又说即便是自己尊敬爱戴的人，也有可学和不可学的。总的来说，人一旦在社会中冒头了，行为总会或多或少地妨碍他人，王昶不愿自己的儿辈学会这些，希望他们能够学会避开世间的祸端、保

---

① 日文原文误作"卷七十二"。——译者

全自身的方法。王昶还认为，倘若像东汉时期那般，人人重视名节，认为自己是正确的，就容易与社会相冲突，招来祸患。要想不这样，首先应该尽量不与人相争，不与人冲突。所以他认为这样是最好的——不要主动去做自以为正义的事，在家庭中讲礼仪，亲族之间互帮互助。因此，家族之中的礼仪颇受重视。这种风气从东汉到六朝都是相同的，人们非常尊崇礼。尽管在魏晋时期有一些清谈之人，但这只是历史长河中的一小段波澜而已。所以朱子等人也说"六朝之人，多精于礼"。

六朝时期礼论的发展

这一时期，关于礼论的著述很多。六朝刘宋时期，何承天曾撰写《礼论》三百卷，据说这是将已有的《礼论》八百卷进行缩编而成的。它论述了关于冠婚葬祭的详细规定。这本书今天已经不存，不过一般认为其内容大致就是这样的。后来的王俭又抽出《礼论》的条目，编成三十卷。到了梁朝，孔子祛撰写了一百五十卷的《礼论》续编。后面隋朝的潘徽等人撰写了一百二十卷的《江都集礼》。该书的序言说，自《仪礼》《礼记》成书以来，从事有关礼的著述的人非常之多，比如《郑王徐贺之答》《崔谯何庾之论》等。这里的"郑"指的是郑玄。"王"是王俭，著有《礼答问》一书，见于《隋书·经籍志》。"徐"是徐广，六朝宋人，著有《礼答问》及《礼论答问》。"贺"是贺玚，也写过有关礼的著作，见《隋书·经籍志》。郑玄也写过《郑志》，内容为解答弟子的提问。因此，这些著作均称为"答"。此外，"崔"指的是崔灵恩，著有《五经论》《五经然否论》。"何"是何承天，著有前述《礼论》三百卷。"庾"是庾蔚之，著有《理论钞》。以上均称为"论"。将这些著述汇集起来，就有了潘徽的《江都集礼》，它将《仪礼》《礼记》以来有关礼的思想和实践的细目集中起来，成为一部宏大的著作。在其中可以看到当时人们产生的新想法。一旦有关礼的疑问作为实际问题被提出来，就不得不提出与之相应的新思想。隋朝人王绩（文中子王通的弟弟）回答杜之松关于礼的问题的信，收在《唐文粹》卷八十一，在谈到王俭的《礼论》时说，"观其制作，动多自我，周孔规模十不存一"。当时的这种议论表明，人们认为改变圣人制作的行为是不合适的。但另一方面，礼制被规定得如此详细，也说明礼在不断发展。

九品中正法的宗旨

由此可见，六朝时期尽管依旧有人仰慕魏晋以来的清谈风尚，但是整体而言，有关礼的讨论十分发达。如果是有教养的人，就要用礼来规范家族秩序，这是当时的一般风尚。这一风尚在实际政治上也产生影响，就是出现了叫做九品中正法的选举方法。实行九品中正法的明确事实，据说始于魏文帝延康元年陈群的上奏。所谓九品中正法，即在州郡中设立中正一职，由该州郡有才识、有鉴定人才眼光的人担任。中正负责推荐可以做官的人才，将人才分为九个等级加以推荐。中正有大中正和小中正之分。郡的人口在十万以上的，原则上每年推荐一个人，若有特别优秀的人才，则不受人口限制。当时在魏国之外，吴国也采用了这种方法，其"中正"被称为"大公平"。后来的六朝时期，南北都由中正官举荐人才。这个制度一直实行，直到隋朝改革所有地方官制。然而，中正推举人才的制度不见于历代史册，我们只能通过《通典》的记载了解一二。推举人才依据的是何种标准，还不太清楚。《晋书·武帝纪》（咸熙二年）说，武帝时根据六条标准举荐人才：（一）忠恪匪躬；（二）孝敬尽礼；（三）友于兄弟；（四）洁身劳谦；（五）信义可复；（六）学以为己。这些标准很抽象，不过被推举的人才一般被视为符合这六条标准。恐怕这个制度自开始实行时起，采用的就是相同的标准。然而《廿二史札记》卷八"九品中正"条说，在陈群之前，已有人提出这种举荐人才的方法。曹操掌权期间，何夔上疏说："今草创之际，用人未详其本"，也就是不了解人才的来历，大家推荐人才时各自提拔自己的朋友，因此最好先在乡里加以核实。如果在乡里品行好的话，就可以看出人才的贤与不肖了。这个上疏，据说在陈群之前就有了。如前所述，汉末过度崇尚名节，士人一旦与当时的执政者冲突，就会招来祸患，所以后来出现的人里面伪善者很多。如不考虑这些，像曹操一样不问品行，就变成大家都各自举荐自己的朋友，真正的人才不会出现。因此，仔细考察人物的根本品行是有必要的，最好听听家乡对他的评价。所以，陈群的九品中正，也是把了解地方品行正派的人才的人任命为中正，以便把这些人才推举出来。魏晋之间，尽管道德上的观念发生了变化，但最安全的方法是听取故乡的评价，而不是从外部了解。一旦这样，就变成根据尊重礼仪的风俗设立标准，以此选用人才。由此可见，在政治上，与清谈者之流相比，还是东汉以来尊重礼仪的风尚获得了胜利。

清议的势力

如果要说九品中正法给一般社会带来了什么影响，那就是清议形成了势力。所谓清议，用一句话来说，就是一个人的故乡对其品行进行评价。因为清议，六朝时期失意的人很多。清议由于对品行的评价非常烦琐，因此有埋没人才长处的弊端。不过，在选取人才时如果将安全视为第一目标，那么清议是最方便的。陈寿在父丧期间，因生病而让侍女在自己的房间里制作丸药。这于礼不合，因为此事陈寿在家乡风评很差，永远不得被举荐为孝廉，后来有人为他解释，陈寿才得以被举荐为孝廉。这样的事例当时很多。《廿二史札记》卷八"九品中正"列举了这样的例子，《日知录》卷十三"清议"条中也有。从使用人才的角度看，这种情况令人惋惜，但它对于维持一般社会风俗、养成严肃的习惯是相当重要的。尽管有清谈的人，有破坏道德的人，但作为一般的风习，清议流行一时。这是因为要想改善社会风气，不得不把清议当成一件好事。也有人提出，九品中正法的实行，对一般风俗产生影响，从而有力地影响了中国的国民性。

对九品中正法的反对意见

不过，当时就有人认为，九品中正有不仅不符一般风俗，而且不利于政治的地方。魏明帝以后，夏侯玄、何晏等人活跃的时期，就有反对的意见。夏侯玄的看法是：任用官吏本来是由朝廷进行，评判人的品行，则是乡里人为建立乡里的秩序而做的。朝廷在上面任用官员，乡里评价人物的优劣，二者都不应越过各自的界限。虽然有的人有孝行，有的人品行优良，但不能因此说他们适合做官吏。然而，如果掌握乡里评价权的人连官吏的任用都能干涉，那就是自由操纵天子任命人才，在政治上是不对的。官吏的人才能否，应当在各自的职位上，由管辖的长官来做考核，再交给宰相裁决，然后加以处置。如果是这样的话，裁决人才能否的人，对自己举荐的人负有责任。然而，在乡里仅仅负责评判人物品行的人去干涉录用之事，这是不合适的。夏侯玄的这番议论是很有道理的。也就是说，在政治上，人才是当作人才对待，还是要与乡里的评价、品行关联起来？就当时人才的选用，产生了两种意见。然而总体而言，由朝廷任命人才，只在曹操这样的人物上位时才开始得以很好地实行。如果只选择天子喜欢的人，有时会出现恶劣的骗子，与其如此，不如按照一般的评价选拔，这样即使做不出大的功绩，也不会犯太大的过错。最后的结局是，尽管有夏侯玄等人的反对意见，九品中正法仍通行于魏晋六朝。

向选举门阀过渡

无论如何，若能真正做到推举在乡里获得好评的人才，九品中正法的弊端是很少的，然而它走向了错误的方向，也就是变成只从那些世代相续的名门中推举人才，名门之外的贫寒弟子不再被举荐。担任中正的人，都出自当地的名门，所以自然提拔的也是出自名门的人。从这时起，士庶分隔。产生官吏的家族，后来作为士族延续。因为中正出自士族，被提拔的人也是出自士族。作为成为士族的证据，家谱自然会被想到，所以谱籍变得十分重要。《文选》卷四十收录了在梁朝担任中正的沈约对一个名叫王源的人的弹劾文章，沈约弹劾的理由是王源把女儿嫁给了一户人家，但这户人家的士族身份是假冒的，实际是庶人。当时人们认为士族只应与同为士族的人结婚，士族与庶人通婚是有辱先祖的。所以，沈约要求免去王源的官职，并终身禁锢。由此可见，九品中正法最初是看人的品行，后来却沦为专看门阀。这已经背离陈群提出九品中正法的宗旨，但事实就变成这样了。即使在主张门阀的人当中，沈约也是较为极端的。从历史上看，人们一般认为陈群的九品中正法，是从东汉时期重视门第的风尚中自然出现的。但是在沈约看来，采用此法的曹魏时期的政治，通过乡里的舆论来得知某人品行的办法是不够的。沈约在其所著《宋书》的臧焘、徐广等人传记的"论"中说到，汉代从民间选用品行好的人，因此好人被选了出来，但是从曹魏时期这种风气不再流行，人才的任用归于朝廷，人才的录用越来越不行了。不管怎样，这些只能算是最极端的门阀观点。魏晋时期有"人才论""品行论"两种观点，后者占据了上风，但是它又转向了"门阀论"。

反对录用门阀意见的失败

但是，关于录用人才的议论经常发生。西晋初期的傅玄等人做了最根本的思考。他们认为，一国之中有士、农、工、商的区别，农、工、商有自己的常职。士被任命为官吏，担任政治上的职务，就不能再从事其他工作。但是，没有成为实际官吏的士，如果不让他们担任任何职务，就会变成吃白食的人，成为国家穷乏的源头。因此，士如果没有职务，最好让他们去从事农耕。这一议论十分有趣，然而在任何时代，作为社会的自然状态，它是很难实行的。西晋初年，九品中正法已经产生了弊害，根据当时刘毅的看法，出现九品中正是汉末丧乱的结果。它缺乏任用人才的标准，只能用作临时性的办法，不可作为恒久之制。刘毅还提出九品中正制有"八损"，并将它们一一列举出来。他主张废中正，除九品，建立新制度。持有此论的，晋初在他之外还有几个人，都相当有力。但是，社会的实际情况是人们厌恶实行新制度的努力，安于现状，所以这个制度延续了数百年之久。

门阀的自尊心

只从门阀中挑选人才，在道理上是行不通的，因此不管怎么说都应当予以纠正。但在唐中期以后，也就是门阀全都倒台、没有贵族的时期去回顾实行九品中正的时期，就会发现这种不合理的门阀政治也有可取之处。晋朝建立后不久，便发生了五胡十六国的动乱，因此从北向南迁徙，国势也一度衰微。但是，没有哪个朝代像晋朝时这样，经常是南方对北方采取攻势。五胡十六国，源起于晋朝的衰微。但是，后来晋朝击破一国，灭亡三国，从未与敌人讲和（后来仅在刘宋时期有过讲和）。晋朝这种强硬态度的根源是什么呢？顾炎武在《日知录》卷十三"流品"条中对此加以讨论。这个时代重视流品即门第，与门第低下的人坐在一起被视为耻辱。顾炎武还引用了《世说》卷七《方正》中的事情作为例子。这是南朝萧齐时的故事。纪僧真被齐世祖欣赏任用，但他本身是低级武官出身，如今发达登上了如此高位，于是请求成为士族。不料，世祖说成为士族是天子也不能决定的，必须与其他士族商量。于是，纪僧真去找名叫江敩的士族求情。结果纪僧真刚刚坐下来，江敩就让仆人将自己的座位搬到远离客人的地方。纪僧真丧气而回，将此事告诉世祖。世祖回答说："士大夫原本就不是天子任命的。"总而言之，晋朝非常重视门第，对门第有很强的自负心理，面对夷狄时完全不考虑让步，这成为晋人的国家自尊心。王夫之对人民的生活抱有极大的同情（同时他也对中国与夷狄的区别有严肃的思考）。他也认为，六朝人重视门阀的风气，从道理上讲是非常不恰当的，但是考虑它长期实行的原因，会发现那是恒久的习惯势力造成的。士的儿子是士，农民的儿子是农民，这种习惯长久地深入人心，使重视门阀的风气根深蒂固。(《读通鉴论》卷十)《日知录》卷十三"正始"条的注中记载了杨绳武的议论。其中说道：有人认为六朝的风气是从事清谈，浮薄而败坏礼仪道德。当然上面说的几点都是存在的。但实际上作为一般风俗，也有难以企及的地方：为了重视家世，所以尊严家讳，矜尚门第，慎重婚姻，区别流品，主持法仪。因为这些，每个人都有自尊心，而自尊心即是国民气节得以维持的原因。这种气节表现为六朝时期人们的强硬态度。在这一点上，六朝人似乎有相当强硬的主张（有些方面比日本的公家还要强硬）。总而言之，汉代以来尊重礼的风气，中途转化为了尊重门阀的风气。而承担尊重礼的任务的，只有这种门阀家族，庶人与之没有什么关系。在这里，存在着士庶的区别，以至于门阀家族持有强硬的主张。从事清谈的只是一部分人，而且只是一时的现象。大体而言，东汉以来崇尚门第的风气，到六朝时固定下来。

第十章
贵族中心时代

贵族的理想生活

　　九品中正制实施以后，正如晋初刘毅所说的那样，出现了"上品无寒门，下品无势族"的现象，它渐渐促成了贵族阶层的产生。衣冠之族都是豪门势族，此外都是庶人。这种贵族当时被称为"士人"，士人大概有多少不得而知。沈约在一份上疏（《通典》卷十六）中说，"当今士子繁多，略以万计"，即便这不是确切的数字，也可以想象当时士人是相当多的。这是南朝梁代的情况。沈约在这份上疏中又说："周汉之道，以智役愚，台隶参差，用成等级。魏晋以来，以贵役贱，士庶之科，较然有辨。"[①]九品中正极大地助长了这种倾向。汉末以来，生活贵族化和门第延续的结果，这些延续下来的家族，其生活已有贵族化的倾向。仲长统的《乐志论》，说到东汉末年受过教育的人的理想生活。该文是《昌言》的一篇，有人怀疑是《昌言》的自序（只有这篇文章是远离俗务的，所以中国书法家经常抄写）。这篇文章描绘仲长统的理想生活：家有良田广宅，依山傍水，房屋周围环绕着沟池，种满竹木，前有场圃，后有果园。有船和马车，出门不需要徒步跋涉，有供使唤、代替自己劳作的奴仆。有美味珍馐供奉自己的双亲，妻子儿女不用从事辛苦的劳作。朋友相聚之时拿出美酒佳肴招待，良辰吉日祭祀祖宗时献上猪羊牺牲。在自家的田园树林中闲适地游乐，濯洗于清泉，与凉风为伴，垂钓鲤鱼，猎捕飞鸟。在自家的宅第中过着舒适安闲的生活，居住在与得道

---

　　① 这是《通典》卷十六《选举四》原文。这段文字来自沈约的另一段议论，而不是前面提到的上疏。——编者

仙人相同的境域之中。与得道的先贤们讲书论道，观察天地万物，评论古今人物。弹着琴，畅想人间万千事，不用承受责任（不出去任职），身体健康，长命百岁。倘若真的能过上这样的生活，人的心境凌上九霄，出宇宙之外，哪里还会羡慕出入帝王之门的人呢？恰在这个时候，魏文帝颁布了诏书（《太平御览》卷六八九《服章部六·衣》），其中说道："三世长者知被服，五世长者知饮食"。这大概是当时的谚语。以上所描述的，就是当时一般有识阶层的标准贵族生活，普通老百姓是不可能达到的。然而这种理想生活，当时的贵族已经实现了。

尊重氏族

六朝时期尊重氏族，赵翼的《陔余丛考》卷十七"六朝重氏族"条对此有详细记述。现说其大略：九品中正法实行以后，成为官吏的人多选自贵族，"下品无高门，上品无寒士"。从一开始，贵族的出身就不同。到了晋代，许多贵族年轻时成为散骑侍郎，有的成为秘书郎、著作郎，这已是惯例。一般来说，后两者是擅长写作的人担任的官职，贵族一开始就被任命为这样的官职，我想这证明他们接受了良好的教育。士人被任命的官职，大致上有九品。在此之外小人担任的官职称为"等外"，有七等。当然，这些名门望族与同为名门望族的人结婚，不与卑贱之人通婚。可是即便在当时，贵族的自高自大也不被认为一定就是对的。其中有些人虽然是贵族，但不恃门阀，善待低级官吏，亲自担任低级官吏，被认为是"盛德"。不过，大部分人还是根据门第的上品、下品而担任不同官职。特别是下品家族的人，不敢与名门相争，即使有担任好官职的机会，也固辞不受。刘宋时期，王俭出身名门，很有学问，是有名的人，而王敬则出身不太高，二人同时被授予开府仪同的官职。有人祝贺王俭说："今日可谓连璧。"王俭却说："不意老子遂与韩非同传。"（老子崇尚的是道，韩非子却只说法。这句话是以他们被放在《史记》的同一个列传之中，来讽刺王俭与王敬则同官。）王敬则听闻后说道："我原本只是一名小吏，如今侥幸和王俭一起被拜为三公，还有什么可遗憾的呢？"当时还有这样的事情：不是贵族的人，娶到因犯罪或触犯天子而家族败落的贵族家的女儿，被视为很大的荣耀。成为士人这件事，不是天子的命令或朝廷的制度可以决定的，自然地贵族各自尊尚自家的门第，决定哪一家是贵族，贵族的圈子不是谁说想加入就能加入的。要成为贵族，必须得到贵族的许可。前面讲了纪僧真去江敩那里求情的例子，还有更过分的：有人去贵族家，主人一言不发，客人离开后，把他坐过的床也给烧了。梁武帝时，侯景从北齐投降了梁朝，他是个粗野暴躁的人，却想当贵族，说想与南朝的高门王、谢家族结亲。武帝说，王、谢门第有点太高，你还是与稍低一点的门第结婚吧。贵族都制作谱牒，以此确定等级。唐太宗当天子时，对谱牒进行调查，博陵崔氏（崔氏有很多，但博陵崔氏是第一流）为第一流，太宗的家族是第三流。这时所有的门阀分为九等，共二百九十三姓，一千六百五十一家。它们是延续到唐代的家族。到了唐代，各级官吏也从平民中选拔，但婚姻还是按照门阀等级进行。太宗这样的一代英主，有几分打破门阀的想法，但实行起来没那么容易。

谱学的发展

进入这样的门阀时代，有一种学问随之发展起来。记事的历史，是写下社会中发生的事件，并观察其变化。在这当中出现了叫做谱学的学问。赵翼的《陔余丛考》卷十七中有"谱学"条，对它加以讨论。本来家谱是为了说明自家的来源，从周朝就很流行，这见于《周礼》。但《周礼》中有宗法，宗有大宗、小宗之分。一般来说，对于自己现有的家族，只考虑五代以内的情况。五代以外血缘上的亲近性就结束了，氏就会发生变化，基于地名、官职、先祖谥号、字、职业等重新确定氏。氏的变化是有规则的。然而，汉末到六朝名门望族兴起，这时新出现的谱学，把家族的长久延续作为一种荣誉，打破了五代为限的惯例。六朝时期，出现了贾执的《百家谱》，王俭、王僧孺的《百家谱》，它们记录当时被称为士族的家族的族谱，列举长期延续的家世，与以往的谱学完全不同了。这些谱牒被收藏在官府，以便在任命官吏时查阅。这样一来，谱学格外受到重视。贾、王二氏的谱学是南朝的，北朝也有谱学，一直延续到唐朝。这种谱学的图书现在几乎都没有了，今天只有唐朝林宝的《元和姓纂》的辑本。除此之外，还有《唐书》的《宰相世系表》。谱学盛行的时期，还出现了熟悉家谱之学的人。比如唐初有一个叫李守素的，被人们称为"肉谱"，大约有他是活的家谱，即家谱的"活字典"的意思。因为人们重视家谱，所以有人改动、伪造家谱。在唐代，有些人出身微贱，因军功而地位上升，得以厕身贵族。这类人被称为"勋格"，带有某种讥讽意味。（与之相同的是，日本京都的华族把成为贵族的维新功臣称为"新家"。）这些伪造家谱、抬高门第的人被大众鄙夷（如同日本那些买家谱的人一样）。

贵族政治的弊害，国家统一力量的减弱

在这样的贵族时代，由于贵族制度的完全实施，一种弊害产生了。《陔余丛考》卷十七"六朝忠臣无殉节者"条将之加以指出。王朝更替时，虽然有对前朝心存同情、想要为之尽忠的人，但是重视节义、不在后朝入仕的人物几乎没有。这是因为自家的门第最为重要。当时不是门第高的人，而是有实力的人做天子。贵族没有兵力，因此天子的门第不能说是高门。高门永远是高门，与天子也好，与官品也好，都没有关系，所以无论如何没有对天子尽忠的想法。担任官职，是根据天子的命令，但有些种类的官是高门专有的，其他门第的人不能做。这样一来，高官是根据门第理所当然地得到的，不必对天子的虚情假意心存感激。（这与日本的藤原时代有相同之处，但对天子的想法不同。印度与中国一样，天子也能从低阶层产生。）这些是国家组织的重大缺陷，成为削弱国家统一力量的原因。它是贵族社会即使完全达成其目的，也不可避免的弊害。

寒门掌握机要的弊害

另一个显著弊害是，贵族都凭借高贵的门第担任高官，自然在实际政治中不适合承担细碎烦琐的事务。他们完全没有雄心壮志去充分展示其能力，勤勉工作，从而获得天子器重，成为高官。总之，可以做到的官职，他们一

定可以得到。如此一来，天子不得不将实际政治事务交给门第较低的人。门第较低的人，想要获得天子器重、培植势力、成为高官，因此发挥才能，勤劳肯干。《廿二史札记》卷八"南朝多以寒人掌机要"条对这一点加以论述。大体来说，这个时代以贵族为中心，贵族式的文化生活成为一国的中心，学问普遍受到奖励，自然地也出现了很多学者文人。贵族占据了高级官位，但是在这个时期，固定的习惯也被打破了，即成为天子的人也是学者。南齐的武帝、梁武帝，这两代人都是学者而成为天子。创业的天子出身学者，这在中国是很少见的，像齐梁二代这样的属于异数。梁武帝在南齐做官时就是个"博士"，尽管不是贵族，却通过做学问成了天子。这些天子知道，做贵族的学问的人只会读书，在政治上没什么用，齐武帝曾经明白地说出了这一点。总体来说，身为贵族而在实际政治中发挥作用的人是很少的，因此承担实际政治事务的人自然出自较低门第。然而这些人一旦发迹成为高官，势力就向他们汇集。六朝时期这些人有凌驾于贵族之上的权力，因为他们不是贵族，所以反而有贪权的倾向。另外，贵族没有贪图贿赂这样的欲念，但出身低的人拥有势力以后，就会贪图贿赂等等，做出各种坏事。天子不是贵族出身，无法将贵族作为心腹，而出身较低的人很好用，且值得信赖。可是这些人最后反而去干坏事。这是贵族政治的反面的弊害。这多半发生在南朝，但北朝也有同样的情况，特别是地方官，只由地位较低的人担任，《廿二史札记》卷十五有"北齐以厮役为县令"条。

财婚等等

无论如何，上面所说的是因为贵族的兴盛而产生的弊害。然而即使是贵族，也不会一直兴盛，家族也会衰落。如果是这样，就有了今天所谓的"金爵结婚"，也就是贵族为了金钱的目的而与门第较低的人结婚。《廿二史札记》卷十五"财婚"条举出了这样的例子。北魏、北齐的时候，财婚现象特别显著，北魏的文成帝还曾经下诏禁止。另外，《廿二史札记》卷十五"北齐百官无妾"条说，北齐时天子之女下嫁大臣，于是百官几乎都只有一个妻子，没有妾室。（在中国，纳妾是理所当然的，因此《札记》认为这个情况不可思议。）书中还谈到，养育女儿的家庭教导女儿要妒忌，妻子要驾驭丈夫，不能让丈夫有妾，害怕一旦被男人当作傻瓜，就会被其他女人笑话。（日本平安时代的贵族中也存在这样的现象。）

受礼仪约束的生活

总之，因为贵族之家成为社会的中心，所以礼仪严格。当时家礼被认为十分重要，出现了家仪、书仪的书籍。正仓院光明皇后亲自抄录的《杜家立成》，可以作为书仪的实例。它的主要内容是书信往来的文范，但也有与家礼有关的内容。这表明家庭使用的文范是很重要的。六朝时期，在朝廷的礼仪之外，家庭中的家礼、家仪、书仪变得重要，在《隋书·经籍志》的仪注之部可以看到这方面的书籍。所有事情都被礼仪约束，贵族的家庭按照这些礼制行事。

中国文化的根本

要而言之，六朝时期贵族成为中心，这是中国中世一切事物的根本。贵族社会演变以至崩溃，就是中国的中世，它到唐末五代的时候完全解体了。上面大体上是讲到中国中世的成立为止。这个贵族时代出现的各种文化现象，如经学、文学、艺术等，都具备了这个时代的特色，它们成为中国文化的根本，今天的中国文化也是在它们的基础上建筑起来的。

编者说明

内藤乾吉在本书的跋文中说，《中国中古的文化》原是内藤湖南在京都帝国大学授课的讲义。从昭和二年（1927年）四月二十日到六月二十九日，内藤湖南一共讲了十回，这是他在大学最后的讲课。内藤乾吉整理这部讲义时，主要依赖当时听讲的森鹿三、贝冢茂树、安部健夫、田村实造等人的笔记，并为之添加了大小标题。在本书之前已经出版了《中国上古史》和《中国近世史》，本书可以填补二者之间的缺失。

第三编
魏晋南北朝通史

WEI-JIN NAN-BEI CHAO
TONGSHI

序

　　李延寿《南北史》出，而学者不复读《宋》《齐》《梁》《陈》《魏》《齐》《周》《隋》之书。司马氏《资治通鉴》出，而学者不复读《南北史》。朱晦庵谓《南北史》凡《通鉴》所不取者，皆小说也。今冈崎焕卿之书出，然后学者亦当知八书、《南北史》所书《通鉴》所不取，有非小说者存，而焕卿读书之精，于是乎可见矣。焕卿昔游京都大学，潜研乙部，凤晓义法，及乎教授东北大学，用力益专，贯穿蔚宗、承祚以下南北史诸书，而典制礼俗参之《通典》、《潜夫论》、《昌言》、《人物志》、《抱朴子》、《颜氏家训》、汉魏六朝家集，释老二氏之言参之《藏经》《僧传》《弘明》《广弘明》二集，乃至近代顾宁人、赵瓯北、章太炎及此间并世师友之说，洽览博稽，莫不折衷，而天数世道潜运默移之故，犹燃犀而烛照焉！可不谓良史之才乎？其未论及文辞术艺者，盖有待焉云尔。余尝在大学所讲授禹域上世之史，以新莽为断，近代之史，晚唐至元为限。其东京以还至唐宋，虽卸任以后，亦用三数月之力颇补说之，而所言止于礼俗文化，未涉政治典制。加以颓龄绵力，不能专述作，止有讲稿未经杀青，无从印行问世。今焕卿之书于中世之史余所未能要删，十已成七八。其用工之勤，识力之透，虽孤行当世可也。但问学之道，日就月将，无有穷已。以焕卿年力方壮，自今之后，再经十年，其所得益精，未必安于此书所成，此书所已有，亦当讨论润色以求善美，而此书所未有，岂无可续修笔削以为信史乎？夫周秦以来，六艺九流之道所以牖民化俗，集大成于新莽，而后有东京礼俗之美。魏晋以后，扩以二氏之玄理、西域之工巧，亦集大成于南北二朝，而后有隋唐治教之盛。故中世之史必以隋唐为归墟。焕卿更用力于此，能尽成余所未要删，则余虽桑榆景促，不能目睹其成，亦将无憾焉。焕卿倘或有意于此乎？

昭和七年（1932 年）九月十日内藤虎

自　序

　　笔者所著《魏晋南北朝通史》分内外两篇，内篇主要研究权力更迭，外篇专门记录人文化成。两篇相互交错之处甚多，更有多处需二者结合起来阅读方可明白其意。之所以特意分为内外两篇，乃是出于方便说明的权宜之计。此外，外篇直接采用研究结论，不详述考证过程，相关考证拟在日后专著中另行说明。依笔者观点，秦汉帝国，以汉族为中心之国民性帝国的色彩较重；而隋唐帝国，法制统一之下蛮汉两族相通的天下的味道较浓。在二者之间承上启下者为魏晋南北朝时代，笔者在叙述时已留意此点。此外，将汉族四千年生活依时代切开，并如实描写每个时代截面上之生活样貌，亦为笔者最为注重之处。材料主要取自正史，取自他书或取自正史而有必要时必然注明出处。但援引其他学者观点，改变其意之时将不一一表明，恐因歪曲其说而累及其人。学习中国史之人必读的钱大昕所著《廿二史考异》、王鸣盛所著《十七史商榷》、赵翼所著《廿二史札记》等，书中有时简称为《考异》《商榷》《札记》，或只列举人名而隐去书名。

内 篇

第一章
魏晋时代

东汉宦官之祸

延康元年（220年）十月，东汉献帝让位于魏王曹丕。自公元前206年西汉高祖即天子位之后，为刘氏统治达四百年之久的中华帝国迎来曹氏新王室。曹丕继承汉位后，次月即改年号为黄初，行天子特权——郊祭之礼，追尊祖父曹腾、父曹操为太皇帝、武皇帝，定都邺城，另营建洛阳宫，居东汉旧都之上，具天子之形式。但魏实际统治范围，仅限黄河流域的北中国，在汉室治下多年的百姓不免认为魏室威严不足。长期与曹氏一党极力斗争的刘备在曹丕即帝位后次年称帝，盘踞四川省扩张势力。占据长江中下流域的孙权效仿之。魏蜀吴相争，中国终成三分天下之势。中国首次出现统一大帝国为秦汉之后。尤其刘氏所代表的前后两汉长达四百年之久的统一产生分裂，此三国时代成为整个中国历史中十分有趣的时代。汉究竟如何走向灭亡，这是了解三国时代必知之事。

记载东汉历史的《后汉书》中，作者范晔在《宦者列传》中写道："三代以婢色取祸，嬴氏以奢虐致灾，西京自外戚失祚，东都缘阉尹倾国。"因宦官是受过宫刑之人，在王室内宫中与妇人交涉较为便利，历史上，远在周代就已出现掌握某种势力的宦官。秦以及前汉时期，内官之中既有宦官，也有士人。及至东汉，则内官已尽用宦官。之后，设立员数与阶级，中常侍四人、小黄门十人等皆为当时的规定。因宦官职责主要为近房卧之内，交于妇人之间，自然而然普遍被贱视为奴隶。但对于东汉王室而言，不幸之处在于幼弱的天子和帝即位，外戚窦宪兄弟把弄权势，隔绝外臣与和帝之间的联系，于是和帝与宦官郑众合谋除去窦宪。一般认为，此乃宦官迈向大权的第一步。

　　和帝死后，皇后邓氏听政。作为中国传统，宦官逐渐手握重权。依清朝史家赵翼所说，其后宦官与权臣相倚为奸。权臣若欲排挤对自身不利的宦官或其他权臣，必同一派宦官结盟。自此，宦官实力愈加不容小觑。

　　依赵翼观点，纵观中国历史，东汉及唐、明三代的宦官之祸最为惨烈，然而唐、明宦官先害国而及于民，东汉则先害民而及于国。换言之，东汉宦官之祸的特点为直接波及百姓。赵翼为佐证其自身观点，列举群臣的各类奏折为例，其中尽是夺人田宅、掠人妇女、掘人坟墓之事。如此滥用权力，非仅宦官，皇族外戚及其他权臣亦多为之。而宦官之所以成为舆论攻击的目标，是因为其长期被贱视为低人一等，虽一跃成为权力阶级，却只是习得权力阶层的缺点与流毒。总之，宦官嚣张跋扈，遭一般百姓所怨愤已是事实。

　　126年，顺帝即位。顺帝虽在宦官孙程等人的拥立之下登基，但因其曾遭外戚、宦官排挤而陷失意境地，故在登基之后，即有志匡正时弊，扬汉室势威，措施之一是拔擢在地方有名望者，任用于中央，予以破格待遇，令其担政治改革重任。南阳（河南省南阳府）有名为樊英之人第一个被推举至朝廷。此人在范晔所著《后汉书》中被归为方术者，其品行大略可以推知，但他在地方声望极高。拔擢在地方有名望者是汉初以来施行的制度。今顺帝虽想趁政治改革之际，通过推广旧有制度收获成果，但依范晔之意，此举徒然沿袭前代弊害，且实际上樊英并未确立任何匡正时弊之策，樊英等所谓地方名士多为同类之人。朝廷权臣中亦多有非议，称其为处士之辈，贪图虚名，一无是处。名士党首领李固对此甚是愤慨，在写给好友黄琼的书信中称，王室自身志在改革，此乃辅政济民之良机。顺帝曾派遣周举等八人作为特使巡按各州郡，纠察收审地方的贪官污吏。他们检举揭发与宦官同道之徒的不法行为，并请求免去其官职。李固极力声援，顺帝遂听从其建议。但李固之所以能短暂实现其想法，受外戚梁商庇护之处颇多，而外戚正是与宦官串通才得到彼时地位，因此，李固企图通过梁商排挤宦官的想法本就不可能成功，只不过可以匡正地方的部分宦官弊害。待顺帝驾崩，迎来冲帝治世，梁商之子梁冀反而与宦官勾结，陷害李固，顺帝发起的改革毁于一旦。据范晔记载，梁冀的残暴非宦官之跋扈可比。而其在权倾朝野之时，有人结党对抗之说并非事实。大概是因为与天子关系紧密之人无人在背后施以援手。当时天子桓帝曾因一私事与梁冀发生争端，于是借宦官单超等五人之力诛除梁冀，成功后将五人封为列侯，可谓将天下重爵送一家仆役。《后汉书》记载，自此宦官滥用权力，恣意妄为，地方官的反抗态度愈加明显。例如，汝南范滂、南阳岑晊在地方严厉排斥与宦官串通之人，声望极高。此股风潮最终从地方传到王都洛阳，言论相对自由的太学，诸生三万人，与当时中央政府中声名显赫的陈蕃、李膺等人相互推重，无所顾忌地抨击时政。处士横议即发端于此。原本梁冀伏诛之时，官宦们为了收买人心，便让黄琼、陈蕃等名士执政，黄陈暗自认为此乃改革良机，照例推举地方名士担起改革重任。但当时被推举的五名名士皆对时势持悲观态度，无一应允。

如此，一方面有人冷静地对汉室前程持悲观态度，另一方面热心时政改革之人所采取的行动却又不免有矫激的倾向。处士派首领李膺利用当时司隶校尉的职务，权力所及，处处抑裁宦官之众，声望极高，宦官遂向帝诬告李膺等人是党人，望其下达逮捕党人的命令。此为桓帝延熹九年（166年）之事。官宦让反对派背负钩党之名，本是希望以钩党诸人为对照，表明自身为清流，殊不知此举反而掀起地方上的反宦官浪潮，朝中则有钩党之众陈蕃以及外戚窦武。尤其是窦武，以其高位，成功进谏桓帝解除钩党之禁。桓帝死，灵帝立，窦武以定策之功，权威益高，遂与陈蕃同心，计划在新朝之初，彻底扫灭阉党。不料窦武关于诛灭宦官的奏章被发至一内官手中，全体宦官如自梦中惊醒，决定团结一致反抗窦武，先是收掌禁军，其后利用西北猛将张奂刚刚返回国都洛阳，对情况一无所知，以天子之名令其讨伐窦武。最终，窦武与陈蕃双双被杀。其时灵帝建宁元年（168年）。翌年，宦官再次以天子诏书，下达党人逮捕令。此命令有多惊悚？且看党人张俭遭受的迫害。

张俭系山阳高平（安徽泗州盱眙县北）的名族。宦官侯览的家族恰好在该地附近，其同伙恣意妄为，飞扬跋扈。张俭遂集合志同道合之人为党，与宦官势力相抗衡，最终落得党人之名，而被下令通缉。张俭遂开始亡命天涯。天下之人知其名者都将其藏匿起来。张俭辗转各地，最终从河北北面出塞，逃至辽西地区。因藏匿张俭而伏诛者数以十计，张俭宗亲皆被殄灭，郡县为此变得残破。类似事件虽然不及张俭严重，但仍在各地上演，层出不穷，宦官一日不亡，此现象一日不息。伴随全国范围内党争之事日益严重，黄巾贼人突然发起内乱，彼时宦官阵营中有心之人认为应停止党争，灵帝听信吕强之言，发布大赦党人的命令。据称，党人被释放回乡里后，地方士大夫慕名而来争相欢迎。但此时全国因受黄巾之乱的影响，依范晔所述，"朝野崩离，纲纪文章荡然矣"。

内乱发生及权力分散

东汉一代，有人以盗贼之名扰乱地方秩序，不久成为中央政府一大问题，后被记入《后汉书》帝纪，安帝之时掳掠缘海诸郡的海贼张某，以及渤海、平原郡的剧贼刘某、周某等皆在此列。之后，关于海贼、盗贼、妖贼等的记载屡屡见于帝纪中，如桓帝延熹八年（165 年），渤海郡妖贼盖登自称太上皇帝，制有玉印、珪璧、铁券，署置部下。不过，规模最大者非黄巾之乱莫属。《后汉书》帝纪记载，灵帝中平元年二月（184 年），巨鹿郡一个名为张角之人，自称黄天，其部帅分为三十六方，皆头戴黄巾，在同一天反叛。既然同一天反叛，可推断在其同党之间，统制确立已久。张角借某种宗教集结徒党。不过，关于张角与信奉类似宗教的其他人的异同，依据今日所能考证的史料，还存在矛盾之处，学者观点亦多少相互龃龉，尚无定论，综合各家之言，笔者判断如下：

东汉顺帝之时，今陕西省南部汉水上游汉中地区，有名为张陵之人，创立一个新宗教，集结徒党。其借宗教之名，称太平道，自命太平道师，入道之人起初皆称为鬼卒，后从中选拔祭酒与奸令。道师持九节之杖为符祝，以治病为名，令病人叩道思过，后赐与魔力符水，口念咒文，言称病人若诚心信教，则病痛必然痊愈。祭酒为诵读《老子》五千言之人，奸令则为执掌病人祈祷方法之人。因其一般令教众上交五斗米，所以又被称为五斗米道，现一般被视为今日道教的起源。张陵将该术传与其子张衡，张衡再传与沛人张鲁。

另，据传，四川省巴郡有张修，巨鹿有张角，皆与张陵一派之术相近，虽无证据表明他们存在师授关系，但应该可视为同本同源之物。与此同时，有名为骆曜者，以陕西西安为中心，向民众教授幻术缅匿法，集结徒党。骆曜一派向来被归为左道妖术之类，张陵一派则系统有别。张陵创建的太平道在汉中与巴郡虽势力不大，但经张角之手，得以在巨鹿广泛宣传，因此徒党人数剧增。依范晔记载，张角宣教以后十余年间，信众数十万，从直隶、河南、山东的大平原到扬子江流域，皆为其势力范围。然而，张角不满足于单纯宣教，他还册封三十六将军，将徒党组成军队，宣扬"苍天已死，黄天当立"，同时预言自己将取代汉室即帝位，蛊惑天下人心。事情败露，被政府知悉之后，遂奋起谋反，令徒党头缠黄巾，作为黄天之表象，所到之处，掠夺、焚毁村庄。

黄巾贼的爆发令朝廷大吃一惊。天子立即下诏，令各州郡防备，从河南陕西边界的函谷关到小平津，在洛阳周边的黄河、伊洛的要隘八关，皆设置都尉官，加强帝都防御，尔后令皇甫嵩、朱儁讨伐寇贼。皇甫嵩为名将之才，为了收揽天下人心，他请求解除拘禁党人的禁令。宦官吕强助其一臂之力，禁令终于得以解除。皇甫嵩虽率领精锐部队暂时在贼寇起事的这一年就平定了内乱，但与黄巾联手起义的黑山、白波贼寇占据太行山脉，在山西、直隶、河南交界之处横行。不仅如此，朝廷任命的地方大官，多数认为难以挽回汉室的命运。信都令阎忠甚至向刚刚平定黄巾之乱而威望显赫的皇甫嵩提出热心忠告，称此时若不抛弃汉室谋求自立，将危及自身。虽然皇甫嵩最终拒绝了阎忠的忠告，保全了自身名节，但值得注意的是，此时中央高官之中已有人认为汉室不可救，需在地方谋求自立。汉朝宗室刘焉见四方乱离之状，上奏朝廷说当今朝廷任命的地方刺史威权甚轻，不足以保境内安宁，建议中央派遣重臣镇压地方。其自身则考虑秘密前往交趾以谋自立。当时，刘焉的建议虽未被立即采纳，但随着地方刺史在叛乱中遭杀害的事件频频发生，这一建议最终被采纳。刘焉任益州牧，太仆黄琬任豫州牧，宗正刘虞任幽州牧，皆为本官之外兼任地方官，范晔注称"州任之重，自此而始"。汉家统一之政在此完全崩坏，地方分权之实成立。新任州牧之中，刘虞等人虽心归传统名节，奉戴汉室，但遭地方事情左右，只能凭借自身在管辖范围的威信，贯彻奉汉之心。总之，汉室威严不再，已无力统制地方，个人声望仅能维持秩序而已。当声望有朝一日为武力取代之时，天下必然呈现群雄割据之势。

董卓之乱

陈寿著《三国志》，其《魏书》列传开头便是《董卓传》。董卓实为开启英雄时代的第一人。欲了解此人，且先一瞥当时朝廷的情况。

黄巾之乱爆发之时，朝廷深感有必要加强帝都洛阳戒严，于是封外戚何进为大将军，修理武器，统帅近卫军镇压城内。何进本是卑微屠夫出身，但通过贿赂来自同郡的宦官郭胜，顺利将胞妹送入宫中（参考惠栋《补注》）。后此女得灵帝宠幸，且诞下皇子辩，于是成为皇后。何进成为外戚，开始手握大权。当时，宦官首领张让等人与黄巾贼首张角勾通，天下对宦官愤慨之情愈加痛切。不想，宦官更加恣意妄为。他们奉劝灵帝开卖官之口，且手段愈加露骨，如有议论其缺点者，立即诛杀。他们还挥霍得来的金钱，在洛阳城内擅建宅邸。据传，为不让灵帝看到自家宅邸，他们还想方设法奉劝皇帝不要登高望远。范晔凭借史学家的敏感，认为该插曲已昭示汉将灭亡。灵帝实际上被困于小小宫城之内，终日为宫妾奴才所围绕，全然不想知道世间动态。

何进作为大将军，名义上手握洛阳兵权。彼时城内妖言盛起，更有人称城内将起叛乱。何进阵营中有人提议，为威压四方，必须拥有更加强盛之兵力。何听信此言，在西园新设八校尉。灵帝驾崩，和皇后所生的皇子辩即位，何进的地位更加稳固。八校尉中有一人名为袁绍。此人为名家之后，常与四方名士相交，他建议何进实施诛灭宦官的计划。何进虽采纳其建议，但内有宦官及何太后阻扰，因而未能立马实行。袁绍召集四方猛将，引兵进赴洛阳以挟朝廷。西北猛将董卓受命领兵赴河东（山西省）（参考《通鉴》）。此等事情皆以诛灭宦官为名，若何太后不以朝廷命令贯彻实行，将导致朝威难立的情况。但另一方面，宦官又千方百计向何太后求救命。何进试图以兄长之威说服太后，不料密谈遭宦官窃听，宦官持兵器在殿前斩杀何进，将其头颅抛至尚书省，企图协商善后之策。袁绍得知消息后，当即令部下杀入宫中，诛杀所有面白无须者（生理上，宦官不长胡须）。事变起于薄暮，军人火烧宫门，突入宫中，不论年少年长，面白无须者皆被诛杀。少帝辩与陈留王协艰难逃出宫中之时已是夜晚，二人借萤光辗转至洛阳北部的邙山，恰好遇见朝洛阳进军的董卓军队。董卓于是拥帝入城。

董卓系凉州（甘肃）人，曾跟随皇甫嵩讨伐黄巾军，后与皇甫嵩意见不合，于是违背朝廷命令返回地方，集结多名部下。董卓所在之地与西方蛮族氐、羌相接，因而有大量军队驻扎，但到了东汉末期，中央政府的权威难及此地，对军人的资助补给也不到位，军队自然变得狞猛残忍（参考后章）。董卓巧妙地对军队施以怀柔之策，董卓之名对中原人士而言乃是一大威胁。因而，袁绍为诛灭宦官将其招至帝都时，指责之声高涨。据传，八校尉之一曹操也嘲笑其做法。果不其然，董卓拥帝进入洛阳之后，自封司空，废少帝辩，立陈留王协（献帝），并弑少帝及何太后。昔日曾是何进手下的袁绍及曹操遭受压迫离开帝都。董卓日益专横。据传，其曾面对满堂宾客放言："我相，贵无上也。"《三国志·魏书》记载其残暴一面："尝遣军于阳城。时适二月社，民各在其社下，悉就断其男子头，驾其牛车，载其妇女财物，以所断头系车辕轴，连轸而还洛，……入开阳城门，焚烧其头，以妇女与甲兵为婢妾。至于奸乱宫人公主。"故事究竟有几分夸张，无从考证，但足见中原人士对他们的恐怖印象是何等鲜明。

董卓废弃天子以及种种不得人心的举动，终于导致中原地区大员兴兵讨伐。他们一致推举袁绍为盟主，进军洛阳，董卓得知此事后，知道久驻洛阳不利，于是迁天子至陕西首府长安，自身则暂留洛阳，迎战联军，但屡次败于袁绍之弟袁术之部下吴人孙坚，遂火烧洛阳宫室，盗掘坟墓，逃至长安。此时，联军诸将已全无追击董卓之心，盟主袁绍也急于划定自身地盘，唯有曹操孤军奋战，但无奈失利，只好收兵。自此，天下完全呈现群雄盘踞各地的局势。其时为献帝初平元年（190 年）。

董卓拥献帝至长安后，遣军至北方、东方，扩充势力。他在长安还肆意杀戮随献帝而来的旧汉室大臣，凉州人与汉室之间逐渐产生强烈反感。最终，汉室名臣王允煽动以骁勇著称的董卓部下吕布诛杀董卓。如此一来，群龙无首的凉州诸将复仇心切，杀入长安城中，与吕布展开巷战，吕布失去军事优势，逃出长安，王允被杀。凉州诸将纷纷被献帝委任为高官，但他们毫无统制，终日忙于争权夺势，长安一带陷入一片混乱。据传，连天子都没有米与牛骨可吃。天子趁此机会逃离长安返回洛阳。《魏书》如此描述当时的洛阳：

> 天子入洛阳，宫室烧尽，街陌荒芜，百官披荆棘，依丘墙间。州郡各拥兵自卫，莫有至者。饥穷稍甚，尚书郎以下，自出樵采，或饥死墙壁间。

曹操统一北中国

董卓在洛阳极尽专横之时，曾在何进麾下的八校尉袁绍、曹操等人，不齿为董卓效力，纷纷离都东归。其中，袁绍的做法颇有英雄之姿，而为天下所赞赏。董卓为昭示自身权威而废立天子一事，袁绍始终极力反对，大呼"天下健者，岂惟董公？"引佩刀横揖而出，将符节悬挂在上东门，逃奔冀州。据说，袁绍家世四代宰相，门生故吏遍布天下。袁绍夙与天下之士相交，自身亦被认作豪杰之士，现讨伐董卓让其更加声名远扬。如此一来，山东强吏一致征伐董卓，袁绍更被推举为盟主。但其自身并无诛灭董卓的雄图，而是作为名门之子，每日与各地方强吏置酒高会。后来，董卓放弃洛阳，迁至长安，袁绍立即回归根据地冀州，计划拥立汉朝宗室幽州牧刘虞即帝位。据《后汉书·刘虞传》记载，刘虞以大义名分为由严词拒绝袁绍，反而遣使长安，表明奉戴汉室之意。此人在黄巾之乱时，安抚大量颠沛流离的百姓，践行东汉传统政策统治境域，就此点而言，部分人对其评价甚高，但其实际势力归于手下公孙瓒之手。公孙瓒是辽西人，屡次与外族乌桓、鲜卑交战，自然养收众多徒党，加上试图不断壮大自身势力的英雄型性格，于是常常压迫刘虞。请求刘虞即帝位的要求遭拒后，袁绍与公孙瓒联络，希望在冀州获得稳固地盘。依照范晔的说明，袁绍当初作为盟主讨伐董卓之时，董卓大怒，将在洛阳的袁氏一门悉数赶尽杀绝。一家遭遇惨祸的事实成为天下同情袁绍的机缘，各州郡有多人借袁绍之名蜂拥而起。冀州牧韩馥刚好是袁氏故吏，而袁绍当时名望甚高，为了得到冀州地盘，早已同公孙瓒等英雄取得联络。韩馥不堪压迫，于是主动将冀州牧拱手让于袁绍，后朝廷加以追认，袁绍终于成功割据黄河以北。冀州州治为今直隶省冀县，地处直隶南部，其北部直隶易县为公孙瓒地盘，刘虞则居北京地区。此时，实际上的势力范围之争，问题已不在刘虞，而在公孙瓒与袁绍的对立，最终二者之间爆发激烈战争。《后汉书·公孙瓒传》中记载，其在讨伐袁绍的檄文中，向天下揭示袁绍的罪恶，其中值得注意者是以下两条：

> 逼迫韩馥，窃夺其州，矫刻金玉，以为印玺，每有所下，辄皂囊施检，文称诏书。

×

> 绍令星工伺望祥妖，赂遗财货，与共饮食，克会期日，攻钞郡县，此岂大臣所当施为？

自刻印章，任命官吏，或妄称自己的命令为诏书，都表明袁绍以天子自居，且利用世俗迷信，施与财物，攻略州郡，亦是乱世之雄所为。公孙瓒最终不敌袁绍，不久即被袁绍所灭，河北一带归属袁绍势力。在此期间，曹操势力名望急速飞升，大有压倒袁绍的气势。

曹操原本与袁绍共同讨伐董卓，常年奋战，据称其不满袁绍等人优柔寡断之态度，无奈战事失利，只好东归。此时，黄河下游南部兖州地区最为混乱。今河南省黄河以北的汤阴县有一座山名叫黑山。此山属太行山脉，有名叫黑山贼的强盗以此山为根据地，大举过河，乱入东郡（郡治为濮阳直隶大名府开州南），又有山东省青州黄巾余众南下侵入兖州境内。地方太守无力应对。曹操与贼徒开战，屡次得胜，后得袁绍推举，任东郡太守。兖州之南是徐州，为江南人陶谦所坐镇，其部下曾劫杀曹操之父。曹操借为父报仇之名，大举攻入徐州。此时，曹操屠戮泗水流域郡县，杀男女共计数十万，鸡犬不留，泗水为之断流，地方行旅完全断绝，其残暴程度可见一斑。恰逢原董卓部下，以骁勇善战著称的吕布从长安逃至兖州，得袁绍从弟袁术的声援，并受地方强吏相拥，得以进犯曹操根据地。袁术虽为袁绍从弟，但认为自身比袁绍拥有更为纯正的母系血统，常常愤愤于袁绍的名望，于是与吕布及公孙瓒串通，抵挡袁绍。袁绍只好同曹操结盟，与之对抗。结果，吕布大败，兖州重回曹操之手。袁术仍未放弃在兖州地区扩充势力的野心，亲自率兵从南阳根据地向东进入陈留，然而再遭袁绍曹操联手击破，于是退守九江郡（安徽寿州）。袁术有一友人名为陈珪，名家之后，与袁术交好，时任安徽北部下邳之相。当袁术意图与其联手铲除曹操时，陈珪回信严词拒绝。据《三国志·袁术传》记载，其回信如下：

> 曹将军神武应期，兴复典刑，将拨平凶慝，清定海内，信有征矣。

以为足下当戮力同心，匡翼汉室，而阴谋不轨，以身试祸，岂不痛哉！由此可见，曹操的威望在黄河淮水流域日益高涨。其时恰逢汉天子从长安逃至洛阳，曹操迅速出迎天子，并拥立至许。此实为曹操势力凌驾于袁绍之上的重要契机。

兴平二年（195年），献帝逃离长安，在曹阳（河南省陕州）为董卓部下所破，东汉命运几近断绝。袁术听闻消息后，随即召集群臣，讨论取代汉室自登帝位之事。勇将孙坚长子孙策建议率兵出迎汉帝，复兴汉室，未被听从。另有袁绍谋臣沮授向袁提议迎立汉帝，但袁绍多名部下否定该提议，他们认为若现在拥立汉室，恐怕袁绍的独断行动将遭到牵制，袁绍听信部下之言，于是甘心成为割据地方的英雄。而曹操谋士荀彧一向曹提出该建议，曹操就立即进入洛阳，拥立天子至许，改年号为建安。天子下诏，责袁绍地广兵多，专立朋党，却未尽力勤王。天子下诏是否为曹操一派的献策，尚不可知。总之曹操以拥立之功受封大将军，位居袁绍之上，袁曹之间渐生嫌隙。不过，就彼时形势而言，曹操的位置未必安全稳固。因为徐州陶谦刚死，勇将吕布取而代之，淮南又有袁术，二人皆对曹操大本营兖州虎视眈眈。曹操与二人屡次激战。幸而建安三年（198年），吕布伏诛，翌年袁术为曹操大败，自去帝号，投奔袁绍，未能达成野心，最终吐血身亡。河淮之间，已无人可与曹操抗衡。就在此时袁绍灭公孙瓒，统一河北，于是曹袁双雄以黄河为界呈对峙之势。

袁绍阵营中观点分为两派。一派是以田丰、沮授为代表的名义派，劝谏袁氏匡扶汉室，另一派则建议袁绍即帝位，极力煽动袁之骄心。袁绍并无充分调和两派观点的度量，纵使田丰等人奉劝其趁曹操苦于应战吕布、袁术之时，从曹手中夺回天子，袁绍亦不为所动。而曹操将内部之事委任谋士荀彧，并且深信不疑，自己则穿梭于兵马之间，迅速讨灭反对者。

军事设施上，同样能看出曹操施行的组织方法。裴松之所引《魏书》中，有如下记载：

> 自遭荒乱，率乏粮谷。诸军并起，无终岁之计，饥则寇略，饱则弃余，瓦解流离，无敌自破者不可胜数。袁绍之在河北，军人仰食桑椹。袁术在江、淮，取给蒲蠃。民人相食，州里萧条。公曰："夫定国之术，在于强兵足食，秦人以急农兼天下，孝武以屯田定西域，此先代之良式也。"是岁乃募民屯田许下，得谷百万斛。于是州郡例置田官，所在积谷。征伐四方，无运粮之劳，遂兼灭群贼，克平天下。

许位于今河南省许昌附近，当时属于颍川郡管辖。颍川郡在兵荒马乱之时成为天下四战之地，荀彧等人早已率领乡人前往河北，据此可推测土地已全部荒废。曹操采用屯田策这一军事性质的开垦法，恐怕也是权宜之计。

袁绍最终挑起袁曹双雄的冲突。彼时，袁绍刚讨平公孙瓒，欲趁势降服曹操，然而出师无名，遭多位部下反对。总之，双方和平局面已被打破。《魏书》记载，建安五年（200 年），在黄河之南官渡（河南省中牟县）的大会战中，袁绍一败涂地，自此天下无人可匹敌曹操。第三年，袁绍郁郁而终，其后代亦悉遭诛灭，除了陕西地区，北中国大体归于曹操之手。

天下成三分之势

曹操基本统一北中国后，开始朝长江流域进发。河淮流域与江汉流域交界之处，纵观汉代，西为河南省南部的南阳，东为安徽北部的寿春，南阳向南可达湖北荆州府江陵，自寿春越过山地出合肥，即可乘江潮牵制大江下游，因此，南阳及寿春在汉代乃是重地。东汉末南阳为袁术所毁，当地名族多数南下移居湖北北部襄阳，彼时荆州太守刘表坐镇襄阳，招抚湖广之地，又有孙权以吴郡（江苏苏州）为根据地，经营江北。二者之间，从当时声望而言，刘表地位可谓远高于孙权。他本身是汉朝宗室，并且还是东汉末山阳郡（郡治为昌邑县，今山东省南部金乡县西）八俊之一，声名显赫，作为荆州刺史，镇管辖内颇有手段。当时湖北省南部至湖南省北部，被称为"宗贼"的势力猖獗跋扈。依据惠栋的解释，当时长江流域，地方人民以家庭为中心集结，组成名为"宗部"或"宗伍"的地方团体，趁汉末丧乱，劫掠郡县。朝廷称之为"宗贼"。从性质推断，他们是反对官府的徒党，刘表充分利用地方名望，以恩抚之法成功镇压宗贼。但其做法仍是沿袭东汉传统方策，以地方治安为主，与中原丧乱毫无关系。可在中原曹操袁绍双雄将一决胜负的时势下，其自然亦被卷进潮流之中，遂与曹操断绝关系，声援袁绍。袁绍被打倒后，曹操前后花费五六年时间讨灭袁绍余党，并趁中原丧乱之机骚扰直隶北部的鲜卑、乌丸等少数民族。袁绍战败的第二年，刘备从北方逃至荆州，投奔刘表幕下。刘备奉劝刘表，在曹操北伐之时乘虚而入偷袭许都，拥立天子，不过未被刘表采纳。其间，曹操完成北方经营，眼看将要压向荆州之时，刘表病逝，其少子刘琮成为继承者。

刘琮之兄刘琦一直对少子继承家统怀恨在心，因此，刘表势力一分为二，刘琮一派举荆州降于曹操，刘琦则与刘备一道，据夏口（今汉阳地区），试图与曹操对抗。

刘备为直隶北部涿州人，虽号称是汉朝宗室，但出身贫寒，据说他的母亲织席贩履以糊口。年幼之时，举动便异于常人，深受地方信赖，黄巾之乱波及当地之时，某位商人赠其重金，募集义军，维持地方治安。刘备屡次激战黄巾之贼，获得勇名，但一直未拥有固定根据地。徐州牧陶谦临死前将徐州让与刘备，但刘备自谦不受，推举当时身在寿春的袁术。但汉末名士孔融，以及后为曹操经营江苏北部的陈珪之子陈登等人，均推崇刘备为人，并热心劝告。虽然刘备最终听劝，但却为袁术所苦，被吕布所破，一时托身曹操，享受上宾礼遇，但终选择背叛，投靠袁绍。袁绍表面敬重而暗中疏远他。袁绍战败后，刘备投靠刘表，待遇同在袁绍手下时无异。他拥有被人信赖的非常素质，刘备到荆州后，多人向其示好。刘表死后，其子刘琮举荆州降于曹操之时，刘备在襄阳北方，完全未曾参与其议。曹操军队即将侵入襄阳之时，刘备狼狈逃至湖北南部的当阳县。曹操急忙追击，但刘备与刘琦及部将关羽会合，据夏口迎击曹军。

在此之前，刘备成功将诸葛亮招至帐下。此人本籍琅邪郡阳都（山东省沂州北），但随从父移居荆州。诸葛亮居于襄阳附近一个名叫隆中的山村，静心读书，起初并无出世之志。但友人知其才华，将其举荐给刘备，才有刘备三顾茅庐的佳话。彼时，诸葛亮还是二十七岁的一介书生，知其名者仅友好数人而已。刘备对其行三顾之礼，足见其爱才之切。诸葛亮的献策可归纳为：刘表不足为靠，若要对抗曹操，必须与吴国孙权联手，尔后据荆州取巴蜀。现刘备为曹操所破，仅能保住夏口，于是派诸葛亮至吴，商议联合之计。

　　当初，曹操南征夺取襄阳后，就亲笔致信孙权，劝其投降。吴国此时正在犹豫是战是降。孙氏是吴郡富春人（浙江省富春县），汉代以北中国为中心建成国家时，其出生地已是边鄙，且其家世并非名人。及至孙坚作为武将显露头角，尤其在袁术幕下，与董卓血战洛阳，屡次破之，一跃成名。虽然他后来受袁术之命攻打荆州之时被刘表所杀，但其子孙策继承父业，利用袁术的援助，平定江东（即江苏、浙江地区），以豁达的性格网罗北方名流。后袁术自称尊号，孙策与袁术绝交，并寻觅机会称霸中原，但不幸早逝，其弟孙权继承事业。曹操进军荆州之时，孙权还是一名三十岁左右的青年，对于曹操的劝降，心有不甘，意欲反抗。但以张昭为首的辅助孙氏的北方名族认为，此时投降曹操方为上策，因此孙权的决心产生动摇。此时，恰好诸葛亮受刘备之托，以洗练的辨舌巧妙地劝解孙权自立。另一方面，孙权部下鲁肃在刘表死后为探查荆州状况渡江北上，曾在刘备败退当阳途中与其相遇并交谈，鲁肃被刘备的为人所折服，归吴后热心提倡主战论。此时，孙氏阵营中兵力最强者为周瑜，与孙策为知己。鲁肃劝孙权与周瑜商议，周瑜坚决赞成开战，并愿一人承担战争的所有责任，孙权遂下定决心，与刘备联手迎击曹操。建安十三年（208年），曹军与联军相战于赤壁（湖北省嘉鱼县），曹军大败，曹操南下大计遭到重挫，三分天下之局势就此确立。

曹操、刘备称王

　　曹操败走赤壁之后，致信孙权称："赤壁之役，值有疾病，孤烧船自退，横使周瑜虚获此名。"王粲《英雄记》称曹军在湖北南部云梦泽遭遇大雾迷路而失败（据梁章钜《三国志旁证》所引）。此类记载究竟几分是事实不得而知，但在此战中真正导致北军溃败的是赤壁水战。当时，北军总数六十万，号称八十万。周瑜保守估计仍觉得敌军拥兵二十余万，这恐怕是中国有史以来最庞大的军队。曹军之中配有多少水军尚不可知，总之，曹操给孙权的信中自称水军八十万。依据张昭所说："今操得荆州，奄有其地，刘表治水军，蒙冲斗舰，乃以千数，操悉浮以沿江，兼有步兵，水陆俱下。"可见荆州水军是当时军中中坚，配以大量北兵。多艘船舰首尾相连下水，周瑜令部下黄盖将大船与走舸相连，火烧敌船，北军溃败，曹操退至陆上遭刘备追击，无奈逃至根据地邺城。（王鸣盛曰："自建安元年，操始自洛阳迎天子，迁都许……至九年，灭袁氏之后，则又迁都于邺。"余按：本纪、《荀彧传》并云九年曹拔邺，领冀州牧，操之迁邺当始于此，汉百官随而迁，固在其后，史不详记耳。）此番战败之后，曹操屡次从合肥进攻孙权，均未得手，统一长江流域的机会一去不复返，但其势力成功延伸至西北部陕西、甘肃地区，以下对此略作叙述。

甘陕之间，其中心毫无疑问当是渭水流域，首都为长安。董卓被杀，天子逃亡洛阳之后，董卓旧部互相残杀，多死于乱军之中。彼时，身在长安的汉朝廷官吏钟繇，对曹操怀有好意，曹操谋臣荀彧亦向曹操进言，称钟繇足以信赖。曹操将该地事务全部委与钟繇，全力经营中原。但此地与董卓系统全然有别，在董卓之前更早埋下地方混乱种子的甘肃人马氏（马氏本贯扶风茂陵人，今从其居住之地也）、韩氏等人，与出生地不明的一众豪族各拥部兵，割据此地，曹操与袁氏一家相争之时，豪族或依附曹操，或依附袁氏，地方动荡蔓延至山西、河南地区。钟繇与张既在此间为曹操担起经营重任，利用马氏势力，坐镇关中。其间，曹操完成河北的经营，大举南征，为消除后顾之忧，压迫马族首领马腾，召其至邺城，并令其子马超统辖部兵。但马超常对曹氏心存疑虑，江南曾风传马超欲趁操南征之时起兵，周瑜还以此为理由劝说孙权。曹操败走赤壁后第三年，即建安十六年（211年），马超等人终于起兵反曹，占据潼关之险。其间状况颇不明了，根据《三国志》记载，曹操欲讨伐盘踞陕西南部汉中的张鲁，马超质疑其意，最终谋反。曹操亲征，用奇袭之法，从山西入陕西，马氏兵败，退回根据地甘肃。渭水流域尽归曹操之手，他又派部将攻占甘肃，前后五年许，先平定甘肃，后降服张鲁，在进军四川之时，被刘备军队所破，曹氏势力范围大体确立。马超逃离甘肃后，一度投靠张鲁，后归于刘备帐下。

　　曹操眼前的对手显然是刘备。刘备与孙权联手，在赤壁大破曹操后，上表以刘表之子刘琦任荆州刺史，自身则在刘琦之下经营湖南西部沅水流域，渐收其功，刘琦病逝之后，刘备取而代之，成为荆州牧，居于公安（湖北省公安县东北）。建安十六年，曹操将讨伐汉中张鲁的传言散布至南方，此时盘踞四川的刘璋因此甚为恐惧，于是招刘备共御曹操。刘备扎根四川的机会终于到来。

　　刘璋为益州牧刘焉之子，虽继承父业坐镇四川，但世间普遍认为他暗弱无能。据《英雄记》记载，河南东南部流民大量涌入四川，刘璋集结流民整编成军，名为"东州兵"。此部军队利用刘璋统制宽柔，大肆侵略四川旧民，一时导致四川四处骚乱。刘璋在四川毫无威望，诸葛亮与刘备初次会面之时，就向刘备进言应取蜀地。曹操大举南下之时，刘璋曾派使者面见曹操，但此时曹已攻取荆州，故未礼遇刘璋所派使者张松。张松对此怀恨在心，于是与其同党法正商议，在风闻曹操将伐张鲁之际，引刘备入蜀。

　　刘备命谋士诸葛亮及股肱部将关羽留守荆州，亲率大军入蜀，为刘璋防御北面。据说，刘备长于笼络人心，令他人心甘情愿为之效力，入蜀之后，名望渐高。刘璋部下张松、法正甚至起了以刘备取代刘璋的心思，并在内部密谋此事。刘璋知悉后，张松被杀，两刘的争斗公然浮上水面。刘备最终攻下成都。建安十九年刘璋投降，翌年曹操入汉中，其部下进攻四川西部时，被刘备军队所破。自此，刘备曹操开始在汉水上游展开对抗。

　　起初，赤壁之战刘备孙权联手之时，迫切希望得到援助的是刘备。为此二者之间达成何种条件，历史上无明文记载。但当战后刘备在荆州扶植势力时，孙权言称荆州只是借与刘备，屡次要求刘备将荆州奉还。史学家赵翼所著《札记》中记载，荆州原为孙权势力所不及之地，故让刘备还回荆州道理上不能成立，《先主传》称，得到蜀地的刘备面对孙权直接索要荆州的要求，态度极为暧昧，始终未予明确回复。据此推测，刘备向孙权求援时，应该曾与孙签下密约。当然，正史文面没有任何证据。抛开借荆州的问题不论，湖北本为天下要冲，能否支配此地，很大程度事关势力消长。赤壁勇将周瑜原为孙权之兄孙策的莫逆之交，其志在天下，不甘心偏安一隅，心藏必取荆州的计划，其目标为湖北北部的襄阳，令刘备取蜀，自取襄阳，谋霸中原，可正要实施该计划时却因病早逝，他推荐鲁肃担起荆州经营之重任。鲁肃始终坚持与刘备同盟，共同抵御曹操，他面对孙、刘势力在湖北交错的局势，一心调停双方。另一方面，为刘备守卫湖北的关羽在樊城（襄阳对岸）打败曹操大军，中原为之震撼。然而，此时鲁肃已死，取而代之的吕蒙暗中与曹军勾通，袭杀关羽，孙权势力扩张至湖北，三国势力范围大体确定。荆州仍横亘在刘孙两势力之间，双方注重和谐的原因在于均想联手打倒曹操。相较于夺取天下的大计，孙权自身更想偏安一方，及至吕蒙杀关羽，其目的亦已达成。与此同时，三国鼎立的局面业已确立。中国史学家中，屡屡有人讨论吕蒙攻取荆州的功过，抛开是非不论，事实上其攻取荆州确实是将统一已久的中华大帝国引导至分裂状态的大事件。其时建安二十四年（219 年）。

建安十八年，汉献帝下诏，合并天下十四州，恢复为古时九州之制。同年，策命曹操为魏公，封冀州十郡之地。梁章钜认为上述二事相互关联，即：建安十七年已扩大魏郡范围，今又增益冀州区划，使其十郡中含括魏郡，令曹操之势力逐渐占据王畿中枢，不久即可取代汉室。合并十四州成九州之说，建安九年即已出现，但其时遭谋士荀彧反对，故未能实现。当年正是曹操攻占邺城，获封冀州牧之时。因此，九州合并说的目的，可能在于增强曹操势力。今在曹操封为魏公之前施行该宿论，未尝不可视为令曹操名实相副之计划。曹操得天下之信望本是借奉戴汉室之名，而将王畿中枢之地纳入其统治范围之内，明显将汉室置于孤危的境地。不仅如此，严格来说，异姓封侯本身即有违汉朝之法。今曹操即魏公之位，即为更新汉制。因此，若站在以汉室为中心考虑的立场，上述两个事实皆表明曹操不臣之迹。通过《魏书》可知，其篡夺行为被极为华丽的言辞与壮丽的仪式所粉饰，且裴松之注释的《魏书》及《魏略》也详细记载，曹操一度采取辞让形式，后来难阻大员一致劝进。建安二十一年，曹操成魏王。既然是预定的计划，自然陈寿未在魏志中记载献帝之诏。虽然距帝王之位仅一级之遥，但曹操终其一生还是未背负篡夺的污名。赵翼认为，曹操仍残存名分的观念，随着时代发展，篡夺行为在愈加华美的形式下变得愈加露骨。不过，这正是发源自曹操。

曹操封魏王后第三年，刘备在部将劝进下即汉中王之位。其理由为：曹操图谋篡夺汉室，而刘备作为汉朝宗室，可采取权宜之计，将现有四川地区建成王室之藩屏。该理由究竟有几分诚意暂且不论，但如此主张，足可见其已与魏完全水火不容。孙权则游离在曹刘之间，《魏略》记载，孙权为了奇袭关羽，甚至以臣自称，向魏上表。关于此点，王鸣盛等人一直攻击孙权太过狡猾。总之，孙权方面在形式上并未与魏蜀（刘备原以汉为国号，今称蜀者，从通名也）对立，此事实值得注意。

三国鼎立之争（一）

如第一节中所述，汉延康元年正月，魏王曹操死于洛阳，当年十月曹操长子曹丕取代汉室，成立魏王朝。那么，魏取代汉究竟经历何种步骤？

该年三月，《魏书》本纪记载黄龙现于谯一事，且附记太史令单飏的预言。梁章钜在《宋书·符瑞志》中发现此时十三郡国出现黄龙的记载；根据《水经注》，发现谯改名龙谯国的事实。梁认为魏将黄龙现身视为秉受天命之符。文献可证，至少自三月开始，已出现以魏代汉之运动。其后，祥瑞的发现屡见于史，左中郎将李伏遂上表魏王曹丕，称其履天子之位已是既定的命数。术师姜合得谶书——《孔子玉版》，称书中写有"定天下者，魏公子桓"，而子桓正是曹丕之字。此次劝进之后，彼时的名臣辛毗、刘晔之徒也联名劝曹丕即帝位，曹丕每每推让拒绝。之后，太史丞许芝又引天文谶纬之说，列举数条魏自当取代汉的理由。《春秋玉版谶》（钱大昕曰：此书即上文所言《孔子玉版》也）中记有"代赤者，魏公子"。所谓谶记为孔子以其圣知，洞察未来，密藏其言，书刻于玉版而成，时机一到则自己现身于世间。此为内学，即术师之学。此说成为根本，为证明之，种种符瑞、天数等都被利用起来。用如此不可思议的幽冥之理证明天位的尊严，是当时尤为显著的一种潮流。

对于许芝发起的运动，曹丕仍以人心尚未归附为由进行推让。此时，以御史府官僚司马懿为首之团体，具陈人心讴歌魏德的情况，至此，汉全体官僚一致劝进，汉室终于发出禅让的诏书。但曹丕与汉室之间犹有数次形式上的应酬，汉室方面对禅让之后自身的地位心存危惧，而魏方面，天下尚未一统就即帝位，存在名义不完备的缺陷。对于汉室的危惧，可凭"禅代之义，非独受之者实应天福，授之者亦有余庆焉"轻松调停，但无论如何，魏都难免欠缺受帝位的资格。不过，魏的政令实际上早就在北方实行，如今只是帝号转移而已。总之，曹丕虽然数度推让，但最后无法阻止群臣劝进，最终取代汉而即帝位。

如前所述，明确反魏者是蜀。魏篡夺汉室，汉后主为曹丕所害的传言不绝于耳。此乃作为汉朝宗室的刘备为存续汉室而自立称帝的绝佳机会。魏黄初二年三月（221年，蜀章武元年），汉中王刘备为汉帝发丧举哀，在群臣劝请之下，遂即皇帝之位。其形式与魏相同，皆以谶记之文为名。当时，蜀之名臣费诗反对众议，上表刘备："殿下（指刘备）以曹操父子逼主篡位，故乃羁旅万里，纠合士众，将以讨贼。今大敌未克，而先自立，恐人心疑惑。"此观点虽最终未被采纳，但却足以看出，费诗的着眼点，即将曹氏视为汉贼的主张并未被蜀中人士所遗忘。刘备即帝位成为汉室继承者，如此一来，刘氏与曹氏之间更加势不两立。

蜀先主刘备称帝后翌年，为报旧臣关羽被吴国孙权所杀之仇，大举东征。此举恐为刘备的独断行动。清朝史学家王夫之极力批评刘备的行动，认为刘备明明肩负复兴汉室之大任，却为报一名部下之仇，而滥兴大军。非独后世对此有批评声音，当时也有人劝谏刘备勿轻举妄动，吴国有之，蜀国有之。蜀勇将赵云认为应先灭魏国，吴名臣诸葛瑾告诫刘备，毫无理由见汉帝遇害而不救（可见传闻及于江南），却反而为关羽复仇。刘备皆未采纳，亲自率兵越过三峡之险，出湖北，进湖南。这次出动本是兵行险招，他又弃船登陆展开步战，蜀军水陆联络断绝，吴名将陆逊抓准机会，从四面猛击，蜀军大败，刘备狼狈逃往白帝城。

当初吴将吕蒙与魏相通，袭杀关羽之后，孙权常恐刘备复仇，为此一度营都武昌，且向魏进贡，自称藩属。彼时，魏朝新立，曹丕颇为高兴，遂册封孙权为吴王。关于此事，魏吴两方面均有强烈反对意见。魏方面有人认为，吴言辞轻卑，自称藩属，究其动机，实为惧怕刘备发起复仇战，为博得魏好意，使魏保持中立而采取的策略。因此，刘晔倡议，从魏之立场而言，应趁南方吴蜀相争之际，一举灭吴。吴方面，一般舆论认为，既受魏册封，则历来奉戴汉室的精神已然消失。总之，大一统主义在舆论中仍旧保持浓厚色彩。但事实上，魏吴盟约的短暂成立，令吴得以举全力击溃蜀军。

蜀先主刘备被吴所破，逃往白帝城，重病在床，将丞相诸葛亮从成都招至白帝城托付遗孤，并将蜀政委以诸葛亮，之后病逝。此时，蜀地人心动摇，南中（即云南、贵州一带）悉数叛蜀，甚至有人通吴。另一方面，魏又发起奉劝蜀人归附的运动。《魏略》中记载，魏名臣王朗曾致信蜀许靖，内容如下：

> 皇帝（魏文帝）既深悼刘将军之早世，又愍其孤之不易，又惜使足下孔明等士人气类之徒，遂沉溺于羌夷异种之间，永与华夏乖绝，而无朝聘中国之期缘，瞻睎故土桑梓之望也，故复运慈念而劳仁心，重下明诏，以发德音，申敕朗等，使重为书与足下等。以足下聪明，揆殷勤之圣意，亦足悟海岱之所常在，知百川之所宜注矣。

面对困局，诸葛亮专心内部整治，并看破唯有与吴重温旧交方可抗魏，于是派邓芝为使者至吴通和亲之意。

在此之前，吴为博得魏的好感，对魏态度卑屈，以求和亲。往来两国之通使观察之后，带来形形色色的情报。简而言之，魏作为上国拥有优越权，强使吴居属国之位，而吴国群情对魏使者的骄横态度甚为反感。从事实来看，魏方面试图以屈服的形式，令吴将孙权之子孙登作为任子交与魏朝廷，孙权口头答应斡旋此事的魏人浩周，实无履行承诺的意志。对此，魏朝廷舆论沸腾，《魏略》记载，魏朝三公联名上奏，要求责罚孙权。于是，魏文帝态度坚决，动员军队，责问孙权是否交出任子。面对威压，孙权决定据长江以御魏军，自改年号为黄武，以示断然不奉曹魏正朔之义气，甚至还派使者前往白帝城探视刘备。如此一来，魏与吴之间，战端正式拉开，而魏不占优势，只好撤军。此时吴部下发起劝进孙权即帝位之运动。但此时，吴尚无与魏彻底断绝和亲的意志。总之，吴国态度可概括为，不甘心作为臣子屈服魏国，但又顾虑蜀国复仇，不想与魏断交。就在此时，蜀国丞相诸葛亮公然派遣和亲使者来吴。孙权下定决心会见使者邓芝。其结果，吴蜀结盟共同抗魏的旧约得以复活。两国为完全对等的关系，长江流域同盟对抗北方的形式，从外交角度而言，大可视为南北分立之状态。时为魏黄初四年（223年）十月，三年后孙权下达的命令中，已明确称魏为"北虏"。

吴国拒绝魏国要求并自定年号，标志着事实上吴的独立已经完成，与蜀通和更加表明其态度。但只要孙权一日不即帝位，则仍不可说，形式上已成三国鼎立之貌。吴蜀两国通聘之时，互贡土产，行完全对等之礼（裴注所引《吴历》）。然而，蜀国已称帝号，吴致信蜀国之时，文书形式无法使用对等辞令。今日尚无史料可得知当初两国来往文书的形式，但据说当时陆逊坐镇荆州，常与蜀交涉，孙权刻本人印章交与陆逊，当孙致信汉主或诸葛亮之时，必先请陆逊过目，如有不妥之处，则在改定之后再行封印。就此点而言，吴国的独立尚未完成。魏太和三年（229年），孙权初即帝位。其告天文中，昭告曹氏罪恶，称汉室已处于绝祀的状态。肩负继承汉室重任的蜀国，理论上无法承认吴的帝位，且实际上蜀国舆论认为应断绝与吴之盟好。但诸葛亮认为，当前大敌为魏，于是遣使至吴国祝贺即位，更公布文辞，与吴更新盟约。总之，吴蜀两国视魏为共同敌人，两国之间缔结攻守同盟，一起分割魏的领土。三国鼎立的形式自此完成。

三国鼎立之争（二）

魏国方面，文帝曹丕即帝位之后，国家的活力远弱于曹操时代。普遍认为原因在于曹丕疏离骨肉。《魏书·武文世王公列传》中，陈寿评论称：

> 魏氏王公，既徒有国土之名，而无社稷之实，又禁防壅隔，同于囹圄；位号靡定，大小岁易；骨肉之恩乖，常棣之义废。为法之弊，一至于此乎！

陈寿指出魏虽封赏亲戚，但限制其权力，约束其自由，使其有名无实的弊害。彼时宗室究竟遭受何种束缚，为探其梗概，且看裴注引《袁子》一节：

> 魏兴，承大乱之后，民人损减，不可则以古始。于是封建侯王，皆使寄地空名，而无其实。王国使有老兵百余人，以卫其国。虽有王侯之号，而乃侪为匹夫。悬隔千里之外，无朝聘之仪，邻国无会同之制。诸侯游猎不得过三十里，又为设防辅监国之官以伺察之。王侯皆思为布衣

而不能得。既违宗国藩屏之义，又亏亲戚骨肉之恩。

此政策对魏王室永续甚为不利，该点将在外篇论证，现主要论述曹丕对其兄弟采取阴险手段以致破坏国家活力一事。

曹丕有曹彰、曹植两名弟弟。曹彰曾在直隶北部大破乌丸部族，使其沦落至今宣化、蔚州地区桑干河流域，顺利平定北方，被誉为将帅之器。而最好地遗传了父亲曹操才略器识之人实为曹植，曹操也特别钟爱曹植，甚至有传位曹植之意向。《魏书·崔琰传》中记载，曹操初封魏王之时，立太子之议论兴起，曹操发密函探问朝臣意向，崔琰呈露板，公然提议应立长子曹丕为太子。此观点为一般朝臣的公论。曹丕顺利成为太子，但列传中记载，其后，废曹丕而传位曹植的运动在某方面仍未绝迹，曹丕常常战战兢兢，装出绝对恭顺之状，以讨曹操欢心。曹操殁于洛阳之时，曹植随父身在洛阳，而曹丕在邺城。曹彰在长安，接到父亲命令之后正在赶往洛阳途中。曹彰抵达洛阳之后，认为此次父亲召他前来，一定是为了拥立曹植，并相问于曹植，但曹植矢口否认。据记载，曹彰确是想拥立曹植，遂问父亲玺绶所在，但遭大臣贾逵制止。尔后，抛开家族内部的纠纷，曹操灵柩被送至邺城，曹丕凭正当顺序，继承王位。此时，洛阳城人心动荡，有人提出宿卫军应悉数使用曹操故乡沛谯之故人，而且据说山东的青州军鼓噪退出洛阳城。在如此不安之氛围中即王位的曹丕自然对两个弟弟实施严密监控，曹彰、曹植不得留在京师，前往封国。曹彰在黄初四年（223 年）入朝时暴毙。有史书记载，他是被毒杀的。而与曹植关系亲近之党派在曹丕即位之后不久便被一扫而空，曹植欲试雄略，屡次上表，但常被压下。由此可见，魏国连自家曹氏一族的人才都未能充分使用。

曹丕颁布法令，禁止宦官当政，且防遏外戚辅政——此为东汉灭亡之两大祸根，也是后汉末舆论攻击的目标。但魏国以王室为中心之国家统制却并未因此增强。此事将在外篇中论及，在此不予赘述，且看曹丕对吴国的态度。

当初曹丕从父亲曹操处继承魏王王位之时，恰逢孟达携新城（湖北省郧阳府房县）投降魏国，又有武都（甘肃阶州成县附近）氐王杨朴内附。曹丕认为这些事件完全可证明自身德化，于是极尽夸张地宣扬。《魏略》中载有其令文：

> 吾闻夙沙之民，自缚其君以归神农，齫国之众，襁负其子而入丰、镐，斯岂驱略迫胁之所致哉？乃风化动其情，而仁义感其衷，欢心内发，使之然也。以此而推，西南将万里无外，权、备将与谁守死乎？

曹丕即帝位时，吴国孙权称藩，向魏进贡。此事更加助长其虚荣心，甚至不顾先朝以来的重臣刘晔的谏言，册封孙权为吴王。但向吴求任子之时，竟遭孙权拒绝，魏国朝臣舆论顿时高涨。曹丕遂寻求动用武力解决问题，向前线将士下达动员令，且亲自率兵南征，在故乡谯县大飨六军及百姓，此事在《隶释》闻人牟准的碑文（据《全三国文》）中有详细记载。其时，魏军从长江中下游两道并进，曹丕在广陵（今江苏扬州）督战。军事方面主要负责人为魏宗室曹休，欲渡江作战，意气风发。但先锋军将臧霸等人久居富贵之位，本来就不好战，魏军整体暮气沉沉。因而两道屡屡失利，曹丕于是下令全军撤回。他在给魏朝三公的诏书中，直言南征之过失（《魏书·王朗传》，裴注引《魏书》）。大概因先朝旧臣贾诩、王朗等人一开始便批评南征之非。其后，曹丕再度发动南征，至广陵检阅军队，此时，吴蜀联盟正是坚固之时，曹丕试图分裂二者，但未能成功（参照《吴录》）。从其诗文即可看出，他原本就没有讨伐的意志：

> 谁云江水广，一苇可以航；不战屈敌虏，戢兵称贤良。

魏文帝曹丕在位仅七年即身死，其子明帝曹叡承袭帝位。关于曹叡的年纪，众说纷纭，但可以确定其即位之时应正是二十二三岁的青年。《魏书》记载，曹丕特意命令曹真、曹休、陈群、司马懿四人辅政。其他列传记载中，四人之中未见曹休之名，《曹休传》中也无曹休接受遗命的记载。且《晋书·宣帝纪》中记载，此时曹丕诏告太子，纵若有人中伤此三公，也不许怀疑他们。因此，亲听遗命者为上述三人无误，不过曹休亦可能被算作其中一人。原本曹休、曹真皆为曹氏疏族，封爵在曹操外舅——夏侯氏一家夏侯惇、夏侯渊之后，作为军人派的统领，担当边防重任。而陈群、司马懿皆是曹丕亲任之人，与朱铄、吴质一道并称文帝四友。此时，钟繇、华歆、王朗等先朝元老宿望犹在，因此，特令此三人辅政，说明曹丕不免认为帝位乃是一家私事。

曹叡任太子期间，不与朝臣相交，居一室读书，世人完全不知其为人如何。当时大臣为此心生忧虑。据说曹叡万事独裁，辅政大臣大抵被送往边地以当防御之任，中央政治全凭其决定。曹叡即位之初，魏国重臣之间，党同伐异的弊害已相当严重，陈群上疏曰：

> 夫臣下雷同，是非相蔽，国之大患也。若不和睦，则有仇党，有仇党则毁誉无端，毁誉无端则真伪失实，不可不深防备，有以绝其源流。

此时中书监刘放、中书令孙资二人，为皇帝身侧之官，逐渐执掌朝廷政务。法制上被委以天下政治之任的三公等人，事权渐轻。此二人探知天下公论后，告知曹叡，曹叡才得以凭此控制群臣。但从官制体裁而言，帝王身侧手握事权并不妥当。因此，大臣蒋济等人据此强烈攻击中书监令执掌实权一事。但鉴于当时重臣之间已有朋党弊害，因此于曹叡立场而言，用君权独裁加以控制乃是彼时之妙用。

曹叡的做法，对外自然有消极主义之倾向。规划制定整体方针之人实为中书令孙资。孙资认为，魏若攻蜀，经陕西斜谷道（凤翔府眉县南有斜谷关），出汉中府，极为险阻。魏若伐吴，则水军须做充分准备。无论是攻蜀还是伐吴，就当前现状而言，皆无确实的胜算。但若作为防御一方进行规划，则三分之一的兵力就已足够，兵粮转运也不困难。魏国的一贯做法多基于孙资的规划。

蜀国方面则是丞相诸葛亮几乎一手执掌内外大权。刘备战败，在白帝城病死之时，蜀国顿时人心动摇，但诸葛亮泰然处之，完成内部整治，尔后用兵南中，亲渡泸水（长江上游），深入云南不毛之地，成功征服当地。出征初始，马谡论述力取之非，建议必须使南方蛮族心服。诸葛亮大赞其言，并在征服之地广扬恩信。诸葛亮的夙愿如陈寿所说，进可包括四海，退可震荡宇内。为此，其布法度，治戎旅，细至工械机巧，皆亲自考案，而打倒自居上国的魏乃是首要目标。在此精神指引下经营的蜀国，三国之中土地虽最为狭小，但在人心、活力方面最为卓越。魏曹丕死曹叡立，翌年，诸葛亮向后主刘禅呈上《出师表》，迈上北伐征程。

汉水上游，汉中府之西，今日的勉县（时名沔阳）是诸葛亮大军驻扎之地。此时，蜀军就战略出现异议。丞相司马魏延道：今镇守长安的魏国主师为夏侯楙，此人除去王室主婿之身份，并无特别才能。因而自汉中经斜谷道出郿县，沿秦岭山脉向东，直达长安，若占据储藏军粮之横门邸阁，无须费心军粮之问题。自己可作为先锋，决行此事。即便魏军大部队前来支援，在其到来之前，仍有充分时间加以应对，届时丞相大军从斜谷进军。如此便可一举将关中之地纳入蜀国范围。但诸葛亮认为此计危险，故未予采纳。遂驻营沔阳，而后出甘肃西部，以祁山为大本营，计划从上游入陕西。《蜀书·诸葛亮传》对当时情况记载如下：

> 戎阵整齐，赏罚肃而号令明，南安（甘肃巩昌府陇西县）、天水（甘肃伏羌县）、安定（甘肃平凉府东北）三郡叛魏应亮，关中响震。

魏方面，曹叡亲自坐镇长安，派勇将张郃迎敌。恰逢马谡违背军令，在街亭（甘肃清水县东北）为张郃所破，诸葛亮无奈之下，命令全军退还汉中。

笔者在前详述魏延北伐之计，其理由为：陈寿评论诸葛亮"奇谋为短"，后世学者也多以其未采用魏延提出的计策作为陈寿评论的佐证，但也有诸多学者为诸葛亮进行种种辩护。若省去一一介绍的繁冗，直截了当而言，笔者以为陈寿的评论最为准确。中国自古以来就奉行"兵者，诡道也"，战争之时，必定利用敌军的漏洞加以讨伐，制胜于眼前。但诸葛亮的做法，完全与之相异。他先治理军政，大处从统一全军士气到肃正军纪，小处到搬运粮食之技巧，全局之上塑造浑然一体之组织。他擅长正攻法，以堂堂之阵进攻敌军。若行动涉险，则努力避开。显然这样容易贻误战机。但其伟大之处在于，即便失败，也可迅速整理军容，处之绰然。《汉晋春秋》有云：

> 于是考微劳，甄烈壮，引咎责躬，布所失于境内，厉兵讲武，以为后图，戎士简练，民忘其败矣。

据《蜀书》记载，诸葛亮前后五次率军北伐。最后一次北伐为魏青龙二年（234年）。蜀国派出休养、训练三年的精兵出征，且与吴相通，让吴进攻合肥新城。诸葛亮自身则取道斜谷，出至渭水之南，驻军于郿县之西五丈原，分兵屯田，做长期驻守的准备。此时，魏国对吴蜀两面，完全采取防守策略，尤其对于蜀军，更命令统领军队的司马懿据守坚壁，不许出战。吴军先攻合肥新城，但未得手。蜀军热盼野战，但魏军不出。诸葛亮遂向司马懿赠送妇人巾帼加以羞辱，魏军将士时有动摇，司马懿为镇抚士气，特向魏王申请出战。魏王知司马懿心意，特派辛毗传敕命不得出战。如此，两军相互对峙百余日，不料诸葛亮期间染病，薨于五丈原。魏军得悉此报时，不敢相信，徒然失去追击之机，蜀军得以结营返还。

蜀国诸葛亮遵循汉代传统精神，欲灭魏而统一中国，故魏蜀之间爆发多次激烈战争。其间，吴国虽不时与魏上演小冲突，但大体奉行和平治理本国领土的方针。原本孙权领有的扬、荆、广、交四州土地，接受汉族文明时间较短，孙权接替长兄孙策之后，才开始割据江东，其内部最大问题当数镇抚山越。据王鸣盛《商榷》记载，山越是南部少数民族的总称，喜好伏处深山之中，不入城邑，故而被称为"山越"。山越分布之地，包括湖南南部至广西以及现今江西、安徽、浙江三省邻接地区。浙东山地也可计入。这些被称为"山越"或"山寇"之少数民族往往依附地方豪族，成为内部祸乱之源头。原来汉族发展的区域大体是沿大河流域之平地，平地与山岳交界处所设之县当时称为剧县。孙氏令勇将程普、太史慈、韩当、周泰、吕蒙等人任县之令长。上述武将多为北方人士，孙权借其之力将华歆、王朗等汉末名士类郡守逐出江南，代以武力施政。《吴书·贺齐传》中记载，贺齐在任会稽郡属县剡县长官之时，知悉县吏斯从奸恶，欲诛杀之。其时，主簿奉劝道，斯从为县中豪族，有山越归附，若今日杀之，则明日山寇必来。蛮族与地方豪族的关系可见一斑。贺齐先杀斯从，震山越，后征服浙江福建邻接地域，最后平定安徽南部，即今黟歙地区。之后，在该地区设置新都郡（浙江严州府淳安县西），以黟歙土地设四县。据《抱朴子》记载，黟歙地区之山贼知晓某种禁咒之术。

而对付山越，计划最为全面周详之人当数诸葛恪。面对漫布于江西、安徽、江苏、浙江数千里山谷的山越，诸葛恪命令各郡治理地方的太守以及属县长吏，用军制将辖区人民编成部伍，将遵从汉族法制的平民全部聚集起来居住，进行屯田。同时，派遣军队至幽阻之处，建造藩篱，不与山越交战，谷物成熟之时，派军队协力收割，如此，纵使山民袭击平民屯所亦无所得。最终，山民陷入饥穷，出山投降者渐而有之。诸葛恪见状，再下命令，若山民乞求从化，可迁至外县，绝不迫害。于是山民老幼相携纷纷出山，其数量达四万之多。诸葛恪将此等山民分与诸将，自收万人。如此一来，汉族的威令逐渐传播至江南山地。

孙权在以武力统治境内之同时，还任用江南土著名士，使其与北人共担朝政军事大任。在他手下作为宰相执掌大权的是南人顾雍。据本传记载，顾雍探查民间政治后，密告其主孙权，若其说被采纳，则归功于上；若未被采纳，则绝不外泄。立公朝之上表达意见之时，"辞色虽顺而所执者正"。王夫之等人盛赞他，认为三国时代他最得大臣之体。又如在荆州上游，履行吴国藩屏重任的陆逊，政治宽弘，当时未见匹俦，此人也是江南人。孙权之所以能重用南人，在三国鼎立之间施行宽松的政治，是因他能抛开名分之论，坚持独特立场。

魏室衰而司马氏兴

三国初期，统一思想犹强劲地流于一般舆论之中。及至分立形势确立，此种议论实际上内容已发生变化。但蜀国诸葛亮仍以之呼号天下，甚至导致后世部分史家将正统所在与蜀相系。诸葛亮死后，天下不再主张汉家正统，三国各自安于偏安状态，王室威权随之失坠，大有强臣夺权、朋党渐繁之势。在此时局之中，巧妙扶植自身势力的是魏臣司马氏一家。三国后期历史以司马氏为中心展开记述，有助于对事情的理解。

司马氏一家兴于司马懿，后司马氏统一天下，成立晋室时，他被追谥为宣帝，其名列于《晋书》帝纪之中。根据记述，司马氏出自传说中的帝王高阳，秦灭而楚汉相争之时，司马卬与诸侯伐秦，封殷王，建都河内郡，子孙定居此地。司马氏自此成为河内温县豪族。当然，无人相信司马氏之先出于古代帝王高阳，但司马氏为楚汉之际司马卬的子孙则当无疑义。《三国志·魏书》中，司马懿之兄司马朗以及同族司马芝传却都未记载此事。总之，司马氏为河内温县豪族确属事实。查其婚姻关系，从各郡名族聘娶诸妇。司马懿仕魏室之初任文学掾，应当有名族必备的儒术教养。河内温县为黄河要津，是汉时著名都会，因而汉末动乱之时常遭掠夺，司马懿之兄司马朗遂携全族逃往东方的黎阳。后司马朗为魏武帝曹操效力，其弟司马懿不喜屈于魏，曹操召其入宫，他以身染风痹为由拒绝。据说某日司马懿在家晾晒书籍，突下暴雨，他慌忙收书。下婢一人目击此状。夫人张氏恐司马懿装病一事泄露，故杀下婢。曹操对司马懿始终保持警戒，司马懿遂专心事务，装恭谨之礼，曹操方才渐为安心。唐太宗在《晋书·宣帝纪》的论中，评价司马懿"情深阻而莫测"，就是指司马懿这一面。在曹操时代，司马懿隐晦其才器，但与曹丕甚为亲近，甚至名列曹丕四友之一。曹丕继承大统之后，逐渐崭露头角，文帝驾崩之时更面听遗命，被委以辅佐明帝曹叡之重任。

如前所述，明帝曹叡对内万事独裁，对吴蜀则任同族曹真、曹休及司马懿处之。两曹在将才方面皆不及司马懿，且离世较早，之后军事实权逐渐落入司马懿之手。此时，蜀国诸葛亮正举全力经营中原，攻击力甚为强悍。司马懿以防御为重，虽无赫赫功名，但得以阻止了蜀军侵入魏国境土。诸葛亮死后，司马懿相当活跃，首先是经营辽东地区。

景初二年（238年），为防备蜀军居于长安的司马懿为明帝曹叡所召，受命讨平辽东。因辽东公孙渊自称燕王，大有独立的气势。原来两汉之时，自今辽河以东、铁岭以南至朝鲜半岛北部，汉设置三郡进行统治，即辽东（郡治在辽阳西北）、玄菟（铁岭西北）、乐浪（平壤附近）。三郡之中，辽东处在最中心之位置，其属县汶队（辽阳附近）设盐铁官，而且沓氏（一说沓浦，在金州附近）位于山东及江浙两省的海路交通要地。在后汉末年动乱之时，公孙度在辽东崛起，平三郡之地，越海而将山东东北部之东莱收入囊中，曹操统一北中国时，成为魏的属国。魏许诺："海北地土，割以付君，世世子孙，实得有之。"公孙度死后，其子公孙渊继承其迹。与公孙氏接壤之地区的魏国大员，如幽州刺史、东莱太守等，皆不满公孙氏独立之态度，隔阂自然产生。魏欲恢复北中国秩序，势必压迫公孙氏。公孙氏为保独立，遂派遣使者向吴国大帝孙权称臣，并结同盟。据《魏略》记载，孙权曾送舟百艘，与辽东通商，并向其求名马。然而，公孙渊并无断然与魏为敌的决心。当时幽州刺史毌丘俭对辽东采取压迫政策，公孙渊遂称燕王，一副独立的态度。于是，司马懿奉命出征。公孙渊本非魏国敌手，在其都城襄平遭受三十日围攻之后，终于提出有条件投降，但遭拒绝。公孙氏满门伏诛，其势力范围再次归属魏国之下。

魏国势力刚进入东北地区之时，不幸魏明帝曹叡病逝。司马懿从辽东凯旋，屯军幽州治所蓟城（北京），天子下诏，召其再赴长安。然行至汲（河南卫辉府）时，又传诏命，催其火速入京（据《通鉴》）。前后诏命相异，司马懿察觉宫中有变，遂急赴洛阳。明帝对司马懿委以重任，请其与魏之疏族曹真之子曹爽共同辅佐嗣子齐王曹芳。当时的情况大抵如下：

明帝原本无子，遂养同族曹芳及另一人。曹芳究竟为何人之子，《三国志·魏书》记载："官省事秘，莫有知其所由来者。"曹芳后封齐王，定为太子。但关于其身世，未见有关联的大臣发出一言。司马懿在辽东之时，明帝病重，太子曹芳孤立无援，急需有力辅佐。起初，明帝考虑让同族之中最为亲近的燕王曹宇及同族之人辅佐，并发出命令。曹宇不喜司马懿掌内，遂建议令其再次镇守长安，获帝同意。然而长期近侍帝侧，负责各种政治计划的刘放、孙资与燕王不和，且认为燕王一派并无能力保全魏室。于是，二人引用决不可令同族担负政治重责之文帝方针，以此为由，排斥燕王势力，在明帝病床之前，逼其免去燕王等人官职，并令曹爽、司马懿取而代之。燕王等人泣而出宫。因此，明帝将太子嘱托于司马懿其实并非本意。司马懿在明帝病床之前的情景，《魏氏春秋》如此描述：

> 时太子芳年八岁……帝执宣王（司马懿）手，目太子曰："死乃复可忍，朕忍死待君，君其与爽辅此。"宣王曰："陛下不见先帝属臣以陛下乎？"

另外，《魏略》还记载，明帝教太子芳抱宣王颈。虽陈寿《魏书》修正上文，做稳当叙述，但此情此景，以小说式的描写更能道出事情真相。若下无负责大臣，则此等大事绝不会依照正常程序进行。

对于明帝独裁君主式的统治，史家孙盛等人极为赞赏，但其多有任性妄为、大兴土木、耽于游猎等缺点，曾遭当时大臣严厉批评。著名一例见于《魏略》：太子舍人张茂以吴、蜀数动，诸将出征，而帝盛兴宫室，留意于玩饰，赐与无度，帑藏空竭；又录夺士女前已嫁为吏民妻者，还以配士，既听以生口自赎，又简选其有姿色者内之掖庭，乃上书谏曰："臣伏见诏书，诸士女嫁非士者，一切录夺，以配战士，斯诚权时之宜，然非大化之善者也。臣请论之。陛下，天之子也，百姓吏民，亦陛下之子也。礼，赐君子小人不同日，所以殊贵贱也。吏属君子，士为小人，今夺彼以与此，亦无以异于夺兄之妻妻弟也，于父母之恩偏矣。又诏书听得以生口年纪、颜色与妻相当者自代，故富者则倾家尽产，贫者举假贷赁，贵买生口以赎其妻；县官以配士为名而实内之掖庭，其丑恶者乃出与士。得妇者未必有欢心，而失妻者必有忧色，或穷或愁，皆不得志。夫君有天下而不得万姓之欢心者，鲜不危殆。"明帝失行多遭名流所指摘，加之齐王曹芳非正统出身，以孤弱之姿继承大统，魏室的命运已然处于非常危险之境地。

与司马懿共同辅佐幼帝的曹爽作为魏室疏族，世代与夏侯氏充当军人派的栋梁。明帝后半期，司马懿主要活跃于军事上，但如今曹爽再得重权，于是二者自然开始对立。关于曹爽的为人，陈寿评论其"德薄位尊，沉溺盈溢"，史书记载了不少其违背当时形式道德的行动，但当时史料多成于晋时，故当中几分属实尚不可知，因而不可尽信。与曹爽最为亲密的何晏、邓飏，以及支持曹爽的夏侯玄、诸葛诞等人，当时被称为"浮华之士"。所谓"浮华"，意为只重理论而不重实行，大概是不尊重形式道德。若从当时以容貌表德行的写法，何晏等人乃是极为柔弱的贵公子之风。《魏略》载："晏性自喜，动静粉白不去手，行步顾影。"更有甚者，裴松之注引《管辂别传》评论何晏、邓飏："夫邓之行步，则筋不束骨，脉不制肉，起立倾倚，若无手足"，又"何之视候，则魂不守宅，血不华色，精爽烟浮，容若槁木"。后面的记载以观相预知成败，绝难相信。与前面的记载相反，《世说新语》记述何晏容貌过美，以至魏明帝怀疑他面上傅粉。刘孝标根据《魏略》怀疑《世说新语》的记载，但二者之中究竟哪方可信？《世说新语》记载明帝之言岂非直接，《魏略》作为后世记事岂非间接？无论如何，何、邓等人被形容为"神识明彻"的思想家式人物，声名远驰。以曹爽为中心，名流何晏、邓飏等人为左右，下有谋士，结成的团体试图独占政权，对司马懿给予名义上之待遇，实则谋划令其远离实权。但其做法急于进取，频出举措排斥前代遗老，被视为自然秩序的破坏者而遭受人们指责。现列举《傅子》所记曹爽一派的李胜在担任河南尹时的做法如下：

> 河南尹内掌帝都，外统京畿……其民异方杂居，多豪门大族，商贾胡貊，天下四会，利之所聚，而奸之所生。前尹司马芝，举其纲而太简，次尹刘静，综其目而太密，后尹李胜，毁常法以收一时之声。骰立司马氏

之纲统，裁刘氏之网目以经纬之，李氏所毁以渐补之。(《魏书·傅嘏传》裴注所引)

笔者之所以详细介绍曹爽势力，是因为此后与当时士族门阀意向相反的进步方策，提出者往往背负失德的恶名，其端绪发于此时。司马懿一时遭曹爽党派排挤，因而装出远离实权的态度，及至魏嘉平元年（249年），乘曹爽奉幼帝出洛阳时，突然发动政变，强迫太后发令解除曹爽一派的实权。此时，虽然先朝遗老蒋济等人同意司马懿的做法，但其本意仅是排挤曹爽势力，将政治导向正途。尔后，司马懿对曹爽一派之处置极为残酷，《晋书·宣帝纪》中如此记载：

> 诛曹爽之际，支党皆夷及三族，男女无少长，姑姊妹女子之适人者，皆杀之。

该事件之后，司马氏的势力更加牢固，司马懿受九锡之礼，违逆者渐次被诛灭。司马懿死后，其子司马师（景帝）继承父亲实权。此人与何晏、夏侯玄一样，以思辨闻名，诛灭曹爽一派时，在父亲帷幄之中积极出谋划策。其执掌事权之初，天下名流各司其任，或镇守边境，或主政州郡，或执掌选举，或参与谋划，或参加朝议，四海倾注，朝野肃然。唐太宗评论司马懿"用人如在己，求贤若不及……性宽绰而能容，和光同尘，与时舒卷"，恐怕司马师也有这一面。相较汉末以来的名分论，更想审时度势而善处之，这或许是司马氏家族代代相传的思想。《魏书·司马朗传》有云：

> 朗以为天下土崩之势，由秦灭五等之制，而郡国无蒐狩习战之备故也。今虽五等未可复行，可令州郡并置兵，外备四夷，内威不轨，于策为长。

在统一倾向强烈的三国初期，司马朗提出分离主义的统治策略，开辟了西晋思想之先河。司马懿以宽容而得时望，及至其子司马师，继承父亲遗德，巧妙扩大家门权势，为此不惜诉诸残忍手段，甚于父亲数倍。以下特举例叙述其梗概。

魏嘉平六年（254年），司马师掌握实权的第三年，诛杀彼时名望李丰、夏侯玄等人。关于此事，陈寿的记载极为暧昧，《魏略》的条理倒是更加完整清晰：李丰此时任中书令，为齐王侧近之臣，常受帝召入宫参与密议。司马师对此事起疑，问于李丰，但李丰称不知秘事，遂杀之。事实上也许李丰确不知情，密谋诛杀司马师、拥立夏侯玄等记述应为之后廷尉公布罪状时所捏造。当时，担任廷尉者为钟毓，收到李丰尸体时，其一度拒绝审理，但受敕命强压，不得已作辞状称李丰与夏侯玄沆瀣一气，图谋不轨。《世说新语》记载，钟毓裁决夏侯玄之罪时，夏侯玄指责道："你位居公卿，却受公府指示，像狱吏一样来讯问我，这算怎么回事？我的罪状，你随便写吧。"狱期即将结束之时，钟毓写完判辞，令罪状与事件相吻合，呈于夏侯玄。当时，钟毓涕泪交垂，夏侯玄则默默颔首。《资治通鉴》采信记事，但关于李丰之事却沿袭《魏书》。若细加阅读，可发现前后明显存在矛盾。夏侯玄为当时推重的名流，与曹爽、何晏关系密切，是司马氏最为惧怕的对立者。

李丰事件结束后不久，齐王曹芳即遭司马师废黜。虽实际情况不明，但表面程序明了。司马氏奉太后之命，称齐王芳多有背德行为，难承天绪，召集群臣，痛哭流涕，告知百官废齐王乃是出于无奈。群臣无不赞同，彼时大官联名公布齐王背德之行。其全文载于《魏书》，可归纳为：齐王耽于女色，弃辱儒士，废捐讲学，延小优至殿中裸袒游戏，蔑视礼法等。此形式对后世历史影响甚大，可谓开废立天子极其容易之先例。

齐王遭废之后，高贵乡公曹髦被拥立。正元二年（255 年），在寿春城与吴对战的勇将毌丘俭起兵反抗司马氏。根据檄文，其造反之根本原因在于，此时司马氏集兵权于中央，对边疆将士之补给极少。此外，毌丘俭还公然揭露司马师恣意废君，反而归罪于君主的事实，并极力唤起舆论。对此，司马师亲自率兵讨灭毌丘俭一众人等。

司马师在平定毌丘俭叛乱之后不久即在许昌病逝，此时，其弟司马昭（文帝）统领六军，居于京师洛阳。借司马师之死，天子亲自下令，使司马昭移军许昌，并令尚书傅嘏取而代之守备洛阳。但中书令钟会与傅嘏互相串通，私改命令，使司马昭与傅嘏共返洛阳。如此一来，司马昭继承父兄实权，实际上已统揽天下政令。据此可以想象，魏禅于司马氏即所谓禅让运动便是自此开始在司马氏集团萌发。彼时，诸葛诞原本被视为曹爽、何晏一派，但其始终与司马氏共同行动，征伐毌丘俭，占寿春城，居住于此。因为此人态度甚是可疑，司马氏谋士钟会、贾充等人计划讨灭之。尤其是贾充，

《魏末传》记载，贾充为了密查诸葛诞的行动，特意出寿春城，以禅让说进行试探。对此，诸葛诞威仪严正，羞辱贾充，表明应报魏恩的心迹。《晋书·贾充传》也载有此事。禅让应是洛阳名流的热议话题。如此一来，诸葛诞遭司马师一党所嫉恨，最终在淮南以市卖私恩、抱不臣之心等借口被诛灭。至此，天下已无人可反抗司马氏。这时，突然发生高贵乡公具有浪漫色彩的反抗事件。司马师废齐王后迎立高贵乡公并非其本意，而是完全出自太后之恳求。高贵乡公才华横溢，在儒学方面亦有一定见识，他在著书自序中自认深受上天恩宠。他与裴秀、王沈、司马望等名流论评文籍，自以为才识过人。因此，他对司马昭的压迫甚为反感，于是向近侍之臣王经、王沈说道："司马昭之心，路人所知也"，并告知二人讨伐司马昭的决心。二王为司马氏之党，且实际上宿卫兵士极少，遂奉劝高贵乡公断此念头。然而，高贵乡公以死相赴，率领童仆数百人，鼓噪出宫。二王早已将此事告知司马昭，因此高贵乡公惨烈败死。不久，太后下令，废高贵乡公为忿戾无道之君，其尸以庶民之礼下葬。如此一来，天子被弑之事实在名义上便不复成立。

陈留王曹奂继位后，司马昭受封十郡，加九锡之礼。景元四年（263年），伐蜀之令下达，翌年蜀国灭亡，天下在司马氏手上再次出现统一可能，下文再叙其事。

西晋统一

诸葛亮死后，蒋琬掌握蜀国文武大权。蒋琬深得诸葛亮赏识，诸葛亮病逝时遗命委以大任。因此，其一心遵循诸葛亮规划，身在汉中，经营四方。但汉中之地与蜀都相隔甚远，适于积极经营，却不便消极守国。此时，蜀国之舆论正转向消极，费祎、姜维二人告知蒋琬，并劝导之。于是，蒋琬徙屯涪城（绵州），军事方面重用姜维，使其负责甘肃方面的守备。不久后，蒋琬死，费祎承其后。其时，魏方面，曹爽正谋划大举伐蜀。普遍认为，这是曹爽一党为与司马懿竞争而策划的对内性远征。实际上，此次远征并未与甘肃方面深受司马懿恩顾的武将取得充分联系，因而只是轻率策划之举。但对蜀国而言，这是相当重大的问题。镇守汉中的蜀将虽产生动摇，但首将王平应对得当，加之费祎军从涪城抵达汉中，魏军未能如愿，只好退却。蒋琬、费祎先后掌管文武实权期间，虽然二人身在涪城，但政治万端皆在咨询二人后才许施行，且对姜维屡次欲在甘肃地区推进经营一事进行抑制，只予以兵卒一万。因此国家未曾动乱。但随着费祎遭魏国降人暗杀，蜀国势力出现转折。

姜维是渭水上游天水郡（甘肃巩昌府优羌）人。原本渭水、汉水以及洮水上游地区为羌族杂居之地，姜维深得羌人之信任，故利用其势力，经营甘肃一带，以谋取中原作为夙志。费祎死后，姜维承袭其后，终于得以依照此意图制订全盘计划，自然从消极政策转向积极政策。举其中一例，诸葛亮之后，对魏防御的根本在于汉中，以之为中心，西营汉城（汉中府沔县），东营乐城（汉中府城固县），汉水上游平野地区则广布军事据点，密切相互联系。曹爽曾横跨秦岭骆谷入侵，但蜀军在汉中北部兴势山成功阻敌。后姜维改变计划，撤消军事据点，专守汉、乐二城，放任敌军自由进入平原。他认为，纵使敌军占据平原地带，只要诸城守备坚固，敌军便无法永久屯驻。待其疲乏之时，再率上游关头城重兵即可一举灭敌。魏蜀边界大抵为西倾、秦岭山脉，魏国在狄道、陇西（甘肃巩昌府）、南安（巩昌府东）、祁山（甘肃秦州礼县）布设重兵严防。姜维唯独视狄道为攻击目标，将大军集中于西方，汉中守备自然疏略。

魏嘉平五年（253年），费祎去世。前一年，吴主孙权去世。吴国方面，诸葛恪统揽军政大权，改变吴国方针，一心热衷北伐计划，于是邀请姜维，东西呼应举事。姜维极力北伐即始于此。之后，姜维连年施行此计划，一度在洮水流域取得良好战绩。但好景不长，姜维不久即为魏国邓艾大军所破，蜀人无不嗟叹其出兵无谋。学者谯周更作《仇国论》，力陈时势，论说北伐之非。此事之后，姜维在内政上势力日渐失坠，最终军事与政治分为两途。但蜀国后主刘禅是有名的暗愚君主，宦官黄皓开始弄权。吴国来使如此描述蜀国内政：

> 主暗而不知其过，臣下容身以求免罪，入其朝，不闻正言，经其野，民皆菜色。

魏国方面，司马懿诛灭曹爽一党之时，夏侯玄的叔父夏侯霸向蜀投降。姜维问魏国是否有南伐之意，夏侯霸答道：司马氏忙于营立门户，无伐蜀之意。但有一人钟会，若其得志，必将伐蜀。此言应是魏国有权有势者的普遍观察。如前节所述，司马氏一心扩张家门权势，但若以为其做法不得人心，则是非常大的误解。吴人张悌曾将魏国曹氏与司马氏进行对比，评论如下：

> 曹操虽功盖中夏，民畏其威而不怀其德也。丕、叡承之，刑繁役重，东西驱驰，无有宁岁。司马懿父子，累有大功，除其烦苛而布其平惠，为之谋主而救其疾苦，民心归之，亦已久矣。故淮南三叛，而腹心不扰，曹髦之死，四方不动。任贤使能，各尽其心，其本根固矣，奸计立矣。

此处虽用"奸计立矣"一词对司马氏进行道德批判，但显而易见，司马氏凭借宽柔政术安定彼时民心。司马师平定诸葛诞之后进行善后处置，安抚其党类，即便是与司马氏对立者之子孙，只要乞降，就既往不咎，还予以重用。史学家习凿齿极为赞赏其文德，说："推此道也，天下其孰能当之哉？"我们若不用儒家原心诛罪之法，而是具体考察史事本身，可知司马氏的治法足以使天下归心。

司马氏政术梗概如上，以下为其经营之迹。司马懿平定辽东，确实将东北归于其势力之下。而其经营淮南的方法同样不可忽视。《晋书·宣帝纪》记载，正始三年（242年），司马懿"奏穿广漕渠，引河入汴，溉东南诸陂，始大佃于淮北"，翌年，"广开淮阳、百尺二渠，又修诸陂于颍之南北，万余顷。自是淮北仓庾相望，寿阳至于京师，农官屯兵连属焉"。参照《魏书》，提倡该政策之人为邓艾，他担忧河南东部陈、项地区（陈为今河南陈州府淮宁，项为今安徽颍州府太和）至寿春城之间良田稀少，认为应开渠以尽地利、盈军实，同时军事上通漕运之道，更并行屯田之策，打牢经营南方的坚实地基。屯田策原本是曹操在河南中部施行的政策，开渠通漕运在此之前也见于多处，例如贾逵早前已将其作为对吴政策之一实行过。但大范围详密施行该策为司马懿采纳邓艾提议之后。淮水南北地区，如此一来尽归司马氏之统治，后在寿春反抗司马氏的诸葛诞等人主要依仗吴国人担当军队中枢。

这样一来，司马氏内以宽厚之政，得民心归向，在外统一军权，确定势力范围，北部中国基本成统一之势。因此，司马昭依据此势，见蜀政不振，认为讨灭蜀国的大好时机已到。恰逢钟会推进征蜀之计，司马昭于是决意讨蜀。

魏景元四年（263 年），司马昭令钟会率左翼军，自关中进攻汉中，诸葛绪率中军从祁山进发，镇抚甘肃的邓艾统领右翼军从狄道进发，另派廷尉卫瓘持节监视诸军。此时，蜀国姜维率几乎全部精锐之师与邓艾之军对战，汉中守备极其空虚。钟会乘机一举攻陷汉中。姜维只好借剑阁之险，阻止北军入蜀，同时将大军调往东方。从西部进军的名将邓艾未放过此机会，从阴平（甘肃阶州府文县）取近道直出蜀国绵竹。该行动实为大胆冒险，《魏书》如此记载：

> 冬十月，艾自阴平道行无人之地七百余里，凿山通道，造作桥阁。山高谷深，至为艰险，又粮运将匮，濒于危殆。艾以毡自裹，推转而下。将士皆攀木缘崖，鱼贯而进。

蜀国大军为防御钟会，集结于剑阁，不料邓艾出其不意发起袭击，只好紧急商议防御之策，但其策未立。且蜀都舆论不主张决战，蜀国后主更亲自前往邓艾军门求降。其时，通过邓艾呈与魏国的降书为谯周所作（一说为郤正所作）。降书内叙述了蜀偏安一方的理由，以及当今魏运隆盛，顺依天命不得不降的理由。邓艾书面回复说：黄河流经之地，是帝王的居所，这是天之定数，违逆它的无不倾覆。蜀国就此灭亡，其时为 263 年。

此前，魏国中军将领诸葛绪因贻误战机而遭免职，钟会接手统其军众，但未能打败姜维军队，对峙剑阁之时，蜀国已亡。姜维陷入进退两难的境地，遂向钟会投降。据当时记载，姜维计划先向钟会投降，煽动其讨伐邓艾，取回蜀都，尔后再斩钟会，令蜀东山再起。实际上，此时钟会与邓艾之间确实存在巨大的嫌隙。为此，邓艾因落得谋反之口实遭免职，最后被杀。平定蜀国后，邓艾以为应趁机讨平吴国，为此大力收揽蜀国人心，他又独断处置。监军卫瓘警告邓艾此举已超出命令范围，但邓不听。此事为钟会一派提供可乘之机，钟会报告司马昭，邓艾终遭免职厄运。当时，司马昭致信钟会，称自己将率十万大军前往长安，并令心腹贾充率大军进入汉中。表面上称是为了防备邓艾谋反，但实际上处置邓艾一人，钟会大军完全绰绰有余。显然此举完全是因为邓艾失势后司马昭对钟会的态度存疑而采取的措施。

根据当时史料，钟会一开始便有谋反之志，近于小说的种种故事流传下来。总之，司马昭从不充分信赖钟会、邓艾等计略之士。史家记载司马昭曾说："我要自当以信意待人，但人不当负我耳，我岂可先人生心哉！"此话虽与曹操"宁我负人，毋人负我"缓急程度不同，但其意几乎无异，司马懿也曾有过此类言论。相同之语例足见三国以来北中国支配者的心理。当时已握征蜀军大权，且统辖姜维部下蜀军降卒的钟会可能容易误入险途。果然，钟会与姜维过于亲密，为此魏军对于新附的蜀军抱有极强的猜疑之心，最终嫌隙引发叛乱，钟会、姜维双双死于乱军之中，监军卫瓘进行善后整治。如此，蜀国在司马氏治下秩序得以维持。

司马昭因讨平蜀国之功，受封晋王，翌年病逝，长子司马炎继承父亲位权。此时，吴国南边交趾地区叛吴，与魏通使。又吴臣之中多人暗中请求归附于魏，讨平吴之机会已到，舆论亦偏向伐吴，司马氏为修饰帝业，炫示文德，对吴示以恩信相临的态度，又对内废屯田，昭示和平意向，出拔擢贤能之令。按照《晋书》之记述，此时，晋德已洽，四海归心。魏帝曹奂遂让位于司马炎。魏亡，西晋立。其时晋泰始元年（265 年）。

晋朝新立，司马炎即废除魏之苛政，建立全新之治，恢复五等爵，行封建制，诸王得以在领国选任长吏，废除前朝禁锢宗室之制度，且取消诸将征戍或长吏仕于州郡时向朝廷送纳质任的习惯，外在已显和平统一之治世风貌。此前，吴国国内一片混乱，距离灭亡仅是时日问题。

252 年，吴国大帝孙权病死。陈寿评论其为人时，先赞赏其英雄之姿，但随即急转直下："然性多嫌忌，果于杀戮，暨臻末年，弥以滋甚，至于谗说殄行，胤嗣废毙。"若要求证事实，其独断专行在 229 年由武昌迁都建业后不时出现。及至老年，祸起宫闱之内，溺于所爱，不听群议，终于打破国家体统。孙氏嫡长孙登早逝，其后定孙和为太子。然其弟鲁王孙霸之母深得孙权宠爱，欲让孙霸取代孙和，引发萧墙之祸。想当初，孙和之母亦得孙权宠溺，孙和定为太子之时，还令彼时名流担教导太子之任，孙和亦修习文德，得时流之誉。但孙霸之母得宠后，孙权喜爱孙霸，令其与太子居于同宫，礼秩亦与太子相同。群臣认为此举将扰乱统制，孙权于是令孙霸居于别宫，但却未戒饬孙霸，因此反而加深兄弟之间嫌隙，群臣亦分为两派相争。大众舆论皆声援太子和，当时名臣陆逊等人也屡次规劝孙权，孙权反而压制甚至诛戮太子的支持派，陆逊为此愤恚而卒。之后，孙霸一党愈加露骨地排挤太子，孙权大怒，杀孙霸，孙霸之党被诛杀牵连者甚多，又废黜太子，令末子孙亮取代之。参与该计划的当权者有孙权族孙孙峻。其曾祖父孙静在孙氏一族中因重学问且礼遇学者而享有盛誉。孙峻自身无此名望。因此，拥立孤弱且尚无羽翼的孙亮，孙峻还是分量太轻。当时，取代陆逊镇守武昌之人为诸葛恪，颇为时人所器重。孙权病重之时，主要令诸葛恪辅佐幼主。孙权死后，诸葛恪独裁万事，初期他开诚布公，废隐秘监察之政，免除诸税，重结民心，对内抑制诸王权力，借陈寿之言，其做法与魏国邓艾有相似之处，存有三国前期人物的风貌。在吴帝代立时，魏国趁此机会南征，诸葛恪于合肥抵御魏军，大胜。前节所述毌丘俭起兵反抗司马师，源头实为此次大败。但对于吴国而言，此次大胜则是诸葛恪转为对魏积极方针的契机，他与远在蜀国的姜维联手，推进北伐计划。诸葛恪由于太过锐意进取，对外错误估计司马氏势力，对内则与吴国实情相疏离，借用邓艾之言，此时吴国的名宗大族各有部曲，蓄兵杖，单凭一纸军令已难以调动，因此，舆论亦颇为反对北伐。其结果，北伐为魏军所阻，不久即无奈退兵，对诸葛恪的批评声不断高涨。尤其诸葛恪在外期间还置换朝廷内部职官，种种不满终于令孙峻起了杀诸葛恪之心。魏嘉平五年（253年），孙峻让吴王召诸葛恪入宫赴宴，入殿之后即将其杀害，自己取得军政实权。孙峻在百官之中本无声望可言，现妄居高位，为了保其威严，于是迫害诸王，吴国政治陷入混乱。

孙峻死后，同族孙綝继承其位。孙峻执政以来，魏国淮南将士对司马氏的反感日渐高涨，多人在寿春举事，并向吴求援，孙峻虽答应，但未采取任何行动，自然无功。孙綝取代孙峻后，对企图反抗司马氏的诸葛诞施以援手，不料痛失多名名将，孙綝因此遭到猛烈抨击。恰逢天子已达盛年，躬亲政务，对孙綝的做法多有不满，于是策划诛灭孙綝，不料反遭孙綝废黜。按照惯例，孙綝借群臣之名宣布天子孙亮的恶德，称"帝于宫中作小船三百余艘，成以金银"。江南为水乡之地，如此描述别有一番趣味，同时也为后世南朝之历史提供先例。

孙亮被废后，孙休立。孙休为孙亮之兄。即位之初，孙綝以拥立之功，极尽专横，一门五侯，为吴开国以来所未有。孙休不满其所为，于是暗地令心腹张布、濮阳兴共商计策诛灭孙綝。《世说》注引《条列吴事》评论孙休"在外焭焭，无有遗事，唯射雉可讥"，尤得好学之美名。但宫内之事主要交与张布，外政则委以濮阳兴，自己则终日埋头于典籍之中，无心朝野纲纪。其在位时发生灾异，《晋书》认为全因政治不当所致。交趾地区反叛吴国统治而与司马氏相通，亦发生于孙休晚年。据《吴书》记载，其时总督交趾的孙谞（《华阳国志》"谞"作"靖"云）选送手工工人千余人至建业。尔后又来一名察战，当地民众恐其又为征人而来，于是奋起反抗。所谓察战乃是朝廷直接派遣之使者，吴国一般委用宦官（参照《三国志旁证》）。孙谞为反叛者所杀。彼时，司马昭刚刚平定蜀国，诸将之间征吴之议甚为高涨。吴正处于内忧外患之时，孙休病逝，废太子孙和之子孙皓被拥立为帝。

据记载，新立的孙皓才思敏捷，但十分放纵，实为一名败德少年。此类天子在后来南朝历史上屡出不绝，孙皓可谓模板。其要点如下：孙皓即位之初，司马昭曾派使者送来劝降书一封。吴国对此未采取明确拒绝态度，而是用稳当辞令予以回应。大概是因为司马氏集团也无立刻用兵之想法，此种关系可维系国交。然而，北方再度派来一名国使，大肆宣扬北方优长，孙皓怒而杀之。其后，司马昭死，司马炎立，受魏禅立晋。当时吴国不听名臣陆凯之意见，妄图北伐，最终断绝魏吴通好关系。其后，孙皓率大军由建业城西进。据《江表传》记载，孙皓当时信奉术者图谶之说才欲实施北伐，岂料途中遭遇大雪，道路堵塞，兵士百人牵推一车。此时，天子与其母、其妃同在车上，当此苦役之兵士，多有冻死者。正因如此，军中有传言称，若遇敌军则倒戈投降。孙皓听闻后引兵折返。此记述虚构痕迹较重，因此《吴书》未收录，但由此可见，孙皓与北方断绝通好关系时并无确定方针。

孙皓行为古怪还有一例，即短暂迁都武昌。这据说是西陵（今湖北宜昌）督步阐上书的建议，迁都理由不明，可能与北伐计划有关。为此，下游江浙地区的百姓不得不溯流供给武昌，十分痛苦。于是，陆凯引用民谣"宁饮建业水，不食武昌鱼。宁还建业死，不止武昌居"，奉劝天子返回民心所归的建业。孙皓听从其意见，不久即返回建业，但同时兴建昭明宫，为此还令地方太守以下的官吏到山中监督伐木，并让原本负责江防的兵士从事苦役。军备因此松弛，详见贺邵与华覈表文。直接导致民心叛离的是义兵的设置与宫女的征发。所谓义兵，就是将民兵编入兵籍，用国费养之。被征兵的家族饱尝一家离散之苦，费用负担者则在困惫之余，卖子交租（《陆凯传》）。宫女征发方面，朝廷派遣使者巡走各州郡，"条牒民女，有钱则舍，无钱则取，怨呼道路，母子死诀"（《陆凯传》）。陆凯还历数孙皓二十过。综合观察，当时吴国多位名流直言上谏孙皓。可能孙皓只用左右近侍之言，独断专行，全然不顾名流之舆论，才被鲜明地记录为败德少年。

《江表传》记载，会稽（浙江绍兴府）与湘东（湖南卫阳府）两地太守因反抗孙皓虐政，被用刀环撞杀，又有人因暴乱被处以车裂之刑。《吴书》记载，孙皓将急流引入宫中，若有不合意的宫女，则杀之抛入水中。或剥人皮，挖人眼。裴松之注释认为该类记述全不可信。先不论此类记述是否属实，全体吴国名流已放弃孙皓却是事实。若北方出兵，则吴国灭亡几乎指日可待。

如前所述，邓艾心念伐吴，言称吴国大族各自拥兵，不服中央命令。该情况早在孙权时代即已萌生，所谓吴国四姓，即朱、陆、顾、张，在吴国的势力非常强盛。《朱治传》中有云：

> 公族子弟及吴四姓多出仕郡，郡吏常以千数，治率数年一遣诣王府，所遣数百人，每岁时献御。

《世说·规箴》篇中记载，孙皓问丞相陆凯，其同族在朝中有几人。陆凯答曰："二相，五侯，将军十余人。"注引《吴录》道，陆凯屡次直谏孙皓，之所以免遭屠戮，全因孙皓惧怕陆氏宗族强盛。总之，吴国得以维持命脉，多赖陆氏正宗陆抗。

当时西晋主要推进南征计划之人为名臣羊祜。此人深得晋武帝亲信，曾向武帝建议，若欲灭吴，必先在上游蜀地训练强大的水军。他还举荐名将王濬当此经营重任。其时恰逢吴国西陵督步阐谋反降晋。羊祜欲趁机完全将西陵收入手中，但为计划绵密的陆抗所阻而未能成功。于是，羊祜一心等待王濬水军治成之日，自己则身居湖北，整理荒地，向吴人施以恩信，以德义绥抚敌人。与之相对，陆抗亦以德相应，严禁吴人侵入晋境，双方各守边界，陆抗向羊祜送酒，羊祜则以药相赠，边境竟然相安无事。然而，及至陆抗身殁，南征之期已到，羊祜举荐杜预取代自己，自身回朝劝说武帝南征。

西晋王室心腹诸大臣长期习惯司马氏历代宽柔之政，多反对南征之计。羊祜回朝后，寻求同心之人，觅得中书令张华，于是将心意详细告知张华，并鼓动张华奉劝武帝。他也许是担心孙皓死而吴国另立君主，伐吴之机一去不复返。当时，杜预在襄阳缮甲治兵，奇袭吴国西陵，夺得大胜。西陵督张政为此被免职。张政是吴国名将，其被免职对晋而言，乃是南伐良机。杜预上表请求出兵。其上表送达武帝之手时，武帝正与张华下棋。张华十分赞同，武帝于是下定决心南征。

晋咸宁五年（279 年），讨吴之师出发。晋军总数二十万，兵分多路。中坚力量为从四川东下的王濬军，由湖北襄阳出发、欲屠江陵的杜预军，以及由安徽寿春城出和州直奔建业的王浑军。此三军主帅中，王濬官阶最下。因此，晋最初计划为王濬军抵达建平（四川东境夔州府巫山县）之前可独立行动，入湖北境，则接受杜预的命令；入下游江西境，则接受王浑的命令。但杜预主动向武帝上表，乞望武帝允许王濬自由发挥才能。王濬闻之，大喜，率领经营已久的蜀地水军，四处破敌，取武昌后率大军沿江东下。其时，建业欲向长江对岸的王浑军发起一击，令张悌率精锐横渡长江，不料大败，建业兵力遽然空虚。王浑部将建议趁机攻夺建业，但王浑认为此举已超出朝廷的命令，犹豫之间，王濬军攻陷建业西北要塞石头城。于是，孙皓奉上降表，王濬先行抵达建业城，接受其投降。据《江表传》记载，孙皓将败之时曾致信其舅，淡然承认吴国灭亡全因他一人败德。还致信群臣，劝大家在晋统一之下各自致效。其时太康元年（280 年）五月。

西晋衰亡（一）

晋讨平吴国，完成了天下统一的大业，但就伐吴之事，晋内部曾出现强力的反对者，舆论并非一致。反对者之首为晋开国功臣贾充。当时，贾氏一派身居朝廷要职，武帝司马炎欲令贾充任征吴军总帅，以示国论一致。贾充拒绝任命，武帝说道："君不行，吾便自出。"贾充无奈之下只好接受，入驻襄阳。虽然将军王濬已攻陷武昌，但贾充仍持非战论，赴宫中上陈其说，请求处死朝臣中唯一主战论者张华。武帝回答，主战计划乃是其本人所立，张华仅是同意其说而已，从而将贾充驳回。其间，王濬军迅速攻破建业。从安徽对岸进攻吴国的王浑与贾充同属一派。王浑在和州地区按兵不动之时，王濬攻陷建业。王浑对此非常不满，因为王濬擅自行动，并未按原计划听其指挥。为此，王浑诉陈王濬之罪。王濬差点被槛车征还，重蹈讨平蜀国的邓艾覆辙。幸亏王濬陈辩，加上武帝睿虑，才得以平安无事。南征功臣照例被封以重赏，当然，反对论首领贾充亦在受赏名单之中。其后，贾充一派旧臣依然独揽朝廷大权，名臣杜预身在江陵，但常常重贿贾充，勉强保住其地位；张华则被疏远，镇守幽州；王濬优游自得，不关心世事，以求保身。从石崇的上书中显然可见，南征功臣全部身居不遇之境。

一般认为，晋施宽政而得民心。《晋略》作者周济评论说："晋之代魏也，忌才而不忌德，……是故夷才以靖祸，贵德以示宽大。"西晋开国之初，魏朝遗老中享受特殊礼遇者有郑冲、王祥、何曾、荀颛等人。他们在事务之外，作为社会风气维持者，常受王者景仰。例如，《郑冲传》中描述其"以儒雅为德，莅职无干局之誉，箪食缊袍，不营资产，世以此重之"。对于何曾、荀颛，傅玄曾大加赞赏："以文王之道事其亲者，其颍昌何侯乎！其荀侯乎！"王祥的孝行故事，天下闻名已久。总之，上述人士皆为清议的维持者。所谓清议，即为维持社会、家族道德而开展讨论的形式，主要以家族道德形式为主，偶尔也广泛论及社会道德形式。例如，贾充曾设宴招待群臣，庾纯最迟到场。贾充讥笑之："君行常居人前，今何以在后？"暗指庾纯先祖做过兵头，即当时伍长一职。庾纯答曰："且有小市井事不了，是以来后。"这是指贾充先祖曾任管理市场的小吏即市魁一职。为此贾、庾二人之间爆发激烈口角。庾纯因而欲辞去官职，贾充亦请求卸去职务。此为朝臣的问题，何曾、荀颛等人偏袒贾充，于是免去庾纯官职。理由是：庾纯的行为，对礼、律都没有违背，但其不愿行至孝之道，而犯常人过失，应付清议。即清议作用于礼、律范围之外，甚至可免高官官职。总而言之，先朝以来的高官子孙，凭借司马氏之宽政得其位，其发起之舆论可使万事运转，故当时朝臣多持南征反对论，实为彼时时势风气所致。如前节所述，吴国大宗强族较多，孙皓因伤害其感情导致亡国。今观晋政，该点完全与吴相同。风气之蔓延，大概不会受限于由长江划出的南北界限。以先朝遗老为首的晋朝廷中，各种制度自然不可避免地流于形式。吴灭亡当年，武帝下诏撤去天下州郡之兵，大郡设武吏百人，小郡设五十人，企图一扫汉末以来地方刺史手握兵民两权之弊害，恢复至汉朝全盛期的模样。交州牧陶璜评论，南边之地事实上不可贯彻诏意；仆射山涛亦力陈不可撤去州郡武备。其论未传至今日。武帝称之为天下名言，却未采纳。惠帝永宁之后，盗贼群起，但州郡未设武备，而无力擒制，遂天下大乱。此前后关系可见于《资治通鉴》。《晋书·武帝纪》却未收录撤兵之诏，难道《晋书》作者对此事不够重视？《杜预传》记载，其讨平吴国后，在江陵锐意开发地力，并倾注心力于兵备。这明显与诏意相矛盾。大概诏书所云属一般形式之事，未曾期待彻底执行，且消极而言，中央高官可凭此控制地方疆臣，虽有此妙用，但一旦混乱发生，反而难以收拾，诚如《资治通鉴》所记（《通鉴》基于《晋书·山涛传》）。至于地方官如何拘泥表面形式，可以王沈之做法为例。如前所述，其背叛魏高贵乡公，密告贾充，终使天子死于非命，为此受朝臣非议，外出任豫州（治在河南许州）刺史。至豫州之后，颁布教令，陈长吏得失者赏谷物五百斛，言刺史宽猛者赏谷物千斛。其手下主薄认为教令完全无理，尤其设赏令民诉陈长吏之得失，甚为有害，"将恐拘介之士，或惮赏而不言，贪赇之人，将慕利而妄举"。王沈认为，设赏令民面陈刺史（即自己）施政之宽猛乃是恩威并举的做法，但遭到主薄强烈反对后，最终撤回。可见当时为政者的心理为：为得民誉，纵使滥赏亦在所不惜。

贾充带头反对讨吴之策可代表朝臣普遍观点。其理由为"西有昆夷之患，北有幽并之戍，天下劳扰，年谷不登"，即惧怕日渐强盛的蛮族势力。《晋略》记载了当时的蛮族情况：辽水东西皆鲜卑，山西北部至黄河、汾水为匈奴，陕西北边至甘肃一带则胡人、鲜卑、氐羌族皆守塞杂居。讨吴论兴起之时，甘肃一带晋军屡为羌族所苦。羊祜为了说服朝臣，力陈吴若灭亡，则胡人自然平定。此言之意不甚明晰，平吴之后，郭钦倡导实边论，提议趁兵威雄振之时，充实边备。时议虽存此一派，但舆论随着时势而朝形式和平论倾斜，此为不争的事实。

唐太宗评论武帝司马炎"心屡移于众口，事不定于己图"。从重视舆论、广闻众议的角度而言，反而可见武帝充分发挥晋政的特长。当时，朝臣之间盛行奢侈之风，武帝对此甚是反感，拟用质朴之风进行匡正。但被世人景仰的清望首领何曾自身也以生活奢侈而闻名于世。何曾受邀参加朝廷飨宴，竟不吃太常官所做的食物。据说，其食费一日万钱。正因如此，武帝放弃了奖励质朴风气的意志。于是，奢侈之风渐盛，石崇作为代表人物而载入史册，其传有云：

> 财产丰积，室宇宏丽。后房百数，皆曳纨绣，珥金翠。丝竹尽当时之选，庖膳穷水陆之珍。与贵戚王恺、羊琇之徒以奢靡相尚。恺以饴澳釜，崇以蜡代薪。恺作紫丝布步障四十里，崇作锦步障五十里以敌之。崇涂屋以椒，恺用赤石脂。崇、恺争豪如此。武帝每助恺，尝以珊瑚树赐之，高二尺许，枝柯扶疏，世所罕比。恺以示崇，崇便以铁如意击之，应手而碎。恺既惋惜，又以为嫉己之宝，声色方厉。崇曰："不足多恨，今还卿。"乃命左右悉取珊瑚树，有高三四尺者六七株，条干绝俗，光彩曜日。

奢侈之风常伴淫虐之风。《世说·汰侈》篇记载，石崇设宴必使客醉，若有客不醉，则斩杀行酒之美人，且面不改色。其注称，王敦便曾遭遇此事。总之，此为当时权势之家常有之事，亦常为百姓口中话柄。吝啬之风则与此完全相反。相传，王戎手拿筹策彻夜核算账目。其家中有众多品种优良的李子，卖之可得利益。为防止他人窃其李子之种，王戎还钻取李子的果核。这个故事非常有名。由此可见金钱力量之大。南阳鲁褒《钱神论》中有如下表述：

> （钱）谓为神物。无德而尊，无势而热，排金门而入紫闼。危可使安，死可使活，贵可使贱，生可使杀。是故忿争非钱不胜，幽滞非钱不拔，怨仇非钱不解，令问非钱不发。洛中朱衣，当途之士，爱我家兄，皆无已已，执我之手，抱我始终。不计优劣，不论年纪，宾客辐辏，门常如市。

东汉王符痛斥当时洛阳权贵吝啬之风，称其为妻妾犬马豪掷百金，却不为他人付出一钱。言语之中犹有愤激之情。而鲁褒此文彻头彻尾充满嘲笑与讽刺，甚至对流行的吝啬风气显示出些许兴趣。

如前所述，晋武帝未能贯彻朴素意志，抑制奢侈之风，反而陷入朝臣夸炫财宝的旋涡之中。平吴之后，吴国宫廷的财宝美人大量流入晋廷，据传武帝自身沉溺于淫荡生活，耽于享乐，为之伤身以至早逝。《胡贵嫔传》中记载其事如下：

> 帝多内宠，平吴之后，复纳孙皓宫人数千，自此掖庭殆将万人。而并宠者甚众，帝莫知所适，常乘羊车，恣其所之，至便宴寝。宫人乃取竹叶插户，以盐汁洒地，而引帝车。

武帝常倦怠于政术，外戚专横之端愈加显著，朝臣树党争权之风在其晚年萌发。

武帝所立太子为惠帝司马衷。其在太子之位时，便以愚钝著称，坊间认为其非继承晋国大统之才，但毫无疑问他又是正统王位继承者，因而对于太子朝臣之间存有种种意见。贾充一派极力拥护太子，因贾充之女乃是太子妃。武帝有弟名为司马攸。此人深受父亲司马昭钟爱，据传司马昭曾欲让其继承大统，其为人温良，喜读经书，为一般世人所归仰。朝臣之中，认为太子愚暗而欲废太子拥立司马攸即位之人有之；没有前者极端，但欲令司马攸辅佐太子把握实权之人有之。后一派代表稳健的舆论。武帝自身本就与司马攸交情极深。但帝之近臣，执掌内廷机要的荀勖、冯纨二人，是彻头彻尾的贾氏党羽。二人不欲司马攸手握权力。武帝时期封建制度复兴，朝中议论可将帝室一族封于地方强臣之间，令其相互牵制。荀勖一派遂以此为理由，向帝建议遣诸王至其封国。起初，武帝仍将司马攸留于都内，但之后还是接受荀勖等人的建议，命司马攸前往封国——齐。此时，平吴名将王浑等人上表力陈此事之非，以为外戚之祸将至，应将宗室重望留于都内，担协济之事。虽此论共鸣者人数众多，但武帝未予采纳。齐王在之国途中得病，翌年去世。据说武帝为此恸哭。宗室柱石倒塌之后，汝南王司马亮曾短暂留居京师，但其并无声望。太熙元年（290年），武帝病重，欲求可托付太子之人，但旧臣多数已故，或远离内朝，无奈只好令外戚杨骏与汝南王司马亮共同辅佐。然而，皇后杨氏趁武帝病重迷乱，排挤汝南王，令杨骏一人都督中外诸军事、录尚书事。司马氏的家难，以及相关的朝臣权力争斗即发端于此。

身为外戚，杨骏与其两个弟弟自武帝在世之时，就倚仗权势为所欲为，号称"三杨"。如今杨骏担当辅佐大任，加之天子诏命皆通过杨太后发出，自然其意志可左右政治。他行事苛细，与舆论相背，世人以为其必败。他的失败，原动力其实源于惠帝之贾皇后。

贾皇后为贾充之女，武帝曾为太子求妃，有人推荐贾充之女，但武帝不中意，因为贾氏家风妒心极强，且其容貌丑陋，缺少做太子妃的资格。但武帝皇后极力推荐贾氏，近臣荀勖、冯𬘬二人也属贾氏一派，武帝无奈同意。贾氏成为太子妃后，嫉妒之心显露无遗，曾向怀有身孕之妾掷戟而杀之。武帝一度有意废贾氏，但遭到杨氏一派阻止，大概是因为外戚多有仰仗贾党势力之处。而贾后身怀与其矮黑容貌远不相符的才气，挟惠帝排挤杨太后及杨骏，图谋取得政权。当时，禁军将校之中多人不满杨骏做法，但杨骏并不知情。贾后一派暗自与不满杨骏之人串通，欲借有人批评杨氏专横之机，安排宗室栋梁汝南王司马亮入朝，但被拒绝，于是转而让胆大无谋的楚王司马玮入朝，统领部分禁军。杨骏同意了该建议，恐怕还未察觉贾党的阴谋。楚王入朝之后不久，贾党一派便在暮夜向帝启奏，令帝下诏废去杨骏。同时，派禁军赴杨府诛杀杨骏，且以叛乱之名诛杀其三族。至于国母杨太后则令有司以惑乱社稷之名废贬为庶人，剥夺先帝皇后的资格。这大概是贾皇后所下的指令。对于此等残酷处置，朝中非议之声不绝于耳，董养游太学，升堂叹曰：

> 朝廷建斯堂，将以何为乎！每览国家赦书，谋反大逆皆赦，至于杀祖父母、父母不赦者，以为王法所不容故也。奈何公卿处议，文饰礼典，乃至此乎！天人之理既灭，大乱将作矣。

取代杨骏，表面上被委以辅政大任之人为汝南王司马亮与晋开国遗老卫瓘。卫瓘作为有德之士，享有盛名。据传，武帝曾想封其女为太子妃。因为此层关系，卫瓘深为贾后所恶。家族间的相互排挤，加上贾党试图独掌政权的阴谋，使楚王司马玮成为傀儡，突然兴兵诛灭司马亮以及卫瓘二人。对于凶手司马玮，贾后又将其诛杀。至此，天下暂归贾党之手。

贾后一族的贾谧，生活极度豪奢，广交文学之士，能读书作文，当时名流竞相歌颂其德。他甄选优秀之人，称"二十四友"。贾谧凭借声望成为贾党智囊，举荐彼时人才张华、裴颜担当大政，以求改变天下人心。如前所述，张华在武帝时期为贾党所忌，久居幽州，治理地方之手段卓越，深为朝臣所认可。彼时，其虽为惠帝太子司马遹的官属，但久为时望所归，最终被委以大任。据其传记记载，他尽忠弥缝补缺，虽身处主暗后虐的朝廷，仍致海内晏然。但是贾后的淫虐程度在得权之后日益增长，甚至被记载为史上少有的淫妇。其传记中有下面一则故事：洛阳城南盗尉部有一少年小吏，容貌俊美，为部内杂役，某日忽然身着华美高贵的衣物。众人都怀疑他偷窃财物。尉官于是责问少年。贾后的一名远亲为了得到被盗物品，专程前往倾听少年对词。少年答称，某日其在街上偶遇一老妇。老妇称，其家有一名病人，巫师告知，若能寻得家住城南的少年，便可除病消灾。少年被装至竹箱之中，约行十里之后，再过六七道门，方才打开竹箱。只见眼前琼楼玉宇，富丽堂皇。少年惊问此为何处，老妇答曰此为天上，并以香汤洗净其身，赐以美食与华服。之后，少年入房内，只见一妇人，年约三十五六岁，身材矮小，脸色青黑，眉后有小疵。他被此妇留下数晚，每日耽于淫乐。临走之时，获赠大量现在所有之物。毫无疑问，此妇即为贾后，众人听罢，讪笑离去，尉官亦洗清其盗窃嫌疑。据说，被贾后玩弄的少年基本无人生还，唯有此城南小吏深得贾后欢心，才得以活命。

贾后淫虐之风为世间所知。且其为了掌握政权，秘密将贾谧一族之子养于宫中，处处排挤已被定为太子的司马遹，意图将帝位传与其养子。此为晋室瓦解第一步。

惠帝太子司马遹年少之时才思敏捷，武帝特别寄予厚望。他明知惠帝愚暗，却未废之，其实全因信任皇太孙司马遹。武帝最为注重司马遹的教育，令权势人物做其师友，丰满羽翼。惠帝即位，其继任太子之时，官属皆为当时名流。但他迁至东宫后，便与势家子弟耽于游戏，渐疏学问。在此可举其败德一例。据称，其曾于宫中为市，使人屠酤，用手拎一拎即知酒肉斤两，轻重丝毫不差。大概因为其母本是屠家女，故太子亦好之。又在西园卖葵菜、篮子、鸡、面等物而收其利。上述记载究竟包含几成事实尚未可知，总之贾后一派在朝中朝外宣扬太子败德。《司马遹传》记载，世人皆知贾后有谋害太子之心。某日，惠帝称病，召太子进宫。太子进宫后，贾后在别室令婢女呈上醉枣，趁其酒醉之时，令其抄写文士潘岳所作祷告神明之词，其内容是诅咒惠帝及皇后。但其时太子因醉酒昏迷，仅执笔完成一半，于是婢女从旁协助补抄完成全文。凭此文书证据，翌日惠帝召集群臣决议赐死太子。大臣张华、裴颜质疑文书真实性，议论持续至日暮，贾后生怕情况有变，提出可免太子一死但贬为庶人，最终解决此事。太子被废之后，被软禁于许昌，世间皆表同情。宗室之中有人不满贾党专横，甚至有人心存为太子复仇之念。孙秀利用洛阳权贵的混乱局势，玩弄权术，引起"八王之乱"，宗室诸王相互争斗长达十五六年。西晋王室伴随内斗完全走向衰亡。

西晋衰亡（二）

如前节所述，以晋都洛阳为中心，贾氏一派逐渐排挤异己，表面上贾党专制已然实现。但只要晋之封建制犹在，贾氏一派便无法将宗室彻底去除。晋宗室之中，欲通过与贾氏结成亲善关系而得利之人亦不在少数。他们多执掌禁军，作为武臣瓜分洛阳政权。大概因为贾党表面装作顺应天下舆论，重用张华、裴颜等名臣，将其置于台阁首领的地位，因此所谓文臣一派还能在贾党及宗室圈外苟延残喘。但他们的规划，与一般政治之间究竟有什么关系呢？彼时台阁大臣之中，王戎及从弟王衍皆为清谈之士，以不理世务闻名。《王戎传》载：

> （衍）声名藉甚，倾动当世。妙善玄言，唯谈《老》《庄》为事。每捉玉柄麈尾……义理有所不安，随即改更，世号"口中雌黄"。朝野翕然，谓之"一世龙门"矣。累居显职，后进之士，莫不景慕放效。选举登朝，皆以为称首。矜高浮诞，遂成风俗焉。

以清谈取人，推举至朝廷。朝臣皆为不问实务的思想家，当此淫虐之朝，他们似可避免祸患。总之，当时朝臣若关心负责一般政治，反而难免遭受愚昧的讥讽。以利欲为中心的家族群体斗争愈发露骨激烈，无可阻止。

洛阳城中，一些家族正埋头争夺权力之时，地方边境的胡族势力逐渐壮大。关于汉胡关系，后章将详细叙述。当时，在甘肃一带得势的氐、羌两族中，氐族主帅齐万年公然从甘肃东北挺进陕西。原本司马氏颇为重视陕西长安，将其视为西北警备重地，还委派一名宗室在此地驻防，但在任者处置失当，以致氐帅窥视陕西腹地。宰相张华十分担忧，他欣赏担当京师禁卫的孟观的才器，于是予以拔擢，令其统领宿卫之兵与陕西士卒伐氐。结果，孟观大破齐万年，斩杀之，陕西地区暂时得以维持原状。太子洗马江统作《徙戎论》上表朝廷，希望将进扰陕西省内的氐、羌二族迁回甘肃原地。其文曰：

> 非我族类，其心必异。而因其衰散，迁之畿服，士庶玩习，侮其轻弱，使其怨恨之气毒于骨髓；至于蕃育众盛，则坐生其心。以贪悍之性，挟愤怒之情，候隙乘便，辄为横逆；而居封域之内，无障塞之隔，掩不备之人，收散野之积，故能为祸滋蔓，暴害不测。

但对于当时洛阳城中的权贵而言，边境之事乃是其不愿过问的琐务。且让我们回到彼时要事——权力争夺，继续叙述。

贾后一党废太子司马遹后，废除贾后的讨论亦声满洛中。文臣领袖裴颜曾抱有此议，督统禁军的武官也颇多赞同者。裴颜的主张因未征得张华同意，故未被实行。禁军将校等人与宗室赵王司马伦相通，意欲举事。赵王伦是宗室之中最为凡庸之人，身居长安，亲任幕下孙秀，为此贻误边境经营，受到地方大吏的一致排斥。为此，赵王被召还京师，孙秀还差点因地方大吏的请求而被问斩，幸亏代替赵王驾临长安的梁王彤庇护而勉强保命。孙秀随赵王进京之后，巧妙加入贾党，倾力提高其主赵王的地位。孙秀原是山东地方的小吏出身，《晋书》描述其子孙会的容貌"形貌短陋，奴仆之下者"，言语极尽轻蔑。孙秀是赵王的智囊，禁军将校企图排挤贾氏之时，第一个将消息告知他。然而，孙秀并不希望排挤贾后而壮大太子司马遹的势力。他向赵王建议让贾氏先废太子，随后昭告其罪，最终杀之。一如其计划，贾氏废掉了太子，于是孙秀让赵王与禁军将校及侍奉殿中的一二人串通，诱请惠帝出殿，让他下达斩杀贾派智囊贾谧的诏书，将其斩于殿前，尔后捉拿贾后并废之，最后全面收捕贾氏亲党。本次事件，张华以下的朝廷大臣全然不知。孙秀为让赵王掌握实权，想方设法屠戮当时朝廷德高望重者。张华、裴颜成为第一批牺牲者。因孙秀曾向二人求位遭拒，宿怨由来已久。石崇以下的名臣多死于其毒牙之下，洛阳完全笼罩于恐怖氛围中。一代豪富石崇为孙秀家奴逮捕时说："奴辈利吾财尔。"奴回曰："知财为祸，何不早散之。"石崇无言以对。

孙秀既诛名流，为保其权威，于是使赵王取得文武大权，王府置兵二万，足以同禁军匹敌。此外，为牵制镇守邺城之成都王颖、镇守许昌之齐王冏、镇守长安之河间王颙的势力，在上述地区配置孙秀同党，最终强迫惠帝让位赵王。然而，在新天子之下得官者，都是超越正常阶次胡乱任命的，甚至有奴卒都被加封爵位。"每朝会，貂蝉盈座。时人为之谚曰：'貂不足，狗尾续。'"当年，选举人才不必通过考试，天下守令皆封侯，为此无法铸造足够侯印，遂以白板封之，故称"白板侯"。《晋书》记载："君子耻服其章，百姓亦知其不终矣。"

赵王伦夺得帝位之后，最先谋划用兵讨伐他的是镇守许昌的齐王冏，其向四方发送檄文，镇守邺城的成都王颖、镇守常山（直隶正定府）的长沙王乂都响应他。三王亲率国兵朝洛阳进发。

其时，地方大吏大多犹豫向背。两党之争，所到之处皆诉诸武力。至此，以洛阳为中心的争斗正式波及全国，天下乱离的征兆已十分明显。

赵王一派对齐王冏进行全力防备，但北方之成都王颖的军队在河北大胜赵王军队，孙秀乃知洛阳不可久留，于是开始策划逃离。正当此时，负责禁卫的一个将校突然叛变，活捉赵王伦，逼其下诏还位于惠帝。被软禁于金墉城（洛阳北）的惠帝再度返回洛阳，成都王、齐王共同拥兵入朝。起初态度暧昧的长安河间王颙与新野公歆此时也都入朝。诸王齐聚洛阳，各自拥兵，危险一触即发。新野王意欲返回驻地，与齐王同乘一车拜谒皇陵，便对齐王说：成都王功勋卓著，可将其留于都内，否则应夺其兵权。另一方面，长沙王乂与成都王一起拜谒皇陵时，劝成都王颖夺取政权。听闻此言者无不对齐王与成都王的关系感到担忧恐惧。幸亏成都王幕下有一名谋臣卢志，劝成都王返回驻地，收揽四海人心。成都王最终听从卢志建议，远离了危险。

齐王冏为武帝之弟中最得人心的齐王司马攸之子。据《晋书》记载，其人仁惠好施，颇有其父之风。但如今在洛阳手握大权，终日沉溺酒色，面对多事之时局，不施任何计策。有朝臣上书建言，但他却没有勇气采纳。但是针对继承惠帝的皇太子缺位，他请求立清河王司马覃为皇太子。其动机是预防后患——成都王颖将来可能继承皇位。当时，世间对成都王颖的评价极高。司马颖虽大破赵司马伦军队，功勋卓著，但将高位让与齐王，此举博得相当高的人望。且其为河南因战乱而穷困潦倒的百姓开河北仓库，施以粮食十五万斛，并将八千战死者入棺收葬，十分体恤民情。因此，优秀人才纷纷投奔成都王帐下，其所在的邺城，繁荣程度甚至超过当时洛阳。与之相反，齐王司马冏的朝臣无不战战兢兢。据说，吴人张翰在秋风起时，思念江南土产菰菜、莼羹、鲈鱼脍，于是辞官南归。处士庾衮恐祸乱将起，于是携妻子儿女逃进山中隐居。

河间王幕下有一人名叫李含。李含是当时的一名禁军将校，身在洛阳，因与齐王冏府的将校意见不合，遂逃回长安。他自称受惠帝密诏，劝河间王废齐王冏，立成都王颖。河间王采纳其建议，命武人张方率十万军兵进发洛阳，并向诸王发送檄文以废齐王。成都王颖在外，长沙王乂在内，相互呼应。但其实河间、成都、长沙三王之间并非同心。《长沙王传》记载，河间王希望齐王冏杀长沙王，然后以之为借口杀齐王；另外成都王还令刺客行刺长沙王。内争愈加险恶。

长沙王乂为诸王之中最为勇敢决绝之人，洛阳城内的军将皆对其心服，以至于齐王动念杀之。长沙王于是亲自率兵闯入宫廷，斩杀齐王，夷灭其一族。此时，洛阳军权事实上已尽归长沙王掌控，但凡是政治上的大事，长沙王每回必遣使至邺城征询成都王的意见。大概因长沙王、成都王皆为武帝之子，皆存协力辅佐王室的诚意。但彼时分属长安、邺城、洛阳三个中心的群臣，相互间的利害关系极为复杂，尤其河间王颙的谋臣李含遭长沙王一派所害，遂与长沙王势不两立，并欲再次举兵诛杀长沙王。成都王对此事的态度为天下所关注，谋臣卢志等人建议守邺自重，但成都王被河间王所打动，遂加入征伐长沙王的队伍。河间王帐下武将张方已越过函谷关，直逼洛阳。成都王亲自出师至朝歌（河南省卫辉府淇县），先锋由吴人陆机统领。然而，陆机战败，张方失利。朝廷欲趁机令长沙王与成都王和解，长沙王更亲自写信给成都王，期望达成合作，但成都王要求极为苛刻，长沙王苦心化为泡影。此时，河间王帐下将领张方掘开环绕洛阳城的千金堨，城中民不聊生。千金堨为魏时利用流经洛阳东的谷水而建成的运河，当时洛阳城中舂米的水碓遍布两岸，贵族还以水碓谋利。现如今千金堨决溃，朝廷于是征用王公大臣之奴婢以手工舂米供给军粮。另外，为补充匮乏的兵力，除了一品官员以下免征力役者，男子十三岁以上全部服役，奴隶也免去奴籍从军。洛阳与外部之通商彻底断绝，以至一石米要价万钱，天子之命令不出洛阳城。

长沙王司马乂虽面临如此重重困难，却屡破成都王之军，且对惠帝一心一意态度恭顺，城中无离心者。但常酿祸乱的禁卫及大将军府之中的将校，有厌倦战争者秘密拥立东海王司马越，幽禁长沙王。至此，洛阳城大乱，东海王司马越遂引入张方军队，杀死长沙王。

长沙王被杀后，成都王入都，把兵士授与部将，令其镇抚洛阳，自己则返回邺城总揽万事。成都王起初声望颇高，但历史上称其貌美而神昏，手握大权之后，缺点彻底暴露。因此，身在洛阳的东海王司马越逐渐掌事，并将成都王的部将驱逐出城，奉天子进击邺城。但此举终归功亏一篑，司马越败走洛阳，逃至东海（山东省沂州府郯城县），成都王迎天子至邺城，一度定帝都于邺。

诸王互相争斗之时，幽州刺史王浚一直态度暧昧。但如今成都王势力强盛，其深感压迫，于是与幽州边境的乌丸结盟，并与东海王司马越之弟东嬴公司马腾（时为并州刺史）联手。东嬴公司马腾亦借助陕西边外的鲜卑族力量，意欲讨伐成都王。成都王听闻消息后，与山西境内之匈奴族结盟。蛮族势力被用于中央政治斗争即始于此。王浚、司马腾军逼近邺城，匈奴酋长刘渊称愿为成都王拒退敌军，但成都王惧怕乌丸鲜卑的势力，于是放弃邺城逃至洛阳。邺城此后被王浚部兵及蛮族大肆掠夺。

成都王与天子共还洛阳之时，已无最初的威权。当时，张方还在洛阳，但洛阳城内已被张方军队掠夺殆尽，因此成都王与天子也无久留洛阳之意。在众人劝说之下，张方欲同天子及成都王共赴长安。天子与朝臣无力拒绝，甚至天子还亲赴张方之垒，完全听其安排。于是，张方为天子备车，载走部分宫人宝物，其余则交由军人处置。"军人因妻略后宫，分争府藏。魏晋以来之积，扫地无遗矣。"据说，张方还焚毁宫殿宗庙，断绝天子及群臣的顾返之心。

起初逃回封国东海的司马越被其兄弟，山东、直隶地区的同族刺史，以及幽州刺史王浚等人拥立，以迎回惠帝至旧都洛阳为名，举兵讨伐河间王。此时，长安的张方等人太过专横，河间王声望扫地，甚至已无力控制陕西一带。不久洛阳即落入东海王之手。河间王斩张方，欲与东海王媾和，但未达成目的，及至敌军逼近长安，河间王逃至长安南部的太白山中。东海王奉帝返回洛阳。其后河间王司马颙、成都王司马颖皆被东海王党羽所诛灭，不久惠帝亦病死。河间王所拥立的太子司马炽（怀帝）继位，东海王独揽政权，但当时天下已是四分五裂的状态，帝都洛阳几同废墟。现调转笔头略述地方乱离的情况。

如前所述，贾氏专制之时，甘肃氏族齐万年常侵扰甘肃陕西一带。而该地区除遭受氏族骚扰之外，还连年饥荒，地方流民为求得食物，成群南下。渭水上游，现甘肃省秦安县地区（当时被称作略阳县），氏族的一个部落——賨部之酋长李氏自三国以来便定居于此。当时酋长李特护送北方流民抵达汉中，并上书朝廷希望准允流民定居四川这一沃野。朝廷没有同意，但当时的汉中大吏贪受贿赂，答应李特的要求。于是，李特得以越过剑阁之险，沿嘉陵江出保宁大平原。李特见山川悠阔，长叹一声："刘禅有如此地，而面缚于人，岂非庸才耶。"其所率賨部之人以及北方流民入蜀之后，与当地土著发生激烈冲突。之前晋廷有人主张徙戎，如今蜀地也有人主张将賨人驱逐出境。然而，当时身在成都的益州刺史赵廞原本与贾氏有姻戚关系，贾氏败亡后有意自立于成都，于是利用李特的兵力。尔后，赵廞兵败被杀，晋朝廷任命新刺史罗尚前来成都，当时蜀地多股势力纠缠交错，与混乱不堪的中原几乎如出一辙。蜀人也普遍想要驱逐新来之流民，但没有统一的力量强制进行，因此，流民反而愈加服从賨部李氏，其团结力之强，以刺史之权威也无可奈何。因此，李氏势力逐渐被蜀人所认同，又因李氏只征蜀人之马，而不掠夺他物，因此蜀人开始对李氏抱有好感。后李特遭罗尚袭杀，其子李雄将罗尚逐出成都，并被蜀人拥立为帝，国号大成。自此，蜀地遂被李氏统治。其时晋光熙元年（306 年），恰是惠帝去世之年。

李特护送甘陕流民南下之际，"义阳（河南省南阳府桐柏县）蛮"张昌偷偷逃至湖北，在途中夺取官军幢麾，招募土民，自称台遣，即中央政府派遣之官吏，借此掩人耳目。此时朝廷下达壬午诏书，命荆州即湖北地区发兵入川镇压李氏之乱。但平民不愿远戍，当局强压之下，往往聚众掠夺。另外，此时湖北地区一带适逢少有的丰收之年，北方流民就食者达数千口。张昌于是趁机巧造谣言称"当有圣人，出为民主"（据《通鉴》），将诸多流民及逃避戍役者招至麾下，攻掠郡县，后拥立一位名叫沈丘的县吏，称其为圣人，更名为刘尼，宣传他是大汉子孙，命当为天子，自封宰相。之后，在石岩之中造宫殿，岩上以竹编鸟，以五彩饰之，旁侧供以肉品。群鸟齐聚之时，诈称"凤皇降"。张昌凭此计得以巧妙收揽江夏地区的民心。"众至三万，着绛帽，以马尾作髦。"（《通鉴》及《胡注》）张昌组织了一支奇怪军队，从湖北突入湖南，又令部下石冰出击安徽、江苏北部地区。石冰肆意劫掠之后，又突入江苏省扬州。当时身在寿春城，在都督刘淮之下负责南北漕运的陈敏，率漕运军大破石冰之军，因此受到东海王司马越的重用，但他在安徽和州自立，并肆意掳掠江南。

据以上概说可知，东海王司马越掌权期间，长江流域皆在动乱之中。后张昌被名将刘弘讨灭，但山简接替刘弘后，北方宛地（河南南阳）爆发王如之乱，湖南零陵爆发杜弢之乱，一波未平一波又起，不曾停息。而给西晋最后一击者仍是北方少数民族。

匈奴酋长刘渊起先在山西为成都王司马颖抗击以鲜卑、乌丸为主体的王浚、司马腾军队，在成都王败死之后，改变计划，自立于离石的左国城（山西汾州府永宁县），建立汉国。据说他想继汉室刘氏大统，统辖北方蛮族，进而君临晋人。其时永兴元年（304年）（《通鉴》纪），刚好是张方拥帝入长安之年。之后，刘渊破司马腾，将其逐出并州，并将羯族石勒以及在其他中原地区酿成骚乱的王弥、刘灵等人招致帐下，派兵南下取河南邺城，又令石勒攻掠山东地区。如此一来，刘渊势力纵横于河南山东之间。东海王司马越遂着戎服拜见怀帝，请求亲自率军讨平蛮族，蒙允后亲率洛阳悉数名将劲卒，经营于项县，结果洛阳宫省中毫无守卫，饥荒日益严重，殿内死人交横，盗贼公然在府寺营署周边掘堑自守。此时一位名叫周馥之人上表建议从洛阳迁都寿春。其文一节如下：

> 方今王都罄乏，不可久居，河朔萧条，崤函险涩，宛都屡败，江汉多虞，于今平夷，东南为愈。

可知仅东南地区尚有几分平静。东海王见此表后勃然大怒，因周馥没有通过他而直接上表。当时，怀帝与东海王之间感情疏远，而东海王身在项县，征伐胡族无计可施，又无法镇压洛阳城内的反对党，忧愤成疾，于永嘉五年

（311 年）逝世。洛阳无人可取代东海王，时望王衍等人欲借故奉东海王灵柩返回东海而逃避责任。途中为石勒军袭击，十余万将士多数被俘虏或虐杀。此时，刘渊已死，其子刘聪取而代之并令其部将大举进攻洛阳。当时洛阳城中兴起迁都之议，正忙于准备，因此几乎未作任何抵抗便已沦陷，惠帝皇后羊氏被刘渊族子刘曜掠走，怀帝被迫携国玺迁至刘聪当时的都城山西平阳，西晋王室宣告灭亡。秦汉以来久居天下中心的黄河流域中夏之地，蛮族开始充当主角，文明的保持者汉族的坟墓遭受肆意凌辱，三国以来逐渐瓦解的北中国统制至此走到尽头。

第二章
东晋五胡时代

秦汉以来汉蛮关系梗概

为了方便，可将今日中国本土的自然地形分为北、中、南三带加以说明。自甘肃省西部向东绵延的西倾山脉与嶓冢山相连，划分汉水与渭水上游，向东为桐柏山，为淮水上源，到安徽省为霍山山脉，及至江苏省一带的山脉以北，万里长城以南，即为北部中国。此中央山脉与南岭之间为中部中国。南岭以南为南部中国。所谓南岭，即横跨云南、贵州两省的苗岭沿东北向延伸为仙霞岭，再到浙江没于大海之间的山脉总称。此三带被称为今日中国本土。普遍认为中国文明在三地同样发展，该说法也被证明基本属实。但在中国文明黎明期——商代，中华民族或多或少开始对自身文明引起自觉，其舞台实为华北平原中心——黄河下游流域。待周取代商，实行封建制度，武力成为统一要素大显威力之后，所谓的汉族文明更加清晰，同时影响范围亦变得更加宽广。春秋时代，汉族文明延伸至北、中两带，即黄河、扬子江流域；之后汉族与其他外种族之间的区别，即汉蛮之别，逐渐被汉族强烈意识到。中国主义即萌芽于其时。一般认为，《春秋》一书为孔子所著，而传播《春秋》学说的学者们认为，孔子意图通过此书明确揭示内外之别，即汉蛮区别。其后，四裔之说为孔子学徒所倡导。《礼记·王制》一书中为四裔分别取名为：东夷、南蛮、西戎、北狄。此分类法以五行思想为根据，将汉族置于中央，为四裔分别取不同名字，而根据为《王制》作注释之人的说明，四裔名称全部带有贬义。例如，夷为简单而无礼仪之意，蛮为执心违邪之意，戎为强恶之意，狄为辟易无别之意。如此琐碎的解释是否为《王制》的真意暂且不谈，但可确知，书中确实将汉族置于中央，其文明凌驾于四裔之上。而以贬义阐释蛮名之人同是汉人，因此应当承认，及至汉代，汉文明中心思想已经愈发突出。

通览中国历史可知，一般汉族所遭受的"蛮族"入侵主要来自西方与北方，与之相反，汉文明在南方则渐有扩张之势。秦汉帝国建立之时，操控帝国运行之人主要为北中国一带人士，代表统治者的王室大政方针为对西方及北方采取强固防御政策，防止"蛮族"入侵，同时逐渐向南传播汉族文明。本节将简要叙述汉代对西方及北方蛮族采取的方针。

普遍认为秦始皇修筑了万里长城。但时至今日，也有人认为，战国时代七国割据之时各自在国境修筑长城，其中主要与北面蛮族相接的秦、赵、燕三国长城被始皇帝连接起来。连接长城一方面是为了防御，同时也包含划清汉胡界限之意。实际上，秦始皇所设定的对蛮族第一道防线远在长城以北。《汉书》中有如下记载：

> 始皇帝使蒙恬将数十万之众北击胡，悉收河南地，因河为塞，筑四十四县城临河，徙適戍以充之，而通直道，自九原至云阳，因边山险，堑溪谷，可缮者缮之，起临洮至辽东万余里。又度河据阳山北假中。

上文可分为三段进行解读。到"至云阳"为第一段，河南之地为今日河套或鄂尔多斯等地。黄河流经甘肃省之后，继续流向东北进入沙漠，并在陕西省外一度形成一个三角洲，在陕西、山西境内北部突然向南直转，加之河道变窄，水流湍急，犹如瀑布般南下，被迂回曲折的黄河所包围的陕西边外部分即为河南之地。秦驱逐此地的蛮族，临河建造都城，流放罪人到此充当守卫，并在黄河南折处之九原（内蒙古乌拉特旗）至云阳（即陕西同州）段铺设规整的军用道路。据说，秦首都咸阳是今日西安府，但其实当时是在渭水北岸。同州府即秦云阳同样在渭水北岸，云阳与咸阳之间原本便有平坦道路，因此首都咸阳可通过军用道路直达九原。另外，上述引文中"阳山"位于沙漠中黄河三角洲以北，山脉与黄河之间之地称为"北假"。因此，秦对北方蛮族设置的第一道防线其实是借阳山山脉将黄河尽收手中，万里长城远在内侧，作为汉蛮界限，令汉族安居于长城以内。伴随秦的灭亡，该方针虽略微弛缓，但及至汉武帝时代，该方针反而得到大规模施行。

丁谦《汉书匈奴传地理考证》记载了武帝以前西汉初期的汉蛮对立情

况。汉初期，内外蒙古皆处于匈奴族统辖范围内，匈奴将这一广阔地域分为三部分，左将统管今日克尔伦（Külren）流域牧地及内蒙古东四盟①牧地。右将统管注入贝尔加湖的色楞格河（Selenga）以西，科布多至新疆的部落。但左右将的王庭位置不明。而在中央，色楞格支流鄂尔浑河（Orkhon）上游，三面由杭爱山及其支脉包围的丰饶牧地设有匈奴大单于的王庭——龙城。汉对匈奴左部（即东部方向）之防备中心为上谷郡（直隶省宣化府），对右部（即西部方向）之防御地为上郡（陕西榆林），对中央的防御地则是代（山西省大同府）、云中（山西特别区归化城②附近）。从一般政情而言，汉初期，支配王室的政策为对外国采取和平政策，但因此不仅屡遭匈奴侵寇，且常：被侮辱轻视，导致当时年少之士大都主张对外强硬，并逐渐煽动舆论。及至武帝时代，汉与匈奴之间终于爆发战争，结果，短暂归于匈奴之手的河南之地得以收复。在东边，汉将战国时代燕国所修的长城一带，即阴山山脉东部，上谷、右北平（直隶省热河东③）、辽西（盛京省锦州）、辽东（辽阳地区）把握在手，在辽东半岛部分地区至朝鲜北部地区设置郡县。在西边，甘肃北面的酒泉、张掖、敦煌等地设置诸郡，势力延伸至新疆地区，设置都督，施行屯田策，对所谓的城郭诸国采取抚绥法。内蒙古自此无一匈奴王庭，中国有史以来最强大的帝国诞生。

始于汉武帝，成熟于汉宣帝时的中国对北政策，基本持续到东汉盛世。而蒙受汉族压迫的匈奴，部属势力逐渐衰弱，一部分降于朝廷，汉以为汉室抵御外族势力作为条件，向匈奴酋长提供保护。东汉光武帝时，还有部分匈奴请求迁徙至陕西边地，汉同样以抵御外族为条件应允。该部在匈奴史上被记载为南匈奴。自此，汉室与匈奴之间的关系愈加紧密，二者联合起来足以压迫外族。

西汉武帝以来对外族施行强硬政策后，汉族显著发展，逐渐在边境蛮族中壮大势力，汉蛮杂居难免产生种种利害关系。东汉光武帝之时，班彪上

---

① 今称作三市一盟。——编者
② 今内蒙古呼和浩特。——编者
③ 今河北遵化。——编者

表，提出如下意见：

> 今凉州部皆有降羌，羌胡被发左衽，而与汉人杂处，习俗既异，言
> 语不通，数为小吏黠人所见侵夺，穷恚无聊，故致反叛。夫蛮夷寇乱，
> 皆为此也。旧制，益州部置蛮夷骑都尉，幽州部置领乌桓校尉，凉州部
> 置护羌校尉……

上文大意为，凉州（甘肃）、益州（四川）、幽州（直隶北部）三地分别
有羌、氐、乌桓等部落与汉人杂居，存在种种不便，因此需在三地设置汉人
统率者，从而维护蛮人正当利益，示以安抚之意。光武帝采纳班彪意见。东
汉政策本就是以德而治，对蛮族亦不例外，对比前汉时代对匈奴的激愤论
调下诞生的政策，可谓截然不同。而在东汉盛世，汉族处于优势地位，因
此得以保护蛮汉二者周全，但汉室内部已显现瓦解征兆，反而令蛮族得势。

东汉永初四年（110年），陇西、金城地区的羌族大举内侵。陇西为甘肃
巩昌府，金城为甘肃西宁府，临近黄河支流大通河，与青海相接。当时羌族
取何道、利用何种方法进行内侵不太清楚，总之，从山西、直隶、陕西，到
首都洛阳所在的河南地区，皆遭受羌族侵掠。王符《潜夫论》中如此叙述：
凡遭羌族侵扰的地方，百姓慌忙收割谷物，居室搬空，流离分散，或死于道
路，或丢弃老弱，或成他人仆妾，人口减半。而羌族开始反叛之时，并没有
精细的计划，其徒党亦不在多数，兵器方面，或取竹竿、木枝，或空手，既
无营寨，也无统领全局的都督。之所以能顺利入侵内地，全因地方戒备松
弛，士气涣散。总之，羌族入侵对东汉而言乃一大事件，当时朝廷舆论就
对蛮方针相当迷茫，总体分为软硬两派。软派认为，事到如今汉最好放弃甘
肃，放任蛮族自由。事实上，金城郡被撤，转移至陇西郡属县襄武，上郡从
山西北边榆林府转移至左冯翊（陕西省同州府[1]），安定郡（甘肃省固原县）
转移至扶风（陕西省凤翔府）。这意味着西北防御第一道防线基本被撤消。
之后，桓帝时代（146—167年），鲜卑族檀石槐占领辽西棘城（盛京省义州
府附近[2]），由此汉与东北地区以及朝鲜的联络受到威胁。总而言之，东汉末

---

① 今陕西省渭南市大荔县。——编者
② 今辽宁义县。——编者

汉族逐渐受到西北及东北方向的蛮族压迫。

汉代边境之所以出现蛮汉杂居的现象，固然由汉族势力在蛮族内部发展所引起，但也是执政者故意施行的政策。例如，东汉名将马援在甘肃边境征伐氐羌二族后，将其部分族人远徙至陕西中部地区，从而达到分散氐羌族势力的目的。氐羌族本为居于山地的种族，部分族人被转移至陕西腹地之后，地位孤弱，恐遭汉族虐使。总之，汉室势力尚存期间，该政策并未成为祸根，但及至东汉末群雄割据状态显现后，割据北中国的诸雄纷纷主动借助蛮族力量，将其强大部族引入长城内，北中国境内的蛮族势力急剧增强。陈琳的《檄吴将校部曲文》（载于《文选》）以曹操谋臣荀彧之名发布，文中云：

> 大举天师百万之众，与匈奴南单于呼完厨及六郡乌桓、丁令、屠各、湟中羌獒，霆奋席卷，自寿春而南。

由上文可见陈琳借外蛮军队夸炫曹操势力并压制敌人之用意。当然，中国学者认为此文非出自陈琳之手，而是晋代的伪作，笔者亦同意该说法。即便三国时代无夸炫外蛮势力之想法，但事实上从魏、蜀所采取的政策足以看出其必须依靠外蛮势力。从东汉末期开始蛮族便在北中国内部确立势力——这是毫无疑问的新倾向。

蛮族在中国内部确立势力，换言之，即汉族认可蛮族力量。该事实明确出现在史书中始于西晋。例如晋代名臣张华以“命世之器也”评价慕容廆。慕容廆有次谒见东夷校尉何龛时，着巾褠，行士大夫礼，然而何龛却严兵以待加以接见，慕容廆见状后说道，“主人不以礼，客独何为”，遂改换戎装再面会何龛。另外，匈奴的刘渊跟着汉人范隆学习，晋代多位名族赞美其为人并与其订交。名将王浑还将其推荐给晋武帝。但当时朝臣之中有人以刘渊非汉人为由反对任用。总之，这名蛮族酋帅受到汉族名家的赏识是无可争辩的事实。类似情况也许未必始于晋代，但就文献上而言，晋是划时代的。总之，可认为对蛮族的一般认识反映在文献上。

蛮族势力既已得到汉族认可，与此同时，汉族对蛮族的恐惧警戒意识也在逐渐增强。其一端在第一章中已有叙述，现再探讨以郭钦、江统为代表的徙戎论梗概。

郭钦之论部分被《晋书·匈奴传》所引用，其中心意思是将匈奴从山西内地迁徙至边外。其文简略，故难充分知晓其意。江统之论见于《晋书》本传，《通典·边防·氏》曾引用，主要针对氏羌二族，但他对匈奴及句丽族也抱有同等甚至更强烈的警戒之心。由此文可见，汉族对因苛待蛮族而招致的复仇心、怨恨心究竟是何等恐惧。此点已在前章论述。观其论点，氏族遍布陕西，约占人口一半，羌族遍布甘肃，山西的匈奴无论从其统制或其户口数而言，在诸蛮中占据绝对优势。另外，河南荥阳一带，三国时代从辽东塞外迁移而来的句丽族繁衍滋长，不久后也将成为祸根。《晋书》记载，江统之论提出后十年不到，夷狄果然搅乱中国，因此时人皆佩服其远见卓识。但《晋书》编撰者反而对其加以批评："徙戎之论，实乃经国远图。然运距中衰，陵替有渐，假其言见用，恐速祸招怨，无救于将颠也。"大意是，如果践行徙戎论，反而可能加速祸乱爆发，依当时的形势，万不可实行。例如当时鲜卑慕容氏已在教民农桑，且采用中国之法制。以此可推断，一般汉族之中已出现强烈倾向——在蛮人武力的庇护之下营生。而晋室爆发"八王之乱"，北中国全境逐渐牵连进斗争旋涡中，秩序崩坏达到顶峰，浮民流离四方，所受残害恐怕甚于东汉末期。实际上这也是蛮族得以在中原活动的契机，而最先崭露头角之人即匈奴酋长刘渊，此点前章已有叙述。

北中国匈奴兴亡始末

如前章末节所述，永兴元年（304 年），匈奴刘渊据左国城立国，国号为汉，并试图将蛮族纠合于自身力量之下。永嘉二年（308 年），他自立为帝，后其子刘聪在晋永嘉四年（310 年）改立自己的年号。翌年，取洛阳，晋室灭亡。这通常被称为"永嘉之乱"，正式拉开蛮族统治北中国的序幕，对于北中国而言是划时代的事件。

传说刘渊本为一普通匈奴酋长，但确切来说，其与整个汉代北蛮之中最为显赫的大单于大不相同。《汉书》记载，匈奴单于姓李鞮氏，东汉初被允许在陕西边地、西河、河套地区居住的南匈奴单于姓虚连鞮氏，中国学者认为两者是同一个词。且汉宣帝之时，向朝廷申请保护的单于称为呼韩邪，东汉初南匈奴单于亦称呼韩邪，因此，南匈奴单于本就是出自匈奴一系的单于。与南匈奴相对，居于外蒙古匈奴根据地的匈奴称为北匈奴。《通典》记载，自东汉初期开始，鲜卑部落逐渐在外蒙古东部得势，汉章帝元和年间（84—87 年），入侵北匈奴东部，北廷陷入大乱。南匈奴单于欲趁机合并北匈奴，遂向汉室求援。时汉章帝已死，和帝在位，外戚窦宪答应南匈奴请求，远征漠北。此次远征最终以汉军胜利结束，并留下著名的班固《燕然山铭》，其中一节如下：

> 凌高阙，下鸡鹿，经碛卤，绝大漠……逾涿邪，跨安侯，乘燕然，蹑冒顿之区落，焚老上之龙庭。

高阙为从归化城越过阴山，与阳山之间的缺口，之后沿阳山至黄河北的鸡鹿塞，继续北行，穿过遍布碎石与盐碱的沙地（碛卤），进入戈壁沙漠，最后抵达金山支脉尼赤金山，即外蒙古南端，涿邪即指此。一路向北出翁金河，此河流经涿邪山脉与杭爱山脉之间的旷野，沿河越过杭爱山脉，抵达外蒙古中心鄂尔浑（Orkhon）流域，称作安侯。自杭爱山向北，至龙庭（从丁谦说）。由此可见，班固的描写极为精准。此次远征后，北匈奴远行至阿尔泰山，遁走康居（Sogdiana）。汉室方面认为，窦宪远征本就是外戚窦氏为展现一家威势所策划的行动，因此一般舆论并未表示同情。因此，其后蒙古地区的状况除西部部分地区外，几乎未见于中国史料记载。大概是因为此地汉威未及。一方面，南匈奴虽借汉室之力讨伐北匈奴，但无余力统制蒙古高原北部，反而在其内蒙古势力范围内屡受鲜卑族进犯，每次均向汉室求援。到东汉安帝时代，南单于的谱系仍可追溯至匈奴大单于的血统，但其后称单于之人是否真正为匈奴王室后裔则不得而知。例如，灵帝时有一位羌渠单于。据《晋书·北狄传》记载，羌渠为匈奴内部族之名。而根据《晋书》记载，刘渊为羌渠单于的曾孙。但《晋书·北狄传》中又写道：匈奴部属中，屠各势力最强，遂成为单于，统领其他诸种。而前节所引的陈琳檄文中，匈奴与屠各却是完全不同的种属。刘渊是否属屠各？《晋书》中列举了呼延等四种匈奴大姓，但其中未见汉代匈奴王室之姓栾鞮氏。综合以上考量，东汉末期时，南匈奴正统王室是否就已经消亡？及至三国时期，曹操将匈奴分为五部分，在山西内地分别指定居住地，选帅统领之，并设置汉人司马从外部进行监督。至此，匈奴完全成为汉族隶属，即便仍然使用单于的称号，也不过是汉族认可的匈奴十九种部族中最强大的部族酋长。及至晋代，请求移居北中国的匈奴部族愈渐增多，晋武帝常常应允，因而山西一省几乎没有无匈奴居住之地。

《晋书·北狄·匈奴传》中有云：

> 爰及泰始，匪革前迷，广辟塞垣，更招种落，纳娄莎之后附，开育鞠之新降，接帐连蘱，充郊掩甸。既而沸唇成俗，呜镝为群，振鸷响而挺灾，恣狼心而逞暴。

晋所采取的抚绥方策反而加剧了内部汉蛮之争，即便是小事也激发蛮族团结一致奋起反抗的态度。晋内患如此，终于在"八王之乱"时，朝廷统制完全消亡。如前所述，人们利用蛮族势力沉迷争斗，而蛮族刘渊采取自立行动。刘宣劝刘渊谋反时说道：

> 晋为无道，奴隶御我……鲜卑、乌丸可以为援，奈何距之而拯仇敌！

大概其已看出刘渊作为成都王盟友对抗反对派与鲜卑、乌丸所结联盟的过错，于是劝其团结蛮族共抗汉族。

刘渊（匈奴称刘姓始于刘渊之父刘豹）自立之心愈加坚决，最后终于自称汉王，纠合徒党，石勒、王弥二人率先归服其下。石勒是匈奴部落中羯部的小帅。《晋书》记载，他与刘渊同为羌渠之后，但奇怪的是，羯部之名并未出现在匈奴十九种当中。根据其传记可知，石勒年少时曾在首都洛阳行贩，后被转卖至山东，成为汉人的奴隶，后投奔群盗并成为魁首，开始掠夺生活，最后归附于乐平（山西辽州和顺县）的蛮族部大之下，并劝说部大加入刘渊队伍。但乐平地区从属乌桓的部族不愿加入刘渊势力。石勒遂向乌桓投降，并巧妙煽动其部众杀死酋长，携乌桓的力量归附刘渊。王弥原为汉族名家之子，晋末为盗，肆掠山东地区，一度攻掠河南郡县，逼近洛阳，后被晋军击退，于是渡黄河北上，投奔刘渊。刘渊将居所搬至平阳，纠合所在地的匈奴族，命令王弥、石勒等人经营河南山东地区。此时，自山西边境至直隶北部，鲜卑势力颇强，匈奴军在上述地区屡次失利，于是将手伸向中原地区。当时中原地区一片混乱。例如，王弥军队攻打河南中部南部时，该地区的外来人口颇多，他们长期为土著居民所苦，于是走上险途，烧城邑、杀地方长官等事件频出不穷，王弥军队兵临城下后，全部归附王弥麾下。

永嘉四年（310 年），刘渊逝世，刘聪继后。翌年，令刘曜、王弥二人率军攻入洛阳。此时，洛阳正忙于迁都，对敌军毫无抵抗。刘、王二将顺利占领洛阳。汉族王弥之军或因先入洛阳之故，大肆掠夺，挖陵墓，焚宫室，百官及平民遇害者达三万人，而刘曜颁发禁止掠夺的命令，还斩杀了王弥手下一名违抗禁令的将领，二人之间产生嫌隙。王弥向刘曜讲述迁都洛阳之说，但未被采纳，王弥于是破口大骂："屠各子，岂有帝王意邪！"汉蛮对立的感情甚为露骨。

洛阳被攻占后，晋怀帝被送至平阳。刘曜满载珍品凯旋，王弥则在洛阳东方的项县安营扎寨，据守根据地山东地区，意欲自立，悄悄令其部下执行计划。其时，石勒正转战河南地区，如前章所述，他在途中歼灭王衍军队。此时，王弥同石勒取得联系，意图利用石勒，劝其共同经营山东地区，但暗地里又密谋将其除去。但石勒看破了这一卑鄙计划，先下手为强，成功袭杀王弥。于是，刘聪令石勒接管王弥军队。石勒南进，驻屯于葛陂（河南省汝宁府新蔡县），经营江汉地区。

此时，汉主刘聪势力尚未确立。陕西至甘肃地区，匈奴势力尚未触及。以太原为中心，占据山西北部的晋将刘琨，意图与山西北边至归化城地区势力庞大的鲜卑一部拓跋氏联手袭击刘聪首都平阳。另外，以直隶、北京地区为根据地的王浚，一直抱有借鲜卑段氏一部的力量谋求自立的野心。石勒虽乘势席卷河南一带，但仍无固定根据地。石勒屯于葛陂之际，刘琨寄来书信，邀其同盟共抗刘聪。信中一节如下：

> 将军发迹河朔，席卷兖豫，饮马江淮，折冲汉沔，虽自古名将，未足为喻。所以攻城而不有其人，略地而不有其土，翕尔云合，忽复星散，将军岂知其然哉？存亡决在得主，成败要在所附，得主则为义兵，附逆则为贼众。

大意为，若凭刘聪之名，即便取地亦不可拥有，不如拥立晋室。对此，石勒回信称自己的首要职责是平定当前祸乱，而对晋室尽忠是刘聪应尽之责。传说，此封回信应是出自石勒幕下汉族名臣张宾之手（参照《十七史商榷》）。张宾是最先计划"合理利用蛮族势力建立北中国秩序"之人。然而，石勒驻屯于葛陂后，翌月该地就暴发大洪水，给石勒军队以巨大打击，其幕下有得力汉人建议向坐镇江南的晋宗室司马睿投降，又有蛮族将军等人建议出寿春攻掠江南，二者皆近空论，石勒于是听取张宾之言，确立计划经营河北，建立稳固地盘。石勒一方面推进自立行动，另一方面非常注意与刘聪之间的联络。之后，石勒整军北上，终在襄国（直隶省顺德府①）建立根据地，与盘踞北京地区图谋自立的王浚之间的接触由此开始。

王浚是晋室开国功臣王沈之子，"八王之乱"时，任幽州刺史，身在北京，早有自立之志，将女嫁与徙河（奉天省锦州）鲜卑部落段氏酋长，与之建立牢固关系。石勒到襄国后，王浚命段氏伐石。此战整体而言王浚为获胜一方，但段氏族人被石勒生擒。石勒恭敬地将其送回段氏，获得不少段人的好感。段氏内部产生的异论给王浚势力带来巨大打击。其后，石勒势力逐渐扩展至直隶一带，王浚仅能在易水防御。石勒虽欲一举将其击溃，但还是听从幕下张宾之言，拥立王浚即帝位，在文章中以"小胡"自称，夸赞王浚"州乡贵望，四海所宗"，极尽殷勤之态。王浚听信部下自古以来不曾有过蛮族帝王之言，相信石勒的忠诚，未曾怀疑。石勒见计谋奏效，于是在建兴二年（314年）袭杀王浚。

汉主刘聪将河北完全交与石勒经营，同时令同族心腹刘曜专心经营陕西与山西北部。刘曜为刘渊族子，后为刘渊所养，曾在洛阳犯罪，险些被诛，后逃至朝鲜，改名成为县卒。刘聪时代与王弥共同夺取洛阳，直入陕西，征服首都长安。但当时陕西西部之汉族大吏团结一致将匈奴势力横扫出陕西，拥立晋武帝之孙司马邺。刘聪手下所擒的晋怀帝遭刘聪弑杀后，司马邺自然被视作晋室继承人，后追谥为"愍帝"。司马邺势力之微弱，由如下记述可知：

> 是时（即位之时），长安城中，户不盈百，蒿荆成林，公私有车四乘，百官无章服印绶，唯桑版署号而已。（《通鉴》建兴元年四月）

建兴三年（315年），刘曜再度入陕西。从陕西北边侵入后，直指长安之北、渭水对岸。其时，汉族大吏、土豪盘踞于陕西西部至甘肃一带，身在

---

① 今河北省邢台市。——编者

长安的愍帝为讨其欢心，滥授爵位，即便卑微如村邬小帅者都可得封银青将军等显职，但天子恩威不及于下，诸将骄恣，士卒离怨。因而当刘曜杀到之时，各地势力瞬间瓦解，第二年十一月，愍帝降于刘曜军门。西晋在名义上彻底灭亡。匈奴统治覆盖陕西台地。

王浚死，愍帝降，北部中国仅剩刘琨一人残留山西北边。刘琨家与晋朝宗室有姻婚关系，"八王之乱"时，自然被卷进旋涡之中，永嘉元年（307年）刘琨初任并州刺史，赴晋阳（山西省太原府）。其在赴任途中向朝廷上奏，描述目睹的民生情状如下：

> 臣自涉州疆，目睹困乏，流移四散，十不存二，携老扶弱，不绝于路。及其在者，鬻卖妻子，生相捐弃，死亡委厄，白骨横野，哀呼之声，感伤和气。群胡数万，周匝四山，动足遇掠，开目睹寇。

文中主要描写了河南彰德府至山西潞安府黎城县（当时称壶口关）与长治附近（即壶关等地）的状况。上述地方离首都洛阳不远。刘琨抵达晋阳之时，"余户不满二万，寇贼纵横，道路断塞，琨募得千余人，转斗至晋阳，府寺焚毁，僵尸蔽地，其有存者，饥羸无复人色，荆棘成林，豺狼满道。琨剪除荆棘，收葬枯骸，造府朝，建市狱，寇盗互来掩袭，恒以城门为战场，百姓负楯以耕，属鞬而耨"。流民聚集于武力强盛之人身边纯粹是时势所致，于是乎，投奔刘琨之人日益增多。刘琨本是晋代豪族子弟出身，生活奢侈，喜好声色，虽短暂自我矫厉，但不久之后即放纵懈怠，与鲜卑拓跋氏结盟，借鲜卑之力，进犯幽州境界，王浚大怒而入侵，刘琨惨败，之后名望渐渐失坠。因此，并州多名汉族大官寄望于刘聪，刘聪于是令其子刘粲进攻晋阳。刘琨虽借拓跋氏之力打败刘粲，但晋阳也成为拓跋氏戍兵镇抚之地，刘琨自身只好徙居南面的阳邑（太谷县）。其为得抗击匈奴族之名，反而在内地树立起拓跋氏势力。之后，伴随石勒据襄国灭王浚，以及刘琨依赖之拓跋氏发生内讧，其处境愈加困难。最终刘琨与石勒开战，遭遇大败，未能守住并州，只好投靠王浚死后盘踞北京地区的鲜卑段匹磾。段氏内部石勒党众多，唯独段匹磾始终怀抱抗击匈奴之志。但即便如此，因刘琨一派与段氏一部感情疏隔，最终段匹磾将刘琨杀害。时在东晋元帝大兴元年（318年）。至此，北中国较为强大的汉族势力归于消亡。

318 年，汉主刘聪逝世，刚好是刘琨被杀之年。刘聪精通中国学艺，又重用刘曜、石勒等人，可见其才略。但其嗜酒且多有酷暴之举。据传，刘聪曾想为一名妃子建造一座官殿，遭汉族大臣劝谏后，勃然大怒："吾为万机主，将营一殿，岂问汝鼠子乎？"随即杀之，并放群鼠共进墓穴。总之，刘聪一代不可思议地出现天变，在历史上留下阴影。他死后不久即发生内乱，其子刘粲继位，但不久为一部首领靳准所杀。于是，刘曜从长安往皮氏（山西省河津县），接管刘聪手下官员，被推举称帝。石勒从襄国进襄陵（山西省平阳府东南）斩杀靳准。然而，石勒不甘居于刘曜之下，于是焚首都平阳，返回襄国。刘曜也返回长安，应群臣之请建立赵国。石勒也在襄国即赵王之位。因刘曜的赵国先行灭亡，于是史家称之为前赵，称石勒的赵国为后赵。匈奴势力在此一分为二。

两赵对立，各自图谋扩张势力。刘曜势力主要向北方及西方延展。刘曜杀愍帝之后虽坐镇长安，但其势力范围不超过陕西渭水流域。陕西是氐羌族繁衍生息之地。地形上，渭水流域南北均是险峻山脉。当然，北方与其叫山脉，倒不如说是黄土塬被侵蚀所成，而其南部据称高达四千英尺。《魏书》中往往以"北岭"称呼该地带。据传强大的氐羌族团体居于此地。因刘曜曾对一巴氐酋长施以苛酷刑罚，因此渭水平原周边四山的氐羌族人一齐反抗，长安城门为此紧闭。当时被推举为渠帅的是以阴密（甘肃省泾州府灵台县）为根据地的句氏。但此族并非如北狄匈奴、鲜卑等那般勇猛，叛乱仅是怕因罪沦为奴隶。刘曜对待他们采取温和方法，不久，归服赵国之人越来越多，其间继续反抗之部落被轻易讨平。由此，刘曜威势遍及甘肃，又降服在南安（甘肃省巩昌府）自立的汉族，并击败嶓冢山麓仇池的氐酋杨氏。虽说如此，其活动仍比后赵石勒迟钝得多。

石勒以河北为根据地，统治了山西大部分地区，但其北方与东方皆被强大的鲜卑部族所包围，对匈奴而言，这实在是一大威胁。不过，其南方河南、山东一带的中原地区，汉族各股势力分散其间，此时在江南复活的东晋朝廷虽利用这些势力对抗蛮族，但忙于内部整理，且各方割据的汉族绝非团结一致奉戴东晋之辈，因此石勒势力在中原地区逐渐壮大。尤其是经营黄河以南最为尽心尽力的东晋名将祖逖逝世之后，对东晋相对忠诚、防守在第一线的晋将逐渐退居后方。例如，郗鉴放弃邹山（山东省邹县）退至安徽合肥，祖约从豫州（河南省汝宁）退至寿春，卞敦从徐州退至安徽盱眙。曾经扶助刘琨的鲜卑段匹磾被石勒所擒，山东杂军多被平定，后赵的威势逐渐拓展到广固（山东省青州）。石勒势力延伸至河南洛阳一带时，终于与同样觊觎此地的刘曜爆发大冲突。

以洛阳为中心的河南一带自西晋末开始荒废，甚至公然出现食人的风气。洛阳东北成皋（河南省氾水县）的贼首侯都专门掠人而食，地方大员多人成为牺牲品。该地只有出身平凡却遭推奉的李矩孤军奋战对抗蛮族。然而，后赵平定山东后乘势杀到河南，李矩军屡战屡败，于是投降赵主刘曜。刘曜趁机率军潜入山西，在蒲坂①击破后赵猛将石虎之军，渡黄河南下包围洛阳，地方军士陆续投降刘曜，襄国为之大震。于是，石勒亲自率军，令石虎之军从山西南下，共围洛阳。其军事行动极其敏捷，刘曜不知，未做任何准备而沉醉于美酒之中。两军交战后，刘曜被石勒生擒，石勒乘胜令石虎经营长安。如此，刘曜的太子最后据守的上邽（甘肃清水）也告陷落，氐羌各酋长全听后赵号令。石勒终于登上天子之位。其时东晋咸和五年（330年），北中国中原地区臣服于一王之下。

咸和八年（333年），石勒死。太子虽然继承其位，但实权尽归石虎之手。猛将石虎古今闻名，石勒的成功一半依赖其力。石虎拥立太子而手握实权，在石氏阵营中激起强烈反对，各地发生兵变，石虎镇压成功，后赵势力未有丝毫动摇。由蔡谟言论可见，此事已为在江南的东晋所知。石虎执掌实权后，随即制定征讨四方之计划，第一个目标即今奉天义州至直隶北部朝阳府之间根基牢固的鲜卑慕容部落。慕容部落之南，辽西地区即今锦州至直隶北京以及直隶、山西北部地区，鲜卑部落段氏势力庞大。慕容、段氏两个部落常年争斗。适逢慕容氏为牵制段氏向石虎求援，石虎趁机派大军征讨辽西，自己则在金台（直隶省涿州附近）建大本营，并在漂渝津（天津附近）集结水军进行声援，其先锋遂长驱直入占领燕郡北京。段氏酋长段辽从令支（直隶省迁安县）单骑北逃，段氏领土尽归石虎之手。石虎又以慕容氏在

---

① 今山西永济市西南。——编者

此战中未与后赵采取同一行动为由，迅速令其部下从锦州地区攻打棘城（义州）。慕容的都城（今之朝阳市）顿时陷入恐慌。但酋长慕容皝从容防御，大战结果竟然是石虎军队一败涂地，段氏故地从赵手中归于慕容氏。虽然石虎立马计划再次征讨慕容氏，但慕容氏势力其后延伸至直隶保定府地区，而石虎计划以失败收场。

石虎还制定南伐江南东晋的计划，东晋舆论因之大受刺激，但此计划并未实行。最后石虎又想灭亡在甘肃凉州（姑臧）北部中国唯一一支独立的汉族力量——张氏，不想又遭大败，后赵的威势逐渐转向衰落。永和五年（349年），石虎病逝，阵营中发生内乱，北中国再次陷入大乱。在叙述此事之前，且先看石勒、石虎为政的概况。

中国史书记载，石勒是一名优秀的统治者。起初，他在直隶南部征伐汉族杂军，而不与被汉族视为秩序破坏者的王弥交战之时，杂军阵营中有一人对石勒说道：

> 公天生神武，当平定四海，四海士庶皆仰属明公，望济于涂炭。有
> 与公争天下者，公不早图之，而返攻我曹流人。我曹乡党，终当奉戴，
> 何遽见逼乎！

一般汉族唯愿生活安定，为此可不顾名节如何。谋臣张宾在推举曾出仕晋室且清望甚高的赵彭之时，赵彭以名节为由拒绝仕奉赵室。石勒感到不满。张宾曰："神旗所经，衣冠之士，靡不变节。"因此，赵彭等人可谓最为贤明之人。变节是常态，而能始终坚守名节之人，朝廷皆禄养之以遂其志，王者传统才能存续，而石勒践行之。

石勒坚持用汉族传统进行统治，保护汉族，尤其是收用衣冠人士作为时望中心。另外，还组织君子营，转战四方之时，常令其担当顾问。根据地确立之后，建立官制，门臣祭酒主要由蛮族担任，以主持蛮人的辞讼；门生主书主要由汉族担任，司典蛮人出入，使之不得侮辱衣冠华族。蛮族与北中国豪族相结合的政治方针由此确立，并对后来历史产生强烈影响。与此同时，《上党国记》《大将军起居注》《大单于志》等书籍皆编纂于此时。现在虽然无法得知其具体内容，但可知石勒已是汉族乐于奉戴的君主。他又以中国礼仪教化蛮族，例如规定严禁娶兄嫂为妻，丧中不得结婚等。但火葬随其本俗

而不在禁令之列。

石勒的为政概况大体如上。当然，同一朝廷下，蛮汉不免冲突。蛮族基本离不开酒，曾有一蛮人骑马闯入禁门，负责守卫的汉人被问何以失职时答曰："胡醉甚，不可与语。"此为醉胡不理睬汉人之言的一个例子。因此，石勒下令禁止造酒。又有某位汉族高官衣冠敝坏，石勒问其故，答曰："顷遭羯贼，是以荡然。"此言虽出自不经意之口，但也直接反映出汉族对羯族的反感。

石勒与汉族学者问答的轶事中，最为脍炙人口的是他嘲笑曹操、司马懿等人欺孤儿寡妇而夺取天下的行径。石勒推崇汉高祖，自比东汉光武帝难分优劣，放言"大丈夫行事，当磊磊落落，如日月皎然"。但其曾欲建宫殿于邺城，遭群臣劝阻，乃叹息：

> 为人君，不得自专如是乎！匹夫家赀满百匹，犹欲市宅，况富有四海乎！

石勒之所以博得汉人高度评价实因其忠于汉人传统。然而，石虎的做法与石勒完全背道而驰。据称，石勒晚年时，有一派企图排挤石虎，石虎于是在夜里令部下侵入主谋者宅中，奸污其妻女，掠走衣物。其掌握实权之后，彻底成为暴君。虐使劳苦人民大兴土木工程之外，石虎所到之处，社会秩序尽毁。详情见外篇，其淫虐行径令人吃惊。

> 荒酒淫色，骄恣无道，或盘游于田，悬管而入，或夜出于宫臣家，淫其妻妾。妆饰宫人美淑者，斩首洗血，置于盘上，传共视之。又内诸比丘尼有姿色者，与其交亵而杀之，合牛羊肉煮而食之，亦赐左右，欲以识其味也。

他可谓极尽淫虐之事。这仅是宫廷内的私事，而波及一般百姓的，是在宫中、东宫以及诸公侯七十余国设置女官，百姓之女二十岁以下十三岁以上，计三万人，分为三等进行分配。地方为了完成任务，必须甄选美女，于是强夺已嫁为人妇者达九千余人。豪族趁此机会，掠夺百姓美妇，多人为此自杀。

此外，石虎还挖掘历代王侯之坟墓，取尽珍宝。另一方面，其性格又如小儿。例如，田猎之时，扬起天子旌旗，令十六军十八万戎卒先发，自己则

登凌霄观目送，笑道："我家父子如是，自非天崩地陷，当复何愁？"其爱子
石韬被另一子石宣所杀，石虎知悉后，十分愤怒，将石宣幽闭于席库，以铁
环穿其颔而缚之，作数斗木槽，将羹饭置于木槽之中，如同猪狗一般喂食，
又取来石宣杀害石韬的刀与箭，令其舔之，石宣哀嚎之声震动宫殿。又在邺
城之北堆起柴垛，上立标桩，标桩末端设置鹿卢，用绳子贯通，通过梯子将
石宣升至柴垛之上，站立于标桩之处，首先令宦者拔其发，抽其舌，其后用绳
贯其颔，以鹿卢绞上。又砍断其手足，斫眼溃肠，一如石韬之伤，之后四面纵
火焚烧。石虎与昭仪以下数千人登中台观看。

　　石虎在邺城营建宫殿，襄国作为陪都。在他晚年，家中内乱引起自暴自
弃性质的叛乱，太子石世成为家庭骚乱的牺牲品，其"高力"即服杂役者万
余人被流放至凉州[①]。众人抵达雍城（陕西省凤翔府）时，雍城刺史夺走马
匹，令其徒步推鹿车，为兵士驻屯之处运送粮食。高力头目汉人梁犊利用众
人的怨恨而加以煽动，不久唆使驻屯军队反向东进，沿途大肆掠夺，一时间
洛阳附近皆成废墟。当然，暴乱很快被讨平。自古以来，蛮族居于统治者之
位，破敌之后便将其部落转移至内地，整编成军队。统领者须为朝廷信任的
武官，此点自不必说。其中有的军队在部落酋长率领之下驻屯于要害都城，
虽然如此可保留集团的威力，但降卒屯戍之人本就是不安分子的集合，往往
成为叛乱的根源。梁犊叛乱之时，石虎旗下军将屡次战败，加之其家庭内部
斗争，后赵瓦解的征兆已经出现。待石虎去世，冉闵之乱突然爆发，羯人势
力在北部中国彻底消亡。

　　冉闵原叫石闵，本是汉人，但因为勇猛过人，而成为石虎养孙。石虎末
年家族内乱之时，冉闵拥立石遵即帝位。当时，石遵曾许诺立冉闵为太子，
但未兑现诺言，冉闵于是密谋叛乱。他深知羯人不为自己所用，于是利用汉
族对蛮族的反感，发布虐杀蛮族的命令。于是，邺都发生惨绝人寰的虐杀。

------

　　① 这里的"高力"，是前任太子石宣的精锐部下，受石宣牵连而被贬谪为边境的戍卒，
他们不是石世手下服杂役者。《晋书》卷一百七《石季龙载记下》说，石虎处死石宣后，立
石世为新太子，"故东宫谪卒高力等万余人当戍凉州"。《资治通鉴》卷九十八穆帝永和五年
（349），"故东宫高力等万余人谪戍凉州"，胡注曰："石宣简多力之士以卫东宫，号曰高力，
署督将以领之。"——编者

冉闵亲自率汉人诛杀胡羯，死者二十万，尸体弃于城外任由野狗豺狼啃食。影响波及四方，凡高鼻多须者约有半数被杀，"青、雍、幽、荆州徙户及诸氐、羌、胡、蛮数百余万，各还本土，道路交错，互相杀掠，且饥疫死亡，其能达者十有二三。诸夏纷乱，无复农者"。此次骚乱的结果，居于直隶边境的鲜卑慕容部获得挺进中原的机会。叙述该变化之前，且先回顾东晋在江南复兴的历史。

东晋江南复兴

"八王之乱"将近尾声之时，司马氏一族中有一人名叫司马睿，在某个月明之夜秘密逃出洛阳，回到封国山东琅邪。琅邪的王氏一族系贯穿晋代的第一流名族。其族中有一人王导，与司马睿为熟交，传说司马睿正是受王导之劝说才逃离洛阳。后司马睿听从东海王司马越的命令，镇守江苏下邳，王导随行。永嘉元年（307年），司马睿受晋帝之命，都督扬州江南诸军事，坐镇建康（即今日南京）（参照《通鉴考异》）。此时，长江下游三吴平原又是何种状况呢？

如前章所述，氐族賨部酋帅李特率领流民侵入四川之时，部将之一"义阳蛮"张昌秘密脱逃，在湖北煽动流民建成一支怪异军队，其党羽石冰东进，从安徽进扰江苏江北地区。督押江淮运船向北方供给粮食的安徽庐江人陈敏后来率运兵讨灭石冰，保护东南地区秩序免遭破坏。但他眼见北方晋室已不可救，于是在安徽和州自立，后坐镇建康城，欲继承三国孙吴大业。与其秘密串通的正是孙吴勇将甘宁之后甘卓。

虽然原来孙吴的三吴名族在晋统一后多效命于北方朝廷，但在著名的陆机兵败之后，皆对北方朝廷断念而返回故乡。名族们的心愿本就是东南秩序安定。现如今陈敏据建康城谋图霸业，必先取得东南名族的支持。陈敏于是推出优待东南名族的政策。但其出身太过卑微，以门第自傲的东南名族无人从心底归服。于是，陈敏转而萌生诛灭诸名族的念头。此时，被尊为东南名族之首的顾荣为了保住其地位，在陈敏帐下受封官爵，并谏劝陈敏切勿采取暴行：

中国丧乱，胡夷内侮。观今日之势，不能复振，百姓将无遗种。江南虽经石冰之乱，人物尚全，荣常忧无孙、刘之主有以存之。今将军神武不世，勋效已著，带甲数万，舳舻山积，若能委信君子，使各得尽怀，散蒂芥之嫌，塞谗诡之口，则上方数州，可传檄而定。

由上文可见，顾荣认为陈敏可以辅佐。但庐江内史华谭斥责顾荣接受陈敏所封的官爵，四处传檄责问其罪。檄文中有云，"陈敏仓部令史，七第顽冗，六品下才"，嘲讽陈敏成不了大事。这恐怕是东南名士的共识。吴兴强族周玘率先兴军讨伐陈敏，其时顾荣已对陈敏失望，于是勾结陈敏最为信任的部将甘卓共同讨陈而杀之。至此，陈敏叛乱终被平定。司马睿与王导一起渡江坐镇建康正是在陈敏之乱被讨平后。

诛杀陈敏的顾荣等人接受北方晋室封赏成为高官，于是踏上北上之途。行至徐州，才知晋室之乱已不可救，于是再次南归。当时执掌晋室大权之人——东海王司马越欲以军礼强行召其进宫，顾荣一行竟弃牛车，解船只，一日一夜行三百里，返回扬州。当时，身在建康的王导正劝司马睿收揽东南名门望族。关于此事，《晋书·王导传》中有如下记载：

（司马睿）徙镇建康，吴人不附，居月余，士庶莫有至者，导患之。会敦来朝，导谓之曰："琅邪王仁德虽厚，而名论犹轻。兄威风已振，宜有以匡济者。"会三月上巳，帝亲观禊，乘肩舆，具威仪，敦、导及诸名胜皆骑从。吴人纪瞻、顾荣，皆江南之望，窃觇之，见其如此，咸惊惧，乃相率拜于道左。导因进计曰："古之王者，莫不宾礼故老，存问风俗，虚己倾心，以招俊义。况天下丧乱，九州分裂，大业草创，急于得人者乎！顾荣、贺循，此土之望，未若引之以结人心。二子既至，则无不来矣。"帝乃使导躬造循、荣，二人皆应命而至，由是吴会风靡，百姓归心焉。

上述记载与《王敦传》相比略有出入，《资治通鉴》中隐去二者出入的内容，周济《晋略》则完全略去不讲。作为尊崇准确的史家，抹去全部内容无可厚非。总之，此为江左之人相传之故事，由此故事也可推知当时的情况。

司马睿取得江南人士归服后，北方政情恶化，首都洛阳城内，迁都寿春之说动摇群臣之心，天下动乱之际，仅有长江下游三吴平原得以维持秩序。北方名族庶民纷纷逃至江东避乱，王导遂劝司马睿从中拔擢登用俊贤之人。其中有名为桓彝者，原为谯国（夏邑县）①的名族，渡江来此，见司马睿势单力薄，十分失望，但与王导共论世事，信赖其为人，这才安心。能收用安定各路北方来人，很大程度上要归功于王导的雅量。

其时，北来的诸多名士曾在建康西北的江渚新亭聚会，聊慰旅情，因想起北方江山易主而流涕，只有王导以克复神州的大义勉励他们。总之，在王导协助下，司马睿逐渐稳固根基，在北方对抗蛮族的晋国诸将中也萌生支持司马睿执掌大统的倾向，尤其当洛阳被匈奴刘聪夺取，怀帝遭擒之时，此种声音更加高涨。在长安被拥立为帝的愍帝驾崩之后，司马睿终即帝位。这主要归功于北方诸将的推戴，其中包括鲜卑族段氏、慕容氏。此为建武元年（317年）之事，史家称之为东晋，司马睿即元帝。

司马睿称帝之前，江西地区已归其势力所辖。北方晋室曾派一名叫华轶之人管辖此地，其治理有方，境内受晋末动乱影响最小，但其心在北方，轻视司马睿命令，最终未能逃脱被讨灭的命运。江西从地理上而言，可谓"吴头楚尾"。今日若将湖南、湖北称为长江中游，则江西即为长江下游的开端，因而，元帝实际上是在长江下游建立根基。

湖北、湖南地区位于长江流域腹部，后成为九州腹地。建康的势力究竟如何延伸至此？先前蛮人张昌侵入此地，诱致北来流民发起叛乱，幸亏被北方晋室所派的刘弘所平定。刘弘原为乌丸校尉，在幽朔之地勇名远驰，至湖北后又显示出优秀统治者的实力。其在军事上委任江南人陶侃平定张昌党羽，后又拔擢该地有力之士担当实务。被拔擢者之一为牙门将皮初，刘弘荐举他做襄阳太守之时，朝廷有司以其资望不足为由驳回刘弘的请求，欲改而任命刘弘的女婿。刘弘上表拒绝，力陈以姻戚关系决定任官的弊害，自始至终贯彻其主张。又，当时湖北首府襄阳南部有岘、方二山，其间的水泽久遭封禁，刘弘都予以开放，允许捕鱼。邻交之策方面，刘弘为时任四川益州刺史的罗尚供给湖南零陵的米谷，以此加强联防，常写书信寄与各地方大吏联

---

① 桓彝，谯国龙亢（今安徽怀远西北）人。——编者

系感情，他镇守天下四达之区，长年维持安定和平。然而在其辞世之后，后来者山简、王澄之辈虽然都以清谈闻名一世，但经营实务方面完全不可同日而语。详细考察该地内情，四处隐伏祸机。

有一人名叫王如，原为陕西地区的一名武吏，后流落至河南南部宛城（南阳）。其时山简应朝廷之命，将流民遣回本乡，王如难逃北归的命运。他深知陕西地区荒残，拒不北还，遭山简强制遣返，于是奋起反抗。从北方来的各类团体应声而起，叛军数量达五万，此时北方蛮将石勒的先锋行至河南南部，王如遂与之结盟，掠夺汉水流域，包围山简所居襄阳。但是襄阳守备坚固，无法攻破，加之王如军中滋生纷争，其势力随之瓦解。其间王澄作为荆州刺史镇守江陵（《通鉴》胡注）。而叛乱在四川流民当中再度爆发。

賨部李特之乱后，四川人士流寓湖北、湖南之间者达四五万家。其中有一人名为杜弢，才略出众，任零陵太守①。新来的四川流民屡遭土著湖北、湖南人所虐使，其中不乏叛乱者。杜弢作为太守起初负责平定叛乱，其后王澄部下对四川流民十分暴虐，流民等人于是团结一致愤而起义，拥立州里名望杜弢，请其支持叛乱。杜弢攻破零陵、武昌，势力强盛，王澄毫无招架之力。当时建康的势力已临江西，司马睿帐下被委以军权的王导同族王敦起用名将陶侃、周访、甘卓讨平杜弢，最终成功平定叛乱。杜弢在写给他人的信中陈述苦衷：

> 天步艰难，始自吾州；州党流移，在于荆土。其所遇值，蔑之如遗，顿伏死亡者略复过半，备尝荼毒，足下之所鉴也。客主难久，嫌隙易构，不谓乐乡起变出于不意，时与足下思散疑结，求擒其党帅，惟患算不经远，力不陷坚耳。及在湘中，惧死求生，遂相结聚，欲守善自卫，天下小定，然后输诚盟府。

其心可鉴，其情可明，但《晋书》还是将其列为叛臣，大概是史裁拘泥形式的弊处。

平定杜弢之乱，实际功臣为陶侃、周访两将，尤以陶侃之功为最。但二人皆受制于建康军阀头目王敦。王敦不喜南人势力统治湖广地区，因此排

---

① 据《晋书》卷一百《杜弢传》，杜弢初任醴陵令。——编者

挤陶侃，将其调任广州刺史。其时河南人杜曾在襄阳地区自立，并与北方长安愍帝派遣的一员军将相勾结，尝试反抗王敦势力。王敦令其腹心征讨，反而败下阵来，最后借周访之力才勉强镇压叛乱。周访也是南人，且与陶侃有姻戚关系。起初王敦曾许诺在破杜曾之后将荆州给周访，但未履约，最后令其调任梁州刺史镇守襄阳。也许因为上述善后处置皆为王敦独断，军将自然对王敦心生嫌怨，且建康政府中反王氛围甚浓。王敦在长江中游势力过大，王、马共治江南，以王室为中心者难免因此不快。但其时有名为祖逖者，声望可与王敦匹敌，且坚强抵挡源自黄河下游的北方压力。他的存在也让王敦独霸军界成为不可能。

祖逖原为直隶范阳的豪族，眼见洛阳大乱，于是率亲党数百家，迁至淮泗之间。途中祖逖将车马赠与老弱者，自己徒步前行，药物衣粮与众人共用，自然被推举为行主。抵达泗口（江苏省清口浦）①之时，他接到建康命令，定居于京口（江苏镇江）。

其幕下宾客、义从之辈都是从北方来的暴桀勇士。适逢长江下游地区发生大饥荒，此辈往往出而为盗贼，掠夺富室，建康政府内部时有非难之声，祖逖皆予以庇护。他常胸怀复兴北方中原大地之志，并以此劝元帝。但元帝忙于经营江南，只给予其豫州刺史的名分以及兵士千人、廪布三千匹。于是他率流徙而来的部曲百余家踏上北征路途，在江阴（恐非地名，或为江北之意）兴锻冶之业，造兵器，然后出发。当时，淮泗之间为石勒先锋所扰，秩序全乱，各村落纷纷设坞，推举土豪成为坞主，以此作为自卫手段。坞主的向背并非取决于匈奴石勒、晋司马氏名义上谁为正统。而祖逖恩威并施，得坞主心服，屡次打败石勒之兵，成功御匈奴势力于河南之外。其居所主要在雍丘（河南杞县），曾在该地召集父老举办宴会，席间有耆老流涕歌曰：

> 幸哉遗黎免俘虏，三辰既朗遇慈父，玄酒忘劳甘瓠脯，何以咏恩歌且舞。

但建康政府不知充分利用其才能，先是任命吴人广陵戴渊为豫州都督，加之晋室与王敦之间祸难将生，祖逖深感壮志难酬，最后郁郁病终。

---

① 古泗水入淮之口，在今淮安市西北。——编者

深受元帝宠任的刘隗、刁协二人，皆以提升东晋权威为目的，屡次压制强族之权，尤其采取压制王氏势力的方针。东晋开国元勋如王导等人皆为此受朝廷疏远。王敦其时正在武昌镇守，厌恨刘、刁等人的处置，向元帝和刘隗写信劝诫改易方针。但二人不听，王敦原在北方以清谈收获人望，兼具机略，巧招名流之士于幕下，又很有军事手腕。祖逖逝世之后，王敦以为终于无人可与之匹敌，今竟遭刘、刁之辈所侮，难以忍受，向东晋问鼎轻重的志向由此萌生。而刘、刁二人的做法又招致多家名族怨恨，王敦于是宣布刘、刁等人的罪行，以讨伐刘、刁为名，率军逼近建康。其在此际发布的檄文将罪责尤其归于刘隗，其中一节为：

> （刘隗）外托举义，内自封植；奢僭过制，乃以黄散为参军，晋魏已来，未有此比。倾尽帑藏，以自资奉；赋役不均，百姓嗟怨；免良人奴，自为惠泽。自可使其大田以充仓廪，今便割配，皆充隗军。臣前求迎诸将妻息，圣恩听许，而隗绝之，使三军之士莫不怨愤。又徐州流人辛苦经载，家计始立，隗悉驱逼，以实己府。当陛下践阼之始，投刺王官，本以非常之庆，使豫蒙荣分。而更充征役，复依旧名，普取出客，从来久远，经涉年载，或死亡灭绝，或自赎得免，或见放遣，或父兄时事身所不及，有所不得，辄罪本主，百姓哀愤，怨声盈路。身欲北渡……

据檄文看，大量北方流民轻易被权力者所利用，建康内部疾患已生。刘隗听闻王敦之言后反而意气矫矫，策谋诛杀建康城内王导以下的王氏一门，提高帝室权威，结果遭到所有朝臣反对，元帝也不同意，由此可见朝廷上下已对其不信，胜败之数已定。因此，王敦由姑孰（安徽当涂）驻地出发行进至石头城时，元帝特去信一封请求讲和。

> 公若不忘本朝，于此息兵，则天下尚可共安也。如其不然，朕当归于琅邪，以避贤路。

后来刘隗遁逃，刁协遭擒，元帝将江西地区军权赋予王敦，暂时达成媾和。

王敦以讨灭刘隗为名的军事行动暂时取得成功，而让王敦行此举者主要为其部下军将，如此一来，军将横暴愈加严重。建康朝廷内拥有重望的周颛和戴渊等人皆被杀，吴兴豪族周氏一门亦被诛灭。如此做法与以王导为代表的建康宽治之风迥异，带给东南百姓的恐怖相比刘、刁之徒可以说有过之而无不及。当初王敦逼近石头城之时，其大本营所在的湖北平原传言有人欲与建康为伍，情况危殆，遂回武昌将反对派首领甘卓（袭周访后，镇于襄阳）斩杀，其根据地更加稳固，其本人专权更甚。

建康方面，元帝死后，明帝即位。明帝在太子之时便以勇决闻名，为王敦一派所厌恶。因此，王敦再次移镇姑孰，一方面监视朝廷，另一方面令部下军将在京师腹地江苏平原植根固势。对此，王敦幕下名流谢鲲等人极力谏止，但王敦不听。建康内部举朝上下弥漫着反王的氛围。《晋书·王敦传》中对其军将的横暴行为如此记述：

> （沈）充等并凶险骄恣，共相驱扇，杀戮自己；又大起营府，侵人田宅，发掘古墓，剽掠市道，士庶解体，咸知其祸败焉。

西晋末大乱之际仍能维持秩序的东南平原在王敦部下引发的祸乱中逐渐没落。其时，王导再次承担辅政大任，担心因王敦恶名牵连王氏一门，于是写信给王敦亲信的同族，言辞恳切地进行劝诫，不料对方不听，而建康朝臣则团结一致反对王敦。本传记载，此时王敦本人染病，颇想返回武昌保全家门，但其帐下军将仍力劝攻取建康，王敦无力阻止。对此，朝廷随即召集固守北方淮水流域的军将祖逖之弟祖约以及苏峻等人担建康警备重任。战事随之展开。其间王敦病死，随后同党皆被诛灭，战局终定。时为太宁二年（324年）。

王敦之乱时，北方石勒势力逐渐南进。在山东泰山地区得到多数流民支持的东晋之藩屏——郗鉴不堪孤军奋斗，只好南归。此外，为平息王敦之乱，郗鉴还将祖约、苏峻等势力引入建康城，如此一来，祖逖多年经营毁于一旦，石勒势力挺进河淮之间。不仅如此，王敦之乱平息之后，祖约受命镇守寿春，其南部历阳则由苏峻把守。祖约、苏峻等北方勇将常猜疑建康政府，大乱即将再次爆发。

明帝在位三年之后驾崩，成帝即位。其时把持朝政之人为明帝外戚庾亮。庾亮为人方严，因此被世人推重，但有"任法裁物"之风，与王导宽和之政不同。王导亦厌其人无雅怀，建康内部对其总体评价不高。又，王敦之乱后，建康朝廷对苏峻亲信有加，苏峻则倚恃朝恩收用亡命之徒，不问是否有罪，且屡次向朝廷索要军费，军粮漕运日夜相继。庾亮为制衡苏峻，欲解其军权，归为朝臣之列，并任命自己的兄弟为后任。此处置对苏峻而言，并非不妥。但苏峻认为庾亮有意害己，于是萌生进攻建康之心。其时祖约也对庾亮怀恨在心，于是同苏峻联手。东晋祸乱终在江北安徽爆发。

苏峻之变突然爆发，庾亮防备不及，叛军渡江从安徽太平府直逼建康，纵火烧台城，后攻陷宫城，令士兵大肆掠夺。其部下形同暴民，遇朝廷高官亦照样捶挞无误，将物资运至大本营蒋山，或裸剥士女衣物，令其以坏席苦草自障，无草者坐地以土自覆，哀号之声，震动内外。其时，官库之中有布二十万匹，金银五千斤，钱数亿，苏峻皆挥霍一空。

苏峻攻入建康后，庾亮仓皇逃至江西，投身镇守该地的温峤之营。原本温峤见庾亮对苏峻压迫过激，忧心忡忡，甚至还亲赴建康，请求加入守备之列，但当时庾亮对粗暴的苏峻并不在意，反而对荆州刺史陶侃心有所惧。陶侃在王敦败后接手荆州，起初就对庾亮存有疑心，庾亮遂托温峤牵制陶侃势力。如今苏峻之乱爆发，温峤认为须借陶侃之力进行镇压，于是言辞恳切地劝其出兵。之后陶侃率军下江之时，庾亮更亲自拜访陶营，态度极其温雅，陶侃释然，二人解开宿怨，共同讨伐苏峻。义军从上游陆续向建康进发，与此同时三吴地区的豪族起而防备北人入境，又有居于下邳的徐州刺史郗鉴也同步南下，东晋军势复振。苏峻以死相搏，虽然屡次打败义军，但难挽颓势，最终被陶侃部将所杀，叛乱得以平息。其时咸和四年（329年）。

经苏峻之乱，建康官室宗庙全部被洗劫一空，朝中兴起迁都之议，温峤认为应迁至江西豫章（南昌），三吴豪族认为应迁至会稽，最后王导力排众议，留在建康。战后如何论功行赏不甚清楚，总之诸将各回驻地，长江流域恢复和平。诸将之中，陶侃起初镇守江陵，后迁任武昌，他行事周密，曾在造船之后将竹头木屑收入官库中，后在桓温北伐之时派上用场。又湖北地区官吏中有好樗蒲之风，且流行谈论老庄思想，陶侃都严格取缔，曰：

> 樗蒲者，牧猪奴戏耳。老庄浮华，非先王之法言，不可行也。君子当正其衣冠，摄其威仪，何有乱头养望，自谓宏达邪。

在陶侃手上，荆州秩序安定，东晋西藩安泰。但此时的北方，石勒势力延伸至陕西高台，石勒死后，石虎专政，游骑南出至历阳，建康一时戒严，而向来在名义上奉戴东晋的鲜卑慕容氏在此时独立称燕王，大势渐分南北。

342 年，成帝死，康帝即位，在位二年之后，穆帝治世。在此之前，陶侃去世，庾亮代之镇守武昌。当时，建康城内王导再度为成政治中心人物，其方针极为宽纵，南北豪族肆意招募游食之徒谋取私家利益之情势愈加明显，朝廷有志之士往往对此颇有非议。庾亮也计划排挤王导。总体上，树立东晋权威、建成有节制的国家的想法常在一部分南迁北人心中回荡，而北伐并从蛮族手中收回中原之地的期望也未磨灭。鉴于此，庾亮从武昌再次入朝廷，北伐计划一度得以树立，但还未充分实行之前，其军已遇小败，朝廷多有异议，最终以取消北伐落幕。

王导死后，担朝纲重任者为庾亮之弟庾冰，有雅素之风而为一世推重，不喜王导之宽纵，稍用微刑。曾有人就此谏之，其乃答曰：

> 玄象岂吾所测，正当勤尽人事耳。

此为当时少见的儒家之言。庾冰之弟庾翼亦颇有大志。成、康二帝时期，庾族势力之盛，无出其右者。穆帝初年，庾翼镇守武昌，屡次同辽东慕容氏以及独立于甘肃凉州、遥向东晋尽臣藩之礼的汉族张氏互派使节，谋划共取四川、恢复中原。庾翼为此改镇襄阳，但未尽此事便已身故，其遗策由桓温继承。此时，若以东晋王室为中心来看，则它正进入衰亡期。在就此展开叙述前，再次一览北方形势或更为方便。

前燕、前秦始末以及北中国诸国

北部中国在后赵石勒及石虎二人手上基本完成统一。石虎死后，冉闵趁内乱纷争之机，利用汉族反蛮情绪，对羯人实施惨无人道的虐杀。除暴行之外，他还打开石虎在邺城以及各地仓库，纠集汉族无赖，依靠其军事力量同羯族势力下之氐羌族交战，战事几无暂歇。战乱之下，北中国中心——河南地区之原野已无耕农。鉴于当时负责平定叛乱者实为鲜卑慕容族，且先简要叙述鲜卑族在中国史上大展拳脚的因缘。

鲜卑作为一族之名为正史所记载，需追溯至《后汉书》。书中记载鲜卑风俗时，有如下表述：

> 唯婚姻先髡头，以季春月大会于饶乐水上，饮宴毕，然后配合。

一般认为，该记载源于王沈《魏书》，但《魏书》的表述为"嫁女娶妇，髡头饮宴"，相较"婚姻先髡头"，似乎意思更为明了。"饶乐水"在《魏书》中作"作乐水"，普遍认为二者皆指今日的老哈河。季春时节在河边举行部族大聚会，则该部族的根据地亦明晰可知。常常与鲜卑并称者名为乌丸，二者风俗几乎相同，仅有结婚风俗相异。乌丸风俗为：

> 其嫁娶则先略女通情，或半岁百日，然后送牛马羊畜，以为娉币……以髡头为轻便，妇人至嫁时乃养发，分为髻，着句决，饰以金碧，犹中国有簂步摇。

与鲜卑族男女在旷野中自由配合的做法相反，乌丸已有娉币仪式。另外，南北朝时南人嘲笑鲜卑人为索头，所谓髡头即此意，可视为辫发之风。但乌丸妇人到婚期之时，将蓄发结髻并加以装饰，则似受汉人风气影响。《魏书》与《后汉书》均将此二族视作早早出现在中国史料中的东胡余裔。关于乌丸，东胡在西汉初期遭匈奴打败之时，其残余据乌丸山，于是得名"乌丸蛮"。乌丸一名早见于《汉书·匈奴传》中，而乌丸山依据丁谦观点为今日乌辽或乌兰山，系内蒙古东部阿鲁科尔沁旗与乌珠穆沁旗交界处兴安岭的最高峰。此观点与《汉书·匈奴传》中的乌丸记载吻合，此部族之根据地应在西拉木伦河上游。鲜卑方面，不论《魏书》或《后汉书》均记载其部族居于鲜卑山，故得名鲜卑。惠栋查阅《隋图经》后指出鲜卑山位于柳城东南二百里处（据王氏《集解》所引）。然而，白鸟库吉博士和王国维发现，鲜卑一词早在战国时代即指战士服装带钩，在汉代时指文官之冠，广泛用于中国全境，彼时中国人即便不知鲜卑种族，亦曾间接传播其名。若依照顾炎武在《日知录》中所云，东胡一词为战国时代山西地区的汉人对东边蛮族的称谓。可推测，东胡实际上应是鲜卑族的一部分。但根据后来在中国史上扮演最重要角色的鲜卑拓跋部之传说，只要不能证明此传说是从其他民族借来，则其曾经活动的地域可谓颇为广阔，如此一来亦不可将鲜卑之名局限于老哈河流域之其中一部族。鲜卑乃是包含各类部族之大名，换言之，其与种族名更为相近。当然，笔者对此完全未开展积极的立证研究。本人认为，与其说乌丸、鲜卑得名于乌丸山、鲜卑山，不如反过来理解。

乌丸部族在西汉时代就为中国所知，西汉末期王莽对匈奴采取高压政策之时，此部族被迫迁往山西内地并对抗匈奴。东汉光武帝将乌桓渠帅安插于山西、直隶、东北各缘边之地，供给衣食，令其与汉人杂居，置护乌丸校尉于上谷宁县（张家口西万全县）负责管理。乌丸内徙之后，其外部的鲜卑族伴随匈奴衰弱而强势扩张至蒙古高原，及至东汉明帝永平中期，更扩张至甘肃西北敦煌、酒泉等地，但全在辽东（辽阳西北）向汉朝朝贡。其后鲜卑势力日益强大，东汉末桓帝时，老哈河地区一鲜卑部落出现一名叫檀石隗的酋长，将广泛分布在各地的鲜卑各部族统一成为一个有节制的团体。据《魏书》记载，其先据直隶北部热河，后据辽西棘城（今辽宁义县）。当时其势力基本遍及内外蒙古全境，北接丁零族（贝加尔湖以西），东连扶余族（吉林附近），西从天山北路接伊犁附近的乌孙，其广阔领土分为三部，右北平（即直隶遵化府）至扶余为东部，右北平至上谷（直隶宣化府）为中部，上谷至敦煌为西部，各派大臣统管。檀石隗死后，鲜卑再次失去统一，慕容部定居檀石隗故庭——棘城，并逐步将势力延伸至中原。

慕容部定居棘城为晋惠帝元康四年（294 年）之事。在此之前，该部族为中国所知，可追溯至其跟随三国时代的司马懿征伐辽东。其后，迁居至辽河东西，在慕容廆时代定居棘城。彼时，棘城之南的昌黎（即锦州地区）仍有鲜卑段氏势力，其东北有宇文部，慕容氏一面同上述二部展开激烈斗争，另一面则努力引入汉人势力及汉族文化，由此不断增强部族势力。适逢西晋灭亡，匈奴势力统治中原，直隶、山西、山东、河南地区的流民大量出山海关，来到辽西地区，酋长慕容廆将流民按其来源地区分为团体，设侨郡进行管理。例如，直隶冀州人归冀阳郡，河南豫州人归成周郡，山东青州人归营丘郡，山西并州人归唐国郡。与此同时，广用北中国人才，完全采用中原礼制，承认东晋帝位，对匈奴则始终保持抗争态度。彼时，东晋刚刚平定王敦、苏峻的内乱。慕容廆写信给陶侃，劝其携手讨灭羯族。东晋朝议虽已否决北伐，但被北地名望围绕的胡族酋长鼓吹北伐，恐对东晋的北伐论多有刺激。

慕容廆死后，慕容皝继立。如前所述，其借石虎势力消灭仇敌段氏，后遭石虎攻击，却反而击败石虎。之后慕容部势力逐渐蔓延至直隶平原，并写信给东晋执政者庾冰表达决绝之意，自称燕王，徙都于龙城（朝阳府）。及至其子慕容儁之时，中原爆发冉闵之乱，慕容部趁机由直隶大举进军河南平原。关于此次出兵，《晋书·慕容儁载记》中收录了一则有趣故事。当初，冉闵为拉拢慕容部，特意遣使宣扬冉闵为天命所归，慕容儁乃回道："闻闵铸金为己象，坏而不成，奈何言有天命。"赵翼《札记》中也收集了鲜卑族好以铸金人预测成败的事例。大概此风俗与鲜卑相通，或广泛应用于蛮族间亦未可知。总之，慕容儁斩冉闵后取其所居邺城，并在直隶中山（顺德府）即帝位，政权被称为前燕，时在东晋穆帝永和八年（352年）。后迁都邺城，君临中原。

穆帝永和八年（352年），中国史料记载氐族酋长苻健在长安自立称帝，是为前秦。因此后赵灭亡后，北中国两分为燕秦，加上在甘肃凉州（即当时的姑臧）独立的汉族张氏前凉国，则北中国呈三国鼎立之势。总之，氐族此时在中国史上扮演重要角色，且看该族以及与之关系密切的羌族的概况。

氐羌族恐怕是最早出现在中国历史中的部族之一。然而，《汉书》为蛮夷立传之时，并未为氐羌单开一卷。居于今日青海西北柴达木盆地的婼羌国则在《西域传》中。它虽可能为羌族一种，但之所以被记述，恐怕是因为其地处中亚与汉的交通道路上。又，《西南夷传》，也仅提及武都（郡治在于今甘肃嶓冢山下）的氐族。其实，汉族与氐羌族的关系不浅。例如，汉之所以在大通河流域以及甘肃西北边设立郡县，完全是为了令匈奴手下的羌族归伏于汉的威势之下。另外，对汉而言，经营文化上与经济上至关重要的四川，完全无法避开与氐族之间的关系。因此，《汉书》中无氐羌之传，应是由于此部属尚未建成有模有样的政权。然而，东汉末期，羌族发生大叛乱。《后汉书》立《西羌传》，详细记载羌族之事，并且也有提及氐族。王沈《魏书》中有氐羌之记载，《三国志》中无氐羌之传。一般来说，氐羌虽自古以来常常以连称出现，但细细说来，其实二者根据地有所差异。大体上，氐族主要散居在甘肃南部，即长江支流汉水及汶水上游至四川北境山地。羌族则散布在青海至黄河上游及其支流大通河、洮水流域。根据《后汉书》，包含氐族在内的所谓西羌种族为居住于山地的住民，各部族相互独立，易为武力强大者所兼并。毕竟西羌作为卑弱种族，常常被汉族及北狄种族所使役。然而，氐羌族因为卑弱，却反而在广阔的中国内地扩张。江统《徙戎论》将原因完全归结为中国武将所采取的政策。即东汉之初，马援将羌族迁至陕西内地；三国之时，魏将氐族迁至秦川（甘肃秦州）；及至晋时，陕西、甘肃两地已遍布氐羌族。故在晋全盛期，有识之士就已对氐羌族后患深深担忧。江统对所谓三国时迁至秦川的氐族虽无详细记载，但自三国初期开始，略阳（秦州东北）就已经是氐族根据地。如前章所述，巴氐賨部酋长李特趁晋内乱侵入四川平原，后其子建立成汉国。其后，氐族杨氏或骚扰汉水流域，或侵入湖北，或进入四川接受成汉李氏的保护，但最终在汉水上游仇池（武都故郡）独立。详情在别节另说。兴立前秦的苻氏也作为略阳氐酋出现在历史记载中。当然，毫无疑问，苻氏本就是氐族主帅，但法国学者一致认为苻氏一系应出自蒙古系的鲜卑族。假设此观点为真，则苻氏采取的各种的政策便不难理解。但此观点是否有确证，笔者尚不清楚。

《晋书·苻洪载记》中记载，略阳氐人蒲洪，家里的水池之中生长的蒲草十分特别，被视为奇瑞，因此众人称为"蒲家"，以蒲为氏。又因为此人出生于洪水发生之时，故取名洪。永嘉之乱时，蒲洪被推举为盟主，后归附前赵的刘曜，之后降于后赵的石虎。当初石虎携陕西地区豪杰与羌戎迁至都城——邺，就是蒲洪的献策。后其受石虎之命，管理河南枋头（浚县南）的流民。石虎死后，冉闵之乱爆发，他自称秦王，改蒲氏为苻氏，不久之后意图进军长安，遭部下所杀。其子苻健继承父亲遗志，进入陕西，强行让汉族"恳请"自己即帝位，最后终于如愿称前秦皇帝。

在此之前，陕西地区爆发冉闵祸乱之时，有一支汉人势力强大，以远奉东晋为名，纠合各类势力，东晋威势笼罩于陕西地区，东晋以此为机，再度兴起北伐之议。但因其内部未达成一致，故此议未得到充分施行。期间，苻健挺进长安，扳倒反对者，建立前秦国。但其建国之初，势力仍旧微弱，仅能控制一小部分渭水流域。此时东晋桓温势力渐强，甚至强制朝廷断然北伐。其以湖北襄阳为根据地北上，长驱直入，逼近秦都长安。苻健成功防守，未让其得志。成功躲避南方压迫后，苻健一心巩固内部势力，笼络汉族人心，努力建立各类设施。又在丰阳（陕西山阳）立荆州，引入南方奇货、弓竿漆蜡，并设关市，招远商，国库日渐充足。因记述过于简单，无法知其详情，但国家重点发展商业乃是贯穿苻秦一代政策的特色。

苻健死后，苻生立。此人继位时年仅二十，但历史上完整记载了其残虐的行径及言辞。不问是汉族大臣还是氐羌渠帅，他恣意杀戮，因此对其不满的声音不绝于耳。他竟下诏曰：

> 朕受天命，君临万邦，有何不善，而谤渎之音布满天下？杀不满千，而谓之残虐；行者比肩，未足为稀。方当峻刑极罚，复奈朕何？

暴君治下，妖祥自生。潼关至长安大道上有残暴的虎狼，不食六畜，唯独食人。群臣于是劝苻生禳解此妖，其又曰：

> 野兽饥则食人，饱当自止，何禳之有！且天岂不爱民哉，正以犯罪者多，故助朕杀之耳。

不言而喻，以上皆是暴君之言。尤其前者以诏敕形式发出，大有朝臣故意公布苻生罪行之嫌。后苻生遭同族苻坚所杀。秦在苻坚之时到达势力巅峰。苻坚在苻生在世之时，就深得秦宿将之心，加上学养深厚，自然得到汉族名望的支持。其即位后，沿用汉族传统的治世方针。政治上对其帮助最大的人名叫王猛，世人常将之与辅助石勒的张宾相比较，但从功业显赫程度上来讲，其实王猛远超张宾。王猛先是奉劝苻坚强势约束羞辱汉族的蛮族渠帅。因法治森严，氐族权豪皆抱不平。氐族豪强樊世对王猛说："吾辈耕之，君食之邪？"大概征服者蛮族认为，汉人耕耘田土，自身则享有食用的权利。王猛答曰："非徒使君耕之，又将使君炊之。"樊世大怒，欲杀王猛，但苻坚反而诛杀樊世，而重用王猛。苻坚整理内政，确立法制，抑制工商，奖励开垦田地，又修建首都长安到各地的道路，道路两侧种植树木以便旅人，一时间前秦境内路不拾遗，太平安定。在此列举一抑制商人之例。赵掇等豪商"皆家累千金，车服之盛，拟则王侯，（苻）坚之诸公竞引之为国二卿"。因其扰乱传统政治，败坏社会风气，多遭汉族大臣的非议，苻坚于是降其官爵。

苻坚锐意进取、整顿内政之时，西方甘肃渭水上游发生自称苻氏的氐族叛乱，山西西南部、河南西部有武将不听秦令，苻坚东西出兵，力树威严，皆获成功。尤其是令王猛用心经营东方河南西部，甚至开了汉族名将率领蛮族从事军事活动大获成功的先例。

伴随势力往东延伸，苻秦难免与盘踞邺城的慕容燕势力相冲突。当时，燕为慕容暐主政，其正年少，慕容氏一族发生内讧，已出现内部瓦解的征兆。南方东晋朝廷方面，桓温再次实行北伐，军事策源地为建康，因此主力军自江苏北上。慕容燕首当其冲，正面面敌，慕容氏于是派遣使者前往苻坚处，提议联手共抗晋军，并划洛阳东方虎牢（《晋书·苻坚载记》作武牢，今随《晋略》而改焉）作为秦燕边界。苻坚听取其建议，送大军至燕，终破晋军。但事态平息后，燕拒绝将虎牢割给秦。秦于是以此为由对燕发动征伐。

此前，在年少的慕容暐之下对自身地位深感不安的慕容一族猛将慕容垂率部众投靠苻坚。现如今讨燕命令一发，全军统治者王猛胸有成竹，出战之前就向苻坚商讨对即将投降的鲜卑族的处置方法。果不其然，王猛从山西出兵，一鼓作气屠邺城，降服慕容暐。慕容氏暂时被逐出中原，部分族人远赴旧根据地辽西，或者与慕容暐一起降秦来到长安。而攻陷邺城的王猛则立刻着手战后经营，并向苻坚上疏称：

> 臣以甲子之日，大歼丑类，顺陛下仁爱之志，使六州士庶，不觉易
> 主，自非守迷违命，一无所害。

在控制好蛮族、安定好汉族地位的方针之下，万事顺遂。东晋太和五年（370年），前燕灭亡。

秦向东灭燕，又在西北灭前凉。前凉为汉族张氏建立的国家。张氏原为安定乌氏（甘肃平凉府东北）的豪族，西晋昌盛之时，有名为张轨者，人望甚高，进入朝臣之列，恰逢"八王之乱"爆发，洛阳极为混乱，于是主动求任凉州刺史，镇守姑臧。姑臧城在西汉武帝之前是匈奴王族的居所，武帝驱逐匈奴，设武威郡，后成为凉州治所，晋以来又被唤作姑臧，可能是匈奴语"盖臧"的误传（据《读史方舆纪要》）。南有天梯山，二水流经此城东西，在城北交汇，向沙漠之中北流，汉以来成为牧马供给地，若据之而临甘肃西北部，则西域交通可自由打开。张轨于是在此地自立根基，同时奉西晋正朔，终身为王室效力。西晋灭亡，前赵刘曜势力扩张至甘肃地区时，姑臧有名为张骏者继承父祖遗业，受刘曜所压迫，于是向前赵称藩，但始终向建康朝廷通使，奉其正朔。适逢刘曜、石勒之争，张骏趁机扩充南北领地，前凉

之势达到顶峰。在南部，取黄河以南地区，在洮水流域设武街（渭源县西）、石门（狄道南）、侯和（洮州）、湿川（洮州卫南）、甘松（洮州卫西南）（参照《读史方舆纪要》）五屯护军，与石勒划界，最后使独立于仇池的杨氏暂时承认其威势；在北部，讨伐龟兹、鄯善，令西域诸国朝贡；在内部，扩张姑臧城，沿用汉族政化，在北中国一带蛮族相互纠缠之际，独自承担起维持汉族文明的任务。张骏身故，张重华立。其时，石虎势力逐渐扩张至洮水，前凉在此地的领土遭蚕食，但面对石虎的强压也做出了激烈反抗。前凉名将谢艾与石虎将领麻秋的交战战况生动展现了蛮汉双方的军容。

> 进军临河，艾乘轺车，戴白帽，鸣鼓而行。秋望见，怒曰："艾年少书生，冠服如此，轻我也。"命黑矟龙骧三千人驰击之，艾左右大扰。或劝艾宜乘马，艾不从，下车，踞胡床，指麾处分；赵人以为有伏兵，惧不敢进。别将张瑁自间道引兵截赵军后，赵军退，艾乘势进击，大破之，斩其将杜勋、汲鱼，获首虏万三千级，秋单马奔大夏。

前凉的威势在张重华手上到达巅峰，其后内部分裂，张氏势力转向衰退，雄踞长安的苻秦势力扩张至甘肃，前凉不堪压迫，于是行藩臣之礼。东晋桓温北伐之时，前凉之主张天锡与之同盟，共抗苻秦，最终苻秦与张氏势不两立。秦苻坚率大军压至凉境，以武力为背景，派遣使者劝张天锡投降。张未应允，竭力死战，最后力尽无奈投降。其时东晋太元元年（376年）。

苻坚势力延伸至甘肃全境，甚至一度远至当时东晋势力范围内的四川，一路顺畅让他开始幻想讨灭东晋、统一天下的大业，而他的一次败北最终导致北中国全境陷入纷乱至极的境地。

苻坚本是依靠部分氐族打下霸业的根基，但为扩张势力，竟不问鲜卑、汉族或是羌族，都委以军权，尤其对前燕一族予以充分信任。例如，给予燕叛将慕容垂以重权，又燕降主慕容暐之子慕容冲及其姊皆凭殊色得到苻坚宠幸，以至于长安城内有歌谣唱曰："一雌复一雄，双飞入紫宫。"此外，与苻坚长期联手抗敌的羌族主帅姚氏之主姚苌亦得到重用。因上述异类的各个首领都盘踞在首都统率部人，苻氏一族的重望苻融以及奉戴苻氏的汉族首领王猛不由得担忧内部形势，并劝苻坚重视内部统一，放弃征伐东晋的计划。不久后，王猛去世，再无人可压制苻坚的骄心，苻坚的措施逐渐带有空想性。

例如，他曾尝试将当时在长安繁衍的氐族广泛散布至河南、山东地区，由苻氏一族进行统领，成立与古时封建制相近的组织，最终实现统一中原的目的。作为此空想性措施的牺牲品，能够作战的氐族壮丁不得不悉数与父兄相别，远赴东方。此举招致全体氐族的不满。为远赴他乡的壮丁召开的送别会上，赵整在苻坚面前援琴唱道：

> 阿得脂，阿得脂，博劳旧父是仇绥。尾长翼短不能飞，远徙种人留鲜卑，一旦缓急语阿谁？

氐人对远离爱戴的王室，却将之托付于仇敌鲜卑保护抱有无限危虞之念。诚然，苻坚心中深信，率慕容垂、姚苌等猛将，以汉蛮九十七万的兵力，大可轻松讨灭江南，利用鲜卑的力量是实现其愿望的必经之路。总之，苻坚未听取苻氏一族重望苻融及其信赖的释道安的谏止之言，东晋太元八年（383年），大军从两路南下。主军轻松攻陷安徽寿阳，苻坚留在此地担当全军指挥，但苻军先锋在淝水遭东晋名将谢玄打败后，全军统制忽然陷入混乱，混战之中，苻坚身中流矢，单马逃亡到淮水北。乱军之中军容依旧齐整者为鲜卑慕容垂，苻坚于是投靠其军，共同北上返回陕西，此时慕容垂已有独立之志，以巡察直隶、山东地区，参拜祖先坟墓为由，获苻坚许可东还。

慕容冲在山西平阳叛变，向西进据陕西华阴，姚苌则在长安北方北地（陕西耀州）叛变，苻坚向来倚重的异族强将纷纷离开，如今仅能勉强守卫长安城，其统治下的各蛮族也衡量各自利害而采取相应行动，北中国陷入前所未有的大混乱，毫无理由的屠杀在各地轮番上演。现就当时较为统一的中心势力进行简要叙述。

护送苻坚至长安的途中，单骑东归的慕容垂先是赴燕旧都邺城，祭拜宗庙。当时，邺城由苻坚之子苻丕坐镇，恰逢丁零族翟氏叛乱，洛阳城情况危急，苻丕于是趁慕容垂来城之际，向其付兵二千以救洛阳。苻氏一族中，多人对慕容垂抱有猜疑之念，甚至有人想劝止苻丕。但苻丕未予理会，只派遣苻氏一族的将军监视慕容军。然而，慕容垂渡过黄河时，斩杀了苻姓监军，直接发布号令宣布独立。意欲攻占洛阳的丁零族翟氏提议奉戴慕容垂为盟主。慕容垂抵达洛阳后，四面受敌，深感此地并非久安之处，于是将同族子弟派至直隶地区，令其纠合散布在各地的蛮族势力。他集聚徒党，屡次同苻丕部下诸将开战，局面逐渐有利于慕容氏，慕容垂于是据直隶中山（直隶真定府定州）立国，称为后燕，东晋太元十一年（386 年），正式即帝位。

慕容垂护送苻坚至陕西时，同族中有人劝其除掉苻坚，慕容垂回答道：

> 关西之地，会非吾有，自当有扰之者，吾可端拱而定关东。君子不怵乱，不为祸先，且可观之。

黄河下游北华北大平原，厌倦中国豪族祸乱而自重之人很多，对比陕甘二省高台地区气势汹汹的蛮族，更有一种怡然自得图谋霸业的境界。事实上以慕容垂为中心团结一致的慕容一部先是降服丁零翟氏，后又将苻丕逼至山西晋阳（太原），基本控制北华北大平原，慕容垂又让其子慕容农经营直隶至辽河东西一带。此地虽是慕容族旧根据地，燕灭亡后，遭高句丽族及汉人骚扰。慕容农至龙城（朝阳府），讨灭骚扰者，再立法制，省赋役，居民富赡，前来此地之四方流民前后计数万口。其时，直隶平原地区因蛮族之间的斗争，人民只能靠吃桑椹度日，直隶北边之地在慕容氏手下再度成为流民的乐土。又有大量流民流入遥远的高句丽族中，慕容氏为招抚此类流民，特意设置有力汉人为辽东太守，担当民事管理之责。（据《通鉴》）

苻坚势力瓦解后，后燕成为北中国最大国。慕容一族中，又有慕容冲建立西燕国。如前所述，慕容冲是一名美男子，深得苻坚宠爱，苻坚败退长安之时，其在山西平阳扬起叛旗，剑指长安。当时，前燕降主慕容暐仍在长安，于是私下声援慕容冲，最终被苻坚所杀。如此一来，其弟慕容冲自认燕之正统，即皇帝之位。此事发生于慕容垂即帝位前一年，史家称该国为西燕。苻坚对慕容冲军展开了持久且勇敢的防卫战，但毕竟长安城内与四方交通隔绝，食粮匮乏，饥人相食，诸将啖人肉后回家吐出以养妻儿。长安城中尚且如此，周边惨状可想而知。《通鉴》记载：

> 关中士民流散，道路断绝，千里无烟。有堡壁三十余，推平远将军赵敖为主，相与结盟，冒难遣兵粮助坚。

各村落隐藏于堡垒中，念及苻坚往日的恩德，于是向苻坚送兵粮，但大多被慕容军所夺去，苻坚于是从长安逃至甘肃，意图东山再起，途中被姚苌军队所擒。如此，慕容冲代之入主长安，成为西燕之主，但当时黄河下游已归入慕容垂的版图，无法东归据其部落旧根据地。其势力只可止于长安，而无其他选择。然而其部下无人就此满足，于是杀了慕容冲，拥立同族慕容永，从长安退出，一度据山西南部的闻喜，后割据长子（山西潞安府）。

苻坚被慕容冲逼出长安后，又被姚苌所擒并被要求交出传国玉玺。苻坚一口回绝，曰：

> 小羌乃敢干逼天子，岂以传国玺授汝羌也，图纬符命，何所依据？

> 五胡次序，无汝羌名。

苻坚不堪受辱，最后选择自杀。难道诚如苻坚所言，羌族在蛮族之中尤遭贱视？《通鉴》认为，苻坚谩骂姚苌的言辞完全出于苻坚平日对姚苌恩顾有加却遭无视的激愤感情（卷一〇六）。恐怕事实确实如此。原来羌族主帅姚氏的家世始自姚苌之父姚弋仲，其为后赵石虎所重用，该点与苻氏祖先蒲洪完全相同。蒲洪镇守河南枋头时，姚弋仲镇清河（临清县）滠头，二者同为后赵南藩。梁犊之乱时，后赵名将屡次败北，所幸姚弋仲军力强大才得以平息叛乱（参看第二节）。姚冲死后，其子姚襄继任，石氏亡于冉闵之乱，姚襄一度降于东晋。其浸染汉族之教养，驰名东晋，且有武勇之名与抚绥之法，更加深得人心，但东晋权贵恐惧忌避，于是率领部众北上，途中虽屡次为晋军所破，但许多百姓抛妻弃子坚定跟从。其在流民推戴之下远出山西边境，并欲攻入陕西，最终为苻坚所杀。姚苌为姚襄之弟，其兄战死之后，率领部众投降苻坚，并逐渐得到重用，苻坚败退至长安之时，他在陕西北部自立。其时，慕容冲正进击长安，姚苌无意争夺长安，于是平定自陕西北部至甘肃泾水、渭水流域，煞费苦心经营稳固地盘，其计划日渐收获功效。适逢苻坚逃离长安被捕自杀，于是即帝位。后秦即为姚氏之国。其时太元十一年（386 年），恰为后燕建立之年。后秦姚氏虽势力微弱，但其治军所采取的统制值得注意。当时，各类系统军队均结营散布各处，但从属姚苌的军队称为大营，强力军将之子弟留于长安，守备大营。隶属大营之人皆享受特殊待遇。下文可证：

> 兵吏从征伐，户在大营者，世世复其家，无所豫。

苻坚自杀之时，其太子苻丕仍在山西晋阳，后为西燕慕容永所逼，战败而死。但苻氏一族苻登在甘肃西部狄道为其他氏族所拥戴，向姚氏复仇的欲望极强。苻丕于是自狄道至上邽（甘肃秦州），恰逢该地为旱魃所害，人民受饥，道殣相望。符登每战杀贼，必熟食之，乃谓军士曰："汝等朝战，暮便饱肉，何忧于饥。"士卒皆食死人之肉以饱腹，人人骁勇善战。拥有如此强力军队的符登屡次对姚苌挑起战争，激战在各地上演。尤为有趣的是，每逢开战之时，符登必立符坚神主，告知其作战计划。言曰：

> 昔五将（五将，山名，符坚被俘之处）之难，贼羌肆害于圣躬，实登之罪也。今合义旅，众余五万，精甲劲兵，足以立功，年谷丰穰，足以资赡。即日星驰电迈，直造贼庭，奋不顾命，陨越为期，庶上报皇帝酷冤，下雪臣子大耻。

在如此感情支配之下，符登军先锋极为精锐，姚苌军屡遭大败。姚苌于是也立符坚的神主于军中，祈祷曰：

> 陛下虽过世为神，岂假手于符登而图臣……今为陛下立神象，可归休于此，勿计臣过，听臣至诚。

姚苌死后，符登为其子姚兴所杀。其时东晋太元十九年（394年），符秦遗族尽亡。

符氏败亡之后，姚氏的势力渐及甘肃地区，但直接间接推戴符氏的各种势力散布甘肃境内，保持相互独立的状态。其中较为团结的势力是后凉吕光。其原为符坚部将，受符坚之命远征西域，攻下龟兹、焉耆之国，听闻符坚之难后东还。《晋书》记载，吕氏原为山东沛人。西汉之时，迁至甘肃略阳（天水东北），之后成为氐族主帅。其在东归途中，逐个击破各种反对势力，后来进入前凉张氏所据的姑臧城，将甘肃西北部收入手中，符登亡后即帝位，其国称凉国，也就是史书中的后凉。其时太元二十一年（396年）。

甘肃地区的独立势力还有鲜卑乞伏氏、秃发氏二部。关于乞伏氏，依《晋书》记载，往昔鲜卑有如弗斯、出连、叱卢三部，自外蒙漠北南出大阴山，路上遇一巨虫，于是祭拜之，大虫突然消失不见，只见有一小儿在。恰好乞伏部有老父无子，于是将此小儿作为其养子。其人长大后骁勇善骑射，四部心服其雄武，于是推之为统主，称为乞伏部可汗。西晋之初，迁徙至高平川牵屯山。据杨守敬《水经注图》，高平川位于今日甘肃东北境宁夏镇宁灵附近，系黄河支流清水河。因此，牵屯山必为其流域内之一山。其后乞伏部讨伐苑川的鲜卑莫侯部，并定居于此。苑川又称子城川，该川是在今甘肃中心兰州东注入黄河之一小支流。后迁移至度坚山（兰州府内长城北）或麦田（麦田川亦为宁夏境内小川，北流注于黄河），为苻坚所用，其部族定居苑川，酋长乞伏国仁则居长安城，后随苻坚征伐江南，及至苻坚失败，于是据苑川独立，新建西苑城。此类新来的部属犹未浸染汉族之风，常在山谷溪流之间移动。其情况可从秃发利鹿孤意欲称帝时，部人鍮勿崘劝谏之言中窥见：

> 今举大号，诚顺民心。然建都立邑，难以避患，储畜仓库，启敌人心。不如处晋民于城郭，劝课农桑以供资储，帅国人以习战射。邻国弱则乘之，强则避之，此久长之良策也。

可见他们常据山城，令城郭汉民伏属。乞伏国仁死后，其子乞伏乾归迁至金城允吾（大通河与黄河交汇之处），破武都仇池氏族杨氏，势力扩张至渭水上游，称秦王。其时太元十七年（392 年）。史家称该国为西秦。

鲜卑秃发氏被称为河西鲜卑，其迁移史书不传。钱大昕认为，秃发氏与后来统一北中国的北魏拓跋氏是同音异译，故北魏人忌讳秃发，未书其事，所以秃发氏之迁移史湮灭。秃发氏后被乞伏所灭，而乞伏炽磐的妻子中有吐蕃氏人（《御览》引崔鸿《十六国春秋》）。拓跋、秃发、吐蕃应为同一词的转讹。此部族自西晋之初就屡屡在凉州境内飞扬跋扈，成为西北边的患害，吕光据姑臧立凉之时，秃发酋长乌孤在今大通河支流湟水之北，甘肃碾伯县东方谷地筑廉川堡，并以之为都，后据西宁，称西平王，史家称其国为南凉。

黄河自甘肃东部北流进入内蒙古，其西方一带称为河西，除了今日阿拉善盟之地外，兰州、凉州、西宁皆在此范围。而河西地区的中心在当时是凉州姑臧，据守此地的后凉始祖吕光死后，国势日益衰微，沮渠蒙逊遂在张掖自立。传说沮渠氏是匈奴一部，沮渠为匈奴官名。其世代居于临松，临松位于张掖南方，是邻接青海的山谷。如此一来，河西地区东有乞伏氏，西有秃发氏，北有沮渠氏，三者相互攻战，而姑臧为三部族的目标，沮渠氏最终成功据之，史家称其国为北凉。

河西三国中，南凉秃发首先被乞伏消灭，匈奴赫连氏据鄂尔多斯扩张势力至西南。后来统一北中国全境的鲜卑拓跋在山西北面逐渐建立稳固地盘。这些小国的始末将在第四章进行叙述。其中一二小国被东晋末期的一代英杰刘裕所灭，相关情况将在下节叙述。

东晋衰亡

东晋在成、康二帝之时，凭三庾的声望，实现内外统一，政治上显现治平之象。穆帝初年，庾翼死，东晋王室周围的北来诸强族之间渐生暗斗。其时，建康朝廷官僚之首为何充。此人受王导的推举，背后多少有牵制庾族专权的意图。总之，其受王氏一派的影响，代表和平主义。何充出身淮南庐江，所以并非纯粹北人，又其为人较为公平，无党派之心，所以能妥当对待极易发生感情冲突的强族族群。但是他死后，会稽王司马昱主持朝政，其间，出于对湖北地区实力渐强的桓温的反感，建康城内逐渐抛弃和平方针，长江中游与下游分庭抗礼的氛围日渐浓厚。

桓温是北方强族桓彝（见前）之子，桓彝在苏峻之乱中被杀，后桓温对凶手之一江氏一族成功复仇，闻名于强族之间。庾翼与之交往甚密，庾翼死后，桓温继之镇守江陵，统管湖北一带，并继承其遗志，伺机光复中原。适逢上游四川地区氐族賨部李氏所建成汉大乱，于是桓温趁机成功讨平此地。

如前篇所述，李氏成汉由李雄奠立国基。助李雄成霸业者为汉人范长生，他代表巴蜀豪族的利益，巧妙利用李氏的纯朴性格，成功施行最简单的政治。《晋书》描写当时政治之情状为"刑平、年丰、赋轻"。然而，及至李寿时代，因为他与李雄的系谱不同，于是将国号由"成"改为"汉"，与此同时，习染中国之风，一意孤行而屠戮劝谏的汉人。后面听闻石虎爱好用刑立其威势，于是模仿之，其在一般汉人中的声誉完全扫地。其子李势继任后，巴蜀山地的"獠蛮"大肆骚扰进犯平地汉族，李势未能妥善处理，汉人豪族投靠强力统治者之心自然愈加迫切。此时桓温统管湖北军事，窥见上游地区的形势，遂大举侵入蜀地，一鼓作气灭亡成汉，其时东晋穆帝永和三年（347年）。

桓温平蜀后，长江流域尽归东晋版图。对建康朝廷而言，此成功毫无疑问乃是大事一件。而《晋书·桓温传》却对这一功业记载极为疏略，不知其中缘故。总之，可以推知桓温声望已打入建康内部。但桓温平蜀之年，当时总领朝政的宗室会稽王司马昱拔擢殷浩，任为扬州刺史，付予建康军权。殷浩长于清谈，并凭借此点在北来诸强族中博得重望，深为当时名流所信赖，有云："深源（殷浩之字）不起，当如苍生何。"故司马昱起用殷浩以牵制桓温的用意恐为当时普遍所知。对于朝廷的此种做法，桓温渐生疑贰之心。据桓温传记载，桓温与殷浩少时是竹马之友，二人相互竞争之心十分强烈，都不想输给对方。桓温对人说："少时吾与浩共骑竹马，我弃去，浩辄取之。故当出我下也。"桓温刚愎自用，殷浩在其眼中轻卑如此。恰逢北中国石虎离世，中原极度混乱，后赵蛮汉诸将多人请求归附于东晋，东晋于是迎来北伐的最好机会。桓温随即上疏请求北伐，同时令其部将从湖北安陆出动。建康朝廷得悉此消息后，派遣司马昱一党的褚裒率北伐军从江苏出征。此恐出于针对桓温内政问题的考量，而非计划缜密的举动。东晋初期的名将郗鉴身故之后，镇京口（即今日镇江）的蔡谟等精通军事之人常论北伐之非。北伐全军果然大败而归，但朝廷并未吸取教训，翌年再度北伐，殷浩当此重任。其以安徽寿阳为根据地，援助后赵降将羌族主帅姚襄，努力扩张势力，但最终未能充分利用姚襄的勇武，反而令汉族脱离东晋推戴姚襄。殷浩讨伐姚襄，大败。至此，殷浩声望完全失坠，北伐计划成为众矢之的。桓温自江陵下武昌，以雄厚军力为背景，向建康请求剥夺殷浩军权。至此，长江流域军权悉数为桓温所统，其乃率步骑四万，自湖北襄阳北上，经河南南部，自武关入陕西之地；又令一军自汉水上游进入陕西。主力军途中破前秦苻健之军，桓温自身则驻营长安城东南灞上。《晋书》描写此时光景："居人皆安堵复业，持牛酒迎温于路者十八九。耆老感泣曰：'不图今日复见官军！'"后来助苻坚统一北中国的汉人王猛与桓温会见也正在此时。而王猛对桓温统一中原的热心存有疑意，而桓温持重灞上而不进击的做法也使此地汉人豪族心怀不满，甚至有人孤军奋进而遭遇苻秦的兵祸。其间，北伐军中粮食尽绝，桓温于是改变方针，整顿大军东向进入洛阳，并在此时与直指洛阳北上的羌族主帅姚襄展开决战，大破之，并修复洛阳园陵，派驻屯戍之兵，堂堂正正凯旋，返回根据地湖北。其时永和十二年（356 年）。

桓温取洛阳对于注重名义的东晋朝廷而言可谓是最为显赫的成功。但大军离开后，洛阳一带立即遭慕容燕势力侵犯，东晋守备屡陷危殆境地。于是，桓温上书提出迁都洛阳之议。其中一节如下：

> 夫先王经始，玄圣宅心，画为九州，制为九服，贵中区而内诸夏，

诚以暴度自中，霜露惟均，冠冕万国，朝宗四海故也。自强胡陵暴，中华荡覆，狼狈失据，权幸扬越，蠖屈以待龙伸之会，潜蟠以俟风云之期，盖屯圮所钟，非理胜而然也。而丧乱缅邈，五十余载，先旧徂没，后来童幼，班荆辍音，积习成俗，遂望绝于本邦，宴安于所托。眷言悼之，不觉悲叹！臣虽庸劣，才不周务，然摄官承乏，属当重任，愿竭筋骨，宣力先锋，翦除荆棘，驱诸豺狼。自永嘉之乱，播流江表者，请一切北徙。

由上文可感知迁都乃出于正理，而非出自对蛮族的强烈复仇之情。那么，桓温自身实行迁都的意志有多少呢？作为对照，可以看看反对迁都的孙绰上表的一节：

自丧乱已来，六十余年，苍生殄灭，百不遗一，河洛丘虚，函夏萧条，井堙木刊，阡陌夷灭，生理茫茫，永无依归。播流江表，已经数世，存者长子老孙，亡者丘陇成行。虽北风之思感其素心，目前之哀实为交切。若迁都旋轸之日，中兴五陵，即复缅成遐域。……舍安乐之国，适习乱之乡。

迁都难以实行本就无需多言。但建康政府实力不足，难以用这等明白的理由压下桓温之议。其时，穆帝死，哀帝即位。哀帝一面向桓温示意迁都难以实行，一面将经营中原之全权委与桓温，令其都督中外诸军事。桓温势力得以充分延展至建康政界，他对内政改革提出七条建议，并进驻建康城。所谓七条改革包含抑制朋党、淘汰冗官等内容，《晋书》对此记载极为疏略，因此难知其实际意义。哀帝兴宁二年（364年），著名的庚戌土断实行，由此可推知桓温对王导之后东晋的宽纵政治实行了彻底改革，其详情无从得知。总之，内政既整，建康的权势人家竞相将子弟托于桓氏之门，桓温声望甚高。当时，慕容燕方面，慕容暐在位，其内难之兆似闻于江左，于是桓温尝试第二次北伐，以燕为目标大举进军。他自江苏北上，入山东南部，穿巨野之泽，抵达枋头。但燕主慕容暐与秦主苻坚结为同盟共同御之，最终在枋头打败晋军。桓温经此一败，狼狈退还徐州。其后燕、秦武力南进，桓温退至广陵（扬州），勉强抵挡北军进攻，至此，桓温势望急剧衰退。

东晋方面，哀帝死后，史称海西公的司马奕即位。此人基本没有缺点，但当时北伐失败后，暂居姑孰的桓温声望日渐衰退，幕下的郗超劝其废司马奕，重振权威。于是桓温向民间发布流言称，司马奕有先天之疾，其子并非亲生，尔后更突然召集百官提出废立之议。这场事先编排好的戏码如期上演，会稽王司马昱被拥立，称简文帝。如前所述，简文帝原与桓温敌对，其称帝时，已无力控制桓温，建康政治尽归桓温专擅。桓温拥立简文帝是为了让他将帝位禅让给自己。简文染病之后，桓温幕下之士露骨地发起禅位运动。当时朝廷中有一人名叫谢安，此人身怀明识，大得势族人望。桓温深爱其才，于是屡次荐举，但谢安对桓氏禅位一事坚决反对，并与建康名门王坦之共同巧妙周旋于晋室与桓温之间。简文帝去世，遗诏传位于其子孝武帝，而非桓氏。桓温暴怒，亲自入京，强制禅位。此时，桓温已罹患重病，坊间传闻桓温或将有诛灭王、谢二族的暴行，谢安等人于是故意延迟禅代的时日，其间桓温身故。其时宁康元年（373 年）。

桓温死后，谢安总领建康政治。其人好风流游乐，驰誉当时，与先前所述的殷浩同为杰出政治家，被寄予重望——"安石不肯出，将如苍生何"。但在处事缜密上，谢安远胜殷浩，虽然桓氏的根据地湖北地区之军权交给桓温之弟桓冲统领，但以建康为中心的长江下游则军权完全收归朝廷。此时，北中国秦王苻坚势力正值巅峰，其军队上游往四川平原，下游过淮水，同时侵入东晋疆域之内，对朝廷而言，坚守淮水流域是最为急切之事。此时必须拔擢有力军将统领江北淮南军事。谢安于是推举其同族谢玄，并委以此任。谢玄原本被桓温所器重，凭借将才在桓温幕府中深受赏识，因而纵使对谢氏心有不满的桓氏一党中也少有人批评其登用同族。谢玄也未辜负世人期待，以京口为中心纠集北来诸强族刘牢之、何谦等人，将他们招致幕下。谢玄幕府（即北府）军队，以劲勇著闻一世。其军队屡屡在淮水下游击破苻秦军将。《晋略》作者记述称，此事成为苻坚大举南伐一大刺激。而苻坚南伐，在淝水一战中彻底失败，此事已在前文叙述，故不赘述。总之，以谢安为执政首领，以谢玄为江淮军事主帅，建康政府凭借二谢之力打破北方的强压，其结果，东晋势力一时越过淮水而北进。但其实这不过是北方统一势力瓦解的必然现象。

谢安是与东晋开国功臣王导相提并论的人物，始终贯彻宽治方针，于长江中游树立桓氏势力，未曾采取与之相争的政策，对朝廷又不好强立权威言行，于是得一代之治世，但也被孝武帝身边的权贵忌恨，于是假托北伐，率全体同族迁至江北广陵，最后染病身故。他死后，孝武帝亲理万事，逐渐沉溺逸乐生活，朝政则全部委于同族之琅邪王司马道子，道子亦耽于酒色游戏，自此，东晋灭亡的征兆愈发明显。

且说东晋王室奠基建康以来，从未有过独裁的权势，作为北来强族与江南土豪联结的折中代表，晋王室发挥巨大作用。东晋一流政治家王导、谢安等体察此间情事，贯彻宽治方针，及至孝武帝末年道子专权时代，他们使王室势威为自己的权势乃至逸乐所用，建康人心归于涣散。今归纳晋史记载，分析司马道子政迹之失：（一）不用名族人望，而只用阿附自身之人，非但如此，还拔擢寒族之士担任要职。例如，王国宝身为道子最为信任之人，其家门虽高，但无节操可言，因此遭王氏一族排斥。又启用优倡出身的赵牙、在钱唐（杭州）任捕吏的茹千秋等人，他们在建康腹地江苏地区征发人民，课以重税，滥用权力，恣意妄为，又劝道子大兴土木，享受穷奢极欲的逸乐生活。（二）被委任为地方长官者多是内阁及各府的局吏、直卫武官、仆隶、婢女等在乡邑中无品第之人。（三）一般世俗间的卑秽佛教为寒门所滥用，同时传入朝廷内部，为此，淫乱与骄奢之风竞起。建康政府渐失人心，于内引起势族反感，于外则引发孙恩等的社会性叛乱。

396 年，东晋孝武帝死后，安帝即位。道子一派仍然专横。其时，统领北府的军将为王恭。其在建康强族之间享有重望，对道子的专横屡加抑制，及至深得道子信任的王国宝日渐掌握建康军权，王恭欲挫其势，于是与代桓氏镇守江陵的殷仲堪相谋，以兵力威胁朝廷，最终成功逼道子杀死国宝。但自此之后建康朝廷群臣与王恭一党之间产生难以弥合的裂痕，琅邪王道子（时为会稽王）世子司马元显年少气锐，想给王恭一击，利用王权将党羽安排至要位。王恭之党劝其排挤道子，殷仲堪及桓温之子桓玄则在长江中游响应。但是，王恭最为倚重的北府主帅刘牢之对王恭不满，反而与道子之子元显相通，王恭败死，殷仲堪及桓玄狼狈逃回根据地。

王恭死后，借其举事的湖北方面的殷仲堪及桓玄与日渐代表建康的道子一派呈对立之势。桓玄是桓温之子，有慷慨之风，又富有文学之才，当时的有名文士多入其幕下歌颂其德，名望甚高。统管湖北地区军事之人，表面上是殷仲堪。其在文学德行方面虽然也享有重望，但与桓氏累代资望相比尚不足道。因此，殷仲堪与王恭结党计划进攻建康之事，主谋者实为桓玄。王恭败死后，湖北湖南方面的大官出于自我防卫的需要，建立新盟约，而被推举为盟主之人是桓玄而非殷仲堪。自此，桓玄势力稳固，后灭殷仲堪及其同党，尽收长江中游之域，建康道子一派对其无可奈何，反而予以统管四川、河南地区军武的名义，而桓玄则凭借此名义向建康索要大额军费。

道子一派明知西方有强大对立者，却仍只顾扩张权势，放免江苏腹地的奴隶，转移至建康，以乐属为名令其就兵役。当时，长年苦于财利熏心的小臣苛政的地方人民日渐对建康朝廷抱有不平，孙恩叛乱因此爆发。

孙恩是山东琅邪逃至浙江会稽（绍兴）的孙泰之侄。孙泰世代信奉道教一派五斗米道，跟随钱唐杜子乔学习幻术，借五斗米道与幻术取得百姓信仰，信其教者被要求上交所有财产及子女以求福庆，朝廷以煽动人民之罪名将其流放至广东。但朝廷内部也有多人迷信其幻术，道子之子元显就是信众之一。因此，不久孙泰就从广东被召回。他看到朝廷内部的混乱，东晋运祚将终，故在赴任新安郡（浙江省淳安县西）太守后，又私下纠集徒众，最终获罪被杀。其侄孙恩逃亡海中，教众不信孙泰已被杀，认定其蝉脱登仙，于是向逃亡海中的孙恩供给大量资财。孙恩借此再次纠集徒党。适逢江浙地区人心显现离叛建康朝廷的倾向，孙恩于是从海上进犯浙江东部郡县。其同党皆自称长生人，其妇女有婴儿拖累而不能跟从孙恩的，则将婴儿放入篮中投水，祝曰："贺汝先登仙堂，我寻后就汝。"在此信仰之下，其徒党皆不惧死亡。

孙恩攻略浙东中心会稽，进而进犯江苏。对朝廷抱有不平的当地强族多人私下对其予以声援。与此同时，江苏地区因久居和平状态，武备完全废弛，因此，孙军所向几乎未遇抵抗，得以大肆掠夺。晋朝廷拔擢北府强将刘牢之，令其讨伐孙恩。孙恩听闻刘军南下的消息，自知不是对手，于是再次逃亡海中。刘牢之错失追击的机会。关于当时情况，《晋书》记载如下：

> （孙恩）惧官军之蹑，乃缘道多弃宝物子女，时东土殷实，莫不粲丽盈目，牢之等遽于收敛，故恩复得逃海。

其后孙恩再次从海上侵扰江苏地区，更溯扬子江威胁京口（镇江），直逼建康城。

孙恩直逼建康，为雄视湖北的桓玄提供了举兵的借口。于是他以救援建康城为名，率军东下。实际上，刘牢之部下刘裕已在孙恩进军建康途中设伏，打败了孙恩。但桓玄醉翁之意不在酒，其军东下已不可中止。建康城方面，元显指挥全军，决心抗衡桓玄，其最为依赖的力量是刘牢之的军队。刘牢之部下的英杰刘裕虽力劝其与建康方面联手，与桓玄交战，但刘牢之并未听从。因此，建康没有军队抵抗，桓玄军几乎未遭遇抵抗就轻松攻入建康城。道子一派悉数遭到排挤，桓玄以其党支配政治万端。其时，建康强族对道子一派的做法失望已久，对桓玄新政多少抱有期待，但其期待全部化为泡影。桓玄大肆任用己党之人，是主要原因。勇将刘牢之等人遭桓玄压迫，愤恨而死。桓玄自身徒有远大志向，但其所为表明他完全是一名贵族的浪荡子。东晋末期，贵族之间流行建造大型庭院、舟游等风气。会稽王道子（琅邪王）的传中有记载：

> （赵）牙为道子开东第，筑山穿池，列树竹木，功用巨万。道子使官人为酒肆，沽卖于水侧，与亲昵乘船就之饮宴，以为笑乐。

《桓玄传》中记载：

> （桓玄）尤爱宝物，珠玉不离于手。人士有法书好画及佳园宅者，悉欲归己，犹难逼夺之，皆蒲博而取。遣臣佐四出，掘果移竹，不远数千里，百姓佳果美竹无复遗余。

此外，《桓玄传》中还详细记载其作为贵族子弟的恶德。此为东晋末期之后贯穿南朝史传的形式性表现手法之一，究竟几分真假实难判断。但可知，当时舆论已认定桓玄并不适合担任统治者。但他为同党所拥，废东晋安帝，自即帝位，国号为楚。其时安帝元兴二年（403年）。安帝被流放到江西地区。

刘牢之部下的英杰刘裕，祖上籍贯为徐州，其曾祖父辈迁来京口。祖父与父亲都是郡太守、功曹，因此其家世绝非卑微。但其家计却极为贫乏，加之刘裕自身又是不惜钱财的英雄型人物，早年便投身军界，在刘牢之幕下屡次同孙恩徒党血战，冒险立功，作为军人可谓崭露头角。刘牢之为桓玄所迫愤死之时，刘裕暂时雌伏于桓玄之下，仍然尽力辅佐军事，但据说桓玄同党之中有人忌惮他，并劝桓玄早日除去他，但桓玄说大话，称自己尚有北伐大志未实现，刘裕等英雄岂有不用之理。岂知刘裕对桓玄不满，借故返回京口，并与该地北方武将密谋施行讨灭桓玄的计划。他们某日突然对桓玄部将发起攻击，逼近建康城。其行动敏速，桓玄防备不及，于是逃离建康城，返回根据地湖北。此时，若予以桓玄喘息之机，其恐有恢复势力之可能，刘裕于是立即开展追击，桓玄逃亡四川之时为乱军所杀。如此一来，讨灭桓玄的刘裕立刻返回建康，拥立安帝，再兴晋室。其时安帝义熙元年（405 年）。

此时，北部中国方面，鲜卑拓跋部势力新兴，将后燕慕容部逐出中原。但慕容一族的慕容德据今日山东青州府（当时称广固城），立南燕国，苟延残喘。恰逢桓玄之乱，其欲向南扩张势力。慕容德死后，慕容超继之，屡次侵入淮南，掳掠吴人，刘裕于是在建康提议北伐，等候春水上涨之时，逆溯淮水，进入泗水，在下邳舍弃舟舰，步行推进，自山东东部直线北上。慕容部方面，议者多认为应据大岘山（沂、青二州境泰山山脉也）要隘，攻讨南军，并从海路出今日海州（江苏北部），威胁南军粮道，或坚壁清野，令远来客军疲乏应战。但慕容超久属后秦，早已习惯甘肃地区的战斗，而对南军状况全然不知，因此上述计策全未取用，任由南军度大岘，专据广固及其南方的临朐进行防御。此举正中刘裕下怀，大军翻过大岘山后，刘裕喜出望外，指天大呼："吾事济矣！"他采取最擅长的强袭法，攻陷广固，生擒慕容超，并在建康市集将其斩杀。在此之前，孙恩已死，同党卢循代之，纠集徒党，趁刘裕北伐之机，从广东侵入江西。其声势浩大，建康城内很快有了迁都的议论。当时，刘裕从山东南归，身在下邳，正计划挥师西进，收复两京。建康危急的消息传来，于是率领心腹部下数十人，风驰电掣抵达京口。到建康后，集结在此的诸将过分夸大卢循势力，唯独刘裕坚持决战说，多人不喜。结果，卢循大败，为防止其在广东再起，刘裕又从海路派军直抵卢循的根据地广东。卢循取道江西，欲回广东，不料被刘裕军四处追杀，艰难抵达广东之时，刘裕势力已遍及此地，其党悉数伏诛，多年内乱的根源终于被拔除。

刘裕凭其显赫武功，势力日益壮大。当初与其共同制定讨灭桓玄计划之刘毅也被世人尊称为英雄，他使用金钱毫不吝惜，生活作风极为豪奢，且优待当时文人，因此部分人士对他的评价甚至在刘裕之上。刘裕与之相反，注重实功，对车马之类从不用珠玉装饰，平生从不听音乐，好简易。此二人曾赌博互争胜负，倾尽全力后，刘裕胜出。总之，二人是一对好敌手，产生势力之争，最终以刘毅败亡告终。至此，东晋已无人可抗衡刘裕。

当初刘裕讨伐慕容超之时，慕容部向长安后秦之主姚兴求救，当时姚兴无法遣兵出关，但仍向刘裕派遣使者，威胁其退军，实际上姚氏自身正为匈奴赫连勃勃所侵扰。刘裕当时已有讨灭姚兴的计划，而今内部统一，于是踏上大举北伐的征途。当时姚兴已死，其子姚泓继承其后，国势日渐衰弱，无力抵抗势如破竹的刘裕军。东晋安帝义熙十三年（417 年），姚泓身故，后秦完全灭亡。

刘裕成功完成桓温未竟的事业，其在长安期间，被安帝封为宋王。翌年，即义熙十四年（418 年），安帝死，恭帝即位，两年之后禅位于刘裕。东晋灭亡，宋朝新立，南北朝序幕拉开。其时 420 年。

第三章
南北朝时代——南朝

刘宋全盛期

唐初史家李延寿著有《南北史》，其中《南史》上起刘宋永初元年（420年），下讫陈祯明三年（589年），即宋、齐、梁、陈四代，计170年；《北史》上起北魏登国元年（386年），下讫隋义宁二年（618年），即北魏、西魏、北周、隋及东魏、北齐，计233年（据自序，年表则别有同异）。李延寿继承父亲遗志，不满当时既存的各朝历史（例如北魏《魏书》、刘宋《宋书》等）均以自身为正统，而将对方视作夷狄，认为事实上应视为南北两朝廷，于是著《南北史》。大概因中国自秦汉以来，大一统帝国诞生，受此薰陶，中国精神之中严格地存在全国只有一王统治的信条。但东汉灭亡后，中国见证了魏蜀吴三国分立。晋陈寿著《三国志》时，承认此事实，认为三国天子都是正当的天子。此时，三国各朝均在汉族王室统治之下，因此未引起严重问题。西晋统一后不久，外族匈奴人公然在山西称帝，后灭亡西晋。之后五胡在中原称王，东晋仅剩江淮地区可试图与之抗衡。尊奉东晋的汉族心中仍抱有不日即将蛮族逐出中原的希望，但事实上，北方前秦苻坚统治的时代，反而呈北方压制南方的态势。此时，东晋学者习凿齿担忧东晋式微，于是主张晋王室无论如何衰弱，理论上都是正统王室。为此，他还发明一种独断论，即中国虽然曾经三国分立，但其中必有正统王室，即蜀。蜀之始祖刘备是汉朝宗室，从血统关系可知蜀是汉的延续。晋灭蜀。蜀灭亡之时，事实上意味汉已灭亡，从此点而言，晋可谓直接继承统一天下多年的汉王室。因而，堂堂晋王室绝不轻易灭亡。就势力范围而言，三国之中属蜀最为狭小。但习凿齿不顾实力差距，认定蜀为正统，完全是出于谱系正当的考量。若以谱系为标准，则北中国五胡的王者不可能是正当朝廷。尤其五胡扰乱中原之时，诸蛮族朝廷的存在皆极为短暂，事实上，也没有必要认定它们为正统朝廷。但不久北中国在拓跋鲜卑的北魏时期逐渐走向稳固统一，南方东晋灭亡，宋取而代之，事实上呈现南北对立的状态。此时，中国虽仍坚持一王主义，但形式上，北称南为岛夷，南称北为索虏，在国内下达的文书中明确提及对方时，互相使用蛮夷的称号，由此可见，史上的记载难免失之偏颇。李延寿着眼事实，打破偏见，为公平叙述而著述《南北史》，笔者随其例，认为东晋灭亡至隋统一为南北朝对立的时代。但李延寿之《南北史》中包含隋，笔者认为隋应该除外。这大概是由于隋至唐初的历史事象中存在一以贯之的主流，因此可将之与南北对立期截然分开。而在南北对立期，南北双方的历史现象清晰地呈现不同之处，叙述之时，与其按照年代，倒不如分南北二章进行分说。笔者先述南朝，后叙北朝。

如前章所述，刘裕灭桓玄，平卢循，讨南燕，取山东地区，更在长安擒姚泓，送至建康。其中，克复长安之功远远凌驾于桓温之上，奉戴晋室的汉族以此为荣，自不待言。东晋安帝义熙十三年（417年）九月，刘裕在长安大宴群臣，安帝得知此事后，立即封刘裕为宋王，其诏书一节曰：

> 公命世抚运，阐曜威灵，内研诸侯之虑，外致上天之罚。故能仓兕甫训，则许、郑风偃；征钺未指，则瀍、洛雾披。俾旧阙元阳，复集万国之轸，东京父老，重睹司隶之章。俾朕负扆高拱，而保大洪烈。

刘裕的功绩或足以受封王爵，但作为人臣获封为王，依照惯例，不久之后将以禅让形式被授与帝位。据《通鉴》记载，劝安帝下此诏书之人是东晋名门出身的王弘。他知晓刘裕之意，于是从战场返回建康处理此事。当时，刘裕心腹大臣刘穆之留守建康，却不知此事，反被刘裕所压迫，忧愤成疾后去世。而据《南史》记载，刘裕知悉刘穆之死后，交代次子义真镇守长安，火速南归。从其微辞之间可推知，刘裕南归意在篡夺。当时，刘裕虽然克复长安，但甘肃北部有匈奴沮渠蒙逊，陕西北部有赫连勃勃，至山西、直隶有鲜卑拓跋部构筑最为牢固的地盘。这些蛮族君主对刘裕攻取长安之后的行动高度警戒，等到刘裕南归后，他们一致认为刘裕无经营天下的远志，其目的仅在篡夺东晋。故刘裕夺东晋早已被江南预见，被刘裕所杀的将军司马秀芝曾上表安帝说刘裕"问鼎之迹日彰，人臣之礼顿缺"。刘裕在克复长安后，不久即受东晋之让，这可谓是既定事实。但刘裕功业也有一污点。当时，辅佐义真驻守长安的军将中忽起内讧，赫连勃勃趁机攻打长安，晋军大败，义真勉强只身逃脱，长安一时被异族夺取。刘裕听闻消息后，想即日就实行北伐，但被幕下之士谏止。依劝谏之人郑鲜之之言，当时建康腹地三吴平原已因北伐而疲态尽显，若再次北伐，地方恐将发生叛乱。如此情况下，不得已放弃长安，然而借《宋书》作者沈约之言，刘裕虽遇此一败，但既已登上王位，则不可能再贬为臣下之列。适逢安帝死，恭帝立，大臣傅亮提出禅让之议，恭帝欣然取笔作文，对身边左右说："桓玄之时，天命已改，重为刘公所延，将二十载。今日之事，本所甘心。"沈约认为，禅让之事始于三国魏夺汉室，此后晋以之代魏，二者皆用美名行篡夺之实。宋受继东晋王位，多少贴近禅让的实际。

永初元年（420年），刘裕即位，大赦天下，被称为宋武帝。他作为军将功业赫赫，历数东晋之后南朝各代，亦罕有其匹。而其作为统治者，又奠定南朝各代的稳固基础。《南史》中有一节记载如下：

> 自晋中兴以来，朝纲弛紊，权门兼并，百姓流离，不得保其产业。桓玄颇欲厘改，竟不能行。帝既作辅，大示轨则，豪强肃然，远近禁止。至是，会稽余姚唐（《宋书》作"虞"，可随焉）亮复藏匿亡命千余人。帝诛亮。

东晋之患为权门不服统制，滥用势力。李延寿认为，桓玄也想作为改革者自我标榜，但未能充分实行改革。笔者往前回溯，认为桓温七条改革意见已成先驱。但依据现存史料，两桓事迹不甚明了，恐天下舆情不满东晋宽纵的方针，认为必须进行某种改革。而以武力为背景确立统制的一般政治行动外，作为增加中央财政收入、维护地方安宁的政策，土断法的实行值得注目。此法发源于桓温，因在东晋哀帝兴宁二年（364年）三月庚戌实行，故得名"庚戌土断"。刘裕实行土断之时，亦言及庚戌土断，并据此大增朝廷财政。但除此之外，桓温土断法并未流传，现主要叙述刘裕之土断法。

东晋末学者范宁曾对时政阐述意见，要点如下：

（一）北中国纷乱，人民大量迁移江南，他们多少抱有返归本乡的想法，为此，虽身在江南，但仍然保留其本郡户籍。但实际上，移住江南已经数代，坟墓累累。因此，作为江南人，接受其居住地官吏的支配理所当然。即便如此仍未迁籍，原因不外乎北方移住者的私利私欲。他们之中有些可役使他人的权势人物，常常以思故乡人情为由，拒不成为江南人，实际上成为江南人时，又不愿接受地方官吏的统治，换言之，他们存有利己心。而普通移住者方面，他们新成为江南人时，必然承受一定赋役，因而从其立场出发肯定反对。但从国家角度而言，以上反对理由毫无意义。因而需实行土断法，课以租税，治闾伍之法，对犯罪定下连带关系。

（二）以团体形式从北方迁来的住民，以本郡或本县之名，集体生活于江南。但人们仅在名义上归属侨郡县，实际相隔千里或数百里，在广袤地域分散群居。而为此等移住者特设的官吏较少，难以治理移民散布的广大区域，治所只可借荒屋办公，也多有不便。因此，统治困难，一旦征发兵役，人们自然逃避，变为盗贼，成地方祸乱之源。因此人口少的郡县必须合并。

（三）北方人在江南另立郡县，自然导致地方统制难立。随之而来的是，户籍不备，豪强恣意使役人民，令人民为之建造邸宅，耕作田土。又豪强移动住地时，更令其私有兵民相随。因此，有必要从严限制。

范宁认为需实行土断法，将迁至江南的北人编入其定居的土地户籍中，并且将侨置的北方郡县省并，对豪强恣意使役人民的现象进行严格限制。最后一条意见因刘裕确立中央统制，解决了部分问题，诏书之中亦可见相关改革之一端，但与之相比，土断法与郡县省并无疑是一大成功。《宋书》本纪记载，东晋义熙九年（413 年），刘裕上表请求施行土断，且以州为界，将其境内移住者并入州户籍，此法施行之后，多数郡县省并。但《宋书·谢晦传》中记载，义熙八年，谢晦已对扬、豫民户实行土断。二者相差一年，究竟以谁为准？后刘裕登上帝位之时，北人之中，家世户籍正确者方可真正认定为北人。此举虽有容忍北方贵族门阀、缓和土断法之处，但却树立起重视氏族的南朝特色（参照外篇）。刘裕在确立王室权威方面的作用同样不可忽视，必要时再加追述。

宋武帝最大的美德，是他以简易朴素的生活作风，完全转变东晋末期的奢侈风气。在此列举一则有趣插话。武帝之孙孝武帝曾拆除武帝生前起卧之阴室，新建玉烛殿。当时，他与群臣共入武帝起居室，只见床头有土障，壁上挂葛灯笼与麻绳拂。伴随孝武帝左右之侍中袁颛盛称武帝俭素之德。孝武不答，曰："田舍公得此，以为过矣。"宋王室之衰始于孝武，此插话恰恰说明了王室盛衰。

武帝死后，长子刘义符承袭帝位，次年即被废，武帝爱子刘义真也被赐自尽。计划此阴谋者为徐羡之、傅亮二人，深得武帝信任的几名大臣也参与协助。表面理由为义符在父丧期间与左右亲近者游戏乱行，其被废前日曾在华林园列肆，亲自卖酒，完全是市人所为，且与左右操船作乐，当晚宿天渊池，寝于龙舟之中。义真则与当时著名文人谢灵运、颜延之等追求享乐生活，义符之后，按顺序当应由其继承大统，但为保全王室，此等享乐主义者无奈被逼自杀。义符遭废之时，皇太后诏书有云：

> 大行在殡，宇内哀惶，幸灾肆于悖词，喜容表于在戚。至乃征召乐府，鸠集伶官，优倡管弦，靡不备奏，珍羞甘膳，有加平日。采择媵御，产子就宫，觍然无怍，丑声四达。及懿后（太皇太后）崩背，重加天罚，亲与左右，执绋歌呼，推排梓宫，抃掌笑谑，……居帝王之位，好皂隶之役，处万乘之尊，悦厮养之事。

因违背家族道德而被废的天子，在整个南朝为数颇多，大概已成为某种程式。《宋略》作者裴子野论及宋王室内部教育不足的问题时表示：

> 古者人君养子，能言而师授之辞，能行而傅相之礼。宋之教诲，雅异于斯，居中则任仆妾，处外则近趋走。太子、皇子，有帅，有侍，是二职者，皆台皂也。制其行止，授其法则，导达臧否，罔弗由之；言不及于礼义，识不达于今古，谨敕者能劝之以孝善，狂愚者或诱之以凶慝。虽有师傅，多以耆艾大夫为之；虽有友及文学，多以膏粱年少为之；具位而已，亦弗与游。幼王临州，长史行事；宣传教命，又有典签；往往专恣，窃弄威权，是以本枝虽茂而端良甚寡。嗣君冲幼，世继奸回，虽恶物丑类，天然自出，然习则生常，其流远矣。降及太宗，举天下而弃之，亦昵比之为也。呜呼！有国有家，其鉴之矣！

由此可见，宋王室已完全具备出产背德王子的条件，义符可视作最初的牺牲者。但义真被迫自杀的理由尚不明了。宋室本从武将崛起的家世，在唯门第论的当时，可谓出身卑贱。司马休之在弹劾武帝的表文中说："自以地卑位重，荷恩崇大；乃以庶孽与德文嫡婚，致兹非偶，实由威逼。"骂其以寒微之身与王室通婚。但宋室乐于与王谢等高门通婚，以提升王室价值，于是大方承认自家武将出身的事实。但徐羡之、傅亮等权威都是武帝治下出身，且据《徐羡之传》记载，徐羡之是沉默寡言的实干家，与之相对，义真才气焕发人所共知，相交的谢灵运等人，文事、风流皆冠绝一时，是东晋以来第一名门子弟。因此，义真被逼自杀，明显是徐、傅等人的私心所致。其实义符、义真是不过十九、十八岁的少年。

刘义符遭废，武帝三子刘义隆被奉为继大统者，就是文帝。其即位后，论徐、傅二人之罪，将他们诛杀（《宋书·徐羡之传》）。总之，徐、傅之徒死后，武帝以来的实干派倒台，名门子弟王华、王昙首、殷景仁等人取而代之，活跃在政治舞台，文治之风一时在社会中普及，被称作"元嘉之治"的全盛时期出现。

宋文帝的为人从他对诸弟的亲切态度就可见一斑。其弟义恭赴任荆州刺史之时，他曾去信一封，信中一节曰：

> 汝一月日自用不可过三十万，若能省此，益美。西楚殷旷，常宜早起，接对宾侣。园池堂观，计无须改作。凡讯狱前一二日，可取讯簿密与刘湛辈粗共详论，慎无以喜怒加人，能择善者从之，美自归己。不可专意自决，以矜独断之明也。

又其弟义季离任荆州刺史一职，文帝派义宣就任。当时，还特意下诏：

> 师护（义季）以在西久，比表求还，出内左右，自是经国常理，亦何必其应于一往。今欲听许，以汝代之。师护虽无殊绩，洁己节用，通怀期物，不恣群下。此信未易，……在彼已有次第，为士庶所安，论者乃谓未议迁之，今之回换，更在欲为汝耳，汝与师护年时一辈，各有其美，物议亦互有少劣，若今向事脱一减之者，既于西夏，交有巨碍，迁代之讥，必归责于吾矣。

前者劝说义恭，小到日常生活费用，大到劝说不可矜于独断之明；后者述说令义宣代义季完全出于个人私情，而非朝廷舆议，希望义宣深刻自我戒饬而不失声誉。诏书之体中，如此私情溢满的文辞少见其类。文帝的性格自然反射于政治。《通鉴》元嘉三年（426年）之条中有云：

> 华以王弘辅政，王昙首为上所亲任，与己相埒，自谓力用不尽，
> 每叹息曰："宰相顿有数人，天下何由得治！"是时，宰相无常官，唯
> 人主所与议论政事、委以机密者，皆宰相也，故华有是言。亦有任侍
> 中而不为宰相者；然尚书令仆、中书监令、侍中、侍郎、给事中，皆当
> 时要官也。

> 华与刘湛、王昙首、殷景仁俱为侍中，风力局干，冠冕一时。上尝
> 与四人于合殿宴饮，甚悦。既罢出，上目送良久，叹曰："此四贤，一
> 时之秀，同管喉唇，恐后世难继也！"

上文中的人物都是名门子弟，名重一时。王华虽感叹"宰相顿有数人"，
但若非时望协力施行政治，岂能得元嘉之治？

庙堂之上，群贤和衷协力；地方之上，守宰以六年为任期，天下太平，
因而不必更动。《宋书·良吏传》序文如下：

> 方内无事，三十年间，氓庶蕃息，奉上供徭，止于岁赋，晨出莫
> 归，自事而已。守宰之职，以六期为断，虽没世不徒，未及襄时，而民
> 有所系，吏无苟得。家给人足，即事虽难，转死沟渠，于时可免。凡百
> 户之乡，有市之邑，歌谣舞蹈，触处成群，盖宋世之极盛也。

政治上下融洽，风教之事则润饰之。《南史》本纪记载，元嘉十五年（438
年）文帝先在北郊建儒学馆，召处士雷次宗主持，翌年，立玄学、史学、文
学三学，令何尚之、何承天、谢元居于各学，允许其聚集学徒，就学者人数
众多。《南史》予以赞词："江左风俗，于斯为美，后言政化，称元嘉焉。"
欲独尊文学之人或称四学难以并立，有乱体统。若改变角度，以学为陶冶个
人之具，则四学完全可各治其端而互不干扰。《南史》称赞四学建立之后江
左政化之美，言辞简约，道理明晰。《建康实录》同样记载此事，其文意似
为《通鉴》所用，笔致冗漫，难称良史之体。

从内治而言，文帝堪称卓越政治家，但其在外交方面存在完全失败的历
史。如前所述，刘宋武帝一度取得长安，不久后为赫连勃勃夺取。废帝刘义
符时代，洛阳被鲜卑族拓跋氏所夺取，其后北魏势力逐渐扩张至黄河以南。
文帝时代，北魏英主拓跋焘（太武帝）在位，他着手讨伐割据中国的各蛮族

以统一北中国。文帝即位之初，黄河南部地区已被北魏所夺取，宋常有收回失地的议论。元嘉七年（430年），实行北伐，文帝亲笔致信北魏太武帝，称黄河之南本为宋的旧土，理应归宋，而对黄河之北，文帝无任何野心。对此，太武帝回信称，文帝出生之后，黄河之南已全为北魏领土。其时，宋的北伐军总帅刘义欣发布宣战布告文，劝黄河之南人民归顺，其文辞伟丽，行动却极为缓慢。北魏方面，太武帝原本想对宋出动大军，后听取崔浩劝谏，将主力用于讨灭赫连勃勃势力，对南军只是采取防御。即便如此，南军依旧屡次被魏军所破，总帅义欣被迫退回寿阳根据地。

文帝北伐计划虽然以失败告终，但也有间接收获。例如，义欣退至寿阳后，全力经营此地。据《通鉴》记载，当时寿阳地区土荒民散，城郭颓败，盗贼横行，义欣努力经营，治理寿阳之南的芍陂，大兴田地灌溉，因此，寿阳成为宋的有力藩屏。此外，何承天指出江苏北部地区放任无序，于是建议在此地实行大规模移民，建城壁，耕田地，又向人民提供兵器，以维持地方秩序。此提议是否曾实行，无明文记载，但可知宋已认识到应充分经营江淮之间。其后，宋与北魏之间久未开战。恰逢北方有名为盖吴者借佛教之名在北魏掀起叛乱，并向宋上表称臣，请求援兵。北魏太武帝以宋暗自支援盖吴的事实为理由，讨灭盖吴之后，又亲自率兵侵略宋的领土。当时，太武帝向文帝去信一封，其中一段如下：

> 顷关中盖吴反逆，扇动陇右氐、羌，彼复使人就而诱劝之，丈夫遗以弓矢，妇人遗以环钏，是曹正欲谲诳取赂，岂有远相顺从。为大丈夫之法，何不自来取之，而以货豉引诱我边民。

以下多有恫吓宋之文句。不知此信是否是直接原因，总之文帝心中再起北伐之意，而当时王华、王昙首等人已死，徐湛之、江湛等人成为帝的亲信，文治派全面支持文帝北伐，而拥兵镇守一方的沈庆之等人则极力反对。其间，北魏又向文帝去信一封。曰：

> 彼年已五十，未尝出户，虽自力而来，如三岁婴儿，与我鲜卑生长马上者果如何哉！

挑战书可谓极为露骨。元嘉二十七年（450年），文帝下宣战令。为募集军队，宋已竭尽所能，但不幸北伐军每战皆败，太武帝亲自南下，行至建康城对岸瓜步，斩苇作筏，现出横渡长江的气势。建康城严阵以待，沿长江六七百里间，舳舻相列，有人提议以此讨伐北军，但无人同意，满城都被危惧所笼罩。然而，翌年正月，太武帝从瓜步撤退北归。至今无法详知个中理由。北军在归途中恣意掠夺杀人，遇壮丁当即斩杀，遇婴儿则贯穿于槊上，盘舞以为戏。此类记载屡屡被用于描写后世蛮族的暴行。此战对北方而言，也算是不小打击，南朝则因此邑里萧萧，元嘉之政步入衰退期。沈约评论文帝时，列举其军政无能的缺点，究其失败，原因在于每次军事行动都是中央发令，而未委任大将。文帝自身也承认未倾听一般舆论而断然北伐，导致重大失败。大概文帝与江、徐等文治派共谋大事正是其败因所在。

宋的衰运

如上所述，宋文帝虽然晚年在外交方面存在失败之处，但仍不失为声誉甚高的君主。但后来他死于长子刘劭之手，次子刘濬也在京城协助长子施逆，可谓宋氏家门的耻辱。沈约《宋书》将二人视为二凶，置于列传最后的蛮夷之后，以示贬低之意。二凶之中，刘劭被视为元凶，其出生时恰逢文帝正在服丧。在如此禁忌时辰出生的太子，古来仅有殷商纣王。其暴虐天性应是命中注定。论二人的才华，刘劭统帅军事有余，刘濬则博览文籍，与当代名流相交甚笃，二人深受文帝钟爱。因此，他们联手反逆文帝，实在难用常情推测。

赵翼《札记》指出，宋自武门崛起，未施闺房之教，意指宫闱之内非但淫风盛行，世俗迷信也渗透其中。文帝之女东阳公主为太子刘劭之姊，其婢女王鹦鹉将巫师严道育引入宫中，刘劭、刘濬以及其他公主、婢女以此巫师为中心成为一个集团，淫风为时人所闻，后竟试图以巫蛊之术咒杀文帝。此事泄露之后，幸得文帝宽大处理，但刘劭等人仍庇护严道育，及至无法掩盖，刘劭于是买通台城守备军士，行诛杀文帝的暴举。当时，文帝三子刘骏为平定长江沿岸的蛮族，身在今天湖北武昌对岸，即当时的西阳。他听闻消息后，立刻往东返回建康，与刘劭血战，大破之，之后受诸王诸将的推戴继承大统，称孝武帝。

《通鉴》记载，孝武帝为人机警勇决，学问博洽，文章华敏，阅读奏章可一目七行，又《宋书》记载，其纵使醉酒，但凡遇人，仍容仪肃然，貌不可犯。沈约评论其才可与周公媲美。以此才器而为祸宋王室，实属无奈。大概始祖武帝凭超人的英气而赢获帝王之位，为守住其位，一方面，充分保证东晋末期以来已成立的江南名族的地位，树立社会统制。另一方面，在境内遍树君主权威，尤其是抑制常对东晋造成威胁的荆州即江陵军府的权力，或对军府人员加以限制，或将王室近亲派至此地，或直接征发当地现户编入政府军队，皆为一端。中央集权的政策与保证名族地位的政策相互协调推进，恐怕不是易事。文帝推行以名族为中心的政治，而得一代善治。孝武帝欲将权力移归中央，终成宋室倾侧的机缘。其政策之一，令荆、扬二州各分出部分辖区，建立新州。历来扬州统辖江苏、浙江大部分地区，荆州统辖以湖北为中心，包含湖南、四川部分地区之区域。现新置会州（治所会稽山阴），统管浙江东部；又置郢州（治所江夏）统辖湖北东部至安徽部分地区。原本扬州区域是中央财政的来源地，荆州则是防御北方及南方蛮族的藩屏。因此名臣何尚之等人对分割荆、扬一事抱有异议，但未被听取。州的区域日渐狭窄，与古时的郡相同，此为伴随历史进程而发生的现象。孝武政策的是非本为题外话，但毫无疑问也是中央统一方针的一端。又将文帝地方制的根本——地方长官任期六年，改为三年。同时，对于地方政治，中央事事加以干涉。于是，元嘉美风的歌颂者认为孝武政治实在烦琐，甚是扰民。

《宋书·良吏传》谈及孝武奢侈之风时，指出其增建诸殿，大兴土木之事，女宠尤多。概而论之，"犬马余菽粟，土木衣绨绣"，宋的俭德自此彻底转变。中央集权的倾向与此奢侈心的萌生导致宋政走向靡烂。当时的大臣多为名家子弟，在孝武脱离政治轨道之时，常常进行谏劝，但孝武颇为厌恶，非但绕开大臣，还委任寒族卑贱之士。《宋书·恩幸传》所列的戴法兴、巢尚之、徐爰等皆由此成为显赫人士。戴法兴本是会稽山卖纻人家；巢尚之作为"人士之末"，被时人轻侮；徐爰家世虽然不低，但也无所守。此类人一意迎合孝武之意而做收敛钱财之事，弊害所及之处，地方政治混浊。《南齐书·竟陵王子良传》中有云：

> 宋世元嘉中，皆责成郡县，孝武征求急速，以郡县迟缓，始遣台

使，自此公役劳扰。

子良极为详细地描述了南齐台使的弊害，笔者将在后节叙述。毫无疑问，其弊害源于孝武。但孝武实行的政策，也让中央财政变得更为丰厚。沈约著《宋书·州郡志》之时，户口资料即来自孝武之世的调查。就此点而言，孝武一代可称为宋室的全盛期。

孝武的独断方针，招致以世族为中心的全体官僚之普遍反感。尤其帝有肆无忌惮愚弄朝臣的癖好，于是招致名流的反感。例如，帝好于宴会群臣之时，嘲谑捉弄他们。有一人名叫江智渊，生性严肃，不苟言笑。帝竟令其辱骂身旁王彧之父。智渊于是劝帝：凡帝王者，不应如此儿戏。帝听闻之后，回曰："江僧安（智渊父）痴人，痴人自相惜。"智渊闻此言，伏席而泣。依胡三省的观点，古来为人子者，从他人口中闻其父名乃是巨大侮辱。君主呼之尚可，但若在本人面前辱骂其父，则为智渊所不能忍。自此之后，智渊失宠，最终自杀。此外，孝武帝还喜欢为群臣取绰号。例如老将王玄谟为江北之人，故被称作"老伧"；大臣颜师伯被称为"齴"（露齿）；宗灵秀身体肥胖起拜困难，孝武帝就赐与大量物品，观察其起拜之状，乐在其中。孝武心情不佳时，杖责群臣，甚至当时一流元老柳元景也曾受此屈辱。当然，形式上依照始祖武帝以来的传统而尊重当时名族。王、谢两族被授予高官。但谢庄虽然被时人称赞有宰相之器，却屡次避任要职。实际上，其意见也未被采用。与态度消极的谢庄相反，王僧达等人则积极谋求其位，最终招致自亡的厄运。诚然，《宋书》《南史》都认为王僧达失败事出有因，但他给孝武帝的表奏，言辞谆谆，强调自己生活简朴，不抱非分之想。而书中蕴含的不平之气着实惹怒孝武帝，于是被处死。总之，南朝势族因孝武独断，完全失去安定，宋室的危机就在此点。

孝武死后，其子刘子业继承大统，称前废帝。孝武临死之前，令其叔父刘义恭及柳元景、颜师伯三人辅佐子业，他们三人在孝武时无安心之日，及至孝武身故，便心神缓弛，饮酒奏乐，不舍昼夜。子业听闻此事后，先杀刘义恭。据传，义恭的尸体惨遭分解，肠胃被分割，眼睛被挖出以蜜浸渍，称"鬼目粽"。之后，柳、颜二人也难逃被杀的下场。此等残虐君主之下，宫廷淫风更甚。其姊山阴公主为何戢之妻，曾对子业说："妾与陛下，虽男女有殊，俱托体先帝。陛下六宫万数，而妾唯驸马一人。事不均平，一何至此！"刘子业遂为其选定美男子三十人。此恐为事实。总之，子业肆无忌惮的做法，为宫廷内外所嫌恶。子业好游华林园竹林堂，使妇人裸身互相戏逐，一妇人拒之，被斩。不久之后某夜，他做梦游于后堂，一女子骂曰："帝悖虐不道，明年不及熟矣。"帝暴怒，在宫中找寻与梦中女子相似的女子，亦斩之。当晚复见该女骂之："汝枉杀我，已诉上帝。"巫师都说竹林堂闹鬼，于是帝与山阴公主及彩女数百人随群巫捉鬼，令侍卫退下，亲自射之，事毕正欲奏乐之时，侍卫将校将之刺杀，时年十七。刘彧代之即位，即明帝。

策动暗杀子业的正是明帝本人。但这样的推断可能更近于事实：子业被诛，是盘踞台城之中暗自贪图权势的阮佃夫、王道隆等出身卑贱之辈为奉戴明帝而获得自身权势所演出的戏剧。子业诸弟之一寻阳王子勋乃继承王位的有力候选，因而子业甚为担忧，公然赐死刘子勋。但支持子勋的一派无视此命令。大臣袁顗在子业之下感觉有生命危险，于是从建康逃至寻阳，劝子勋谋反，同时四处发布檄文，招募同党。于是，江南江北到处皆是拥戴子勋的军将。这时子业被杀，明帝即位。子勋一派既已推戴子勋，因此无法接受明帝即位。明帝本是文帝之子，孝武之弟，因而官僚势族的舆论之中，对明帝继承王位颇有质疑。但由于反感孝武，不少人对传位给孝武诸子的做法心存犹疑。全力侍奉明帝的名臣蔡兴宗认为，关于二者之间王位继承当与不当的问题，无法断言何方占据有利地位。总之，当时贵族并未将此宋室一家之事作为国家问题而予以重视。而寻阳一派与建康一派的对立作为事实客观存在。依《通鉴》记载，当时刘子勋声望甚高，四方向朝廷上贡的贡物、赋税之类全部集中于寻阳，建康朝廷势力所及仅为南京附近与淮水以南。且朝廷中，与寻阳通结者往往有之。辅佐明帝的蔡兴宗认为，以孝武以来精心聚集的建康军队及精锐军器，破敌并非难事，唯恐人心不安，于是劝明帝声明，子勋之罪仅限其本人，决不连坐一族。此政策实行后，建康人心安定，财政上，米价平稳，且往来南京之人也相较平时有所增加。事实上，战争结果是建康军大胜，内乱得以平定。但此次内乱中支持寻阳一派者有一名叫薛安都的军人，长年在江北徐州地域抵抗北魏入侵。他向明帝投降时，明帝意图变动其地位。于是，薛以武力抗宋，最后携其管制区域降于北魏。淮水以北重险于是归于北魏势力之下，宋因此蒙受重大损失。

明帝与子勋相争之时，听取名流蔡兴宗等人之言，终获宽治声誉。其本为以建康城为根本的权势徒辈所拥立，并无孝武的才气，因而内乱平定后，对孝武以来的苛政未加控制，终于导致暴乱。孝武诸子几乎全被诛灭，与其关系密切的势族也多数被害。依《通鉴》记载，子业时代，名族子弟大量离开京师流亡远方，明帝时代内乱之后，更散落四方，留存者不足百分之一。诚然，内乱之后明帝所采取的处置较为苛酷，而此方针长期持续，东晋以来的贵族势力在政治上逐渐衰弱。《宋书·王景文传》中有详细记载，被尊为名流首领的王彧等人即便是琐碎之事也谨慎听从明帝指令，以避嫌疑。与此相反，出身贫寒者与武将们的权势则日渐显赫。《宋书·恩幸传》中记载阮佃夫之辈的权势，称其权力仅次于人主，孝武时代巢戴之流可以说无法与之相提并论。书中还对其奢侈情状进行描写，如下：

> 宅舍园池，诸王邸第莫及。妓女数十，艺貌冠绝当时，金玉锦绣之饰，宫掖不逮也。每制一衣，造一物，京邑莫不法效焉。于宅内开渎，东出十许里，塘岸整洁，泛轻舟，奏女乐。……虽晋世王、石，不能过也……朝士贵贱，莫不自结。

《南史》本纪中还描写了明帝痴于迷信的情状："移床修壁，先祭土神，使文士为祝策，如大祭飨。"忌讳甚多，言辞文章中若出现应回避的祸败凶丧等内容，则作者立刻被诛；"骊"字因与"祸"字形似，责令改为"骍"字。此性情常伴残忍行径，因而"禁中懔懔若践刀剑"。加之北魏边境之士时常向宋请援，明帝不思其事是否可行，直接出兵，因此府藏皆空，内外百官俸禄断绝。朝列之中执事者，皆为市井佣贩之子，当时的士流皆对宋室断念，宋的灭亡已无可救药。

南齐的兴亡

明帝死后，刘昱继承大统，实权不久便为武臣萧道成所夺取，刘昱被废杀后，萧道成拥立顺帝，不久后接受宋的禅让，建立南齐。如此一来，叙述齐的历史倒也方便。萧道成的家世虽在《南齐书》本纪中已有详细记载，但不足为信。《南史》中仅记述其祖先为东海兰陵县中都乡中都里（今山东枣庄市东南）人。五胡南下之时，其家迁至江南，与宋之先祖同定居于镇江附近。世代作为军人，功绩卓著，萧道成之父在今日陕西省南部汉中附近与当地蛮族大战，屡立大功，自此从宋王室享受特别待遇。至萧道成时，恰逢明帝时代内乱，他效忠明帝身先士卒，转战江北江南，但却似乎未受明帝的宠信。例如，《南齐书》曾在书中如此记载其在江南作战的情状：

> 时朝廷器甲皆充南讨，太祖军容寡阙，乃编棕皮为马具装，析竹为寄生。

萧军本是装备简易的军队，但竟能以此破敌，因此萧道成得以在军中树立威望。总之，他凭借赫赫战功平步青云，但明帝驾崩之时受遗诏辅佐太子之五人名单中并无萧道成。不过五人中的褚渊与萧道成私交甚笃，极力推荐萧道成，萧道成才得以参与讨论政治大事。

刘昱登基成为天子之后，其叔父刘休范在寻阳谋反。明帝曾评价他道："休范人才不及此，以我故，生便富贵。释氏愿生王家，良有以也。"在明帝之世，他因为资质平庸，故无祸乱及身，而得保其地位。然而，明帝死后，寒门出身之人渐获重权，刘休范虽身居宗室中最为重要的位置，但未能得宰辅之位，他察觉自身危险，于是开始争夺帝位。《宋书》称其早已制定谋反计划，但这只是世人臆测，事实上他应是仓促举兵，即征发民船配以简单装置，二三日时间就完成准备，迅速往建康城进发。其间，刘休范向朝廷顾命大臣去信一封，称宋之一族凋落，权势正为他族所夺，信中表明忠义之心，且揭露阮佃夫、王道隆等群臣的失检行为。他信中所言足以获得普遍同情，建康城内也有人与其串通，而萧道成坚定提倡主战论，战争形势一度对刘休范有利，一军甚至突入建康城，但主力军为萧道成所破，自身也被杀，战乱至此平息。此战建康方面取胜，全因萧道成之功，因此南京地区的人望全部集于他一身。其凯旋城内之时，百姓沿道聚观，赞赏道："全国家者此公也。"

《宋书·后废帝（刘昱）纪》鲜活地描写了刘昱的残虐性格，现摘录其最为残暴的部分如下：

> （刘昱）好出游行……单将左右，弃部伍，或十里、二十里，或入

市里，或往营署，日暮乃归……从者并执铤矛，行人男女，及犬马牛驴，值无免者。民间扰惧，昼日不敢开门，道上行人殆绝。常着小裤褶，未尝服衣冠。或有忤意，辄加以虐刑。……尝以铁椎椎人阴破，左右人见之有敛眉者，昱大怒，令此人袒胛正立，以矛刺胛洞过。……先是民间讹言，谓太宗不男，陈太妃本李道儿妾，道路之言，或云道儿子也。昱每出入去来，常自称刘统，或自号李将军。

以上这种小说化的记载究竟是否属实不得而知，但刘昱开始频繁出游之时，年仅十二三岁。背负如此残忍名号的少年天子与萧道成的恶劣关系，《南史》书中也有详细记载，其中一节如下：

休范平后，苍梧王（刘昱）渐行凶暴，屡欲害帝，尝率数十人直入镇军府。时暑热，帝昼卧裸袒，苍梧立帝于室内，画腹为射的，自引满，将射之。帝神色不变，敛板曰："老臣无罪。"苍梧左右王天恩谏曰："领军腹大，是佳射埒，而一箭便死，后无复射，不如以骲箭射之。"乃取骲箭，一发即中帝脐。苍梧投弓于地，大笑曰："此手何如？"

从这类故事来看，与南朝东昏侯相比，后废帝性情尤为残忍。事实上，此时萧道成镇守的西州城兵力尤为强大，与旧台城近卫军的斗争反复上演，其牺牲者屡见于史书。而台城近卫也逐渐依附萧道成之势力，齐元勋王敬则是其中主要一人。如此一来，南京势力实际上为萧道成把控的倾向日益明显，据大臣虞玩之的上奏，当时守卫王城的近卫军逐渐减少，王室仓库中武器装备匮乏，租税无来，只可出卖朝廷御物支给诸经费。如此看来，被身边少数无赖军人所拥立的天子刘昱笼罩在浓重的残忍阴影下亦属合理。而在军府中裸身昼寝的故事对萧道成自身而言亦非光彩之事。后来，萧道成唆使台城禁军将校暗杀刘昱，翌日早晨，顾命大臣袁粲、褚渊之辈召开善后会议，无人自担责任。这时，在暗杀刘昱行动中立下头功的王敬则拔刀示众，大喝一声：

天下之事，皆应关萧公，敢有开一言者，血染敬则刀！

恫吓的同时，他倡议拥立萧道成，道成却拥立顺帝。当然，此举只是为其日后篡位做准备。《南史·顺帝本纪》中描述其相貌："帝姿貌端华，眉目如画，见者以为神人。"

萧道成的势力已在建康城内确立，然而长江中游湖北江陵还有宋的宿将沈攸之。明帝委托的顾命大臣袁粲寄心王室，袁粲死后，沈攸之也被平定，如此一来，已无人可压制萧道成的势力。他先成为齐王，后夺宋室即帝位。宋灭亡后，南齐取而代之，改元为建元。其时 479 年。为何特别选择这一年？《南史》认为理由如下：

> 汉自建武至建安二十五年，一百九十六年而禅魏；魏自黄初至咸熙二年，四十六年而禅晋；晋自泰始至元熙二年，一百五十六年而禅宋；宋自永初元年至昇明三年，凡六十年；咸以六终六受，六，亢位也。

以禅让的形式夺取帝位，始于三国魏，而其中最为轻松者是南齐篡夺。禅让仪式中，最为重要之事是将玺绶自授位君主传至受让新君手中，一般选定天下重望担当此任，作为舆论代表。宋齐禅让之时，曾欲指名南朝第一名流谢庄担当此任，但被谢所拒，无奈转托褚渊。褚渊受宋明帝顾命，虽然与宋室存有姻戚关系，但常与萧道成交好。褚渊因担当玺绶传达之任为当时名流所指摘，尤其是他的儿子褚贲等人，对父亲的行为极为不满，更发誓终生不仕齐室。大概是因为虽然舆论已放弃宋室，但萧道成的资望不足以得获人心。萧也深谙位居高位的处世方法，其执政之时有一朴实名言，曰："使我临天下十年，当使黄金与土同价。"

齐高帝萧道成在位三年就去世，其子萧赜（即武帝）继承大统。这两代在南朝被视为小康之时，今日考其政策，可知其大改宋孝武之后的恶政，可媲美文帝元嘉之治。现简要论述之。

宋孝武帝以来最令地方叫苦的是中央直接遣使检课。当时，课税主要为租（即一定谷类）以及调（即一定绢布）的上纳（租调多以金钱折变，其详则著诸外篇焉），并设有固定的上纳时间。原则上征税之事全权委任地方官。朝廷不时增额，而地方官催缴缓慢，自然发生租调滞纳现象。孝武以来对此滞纳之租调从严征缴，为每年实现迅速征缴，从朝廷派遣使者进行检课，而非直接委任地方官。然而，此事成为扰乱地方政治的原因，与其归罪于制度，不如说是使者对地方官采取敌对态度且滥用权力。当时建康腹地三吴平原内的地方长官多为贵族子弟，因此，宫殿内部权贵与寒门出身者之争也可从此台使派遣的事实中窥见一二。这种社会性的解释不谈，台使派遣的弊害有多严重，从齐武帝之子竟陵王子良的上疏即可看出：

> 凡此辈使人，既非详慎勤顺，或贪险崎岖，要求此役，朝辞禁门，情态即异；暮宿村县，威福便行。但令朱鼓裁完，铍槊微具，顾眄左右，叱咤自专。摘宗断族，排轻斥重，胁遏津堁，恐喝传邮。破岗水逆，商旅半引，逼令到下，先过己船。浙江风猛，公私畏渡，脱舫在前，驱令俱发。呵嚷行民，固其常理；侮折守宰，出变无穷。既瞻郭望境，便飞下严符，但称行台，未显所督。先诃强寺，却摄群曹，开亭正榻，便振荆革。其次绛标寸纸，一日数至；征村切里，俄刻十催。四乡所召，莫辨枉直，孩老士庶，具令付狱。或尺布之逋，曲以当匹；百钱余税，且增为千。或诳应质作尚方，寄系东冶，万姓骇迫，人不自固。遂漂衣败力，竞致兼浆。值今夕酒谐肉饫，即许附申赦格；明日礼轻货薄，便复不入恩科。……及其独蒜转积，鹅栗渐盈，远则分蹑他境，近则托贸吏民。反请郡邑，助民由缓，回刺言台，推信在所。如闻顷者令长守牧，离此每实，非复近岁。愚谓凡诸检课，宜停遣使。……凡预衣冠，荷恩盛世，多以暗缓贻愆，少为欺猾入罪。

最终此意见被采纳，地方长官的任期也随之发生变动。宋孝武帝之时，虽改元嘉之制，以三年为任期，但除去交接前后天数，实际上仅约两年半。为此，将其严格限定于满三年，多少有助于稳定地方长官的地位。总之，以上改革的要旨在于以元嘉之制为标准，多少可看出模仿的痕迹。

另外，户籍整理为齐武帝时之一大问题。其详情在其他著述中再述，总体上可归纳为：防止士庶混淆。士在法规之上是拥有一定爵位的官吏或准官吏，一般可免除租税力役。及至南朝建立贵族制，家世与官阶之间存在较为密切的关系，士庶的区别主要以家世为标准进行设定。因而若户籍之上明确注明士庶之区别，则朝廷收入与社会安定皆有常规。而宋元嘉时代对此亦有最详密的规定，文帝末年，与北魏交战之时，需征发人民以承担军务，且孝武以来租税与力役过重的现象愈发严重。检课一事如前所述，力役征发同样令人民陷于水深火热之中。作为逃避的办法，有资力者通过运作将户籍改为士流。如此一来，原本清晰的士庶之别产生混淆。朝廷热切地想将财资汇集至中央，反而面临租税负担者日益减少的倾向，且人民的痛苦日益加深。加

之力役过重，或导致一家流亡，或导致百姓投身军役而舍弃生业。为矫正此
等弊害，作为改革手段之一，必须禁止台使的派遣。法制上而言，从根本上
明确士庶区别，确定其范围，无论在朝廷收入方面，还是维持地方安宁方
面，都是最好方法。齐初代、二代之间已实行这一方法，其以元嘉之籍为标
准，略有改动。

除以上措施之外，租税改定政策同样值得注意，相关内容将置于外篇叙
述。总之，齐高帝、武帝之时，以宋元嘉政治为标准而得小康，但恢复元嘉
政治，从社会角度而论，必须充分保证贵族特权。关于此点，齐初代、二代
之间可见充分留意的痕迹。例如，齐受禅让以来，为齐室鞠躬尽瘁的南朝名
家王氏子孙王俭深得齐高帝的深厚信任，高帝曾言"我今日以清溪为鸿沟"，
又同意王俭之家成府，对其选用的士流从未否定。而王俭曰："我虽有大位，
权寄岂及茹公。"茹公为茹法亮，名列《南齐书·幸臣传》。实际上，宋孝武
以来，盘踞台城中的权吏，威势未曾衰弱。尤其二代武帝之时，寒门出身的
典签等人权力大大增强，实权反而逐渐被寒门出身者所掌握。《南齐书·幸臣
传》中，根据萧子显的总论，齐在官制上，上阶之官皆出名门，他们无需伏
奏天子，也不为天子执掌事务，因此天子在施行政策时必须依靠其他机关，
寒门出身者于是乎开始掌控权力。即名门出身者不劳即可获政治社会上的特
权，而官制之上，实权转移至本应无任何权力的寒门出身者。如前引裴子野
《宋略》所述，地方诸王子镇守之处，典签、主帅等手握实权，萧子显认为，
寒门出身者已拥有武帝以来最为显赫的权力。典签为书记一职，地方诸王子
在守地召开重要会议之时，典签负责记录会议内容。会议记录存于典签处，
在注重旧习的官僚社会，权力自然便为典签所掌握，加之齐武帝令典签监视
诸王子及地方高官的行动，这也是其权力大大增强的重要原因。实际上，武
帝表面上虽装作尊重贵族，但从其话语"学士辈不堪经国，唯大读书耳"可
看出，他认为当时贵族不足以成事。《南史》齐武帝本纪赞美帝政，其文简
洁，但评价甚高。另，读《南齐书·良吏传》序文，仿佛宋元嘉之治的气象
显现于武帝一代。然而，此时北中国方面，政治英主孝文帝治政，制度之美
粲然辉映。从北朝派至南朝的使者宋弁评论南朝政治时，曰：

> 政令苛碎，赋役繁重，朝无股肱之臣，野有愁怨之民。

可见，南齐鼎盛时期的政治绝非《南史》或《南齐书》所说的那样善美。

齐经两代十五年的小康时期后，不久即频发内乱，其惨酷之象远胜刘宋的末期。武帝临终之时，太孙萧昭业年犹幼弱，武帝于是发遗诏，言辞恳切地嘱托辅政之臣，称"太孙进德日茂，社稷有寄"，由此可见武帝对昭业的瞩望。但根据史书，昭业乃是一名无德少年。要而言之，除任性之外，其他恶事不提，特别突出地记述他挥霍金钱财物。《南史》记载，其父武帝之时，上库（即国家经费储存库）中有五亿万钱，斋库（即人主私用物品存储库）中藏有现钱三亿万，还有不计其数的金银布帛等财物。此等钱物在昭业登基后，一年不到就因为滥赠于人而消耗过半。王夫之认为此记载并非事实。因为一位少年竟然能在如此短的时间内消费如此巨额的财物，实在不符合常理，应该是决心废去昭业的萧鸾一派为掩饰其过，故意让昭业背负恶名。受托辅佐昭业的名单中，王室一族仅有竟陵王子良与萧鸾二人。事实上萧鸾专持朝政。萧鸾本是齐王室的疏族，但深受武帝宠爱，武帝甚至待之如子。有一个关于他的故事：萧鸾曾身居侍中要职，"王子侯旧乘缠帷车，高宗（萧鸾）独乘下帷，仪从如素士。公事混挠，贩食人担火误烧牛鼻"。此故事记载其俭德的同时，也表明其不重礼仪。但他辅佐昭业为政之时，手腕了得。昭业即位之年，就依例下诏免除租税。此诏书一般流于形式，从未实行，实际上每年仍照例征发。然而，萧鸾严格执行此诏，天下欣然以为其有苏息之思。与萧鸾共担辅佐大任的萧子良与当时的著名文人交好，声誉之高，南朝王族几乎无人可比。其幕下有一人名为王融，无论家世或文辞才略，都堪称当时的重望。他趁武帝病笃，发起运动欲推子良继大统，最终失败身死。此事祸及子良，虽有武帝遗诏，但建康朝政全部委与萧鸾一人，子良退至藩邸，不久就忧郁而死。

史家记载，子良之死，令昭业大喜过望。事实上大喜过望者是昭业还是萧鸾，不甚明了。总之，子良死后，昭业一派与萧鸾一派的斗争日趋激烈，最后萧鸾废昭业，并拥立其弟昭文，不久后又废昭文，萧鸾自即帝位。昭业被称为郁林王，昭文被称为海陵王。萧鸾即明帝。

概而论之，宋齐两朝，废立天子最为容易，同族相屠之风也十分盛行。史家多归罪于王室家庭教育不足。毫无顾忌地残杀同族在萧鸾即齐明帝时达到极点。《南齐书·萧子岳传》说，明帝废郁林王，立海陵王，后又废而杀之，而即帝位。当时，明帝子孙尚且幼弱，而齐高帝及武帝之子则茁壮长大，于是明帝制订计划将其悉数诛灭，并付诸行动。明帝做法极为阴险，多为半夜率兵袭击王室私宅，或破门墙突入。赵翼《札记》说，齐高帝夺宋后，曾诫告其子武帝，若非宋家骨肉互相残杀，自己作为外人绝无可能夺得帝位。武帝坚守此教诲，在他这一代尚能维持兄弟周全。但希望一族亲和的高帝对宋之遗族所采取的处置甚为残酷，因而武帝之子萧子伦被明帝所害时曾说："先朝杀灭刘氏，今日之事，理数固然。"即便为"理数固然"，明帝之残忍实应深咎。

关于明帝对齐高帝、武帝之子孙所采取之政策，当时的舆论如何？他废郁林王之时，辅助者为南朝名流、朝臣首领、受武帝恳切嘱托辅佐其太孙的徐孝嗣、王晏之流。明帝将废郁林王的流言早已流传民间，有人向徐孝嗣进言，称昔日褚渊助齐夺宋之后，舆论攻击十分激烈，对此应引起充分注意。徐孝嗣心中认为此言有理，但仍选择助长明帝之逆。王、徐二人助明帝行废立的消息传至谢瀹处，当时谢正与客下围棋，听闻消息后，竟进书斋卧下，全无关心朝廷之意。虞悰认为废立不可能发生。江敩当时正在出仕朝廷的途中，闻知此事后，假托家中所服之药发，吐车中而去。其后明帝的行动日益残酷，著名的谢朓向其弟送酒数斛，且告诫他说"可力饮此，勿豫人事"。他们从名教上，对明帝抱有非常厌恶的感情。但话虽如此，并不意味着他们对齐室尽了多少忠节。以身殉主者反而常见于寒门出身者中。王夫之论及此事时称，明帝屠杀高帝、武帝子孙之时，"大臣谈笑于酒弈之间，自若也"。然而，武帝之子萧子懋被杀之时，部下董僧慧处理完其身后之事后，从容赴死；又有一人名叫陆超之，劝他人逃亡后，自己端坐赴囚。这些人都是毫无学识的武吏。与有学问、有教养的名族相比，孰优孰劣？现暂且不从道德上比较二者的价值，但寒门出身者中不乏忠义之士的事实为此后的正史设立"忠义列传"的名目埋下了伏笔。当今的《晋书》作为唐时编撰之书，已有"忠义列传"之目。这可能与唐朝史臣的裁断有关，但当时确实已经存在此事实。

明帝在位五年即身故，继承其后的天子东昏侯萧宝卷作为古今无类的恶德之人登上历史舞台。且先看其为人。

《南齐书》本纪记载大意如下：

东昏侯身居东宫之时，厌恶学习，沉溺游戏。父亲明帝未将其当作皇太子进行教育，而是完全当作家中之子宠溺，让他三日一朝。自然，东昏侯在家中任性长大，或有彻夜捕鼠之戏。明帝临终之时，告诫他说："凡事不可落于人后。郁林王过于迟钝，为我所废。"东昏侯闻之，于是与近侍相谋，恣意屠戮大臣。明帝托以后事的六名大臣都在东昏侯即位之年被杀。执行人为其侧近的御刀、应勅等武人。六名大臣被杀后，东昏侯愈加横暴，日日与近侍者歌唱狂舞，彻夜行乐，翌日醒来已是申时。王侯中出仕朝廷者往往要等到申时后才可得谒见，傍晚方能退朝。内阁向其上奏的文案十数日之后方才得到回复，有时文案竟不知去向，后来发现宦官们用来包裹鱼肉拿回家的纸竟是五省呈上的黄案（此事见于《南史》）。元日有举行会餐仪式的惯例，因为天子白天睡觉，朝拜仪式结束之时天色已晚，及至会餐天已全黑。朝臣自然未食即散。宿将陈显达不堪朝廷压迫奋起谋反。叛乱平定之后，皇帝的乱行反而变本加厉，且其不满足在朝廷之内游玩，而是屡屡外出。所到之处，必提前令人民退散。因此，宫城门至郊外数十百里间，房中皆无人。幔幕布于四处，内有兵士，乃是天子游行的警备，名为"屏除"。他还偶尔前往近侍的家中，有的近侍家宅刚好在人声杂沓的市场附近，出访未提前预告，偶遇的市民四处逃窜之混杂乱象简直无可名状。他造成的困扰不局限于百姓，高官士族也在所难免。例如，前魏兴太守王敬宾新殁，尸骸还未收棺。正在此时，朝廷忽降天子驾临的预告，棺侧之人四处逃逸。等到家人回来，老鼠吃掉了尸体的双眼。长秋卿王儇病笃，无法留在家中，最后死在路上。东昏侯为讨宠妃潘氏的欢心，搜寻世间所有珍宝，但不用天子御库中的旧物，于是从民间采买金银宝物，估价极为高昂，琥珀钏一个百七十万钱。天子此时方才察觉金钱的必要性，于是将建康城内的酒税以金钱征收。另外，江南地区水利徭役被大量征发，也可换算为现钱上纳朝廷。为此，地方水利系统紊乱，水害多发。大兴土木，多间宫殿拔地而起。为了装饰宫殿，又从著名寺庙夺取佛像及雕刻。据说某宫殿墙上或画有男女私亵之像。无视时令季节，种植好树美竹，不日即枯死。民间竹树被肆意征用。宫苑之内，模仿民间市场，天子本人担任市魁，令潘氏作为市令。若起争执，则执之引渡至潘氏处，交其裁定罪行。当时，助纣为虐者为茹法珍、梅虫儿等寒门出身的人。他们利用身边的武人，肆意把弄朝政，若遇见富人，则以各种名义没收其财产。

若铺陈描写东昏的行为，恐怕当如《南齐书》的记载。但六大臣被东昏侯诛杀，却是自取灭亡。顾命六臣中，首领是辅助明帝篡位的徐孝嗣，梁武帝评价他是任人穿鼻绳控制的好人，完全没有统制重臣侍奉一王的手腕与忠诚。由于明帝行径残暴，人望已久离齐室。加上东昏侯恶评如潮，顾命六臣因为利害关系，缺乏感情沟通，六人当中有人图谋废立以求地位安稳，这是寻常可见的政治现象。就在六人相互排挤之时，东昏的近侍之臣乘虚而入。其中唯独宿将陈显达谋反的情况颇得史家的同情，此处不详细叙述。最后武将崔慧景发起叛乱。平定叛乱之人为武将萧懿。叛乱平定之后，萧懿即被杀。久观形势的萧衍见兄长萧懿立功反而被杀，于是趁此机会举兵，檄文曰：

> 骋肆淫放，驱屏郊邑，老弱波流，士女涂炭。行产盈路，舆尸竟道，母不及抱，子不遑哭。劫掠剽虏，以日继夜。昼伏宵游，曾无休息。淫酗媟肆，醧歌垆邸。

将之与《南齐书》的记载对比，二者所述基本吻合。但若与陈显达谋反时发布的檄文对比，则其铺陈之处大相径庭。陈氏檄文一节如下：

> 琴横由席，绣积麻筵，淫犯先宫，秽兴闺阃，皇陛为市廛之所，雕房起征战之门。任非华尚，宠必寒厮。

陈显达的檄文强调东昏侯违背家族道德且轻蔑势族。此类形式上的表现手法，南朝向来有之。但萧衍别有立意，力陈其危害一般士民之处。

梁武帝之治

梁历经四代五十六年（502—557年）灭亡，但实际上梁兴亡史尽在武帝一代四十八年间（502—549年）。因此，讨论梁代时，叙述武帝一人的政象就足够了。

王鸣盛在《商榷》中称梁武帝萧衍家与齐的始祖萧道成家出自同一先祖，至萧衍，仍与齐王室有亲属关系。此点在《梁书》中不明，但在《南史》中有所记载。因而，齐与梁之间的关系，查阅《南史》即可知晓。据记载，萧衍之父萧顺之辅助齐高帝立下大功，深得高帝信任。然而第二代的武帝厌恶萧顺之，其怀疑自己的诸子当中有一人谋反，派萧顺之前往讨灭逆子，此事招致世间恶评，武帝反而归罪于萧顺之，最终令萧顺之忧郁而死。武帝的做法令年轻的萧衍甚为怨恨，因此明帝萧鸾诛灭齐武子孙之时，他参与支持该计划。而萧衍对东昏侯举兵谋反的动机之一，乃是其兄萧懿立功反而被杀。总而言之，萧衍的行动全出于个人私怨。这一观点应是道出了部分真相。因此，从这个意义上说，萧衍夺齐，与齐的疏族明帝萧鸾诛灭武帝子孙并将王位传与子孙，是完全相同的。由此，王鸣盛将梁视为齐的延续，但事实上萧衍也改换齐的国号，新建了梁朝，可知其试图借革命扭转人心。如果像王鸣盛所认为的那样，《梁书》抹杀萧衍对齐室有私怨的内容是他在位期间故意所为，则更可明白梁武革命的意图。

萧衍年轻之时，深得齐武之子竟陵王子良的喜爱，与其幕下的文学人士共享盛名。如赵翼所言，齐王族普遍爱好文学，而萧衍恐怕是其中最为杰出之人。明帝诛灭齐武子孙时，萧反而助之，政治地位变得更加稳固，最终受封雍州刺史，坐镇襄阳。襄阳与北魏边境相接，其军队势力自然强大，此外，他还暗中制作军械，将竹木沉于檀溪之中，以备他日之用。东昏即位之后，他见顾命六臣因互相争夺权力而处于焦虑状态，便预感齐室必然灭亡。而东昏的压迫逐渐波及边境，久守国境的齐将裴叔业派遣使者至萧衍处，劝其共同弃齐投魏。萧衍答曰：齐王室势力微不足道，我等足以自立。若今日降魏，魏必将安排其他大将取代我等位置，我等不过在魏朝廷谋得闲职一个，岂可忍受此等屈辱？及至东昏诛杀其兄萧懿，萧衍才举兵讨伐齐室。

永元三年（501年），萧衍四处发布檄文，举兵东征。一名部下劝其拥立当时身居江陵的东昏之弟南康王，萧训斥曰：若事成，纵然不立南康王，天下亦皆附于我。萧军所到之处皆破敌军，顺利进军江陵，南康王手下诸将约定将全军交与萧衍统管，拥立南康王，劝南康王发出废除东昏的诏书。之后，萧衍军堂堂部署诸军，向建康进发，该年冬十月攻陷建康，东昏投降后被杀，南康王被拥立成为和帝。但其在位不过数月，萧衍便受禅登帝位，改年号为天监，国号为梁。其即位后的告天文中说：

> 天命不于常，帝王非一族……齐代云季，世主昏凶，狡焉群慝，是崇是长，肆厥奸回暴乱，以播虐于我有邦。

萧衍革命，主要谋划者为沈约、范云。此二人曾共同侍奉竟陵王子良，且与萧衍一样以文学闻名，与萧衍属友人关系。二人劝萧衍，今夺齐室，名分上无以为正；但人心已厌倦齐室，寄望从萧衍处谋得安宁，此时应顺应大势。沈约还劝萧衍杀和帝。王鸣盛援引沈约的《佛前忏悔文》，沈约在文中叙述炎炎夏日自己拍杀蚊虫与跳蚤而不知其数，且描述自身壮年血气方刚之时曾屡屡侵犯女僮等罪恶，而对于夺齐及劝萧衍杀和帝之事则未见一丝忏悔之意。诚然，客观上当时的名流对政治行为已不太关心，对萧衍也不例外。例如对萧诛杀和帝及其同族之事，舆论鲜有责备之声，反而对其宽大处理明帝萧鸾系统外的齐王室的行为报以赞赏之声。齐高帝子孙中有名为萧子恪者，某日入朝拜谒梁武，梁武告知子恪：我每入建康，世人皆劝诛杀尔等，但我都拒绝了。南朝之时，每有革命，必互相残杀。为此，伤天地和气，国之命运也不长久。尤其我与齐室关系深厚，绝不能与尔等疏略。且我乃从明帝之家夺其位，而非从尔等之家夺天下。由此话可清晰判定诛杀王室一族的界限。

梁武帝萧衍是一名优秀的统治者。在和帝之下执政数月，就劝帝发布诏书极力推进分定氏族，建立社会统制。一方面，此为南朝传统政策，但帝王成为中心后，若欲稳定正在崩坏的姓族的地位，就必须令姓族依赖帝王的保障。此政策反而为北魏英主孝文帝所采用。因而承认姓族的地位，同时以国家的礼制制约他们，确立儒学的尊统，涵养他们的德性，方可维持国家体统。因此，首先实行统一礼制。南朝时应该统一礼制的观点在齐武帝时就被学者伏曼容所倡导，但因当时君主不够热心而未取得成效。梁武宰相徐勉再兴此议之时，得到武帝同意而促成此事。所谓五礼修订，分吉、凶、军、宾、嘉各部，令学者进行研究，议论不合之时，由梁武亲自裁定。之后建设国学，任命五经博士。国学建设在宋齐二代之时也曾实行，但李延寿在《南史·儒林传》中称，宋齐国学暂开后停止，实际上儒学复兴开始于梁。有学者认为，梁武虽复兴废绝已久的汉家一统治体，但当时儒学与道佛二教相混杂，明显缺乏纯粹性，因此无法达到汉家的治效。梁武本为取佛理而发挥中庸新义之人。客观而言，儒学取佛道教理后，反而得以有效扩大其道。儒学纯与不纯之说，学者各执己见，尚无定论。总之，应以士人遵循的标准是否确立，来讨论治体。

梁天监十七年（518年），朝廷下发流民安置相关事项的诏书，大意如下：

> 今有大量流民失去生业流离故乡。须令此等流民返回故乡。在此时返回本土者免除三年租税。不欲返回故乡者，则编入当前所在地的户籍，依照旧课课税。欲返回故乡，但故乡已无住宅者，可由村司三老及旧亲向县官提出申请，批准给予村内官地官宅。此外，市场或税关的官吏因营私舞弊而被没收财产者，其田地、宅邸、牛车等是民生之本，不可全部没入官府。富有商人不得肆意兼并。逃避力役者，若自首，则不问其罪。已被赋课某种力役但途中逃亡者，必须完成定下的力役。

由上文可见对流民安置的宽大处理，且对市场、税关官吏的犯罪，也从民生主义的立场保证其生活资料；逃避力役者若自首，仍可享受一般平民的特权；不给权贵与富人可乘之机，可谓施行了最为仁慈的王者统治。而其政策完全与梁武性格有关。《南史》记载梁武私生活时有云：

> 每决死罪，常有哀矜涕泣，然后可奏。性方正，虽居小殿暗室，恒理衣冠小坐，暑月未尝褰袒。

且其日常生活颇为质朴。他的亲信周舍、徐勉二人也凭俭素的生活与高洁的人格，而成有梁一代的模范。《梁书·徐勉传》就对其清雅的生活进行了生动描写。

然而，天监改元普通之后，梁的政治日渐放纵。梁武对同族的约束过于宽松的弊害终于显现。现列举临川王宏与梁武之间的一则故事作为例子。

（意译）临川王是梁武之弟。与北魏交战之时，他作为全军主帅出击淮水流域。当时梁军军器、军容之齐备，属百数十年来之最。且其部下军将之中，能人众多。但王进而不战，某日魏军来袭，诸将正全力防御之时，王竟舍弃全军仓皇逃回建康城。为此，梁军大败。但梁武不问其罪，反而仍然予以重用。而此大败使王饱受恶评，王的心中也常常抱有不安。王原本就以贪婪无度为人所知，其名下宅邸附属的库屋以百间计，坊间传闻其中藏有兵器，以备谋反之用。流言传入梁武耳中，梁武因对兄弟富于友爱，某日反常一名随从突然造访王宅，王设宴招待。席间，帝提出想看看后房。但后房放置大量王的贿货，对于帝的要求，王面露疑惧之色。帝见此状，心中生疑，于是逐屋检视，发现某屋若聚百万钱则立黄榜，千万纳于一库，悬一紫标，如此三十余间。依帝之计算，全部现钱三亿万有余。其他屋中，布、绢、丝绵、漆、蜜、纩、蜡等杂货充盈其间。但没有传言中的兵器，梁武遂安心，对王曰："阿六，汝生活大可。"欢饮而去。

此外，"宏都下有数十邸，出悬钱立券，每以田宅邸店悬上文契，期讫，便驱券主，夺其宅。都下东土百姓，失业非一。上后知之，制悬券不得复驱夺，自此始"。总之，恶评很多的临川王依旧受帝重用。最为严重者当数梁武之子邵陵王纶。为给夫人制作衣装服器，竟令部下在建康城内赊买锦采丝布数百匹。商人都知道他会赖账不还，于是纷纷关门闭户。时逢朝廷遣使采买同一物品，发现户户闭门。官吏何智通将此事原委报告梁武。帝于是令邵陵王回到宅第反省。邵陵王对何智通怀恨在心，于是命令部下在街头刺杀何。何智通认识凶手面孔，临死之际在墙上写下"邵陵"二字。事情败露后，帝召邵陵王及凶手入宫。此时何智通之子用火烤熟其中一名凶手，撒上盐与蒜，悬赏百姓食用其肉。总之，此事件后邵陵王被贬为庶人，但不久之后依旧为帝重用。

以上两个例子皆表明梁武做法之放纵，尤其被中国学者所攻击的是他过于信守佛教。梁的名臣中有一个叫江革的。江曾被北魏所擒，魏将元延明千方百计劝其向魏投降，但江革言辞激烈地予以拒绝。适逢北魏发生内乱，江革得以返梁。梁武知江革因性格刚烈差点被魏所杀，于是赋诗一首，劝其皈依佛门。诗文如下：

> 惟当勤精进，自强行胜修；岂可作底突，如彼必死囚。

与此同时，去信一封寄与诸贵族，说：

> 世间果报，不可不信，岂得底突如对元延明邪？

可知帝逢事必劝当时的贵族信仰佛教。将佛教信仰推广给个人并非不可，但若用于朝廷礼仪，则终将引起朝论的批评与责难。

在中国，朝廷最为重视的宗庙祭祀必须奉上牺牲。但梁武认为此举将祸及冥道，于是下令全部以面代之。对此，朝野沸腾，认为若不奉上，则子孙无法永续。但梁武意志坚定，朝臣商议后，建议用脯即肉干代替祭品，帝仍然不满意，欲以大饼代替肉干，兼用蔬果。又，梁有"大通"的年号，依王鸣盛观点，该年号取自建于同泰寺对面的大通门。当时盛行一种文字游戏——反语，"同泰"反语是"泰同"，"泰"与"大"相同，"同"与"通"同意。因而，大通的年号其实是取自佛教语言。又铸造钱币，取名"足佰钱"，用法定价格强行在市场流通。当时的诏书曰：

> 佰减则物贵，佰足则物贱，非物有贵贱，是心有颠倒。

纯粹的经济问题，竟然用"心有颠倒"等佛教语言，实为滑稽。梁武帝最终舍身同泰寺，以帝王而成为佛家弟子，这在中国史上实属异数。

梁武政治日渐流于放纵，又将佛教主旨混入政道。无论其自身如何励精图治，始终无法抑制民间的不安。贺琛上疏痛陈当时的弊害：（一）人民流亡现象明显。宋末期以来实行的朝廷直接遣使征收租税的做法愈演愈烈，纵使朝廷屡下恩诏，宣告免除租税的恩典，但皆为空文，实际上人口减少的现象日趋严重。（二）风俗日渐流于奢侈。当时设宴招待客人的风气在贵族及权贵阶级之间尤为严重，耗资巨大。他们中间甚至流行蓄养女妓，官吏虽有充足收入，但积蓄全部用于宴会及养妓，以至谋求不法的诛求。（三）为官者皆为小人。当今为官且得势之人并非家世良好，他们都好用深酷之法向百姓征收诛求。（四）诸事耗费过多。京师的治署、邸肆、国容、戎器，四方屯传、邸治等，应裁减费用的地方较多。总之，改年号为"普通"后的二十年间刑役屡起，民力凋敝。今幸与魏保持和亲关系，应趁机谋求休养民力。

但梁武见此上表后，暴怒。帝以自身为例进行反驳，称其平生生活质朴，宗庙不用牺牲，朝廷商议之后，仍坚持用蔬菜。供品也全部是园中种植的瓜菜。此外，若有营造之事，必一一付费，从未滥用民力。且自身久不接触妇人，不饮酒，不好音乐，因而被攻击为奢侈实在荒谬。而小人之官究竟所指何人？又该如何裁减费用？总之，事实完全不明。抛开帝的反驳，史家如此记述当时情状：

> （意译）对官吏的管制不力，因而州郡牧守多侵渔百姓，朝廷派遣的官吏侵扰郡县，建造塔庙的费用也过于高昂。且信仰佛教的结果，刑狱之事颇为疏略，奸吏弄法贪贿，蒙冤者人数众多。量刑两年以上之人，每年计有五千，又王侯子弟趁管理宽泛，竟在白昼于都城内杀人，或暮夜公然剽劫，怀罪亡匿之人步入王侯之家，则有司不敢搜捕。

总之，梁武政治引起世间普遍不安乃是事实。适逢北魏发生动乱，其勇将侯景向梁投降，但其后又叛梁，导致梁室灭亡。现叙述侯景之乱，并对南齐以来南朝与北朝的交涉概况进行叙述。

北魏与齐梁的交涉以及侯景之乱

东晋至宋初，北中国被五胡扰乱，宋武帝在位之时，正值纷乱的顶点。因此，武帝得以一度攻陷长安，并将黄河以南全境（即今日河南、山东大部分地区）置于宋的势力之下。然而，鲜卑拓跋焘（太武帝）上台后，逐渐用武力完成北中国的统一，不久其势力便扩张至黄河以南。而宋方面，如前所述，文帝即位后，意图夺取河南地区，但以失败告终。但文帝一代仍将山东全境收于势力之下。之后，北魏内部逐渐统一，深得北地汉族信赖。与此相反，宋王室内讧不断，孝武帝热心集权主义，时常对北魏展开攻势，但明帝之时，薛安都携徐州降魏，山东及江苏北部地区尽入北魏版图。此后，大体上中央山脉成为南北分割线。明帝在晚年与北魏缔结和平条约，两国互派使者，确定边境，置税关，开通商之途。

宋灭亡后，齐取而代之。南朝革命为北朝的征伐提供了机会。其一，边防之臣因革命深感不安，于是向北朝求援。其二，夺他人之国者，王者必正其罪，此乃汉族的传统思维。齐取代宋时，恰逢北魏英主孝文帝执政，其信奉汉族文明已久，注重大义名分。因此，他直接命令诸将讨齐。两军交战，关于战争胜败，《魏书》《南齐书》各自书写己方胜利，因此事实不明。但齐以防御为主，一方面派车僧朗至魏讲和，可见其被动局面。两国姑且恢复和平，之后齐武帝继承高帝遗制，与北魏尽力修好，两国边境相安无事持续多年，实属罕见。

南北两朝结好，屡次交换使节。两国对使节人选极为讲究，要求文辞华丽，善于舌辩。文章学问方面，南朝远胜北朝，因而南朝使者入北朝之时，北朝朝野欢待。北魏孝文帝曾赞赏齐武帝所派两名使者的应接能力，并对二人说："江南多好臣。"身旁的一名魏臣讽刺："江南多好臣，岁一易主，江北无好臣，而百年一主。"孝文帝训斥之。但齐的两使节接受孝文欢待之时，南北两朝之间即将爆发战争的猜疑也开始浮出水面。此前，齐武帝在建康西北白下建造一城。江南地区传言，此城乃是武帝为北伐收复山东地区所建，后波及北方，最终掀起一时的骚动。孝文向齐两使核实事情真相，使者辨明之后终得无事。不久，北魏孝文帝从山西旧居迁都洛阳。此事对北魏而言是大事一件，鲜卑部族几乎全部反对。因而孝文帝以大举南征的借口携鲜卑部族转移至洛阳，并在该地突然宣布迁都之事。但南征的宣战布告文已公然发表，南朝对此事甚为惊恐，于是征发民丁进行防备。实际上孝文帝不过是对南朝示威。不久齐武帝去世，于是孝文以不应乘邻国之丧发兵为由，停止军事行动，专心迁都事业。齐武帝一代虽时有战云笼罩，但大体两朝始终维持和平。但孝文迁都洛阳，缩短了两朝距离，因此北魏威力易加于南方。尤其齐明帝从武帝子孙之手夺得帝位，孝文再获南征口实。此时，孝文帝亲自出马直逼寿阳，其威仪盛大之状，可详见于《南齐书·魏虏传》。又出军河南至湖北一带，在南北国境全线发起攻击，但因魏国内部发生状况而撤兵。《南齐书》记载，孝文帝是借此举显示迁都的威力。这个应该是部分原因。其后明帝诛灭武帝子孙时，被魏征讨。《南齐书·魏虏传》简要概括了明帝一代的南北形势，现翻译大意如下：

　　明帝初立之时，魏的势力强逼今河南南部、安徽北部地区，镇守该地的武将高筑城墙，蓄养士卒，但不敢与魏进行武力决战，任由胡马践踏淮水、淝水流域，纵容魏兵肆意掠夺。魏迁都洛阳之后，魏都与两国界线相当接近，往返仅需一日。魏主利用上述条件实现开拓领土之野心，齐边将则穷于防御之术，河南南部拱手让人。东部方面，安徽北部逐渐被蚕食。为此，国内租税负担愈重，民不聊生。虽然国运盛衰系于天命，但齐国将卒贪功昧赏，临急不施救援，朝廷号令不一，也是罪之所在。

总之，齐末年，北朝英主孝文帝的存在让南朝承受了巨大压迫。

南朝齐亡梁兴，时值北朝孝文帝死后第三年。梁初期，魏南进之势仍在继续，梁革命之时，魏宗室中山王英以此为口实尝试南征。南北分界线中央山脉北侧，南朝的防御要地，西为义阳（河南信阳），东为寿阳（安徽寿州），此时寿阳已被魏夺取，中山王英攻取义阳。见此形势，北魏勇将邢峦上表魏主世宗（宣武帝），建议平定蜀地。其大意为：蜀地与南朝首都建康相距甚远，若进攻，则南朝输送援兵困难。而汉水上游的汉中地区是孝文帝时从南朝取得。因而以此地为起点，进军取蜀极为容易。蜀物资丰饶，户数也在十万以上，相比攻取义阳或寿阳，其利益三倍有余。于是平蜀之计确立。同时，中山王夺取义阳后，意图以寿阳为根据地南进。对于采取此行动的理由，《魏书》认为是梁已举收复寿阳之兵。事实究竟如何？总之，梁在合肥、钟离（安徽省安远县）构筑防线抵御魏军南侵，战争从天监五年（506年）开始，长达六年，是南北战史上极激烈的一场争斗。南军将领韦睿在防守中屡获胜绩。梁因此得以阻止魏军南进，但此后梁军在西北义阳方面大败，梁最终提出和议。但魏主世宗拒绝。《魏书》叙述其理由为梁所送之信未尽藩礼，无恭顺之意。但事实上是因为此时魏朝廷中主战气氛极为浓厚。如此一来，魏从各方面继续南进，尤其进击蜀地更是稳步推进，四川北部大部分地区归于魏势力之下，但此地的魏将爆发内讧，发生一起罕见事件。详情如下：

当初为魏制定平蜀之计的邢峦在汉中稳步推进在蜀地扩张势力之事，部将王足一度攻取涪城（绵州府）。但邢峦受命转移至东方战线，与此同时入蜀的魏诸将发生内讧，王足降于蜀之梁将。为此，魏攻取的新领土大部分回到梁的手中。于是，魏发起更大规模的征蜀军。魏降将王足为牵制平蜀计划，于是向梁武献策，在东方筑堰，挟淮水攻魏的寿阳城。梁武对此计甚是欣赏，于是派遣土木技师及工部役员视察地势，但收到答复称不可能。因为淮水的沙土质量轻，容易冲散，无法用于筑堰拦水。梁武不听，在当今江苏省北部地区，以二十户出五人的比例征发力役，在盱眙县西夹淮水而立的浮山与巉石山之间筑堰截流。为此，负责保护淮水的军队及从事工程的百姓总数达二十万。堰从两侧开工建造，在中间快要接合之时，淮水突然暴涨，导致堰坝溃决。有传闻说，淮水之中有多只蛟龙，乘风雨破坏崖岸。又说蛟龙不喜铁器，于是用铁器推进工事，朝廷更令铸铁局运来种种铁器，但仍以失败告终。于是用木头制成框架，其中注入土石，终于勉强成功。为此，附近淮水一带的丘陵木石全尽。此工程从天监十三年（514 年）开始，翌年完成，堰长九里，下阔百四十丈，上广四十五丈，高二十丈，深十九丈五尺，堰的两旁作堤，上植柳杞，以便军人列队。此堰建成之后，魏军颇受其苦，但梁的百姓也同样叫苦不迭。梁于是作湫，令一部分河水东流。魏试图模仿，但堰蓄积的水量非比寻常，因此没什么用，寿阳地区地势低洼，此地的魏军叫苦不迭，出兵妨碍工事但未成功，堰筑成之后，再次攻击之，又被击退。但天监十五年八月，淮水暴涨，堰因之崩溃。其时响声如雷，闻于三百里之间，据称水中怪物一并流出，残杀居民数万人。

由以上所述可见，梁常受制于北魏的压迫。但当时北魏的攻击力并没有那么犀利。魏向来自夸的军队统制全乱，以鲜卑种属及与之关系密切的以藩族为中心组成的魏近卫军在实战中也未发挥作用，反而滥贪补给。鲜卑与汉人混合组成的地方屯戍兵全都是为了得到恩赏而走上战场，实际上不敢与敌交手。孝文帝死后北魏屡次尝试南征，但全都是军将图谋利益所为，绝不是国家自主制定的计划。且中山王英等勇将已殁，世宗亦死，肃宗（孝明帝）即位后，魏朝廷内部醉心佛教，与南朝不同，随之而来的弊害是极尽淫荡之风。而在内蒙古边境抵御蛮族的军队往昔补给充足，如今闲却下来，顿感空乏，叛乱由此爆发，不久后，波及北中国内部，其影响自然及于魏南部战线，为此南朝一时占据有利地位。

梁普通六年（525 年），魏徐州刺史元法僧降于梁。徐州不战而成梁的领土。之后，寿阳守将李宪也降于梁。梁命陈庆之镇守寿阳，适逢魏宗室北海王元颢因魏王室内讧而降梁。武帝命陈庆之派兵护送北海王至北方。陈庆之立即北上，进击魏睢阳城（河南省归德府）。魏军轻视南方军队，所以未做充分防御，陈庆之一举攻陷睢阳城，从西方直逼洛阳。魏十分狼狈，急忙呼集四方军队，在荥阳进行防御。此时，陈庆之麾下之兵仅七千人，而魏军总数三十万，南军士卒颇为恐惧。陈庆之激励士气，采取避免野战而直接攻城的战术，巧妙避开北军先锋，迅速侵入荥阳城，杀守将，食其心肝。当时，支援荥阳的魏主力军又被陈庆之打败，陈乘势冲击洛阳。魏方面对南军如此迅疾的行动防卫不及，魏主敬宗（孝庄帝）仓皇逃出洛阳。陈庆之奉北海王颢入主洛阳。从发起军事行动到入洛阳，期间攻取三十二城，经四十七战，所向披靡。

陈庆之所推戴的北海王元颢在魏王室中拥有高贵血统，因而其入主洛阳时，自然不乏继承帝王大统的呼声，但其成功全仰仗南朝军之力。而北海王将南军引入北方无法博得魏人好感。于是，陈庆之的处境自然不佳。为此，陈意图释放洛阳城中被北军抓获而沦为俘虏的南方人，编入自己的军队。但元颢未应允。陈庆之军中有人劝他杀元颢，挟洛阳号令北中国。陈庆之无此勇气。在此种反感的旋涡之中，先前逃出洛阳城的魏主敬宗，得到坐拥山西最强军队的尔朱荣的帮助南下。洛阳无力抵御大军，北海王逃走，陈庆之在败亡后削发伪装成沙门，潜逃回梁。

陈庆之的远征纯属冒险。梁武未给予任何声援，而是沉溺佛教，享受太平治世。他端坐不动，而其声望足以牵引北中国汉族。北中国普遍动乱与魏室内讧并起，梁中大通六年（534年），东西两魏并立，东魏在邺建王城，汉将高欢据山西太原拥戴之；西魏则以陕西长安为都，鲜卑一部宇文泰掌握实权。此对立再次令北地笼罩于战云之下，鲜卑旧族多投向西魏，东魏高欢纠合鲜卑武人与汉豪族之力进行抵抗。而中原汉族遥遥寄心于梁武者人数众多，高欢揣察其情，对南朝抱以恭顺的态度，采取和平方针，极力压迫西魏。此外西魏起初在河南省东南部拥有势力，自然在河南、湖北方面与梁交界，后此地区被东魏所攻略，镇守此地的西魏勇将贺拔胜、杨忠等人无奈降梁。梁武优待二人，二人乞求北归之时，更慷慨地还其自由。二人感铭恩泽，贺拔胜终身不射南飞之雁，遥寄追慕梁武之思。总之，两魏分立之初，南朝与北地的争乱并无干系，因此得以享受和平。

然而，高欢死后，其子高澄掌握东魏实权。当时，为东魏统治黄河以南地区的侯景在高欢在世之时便声称，若高欢身死，"吾不能与鲜卑小儿共事"。大概是因为高澄之母出自山西北部蛮族。因此，等到高澄登基，侯景便邀请黄河以南的东魏各将降梁以抗高澄，同时向西魏寻求援助，稳固自身地位。侯景请降书抵达梁时，朝廷就是否答应受降的问题议论沸腾，多数人倾向于拒绝。理由为侯景是东魏叛将，若答应则将打破与东魏的亲善关系。

但梁武想答应，权臣朱异迎合皇帝的心意持赞同态度，最终侯景成为梁臣，又从梁武之处再得黄河以南全军统帅的名义。适逢东魏举大军征伐侯景，侯景向梁求救，又向西魏求援。西魏当即派遣一支军队，但看穿侯景态度有诈，于是途中引兵返回。侯景唯恐请求西魏援助的事实伤害梁武感情，于是亲自去信一封辨明此事。梁武阅信后更加信任侯景，命令诸将全力助阵。至此，梁与东魏的亲善关系彻底破裂。

东魏先在河南省东南部攻击侯景，侯景与梁的援军在此战中大败。东魏势力迅速扩张至湖北北部。于是，侯景下淮水，试图在安徽北部打破东魏势力，梁也对其计划给予莫大支持，但仍旧被东魏所打败。此战之前，东魏写给梁的信中，已显露出对梁不守信义的不满：

> （意译）我东魏自制而与梁交和平之好，受益者本为梁。但侯景自生猜疑，于西与魏相宇文泰结兄弟之约，于南与梁定君臣之义，最终对东魏大动干戈。而战败之后，以建康城为藏身之处，以甘辞卑礼而安置其身。梁主不察其实际，反而利用他来实现自身野心，毁邻好之大义。其结果可想而知。得一人而失一国，非智者所为，梁应当改变计划。侯景降梁之真意乃是见南朝不振，不日即灭亡，抱有取代之野心。侯景其人本微不足道，但军事经验丰富，部下之兵远胜南朝。此后江南人士将悉数倒在其马蹄之下。今梁主已老，政治动乱，但仍坚信施清净之治，境内人心必生变乱。若侯景趁机乱梁，我东魏讨之，则南朝之存在无以可期。因此，今日梁诸将及梁宗室若降于我朝，必欣然款待之。

据传，此檄文出自杜弼之手，由此可详知梁的状况，也反映出答应侯景降梁实在是一般南朝人士深深忧虑之事。

侯景被东魏所破，于是渡淮水南入寿阳城。入城之后，随即令自己的部下把守城门，梁的朝臣愈益危惧。此时，梁武仍深信侯景，随后侯景在寿阳城中征发百姓充当军士，并不断向建康索要衣服兵器，梁武这才逐渐怀疑其态度。恰逢镇守徐州方面的梁将被东魏打败，东魏于是趁机向梁提议修旧时之好，梁武应允。侯景深感处境不妙，于是企图谋反。

太清二年（548年），侯景以讨伐权臣朱异及其他二人为名举兵，出根据地寿阳城，巧妙避开与梁大军的冲突，取近道抵达长江北岸。在长江下游渡江共有三条路线。东从广陵（扬州）南瓜州津出丹徒（镇江），中从秦州（江苏省六合县西）的爪步或胡墅（浦口）直入建康，西则从历阳（安徽和州）南采石矶出姑孰（太平府），侯景进击防备最为薄弱的历阳。镇守此地者为梁宗室丰城侯泰，此人毫无人望，且粗鲁蛮横，曾征发有身份之人担负行列所用的舆、扇、伞等，若有耻之而不应之人，则肆意加以杖责，并搜刮其财物，方才放免。因此，城中士民反而出迎侯景，丰城侯泰被侯景所擒。侯景进入历阳之后，建康朝廷仍未充分重视，将守卫建康的重任交与临贺王正德，这实为一大失策。因为正德的乱行在梁王室中最为不堪，数度被武帝剥离职务。且他与侯景暗自串通，侯景之所以能轻易渡江，据传正是因为有正德的引导。

侯景渡江之后一路向东，与正德军会合，攻击建康城，并断然发布讨伐梁武的檄文：

> 梁自近岁以来，权幸用事，割剥齐民……今日国家池苑，王公第宅，僧尼寺塔，及在位庶僚，姬姜百室，仆从数千，不耕不织，锦衣玉食，不夺百姓，从何得之！仆所以趋赴阙庭，指诛权佞，非倾社稷。

侯景包围建康城的消息传出，援军从各方赶来，聚集于南京台地。但其首脑梁朝宗室之间相互猜疑，缺乏统制，或有私通侯景者，建康危急之时，援军毫无作为。梁室以建康全城兵力对抗侯景，坚持约半年之久。起初梁为防敌突入，关闭城门，其时城中有男女十余万人，手握兵器者约有两万。被困半年之后，多人身肿气急，死者不在少数，如此一来可参加实战者不过四千，但皆羸喘，遍路横尸，腐烂流汁，足以满渠。又闭城之时，为恩赏军士而储藏钱帛及一般粮食，米四十万斛，钱帛五十亿万，但薪刍鱼盐储蓄甚少。于是，拆尚书省建筑作为薪柴。撤荐席，切碎以喂马。荐尽，又食以饭。军士无肉食，或煮铠、熏鼠、捕雀而食之。后屠马于殿省间，杂以人肉食之。另一方面，侯景最初以为夺建康甚易，为收买民心，严令部下不得掠夺，但建康防守意外坚固，于是又允许部下杀掠，或将富家子女妻妾悉数赠与军士，或为攻城而起土山，其工役不论贵贱，昼夜殴捶驱使。建康附近的百姓身无分文。伴随时间流逝，已无物可掠，而侯景本营东府城仅存一年的食粮。若持久对战，援军杀到，则情势对之不利，侯景于是向梁武讲和，条件为划江右即安徽省长江北部地区归侯景。起初梁武不欲议和，但在太子的热心劝说之下，梁武将此事全权委以太子。和议达成，但侯景并未履约，而是听从部将王伟之言，固守江北地区，意图掌握建康实权。至此，梁武与侯景之间嫌隙日益加深，梁武屡次嘲弄侯景，又轻蔑其部将，不授予官位。侯景暴力回应，后梁武忧郁而死，太子继位，称简文帝。

侯景挟简文而据台城，但其命令执行的范围极为狭小。尤其乱后的南京附近，交通断绝，物资匮乏，饿死者众多。贵戚豪族也需自行取食野稻，或填委沟壑，不计其数。于是，侯景将因于江南的北人奴隶释放出来充军，进军三吴平原地区扩张势力。此军所向，肆意掠夺，不留一物。《通鉴》记载：

> 自晋氏渡江，三吴最为富庶，贡赋商旅，皆出其地。及侯景之乱，掠金帛既尽，乃掠人而食之，或卖于北境，遗民殆尽矣。

侯景在三吴平原扩张势力，尔后向西推进经营。其时，湖北江陵有湘东王绎，其南湖南长沙有河东王誉，其北湖北襄阳有岳阳王詧，其西四川成都有武陵王纪，诸王之间互相猜疑，祸乱已生。湘东王绎攻取长沙，杀河东王，将湖南收入掌中，时逢侯景军西进袭击武昌城。萧绎于是拔擢名将王僧辩，委任其与侯景军交战，王僧辩巧妙用水军破敌，侯景往建康败退。此战成为侯景命运转折点，之后王僧辩沿江而下，抵达溢口（江西九江），偶遇从广东北上讨侯的陈霸先军队，二者共同立誓合力讨灭侯景。水军直逼建康城西的石头城下，侯景身为北人，擅长陆战。但陈霸先所率的新锐南军与之交战屡次得胜，侯景未能挽救颓势，于是舍弃建康逃亡南方。但三吴地区反侯之军群起，于是侯景又从沪渎（上海）逃至海上，但最终还是被捕杀。

起初侯景败于王僧辩军，返回建康之时，知道形势不妙，于是杀简文帝，自称天子。他失败身死后，自然帝位传至王僧辩所奉戴的湘东王绎，即元帝。但此时因侯景之乱荒废的建康城及三吴平原已不足以供养皇帝官属，因此元帝不来建康，而是在江陵继承大统。然而，帝位后盾王僧辩军远在建康，成都武陵王纪觊觎王位多时，于是以讨灭侯景为名，大举东下，与元帝争夺帝位。此次远征毫无智谋可言，在北边窥伺成都已久的西魏军将尉迟迥趁机攻取成都，元帝军队又在武陵王东下途中发动袭击，武陵王死，领地白白被西魏占有。

元帝暂且得以抵挡北方的压迫，但北方襄阳岳阳王詧主动降于西魏，在勇将杨忠的帮助下，进击江陵，元帝来不及召回王僧辩军，江陵陷落，元帝被杀。岳阳王被西魏封为梁王，一时割据湖北。于是，梁室再次中断。王僧辩拥立元帝之子萧方智，且得到陈霸先的同意。然而，此前侯景还未叛乱之时，梁与东魏已推进和平交涉，并派出王室萧渊明担任使节。当时东魏已被高欢之子高洋所夺取，北齐朝廷新立，北齐主高洋于是向王僧辩提出拥立萧渊明继承帝位。王僧辩最后屈从此要求，陈霸先以此为口实，突然进军建康杀僧辩，拥立萧方智，即敬帝。此后，建康实权全归于陈霸先之手，不久他又受梁禅建立陈朝。

陈的兴亡

当初王僧辩、陈霸先二人在溢口立誓讨灭侯景之时，全军主帅为王僧辩。《梁书·王僧辩传》记载，跟随王僧辩的军队，肆意掠夺甚于侯景军，但王无力取缔，因而江南人民反而倾慕侯景。又他与诸将约定拥立元帝之子萧方智，但不堪北齐压迫，竟按照对方要求拥立萧渊明，最终惹怒陈霸先，招致杀身之祸。由此可见，其失败实为理所当然。对此，王鸣盛为其辩护。大意为：当时湖北地区已被西魏所夺取，建康形势极为危险。此前由梁派至北齐的萧渊明幕下有著名文士徐陵，他在北齐听闻侯景叛乱，于是策划依靠该国强权者讨平侯景，但未能实行。后又听说西魏攻取江陵灭元帝，预感对抗西魏势力必借北齐之力，于是与北齐订约，拥立萧渊明登基，作为两国和平象征，并令北齐归还此前侵占的淮南土地。徐陵以此作为条件劝王僧辩拥立萧渊明。王僧辩已和诸将约定拥立萧方智，因此起初拒绝了徐陵的要求，但当时的形势，西魏已经夺取长江上中游地区，若再招北齐不快，则无法维持江南势力，于是达成拥立萧渊明，定萧方智为皇太子的群议。此乃对梁尽忠。陈霸先原为王僧辩的副将，听令于王僧辩，现竟突然袭杀王僧辩，全是出于一己之野心，绝非忠诚于梁。不久后，其即夺梁室即帝位。禅让文出自徐陵之手，肆无忌惮对王僧辩进行谩骂。若以梁室为中心论僧辩之忠与不忠，则正如王氏所说。然而无法抹杀《梁书》中对建康的王僧辩军风纪废弛的记载。大乱之后，崇尚秩序的官僚，善后之策往往难免被新锐英雄的行动所压倒。

陈霸先生于吴兴郡（浙江长兴），是纯粹的江南人。长期以来，以建康为中心的政治，北来贵族居于主位，江南人位居其下是常态，尤其陈氏在江南人中门第不高，因而作为军人活跃于广东地区，后因立军功，方才崭露头角。侯景之乱爆发时，陈氏与同党出广东，剑指建康北上，当时拔擢他的萧勃等以为此行无谋，进行劝止，但其不为所动。《南史》本纪中陈霸先中叙述其决心时称："君辱臣死，谁敢受命。"其义勇冒进的气概或许吸引了其部下。陈战斗时，勇敢凶猛，引人注目。如前所述，后来陈霸先拥立敬帝萧方智，掌握建康实权。

陈霸先袭杀王僧辩时，建康形势完全呈孤立状态。四川至湖北江陵一带被东魏占有，后又拒绝北齐的要求，断绝和平关系，加上袭杀王僧辩事件，建康对岸江北之地的旧梁诸将以声援北齐为由逼近建康，且建康腹地三吴平原之中，吴兴有王僧辩部下骁将杜龛试图冲击建康。陈霸先为优先保障腹地安全，于是亲自出马讨伐杜龛，艰难平杜之时，北齐主高洋（显宗）大举南下，率军十万，从历阳西之栅口下江，由石头登陆。陈霸先听闻消息后，急忙从吴兴北归，在建康北郊幕府山下与北军大战，结果陈军大胜，陈霸先的地位自此愈加稳固。其后，势力扩张至江西与广东地区，永定元年（557年）终受敬帝禅让建立陈国。

且说南朝每兴革命，必有当时的望族进行声援，增添新王室的名誉，但陈的革命没有此事，而且通览《陈书》列传，可见除出使北齐的徐陵一人外，多数是武将出身之人。事实上，侯景之乱中，南朝第一名族王氏尽灭，其他名族多鼠窜他乡，建康名族的衰亡令王朝革命变得尤为容易。且此时西魏被宇文氏所夺，改为北周，国际关系呈北周、北齐、陈对立之势，又陈内政上名族衰亡，因此南北朝的历史已失去其特色，作为不久后隋唐统一期的序幕，其大势转衰可谓命运注定。

陈国新立。当此时，现今湖北省内的势力关系较为复杂。如前所述，北周势力自汉水上游至江陵地区，其东南以郢州（即今日汉阳地区）为中心，王僧辩部下骁将王琳据于此。他对陈霸先久怀复仇之心，于是以陈霸先夺梁室为借口大举东征。其时，北齐在安徽北部巢湖浮船，表示支援王琳之意，并相互联络，逼近建康。当时陈武帝霸先身故，文帝陈蒨在位，文帝在安徽芜湖打败王琳军，王琳逃至北齐，郢州归陈统治。北齐南进的计划遇到挫折。

陈取郢州之后，其势力直接与北周相接。北周利用王琳东征的机会，试图攻取郢州，于是出兵，但被孙玚击退。此外，湖南地区有人借声援北周之名反抗陈，但都被平定。经过几番争斗，陈与北周之间缔结和平条约，最终陈确认四川全域及大部分汉水流域归属北周势力范围。与北周建立和平关系令陈对北齐有了底气，自此之后，北齐反而对陈采取守势。

陈与北周之间缔结和平盟约之时为陈文帝天嘉元年（560 年）。北齐高演（孝昭帝）在位，在石鳖（江苏宝应）实施大规模的屯田，固守淮南防陈。说到当时的一般形势，对立三国之中，兵力与财力方面，北齐最强，北齐主高演被认为是优秀统治者，其志在对陈加强防备，同时讨灭北周。由《北史》对高演的评论也足见天下舆论对他的期待。但高演不幸早逝，其后三国之间无人主动兴起争伐，因而天下暂时得以维持平稳状态。其间有陈文帝之治，后经后废帝陈伯宗，进入宣帝陈顼的治世。

据传，陈文帝临政之时尤为细心。例如："一夜内刺闺取外事分判者，前后相续。每鸡人伺漏，传更签于殿中，乃敕送者必投签于阶石之上，令枪然有声，云：'吾虽眠，亦令惊觉也。'"正因为其心思过细，导致危及身体健康而英年早逝，后宣帝即位。宣帝治下，内部秩序逐渐完备，适逢身居湖南长沙的湘州刺史华皎欲借北周之力与陈对抗。宣帝直接令吴明彻讨灭华皎，对进军陈之郢州的周军也加以攻击并取胜。太建二年（570 年）陈携余威进攻北周在湖北的根据地江陵城。此战虽以失败告终，但陈军由守转攻，此点值得注意。

　　三国之中曾经最为富强的北齐，此时后主高纬在位，内部完全呈瓦解之势。在湖南取得成功的陈将吴明彻请求趁机断然实行北伐。对此，陈内部多有异议，但宣帝最终予以许可，太建五年，吴明彻率陈军渡长江北伐。其时江北全都处于北齐势力之下，以寿阳为中心，东在秦州（江苏省六合县），西在历阳驻屯重兵。陈军先攻秦州，北齐在石梁（江苏省天长县西北）防御。北齐军人身材高大，力大之人排于前列，配与苍头、犀角、大力等各队，人人骁勇善战。尤其中亚胡人指挥的一军擅长弓术，陈军甚为惧怕。但吴明彻麾下有勇将萧摩诃，投铁锸击倒胡人，又斩大力队数十人，北齐军全线溃败。北齐听闻，十分震惊，于是起用梁的降将王琳防守寿阳城，因其深得淮南人望，若利用之，可抑制陈军。王琳虽得部下信赖，声望犹在，但北齐的对策极为疏漫，导致王琳完全孤立于寿阳城，最后遭吴明彻擒拿。《通鉴》对当时状况有生动描写：王琳部下纷纷为已成俘虏的王琳求情，吴明彻恐生变，于是斩杀之。当时恸哭之声如雷，田夫野老不论知与不知，无不流涕。但北齐主高纬听说此消息后，面无悔色，听信近侍之言，认为淮南本为南朝所有，今被夺取亦不足惜，于是开酒宴，赏歌舞。陈取寿阳，吴明彻得胜而归，宣帝加以特别优待。

　　陈实施北伐前一年，即陈太建四年，北周明君宇文邕杀宰相宇文护，独裁朝政，称北周武帝。其即位以后锐意进取，施富国强兵之策，静待讨伐北齐的机会，北周名将韦孝宽上表建议起兵伐齐，其中说到土地富庶的淮南已被力量最弱的陈所夺取，北齐不能夺回，则其衰弱是显而易见的。陈太建七年，北周武帝决行东伐，太建九年正月，完全讨灭北齐。

　　北周灭北齐之后，统一天下的时机成熟。此前，陈利用周齐交战之机，意图攻略徐州地区，吴明彻作为将领一时声势大振，但北周救兵一到，陈军大败，吴明彻遭生擒。陈得知败报后大惊，于是向边境配备重兵以防北周。恰逢北周武帝身死，北兵南进暂时中止。

　　北周武帝死后，外戚杨坚势力渐强，陈太建十二年末，被封为隋王，翌年接受北周禅让建立隋朝，称为隋文帝，其时公元 581 年。帝即位之初，即制定讨平江南之策，东以广陵，西以庐江（合肥）作为策源地，令勇将贺若弼、韩擒虎二人驻屯两地。适逢太建十四年陈宣帝驾崩，太子后主陈叔宝继位。据《南史》记载，太建末年，隋制定大举伐陈的计划，适逢宣帝死，非但撤军，还派特使吊宣帝之丧，其文书之末还用"杨坚顿首"一词，尽显邻邦交谊。然而，陈竟在回信中称"想彼统内如宜，此宇宙清泰"。见陈言辞无礼，隋朝臣议论纷纷，广陵将领贺若弼等人请求立刻渡江取陈。但文帝此时仍持自重之态，表面上两国和平关系虽在继续，但天下舆情已察觉统一的气运。尽管如此，隋文帝的处置并非粗疏。例如，新开淮水下游通扬州广陵的运河，如此可自由搬运物资，且在前线施展种种策术，令陈财力枯竭。南土相比北土，农作物收获较早。隋军在南土将农忙时作出大举袭击之势。南人大惊，立刻在长江沿岸配置重兵。此策年年重复，为此南人在重要农忙期人心浮动。此外，南方的房屋多为茅竹所建，不似北方家有地窖，没有储藏谷物的习惯。隋于是派间谍向民屋放火。此为陈最为苦恼之处。眼见陈竟被隋前线军的小伎俩如此戏弄，其内部的不统一可想而知。后主即位后，陈人都知道本朝必亡的命运，不可思议的自然现象开始散见各地。例如，建康至荆州之间，长江之水赤如人血；有一夜天空开裂，自西北至东南，其中有青黄色，有声如雷隆隆。如此险象之中，陈叔宝却依然只管享乐。《通鉴》记载如下：

> 上于光昭殿前起临春、结绮、望仙三阁，各高数十丈，连延数十间，其窗、牖、壁带、县楣、栏、槛皆以沈、檀为之，饰以金玉，间以珠翠，外施珠帘，内有宝床、宝帐，其服玩瑰丽，近古所未有。每微风暂至，香闻数里。其下积石为山，引水为池，杂植奇花异卉。

> 上自居临春阁，张贵妃居结绮阁，龚、孔二贵嫔居望仙阁，并复道交相往来。又有王、李二美人，张、薛二淑媛，袁昭仪、何婕妤、江脩容，并有宠，迭游其上。以宫人有文学者袁大舍等为女学士。仆射江总虽为宰辅，不亲政务，日与都官尚书孔范、散骑常侍王瑳等文士十余人，侍上游宴后庭，无复尊卑之序，谓之"狎客"。上每饮酒，使诸妃、嫔及女学士与狎客共赋诗，互相赠答，采其尤艳丽者，被以新声，选宫女千余人习而歌之，分部迭进。其曲有《玉树后庭花》《临春乐》等，大略皆美诸妃嫔之容色。君臣酣歌，自夕达旦，以此为常。

张贵妃名丽华，本兵家女，为龚贵嫔侍儿，上见而悦之，得幸，生太子深。贵妃发长七尺，其光可鉴，性敏慧，有神彩，进止详华，每瞻视眄睐，光采溢目，照映左右。善候人主颜色，引荐诸宫女；后宫咸德之，竞言其善。又有厌魅之术，常置淫祀于宫中，聚女巫鼓舞。上怠于政事，百司启奏，并因宦者蔡脱儿、李善度进请；上倚隐囊，置张贵妃于膝上，共决之。

贵妃亦多提意见左右之，宫中之权归于贵妃一派。一大臣见之感慨陈必亡，上表后即遭杀身之祸。

陈祯明二年（588年），隋下达征陈之诏。诏书描写后主昏虐之状，散布三十万份于江南，以谕民心。隋将五十万大军交与文帝之子晋王杨广统辖，令其自长江上下游两面攻陈。陈后主与狎客们竟似置之不理，史书没有任何采用防御手段的纪录。翌年正月，建康城起大雾。趁此机会，广陵隋将贺若弼率先渡江，同时身在庐江的韩擒虎也在采石登陆。此消息传到陈朝朝廷，后主立即下诏严密部署建康警备，言称："犬羊陵纵，侵窃郊畿，蜂虿有毒，宜时扫定。朕当亲御六师，廓清八表。"其言辞虽雄壮，但陈宿卫武将已无战意。例如，总帅任忠起初劝后主留守建康，等待援军到来，但后主不听。无奈出城一战，立马败于韩擒虎，气力殆尽，于是降于隋，其后无人敢与隋交战。隋兵直逼城下，宫中诸官早已逃亡，唯有袁宪仍在殿中。后主对他说："我从来接遇卿不胜余人，今日但以追愧。非唯朕无德，亦是江东衣冠道尽！"言毕欲逃。袁宪劝之，说道此时逃跑，倒不如端坐正殿为宜，一如梁武对侯景，北人绝不危及陛下之身。但后主未听，躲入景阳殿后井中。突入宫中的隋军，搜查不到后主，朝井里呼唤无人应答，于是往里面投掷石头，终于传来叫声。放绳将之拉出时却十分沉重，只见后主、张贵妃、孔贵嫔抱成一团。如此一来，建康陷落，隋又平定散在各州的陈军将，后将后主及陈宗室、高官以及大量战利品载车北上。队伍一行长约五百里。陈宗室受到隋文帝的保护，后主等人亦度过天寿。而建康城内的居民及别致之物全部转移至北方，建筑物悉数遭毁，建康作为南朝首都及文化中心，一朝即成废土。以武力为背景的北方式统一政治自此支配天下。

第四章
南北朝时代——北朝

鲜卑拓跋部的迁移

自东汉开始，中国史书中所记载的鲜卑种属中，慕容部先入中原建立燕国，其始末已在第二章详述。而比慕容部扮演更重要角色的部族其实是拓跋部。此部族的历史，《魏书》及《北史》记载极为详细，但二者多有后世加以文饰之处，笔者取舍后叙述其梗概。

《魏书》《北史》都称，拓跋部原本无记录，是靠口口相传才得以书写其历史。究竟哪些部分是口口相传尚不清楚。拓跋部初建北魏之时，太祖道武帝拓跋珪追谥了其祖先二十八帝。他们的庙号、名讳、谱系今皆记载于史书中，其中有二字名者与一字名者。王鸣盛将一字名者视为虚构的存在，认为二字名者方合史实。现根据其观点进行考证。首先，古时有宣帝推寅，记载有云：

> 南迁大泽，方千余里，厥土昏冥沮洳，谋更南徙。

之后，有位一字名的献帝邻。其记事有云：

> 时有神人，言此土荒遐，宜徙建都邑。

献帝年纪太大，难以实行神人之启示，于是让其子圣武帝诘汾实行。其记事有云：

> 命南移，山谷高深，九难八阻，于是欲止。有神兽似马，其声类牛，导引历年乃出，始居匈奴故地。

但《北史》之中，出迁移之策者为宣、献二帝，因而时人并号为推寅。推寅为钻研之意。根据此说明，推寅为号，钻研之人即为贤人。本纪中将宣帝推寅、献帝邻分为二人，其时代亦相隔数代。此应为本纪之误。分别系于宣、献二帝的迁移故事本来应该是一个。如此一来，则有关迁移的传说，是拓跋部族固有，还是广泛流传于鲜卑族，无法轻易判断。

关于迷失于深山大泽，后出匈奴故地的诘汾，有以下传说：

> 尝田于山泽，欻见辎軿自天而下，既至，见美妇人自称天女，受命相偶。旦日请还，期年周时复会于此，言终而别。及期，帝至先田处，果见天女，以所生男授帝曰："此君之子也，当世为帝王。"语讫而去。

此天女与诘汾之子就是神元皇帝力微。拓跋部初见于中国史书即自此人始，拓跋部也始有纪年。诘汾的传说，或许是拓跋部的强力酋长力微的故事之衍化，但内容当然仅仅只是在北方民族中广泛流行的传说的一个变形。

关于拓跋部酋长力微，《魏书》《北史》称"元年，岁在庚子"。这表示拓跋部纪年的开始。钱大昕认为庚子之年为魏文帝受汉禅让的黄初元年（220年）。大概拓跋氏以魏为国号，因而将其纪年之始设在三国曹魏受命之年。当然这是后世的追记。

依《晋书·卫瓘传》，晋武帝之时，卫瓘为幽州刺史，其东有务桓，西有力微，共为边害。卫瓘令此二虏相争，后务桓投降，力微忧郁而死。参照《北史》本纪，《晋书》的务桓即《北史》中的乌桓王库贤，收卫瓘贿赂而害力微。根据此等记载可知，北京西方有拓跋部酋长力微，受晋压迫，最后死去。

力微死后，据《北史》记载，拓跋部大体分为三部。力微之子禄官据上谷之北、濡源之西为根据地，即今直隶北边独石口外之东部地区。文帝长子猗㐌则在参合陂之北（山西大同府东北阳高镇）。猗㐌之弟猗卢身居盛乐故城（山西北边托克托西北）。其时，西晋"八王之乱"正烈，匈奴刘渊公然纠合蛮族，欲在中原称帝。晋司马腾在山西太原为匈奴所苦，于是向参合陂之拓跋猗㐌求救。此前，卫瓘部将卫操率其同族十数人进入拓跋部，劝猗㐌及猗卢招抚汉人，汉人寄身于拓跋部者日渐增多，于是他们说服猗㐌与晋结盟共抗匈奴。因此，司马腾求救之时，猗㐌立刻答应，进入晋阳城。此事在《魏书·卫操传》的大邘城南之碑中有详细记载（大邘城似谓盛乐）。猗㐌以其功受晋赐大单于的金印。其后猗㐌死，猗卢统一三部。其时，晋名将刘琨受匈奴刘渊攻击，孤军困于晋阳，猗卢施以援助，作为报酬，向刘琨索取今山西内外长城中间的土地，即大同府、朔平府等地。刘答应了，猗卢于是率其部族十万家移住此地，修缮平城（大同）定为南都，以盛乐为北都，以二部大人统领。对外则破匈奴，被当时仅仅残存于长安的晋室封为代王。如此一来，猗卢采用汉族文明，颇立法制以统制部下，深得汉族信赖，但与此同时也招致部人的怨恨，内乱终于爆发。

猗卢被其子六修所杀。此内乱相当残酷，《卫操传》记载，拓跋部旧人与新附的汉族、乌桓人之间猜疑极深，互相诛戮，新附人民不得安生，跟随卫操之子卫雄从大同撤退者达数万家，他们都归附于晋将刘琨。刘琨得此势力后向匈奴发起战争，终致败亡之祸。于是，拓跋部直接与匈奴势力相接，后来被后赵石勒勇将石虎所攻，拓跋部在雁门抵御，遭遇大败，结果拓跋部不得已从大同撤退。拓跋部酋长纥那迁徙至部族旧根据地张家口边的大宁，后派遣使者至石勒处，完全臣服于后赵。

猗卢一度在大同统一部族，稍立法制，意图建立统一国家，后内乱爆发，其身被杀，部族各返旧地，代表诸部的酋长或在大宁，或在东木根山（《读史方舆纪要》云大同府北），或在盛乐。此时，在中国中原，后赵已亡，前燕慕容氏得势，拓跋部常送人质至前燕表示服从之意。拓跋什翼犍（昭成帝）原本作为人质身处慕容燕之下，娶慕容之女，后被国人迎回，据盛乐，获部族代表者的地位。他曾讨灭据匈奴故地鄂尔浑河上游的高车族，深得部人信赖。恰逢中原方面前秦苻坚势力迅速增强，灭慕容燕，先锋剑指与燕关系甚深的什翼犍。什翼犍不敌，大败，于是率国人逃遁至阴山之北。高车杂部一齐叛乱，攻击拓跋部，什翼犍趁苻坚之军撤退时，再次返回盛乐根据地。此时，拓跋部命运完全陷入险境，因汉人燕凤巧妙在中间调停，苻坚决意保存拓跋部，但其始终采取压制拓跋部势力的方针，以被看作匈奴部类的酋长铁弗刘卫辰为西部大人，令其统领黄河在沙漠中南折处以西诸部族，又任命刘库仁为东部大人，居于大同，统领黄河以东，山西、直隶北边的诸部族。《资治通鉴》以刘库仁为匈奴族，恐怕有误，实际上应是鲜卑族独孤部酋长。铁弗部常与拓跋部相争，独孤部与之相反，与拓跋部保持良好关系。此外，苻坚将什翼犍的长子窟咄带在身边抚育，施与恩情，计划以后扶植他为酋长。但苻坚征伐江南之东晋失败之后，国内统一完全崩坏，其势力已不及山西北边，东部大人刘库仁开始同拓跋部人串通，拥立拓跋珪作为部族代表。拓跋部得势，正是因为此人。

北魏的兴隆

拓跋珪受到以刘库仁为主的鲜卑部人欢迎而据大同，且被认定为诸部属之王，于是立国号为魏，定年号为登国。其时386年。立国号的记载是否为事实存疑。但当年拓跋珪不得不再次逃至阴山以北。事情经过如下：

前秦苻坚南伐失败之后，其势力完全瓦解，一时间被苻坚所灭而伏于其下的鲜卑慕容部再次复活，慕容垂在直隶西部中山独立，建立后燕，慕容永在山西长子建立西燕。慕容永被苻坚抚养成人，他企图诱导并拥立同在苻坚之下的拓跋什翼键长子窟咄，扩张势力至山西北方。而最为支持北魏拓跋珪的刘库仁，其子刘显叛父，欲借慕容永的援助对抗拓跋珪。拓跋珪被形势所逼，逃至阴山之北，借助此地鲜卑诸族势力抗击敌人。同时，向与慕容永对立的慕容垂求助。但此时，依附的诸部族酋长中，多人放弃北魏，越过黄河向西方的刘卫辰寻求保护。这对北魏而言实属危机。拓跋珪从阴山之北，沿阴山北麓向东方潜行，出牛川。《魏书》本纪记载，牛川在于延水之南，即今日桑干河支流东洋河流域，与山西阳高之北的参合陂同为部族会合之地。自牛川南下出高柳（阳高镇），在此与慕容垂所派援军会合，后破窟咄，迫其逃亡至刘卫辰处，随后窟咄被杀。翌年破刘显，暂时脱离险境。此后，拓跋珪忙于东西内蒙古诸部平定之事。他东临宁川、赤城、濡源，后围松漠，讨库莫奚，渡弱落水。宁川，依杨守敬《水经注图》，为流经今直隶北边万全县的东洋河支流。赤城则在直隶独石口南。濡源即滦河上游上都河之源。松漠当在多伦诺尔、巴林之间，弱落为饶乐即辽河的支流老哈河。拓跋珪又向西讨伐内蒙古西部乌拉特旗地区的解如部、叱突邻部等，最后征伐高车族，达鹿浑海。依丁谦氏观点，鹿浑海为科布多之西南博洛泉托海（布伦托海）。拓跋珪或破蠕蠕于大碛之南的床山下。魏源《游牧记》认为此山为乌拉特旗西北一百八十里的席勒山。北魏势力渐次扩张至东西内蒙古，随之与黄河以西陕甘边外的匈奴刘卫辰爆发大规模冲突。

刘卫辰的根据地在悦跋城，即今日陕西北部榆林府塞外、河套之地。他据之统辖黄河至阴山、阳山的各蛮族。北魏势力延伸至西北，终与之发生冲突。当时兵力方面刘卫辰占优，但魏军大胜，拓跋珪于是渡过黄河，横跨河套，直接攻陷悦跋城，杀刘卫辰。但此胜不久，北魏就与更强大的慕容垂军开战了。

起初拓跋珪与慕容垂同盟共抗慕容永。之后，北魏势力延伸至东西内蒙古，与此同时，在慕容垂的势力范围直隶北部双方发生小冲突。刘卫辰灭亡，其子赫连勃勃逃离悦跋城，投身今日甘肃省北部宁夏地区的匈奴部属之中，纠合势力意欲抗魏。当时慕容垂平定慕容永，取山西，正欲乘势讨灭北魏。

395 年，慕容垂派长子慕容宝从山西直逼魏。其时，魏未采取截击策略，反而携全部部落、畜产退至河套。慕容宝追击，意图在黄河之北迂回，渡河而入河套之地，大备战具，但其内部未充分统一，多人主张退却，慕容宝于是顺应其要求。但燕军轻视敌军，未做充分战备，遭魏军袭击，在参合陂大败。慕容垂得此败报后大怒，亲率大军复仇，取近道直袭平城（大同），杀魏守将，拓跋珪甚为惧怕，再次逃亡阴山之北。幸好慕容垂年老罹病死于军中，燕军内部不统一的弊病暴露，各方面均为魏军所破，攻守之势转换。自此，魏军势力逐渐越过长城进击中国内地。同时，仕魏汉人许谦等上疏建议拓跋珪即天子位。魏建天子旌旗乃是自此开始。翌年，为讨伐慕容垂的继承者——身居中山的慕容宝，拓跋珪大举南下，一鼓作气夺太原，将军队一分为二，其一南下直隶平原，其二进击蓟城（即北京）。慕容宝在巨鹿（直隶晋州）柏肆坞抵御南下主力魏军失利，死于乱军之中。如此一来，拓跋珪入中山，巡邺城而置行台，战后处置完成后，归返平城。此时，仕于后燕的汉族名流张衮、崔宏等人都辅佐拓跋氏参划大政，经营新都城，立社稷，颁布法令，重新定国号为魏。北魏在名义和实际上君临中原，实始于此。其时天兴元年（398 年）。其后北魏专心经营都城，拓跋珪年年巡狩东部内蒙古，绥抚当地部帅，西北尉迟部等进而归魏，北魏势力逐渐稳固。

天赐六年（409 年），拓跋珪死。其庙号为太祖，谥号道武帝。太宗明元帝拓跋嗣继承其后。明元帝执政之时，大规模新修长城，东起直隶边外独石口之北，通山西归化城，及至黄河北，如此一来，北魏作为汉族统治者对外蒙古的蛮族设定明确界限。此时，北中国形势究竟如何？

北部中国诸省之中，山西、直隶等大部分已归附北魏势力，与之交界的地方，东北直隶北边和龙城（朝阳府）仍有后燕势力，后来汉人冯跋夺之，立北燕国。东南有慕容垂同族慕容德在山东广固建立南燕。其西陕西渭水流域有后秦姚苌之子姚兴。其北有赫连勃勃雄视。赫连勃勃被北魏攻打之时，凭后秦主姚兴的支持维持其势力，后来却与姚兴反目，屡次进寇陕西内部，渐而犯其北部。非但如此，还向东北扩张势力，收复被北魏所夺的祖先根据地悦跋城，筑统万城。原来进扰北部中国的五胡中，匈奴与羯被视为最无人性，赫连勃勃尤其如此。《晋书》载记详细记载筑统万城之事：担当工事者名叫叱干阿利，蒸土作城，若其土松软，可用锥刺入一寸，则当场斩杀工人，将被杀工人的尸体混入土中用以筑城。又制造各种武器，其实物，若箭不能射穿甲，则杀制弓人；若箭射穿甲，则杀制铠人。又铸百炼钢刀，铭文谓之"大夏龙雀"。大夏为赫连所立的国号。统万城以其坚不可摧而闻名于世。《魏书》如是记载：

> 其坚可以砺刀斧。台榭高大，飞阁相连，皆雕镂图画，被以绮绣，饰以丹青，穷极文采。

赫连氏可谓北魏的劲敌。但使北中国形势产生变化之事此时忽然在南方发生。宋高祖刘裕实行北伐，一气灭掉占据山东广固的南燕，又入陕西，生擒后秦姚兴之子姚泓，灭其国。当时魏太宗与赫连勃勃皆主动避免与南军交锋。但刘裕手下留镇长安的将领不久后发生内讧，赫连勃勃趁机攻取长安，北魏进至洛阳，如此一来北中国呈现北魏与夏两大势力争雄的形势。期间，太宗拓跋嗣去世，世祖拓跋焘新立，即著名的太武帝。

拓跋焘即位之时，南朝正是宋文帝的元嘉太平时代。北朝与南朝的交涉如上篇所述。从北魏立场来看，拓跋焘谋士崔浩的方针为努力与南朝修好，以统一北中国为北魏使命。战争首先与赫连氏展开。当时赫连勃勃已死，其子赫连昌在统万城即夏主之位，内部发生叛乱，陕西一带为此陷入极端混乱。世祖拓跋焘趁机攻打统万城，并令其他部将袭击长安。世祖先锋率先在统万附近取得胜绩，世祖乘势率三万大军一举逼至统万城下。他使用奇袭战法，无需准备攻城器具与步兵，专以突骑发起进攻，其部下军将多为之忧惧。而他想诱敌至城外，决战郊野，结果计划大获成功，赫连昌大败，逃至渭水上游上邽（甘肃省秦州）。世祖乘胜追击将其擒获。始光四年（427 年），魏取统万城。

赫连昌被擒之后，其弟赫连定继续抗魏，最终被吐谷浑酋长慕瞆所杀。据称，吐谷浑与鲜卑慕容部原出自同一系统。一般认为吐谷浑祖先涉归系慕容廆的庶兄，其率部落七百户从辽河上源越过兴安岭，沿阴山山脉西进，最终定居于甘肃省西南河州（当时称枹罕）之地，在黄河支流洮水流域逐水草、迁庐帐而居，以肉酪作食粮，西北诸族称之为阿柴虏。慕瞆任酋长之时，魏势力逐渐扩张至甘肃北部，慕瞆于是与之相通，擒获在甘肃东部平凉（甘肃华亭）的赫连定献给魏。但魏未赏其功，导致慕瞆与其子慕利延对魏抱以反抗态度。洮水流域与西方青海相连，其境内为广阔而一望无际的黄沙，作为西藏系氐羌族的住地而为人所知。据说这些部族生性怯弱，吐谷浑支配他们，若为强大外国所攻击，则立即越过黄沙向西逃遁，因而对其发动征伐并非易事。慕利延一度被太武帝所攻，于是逃亡西北天山南路的于阗，而免于魏军追击，后再次返回故土，或与南朝或与北朝通款，而得以长保其位。

魏已灭赫连氏。其后先锋进军东北，讨灭盘踞和龙城的北燕冯氏。当时冯跋之弟冯宏在位，支配辽河东西的同时，与高句丽保持密切关系。魏方面，自太宗时代便尝试征伐北燕，今世祖势力逐渐向此国施以强压，冯宏部下多人劝其归附于魏以保其位。冯宏不为所动，后终被魏所迫而逃亡高句丽。其时，高句丽首都平壤发生不可思议的现象。狼夜间绕城群嗥终年，又城西老鼠成群连成数里，向西而行，若遇水，则排头者嘴衔马粪，后者咬其尾，以此渡河。总之，冯宏流亡高句丽后，不久高句丽应魏的要求将其杀害。和龙沦陷，其时太延二年（436 年）。

和龙沦陷之后，北中国残存之国仅剩甘肃姑臧沮渠氏。如前章所述，河西即甘肃北部中心之凉州姑臧在昌氏灭亡后，为秃发氏、乞伏氏所占领，后沮渠蒙逊将其合并，立北凉国。姑臧的富强不言而喻。据传，苻坚听闻姑臧富强，于是派猛将吕光前往。但北魏可能不知其情况。恰好和龙沦陷之时，北凉方面蒙逊死，其子沮渠牧犍在位，就是否应征伐北凉，魏朝廷中议论纷纷。据《魏书·崔浩传》记载，当时居尚书之位的古弼、李顺等人与武将奚斤都认为不应讨伐沮渠。其理由是，自平城进军姑臧，需渡流经赫连氏统万城边最终注入黄河的温圉水（无定河），并向西进军，道路艰险。且姑臧城南有高耸的天梯山，冬有积雪丈余，春夏之时，其雪消融成川，住民引之灌溉。若闻大军到来，则他们必然截断水渠，如此一来，全部军将马上渴死。又离姑臧百里许，土地干枯，而无一草木，非驻军之处。但崔浩援引《汉书》记载加以反驳。《汉书》有云，"凉州之畜，为天下饶"，又汉在此置郡县，若无水草，何以立郡县？且汉时此地数百万顷田地皆得灌溉，仅靠雪融之水无法滋养如此广阔田地，因此其地必然大河洋洋。世祖听取崔浩之言，讨伐沮渠氏。北凉主牧犍投降，其同族逃往天山北路高昌，后被蠕蠕所灭。世祖取姑臧之后，向太子写信称，姑臧城东西门外有泉水涌出，在城北合流而成一大河，河外有沟渠多条，都流入沙漠之中。总之，北魏取姑臧后，完全统一北中国。五胡扰乱的余势至此结束。其时太延五年（439 年）。

如上所述，世祖太武帝完成北中国统一。现简述魏在世祖之前对北狄所采取的处置，以结束此节内容。

如第二章所述，东汉之时，鲜卑族一度夺取匈奴故地鄂尔浑河、土拉河流域。前述拓跋部传说中也确有其事。但其究竟领有何处尚不明了，至少拓跋部初现于中国史书之时，鄂尔浑河、土拉河流域尚被高车族所占领。高车是"丁零""狄历""敕勒"等文字所表示的种族中的一个部族，因使用的车轮高大且辐数众多而得名。此部族中流传狼的传说。据《魏书》记载，匈奴某单于产二女，容姿甚美，部人皆以为神。单于不欲二女出嫁，欲奉与天，于是在北方无人之地作高台，令二女栖于台上，祈求上天遣使迎之。三年过后，其母欲迎还二女，单于不许。一年后，一匹老狼守台嗥呼，在台下挖穴而不去。妹见狼，以为神物，于是下台。姊欲拦之而不得，妹遂成狼妻，为狼产子，之后子孙繁衍，于是有高车部。后之突厥、建立元朝的蒙古族皆有狼之传说，即中国人所谓的狼种。高车传说应是其前身。被视为与此部族同种的丁零，其名出现于东汉，可确定在匈奴西北。三国魏之时可见"北丁令""西丁令"之名。要而言之，它应是广泛分布于从阿尔泰山北部、塞米巴拉金斯克东南部到科布多、唐努乌梁海地区的种族。唐杜佑《通典》将高车分类为北狄，丁零分类为西戎，应该是沿袭《魏书》将高车族分类为北狄，但事实上，阿尔泰山的北方或为西戎，或为北狄，并无一定标准。但从地势而言，发源于阿尔泰山北麓的水流一为色楞格河，注入贝加尔湖，二为额尔齐斯河或叶尼塞河，北流西伯利亚，可将之视为北方，将之与注入咸海的天山北路诸水系区分开来，似乎较为妥当。总之，散布在阿尔泰山北方之高车族继匈奴、鲜卑之后占据杭爱山所包围的外蒙古中心地。如此一来，他们屡次攻击散布在阴山山脉之鲜卑各部，拓跋部常与之交战。如前所述，拓跋什翼犍不堪此族袭扰之苦。太祖道武帝之时，曾先后两回尝试远征高车。第一回如前所述，将高车族追击至鹿浑海，第二回发生在天兴二年（399年），属特大规模的计划。此时，魏大军悉数取道东北多伦诺尔地区，沿阴山向西北行进，沿途征服当地民族，其一队越过大漠袭击高车根据地。太祖将高车人引向漠南，"太祖自牛川南引，大校猎，以高车为围，骑徒遮列，周七百余里，聚杂兽于其中，因驱至平城"，即以高车之众建名为"鹿苑"的宽阔苑囿。此次远征对高车族而言是致命打击，其后高车多归附于魏，势力日渐衰弱，柔然族取而代之，在漠北得势。

关于柔然（蠕蠕、芮芮），西洋学者认为它与西方记录中所见的阿瓦尔族是同一种族，但其部属系统不明。依《魏书》之说，起初拓跋部始祖力微曾掠得一名奴隶，后被穆帝猗卢所释放，此奴隶逃至广漠溪谷，纠集无赖之徒，成为一大势力。其后代车鹿会自称"柔然"，他们以前作为"郁友闾"或"木骨闾"为人所知，"木骨闾"意为"首秃"。首秃（即无发之头）有何意味，笔者不明，恐为贱称。既然改称"柔然"，则"柔然"应含有尊贵意味。但北魏太祖道武帝认为此部族毫无智识，其状类虫，故写作"蠕蠕"嘲笑之。总之，其部族系统不正，即便在蛮族之中也普遍被轻视。《南齐书》称作"塞外杂胡"。就像以石勒为代表的羯族一样，柔然在匈奴地位较低。此部族一般不常迁徙，冬在漠南，夏在漠北，大体归附于拓跋部，后部族一分为二，其一据西方，寻求刘卫辰的保护，太祖暴怒，在大碛南之床山攻打之。后太祖部将追击其余众至涿邪山（外蒙古尼赤金山）。北魏与柔然之争即始于此。但此时柔然一位名叫为社崙的酋长远逃至北方投靠高车斛律部，后侵犯高车，迁徙至弱落水，以军法统合部族。弱落水一般被认为是土拉河，所以他们应是在匈奴故地鄂尔浑河、土拉河流域取代高车势力。社崙自称豆代可汗。豆代为驾驭开张之意。北魏太祖曾谓崔宏曰："社崙学中国，立法置战陈，卒成边害。道家言圣人生，大盗起，信矣。"由此言可见，社崙出现后，北魏在北方遭遇强大敌手。

北魏在世祖太武帝之时，柔然部有名为大檀之酋长，在边疆为患甚剧。此前，太祖晚年及太宗一代对柔然主要采取防御方针，及至世祖转而主动转向征伐柔然的方针，并前后发起数次大远征。对魏而言，尤为光辉的大胜是神䴥二年（429年）的远征。此时有传言称南朝宋即将大举北伐，因此对于征伐柔然，魏内部产生激烈反对意见，但世祖不为所动，令大军从白漠（东道，今由归化城北行至库伦驿路）、黑漠（西道，今乌拉特旗西北至科布多驿路，丁谦说）两道横绝大漠，至栗水（翁金河），大破柔然军，大檀震惧，率其族党焚庐舍，西逃而不知所踪。此次战败之后，柔然部落四散，窜居山谷，畜产布野而无人收。世祖从栗水西行至兔园水（丁谦谓为推河），高车诸部杀大檀族众，前后归附之人达三十万。其后，柔然寇边仍不绝于史，但此次大胜之后，北魏与柔然的关系暂时告一段落。此后，北魏确立其边防组织，作为中原的王者成功阻止外蛮进寇。

北魏全盛

世祖之后，经高宗拓跋濬（文成帝）、显宗拓跋弘（献文帝）至高祖拓跋宏（孝文帝），此中约五十年可视作北魏全盛期。其间北魏得以维持世祖所开拓的魏朝疆土，另一方面逐渐吸收汉族文明，及至高祖孝文帝迁都洛阳，魏在形式上完全成为汉族统治者。现围绕此二点展开叙述。

魏世祖统一北中国，对高车、柔然施加强力压迫，将威力延伸至北狄，与此同时为构建北方防备，尝试设立六镇。六镇为怀朔、武川、抚冥、怀荒、柔玄、御夷，依杨守敬《水经注图》考之，大体散布在今日内蒙古东部的察哈尔、绥远区域，设于阴山山脉的要地。此区域自拓跋氏初现中国史书之时开始，即为其势力所在之处，换言之是拓跋部根据地。对北魏而言最为重要的是怀朔、武川两镇。拓跋部尚未建都于平城前，归化城南面的盛乐是最主要的根据地，也是太祖拓跋珪的发祥地。依郦道元《水经注》记载，以盛乐为中心有种种宫殿，皆与太祖有关，且太祖之后历代天子屡屡巡幸至此，示威北方。盛乐西方、黄河南折之处有怀朔镇，其北方，越过白道岭后有武川镇。此二镇相望，拱卫盛乐城。其东方，魏历代天子屡次巡幸濡源。其准确地点不得而知，但可确定为上都河之源、独石口东边。以之为中心，设柔玄、御夷二镇，此二镇与怀朔、武川中间又有抚冥、怀荒二镇，魏北部防线可大体推知。但此六镇究竟建于何时尚无明确记录。但如前所说，世祖前代太宗之时开始，方在北边构筑长城。因此，可推测应是自那时开始在此等要害之地配置驻屯军。世祖之初，征伐柔然，其降人多数配置于六镇之间，可知当时六镇已然存在。其后世祖从中国内地征发十万人夫，耗时两年，在此地建塞围。此恐为六镇外貌整备的开始。六镇的设立本为防备外敌，其防备逐渐完成，说明北魏由积极攻击转为消极防御。与此同时可以想见，北魏诸帝北边巡狩渐次减少。例如，从太祖至世祖时代几乎年年巡狩，每次必进行盛大狩猎，诸部酋长全需参加。最为盛大的一次当数世祖在太平真君三年（442 年）御幸盛乐城之北广德殿所举行的巡狩。其详细记载未有流传，但著名宰相崔浩所写碑文之一节被《水经注》所引用，如下：

> 肃清帝道，振慑四荒，有蛮有戎，自彼氐羌，无思不服，重译稽颡，恂恂南秦，敛敛推亡，峨峨广德，奕奕焜煌。

恐北边各酋长皆在世祖之前行稽颡之礼。但世祖死后，高宗、显祖、高祖数代，巡狩之事渐少。与之相反，对汉族的各种措施逐渐增多。且从北魏擅长的武力方面来看，不得不借助汉人力量的事例逐渐增多。

今为探明其情况，举全盛期之汉为例。其北边第一防线为遥远的甘肃西北敦煌、张掖地区（依汉时名称，即积石、祁连山脉）至黄河流域的贺兰山、阴山山脉一带。此范围大体归于北魏势力之下，但就北魏防备系统而言，以六镇为中心，与之相连的西方沙碛之地仅为内蒙古黄河之北至贺兰山内侧一线，自凉州姑臧延伸至西北则仅设置若干镇戍，作为防备可谓相当薄弱。例如，世祖灭沮渠而取姑臧之时，宰相崔浩提议，在如此远隔之地仅设镇戍之兵，恐难成防备，务必将汉族豪家与人民移住此地以谋开拓。其意本为效仿汉家的政策，但此提议未被采用。但姑臧以东，薄骨律镇已实行开垦计划。此镇一般认为系甘肃省东北部黄河内侧的灵州，若逆黄河而上，则河套沙漠中有名为"沃野"的镇戍地。世祖末期，薄骨律镇守将刁雍计划引黄河之水，筑沟渠而兴良田，后造运船，计划将物资运抵沃野镇。而《水经注》明确记载，沃野镇引入黄河之水灌溉田地。由此可见，当地乃有汉族农民逐渐迁入从事农业。而六镇防备方面，显祖之时，乃听取源贺之策，北中国征发各地之犯人以充边防，主要配备于六镇之间。有学者认为，中国兵士素质恶化正是源于此。总之汉人加入北边防备乃是事实。其后，征发内地汉人三万人，主要配备于怀朔、武川两镇。从此北魏在此二镇之间筑城，且新赴边戍之兵士从事地方垦殖，即实行所谓屯田策。及至高祖之时，为令此等犯人从事边戍，屡屡施以特别恩惠。又因高闾之意见，昔日太宗计划之筑长城之说再次被提起，于是在六镇全部构筑种种防御工事，北边防备逐渐完成。如前所述，汉人力量愈发凸显。

现转而观察魏室与汉族的关系。虽然说是汉族，但笔者主要叙述权力所有者北中国豪族与魏室的关系。拓跋部与北中国发生重大关系始于太祖灭慕容部取中山之时。直隶、河南平原地区由此进入"五胡乱华"时代，各种蛮族相继兴亡，当地豪族为保自身权力，于是出仕于各蛮族政权。辅佐太祖的崔宏，其祖父仕于石虎，其父仕于慕容部。虽称为出仕，但无法将之看作有统制国家的官吏。实际上，北魏之时，至显祖之前，官吏均无俸禄。张白泽上疏之一节有云：

> 周之下士，尚有代耕，况皇朝贵仕，而服勤无报，岂所谓祖袭尧舜，宪章文武者乎？（《魏书·张衮传》）

因此，北地豪族以蛮人为君主恐为保全社会地位。从地方状势而言，北地动乱持续已久，地方全借豪族之手方能维持秩序，蛮族为在当地得势，无法漠视豪族之力。所以蛮族酋长与中国豪族之间，其利害关系存有相互依赖的一面。而北地豪族在长时间的骚乱期维持了权力，自然成为社会上层阶级，且借相互通婚，稳固其地位。论及著名家族，直隶有清河崔氏、范阳卢氏，河南有荥阳郑氏，山西则有河东柳氏、太原郭氏。此等强族并不重视蛮族首领。例如，太祖曾向幕下张衮问起直隶地区的人物，张衮推荐范阳卢博、清河崔宏。但他们起初并未应诺仕魏。清河崔氏一族有名叫崔逞者。太祖在中山攻打慕容氏，食粮颇缺，于是命令崔逞制定征发方略。崔逞答曰："取椹可以助粮……可使军人及时自取，过时则落尽。"此言明显侮慢蛮族，太祖暴怒。其后，晋司马德宗因为羌部姚兴攻击，向太祖求救。太祖令崔逞拟书信，其竟在信中称"贤兄虎步中原"，太祖认为此言非君臣之礼，令其重写，其竟以"贵主"替代"贤兄"。太祖暴怒，斩之。① 此事件一方面可看出豪族对蛮王的态度，另一面亦可看出为太祖对豪族断然威压的方针。现从后一方面考察整体史实。

据传，太祖好读之书为法家《韩非子》，其子太宗也颇爱读《韩非子连珠》《太公兵法》等书籍，因此，魏刑罚苛酷。曾有魏同族之人在某地被杀，魏找到凶手后诛灭其三族。赵翼等人引用此等事例证明北魏刑罚的严酷。但同时也不能无视其优点。《魏书·刑罚志》记载，太祖当时已采用严罚主义，但一般而言，太祖废除各种酷刑，且在适用方面，对大臣等权贵也毫无宽纵之处。法的公平反而得以实现。支持独裁王室，敏于顺应新时势的汉族反而开始倾向建设新国家。如世祖的宰相崔浩所言，魏率漠北纯朴之人入主中原，变风易俗，治化四方。正是他劝世祖确立统一北中国的大方针，当蛮族出身的大臣对远征姑臧及征伐柔然持犹豫态度之时，唯独他持强硬态度，致力于令世祖成为名副其实一统中原的君主。但深受信赖的崔浩最后被世祖所杀。

《资治通鉴》认为崔浩遭诛灭，原因有二：（一）恃才，将自己所推荐的人物强行任命为地方高官，因而广受当时诸大臣的非议；（二）书写魏一代的历史，在其部下劝说下，刻石立于郊坛。但其直书魏先祖之事，魏部族之人暴怒，向世祖进谗言，世祖于是将其诛杀。

---

① 此处作者记述有误。根据《魏书》卷三二《崔逞传》，北魏天兴初，姚兴攻打东晋襄阳戍，戍将都恢遣使求救于北魏常山王拓跋遵，信中说"贤兄（即北魏太祖）虎步中原"。常山王向太祖报告。太祖令崔逞、张衮替常山王回信答复，以为"贤兄"一词无君臣之体，令二人亦贬低东晋君主司马德宗之号。但二人依然称司马德宗为"贵主"，因此激怒太祖。——编者

此时，非唯崔浩，清河崔氏一门乃至与其存有姻戚关系的范阳卢氏、太原郭氏、河东柳氏等皆罹族诛之祸。大臣高允也差点被灭族，幸亏他是皇太子的师傅而得以幸免。世祖曾向高允言曰，若无太子，则还有数千户难逃死罪。高氏一门就可能有数千户被诛，那么与崔氏一同被诛之人，数字应该十分庞大。通常中国历史家将《通鉴》列举的第二原因视为崔浩败亡的主因，有人称若崔浩的史笔传至今日，则魏祖先的事迹更加清楚。但此想象恐与事实不符。《通鉴》将崔浩过度任用私党列为第一原因，实为卓识。崔浩作为北中国名族的首领，欲引荐人才至中央以担当政治改革的大任。《魏书·卢玄传》有云，崔浩曾意图"齐整人伦，分明姓族"，欲建立当时南朝宋所实行的世族中心政治。但卢玄冷静反对。他认为，凡事皆讲求时机，即便想要立刻实现汉族中心之文明，赞成者能有几人？还需深思熟虑。又崔浩欲令其一派之名族担任地方高官，高允提出批评，指出崔浩将陷入险境。魏广用汉族人士，但始终还是以魏王室为中心。太祖曾下诏：

> 而今世俗，金以台辅为荣贵，企慕而求之。夫此职司，在人主之所任耳，用之则重，舍之则轻。然则官无常名，而任有定分，是则所贵者至矣，何取于鼎司之虚称也。

此乃对汉族徒求虚名的当头棒喝，告诫世人应在人主的意志之下认真履行职务，这明显带有法家色彩。此方针一直持续至世祖时。与之相对，崔浩过于主张汉族中心而侵犯人主的权威，是其失败的真正原因。魏的历史问题成为诱因，崔浩终致败亡的命运。

回头细思，北中国的豪族名门经过"五胡乱华"时期，实际上得以维持其家世及势力。即便王室厉行统一主义，但就事实而言，蛮族权贵乐于与汉族名家通婚，即便王室也在所难免。此外，从法规上而言，汉族名家子弟与蛮族权贵子弟共担禁卫重任（参照外篇）。因此，承认此事实的同时实现统一，是魏王室理应尝试的开明政策。为此所采取的方针应该是以王室权力定氏族的高下，如此一来，氏族得到相应的社会地位，自然政治上也获得有利位置。与此同时，采取保障一般百姓生活利益的政策，在二者基础之上，实现政治形式的统一。在魏鼎盛的高祖时期，除了三长制与均田法之外，还实行氏族分定政策。关于三长制及均田法，将从其他角度在外篇另说，现就氏族分定政策进行论述。且看高祖迁都洛阳的大事件。

关于迁都情况,《资治通鉴》记载最为详细。据记载,魏高祖孝文帝认为其都城平城土地寒冷,六月已有降雪,风沙常起,因此欲迁都洛阳。但群臣之中多人反对,于是高祖表面上说要征伐南齐,与群臣讨论南征之可否。其时,皇族之中地位最高的任城王澄痛陈南伐不可取,高祖变色痛骂:"社稷我之社稷,任城欲沮众邪!"任城王回答:"社稷虽为陛下之有,臣为社稷之臣,安可知危而不言!"高祖这才面色缓和,令各人发表看法。结果明显南伐与舆论相悖。不久后,高祖私下召见任城王,袒露心声,称平城是用武之地,而非文治之都。今时今日应变风易俗,因此才欲迁都中原。此时高祖决心甚笃,甚至认为:非常之事待非常之人。①任城王表示赞成,请命镇压北人即非汉族人士的反对声音。高祖表现出毅然实行南伐的决心,于是汉族大臣纷纷上呈谏言。太和十七年(493年),高祖率军三十万从平城出发抵达洛阳。当时,霖雨不止。高祖如其声明所言,志在征伐南方齐国,亲自乘马。群臣反对,立于马前。汉族大臣李冲劝谏放弃南伐,但帝不为所动。后安定王休代表皇族流泪谏言。高祖对群臣曰:"今者兴发不小,动而无成,何以示后!朕世居幽朔,欲南迁中土,苟不南伐,当迁都于此,王公以为何如?欲迁者左,不欲者右。"安定王等列于右,但皇族中有一人赞成迁都,群臣高呼万岁。当时,北方旧人不欲迁都者占大多数,但因不欲南伐,所以无人反对。迁都之议得以确定。高祖于是派遣任城王至平城,令其传达迁都之事,顺便镇压不满之人。其间,高祖巡视黄河沿岸都市,并加速经营洛阳,翌年下发迁都之诏,向天下公布理由,但诏书现已流失。

由以上可知,迁都计划全为高祖独裁之策,事先知情者仅有任城王澄一人而已。之后高祖归于旧都平城,与大臣论及迁都可否之时说道:平城位偏北方,不宜作为帝王之都。而高祖的专断招致平城旧臣强烈反对已是事实,尤其伴随迁都而来的各类改革更是增加了对高祖的不满。其改革重点如下:

----

① 据《资治通鉴》卷一三八齐武帝永明十一年(493年),高祖与任城王商议迁都,帝曰:"北人习常恋故,必将惊扰,奈何?"澄曰:"非常之事,故非常人之所及。陛下断自圣心,彼亦何所能为?"——编者

第一，将代人迁至河南。魏宗室广川王的妃子死后葬于平城，而广川王随高祖身在洛阳。广川王去世，他是应该与妃子同葬于代都平城，还是葬于新都洛阳，当时成为一个难以抉择的问题。对此，高祖决定，若代人迁至洛阳，则需葬于郊外邙山。若丈夫死于代都，其妻迁入洛阳，方可随夫葬于代都。于是，高祖昭告天下，迁至洛阳的人民必须葬于河南，不得北还。与高祖共同南迁者全部成为河南洛阳人。

第二，禁止胡俗胡语。禁止北人穿着鲜卑服装以及使用鲜卑语。禁止使用鲜卑语无疑是一个大问题。根据现存史料，此改革同样是高祖的独断之策，汉族权贵都未必完全赞成。总之，除却三十岁以上已习惯使用鲜卑语的人，若想在朝廷出仕，则必须改变语言。高祖于是下诏，若有在朝廷中操北语者，免去官职。

上述高祖的改革尽改北人旧俗，而从汉族风习，北方旧臣中自然多人反对。太子拓跋恂苦于河南地区的暑热，常常希望返回代都，且经常穿着胡服而不听高祖之诏。此外，有权的旧臣之中，有人对高祖迁都后主要任用汉族人士的做法深感嫉妒。这些人于是聚集谋反，不久就被任城王镇压。叛乱平定后，高祖赴平城同旧臣会面。其时，旧臣皆改穿汉式服装，朱衣满座。唯独新兴公丕身为国家元勋却着胡服，于是他被剥夺所有官职，贬为庶民。如此一来，高祖的改革得以充分施行。

赵翼《札记》将迁都洛阳视为魏衰亡的重大原因。据赵翼考证，高祖徒兴文治，自然武备废弛。太祖之时，有一名部人作为使者被派往长安，之后竟效仿汉风容仪，于是被杀。另外，太宗计划迁都邺城之时，崔浩劝谏说魏部属不多，进入中原则势力分散，不足以制御汉族。魏于是以其武力与团结割据北方。此观点在某种意义上应属正确。但与其说北魏固有的风气因为迁都而崩坏，倒不如说高祖因风气崩坏才断然迁都。此点还需考察。对迁都计划最为尽力的任城王在高祖死后上疏，建议建立特别学校为魏宗室施以教育。其一节如下：

> 使将落之族，日就月将。

在他眼中，魏宗室面临着衰亡的命运。他绝非持当时汉族间盛行的"礼为治国之本"论调者。传记记载其言论：

> 江外尚阻，车书未一，季世之民，易以威伏，难以礼治。

主张可谓一目了然。高祖有心彻底改变旧来习惯，于是深爱其说，曾说：

> 朕方改朝制，当与任城共万世之功耳。

推敲此中意思，他们二人共谋改变旧习而树立朝威。拓跋一族中尤为优秀的二人着手重大改革的原因，无非在于对当时汉文明的同化力感兴趣。又《魏书·成淹传》记载，高祖御幸徐州，欲浮泗水入黄河，溯流返洛阳，军宿于碻磝[1]。成淹以为黄河水流湍急，谏止其行。高祖曰：

> 朕以恒、代无运漕之路，故京邑民贫。今移都伊洛，欲通运四方，
> 而黄河急浚，人皆难涉。我因有此行，必须乘流，所以开百姓之心。

平城无漕运之便，即便为了供给从各地向朝廷进贡的蛮族，也有迁都的必要。但毫无疑问，这与伴随迁都实行的各种改革无任何关系。

迁都以及随之而来的诸项改革全部出自高祖独断。汉族名流在此独裁帝王之下满心喜悦地尽职尽责。《通鉴》记载，高祖好读书，甚至能在马上作文，太和十年（486年）之后所下诏书全为帝亲自所作。他好贤乐善，对平生交接之人，完全放下天子的身份。汉族名臣李冲、李彪、高闾、王肃、郭祚、宋弁、刘芳、崔光、邢峦之徒皆以温雅而致亲贵，于是共同制礼作乐，郁然可观，有太平之风。而汉族为在此英主之下实现致平，颇为努力。伴随迁都而来的经营洛阳也在其中。王都是天下风俗的标准，此为汉族传统的观点。都城经营的论议由此产生，韩显宗之议为其代表：

> （意译）旧都平城中，富室以宅舍相攀比，极为混乱。又商、工业
> 者与士族之家杂居，风俗颇为混乱。一边弹筝吹笛，缓舞长歌，另一边
> 严师诵诗讲礼，年少孩童自然随喜好从之，士族子弟不复前往学馆。今
> 迁都之初，朝廷以官位定其居所，但官位始终处于变化之中。因此，应
> 分族类而定其居所。且拓宽道路，疏浚沟渠，完善下水设施。

以族类定居所，恐怕是四民依其职，士族依其家世，进行区分。氏族分定政策作为肃正风俗之要义，乃是强力支配当时汉族之思想。

高祖曾诏告百官：近代以来以家世之高下区分官位，想来此习惯有优点

---

① 今山东荏平西南古黄河东岸。——编者

亦有缺点，请各抒己见。汉族名臣首领李冲首先作答：朝廷设官向来不是为了赐予膏粱儿地位，而是为了辅佐时政，因此广纳人才是必然之举。高祖答道：特别优秀的人才自当别论，然而出自君子家门者即便非当世之用，德行也属纯笃，因此任用门第高者为佳。对此，韩显宗认为，向来中书监、中秘书监等执掌诏命的官职皆为膏腴子弟，现在中书监、中秘书监等人之子将来是否能胜任其位？高祖云：总之，特别人才应不拘门第而予以拔擢。据此问答可见，汉族坚持人才本位论，而高祖则认为门第与任官存在必然联系。考虑到当时事实，门第与官位之间，即便如南朝，看似没有深厚关系，其实关系相当密切。例如，李彪等人十分优秀，深受高祖信赖，但因其家世卑微遭到名族压制，高祖向其赐予官位之时，还特地下诏解释，称其虽不是世族出身，家中历代没出过达官显贵，但确属优秀人才。晋升位阶之时，必先参考婚姻关系，此乃当时的习惯。而汉族方面在讨论任官时之所以采取贤才主义，仅仅是因为北地传统形式，即所谓的儒生冗谈吗？笔者认为汉族名流坚持贤才主义其实是舆论的真实反映。

《魏书·高祐传》中记载高祐上疏，大意为：高祖之时，功勋之臣与普通官吏之间存在区别，普通官吏根据年资进级，而功勋之臣则主要参考家世，此乃事实。若想改革，则需要向旧臣提供爵赏而非官职。此观点见于东汉儒者郑玄的《孝经注》中。总之，高祐认为应充分承认旧有氏族的社会地位，但官位方面完全由君主独裁决定。通览《魏书》可知，当时汉族之中屡屡可见劝诫子孙勿任高官以求家族永续的家训。他们其实是希望在帝王独裁之下，其社会地位能受到承认。高祖在这类要求下，在太和二十年（496年）开始实行氏族分定政策。

高祖的氏族分定目的有二。其一是确定世代仕魏之臣门第的高下，将其部族称号改为汉风。其二是确立汉族门第的高下。此二者相互关联，定门第高下后，两族互相通婚，在以贵族为中心的社会制上，撤消汉蛮的界限。其详情记载于《魏书·官氏志》及《通鉴》"齐明帝建武三年（496年）"条目。总之，鲜卑拓跋氏此时改为元氏，其他蛮族的部落名，例如拔拔氏、乙旃氏、步六孤氏、独孤氏等，纷纷改为长孙氏、叔孙氏、隆氏、刘氏等，获得相应的等级。汉族方面，范阳卢敏、清河崔宗伯、荥阳郑羲、太原王琼四姓颇有清望，高祖纳其女入后宫，纳陇西李冲之女为夫人。此外，魏宗室咸阳王禧娶其领地某家之女，帝责备之后，为六个弟弟新娶了高门之女，之前所娶的夫人统统降为妾媵，而非正夫人。帝所选之女，有蛮族，有汉族，总之今后不再有汉蛮区别。为氏族分定召开的大会上有一则故事：河东薛氏是著名门第，群臣将其认定为河东之首。但薛氏本宗曾从河东迁至蜀地。因此，高祖反对群臣之说。其时，薛氏子孙薛宗持戟立于殿下，称自家由蜀地复归本贯河东已经六世，若不将薛氏认定为河东姓氏，自己当场自杀。高祖这才承认。

氏族分定至此结束。彼时，崔僧渊由南朝来魏做官，南朝给予他特别地位盼其复归。对此，僧渊答曰：

（高祖）惟新中壤，宅临伊域。三光起重辉之照，庶物蒙再化之始。

分氏定族，料甲乙之科，班官命爵，清九流之贯。礼俗之叙，粲然复兴；

河洛之间，重隆周道。巷歌邑颂，朝熙门穆，济济之盛，非可备陈矣。

由此可见北魏人文在高祖手中化成之事实，北魏可谓盛极一时。

北魏衰亡

北魏在高祖全盛期后，经世宗元恪（宣武帝），及至肃宗元诩（孝明帝）时，已步入衰亡命运。其间未满三十年。北魏以王室为中心的拓跋一族（元氏）内部涣散，高祖的远大改革非但未能阻止其颓势，反而如赵翼所云，加速了魏室的衰亡。现叙述王族内部的状况。

高祖为求同族亲密，极为细心。曾举行曲水流觞之游，座上皆为同族及汉族名臣。不久日暮点烛，汉族臣僚首领李冲为高祖上千万岁寿，请求退席。高祖曰：

烛至辞退，庶姓之礼；在夜载考，宗族之义。卿等且还，朕与诸王宗室，欲成此夜饮。

此外，高祖对诸兄弟的劝诫极为恳切。为防止诸王蹈淫乱之险，特意干涉，令其从蛮汉名族中迎娶夫人。但借用魏收之言，诸弟虽然亲耳聆听高祖的训诫，但最终还是因为淫乱而导致失败。例如，咸阳王禧、北海王详，二人都曾参与迁都之事，且在其中发挥重要作用。《魏书》如此记载咸阳王：

> 禧性骄奢，贪淫财色，姬妾数十，意尚不已。衣被绣绮，车乘鲜
> 丽，犹远有简娉，以恣其情。由是昧求货赂，奴婢数千，田业盐铁偏于
> 远近，臣吏僮隶，相继经营。

如此记载北海王：

> 贪冒无厌，多所取纳；公私营贩，侵剥远近；嬖狎群小，所在请
> 托。珍丽充盈，声色侈纵，建饰第宇，开起山池，所费巨万矣。

由此清晰可见，王室代表们可谓极力货殖与淫乱。

高祖迁都后不久就去世，死前留下遗言，嘱托上述二王及彭城王勰辅助嗣子世宗。其中，彭城王的贤明之誉甚高，高祖更委以重托。但彭城王深知兄弟和睦共仕世宗一事之困难，于是回复高祖，称自己早已遁世，但力之所及，定当全力辅佐王室。但若遇到困难，将请求当场辞官。高祖察知其本意，于是交与世宗一个字条，内容如下：

> 汝（世宗）第六叔勰，清规懋赏，与白云俱洁；厌荣舍绂，以松
> 竹为心。吾少与绸缪，提携道趣。每请解朝缨，恬真丘壑，吾以长兄之
> 重，未忍离远。何容仍屈素业，长婴世网。吾百年之后，其听勰辞蝉舍
> 冕，遂其冲挹之性。无使成王之朝，翻疑姬旦之圣，不亦善乎？汝为孝
> 子，勿违吾敕。

可见高祖的真意。

继承高祖之后的世宗，《北史》称赞道："临朝深默，端严若神，有人君之量矣。"《魏书》则评论其缺点称："宽以摄下，从容不断，太和之风替矣。"如前篇所述，世宗一代屡屡对南方发起征战，甚至一度有攻略四川全省之势，且洛阳四方辐辏，熙熙攘攘，一副全盛气象，但仍然难掩其内部瓦解之势。尤其是世宗给予亲信汉人赵修以破格权力，同时任用汉人茹皓、外戚高肇等人，此做法招致蛮汉名族的普遍反感。上述几人门第不高，德行不修，尤其高肇更是因无识而被一般名流嘲笑。然而他们竟借世宗的宠爱排挤高祖诸兄弟，咸阳王禧首先成为牺牲品，之后北海王详乃至名望最高的彭城王勰也倒在高肇毒牙之下。如此一来，高肇便被全体王族所憎恶，王室的危险已然萌芽。

世宗在位十七年身死，肃宗代之。因其年幼，于是由生母灵太后胡氏摄政，在此女主统治之下，魏彻底走向灭亡。

北魏有铸金人卜吉凶的习惯。如前所述，这是鲜卑及其他北方种族特有的习俗（参照第二章）。《魏书·后妃传》记载，按魏的传统，册立皇后之时，必令其亲铸金人，成者为吉，定为皇后，不成者则不得为后。但依现存史料，以铸金人定皇后的记录仅见于太祖之时，且太祖以后，在太子即位前杀其生母。这正是太祖的本意，即匡正妇人参与国政的弊害。于是，诞下历代太子的夫人皆按此例被杀。如此一来，一方面，太子生母面临极为悲惨的人生结局，另一方面成为皇帝者需将先帝的一名夫人认作皇太后，对她表示无上尊敬。王鸣盛《商榷》中详细记述了高祖对文明皇后的恭顺态度。据此可知，文明皇后自高祖之父显祖之时就被认作皇太后，代替显祖生母抚养显祖。显祖年仅十二岁时登基，自然由文明皇后摄政。显祖十八岁，已到亲政的年纪，却忽然让位于高祖。显然这是文明皇后的强制命令。显祖让位后仍干涉政事，不久后暴毙，明显是遭文明皇后毒杀。文明皇后私行不治，有多名嬖人，惧怕手上无权而失势。显祖遭毒杀之后，文明皇后长期摄政。站在高祖的角度，文明太后是杀父的仇敌。但高祖在她面前却仍然一副恭顺的态度，实在难以用常识解释。现举一个极端例子。文明皇后死后，高祖绝食五日，且丧中不食酒肉，不碰女人，自称"哀慕缠绵，心神迷塞，未堪自力亲政"。文明皇后去世之年，更是完全不理朝政。即便假设其不知太后毒杀生父显祖一事，太后对高祖也不过是祖母的关系。而除去抚养高祖这一层关系，他们并无直接血缘关系。因此，默默容忍太后淫乱无度且专权执政已是非常不可思议，太后死后竟还致以缠绵之情，完全不知是何原因。王鸣盛所言虽然对事实的解释加入了想象成分，但总体上我们不得不承认如其所云。总之，连中国学者都无法理解，可见此风习非中国所有。

《颜子家训·治家》篇有云：

> 邺下风俗，专以妇持门户，争讼曲直，造请逢迎，车乘填街衢，绮罗盈府寺，代子求官，为夫诉屈，此乃恒、代之遗风乎。

阎若璩将此"恒、代遗风"解释为北魏旧俗。北魏有尊妇人之风，遗风也广传于北方汉族之间。事实上北魏之时，正夫人常常手握巨大权力。按中国传统习俗，一般皇帝王侯身份之人，除正夫人外，还拥有一定数量的妾媵。然而，魏并无此规定。对此，东平王孝友有一篇颇具讽刺意味的上疏文，曰：

> 将相多尚公主，王侯娶后族，故无妾媵，习以为常。妇人多幸，生逢今世，举朝略是无妾，天下殆皆一妻。设令人强志广娶，则家道离索，身事迍邅，内外亲知，共相嗤怪。凡今之人，通无准节。父母嫁女，则教之以妒。姑姊逢迎，必相劝以忌。持制夫为妇德，以能妒为女工，自云不受人欺，畏他笑我。王公犹自一心，已下何敢二意。夫妒忌之心生，则妻妾之礼废，妻妾之礼废，则奸淫之兆兴，斯臣之所以毒恨者也。

夫人应抱有妒忌之心，《魏书》中有多个案例。这与容许妾媵的中国思想，即正夫人不得妒忌的想法是性质完全相异的风俗。因为妾媵不被允许，所以这个时代的蛮族王侯必然降下身份，从奴婢阶级娶妾。当时中国舆论认为，这是淫乱之源。总之，正夫人受尊重是事实，杀太子生母也许与之相关。而杀太子生母之风休止是从灵太后开始，而灵太后又导致魏的灭亡，实在是奇妙因缘。

灵太后胡氏年幼之时便追随当时贵族流行的风潮，一度出家削发为尼，后入世宗宫中。当时，世宗嫔御皆祈祝神佛，愿生诸王、生公主，而非太子，因为惧怕招致杀身之祸。唯独灵太后对众夫人说："天子岂可独无儿子，何缘畏一生之死，而令皇家不育冢嫡乎？"同列的夫人纷纷给予忠告，但其不为所动，在幽夜独自起誓，若所生男儿为长子，即便身死亦无怨言。于是肃宗诞生。不知出于何种理由，世宗并未按照惯例赐死胡氏。世宗死后，胡氏作为太后摄政。群臣上书称其为陛下，胡氏也自称朕。世宗在世之时张扬跋扈的高肇受魏王族庇护，但也难逃败灭。肃宗照例恭顺侍奉太后。表面看来，在此女主治下，太平气象溢满王族之中。例如，太后曾宴群臣于都亭曲水，令王公以下作诗。太后之诗为："化光造物含气贞。"肃宗和之："恭己无为赖慈英。"母子之间和气蔼然。又太后幸御藏绢的左藏，由诸臣陪同。太后开藏，令各人自由取绢。汉族名臣李崇、宗室元融皆因所负过重，颠仆于地，崇扭伤腰，融扭伤脚，被世人所嘲笑。但在随心所欲的女主治下，群臣醉于太平。但无论宫中如何太平，事实上魏的普遍形势是一步步走向瓦解。且看洛阳都城的情状。

如前所述，高祖迁都之初，汉族大臣主张应为都城经营做好最为详密的规划。及至世宗之时，洛阳三百二十三坊，一坊三百步的街衢已经形成，但其内部状况已是混杂至极。甄琛上奏称：

> 今迁都以来，天下转广，四远赴会，事过代都，五方杂沓，难可备简，寇盗公行，劫害不绝，此由诸坊混杂，厘比不精，主司暗弱，不堪检察故也。……京邑诸坊，大者或千户、五百户，其中皆王公卿尹，贵势姻戚，豪猾仆隶，荫养奸徒，高门邃宇，不可干问。又有州郡侠客，荫结贵游，附党连群，阴为市劫。

邢峦上奏称：

> 景明（世宗年号）之初，承升平之业，四疆清晏，远迩来同。于是藩贡继路，商贾交入，诸所献贸，倍多于常。

综合上述二文可察知，洛阳自世宗以来成为极尽繁华之都，但同时城内又极为混杂，奸徒竟敢公然抢劫。如外篇所述，高祖迁都洛阳之时，令四方蛮族酋长进贡。在都城治理方面，实施三长制度——组织民户，设置里正，令其担当辖内警察行政的任务，但这明显无法实行。后令守卫王城的羽林骑巡视诸坊，以此弹压盗贼。但羽林骑的素质绝非优良。

羽林及虎贲作为禁卫军，统帅是天子左右侍官。侍官是非拓跋族的蛮族酋长子孙或魏勋旧世家的子孙。下辖兵士一般是从属长官的所谓部曲。北魏时，此类武官的子孙尤受优待，于是与文官清流互通仕途。汉族名臣张彝之子仲瑀曾试图改革，试着制定他们在文官以外的系统来进叙的方法。当然，匡正官僚的纪律是其主要目的。但习惯优待的武官们听闻改革方案后大怒，立榜于都城大道之上，纠合党徒，蜂拥至张彝家。张彝严肃以待，羽林、虎贲武官们于是齐至尚书省，搜寻张彝长子始均，但未找到，乃用瓦石投击省门，"遂便持火，虏掠道中薪蒿，以杖石为兵器，直造其第，曳彝堂下，捶辱极意，唱呼嗷嗷"。后焚其屋宇，始均被投于火中，仲瑀虽幸免于难，但张彝身负重伤。他在病重之时呈上奏折，其文痛切，但朝廷仅处罚羽林凶强者八人，其余不复追究。《魏书》作者魏收评论道，有识之人已预知国纪将坠。

根据以上叙述可知，王城禁卫军的纪律已完全废弛。从一般军纪而言，其乱杂之状也基本一样。如前所述，世宗一代，势力强盛，往南方发展。但详细说来，持续南征并非世宗本意，只不过是一二皇族的主张。因此从军诸将毫无战意，眼中只有恩赏。北魏之法规定，恩赏与加官晋爵全凭杀敌数量。然而，当时偷阶冒名之事盛行，即将校的功劳全部以军队统帅之名报尚书省兵部，当时未参战的将校也能记功，并由此得进勋阶。此外，还有多人实际上让奴隶替代自己，但对外则称亲自出征。前述张彝之子始均等人见军人为求恩赏而残杀无辜良民，其首级或达数万，于是愤而烧掉良民首级，毁灭军人求赏的证据。此外，军队统帅即便出师也绝不交战，故意拖延时日向朝廷索要军费，或力求加官晋爵扩张自身权势。世宗、肃宗之时，综合关于军事的上疏意见，可知此时的国家军队，全部被武人私欲所掌控，军纪的紊乱可谓达到巅峰。有识之士已认识到军纪紊乱是造成社会不安的一大原因。袁翻在上疏中称：

（意译）近来遭军事征发之徒，勇猛者好掠夺良民，若遇强敌则立刻投降成为奴隶。老弱者只要多少知晓金铁工技或草木之事，就被百方苦役，或至深山伐木，或在平陆耘草，如此榨尽良民之力技，用度供给却大幅削减，冬夏气候严酷，身死者十有七八。

高谦的上疏指出，百姓不堪征发之苦，背井离乡，土地荒废。以武力为背景确立秩序的魏，武力衰颓，官制紊乱，再次预示社会险象。而以灵太后为中心的宫廷，则是一副太平盛世的气象。

关于北朝佛教，笔者将在外篇叙述。灵太后当政之时，令诸州各建五级浮图，洛阳城内寺塔鳞次栉比。由寺塔数量足见佛教的极盛，但同时也是教界最为堕落之时。太后趁此时势潮流，托言拜佛，肆意游幸。城内永宁寺九层佛塔是太后喜爱登临之处，她又屡屡临幸嵩山及龙门石窟寺等处，每次必有大量扈从相伴，他们或糟蹋农民作物，或恣意征发，劳民之处可见一斑。太后如此游幸之时，突然外部发生一事。

久在外蒙古得势的柔然遭受高车族攻击，两名酋长向北魏寻求保护。其中一人名叫阿那瓌。魏将其安置于柔玄、怀荒两镇之间。其时，汉族方面的议论者反对此处置，主张将其留于阴山境外，充分供给物资，但需严密监视其行动。但魏勋旧世臣尤其六镇边将等人将此视为立军功的良机，主张同意阿那瑰的请求，由魏军护送至外蒙古。此主张被采纳，魏于是令宗室元孚率三十万之众慰劳阿那瑰。但阿那瑰反而擒拿元孚作为人质向南掠夺。魏闻之大惊，随即派李崇、元纂为大将率十万骑征伐之。阿那瑰逃至北方，此事暂时告一段落。但是由此暴露出六镇军纪废弛的事实。李崇认为应进行改革。理由在于，六镇的组织原为征发汉民，统帅者皆为强宗子弟。然而高祖迁都以来，六镇将帅基本被无视，有司违背实际，将征发之人称作"府护"，使役他们就像自己的奴仆。在仕官与婚姻上，他们不被认定为清流，对比族类中身居洛阳贪图富贵者，自然抱有愤怨之情。现在宜改镇为州，分离郡县，解散府户为民，入仕的次序应以其旧日的地位而定。但当时王室之中无人有采纳此意见的明识与实力。果然叛乱在六镇爆发，沃野镇人破六韩拔陵率先纠合蛮汉两方心怀不满的军人，侵入武川、怀朔二镇。二镇陷落，与此同时，甘肃陕西一带，叛乱爆发。据甘肃秦州的莫折念生势力尤其强大，魏王室之中已无名将可前往镇压。南朝齐宗室萧宝夤被委以镇抚的重任。然而，他坐拥大军却屡战屡败，后因谋反被诛。如此一来，北方及西北的叛乱逐渐扩大，东方直隶平原地区又有葛荣起义攻略州县。此时为魏镇守山西一带并统抚该地之人为向来与魏关系一般的尔朱荣。尔朱荣势力强盛，当时强大的武将纷纷归附于他。他们厌恶灵太后专政，想拥立肃宗执掌政事。肃宗也颇有借尔朱荣力量之念，灵太后一派于是抢先下手，毒杀肃宗。此事给予尔朱荣可乘之机，他以清除君侧奸人为名，进军洛阳，拥立庄帝，且将肃宗之死归罪于群臣，进入洛阳后肆意杀戮王公卿士一千三百余人。灵太后也成为牺牲品。尔朱荣极尽乱暴的做法令洛阳人士大为震惊，人们纷纷从城内逃走，官府空无一人。尔朱荣后来舍弃洛阳，返回根据地山西晋阳（太原），但令部下留守洛阳，牵制魏王室。然而，北魏庄帝虽是在他拥立之下登基，但也对其渐生反感，于是托事召见，在殿中将其杀害。尔朱荣同党发起激烈的复仇战，洛阳城内发生大屠杀。庄帝遭幽杀，尔朱一族新立原魏宗室即帝位，但这时尔朱的势力已经失坠，宇文泰在西北声势渐隆，另外东方又有汉人高欢显示出统一的实力。魏之宗室只能或依附宇文泰，或依附高欢，东西二魏对立态势出现，魏之实权掌握于宇文氏与高氏手中，之后的历史，为方便起见，将在北周、北齐章节进行叙述。

新势力的兴起

北魏肃宗正光四年（523年），沃野镇人破六韩拔陵率先掀起叛乱。依胡三省《通鉴注》，"破六韩"或写作"破洛汗"，是匈奴单于苗裔潘六奚氏的转讹。叛乱发生地为高阙，在河套地区黄河支流北河以北。魏方面派出的讨伐之人为宗室广阳王元深。从其上表可略微察知破六韩反叛的情况。如前节所述，当时六镇人中，对以洛阳为中心的蛮汉权贵的反感之情甚为强烈，加上他们看见柔然阿那瓌事变发生之时，负责征伐的魏军风纪全无，十五万人过沙漠，不日即还，于是起了轻侮魏国之情，破六韩领头叛乱。（破六韩反，《魏书》《北史》皆系之肃宗正光五年，今从《通鉴》）。翌年，敕勒酋长胡琛在高平（甘肃固原县）反叛，莫折念生在秦州反叛，叛乱终从甘肃北部扩大到河套地区。为魏担当平定西方叛乱重任之人为南齐宗室萧宝夤。

云中盛乐是北魏太祖金陵的所在地。对魏来说，是必须保住的历史重地。然而，此地在肃宗孝昌元年（525年）被破六韩夺取。曾入寇魏国的柔然阿那瓌这时为魏从北方讨伐破六韩，破六韩遭受压迫，渡北河而进入河套地区，守护云中的魏将费穆南逃。讨北军总帅广阳王元深驻军大同，以防守为主，并未北上攻打破六韩。元深幕下的谋士于谨，邀诱被破六韩所胁迫的西部敕勒酋长乜列河等至魏，以北河为中心的地区爆发大纷乱，共计二十万蛮族前来降魏。元深欲将此等降户置于大同，作为北方防备之用，但魏王族之间互生猜忌，朝廷不想元深势力过于壮大，于是将上述降户分置在直隶平原的冀、定、瀛三州。元深以为此政策将成祸乱之源，恰逢柔玄镇人杜洛周在上谷（直隶宣化）反叛，不久之后，迁至定州的降户之中爆发鲜于修礼的叛乱。又南方河南地区的群蛮亦同时反叛，魏王室方知事态严重，紧急下诏募集强壮军人。

如上所述，多地发生叛乱，北方破六韩结局不明，西方莫折念生被高平城民所杀，以高平为中心的匈奴别种万俟丑奴（《北齐书·万俟普传》）势力崛起。此地统帅萧宝夤屡次被其打败，后更主动叛魏，但以失败告终，最后投靠万俟丑奴，度过败残的余生。北方军统率者元深在鲜于修礼之乱时，自身察觉到被叛军拥戴的危险，于是请求向东讨伐鲜于修礼。然而其被魏权贵猜疑，出军途中被杀。其实他应该是魏末王族之中最具才器之人。当时，鲜于修礼已被部下所杀，葛荣代为总揽军众。其后，葛荣势力逐渐扩张至直隶平原，不久后杀杜洛周，凶焰愈加嚣张。而魏室之中，以灵太后为中心的丑恶权力之争愈加残酷，肃宗成为牺牲品被毒杀，尔朱荣举兵，一时间洛阳陷入混乱之境，此事已在前节略有叙述。现在进一步概述尔朱氏兴起的始末。

对北军事总帅元深及西北军事总帅萧宝夤倒下之后，魏室已无名将之才。此情况从路思令的上奏清楚可见（参照《通鉴》梁大通元年），而北方秩序得到尔朱氏保全。尔朱氏祖先为契胡部落酋帅，追随北魏太祖征讨各处有功，后被赐予秀容川的谷地。领地内有祁连池，即天池，位于今桑干河上游山西宁武西方谷地。及至尔朱新兴，所牧牛羊驼马极为繁盛，以色分群，以谷量数。魏朝廷每有征伐，则献马匹备资粮，补助费用，以此获得魏的信用。新兴死后，尔朱荣继承父亲的封领，其好射猎，每每设围，教导部众阵战之法。六镇发生动乱，影响立刻波及居住在山西北部地区的各个蛮族，地方长官被杀之事屡有发生，尔朱荣讨灭之，维持地方秩序。然而东方直隶平原地区，葛荣势力逐渐强大，大有南向攻取邺城之势。于是，他向朝廷请求救援邺城，但朝廷惧怕其势力渐强，以邺城有北海王元颢坐镇为由，未答应。时逢肃宗遭毒杀，世间对被视为主谋在灵太后左右的汉人郑俨等人的愤怒情绪高涨，尔朱荣于是以铲除君侧奸人的名义，暗自与魏宗室元子攸（彭城王勰之子）串通，举兵逼近洛阳。他从根据地晋阳（太原）出发之时，对于应该奉戴谁为魏主颇为迷惘，乃以铜铸高祖诸子孙之像，唯独只制成元子攸之像，于是与之相通。如此一来，尔朱进入洛阳，恣意在宫中掠杀，且意图将其拥立的元子攸即敬宗（孝庄帝）迁至洛阳北方的河阴，自身代魏即帝位。洛阳城内陷入大混乱正是此时，史家称"河阴之变"。但禅让之事未举行，尔朱荣向敬帝宣誓以表忠诚，自己与军队一同退至晋阳，但留其同族尔朱世隆在洛阳，以监视敬帝及魏诸族的行动。当时东方葛荣的势力日益强大，尔朱荣请求征伐，一举捉拿葛荣，且善后处置极为敏速，深得东方人士肯定。他还得到南朝梁国的援助，大破窥伺王位的元颢。又令同族尔朱天光进入陕西讨灭万俟丑奴。一时间混乱的中国完全恢复秩序。

尔朱荣天性好斗，北方秩序稍微恢复，就在晋阳与军士耽于校猎。亲信元天穆劝道：魏室朝臣风气极为宽纵，今秋在洛阳南之嵩原举行大狩猎，宜命贪腐朝贵入围与虎相搏。需借余势南征，先讨平河南地区之群蛮，令其负责北边六镇之防备，回师北还之时，可平定汾水之山胡，明年精简士马，灭南梁，以此统一天下。为此，士马休息乃是第一要务。① 从这段话中可以察知尔朱一党的心理。敬帝周围的洛阳朝贵对尔朱氏萌生强烈反感，尤其敬宗自身在河阴之变后对尔朱荣的猜忌也日益加深，他们图谋暗杀尔朱荣，以朝命将其召至洛阳。负责监视洛阳的尔朱世隆虽不知此密谋，但对敬帝等人的秘密会谈抱有疑心，于是警告尔朱荣当心。但尔朱荣已对洛阳失去戒心，毫无防备前来朝见，最终在殿中被杀。当时，尔朱一族尔朱兆在山西坐拥大军，尔朱天光据陕西，尔朱仲远则据东方山东的东郡（济南东北），他们与从洛阳北逃的尔朱世隆会合，共同开进洛阳展开复仇。虐杀再次上演，尔朱兆捉拿敬宗还于晋阳，在佛寺中杀之，天光、仲远各归旧任，世隆则留在洛阳负责乱后处置。他拥立魏宗室元恭即节闵帝执掌政治。但其淫虐行径被天下人所憎恨。此时，尔朱一党的强敌高欢出现。

据传高欢原籍渤海蓨县，也就是纯粹的汉人。因其祖父获罪徙居怀朔镇，因此在北边习得鲜卑风俗，其正夫人娄氏为蛮部一豪酋之女。他之所以能在镇上任官职，还成为队主，正是因为外家娄氏的财力。后升任怀朔镇的函使，被派至洛阳，适逢洛阳发生张彝事件，高欢见军纪废弛，于是萌生窥伺天下的野心，归镇之后，极力纠合同党。今视其结交的人物，多为定居北边的汉族，应是接受鲜卑武勇之风的一群人。杜洛周在上谷造反，高欢与同党一道投奔至其幕下，尔后离去跟随葛荣，最后投靠尔朱荣。高欢凭借才气

① 此处作者记述有误。《魏书》卷七四《尔朱荣传》：荣性好猎……其下甚苦之。太宰元天穆从容谓荣曰："大王勋济天下，四方无事，惟宜调政养民，顺时蒐狩。何必盛夏驰逐，伤犯和气。"荣便攘肘谓天穆曰："……顷来受国大宠，未能开拓境土，混一海内，何宜今日便言勋也！如闻士犹自宽纵，今秋欲共兄戒勒士马，校猎嵩原，令贪污朝贵入围搏虎。仍出鲁阳，历三荆，悉拥生蛮北填六镇。回军之际，因平汾胡。明年简练精骑，分出江淮，萧衍若降，乞万户侯。如其不降，径渡数千骑，便往缚取。待六合宁一，八表无尘，然后共兄奉天子，巡四方，观风俗，布政教，如此乃可称勋耳。今若止猎，兵士懈息，安可复用也。"——编者

得到尔朱荣赏拔，在其麾下转战多方立功，最终赢得晋州刺史之位。适逢尔朱荣被杀，尔朱兆在复仇南下之际，邀请高欢同行，高欢拒绝。因为高欢认为从名义上不可对魏室开战，而且还担心此举是否可以取得成功。尔朱兆攻破洛阳北还之时，高欢处境危险。当时，从北河之北、阴山南部侵入山西的费也头部落纥豆陵步藩势力强大，尔朱兆受魏敬宗之令，在秀容防御，但失利，无奈只好向高欢求援。当时，尔朱兆与高欢设香火之誓而称兄弟，合力打败步藩并将其斩杀。但高欢不甘从属于尔朱兆。山西境内原来从属葛荣的六镇乱民颇多，他们常成叛乱之源，尔朱兆苦于统治，于是将其委任高欢处置。高欢调停合理，颇得军士归附，他还以降户贫困为由，请求让他们乞食于直隶平原。其本意是谋求自身立足之地，然而，尔朱兆不知其中真意，答应高欢请求，高欢于是进入河北，据信都（河北冀州）为根据地。高欢独立自此开始（531 年）。

直隶平原地区与陕西、山西两省不同，实际上由汉族豪强掌握势力。例如，李元忠自其父时，在殷州（直隶赵州隆平县）西山合并数千李姓之家，威震方圆五六十里，葛荣之乱时，李元忠建造堡垒自卫抗击贼徒。高乾与其弟昂（敖曹）原与高欢同为渤海蓨县人，自父亲之时，在济河之间，聚集部曲，或劫掠州县，或倾产以招剑客，曾与葛荣共同行动。高昂常用汉族部民组成军队，由于平常训练得当，后归属高欢转战诸方，军中虽无鲜卑士兵，仍屡立大功。他蔑视鲜卑武力，屡次凌辱鲜卑将士。高欢率兵出直隶平原时，高乾计划与之通款，李元忠也响应。如此一来，受汉族豪右的拥戴，高欢在直隶南部建立其势力。但高欢所恃兵力本是鲜卑，在驾驭动辄相斗的蛮汉两股势力上颇费苦心。对鲜卑人称："汉民是汝奴，夫为汝耕，妇为汝织，输汝粟帛，令汝温饱，汝何为陵之？"又对汉人说："鲜卑是汝作客，得汝一斛粟，一匹绢，为汝击贼，令汝安宁，汝何为疾之？"又号令将士之时，对鲜卑则用鲜卑语，对汉人则用汉语。总之，高欢势力日渐壮大。

洛阳方面，尔朱世隆的人望逐渐倾塌。高欢于是集结讨灭尔朱氏的军队，用苦肉计，宣称尔朱兆将把六镇人配给契胡作为部曲，又伪造并州之符，称将征兵讨伐步落稽，军士对尔朱氏的反感到达顶点，一致决议推举高欢。高欢从鲜卑取得绝不凌辱汉人的保证，于是据信都斩杀此地的尔朱氏一族，明确对尔朱氏的态度。但尔朱氏势力在当时颇为强大，对于高欢的背叛未予以充分重视。其间高欢另立魏宗室元朗（废帝）为天子，尔朱氏一族一致讨伐高欢。然而尔朱氏一族相互之间猜疑太深，仲远等人忌惮尔朱兆的专横，不战而逃，高欢打败尔朱兆，西进攻取邺城，在此建立稳固根据地。尔朱一族开始对高欢势力产生畏惧，再次结盟攻打邺城，但作战失利，尔朱兆返回晋阳，仲远逃至东郡。而从陕西地区前来的尔朱天光军队返回根据地时，必先经过洛阳。洛阳的蛮汉朝臣同样对尔朱氏抱有危惧之念，于是相谋发动覆灭尔朱氏之举，天光被擒，世隆被杀，洛阳的尔朱势力被一扫而空。

尔朱在洛阳失势，高欢取而代之，废尔朱拥立的节闵帝，但他拥立的废帝元朗不合人望，于是新立元脩（孝武帝）为魏帝。当时，尔朱仲远已失势，且平常被东郡汉人所憎恶，声誉有如豺狼，战败之后，投奔南朝以善其身，唯独尔朱兆仍在山西保有势力，但被高欢追击，无力抵抗，后在山中自杀。至此，尔朱氏全部灭亡。其时魏孝武永熙二年（533 年）。

高欢既夺邺城，又取晋阳。于是以二城为根据地，身居晋阳统制军事。然而魏孝武帝既然是因为在洛阳朝贵中的人望而受高欢拥立，因而未必甘心成为高欢的傀儡。加之洛阳朝贵本就轻侮出身卑贱的高欢，于是以孝武为中心图谋牵制高欢的事权。为此，孝武重用鲜卑名家子孙，被誉为豪杰的贺拔胜、贺拔岳兄弟，将河南南部与关中陕西的军权完全交与二人，希望以此掣肘高欢。又在洛阳重整武备以示威权。高欢若以武力夺取陕西，则洛阳不足为患。而且从政治上来说，无论是篡夺魏位，还是迁魏都于邺城，都可号令天下。后一计谋曾由高欢部下提出，但高欢没有听取，而是以武力征服关中作为其主要目的。当时，西方情况极为复杂，河套至甘肃北边宁夏地区，有种种蛮酋势力。其中，地盘较为稳固者当数甘肃秦州的侯莫陈悦。据记载，侯莫陈悦为代人，其父在河套地区任驼牛都尉（史书多云河东河西，《通鉴》胡注以为五原河东西）。因此，他出身并不尊贵，但恃战功逐渐提升地位。高欢与之相通，共抗贺拔岳。于是，贺拔岳亲自出征讨伐，但被打败，高欢趁机派部将侯景招抚关中。不料强敌宇文泰杀出，高欢的雄图伟略受挫。

关于宇文氏，《魏书》有如下记述：

　　匈奴宇文莫槐，出于辽东塞外，其先南单于远属也……其语与鲜卑颇异。人皆剪发而留其顶上，以为首饰，长过数寸则截短之。

由上文可知，宇文氏属匈奴族，语言与鲜卑相异，发式风俗相比鲜卑的索头，更接近柔然的秃首。但《魏书》的记载不可全信。《北史》叙述宇文泰世系之时，称其源出于炎帝，"其裔孙曰普回，因狩，得玉玺三纽，文曰皇帝玺"，普回以为天授，异之。"其俗谓天子曰宇文，故国号宇文。"普回之子莫那起初从阴山南徙至辽西。《太平御览》援引《北史》曰："莫槐父子世雄漠北，又先得玉玺三纽。"即普回与莫槐为同一人，原居于漠北或阴山。宇文意为"天子"，若将拓跋释为"后土"，则二者有相通之处。《文献通考》说，《晋史》将宇文视为鲜卑族，因而《魏书》称宇文为匈奴族是不对的。大概是因为《魏书》作者魏收是北齐人，在记述敌人宇文氏时，多少存在曲笔。

依《晋书·慕容廆载记》慕容氏之条及《魏书》本纪的记事，宇文氏南徙后，居住地为直隶边外多伦诺尔至西拉木伦上游地区，即所谓松漠之间。其常与慕容氏爆发激烈战争，最后部族被慕容晃所灭，宇文氏于是在慕容之下谋就官职，及至北魏灭慕容氏，宇文氏移居武川。奚、契丹二部族割据宇文氏故地应为此后之事。魏末骚乱之际，宇文泰被尔朱荣所赏拔，后跟随贺拔岳讨平万俟丑奴，执原州即高平（甘肃固原县）州事。后投贺拔岳帐下，暗自与魏孝武帝相通，策划压制高欢。贺拔岳失败之后，被推举统帅军事，不给高欢可乘之机，且讨平侯莫陈悦，在陕甘地区建立势力。

洛阳方面，以孝武帝为中心的一派朝臣排斥高欢的行动愈加剧烈，争斗体现在种种方面，高欢推荐的朝臣在其位也不得安心，相继逃出洛阳。高欢采取先发制人的策略，上表朝廷请求以大军西征关中，南讨河南贺拔胜，东则讨伐江南。对此，孝武帝回信示以强硬回绝之意。他说宇文泰绝无不臣之迹，贺拔胜开垦南边为国效力，又列举高欢不臣之处，文辞激烈，称"王（高欢）若举旗南指……犹欲奋空拳争死"。高欢于是决意进军洛阳。孝武帝似乎忘了当初的豪言壮语，还未尝试与之交战，就西逃关中寻求宇文泰的保护。高欢于是拥立清河王世子元善见，即孝静帝。当年，由洛阳迁都邺城。至此，北魏分为东西两魏，长安与邺都并立，共同支配北中国。其时 534 年。

北齐北周之兴亡

534 年，孝静帝在邺城即位，魏室呈东西对立之势。十六年后（550年），高欢之子高洋受东魏禅让建立北齐，又七年（557年），宇文泰之子宇文觉受西魏禅让建立北周。北齐、北周两朝在北中国的对立，形式上始于此年。但东西两魏掌握实权者本为高欢、宇文泰，因而实际上高氏、宇文氏的统治自东西两魏分立之日起开始。高欢后被追谥为齐神武皇帝，宇文泰则称周文帝。

高欢、宇文泰之对立导致北中国连年爆发激烈战争。高氏势力囊括北华北大平原，其面积、物资远胜宇文氏，但在北魏时被誉为历世武门的名族多仕于西魏辅佐宇文氏，其势力同样不可轻视。《北史·韦孝宽传》称，齐兼并有余，周自守不足。如其所说，则高氏与宇文氏对立之初，齐的攻击力远胜于周，但周仍顽强承受而求得独立。

537 年，齐神武亲率大军，由晋阳南下渡黄河，出陕西渭水之北、洛水之南的沙苑，又令一军从南部越过潼关西进，合围长安，意图粉碎宇文军。然而宇文泰殊死防御，颇奏其功，齐军所到之处皆吃败仗，高欢大怒，试图继续奋战，但已不得其势，只好撤军。而宇文泰也未追击，可见其也无灭齐的实力。沙苑战败之后，齐所受的最大打击实为河东险要之地蒲坂被周夺取，自晋阳南下之路遭封闭。

沙苑大战之后第二年，主要经营河南地区的高欢勇将侯景得知周文帝参拜洛阳陵，遂大举进攻洛阳，与宇文泰军大战于洛阳北方河桥、邙山。恰逢浓雾四塞，宇文军前后失联，以致大败。消息传至长安时，沙苑之战中被俘的齐国降将等奋起谋反，一时间长安人情危惧，宇文泰迅速加以处置，幸得无事。其时，高欢因河东要地被周所夺，未能一路南下，于是迂回从孟津渡黄河西进，但听闻宇文泰已入长安，于是放弃追击。此战之后，齐深感河东地区被夺造成的不便，546 年，高欢亲率大军进攻其地，但周将韦孝宽防御极其巧妙，故高欢未得志，又在军中染病，最后去世。

高欢死后，其子高澄成为东魏事实上的主权者。北齐追谥高澄为世宗文襄皇帝。当年，长期统治河南地区的勇将侯景劝诱河南东魏诸将谋反。

侯景本是北镇戍兵出身，谋反的动机完全是对高澄之反感。高欢在世之时，侯景就扬言"王（高欢）没，吾不能与鲜卑小儿（高澄）共事"。但令侯景敢于谋反的氛围同样存于北齐内部。名臣杜弼对高欢说，在位的文官多有贪污者，劝其治理。高欢答曰：天下贪污之风盛行已久。而今附属齐之军将，其家属在周者人数众多，宇文泰常劝诱这些将军归附。又江东梁武帝萧衍专事衣冠礼乐，中原士大夫皆望之，以为正朔所在。此时若急于匡正纲纪，则武将皆西走，汉族豪家皆南走。杜弼又劝其除去掠夺百姓之勋贵。高欢不语，令军士张弓挟矢，举刀按矟，夹道罗列，令杜弼行于其间。杜弼战栗流汗，高欢徐徐谕之："箭虽注，不射；刀虽举，不击；矟虽按，不刺。尔犹顿丧魂胆。诸勋人身触锋刃，百死一生，纵其贪鄙，所取处大，不可同之循常例也。"

高欢以恩赏驱使蛮族武将，得其死力，从高欢临终之言亦可见其最为亲信之人是蛮族武将而非汉人。恐怕此时高欢部下之中也是暗流涌动。总之，侯景叛乱之后，与南方梁国结盟，西通宇文，稳固其位。对此，北齐的处置极为迅速，直接派遣名将慕容绍宗在涡水讨伐侯景。如前篇所述，侯景战败，降于南方梁国，后成为梁朝覆灭之因。

北齐文襄帝高澄在位一年，就被梁国降人暗杀，其弟显祖文宣帝高洋继后。翌年（550年），高洋受东魏禅让即帝位。形式上北齐建立，正是始于此年。但禅让运动在高澄之时就已浮出表面，《北史·东魏孝静帝纪》中记载孝静帝与高澄的恶劣关系。据称，孝静帝武艺精熟，且文学修养深厚，高澄十分忌惮，于是派腹心崔季舒监视帝的行动。高澄曾致信季舒："痴人复何似？痴势小差未？"猜忌之心甚是露骨。又向帝劝酒，曰："臣澄劝陛下。"帝对其无礼之言露出不悦之色。高澄见之，怒曰："朕，朕，狗脚朕！"还令季舒殴打孝静帝。当然，高澄虽然屡次与孝静帝起争执，但每次都以谢罪告终。然而二者毕竟难以并立，禅让只是时日问题，随着高澄意外被暗杀，禅让自然延后。高洋即位后，禅让之事由其亲信高德政发起。当时只有名臣杜弼持反对意见，他认为高氏、宇文氏各自推戴魏室而号令天下，今篡东魏之位，对高氏不利。但高德政认为，宇文氏怀有夺取西魏的野心。譬如满市追兔，一人得之，众心安定。因此，先夺东魏之位，陕西地区亦可受此影响。

此话应该说出了当时的实际情况。当然，诸朝臣之间没有什么议论，禅让就付诸实行。但高氏对元魏王族的迫害十分惨烈，孝静帝遭毒杀，王族二十五家三千人也同时被杀，尸体投入漳水。高氏向诸军人下诏，改姓为元氏者需改回本姓。

《北史·齐高祖神武帝纪》论中记述高欢掌控蛮族的情况说，南与梁国和解，北怀柔然，吐谷浑、阿至罗，一一招纳而得其力，规略宏远。又《韦孝宽传》记载，高氏借四胡之势，据有山东。伴随北魏瓦解而来的蛮族南侵之势，全靠北齐武力方才得以阻止。文宣帝高洋更是对北方蛮族立下了最耀眼的功业。此时，内外蒙古新得势的两个蛮族，北为突厥，东北为契丹。两蛮族在南北朝以后，在中国史上拥有重要势力，其详情本书暂且不讲。总之，突厥杀柔然阿那瓌，柔然举部属降于北齐。北齐将其安置在马邑川（桑干河上游），破突厥，直至其投降。这也是隋唐统一前中原王朝最后一次用武力向突厥展示威势。此外，对于契丹，高洋亲赴平州（直隶永安府迁安县东北）破之。此次远征完美发挥了其武勇的优点，之后又讨平山胡。山胡或汾胡或绛蜀等山地蛮族究竟属于何种种族系统不得而知，他们广泛分布在汾水上游的山谷之间。晋以后直至北魏统一之时，其势力都未能被完全压制。《尔朱荣传》又称应先平河南，乘势讨平汾胡，其根基之牢固可想而知。高洋平定北魏军队未曾到达的石楼（山西隰州石楼县），诛灭十二岁以上的男子，远近山胡纷纷投降。高洋武功显赫，但其另一面则以标准的暴君形象载于史册。《北齐书》未记录之事详见于《北史》，双方史料多少存在差异，现笔者尝试意译二者共通的记载。如下：

> 帝登基六七年后，逐渐耽于饮酒，暴行也愈加严重。例如，从早到晚狂舞，昼夜不分。或全身裸体，施粉黛，散头发，着胡装，上披锦彩，拔刀张弓，游行于市肆。或在盛夏之时，暴晒身体于日中，或在酷寒之时脱衣奔跑。或坐于街上，或寝于巷间，四处游玩，多由刘桃枝、崔季舒等力士背负前行。身侧有各式人等相伴，杂然无等级区别。集合淫奔之姬，悉数剥去衣裳，令从官监视，或收集棘条作马，编草为绳索，强行令其骑乘，见血滴于地，以此取乐。凡有人犯死罪，则先肢解或直接投于火中焚烧。酒醉后，持兵器入市郊。乃问妇人："天子如

何？"妇人答曰："颠颠痴痴，何成天子。"立刻杀之。或在大街之上撒

钱，以目睹行人争抢为乐。

高洋基本与南朝齐国的东昏侯同等暴虐，也许是一般汉族舆论中最不得人心的君主。北齐百官因鲜卑之风而不得纳妾。而北齐王室的淫乱之风始于世祖高欢，在高洋之时最盛，对此赵翼《札记》中有详细叙述，出处为《北史》本纪。所幸高洋不久去世，其弟高演（孝昭帝）杀高洋的太子而自立。他在位不过两年时间，据李延寿的评论，当时北周君臣之间猜疑甚深，陕西名流皆瞩目高演政治，高演亦有兼并之志，常由平阳窥伺北周，但还未得志就驾崩。他被赞为"经谋宏旷，谅近代之明主"。始于高欢，及至高演，北齐到达全盛期，国富兵强，在当时对立的齐、周、陈三国中处于最优位置。

且回看北周的情况。宇文泰迎魏孝武帝并拥立之。但高欢建立东魏同年，孝武帝遭毒杀，无疑应是宇文等人所为。后西魏文帝元宝炬新立，万端政治置于宇文泰的独裁之下。文帝死后，废帝元钦、恭帝元廓相继被拥立为帝，期间宇文氏势力远及四川地区。南朝方面，侯景之乱后，梁朝宗室间的争斗反复上演，导致四川成都的空虚，情况如前篇所述。宇文泰认为此乃征伐蜀地的大好时机，于是命令名将尉迟迥率大军夺取之。《北史·尉迟迥传》中记载此次征伐情况，但其文简单，情况不明。总而言之，《北史》周代的记载徒仿古文，内容空虚。例如，尉迟迥向宇文泰叙述征蜀之计且被采用的情况记载如下：

> 唯迥以为纪既尽锐东下，蜀必空虚，王师临之，必有征无战，周文
>
> 以为然，谓曰：伐蜀之事，一以委汝。

虽言意庄重，但难充分理解其所指。总之，尉迟迥平定四川的捷报传至朝廷之时，恰逢宇文泰怒惩吐谷浑后自姑臧归来。宇文泰末年，南并四川，西北则以姑臧为中心，将甘肃一带置于统治之下。

李延寿评论宇文泰："崇尚儒术，明达政事……恒以反风俗复古始为心云。"事实上宇文手下北魏名将子弟众多，他们通过北魏孝文的政策而获得汉族文明的教养，其风俗自然不像北齐般混杂，加上汉族名臣苏绰等人以古道加以教导，宇文的治术得以确立。详情将在外篇叙述。

宇文泰死后，其子宇文觉继承大业。宇文觉犹年少，从兄宇文护受宇文

泰的遗命摄政。当年，宇文护使西魏恭帝禅位给宇文觉（556年）。北周在形式上始于此时。宇文觉称孝闵帝。宇文泰在世之时，对曾与其地位相同的北魏名将，充分给予独任的权力，处处优待，由此得以利用他们的力量。今宇文护拥立北周，挟势弄权，宿将勋臣心生动摇。非但如此，宇文觉周边士人也渐生不满，有人劝帝压制宇文护。但宇文护准备周到，宇文觉以失败告终，惨遭废黜，其后宇文毓（明帝）新立。宇文毓是宇文觉之兄。明帝宇文毓即帝位之后，亲临朝政，唯独将军事大权委以宇文护。但明帝与宇文护之间猜疑极深，最终明帝被毒杀，继承其后者为著名的武帝宇文邕。武帝即位初期，仍然由宇文护摄行政事。

北周宇文护掌握实权之时，北齐方面武成帝高湛取代高演即帝位。高湛之母为柔然之女，高欢为获得柔然帮助，选择与之结婚，故齐人呼为"邻和公主"。武成帝深信佛教，其为人"神情幽远"，高欢向诸子传递的好战且以严法临下的风气在武成帝时彻底改变。宠臣和士开曾对武成帝说："自古帝王，尽为灰土，尧、舜、桀纣，竟复何异？陛下宜及少壮，极意为乐，纵横行之，一日取快，可敌千年。国事尽付大臣，何虑不办，无为自勤约也！"武成帝于是将政治委任于臣下而全然不予干涉，由此内部纲纪废弛，且武成帝的性格也导致其在外交上倾向和平主义。

此前，北齐高洋以铁腕破突厥，名主高演在与北周交接的汾水右岸晋州平阳郡设置坚固城壁，与周的垒城蒲州相对，设置每年轮替的屯戍兵。对于南朝陈，则在石鳖（江苏宝应）实行大规模屯田，为淮南军士提供充足粮食供给，如此一来西方南方都在不久之后做好大规模攻击的准备。然而，北周方面，世祖宇文泰之时，就向兴于外蒙的突厥族求援，呈上贿赂讨其欢心，共抗北齐。适逢北齐高演去世，高湛新立，其内部纽带业已松弛。北周宇文护于是借用突厥之力进攻北齐。563年，周派名将杨忠由北方直抵齐的根据地晋阳，又令勇将达奚武从河东发兵。杨忠军得到十万突厥兵的援助，翌年正月冒雪进攻晋阳。但当时晋阳兵备犹强，突厥人知其坚不可破，于是抱怨被周人所骗，自发撤退，导致全军败北。对于从河东来的达奚武，北齐名将敕勒人斛律光镇守平阳，此时杨忠已退兵，斛律光于是写信给达奚武，曰："鸿鹄已翔于寥廓，罗者犹视于沮泽。"达奚武收信后，命令全军撤退。但

《通鉴》记载此战称："初，齐显祖之世，周人常惧齐兵西渡，每至冬月，守河椎冰。及世祖即位，嬖幸用事，朝政渐紊，齐人椎冰以备周兵之逼。"两国进入攻防转换期。齐国方面，击退周军同年，将宇文护之母送返周国，尝试缓和双方关系。宇文护之母在北方动乱之际与子分离，留在齐国。此后两国关系多少有所好转，但在突厥强请之下，战争再度爆发。突厥在攻打晋阳城时，虽然几乎不战而退，但退却之时肆意掠夺，为此晋阳以北七百里之地，人畜无遗。他们尝到甜头，于是强制宇文护再度发起战争。对于突厥的强请，名将杨忠等人抱有强烈反感，但宇文护并无拒绝的识见与度量，于是应突厥要求再度出兵。因主力倾注于攻击洛阳方面，再次被齐军所破而无奈退兵。北齐虽然两度防住北周攻击，但其深恐突厥势力，于是向突厥进贡大量贡品以修和睦。

北齐方面，高湛死，后主高纬继承其后。高湛之时就已生废弛的齐国政治在后主执政期间加速崩坏。今据《北史》记叙其性行之一端，如下：

（意译）王的意志极为薄弱，不喜与朝廷大官深入接触，身侧若非昵狎者则缄口不语。但他感情敏锐，发怒之时，纵然是朝廷大官也不敢仰视。若发生天灾，则在各处设斋，以表修德，但实际上对救济无任何作用。他相信天下自然将治，作《无愁曲》，自弹琵琶唱之，且令近侍之人附和。世间于是称其为无愁天子。其信任之人皆为便佞之士，他们为害政治的程度非同一般。宫廷内召使的奴婢、阉人、西域胡商、歌舞人、见鬼人等，滥得富贵者数以万计。锦衣玉食的宫女有五百余人，一裙之价万匹，镜台一个值千金。宫廷费用甚高。又兴土木事业，尤其以寺院营造为盛。在离宫晋阳城的西山建造大佛像，一夜燃油万盆，光照官内。又对骑乘的马匹喂以十余种食物，厩中铺罽宾（Kashmir）绒毡。公母行将交配之时，搭盖青庐，备以牢馔。以粱肉养犬。马、鹰、犬之类竟有仪同、郡君等封号。在邺城华林园建造贫穷村舍，帝着弊衣作乞丐，或建穷人市场躬亲交易。地方官多半是富商大贾，贪婪放纵，行政紊乱程度到达顶峰。为此，异变屡现，昭示齐之将亡。

高纬杀名将斛律光，亲手破坏对周的有力防御，而主导者为汉人祖珽。在其提议之下，齐新设文林馆，齐的知名学者李德林等人悉数在馆内编撰书籍，表面上汉人风尚弥漫朝廷内部，但李德林等掌权者并未为齐尽力，而对帝阿谀奉承的一派人则对汉族萌生强烈的反感，甚至冠以"汉狗""汉丐儿"等名称。总之，帝与侧近之人肆意把弄政治，民心早已背离齐国。此前所述南朝陈夺取齐淮南之地就是发生在高纬执政之时。

另一方面，北周武帝宇文邕杀掉长期掌握实权的宇文护，亲裁万机。572年宇文邕杀死宇文护，实属计划周密的突发事件。宇文护常入宫谒见太后。其时，周武帝必定站立侍奉宇文护。宇文护被杀之日同样如此。谒见行将结束时，周武帝对宇文护说："太后虽已老，却好饮酒，恐对身体有害。遂作《酒诰》一篇戒之，请在太后面前诵之。"宇文护正诵读之时，帝突然从背后以玉珽（笏）击之，宇文护倒地。同时，武帝呼来宦官，递与佩刀令宦官斩之。宦官十分恐惧，斫之，尚不能伤宇文护。此时，一名与帝久谋之人从隐身的户内跳出，斩杀宇文护。当时，平日与周武帝相熟之人皆不在场，此事是在无人察觉的情况下执行的。不久后，宇文护的党派全遭清扫，周武帝的独裁由此确立。此前对政治一言不发的周武帝在执政之后，一心采取富国强兵之策，静待伐齐机会的到来。当时，汾水之西，负责对齐守备的名将韦孝宽上奏对齐三策：（一）此时伐齐的计划；（二）若不急于开战，则实行屯田策；（三）若采取万全之策，则应奖励商工，徐蓄国威，坐谋兼并之途。第一策的理由为，齐被最为弱小的陈夺走淮南之地且无力收复，因此可与陈结盟联合讨齐，此为最上乘的计策。此上表深得武帝之心，武帝于是向心腹询问可否讨齐，心腹当即声称可伐，武帝方才下定决心。该计划未遭泄露，但周建德四年（575年），武帝突然召集文武百官公布此计划。其理由极为充分，因此群臣之间无人反对，于是发出讨齐的诏书。军事规划方面，多人认为应从汾水方面直击晋阳，但武帝反对，认为应进击洛阳。然而洛阳方面的齐国守将防备坚固，周久攻不得，空返长安。但此战也暴露出齐国内部不统一的事实，翌年武帝采取直接攻击晋阳的策略。周大军首先攻击晋州，齐因守将内讧，难以招架，最后沦陷。晋州陷落之日，齐主高纬与宠妃正游猎于天池（祁连池）。急报频频传来，齐主仍认为是边境小事，不愿牺牲行乐，及至周军逼近晋阳，方才返回宫城。其时，晋阳犹有精锐之军，齐主亲自应战，更令士气大振，意欲南出一鼓作气夺回晋州。两军之间展开激战，一时间，齐军战斗渐入佳境，最终夺回晋州。武帝暂时返回长安，得新军后再次发起攻击。两军激战之时，与齐帝共同出阵的宠妃先行逃走，帝前往追其踪迹，这成为齐国大败的原因，大军向晋阳溃败。此大败后，齐帝意气沮丧，于是令同族镇守晋阳，自己则计划逃亡突厥，此时，齐已无人认真应战。唯独高延宗始终坚持主战态度，帝委以万事，自己从晋阳逃至邺城。如此一来，周军直接包围晋阳。高延宗善战，屡得奇捷，但毕竟大势已去，高延宗被擒，晋阳陷落。此前逃至邺城的齐帝不知如何处置，被群臣逼迫禅位于太子。但周军已长驱直下逼近邺城，齐室完全灭亡。其时 577 年，齐主高纬年仅二十二岁。

周灭齐后，天下统一的时机业已成熟。而南朝陈方面趁周齐交战之际，出兵北方，主动与周断绝和平关系，周军乘灭齐的余威南下，声势浩大，但武帝去世，对南方的军事行动暂时中止。

周武帝去世之时，曾拟遗诏而向群臣托付后事。其大意如下：

> 我在王位十九年，未能令百姓安居，刑罚废而不用。因此，天未明即起，至半夜仍未睡以尽瘁政务，立志统一分崩离析之天下，幸得王公将帅共同平定东夏（齐），但人民苦劳尚未能免。思之，常心中怀忧，渴望统一天下，建立统一的制度，如今罹患大病，气力衰竭。王公以下应当辅佐太子，实现我的遗志。

可见武帝心怀统一天下之志。武帝有躬率群臣的美德，只是因刑罚过严而受非难，普遍认为他若再长寿二三年，大可实现其志向。但武帝最大的缺点，史家认为是对待太子过于严格。太子宇文赟有"非才"的风评，因此武帝对其施以严格教育，朝见之时与朝臣无异，无论寒暑皆无休息。又听闻太子好酒，于是在东宫禁酒，稍有过错，则立刻捶挞。太子行动全在监视之下。太子对此早已习惯，于是巧妙经营表面，隐藏缺点不被武帝所知。武帝死后，太子立，即宣帝。虽在丧中，但宣帝恶声已广为传播。他成为天子后翌年，乐运上表数宣帝八过，加以劝谏。但宣帝不知悔改，其苛烈刑戮成为众矢之的。如今统一天下的机运已到，但得如此昏君，世间十分失望。

宣帝在位二年即去世，静帝宇文衍继承大业。然而，宣帝去世的时候，太后突然发出命令，令外戚杨坚辅佐静帝并掌握内外兵马大权。杨坚是名将杨忠之子，本为纯粹的汉族，但常与鲜卑通婚，有个鲜卑名字叫普六茹坚。杨坚在武帝在世时就遭周室一派重臣忌惮，及至宣帝时代，杨坚似与反对派展开了激烈暗斗，而其自身出至地方，所以得以一时远离争斗的旋涡。放弃周王室的人们，主要是汉族一派，积极推进拥立杨坚取代周室的计划。适逢宣帝暴卒，帝侧近的汉族朝臣暗自与杨坚相通，下达伪诏，令其辅佐王室接受大任。

杨坚成为周室实权人物。汉族名流李德林、高颍之辈纷纷起誓为其尽力效忠。但讨平四川的周国宿将尉迟迥原本地位远胜杨坚，不愿屈居于杨坚之下。且周宗室中多有人与尉迟迥通款。杨坚于是将其从邺城转调他地，尉迟迥表示出反抗态度。杨坚惧怕的另一名将韦孝宽彼时仍在徐州推进讨陈计划，已平定陈所夺走的淮南之地，正在返回北方的途中。韦孝宽和杨坚意志相通，虽然尉迟迥千方百计进行拉拢，韦孝宽都巧妙躲开，顺利北进抵达河阳城。此城有八百鲜卑人镇守，其家人皆在邺城。因韦孝宽只率领了一小部分兵将前来，鲜卑守将心怀轻蔑，欲相谋响应尉迟迥。韦孝宽约定给予他们大量恩赏，携其返回洛阳。

恰逢杨坚以周帝之名从长安大举出兵，任命韦孝宽为主帅，征伐尉迟迥。当时，长安人心动摇，此地的名将高官不知与谁为伍。杨坚意图诛灭态度犹疑之人，李德林谏止，说现在人情不知去就，更应以宽大示人，只管监视与敌通谋之人即可。此方针出台后，人心多少安定下来。起初尉迟迥势力极为庞大，但其年已老耄，无法担当实务之规划，举兵两个月就战败自杀。同时，在四川反抗杨坚的王谦也遭讨平。此乱之后杨坚的地位彻底稳固，580 年受封为隋王，翌年受周禅让建立隋室。隋文帝即杨坚。

文帝兴隋之后，或起新都于长安，永固定鼎根基，或讨突厥，受沙钵略可汗之朝贡，帝业已隆，于是在开皇八年（588 年）下诏大举伐陈。翌年灭之，确立天下统一大业。隋与陈的交涉详情已在前章述及，其时 589 年。李延寿《北史》中包含隋代之记事，笔者认为隋播扬了赫赫大唐帝国的先声，因此将隋唐历史综合为一体也无不可。

外　篇

第一章
魏晋文明

东汉的经术主义

宋代王应麟将东汉称为经术主义时代，意为努力营造经学认可的风俗，且实际上努力得以实现的时代。《后汉书》屡屡用到"移风易俗"一词。此词可取"实现的意图"与"实现的结果"两重意思。

战国末期大儒荀子尤为重视礼。依照此君的想法，可根据习礼的程度，对社会上的个人地位——换言之，对社会阶级——进行排序。今无视地位排序，若将习礼之人视作一个整体，此为儒者所说的"士类"，与无告之民处于对立位置。若将荀子之"礼"字换成"儒术"，则上述观点大致可体现东汉的观点。笔者主要参考的《后汉书》是以朝廷为中心书写的历史。其列传为士类之传或准士类（《逸民列传》《列女传》）之传。此间的经术主义究竟其貌如何？这是笔者将要叙述的重点。

东汉士类实现的美风之一与孝义有关。《后汉书》列传第二十九《刘赵淳于江刘周赵列传》中列有以孝行著名的人物。序文中，范晔将孝行分为大养与义养两种。孔子所言"孝莫大于严父，严父莫大于配天，则周公其人也"，此为大养，而"啜菽饮水，孝也"，此为义养。刘平以下的传中所列之人皆为义养，而其必定是被王者表彰或被世人认同之人。范晔云："存诚以尽行，孝积而禄厚者，此能以义养也。"

范晔在进入列传之前讲述汝南郡薛包（或作"苞"）的孝行。故事如下：

> 安帝时，汝南薛包孟尝，好学笃行，丧母，以致孝闻。及父娶后妻而憎包，分出之。包日夜号泣，不能去，至被殴杖，不得已，庐于舍

外，旦入而洒扫。父怒，又逐之。乃庐于里门，昏晨不废。积岁余，父母惭而还之。后行六年服，丧过乎哀。既而弟子求分财异居，包不能止，乃中分其财。奴婢引其老者，曰："与我共事久，若不能使也。"田庐取其荒顿者，曰："吾少时所理，意所恋也。"器物取朽败者，曰："我素所服食，身口所安也。"弟子数破其产，辄复赈给。建光中，公车特征，至，拜侍中。

惠栋引《汝南先贤传》：

> 苞归先人冢侧，种稻种芋。稻以祭祀，芋以充饭。

这是孝行的一个典型例子。由此可见，孝义的中心问题实际上是儒家所传的丧服制。内外严守三年之丧、六世共财法则是家族道德的规范。《后汉书·韦彪传》中有云：

> 父母卒，哀毁三年，不出庐寝。服竟，羸瘠骨立异形，医疗数年乃起。

必守父母之丧，这是陈述孝德之时常用的形式性文句。换言之，孝道已成为当时家族统制的法则。

血缘相同的家族群体称为宗党。在中国，乡党与家族往往相伴出现，汉代时，二者常混杂于言辞之中。例如《后汉书》列传第四十三《周黄徐姜申屠传》的序文中，有太原郡荀恁的略传，其中一段如下：

> 少亦修清节，资财千万，父越卒，悉散与九族。

王先谦《集解》引用沈明彝的研究，称"散与九族"在《汉书》中为"分施九族州里"。也就是范晔著《后汉书》时，"九族州里"一词仅写作"九族"。因此"九族"一词可认为包含"州里"，反之亦然。地方称"某氏之闾"时，宗族团体是乡党的一部分，由此考之，宗族与乡党绝非对立概念，相反，家庭孤立于宗族乡党在史册中登场的例子不在少数。例如《周燮传》有云：

> 有先人草庐结于冈畔，下有陂田，常肆勤以自给……乡党宗族，希得见者。

又《朱晖传》中有云：

> 屏居野泽，布衣蔬食，不与邑里通，乡党讥其介。

将此句与其后的文句相对照，可以看到，"乡党"中必然包含"宗族"。朱晖之子朱穆作为《绝交论》作者，针对东汉末乡党宗族相关社会情谊被过度尊崇的现象，对其弊害进行了讥讽。

若宗族与乡党不是对立关系，那么理论上家庭与宗族也不应对立。因此，对于朱穆的《绝交论》，范晔断定为"矫时之作"，对于将家庭置于孤立状态之人，常以"狷介"之类词语评价。但无论如何，"与家族相对的个人"这一观点并未在此时代出现。家庭是不可分割的社会单位，因此，此时代宣扬的家庭相关法规为后代中国文明奠定了牢固基础。特殊时期的相关法规，例如为父报仇虽然常常成为国家统制上的问题，但长期以来被民间所接受。

作为家庭一员的个人对宗族、乡党表示德义，较为普遍的形式为分与财物，甚至为地方繁荣尽力贡献的例子也有所见。例如，《王丹传》记载如下：

> 家累千金，隐居养志，好施周急。每岁农时，辄载酒肴于田间，候勤者而劳之。其堕懒者，耻不致丹，皆兼功自厉。邑聚相率，以致殷富。其轻黠游荡废业为患者，辄晓其父兄，使黜责之。没者则赗给，亲自将护。其有遭丧忧者，辄待丹为办，乡邻以为常。行之十余年，其化大洽，风俗以笃。

这是最具代表性的例子，其他诸如处士从事地方生产的例子也随处可见。

对家庭的孝义、对宗族乡党的友谊在以朝廷为中心而书写的《后汉书》中多有记载。究其原因，是此类行为在当时拥有一定政治意义。现从该点进行全面考察。

汉代的郡长官太守，其权限之中有一条为向中央推荐地方人物，即所谓的察举制。人物选择标准为地方乡党的声望。因此，郡太守与地方人士之间存在相当亲密的交往关系。《后汉书·郅恽传》中记载，汝南郡风俗，每年十月在郡府举办宴会，百里以内的县皆持牛酒，在郡府宴饮。此处的"县"可解释为从属郡管辖的县的官吏，但这个记载恐怕有一些更深的含义。据《伏湛传》，东汉始祖光武帝在建武三年（27年）出于伏湛的请求开始在郡国实行乡饮酒礼。大儒郑玄注《仪礼·乡饮酒礼》，说当时郡国在十月举行此礼。汝南郡的上述风俗也是在十月行乡饮酒礼。因此，即便百里之内的县持牛酒至郡府是特别的风俗习惯，但可以确定，郡国确实举行了乡饮酒礼。根据《周礼·乡大夫》郑玄注可知，东汉时代郡太守推荐人物时，大抵以孝廉及茂才作为两大标准，并且一定举行乡饮酒礼。凭孝廉与茂才获得举荐之人或为郡守、县令的僚属，或为地方名家。诚然，当时郡守之下的主簿、祭酒之类在官制之上虽是僚属，但实质上对郡守保有属僚以上的权威。顾炎武在《日知录》"乡亭之职"条中曾详细叙述相关情况。章炳麟《检论》"通法"条则将蔡湛碑阴的"议民"解释为参与县政之人，对此笔者不敢苟同。三老、故吏、处士、义民之类，即使官品上与主簿、功曹等有明显区别，但在资籍上存在相通之处，有别于一般庶民。因此，综合考察此等地方士类时，郡守重视舆论即乡论也是理所当然。而且这种乡论被经术统制，是东汉时代所宣扬的地方文化特色。

地方官与其属僚，原则上由郡人担任的乡职团体，以及被地方官府特别区分于庶民的逸民、义民，上述人等构成一个社会时，自然在统制之上萌生对上层阶级尽忠的所谓节义观念。东汉末期，整个地方社会发生混乱之时，节义之德反而表现得更加显著。赵翼《廿二史札记》"东汉尚名节"条中收录了大量的此类事例。

总之，东汉之时，家庭之德孝义，对宗族、乡党的友义，对上官的节义，此类诸德由经学奠定理论基础，成为统治后世的文明根基。东汉末年，地方上流行一种风习，即对于声名显赫之人，其门生、故吏等在其死后立石碑歌颂功德。东汉末期的文豪蔡邕屡被求撰写碑文，死者的德行常常被过度铺陈，因此有人将其文章视为内容空洞的形式性文体的雏形，开了后来魏晋六朝文风的先河。笔者对此抱有同感，从其形式化可知当时理想人物的形象。作为其中一例，且看彭城人姜肱碑文的其中一段：

> 先生既蹈先世之纯德，体英妙之高资，立性纯固，百行修备。故其平生所能，事亲惟孝，如大舜五十而慕，友于兄弟，有棠棣之华，萼韡之度；体惠理和，有上德之素；安静守约，恩及婴儿；恬荡之固，至操动俗，邑中化之，外户不闭，冶藏无隐。及其学而知之者，《三坟》《五典》，《八索》《九丘》，俯仰占候，推步阴阳，有名物定事之能，独见先睹之效。然犹学而不厌，诲而不倦。童冠自远方而集者，盖千余人。夫水盈而流，德交而形，是故德行外著，洪声远布，华夏同称，名振当世。（《全上古三代汉魏六朝文》）

即理想人物始于孝友之德，而终于个人学艺修养。在此时代，若想获得官吏资格，有诸生与文吏两种考试途径。作为诸生应试者，事先应获得地方官的保举，后由郡守下的督邮出具证明。其案例留于《通典·选举门》原注中，如下：

> 生事爱敬，丧没如礼。通《易》《尚书》《孝经》《论语》，兼综载籍，穷微阐奥。师事某官，见授门徒五十人以上。隐居乐道，不求闻达。身无金痍痼疾，三十六属，不与妖恶交通。

史家班固在《东都赋》中描写的东汉和平文明，综合上述诸点进行考察之后，可了解其整体观念。

东汉风俗的败坏

上节叙述了东汉经术主义下的部分地方文化。毋庸赘述，经术主义作为形成一般文化的范畴发挥作用，其本是概念性的形式。因此，本来以私欲作为本能的各类家庭群体，通过该形式自行调和，以获得社会声誉与当权者的认同。与此同时，也有不少人采取完全相反的行动。笔者先以《樊宏传》为例，介绍东汉地方模范家族：

> （樊宏）为乡里著姓。父重，字君云，世善农稼，好货殖。重性温厚，有法度，三世共财，子孙朝夕礼敬，常若公家。其营理产业，物无所弃，课役童隶，各得其宜，故能上下勠力，财利岁倍，至乃开广田土三百余顷。其所起庐舍，皆有重堂高阁，陂渠灌注。又池鱼牧畜，有求必给。尝欲作器物，先种梓漆，时人嗤之，然积以岁月，皆得其用，向之笑者咸求假焉。资至巨万，而赈赡宗族，恩加乡闾。外孙何氏兄弟争财，重耻之，以田二顷解其忿讼。县中称美，推为三老。年八十余终。其素所假贷人间数百万，遗令焚削文契。责家闻者皆惭，争往偿之，诸子从敕，竟不肯受。
>
> 宏少有志行。王莽末，义兵起，刘伯升与族兄赐俱将兵攻湖阳，城守不下。赐女弟为宏妻，湖阳由是收系宏妻子，令出譬伯升，宏因留不反。湖阳军帅欲杀其妻子，长吏以下共相谓曰："樊重子父，礼义恩德

行于乡里，虽有罪，且当在后。"会汉兵日盛，湖阳惶急，未敢杀之，遂得免脱。更始立，欲以宏为将，宏叩头辞曰："书生不习兵事。"竟得免归。与宗家亲属作营堑自守，老弱归之者千余家。

时赤眉贼掠唐子乡，多所残杀，欲前攻宏营，宏遣人持牛酒米谷，劳遗赤眉。赤眉长老先闻宏仁厚，皆称曰："樊君素善，且今见待如此，何心攻之。"引兵而去，遂免寇难。

世祖即位，拜光禄大夫，位特进，次三公。建武五年，封长罗侯。

惠栋引《续汉书》称，樊氏农院内有六畜、林木、陂池、果谷等，且"闭门成市，兵弩器械，赀至百万"。又其陂池之大可见于《水经注》。总之，此类人物获得上下人望。现再举冯衍上疏文中的一段：

每念祖考，著盛德于前，垂鸿烈于后，遭时之祸（王莽乱），坟墓芜秽，春秋蒸尝，昭穆无列，年衰岁暮，悼无成功，将西田牧肥饶之野，殖生产，修孝道，营宗庙，广祭祀。然后阖门讲习道德，观览乎孔老之论，庶几乎松、乔之福。

以殖产、孝道、道德三者结合带来个人幸福，这是时人的理想。然而与上述家庭生活不同的生活方式在社会上层人士之间实行后，东汉文明发生根本性的动摇。关于此点，现主要就东汉末思想家王符的《潜夫论》加以叙述。

王符认为，当时的人一旦获得富贵，则多有败家行动：

贫贱之时，虽有鉴明之资，仁义之志，一旦富贵，则背亲捐旧，丧其本心。皆疏骨肉而亲便辟，薄知友而厚狗马。财货满于仆妾，禄赐尽于猾奴。宁见朽贯千万，而不忍赐人一钱；宁积粟腐仓，而不忍贷人一斗。人多骄肆，负债不偿，骨肉怨望于家，细民谤讟于道。（《潜夫论·忠贵第十一》）

又远在战国之时，与墨子派的薄葬论相对，儒家一般主张厚葬论。但东汉末的儒者皆主张薄葬论。事实上，葬送仪式是夸炫家资的方法之一。其盛行状况可见于《浮侈》篇，如下：

今者京师贵戚，必欲江南檽、梓、豫章之木。边远下土，亦竞相放效。夫檽、梓、豫章，所出殊远，伐之高山，引之穷谷，入海乘淮，逆河溯洛，工匠雕刻，连累日月，会众而后动，多牛而后致，重且千斤，功将万夫，而东至乐浪，西达郭煌，费力伤农于万里之地。……或至金缕玉匣，檽、梓、楩、楠，多埋珍宝偶人车马，造起大冢，广种松柏，庐舍祠堂，务崇华侈。

与王符几乎同一时代的崔寔在政论中极力痛斥厚葬的弊害，但其自身为亡父举办葬礼及制作冢茔石碑之时，却卖尽家中所有田宅，穷乏之余以卖酒为生，因此招致时人的批判。总之，家族仪式极尽虚伪，当时经常可见三年丧期之时在墓侧庐舍生活，但期间却诞生大量子嗣、身体愈加肥满的故事。

如此一来，作为汉文化根基的经术主义被家族私欲的本能所取代，于是发生社会混乱。同为东汉末期的仲长统在作品《昌言》的《理乱》及《损益》篇中极力描写当时豪族奢侈、专恣之状。

豪人之室，连栋数百，膏田满野；奴婢千群，徒附万计；船车贾贩，周于四方；废居积贮，满于都城。琦赂宝货，巨室不能容；马牛羊豕，山谷不能受。妖童美妾，填乎绮室；倡讴伎乐，列乎深堂。宾客待见而不敢去，车骑交错而不敢进。三牲之肉，臭而不可食；清醇之酎，败而不可饮。睇盼则人从其目之所视，喜怒则人随其心之所虑。(《理乱》篇)

豪人货殖，馆舍布于州郡，田亩连于方国。身无半通青纶之命，而窃三辰龙章之服；不为编户一伍之长，而有千室名邑之役。荣乐过于封君，势力侔于守令。财赂自营，犯法不坐。刺客死士，为之投命。致使弱力少智之子，被穿帷败，寄死不敛，冤枉穷困，不敢自理。(《损益》篇)

由此可见，东汉末豪族兼并土地，自营农、工、商三业，且在恣意享乐的同时，背后与侠客之类相交，行杀人夺财之事。《潜夫论·断讼》记载，当时的权势人物为满足奢侈欲望，向人借钱后，竟杀害债主。获罪后不久就获恩赦。虽然已无法选辟为官吏，但州司及公府反而争相用之，此为实情。另外，当时洛阳还有人以杀人为买卖。由上述种种事实可见，豪族与官府完全勾结，以财力与权势相连(《潜夫论·考绩》)，东汉盛时的经术主义完全崩坏殆尽。

如此状势之下，且来观察那些无告的庶民，对于受到的不公，他们可向上司控告。此时，乡里有相互协助诉讼的习惯，手续繁杂，耗费较高，且官府相互推诿，庶民只能忍气吞声。(《述赦》《考绩》)如此一来，导致地方缺乏认真从事生业者。王符在《浮侈》中有云：

> 今举世舍农桑，趋商贾，牛马车舆，填塞道路，游手为巧，充盈都邑；治本者少，浮食者众。"商邑翼翼，四方是极。"今察洛阳，浮末者什于农夫，虚伪游手者什于浮末。是则一夫耕，百人食之，一妇桑，百人衣之，以一奉百，孰能供之？天下百郡千县，市邑万数，类皆如此。……今民奢衣服，侈饮食，事口舌而习调欺，以相诈绐，比肩是也。或以谋奸合任为业，或以游敖博弈为事；或丁夫世不传犁锄，怀丸挟弹，携手遨游。或取好土，作丸卖之，于弹，外不可以御寇，内不足以禁鼠。晋灵好之，以增其恶，未尝闻志义之士喜操以游者也。……今京师贵戚，衣服、饮食、车舆、文饰、庐舍，皆过王制，僭上甚矣。从奴仆妾，皆服葛子升越，筒中女布，细致绮縠，冰纨锦绣。犀象珠玉，虎魄玳瑁，石山隐饰，金银错镂，獐麂履舄，文组彩褋，骄奢僭主，转相夸诧。箕子所晞，今在仆妾。富贵嫁娶，车軿各十，骑奴侍僮，夹毂节引。富者竞欲相过，贫者耻不逮及。是故一飨之所费，破终身之本业。

田舍虚空，都会混杂。财富分配不均恐将迅速恶化，民间激生动乱。当时混乱之状如何？现进行简单叙述。

东汉末的乱离状况

东汉衰亡的征兆开始显露于安帝元初元年至四年（114—117年）羌族的入寇。相关概况已在内篇叙述。为了解当时汉族蒙受的惨状，现摘取王符《潜夫论》部分章节如下：

> 前羌始叛，草创新起，器械未备。虏或持铜镜以象兵，或负板案以类楯，惶惧扰攘，未能相持。一城易制尔，郡县皆大炽。及百姓暴被殃祸，亡失财货，人哀奋怒，各欲报仇。而将帅皆怯劣软弱，不敢讨击，但坐调文书，以欺朝廷，实杀民百则言一，杀虏一则言百，或虏实多而谓之少，或实少而谓之多，倾侧巧文，要取便身利己，而非独忧国之大计，哀民之死亡也。又放散钱谷，殚尽府库，乃复从民假贷，强夺财货，千万之家，削身无余，万民匮竭，因随以死亡者，皆吏所饿杀也。

其为酷痛，甚於逢虏。寇钞贼虏，忽然而过，未必死伤。至吏所搜索剽夺，游踵涂地，或覆宗灭族，绝无种类；或孤妇女，为人奴婢，远见贩卖，至今不能自活者，不可胜数也。此之感天致灾，尤逆阴阳。

且夫士重迁，恋慕坟墓，贤不肖之所同也。民之于徙，甚于伏法。伏法不过家一人死尔。诸亡失财货，夺土远移，不习风俗，不便水土，类多灭门，少能还者。代马望北，狐死首丘，边民谨顿，尤恶内留。虽知祸大，犹愿守其绪业，死其本处，诚不欲去之极。太守令长，畏恶军事，皆以素非此土之人，痛不着身，祸不及我家，故争郡县以内迁。至遣吏兵，发民禾稼，发彻屋室，夷其营壁，破其生业，强劫驱掠，与其内入。捐弃羸弱，使死其处。当此之时，万民怨痛，泣血叫号，诚愁鬼神而感天心。然小民谨劣，不能自达阙廷，依官吏家，迫将威严，不敢有挈。民既夺土失业，又遭蝗旱饥匮，逐道东走，流离分散，幽、冀、兖、豫，荆、扬、蜀、汉，饥饿死亡，复失太半。边地遂以丘荒，至今无人。原祸所起，皆吏过尔。

如王符所说，最初内郡人士对于羌族的侵寇还未抱有强烈反感。其后桓帝元嘉年间（151—153 年），凉州诸羌再次发生叛乱，自四川、湖北至陕西、山西、直隶地区，广受其害，汉族才生惊惧之念。当时流行一首童谣：

小麦青青大麦枯，谁当获者妇与姑，丈夫何在西击胡。吏买马，君具车，请为诸君鼓咙胡。

依照范晔的解释，甲卒多被征发，割麦者仅剩妇女。而遭遇征发命运者非独庶民，拥有爵位的士族也难逃厄运。百姓对此事不敢公开发声，只敢偷偷抱怨。

对汉族的压迫来自外部，而大乱则在内部爆发。黄巾之贼，就其性质而言，虽然是纠合下层无告庶民反抗官宪的群体，但他们的首领并非站在农民立场举事，因此得势之后，自然乱用权力，极度享乐。《抱朴子·道意》篇如此描述张角一派：

招集奸党，称合逆乱，不纯自伏其辜，或至残灭良人，或欺诱百姓，以规财利，钱帛山积，富逾王公，纵肆奢淫，侈服玉食，妓妾盈室，管弦成列，刺客死士，为其致用，威倾邦君，势凌有司，亡命逋

逃，因为窟薮。（平津阁本）

暴乱带来的伤害，使无论士族还是庶民，都深感痛苦。于是皇甫嵩愤而将其讨平。百姓歌颂曰：

> 天下大乱兮市为墟，母不保子兮妻失夫，赖得皇甫兮复安居。

（本传）

士民得以心安。但一度混乱的地方统治并没有在黄巾诛灭之后就恢复平静。白波、黑山之贼分别在山西、山东各州郡暴掠，与此同时，匈奴、乌桓等实行以掠夺为唯一目的的行动，山西、直隶、山东地区不堪其害。曾割据北部的公孙瓒在今直隶易州之南"盛修营垒，楼观数十，临易河，通辽海"，人民对他十分信重。童谣唱曰：

> 燕南陲，赵北际，中央不合大如砺，唯有此中可避世。

可见直隶中部平原已非安居之地。

北中国的流民自《诗经》时代起就历代有之。东汉末期王符曾特别记载，当时洛阳及其他都会游手之徒甚多。可想而知，内乱之后，其数量愈加增长。且洛阳已沦为战场，大量游民散布四方。

与黄巾贼魁以某种宗教迷信纠集愚民相同，进入英雄时代后，割据之徒自然用武力纠集流民。上述两类人都是统一的破坏者，在这点上二者性质相同。但如何利用纠合得来的势力，则与英雄之人气有重大关系。收获百姓好意的公孙瓒不久后遭遇失败之命运，《后汉书》本传将败因归结如下：

> 是时旱蝗谷贵，民相食。瓒恃其才力，不恤百姓，记过忘善，睚眦必报，州里善士名在其右者，必以法害之。常言"衣冠皆自以职分富贵，不谢人惠"。故所宠爱，类多商贩庸儿。

侯康《后汉书补注续》为上文开头的一句"是时旱蝗谷贵，民相食"作注时，引用《太平御览》的记载道，此次天灾之后，幽州人民才知采稆，又以枣椹充粮。参照《魏书》中袁绍在河北之时军兵取食桑椹的记载，可知食枣椹始于一般饥民，之后扩展至由割据者发给俸禄的军人。总之，公孙瓒没有体恤饥民，这是其不得人心的最大原因。此外，他还宠爱商贩庸儿。对此，惠栋注列举与其订誓的三个义兄弟。三人为数师某、贩缯某以及贾人某。公孙瓒重用一般士流所轻视的徒辈以压迫士流一事显而易见。三国初期以武力为唯一依靠的英雄人物，公孙瓒是一个鲜明的例子。

英雄时代一旦出现，背井离乡流亡之人不限于无告庶民，地方豪族也逐渐被波及。翻看《三国志·魏书》列传，随处可见事例。尤其北华北大平原地区（所谓四战之地），迁徙的名族众多。一一列举将不堪其繁，现摘其二三进行叙述。

董卓被杀之后，董卓部将乱斗，导致陕西地区成为秩序最为混乱之处（参照内篇）。因此，当地名族大量前往他乡，只有严幹、李义二人始终坚守故地。二人的生活情状描写如下：

> 与诸故知相浮沉，采樵自活。（裴注引《魏略》）

同书还记载，扶风（陕西凤翔府）亭长王忠因边境一带骚乱，不堪饥饿，于是吃人，率其同党至南方武关（陕西商州东境）。当时，荆州的友人热情相迎，但王忠反而夺走友人之兵。后被曹操所任用，作为武官，屈从于王驾之下。据传，曹丕听闻其曾食人，令俳人取冢间的髑髅系于王忠的马鞍取笑他。该传说虽似小说，但由此可知当时吃人行径极易发生。

直隶北部蓟州有人名叫田畴，原为幽州刺史刘虞的部下，刘虞被公孙瓒所杀后，率领宗族及附从者数百人，扫地两盟，立誓复仇，后入徐无山中。徐无山为自直隶北部玉田县越过长城后所见险要卢龙塞附近之山。其后众多百姓慕名而来，数年间已至五千余家。于是，田畴在山中建都邑，设立规约，制定法律，订立死刑及其他二十余条法规，之后制婚姻嫁娶之礼，兴学校讲授之业，又因其地与乌丸、鲜卑族相接，于是与其交好，修和睦关系。此为地方豪族之下建成独立小团体最为著名之例。东汉末三国初期时，长江流域一带受害较轻，大量流民及北方名族迁徙至此。此情况可从孙吴立国之时多借北方名族之力，以及蜀国刘备、诸葛亮皆为北方人可知。现引用《鲁肃传》裴松之注引《吴书》，作为豪族迁徙的代表事例：

> 《吴书》曰："肃体貌魁奇，少有壮节，好为奇计。天下将乱，乃学击剑骑射，招聚少年，给其衣食，往来南山中射猎，阴相部勒，讲武习兵。父老咸曰："鲁氏世衰，乃生此狂儿！"后雄杰并起，中州扰乱，肃乃命其属曰："中国失纲，寇贼横暴，淮、泗间非遗种之地，吾闻江东沃野万里，民富兵强，可以避害，宁肯相随俱至乐土，以观时变乎？"

其属皆从命。乃使细弱在前，强壮在后，男女三百余人行。州追骑至，肃等徐行，勒兵持满，谓之曰："卿等丈夫，当解大数。今日天下兵乱，有功弗赏，不追无罚，何为相逼乎？"又自植盾，引弓射之，矢皆洞贯。骑既嘉肃言，且度不能制，乃相率还。

由上述例子可察知，为求乐土而迁徙之人不在少数。孙吴新建了建业城，此事将在后叙述。当时，湖北襄阳在刘表治下也呈现繁华景象并成为一大都会。

清末学者杨守敬著《水经注图》，卷尾就《水经注》中所记录的繁华都会附上详图，湖北北部的襄阳亦在其中。《水经注·沔水》中曾记载魏武帝讨平荆州后在此地设置襄阳郡并以之为荆州刺史治所的历史：

> 邑居殷赈，冠盖相望，一都之会也。

《水经注》作者郦道元为北魏末人士，据此可知当时襄阳的繁华。而可与之对比的都会为河南南部南阳城，此地曾是荆州刺史的治所，刘表坐镇襄阳，刺史治所自然迁至襄阳。郦道元所在时代，南阳城相比往昔已变小，据说原来的殿基在东城，而新城西北角也有殿基，旧时南阳城的规模应当相当雄大。而郦氏对南阳城并未特别注意，由此可察知北魏时该城衰落之状。笔者以为南阳衰而襄阳盛始于东汉末三国初期。

南阳临淯水，襄阳位于淯水与汉水交汇之处。司马迁列举长江流域与黄河流域，即南北水系会合之处，东为安徽寿州，西为河南南阳。此地作为淮水流域上源，南临湖北平原，西据武关而入陕西。自战国时代起，南阳作为著名都城为天下所知，西汉时代以长安为中心，极力推行统一政策之时，《史记》谓为南北融汇之地。东汉迁都洛阳之后，交通系统发生些许变化，但振兴东汉的光武帝系南阳人，因而此地又被称为南都，著名的张衡《南都赋》曾描写此地繁华之状。且以南阳为中心的地区在东汉一代奖励开垦，郡的人口暴增。三国初期，袁术割据此地时，南阳户口尚有数十百万。后来此地被袁术、张绣所荒废，曹操征伐张绣时在此地展开大战，曹操在淯水河边祭奠阵亡将士，失声恸哭。大概陕西的动乱越过武关之后波及此地，影响强烈。反之，刘表治下的襄阳一时文运昌盛。《后汉书》本传有云：

> 关西、兖、豫学士归者盖有千数，表安慰赈赡，皆得资全。遂起立

学校，博求儒术，綦母阊、宋忠等撰立《五经章句》，谓之后定。
惠栋注引用王粲《荆州文学记》曰：

> 五载之间，道化大行，耆德故老綦母阊等，负书荷器，自远而至
> 者，三百有余人。

《后汉书》本传中的"千数"所据的是《镇南碑》。儒者宋忠以及当时被许为
时望的韩嵩都是南阳人，可见荆州的中心已由南阳迁移至襄阳。

类似于南阳荒废的现象同样发生于江苏北部彭城（徐州）。起初，陶谦
占据徐州之时，百姓殷盛，谷实甚丰，大量流民归附，其中不乏从遥远的陕
西地区迁徙而来者（参照《后汉书》本传）。然而，徐州后来被曹操攻破，
导致由陕西前来的流民几乎绝迹。陶谦部下笮融深感徐州不稳，于是率男女
万口、马匹三千转移至广陵（扬州）。此后，彭城名流大量渡江，且多人获得
孙氏的帮助。

参照荒废的首都，可推知以南阳为起点、以徐州为终点的江淮一带的惨
状，例如"江淮之间，人相食"（《后汉书·袁术传》），或"袁术在江淮，取
给蒲蠃，民多相食，州里萧条"。由前述鲁肃率一族大举渡江的记载也可察
知当时乱离的状况。

曹操寄与陶谦令其罢兵的诏书中有云：

> 今四民流移，托身他方，携白首于山野，弃稚子于沟壑，顾故乡而
> 哀叹，向阡陌而流涕，饥厄困苦，亦已甚矣。

又建安七年，曹操在故乡谯县下令：

> 旧土人民，死丧略尽，国中终日行，不见所识，使吾凄怆伤怀。

足见民间状况。诗人王粲以《七哀诗》描述当时乱离的光景：

> 出门无所见，白骨蔽平原。路有饥妇人，抱子弃草间。顾闻号泣
> 声，挥涕独不还。未知身死处，何能两相完？

不仅如诗中所说一般流民母子不得安处，而且士流也在乱世的波涛中浮沉，
这是当时的实情。

汉末三国初期的政治论与曹操统治方针

班固作《两都赋》，对比两汉的风俗，尤其铺陈东汉风俗之纯美，其原因全在于始祖光武帝以来的仁德与施政。由下文可窥见光武帝施政优点之一端。

于是圣上睹万方之欢娱，久沐浴乎膏泽，惧其侈心之将萌，而急于东作也，乃申旧章，下明诏，命有司，班宪度，昭节俭，示大素。去后宫之丽饰，损乘舆之服御，抑工商之淫业，兴农桑之上务。遂令海内弃末而反本，背伪而归真，女修织纴，男务耕耘，器用陶匏，服尚素玄，耻纤靡而不服，贱奇丽而不珍，捐金于山，沉珠于渊。于是百姓涤瑕荡秽而镜至清，形神寂漠，耳目不营，嗜欲之原灭，廉正之心生，莫不优游而自得，玉润而金声。

上文所说下达的诏命究竟是何诏书不得而知。总之，东汉经济政策，重农论者的观点成为指导理论，此为事实。光武帝淳厚，奖励节俭与重农。东汉思想家仰重此点并视之为一代王宪的根本。而通览帝所下达的诏令，毫无兴国气象，借姚姬传之言，可谓难掩衰气（《古文辞类纂》序）。现试以西汉始祖高祖封功臣时所下之诏与光武所下之诏进行对比。

吾立为天子，帝有天下，十二年于今矣。与天下之豪士贤大夫共定天下，同安辑之。其有功者，上致之王，次为列侯，下乃食邑。而重臣之亲，或为列侯，皆令自置吏，得赋敛，女子公主。为列侯食邑者，皆佩之印，赐大第室。吏二千石，徙之长安，受小第室。入蜀汉定三秦者，皆世世复。吾于天下贤士功臣，可谓亡负矣。其有不义背天子擅起兵者，与天下共伐诛之。布告天下，使明知朕意。（《汉书》本纪十二年三月诏）

人情得足，苦于放纵，快须臾之欲，忘慎罚之义。惟诸将业远功大，诚欲传于无穷，宜如临深渊，如履薄冰，战战栗栗，日慎一日。其显效未酬，名籍未立者，大鸿胪趣上，朕将差而录之。（《后汉书》本纪建武二年正月诏）

前者以帝王之权威要求功臣奉公义务之意十分强烈，后者以君子温情向人训示退让之德之风明显。暂且不对二者在价值方面进行评判，但在王者权威方面，后者远弱于前者。光武帝所开辟的东汉王室政治方针之所以如此消极，很大程度上是始祖性格使然。然而，如前节所述，东汉末期的社会状态崩坏征兆清晰可见。但东汉的传统方针经术主义完全无力挽救。相反，东汉末期的思想家其实明确主张救济之道是全民需尊重法的力量。

章炳麟《检论·学变》篇中有一节如下：

> 东京（后汉）之末，刑赏无章也。儒不可任，而发愤者变之以法家。王符之为《潜夫论》也，仲长统之造《昌言》也，崔寔之述《政论》也，皆辩章功实，而深疾浮淫靡靡，比于五蠹；又恶夫以宽缓之政，治衰敝之俗，《昌言》最恢广，上视扬雄诸家。

今省去对章氏观点一一注释之劳。就最后一句而言，章氏最为推重仲长统的《昌言》。仲长统活动于三国初期英雄时代，其观点在三国时代拥有巨大影响力，之后历事魏四主的缪袭撰次《昌言》献给朝廷。缪袭还将仲长统与董仲舒、贾谊、刘向、扬雄对比。章氏以其喜好列举扬雄而忽略其他。今《昌言》三十四篇中，残存部分仅为少数。总之，其观点是要顺应时势变化，德治、法治各得其所，毕竟人主应以至公之心临之。现尝试从严可均辑《全后汉文》中第一篇摘取二三句，如"至于革命之期运，非征伐用兵，则不能定其业；奸宄之成群，非严刑峻法，则不能破其党"，或"任循吏于大乱之会，必有恃仁恩之败；用酷吏于清治之世，必有杀良民之残"。可见仲长统目击乱离的现状后表现出的政策主张。而其对于乱离现状，如何深刻感受，可从前节所引之处得以明见。因此，其结论自然是"必罚主义"。例如，《损益》篇中有云：

> 今患刑轻之不足以惩恶，则假臧货以成罪，托疾病以讳杀。科条无所准，名实不相应，恐非帝王之通法，圣人之良制也。……
>
> 简精悍以习师田，修武器以存守战，严禁令以防僭差，信赏罚以验惩劝，纠游戏以杜奸邪，察苛刻以绝烦暴。

皆是表达此意。当然，他与儒者相同，视德教为根本。或许将其视为儒者正统派更为妥当，但其与风靡东汉的儒者观点又有所不同。

东汉末至三国初期的思想倾向以《昌言》为代表，这点应该没有异议。

事实上，在政治上统制乱离情况最为严重的北中国地区之人曹操，其做法值得玩味。

关于曹操的家世，或视之为曹参之后，或溯其源至黄帝。总之，如王鸣盛所考证，陈寿作《魏志》时，乃将曹操视作曹参之后，但忽又改笔称其出身本末不详，或确如其字面之意。今一般认为，其乃宦官曹腾的养子曹嵩之子。《曹瞒传》与《世说新语》两书皆记载，曹操之父嵩为夏侯氏之子。学者之中，信此说者、不信此说者皆有之，尚无定论，笔者同意潘眉之说，即嵩乃出于夏侯氏（《三国志考证》）。总之，曹操为宦官曹腾之孙，且是勾结宦官的沛郡谯县（安徽亳县）土豪夏侯氏之子。曹操的宦官家世，成为其遭东汉末期名流鄙视的理由。陈琳在为袁绍所写的著名檄文中明斥"操赘阉遗丑，本无懿德"。与宦官勾结的夏侯氏恐为当时清流所排斥的地方土豪。《魏书》本纪中记述曹操年轻之时"任侠放荡，不治行业"，《曹瞒传》则形容其"飞鹰走狗，游荡无度"，多少记录了其生活作派。其子曹丕在《典论·自叙》中讲述自己的生活，说从少时便练习弓马骑射之术，最为愉快之事是春野游猎。《自叙》一节有云：

> 时岁之暮春，勾芒司节，和风扇物，弓燥手柔，草浅兽肥，与族兄子丹猎于邺西，终日手获獐鹿九，雉兔三十。

这是他最为怀念的往事。《自叙》中曹丕记述自己在乱离时代专学武术，此恐为遁辞。因为曹氏的游猎趣味及至后来明帝之时愈加强烈，为满足此趣味，明帝更滥用帝王权威。《魏书·高柔传》中曾记载有人在禁猎地射鹿而被杀，财产被没收，高柔对此持反对意见如下：

> 顷复有猎禁，群鹿犯暴，残食生苗，处处为害，所伤不赀。民虽障防，力不能御。至如荥阳左右，周数百里，岁略不收，元元之命，实可矜伤。

曹氏家风在称帝后也没有丝毫改变。

关于曹操的为人，世间认为其才机纵横。军事方面，设奇谲敌，变化如神，又时思经传，登高赋诗，若得新作，则赋于管弦，自奏乐章。此外，精通骑射，能书，善围棋，通晓诸艺。毫不遮掩甚至乐于记述曹操缺点的《曹瞒传》称其爱乐，身侧不离倡优，与人交谈时，尽是戏弄言诵，欢悦大笑而头没杯案中。这也是曹操的一面。

曹氏并非出身清流，为人机略纵横，因而得以网罗各种人才，便嬖小人孔桂因知晓博弈、蹴鞠而受重用，这是极端的一例。曹操因善用各类人才，方可毫无顾虑打破东汉经术主义流于形式之处。在阐明此点前，且先一瞥裴注所引《魏武故事》中记载的一则诏令。

建安十五年（210年）十二月，曹操下发一令，对百姓表明心迹。因文章过长，笔者只简要摘记其内容：（一）曹操年轻之时，为立名誉，在济南热衷政治并为之努力，但被地方强族所压迫而不得志。（二）决心返回故乡谯城，在城东建精舍，秋夏读书，冬春射猎，以度此生。（三）无奈不如人意，于是作为军人出仕，当时只是希望成为汉室大将军留下赫赫功名。（四）然而，董卓叛乱、袁术僭伪以来，及至讨灭刘表，其地位愈发上升，最终成为宰相，位极人臣。（五）若无其人，则史上称帝称王者不知有几人。他虽摧毁所有这类人的希望，但本人并无称帝王之野心。然而世间舆论恶意揣测，在此向诸君表明心迹。他常对妻妾说，自己死后，她们出嫁他人时，应转述他的心声。（六）其三子已经封侯，自己也在宰相之位，又手握军权，此二事现今仍无法辞去，否则将置自身于危殆之中。（七）现今食邑过多，欲返还部分。

包含上述内容的命令确由曹操发出。陈寿作《魏书》时删除了此令，因此它究竟是在何种情况之下、出于何种目的发出，不得而知。裴松之在《魏书》"冬，作铜雀台"的记载之下引用此令，看似铜雀台的建立与此令相关，但一般认为，裴注的体裁相较于注，更常广搜异闻而采用旧文，这也算其中一例。有中国学者用此令忖度曹操种种心事，但全部是想象。抛开所有附会之说不谈，仅从文章内容可知，曹操起初依照东汉传统，始终坚称自己是汉室的一位名臣，中期因为纷乱，所以作为汉室的强力保护者展开活动，今后也将始终坚持此心。但与此同时，人们普遍推测他将夺取汉室。

且不谈其动机，从行迹来看，曹操得以免除篡夺的污名。与曹氏关系最深的夏侯惇等人作为军人派的头领，曾暗中策划让曹操在生前即帝位（《魏书·武帝纪》建安二十四年引《魏氏春秋》，参照《世语》），但他以周公自许。他在言语（《魏氏春秋》）、文章（《魏武故事》）和诗歌（《文选》）中都表明了此意。他名义上虽然未称帝，但事实上一般命令皆出自其手，汉献帝仅是授与名爵的工具。无论何时，曹操都掌握权力而不松手，决心之强，如前引第六条命令所示。其经历表明，武力是统制的唯一方法。

建安八年，曹操又下发如下二令。

> 《司马法》："将军死绥"……是古之将者，军破于外，而家受罪于内也。自命将征行，但赏功而不罚罪，非国典也。其令诸将出征，败军者抵罪，失利者免官爵。（《魏书》）

> 议者或以军吏虽有功能，德行不足堪任郡国之选。所谓"可与适道，未可与权"者也……未闻无能之人，不斗之士，并受禄赏，而可以立功兴国者也。故明君不官无功之臣，不赏不战之士；治平尚德行，有事赏功能。论者之言，一似管窥虎欤！（《魏书》）

第一令纯属军令，第二令则可看出当时仍习惯汉室统制法的论者之中，"军事委以军人，郡国政治委以文吏"的意见十分强烈。由此看出曹操与舆论相反，主张有事之时应采取功赏主义。建安八年，正是追讨袁绍余党之时。

此后，著名的用人令在建安十五年（210年）、十九年（214年）、二十二年（217年）三次下达，如下：

> 今天下尚未定，此特求贤之急时也……若必廉士而后可用，则齐桓其何以霸世？今天下得无有被褐怀玉而钓于渭滨者乎？又得无盗嫂受金而未遇无知者乎？二三子其佐我明扬仄陋，唯才是举，吾得而用之。（《魏书》）

> 夫有行之士，未必能进取；进取之士，未必能有行也。陈平岂笃行，苏秦岂守信邪？而陈平定汉业，苏秦济弱燕。由此言之，士有偏短，庸可废乎！有司明思此义，则士无遗滞，官无废业矣。（《魏书》）

> 若文俗之吏，高才异质，或堪为将守，负污辱之名，见笑之行，或不仁不孝而有治国用兵之术：其各举所知。（《魏书》）

上文直截了当地表明，不问德行，而以才能作为人才拔擢的标准。东汉经术主义至此被完全打破。

建安元年（196年），曹操在许昌拥立献帝。当时太尉杨彪多年以来是汉室支柱，且是四世三公的子孙。杨家与袁氏并称，以其清白家风，被尊为第一名家。然而杨彪差点被曹操所杀，而救之者是声震海内的孔融。据《后汉书·杨彪传》记载，孔融以大义之名责备曹操，称若不听从，则"孔融鲁国男子，明日便当拂衣而去，不复朝矣"，以此名句抑制曹操的计划。这些人以汉室为中心，期望曹操成为汉室忠臣。在此思想之下，他们根本不可能与曹操并存。孔融被杀，杨彪虽幸免一死，但其子杨修仍遭杀害。当时，曹操写给杨彪的信可谓冷酷刺骨。曰：

> 足下贤子，恃豪父之势，每不与吾同怀。既欲直绳，顾颇恨恨。谓其能改，逆转宽舒。复既宥贷，将延足下尊门大累，便令刑之。念卿父息之情，同此悼楚。（《古文苑》）

曹操幕下有人计划推曹操为魏王，为曹操运筹帷幄、鞠躬尽瘁的谋臣荀彧表示反对，所以受到曹操猜忌，后被毒杀。因此，东汉时代的名门或坚持经术主义的人士在曹操晚年几乎全部缄口不言。曹操名义上推戴汉王室，在此前提下，固守东汉传统统治政策的论者仍拥有发言权。从这点来看，曹操实符奸雄之名。事实上，曹操还借其力量统治混乱的北中国。且不论此中矛盾之处，总之，是曹操的机略为北中国带去一时的安定。为发挥机略，曹操政治上乃利用申商的法术主义。《曹瞒传》对此方面进行详细记载，曰：

> 持法峻刻，诸将有计画胜出己者，随以法诛之，及故人旧怨，亦皆无余。其所刑杀，辄对之垂涕嗟痛之，终无所活。初，袁忠为沛相，尝欲以法治太祖，沛国桓邵亦轻之，及在兖州，陈留边让言议颇侵太祖，太祖杀让，族其家，忠、邵俱避难交州，太祖遣使就太守士燮尽族之。……尝出军，行经麦中，令"士卒无败麦，犯者死"。骑士皆下马，持麦以相付，于是太祖马腾入麦中，敕主簿议罪；主簿对以《春秋》之义，罚不加于尊。太祖曰："制法而自犯之，何以帅下？然孤为军帅，不可自杀，请自刑。"因援剑割发以置地。

此类例子还有二三。总之，曹操的法术主义是因时制宜的方法，并没有制立客观标准而定立世间秩序的意味。而其之所以能维持北中国的暂时安宁，是因为北中国一般社会现象中存在对武力式法术政策的强烈需求。

魏与西晋间政术的转移（一）

为理解魏西晋政术的真实情况，笔者试做如下简单说明。此种说明需要更为详尽的论证，暂且先假定其为事实。纵观两汉，政治是以全中国尤其北中国的豪族群为中心而实施的。

豪族群并非由门第的高下决定，纯粹是地方上拥有社会势力之人。中央政府从豪族群中，或通过豪族群拔擢贤才，或像东汉时期一样，延引经术之士。西汉武帝之时，商贾出身的某集团曾获得巨大势力，为此，豪族群成为众矢之的。又东汉时因宦官阶级滥用权力终致东汉王室灭亡。此政治上的不当作为与前述东汉末社会的混乱，共同导致秦汉建立中国一统帝国以来前所未有的混乱，而政治中心北中国尤其混乱也是理所当然的现象。

中央已经失统，群雄竞力，地方豪族群自然不知归附之处。附彼叛此，其间兴亡者无数。因而，身处如此时势之下，以东汉末的宽厚之政求得人心归向已完全不可能。事实上，袁氏一家背负历世名望，礼遇天下名士并与之结交，却反而令一党一派势力过度膨胀，助长社会混乱。因此，曹操可以说是匡正汉末宽厚之风导致的政术流于放纵的弊害、坚决使用武力与法令之人。对于由其选拔以维护地方秩序之人，史家陈寿进行最为细致的表彰。尤其是被曹丕称赞为"逵真刺史矣"的贾逵，其传中有一节如下：

> 是时天下初复，州郡多不摄。逵曰："州本以御史出监诸郡，以六条诏书察长吏二千石已下，故其状皆言严能鹰扬有督察之才，不言安静宽仁有恺悌之德也。今长吏慢法，盗贼公行，州知而不纠，天下复何取正乎？"

上文最鲜明地表现了以法术治理地方的方针。现就实际政务举例一二。《魏略·颜斐传》云：

> 后为京兆太守。始，京兆从马超破后，民人多不专于农殖，又历数四二千石，取解目前，亦不为民作久远计。斐到官，乃令属县整阡陌，树桑果。是时，民多无车牛。斐又课民以闲月取车材，使转相教匠作车。又课民无牛者，令畜猪狗，卖以买牛。始者民以为烦，一二年间，家家有丁车、大牛。又起文学，听吏民欲读书者，复其小徭。又于府下

> 起菜园，使吏役闲锄治。又课民当输租时，车牛各因便致薪两束，为冬
> 寒冰炙笔砚。

此为陕西长安的治理状况。负责治理北中国中部河南邵陵县（郾城县东南）
的郑浑，其传中有云：

> 天下未定，民皆剽轻，不念产殖；其生子无以相活，率皆不举。浑
> 所在夺其渔猎之具，课使耕桑，又兼开稻田，重去子之法。民初畏罪，
> 后稍丰给，无不举赡；所育男女，多以郑为字。

最后，负责经营魏与吴交界的南边要镇寿春城的刘馥，其传中有云：

> （汉末）江、淮间，郡县残破。太祖方有袁绍之难，谓馥可任以东
> 南之事，遂表为扬州刺史。馥既受命，单马造合肥空城，建立州治，南
> 怀绪等，皆安集之，贡献相继。数年中恩化大行，百姓乐其政，流民越
> 江山而归者以万数。于是聚诸生，立学校，广屯田，兴治芍陂及茹陂、
> 七门、吴塘诸堨（芍陂在寿州南，茹陂或作茄陂，在光州固始县东南，
> 七门堰在庐州庐江县南，吴塘在舒州怀宁县西。参照《三国志旁证》）
> 以溉稻田，官民有畜。又高为城垒，多积木石，编作草苫数千万枚，益
> 贮鱼膏数千斛，为战守备。

以上列举了北中国北、中、南三地尽心民治之例，可知北中国被破坏的秩序
正普遍走向恢复。

如内篇所述，曹操在徐州征伐陶谦时，曾大肆屠杀。由此足见其并非真
心为民救苦之人。且不论曹操本来喜恶如何，他都要拔擢清直有能之士且委
以政事。《魏略·杨沛传》有云：

> 及太祖辅政，迁沛为长社（河南长葛东）令。时曹洪宾客在县界，
> 征调不肯如法，沛先挝折其脚，遂杀之。由此太祖以为能。累迁九江、
> 东平、乐安太守，并有治迹。坐与督军争斗，髡刑五岁。输作未竟，会
> 太祖出征在谯，闻邺下颇不奉科禁，乃发教选邺令，当得严能如杨沛
> 比，故沛从徒中起为邺令。已拜，太祖见之，问曰："以何治邺？"沛
> 曰："竭尽心力，奉宣科法。"太祖曰："善。"顾谓坐席曰："诸君，此
> 可畏也。"赐其生口十人，绢百匹，既欲以励之，且以报干椹也。沛辞
> 去，未到邺，而军中豪右曹洪、刘勋等畏沛名，遣家骑驰告子弟，使各

自检敕。

曹操以此方法得以巧妙牵制所依靠的跋扈军队。

他任用能吏，希图建立秩序。与其从他的为人求说明，不如从当时一般正义之观念找答案，更能收获事情的真相。《魏略》中有如下故事一则：

> （意译）甘肃西北，当时称为酒泉郡的地方，汉末以来与中央保持最为疏远的关系，自然秩序紊乱，地方长官被土著豪族黄氏所杀，邻郡武威太守同样被土豪张氏所杀。酒泉郡有以勇侠驰名之人杨阿若，认为土人杀长官实为正义所不许，于是只身进入羌族，并借其族千余骑，终讨灭叛军。

史家鱼豢特辟《勇侠传》，杨阿若名列其中，意在弘扬杨阿若的正义观念。皇甫谧《列女传》中，著名酒泉郡人庞娥亲为父报仇的故事同样出于认同复仇的社会正义观念，最令舆论感慨者当数其复仇之后竟自首请求国法处断。偏远如酒泉郡尚且如此重视官府，服从法统，由此显著事实可认知汉家一统之制所培养的正义观念。曹操始终保存汉室之名义，从其努力调和政术与一般正义观念之处，可了解魏初之政治。

魏文帝曹丕取代汉，至明帝之世结束的十八年间，政权以曹氏为中心运转。一般认为，法术主义贯彻始终。如内篇所述，明帝是尤其具有代表性的法术主义者。但法术如前所述，带有消极性、禁止性的意味，因此，仅仅凭此难以打开新的政治局面，非但如此，其适用性失于狭隘，烦苛细密，令人不堪其烦。如内篇所述，文帝对其同族及外戚执掌政权加以极度严格的禁止。至明帝之时，禁纲过密，以至多有扰乱大体统制之处。例如，明帝近侍骑都尉王才孝、乐人孟思二人因不法行为伏罪。但这不是负责的公卿大臣的裁决，而全部是因小吏的告发。于是杜恕从官统的立场上疏。其中一节云：

> 陛下又患台阁禁令之不密，人事请属之不绝，听伊尹作迎客出入之制，选司徒更恶吏以守寺门；威禁由之，实未得为禁之本也。

此倾向及至明帝之后齐王芳时愈加强烈。当时校事之官——官统之上毫无权威之人——滥用威势，程晓上奏对此进行强烈批判，文曰：

> 昔武皇帝大业草创，众官未备，而军旅勤苦，民心不安，乃有小罪，不可不察，故置校事，取其一切耳，然检御有方，不至纵恣也。此

霸世之权宜，非帝王之正典。其后渐蒙见任，复为疾病，转相因仍，莫正其本。遂令上察官庙，下摄众司，官无局业，职无分限，随意任情，唯心所适。法造于笔端，不依科诏；狱成于门下，不顾覆讯。其选官属，以谨慎为粗疏，以谮调为贤能。其治事，以刻暴为公严，以循理为怯弱。外则托天威以为声势，内则聚群奸以为腹心。

此文明确叙述法术主义逐渐趋于苛细之流弊，以及小人跋扈，破坏官治大统的情形。曹操初临中央之时，为树立秩序，名臣司马朗主张在内郡遍设兵备。而如前所述，严格抑制部下军队的横暴，委任清直官吏以图秩序恢复是曹操之做法。诚然，曹操一代究竟执行到何种程度，不得而知，其后经文、明二帝，此方针绝非严格继续执行。因而，杜恕极力主张除与吴、蜀及蛮族接触的地区之外，堪称魏国家财源腹地之兖、豫、司、冀四州，即黄河下游北大华北大平原地区，军备应予以撤废，而明帝却出于私宠，令军人吕昭统领冀州。杜恕痛叹之，其上疏一节中有云：

> 搢绅之儒，横加荣慕，扼腕抗论，以孙吴为首。

意思可能是文儒派反感军人跋扈，相较于魏，反而更同情孙吴。[①]再将之与杜恕在有关考课法的上表中的一节进行比较：

> 今之学者，师商韩而上法术，竞以儒家为迂阔，不周世用，此最风俗之流弊，创业者之所致慎也。

商韩的法术流行，文儒之士的愤懑之情可见一斑。

鱼豢作《魏略》，为传承汉代官学——儒术的正统，于是立《儒宗列传》。其序文载于《三国志·王肃传》裴注，其一节如下：

> 从初平之元，至建安之末，天下分崩，人怀苟且，纲纪既衰，儒道尤甚。至黄初元年之后，新主乃复始扫除太学之灰炭，补旧石碑之缺

---

① 此处作者对引文理解有误。《三国志》卷一六载杜恕上疏："帝王之道，莫尚乎安民；安民之术，在于丰财。丰财者，务本而节用也。方今二贼未灭，戎车丞驾，此自熊虎之士展力之秋也。然搢绅之儒，横加荣慕，扼腕抗论，以孙吴为首；州郡牧守，咸共忽恤民之术，修将率之事。"杜恕本意是批评当时的缙绅之儒喜欢谈兵，州郡牧守不恤民事而好作将帅，都不是安民之本。这里的"孙吴"指的是孙武、吴起，而不是当时"二贼"之一的江东吴国。——编者

坏，备博士之员录，依汉甲乙以考课。申告州郡，有欲学者，皆遣诣太学。太学始开，有子弟数百人。至太和、青龙中，中外多事，人怀避就，虽性非解学，多求诣太学。太学诸生有千数，而诸博士率皆粗疏，无以教弟子。弟子本亦避役，竟无能习学，冬来春去，岁岁如是。又虽有精者，而台阁举格太高，加不念统其大义，而问字指墨法点注之间，百人同试，度者未十。是以志学之士，遂复陵迟，而末求浮虚者各竞逐也。

汉武帝时，在中央及地方置办学校以作教化的本源，且表彰儒学，广示思想统一之标准，以儒家精神实施学校教育，养成之人才用于构成官僚组织，实现国家统一。东汉时代，此政策之形式与内容更加完备。《后汉书》列传中，富有儒学素养者比比皆是。然而，参照鱼豢的记载，汉末丧乱以来，太学荒废，文帝受汉禅让登基称帝，为完备形式，于是复兴太学，但此时的太学不过是逃役子弟的临时寓所。由此可知以汉代统制作为理想的儒生处于悲惨境遇。

依据鱼豢的解释，儒道衰弱，浮华之说盛行。从政术立场而言，修习儒术之人向来通过考试走上仕途，如今此方法归于废灭，因此人才进用必须依靠某种新标准。于是，他们只能在儒术之外，向身居要位之人广泛宣扬自身观点，提升自身声誉，从而期待得到推荐。站在儒家立场，这类人统统被称为浮华之士。《三国志·卢毓传》中有云：

> 前此诸葛诞、邓飏等驰名誉，有四窗八达之诮，（明）帝疾之。时举中书郎，诏曰："得其人与否，在卢生耳。选举莫取有名，名如画地作饼，不可啖也。"

大概明帝认为，以浮华博取名誉之人难以知其才能。而儒术不被尊重，名士也不被重用，那么如何甄别人才？对此，卢毓乃曰：

> 名不足以致异人，而可以得常士。常士畏教慕善，然后有名，非所当疾也。

不过，被推举之人是否适用，是不清楚的。于是群臣体会明帝法术性见解之意，围绕考课法问题的议论甚是热烈。此前引用的杜恕对商韩流派的痛击就发生在此时。而考课法经公卿议论之后由刘劭作成，其内容以汉代实行的京房四科考课法为基础，没有特别新意（参照《三国志旁证》）。无论明帝意志如何，论议结果总算落于实处，而《三国志·杜恕传》中记载，当时生硬的考课法此后并未实行。总而言之，有魏王室特色之称的法术主义本是乱世之中建立秩序的消极方针，其形式被后世君王所承袭，反而拘束人心，扰乱国家统制。魏的做法不仅受到后世史家的恶评，在当时也是被非难的目标。

魏与西晋间政术的转移（二）

如内篇所述，魏取代汉建立新王朝时，采取的是禅让形式。当时的儒者邯郸淳在对禅让进行说明时，称："汉历在魏，赤运归黄也。"汉魏实行禅让在延康元年（220年）十月，即岁末。汉的历数尽于当年，汉的火德自然诞生魏的土德，魏的历数开始。他用自然命数说明王室的交替，魏德因此得到充分润饰。然而干宝著《晋纪》，论及晋武帝革命之时，区分中国古时传说中的尧、舜禅让与魏晋禅让，分内禅外禅进行说明。推察其意，尧、舜禅让属于文德，而魏晋禅让不过是流于名义上与形式上的称号。非但如此，他还在《晋纪总论》中委婉指出，晋宣、景二帝的行为纯粹以夺取魏室为目的，因而无法退而养其德。"历数说"下的禅让形式引起有识之士不满，这应该是当时的公论。而依照赵翼的观点，魏晋取代前朝之路完全相同，但论威令执行的程度，晋远劣于魏。魏曹操坐镇邺城，仅留一二长吏在天子之都许昌，控制正当盛年的汉献帝，保障其顺利行使权力。然而，晋从司马懿到子司马师、司马昭二人，大权在握，且常拥立幼主，但不敢离开洛阳一步。如内篇所述，晋的政术一改魏法家的苛酷方针，以宽弘之名获得士人的归附。司马氏政治名分已暗，并且实际上缺乏势力，却获得士人的归附，所谓士人的归附不过是保存部分权豪的利益，专心营立司马氏家门。魏氏借法术之政得以压制权豪的横暴，但在司马氏宽厚政治之下，权豪势力日益壮大，中国逐渐产生分离的倾向。

如前节所述，东汉中期以来，豪族跋扈的状势愈加明显。进一步明确此观念，需注意如下事实：

王符《潜夫论》中记载，当时地方长官凭神明般的威严而受百姓尊仰。东汉中期之后，有人提出有力的观点，认为郡作为行政区划是建立特有人情风俗的必要条件。例如，汉末名士孔融著有《汝颖优劣论》，论述汝南郡、颍川郡人物的优劣；名士交谈之时，常常对其出身之郡引以为豪。东汉时自诩文明中心的郡有汝南、颍川、陈留、南阳等地，《陈留耆旧传》（参照《玉海》）是风土志类著述的先驱。对郡的强烈意识在地方长官的威严之下觉醒之时，换句话说，当地方长官正常保有察举之权，郡里的人才为汉家一统政治发挥作用之时，爱郡之心自然与爱王室之心相融合。但到了东汉末，与之相反的另一种倾向反而愈加明显，即郡内著姓较之郡长官更能激起对郡的自豪感。《后汉书》列传在讲述主人公经历时，常常使用郡的豪族、著姓、名族、大姓等词语，而南北朝时代人们常用的"名家驹"同样可见于东汉初期人赵熹的传记中。这些不同的用语是否存在意思的差别不得而知，但蔡邕所作的碑文清晰显示出当时的郡望主义。例如，太原郭泰是周的子孙，南郡的胡广是古代妫姓之孙，彭城姜肱是古帝后嗣。所谓三台五岳之后裔，奕世之德著于图籙。如此显赫的家世全部立于汉家一统制度之外，高门子弟无论是否为官，都是士流之望。此想法变强的同时，不久后实际上的郡姓被设定好了。《魏略》中有天水郡四姓的说法，即姜、阎、任、赵。在蔡邕那里的理想门第，事实上不过是一种地方豪族。《张既传》记载，其家境虽然富庶，但门第寒微，因此富人未必是郡姓，但郡姓大多是富人。汉室崩倒，一统之制破灭，地方长官失去昔日威严，地方秩序依仗郡姓之事越来越多。魏通过以武力为主的法术主义，尽力压制权豪。但魏崩倒，司马氏崛起。如内篇所述，司马氏自身是地方豪族出身，与他郡豪族通婚，自然以宽厚的政术讨取豪族的欢心。作为汉末以来的倾向，豪族的地位在地方变得越来越重要。因此，换个立场思考，司马氏的宽厚政术是汉末以来逐渐增强的豪族跋扈潮流下诞生的政策。如内篇所述，三国之中，吴也有此强烈倾向，因此可以得出结论：黄河、长江两流域皆趋于分裂。

　　干宝《晋纪总论》中有如下一节：

> 太康之中，天下书同文，车同轨。牛马被野，余粮栖亩，行旅草舍，外闾不闭。民相遇者如亲，其匮乏者，取资于道路，故于时有天下无穷人之谚。虽太平未洽，亦足以明吏奉其法，民乐其生，百代之一时矣。

这是对晋武帝时天下新迎统一、人民得享幸福生活的时代，以美言进行润饰的文章。《晋书·良吏传》序文中一节如下：

> 泰始受禅，改物君临，纂三叶之鸿基，膺百王之大宝，劳心庶绩，
> 垂意黎元，申敕守宰之司，屡发忧矜之诏，辞旨恳切，诲谕殷勤，欲使
> 直道正身，抑末敦本。当此时也，可谓农安其业，吏尽其能者欤！而帝
> 宽厚足以君人，明威未能厉俗，政刑以之私谒，贿赂于此公行，结绶者
> 以放浊为通，弹冠者以苟得为贵，流遁忘反，浸以为常。

由上述文意可知，晋武留心民政，有太平治绩，只可惜官场风气混浊，
危及晋的命运。话说回来，官场虽然混浊，但毕竟一时得太平治绩。泰始四
年（268 年），武帝下诏令郡国守相诫饬属下长吏，即分刑狱、风仪、殖产等
纲目考查长吏的能力，而不仅仅重视军国设施。当时，吴国还未归属版图，
但一统帝国的气象已经跃然文辞之上。实际上，晋室解除魏的弊政宗族禁锢
令，新立五等封建之制，改正刑律，废除屯田，可谓天下望风而想望太平之
治。然而事实上作为良吏载于列传者，施政方针多与前代相异。例如，《胡
威传》中仅记述其道德，称其是不收贿赂的官吏；《曹摅传》中，仅记载其
新年释放狱囚的人情故事。略有良吏之形的是王宏。《王宏传》记载，王宏
"为汲郡太守，抚百姓如家，耕桑树艺，屋宇阡陌，莫不躬自教示，曲尽事
宜"，后开荒田五千余顷，其功绩受到上司石鉴认可。尔后升任河南尹、大
司农，治苛碎之政，"桎梏罪人，以泥墨涂面，置深坑中，饿不与食"，这
不就是酷吏的形象吗？大概形式上王室所赞赏的良吏才叫良吏。因此，晋
有良吏而又无良吏。清人周济《晋略》通过旧史确立良吏之目，其序论一
节有云：

> 世变稍亟，仕多为贫，于是尚廉之说，独斤斤焉，为益止于无害，
> 具位等诸刻木，然且比户歌咏，尸而祝之，困硕鼠而思乐郊，遭水火而
> 颒休息，其亦可悲也。

禄位微贱而守正廉之德的地方官即可称西晋良吏。此消极良吏的出现岂非强
臣攀缘中央官场而导致官场混浊的结果乎？

《晋书·儒林传》序言有云：

> 武帝受终，忧劳军国，时既初并庸蜀，方事江湖，训卒厉兵，务农
> 积谷，犹复修立学校，临幸辟雍。而荀颛以制度赞惟新，郑冲以儒宗登

> 保傅，茂先（张华）以博物参朝政，子真（刘寔）以好礼居秩宗，虽愧明扬，亦非退弃。

文意难解。晋武本纪记载，咸宁二年（276年）建立国子学，这是一事。任用荀、郑、张、刘等名士，令他们各司其职，这是另一事。完全无关的两件事，为何综合地记述于此？大概武帝虽无显扬儒风、拔擢儒宗之意，但乐于将有德之人望列于朝中。但汉代的儒术以朝中有威严之学官布其教化。令有德之士列朝与儒术毫无关系。周济著《晋略》，完全未立儒林之传，这是正规的记述法。及至晋代，可断定作为官学的儒学已经完全断绝。

地方长官无威势，加上官学断绝，汉代贡士之制也随之失去其精神。如此一来，为得官职而求诸人情成为自然之势。三国之后的倾向因晋的统一反而提速。此点将在后节中从其他视角进行论证。

章炳麟在著书《五朝学索隐》中称，魏晋风俗乖滥起源于汉末，若将晋的风俗与汉末风俗对比，孰优孰劣难以仓猝而定。其论据主要为晋葛洪《抱朴子·外篇·过恶》诸文。且先不谈"风俗"等暧昧之词，而着眼官场混浊的事实。葛洪说道：（一）东汉桓帝、灵帝之间，宦官弄权以来，首先破坏贡举制度。（二）卖官令一出，官爵成为商品，执掌选举的中正、吏部官员与魁侩之徒无异。（三）选举已被金钱所左右，因此，委任官职后进转之时，作为官吏能否出人头地完全取决于财力或权力拥有者的个人私情。（四）结果，人物甄别法完全乖滥。虚心思考葛洪观点，总体上其自身主观性较强。例如，葛洪认为执掌选举的中正、吏部官吏全部成为魁侩，但实际上汉代本无中正，其得势在晋代。与事实对照后可知，葛洪时代的官场混浊已先映入其脑海，遂向汉末寻求本源。如内篇所述，宦官跋扈令官场陷入混浊，这是事实。因此，将西晋官场混浊的起源归于汉末的解释是正确的。但汉末，中央地方普遍对官场混浊的事实抱有强烈反感。这点是东汉精神所在。顾炎武十分赞赏"三代以下，风俗之美，无尚于东京者"，是因他着眼其整体精神之流风，绝不被个别事实所拘束。但东汉末昂扬的时代精神随时间流逝消亡之时，历史大潮逐渐破坏统一的中心，因此，关于西晋时代有关官场弊害的言论，不似东汉末时反感色调强烈，而是进行客观详细的描写。例如关于官场中财力的异常作用，本书内篇中引用了鲁褒《钱神论》，我们知道他以何种嘲笑的态度俯瞰当世。将之与葛洪之论相比，可轻易理解西晋的风潮。

如前所述，葛洪叙述了官场的混浊与人物甄别法的乖滥。此事是值得特别研究的题目，以下将尝试阐述其概要。如前所述，汉代士子的仕途路径，要么作为诸生参加经学考试，要么由中央地方大官推举。后者用"四科"进行考察，实际上以孝、廉两科作为标准进行拔擢。无论孝、廉，都需要个人行为被世人所认可，而乡党的评价提供了认可标准。然而，汉末以来的官场混浊干扰了正常选举法，依照葛洪观点，这或许可追溯至东汉中期左雄立改革方案时（参照桥本氏中国学论文）。《抱朴子》曾引用汉末谚语，曰：

> 举秀才，不知书；察孝廉，父别居；寒素清白浊如泥，高第良将怯如鸡。

那么从本质上来说，儒生出身的秀才，以及其他孝廉、寒素、清白、良将等科所推举之人，名实明显不符。魏晋之后儒学扫地，地方官失去威严，因此术艺课试、乡举里选之意无法顺利实施。一般标准失效之后，自然而然个人甄别法随即树立起来。此事可在讨论魏晋思潮时进行详述。总之魏末之后，傅嘏《才性论》、刘劭《人物志》等代表性著述相继出现，对人物性行进行分类以作甄别。但此方法并未提供纯粹的客观标准。这个似是而非的方法如何误导了甄别之实，且看《抱朴子》的记述：

> 于是傲兀不检，丸转萍流者，谓之弘伟大量；苛碎峭嶒，怀螫挟毒者，谓之公方正直；令色警慧，有貌无心者，谓之机神朗彻；利口小辩，希指巧言者，谓之标领清妍；猝突萍莺，骄矜轻侻者，谓之巍峨瑰杰；嗜酒好色，阘茸无疑者，谓之率任不矫；求取不廉，好夺无足者，谓之淹旷远节；蓬发亵服，游集非类者，谓之通美泛爱；反经诡圣，顺非而博者，谓之庄、老之客；嘲弄嗤妍，凌尚侮慢者，谓之萧豁雅韵；毁方投圆，面从响应者，谓之绝伦之秀；凭倚权豪，推货履径者，谓之知变之奇；懒看文书，望空下名者，谓之业大志高；仰赖强亲，位过其才者，谓之四豪之匹；输货势门，以市名爵者，谓之轻财贵义；结党合誉，行与口违者，谓之以文会友；左道邪术，假托鬼怪者，谓之通灵神人；卜占小数，诬饰祸福者，谓之知来之妙；蟿马弄矟，一夫之勇者，谓之上将之元；合离道听，偶俗而言者，谓之英才硕儒。

这里记述的是汉末的过恶，但笔者以为它也反映了西晋时代的情况。可将之与王沈《释时论》其中一节进行比较。

> 空嚣者以泓噌为雅量，琐慧者以浅利为枪枪，腼胎者以无检为弘旷，偻垢者以守意为坚贞。嘲哮者以粗发为高亮，韫蠢者以色厚为笃诚，淹娈者以博纳为通济，眠眠者以难入为凝清，拉答者有沈重之誉，嗛闪者得清剿之声，呛哼怯畏于谦让，阇茸勇敢于饕诤。

与前文引用的《抱朴子》相比，着笔大相径庭，但总体可看出晋代取士的乱杂状况。

魏与西晋间政术的转移（三）

前面引用了王沈《释时论》其中一节，总体而言《释时论》的主要意旨是详细描述西晋时代权豪跋扈之状，其大意如下：

> 上圣下明，时隆道宁，群后逸豫，宴安守平。百辟君子，奕世相生，公门有公，卿门有卿。指秃腐骨，不简蚩仆。多士丰于贵族，爵命不出闺庭。四门穆穆，绮襦是盈，仍叔之子，皆为老成。贱有常辱，贵有常荣，肉食继踵于华屋，疏饭袭迹于耨耕……京邑翼翼，群士千亿，奔集势门，求官买职，童仆窥其车乘，阍寺相其服饰，亲客阴参于靖室，疏宾徙倚于门侧。时因接见，矜厉容色，心怀内荏，外诈刚直，谭道义谓之俗生，论政刑以为鄙极。高会曲宴，惟言迁除消息，官无大小，问是谁力。

其文意整体与鲁褒《钱神论》相似，充满讥讽与嘲笑。与"公门有公、卿门有卿"等相近的文句可见于刘毅上奏文中。曰：

> 上品无寒门，下品无势族。

官位已被权豪所占据，而上无裁抑之力。若权豪之中未确立任何统制，则天下终将崩乱。究竟权豪群体自身是否曾建立某种统制？

魏文帝时，大臣陈群新创九品中正之法。所谓九品，即甄别人物后分为九等。中正为履行甄别的职司。其起源为，汉末地方紊乱，地方长官特在地方有司中临时设置不算作官僚系统的中正官这一职司，以维持地方秩序。这是魏时陈群设置的制度。为何设置此制度呢？汉至魏初，地方秩序紊乱，人物流移严重，汉代实行的乡举里选之法逐渐被抛弃。于是，地方掌权者被任命为中正，负责选拔辖内人物。此处辖内非由地域所规定，只要户籍在辖内，则即便此后移至他郡，也仍属辖内之人。因此，九品中正原本的意义在于乱离之时延续往昔乡举里选的法意。从社会角度来看，是为保全地方名人的地位。然而，中正迅速壮大势力是在司马懿执政之后。其时，中正之上，有大中正。而与司马氏敌对的夏侯玄在上表中称，中正的品状直接成了中央任用官吏的标准，为匡正此弊害，需将中正职能严格限定在把控乡评的本意。但中正的权力反而越来越强。从这点来看，中正制度的发达与司马氏政策的政治影响不无关系，可以说是司马氏宽政的结果。毕竟司马氏的宽政相对魏的法术政策，更加注重保护地方豪族地位。如此一来，不从属于任何官僚系统且在中央政府任用人才时发挥重要作用的中正不久后由身居要位的大官担任，这一系统又另建会署分享中央权力。然而，因晋的统一已经完成，汉代以来的统一制培养的大臣对中正制度进行强烈批判。刘毅所说的"上品无寒门，下品无势族"直指中正品状全是依据门第所作的事实。因此，在中央掌握官吏任免实权的吏部多行"门调户选"之实（《傅咸传》），推举寒素的科目虽然存在，但被推举之人多出自豪族之家。对此风气最为不满的是出身卑贱但富有学识的人士。《释时论》作者王沈就是个中代表。《晋书·文苑传》中有一人名叫赵至。此人因动荡流离降为卑贱士伍。后游太学，但始终在官场不得志，于是作赋述志，其中一节如下：

　　夫物不我贵，则莫之与，莫之与，则伤之者至矣。

　　总之，中正制度保护下的晋代豪族掌握政权。对于此种状态，著名大臣之中已产生激烈的批判声音；以文辞成名者中，更有人极力抉剔其弊害。世间舆论对此状态的不满，是西晋最大的缺陷所在。

　　顾炎武在《日知录》"清议"条中说道：

　　古之哲王所以正百辟者，既已制官刑儆于有位矣，而又为之立闾师，设乡校，存清议于州里，以佐刑罚之穷。移之郊遂，载在《礼经》；殊厥井疆，称于《毕命》。两汉以来，犹循此制。乡举里选，必先考其生平，一玷清议，终身不齿。君子有怀刑之惧，小人存耻格之风，教成于下而上不严，论定于乡而民不犯。降及魏晋，而九品中正之设，虽多失实，遗意未亡。凡被纠弹付清议者，即废弃终身，同之禁锢。

依顾氏观点，树立清议是先王的法意，而魏晋建立九品中正制旨在维持该法意。但笔者认为，顾氏之说颠倒事实。在朝有在朝的清议，在野有在野的清议，而在野的清议代表为乡党舆论，因此，乡党组织越强则清议的制裁越强，在这点上，顾氏的观点是正确的。但是清议一词，最早出现于何书？笔者至今未能查出，但在晋代，清议在政治家中尤为盛行。想来汉实行乡举里选制度之时，乡党的舆论是评价人物的唯一标准，后来因为乱离导致乡党组织遭到破坏，于是设置中正的职司统一乡论。如此一来，清议作为一种拟制性的习惯而成立。清议本为何物？现根据《日知录》及《廿二史札记》叙述其概要。

陈寿居父丧，有疾，使婢丸药，客往见之，乡党以为贬议，坐是沉滞者累年。阮简父丧，行遇大雪，寒冻，遂诣浚仪令，令为他宾设黍臛，简食之，以致清议，废顿几三十年。卞粹因弟衮有门内之私，粹遂以不训见讥，被废。

上述皆是未任官职的人招致清议的事例。成为官吏之后仍被清议罢黜者有长史韩预，其强娶杨欣之姊为妻。然杨欣之姊当时在丧中不足十日，担任中正的张辅于是贬韩预以正风俗。另外，陈寿受张华拔擢就任官职，陈是蜀人，但母亲死后葬于洛阳而未在蜀归丧，因此受清议所贬，并被终身废黜。刘颂将其女嫁与陈峤。然而陈峤原为刘姓，后由其姑抚养，于是改为陈姓。中正刘友对其进行讥讽。

《札记》的"九品中正"条目下还有多个事例。总之，违反家族道德律的人最容易遭到清议排斥。

山简上疏一节有云：

至于后汉，女君临朝，尊官大位，出于阿保，斯乱之始也。是以郭泰、许劭之伦，明清议于草野，陈蕃、李固之徒，守忠节于朝廷。然后君臣名节，古今遗典，可得而言。

东汉末政界混乱，人才选举不得当，在野人士欲借清论进行抑裁，清议的观念萌芽于此。刘毅上表中有一节如下：

> 置州都者，取州里清议，咸所归服，将以镇异同，一言议。

州都为州中正。中正职责在于维护辖内舆论的统一。因此，中正这个掌握舆论的职司新成立后，清议的条目也逐渐形成。

晋朝创立之初，作为魏朝遗老享受特别优待之人有王祥、郑冲、何曾、荀颢。他们后来都因为年老多病被御史侯史光弹劾，但武帝宽容地驳回。王祥以孝行故事闻名古今，而在魏末居三公的要职，武帝称晋王之时，他与荀颢共同拜谒武帝。当时荀颢对王祥说："相王尊重，何侯既已尽敬，今便当拜也。"王祥答曰："吾等魏之三公，公王相去一阶而已。安有天子三司而辄拜人者！"王祥等人在家立孝节，在朝办礼仪，以此闻名。何曾则是最擅长清议之人。文人阮籍居丧缺礼，何于是在晋文帝面前斥责阮，认为"宜摈四裔，无令污染华夏"。何还作为司马氏同党参与魏主废立之事。《荀颢传》中有一节如下：

> 颢年逾耳顺，孝养蒸蒸，以母忧去职，毁几灭性，海内称之。

何、荀二人在当时被称为尽孝道的典范。而仕于二姓的前朝遗老在当时作为清议维持者享受无比的优待，且未受到一般官僚的任何指摘。晋通过表彰此类遵守家族道德的豪族，开辟一代风气。由此政策可知清议之说愈加得势。

清议属于道德律，与刑律并行。程树德《晋律考》列举晋代礼、律并重的事例有数项。所谓的礼即道德律，指的是因清议之论产生的约束性条目，因此，礼律与仁义是对称关系。且看程氏列举的一个事例：

> 先王以道德之不行，故以仁义化之，行仁义之不笃，故以礼律检之。

但当时刑律本身尊崇以孝治为中心的家族道德的色彩十分浓厚，在此之外形成清议条目，在理论上是不可能的。因此，礼的内容恐怕是临时产物，在形式上绝不完备。但从其他方面分析，官僚系统之外新立中正制度，与此同时，刑律系统之外再设清议的条目，二者皆在当时付诸应用。可以说，中国国民在面临统一遭破坏的局面时，极富弹性。

梁代沈约认为，六朝时代尤其南朝实行的贵族制起源于魏晋创设的中正制度，后来以家世的贵贱区分士庶之别。但事实正好相反，中正制度诞生的先行条件是豪族群恣意行使权力的事实。中正对照清议标准获取社会统制的法意本身不应被批判。但事实上，担任中正之人多为地方豪族，党同伐异之风在所难免。这是西晋一代中正制度受到批判的理由。今单论形式上的法意，此制度确实与时代舆论相吻合，即便有人谈论其弊害，但也没有一人主张完全废除。甚至《傅子》等还将此制度比作孔子的制作。晋人一般有这样一个特征：不关心其实行情况如何，而是体察舆论的趋向，设置形式性的规制。刑典的改正编纂尤其明显。《晋书·刑法志》有一节如下：

> 减枭斩族诛从坐之条，除谋反适养母出女嫁皆不复还坐父母弃市，省禁固相告之条，去捕亡、亡没为官奴婢之制。轻过误老少女人当罚金杖罚者，皆令半之。重奸伯叔母之令，弃市。淫寡女，三岁刑。崇嫁娶之要，一以下娉为正，不理私约。峻礼教之防，准五服以制罪也。

大约晋朝苦心去除汉律的苛秽，保存其清约，特别将礼教寓于刑律之中。笔者虽未就刑律内容展开研究，但根据程树德《晋律考》序，晋律在梁武帝改革之前在中国普遍推行，且分类精密，几乎不输唐律。而对汉的刑律进行分类，匡正法典系统的尝试始于魏武帝时，及至晋代得以完备。至于推行到何种程度，另当别论。

魏与西晋间思潮的转移（一）

总体而言，儒学扮演着两汉的精神指导的角色。但细分来看，西汉儒学与东汉儒学之间存在差异。借今日皮锡瑞《经学历史》之言，西汉儒学的特征为"通经致用"与"专门学风"。二者相互关联。尊仰孔子为鼻祖的学派虽然遭到秦始皇的强烈压制，但仍然坚持固守其主张，及至汉代统一，朝廷中对儒学的同情之风日渐盛行，武帝时代，断然将儒学定为官学，赋予其超越其他诸子百家的优越权。于是，他们开始扮演统一思想的角色，登上官场舞台。此时，能讲明儒家视作学说根据的经典即五经的人只有专门的学士。而专门的学士是当时的朝廷学官，寄望通过儒学出人头地者聚集在其门下，学官坚守一家之说，防范异说的发生，此谓"专门学风"。而武帝时代，正是粉饰一统政治的时机，因此，学官所立的儒学在此功业中占据指导地位。所谓通达一经而供世用，即是"通经致用"之意。笔者认为，东汉的特征是

"实事求是"，且理想是"移风易俗"。所谓"实事求是"，就是西汉专门学风陷于固陋后，精通诸经的综合研究渐兴。此外西汉学官未奉为经典，但研究结果又显示其有充分经典价值的著作，如《左氏传》《周礼》等，开始受到表彰，通过对比研究，学术视野变得十分宽广。一般西汉的学派称为今文派，东汉的学派称为古文派。今文派对鼻祖孔子异常尊敬，与之相反，古文派则推重周公。今文学派的末流人士从经典的反面汲取孔子的微言大义，并应用于现世，堕于解释烦琐且不合条理的弊病。古文派则一扫此弊病，致力于验证经典的综合解释，因此，条理井然的古代人文设施的痕迹建设于文献之上，使关于孔子微言大义等奇怪的解释不复存在。总而言之，西汉学问适于世用的意识较强，同时伴有黑暗一面。东汉则有浓厚的理性色彩，较为明亮，但意志力较弱。但东汉儒者明显把根据得自文献的人文设施来确立一般社会秩序作为唯一的目的，这就是"移风易俗"。

两汉学风的特征大体如上。但从实际制度而言，被选为东汉学官的人还是西汉以来今文派的经师。儒官本由帝王选出，因此儒学与利禄之间必然存在关系，后被司马迁道破。但最为露骨地表达出此想法的人是儒官夏侯胜。其常常教导诸生，只要通明经术，自然可以就任高官。因此，今文经师的一般想法为，恪守其师的读法，即章句之法，而将学应用于世，自然容易产生无理生造、党派滋生的问题。站在广泛综合基础上的古文派学者痛骂他们是固陋学者、章句学者，迷恋现世利禄，将他们称作"俗儒"，自称"通儒"。作为"通人"享受学问，自然期望成为人文师表。此风潮成为一世景仰的目标，时望聚集在此，官学的权威自然变得更轻。

东汉时，同一儒学派中存在上述对立，另一方面，若将儒学者视为一体，那么儒生与文吏也存在对立。东汉中期学者王充作为讨厌章句的通儒，对儒生文吏对立的论述最为清晰。曰：

> 说一经之生，治一曹之事，旬月能之。典一曹之吏，学一经之业，一岁不能立也。何则？吏事易知，而经学难见也。儒生擿经，穷竟圣意；文吏摇笔，考迹民事。夫能知大圣之意，晓细民之情，孰者为难？以立难之材，含怀章句，十万以上，行有余力。博学览古今，计胸中之颖，出溢十万。文吏所知，不过辨解簿书。富累千金，孰与赀直百十

也？京禀知丘，孰与委聚如坻也？……儒生之性，非能皆善也，被服圣教，日夜讽咏，得圣人之操矣。文吏幼则笔墨，手习而行，无篇章之诵，不闻仁义之语。长大成吏，舞文巧法，徇私为己，勉赴权利；考事则受赂，临民则采渔，处右则弄权，幸上则卖将；一旦在位，鲜冠利剑。一岁典职，田宅并兼。性非皆恶，所习为者，违圣教也。（《论衡·程材》篇）

依上文之意，儒生所学内容称为圣教，为了分解章句而达其本旨，需经历重重困苦。由所学之物，自然可以化性成善。然而，文吏所学之物为簿书，熟习不存在任何困难。而文吏熏染先达舞文巧法的习气，志在官场，于是侵渔百姓。如此一来，王充眼中的儒风与吏风截然不同。王充贬文吏、扬儒生，但并不认可儒生：

夫儒生之业，《五经》也。南面为师，旦夕讲授章句，滑习义理，究备于《五经》，可也。《五经》之后，秦汉之事，无不（谢无量云"不"字恐衍）能知者，短也。夫知古不知今，谓之陆沉，然则儒生，所谓陆沉者也。《五经》之前，至于天地始开、帝王初立者，主名为谁，儒生又不知也。夫知今不知古，谓之盲瞽。《五经》比于上古，犹为今也。徒能说经，不晓上古，然则儒生，所谓盲瞽者也。（《论衡·谢短》篇）

上文是对只会分解五经章句但缺乏广大智识的儒生陋态的嘲笑。

进入东汉末期后，马融、卢植、郑玄等大儒辈出，倡导古文之学，位居官学一隅的今文经师日渐式微。安帝之后的博士遭遇倚席不讲的悲况。但这并不表示儒学整体的衰微，马融、卢植、郑玄等代表东汉儒学的综合通儒举起古文的旗帜，逐渐形成支配学界的风潮。与此同时，彻底转变了将进入官场视为儒学生命的西汉风气，东汉儒学的中心思想可以认为是在儒学中畅游，涵养自身德性。郑玄劝诫其子的文章最能传递其间消息：

今我告尔以老，归尔以事，将闲居以安性，覃思以终业。自非拜国君之命，问族亲之忧，展敬坟墓，观省野物，胡尝扶杖出门乎？家事大小，汝一承之。咨尔茕茕一夫，曾无同生相依。其勖求君子之道，研钻勿替，敬慎威仪，以近有德。显誉成于僚友，德行立于己志。若致声称，亦有荣于所生。可不深念邪！可不深念邪！吾虽无绂冕之绪，颇有让爵之高。自乐以论赞之功，庶不遗后人之羞。末所愤愤者，徒以亡亲坟垄未成；所好群书，率皆腐敝，不得于礼堂写定，传与其人。日西方暮，其可图乎？家今差多于昔，勤力务时，无恤饥寒。菲饮食，薄衣服，节夫二者，尚令吾寡憾。若忽忘不识，亦已焉哉。（《后汉书》本传）

郑玄对儿子的期待为节约治家，尽亲族、乡党的情谊，且亲儒术，研经典，慎威仪，只字未提官场荣达。如此一来，儒学得以规制人伦。但此意义的儒学广泛为社会提供道德标准，但因为与利禄之途绝缘，所以有人认为不足以回应一般人士的期望。总之，东汉中期之后，日渐衰微的官学在顺帝时代迅速勃兴。皮锡瑞《经学历史》中一节有云：

案永平之际，重熙累洽，千载一时，后世莫逮。至安帝以后，博士倚席不讲。顺帝更修黉宇，增甲乙之科。梁太后诏大将军下至六百石，悉遣子入学。自是游学增盛，至三万余生。古来太学人才之多，未有多于此者。而范蔚宗论之曰："章句渐疏，多以浮华相尚，儒者之风盖衰。"

如上文所述，顺帝之后一时间太学诸生多达三万人，这是古来未有的盛况。但只是令权要子孙就学，因此传统章句讲经之风终止，而浮华之风流行。《仇览传》记载，当时太学里面驰名誉而曳长裾之人多是主簿的子孙。太学至此成为权贵子弟的培训学校。如此一来，代表两汉的今文、古文学派之争已无必要，思潮界的倾向未必仅局限于儒学范围内。《后汉书·郑玄传》记载，郑玄曾受聘于袁绍。席间，蜚声四海的宾客一致承认郑玄是儒者，不认同他是通人。质疑来自方方面面，郑玄一一巧妙应答，宾客纷纷叹服。汝南有一人名叫应劭，自荐道："故太山太守应仲远，北面称弟子何如？"郑玄笑而答曰："仲尼之门，考以四科，回、赐之徒，不称官阀。"应劭面红耳赤。此故事虽是赞美郑玄之作，但可见诸宾客言辞中的儒者与通人全然有别。与今文的拘儒相对，古文派巨匠马融曾被称为通人。如今，无论古今流派，都不被认可为通人。应劭是《风俗通》的作者，史家范晔评论此书：

辨物类名号，释时俗嫌疑，文虽不典，后世服其洽闻。

明显是站在儒者立场加以批判，但时人眼中的通人正是应劭等洽闻之士。

汉末汝南月旦之风，一度流入主都，熏染太学豪华子弟。当时政界混乱，论时势、品题人物之风盛行，所谓"四通八达"的流行语就是出现于此时。此等通人辈的徒党，即清流之党，成为言论界的指导者。时势混乱时激发的昂扬感情自然表现在言辞之中，由此可判定此人的声誉，而貌色使人仰观此人的威仪，言与貌都是获得时誉的手段。例如，当时的太学中，声誉最高的太原郭太，《后汉书》本传中称其"善谈论，美音制"，又郭太与名士李膺同舟渡黄河之时，众宾望之以为神仙。纵使魏的势力大振，言论界的这股风潮也从未停止。北海孔融，蜚声海内。《后汉书》本传记载其"性宽容少忌，好士，喜诱益后进。及退闲职，宾客日盈其门。常叹曰：'坐上客恒满，尊中酒不空，吾无忧矣。'（中略）荐达贤士，多所奖进，知而未言，以为己过，故海内英俊皆信服之"。但曹操极力采取法术的政策，而孔融注重汉家的传统，于是与曹操相争，最终被曹操置于闲职。当时，曹操写给孔融的书信中有一节如下：

> 孤为人臣，进不能风化海内，退不能建德和人，然抚养战士，杀身为国，破浮华交会之徒，计有余矣。

由上文可知，汉末清流徒党在采取军国政策的曹操看来不过是浮华徒党。后孔融被曹操所杀。其罪状一节如下：

> 与白衣祢衡跌荡放言，云"父之于子，当有何亲？论其本意，实为情欲发耳。子之于母，亦复奚为？譬如寄物瓶中，出则离矣"。既而与衡更相赞扬。衡谓融曰："仲尼不死。"融答曰："颜回复生。"

祢衡列于《后汉书·文苑传》，曾裸身击鼓辱骂曹操，当时被视为狂生。凭才机纵横，为世人所推崇。上述例子中，他与孔融调侃亲子关系，自任颜回仲尼。本是一时醉狂的谐虐，确因其才智出众而脍炙人口。选取如此言辞制成罪状本是小吏舞法，但在抑止言论自由方面确实是有成效的。

曹操手下执掌选举者有崔琰、毛玠二人。崔琰是声姿高畅之人，裴注引用《先贤行状》记载称："魏氏初载，委授铨衡，总齐清议，十有余年。文武群才，多所明拔。朝廷归高，天下称平。"然而，此人也被曹操赐死。事件经过如下：

> 琰尝荐巨鹿杨训，虽才好不足，而清贞守道，太祖即礼辟之。后太祖为魏王，训发表称赞功伐，褒述盛德。时人或笑训希世浮伪，谓琰为失所举。琰从训取表草视之，与训书曰："省表，事佳耳！时乎时乎，

会当有变时。"琰本意讥论者好谴呵而不寻情理也。有白琰此书傲世怨谤者,太祖怒曰:"谚言'生女耳','耳'非佳语。'会当有变时',意指不逊。"于是罚琰为徒隶,使人视之,辞色不挠。太祖令曰:"琰虽见刑,而通宾客,门若市人,对宾客虬须直视,若有所瞋。"遂赐琰死。

曹操成为魏王时,言论界一片批判的声音,崔琰还同情曹操。然而仅因言辞稍显暧昧,就被治罪。而其罪状付诸裁判时,崔琰竟然仍在接待宾客,门庭若市,又对宾客"虬须直视,若有所瞋",最终被赐死。汉末以来,交会荐达之风成为魏氏最为厌恶之处。崔琰被杀,毛玠继承其职。毛玠的传记中有一节如下:

> 其所举用,皆清正之士,虽于时有盛名而行不由本者,终莫得进。务以俭率人,由是天下之士莫不以廉节自励,虽贵宠之臣,舆服不敢过度。

裴注引《先贤行状》,对毛玠的叙述更为详细,如下:

> 其典选举,拔贞实,斥华伪,进逊行,抑阿党……至乃长吏还者,垢面羸衣,常乘柴车。军吏入府,朝服徒行。人拟壶飧之洁,家象濯缨之操,贵者无秽欲之累,贱者绝奸货之求,吏洁于上,俗移乎下,民到于今称之。

毛玠排斥浮华之党,奖励节俭之风,以此选用人才,这与曹操意气相投。曹操极度奖励节俭之事常见于诸书。章炳麟《检论》大体对其进行集中叙述。现据之叙述其概况:

> 又自洛邑、许昌之际,士守恭俭,故有位至列卿,盐豉蒜果,不过一簋,日食干饭,以纸补被。魏武虽豪家,后宫食不重肉,衣不锦绣,茵蓐不缘,物无丹漆。其臣化之,朝府大吏,或挈壶飧以入官寺,日食酱瓟,而有赐子一绢,犹疑以在官妄得者。

综上所述,魏武厉行极端节俭,并责令官府将之用于人才选拔,而汉末用节义论世议人,结果形成结朋作党之风,魏武将这些朋党一概视为浮华之士,且加以弹压。

《魏书》记载,文帝曹丕的方针与父相异,他宽仁玄默,以德化民,有圣贤之风。不知此文辞所指内容究竟如何,但可以知道其父曹操的严峻政策在曹丕时有所缓和。然而,其在位极为短暂,且第三代君主明帝曹叡以实行法术主义最为人所知。如前章所概述，当时他也下诏禁止浮华之士。《魏略·李胜传》中有如下记载：

> （李）胜少游京师，雅有才智，与曹爽善。明帝禁浮华，而人白胜堂有四窗八达，各有主名。用是被收。

由此记述可知，升李胜堂者，相互援引而结交朋党。他们后来以曹爽、何晏为首，压制司马氏，却反而被诛灭，如内篇所述。从表面来看，曹操施以弹压的孔融一派与曹睿禁锢的李胜一派都属于浮华之士，结交朋党而议论朝政。但二者批判朝政所用的理论是否相同？现就此问题进行进一步考察。

魏与西晋间思潮的转移（二）

如前节所述，汉末官学权威失坠，儒学与利禄断绝关系，反而得以保持其纯粹性质，但已无力成为当时思潮的中心。尤其官学成为处士横议之府，诸生矜严言貌，展现自己，结交朋党。如今，从曹操军国主义的立场来看处士横议的事实，确实这些人是浮华之士；但从处士自身立场出发，则他们的行为是受正当精神驱动的。顾炎武的赞赏乃得其实。那么，其中心思想究竟是什么？答案是移风易俗。

儒者的一般观点认为，移风易俗的手段，没有能胜过礼乐的。礼是移风易俗的根本。原本礼是理顺人情的方法，与个人关系最为直接的是家族，对家族的道德极其受重视。只要明确意识到此点，那么个人对国家或对公共的道德不得不居于第二义。治理国家之人需充分修养自身私德，才可以获得自然的治平，借顾炎武的话来说即以其私而合其公。东汉儒术主义将思想目标置于该点。然而，宦官跋扈，蹂躏此精神。舆论的反感顿时爆发。所谓"移风易俗"精神，不只局限于官学所养成的儒生的思考，事实上它集中了两汉文化，尤其是东汉显扬的精神。东汉古文学风的背后也有此精神的影子。作为私德的家族道德已获得最高评价，面对存心破坏的宦官一派当权者，希望维持此传统精神之人积极行动，欲与打倒宦官的势力一起恢复东汉传统政术；消极行动者则严守家族道德，认为不干预国事为佳。《后汉书·党锢列传》所列之人皆属于前者，明哲保身的君子则多属于后者。但以思想本身为中心来看，实际上后者是在享受个人的和谐生活。而积极维持汉家传统的党锢一派在曹操执政时，被视为浮华之士而遭到压制。这是当时极为混乱的北中国无奈采取的政策，但用言论维持正义的企图最终归于失败，他们只能深深惋惜。同时，意欲消极享受个人和谐生活的人，其个人逐渐与社会关系相剥离，自身倾向于逸乐。党锢的中心人物李膺出于时望的要求，站在改革的先头。同时被尊为时流的荀爽曾写信劝诫李膺，书信之一节如下：

> 知以直道不容于时，悦山乐水，家于阳城。道近路夷……方今天地气闭，大人休否，智者见险，投以远害。虽匮人望，内合私愿。想甚欣然，不为恨也。愿怡神无事，偃息衡门，任其飞沉，与时抑扬。

荀爽旁观时势，悦乐山水，并以此劝诫李膺。这就是所谓的明哲保身的君子。此类君子自乐之趣如何？延笃曾写信给李文德，如下：

> 吾尝昧爽栉梳，坐于客堂。朝则诵羲、文之《易》，虞、夏之《书》，历公旦之典礼，览仲尼之《春秋》。夕则消摇内阶，咏《诗》南轩。百家众氏，投闲而作。洋洋乎其盈耳也，涣烂兮其溢目也，纷纷欣欣兮其独乐也。当此之时，不知天之为盖，地之为舆；不知世之有人，己之有躯也。虽渐离击筑，傍若无人。

延笃用儒术正容貌，闲居之时，读诸子百家之文而进入思想悦乐之境。蔡邕《操琴歌》有云：

> 练余心兮浸太清，涤秽浊兮存正灵。和液畅兮神气宁，情志泊兮心亭亭。嗜欲息兮无由生，踔宇宙而遗俗兮，眇翩翩而独征。

蔡邕通过琴进入自然律调的玄虚世界。此类人皆熏染儒风，且以儒术作外形，以虚玄世界为内容，追求完全自由的境界。原本文学世界中，自西汉初期开始，神仙思想十分明显，这无疑缘于楚辞。东汉硕儒张衡作《思玄赋》，其中有突出的虚玄思想。神仙与虚玄本是不同的流派，而我们可以知道的是，虚玄思想已浸润东汉儒者。

以儒术践行社会道德，以虚玄思想开畅个人心意。明哲保身的君子出现在二者的调和之中。若将虚玄思想视为中心，并以之自律，那么将出现与普通意义上的君子迥异的一类人。《后汉书》独行、逸民两传中（尤其是后者），此类人物颇多。现检视《后汉书·逸民传》，自野王二老至高凤都是范晔之父范泰所收集，后由范晔进行补充。范晔的补续内容中，记载了不少追随黄老教的神仙方术行为。有一人名叫矫慎，少时学黄老，隐遁山谷，因穴为室，仰慕松、乔导引之术。儒学大家马融及文学家苏章跟他是同乡，世间一般认为矫慎相比二人更受敬重。《高士传》作者尊崇矫慎的纯远之德。吴苍写信劝其出庐，其中一节如下：

> 仲彦（矫慎之字）足下：勤处隐约，虽乘云行泥，栖宿不同，每有西风，何尝不叹！盖闻黄、老之言，乘虚入冥，藏身远遁，亦有理国养人，施为为政。至如登山绝迹，神不著其证，人不睹其验。吾欲先生从其可者，于意何如？

由此可见，隐士也能获得时流的声誉。其行为带有神仙家的风格，因此与明哲君子不同，但从社会评价来看，两者之间又无区别。《后汉书·方术传》的人物中也有不少这类人。总之，东汉末至三国初期，儒学逐渐失去独尊地位，个人的道德品行愈加在社会评价中占据重要地位，各种思想背景的人物凭借各自特征受到世人的尊敬，文化形态逐渐复杂化。

个人道德品行受到尊重，掀起人伦品藻之风。其鉴别标准不限于在国家行政中发挥作用或通达经术，人品雅俗之分也占据重要分量。最著名的例子是牛医之子黄宪被尊为君子的故事。

> 黄宪字叔度，汝南慎阳人也。……同郡戴良才高倨傲，而见宪未尝不正容，及归，罔然若有失也。其母问曰："汝复从牛医儿来邪？"对曰："良不见叔度，不自以为不及；既睹其人，则瞻之在前，忽焉在后，固难得而测矣。"同郡陈蕃、周举常相谓曰："时月之间不见黄生，则鄙吝之萌复存乎心。"

黄宪受到的赞美堪比孔子，但他并未留下著名业绩。

互相评论人品且不存在任何利害关系，这不失为盛世风流之事。但如果拥有政治背景之人占据中心地位获得品藻权力，那么必然诞生朋党。如果品藻者是拥有绝对权力的帝王，那么理论上各种人才将在君王的明鉴之下各就其位。魏文帝死后，其弟曹植为之作诔文，曰：

> 乃眷大行，属以黎元。龙飞启祚，合契上玄……才秀藻朗，如玉之莹……心镜万机，揽照下情。

承上玄之德，心智如明镜，照破洞冥，这是最被重视的君主资质。应贞如此叙述晋武帝之德：

> 游心至虚，同规易简……神心所授，不言而喻。

二者文意相同，即利用玄虚思想润饰君德。

君王之德虽及于万品，但在其手下实际掌管选举之人需要以位配人。于是刘劭、傅嘏等学者开始研究人物鉴别术。而他们的理论依据又是什么呢？

在这之前，中国谈论人性时，大体分为两种方法。其一是根据阴阳五行说，谈论宇宙的生成，以此演绎并解释人生，这是机械观的说明法。其二是从特异性上认知人性的本质，并确立符合目的的解释。毋庸赘述，前者是性恶说，后者是性善说。而阴阳五行说被儒家吸收主要发生在西汉中期之后，自然而然前者的解释法较新。东汉儒者许慎解析人性，仍然坚守儒家的正流，对性善说深信不疑。郑玄模棱两可，有人探究其主要思想，与许慎相同，不失传统之解（参照《无邪堂答问》卷三）。但郑玄的解析中包含用阴阳五行说演绎人性之处。至三国，此说得以传承。章炳麟认为，三国时代的人性论，除杜恕一人外，都信奉性恶说。在这种思想背景下，人物甄别术诞生了。例如，刘劭的《人物志》认为，人性收阴阳二气，存在刚柔的区别。体五行而著形，可由形质逆推人性，即"骨植而柔者，谓之弘毅，弘毅也者，仁之质也"。这种分类法究竟蕴含多少真理，笔者并无定见。但有一事可知，即无论观相术如何精美，只要观察者存有私意，那么就不可能采用。因此刘劭称："情性之理，甚微而玄；非圣人之察，其孰能究之哉？"然而此术本是用于人物甄别，因此若出于实际目的应用此术，那么岂能保证"圣人之察"不会因拘局而陷于权道？荀粲曾与善论才性的傅嘏及夏侯玄进行问答。当时，荀粲对二人说："子等在世涂间，功名必胜我，但识劣我耳！"对于能用独超的神识理解玄虚世界的人而言，刘、傅之徒视为圣人玄察的东西没有任何价值。非但如此，事实上，刘劭设立的考课法没有任何新意，甚至未实行。在这个时代，选取士人依靠的是东汉末以来的言与貌，但言辞之雅恐怕是超越实事而说理。何晏、王弼的辩词因此而彰显。

何晏为《论语》作注。其新解之中，在汉儒旧解之外，究竟有多少新说，是否可据之窥视其玄虚思想，笔者未曾研究。但读其作品《无名论》与

《无为论》，足见其思想概况。《晋书·王衍传》记载，最初向天下倡导玄虚思想的人是何晏、王弼，传中引用何晏的《无为论》。《无为论》虽然是何氏根本思想，但探究其思想，从《无名论》着手更为方便。因为他对当时刘、傅之徒所倡导的著名理论即研究才性而定人物高下之学说，采取针锋相对的反击态度。他认为名与誉是相对的，只要被二者所拘束，那么可招致同类，而不能包容异类。而《无为论》认为，无为是阴阳、万物相生的基础。但讨论其思想起源，则反驳刘、傅二人的名理论意味较重，这点与夏侯玄的论调相同（《无名论》，参照《全三国文》引《列子·仲尼》篇注）。因此他追随当时的风潮，对品评人物抱有强烈兴趣。《魏氏春秋》记载如下：

> 晏尝曰："惟深也，故能通天下之志，夏侯泰初（玄）是也；惟几也，故能成天下之务，司马子元（景王师）是也；惟神也，不疾而速，不行而至，吾闻其语，未见其人。"盖欲以神况诸己也。

即所谓的玄言评人，高自标置，言、貌之中，尤重言辞。形容貌色之时，不似汉末注重威仪，反而用比喻来洗涤俗气的写法明显多了起来。

如上所述，何晏自任为神，但他以"无"作为本体，认为圣人无喜怒哀乐之情。王弼与之相反，区分圣人的神识与凡人的五情。这应是立论之体不同导致的差异。二者都自认为是独超之神识。而用上述抽象理论处世实属无谋。关于这点，荀粲将六籍视为糠秕，超脱现世，独踔象外（参照《三国志》注引《荀粲传》）。总之，朝廷周围的权势者中，若夸示思想的优越并寻求同党，自然容易引起世间反感。因此，何晏被视为浮华之党而遭到排斥。如此看来，被魏武视作浮华而遭排斥的孔融一派，以及被明帝同样排斥的何晏一派之间，其形式虽然相同，思想内容却大为不同。而一旦玄言造成雅俗剧分时，当时的权豪提倡清议，对言论自由加以限制。在司马氏宽政的共同作用下，思想界的混乱愈发严重，及至清谈流行，混乱到达顶峰。

所谓清谈，简而言之就是将身心置于与世俗远离的幽玄境地，并相互谈论所悟得的思想，其言词称为玄言，其思想中心可追溯至老庄之说，即玄学。若清谈只是被视作一种流行的社交方式则另当别论；若想用老庄之说，试图强行规制生活，那么将诞生任达的行为。以竹林之游闻名天下的贤者就是常有任达行为的一群人。起于何晏、王弼，经荀粲强化的流派，在竹林贤者那里展现出最昂扬的面貌。竹林贤者的中心人物是阮籍与嵇康。阮籍的思想可从以下故事中窥见：

> （意译）某日，朝臣向晋武帝上奏，有一儿子杀死母亲。阮籍听后感叹："杀父尚可，何必弑母？"众人惊怪阮籍失言。晋武帝问："弑父乃是天下之极恶。为何说尚可？"阮籍答曰："禽兽知母而不知父。杀父乃是禽兽之类，而弑母则禽兽不如。"

阮籍的轻妙言辞实际上是对当时最流行的家族道德的无情讽刺。父系制下的家族组织在他眼中并不自然。而他以性格至纯著称，相传其母临终时，他正在与客人下围棋。客人听闻此事后想停棋，阮籍挽留对方一决胜负，然后饮酒二斗，发出痛苦的一声哀嚎，吐血数升。临葬之时，饮酒食肉，临诀之时，再次吐血数升，身体骨瘦如柴，差点毁灭性命。名士裴楷前往吊唁时，阮籍散发箕踞，醉酒直视裴楷。裴楷照例吊唁后离开。有人问裴楷："凡吊，主人哭，客乃为礼。阮既不哭，君何为哭？"裴楷答曰："阮方外之人，故不崇礼制。我辈俗中人，故以仪轨自居。"嵇康的才气之烈，风怀之清，与东汉末的蔡邕暗合。"手挥五弦，目送飞鸿"等诗情，足使千古钦怀。而他在写给山涛的信中称，虽然自己性情至纯，但被礼法之士嫉恨如仇。阮、嵇二人被讲清议的何曾和说名理的傅嘏、钟会一派所厌恶，最终嵇康被杀，阮籍因韬晦方外得以幸免。而喜好夸耀任达行为之人当中，阮咸、毕卓二人榜上有名。阮咸在母丧中与下婢私奔，毕卓则盗饮官府之酒而睡在往来人流之中。此类任达之士因公然蔑视礼法，嘲笑当时的君子而名声远驰。在一般的政治论上公然提倡无君论的有鲍生。无君论的大意为：上下阶级对立，所以引发争夺之祸，因此，定君位是社会之恶的根源。

上述任达人士，或者是拥有至纯性格而苦于矛盾之人，或者是以蔑视礼法为快之人，或者是大胆放言而得趣的人，因个人异同而有不同的表现方式。通览下来，他们既然是权势门第的子孙，那么他们对所属阶级的存在而言，是不折不扣的叛逆者。但晋武帝对这股思潮并未施加压迫。这兴许是武帝宽厚性格所致，但实际上应该是因为玄学强有力地支配着当时权势者的思想，任达行为反而被看做自然之举并成为被赞美的对象。《晋书·卫玠传》中记载，卫玠赴任豫章太守。豫章有节镇大将军王敦，长史谢鲲作为竹林遨游者之一而为人熟知。卫玠是名家之子，爱好玄言，风貌有如珠玉，朗然照人，是所谓脱离俗气之人。王敦对谢鲲说：

> 昔王辅嗣吐金声于中朝，此子复玉振于江表，微言之绪，绝而复续。不意永嘉之末，复闻正始之音，何平叔若在，当复绝倒。

魏正始年间，何晏、王弼所倡导的思潮广及士流，这是明显事实。因此，即便没有通过任达行为过上老庄学的生活，用玄学培养风雅之怀对这个时代的权豪而言也是不可或缺的。而以清谈留名于世者莫如王衍。清谈一词，笔者始见于《王衍传》中。书中记载其“神情明秀，风姿详雅”，谈老庄之时，常执玉柄的麈尾整理容仪，其双手颜色白皙犹如玉柄，且谈吐朗然，一时朝野翕然向往。王衍厌恶妻子郭氏的贪鄙，从未曾将钱字挂在嘴上。某天晚上，妻子令下婢在床的四周撒钱。王衍早起后，被钱围困不能下床，于是呼来下婢“举阿堵物却”。这则故事流传千古。其时的名臣裴頠见时俗放荡，何晏、阮籍广受尊崇，王衍誉高势重，流风影响甚广，十分担忧，于是作《崇有论》以抗虚无，其中一节如下：

> 立言藉于虚无，谓之玄妙；处官不亲所司，谓之雅远；奉身散其廉操，谓之旷达。故砥砺之风，弥以陵迟。放者因斯，或悖吉凶之礼，而忽容止之表，渎弃长幼之序，混漫贵贱之级，其甚者，至于裸裎，言笑忘宜，以不惜为弘，士行又亏矣！

裴頠是博雅之士，与晋世一流人物张华同属一类人，他并非站在纯粹儒学立场上，因此《崇有论》的根本思想与老子相关连，难免影响力较为弱小。总之，当时的掌权者沾带虚柔的风气。此时，公然表现任达行为的阮、嵇等人是思想上的勇敢者。而主张政治论的傅玄、傅咸、刘毅、刘颂、李重、段灼、阎缵之徒，根据汉以来的传统，不可不谓巧妙地分条析理，尤其是为寒门清苦之士发声，但如《晋略》作者周济所说，此举在晋世难行，结果思想上的虚无之流与政治社会的混乱共同导致西晋的灭亡与北中国的动荡。将其与政治现象剥离，仅从思想本身而言，超越世俗的“神识”所理解的世界已确实在中国人中出现。它在精神文化层面的贡献不可轻视。

魏与西晋间思潮的转移（三）

秦汉时代可被视为宗教的是《史记·封禅书》所称的方仙道。当然《史记·孔子世家》记载，司马迁在山东地区旅行时，孔子庙被弟子视为神圣的灵场，且当时所流传的孔子故事带有浓厚的超人类色彩，这是事实。而且在之后的儒家中，谶纬思想占据强大的统治地位，带有一种神秘色彩，这也是事实。但孔子学问的中心绝不在此处，因此不可因偶然附加的色彩而赋予儒教以宗教性质。那么，方仙道为何被认为是宗教性质呢？

综合司马迁对当时方仙道的认知，大概情况如下：仙人可自由变化体形，或羽化升天，或不老不死，居住于三神山，且在祭坛工作，祭祀百鬼精灵与神。而信仰已得仙道的仙人的人群统称为方士。潜心研究神仙思想的津田氏认为升天思想与不老不死思想的性质不同，二者存在先后次序，仙道的本质在于不老不死，并非升天。此问题应留到将来判断。津田氏认为，文人思想家等憧憬的目标是升天思想本身，而方仙道被秦始皇等世俗权力者所欣慕的地方不如说是仙人拥有不老不死之药。《史记》记载，拥有仙人信仰的方士吸收起于战国末期的邹衍五行之术，又参与汉武帝求仙道之时的各种祭祀。由此看来，汉代方仙道的内容极为复杂，包含理论方面的阴阳五行、数象以及仪式方面的各种祭祀。

秦汉统一帝国出现之时，作为一般倾向，祭祀在皇帝权力下产生了仪式化的强烈倾向，借荀子的话来说，就是以礼文饰。后来礼逐年组织化，由《史记·封禅书》到《汉书·郊祀志》，再到《后汉书》中的《礼仪志》《舆服志》，典礼化的痕迹越来越重，只看标题即一目了然。而《史记·封禅书》记述的中心问题——汉武帝的宗教政策，已将各种祭祀囊括在内的方仙道者与方士之徒视为对武帝权威在某种方面的有力匹敌者。但从实际历史现象来看，二者并无对立之貌，反而在皇帝的权力下，方仙道呈现出被统合的态势，如此一来，武帝与秦始皇一样开始寻求不老不死的妙药。不仅如此，武帝还想效仿登仙的黄帝："于是天子曰：嗟乎，吾诚得如黄帝，吾视去妻子如脱屣耳。"但无论升天或是不死，都与信仰有关，不该借世俗皇帝的权力而达到目的。因此各种祭祀由皇帝之下名叫太祝的官员统一掌管，方士兴建的祠堂允许自主管理，但仅限于本人在世期间。皇帝自求升天不死的企图彻底破灭后，方士之徒与皇帝的权力日渐疏远。

《史记·封禅书》对方士活动进行详细记载。与此同时，《扁鹊苍公列传》中的医者，《日者列传》《龟策列传》中的卜筮者等收录于列传，且司马迁明确将医术视作方术，因此方士与方术之士在《史记》中有明显区别。但二者的共同要素也极为明显，因此《汉书》未明显区分。《汉书·艺文志》根据刘向父子的观点，对当时书籍进行分类时，设置"方技"一类，涵盖各种与方术相关的书籍，还在最后添加了"神仙者"的条目。此处所谓的"神仙者"在《史记》中无疑是方仙道者。因此《汉书》中神仙者之流是指方术之士。又《汉书·郊祀志》等将方士称作方术之士。总之，《汉书》之中，若细加分别，则神仙、方术二者相异；若笼统地说，则二者相通。那么《汉书》之中如何认定其别异之处？神仙者要论（《艺文志》）有云：

> 神仙者，所以保性命之真，而游求于其外者也。聊以荡意平心，同
> 死生之域，而无怵惕于胸中。

将之与《抱朴子·论仙》其中一节进行比较：

> （仙人）以富贵为不幸，以荣华为秽污，以厚玩为尘壤，以声誉为
> 朝露，蹈炎飙而不灼，蹑玄波而轻步，鼓翮清尘，风驷云轩，仰凌紫
> 极，俯栖昆仑，行尸之人，安得见之？假令游戏，或经人间，匿真隐
> 异，外同凡庸，比肩接武，孰有能觉乎？

通览之后，可发现神秘世界中真生活的体验者——仙人的面目。那么侍奉神秘祭坛之人即《史记》所谓的方士，究竟拥有何种特殊方法？今《汉书·艺文志》神仙目中的书籍，其内容无从得知，但根据篇名可知，大体上是以服饵、导引、炼金之术为主。《抱朴子》作者葛洪尤其注重服食而尊尚炼金。根据孙星衍校勘本《抱朴子内篇》方维甸序，其将《抱朴子》视为神仙家正统的传承者。然而，葛洪在进行尤为重视的炼金时，必先向门户的鬼神、间的清君等供奉金钱并举行祭祀仪式。且依据此派的戒律，必入深山，不可被俗人看见。非但如此，山必须是正神所住的名山。其他山即便是深山，若有邪恶之神在山中，那么绝不可能成功。毕竟保全真性命进入神秘世界，需要相应仪式与条件。由此点可确知此派的宗教性质。总之，一方面以皇帝为中

心统一的祭祀典礼化日渐精密，与之相对，另一方面神仙道不断完善神秘宗教的形式。方东树《汉学商兑》认为，这类神仙家栖居的山室，或称为静室，或称为精舍，后人在山下立祠祭祀。由此可知，神秘体验者应是一般人崇拜的目标。

再通过正史考察方术者流。如前所述，《汉书》将神仙者流归于方术者流中，由作者所处的时代来看紧邻《汉书》的《三国志·魏书》中确实有《方技传》一目。作者陈寿在《方技传》中称："华佗之医诊，杜夔之声乐，朱建平之相术，周宣之相梦，管辂之术筮，诚皆玄妙之殊巧，非常之绝技矣。昔史迁著扁鹊、仓公、日者之传，所以广异闻而表奇事也。故存录云尔。"认为方技不包含神仙家，此点可谓继承《史记》的传统。然而从内容来看时代在《三国志》之前的《后汉书·方术列传》中，作者范晔汇集所有系统的方术者，超越《汉书·艺文志》的类别范围，属于儒家系统者也包含其中。钱大昕研究发现，范晔在取材之时，曾利用被视为小说的《搜神记》。《后汉书》此传体裁与方法皆打破传统而流于杂驳，因此难免被批判。但就方术一点而言，著名儒者张衡的阴阳术、郎颛的咎征术等并未占有特别地位。简言之，不论其属于何种思想系统、方术内容存在多少差异，方术形式在当时普遍流行，此事实由范晔的写法便可知。现尝试粗略分析《后汉书·方术列传》的内容。

《后汉书·方术列传》中所列人物数量接近四十。其中被人利用最多的方术为风角、遁甲、七政、元气、六日、七分、逢占、日者、挺专、须臾、孤虚等。总体特征是预测天意，避开天生灾害。而方术的施行不仅以个人为对象，也广之以一般社会为对象。因为后者，对地方政治负责且通晓儒学的官吏也精通方术以避开一般的患害。当此方术所有的共同性质以君主或王室为中心发挥时，那么就有了官学儒学的谶纬说。谶是"未来记"，书写预测未来的文句，借范晔之言，"关扃于明灵之府，封縢于瑶坛之上"，是神秘世界的产物。纬也称作内学，儒者可从纬书中知晓所学经典未明示的含意。有一说认为，六日七分等方术出自纬书（参照《经学历史》）。谶与之有别，如范晔所说，纬学也应视作方术之书。《汉书》特别推崇的《洪范》五行说也在其中。总而论之，人对于天意，首先存有恐惧之心，而以个人智识将之开化，这就是方术的一般意义。

《后汉书·方术列传》中，与上述一派颇为不同的另一派同样不可忽视，即祈祷、气禁、幻化、役鬼诸术。此等诸术相通的性质为恳求或者操纵遍布宇宙的精灵，消灭个人或社会的灾害，由此足见其魔力。若将前述一派的方术视为中国的神道设教，那么现在所述一派则是鬼道设教的巫术之流。当然，方术者本身，有人横跨两种流派。例如，樊英由东汉顺帝特别任用，可不在君前行礼。某日樊英被天子斥责，其答曰：

> 臣受命于天。生尽其命，天也；死不得其命，亦天也。陛下焉能生臣，焉能杀臣！臣见暴君如见仇雠，立其朝犹不肯，可得而贵乎？虽在布衣之列，环堵之中，晏然自得，不易万乘之尊，又可得而贱乎？陛下焉能贵臣，焉能贱臣！臣非礼之禄，虽万钟不受；若申其志，虽箪食不厌也。陛下焉能富臣，焉能贫臣！

此话表明汉代通行的道义观念。由此可知，樊英是一名真正的士君子。其非但拥有特殊的智识，还能用方术预知天意，是一名精通厌胜术的巫师，可远在故乡南阳消灭成都的大火。此类例子在《后汉书》中十分常见。尽管如此，上述两派在性质上的差别还是十分分明的。

《方术列传》中有精通神术、神异道、神道之人，也有作为方士而被记载之人。表现手法虽然有所差异，但都是继承神仙方士之流。《费长房传》记载一老翁之言："我神仙之人，以过见责。"他是最擅长幻化之术的人。而此类人物中，除了易被误认为仙人王子乔的王乔外，大体上都是东汉末至三国时代出生之人。这类人在当时被统称为道士。《抱朴子·勤求》篇有云：

> 故世间道士，知金丹之事者，万无一也。而管见之属，谓仙法当具在于纷若之书，及于祭祀拜伏之间而已矣。

文中所说的"世间道士"明显是指学习仙法的人，参照东汉末张陵一派被视作道士的事实，可知神仙者流一般被称作道士。

据《抱朴子》诸篇，葛洪自身对当时世俗流行的祈祷、问卜、巫祝——尤其对祈祷——抱有强烈的反感。可知此风气在一般世俗的盛行程度。《道意》篇记载：

> 俗所谓率皆妖伪，转相诳惑，久而弥甚，既不能修疗病之术，又不

能反其大迷，不务药石之救，惟专祝祭之谬，祈祷无已，问卜不倦，巫祝小人，妄说祸祟，疾病危急，惟所不闻，闻辄修为，损费不訾，富室竭其财储，贫人假举倍息，田宅割裂以讫尽，箧柜倒装而无余。或偶有自差，便谓受神之赐，如其死亡，便谓鬼不见赦，幸而误活，财产穷罄，遂复饥寒冻饿而死，或起为劫剽，或穿窬斯滥，丧身于锋镝之端，陷己于丑恶之刑，皆此之由也。或什物尽于祭祀之费耗，谷帛沦于贪浊之师巫，既没之日，无复凶器之直，衣衾之周，使尸朽虫流，良可悼也。

《三国志·钟会传》注中记载如下事实：

> 《傅子》曰：宋建椎牛祷赛，终自焚灭。文钦日祠祭事天，斩于人手。诸葛诞夫妇聚会神巫，淫祀求福，伏尸淮南，举族诛夷。

这几人全是当时反抗司马氏的权势之家。换言之，强族中也盛行祈祷求福之风。

关于祈祷的样本，《晋书·愍怀太子传》中收录疑似文士潘岳之作：

> 陛下宜自了；不自了，吾当入了之。中宫又宜速自了；不了，吾当手了之。并谢妃共要克期而两发，勿疑犹豫，致后患。茹毛饮血于三辰之下，皇天许当扫除患害，立道文为王，蒋为内主。愿成，当三牲祠北君，大赦天下。要疏如律令。

这些都是普通巫师所为。而吸收祈祷，与神仙之术结合，并由此开辟新宗教的是张陵一派的五斗米道，从此打开了神仙者流转向道家的机缘。对于这个新倾向，葛洪等传统神仙家十分反感。尤其是黄巾贼魁张角等人利用小术魅惑百姓，谋取钱财，耽于荣华。当时地方官惧怕招致祸祟，顾及一般信仰而未进行取缔。葛洪等人极力攻击此现象，声称敬奉神明以及祈祭都与仙道无关。然而，葛洪又在《论仙》篇中明确叙述招神劾鬼之法，证明鬼神的实际存在，还祖述幻化之术及气禁之术。故葛洪攻击张道陵一派只是针对祈祷一点。祈祷与其他巫术有可能方法不同，但根本性质不可能相互排斥。那么令葛洪愤慨的并不是祈祷的性质，其愤慨不过是传统派对与世俗相关且即将成为一种社会势力的神仙道新倾向所抱有的反感。

回首思考张陵一派五斗米道在社会上得势的原因，难道诚如葛洪所言，只是吸收了祈祷之术？笔者认为他们向已有的神仙道赋予了宗教团体这一统一组织，才收获了得势的机缘。这已在内篇进行叙述，已无赘述的必要。总之，这一派在道师、祭酒、鬼卒等宗团内的行政统规之下，征集五斗米谷，或披黄巾，以纠合信徒，诵读《老子》，完善宗团的体统。这为后世道教奠定了基础。

山内氏的《支那佛教史之研究》对《后汉书》所载明帝给楚王英的诏书中的一句话"楚王诵黄老之微言"进行解释，认为这与佛教徒诵读经典事关功德利益有相同意味。此恐为正解。但需注意一事，即在汉代，浮图、黄老之名，在记录佛教之事时，几乎无一例外全是并称。那么，当时的浮图、黄老应无观念上的明显差别。《后汉书》中"好黄老之言"的事例颇多，尤其《逸民传》中的人物多属黄老派。根据中国学者的总体观点，关于"黄老"一名，现存的老子《道德经》中的文句，往往在其他古书中被当作黄帝之言加以引用，因此"黄老之术"的名称出现了。还有人从"黄老"的名称特别通用于汉代的事实，推断"黄老"之名始于西汉初期的黄生传承老子学说（夏曾祐说）。但无论如何，"黄老"的名称通行于汉代，且以虚静自守说为内容，与神仙或方术在性质上无任何关系。《后汉书·方术列传》中记载爱好黄老之言者唯有折像一人，此人大体类似《逸民传》中的人物。不知为何，叙述浮图之时，必与黄老并称。今日尚未发现可解答此问题的相关材料。因此，应完全依从中国的阙疑态度，但以下假设并非不当，即外来宗教佛教进入中国，被中国人所信仰，这个自然进程中，与多少相似的黄老思想合体，普遍认为二者之间不存在明显差异。

黄老浮屠并称是上述假定的自然结论。并称之时，内容主要为佛教，因而，如山内氏所言，诵黄老之言时，并非仅是为了记诵。黄老之言摇身一变，改变传统性质，并带有宗教性质。而汉代所称的黄老，主要是指老子《道德经》，因此作者老子也被附加宗教性质，这实属自然。

东汉末期桓帝延熹八年（165 年），于苦县为老子建祠。其铭文为学者边韶所撰。据今武内氏著作《老子之研究》之意，由此铭文可知，第一，当时存在神秘的老子观，认为老子是长生不死之人，羲皇以来屡次化现于世，并成为圣王之师。第二，边韶依照传统解释将老子视为一名隐君子。此时，朝臣始终坚持认为祭祀老子与供祠孔子一样，只是仪式，但根据武内氏的研究，与老子同时被视作仙人的王子乔冢也曾被祭祀。因此，无论表面仪式如何，可以推测背后一定有神仙一派的活动。尤其翌年《后汉书》本纪记载黄老被供祠于濯龙宫。王先谦《集解》中《太平御览》引《续汉书》记述如下：

> 祠老子于濯龙宫，设华盖之坐。

《续汉书》中作"老子"，《后汉书》中作"黄老"。《后汉书·襄楷传》有云：

> 又闻宫中立黄老、浮屠之祠。

恐怕写成"黄老"才是正确的。然而，襄楷又提出老子入夷狄而为浮屠之说，以及天神送玉女于佛陀而佛陀不屑一顾之说。关于后者，中国的注解者向《四十二章经》寻求出处。由此可见，濯龙宫祭祠定是黄老与浮屠并祭。《通鉴》将之与佛教关联，以为桓帝祭祀浮屠后，此法日渐兴盛，这大概是一方面的事实。另一方面，《襄楷传》记载，此前的顺帝时代，宫崇将据称是其师于吉在曲阳泉水上所得的神书《太平清领书》进献给顺帝（《后汉书·襄楷传》）。于吉是《抱朴子》等所推崇之人，但他来吴之后立精舍，烧香读道书。（《三国志》注引《江表传》）。如此一来，当时的神仙家在佛教影响之下将老子供于宗教祭坛，念诵《道德经》。于是，神仙家乃摇身一变成为道士。武内氏《老子原始》说，抱朴子葛洪等人虽被视为神仙的正统派，但他们认为老子《道德经》有神秘价值。

《后汉书·楚王英传》中应注意的是，楚王英依照佛教信徒之例，为桑门、伊蒲塞供奉盛馔。山内氏由此认为，东汉明帝时代，已有汉人佛教教团之存在，其后三国初期，笮融又采取供奉盛馔的方法纠集徒党。以宗团的方法纠集徒党，这是佛教史上头一遭。若佛教教团已经存在，那么借佛教而发展学说的神仙家——即道士之徒——也组织宗团的现象也不奇怪。张陵一派五斗米道借此风气而起，黄巾之贼则用类似的手段纠合徒党。二者皆破坏了汉家的传统政制，曹操在济南为相之时，极力破除奸邪鬼神之事。《魏书》记载，为此世间淫祀断绝。而曹操的做法引起黄巾一派的强烈反感，后曹操在兖州征伐黄巾余党时，他们还向曹操发去如下檄书：

> 昔在济南，毁坏神坛，其道乃与中黄太乙同，似若知道，今更迷惑。汉行已尽，黄家当立。天之大运，非君才力所能存也。（《魏书》）

然而黄巾作为邪教党最终被剿灭。而五斗米道在晋代作为天师道愈加繁荣，逐渐受到上流名家的信奉。

以上主要叙述从神仙到道教的大体倾向。关于外来佛教，为方便起见，将在别章叙述。在此需注意，汉代黄老思想由隐君子把弄的训诫之词摇身一变，借神仙家之手造就宗教性质，三国西晋思想家已不谈黄老而谈老庄。如洪亮吉所言，何、王至阮、嵇一派皆属于此类。与此同时，被庄子发扬的放达气象也宣告诞生。总之，汉代传统思想遭到全方位破坏，这是明显的事实。

第二章
南朝文明

长江流域文明普及小记

下文从两点对长江流域的文明普及现象进行观察。

一、汉代南北的人口比较

桑原骘藏博士在论文《历史上所见的中国南北》中，纵横古今、划分南北地对中国人口及人才分布状况进行调查研究。作为理解魏晋南北朝时代的准备，笔者计划比较汉代的南北。根据与博士有所区别的标准划分自然南北的地域，在此基础上比较人口及人才分布状态。

笔者所说的南北比较为北部中国与中部中国之间的比较，以水脉而言，是与黄河、淮水流域相对的汉水、长江流域，且依照桑原博士的观点，从中部中国除去四川一省，以便研究。

根据以上标准，翻阅著录于《汉书·地理志》《后汉书·郡国志》的人口比例可知，西汉时代南北的比例为北五对南一，但到东汉时代则变成北二对南一。再据两书考察地区人口移动，得到以下结论：

（一）渭水流域即以西汉首都长安为中心的陕西一带人口急遽减少。

（二）黄河下游的南岸地区，即山东南部与江苏、河南两省交界地区一带，人口的减少仅次于渭水流域。

（三）总体上山东全省呈现人口减少的趋势。

（四）洛水地区，即黄河中部地区，虽是东汉首都洛阳的所在地，但人口与西汉相同。

（五）河南省南部与湖北省交界的南阳地区人口增长率高。

（六）江苏省长江沿岸至三吴平原地区人口呈增加趋势。

（七）湖南省、江西省人口急遽增长。

西汉的人口总数，据记载是五千九百五十九万四千六百八十四，东汉是四千九百一十五万零二百二十，约减少一千万，但如上所述，长江流域地区人口进入东汉时代后呈增加态势。现暂且不一一追究各地方人口增减的理由，通过南北人口比例对两汉进行比较，站在中国整体的立场，南方的重要性可谓与时俱增。在汉代，除了对土地课以租税之外，还要课人头税，土地课税伴随人口增加而增加，此自不必说。尤其人头税可谓最清楚的国家收入，南方在国家岁入上的重要性逐渐增强。此外，根据汉代制度，从地方行政的最大区划——郡国，每二十万人口选拔孝廉一人。因此，伴随南方人口增加，成为官吏的机会变大，其盖然性可想而知。

再根据《汉书》《后汉书》对郡县数进行比较。西汉时，县的数目为一千五百七十八，东汉减少为一千一百八十。郡与国的数量方面，西汉为一百零三，后汉为一百零五，东汉呈增加趋势，而东汉之时，县数减少最多的区域是渭水流域与山东省部分地区。反之，江苏省江南部分、江西省、湖南省部分地区皆呈增加状。关于东汉县数减少，《后汉书》认为，是因为县的存在伴随大量官吏与烦杂力役，徒增地方民力负担，于是裁减县数。

因此，县数减少的渭水流域及山东部分地区是因为不堪设县的负担。与之相反，长江流域则县数增加，可视为能够承受县数增加的负担。这是从财力考虑的消极说法。县本是直接执掌地方民政的行政机关，是地方政治的基础，因此长江地区县数增加的事实可视为中央政府的政策通过县向地方扩展的机会变多。郡国方面，两汉时代，其管辖区域及名称存在异同，稍生混杂。只不过在东汉时代，江苏、浙江地区分割会稽郡而置吴郡的事实，考察到此时郡国贡士之制，可能让此地区与中央政治取得联系的机会变得更大。

人物分布的状态可从《汉书》《后汉书》列传中考证，相对北方，南方几乎可以忽略不计。因此两汉时代的政治很明显是以北方人为中心。

以上是试对两汉时代南北对立进行考察的结果。现改变观察点，通盘考察南北人文化成的情况。

二、儒术普及

章炳麟《检论》中有如下记述：

> 汉兴，虽除挟书之禁，建元以还，百家尽黜，民间惟有五经、《论语》，犹非师授不能得。自余竟无传者。东平王求《史记》于汉廷，桓谭假《庄子》于班嗣，明其得书之难也。向、歆理校雠之事，书既杀青，复可移写，而书贾亦赁鬻焉。故后汉之初，王充游洛阳书肆，已见有卖书者。其后邠卿章句之儒，而见《周官》；康成草莱之氓，而窥《史记》，则书之传者，广矣。

东汉和帝时代，宦官蔡伦发明粗纸制造术。传记记载，自古以来书写多用竹简，另有人以缣帛作纸，但简重、缣贵，二者对于普通百姓而言都十分不便。蔡伦发明粗纸之后，纸的需求渐广，天下称之为"蔡侯纸"。盛弘之《荆州记》记载，蔡伦原为湖南人，后居住于河南南部枣阳，此地人士将造纸作为职业。当时蔡侯纸的用途，现今无从得知，但至少可从蔡伦传记推知其方便书籍的普及。

《后汉书·贾逵传》记载，贾逵从西汉以来的官学今文派公羊、严、颜三派所属的诸生中选取优秀人才二十名，教授其尊奉的古文学《左氏》，当时写在竹简与纸上的经与传各一份。周寿昌《后汉书注补正》记载，竹简上的是以前的典籍，纸上的是后来从竹简抄写的，因此多用纸，竹简成为稀有之物。周氏此说恐认为此纸是蔡侯纸，但笔者以为，此纸应是范晔所说的缣帛。笔者假定缣帛上的儒学典籍在西汉时代广泛传播至郡国。若非如此，则以下所述事实难以理解。

汉武帝采取表彰儒学而罢黜百家的思想统一政策，并在地方建学校普及儒学，兴地方教化。毋庸赘述，上述两个事实在中国文明史上拥有最重要的意义。之后，儒学成为士大夫的必修内容，实际上《汉书》列传罗列的人物中，常见苦心治学的事例。例如，《汉书》本传记载，儿宽师从武帝时代学者孔安国，因贫乏且无资用，成为弟子都养（为弟子供烹炊者，即学仆），常受雇为人劳作，将经典别于腰间耕作，休息时读书，后成为儒学教养深厚的政治家。据本传记载，著名学者匡衡家境贫寒，于是为人劳作赚取学费，

《西京杂记》一书记载，雇主是富豪，拥有大量书籍，匡衡提供无偿劳力，作为交换，读尽富豪藏书。上述人等都是北方人，而江南吴人朱买臣则卖薪读书，此人在《春秋》及《楚辞》领域造诣颇深。在上述故事中，士子若常常随身携带书籍学习，则其书应是缣帛制成。西汉中期之后，世间向学之风盛行。但儒学最为上下风靡之时当数东汉时代，宋学者王应麟称东汉为经术主义时代，十分贴切。翻阅《后汉书》列传，各传当中几乎都有治经书之事记入，由此可轻易推知当时的趋向。

如前所述，东汉时代儒学上下风靡。同时，研究学问的方法也有所变化，此点不容忽视，即西汉时代的专门学风及至东汉得到解放。所谓专门学风，儒学圣典"五经"必有各自一派的师授，弟子不可违背师说。当然，儒学在武帝之后，为帝王所承认，讲授圣典的博士官是凭借教化任职的朝廷官吏，成为其弟子的人意图获得当官的资格，这可从当时的记述可知。如此一来，专治一经的博士官意图用权威与狭隘的独断说广布教化于地方，自然存在困难之处。

如本节初所引，章炳麟认为，西汉末刘向父子校雠群书，写定于缣素之上之时，专门学风被打破。此恐为学风转变的一个动机。总之，东汉学者骂专治一经的西汉学者为章句之儒，他们先是努力综合理解各经，后面又不满足于综合各经，开始出现博览经学之外的书籍以称通儒或通人的倾向。此自由讨究的风气与书籍的流布，导致中国全土逐渐显现同样的文化形式。

儒学是起源于北方山东的学问。武帝时代，儒学借官方之力得到绝对尊崇。而武帝之后的元帝时代，可否盐铁专卖的议论发生于朝廷官吏与儒学者之间，朝廷官吏对山东儒墨采取嘲笑态度。由此可知，儒者在西汉一代未充分形成社会势力。但东汉时代，儒学成为社会势力，发展成为士大夫指导当时无告庶民的必要教养。东汉时代著名史家班固对此点最为清楚。他认为，土地不同，自然人情、习惯存在差别，谓为"风"。以一定标准建立统一社会道德，谓为"俗"。作俗谓为"教化"，负责人是帝王，而标准是儒家圣典"五经"。班固认为善美的风俗成立之时其实是东汉时代。至于实际如何，他在描写两汉首都光景的《西都赋》《东都赋》中曾进行详细叙述。张衡也作有同样的赋。总之东汉学者对当时的文明十分自豪。如此一来，强大的文化要素超越南北土地的差异，拥有广泛普及的因子。《后汉书》列传中常见地方官赴任后用儒学主义改造各地陋俗的记述，尤其打破南方地区迷信的故事十分常见。例如《李忠传》记载，李忠任丹阳（安徽省宁国府宣城县）太守时，见此地流行越人风俗而不好学，于是新建学校讲习礼仪。《栾巴传》中，栾巴任豫章（江西省南昌府）太守时，见此地土俗祈祷山川鬼怪而致破产，于是下令改正。《宋均传》中，宋均任九江（治安徽寿县）太守时，辖内浚道县（安徽省庐州慎县）年年祭山，巫师令百姓献出男女各一人作为山公山妪，终身不得结婚。于是，宋均下令将巫师作为山公山妪，巫师纷纷叩首谢罪。最为著名者是会稽（江苏省绍兴府）郡守第五伦。百姓杀牛以备当地土俗淫祀，为此百姓困乏，第五伦见状强烈反对并予以禁绝。向天下广布正确教化是东汉儒者的理想，因此《后汉书》中关于个人道德、社会道德的记载被视为最重要的内容。

东汉经术主义政治如何浸润至南方，现取会稽郡之例进行说明。《三国志·吴书》的《虞翻传》裴注所引《会稽典略》载有后汉末期此郡太守王朗与会稽人虞翻的问答。作为此时代的一般风习，士人对乡土山水物产之美、人才优秀的自豪感情极为强烈，虞翻所云也属此类。他列举乡土第一孝子董黯。此人平素尽心孝养，后又为父母复仇。之后，虞翻又列举陈器。此人以退让之德感化乡人，居所称作义里。其次，虞翻列举著名政治家郑公、钟离意，学者赵晔、王充，又列举致力民政的种种人物，最后言及烈女曹娥之事。而他最引以为豪者当数不屈节于帝王的名人严遵。《后汉书·方术列传》记载，第五伦自会稽太守升任中央政府司徒官时，让史家班固作文推举会稽山阴人谢夷吾，其文如下：

> （前略）巨鹿太守会稽谢夷吾，出自东州，厥土涂泥，而英资挺特，奇伟秀出。才兼四科，行包九德……德量绩谋，有伊、吕、管、晏之任；阐弘道奥，同史苏、京房之伦。虽密勿在公，而身出心隐，不殉名以求誉，不驰骛以要宠，念存逊遁，演志箕山。方之古贤，实有伦序；采之于今，超焉绝俗。

东汉末期豫章名士徐稚闻名洛阳。桓帝问陈蕃此人为人如何，与北方诸名人相比，谁更出色。陈蕃回答，北地名士从门第及地理位置而言，自然处于养成人格高尚者的环境中，徐稚出身江南卑薄之地而角立杰出，因此应推举他为第一。将此记述与《谢夷吾传》一并考之，可见依中夏之人所见，江南地区文明更低一层，但儒者的各类理想人才在此地域次第辈出。

建康奠都与南地文运

中国自战国时代起，便存有建立统一帝国的机运，及至秦汉，出现一统天下的大帝国。而充分发挥帝国威力的时代当是西汉武帝至宣帝治世之时。以长安为中心，其东西三辅之地在内的所谓大长安与东部洛阳连接，该地域是整个帝国的首脑，政治经济的中心机关在此运行。为维持其经济中心地位，以大长安或洛阳为起点的运河网南北纵横北中国。于是，黄河之水连淮水，淮水之流与长江通潮汐。西汉元帝之后，以大长安为中心的经营方针发生巨大变化，东汉光武承袭其做法，迁都洛阳，确立地方安民绥抚政策。如前所述，此时文运逐渐浸润长江流域。而通览两汉历史，文明中心毫无疑问应当在北中国。以当时北人的想法，长江流域天然资材丰富，稻粮殷实，将天然资材用于社会人文的是北人的智能，而土地薄、人心懒的南方人则无此能力。《左传》所谓的"楚材晋用"主要是针对政治人而言，南人作为政治人的缺点，除去个例，与其作为经济人的缺点相同。而孙氏建吴国，定都建康，据长江抗魏的事实，则对北人之前的优越感进行了大幅修正。在叙述其概况前，且对建康奠都一事进行相关说明。

建康或建业就是今日的南京。孙氏割据以来，整个南北朝，它是南朝的首都。但在孙氏奠都前，此地在史上几乎默默无闻。东部与北部紧临大江，四周群山丘阜环绕的南京台地，长期不为人知，于是得以持续和平休养生息。孙权据为首都经营，究竟是何原因？江苏平原或三吴地区中心城市是今日的苏州——《史记》中的吴会。若传世的《越绝书》是东汉人所著，那么可知东汉时代苏州城郭之宏大以及以此城郭为中心开凿南北运河的事实，且可推知该地为三吴姓族托身的都邑。因此孙氏平定江东时，宣称苏州阊门有天子之气，晋人左思《吴都赋》中也起笔叙述苏州的形势，之后描写建业离宫。孙策在江南立足之时，多有仰仗以苏州为中心的三吴望族的帮助。为保全江南，不得不对北方进行军事防备，且辅助孙氏的政治家及军人首领多为北方迁移而来的豪族。为建立对北军防的要地，且为团结北来的豪族与南土的姓望共同侍奉同一朝廷，孙氏于是在占据良好形势的新土建设帝都。虽然当时的建都者无明确认识，但建都之事颇为自然地进行了。

南齐谢朓的诗句"江南佳丽地，金陵帝王州"形象地概括了建康的气象。梁武帝时代，建康的繁华到达顶峰。乐史《太平寰宇记》中曾引用《金陵记》如下：

> 梁都之时，城中二十八万余户。西至石头城，东至倪塘，南至石子岗，北过蒋山，东西南北各四十里。自侯景反，元帝都于江陵，冠盖人物多南徙。洎陈高祖复王于此，中外人物不逮宋、齐之半。

根据上文，四方各四十里之间的范围为"城中"，有户数近三十万。但建康城即六朝时所称的台城，仅包括自覆舟山下至秦淮水北十里，范围较为狭隘。以台城为中心的石头、琅邪、丹阳、临沂等诸城分布在四周，且秦淮一带流域有庶民杂沓的市场，若将这些地域全部归于建康名下，则《金陵记》的记载并不夸张。梁武晚年，北来武将侯景叛乱后，建康归于荒废。建康的繁华程度在梁武时代到达巅峰，但其衰颓同样发生在梁武在世之时，因此，南朝历史可谓尽于梁武。然而，帝王的居所台城本身并非完备的城市。《世说》有云：

> 宣武移镇南州，制街衢平直。人谓王东亭曰："丞相初营建康，无所因承，而制置纡曲，方此为劣。"东亭曰："此丞相乃所以为巧。江左地促，不如中国；若使阡陌条畅，则一览而尽。故纡余委曲，若不可测。"

南州是当时的姑孰，即今日安徽太平府附近。桓温有占据姑孰夺取东晋的野心，经营都城时，遵循北中国的营城方法，街道条理井然，将其与台城相比较，台城因街衢迂回而逊色。辅佐东晋始祖元帝且担当建康经营大任之人王导为此遭到批判。王东亭以江南地势与北中国地势全然不同为由替王导辩白，本是一时的应对之辞。但东晋直接沿用吴的旧城，由此推测，吴之建康城本身就是街衢迂曲的。非但街衢混杂，作为一般都市的吴建康城与北中国首府相比，可谓样貌混杂。西晋左思的《吴都赋》如此描述：

> 起寝庙于武昌，作离宫于建业。阐阓间之所营，采夫差之遗法。抗

神龙之华殿，施荣楯而捷猎。崇临海之崔巍，饰赤乌之铧晔。东西胶葛，南北峥嵘。房栊对櫺，连阁相经。阊阓谲诡，异出奇名。左称弯碕，右号临硎。雕栾镂楶，青琐丹楹。图以云气，画以仙灵。虽兹宅之夸丽，曾未足以少宁。思比屋于倾宫，毕结瑶而构琼。高闉有闶，洞门方轨。朱阙双立，驰道如砥。树以青槐，亘以绿水。玄荫眈眈，清流亹亹。列寺七里，侠栋阳路。屯营栉比，解署棋布。横塘查下，邑屋隆夸。长干延属，飞甍舛互。

其居则高门鼎贵，魁岸豪杰。虞魏之昆，顾陆之裔。歧嶷继体，老成弈世。跃马叠迹，朱轮累辙。陈兵而归，兰锜内设。冠盖云荫，闾阎阗喧。其邻则有任侠之靡，轻訬之客。缔交翩翩，傒从弈弈。出蹑珠履，动以千百。里宴巷饮，飞觞举白。翘关扛鼎，拼射壶博。鄱阳暴谑，中酒而作。

于是乐只衎而欢饫无匮，都辇殷而四奥来暨。水浮陆行，方舟结驷。唱棹转毂，昧旦永日。开市朝而并纳，横阛阓而流溢。混品物而同廛，并都鄙而为一。士女伫眙，商贾骈坒。纻衣绨服，杂沓傱萃。轻舆按辔以经隧，楼船举帆而过肆。果布辐凑而常然，致远流离与珂珬。

与之对照，且看对北中国魏都的描写：

况河冀之爽垲，与江介之湫湄。故将语子以神州之略，赤县之畿。魏都之卓荦，六合之枢机。……揆日晷，考星耀。建社稷，作清庙。……习习冠盖，莘莘蒸徒。斑白不提，行旅让衢。设官分职，营处署居。

左思为铺陈魏都清肃的风俗，极力陈述吴都乱杂之处，明显与东汉班固所作《两都赋》属同一形式。但在街衢整顿、市场管理等方面，魏都与吴都都形成对照，恐怕也是当时的事实。我们或许可以像左思一般评判两都价值的优劣，但也可看出建康城的自由风气。笔者对此兴趣甚浓。

长江流域以建康为首都，短暂实现统一。如内篇所述，北来的武装力量压迫山越，维持江南和平，并通过南方豪族，逐渐推进国家政治。左思也不得不承认，吴地四姓富于教养。我们可以推察，尤其孙权称帝，断然与魏对抗，令吴人信心大增，可谓影响甚大。当时情况如何？

吴孙权起初对魏有时似服从，有时似独立，保持着暧昧的态度。此间吴派至魏的使节为了在魏面前保住吴国地位煞费苦心。尤其魏文帝喜爱嘲笑吴帝无学，魏之高官常常露骨地表现出对南方人士的轻侮，对此，保持吴的体面是吴国使者的立场。作为其中一例，可取《三国志》裴注引《吴书》记述。相传吴郡人沈珩出使曹魏，文帝问吴是否不愿魏军向东，沈珩否定。文帝追问理由。沈珩答称，魏与吴存有旧盟，若相互信赖，自然归于和好，若魏国破坏盟约，则吴国当作戒备。沈珩完成使命返回吴国后，劝导孙权励农桑、作战备，随时应对曹魏进攻。从沈珩的话可看出，吴国虽然在形式上承认魏国，但对保持独立状态有充分自觉。孙权称帝之时，以中原为朔土、称北人为北虏被公然记载下来，形式上南土正是存在帝都的疆域。

《三国志·虞翻传》裴注引《江表传》记载，孙策在寿春时与马日磾相见，且与中州士大夫相谈，他们都认为江东人才虽多但没有博学之士，话语中似乎有江东人比不上中原人的意思。而先辅佐孙策，后又辅佐孙权的彭城张昭，闻名中原，曾力挫曹魏使节的傲慢态度；河南人冯熙出使曹魏，力陈吴国的富强、吴帝的为人以及吴国抗魏的底气，文帝利诱他，但他不为所动，最后自刃成全使命。他们虽是北人，但王者出于南，必须向南尽臣节。吴国的存在对秦汉之后以中原为中心的传统而言，是全新现象。由《三国志·朱治传》可知，孙权长久治世期间，南土人士在政治上、军事上都逐渐占据有利地位，吴国四姓子弟在各地担任官职，占据要地。与此同时，在北人左思眼中，吴国四姓富于教养。陆机则在《吴趋行》中明确表示，吴人自身对教化存有矜持之处。其中心思想是吴都苏州有朱、张、顾、陆四姓，积德树功，礼让济济，感化遍及四方。对于家族教养的自觉，必然使他们将所侍奉的帝室作为有尊严的存在。陆机《辩亡论》中有一节如下：

> 爱及中叶，天人之分既定，故百度之缺粗修，虽酿化鬻纲，未齿乎上代，抑其体国经邦之具，亦足以为政矣。地方几万里，带甲将百万，其野沃，其兵练，其器利，其财丰；东负沧海，西阻险塞，长江制其区宇，峻山带其封域，国家之利未见有弘于兹者也。借使守之以道，御之以术，敦率遗典，勤人谨政，修定策，守常险，则可以长世永年，未有危亡之患也。

陆机认为，吴国因为庸主孙皓而灭亡，或者说因名族舍弃孙皓导致灭亡。而灭吴统一天下的西晋武帝认为，不可让以才德著闻中原的名族闲置下来。武帝使吴都城建康保持旧时模样，又下诏将吴国人才拔擢至中央。陆机为其首领北上，尽心尽力将吴人拔擢至中央要位。但事实上北人强烈反感，陆机成为牺牲品，其他名族对北方政府断念南归。适逢西晋内乱，司马氏五王在王导的指引下南渡长江。以司马氏为中心，旧时的吴都再次成为首都，江南文运得到进一步开发。

"五胡乱华"时，在占据建康复兴东晋的司马氏治下，大量北方名族迁徙而来。元帝起初入住建康之时，王导深感必须获得东南人士的归服，于是极力采取拔擢东南人士到朝廷要位的方针。但被五胡摧残的北方豪族基本推戴司马氏，以谋求地位安全，南土的北方人势力渐强。两股势力冲突下，周氏等南方豪族招致破亡的惨祸。自东晋接近末年起，以建康为中心、以王谢二族作为贵族首领的政治和社会格局逐渐确立下来，与此同时，吴郡或会稽的姓族等也凭借家世获得社会地位。以贵族为中心的文明形态渐有确立的倾向。其社会形式与文化内容，将在他稿中进行记述。

南朝治下的江南一般经济状态及中央政府财政政策

其　一

如前节所述，在汉代，江南地区虽然自然资源富饶，但真正将资源灵活用于人文用途的其实是北方人。江南虽然土地肥沃，但耕作方法难脱火耕水种的朴素性，人民偷安怠惰，缺乏储蓄之心，经济能力自然有所欠缺，这恐怕是事实。然而到了东汉时代，一般文化从北方浸润南方，江南开发也随之而来。那么真实情况如何？

中国以农为本，这点古今不变。而农业中，开发适宜栽培谷物的土壤对于维持社会秩序、充实国库而言是最为重要的条件。然而，中国自古以来，五谷、六谷或九谷等典型名称常常包括各种谷类，但栽培各种谷类且饲养五扰、六扰等各种家畜的地方主要在黄河流域，因此中原地区其实优于其他土地。然而，秦汉帝国诞生时，主要以运河为交通网络纵横联络北中国，与此同时，谷类在市场交易，并成为商贾投机目标，多种谷类自然存在价差。两汉时，麦与稻米是最受尊崇的谷种。尤其是稻米，到东汉时代受到最广泛的喜爱。稻米广泛种植于中国各地，特别是长江流域更是专门栽培，这在中国各种记录中常常可见。汉代之后北中国推广稻米栽培，淮水流域还设置奖励加以鼓励。为此，灌溉方法也非常讲究，这种人为设施自然惠及江南地区，江南筑塘工程就是明证。《通典》记载，东汉章帝建初年间（76—83 年）（曾巩《越州鉴湖图》序作汉顺帝永和五年），会稽太守马臻在今浙江东部绍兴附近开镜湖，筑塘，周回三百一十里，灌溉田地九千余顷。《南齐书·王敬则传》云，南朝征发人役用于水利事业，士族之人可免，唯会稽塘役士庶无别，同样课以徭役。这应该是东汉以来的习惯。《晋书·孔愉传》记载，句章县（今日宁波附近）有汉时的旧陂，被毁废数百年，孔愉巡行，修复故堰，灌溉田地二百万顷，皆成良业。综合马臻溉田政策可知，汉代会稽至宁波的浙东地区曾奖励溉田。《史记·货殖列传》中将江南整体视为实行火耕水种自然耕作法的地域。但推行筑塘溉田之后，江南不复依赖朴素的耕种法，得以厚其民生而安其室家。

三国鼎立时，北中国的魏热衷屯田政策，设置典农校尉督促开垦事业。吴设有典农校尉，取得何种实绩尚无明证。但东晋营都建康后，张闿在曲阿作新丰塘，灌溉田地八百余顷，名人葛洪作文歌功颂德。曲阿在今江苏丹阳府，位于三吴平原北部。若《越绝书》为东汉人所作，则可知汉时以苏州为中心南北筑塘的事实。今综合张闿筑塘来看，三吴平原已盛行溉田政策。《南史》记载，宋元嘉之时，曾"起湖熟废田千余顷"。南京台地也不乏相关事例。

笔者常用"三吴平原"一词。所谓"三吴"究竟所指何处，考证家有不同议论，而笔者的用例中，则将其简单定义为以太湖为中心，汇入太湖及由太湖分出的诸水流域。史书还有使用"吴会"的例子，笔者将之定义为浙东、浙西两地平原。今南京台地至两浙地区，六朝时皆属扬州。读《宋书·州郡志》可知，宋统治的州总共有二十二个，其中人口十万以上者多达十三个，但除了扬州之外，无其他州人口可达四十万。扬州人口为一百四十五万五千六百八十五，其中吴郡一郡就有四十二万四千八百一十二。

行政区划广阔的扬州以外的其余各州，没有一个郡人口可与吴郡匹敌。因此，宋中央政府正常租税，大部分来自扬州。虽然古代人口的多少并不代表当今人口数量，但扬州地域在六朝时代确实是人口密集。南朝宋孔灵符以山阴即绍兴人口稠密但缺少田土为由，上表请求将无赀之家迁徙至余姚、鄞、鄮三县开垦湖田，征得孝武帝同意后，在此地发展良业。

《隋书·地理志》描绘了扬州风俗与丹阳（即今日南京）的繁华盛况，如下：

> 江南之俗，火耕水耨，食鱼与稻，以渔猎为业，虽无蓄积之资，然而亦无饥馁……丹阳旧京所在，人物本盛，小人率多商贩，君子资于官禄，市廛列肆，埒于二京，人杂五方，故俗颇相类。

此处所说的"火耕水耨"与"虽无蓄积之资，然而亦无饥馁"是完全承袭《史记·货殖列传》的表述。当今中国人常常不经意使用上述两句话。在文章上因袭内容空洞的语句是史书的通弊。西晋名臣杜预认为"火耕水耨"在地广人稀之地才可发挥作用。且南人无蓄积之资一事，在六朝时代仍是北人的话柄，当时还有人从房屋构造说明理由。如内篇所述，江南的房屋多是竹茅所造，没有地窖，因此无法储存谷物。但储藏谷物岂有仅限于地窖之理？且储存谷物时间的长短从经济上而言不知哪方更有利。总之，从蓄积利用财富的精神旺盛与否，可洞察当地人心与经济状况。《隋志》认为，江南人虽无蓄积之资，但也无饥馁。这是形式上的因袭文字。江南房屋由竹茅所造的记述，虽然表面上看起来民间贫困，但毋庸置疑，实际上是出于在当地生活的方便，并且也有部分稍微富裕的人家在江南住瓦房，此情况可从竟陵王子良的上表中得知。总而言之，《隋书》总述江南风俗的文句不过是内容空洞、流于形式的因袭而已。而叙述南京繁华之时，市廛列肆的盛况与洛阳、长安无异，这基本与事实相符。南朝官殿及势望的宅邸已被隋所荡平，但其市况仍然保持着旧时的面貌。以五方之会——南京为中心，水路交通网四通八达的情景不难想象。现进行简单叙述。

三吴平原的中心，是以太湖为主，拥有与之水波相通、大小各异的湖泊的地带，总称为五湖。今常州金坛南部的长荡湖也在其中。如此广阔的湖水地带中，南北朝时代主要有四个重要郡治。今日的金坛，当时设延陵郡，扼守湖水地带西北；太湖之西有义兴郡（无锡宜兴）；南有吴兴郡（浙江湖州）；东有吴郡（苏州）。四郡当中，吴郡是最大都会。建康还未成为帝都之前，吴郡是三吴平原地区的治化模板。《史记·河渠书》有云：

> 于吴，则通渠三江五湖。

这里所说的三江，有学者将之与《汉书·地理志》中的北江、南江、中江以及《尚书·禹贡》的三江相关联。对于此观点，笔者认为不可轻易赞同。不过我们知道秦统一以前，吴地已有开凿运河。司马迁认为，此运河的开凿是出于舟行之便，兼具灌溉用途。尤其在土地低洼、湖水相连的江南，筑塘并疏通水利需要兼顾舟船航行与溉田两个方面，此情况可从多处资料得知。《越绝书》记载，吴至今日无锡县一带有筑塘，且太湖向南至浙江杭州一带，还开通了前往浙东地区的交通线路。记述虽然较为简单，但需要承认，以吴为中心的南北水路交通已开。然而，三国孙氏定都建康之后，运河首先以建康为中心进行设计，笔者认为，自今南京西北狮子山下至台城西面的仓城先通运河，又向西连接至石头城下。在孙吴时代，用大江之水环绕建康城，可方便物资漕运，自东晋至刘宋，秦淮之水经赤山塘通赤山湖，经茅山山中的柏岗，通长荡湖，称破冈渎。至此，南朝首都建康实现了水路直通三吴中心苏州。《南齐书·州郡志》中有丹徒之水通吴会的记述。因此，至少在南齐时，丹徒，即镇江，已有运河通苏州，这点应该没有疑义。综合《越绝书》的记述可知，此运河应该流经无锡。此外，曲阿（江苏省丹阳府）至延陵（金坛）开通运河一事，可在《南齐书·邱孚仲传》中得到印证。毋庸置疑，至少南齐之时，经水路可纵横连络三吴平原。

《越绝书》记载有苏州南经杭州至浙东的通路。又如前所述，马臻在浙东中心会稽长湖筑塘。《汉书·地理志》中记载的由余姚入海的分江水，或是《水经注》中记载的南江，暂且抛开不论。南朝史书或文集屡有"浦阳江"之名，后世的学者认为此浦阳江包含今日的曹娥江与钱清江，且此二江因浦阳江而通流，那样的话浦阳江应该是赵宋至今的浙东运河的前身。笔者也赞同此观点。

综上所述，南朝时，南京台地与两浙之间得以通运河互相联络。毫无疑间，土地得到了开发，交通日渐便利。而南朝各代为交通便利所采取的政策不可忽视。

　　翻阅南朝文书，可常常看见"埭（棣）"及"桁（航）"等文字，十分醒目。根据《辞源》的说明，埭是指以土堰水，在两岸立转轴，舟过之时，以绳索系舟，或用人或用牛推轴，而令舟前行的设备。桁意为设在津渡以系留舟船的工事。埭与桁被混用的例子十分常见。基本上，一个是为了助力运船，一个是为了便于系留。最为著名的桁当数建康城南门朱雀门外的朱雀大桁。《南齐书·顾宪之传》记载："寻始立牛埭之意，非苟逼僦以纳税也。当以风涛迅险，人力不捷，屡致胶溺，济急利物耳"，认为朝廷设此大桁有借以征收某种交通税的意味，并且埭也适用于相同的解释。虽然此论点极不清晰，但可以确定的是，这类设施皆是以朝廷之名建设，或归朝廷管理。而埭多与运河开掘相伴，于是穿渠立埭设关司收税。只要关系处理得当，那么百姓就无怨声。现在且一瞥埭所在的地点。

　　《御览》引用的《吴录》中记载，吴孙权时代，曾在句容县内开水道立十二埭，建康与吴及会稽诸郡得以相通，之前由镇江溯大江至建康的船舶，此后大可沿此运河直达建康，谓为破冈渎。笔者认为该记述不可信。但至少可确定此运河在刘宋之时已存在。从云阳至延陵的运河名为长冈埭，可知其设有埭。但对于南朝中央政府而言，最为重要者当数浙东四埭。《南齐书·顾宪之传》记载，四埭分别是浦阳的南、北津，柳浦及西陵的牛埭。据《通鉴》胡注，所谓浦阳南津即为梁湖堰，北津为曹娥堰。此两堰是与今上虞县北梁湖相通的浙东运河终点。柳浦位置不明，而西陵的牛埭应是今浙东运河西方起点西陵所设的埭无疑。浦阳江位于浙东物资东西运输的孔道上，自西陵渡浙江，出钱唐（杭州），运河直通吴郡苏州。仅西陵牛埭一埭，其税官收入一日可达三千五百钱，若加以适当管理，则浙东四埭一年可额外增收四百万钱。由此可见两浙间交通频繁情状的大概。

　　在上述四埭增征交通税是西陵戍主杜元懿的意见，其意见部分内容如下：

　　　　吴兴无秋，会稽丰登，商旅往来，倍多常岁。

即三吴地区逢凶年，而会稽逢丰年，故商人往来尤多。两地丰凶不同时，自然发生谷类的转移。但历史上的很多事实并不符合自然之理。例如，《晋书·陶回传》记载，陶回任吴兴太守之时，三吴遭遇大饥荒。朝廷允许相互籴卖，以救一时之急。但陶回坚决反对，并建议开仓廪而赈饥荒，自己也断然实行，其理由完全出于政治上的考量。朝廷特地下诏命令相互籴卖的背后，岂不是证明汉以来的传统方针没有被认可？相比以仓廪存粮救助饥荒，相互籴卖可实现互通有无。因此，刘宋大明八年（464年）的诏书反而在饥荒之时为运转谷物的商人予以特别方便。曰：

> 东境去岁不稔，宜广商货。远近贩籴米粟（宋书无"粟"字，据《南史》而补焉）者，可停道中杂税。其以伏自防，悉勿禁。

除了南朝政府对交通及饥荒时谷物转运等采取的方针，还有一事值得特别注意，即刘宋时采取的劝诱种麦方针。《晋书·食货志》记载，吴孙权亲自在建业尝试八牛耦耕的方法，吴人务农重谷即始于此。普遍认为，此方法系汉时赵过在北中国设置代田法时的遗法，因此孙权之意在于奖励种麦？刘宋文帝曾在元嘉七年下发如下诏书：

> 南徐、兖、豫及扬州浙江西属郡，自今悉督种麦，以助阙乏。速运彭城下邳郡见种，委刺史贷给。徐、豫土多稻田，而民间专务陆作，可符二镇，履行旧陂，相率修立，并课垦辟，使及来年。凡诸州郡，皆令尽勤地利。（南徐治扬州，南兖治镇江，南豫治和州。）

即从今江苏北部运麦种，命令江南地方官在辖内栽培，且在淮水地区奖励稻作。此政策后来被孝武帝继承，因此可视作刘宋的主要方针之一。江南专行稻作，因而汉代将其视为人文低下之地，而南朝奖励麦作的方针在开发江南地力、耕耘穰穰美土方面的效果较为显著。反之，淮水地区自东汉至三国魏极力奖励稻作，文帝还策划恢复稻田，但结果都不成功。《南齐书·徐孝嗣传》中有一段如下：

> 淮南旧田，触处极目，陂遏不修，咸成茂草。平原陆地，弥望尤多。……今水田虽晚，方事菽麦，菽麦二种，益是北土所宜，彼人便之，不减粳稻。

徐氏之意并非不倡导恢复稻田，但当时还是奖励种植适应北土的菽麦。淮水地区政治上位于南北中间，因此对于依赖水利的稻作而言多有不便，此政治理由逐渐让北地放弃稻作。

　　江南耕地开发之事，约略如上所述。除谷物之外，还需对衣物材料——绢麻进行考察。关于生绢之蚕及养蚕之桑，笔者对二者历史尚无研究。三国分立之后，晋左思《吴都赋》中，将八蚕之丝认定为吴国特产。八蚕之丝见于《御览》引用的《吴录》"南阳郡一岁蚕八绩"及《永嘉郡记》"永嘉有八辈蚕"。总之，三月至十月八个月间，每月均饲育可以吐丝供纺织的八种蚕。由南齐竟陵王子良的上奏文可知，东晋时，国家对人民的赋调课以绢布。因此，江南大量生产绢。且宋文帝极力奖励种植桑麻，梁良吏沈瑀更明确强制每家种桑十五株。而据子良上奏可考，东晋经刘宋至南齐，绢的价格日益下落，最后低至十分之一。这也许是绢生产规模逐渐扩大的结果。不过，绢本身虽有价值，但是织造绢以制造各种用品所需的巧技，江南人是否擅长？定都建康之时，各种远方蛮族向首都朝贡，朝廷必厚报使节，王室经营商卖，这是中国历代惯例。朝廷尚方署织出的绢物肯定存在，但如今无法考证实物。文献方面，《御览》引用的王子年《拾遗记》中有如下记述：

　　　　吴主孙权居昭阳宫。赵夫人乃织罗縠，累月而成，裁之为幔，内外视之，飘飘如烟气轻动，而房内自凉。

　　朝廷的制作自然刺激南人习得此技。《吴书·华覈传》如此描述建业风俗的奢侈之状：

　　　　今事多而役繁，民贫而俗奢，百工作无用之器，妇人为绮靡之饰，不勤麻枲，并绣文黼黻，转相仿效，耻独无有。兵民之家，犹复逐俗，内无儋石之储而出有绫绮之服。至于富商贾贩之家，重以金银，奢恣尤甚。

由上文可知，南人擅长效仿，且爱向外炫富。而这些南人的特征，北人一样拥有。但纵观南朝，各种工技方面南方仍然略输北方一筹。《御览》引用魏文帝的诏书，如下：

　　　　江东为葛，宁比罗纨绮縠？

罗纨绮縠是北方产物。《颜氏家训》进行南北比较时，称"南间贫素，皆事外饰，车乘衣服，必贵整齐，家人妻子，不免饥寒。河北人事，多由内政，绮罗金翠，不可废阙，羸马悴奴，仅充而已，唱和之礼，或尔汝之"，又说"河北妇人，织任组纴之事，黼黻锦绣罗绮之工，大优于江东也"。麻布也以淮北为多，可与江南之谷相提并论。《宋书·周朗传》曰："自淮以北，万匹为市，从江以南，千斛为货。"总之，南朝治下的江南土地迎来耕地开发最为显著的时代，绢的生产及织成技术也在不断提高。

其 二

前文已叙述江南经济不断提升的事实概要。在此经济基础上树立的南朝中央政府究竟采取何种方针进行适当管理，或进行不当阻碍？现试做简要叙述。

《后汉书·百官志》对县管辖范围的乡里组织有如下记述：

> 乡置有秩、三老、游徼。本注曰：有秩，郡所署，秩百石，掌一乡人；其乡小者，县置啬夫一人。皆主知民善恶，为役先后，知民贫富，为赋多少，平其差品。三老掌教化。凡有孝子顺孙，贞女义妇，让财救患，及学士为民法式者，皆扁表其门，以兴善行。游徼掌徼循，禁司奸盗。又有乡佐，属乡，主民收赋税。亭有亭长，以禁盗贼。本注曰：亭长，主求捕盗贼，承望都尉。里有里魁，民有什伍，善恶以告。本注曰：里魁掌一里百家。什主十家，伍主五家，以相检察。民有善事恶事，以告监官。

在中国，直接治理人民的单位是县。而根据范晔的记述，县下辖的乡村组织由乡、亭、里等组成。根据范晔《百官志》总序，《百官志》基本上依照官簿注明职责，因此带有"本注曰"字样的就是范晔的注解。现根据其注解，以五家为伍的组合形式为单位，成什，成里，里为百户组合。依沈约《宋书·百官志》中记录的汉制，里是百家组合，十里为亭，亭实为千家，乡即万家组合。《后汉书》中虽然未像沈约一般叙述清楚，但推察本注之意，或许与沈约持相同见解。以户数设乡村的做法，是《周礼》《管子》等极力主张的，但依笔者考证，至少西汉制度与其大不相同。当然，十里一亭、十亭一乡等组织为《汉书》志所传，没有证据表明此里亭之中包含一定数量的户口。依《汉官仪》记载，"十里一亭，五里一邮"，将十里视为里数，因此亭长所辖为其一半，即五里。此处的"里"应该是表示距离的单位。又由《汉书》可知，亭作为行旅宿舍的同时，也是裁决部落民众简单诉讼的场所。因此，亭是十个部落（即里）的集合，且主要负责治安与诉讼的机关，里只不过是部落之意。大约管辖十个部落的亭，配置基本由里数决定。故一个部落——里，其户数无需统一。汉代一般以自然产生的部落为基础，以亭、乡制度进行统治，乡为了平均辖内的力役与赋税而设有秩，且由三老执掌教化，由游徼负责治安，此等乡官被授予民爵，可与官吏抗礼，此可由顾炎武《日知录》知晓。然而自治制度崩坏之时，乡官权力逐渐趋于微弱，于是，《通典》所引晋制为，每县五百户以上设乡，率百户则置里吏。这实际上是以户数为标准重新组织了乡村，《后汉书·百官志》本注中以百家为里应该是根据晋制想象的。而沈约通过百家之里推算出亭乡的户数，以此比拟汉制，进一步扩大了范晔的错误。杜佑《通典·职官典》之所以未记载此类观点，应该是严密判断后的结果。

晋尝试以户数规度乡村，或许与其新启用租税赋课办法——户调式有关。户调式始设于魏，除以亩计算的田租外，每户还需征收绢二匹，绵二斤。至晋时，每户按男丁定调。此制度应是代替汉代算赋制的产物。相较汉算赋制的人头税，此制度更像户税。晋或许是为征收此户税，于是以户数组建乡村。若真是如此，那么可断定这是中央政府为使县这一机关对乡村发挥更大统治力而设的组织。但西晋微弱，是否有能力实行另当别论。

《宋书·百官志》记载，汉乡村机关有秩、三老等，而各县或设或不设，各随旧俗，没有统一规定。文中所指乃是东晋以来的江左制度，因此，整体上南朝时县以下的乡村制度缺乏统一条规。

然而，关于租税，纵观南朝，总体上魏晋以来新兴的户调式与田亩之租皆被采用。东晋成帝咸和五年（330年），初定田租。宋孝武帝时，规定天下的民户每年交纳布四匹（参照《通典》），且根据竟陵王子良的上表，如同东晋以来的制度，民户必须向官府交纳绢布，由此可知，东晋已建立每户征收绢布的制度。为理解户调式的性质，需从以下两点思考。（一）关于征收的租税，汉代的人头税——算赋以钱缴纳。然而户调式用绢绵取而代之。而上纳实物的提议始于东汉宰相张林（明帝时），三国时在事实上或者在言论上被确认。（二）如前文所考，以户征课，带有统治者用权力强制征收的政治性质，这是伴随自治制度崩溃而来的课税方法，在魏晋之际问世。因此，对包含上述两种性质的户调式课税法从整体历史意义上加以考察，可知其为统一中心崩坏后北中国应实行的制度，但在经济兴隆的江南地区是否得到适当应用尚存疑问。抱着此疑问，且先观察南朝财政政策相关情况。

南朝财政政策中，议论最多者当数钱币政策。如第三章中所述，在北方，三国曹魏之后，钱币市场总体缺乏流通。与之相反，南朝时虽然钱币问题也曾引发热议，但南北不可等同视之。中国的钱币问题在于西汉武帝将天下铜山归于中央管理，铸造五铢钱且规定钱币样式。五铢钱较厚，受到一般社会信任，借章宗元之言，自此钱币历史迎来五铢钱时代。汉代五铢钱流通范围颇广，今发掘朝鲜等地古坟，五铢钱陪葬品仍有发现，此事暂且不谈。五铢钱在江南地区四处流通的情况可见于《三国志》裴注的引述。据称会稽太守刘宠迁任中央政府时，有六七名若邪山谷的老人为其送行，皆手提百钱以尽饯别之意。当然，老人手上的钱币是否是五铢钱多少存有疑义。《文选》中宋谢惠连《祭古冢文》称，宋代建康东方东府城外发掘的古冢并非豪族冢，因为棺材上有汉五铢钱百余枚。汉代的建康还是一微小寒邑，其冢亦为普通民间之冢。综合五铢钱陪葬一事，可知汉时江南郡县治所五铢钱遍地流通的情景。汉灭亡后，吴蜀各自割据称帝，铸造新币，以期在民间流通。吴孙权所造的钱币中，有嘉禾年间的"大泉五百"钱及赤乌年间的"大泉当千"钱。与此相同，蜀国有"直百五铢"钱。"百"与"陌"相同，取"足陌"之意，兼表钱质与钱价之意。定标准五铢钱为百，"大泉五百"及"大泉当千"分别指五铢钱五枚或十枚。《晋书·食货志》记载，孙权部将吕蒙取荆州之时，孙权赏赐他一亿钱。此为以"大泉当千"计算，因钱价过高，仅存空名，民间颇为嫌弃，因此此钱不久后便回炉。吕蒙取荆州发生在赤乌之前，因此《晋志》的记述略存疑点。但由裴注引《江表传》可知，吴国铸造的大钱全在赤乌三年（240年）废毁。毕竟普遍信赖五铢钱的时代背景下，大钱无法流通。

元帝渡江立东晋时，其使用的钱币为孙氏赤乌旧钱，但"轻重杂行，大者谓之比轮，中者谓之四文"。《晋书》记载，吴兴沈充也铸造小钱，称为沈郎钱。而东晋所用的赤乌旧钱，王应麟等人认定是"大泉当千"钱（《玉海》一百六十卷），但如前所述，其铸造后三年就被销毁，因此，王应麟的观点恐怕难以成立。倪模的《古今钱略》随江秋史之说，认为是晋的"比轮五铢"钱，即背面重轮（比轮之名所因矣）的钱币。根据东晋孝武太元三年（378年）所发诏书，此比轮钱深受官私贾人喜爱，此外广州夷人争相获取，铸败作鼓，于是禁止予以夷人，且令监司禁止销坏此钱。由此可知，此钱币质量较好，但是何时、何人所铸无任何相关记载，以其意判断，在东晋初期所用赤乌旧钱中，此钱基本与标准钱币相近，四文钱也是较好良品。但纵观东晋一代，不见政府特设钱局铸币之事，所谓赤乌旧钱即比轮、四文等钱币由何种机关所造也不得而知。但政府将其作为标准钱币，利用权力禁止将之销毁及转与夷人，似乎建立了对钱币之统制。故其后掌权的桓玄主张曾在北中国引起议论的废钱而用谷帛时，孔琳之力陈此为暴举，且列举孝武帝禁止销坏比轮钱时的良好经济形势作为佐证：

> 近孝武之末，天下无事，时和年丰，百姓乐业，谷帛殷阜，几乎家给人足。

上述文句出自《晋书·食货志》，但在《食货志》中与前后文的关系完全脱离，几乎成了没有任何意义的语句。

刘宋建立后，在全盛期文帝元嘉七年（430年）制定钱署法，铸四铢钱。文帝铸造新币，动机在于担忧古钱渐为人剪凿，新伪币日渐增多。所谓古钱应是比轮钱之类。根据《宋书·颜竣传》，此四铢钱轮廓、形制与五铢相同，百姓无人盗铸。但据《宋书·何尚之传》，所谓古钱比轮之类，遭剪凿者数量众多，因此新造重量稍轻的四铢钱。此新币极为优质，在市场统制方面发挥重要作用，但后来政府逐渐倾向增加收入的方针，更在元嘉二十四年发行"当两大五铢钱"，倾向日益明显。方针发起者为江夏王义恭。持赞同意见的沈演之的观点是当时钱币遍地，远及荒服，而现在货币数量较少，若国家铸大钱，提高其价值，物价将大涨，国家也可受益。对于此等国利论者，何尚之等人认为，钱币问题必须以一般百姓的信用为基础进行解决。古钱改铸并非良策，况且对没有实际价值的钱币高定虚价，只不过倍增富人资产而已，穷人将愈加贫困。何尚之意在遵循东晋以来的方针，不必在中央政府推行钱币改革。最终改革还是强制推行。但因公私不便，不久之后就被废止。然而，宋孝武帝再次以中央集权政策新铸四铢钱，强制推广流通，但新钱品质极为低劣，最终在明帝时遭废止。

如上所述，刘宋的货币政策基本以失败告终。及至末期，沈庆之等人提议应广泛允许钱币。于是，州县遍开鼓铸，募集民间有志之士，编入钱署之中，按固定标准铸币。在私铸众多的情况下，反而予以官许，建立禁制以图钱币统一，但这终究属于理想方案。因此，刘义恭强烈反对，称其不可能实行。但最为明确提出异议的是颜竣，颜竣提出对策：（一）官府设立采铜署；（二）杜绝器用之途（谓禁私铜也）；（三）定其品式；（四）渐次广推铸币。此提议虽然同属理想方案，但应胜于沈庆之的提案。尔后，宋灭亡，齐取而代之，全盛期的武帝时代，孔𫖮几乎与颜竣持相同意见，称刘宋政策以铸币为政府谋利且好造轻货，此处存有根本弊害。孔𫖮之言虽是事实，但政府已无力改革。武帝令诸州县买集私铜，又通过政府之手管理位于四川雅州府严道县的蒙山铜矿，但皆以失败告终。综合看来，良质的五铢钱因货真价实深得民间信用。且当时铜完全未被用于耕战（见沈庆之议），实际情况是政府根本无法管理铜矿，因此政府若不固执于其收益政策，则可自行断绝铸币之意。事实上，梁武帝时代，除了与海外通商的要冲——交广地区使用金银货币之外，其他被认定为钱币流通区域的长江流域混用各类钱币，《通典》对此有详细记载。且据梁代顾烜《钱谱》，据传蜀国刘备铸造的"当百五铢"钱已在三吴地区流用，首都建康也颇多。（据《古今钱略》引《洪志》）如此一来，无论何处何人所铸，良质钱币必然因为在各种货币之间表示标准价额而受到尊重。刘宋何尚之批判文帝铸造大钱的文章中，曾立一公式，称一定量的钱币伴随一定量的物价。钱币拥有自然妙用，乏力而贪图利益的铸币政策，常常导致经济界发生紊乱。梁武帝也未能幸免，他造轻币且强制推行，结果反而更加恶化，出足陌之令，公定虚价，进一步扩大钱币紊乱。总之，纵观南朝，政府未能维持钱币稳定。有观点认为，不久后成立的统一国家大唐在确立钱币政策时曾借鉴其失败经验。

很明显，南朝铸币政策包含辅助政府财政的企图。从国家体统而言，财政的正常运营原本在于租与调。租调确立相关制度，据之得以建立国家财政，是由于刘宋始祖武帝实行的土断法。土断法已在内篇进行详细叙述，简言之，北方流民成为土著后接受州县管辖，向政府上供租调与力役。如下一节所述，及至宋时，南朝贵族制在立法上受到承认，尤其文帝元嘉年间，士族与庶民的区别明确写定于户籍之上，因此租调及力役的负担者，即庶民，以及其所供养的士族，两大阶级大体明晰，国家秩序随之显现。而时流与为政者认为所定租调不足，于是强制实行种种课税法。《通典》记载，总体上南朝之时，为获取军国经营所需的杂物，将各地方土产临时折课市取，因原本没有恒法定例，因此州县任意量定征赋。此为南朝实行的临时税概要。其中，财产课税法尤其招致民怨。宋后废帝在元徽三年（475 年）下诏曰：

> 赀财足以充限者，督令洗毕。

此为免财产税。然其虐民之状见于周朗的上疏文中：

> 乃令桑长一尺，围以为价，田进一亩，度以为钱，屋不得瓦，皆责赀实。民以此，树不敢种，土畏妄垦。

齐萧子良也有相同上疏。由周朗上疏可见，此种税额以钱币征收，可知中央政府有必要征收钱币。而钱币过度吸收之时，则原应征收现物的调布也以金钱折课。这不是为了征收军国所需杂物，而是因为相比征收现物，其实折纳金钱更符合国家利益。看萧子良的上表，如将一定数量的绢布估价为一定数额的钱币时，故意将绢布昔日的高价作为标准进行征收，且上纳的钱币必须轮廓完整，导致一般百姓为获得如此良质的钱币，极为痛苦。总之，宋孝武帝以来，钱币主要集中于中央，为此民间经济上的苦痛甚为强烈。且为推行政策，朝廷没有委任州县机关，而是直接从中央派遣台吏强制征收，此做法的弊害已在内篇详述。但中央是否因此实现了物力的丰富呢？宋末虞玩之在上表中说：

> 都水材官朽散，十不两存。备豫都库，材竹俱尽；东西二陶，砖瓦双匮。敕令给赐，悉仰交市。

原来所吸收的钱货未进入中央机关尚书省，因此尚书辖下无材物，只不过是通过市场满足急需。及至齐时，武帝听取萧子良上疏意见，建立永制，规定诸州县收取布帛可一半现物，一半钱币。此明令发出后，即便税率逐渐加重，但因可免去暴吏的诛求，对百姓而言利大于弊。中央政府也借此丰富财政，但市场钱币逐渐枯竭，于是又实行如下交易法：出上库钱五千万，在京师市米，买丝、绵、纹、绢、布；扬州出钱一千九百一十万，南徐州二百万，南荆河州二百万，江州五百万，荆州五百万，郢州三百万，湘州二百万，司州二百五十万，西荆河州二百五十万，南兖州二百五十万，雍州五百万，分别进行融通，从中央派遣台传至所在地进行市易。

如上所述，宋元嘉之后至齐代，南朝财政政策或直接或间接以钱币为中心而建立。然而，梁武帝时代，相比钱币问题，他对户籍进行详明规定，对浮浪人、佃客、典计衣、食客之类进行限制，且布绢即户调分男女确定征收率。总而言之，他试图以一般法规定租税定额，但这在向来只在意形式整备的梁代，究竟推行到何种程度，现已无从求证。

南朝社会制度

三国至西晋、五胡时代，北中国动乱不断，人民大量逃离故土，流散四方。西北至甘肃凉州，东北从辽西至直隶北边，南至交趾地区，都为他们提供了居住地。北人进入长江流域的人数最多，由此产生的种种动乱已在内篇叙述。但针对此混乱，国家通过土断政策，得以建立秩序。东晋孝武之世，桓温开始施行这一政策，宋武帝充分实行，而后梁陈根据需要反复实行。详情已在内篇记述。此政策的主要社会意义在于令北方流人固定在现居住地，建立村落，依附国家户籍，且承担租税力役。然而，在南朝，至少东晋末以后，户籍分为黄白两种形式。黄籍大体指士族之籍，而白籍指庶民之籍。为何存在两种户籍？笔者且做如下假设。

黄籍在西晋时属一般户籍。《玉海》地理部引《太平御览》中的《晋令》：

> 郡国诸户口黄籍，籍皆用一尺二寸札，已在官役者载名。

即用木札登记承担官府徭役之人。据汉代以后的土著政策，即便人民流亡他乡，必将其本籍与故土相连，不久后即复归，这是常规做法。然而东晋末开始至宋实行的土断政策打破了这个常规，令流民定居于新地。普通百姓被此政策所强制，但以士族自居者不想改变原籍。于是，政府设立特例，对此种人士仍然沿用旧制注明原籍。宋武帝永初元年（420 年）下诏：

> 先有资状，黄籍犹存者，听复本注。

而南朝的户籍不是用木札而是用纸。因此适用特例的士族称为黄籍，新编入户籍的庶民称为白籍。诚然，黄白二籍之事已见于范宁上疏，虽然发生在宋武帝土断之前，但可能桓温土断之时，就已经存在此等特例。如此一来，南土士族是否也或早或晚被编入了黄籍？

如上所述，士庶之籍存在区别。且深入思考可知，户籍分注士庶以前，已存在士庶之别，但土断政策逐渐区分士庶，尤其南方贵族对北方贵族的态度更加固化了此制度。总之，刘宋之时，已将士庶区别视为国家宪章。对于庶民，上有士族，下有各种奴隶（因犯罪而质作于尚方署者，或是寄系东冶者，或是编户的奴隶，种类繁多），笔者未进行细致考证，因此从略。士族性质方面，南朝士族越位居高位，则社会特权与其家世的关系越紧密，越在低位就越与庶民相近。因此，上层名家的系统总体上不论王室兴亡，都可长期维持其社会特权，而较为卑贱的家世则极容易士庶混淆，为此齐代极力推进家世与户籍的调查，以此维持社会秩序、增加中央收入。但区别士庶的社会制度绝非中国固有思想。且支配北中国的北魏孝文帝用国家权力决定家世的上下，对南朝产生影响，而梁武帝时代形式上统一国家诞生后，凭家世享有的特权被加以严格限制。在了解南朝种种事象之前，需大体知悉上述社会制度。

宋前废帝之时，刘义恭总揽万机，其下有颜师伯为尚书仆射，武官出身的柳元景则任尚书令，负责官吏选叙之事。上述三人结党，与当时朝廷中颇具权势且寒门出身的戴法兴、巢尚之等人联手，以财货与私情定官员选叙之事。这是对家世与官职紧密相连的社会习惯发起的大胆挑战。尚书府吏部有一人名叫蔡兴宗。他作为名族首领，在权限所及范围内顽强抵抗，命令吏部吏员充分调查旧贯故实，与同僚袁愍孙商议，制订官人选叙的草案呈送颜师伯，批判其同党选叙不当。颜师伯等人大怒，以诽谤大政之名，免除袁愍孙等人的官职，蔡兴宗被贬至交趾属郡新昌任太守。此事在当时似为非常处置，史家记载称"朝廷莫不嗟骇"。后来颜师伯破格提拔寒族人士，却归罪于名门首领谢庄、王昙生等人。沈约评论："岂徒失政刑而已哉！"中央保障名门的特权，应被视作政治上的常规。地方上亦是如此。建康腹地三吴地区的州郡太守多是姓族名门子弟。他们将其事务全部委任部下吏员，自身则专事风流之游而舒畅幽怀，坐享治平。然而宋孝武之后，王室急于将财力集中至中央，无视地方太守的权限，派遣台吏专事诛求。此举可视为对贵族制下一般政象的扰乱。刘宋一代因确立贵族制度而收获繁荣，打乱它则招致灭亡。

　　宋亡而齐兴，齐表面上维持贵族制，保障秩序恢复，但实际上实权已逐渐脱离名门势族之手，且姓族子弟自身在维持家风、固守社会特权上逐渐无力，欲以文辞在朝贵之下博得美名。齐暴君明帝及东昏侯肆无忌惮行使权力更加重了对南朝贵族制的破坏。梁武帝登基后，因为北朝的影响而树立国家法制，建立贵族统制，至此事实上南朝特有的贵族制宣告消失。

　　南朝贵族中，门第最高者可概称为"甲门旧族"。与此相对，凭武功获官位的家世称为"勋门"。若将两者对立起来看，王室应属于后者，故其家门的兴亡快于前者。但如果将二者都作为高门贵族来看，王室也不过是某种贵族。帝王若充分了解此贵族制的特质，则其统治将显现最和平的政象。宋文帝元嘉之治如何利用名族的合议制，内篇已有详述。无论人君是否特别留意，此种用法本是南朝特色，王鸣盛在《宋书》之《颜竣传》《孔季恭传》中注意到这点。若这种形式在绝对君主制下实行，则必然以朋党之论而判定正邪。而南朝时，未曾听闻"朋党"一语的使用。章炳麟在《文录》中说道：

> 五朝士大夫，孝友醇素，隐不以求公车征聘，仕不以名势相援为朋
> 党，贤于季汉，过唐、宋、明益无訾。

而他将贵贱等级制的存在视为缺点。他看到了不求公车征聘名誉、不作朋党张扬声望的南朝士大夫特质，就是对的，但将它归于南朝士大夫自身修养，而将贵贱的社会制视为缺点，依笔者看来，明显是认识不彻底。私以为，他们的特权与绝对君主的意志是独立关系，使得他们可以不关心世俗月旦。

　　合议制的特色在于追求事理的平允，尤其对犯罪的判定有其长处。章炳麟在《五朝法律索隐》中认为，南北士人判定罪行时有四个特征：（一）重生命；（二）恤无告；（三）平吏民；（四）抑富人。对于士族的犯罪，若由他人提起诉讼时，则结合礼律对照察看，予以宽平处理，这是理想状态。（参照《宋书·蔡兴宗传》）而名族以矜持自居，不系怀俗务。下僚吏员对校

簿籍而做好事务立案，名族高官以为再断以公平之理，就能使政情通达。因此，实际事务是经吏员之手而得以运行。此等吏员一般由普通寒族担任，赵翼《札记》评论，名门之族不关心事务，实权转移至寒族。依笔者所见，这也是认识不足。从中央的都令史、令史，到地方军府的主帅（典签）等职，虽是由寒族担任，但这些人多为三吴富人子弟，与名族勋官意气相投，在官僚中占据适当位置。但若王室脱离其作为一种贵族应在的位置，而意图发挥独裁威力之时，则向此等寒族授与实权以牵制贵族，赵翼引用的事例多属于此种情况。这点与唐中期以后发生的胥吏阶级与官府对立现象有着根本区别。顾炎武等人已充分理解其中意味。

南朝贵族制在法规形式上被承认，但封建贵族本非生于社会信仰之中，因而在此意味上，他们的社会地位难免趋于消极。因此他们维持家世时，专以谦让素退为旨，避免经营货值。但从维持家世而言，将贵族作为一个整体观察时，必须清晰认识到贵族实际在社会上与经济上拥有的势力。社会关系方面，南朝史书中屡次出现"义从（义故）以及"门生"等词。二者可概括为"门义"（《南齐书·王奂传》）。"义从"有两种用法，在《宋书·柳元景传》中意指与官军为伍的地方土豪，但一般指与名族拥有某种身份关系的人士。《宋书·沈勃传》中记载，孝武帝宣明沈勃罪状时，诏书有云：

　　　自恃吴兴土豪，比门义故，胁说士庶，告索无已。

此外，《袁豹传》中有云：

　　　居位无义从之徒，在野靡并兼之党，给赐非可恩致，力役不入私门，则游食者反本。

东汉史书中，"门生""故吏"之语常被使用，"义从"应与"故吏"相当。门生本为由名门推举而在官界获取地位之人，最著名的例子是，《南齐书·王琨传》记载，吏部选举任用两门生，不用其他贵族之门生。"两门"应指王谢二族。以士族为中心结成身份关系的现象本非始于南朝，但需承认，贵族制确立之时，此现象明显反映在历史上。

下面来看名族的经济关系。刘宋时，豪族占有山湖、川泽成为一大问题。对此，早在东晋时政府就已开始进行限制，宋武帝统一后则有更加严格的规定。但民俗上，烧山封泽以谋取家利的风气未曾断绝。羊玄保深感必须出台新对策，于是提议，烧山后种植竹木杂果作林之人，以及在陂湖江海中占有鱼梁及鳅鳖场之人，"常加功修作者"，不予追夺；还可根据官品，确立占山三顷至一顷的条例。占有山湖是王室及其同族所好之事。如《南齐书·郁林王纪》中有罢御府诸署池田邸冶还之于民的诏书。又《武帝纪》中记载，禁止二宫诸王封略山湖。地方行政机关州县也占有山泽。《宋书·武帝纪》记载："州郡县屯田池塞，诸非军国所资，利人守宰者，今一切除之。"诸诏意在将山泽还自由民之手，但事实上山泽仍为贵族制中的帝王以下各官僚势家所分占。

园田经营常附随势族。《宋书·谢弘微传》中记载，其同族谢混的门下有田业十余处，僮仆千人，门徒业使侍奉一门。所谓业使，意为佃客之类。僮仆性质不明，其中不乏逃避州县苦役故意舍弃自由民资格而托身势族之人。《南史·东昏纪》记载："先是诸郡役人，多依人士为附隶，谓之属名。"且势族好立邸肆，在中央、地方的都会地建邸舍、店铺等，并将其出租，内篇已举一例。《宋书·蔡兴宗传》有云：

> 会土（会稽）全实，民物殷阜，王公妃主，邸舍相望，桡乱在所，大为民患，子息滋长，督责无穷。

正说明了势族通过租赁收取租金，进而放贷收取利息。通过放贷取利的做法可见于《王弘传》等。此外，势族整治各种工技，又占碾硙之利等事，往往散见于诸书。王室据有营田署，令犯罪者耕作，使役奴隶于各种治署，或与立邸肆在性质上并无不同。

读南朝史书，尤为有趣之处在于明确公私区别。《宋书·刘敬宣传》中有云：

> 宣城多山县，郡旧立屯以供府郡费用，前人多发调工巧，造作器物。敬宣到郡，悉罢私屯，唯伐竹木，治府舍而已。亡叛多首出，遂得三千余户。

文中的"私屯"明显是指宣城郡下诸县所立的军屯，其中有制造器物者。它虽为正当机关州县所立，却称私屯。《梁书·武帝纪》中收录了两份诏书，如下：

> 公私传、屯、邸、冶，爰至僧尼，当其地界，止应依限守规；乃至

广加封固，越界分断水陆采捕及以樵苏，遂致细民措手无所。凡自今有
越界禁断者，禁断之身，皆以军法从事，若是公家刱内，止不得辄自立
屯，与公竞作，以收私利。（大同七年）

四方所立屯、传、邸、冶，市埭，桁渡，津税，田园，新旧守宰，
游军戍逻，有不便于民者，尚书州郡，各速条上。（大同十一年）

屯为军营，传为驿传，冶为理事之所，署为舍止之所（《通鉴》胡注）。屯传
有公私之别，与"四方所立屯传"其意相同，应是州县为其便利或利益所设
机关的泛称。如在前节暗示，埭、桁本由州郡所建，后来全部转由朝廷机关
统一建设。故可知中央政府与州郡机关之间并无清晰权限以进行联络。《宋
书·庾炳之传》中有云：

刘雍自谓得其力助，事之如父，夏中送甘蔗，若新发于州。国吏运
载樵荻，无辍于道。

即令州郡吏员将土产送至势族之处。梁徐勉风度安详，为名流所钦慕。据
传，其门人故旧多劝其创辟田园，或兴立邸店，或舳舻运致，或货殖聚敛，
都被其拒绝。徐勉在东田营小园，播谷物，不求获利，穿池植树，聊寄情
赏，又"以郊际闲旷之地，终可为宅"。其庭园之状如下：

桃李茂密，桐竹成荫，塍陌交通，渠畎相属。华楼迥榭，颇有临眺
之美；孤峰丛薄，不无纠纷之兴。渎中并饶菰蒋，湖里殊富芰莲。

总之，势族极力货殖的情况可从故旧劝导徐勉之言中得知。虽然有人不好货
殖，但又无可避免。以权力大胆进行露骨诛求者多为勋门子弟或贵族出身人
士，掌权之人尤甚。宋代的黄回即为此类代表。

势族在社会及经济上的关系大体如上所述。故此制度若永续，则国家
收入与人口即自由民的减少将不会停止。梁武帝试图模仿北魏制度而建统一
国家，于是对贵族权力加以限制，使之统属于国法之下，但其多终于纸上谈
兵，事实上国家缺点日渐暴露。贺琛上表称，当时天下户口急剧减少，郡不
堪州之控制，县不堪郡之裒削，更相呼扰而不得治。百姓流徙，或投靠大
姓，或聚于屯封。与之相对，权势则极尽豪奢，其情状如下：

今之燕喜，相竞夸豪，积果如山岳，列肴同绮绣，露台之产，不
周一燕之资，而宾主之间，裁取满腹，未及下堂，已同臭腐。又歌姬舞

女，本有品制，二八之锡，良待和戎。今言妓之夫，无有等秩，虽复庶贱微人，皆盛姬姜，务在贪污，争饰罗绮。故为吏牧民者，竞为剥削，虽致赀巨亿，罢归之日，不支数年，便已消散。盖由宴醑所费，既破数家之产，歌谣之具，必俟千金之资。

贵族制确立期间，名族细心维持家世，但及至其末期，以文辞在权贵之间博取声誉的风气盛行。结果，走向末路的势族反而耽于奢美淫荡，因此纵使梁武勤约，也无法改变一世的风尚。梁亡，陈立。之后南朝进入乱离时代，势族无人维持家世，唯淫靡之风恣意增长。至此，南土的活力注定等到大唐统一后方才复兴。

南朝风俗思潮梗概

在中国，普通帝王政道对当时的风俗能产生莫大影响。如内篇所述，在一定范围内，这是事实。一方面，帝室及以其为中心的朝廷风俗随着当时帝王的政术变化，另一方面，帝室及朝廷政术也常被世间的风俗所左右，而世间风俗本身的变化与帝王政术并无关联。笔者认为，东晋末期，以贵族为统一之中心的制度已经诞生。开辟南朝的宋高祖刘裕为此制度赋予法制根据，由此建立一般秩序。他本人是武将出身的帝王，少时乃是无学之人。但成为宰相后，缅慕风流，整理姓族容仪。（参照《宋书·郑鲜之传》）朝廷中，致力树立一朝风俗之人为东晋以来的名家子弟王弘。《南史》记载，王弘"既人望所宗，造次必存礼法。凡动止施为及书翰仪体，后人皆依放之，谓为王太保家法。虽历藩辅而不营财利，薨亡之后，家无余业"。而与王弘相对立的人物中有名族谢灵运，据说他有贵族子弟阃闱中常有的丑闻，曾因愤忿而杀人。王弘于是弹劾谢。弹劾原为御史府的任务，但当时御史中丞王淮之知而不弹，因此，王弘越权进行弹劾，其理由为谢灵运行为明显蹂躏清议，若不予追究，则破坏国宪。当时，王弘为尚书仆射。作为全体官僚的首领，他认为有责任处理清议问题，毕竟官员在家，必须严格接受清议的制裁。

沈约在《宋书》王惠、谢弘微、王球等传后评论：

为国之道，食不如信，立人之要，先质后文。士君子当以体正为基，蹈义为本，然后饰以艺能，文以礼乐，苟或难备，不若文不足而质有余也。是以小心翼翼，可祗事于上帝，喜夫喋喋，终不离于虎圈。江夷、谢方明、谢弘微、王惠、王球，学义之美，未足以成名，而贞心雅体，廷臣所罕及。《诗》云，"温温恭人，惟德之基"，信矣。

江夷、谢弘微之传，多叙述治一家之私德，未见其为国家尽力之事迹。盖以谦让素退之家风止于清议之范，可得世间景仰，成经规世道之君子。

王者若顺从社会的一般风俗，治平自然可成，若能积极宣扬社会风气，则足以制规后世。宋高祖刘裕试着拔擢处士宗炳、周续之。刘柳举荐周续之，称其为人"性之所遣，荣华与饥寒俱落；情之所慕，岩泽与琴书共远"。又，文帝令处士雷次宗在建康鸡笼山开学馆，许其作为处士自由教授生徒。上述诸人皆收录于《宋书·隐逸传》中。"隐"取自晦之意，不求出世。素退的君子当有如此纯粹的人格。王者眷顾此类人物，可立一世风仪。但一般先有世人对此类人物的景仰，王者不过追随世人之后而已。

章炳麟在《五朝学》中有云："粤晋之东，下讫陈尽，五朝三百年，往恶日渐，而纯美不忒。此为江左有愈于汉。"对风俗优劣的评判，因观点不同而有所不同，但若以风神清雅、不为世俗之利所牵为一般景仰的目标，在此点上，认同江左风俗价值的章氏观点，总体上值得肯定。

如果能客观地认识某风俗，是否意味着能认识到理论性地支持此风俗的思维方式呢？且围绕南朝进行考证。

本田氏《中国经学史》其中一节综述南朝经学，他认为南朝经学继承了魏晋之流，以老庄学即玄学解释经书。且《南史·儒林传》收录的诸位学者也多嗜老庄之学，其中甚至有人专门教授《周易》《老》《庄》，或埋头著书注解老子、庄子相关讲义。玄学融入经学解释，与之相应，事实上当时的文学中也多夹杂玄学思想。观察作为诗人在中国古今历史上拥有显赫地位的陶潜、谢灵运二人，常可见倾慕老庄之流的辞句。多名学者结合此事实进行归纳，认为南朝思想受玄学影响最深。章炳麟等人认为，玄学为思想界奠定了最深厚的根基。

现省去对时代前后问题的详细考察，从通观南朝的立场出发，则经学解释吸取玄学之说的同时，还吸取了佛教思想，这已由本田氏《经学史》充分证明。尤其《论语》《易》等最能包容自由解释的经典中，佛教教理轻易地得到应用。再借本田氏之说，梁皇侃《论语义疏》中有将儒教视为外教、将佛教视为内教的说法，推定此说法系直接采用当时儒者间流行的用语。关于《易》，梁伏曼容《周易集解》"蛊元亨"注中，有"万事从惑而起"之句，令人联想佛教的无明缘起说。又文学家谢灵运的《山居赋》，多处出现赞美佛法的语句，尤其用流利文句描写法鼓之声、颂偈之声等。此为铃木教授《中国文学研究》中特别注意之处。那么，对南朝思想产生强大影响的究竟是玄学还是佛教？尚不可轻易论断。

回头视之，作为东汉一代特色的儒术主义在三国魏正始年间被何、王的玄学所打破，及至晋时，又受以竹林七子为中心的清谈者流的巨大打击。前章详述的清谈，简而言之，意为相互谈论在虚玄世界所得到的思考。它在行为上表现为常与儒术所制规的社会道德相背，这被称为"任达"；采用儒术观点的人则轻侮地将其唤作"浮华"。此种意味的清谈逐渐与部分人士脱离而普遍流行时，相比沉浸在虚玄世界获取的哲人思考，人们更倾向于以辩证论说之法及表现它的优美言辞博取社会交际中的声誉，且把弄言辞时采取的优雅态度也是获得社会声誉的工具。西晋灭亡，五马南渡时，以东晋王室为中心集合的北地衣冠之族多对第二种意味的清谈抱有兴趣。其中心人物为王导。赵翼《札记》中记载，晋人清谈之时爱用麈尾。麈尾成为名流的雅器，不谈之时也常执之，王导的麈尾尤为有名，更有人将麈尾称作王家之物。王导本为清谈之徒，在别墅西园中招待众宾，集丝竹开雅会。当时，参会者纷纷把弄"钩深味远"等言辞，互相谈论深奥哲学。有一人名叫郭文，受邀参会。郭文评论这些幽妙言辞，曰："不达来语。"郭文被归类为普通佛家，其"思由忆生，不忆故无情"等言辞宛若佛教思想。总之，东晋初期，清谈流行的情况由此可知。东晋时代，与王导并称的谢安因有任达行为而时常受到朝臣非议。总之，由王、谢二人被世人景仰可知，内含玄虚、外显任达的清谈之流总体上盛行于东晋。

东晋时以朝廷显贵为中心的清谈，流行情况如前所述。但与其说西晋清谈反对儒术主义，倒不如说它被当作交际的社会道具使用。清谈屡屡重复后，堕于口头禅，于是招致有识之士的讨厌。郭文的冷语足可证明。当然，作为朝臣，若在责任与政务相关之位上过于耽溺清谈，将导致政道紊乱。因此，儒者范宁对清谈进行猛烈抨击。今抛开政术立场，就思想本身而言，除此点之外，当时的思想家中，对清谈内容——玄学的批判倾向日益明显，此事实不容忽视。代表人物有王坦之、孙盛。

王坦之生于西晋勋臣王浑的家族，此家所传的风习为以清恬处世。王坦之见时俗放荡，不敦儒教，崇尚刑名之学，于是著《废庄论》。其中一节有云：

> 即濠以寻鱼，想彼之我同；推显以求隐，理得而情昧。若夫庄生者，望大庭而抚契，仰弥高于不足，寄积想于三篇，恨我怀之未尽，其言诡谲，其义恢诞。君子内应，从我游方之外，众人因藉之，以为弊薄之资。然则天下之善人少，不善人多，庄子之利天下也少，害天下也多……若夫利而不害，天之道也；为而不争，圣之德也。群方所资而莫知谁氏，在儒而非儒，非道而有道。弥贯九流，玄同彼我，万物用之而不既，夐夐日新而不朽，昔吾孔老固已言之矣。（《晋书》本传）

检其论旨，王坦之批评庄子寄怀幽玄，但认同作为善人应助人打开心境。不过，王坦之不认为庄子是最高学问，而是主张通孔子、老子之意认识幽玄的同时，适应时变。王坦之在此文开头引用何晏批评庄子之言"鬻庄躯，放玄虚，而不周乎时变"，大概是将正始学风视作最为纯精之学。

东晋史家孙盛著有《圣贤同轨老聃非大贤论》及《老子疑问反讯》。后者是对老子全篇中的内在思想矛盾进行理论抉摘之作，要旨为，老子可称知道者，但不可称体道者。正始学风推尊老子，将其置于与孔子同等地位。而清谈者流中，庄子成为最重要角色，活跃于思想界。现王坦之贬低庄子的价值，孙盛认为老子亦非大贤，不知此二人的言说究竟可推动多少世间舆论。不久后，进入南朝，以思想为中心的论议集中在佛教相关的种种问题上。玄学、儒学的优劣论，自然消失。读严可均辑本《全宋文》可证，学者潜心研究的内容已变为《仪礼》的问题。

综上所述，可以做这样的论断：清谈的余响在东晋一代甚强，但不久后宋兴，南朝立政纲，清谈之风逐渐湮灭，哲人文士各自取儒怀玄，或浸于佛理，讲礼经，研佛律，规束其身，不求彻守一面。若综合考察南朝贵族制成立等外部情况，借此制度保证地位之人恐在处世上综合观照各派哲理，其间未感矛盾。《易》教授的变化理论或许给此种情况赋予了某种程度的合理性，但《易》的变化绝对没有思想客观性。

王羲之写给谢万的信中有云：

> 古之辞世者或被发阳狂，或污身秽迹，可谓艰矣。今仆坐而获逸，遂其宿心，其为庆幸，岂非天赐！违天不祥。

> 顷东游还，修植桑果，今盛敷荣，率诸子，抱弱孙，游观其间，有一味之甘，割而分之，以娱目前。虽植德无殊邈，犹欲教养子孙以敦厚退让。或以轻薄，庶令举策数马，仿佛万石之风。君谓此何如？

> 比当与安石东游山海，并行田视地利，颐养闲暇。衣食之余，欲与亲知时共欢宴，虽不能兴言高咏，衔杯引满，语田里所行，故以为抚掌之资，其为得意，可胜言邪！（《晋书》本传）

东晋末，世族之士想隐遁其身，无需如先贤做痛苦牺牲，在清闲之地营建别业足矣，纵无致酒高会之豪兴，大可静享田园风光。此实为江南温柔风景，对深谙中国文化的人士而言，乃是开阔心胸的乐境。

如前所述，清谈的余响回荡于东晋，至刘宋开启南朝时代，风气发生转变，思想不再拘束于一派的伦理，无论是佛、是儒、是玄，可依趣味各取一端，自由观赏。此种情况下，一般名流心底所想乃是触发感情、勾起兴趣的眼前风物，呈现的形式或为诗歌，或为绘画。综上所述，南朝人的思潮通过艺术的力量进行表现，故南朝被称为艺术主义时代。

宋谢灵运有"情用赏为美，事昧竟谁辨"的诗句。若感情触发，抱有兴趣，则美存在其中，其间的消息不可分别。"情赏"一词即来源于此，梁徐勉文中之事已做叙述。其表现形式应是广义的文章。梁刘勰《文心雕龙》首篇《原道》中对"文"的定义，清晰表现出南朝的思潮。曰：

> 夫玄黄色杂，方圆体分；日月叠璧，以垂丽天之象；山川焕绮，以铺理地之形。此盖道之文也。

> 仰观吐曜，俯察含章，高卑定位，故两仪既生矣。惟人参之，性灵所钟，是谓三才。为五行之秀，实天地之心。心生而言立，言立而文

明，自然之道也。

傍及万品，动植皆文：龙凤以藻绘呈瑞，虎豹以炳蔚凝姿；云霞雕色，有逾画工之妙；草木贲华，无待锦匠之奇。夫岂外饰，盖自然耳。

至于林籁结响，调如竽瑟；泉石激韵，和若球锽。故形立则章成矣，声发则文生矣。夫以无识之物，郁然有彩，有心之器，其无文欤？天地有象形，即天地之文。有形无形的万品万象，或以形，或以色，或以声，呈现各自文藻。人亦吸收五行秀气，与天地并立，成三才。天地之文为人之文。南朝人可谓在森罗万象中能够观"文"的文化人。

《文心雕龙·情采》篇中有云："情者文之经，辞者理之纬。"情绪是否精纯，是决定文之高卑的根本。若由此观点论"文"，则无法认同徒然修饰词句的南朝末期文章价值，但此应另当别论。需注意南朝人曾在有形无形的自然之文中感物寄兴，作为其一端，留下了关于山水的优美诗篇文辞。毋庸置疑，代表人物是谢灵运。铃木博士在讲述谢灵运诗赋对自然的细致描写时，称谢灵运的诗赋有巧致之妙，极为自然。若"自然"一词过于宽泛，则吾辈可以"山水"一词代之。沈约在《谢灵运传》论中称，东晋诗文深受玄学影响，至谢灵运，以"兴会标举"垂后世之文格。刘勰在《文心雕龙·明诗》篇中称，"宋初文咏，体有因革，庄老告退，而山水方滋"。宋初文章的代表人物非谢灵运莫属，可以说正是他将爱好山水之趣味性首次展现在世人眼前。

铃木博士认为，谢灵运是出神入化地叙述山水的面目，与之相对，陶渊明则自然地描写田野景物。前者巧致，后者朴素。有人认为陶渊明儒教教养深厚，有人认为其以玄学为中心思想，依笔者所见，陶渊明是在田野自然中静享家庭生活，能够自然朴素地描写至乐的诗人。"采菊东篱下，悠然见南山"，此野老的胸中未必只有单一学派的理论。陶、谢二人在各自领域把握自然一端，并表现出来。齐代谢朓等人应是在这两位诗人奠定的基础上加入了新鲜变化。不得不承认，南朝诗文在中国整体文学史中占据不可抹消的重要地位。

与南朝诗文并称的南朝书画也在中国人文历史中扮演重要角色。但此等造型艺术需要直接鉴赏文物表达的思想，因已有相应专著，故在此略去不谈。

以上已叙述南朝思潮的概况以及特别表现。以情赏为主的文学或其他艺术，完全不可能追求展现意志强烈的热情或者活动的姿态，若将此类要素视作艺文主要内容，那么无法赋予南朝艺文如此高的价值。南朝艺文的范围及界限在此。《后汉书》作者范晔特别标榜节义，讲述汉末美风，就此点而言，范晔作为史家，比《汉书》作者班固更为卓越。其不满时望何尚之等人的优柔政术，进行讥谤，最终以谋反的罪名被杀。其所信奉的儒教主旨不被时流所接受。

笔者以"文"论南朝思潮，本非论"文"本身。对"文"的论述另有专著。唯以情赏为主的文，若在得其自然、有其条理的范围内，其表现之美，当等同造化之功。若流于宫殿粉华之气，或徒模月露之形而争夺新巧，则成为所谓"其意浅而繁，其文匿而彩，词尚轻险，情多哀思"，最后成为亡国之音。(《隋书·文学传序》)世人所谓的齐梁体，应是指如此一面，多为聚集于帝王或宗室勋贵之下、好叙现世繁华或享乐哀思之人所作。此风潮早在宋孝武帝时就已出现，后来又断断续续出现在齐梁，其详从略。

南朝佛教

笔者不通佛学，所以完全不知佛教思想在中国如何展开的相关问题。但若不承认佛教在政治上及社会上的重要影响，就无法谈论南北朝历史，因此笔者仅就佛教在此方面的影响进行叙述。

关于佛教初传的问题，普遍认为后汉明帝感梦后方才开始接受佛教。但今日的学者多对此持怀疑态度。境野氏《中国佛教史》反驳此说，采用《魏书》中对西汉哀帝时佛教传入中国的记述。这与明帝感梦说相同，认为佛教被中国朝廷所接受，没有理由排彼取此。笔者认为，依山内氏《中国佛教史之研究》之意，东汉明帝时，楚王刘英信奉佛教的记述最为可信。且依山内氏所言，当时佛教教团已在某种程度上得到承认，因此在民间流行的佛教信仰终被汉室一族楚王刘英所信，进而偶然出现在正史记录中。佛教初传的问题，文献上始终没有定论。

楚王刘英的封地在江苏省北部泗州。泗州位于南北交通要道，但并非天下中心。此地关于佛教的记述是佛教在中国正史中的首次出现，虽是偶然，但实在难以理解。普遍认为，佛教是从西北穿越大漠传入中国。这与梵典的输入路径一致。但《魏书·释老志》考察阿育王塔的分布地时，列举了洛阳、彭城、姑臧、临渭。作者魏收认为这是中国建寺最早的地方。现根据地图考证，姑臧在甘肃北部，位于与西域交通的要冲，由此可沿秦岭山脉东至临渭，再经洛阳、开封至彭城，这本为西北至东南的交通大干线，若这些地方有古阿育王塔，则可知佛教由西北至东南的路径。但阿育王塔的传说各地都有，江南也不在少数，这可从《高僧传》《佛祖通载》等记述中得知。因此，不可依照魏收观点，认定佛教必然从西北传入。因为北中国门户常向西北打开，而南中国与印度、缅甸等海上交通极为便利且往来频繁，相比西域与北中国的交通，哪个更为便利，无法断言。因此，光凭中国正史最早的佛教记述，无法断定其必然由北传来。总之，佛教沿何种路径传入中国，尚且不明。在何时、如何传入等问题全然混沌之时，佛教已在南北中国交汇点泗州吸引包含汉宗室在内的信徒，形成了强大的社会势力。

明帝时代因楚王刘英而广为人知的佛教其后又有相当长一段时间没有相关记载，却在东汉末桓灵之际，忽然再度得势。（一）有记述称，桓帝濯龙殿落成，设华盖之座，用郊天之乐，祭祀佛与老子，可知佛教已被朝廷所信奉。（二）《后汉书·襄楷传》记载，襄楷对佛教有较为准确的知识，由此可推敲当时可能已存在汉译的佛经。（说本于山内氏）（三）而笔者在前节中推论，汉末张道陵的五斗米道可能向佛教部分借鉴了组织与思想，据此可推断当时佛教的社会势力。若将汉末笮融借佛教纠集徒众在江苏一带掀起祸乱的事实结合来看，则此点更加明确。

以上已叙述汉末的佛教梗概。需注意整个汉代浮图必然与黄老连称（说本于宋翔凤），这表明当时对佛教的概念极不明了，且人们认为佛教与楚王刘英或笮融相关联，极易成为社会祸乱的根源。伴随佛教相关正确知识的普及，这种情况渐渐得到改正。桓灵之时，安息人安世高作为汉译佛经的第一人，打下使世人正确认识佛教的基础。安世高，据说是人名 Arshak 的汉字对音。（境野氏《佛教史讲话》）

汉灭亡后，至三国时代，根据佛教方面的史料，且综合其与朝廷之间的关系，可知南方吴国相比北方魏国更加亲近佛教。《高僧传》"康僧会"的条目中记载了支谦：

> 汉献末乱，避地于吴。孙权闻其才慧，召见悦之，拜为博士，使辅导东宫，与韦曜诸人共尽匡益。但生自外域，故吴志不载。

该书认为支谦本为月支人，因此虽是孙权帐下的博士，但未出现在《吴志》中。这仅是《高僧传》作者慧皎的想法，或者慧皎只是单纯抄录旧文？现在无法轻易断定。尤其文中讳"韦昭"之名，改为"韦曜"，不免让人怀疑是东晋人的记录。当然，依据山内氏观点，韦昭成为太子中庶子时已非孙权时代，从此点视之，不可相信此记述。但记述的可信度暂且抛开不谈，细思之下，有理由相信这种记述存在已久。从常识而言，任命外国人为博士官较为可疑，因此山内氏等学者认为不可采用上述记述。但此记述既已出现如此之久，应是支谦与孙权达成某种交涉。支谦本非沙门，而是一名优婆塞，因翻译佛经而为人所知。因此如沙畹所说，他从未尝试努力教化人民（说见于《五百谭序》）。而之后从南方前来的沙门康僧会得孙权皈依，在建康大市一隅建立寺塔，江南建佛寺即始于此。此即所谓建初寺，相关记述见于《高僧传》。但此传重点书写建初寺的建立。相同记述也见于《建康实录》，可知孙权为其在大内立坛结静三七日的缘由。由此可知，孙权对支谦、康僧会进行保护，并令他们翻译经书或从事传道。

吴灭亡，天下一度统一于西晋之下。西晋时代的思潮以清谈之流行为代表，但佛教之流中多有人认为此清谈本身也受佛教的影响。但此恐是自夸之论，理论上无理由重视二者的关系。但西晋灭亡，司马氏一族被北来衣冠之族所围绕，在吴旧都开辟东晋之时，冠族的统领者王导、庾亮等人与当时建康南郊石子岗的高座寺僧人吉友（"友"字《御览》引作"支"）相互往来的记述可见于《僧传》。此本为清谈余响，当时好弄辩证法式论理的冠族常与佛僧交好，另一方面孙权开辟的士族崇佛之风自然令衣冠与缁衣相连。

衣冠与缁衣交好之后，衣冠子弟熏染佛理者日渐增多，即所谓居士之徒，他们站在自由立场批判儒佛道三教，各依所长进行辨别认识，自然令佛教立场更加坚固。又衣冠子弟有埋身淄流，以法轮旋转为自任者。例如，《僧传》中，竺潜为东晋元勋、叛将王敦之弟，释道宝为名臣王导之弟，竺道壹为吴著姓陆氏。此非独限于江南，垂名后世的名僧，只要不是外国渡来者，基本多为姓族子弟出家之人。其中若有寒微出身者，《僧传》一般会特别叙述缘由。如此一来，佛教作为外来宗教的印象逐渐变弱，对当时的贵族生活而言，佛教已不可或缺。东晋成帝之后，作为佛教檀越闻名者有何充、王珣、郗超等人。东晋简文帝在王敦之弟竺潜去世时，特别予以赙钱十万，并附上恳笃诔词。由此可判定，形式上朝廷已将佛教视为治化的一大助力。

东晋时期，以王室为中心的贵族群体已对佛教有一定的理解。毫无疑问，若遇有德之僧进行指导，那么世间风尚将焕然一新。支遁等人是佛教界明星，闪耀于东晋中后期。作为诸多名士交游的中心，支遁向他们授以佛教相关的深刻理解力。他在建康南方的土山中，纠合其统率的何充以下二十四名清信士营建八戒法斋，他为记录当时光景作诗三首，吟咏在寂默之中升圣坛烧香忏悔的情状（高雄氏说，见于《中国学》）。由其返还东方时上表哀帝所言可知，晋王室待之以宾礼。

又有释道安，作为有德且富智识之人，闻名于北方，携数百名徒众居于太行之恒山中。适逢冉闵之乱爆发，释道安未能维持僧团，但又不忍心解散，于是从山西渡黄河居于洛阳南之陆浑，后被慕容儁所逼，又南行进入襄阳。此地属于南朝边界，因为凉州刺史杨弘忠的好意，释道安建檀溪寺并建造佛像，集地方瞻仰于一身。此地有名为习凿齿的学者，性格极为自负，与道安相会后致信谢安，赞赏道安的道行。文中一节称道安："师徒数百，斋讲不倦。无变化伎术，可以惑常人之耳目；无重威大势，可以整群小之参差。而师徒肃肃，自相尊敬，洋洋济济，乃是吾由来所未见。"道安以个人德望制规僧团，在南地实为初见。当时东晋孝武帝治世，帝向其供给与王公同等的俸禄，又下令赠与地方土产。后道安受前秦苻坚召命北上，弟子慧远入江西庐山，他对江南诸名族的影响在支遁之上。

道安之所以震惊南人，在于其道行完备。慧远继承了师傅的这一点，这可从慧远的条制得知。他之所以特别适于在江南传道，是因为其文辞畅达，学问内外通晓。据传，道安允许慧远阅读俗书，慧远结于庐山的白莲社实为一个道场，他与在俗居士谈佛理以期往生西方，同时讲丧服、会文章。在其影响之下，江南名流如何加深对佛教的理解，借宗炳《明佛论》《难白黑论》等即可察知。笔者虽不通佛学，但感觉与支遁关系深厚的孙绰《喻道论》的理解较之宗炳之说更为深刻。

如上所述，南朝名流及帝王都十分敬重僧佛，渐通佛理，若转换立场从僧侣一侧观察，慧皎《僧传》分为十科，将名僧归类，第一科虽是译经科，但《僧传》的重心应在义解科。此科之人多数是汉族出身的僧侣，且十中有八是住在江南传道者。而这些名僧的传记中，必然记载被当时名流赏识之事，借以讲述其德行。慧皎是梁代僧侣，而南朝僧侣将与名流交谊视为无上荣誉。私以为，南朝佛教特别之处就在于此。而细思"沙门是否应致敬王者"的争议经过，对其特色的理解将更加清晰。

东晋成帝咸康六年（340年），初次发生沙门是否应向王者尽礼的争论。发起者为持儒者之风而苴朝政的庾冰，门下省的官僚全部支持他。反对者是信仰佛教的尚书令何充，支持者中有博士官等。博士官本肩负维持中国礼教的责任，但却与何充为伍，实属有趣现象。庾冰一方认为：（一）跪拜王者之礼，古今已定。（二）佛教属于神道的一种，神道有无难辨。若有，则属方外之事。而佛教存在以方外为由矫形体、违常度、易礼典、弃名教的嫌疑。探查其文中之意，可知王者招揽僧侣听其讲经之风业已存在。这种情况下，全体官僚跪拜帝王时，毫无理由唯独僧侣抗礼。这是发议者一方的主要理由。此外，他们称僧侣多为汉族出身，皆常人之才。对此，反对派的议论大意为，佛教是否为某种神道暂且不论，但佛的五戒助力王化、贱昭昭名行、尊冥冥潜操之处实为可取。且由汉时至今，全无弊害。今若强行跪拜之礼，则佛教必然堕落。因此，宜守旧习。一派主张汉族礼法，另一派则认为应包容异族礼法；一派欲维护礼法的纯一性，另一派则主张礼法之宽裕性。结果，何充等人的反对论胜出。后东晋末，桓玄再次以全体官僚一致的形式提起此问题，慧远极力反驳，桓玄为照顾众论而撤回其主张。最后，宋孝武帝大明年间，再次兴起此议，孝武帝一时令沙门礼敬王者。但《僧远传》记载，此制度止于景和年间，并重遵旧章。另一方面，名流及帝室近亲拜谒名僧的情形屡屡被记作"接足作礼",不久后梁武帝屈万乘之尊,成三宝之奴,南朝时代迎来末期。

综上所述可知,名族与高僧所结成的社会因缘反而将帝王囊括其中,可以说这是贵族制统制下的南朝特色。但佛教组织的教团,随着逐渐发展,与一般社会之间产生矛盾,因而必然在行政上受到规制,现叙述其概要。

东晋末桓玄发起沙门应敬王者的议论,又主张淘汰僧侣。今读《慧远传》可知,桓玄欲淘汰缺乏训练的僧侣,但庐山的慧远教团例外。当时,慧远致信桓玄,叙述肃正教团内部风纪的理由,且称他已制定条规。桓玄于是任由僧团进行自治改革,而未强制淘汰。慧远的条规称为"远规",似乎为各僧团提供了统一标准(《僧碧传》有"远规"之语)。如在讲述北朝佛教的章节中所述,佛教与帝王之间的密切关系是北朝一大特色,而慧远的条规直接作用于北方,后秦姚兴之下,设有僧主、悦众、僧录等僧团内部行政机关,并从帝王处接受社会待遇与经济支给。之后南朝也加以效仿,宋武帝时有镇寺法主释道猷。宋孝武时,常见"天下僧主"等文字,这些文字是否含有管理南朝全体僧团的意味,尚有疑义。而由"荆土僧主""东土僧主""都邑僧正"等用例可见,各地方已树立一种统制,与北朝相同,在任者可享受朝廷特别待遇。从这点来看,佛教已逐渐成为国家机关的一部分,执行教化任务。

僧正或僧主的职务性质如何,笔者尚未考究。但它们把借助慧远条规等维持僧团风纪作为主要任务。国家已承认佛教是社会教化的一大助力,而内部则由国家承认的僧正机关进行自治性管理。南朝的组织即在于此。《佛祖统纪》中,梁武帝允许以佛律处罚犯罪僧侣。但僧徒的肆意妄为日渐升级,中大同元年(546年),武帝几欲参照一般律法进行处断,此实因僧主管理无效导致。当时,帝王遭僧侣威吓,自身尚作为佛弟子接受具戒,因此无法强制实行处分。由此可见,南朝建立的组织难以解决僧团内部腐败问题。

宋文帝时,丹阳尹萧摩之曾请求对铸像及建寺加以限制。他的建议为:铸像需经中央政府许可,若违背诏书,则按律没收铜;建寺需向地方长官申请,若违背诏书,则没收宅邸园林。《宋书》记载,此意见被采纳,但《释慧岩传》记载，时任宰相何尚之虽承认此政策有理，但仍以实行困难为由反对。因此此策虽被采纳，但并未推行。此外，宋孝武帝时，沙门中有人犯了谋反大罪，孝武帝想以此为契机强制淘汰僧尼，但最终也未实行。总体上，借国家之手对教团施以种种限制的尝试多以失败告终。因南朝佛教受到全体贵族支持，所以单凭一个帝王的威严尚不能左右。不过也许正因为佛教兴亡的命运不为帝王所决定，南朝佛教的弊害反而不如北朝教团显著。从正史应可确证上述推定。

梁武帝欲实现新国家的统一。他复活儒教，规整礼乐，使贵族在国家定立的位阶下接受统制。与此同时，佛教受到充分保护，他自身作为佛教弟子，意图集俗权与法权于一身，治天下太平。在此帝王的空想下，事实上民间反佛情绪日益高涨。

儒佛道三教有调和或融合之处，但同时也呈相互对立之势。现大体划分三教问题的推移阶段，一般认为晋宋时主要是三教调和或融合期。慧琳的《白黑论》，被佛教者视为异端而遭排斥，且其参与宋文帝的帷幄，因而又被一般士流所憎恶，但《白黑论》的理论色彩始终是三教调和。然而，宋齐至梁期间，三教呈对立状。齐武帝时的顾欢《夷夏论》为其中代表。此论的主旨为道教包括佛教，应以夏化夷，不可以夷变夏。这是中国固有的感情，此感情披上理论之外衣，显示道教的优越，思想界因此受到一大冲击。反对论也极为多样。总之，可由牵动思想界的此种议论窥见时代的动向。及至梁代，梁武帝作为法权维持者，劝全体官僚信仰佛教。但当时的儒者范缜倡导神灭论，在思想界掀起巨大波澜。此问题虽然只是如同中国人讨论佛教传来问题一样，但其影响之深值得注意。总而言之，思想界的动向恐与实际上反对佛教教团的感情相关联。可从梁武时郭祖深的上表中窥见其猛烈的一面：

> 家家斋戒，人人忏礼，不事农业，空谈彼岸。

又力陈教团财产众多及风俗渎乱之状，曰：

> 道人又有百徒，尼则皆畜养女，皆不贯人籍。天下户口，几亡其半。

荀济也痛陈佛教的弊害，被武帝所厌，于是远走而臣事北齐（参照《通鉴》）。另一方面，作为此时代的僧侣代表，释宝唱等人致力于古今经典的分类总录，还根据当时需要或建福禳灾，或礼忏除障，或飨接神鬼，或祭祀龙王等。此外，被归为义解科的释僧旻曾尝试对全部经论进行分类定次，此举与儒家总集礼乐同义，是统一国家形式的映射。但在帝王保护下的此种统一形式，与佛说本身的深层统一恐无关系。天台一宗等便是受到反佛思想勃兴刺激而崛起，在后来思想界具有巨大权威。

第三章
北朝文明

"五胡之乱"时期的北中国

东汉末期以来，日渐崩坏的北中国经历西晋末王室及豪族群的权力斗争，完全陷入动乱旋涡之中，这已在内外篇详细叙述。因动乱而不得已抛弃故乡的大量流民非限于无告平民，豪族也未能幸免。移居长江流域的诸多衣冠之族姑且不论，将北中国视作一片区域，其间上演的豪族离合集散之状，除一二例外，其他已无从详知。但百姓要么一同移住他乡，由行主指挥（《祖逖传》）；要么聚在乡村，建土坞保卫故乡，由坞主统领。北地陕西至直隶、山东一带自不必说，四川至江淮之间，坞主的存在屡次被正史记载。如此一来，民众或在行主的率领下迁徙，或在坞主的率领下自卫，他们之间自然极易发生利益冲突，乱斗几未间断。这就是蛮族势力自然引入中国内地的社会原因。而蛮族的优秀武力并不能直接平定动乱，相反毫无统制的武力反而令动乱波澜高涨，北中国一带只好忍受时代之苦。

在上述黑暗时代，北中国人士为保留其创造的中国传统精神所付出的奋斗努力值得赞赏。据说上古王朝革命之时，旧朝太师、太史抱乐器、图籍投奔新朝，以期保留固有文明。那么秦汉以来同一文明统制下的中国人士希望保留文明理所应当，而其所抱态度之真挚，同样不容忽视。

最早入主中原者为匈奴刘氏，酋长刘渊作为汉族文明的理解者出现于正史。然而继承其后的刘聪被史书记作一名暴君，陈元达等人为约束此暴君在中国传统范围内行动而殚精竭虑，但最后不被容纳而自杀，这些人堪称最为典型的北方人士。总之，北方人士苦心使蛮族武力在正当的中国精神范围内得到发挥，这一努力纵然偶有成效，但总体上，五胡时代仍是这一传统备受破坏、被蹂躏的时代。

匈奴刘聪及羯部石虎治政之时，不可思议的自然现象屡屡发生，在史上留下暗影。刘聪时代，宫内发生异变。例如其夫人刘氏诞下一蛇及一猛兽，奔走为害众人。众人寻之而不得，不久后现身于陨肉之旁。刘氏暴毙，此肉消失，哭声也随之停止。这说的是刘聪宠乱后宫而进御无序。夫人刘氏本是晋太保刘殷之女，与刘聪同姓，在同姓不娶的中国，她从一开始就被视为"问题夫人"。此外，有犬与豕交于相国府之门、宫门以及司隶御史之门，豕戴进贤冠而升刘聪御座，犬则戴武冠绶带与豕共同升座，忽在殿上相斗而死。宿卫无人发现二者入内。此外，东宫之门自然损坏，女官内史化作男子等异变亦有之。汉代以来一般记录的异变，例如彗星、地震、蝗害等数量众多，于是汉族人士取之作为警醒刘聪的材料。石虎时代，妖怪也不少。例如，石头燃于泰山八日不熄；东海有大石，自然立起，旁有流血；又邺城西山石间有血流出，长十余步，广二尺有余；太武殿古贤之画悉数变为胡人，十日许，头部悉数缩入背中。此外，石虎欲兴工事，不论付出多大代价都不能成功的故事传有二三。总之，暴虐蛮王引发的一般乱象或道德破灭呈如此迷信之貌而反映于史上。后梁犊大肆掠夺，且石虎死后冉闵虐杀羯部，将匈奴族逐出中原。《晋略》作者周济称：石虎等人生性残忍而得保十余载的命脉，梁犊凶焰燃于千里，除戍卒之外，未有一夫释耒揭竿响应叛乱。其后，乱自上而起，下无叛乱者，难道是峻刑密网足以禁愚蠢贱民之故？事实是遇乱的百姓易于守静而不易被煽动。此乃卓论，武力暴压之下，百姓全无反抗的气力，于是听任暴力泛滥。而利用反感蛮族之情展开肆意虐杀的冉闵后被鲜卑慕容勇将慕容恪生擒，面对慕容儁的叱问，他答曰："我一时英雄，何为不可作帝王邪！"后被斩于遏陉山，此山方圆七里，草木皆枯，蝗虫大起，自五月无雨，一直持续至十二月，慕容儁于是遣使祭祀，追谥武悼天王。冉闵为汉族吐气，因此收获世间同情。

前秦苻生也好虐杀，与石虎相似。其暴行详见《御览》所引崔鸿《十六国春秋》：

> 生荒暴日滋，残虐弥甚。群臣朔望，漏尽诣见，生曰："日尽午，须待宴讫。"或日暮而不出，百僚饥弊，或至申酉间方出。临朝辄怒色

厉，惟行杀戮。或连月昏醉，弗堪省览。或使宫人与男子裸交于殿前，引群臣临而观之。或生剥牛羊驴马，活阉鸡鸭，三五十为群，放之殿中。或生剥死囚面皮，令其歌舞，观以为乐。

将此暴状与南朝正史记述的暴君相比，可发现共通点。或许有人可在其间发现事实，但笔者认为它们多数是形式性的表达方式。《洛阳伽蓝记》记载赵逸之言：苻生仁而不杀，但所有恶德归于其身。且匈奴二暴君时代出现的自然妖异甚少。因此中国历代五行志中的灾异，常与暗君共同出现，因而此种记述应作为例外处理。笔者考察文献后认为，可以冉闵之乱为界，将"五胡之乱"期分为前后两期。前期为汉族反蛮感情最为混乱的时代，后期为二者逐渐融合的时代。

汉族常常抱有蛮族遵守汉族礼法的希望，这基本上是形式上的概念。此概念之外，该时代的汉蛮结合情况如下：西晋时代，权力所有者为以王室为中心的豪族群；蛮族君主得势灭西晋，而宫廷皇后与贵嫔多被蛮王内庭所吸收；与此相同，失去正当君主的豪族群与蛮族势家通婚，汉蛮势家结成新的社会关系，以图维持权力。大体上，上述新现象主要发生在蛮族入主中原之时。但此类新势力以蛮族武力为背景得到维持，相比西晋时代的豪族群，可能造成更为深酷的社会之恶。现试对石勒及石虎在此方面所采取的政策进行叙述。

石勒因优待北中国冠族而受汉人爱戴。他在军中组织君子营，本人任顾问，管束胡人，防止凌辱衣冠，且令百户有名士族居于都城襄国的一个区域，命名为崇仁里等，这些都是证据。此外，作为治理地方之方针，他采取的政策可归结为以下两项：

（一）保证地方豪族的势力，当地无蛮军驻屯，地方官则任用当地的名望人士，招揽流民恢复荒废土地的生产力。

（二）在某个地区，在蛮族武力的保护下施行大规模移民政策，耕种荒废土地，由此产生的租税或上缴中央政府，或供军费使用。

上述两方针根本上不相容，但地方政情既已生裂痕，而石勒适当施行此方针，博得了汉族好感。石虎在保护豪族上相比石勒更进一步。其诏曰：

> 魏始建九品之制，三年一清定之，虽未尽弘美，亦缙绅之清律，人

伦之明镜。从尔以来，遵用无改。先帝创临天下，黄纸再定。至于选
举，铨为首格。自不清定，三载于兹。主者其更铨论，务扬清激浊，使
九流咸允也。吏部选举，可依晋氏九班选制，永为揆法。

即以晋时九品制保证豪族权力。此外，刘曜统辖的陕西豪族，在刘曜灭亡后
迁徙东方，特权遭剥夺，且多被课以戍役。王擢于是上表主张免除这些衣冠
之族戍役，最终此地豪族皇甫、胡、梁、韦、杜、牛、辛等十七姓被免去兵
籍。而此政策表面上虽被采纳，但石虎却成为汉族之怨府，这又是为何？势
族群通过清议与礼律维持统制，然而，蛮族君主拥有武力，必然立于豪族群
之外。若他恣意行使权力，则易打破豪族群的统制，豪族以一人为中心而生
离合。因此，石虎暴威之下，或公侯牧宰争兴私利，百姓失业者十中有七；
或选举官吏之时排斥耆德，势门童幼多得美官；或豪戚侵恣，贿托公行。当
然，石虎被众论打动，负首要责任者被免职。但通览其前后方针，可知弊害
逐渐扩大。加之，石虎手下各种蛮部酋长在中国内地坐拥军权，我们由此可
得知北中国乱象的真正原因。

　　如南朝篇所述，从北方南迁的衣冠之族，渡江之初，因自家坟地惨遭掠
夺，而对蛮族甚为反感。而桓温尝试北伐之时，南朝人士对蛮族践踏的中
原之地毫无顾惜之情，反而在东南美土贪图享乐。北中国豪族中还有守卫
祖先土地之人，眼见蛮部乱斗及其兴亡无状，于是以同蛮族权要通婚为耻，
一心只顾墨守家门清规的风气由此萌生。张采亮《风俗史》特别注意到，
范阳卢氏、荥阳郑氏、清河博陵二崔氏等，若非士族即便帝王也不与联姻的
事实。北朝士族在严守家门界限一点上相较南朝士族更加坚定。这应是"五
胡之乱"时部分势族采取的风习，以及因北中国未能复制南朝贵族制政治社
会而发生的现象。

北魏的统治

　　北魏正式称帝号而君临中原，始于太祖灭慕容部取中山，率华北平原地
区六州二十二郡的守宰、豪杰、吏人二千家，徒河、高句丽的杂夷，三十六
署百工伎巧十余万口迁至新都平城之时。天兴元年发诏曰：

逮于朕躬，处百代之季，天下分裂，诸华乏主。民俗虽殊，抚之在德，

故朕率六军，扫平中土，凶逆荡除，遐迩率服。宜仍先号，以为魏焉。

民俗虽殊，但抚之以德本是帝王的使命。《魏书·王建传》中，太祖起初在参合陂大败慕容宝军，欲放免多数俘虏归河北故土。王建反对。太祖曰："若从建言，吾恐后南人创义，绝其向化之心，非伐罪吊民之义。"但王建仍顽固坚持其说，且蛮部有多人赞同，太祖不得已从之。果然河北人唯恐降后成为奴隶，于是对魏军持续英勇抵抗。太祖口出"伐罪吊民"之言乃是出于汉族智慧，他注定成为以传统汉族精神君临北中国之人。

彼时东晋犹存于江左，关于正统天子的所在，在士人之间存有疑问。于是，天兴三年（400年）魏帝发出如下诏书：

《春秋》之义，大一统之美，吴楚僭号，久加诛绝，君子贱其伪名，比之尘垢。自非继圣载德，天人合会，帝王之业，夫岂虚应。历观古今，不义而求非望者，徒丧其保家之道，而伏刀锯之诛。有国有家者，诚能推废兴之有期，审天命之不易，察征应之潜授，杜竞逐之邪言。

上文虽未明确叙述天命在魏的理由，但断定东晋为僭伪之国，终将受刀锯之诛，而魏将成统治天下的君主。

魏的国体就这样确定了。同时，为了防范世俗一心谋求高位高爵，爵位的轻重由魏主之意志决定。如此一来，魏兴建学校，立人才陶冶之道，国家体系大体建成。

世祖使太祖之事业得到稳固，以铁腕扫平北中国僭伪诸国，又驱逐柔然，在部族旧居——云中盛乐城会诸蛮酋、祀太祖，观其状，全是君临天下的王者之体。其在写给刘宋的书信中，叙述魏国根基深厚且武力光耀四边之状。曰：

宋氏受终，仍晋之旧，远通聘享。故我朝庭解甲，息心东南之略，是为不欲违先故之大信也。（《宋书·索虏传》）

因此，东南之所以独立全因魏重惯例而好意保全。此时，魏政刑极为严明，即便汉族势家，也常常抱定兢兢自戒之念。相关概况可由《魏书·杨椿传》中杨椿训诫子孙之文得知。

高祖迁都洛阳后采取激进的汉化政策。魏国因此由刑政之治转向礼乐之

治，在形式上最为深刻表明北中国传统精神。最为显著之处在于礼制改革。此前太宗之世，在白登山立太祖之庙，每年具太牢祭祀，皇帝亲临，此为惯例。此外，祫祀其他诸神共一千二百处。高祖一一裁减，不久还废止亲临白登庙之事。如此一来，汉族注重的明堂、太庙之祭祀再次成为学者论究的中心，威仪礼乐在此实行，借高祖诏书之意，"野合之讥"消失殆尽。曾在幽朔之地逐水草而生的拓跋部人摇身一变，以礼文装饰，姓名也改为汉式，胡语遭禁。

在这样的国家里，三国末至西晋所推行的豪族中心政治又如何发展？如前节所述，五胡扰乱之际，蛮王仍执行保护姓族的政策。那么，原本姓族的特权在绝对君主制下是否不存在矛盾？现暂以北中国的姓族为中心推进考察。

南朝以贵族为中心建立政治组织，垂一代治统，但其贵族群多为北方来的移民，因此其家虽住于江南，但原籍仍系于北中国。因此，他们与北中国豪族的关系极为深厚。所谓姓族，本将维持家门视为最重要之事。因此，北中国势力转换之际，是他们最费苦心之时。举个例子，魏显祖时，南朝宋武帝刘裕夺取的山东地区归于魏势力之下，当时此地豪族对去就问题甚为惘然。山东平原（今邹平南）有名为刘休宾的豪族，其兄弟乘民、延和等皆为乡里所尊崇。休宾是宋的边将，镇守梁邹城（邹平北），清河豪族崔灵延、房灵建等数十家皆移居梁邹，在其辖内奉守宋令。刘妻为鲁郡崔邪利之女，适逢妻子与长子文晔同回娘家，魏勇将慕容白曜入历城（济南）劝其投降，崔邪利于是将刘休宾之妻与其子文晔交与白曜。白曜将此事报与刘休宾，且将其兄弟延和及其妻子送至梁邹，劝其归顺。此时刘休宾仍不相信魏国实力，且恐归顺后自身之位难保，于是约定在历城会面，以探魏军虚实。结果，条约达成，刘休宾于是归附于魏。[1] 五胡扰乱之际，保住家门的北中国豪族多托身于不同蛮族君长，从此意义而言，绝非真心认同魏国。

---

[1] 此处所记刘休宾降魏的经过多有不确，参见《魏书》卷四十三《刘休宾传》。——编者

《魏书·崔道固传》中记载，崔道固为清河名门出身，其母微贱，故受嫡母所生之子虐待，后在南朝宋为官，家中支给旅费过江。然此时宋朝孝武帝在位，此时已确立贵族制，其在南朝因非族类而饱受冷语。依据此事实可推定如下二事：（一）北方豪族，重视其家门，不以仕南北两朝为耻。（二）南朝已建立贵族制，总体而言，拒绝北人前来。如前章所述，后者在东晋末就已出现。因此，不论北方豪族的希望如何，作为事实，他们只能以北方为中心互相联合。

南朝逐渐结成贵族制的事实是否对北方豪族产生刺激？有名为王慧龙者，本籍在何处不得而知，但他是太宗时代洛城的镇将。其从江南而来之事尚且清楚，因此一般被视为南朝名门王氏一族。魏时著名宰相崔浩等人以王氏骨相特征"齄鼻"而判定他为真正贵种，其弟崔恬更将女儿许配给他。由此事实足见南朝王氏如何被北方人所钦羡。崔浩欲以豪族之力压制世祖，此为其失败的原因，对此，内篇已进行论证。

普遍认为在代都时期，北魏刑政严明。公孙轨去世时，世祖尝谓崔浩曰："吾行过上党，父老皆曰：公孙轨为受货纵贼，使至今余奸不除，轨之咎也。其初来，单马执鞭；返去，从车百两，载物而南。丁零渠帅乘山骂轨，轨怒，取骂者之母，以矛刺其阴而杀之，曰：'何以生此逆子！'从下到擎，分磔四支于山树上以肆其忿。是忍行不忍之事。轨幸而早死，至今在者，吾必族而诛之。"世祖此话最为明了地表现了代都的刑政。如内篇所述，北魏族诛的惨酷，史家赵翼有详细说明，而《魏书》作者魏收反而从中看到了刑政公明。《魏书》列传的豪族中，房法寿等人公然为强盗，此等豪族宗党组织强固，所以不得不实行族诛法。但断然推行族诛法的魏王室仍存有未染汉族风习的北方淳朴之风（崔浩之语），此点不容忽视。

通览北魏王室的通例，蛮汉两部的大臣互分左右议论国政，此蛮汉对立不仅限于政治，在社会上也有相当深厚的基础。《魏书·崔玄伯传》中，太祖曾有感于汉朝的故事，"是以诸公主皆厘降于宾附之国，朝臣子弟，虽名族美彦，不得尚焉"。反之，《崔鉴传》中，高祖孝文帝在改蛮族之姓为汉姓之前，某亲王欲娶崔鉴之女，崔鉴以对方为蛮族复姓为由拒绝。^① 前者厌恶王室与汉族通婚，后者则与之相反，总之，大体上，代都时代围绕王室且获得信任者为宾附的蛮酋。此事实令北魏毫不顾及中国豪族的感情，以维持刑政的公明。

北魏已站在超越北中国豪族感情的立场。但其在威权之下，许可五胡以来持续执行的豪族保护方针，以图一般行政的安定。天赐元年（404 年），太祖在西宫召集群臣，命令汉族辨宗党，保举才行，对蛮族中失去家业的诸部子孙赐予爵位。此举成为先例，太宗派遣使者，拔擢豪门强族、先贤世胄，至世祖之时，方得充分施行其政策。当时汉族之间，虽然厌恶蛮族的感情十分强烈，但事实上又不得不在魏王室之下谋求保存家门。范阳卢玄、博陵崔绰、赵郡李灵、河间邢颖、渤海高允、广平游雅、太原张伟等于是乎齐聚代都。高允作《征士颂》，其一节如下：

> 魏自神廌以后，宇内平定，诛赫连积世之僭，扫穷发不羁之寇，南摧江楚，西荡凉域，殊方之外，慕义而至。于是偃兵息甲，修立文学，登延俊造，酬谘政事。梦想贤哲，思遇其人，访诸有司，以求名士。咸称范阳卢玄等四十二人，皆冠冕之胄，著问州邦，有羽仪之用。亲发明诏，以征玄等……其就命三十五人……或从容廊庙，或游集私门，上谈公务，下尽忻娱。

有名为胡叟者曾游于凉州。当时，沮渠氏还未灭亡。凉州在"五胡之乱"中独受汉族张氏的统治，当地人士以华风自任。胡叟与程伯达论世运，称此地不久后将归大魏所有，因此现在可出仕魏廷。如内篇所述，魏世祖欲讨凉州，但其不明地利，而对世运变化十分敏感的中国势族比魏室更早预知凉州灭亡。而此地以儒术著称者有宋繇、张湛、宗钦等人，张湛的易学为崔浩所重。上述儒者在沮渠氏灭亡之时，共仕于魏室。尤其宗钦入魏后，见中原衣冠皆仕于朝廷，于是向高允赠诗一首，曰：

---

① 据《魏书》卷四〇《陆俟传》，平原王陆俟（原姓步六孤）娶崔鉴女，崔鉴对陆俟是复姓感到美中不足（当时孝文帝还没有实行鲜卑姓改汉姓的改革）。《崔鉴传》中无相关记载。——编者

> 嵬峨恒岭，混瀁沧溟。山挺其和，水耀其精。启兹令族，应期诞
> 生。华冠众彦，伟迈群英。

如上所述，显祖之时，山东地区完全归魏所有。当时，前来代都的当地
望族极为窘迫，《高允传》中有云：

> 时诸士人，流移远至，率皆饥寒。徙人之中，多允（高允）姻婚，
> 皆徒步造门。

如此一来，东南自山东，西北至甘肃，王族皆集于代都，他们在严格的魏君
主之下，屡受杖罚（《高允传》），常抱兢兢戒心保全家门，而其所得的廩食
只够朴素生活。（杨椿《诫子孙书》）

高祖孝文帝时代，迁都洛阳且采取激进的汉化政策。如内篇所述，上述
两件大事皆出于高祖独断，因此详细理由不明，但代都方面不足以养活蛮汉
大量人口应是迁都的重要原因。此外，纯朴部人逐渐沾染奢侈淫荡之风，高
祖欲以汉族礼制进行约束，于是采用汉化政策。

而汉化政策的最后，改蛮族氏姓为汉族姓氏，与此同时撤销蛮汉之别，
一律由朝廷决定氏族的高下，确立贵贱的等级，奖励汉蛮通婚。其结果是否
真正利于魏王室的永续另当别论，笔者以为这在中国整体历史上有极为重大
的影响。以下将加以阐明。

此前建立贵贱等级制度、明确规定婚姻与阶级关系的尝试在高宗文成帝
时代即有之。和平四年有诏书曰：

> 名位不同，礼亦异数，所以殊等级，示轨仪。今丧葬嫁娶，大礼未
> 备，贵势豪富，越度奢靡，非所谓式昭典宪者也。有司可为之条格，使
> 贵贱有章，上下咸序，著之于令。

又下诏曰：

> 婚姻者，人道之始……中代以来，贵族之门多不率法。或贪利财
> 贿，或因缘私好，在于苟合，无所选择，令贵贱不分，巨细同贯，尘秽
> 清化，亏损人伦，将何以宣示典谟，垂之来裔。今制皇族、师傅、王公
> 侯伯及士民之家，不得与百工、伎巧、卑姓为婚，犯者加罪。

据上述诏文，高宗分明贵贱之制以建立社会秩序的意图明白可见。若综
合考虑高祖撤销所有蛮汉之别，且在此基础上分氏族甲乙的做法，可知此政

策在形式上已趋完善。

　　蛮族是否曾建立以贵贱分等级的社会，情况不明。至少从文献上而言，将此社会制度教授给蛮族君主者应是汉族无疑。但对汉族而言，这不过是一种理想。尤其北中国尊重氏族之风并未出三国末、西晋初以来实行的九品中正制度的范畴。此制度的中正为朝廷任命，但因其长期执行，故自然成习惯，仕宦的家世及其间的阶级相互间多少有了一定顺序，受此政治原因影响，社会阶级也在某种程度上得到了确立。但与此同时，在北中国，纯粹继承儒教系统的贤才主义也强势流行。这是北中国未能充分建立如南朝一样的贵族制的原因所在。贤才主义易与君主绝对制相结合。如内篇所述，高祖在吸收人才时，尤其注重家世，与之相反，汉族大臣反而主张贤才主义。乍一看存在矛盾，但裁定家世高下者为高祖本人，从此意义而言，高祖欲使其制定的社会制度反映在行政上，而绝不以社会制度束缚自己。因此，作为惯例实行已久的九品中正制度反而因高祖改革而产生巨大变化。其改革结果，新定的蛮部贵族融入汉贵族之中，拥有任官之上的选举权。历来的习惯被打破，帝王的责任重大。现就中正制度所受的影响进行考察。

　　《魏书·甄琛传》中，就甄琛死后的谥号问题，吏部郎袁翻的上奏文中有一节如下：

　　　　凡薨亡者，属所即言大鸿胪，移本郡大中正，条其行迹功过，承中正移言公府，下太常部博士评议，为谥列上。谥不应法者，博士坐如选举不以实论。若行状失实，中正坐如博士。自古帝王莫不殷勤重慎，以为褒贬之实也。今之行状，皆出自其家，任其臣子自言君父之行，无复相是非之事。

这是肃宗孝明帝时期的上奏。可知当时最被看重的行状也不是出自中正。又据《通典》，高祖之后，世宗、肃宗扩充中正，并在各州配置，最终导致选举紊乱，于是废止中正制度。魏灭亡后，北齐仍存中正之名，但中正之实早已亡于世宗之世。除此之外，还须考虑另一事实——武官想依照文武通仕的条例成为文官。肃宗之时，张仲禹进行抑制，为此还引发武人大骚动。综合考虑可知，蛮族欲与汉族站在同一立场，其成为文官的要求甚为强烈，而汉族习惯的中正之法并不适用于蛮族，不久后中正制度即归于破灭。

　　一直支撑北中国的中正制度破坏之后，蛮汉豪族为出仕而争选举之途。高祖在迁都之后尤为留意此事，与公卿一起选择五品以上官员。此英主死后，已无法抑制当时的潮流，纵然有郭祚等人建立详细条规挽救其弊（参照《魏书》本传），但最终朝廷仅能以崔亮的停年格勉强禁止豪族竞逐仕官之势。当时吏官认为此停年格阻塞人才任用之路，魏因此失去人才。而依顾炎武所言，崔亮此法实在是不得已而为之，因为高祖大改革埋下的祸根愈发明显。

　　非但选举之法失统，其他汉化政策失败之迹也随处可见。如关于学校设施，《魏书》及《北史·儒林传》皆称，北魏自太祖之时，设立学制不曾停止，及至高祖迁都之时最为完备。

　　这是一般的记述，其实行情况如何需另行考察。高祖时代，郑道昭的上表中有一节如下：

　　　　大魏之兴也，虽群凶未殄，戎马在郊，然犹招集英儒，广开学校。

与此同时，高允上表劝高祖设置学官，曰：

　　　　自永嘉以来，旧章殄灭。乡间芜没雅颂之声，京邑杜绝释奠之礼。道业陵夷，百五十载。

　　一称太祖之时学术昌明，一称西晋灭亡后至今未立学制。二者完全相反。但总体而言，在某些方面二者与事实相符，这或许表明实际上学制未立。且看学校的中心——国子学：

　　　　自国学之建，诸博士率不讲说。（《李郁传》）

又郑道昭的上表中曾清晰描绘学事荒颓之状，如下：

　　　　今国子学堂房粗置，弦诵阒尔。城南太学，汉魏石经，丘墟残毁，藜藋芜秽。游儿牧竖，为之叹息；有情之辈，实亦悼心。

又说高祖定学制之后，一纪未满，官学即凋落，硕儒耆德，卷经不谈。中央尚且如此，地方的状况更可推知。关于旧俗不改的状况，高允的上表最为详尽，如下：

　　　　前朝（高祖）之世，屡发明诏，禁诸婚娶不得作乐，及葬送之日歌谣、鼓舞、杀牲、烧葬，一切禁断。虽条旨久颁，而俗不革变。……

　　　　《礼》云：嫁女之家，三日不息烛；娶妇之家，三日不举乐。今诸王纳室，皆乐部给伎以为嬉戏，而独禁细民，不得作乐，此一异也。

古之婚者，皆拣择德义之门，妙选贞闲之女，先之以媒娉，继之以礼物。……今诸王十五，便赐妻别居。然所配者，或长少差舛，或罪入掖庭，而作合宗王，妃嫔籓懿。失礼之甚，无复此过。……今皇子娶妻，多出宫掖，令天下小民，必依礼限，此二异也。

……今国家营葬，费损巨亿，一旦焚之，以为灰烬。……今上为之不辍，而禁下民之必止，此三异也。

……今已葬之魂，人直求貌类者事之如父母，燕好如夫妻，损败风化，渎乱情礼，莫此之甚。上未禁之，下不改绝，此四异也。

……今之大会，内外相混，酒醉喧譊，罔有仪式。又俳优鄙艺，污辱视听。朝庭积习以为美，而责风俗之清纯，此五异也。

总之，高祖的改革伴随时间推移渐生破绽。

选举失统，学制未立，风俗混浊，谗幸之臣日渐跋扈。阳固于是作诗二首针砭时政，如下：

巧巧佞佞！谗言兴兮。营营习习，似青蝇兮。以白为黑，在汝口兮。汝非蝮虿，毒何厚兮？……

……志行褊小，好习不道。朝挟其车，夕承其舆。或骑或徒，载奔载趋。或言或笑，曲事亲要。正路不由，邪径是蹈。不识大猷，不知话言。其朋其党，其徒实繁。

由上可知，高祖改革逐渐显现弊害。但汉家一统的治法破灭而中正制度起，中正制度灭而新国家统治法起，此大势推移过程中，孝文帝将与汉族之风相异的蛮族逐渐融合于汉族治法之中，这一伟业，对后世影响深远。活跃于北周、北齐对立之时的众多英雄中，有多名汉族文化教养深厚的蛮族名将，阅读此时期史书的读者需特别注意。

北魏的政术

笔者多次论述，北中国在东汉末之后整体逐渐走上崩坏之路。这在经济界的清晰反映为北中国政府废止钱币铸造的事实。《通典·钱币》记载，曹操任汉献帝宰相之时，计划流通五铢钱，但当时铸钱之事废止已久，曹操也未特别铸造新币。及至文帝，废五铢钱，令百姓以谷帛进行市场交易。然而，民间渐以湿谷、薄绢谋利。见此种弊害萌生，明帝之时司马芝于是提出再造五铢钱。《通典》完全依据《晋书·食货志》，但从《宋书》孔琳之的上奏中所引用的文句可见，司马芝虽提倡使用五铢钱，但无制造新币的记述。且《魏书》记载，太和元年（227 年）四月行五铢钱，但并不一定表示立刻铸造新币。又《孔琳之传》中，当时东晋末期朝臣之间有一种观点认为，"魏氏不用钱久，积累巨万"。总之，魏时应该未制造货币。

魏政府不造货币，一般市场自然见不到钱币的流通。孔琳之认为，此现象全因兵乱所引起，日久自然导致钱币废止。此种状态之下，汉实行的以钱币征收人头税的做法自然行不通。于是户调法应运而生，除按亩课田租之外，建安八年（203 年）每户征收绢两匹、绵两斤。

魏灭亡，西晋取而代之，魏时出现的现象仍在延续。但通览《晋书》列传，晋在名臣亡故之时，赐予大量钱币，几乎可谓滥赐。又如内篇所述，西晋朝臣之间又兴起前所未见的拜金风潮。因此，从此点视之，钱币绝未失去流通性质，反而因数量太少而导致价格大涨。它们为部分权贵所收藏，又导致其流通性逐渐减弱。

五胡乱世，石勒一度铸造了货币，其钱见于《钱录》等书中，但仅是短暂现象。其后钱币完全绝迹，纵使北魏日渐君临中原，但截至孝文帝（高祖）迁都洛阳之前，仍未铸币。因此，《魏书·食货志》有云："魏初至于太和，钱货无所周流。"

肃宗孝明帝时，任城王澄上表中一节有云：

以单丝之缣，疏缕之布，狭幅促度，不中常式，裂匹为尺，以济有无。

这是当时河北的状态，大体上高祖太和以前，北中国以缣和布作为交换媒介物，尤其缣作为货币，占有最为重要的地位。下面是一些证据。《魏书·赵柔传》记载，其由甘肃金城（兰州东）赴代都之时，有人赠与金铢一贯，价值数百缣；又《刘芳传》说，其为僧雇用，抄写经论，因其笔迹优美，每写一卷得一缣；又《崔孝晔传》说，其赴任赵郡太守之时，当地因葛荣之乱导致米粟价格高达数缣一斗。上述记述皆以缣为物价单位。且缣必言其数量，犹如绢之于匹数。前引《赵柔传》说，有人赠其铧数百枚。赵柔令子在市场出售，得绢二十匹。后商人认为估价过低，欲与之三十匹，他未接受。查阅辞典，缣在绢类中分量较重，呈微黄色，以一定长度与宽度成一片，交换时作为标准价格单位。恐北魏太和以前，缣带有几分标准货币的性质，此外绢、绵等皆曾作为货币的代用品。另外，缣就形制而言，恐有六尺高。(《魏书·薛虎子传》)

北魏租税包括魏晋以来征收的田租及户调，此不必多言。而屡次成为问题中心的是户调。今《通典》引用魏令规定，原则上对每户一夫一妇征收帛一匹、粟二石，另根据一户内的人丁、奴婢、牛数，改变税率。总之，与西晋户调相比，其税率远轻。此魏令在太和年间改定税率之前，恐已普遍实行。《魏书·于忠传》中有云：

> 旧制：天下之民，绢布一匹之外，各输绵麻八两。

文中所指应为上述魏令。而绢布（帛）一匹基本是税率标准。因此，薛虎子上疏中称，非制丝之地，上纳麻布，而制丝之地，则上纳缣以代绢布。总之，太和以前，魏征收的户调与田租极轻。太和以后，户调税率一跃升至三倍，田租几乎高达十倍。此时，魏室已开始采取汉化政策，而其结果反而令税率大幅上涨，乍看之下颇为矛盾。其间究竟是何情况？

《魏书·食货志》记载，高祖太和八年（484年）始对百官赐予俸禄。为此，调为每户帛三匹，田租为粟二石九斗。与此同时，又载：

> 先是，天下户以九品混通，户调帛二匹、絮二斤、丝一斤、粟二十石；又入帛一匹二丈，委之州库，以供调外之费。

文中的"先是"一词极为暧昧。但与后来的庄帝采取的政策相比，"以九品混通"将百官也包含于其中。故以上引文应与百官俸禄制度相关联。且《北史》载太和八年诏文，其中含有此文的部分内容。即"先是"为太和八年制定百官俸禄之时，这点毋庸置疑。由此可知，太和改正之后税率暴增。

向百官支给俸禄之事，当时上至中央下至地方皆持强烈反对意见。《高闾传》中，魏宗室淮南王拓跋他强烈批判俸禄制度，又薛虎子从徐州上疏，力陈为支给俸禄而课征的税率对地方百姓所造成的苦痛，并请求恢复旧制。然而，文明太后态度颇为坚决，下令实行俸制一事不可因稍有不公平便破坏通行之制。

支给百官俸禄之制，在当时内外批判声中断然实行。当时朝臣对此究竟持何见解？淮南王拓跋他批判给俸之时，高闾反驳称，置邻党而班俸禄，此为经久之道。又高闾《政治论》其中一节有云：

> 惧蒸民之奸究，置邻党以穆之；究庶官之勤剧，班俸禄以优之；知劳逸之难均，分民土以齐之。

根据上文，支给百官俸禄与立邻党之制密切相关，且与即将实行的均田法相通。笔者以为，高闾是此时代最优秀的政治家。总之，为正确理解百官给俸问题，需要一并研究邻党制（即三长制）与均田制。

《魏书》本纪及《食货志》记载，均田制建立之时为太和九年，三长制则在太和十年施行。然而，《北史》本纪未记载此均田制，但对三长制的记载与《魏书》相同。《通典》《玉海》据《北史》"给田制"一条，认为均田制施行于太和元年。故两制施行的年代存在两种说法，无法达成一致。然而，《魏书》《通典》二书皆称均田制为李安世提出，其上表中明确表示三长制已然施行。若三长制在太和十年（486年）施行，则均田制的施行必然在太和九年之后。由此视之，《魏书》《通典》的纪年皆存疑。又《魏书·韩麒麟传》中，太和十一年韩麒麟上表叙述如下意见：

> 愚谓凡珍玩之物，皆宜禁断。吉凶之礼，备为格式，令贵贱有别，民归朴素。制天下男女，计口受田。宰司四时巡行，台使岁一案检。

若均田制颁布于太和十一年以前，则韩麒麟不可能上陈计口授田的意见。因此，基于李安世、韩麒麟两传可知，《魏书》与《通典》的纪年皆不足信。总之，均田制的颁布应该在太和十一年之后。

关于三长制，《魏书·食货志》及《李冲列传》有详细记载。但《食货志》叙述三长制时，含有《通典》作为魏令引用的上述租调法的相关记述。《食货志》似认为租调法与三长制一起施行，但考虑其前后关系，无法理解。因此，笔者认同《通典》，《食货志》可能存有错简，或者魏收的撰述存在谬误。

三长制为五家一邻长、五邻一里长、五里一党长之制，基于《周礼》的法规。但实际上，如内篇所考证，西晋时已尝试以此种户数而组建村落。建立此地方制度究竟是出于何种目的？《李冲传》中有云：

> 旧无三长，惟立宗主督护，所以民多隐冒，五十、三十家方为一
> 户，谓之荫附。荫附者皆无官役，豪强征敛，倍于公赋矣。

所谓"宗主"，从其他用例可知，是指同族中被选出统领同族整体事务之人。"督护"的用例，笔者尚未考得。但北地强豪迁徙之时，必然同与之存在某种身份关系的其他强族共同迁移，且强族们各有部曲，这基本上是常例。而相对于同族之中的宗主，督护司掌的是由人际关系构成的某种社会。总之，三五十家聚成一户，其下荫附者众多（似以军规制之则谓之部曲），此荫附者逃离国家版籍，反而苦于豪强的赋敛。史书明确记载，魏立宗主督护，故此乱离所引发的自然现象必然被国家所承认。但此社会组织的存在导致赋役的不公平，贫富差距越来越大，于是魏新立三长制，向三长赋予某种特权，令其定天下户籍。

关于三长制的效果，《魏书·食货志》记载，起初百姓不喜，兼并之家尤为厌恶。但施行的结果，事务简捷，经费与往昔相比节省十倍有余。玩味此写法，并无匡正赋役不公这一最初目的，仅是出于节约事务费的考虑，为国家财政谋取利益。这是基于何种理由？此前魏世祖太延元年（435年）末的诏书一节有云：

> 若有发调，县宰集乡邑三老计赀定课，哀多益寡，九品混通，不得
> 纵富督贫，避强侵弱。

文中褒奖国家征课人役、赋税之时，亲民官（县宰）与其辖下的乡邑三老相商，计财产定课以求公平负担的做法。此种情况下所称的"乡邑三老"恐非特别设立的机关。然而，三老若是新设机关，那么地方户籍也变得更清楚，县宰可通过此机关征集赋役。且户籍若已清楚，则地方豪强之徒无法侵占国家户籍。应从此点认识三长制的效果，其并无夺取豪强之徒既得利益献与国家以图公平负担的意味。

通过三长制可定国家户籍，以期调发公平、高效。在此基础上定百官俸禄，且定租调税额。此后，国家才可进行行政整顿。

向百官支给俸禄本是责官吏清廉之意。此前，百官无俸之时，最为模范的地方长官为崔宽。其传记中有一节如下：

时官无禄力，唯取给于民。宽善抚纳，招致礼遗，大有受取，而与之者无恨。又弘农出漆蜡竹木之饶，路与南通，贩贸来往，家产丰富，而百姓乐之。

崔宽营私奉公被认定为功绩。但这本非统一国家的治体，魏最终一改积年弊害而定百官俸禄。那么，此改革的意义在于何处？

《北史》太和八年（484年）诏书中有一节如下：

朕顾宪章旧典，始班俸禄，罢诸商人，以简民事。户增调三匹、谷二斛九升（当据《魏书》改作九斗），以为官司之禄。均预调为二匹之赋，即兼商用。

分析上文可知，孝文帝为支给俸禄而增税，罢诸商人，平均预调，定二匹之赋，以兼商用。由此可知，此前商人可承担部分官吏工作而获取利益。此事实在史上是否有例子？

当时的商民属于诏令中常称的"工商杂伎"，或"工商皂隶"阶级。其中，工伎方面，有隶属中央、地方官府者，工伎最多的是尚方的锦绣绫罗作坊和御府内库等。此外有"杂营户"：太祖道武帝令诸漏户上交纶绵，后来他们作为制作细茧罗縠者而注籍，此类人多附隶于中央地方的官府或豪族。于是出现了贩卖附隶国家的工伎的商人。而此等商人屡与豪强勾结，压榨百姓。于是，高宗和平二年（461年）颁布如下诏书：

刺史牧民，为万里之表。自顷每因发调，逼民假贷，大商富贾，要射时利，旬日之间，增赢十倍。上下通同，分以润屋。故编户之家，困于冻馁，豪富之门，日有兼积。为政之弊，莫过于此。其一切禁绝，犯者十匹以上皆死，布告天下，咸令知禁。

此诏取缔商人暴利，不久后高祖太和二年（478年）又下诏令工商杂伎悉数赴农，令诸州课民种植菜果。这或许是打算解放隶属官府之工商，令其成为自由民。太和十一年高祖再次下诏，解放尚方等处工伎，且四民之中若有人欲制造尚方的制作物，可放任自由。思察此等诏书之意，总而言之，是欲以农业为中心，认定工商自由，同时，正百官俸禄，期其清廉，课公平赋税，将诸商人贡献的官府收入均摊于一切税赋之中，且九品混通承受负担。反对施行三长制的言论中，有人认为不应混通九品而课以赋税，而综合考虑以百官治天下之主义以及为官府机关担当征收租税大任之三长，可知三长制为足以颠覆旧习的新制。而高祖在延兴五年（475年）颁发如下诏书：

> 天下赋调，县专督集，牧守对检送京师，违者免所居官。

即在官僚系统中，尤令亲民官——县宰专督赋调。

官治方针既已确立，三长之制新设，国家行政机关整备完毕。魏欲通过实行均田制以维持一般社会的秩序与安宁。现叙述此法的起源与性质的概况。

秦汉以来土地私有已作为事实而被一般社会所认同，而汉族所传的土地公有思想未曾断灭，尤其在儒学影响最强的汉代，偶有实现此种理想的尝试，王莽改革即为其中一例。然而，及至东汉末期，北中国强族兼并盛行，贫富差距悬殊，当时主张改革者更具明晰的现实性，想要复兴此思想。荀悦的占田说是其中之一。所谓占田，即以口数占有田土，设定限制，人可耕种土地，但不得买卖。因此这是与私有田土并行的主张，期待以扶助贫弱者而消极防范兼并之弊。与此同时，崔寔、张仲统等人主张向宽地移民。及至晋代，武帝听取石苞意见，设立占田法规。（以上据《通典》）荀悦之说大体如上，但是否真正实行尚不清楚，不久后西晋灭亡，北中国陷入前所未有的动乱中。受害者不止无告平民。流民四出，中原值虎狼之厄。北中国人士对此记忆深刻者在孝文帝推行汉化政策之际，欲再次根据传统精神而致天下治平，于是提出均田法，此可谓时运之际会。但此为追寻思想本流之说，实际上，历史在其发展过程中自然产生了诞生这一理论的土壤。

蛮族入主中原后，或强制性或自发性引发人民迁徙，这在史书上屡见不鲜。单在魏国治下，《魏书》纪传中就有大量案例。而以北魏首都平城为中心考之，自太祖之时开始，为供给都城的食粮，乃令新民迁徙，与之耕牛，计口数分与田地。尔后此种政策持续实行，其间有中原人民不愿迁至代都，甚至有人图谋叛乱。此时，蛮族的叛徒严罚论与汉族大臣的赦免论相互对立，此情况可见于《崔玄伯传》。且《太宗纪》记载，北魏不仅移徙汉人，还讨灭蛮族将其部众迁至张家口边，给予农器，计口数授田地。又世祖太子拓跋晃强制畿内百姓有牛之家将牛借与无牛之家，作为交换，无牛之家付出人力，借此方法奖励垦殖。本纪记载，高祖延兴三年（473年），此方法在各州郡施行。

以上以平城为中心，阐述了魏施行的通过供给田土、奖励垦殖促进移民的政策，当然这种政策是国家强制推行的。不同于这种意味的移民政策，对于流民四出导致田地荒芜的地方，魏使用汉代普遍实行的以"地著主义"为根本的流民原籍安置办法。例如，世祖太延元年（435年）诏书有云：

> 羁旅他乡，皆当归还旧居，不问前罪。

若施行三长制，三长与县宰合定户籍，理论上应实行"地著主义"，但事实上完全不可能，于是才有均田制的实施。

《通鉴》记载，太和十三年（489年），李安世提出均田说。其议论的要旨主要有五点：（一）理论上应平均贫富。（二）人民应编入国家户籍。（三）现阶段流亡民众人数众多，虽已制定三长制度，但流民若返归故乡，则其土地或在他人名下，或被豪族所兼并。诉之于官司，两方皆有证据，因此苦于裁判。（四）按现有政策，纵然其间有不公正之处，现诉讼中的田地除了以年为限赠与现有主人之外，别无他法。（五）同时，现在无主的田地宜均分给新来百姓。此上奏成为契机，均田法终被实行。其概要为：十五岁以上（即赋课人头税的年龄标准），男一人受露田四十亩，妇人二十亩。此田地在主人死亡时归还朝廷。此外，种植桑、榆、枣的土地，男一人支给二十亩，此为家庭私有的土地。拥有奴隶或耕牛之家相应支给土地。所谓露田，杜佑解释为无树之田。宋郑樵则解释为无主之田。政府将之认定为公田，定还受之法，同意百姓使用。与露田相对的桑则为私有土地，可进行自由买卖。

综上所述，可得出以下结论：（一）起初以开发都城大同为目的的强制移民，借施行均田法，可适用于一般郡国，以此建立社会秩序。（二）承认汉代私有土地制度的地著主义因不可能实行，所以北魏转而承认半私有的自由占居主义。若综合考虑当时一流政治家高闾的百姓自由迁移论，则此点更加明晰。曰：

> 清道路，恣其东西，随丰逐食，贫富相赡。可以免度凶年，不为患苦。

均田法既定，社会安宁得以维持。于是，高祖迁都洛阳，首造太和钱币，定其与绢匹的交换率，以钱币支给百官俸禄。但魏并不是专由国家铸造钱币，当时"遣钱工在所鼓铸。民有欲铸钱者，听就官炉，铜必精练，无得淆杂"。至此，高祖的诸政策粗略介绍完毕。此时代可谓北魏黄金时代。

高祖孝文帝既是鲜卑种属诞生的最为光辉的英雄，同时也是中国历代帝王中最为优秀的统治者之一。孝文帝在位的时代，他创设的政策必然实行，但其死后新方针与反动方针的混杂最终令社会再次陷入动摇。例如，百官权威受到认同，士族之类悉数向选举一门谋求立身之地，虽立三长制，但三长在上官暴虐之下一心只管诛求而已。孝明帝时，张普惠上疏中一节有云：

> 若一匹之滥，一斤之恶，则鞭户主，连三长。此所以教民以贪者也。今百官请俸，人乐长阔，并欲厚重，无复准极。

由上文可知，百官俸禄并非以钱币支给。因此观任城王拓跋澄的上奏，魏王室铸造的太和钱未被受南朝影响甚深的徐扬之市所用，河北等地无人使用钱币。而魏应采取的唯一手段，是任由各地方的各种钱币自由流通，其贵贱之差须由乡价决定，别无他法。（《魏书·食货志》）均田制明载于法令，而其实行则无暇顾及。但对北边，世宗仍欲借均田制维持地方秩序。源怀乃上表：

> 诸镇水田，请依地令，分给细民，先贫后富。

北齐北周政术概论

前文已述北魏孝文帝谋划的诸项改革呈现的破绽，现对地方状态不稳定之处进行叙述。

第一，孝文帝的汉化政策，其弊害在于产生了消灭拓跋部拥有的武力的机会。当然，令北魏君临北中国者，是其武力，武力消亡之后，容易产生祸乱。《魏书·杨椿传》记载，起初太祖平定直隶平原时，为威压此地，驻屯八军，一军五千人，秩序稍定之后，分割军队，置于南朝边境，一军仅为千余人，但其主帅不变。然而，杨椿减省其中四军。此为宣武帝时之事，可察知鲜卑主帅在内地镇防方面未发挥任何作用。此外，一般兵备及军纪废弛之状已在内篇详细记述。

第二，孝文帝改革的理论归结，必然是树立官僚系统，其中对地方稳定负有最大责任者是县宰。然而事实上，北地由九品中正制度支撑的豪族门阀得势，此二者本应调和，但更易乖离。《北史·元文遥传》中记载：

> 齐因魏，宰县多用厮滥，至于士流，耻居百里。

可见北魏县宰的卑贱。同时，士人悉数踏上选举之路，以求出人头地，中正制度陷入紊乱，豪族门阀旧有习惯被打破，地方秩序难免陷入混乱。肃宗孝明帝末年高谦之的上奏有云：

> 豪家支属，戚里亲媾，缧绁所及，举目多是，皆有盗憎之色，咸起怨上之心。县令轻弱，何能克济？先帝昔发明诏，得使面陈所怀……近日以来，此制遂寝，致使神宰威轻，下情不达。

由上文可知，县令与豪族之间，相互乖离而不通情，豪族明显有自立倾向。

现据《魏书》，对中原地区乱离概况进行叙述。有兖州刺史名为李崇。兖土本劫掠多发，李崇遂在每村置一楼，楼中悬一鼓，发生盗抢之处，以双槌击鼓，四边诸村听闻警报后，敲鼓应之，传至下村，如此，村村相戒，守备要路。兖之北有平原郡，北齐之时，此地有妖贼刘黑狗，纠结徒党，为害波及沧海。管理此地的苏琼令村居互相连接，最终免于受害。这些是山东西部的状态，自此北上进入直隶南部，有广阿泽，此地在北魏至隋唐期间，常成祸乱的中心。起初此地在魏之威力下归于宁静，《韩茂附子韩均传》曰：

> 广阿泽在定、冀、相三州之界，土广民稀，多有寇盗，乃置镇以静之。以均在冀州，劫盗止息，除本将军、广阿镇大将，加都督三州诸军事。均清身率下，明为耳目，广设方略，禁断奸邪，于是赵郡屠各、西山丁零聚党山泽以劫害为业者，均皆诱慰追捕，远近震蹑。

但因魏末北边所起的祸乱，该地再次陷入混乱。崔模上表中有云：

> 窃惟殷州，地实四冲，居当五裂，西通长山，东渐巨野。顷国路康宁，四方有截，仍聚奸宄，桴鼓时鸣。况今天长丧乱，妖灾间起，定州逆虏，越趣北界，邺下凶烬，蚕噬腹心。

殷州平常犹有奸宄，今遇葛荣之乱，可想象地方的动荡。殷州是广阿泽所在地，北齐勋臣高昂据此地归附北齐。

山东、直隶地区的乱状如前所述。山西地区在薛修义叛乱时，村邑迷失向背，此可从《杨侃传》中详知。杨侃欲知村邑究竟投靠何方，遂令侯台举烽火，村邑降者则应之举烽火，若不然，则视为不降者，将予屠杀。村村皆恐其虐杀，纵无真正降意者亦举烽火，火光照数百里，薛修义见之乃不战溃走。

以上自中原地区至山西，大部分在魏亡后归附北齐。北齐王室究竟以何种政术治理此祸乱之地？

北齐高欢一方面依靠常被以洛阳为中心的鲜卑贵族贱视的北边鲜卑之力，另一方面长期被中原地区的一派汉族豪强所拥戴，为调和利用此两大势力，高欢大费苦心。此已在内篇详述。而北齐王室的势力逐渐移固，实行诛灭以洛阳及邺都为中心的魏王室一族（所谓诸元）的行动，又对中原地区强族施以巨大压迫。《通典》引用的《关东风俗传》记载，文宣帝时，政令严猛，羊、毕等诸豪颇被徙逐。今其事实不清楚，但据《北史·毕义云传》记载，毕家在兖州北境，因常劫掠行旅，州里患之。其家私藏工匠，有十几台织锦器械，造金银器物。又《羊烈传》记载，其家世与毕家武将出身不同，颇富文雅。二者作为兖土强族，声气相通。北齐王室杀诸元，压迫羊、毕，当然是为彰显王室威力以期统制天下。以此点为中心考量北齐政术，可知北齐在魏文帝开创的统一方向上继续推进。以下试作解说。

《颜氏家训·风操》篇有云：

> 近在议曹，共平章百官秩禄，有一显贵，当世名臣，意嫌所议过厚。齐朝有一两士族文学之人，谓此贵曰："今日天下大同，须为百代典式，岂得尚作关中旧意？"

根据上文，齐新定百官品序及食禄，欲立百代典式，而反对者为士族之徒，赞成者为文学之士。北齐时文学之士在政治上的地位尤其值得注目。

《北史·文苑传》序文记载，北中国"五胡扰乱"之时，"章奏符檄，则粲然可观；体物缘情，则寂寥于世"。及至北魏，文学逐渐复兴，尤其孝文帝"气韵高远，艳藻独构"，汉族衣冠之士纷纷仰望而追慕新风。但其律调特殊，曲度不同，辞无泉源，言出胸臆，不合大雅之趣。魏末至北齐，中原人士倾慕南朝文风，梁沈约、任昉最受北朝爱慕，洛阳显贵又争相阅读何逊的诗集。故魏末至北齐，黄河、长江一带的意气相投者已明显由文学接通。又梁在侯景之乱平息后，众多南朝衣冠之士返回旧土，文运之盛笼罩中原。北齐王室将文学之士大量集中于邺城，立文林馆，将文学之士悉数网罗其中。此外，中原地区有迟钝的士大夫自任为文学之士，《颜氏家训·名实》篇皆有所记载。总之，以声誉开拔擢之路，又以文取人，二者皆是北齐王室创设之物。

北齐拥有预示新方向的措施，与之相对的反动倾向也不断反映于史书中。在此可列举《北齐书·儒林传序》为例。大意为，北齐已设国子学，但学生不过数十人。贵族子弟中，通经学而入仕者仅有博陵崔子发、广平宋游卿。又在诸郡强制设立学校，设置博士、助教讲授经书，学生都被迫入学充当生员，但士流及豪富之家皆不服调遣，毫无诵读经书之意，又被州郡官人驱使。即便有人懈怠学业也全不检治。由此可见，虽然北齐王室在领内全土强制立学，但贵游子弟已不再对经学抱有兴趣。足见在儒学范畴内陶冶士族阶级是何等困难之事。而序文一节曾记述如下奇妙的现象：

> 幸朝章宽简，政纲疏阔，游手浮惰，十室而九。故横经受业之侣，遍于乡邑；负笈从宦之徒，不远千里。伏膺无怠，善诱不倦。入闾里之内，乞食为资；憩桑梓之阴，动逾千数。燕、赵之俗，此众尤甚。

可见虽然贵游子弟的教化并不如意，但直隶地区的一般民风不喜实务，而是热心经学以求步入宦途，这种风气是很明显的。不讲求使此风气通达的方法是北齐政策缺点所在。

以上北齐所采取的新政策及燕赵的民气等皆暗示后来隋唐一统之际实施的新政策。但相比新政策，导致北齐统治瓦解的反动倾向更加强烈地反映在史书之上，此为事实。

中原士族不知用儒学约束其身，一心维持其在地方的势力。再引《关东风俗传》，直隶中部瀛、冀的诸刘，南方清河的张、宋，濮阳的侯氏以及山西并州王氏等，"一宗近将万室，烟火连接，比屋而居"，"其时强弱相陵，恃势侵夺，富有连畛亘陌，贫无立锥之地"。《北齐书·循吏·宋世良传》记载，清河郡东南有曲堤。此为成公一姓盘踞之处，群盗多萃于此。谚语有云："宁度东吴会稽，不历成公曲堤。"故颜之推在《颜氏家训》中对士族拥有甲兵、维持私家权势的做法进行强烈批判（《省事》）。由此可见反动势力在北齐治下的猖獗程度。

此种世相之下，魏创设的均田法无法施行。北齐方面，三长制稍改组织，名字也变更为"三正"，大体上继承北魏的遗意，均田制虽在条格上有所变更，但其意得到继承。《关东风俗传》明确记载，其实行反而在社会上招致种种弊害。现叙述概要：（一）授受缺乏严格之法，有的争地案件三十年未结。（二）滥授赐田，永久赐与，允许买卖，且政府亲自交易公田。（三）政府强夺人田，编入公簿，且滥授于人。（四）政府官吏与权豪恣意占有田土，河渚山泽肥饶之处皆归他们所有。（五）对口分以外的田土，纠告者可得奖赏。此规定被奸人利用，不顾已无多余土地，令人诉告而得奖赏，若奸计未能得逞，则令诉者逃至他乡。（六）允许口分田买卖，露田原则上不允许买卖，但卖者也不受重罚。（七）懒惰不耕田土之人，三正将出售其口田以供租课。综上所述，上无确立条制整顿官规的善意，下则豪族、有司相互勾结以谋私利之风强烈。今以北齐为中心思之，齐王室无力助长时势要求的新倾向以求统一机运，政府自身反而沉溺于反动风潮中，最终走向没落命运。

北齐据邺及代都，占据中原、山西地区，而北周起初以陕西台地为根据地，将甘肃收入囊中，与北齐对立。陕西地区为五胡之乱后各类蛮族混居之处，虽被北魏武力所讨平，但即便北魏孝文帝全盛之时，也未充分浸染魏的政化。其情状据《魏书》之《李冲传》及《卢渊传》可察。《李冲传》记载，高祖迁都洛阳之后，断然实行南伐，另派一军征讨汉中，计划此军占领汉中之时，从陕西地区征发差遣六千戍兵。指令是暗中发给陕西地区刺史，因此地有氏族及其他蛮族割据，若征发差遣之事暴露，则易引起叛乱。虽其用意周密，但李冲仍批判称，在汉中置戍卒，与弃于绝界之外、群贼之口无异。由此可见，北魏的权威并未遍及关中（即陕西台地）。又《卢渊传》称，高祖迁都以来，关中百姓争设斋会，自称豪贵，相互煽惑，有人在座中公然非议朝政。因此，眼下最需诛灭此等渠帅，在当地树立威权。魏末此地发生萧宝夤叛乱，宇文泰拥立北魏孝武帝对抗北齐之时，关中之地被独特政术所统制。

北周武帝宇文邕诏书中有一节如下：

　　我太祖文皇帝禀纯和之气，挺天纵之英，德配乾元，功侔造化，故能舍末世之弊风，蹈隆周之睿典，诞述百官，厥用允集。

诏书认为宇文泰根据《周礼》设置六官、解决"树立官统"这一北魏高祖以来的大问题具有最重大意义。此时设定的形式也许是《唐六典》的先声，与此同时，宇文泰全力振肃官纪的努力也值得注意。

魏大统十一年（545年）宇文泰颁布教令，其文如下：

> 古之帝王，所以外建诸侯内立百官者，非欲富贵其身而尊荣之，盖以天下至广，非一人所能独治，是以博访贤才，助己为治。若其知贤也，则以礼命之。其人闻命之日，则惨然曰："凡受人之事，任人之劳，何舍己而从人。"又自勉曰："天生俊士，所以利时。彼人主者，欲与我为治，安可苟辞。"于是降心而受命。及居官也，则昼不甘食，夜不甘寝，思所以上匡人主，下安百姓；不遑恤其私而忧其家，故妻子或有饥寒之弊而不顾也。于是人主赐之以俸禄，尊之以轩冕，而不以为惠也。贤臣受之，亦不以为德也。位不虚加，禄不妄赐。……使天官不妄加，王爵不虚受，则淳素之风，庶几可反。

劝宇文泰发此教令者毫无疑问是名臣苏绰。苏绰写六条诏书以图强国富民，借宇文泰之手劝魏帝实行：（一）"先治心"。上自公卿，下至州宰，"必心如清水，行如白玉"。（二）"敦教化"。"扇之以淳风，浸之以太和，示之以朴素。使百姓亹亹，中迁于善。"（三）"尽地利"。在诸州郡县，每年戒敕部民，不论少长，持农器者皆令就田垦地。若有不从者，则正长将其姓名通牒郡县，守令依事责罚。孤单、家境不好的农户和无牛的家庭，应劝他们有无相通，互相救济。（四）"擢贤良"。州郡大吏不以门资作为主要拔擢依据，末曹小吏必取志操清白者。此外，正长之职，应从一乡之中仔细挑选最有才德之人充任。（五）"恤狱讼"。（六）"均赋役"。当时是军国之世，难以立减租税，可努力平均赋税，抑制强豪奸巧，督促产绢、麻的地方提前织造，应时交纳赋税，且在纳税时期应根据贫富而定差次。总之，上自公卿，下至乡里三正，皆以一贯的官统，隶属上一人，以期实现汉族德治主义传统。

史书记载，宇文泰极为信任苏绰，此为少有的美谈。苏绰死时，仪葬出长安城外，"太祖与群公，皆步送出同州郭门外。太祖亲于车后酹酒而言曰：'尚书（苏绰）平生为事，妻子兄弟不知者，吾皆知之。唯尔知吾心，吾知尔意，方欲共定天下，不幸遂舍我去，奈何！’因举声恸哭，不觉失匕于手”。苏绰的六条诏书及记账之法皆是肃正官纪的方策，简明而富于可行性，而这也得益于负全部责任的宇文泰的诚心。从此点而言，北周可谓北魏传统的继承者。

北周建国之初，东有北齐，北有蠕蠕，深受二者压迫，且孤立于物质贫弱的陕西一隅，势力最为弱小。其得以自立自强，多拜宇文泰全盘规划所赐，尤其设立府兵制度可谓最合时宜的良策。谢启昆《西魏书》引宋陈傅良《历代兵制》曰：“宇文泰相魏，辅以苏绰经济之略，于军尤详。六军百府，始仿周典而稍还兵农不分之旧。”其制约在魏大统八年（542 年）施行，定禁卫军之组织，令府兵隶属其下。近卫军由八名柱国大将军统领，其中宇文泰总揽万般政治，独裁军事大权，元欣作为魏之懿亲坐拥虚位。宇文泰独裁之下，余下六人各管领两大将军，共十二大将军，各分统开府二人，一开府领一军，合二十四军，分掌禁旅（《西魏书·百官考》）。郎将所掌握的府兵皆隶属于此组织的禁卫军制下。所谓府兵是从民间征调有才干之人编入兵籍，免除其力役与租调，农闲期修阵战之法，其马畜粮备由六家支给。换句话说，将部分农民强制编入兵籍的同时，保留其作为农民的资格，令其平时从事农耕之业。此方法一方面可能是后世中国产生兵士这一特别阶级的远源，但就当时而言，此方法将民众从非法暴力强行征发的痛苦中解脱出来，且有助于定立社会秩序，因此值得最高评价。而且依据《周礼》制度，兵部成为独立国家的行政机关。综合看来，府兵制对绝对君主制度组织做出巨大贡献。

《北史·苏威传》记载，苏威体察父亲苏绰平常之言，侍奉隋文帝，以减轻租税作为毕生事业。苏绰深感自责之处在于当时因国家军队需要，不得已向民间征收过重的租税。且不止租税过重，大统十一年（545 年），李彪献策实行的屯田政策除富国强兵之外也无任何意义。其大要为另设农官，从州郡之户中征发十分之一进行屯田，根据耕地面积，官府拍卖赃赎杂物以购买耕牛交给屯夫。一夫所受之田，每年征收六十斛，作为交换，可免正课及征戍杂役。这与前期以来屡屡实行的营田法相比，除去详细条规，性质完全相同。总之，它剥夺部分自由民的资格，令他们成为官府的隶属。

综上所述，北周在所有方面实行强国政策，唯有一事在表面上与所有政策相违背，即北周改汉姓为蛮姓，这与北魏孝文帝将蛮姓改为汉姓的做法截然相反。北魏初期，其下的各部族中，称统国者有三十六，大姓有九十九，后他们多数灭绝。宇文泰将诸将中功高者定为三十六国之后，次等功者定为九十九姓之后。这些只是纯粹的称号，但如此定下的诸将，率领的军人多人改其固有之姓。现无从指摘其事实，但汉族隋王室杨氏被称为普六茹氏，应是其中一例。又《西魏书》据郑樵《通志》列举了许多汉族改成蛮姓的例子。宇文泰为何采取如此反动的政策不得而知，依笔者所见，统国、大姓等不过是纯粹名号，既然如此，则汉族改蛮姓，蛮族改汉姓，二者之间极易融通，汉蛮的界限岂非可通过多次改姓而自然消弭吗？当时汉蛮的贵种主要由武将勋官的位阶决定，军兵多由汉族农民担任，令北中国困扰已久的国家组织暂且成形，最终北周在严厉的绝对君主宇文邕率领之下，灭北齐，不久后揭开天下统一的序幕。

今通览南北朝大势，北中国被五胡扰乱，因北魏而稍稍有统一的气运，但长江流域的南朝在相对年轻的文明土地上建立贵族制而散发光华。其间，北方汉族思慕南朝。然而，北魏孝文帝改革以来，北中国明显萌发统一的机运，这反而刺激南朝而加速梁武改革。但在贵族制下发展文化的南朝，梁武改革无法彻底实行，统一方向反而被北朝的齐周所继承、助长，最终由北周至隋，统一终于完成，不久后由大唐集大成。但北中国建立以全体官僚为中心的国家机关，岂非加剧了国家与社会的疏离？例如，受到社会尊敬的旧门第子孙虽然境遇贫困，但不向国家显官低头。而国家显官乃至王室，好与旧家通婚，此风潮在唐全盛期仍可见其痕迹。当然，这是短暂现象，不久后即被国家威力压制而消失。但家族作为社会的基本单位，是不可或缺的，家族观念与新建国家机关似乎极难融合。此点在将来研究隋唐时代时更加明了。

北朝佛教梗概

东汉初期始出现于中国历史上的佛教，在末期迅速获得社会上下的信仰，及至三国时代，汉译梵本已出现数种，及至西晋，当时王都洛阳已有四十二所寺院，此可见于《洛阳伽蓝记》及《魏书·释老志》。此外，汉人出家成为名僧智识而被世人所尊信者，有被慧皎列入义解科的朱士行及译经科的法祖等人。依《法祖传》，法祖起初在长安被西晋宗室河间王司马颙所敬重，"八王之乱"后逃至陇右。他深为道俗所尊信，因此陇右镇将张辅欲举为僚佐，粉饰其势力，但法祖持节不屈，因此遭杀害。然而其名声响彻陕西、甘肃全地，听闻法祖遭害后，陇上羌胡率领精骑五千前来讨张，适逢张辅遇害，于是群胡分散，各分法祖之尸，建造塔庙。此故事最清晰地表现出当时名僧受尊信的事实。自此之后，整个五胡、北朝时期，汉族的名僧智识次第辈出，除了法显、宋云等赫赫有名者，向西域或印度求梵本、长期巡礼圣迹以满足平常仰渴之情的僧人不胜枚举，此可从《僧传》得知。北中国在西晋之后动乱不绝，汉族思想倾注于佛教之中，因此北朝佛教在人文历史方面关系最为深厚。另一方面，政治乱象不断影响佛教界，其兴废之频繁值得注意。

西晋灭亡后，北中国进入五胡扰乱的时代。有历史学家推测佛教获汉族上下信仰之前，先获得北狄、西戎的信仰，但究竟是否存在明证？依中国史料，此观点恐难以成立，但佛教信仰在北中国加深、变广的机缘在于蛮族君主，这是无可置疑的事实。后赵石勒、石虎与佛图澄的关系即为明证。

佛图澄的传记见于《晋书·艺术传》中。今据东晋宗炳《明佛论》，书写西晋历史的干宝以及继承其后书写部分东晋历史的孙盛的撰述中毫无佛教内容，由此可知，此《晋书·佛图澄传》并非从史书摘取，而是根据佛教方面的材料所作。慧皎《僧传》中将佛图澄归于神异科，《晋书》作者取之列入《艺术传》中。《僧传》译经科所列的鸠摩罗什，《晋书》同样列于《艺术传》中，这是何故？《晋书》的编纂常被讥讽体例不纯，这也许是此书应受批评之处。现抛开形式上的问题不谈，佛图澄或列于神异科，或列于《艺术传》，皆被视为方术之类，这是事实。而一名方术者竟然可对中国佛教广布做出如此巨大的贡献，由此可知北中国佛教的特征。

佛图澄本为月支人。其初到洛阳时试图营建寺庙，不料当时帝都为匈奴所破，遂未能得志。适逢石勒南下，屯戍葛陂，专行杀戮之事，遇害的沙门不在少数。他听闻石勒部将郭黑略已受五戒，为救苍生苦难，于是通过郭氏投入石勒帐下。如此一来，佛图澄作为石勒的有力诤言者而出现于史上，他或预知未来命运，或以咒愿烧香拯救人之灾厄等，而其热心从事布教之事亦毋庸置疑。石勒死后，石虎当世，佛图澄愈加被尊信，终与石虎联手解决中国佛教史上最需注意的出家公认许可问题。

关于此事，《僧传》及《晋书·佛图澄传》之间多少存在繁简差异，但其意大体相同。《僧传》记载，佛图澄道化既行，民多皈依佛教，皆营造寺庙，竞相出家，结果真伪混淆，愆过增多。石虎问中书省，一般庶民是否应事佛？沙门之中有为逃力役而姑且事佛之人，是否有必要采取某种方法清查这些人？此二问似乎存在相互矛盾之处。因为若难容一般庶民事佛，则第二问中的清查方法不应成为问题。故石虎的询问中包含承认佛教的本心，然而中书省著作佐郎王度明确提倡佛教禁止说，此观点已经中书令王波同意，故石虎咨问的中书省，其全部意见为采取佛教禁止说。其理由为，自汉代至三国魏，其间朝廷在都邑营建西域人的寺庙，允许其奉神，但汉人不得出家。今赵国制度继承汉魏，凡是赵人皆不得赴庙烧香拜礼。若有违者，不论其身份如何，一律按淫祀之罪处罚。但中书省的决议恐在石虎的预期之外。因此，石虎断然下达如下命令：

> 佛是外国之神，非天子诸华所可宜奉。朕生自边壤，忝当期运，君临诸夏。至于飨祀，应兼从本俗。佛是戎神，正所应奉。夫制由上行，永世作则。苟事无亏，何拘前代？

汉族既然已认定蛮族作为君主，则没有理由禁止已在传播的外国宗教。关于此点，石虎的裁断也许正确，但如此明白点出蛮族君主与汉族官僚之间难以调和的论理抗争，原石虎企图清查假托佛教的奸民的实际问题又将如何解决？如前所述，东晋之时，僧众清查问题已由桓玄提起。但那属于实际问题，并未发展成为如北中国般的论理抗争。北方特色即在于此。

若推进论理的步伐，明确夷夏之别，则承担国家租税及力役的庶民可进入佛教教团，而将对国家尽义务变更为侍奉佛教，这恐怕难以容许。总之，佛教因石虎而被北方所公许。在其保护下，佛图澄热心从事传道。其门徒前后多达一万，所历州县兴建佛寺，计八百九十三所。北中国的佛教由此奠定盛运基础。

佛教史家普遍认为，鸠摩罗什在姚秦完成佛典翻译大业对中国佛教教理传播贡献巨大。笔者不通佛学，故避开一切佛理问题，主要着眼其与俗权交涉之处。总体上，君临北中国的蛮族君主，自石虎开始，多伴有一名作为忠告者的僧侣。如沙门智通之于姚襄、释道安之于苻坚、沙门支云猛之于慕容宝等，皆属此类。但另一方面，随着君主的喜好以及势力发展变化，此种关系往往易对整个佛教界造成影响。石虎死后，冉闵得势，发起对石族及羯部的大屠杀，佛图澄的坟墓被肆意凌辱（《僧传》），释道安无奈率领教团南徙，后又被慕容儁（《僧传》作"俊"，今改）所逼逃至襄阳，总之，石虎死后，僧团蒙受短暂法难。尤其冉闵之下，有道士法饶参与帷幄，不知其属佛道之中的何种宗教。且除了僧团整体罹难之外，僧侣个人也多蒙受帝王的灾难。例如，昙无谶被沮渠蒙逊所敬重，在北魏世祖的恳请之下东行，最后被蒙逊暗杀。此外，权力保护下的僧侣之间，容易兴起党同伐异之风，如最精通佛律的佛驮跋陀罗因流言罪被旧僧所追逼，离开著名佛教保护者姚兴，前往江南庐山隐修。至于僧团举团反抗帝王权力，前燕之世已见"沙门天下"的说法。以上叙述北魏权力尚未在中原确立之时即所谓北朝前期的佛教史概要。

作为北魏开创者而为人所知的太祖拓跋珪也是佛教的保护者，其灭前燕之后，君临中原，定都平城，下令奖励城内建造佛寺，且令汉族沙门法果为道人统，管辖统摄全体僧徒。如前篇所述，后秦姚兴之时有僧正官，白徒从国家领取俸禄。北魏道人统恐也属此类。法果成为道人统后，令全体僧徒敬拜太祖。理由为：太祖系当世如来，故僧徒宜尽礼（《魏书·释老志》）。但法果向人开谕其意时，称君主为佛教宣传者，故拜之并非拜天子，而是拜佛教。暂且不论其解释说明，沙门拜天子的问题在北魏极为容易地得到了解决，如此一来人主与佛教的关系变得最为密切。而北魏威权伴随世祖拓跋焘统一北中国全境后愈加稳固，与此同时，首都平城成为佛教全盛之地。世祖在平定凉州姑臧，将沮渠氏一族迁往平城之时，有多名僧侣进入平城，而姑臧在五胡扰乱之时便常为佛教中心，据传村村有寺塔。然而，令人费解的是，以佛教保护者自居的世祖竟突然一朝化身为最激烈的佛教迫害者。

关于世祖废佛，道宣《广弘明集》穿凿其内情，不可置信。今取《魏书》《通鉴》之意进行概述。北魏太平真君五年（444年）正月，颁布诏书称，民间有挟藏谶记、阴阳、方伎等书的师巫，常常发布妖邪之言。沙门之徒亦性质相同。因此，从王公至庶民，若有养沙门、师巫以及金银工伎者，需交于官曹，不得藏匿，若时限已过仍未实行者，师巫、沙门皆处以死刑，主人则满门诛灭。朝廷将师巫、沙门、工伎视为种种社会恶象之根源，因此欲彻底扫除。此诏书绝非排斥佛教本身，而是皇帝作为佛教保护者执行适当任务而采取的处置。然而，其后太平真君七年（446年）世祖还是发出著名的废佛诏。

此前，世祖在宰相崔浩劝说之下，敬重道士寇谦之，或立道坛，或改年号太平真君等，尊崇道教的意味浓厚，但并不表示其已舍弃太祖以来北魏王室充当佛教保护者的家宪。但北中国的佛教向来依托王室威力，如今，道教新获皇帝信任，两教之间生起嫉妒排挤的心理。此间的详情不得而知，不过可推知佛教方面的史家将寇谦之及支持者崔浩视若仇敌。适逢甘肃北部有名为盖吴者发起叛乱。据记载，此人为芦水之胡，部族系统不明，但自称天台王，署置百官，借佛教名义纠集徒党。盖吴与远方南朝互通声息，一时间势力极强。世祖为讨平叛乱，亲自到长安，偶然在长安一寺中发现藏有弓矢矛盾，严加搜查后还发现酿酒具及其他各地富人、显官寄藏的种种物品，沙门还造窟室与贵人女子私行淫乱。此事件强烈刺激世祖的反佛情感。其在讨平盖吴返回平城后，随即发布废佛诏书。其诏意为：中国天下大乱，已成丘墟，千里不见人，全为佛教所致，佛教乃是虚诞无实的大奸之魁。其中，将佛教视为汉人无赖假托老庄所作，显然采用了道教之说。毫无疑问，世祖的反佛情绪被道教一派所利用。结果是，世祖下令诸州坑沙门、毁佛像。

太子拓跋晃强烈反对此废佛令，但世祖不为所动，于是拓跋晃私下泄露风声，四方沙门得以各自逃亡，或秘藏金银宝像及诸经论。但北魏境内的土木宫塔皆被毁弃，又《僧传》记载，此时免于法难而进入南朝境内者颇多。其后此禁令在实行上多少有所缓和，但禁令在世祖一代终究得到实行。高宗即位，再次恢复佛教信仰自由，而在匡正佛教弊害方面，他继承世祖意志，定下严格条规，即限制造寺数量，诸州郡县人口密集之处，允许立佛图一区，所需费用不加限制。又限制沙门的素质与数量，良家出身且性行顺良者方可出家，大州五十人，小州三十人，边鄙之地十人。此时州镇维那、京师都维那发行度牒的制度或已确立，官府与僧局共同负责僧徒管理事宜。世祖在废佛诏中说，非常之事，必待非常之人，之后断然实行之。但此大迫害反而肃清了附随佛教的祸患，确立了国家的宗教行政管理，这从高宗善后措施中可明了。

高宗确立佛教行政后，制度愈加严密。例如，同在高宗之时，沙门统昙曜创立僧祇户、僧祇粟等制度。关于僧祇粟，松本博士（松本文三郎）在《支那佛教遗物》中有大概说明，简而言之，即在官府许可下，令地方一定数量的平民或其他百姓，以租税形式上纳谷类，以此维持僧团运行。僧团负责对其进行管理，满足僧团生活所需的同时，还可兼用于一般救济事业。又有佛图（塔）户，令违法犯人隶属寺院，令其耕作寺院田土并纳粟。可见宗教团体获得国家认可，有了向它纳赋或隶属它的人民，佛教教团的位置愈加稳固。同时，当时还存在由"昭玄"之名（《佛祖统纪》三十八卷），可知处罚僧侣犯罪的机关与州镇维那所在的僧局相关联，以此肃正僧侣。此等宗团组织整顿完毕之后，需为国家担当一般教化及社会救济的事业。

如前所述，高宗时代，宗教行政组织规整，与此同时，佛教教团的地位正式确立。这时，美术史上著名的云冈石佛出现在平城北部。此佛教艺术遗迹的表现样式从何而来，其艺术价值如何评价等，艺术史家有种种议论，但石佛的面貌为强烈的非汉族异国风。汉族人民恐怕在建造过程中耗费了大量人力物力。依松本博士的观点，同样是云冈石像，新像比旧像多少增加了柔和之相。及至高祖迁都洛阳，新开凿龙门石窟，鲜卑族的全盘汉化或许在艺术上逐渐增加柔和之相。且高祖迁都以前，已屡次申明僧团条规，对无籍的僧侣严加淘汰；纵使有籍，戒行不精者也被驱逐。于是诸州罢免僧尼一千三百二十七人，又根据州之大小限制出家人数，订立僧制四十七条。迁都洛阳之后，他的理想不再受任何旧习束缚，得以充分施行，僧团条规更加严厉。《释老志》记载，此时昭玄曹有官署，处断僧务；《洛阳伽蓝记》记载，昭玄曹与御史台之南相接，因此恐怕僧团接受俗官的统制愈加严密。昭玄曹处罚的仅是死刑犯，其他罪行则由僧团内禁处置，而其内禁事项需逐一经过皇帝许可。例如，僧侣的私有财产，僧侣遇亲戚不平时应采取的行为，以及个人建造寺庙的规则等皆属此类。而此法规整顿一改僧团的风仪,《释老志》记载,当时沙门道顺、惠觉以下皆以义行而受一世敬重。

由任城王拓跋澄上奏可知,高祖迁都之后,定都城之制,城内限永宁一寺,郭内唯尼寺一所,其他皆建立于城郭之外。而此规制被高祖之后的世宗打乱。世宗实为过度尊信佛教而破坏高祖大计划之人。从其表面形式而言,国家对宗教的干涉愈加严重。例如僧祇粟的用途由州镇刺史进行监督。但此为僧团规制紊乱的产物,此紊乱倾向连国家干涉都不能镇压之时,就将爆发社会祸乱。

僧祇粟部分带有救济贫民的性质,但僧团多以之营利。且僧祇户与一州一寺规定相辅相成,有其限制,后来此限制逐渐遭破坏,乃至寺院乱立,僧团恣意设定僧祇户,掠夺国家良民,强制其纳粟,以致有"弃子伤生,自缢溺死,五十余人"之事,又僧侣参与俗事,或度奴隶及犯人出家,由此招致僧团的腐败。世宗一代对此等弊害,大举进行国家干涉,及至肃宗之时灵太后把弄权力,任由僧团堕落,自身亦沉湎堕落旋涡,还以为获得太平气象。魏室的命运不必多言。

关于北魏末期的佛教状况,杨衒之《洛阳伽蓝记》已对都城洛阳进行详细记述,现叙其概要:洛阳内外寺院之数总计千余,其中最为著名者为永宁寺。北魏犹在平城之时,永宁寺基本上是镇护国家的道场。迁都洛阳后,高祖计划在当地也兴建永宁寺,待其竣工已是灵太后之时。寺中有九级浮图,"角角皆悬金铎,……高风永夜,宝铎和鸣,铿锵之声闻及十余里"。波斯沙门菩提达摩游于此寺,"见金盘炫日,光照云表,宝铎含风,响出天外",不禁歌咏赞叹曰:"年一百五十岁,历涉诸国,靡不周遍;而此寺精丽,阎浮所无也。"灵太后好登临此处,名臣崔光曾谏止,但其不为所动。

如前所述,永宁寺是高祖计划兴建的寺庙。高祖在世之时其进度如何尚不可知,而世宗宣武帝之时,在城内新建瑶光寺。这实际上违背了城内仅建寺院一所的高祖遗制。此寺讲堂尼房共五百余间,特色为它是贵族处女的修道场:

> 椒房嫔御,学道之所,掖庭美人,并在其中。亦有名族处女,性爱道场,落发辞亲,来仪此寺。屏珍丽之饰,服修道之衣,投心八正,归

诚一乘。

这些奇特的修道女在尔朱荣叛乱之际被秀容胡骑所污，颇受洛阳人讥讪。

城外西北的永明寺也是世宗所建。世宗过度崇信佛教，异国沙门纷纷来此乐土，世宗于是建此寺供彼等休憩。"房庑连亘，一千余间。……百国沙门，三千余人。西域远者，乃至大秦国。尽天地之西垂。"

帝王所建的寺庙之外，宦官刘腾所建的长秋寺也有特异风习：

> 四月四日，此像（释迦像）常出，辟邪、师子导引其前。吞刀吐火，腾骧一面。缘幢上索，诡谲不常。奇伎异服，冠于都市。

这是四月四日释迦像由寺院引出之时表演的奇伎。此外，城内景乐寺以大斋之时的女乐闻名：

> 至于大斋，常设女乐，歌声绕梁，舞袖徐转，丝管寥亮，谐妙入神。以是尼寺，丈夫不得入。得往观者，以为至天堂。

作为尼寺却行游乐之事，平常必非"归诚一乘"之地。后此寺不限于女乐，更是诸乐并用，成为奇术者集会之地。其他风习怪异的寺院有东方建春门外建阳里士庶二千余户所建的璎珞寺，也以妙伎杂乐闻名；它附近的景兴尼寺，藏有金像，四月四日，"常诏一百人举此像，丝竹杂伎，皆由旨给"。

由此可见，贵族处女诚心归诚的尼寺有之，但与此同时大量寺院中伎乐奇术者随琵琶、箜篌、笙箫的乐音而纷乱起舞，满都士女陶醉其中。当时洛阳沉溺于太平风气之中，以西方城外的大市为中心，自工匠酒楼相连的退酤、治觞两个里坊向西连绵二里，南北由洛水至邙山十五里之间称为王子坊。"帝族王侯，外戚公主，擅山海之富，居川林之饶，争修园宅，互相夸竞。……高台芳榭，家家而筑；花林曲池，园园而有。"尤其河间王的骄奢前所未有。如此混乱的洛阳一般风俗，寺院毫无限制的乱立，使僧侣自身也不禁发出嗟叹，佛教将走向何处？世宗永平二年（509 年），沙门统惠深上奏：

> 都城之中及郭邑之内检括寺舍，数乘五百，空地表刹，未立塔宇，不在其数。民不畏法，乃至于斯！自迁都已来，年逾二纪，寺夺民居，三分且一……今之僧寺，无处不有。或比满城邑之中，或连溢屠沽之肆，或三五少僧，共为一寺。梵唱屠音，连檐接响，像塔缠于腥臊，性灵没于嗜欲，真伪混居，往来纷杂……昔如来阐教，多依山林，今此僧

徒，恋着城邑。岂湫隘是经行所宜，浮喧必栖禅之宅，当由利引其心，莫能自止……非但京邑如此，天下州、镇僧寺亦然。侵夺细民，广占田宅，有伤慈矜，用长嗟苦。

与僧侣立场不同，俗人政治家中批判佛教者人数众多，其批评主要从财政上出发，可概括为两点：（一）王室兴建寺庙，向百姓征收过重租税。（二）民间造寺导致户数减少，百姓皆欲借出家之名义免除租税负担。此种言论在灵太后执政时尤其多。但可能系汉族女后之下言论自由所致。李玚等人在太后面前对当时沙门统僧暹斥佛教为鬼教，僧暹向太后泣诉其谗诬。对僧团或佛教的反感并非只是国家经营上之实际问题催生。此时，对佛教的叛逆反而因佛教之名而起。冀州沙门法庆以幻术集合徒众，与地方势家李归伯勾结谋反，自号大乘，令人口服某种狂药，服下之后不识兄弟父子，法庆驱使这些服药之人杀人，目标在于屠灭寺舍，杀害僧侣，焚毁经像，宣称"新佛出世，除去旧魔"。

佛教界愈加混乱之时，北魏灭亡。在帝王庇护之下，佛教繁荣于都城，在北齐高欢率东魏迁至邺后，诸寺僧尼也随之前往。于是，洛阳的繁华毁于一旦，佛寺塔宇归于灰烬。《伽蓝记》序文中有云：

> 余因行役，重览洛阳。城郭崩毁，宫室倾覆，寺观灰烬，庙塔丘墟，墙被蒿艾，巷罗荆棘。野兽穴于荒阶，山鸟巢于庭树。游儿牧竖，踯躅于九逵；农夫耕稼，艺黍于双阙。麦秀之感，非独殷墟，黍离之悲，信哉周室。京城表里，凡有一千余寺，今日寥廓，钟声罕闻。

洛阳佛教流入邺都。接受东魏禅让的北齐文宣帝也是一名佛教保护者。帝新置昭玄大统，任命沙门法上担任，且令吏员五十余人从属，僧尼四百余万，寺庙四万余座，皆听其命。《魏书·释老志》清点北魏末僧侣寺院之数量，计僧尼大众二百万，其寺三万有余，然与之相比，境土更为狭窄的北齐反而在这两项数据上胜出。但风潮所向，无关僧团质量如何。而与佛教共同传入的异国伎乐奇术之类逐渐流入北齐朝廷内乐之中，于是雅乐之论在儒者之间引起轩然讨论。现暂且不论其是非，向来佛教使用由西域传入的种种伎乐，因此上至帝王贵族，下至庶民，以此为中介，双方共获娱乐之机。及至北齐，伎乐被引入朝廷，王室与民众之间不是有了一脉相通的机缘吗？此虽有损古代帝王的威严，但若全体统制确立，则此种机运有被助长的倾向。

北魏末期，北中国上下佛教甚为流行。当时，南朝梁武帝自身成为三宝之奴。大概时运所会，佛教风靡中国全土。而僧团腐败堕落之状被僧俗两界深刻认识。批判佛教的荀济曾提醒梁武"比丘徒党，行淫杀子"。另外，僧团热衷蓄财，"交纳泉布，卖天堂五福之虚果"。北齐章子陀感慨僧团占有良田沃土，且"妃主昼入僧房，子弟夜宿尼室"。此等僧团的腐败本应以禁律改正，但历史事实是，国家自身反而被卷入混乱的佛教界潮流中。适逢北周武帝讨平蜀地之后，曾在当地为僧的卫元嵩上疏请求设立国家宗教，大意为：兴建平延大寺，去除道俗亲疏之别，奉周武帝为如来，领内民众称为圣众，供国家征役，令德仁智，各三纲上座，以此成一大佛教国。这本是一种空想，但多位僧侣一侧的史家将此议视为武帝废佛的动机。如前节所述，武帝是最严格执行北周国策，即以富国强兵为基础的国家统一，且始终奉行使命的模范专制君主。当时，不分南北，代表儒佛道三方的智识屡屡在帝王面前论议，谓之"讲论"。此时，三者或儒佛二者互相论难，或互相融合疏通。《周书》记载，天和四年（569 年）、建德元年（572 年）武帝两次御正殿，量述三教，结果，在建德二年定三教先后顺序，儒教第一，道教次之，佛教最后。道宣《广弘明集》认为，此议定并非各派代表论议的结果，而是完全出自武帝个人的裁断，此应是事实，但帝有故意消除佛教的想法，应是佛家揣测之言。建德三年，非但佛教，道教也遭禁断，经像毁弃，武帝严命沙门道士返为平民。同时，建通道观，以圣贤之微言典训、金科玉篆、秘迹玄文，宣扬救济苍生、扶成教养的要义。道宣记载，此通道观中的学士多属道教一派，但究竟其事实如何？毫无疑问，僧侣也应在其中。《周史》简略，因此难知其详情，但细细想来，北周的传统国家统一政策备受当时汉族衣冠人士认可，推动了武帝建设三教合一的教化机关。应该承认，卫元嵩设立国家宗教之议，为设立教化机关——通道观提供了巨大暗示。

不知武帝废佛在北周境内执行程度如何。不久平北齐后，北周在中原再次强行推行废佛政策。《广弘明集》记载，当时此地四万寺庙皆被赐予王公用作宅第，三百万沙门还俗为军民。此时，武帝在与北齐佛僧的对话中称："但令百姓得乐，朕亦不辞地狱诸苦。"由《广弘明集》可知，当时的佛僧犹欲借皇帝的力量努力维持其教，还将帝王比作如来，将王公比作菩萨，恐为北魏初以来佛家所用的比喻。对此，武帝答曰：既有如来，则无需再拜丈六。佛僧颜面尽失。僧侣们一致上奏称：

> 道不自道，非俗不显；佛不自佛，惟王能兴。是以释教东传，时经五百，弘通法化，要依王力。

乞求帝王庇护之情十分哀切。

武帝身故，废佛政策自然日渐松弛，宣帝再次复兴佛教。但借彼时王明广之言，一州一寺主义被再次严守。武帝废佛政策的影响宜在隋唐史中讨论。笔者将以废佛的记述结束本节。汉末三国，道陵一派的道教诞生。此新教与旧来道教如何结合，且道教整体又如何向前发展，实有必要专门论述。但笔者在此方面的研究尚不完备，所以姑且全部从略。

第四编

中国近世史

ZHONGGUO JINSHI SHI

第一章
近世史的意义

中国的近世始于何时呢？这是应该弄清的。过去通常以朝代兴替来划分时代，此法自是简便易行，但若从史学的角度来说，却未必正确。史学上所说的近世，不是只论年头而指距离现今较近的时代，它必须有成为近世的内涵。它的内涵是什么？后面再说。具有这种内涵的近世，应当是在宋朝以后。而到宋朝为止，属于中古到近世的过渡时期。要弄清中国的近世史，有必要从这个过渡期开始思考。

贵族政治的衰落与君主独裁政治的代兴

近世的内涵，与中古相比大体有什么不同之处呢？首先，从政治上说，是贵族政治衰落，君主独裁政治的兴起。中国的贵族政治，从六朝到唐代中期最为兴盛。当然，这种贵族政治与上古宗教性的氏族政治全然不同，是以武士为中心的封建政治的另一种类。这时中国的贵族，不是根据制度由天子授予领土和人民，他们的门第的形成，与其作为地方的名门望族自然地长期延续有关，当然，其中原本也有数代产生官吏的因素。当时社会上的实权被这些贵族掌握着。这些贵族都重视家谱，因而当时谱牒学非常盛行。在现存的古籍中，唐书的《宰相世系表》反映了这种情况。另外，李延寿的《南史》《北史》，不论是哪个朝代，为人立传都会从这一家的祖先写到子孙后代，形成为一个人立家传的体裁，因此颇受争议。这是南北朝时期的实际状况无意中反映在历史学上。

这样的名门望族，当时的政治地位几乎是超越一切的，即当时的政治应当说是全体贵族的专有物。一个人如果不是贵族，就不可能成为高官。但是，君臣之间地位的关系和门第未必一致。第一流的贵族未必能当上天子或宰相。特别是天子的地位尤其特殊，归于有实力者之手。但即使成为天子，他的门第也不是就变成第一流贵族。唐太宗成为天子后曾命人调查贵族的家谱，第一流的贵族，北方是博陵崔氏和范阳卢氏等，太宗的家族是陇西李氏，仅属三流。这种门第的排列，即便是天子的威力也难以变更。在南朝，王、谢等家族远比宋、齐、梁、陈各朝天子的门第更被世人看重。这些名门望族都与同阶级的贵族联姻，他们的团体成为社会的中心。无论谁做天子，最好的官职都被他们占有，政治被这些贵族把持。

在唐末到五代，中古向近世的过渡期，这种贵族政治走向衰落，取而代之的是君主独裁政治。贵族政治衰落的结果是，君主与人民的距离大大接近了。一个人成为高官，不是依靠门第的特权，而完全是由天子的权力任命。这种制度在宋代以后渐次发展，到了明清时期，独裁政治完全形成，即国家权力的根本为天子一人所有。不仅宰相这样总揽全局的人，就连管理某个部门的官吏，都没有全权，君主决不会把某职务的全权委任给任何官吏，这样一个官吏不对该职务完全负责，各种责任由君主一人承担。当然，这种独裁政治不是在宋代这一个时期形成的，而是逐步发展起来的，但中国的独裁政治是非常彻底的。然而，像这样从贵族政治进入君主独裁政治，是在哪个国家都能见到的自然顺序。

君主地位的变化

如果比较这两种政治的情况，那么贵族政治时代君主的地位，有时会被掌握实力的人超越阶级而占有，但即便成为君主，也不免成为贵族阶级中的一个机关，即君主是贵族阶级的共有物。这种政治只有在承认贵族阶级的特权的前提下才得以实行，君主个人没有绝对的权力。孟子曾说，卿有异姓之卿及贵戚之卿。贵戚之卿对君主的不当之处加以劝谏，如果不听，就把他换掉。不仅在古代，就是中古的贵族政治时代，这种事情也屡屡发生。（日本藤原时代也发生过这种情况。）可见，君主是一族——除了同姓的亲族，还包括外戚、仆从等——的共有物，如若不合这个家族之意，就有废立或者弑逆之事。从六朝到唐代，弑逆废立之事很多，就是因为这种情况。这一家的事，与多数庶民几乎毫无关系，庶民作为国家的要素却没有任何重要性，与高等政治无涉。

如此这般，君主仅仅具有贵族的代表的地位，这是中古时代的情况。到了近世，因为贵族衰落，君主直接面对全体臣民，成为全体臣民的公有物，不再是贵族社会的私有物。在那个时候，如果全体国民都与政治有关，那么君主理应作为他们的代表而存在。然而无论哪个国家，都不是这样理想。即便实行了普选，实际上与政治有关的也只是政治阶级，全体国民不过是在形式上参政了而已。尤其是在中国，由于政治阶级情况特殊，君主非但没有成为全体国民的代表，自身还成为绝对权力的主体。

然而，无论如何君主的地位比在贵族政治时代安全多了，因此废立也不容易实行，弑逆之事也几乎没有了，宋代以后的历史即是明证。但元代是个例外，仍存在废立弑逆现象，这与蒙古的文化和政治发展程度有关。与同时代的中原相比，蒙古的文化相当落后，可能只到中原地区上古时代的程度，但因为征服了中国，突然君临于近世的国家组织上，帝室身上仍遗留着贵族政治的形骸，仅在民政方面具有近代的色彩，呈现出一种矛盾的状态。

君主权力的确立

贵族政治时代，有贵族把持权力的习惯，虽然隋文帝、唐太宗这样的英主出现，在制度上否决了贵族的权力，但实际政治中贵族政治的形式还有残留，政治是与贵族的协议体。当然，这种协议体并非代议政治。唐代政治上的主要机关有三个，即尚书省、中书省、门下省。中书省是天子的秘书官，负责草拟诏敕命令及批答臣子的奏章，诏敕的确定，必须得到门下省的同意。门下省有封驳权，若认为中书省的文案不当，可以批驳和封还。因此，中书、门下要在政事堂协议而做出决定。尚书省是接受上述决定并负责执行的机关。中书省代表天子，门下省成为代表官吏的舆论即贵族的舆论的形式。当然，三省长官都是贵族出身，贵族并不会绝对听从天子的命令。因而天子在批答臣下的奏章时，用语极为友善，绝不会是命令的口吻。然而，到了明清时期，天子批答时完全像是对仆从说话一样，言语粗野，变成命令性的。封驳之权在宋代以后不断衰落，到明清时期便几乎消失了。

此种变化的结果，是宰相不再是天子的辅佐，地位几乎变得和天子的秘书官一样。但宋代承唐代遗风，宰相仍手握相当的权力。明朝以后，终于不再设置宰相这一官职。明清时期，事实上执掌宰相职能的是殿阁大学士，这些学士就官职的性质而言只是天子的秘书、代笔。那种辅佐天子，分担责任，甚至负担全部责任的古代宰相已不复存在，只有君权无限膨胀。唐代以前，宰相皆出自贵族阶级，手握大权，一旦拜相，连天子也不能随意动他，这是当时的习惯。明代以后，宰相不论拥有多重的权力，一旦触怒天子，就会被直接罢免，甚至有牢狱之灾。宋代恰恰介于唐和明清之间，宰相若拥戴天子行使权力，就和出身贵族的宰相没有什么区别，一旦失去天子的支持，就会势力全无。我们看北宋的寇準、丁谓以及南宋的贾似道等人境遇的变化，就可以明白这一点。而那些地方官，以前像小邦的君主，到了近世时，仅凭天子的一纸命令便可轻易任免，其无力以至于此。

宦官是天子的仆从。唐代的宦官成为天子眷属中有力的部分，在其势力鼎盛时，可以任意废立天子，持有与宰相相等的权力。当时有谚语说："定策国老，门生天子"，就是当时的情况。明朝时宦官跋扈，但只在受天子恩宠时才有权力，若是失宠就完全无权。在唐代，有人和宰相商议诛灭宦官的势力，但失败了；明代诛杀过有势力大宦官。唐和明的宦官如此不同，正是贵族政治和君主独裁政治的不同造成的。

人民地位的变化

同时，人民的地位也发生了显著变化。本来，与法治国家不同，君主独裁政治时代人民的权利不会得到明确承认，但人民的社会地位和私有财产权与贵族政治时代大异其趣。财产的私有权得到明确承认，是在进入近世以后。在贵族时代，人民被看作全体贵族的奴隶，财产的私有权自然无从说起。到了隋唐时代，人民从贵族手中解放出来，被国家直辖，特别是将农民变得像国家佃户的制度被制定出来。但事实上政治的权力属于贵族，故而农民也可以说是拥护君主的贵族集团的佃户，其他人民则都和奴隶一样。土地的征收、分配变更的制度等，体现了这种如同佃户的关系。特别是租税的性质，对这一点表现得尤其明显。唐代实行租庸调制。租，与今天人民从私有土地上缴纳的税不同，是佃户向政府缴纳的地租。人民借用政府的土地（分配而来），为此支付的地租即为租。庸，即服劳役。每年人民有替政府服役几天的义务。这种劳役，是政府不付钱的差派，不是自由劳动。调，是指人民把土地上的产物献纳给政府，是所谓的贡物制度。这一制度适用于人民在一定的土地上定居时，人民一旦移动便不适用了。唐朝中期，这种制度自然瓦解，改行"两税法"，即每年分夏、秋两次纳税。在这种税制下，不管农民是否定居，只按照其现住地来收税。这是不把人民看作土地的附属物之后才发生的。由此，人民的居住在制度上实现了自由。另外，从这时开始地租也发生了变化，缴纳钱款代替谷物，因此农民可以自由处理土地的收获物。

如此一来，开启了下面的端绪：人民自然地被解放了，不再是被束缚在土地上的奴隶佃农的地位。到了宋朝，根据王安石的新法，人民拥有土地的意思愈来愈确实了。比如新法中的青苗钱，用现在的话说就是向农民提供低利息借贷（实非低息），等谷物收获后，农民就要还款，并加收若干利息。这一方法可以理解为有确认农民可以自由处分土地的收获物的意味。至于劳役，虽然到宋代为止都是摊派的，但由传统的差役改为雇役。差役必须亲自去服劳役，雇役则可以出钱雇人服役，算得上自由劳动。这样，富人为免除劳役，可以出钱雇佣他人劳动。如此一来，政府受益，人民也受益，这一制度便自然而然地推广开来了。传统的差役，富人也被强制服役，穷人必须无偿服劳役，带来了诸多不便。这种雇佣制度虽然也被很多反对者攻击，但它非常符合当时的实际情况，所以后来司马光更改王安石的新法时，当初反对新法的人当中，包括苏东坡在内的很多人反对恢复差役制。总之，它承认了人民的劳动自由，自然地人民的地位也发生变化。中国完全没有承认人民的参政权，但贵族阶级被消灭，君主直接面对臣民时，它进入了近世政治的状态。

官吏录用法

人民与君主之间的阶层——官吏，其录用法变成了科举。即选举的方法，过去是从贵族阶级中录用官吏，现在变成通过考试录用。六朝时期采用九品中正的方法来选举天下的官吏。这种制度将官吏设为九个等级，叫做中正的官员掌管这一事务（考察地方名门望族的家世来任命官吏，因此即使有学识，如果没有门第也不被任命）。如此一来，官吏的任命完全被贵族的权力所左右。当时有谚语云："上品无寒门，下品无势族。"上品之官不出于平民，下品之官也没有出身名门的，这成了自然的约定。隋唐以来，为了破除这种弊端而实行科举。但是唐代的科举，方法依然是贵族性的，直到宋代王安石时代才发生变化，多少有几分平民性了。唐代至宋代初期的科举，以帖括和诗赋为主。帖括考查的是考生背诵经书的能力，诗赋考查的是考生的文学创作能力。所以这种考试与其说是考查学问，不如说是考查考生的人格及起草文章的能力。但根据王安石变法的制度，以经义代替帖括，以策论代替诗赋。经义，是写出与经书中的义理有关的见解；策论，是写出对政治的看法。当然，在这之后，经义单纯变成了一种以一时的想法震惊考官的文字游戏，策论也不过是概说大略的历史事迹，与实际的政务没什么关系了。无论如何，仅仅是这个改变，就达到了从过去的重视人格变为重视实务的目的。

总之，一开始是九品中正的门阀主义；到隋唐的科举制，原则上是不录用门阀，变成选择好像贵族的人才的人格主义；宋朝中期开始，变成实用主义。应试的考生，唐代每年及第的不超过五十人，多数官吏出自门阀，没有脱离贵族政治的形态。但是明代以后的科举，及第人数大大增加，尽管科举有时三年只举行一次，但每次及第人数都超过几百人，特别是应试的考生不论何时都超过万人。就是说，君主独裁政治时代，在将官吏的地位分配给一般庶民上，实行机会均等。

朋党性质的变化

政治的实际状况方面也发生了变化，特别是像朋党之类，性质为之一变。不论唐代还是宋代，朋党都喧嚣一时。但唐代的朋党仅仅专门争夺权力，是以贵族为中心，但到了宋代，人们主要依政治主张和学问上的出身关系结为朋党。由此可见，政权脱离贵族之手后，由婚姻和亲戚关系结成的党派渐次衰落，取而代之的是由政治主张和利害关系结成的党派。这大概是一种体现包含庶民在内的政治阶层意志的现象。当然，这种党派的弊害虽然起自政治上的主张，但与贵族时代的弊害却是相似的。在明代，主要因师徒关系、出生地区等结成朋党，所谓君子结成的党派，弊害与小人的党派没有差别，以至有"明亡于东林党"之说。清朝特别忌讳臣下结党，因此君主的权力日益绝对化。

经济上的变化

在经济上也发生了显著变化。唐代铸造了有名的开元通宝，虽然货币不断铸造，但其流通额较少，货币流通变得盛行是在宋代以后。唐代虽然算不上一个实物经济的时代，但仍以实物表示财富，多以绢、绵等表示物的价值。到了宋代，使用铜钱代替过去的绢布、真绵等物，其间纸币也兴起了。唐代已使用"飞钱"一类的票据，到了宋代纸币非常流行，称为"交子""会子"等，次第发行了可兑换纸币。而南宋时期，纸币发行数额非常大，物价因此大为波动。总之，在两宋时期，纸币已得到充分使用。到了后来的元代，几乎不再铸造铜钱，只有纸币流通。但是到了明代，由于极力推行不兑换纸币的政策，纸币终于废败。要而言之，宋代以后货币经济非常繁荣。银从这一时期开始作为货币逐渐占有重要的地位，最终租税等用银缴纳。北宋时期，银只是开始流通，到了南宋已十分盛行。元朝的伯颜灭掉南宋返归北京时，为了运回从南宋国库中收得的银两，把它们铸造成一定的形状，据说这就是元宝银的开始。由此可见宋末白银大为流通。到了明清时期，这种倾向进一步发展，最终银完全取代了纸币的地位。

总之，唐宋之交正值实物经济完结期和货币经济起始期的转换之时。以往人们用粮食交纳地租，现在一部分用钱交纳。同时，货币的名称也自然发生了变化。钱在过去称为"两"或"铢"，这当然是因为重量得名，过去一两算作二十四铢。宋以后一两算作十钱，即一钱相当于二铢四累。原来开元通宝一文的重量是二铢四累，十文为一两。从宋代开始废止了重量的名称，改用钱的个数来表示，由此也可看出当时钱币流通数量之大。在日本，使用一匁（一文）这样重量的名称，这是对中国钱的名称的逆向使用。

文化性质的变化

学术文艺的性质也发生了显著变化。比如就经学来说，经学的性质在唐代就已经有变化的征兆了。唐初，汉代以来的笺注、义疏受到重视，允许守持传习的旧说并加以阐发。但一般来说，不允许改变师说而立新说。当然，其间有人想另辟各种蹊径，尽力改变旧说，但都不敢公开做出这种尝试。结果是当时的著述还是以义疏为主。所谓义疏，是对经书的注详加解说，所以原则上疏不破注。然而，唐代中期以后，人们怀疑古来的注疏而发表自己的见解，其中最早的是关于《春秋》的新说。到了宋代，这一倾向极度发展，学者们常常自称从遗经中发现了千古不传的遗义，用自己的见解重新解释过去的经典成为普遍的风气。

在文学上，自六朝到唐，使用对句的骈体文（四六文）流行。唐中期以后，韩、柳诸家崛起，复兴了所谓古文体，文章都变成了散文体，也就是从重视形式变成重视自由表达。在诗方面，六朝至唐代盛行对句多的"选体"（即《文选》风格的诗体）五言诗。到了盛唐时期诗风大变，李杜以下大家辈出，进一步打破了过去的形式，叫做七言歌行的自由长诗多了起来。自唐到宋，诗和文都日益从重形式变为重内容，采取自由的体裁。即使是作四六文，风格也与唐以前不同，在形式性的语言中，喜欢采用流动着某种意味的形式。从唐末开始，又在诗之外发展起了"诗余"，也就是词。词打破了诗五言、七言的形式，变得颇为自由，尤其是在韵律上得到了充分的发展。从这时起，平话、今天的白话，即口语小说也已经兴起。从宋代至元代，曲发展起来了，过去形式短小、抒情性的体裁，变成形式复杂的戏剧。其用词也不以有典故的古语为主，而是以俗语自由地表达出来。因此，一时之间贵族文学变成平民文学。总之，在文学方面，贵族形式的东西变成平民的自由的东西。

艺术方面。在绘画领域，直至唐代一直盛行壁画，自然多以彩色为主。从盛唐起，白描水墨的新流派盛行起来。但整个唐代，新派并未完全压倒旧派。不过，从五代到宋，壁画逐渐变为屏风画，金碧辉煌的山水画衰落，墨绘日益发达。以五代为中心，之前的画大体偏重传统风格，画不过具有说明事件的意义；但新的水墨画采取表现自我意志的自由手法。过去绘画是贵族的玩具，用于装饰宏伟的建筑；而现在卷轴盛行，虽然不能说它是庶民的，但平民出身的官吏在流寓之中可以携带欣赏。

音乐方面。唐代以舞乐为主，即以音为主，舞蹈动作是附属物。它需要非常之多的乐人，使用极其复杂的乐器。其音律是形式性的，动作模拟现实的意味较少，与贵族的仪式相适应。唐以后，舞乐逐渐发生变化，先是吸收外国音乐，简单趣味较多的音乐流行，而且舞蹈等渐渐变成简单的风格，产生了几分写实的倾向。宋代以后，变成像今天日本芝居这样的杂剧，音乐单调，从而适合多数人欣赏。其品位在古代音乐之下，但迎合了低层平民的趣味。这种变化在南宋时期尤为显著。

综上所述，政治、经济、文化等诸方面都在唐宋之间发生了变化。这就是中古与近世的区别。由此也可以说，中国的近世是从宋代开始的。而想弄清近世的历史，必须从之前的过渡期着手。

第二章
贵族政治的崩溃

从六朝延续到唐代的贵族政治是如何走向衰颓崩溃的？

温和的改革手段无效

贵族政治的弊害，早在贵族政治的时代，就被有力的君主和有识之士注意到了，出现了改革的议论。当然，中国的改革论向来以复古的主张为要点，针对贵族政治弊害的改革论也不例外。姑且不论三代，即便是在两汉时期，录用官吏时实行以人才为本位，不问门第阀阅的古老制度。但是，后来因为采用九品中正这样的门阀本位的选官方法，产生了严重的弊端。晋代刘毅曾上疏痛批九品中正制之非："职名中正，实为奸府；事名九品，而有八损。"条陈其八大弊害。另外，梁武帝任南齐丞相时，就已看出选官中的问题，贵族通过相互的婚姻关系，给毫无经验的年轻人授予官职，弊害很大。登基后，他便废除中正制，选官中不再有贵贱之隔。

但当时改革的大环境还没有形成，从隋代开始实行科举制度，即一种考试制度。当然，仅此不能完全去除门阀主义的弊端。唐代门阀依然兴盛，如果不是出身门阀，就很难当上高官。唐太宗当然知道门阀主义制度之弊，他自身即出身门阀，从当时的政策看，并未实行完全排斥门阀的制度，但还是有通过科举来矫正门阀之弊的意味。

赋税制度也是如此。南北朝时期中国北方战乱频仍，百姓流离，因此唐以前就实行了均田制，防止豪族兼并。但是长期存在的门阀制度并不会因此急剧改变，唐代贵族政治依然得以延续。后来贵族政治崩溃了，与此同时唐王朝也倒台了。换句话说，门阀的没落并不是因为唐太宗的政策，而是由于其他原因自然发生的，彼时正当唐朝灭亡的时候。

除此之外，唐太宗还注意到了门阀控制军队的弊害。门阀一旦掌控军队，士兵便会成为他们的奴隶。所以，太宗实行的军队制度像是征兵制，带有兵农合一的理想。在这种制度下，军队可随时征募平时以耕种为业的农民为兵，一旦有事，就征募他们组成军队。这种制度也是为了对抗门阀制度而产生的。但是，门阀并未因此而倒台，它们是由于自然产生的其他原因倒台的。

如上所述，隋文帝、唐太宗这样知晓时弊的明君，想到贵族政治的不便，因而计划采用了上述种种政治改革的手段，但未取得多大的改革成效。相反，改革由于君主没有考虑到的原因，作为意外的结果出现了。这便是中古与近世之交的历史，在这个意义上，必须研究唐朝。

自然崩溃的原因

唐朝的崩溃即是贵族政治的崩溃，它起于唐朝军队的制度。不过，并不是起于太宗采用的府兵制，而是另有原因。府兵制衰败了，节度使即藩镇在地方拥有势力，不如数向朝廷交纳租税。武人的跋扈是贵族政治崩溃的原因。一开始，太宗设置府兵，实行兵农合一的政策，有事时征发农民入伍。但是，利用府兵有效地战斗，不是非凡的天才是做不到的。太宗自己是军事天才，其他天才的军人也很多，遇有征伐时，从百姓中直接征兵，曾经出征高句丽。但是，战乱小规模地出现，又要经常防备夷狄的侵扰，一旦如此，长期在军队生活的士兵自然有必要存在。因此，从盛唐时期就已经设置了节度使，一开始是为了防御夷狄，后来是为了平定内乱，节度使拥有地方兵马的全权。从安禄山之乱开始，这种制度渐渐固定下来了。安禄山本是夷狄出身，后来因为平定夷狄成为节度使；安禄山反叛，平定他的又非节度使不可。由于这次战乱持续了很长时间，节度使部下的士兵逐渐转为长期在伍的职业兵。府兵制也就被废除了。如果叛乱平定后马上废除节度使，也不会有大的问题，但事实并非如此，自然地节度使在地方兼有兵力和财力。他们一拥有财力，地方向朝廷缴纳的租税就会减少。而且在注重临机处理军事等问题的情况下，任免部下的文武官员也完全出自节度使的意见。如此一来，地方的官吏、士兵几乎成了节度使的私臣。节度使死后，其部下也不愿让毫无关系的外人来统领他们，如果前任节度使的后代有能力，就会上奏申请让后代继任，如果没有后代或后代无能，就会上奏申请从部下中选择后任，在新的任命下达前这个后任叫做"留后"。因为留后已经行使权力，朝廷不得已只好承认。长此以往，朝廷的姑息政策越来越多，极端的情况是节度使占据大片地方，不向朝廷交纳租税，以至背叛朝廷而称帝。

上面说的是地方官兼有兵权、财权的过程。而战乱频仍，又使得权力逐渐下移，即到了实际做事的人手中，军队愈加跋扈。被军队拥立的节度使继任者，不是因为有实际能力，不过是出于军队的方便而被拥戴，威严并不能压服军队。所以，节度使继任者若不能让军队满意，就会遭到驱逐，甚至被杀害。到了唐末，军队非常傲慢，甚至视文官出身的节度使如同玩物。当时还有节度使与士兵杂坐饮酒，酒醉时拍着士兵的后背唱歌。统率者如果没有全权，就不能保证对军队的节制，所以统率者如果没有力量，部下得势便是自然而然的事了。兵不出于门阀，门阀不当兵，士兵只是庶民的较低阶级，但他们得势了。总之，因为节度使制度，唐代的贵族政治从内部瓦解了，实权转移到了士兵即平民出身者手里。以上所说，是不管制度如何，事实上贵族政治行将崩溃的一种现象。

就这样，很多出自下层的人成为节度使；另一方面，不仅出自下层的节度使，即使是朝廷任命的，都渐渐失去了昔日在地方的统治能力。唐朝末期，节度使的数量虽然增多了，但是有较大势力的却减少了，这加剧了地方的分裂。如果有人拥有统一的实力，自然就能掌控广阔的地区；但因为统一的实力衰落，自然地方就更分裂了。一旦地方严重分裂，独立的地方很多，结果就是地方的费用必须比统一的时候增多，对士兵的支出也要增多，向中央缴纳的租税就愈来愈少，由三分之一降至四分之一，藩镇相当于完全在地方独立割据。士兵变得骄慢，骄兵在实战中往往不起作用。这种情况，是造成唐末动乱的原因。

第一次崩溃——庞勋之乱

云南地区有南诏国，曾附属于唐朝。它与安南接壤，安南受唐朝统辖，但南诏攻陷了安南，因此唐朝从徐州、泗州募集两千士兵讨伐。徐泗州地区人口过剩，有很多流浪者，曾是汉高祖的龙兴之地。这两千士兵中有八百人戍守桂州（今广西桂林），约定三年后换防，然而三年期满后不许士兵们还乡。三年之后又是三年，仍旧不许还乡。这些士兵有的本是募自徐州的盗匪，他们杀掉都将，推立粮料判官庞勋，一心回归故土，大肆掠夺。他们从广西出发，破坏摧残所经之处，前往淮南。沿途的节度使力量弱小，无力制止，让他们通过。来到淮南时，当地的节度使令狐绚非但不予征讨，还派遣使者前去慰抚。有部下向令狐绚进言，说不能允许这些乱兵通过，可令狐绚认为只要暴乱不在淮南发生就行，便放他们通过了。乱兵将要回到故乡的时候，朝廷下令讨伐他们。他们回乡本来只想看望妻子儿女，回乡后却被讨伐，索性破罐破摔，揭竿而起了，终于变成大乱。加上当地的土匪加入，大乱持续了两年。朝廷调遣了各地的节度使，但他们都兵力太弱，根本发动不了像样的征伐。依靠普通的节度使平定不了这场叛乱，结果唐朝借用夷狄的佣兵予以平定。新疆地区的蛮族沙陀部朱邪赤心出力较大，因功被朝廷赐李姓，改名李国昌。在注重门第的时代，很注重谱系。朱邪赤心既然被赐予李姓，就会以某人之子的身份列入唐朝天子的宗谱中。朝廷此举，相当于赐予他国姓。

总的来说，这次乱兵带来的骚动证明了唐朝统一力的废弛程度。唐末的节度使和日本幕末时期的大名一样没有势力（曾有诸侯放走了武田耕云斋）。但日本的大名，君民关系很好，而唐朝的节度使连士兵都控制不住。为何节度使对乱兵如此软弱呢？这是因为节度使出兵辖地以外讨伐时，其衣粮皆由中央政府提供，即便避战也能得到给养，可以说战争变成了生意。而乱兵无从获得给养，打到最后只能殊死抵抗，所以战斗力很强。如此一来，在漫长的归途中，他们几乎是如入无人之境，一路劫掠。只要出现机会，有些人就发动骚乱，把它当作劫掠的好时机，一起举事。这是唐懿宗时期发生的事情。

第二次崩溃——黄巢之乱

庞勋之乱是不得已发动的，而仅仅六年之后，黄巢之乱发生了。黄巢是中国特有的"流寇"的鼻祖。本来这次暴乱不是黄巢而是之前的王仙芝发起的，黄巢是他的手下。如前所述，唐朝因为藩镇之弊，统治力薄弱，中央政府和藩镇都财政困难，但是有些人却能游手好闲地吃租食税，而老百姓日益困苦，等着他们的只有饥荒。那个时代不像今天这样可以提供世界性的救济和缓和，饥荒是非同小可的。饥荒往往会引发骚乱，从而产生流寇。当时盗贼四起，其中王仙芝的声势最大。在唐懿宗之后的僖宗时代，动乱在与徐泗地区比邻的曹州开始了。曹州位于山东，是连通江苏、河南、安徽、直隶、山西、山东六省的要地，流寇即发源于此。"满洲马贼"出自曹州，梁山泊地处曹州。

黄巢也出生于曹州，他们家原来是盐商。盐商这种人，有成为大财主的资格，也因为可能在食盐专卖之外做私盐买卖，有成为大盗的资格。黄巢自年轻时爱好击剑骑射，喜欢做锄强扶弱的侠客，屡次参加进士科考试不第。为了当上首领，他投奔了王仙芝等一伙儿强盗，不仅侵掠乡里，也劫夺其他州县。在饥荒年代，白吃别人的东西是种好买卖，于是贫苦百姓争相加入。王仙芝没什么抱负，不久便战败被杀，他的部下都投奔了黄巢。他们背井离乡，没有根据地，四处流窜。因为搞不清流寇的出没之处，所以朝廷很难讨伐，但他们的经过路线是大概确定的。而黄巢是流寇的鼻祖，没有人知道他的预定路径，于是发展成大乱。起初在曹州举事的有三千人，后来起义队伍像滚雪球一样越滚越大。起义军首先向南挺近，由福建攻入广东，结果很多人因染上瘴疫而死，在部下的劝说下，黄巢掉头北上。他们借道湖南，由洞庭湖进入长江，最终抵达长安，路线与近代的太平军是一样的，尽量从抵抗较少的地方通行。太平军打到了天津附近，但清朝的制度比唐朝要好。蒙古兵很强悍，由内蒙古的僧格林沁亲王指挥。而唐朝末年统治松垮，黄巢的军队向都城开进，顺势就攻下了长安。天子蒙尘蜀地，各方节度使奉天子之令讨伐起义军，最后是李国昌之子李克用奋战平定黄巢，收复了长安。当时李克用年仅二十八岁，但已被众人畏惧。黄巢的命运危在旦夕，于是其部下朱温倒戈投降朝廷，转而讨伐自己的旧主黄巢，立下了功劳。朱温就是朱全忠，后来拥有很大的势力。

平定流寇有功者得势，贵族政治走向末路

这时，朝廷的势力归于李克用和朱全忠二人。朝廷中宰相府与宦官府互相倾轧，前者叫做"南司"，后者叫"北司"，外部的力量也参与了它们的斗争。李克用居住太原，后来成为晋王；朱全忠则成为汴梁节度使。如此一来，朝廷内有南司北司之争，外有晋汴对峙。李克用因为年轻而受轻视，后来势力削弱，但曾经一时极盛。各地节度使周旋于晋汴之间。宦官得势，不仅串通外部的节度使，还勾结宰相。僖宗之后继位的昭宗是个胸怀大志的天子，想恢复唐朝的威力，无奈时势已无可挽回。当时天子被各地的节度使抢来夺去，就像日本应仁之乱中的将军一样。就是说，从天子的所在之处，几乎可以看出节度使势力的大小。最后，宰相一派的南司和朱全忠一派联手，诛灭了北司的宦官一派，但昭宗最后被朱全忠杀害。朱全忠为了掩饰自己的罪名，做出皇帝是被别人所害的样子。许多宦官在天子遇弑之前被杀，朱全忠在最后弑杀天子前，将出身名门望族的人全部投入黄河，说要将这些"清流"投入"浊流"中。就这样，唐朝天子一族、实际掌握权力的宦官和作为政治阶级的贵族，都在唐末的大乱中覆亡了。贵族政治就这样走向了末路。企图实行改革贵族政治而采取温和手段——包括官吏选拔制度、军队制度、租税制度等方面，但毫无成效。也就是说，当时所谓的知识阶级提出的理想的温和政策没有一个成功，相反，目不识丁的盗贼组成的军队将贵族政治推向了崩溃。

［补说］

六朝中期至唐太宗时期实行的班田制，没有完全承认土地的私有权，只允许永业田为私有，而永业田在一家的田地中占比不过两成。班田制基本上是按照国家的社会政策实施的土地分配制度。可是随着府兵制即征兵制不能实行，人民不再附着在土地上，以班田法为基础进行赋课的租庸调制，从唐

中期开始已无法推行，两税法取而代之。两税法是在夏秋两次征税。昔日的财政方针是量入为出，两税法与之相反，是以"量出以制入"为原则，就和今日的税制一样。两税法从唐德宗时开始实施，一直是中国财政政策的基础。也就是以土地的当前所有者、人民的当前居住者为基础课税，因此两税法确认了所有权自由和居住自由。

防止豪族兼并的班田收授制被废除，承认人民私有权的两税法却破坏了贵族政治。贵族们向来好以何处的某氏或郡望自傲。比如说自己是琅邪王氏，就是一种自夸；说自己是博陵崔氏，未必真住在博陵，却具备了名族的资格。如今重视人民当前所有的土地和居住地，原籍即郡望就被忽视了。如此说来，两税法原本是为了解决政府的收入问题，没有其他目的，不承想破坏了贵族政治。换言之，事情起因于聪明的政治家没有预料到的地方，结果与预期大相径庭。然而，政治家们总是重复这种错误的历史，乐此不疲。

第三章
五代的奇局

群盗割据的形势

朱全忠杀害唐昭宗，又从之后的昭宣帝手中篡夺了政权，五代由此开始。所谓五代，是朱全忠以梁为国号，以大梁（汴京，即今河南开封）为都之后，于动荡纷乱的五十余年中，占据中国中心地位的梁、唐、晋、汉、周五个朝代不断更迭，五代因此而得名。在这短短五十余年间，国祚长者有十数年，短者不过四年。说是五代，其实各朝都未能一统中国。还有一些政权割据一方，俨然就是"中央"，它们有的奉"五代"为正朔，但总体而言，这个时代与其说是群雄割据，毋宁说是群盗割据。大致说来，分裂出了十个国家。这十个国家，有的从五代之初存续到最后，有的中途政权发生变更，但没有地区像中原那样五代更迭。

这十国的建立者大多出身"盗贼"。如前所述，梁太祖朱全忠原是黄巢幕下的盗贼。其他各国，吴国原称"淮南"，其建立者杨行密是江淮地区的群盗之一。吴国中期，杨行密的部下徐温得势，其养子徐知诰篡夺了杨氏的吴国，建立南唐。徐温也曾是贩私盐的盗贼。徐知诰后来才改名李昪，因为李姓定国号为唐。在蜀地，最先建国的是王建。王建曾是贩卖私盐、宰牛、抢掠家畜的盗贼，被乡里人称为"贼王八"。他建立的蜀国被后唐灭亡，孟知祥建立了后蜀。孟知祥是后唐派遣的军人，不是盗贼。在今天的广东地区，刘隐建立了南汉国，他是经营海外贸易的半个恶棍，南汉政权存续到五代末年。马殷在湖北地区建立了楚国，他不是盗贼出身。钱镠在浙江一带建立了吴越国，他曾是贩卖私盐的盗贼。闽国（福建）的王审知，曾是盗贼的部下。高季兴在湖北的一部建立了南平即荆南国，他原是汴州商人李让的家童（通过人身买卖买来的仆从），不是盗贼。刘旻在山西的一部建立了北汉国，他是五代汉国的高祖之弟，是沙陀部人。以上便是中部的五代和其他九国，合起来就是十国。可以看到，这些政权的建立者大多出身盗贼。

地方割据诸国的民政状况

这样的国家，国内是不是经常发生骚乱呢？不一定。这些出身盗贼的割据者，相当爱护人民，善于治理。其中闽国的王审知对民政最为用心。他在福建建国，所领不过中国的一隅，然而该地人才优秀，他召集治下的读书人，并注重福建地区少年的教育。他是十国之中民政搞得最好的。据说吴越的钱镠抽税很严，人民苦不堪言，但这是因为吴越虽为小国，城市却很多，非常奢侈。这种奢侈的遗物至今还存在着，西湖边的雷峰塔（古本《宝箧印陀罗尼经》便是在这里发现的）便是其中之一。钱氏一家都信仰佛教。钱镠的后代钱弘俶造了八万四千座铜塔，并将其分散至各地，在中国至今还能发现一些遗物，日本的博物馆也有收藏。这么做确实奢侈，但也推进了文化的发展；租税很高，但尚有余力支持文化事业，生活平稳，没有战乱，人民安堵。租税有些重，但总比战乱好。吴国的杨行密尽管出身盗贼，却对民政颇为关心。他之后的徐温也出身盗贼，为了使百姓免遭战乱之苦，与梁国划界而不交战。打败吴越王钱氏后，他也没有带兵长驱直入其国土。这么做都是为了保护百姓。因此，江南江北幸运地比较安宁，直到南唐时的数十年间，比其他地区平静安稳。南唐的李后主在文化上成就极高，精通书画、诗歌，对百姓没有恶行。后来他投降宋朝，在入宋后去世，南唐的遗民还为他服丧，其人望可见一斑。总而言之，从十国割据的局势来看，这是个乱世，但各个地区的君主为民着想，百姓没有受到多大的动乱之苦。

最为动乱的中原地区

最为痛苦的，便是五代交替兴起的中原地区了。因为该地最为重要，所以争夺激烈，战乱不绝。最初朱全忠夺来了唐朝的帝位，但其领地极为狭小，仅包括黄河两岸到山东一带，占有的不过是今天河南、山东及陕西的一小部分。而且梁朝南北临敌，即使夺取唐朝帝位，还是有国家不奉梁的正朔，特别是李克用称王建立晋国，双方争斗激烈，更是频频交战。朱全忠是盗贼出身，自知不是贵族，所以生活并不奢靡。因为战争，军队始终很坚苦，但百姓的日子倒不算太苦，因为租税并不苛重。然而，朱全忠终究完全是盗贼出身，不知道唐朝正统天子的意味，完全凭借自己的能力建立了国家。到了晚年，他的盗贼本性暴露无遗，因为宠爱的女人与家族对立，最终成了内乱的牺牲品，其继任者则亡于李克用之子后唐庄宗之手。

后唐庄宗统一中国北部及其弊政

取代梁的是后唐。如前所述，李克用是沙陀部落出身，后列入了唐朝的宗谱，因此他自己不称帝，决心光复唐室，但晚年见国势衰颓，郁郁而终。其子李存勖（庄宗）是个军事天才，很快恢复了国力，连对手朱全忠都为之吃惊。朱全忠死后，李存勖灭了梁，一统中原。李存勖兼并梁朝的领土后，又杀了为其父所恨的燕国刘守光，灭了王建的前蜀，基本统一了整个中国北部。后唐由此成为五代疆域最广的国家。

然而，庄宗的天才之处，却最终成为其死亡的原因。当时，戏剧在中国颇为时兴，庄宗天生擅长音律，喜欢自己演戏，常与伶人一起开演。当时的戏剧正如日本的能剧中穿插的狂言，多滑稽调笑的内容，伶人不是演事先准备好的东西，而有即兴喜剧的意味。庄宗的刘皇后是占卜者之女，平素耻于自己出身微贱，庄宗便恶作剧故意扮成卖药占卜之人，带着儿子去她的寝宫，说"你爹到访"，让皇后大为恼怒。伶人中也有很多人喜欢恶作剧，敬新磨便是其中的佼佼者。庄宗给自己取了个艺名叫"李天下"，有时和伶人演戏时，自己喊道："李天下在哪里？"敬新磨走了出来，打了庄宗一耳光，左右大惊失色，庄宗责问他，他回答道："李天下除了您没有别人。"庄宗听了转怒为喜。敬新磨又像东方朔那样以诙谐滑稽之语劝谏庄宗。庄宗喜欢打猎，有时将民田践踏得乱七八糟。当地的县令劝谏庄宗，庄宗发怒，下令杀了他。敬新磨和其他伶人抓住县令，带到庄宗马前，责问他："你是一个县令，难道不知道当今天子喜欢打猎吗？为什么还让百姓种地纳税？为什么不让百姓饿着，空出这块地让天子驰骋呢？你真是罪该万死！"说完请求快快对县令行刑，其他伶人也跟着附和。庄宗大笑，县令幸免一死。但是，伶人大多收受外部的贿赂，胡作非为，引起军队的不平，内乱爆发，庄宗被杀。他是个天才，既有杰出的军事才能，又有极高的艺术造诣，但缺乏君主的修养，没有治国的能力。庄宗因为喜爱艺术而生活奢侈，把朱全忠减轻的赋税又加重了。

当时天子是"盗贼"或"夷狄"出身，没有修养，不顾政治，于是构成此后数百年直到清朝中国政治大害的胥吏政治开始了。自唐朝开始，除了正式官吏即出身贵族的流内官以外，还有未入流的掌事的卑官，即胥吏。官衙事务烦杂，精通手续的胥吏不可或缺；正式官吏不直接接触百姓，接触百姓的是胥吏。正式官吏的收入是胥吏，然而胥吏劳碌一生也成不了流内官，因此他们在职权范围内尽可能地榨取好处。这就酿成了中国政治的大弊。尤其是后唐的庄宗毫不在意，胥吏政治因此出现，延续到五代以后。

另外，此时最大且最苛酷的弊政是盐税。原来盐户每生产一斗盐，因为得利要向官府缴纳一斗五升米，从五代之初就这么定了下来，但后来以钱代米交纳。据说后唐时仅山东附近的一个地区就缴纳了一千万贯文的钱。当时对贩卖私盐的禁制非常严格：私自制盐是死罪，无论数量多少；贩卖私盐超过十斤也是死罪。其间尽管有一些变化，但大抵盐税是重要的财源。另外，对酿酒业的管制也很严格，私自酿酒，无论多少都是死罪，后来改为私酿五斤以上是死罪。严格实行酒盐政府专卖，是从后唐开始的。庄宗完全是个军人，没把百姓放在眼中，所以虽然凭借军事才能统一了中国北部，但没有为百姓做过什么，还造成了政治上的弊害。当然，作为一个军人，庄宗还是留下了颇多豪放的逸事。

后唐明宗和军士拥立之局

庄宗死于内乱后，明宗即位。明宗是李克用的养子。欧阳修的《五代史记》中立了《义儿传》和《伶官传》，这二者是五代的特色，反映了当时的社会状况。注重谱牒的贵族政治崩溃后，家族法变得紊乱，结果出现了收养义子的现象。把势力强的人收作义子是一种政治策略。明宗便是李克用众多养子中的一个，他出身夷狄，从一个正直的士兵升迁上来，被军队拥立为天子。这种事情肇始于明宗，在五代时期很常见。明宗比庄宗年长，是个夷狄式的老实人，据说他为自己成了天子而十分不安，非常尽力地从事治理。然而，他是被军队拥立的天子，军队的主要团体藩镇不听从天子号令的现象，从这时起已经很严重了，明宗作为军人也很伟大，虽不及庄宗那般精通军事战术，但也是个正直的军人，无论是与梁还是与契丹作战，都立下了赫赫战功。明宗觉得自己不是可以做天子的人却成了天子，自己不懂政治，便把政务都交给宰相。此时万年宰相冯道得以展其骥足，在那个时代，他是一个调和人事、处理政府事务的特殊人才。

武人的跋扈和百姓的不幸

当时中原地区的百姓非常不幸。在唐代，地方的武官全部出于兵卒，但地方的文官出于士人即读书人；然而到了五代，连文官的职务即州刺史也由兵卒出身的人担任了。他们在任职期间只想满足私欲，不知如何爱护百姓，对与百姓相关、有利可图的事业实行专卖，将之全部纳入地方官的管辖。过去，政治由贵族出身的官吏负责，到了五代变为由军人出身的官吏管辖了。因此，一直到宋代为止的这五十余年，中原地区可谓民不聊生。武官出身的节度使借战争之机大肆掠夺，比盗贼还厉害。他们甚至发掘唐代的陵墓，从中盗取各种物品。掠夺成为军人的生意，刑罚不依法律，有势力的人随意杀人，当时是这种无政府状态。日本镰仓时代之前的关东地区也是这样。节度使向朝廷进贡，但贡献的不是租税，而是鞍马兵器之类。宴会的纪念品也是马匹等，用大量金玉装饰成为一种风气。贡品的好坏决定了能否取悦天子。武人跋扈的情况就是这样，与日本镰仓时代以后很像。

契丹的南下和再分裂的局势

明宗死后，他的儿子与手下的大将石敬瑭（夷狄出身）发生冲突，最终石敬瑭灭亡后唐，建立晋国。此时石敬瑭借助契丹的力量，把从北京到山西的燕云十六州割让给了契丹以获得援助。这是中原发生内乱时借助夷狄之力的典型例子，从此以后，中原为之大伤脑筋。石敬瑭的后代冷遇契丹，契丹攻灭了晋国，大肆掠夺。当时冯道巧妙地讨好契丹的天子，多少减轻了掠夺之害。最后，将财宝搜刮一空后，因不适应汉地北部逐渐变热的天气，契丹人便北归了。这是发生在契丹太宗时候的事情。

石氏的晋国覆亡，刘知远建立了汉国。汉国是契丹人北返后建立的，国祚仅有四年。在晋、汉时期，除了丧失北方的燕云十六州外，西南地区的孟蜀也独立了，中原国家变小了。之后，刘知远手下的大将郭威在军队的拥立下称帝，建立了周。与此同时，刘知远的同族刘旻割据山西省，国号为汉，这就是北汉。如此一来，到周国初年，领土更加狭小了。后唐庄宗时，从北方到蜀是统一的，如今再次分裂，形势混乱。但能统一南北的伟人再次出现了，他就是郭威的养子柴荣，即周世宗。

周世宗打开新局面

周世宗大概是不学而能的救世天才。他在位只有六年，但在此期间扩张了领土，为之后宋的统一奠定了各方面的基础。他年轻时，养父郭威还在世，人们觉得他愚钝；郭威死后，他成为天子，本国的部下不服从他，敌国也欺辱他。再加上五代的形势是国家的统一力微弱，兵士都很懦弱，因此他似乎难有作为。但就是这个没有任何显著成绩的年轻人继承了帝位，一举扭转了局势。世宗自始就有进取之志，一即位便出兵征讨北汉。但由于当时军队内部不团结，战败的危险极大，有的大将手下的士兵降敌，有的持观望态度，几乎就要败北。于是周世宗率亲兵上阵。看到世宗的气概和情况的危急，一员大将于心不忍，于是拼死奋战，他便是后来的宋太祖赵匡胤。因为世宗和他的激励，形势为之一变，经过一番苦战取得胜利。借着此战的余威，世宗下令处死临阵脱逃的将士，极大地严肃了军纪。数十年来自行其是的军队，从此听从世宗的指挥。以此为转机，灭掉了五代时期持续的军人骄慢之风，打开了新局面。

五代时期的天子共有八姓。其中后唐有三姓：庄宗虽是沙陀族人，但后来用了李姓；明宗也是从沙陀族的一个士兵变成天子；之后又有王氏。后周有郭、柴二姓，另外三朝皆各有一姓。合起来就是八姓。此外，五代中有三代出身夷狄：后唐的天子出自沙陀族，晋的石氏是依附于沙陀部的小夷狄种族，汉的刘知远也是出自沙陀族，他们都是来自天山附近的种族。另一方面，五代的时间很短，唐庄宗与梁开战时的军队中，后来有五个人成了天子，很不可思议。由于局势在短时期内急剧变迁，五代的天子都没有后嗣。只有周世宗的后代在宋朝建立时获得优待，家族与宋朝共存了三百年。

如上所述，由于改朝换代的周期很短，短则四年，长则十数年，连天子之家也朝不虑夕，遑论平民百姓的生命财产安全了。战乱最为激烈的中原地区最为疲敝。然而，在极度的疲敝之后，发展的因子也在酝酿。因为百姓和官吏都已挨过了极端困难的生活，所以当这个国家的统一力产生且毫不松懈时，就会在耽于安逸的邻国面前展现出积蓄已久的非常实力。这时像世宗这样的天才出现了。

读书人的灾祸与无节操者的显达

五代时期的形势，是中国历史上变化最急剧的。从唐朝到六朝的贵族之家，自汉朝以来长期拥有宗谱，此时全部覆亡了。特别是士人即读书人，境遇最为可怜。当时武人跋扈，读书人能发挥的作用，不过是做些文书工作，而且武人不讲道理，如果惹得他们不快，不知道哪天就会被杀。在给天子的上表中有很多名文，可是这些在武人跋扈的年代不值一提。在那个时代，走红的读书人是像冯道和张全义这样的无耻之辈。张全义受到朱全忠的重用，即使妻子受到朱全忠的侵犯也不敢抱怨一声。冯道是四朝宰相，有处理事务的才干，滑稽多智，巧妙地周旋于难以取悦的武将之间，甚至契丹的天子也被他算计于指掌之间。契丹太宗入侵时，冯道假意要做太宗的臣子。当太宗问如何才能救天下百姓时，他答道："佛出救不得，唯皇帝救得。"用这种阿谀的方式，可能多少拯救了百姓。总之，面对军人和夷狄的横暴，识时务者为俊杰，他是居间缓和的天才。最后冯道伺候的是周世宗。他把世宗当成小孩，不放在眼里。世宗决定征讨北汉时，冯道上言劝阻，但是被拒绝了。世宗说："吾见唐太宗平定天下，敌无大小皆亲征。"冯道戏谑地应道："陛下未可比唐太宗。"结果，世宗在战争中取得了胜利，冯道被免职，此时冯道已经七十多岁了。世宗君临天下，仅仅六年便不幸英年早逝，但已为经营天下奠定了基础。世宗是个天才而不自知，只是在处事的过程中慢慢地发挥自己的天才。这才是真正的天才。

第四章
契丹族的兴起

契丹族兴起的历史意义

五代时期最显著的变化是契丹强盛并形成国家。大部分中国北方的夷狄种族是乘中原动乱之机兴起的。唐末兴起的有来自中国西北的李克用等人的沙陀部落（又称涿邪山、朱邪，唐初又称处月，都是音译过来的），他们进入唐朝内部活动。李克用虽是沙陀族人，却已汉化了，年轻时领受唐朝国姓，被列入了唐天子的宗谱，可能讲的是中原话，过着中原贵族式的生活。沙陀是进入中国内地比较活跃的夷狄。但契丹像匈奴一样，是在中国本部之外，保留了夷狄的风俗而建立了一个国家，这与沙陀不同。契丹与后来的金（女真）相比，它之前就与中原地区的人多少有些接触，不是完全没有受到中原习惯的影响。但它终究保留夷狄的风习建国，在中原地区附近兴起。继契丹之后，女真、蒙古兴起，征服了中国的大部分或全部地区。因此契丹的兴起在东方的历史中是非常重要的事件。

契丹的来历

契丹在历史中出现是在很久以前，从北魏时期就开始了，发祥地在东蒙古的中部。该地不仅有契丹一族，在兴安岭的左右即东西面繁衍生息的三个种族，从南到北是奚、契丹、室韦。奚是简称，本为库莫奚（常被误写成库莫奚，宋本《魏书》写作库莫奚）。中部契丹的所在地，是今天西辽河的源头西喇木伦和老哈两大河的交汇处，契丹的开辟传说就是从这里开始的。该河以北的木叶山是契丹开辟传说的中心。此地以北是奚，以北是室韦。室韦位于遥远的北部，以黑龙江与兴安岭交叉的地区为中心，后来的蒙古族就出自室韦。这三个种族其实是同一种族的三个稍有不同的部类。

"契丹"这个名字从北魏时期就已出现了，它兴起的地方与今天的中国东北地区临近，是广漠的平野，没有高山可作为边境，所以过去契丹族和中国东北的靺鞨在边陲混居。《魏书》中提到了中国东北地区的"勿吉"（唐代的靺鞨），而勿吉完全是女真族，后来变成了渤海国，再后来变成了金国。从《魏书》的《勿吉传》和《契丹传》来看，在这些边境地区，人民不知族属，土地没有主人，大家混杂居住。当然，当时每个地区都有各种部落，因为没有统一的史料，这是不可避免的。

唐朝初期高句丽灭亡，渤海国兴起，大体上统一了靺鞨族。当时契丹族虽还未建立国家，但事实上已不断向南扩张，并逐渐与奚联合，在唐朝武则天时期之后、渤海建国初期，从今天的辽西地区南下到直隶东部的朝阳地区，切断了渤海国与唐朝之间的交通线路。如此一来，渤海国要与唐朝交通，不得不顺鸭绿江而下，然后循辽东海岸出旅顺，从这里远渡山东，再向唐都长安行进。玄宗开元年间，崔忻出使渤海国，在旅顺的黄金山凿井，并刻石题记，该刻石今被收藏于日本皇宫的振天府。这是有关渤海国与唐朝交通的金石文，也证明了契丹在渤海和唐之间的发展。

契丹内部逐渐形成八个部落，这八个部落的酋长轮流担任可汗，统一管理契丹。旗和大鼓是可汗的标志，在轮到的部落间三年流转一次。最初契丹是很安定的，奚和契丹都与唐朝往来，酋长等人接受唐朝授予的官职，甚至还被授予李姓。如一个契丹的酋长被唐朝赐名李怀秀，在契丹叫做阻午可汗。

太祖阿保机统一契丹各部

在契丹太祖之前，轮流统治的最后一任可汗是钦德可汗（有时写作痕德堇可汗或匀德，显然是沿用土耳古族的名字），太祖耶律阿保机便出自他的部落。阿保机做了八部落中的一个酋长，后来接受旗鼓履行可汗的职务，但在该轮换的时候破坏了轮换制度，成为契丹的世袭君主。显然，这是吸收了中国人的智慧。对此众说纷纭。有人说是李克用向他献的计，那时李克用恰巧作为节度使治理与契丹接壤的内蒙古地区，与阿保机关系密切。某次酒宴之后将要告别时，阿保机问："这是我最后一次以可汗的身份见你，若我不是可汗了，我们还能像现在这样亲近吗？"李克用说："我这个节度使终究是个官吏，依天子的命令轮换，但如果我不接受轮换的命令，也就不了了之。"阿保机果然听懂了，于是生起了打破轮换制度的想法，过了任期仍不移交旗鼓，其他七大部落怒而责之，不得已才交出来。但他在任期中招抚了很多汉人，并设立汉人的城镇。这些与契丹完全无关，是他任期内的事情，因此作为所谓他自己的善政被承认了。阿保机将这些城镇作为根据地，从中原输入武器，终于使诈杀掉了七个部落的酋长，征服了所有部落。阿保机的领地中有盐池，为其他部落供给食盐。因此他对其他部落的酋长说，你们应该一起带着礼物来我这里。在酋长们到齐催促宴会赶快开始时，埋伏起来的士兵杀死了他们。阿保机随后统一了其他七个部落，又吞并了奚族的五个部落，一下子成为大国。

这时契丹部落兴起的根据地是汉人的部落，因此太祖吸收汉文化时没有产生冲突。虽然契丹不是完全只靠本族风习兴起，但还是与彻底汉化后兴起的种族不同。然而《辽史》是根据辽国的材料写成，辽是在吸收汉文化后建立的，因此《太祖本纪》等处说钦德可汗死后，群臣奉其遗命要立太祖，太祖三让之后才依从，很像是直接延续了中原的方式。可是，看看中原的文献，就会发现钦德可汗在阿保机统一后仍在世。五代后梁初期契丹向后梁赠送土产的记录中，有耶律阿保机和前国王钦德可汗的赠礼。这是契丹统一两年以后的事了，当时钦德可汗依然在世。讲契丹的情况，仅仅根据《辽史》当然是不准确的，此外有《契丹国志》，但只靠它也弄不清，必须一并参考《辽史拾遗》《辽史拾遗补》。

后唐的庄宗、明宗与阿保机

太祖起初与李克用结为兄弟。李克用与梁太祖朱全忠关系恶化，想要借助阿保机的力量。但阿保机和李克用刚刚结拜，回去就接受了朱全忠的官爵。李克用名列唐朝宗谱，使用唐朝年号，以朱全忠为死敌，因此憎恨阿保机的背叛。据说，李克用临终时有三大遗恨，曾将三支箭交给儿子李存勖，留下遗言说："梁是我的仇敌；燕王刘守光是我所立，却投靠朱全忠；契丹与我约为兄弟，却接受我的仇敌梁的官爵，附属于梁。这三件事是我的遗恨。给你三支箭，万万不可忘记为父的遗志。"这段遗言收录在《新五代史·伶官传》的序中，是不是事实，连欧阳修都表示怀疑。据说庄宗把三支箭珍藏于太庙中，出征时放在锦囊中背在身后。最后庄宗洗雪了父亲的遗恨，击败了敌人，先后灭亡了燕王刘守光和后梁。灭燕之后，后唐与契丹接壤，多次与之战斗。庄宗亲自领兵出阵，契丹经常败北，很畏惧他。契丹的太祖虽也是开国之君，但其军事天才却不敌庄宗。契丹主要是骑兵，后唐主要是步兵。庄宗之后的明宗与契丹交战时，想出以步兵对抗东部蒙古骑兵的战术：让士兵们手持鹿角（带有枝丫的树枝之类）阻拦战马，同时将草点燃利用烟雾干扰敌方视线，乘机贴身近战。契丹装备不良，甲胄粗劣兵器不利，因而常常是后唐一方胜利。契丹虽是创业时期，气焰高涨，可在后唐庄宗、明宗时期，与中原作战从未占据过上风。

渤海的灭亡和东丹国，述律皇后的势力

契丹在中原方面未能得志，但这时在中国东北地区得到发展：灭掉了渤海国，建立东丹国。阿保机自称天皇王，其妻述律为地皇后，以长子突欲为人皇王，并封他为东丹国王。整个中国东北都在东丹国王的统治之下，其领土延伸到今俄国沿海各州。不久，东丹国王就派使者前往日本。过去，渤海国历代都会向日本派遣使节。契丹灭渤海时得知此事，便派遣有过访日经验的裴璆出使日本。当时日本正值延喜年间，对于这位不是渤海国而是东丹国王的使节，日方揣摩他的来意。日方听说了渤海亡国的事情，与东丹国没有任何关系，尤其是这位使节之前作为渤海的使节来过日本，一身事二主，因此责备他寡廉鲜耻，将他赶了回来。

在这个过程中，辽太祖死了。太祖死后，大权全部归于地皇后述律氏。地皇后是女中豪杰，据说她对自己忌惮的不好对付的大臣说："你们都是先

帝亲近的人，应该去陪陪他。"把他们一个个地杀了。后来一个大臣说："要说与先帝亲近，没人能与皇后相比，如果皇后跟随先帝，臣也乐意同往。"地皇后无言以对，停止了杀戮。较之长子人皇王，地皇后更喜欢次子耶律德光，便有意扶次子即位。她让两人骑马并辔而立，向臣下说："我不偏爱他们中的任何一个，你们觉得谁适合做天子，就执谁的鞍辔。"明白太后用意的臣子们争着选择了弟弟，于是次子即位，就是太宗。人皇王长于中国的文学艺术，吟诗作文以排遣自己的苦闷，后来逃往后唐，被后唐赐名为"李赞华"，客居异乡。

契丹文字的制订，四楼制

契丹领土扩张的概况如上所述，同时其内部也做了一些调整。太祖最早制作出契丹文字，但今天确定是契丹文字而流传下来的只有寥寥五字。《燕北录》（收录于《说郛》）中的三通碑文就是契丹文字，这已经被明确了。其他还有朝鲜的李王职保存的一面镜子上的四字铭文，似乎也是契丹文字。契丹文字是取汉字之形来书写本国的语言，但不像日本利用汉字制作假名一样自由，手法远为笨拙。契丹字用起来与汉字意思相同，按契丹语发音，但多少改变了汉字的字形。在完全没有文字的国家开始创造文字，可谓是太祖的一件大功业。只不过有个疑问，这种文字究竟是完全靠契丹人的头脑创造的，还是在此前已有模板？在渤海国遗址中发现了不是汉字但不知是什么的文字，它在对宁古塔地区的发掘中和间岛[1]的西古城子也有发现。虽然没有关于渤海国制作文字的记录，但上述文字是确实存在的。考虑到契丹灭亡渤海国后不久太祖就制订了文字，人们不禁会想：太祖或者采用了渤海国的文字，或者受其启发而创造了新的文字。契丹语与蒙古语同属一种语系，与索伦语一样是东蒙古的方言。渤海语无疑是满语，不像单音节的汉语，而是与使用"つにをは"的日语同属一个语系。契丹文字后来演变成金国文字，长

---

[1] 间岛指中国图们江北岸一带领土，包括今吉林省延吉、汪清、和龙、珲春四市县地区。朝鲜人称间岛。——编者

期在中国东北地区使用，时间长达七百年，直到明朝末年为止。渤海国的情况现已无从知晓，但为绵延久远的蒙古、满洲文化奠定基础的，是契丹太祖。

契丹兴盛的根本之地是临潢，因地处潢水（西剌木伦河）沿岸而得名。临潢一直是首府，即使后来契丹壮大也依然如此。但是契丹人因为过着游牧的生活，所以每年到处移动。大体上四季要搬往四个地方，故而把帐幕称作"四楼"，契丹语叫"捺钵"，是地方或者都城的意思。临潢是四楼中的西楼，位于今天东蒙古巴林的游牧区，桑原博士曾在那里实地考察。

唐晋的内讧和太宗的南侵

契丹在中原扩张势力是在第二代皇帝太宗时期。由于中原内部发生了骚乱，契丹趁机而入。直到后唐明宗时期，契丹都未能入侵中原。但明宗死后爆发内乱，明宗的养子废掉了他的继承人而自立。这个养子与石敬瑭交恶，石敬瑭勾结契丹打败了这个养子。提出这个计策的，是石敬瑭的家臣中原人桑维翰。这是中国的卖国贼在历史上留下的著名事迹。桑维翰为石敬瑭起草向契丹的上表，以契丹为父，石敬瑭对契丹称臣，获得援军灭亡后唐，为此约定将燕云十六州给与契丹。当时石敬瑭的部下中就有人反对。出身夷狄、后来成为后汉高祖的刘知远表示：称臣还可以说是不得已，认父则太过分；如果要贿赂，就给大量的金帛，割与土地则会酿成后患。就这样，石敬瑭获得契丹的支援，灭亡后唐，成功当上天子。但后来契丹又提出种种无理的要求，石敬瑭晚年身体非常虚弱，据说因此而死。

石敬瑭的继承人年纪虽轻，但身为天子，对契丹的蛮横霸道有几分不平，因此反对派得势。形成势力的独立派认为，尽管受到契丹的恩惠，后晋也没有处处讨好契丹的必要。因此，后晋停止向契丹称臣。此时后唐明宗的女婿赵延寿为向石晋报仇，挑动契丹讨伐后晋，战争因此爆发。结果，经过三年时间后晋的天子向契丹投降。然而如论如何，契丹降服后晋这样的弱国也花了三年时间。尽管有人劝太宗一举拿下整个后晋，但后来困难重重，未能实现，后晋军队并非想象的那般孱弱。当时中原的爱国热情高涨，士兵们英勇奋战，其所持的弓弩刀剑等兵器又非常锐利，经常使契丹骑兵遭遇挫折，而且后晋也有坚持抵抗的大将。这时桑维翰作为议和论者，又劝双方尽早议和，但独立派势头正盛，连天子都无法驾驭。天子被夹在中间，既不能停战，又没有亲征的决心，因此战争旷日持久，军费暴增。朝廷征用人民的财产，其间官吏恣行不法，这些成为后晋败北的原因，石晋最后灭亡。

后晋败北，契丹人进入中原，横暴之极，人民的生命财产遭到重大损失。这时，冯道准备为契丹做官，在他的劝谏下契丹提前撤军了。契丹大肆掠夺，直到再也没有什么可抢为止。由于中原的都城汴京暑气太烈，来自北方的契丹人不堪忍受，军队中生病的人越来越多，因此太宗亲自上奏请示太后。当时还在世的太宗之母述律氏也不赞成契丹人当中原的君主，以为中原是中原，契丹是契丹，没有统一中国的想法。太宗在返回家乡的归途中，病死在今直隶北部。因为夏天的缘故，其尸骸被掏空肠胃并进行盐渍处理后才运回去，谓之"帝耙"。

太宗死后，人皇王之子世宗继位，这是内乱的结果。为给父亲报仇，他监禁了祖母述律氏。世宗不想进入中原，因而中原地区获得一时的安宁。其间后汉刘知远自立，此人无功无德而即帝位，全靠时运。后汉政权仅历父子二代，延续四年而已。

周世宗的出现和契丹的衰落

契丹人极力破坏中原地区，但他们明白自己没有资格成为中原之主，于是只顾掠夺，从不做政治上的考虑，掠夺完后觉得待下去没有意义就撤退了。契丹的太宗，在入侵中原的"夷狄"君主中应该是最无能的一个了。他只是一味为患中原，没做过一件好事，大概是由于缺乏一个好的中原参谋的缘故。后汉灭亡后，代之而起的是后周，同时北汉在山西地区立国，它是由契丹扶植的。此时后周的天才君主周世宗出现了。北汉乘周太祖之丧讨伐世宗，反被击败。这样后周和辽边境相接，两国大动干戈。这是契丹世宗、穆宗两代的事情。从前契丹通过从中原抢回财富而富裕起来，但这反而成了祸患，上述两代君主耽于饮酒逸乐，国力没有发展。周世宗凭借新兴之势，夺回割让给契丹的十六州中的六州。当初契丹人凭一时之势进行掠夺时，好似燎原之火，不可阻挡；但是国家基础薄弱，民族没有发展，因而只要中原出现英迈的君主，就很容易制止契丹。契丹过去能在中原得势，是由于中原内乱，内部有人接应。一旦中原出现后唐庄宗、周世宗这样的英主，契丹也无能为力。周世宗之后，宋太祖被将士们拥立为天子，这是五代最后一次由军队拥立皇帝，也是五代乱世的结局。

第五章
统一的趋势

周世宗的经营天下

周世宗大体确定了经营天下的方略，史书中一般认为这是以王朴的献策为基础。王朴在献策中指出，最好先从容易的事情着手，再解决棘手的问题。要平定割据四方的诸国，先从何处下手呢？应该从南唐开始。南唐与周的边境线很长，不论在何处都可以组织攻击，最好在敌人没有守备的地方发起进攻。一开始出动小股部队侦察敌情，让敌人紧张起来，全力应对；如果不断地越界袭扰，敌方就会人民疲敝，财力耗尽。如此，长江以北必将尽为我所有，南唐都城指日可下。凭借攻取南唐之势，再向岭南（南汉）和蜀地挺进，不待出兵，可传檄而定。南方既定，北方的幽燕之地自当归服，若不归服，也很容易平定。只有北汉会拼死抵抗，即便施加恩德也无法感化，非以强兵不能征服。但北汉一度被世宗击破，气沮胆丧，目前无力发起主动进攻，因此等天下平定再取之不晚。

有人说，世宗正是依此策而行。但后世史家认为，世宗所以成为世宗，正在于他并未听从王朴之策。王夫之的《读通鉴论》和全祖望的《周世宗论》都秉持此说。世宗先对南唐下手，确是听从王朴所言，但与南唐开战夺取江北之地后，忽然和南唐休战，转而与被认为是强敌的辽国交兵。当时，辽世宗为臣下所弑，太宗之子穆宗刚继位。由于辽帝酗酒怠政，国势萎靡不振。当此之际，周世宗以破竹之势进军，两月之内就收复了石晋之时割让给辽的十六州中的三个州。辽穆宗无心征战，说这些本来就是汉人故地，汉人夺回乃理所当然，因此没有派出援兵。但在此期间周世宗染病，班师回朝不久就驾崩了。在这场战役中，世宗已谋划好对辽战略，其用兵所长便是能够巧妙地借助地利。过去，渤海湾曾深入北京和保定之间，随着水量减少变成了河流，如今残留的部分水洼形成湖泊。以这些水洼作为周辽两国的分界最合适，世宗便为此目的对辽用兵。由于辽军渡河南下非常困难，世宗很快便收复了直到易州附近瓦桥关一带的失地。从世宗的方略可见，要振兴一个积贫积弱之国，与其先攻弱敌不如先和强敌交手，试一下运气，如果有实力，那么消灭弱敌自然不成问题。这是与王朴之策完全相反的英明决断。因此，世宗是平定长期陷入混乱的中国的适合人选。可惜因为他英年早逝，天下被宋朝夺走了。

宋太祖的拥立

周世宗崩后，其子幼弱，重臣赵匡胤被军队拥立为天子。有个很著名的故事，说赵匡胤一再辞让，被迫黄袍加身。他是一个正直的军人，在官兵中间威望素著，曾长年追随周世宗出征，屡立战功，具备克难攻坚的品质，为人宽宏大量，适合作为开国之君。五代时，每当政权更替，经常发生前朝皇室全族被杀的事例。但赵匡胤严格约束军队，不许动幼帝分毫，绝不施以虐待。因为此一善举，宋被称为以全德立国，因此国祚绵长，据说灭亡时也未受到元朝虐待，宋亡以后，其家族仍然延续下来。当然，赵匡胤能够掌权还有其他一些因素。总而言之，一旦宽宏大度之人为君，当时的情势也会为之一变。当然，在朝廷的更替中，赵匡胤多少也耍了些阴谋，当时就有反对派。姑且不说太祖表面如何，他并非内心全然不想当天子却被勉强拥立。从反对派来说，同样在防备着他的这种野心。比如韩通，他侍奉周世宗，与太祖地位相当。世宗一死，他就和太祖互相戒备，想要防范太祖夺取周的社稷，但在周朝灭亡的同时他被太祖一派所杀。

太祖的经营天下

太祖在五代大将中是很优秀的，但并非周世宗那样出色的天才。在取代周以后，太祖便着手统一天下，方法与王朴的献策大体一致。世宗的方略不如说是与王朴的相反，但太祖还是从弱敌着手。这证明了太祖并非世宗那样的天才。宋朝有四百年，从一开始就很弱，首要原因是想轻易地攻取他国。五代末期的形势是分成十国，其中称帝的有南唐、蜀、南汉、北汉四国；其余地区虽割据一方，但若中央出现天子就会派遣使臣前往觐见，并接受官爵。占据湖南的周氏、湖北地区的高氏、吴越的钱氏等国就属这类。宋太祖即位之初，湖南周氏出现了内讧，其继承人向宋朝请求援助，但宋若派兵，必会经过湖北高氏的土地。因而，宋朝出兵的次序是：先攻取湖北，再取湖南，继而伐蜀降服孟氏，接着降服南汉刘氏，最后讨平南唐，使李氏归降。至此太祖时代结束，还剩下北汉和吴越。太祖与谋臣赵普讨论过平定天下的事情，基本上是按照周世宗时确定的意见实施的。

太宗即位与天下一统

太祖驾崩后，他的弟弟根据母亲杜太后（昭宪太后）的遗命即位，就是太宗。当初太祖即位时，杜太后非常担心，对太祖做天子并不高兴，告诫说她忧心五代历朝天子死后一定有国乱家亡之事。太后在病危时，曾有遗言对太祖说："汝知所以得天下乎？正由周世宗使幼儿主天下耳。使周氏有长君，天下岂为汝有乎？汝百岁后当传位于汝弟，次及汝子，再次及其弟。能立长君，社稷之福也。"同时，将赵普召到太祖面前作为证人，立下有关皇位继承的遗命。因此，其弟太宗才能在太祖死后即位。但这一遗言也成为日后导致皇室内讧的根源。

太宗时期，吴越王钱镠不待征伐就纳款归服，割据政权只剩北汉。当宋朝兴兵征讨时，北汉向辽国求援。但宋军幸运地阻挡住了辽国援军，切断了北汉的粮草供应，灭亡了它。唐末以来分裂的天下暂时实现了统一，只有石晋之时作为贿赂割让给契丹的燕云地区没有收复。这样，宋和契丹边境相接，从此两国有了外交关系。当时契丹世宗之子景宗在位。

宋朝顺利统一天下的原因

宋朝用了十几年便平定天下，没费什么劲就获得了成功，是由于当时的形势。比起唐初太宗统一天下，宋的统一远为容易。隋末天下分裂，但割据各国都相当强大，因为它们都是从民间起家的人物新建的。如窦建德、王世充、李密诸人，均是一代开国之主，堪称人杰。窦建德据说比唐太宗德行更高。唐太宗虽然也是人杰，但进攻这些国家时，双方势均力敌，获胜非常困难。而宋初割据各国与唐初各国完全不同。宋初各国大多于两代或三代之前，在唐末或五代中期趁乱建国，以后暂时延续割据之势，经过长时期的和平安逸之后，均已文弱不堪，缺乏真正的实力。南唐、后蜀等国居于艺术保护者的地位，保持着和平的状态。只有位于最中央的、以五代交替的汴京为中心的地区，始终纷乱重重，有时遭到契丹入寇，人民生命财产都陷入危险，备尝艰难困苦。宋太祖出身于这样的国家，历经五代各国中最艰难的锤炼，该国兵力也最强。虽然长期以来军人骄慢，但周世宗以来他们受到约束，大将天子经受了身先士卒而战的训练。所以，宋朝统一中国相对容易，没有经历大规模战争就平定了天下。

太祖收回权力的策略

宋太祖出自这样的环境，十分清楚五代为何会纷争不断。虽然不是周世宗那样的天才，但他较为宽厚，正是稳定动乱后的人心、消除猜忌心理最合适的人。天下基本统一后，他采取非常温和的手段逐步收回下移的权力。首先收回亲卫诸将的兵权，接着又渐次削夺了唐末以来长期延续的藩镇权力。关于此事，谋士赵普最先提出收回诸将兵权的意见。太祖起初不以为然，但赵普认为，即便他们本人无意谋反，但容易受部下的军队鼓动，因此难保不会发生叛乱。太祖觉得有理，将兵权收归于上，但用的是和平的手段。在拥戴太祖称帝的人中有个石守信，太祖登基后执掌亲军。一天夜里，太祖和他边喝酒边说："没有你们的力量，我不能从节度使当上皇帝。可你们不知道，当节度使是多么快活，现在我夜里都睡不安稳。"石守信很奇怪，问是何故。

太祖答道："那是由于想当皇帝的人很多。"石守信说："如今天命已定，谁还敢怀有异心呢？"太祖说："就算你不想当皇帝，但如果被迫黄袍加身，军队会不会拥立你们呢？"石守信非常惶恐："如果是这样，该怎么办？"太祖说："人生苦短，没有比一生富贵、子孙满堂更大的乐事，何必还要受此军旅苦役？"于是，诸将被和平收回兵权，被调到大地方当节度使。

宋初为削夺藩镇权力，节度使更换时，逐渐安插文官。从唐末到五代，地方官均由节度使任命；但从此以后，不经节度使之手而直接任命地方官，直属朝廷，不受节度使节制。其次，在节度使之下设立副官"通判"，节度使只是挂名，通判执掌地方租税征收等实际政务。通判虽然只是个临时官职，但宋朝的政治却是让临时官员执行实际的政务。总之，节度使成了虽然拥有高官厚禄却无实职的官位，完全没有实权。到太宗时期，节度使成了赏赐亲王和将相大臣的荣誉称号。五代时，节度使是权力最大的地方大员，有权定人死罪；宋太祖当政后，规定该判死罪的犯人名单必须报告中央政府，由中央审查后才能执行。综上所述，兵权、刑罚权、财政权都被收归中央政府。

太祖的温和政策及其长处

不同于唐太宗十八岁起兵取天下，宋太祖成为天子被人说成是欺骗孤儿寡母而取得天下。虽然太祖作为军人相当强悍，但是用非常温和的手段成为天子，所有的政治措施也很温和。哪怕是改革唐末以来的弊政，用的也是非常温和方法。节度使等名称依旧，但实权则被其手下的临时官吏所控制。通过所有这些方法，过去的官职保留形式但没有实权，暧昧模糊的官职却掌握实权。不是新政府一成立就马上变革旧制，实行中央集权的措施。这是宋代制度和政治的根本原则。所以，宋朝的制度很不明确。如汉代以来县是最下一级的行政区划，长官叫县令，这是名实相副的官职，而从宋朝开始则改为知县（知县事），具体来说，意思是权知县事——本官是其他官职，但代理一县的事务。除此之外，在其他方面也是如此，都带着本官以外的代理官名来办理实际事务。宋朝产生的此类官名一直沿用至今。在日本，一县之长最初也叫作县令，后来改为县知事，还是叫县令的好。

宋朝统治温和是其长处。太祖认为在五代的兵乱中人民的生命被轻视是不对的，因此尽量不杀人。征伐南唐时，派遣曹彬为统兵大将，太祖告诫他绝对不能滥杀无辜，所以南唐投降时确实没有滥杀。宋朝礼遇前朝后裔，也优待功臣之后，曹彬的香火也延续到了南宋。不像过去的汉朝和后来的明朝，这是太祖温和政策的长处。它对稳定唐末以来普遍变得残虐的民心收到效果，有宋一代保持着仁厚之风。太宗虽然阴险猜忌，仍大体具有仁厚之心，是受到太祖的感化。中国人说，宋室子孙因此在宋亡时才会受到蒙古人的优遇。

征伐契丹的失败

如前所述，中国内部已经平定，宋朝与契丹接壤，太祖想收复故土即燕云地区，决心积蓄大量军费。只是其方针与周世宗的完全不同。世宗计划先与契丹一决雌雄，再以余力平定天下。这样的策略只有世宗这样的天才方能实现，太祖则对此没有把握。他顾虑若先与契丹开战，战争如拖长，兵力财力将无以为继；倘若战败，得之不易的统一事业更会付诸东流。就算收复了契丹占领的十多个州，对宋朝整体而言只是增加了一点土地，与其这样，不如采用聪明一点的办法。而太祖和太宗两代皇帝的谋士赵普的意见也让人泄气，他认为即使与契丹开战收复十几个州，挑选守备的人才也很困难，所以要先从容易的地方着手，最后解决契丹。然而平定内部用了很多年，此时军队已不再是当初的名将统帅的军队。一旦中原地区实现统一，就不愿为了一小块土地与契丹重启战端，耗费兵力财力。即使天子力图恢复，整个军队也缺乏战斗意志。太宗曾率兵亲征，最后大败而归，一万多人战死，太宗的亲兵在契丹追击下溃散，太宗赶着民间的驴车才侥幸逃出生天。不仅如此，战前宋辽并未交恶，开战导致国交破裂，双方产生无法弥合的仇隙。这就是"高梁河之战"。

此番战败后，太宗仍在等待时机以图再战。此时，辽景宗之子幼主圣宗继位，其母萧太后摄政。太宗听信了萧太后蓄养男妾，国政混乱的情报，派出大军征伐。此役由平定江南的名将曹彬率领大军北征。可惜事与愿违，萧太后统治下的辽国内部非常统一，宋军再次败北。萧太后是英明的女杰，所以有中国历史学家说她有男妾是假的，但实际上确有此事。有一个名为韩德让的，原是汉人，后被赐名耶律隆运。太后与隆运协力，扶持先帝遗子圣宗为帝。太后是圣宗的生母，圣宗非常孝顺太后。隆运很珍惜两人的关系。虽然太后的私生活未必检点，但她却振兴了前几代低迷的国势。

由于宋朝此次战败，契丹乘机入侵，宋朝在今直隶地区的很多土地都被占领。曹彬以下太祖时代以来的名将未立尺寸之功，倒是身为文官的张齐贤作战出色，挡住了契丹的攻势获得小胜，这才没有酿成大祸。从此，宋朝再也没有以统一天下之势击破契丹的妄想，在与契丹的外交关系中处于被动。

杜太后有关继嗣的遗言被放弃

太宗背弃母亲的遗言，并没有把皇位传给太祖之子德昭，后世因此给予非常不好的评判。太宗与赵普商量时，赵普出主意说："传位于弟之事，太祖已误，陛下岂容再误？"此话正言中了太宗的心意，因此在太宗一代，太祖之子基本丧失了做皇族的资格。但众大臣都见过当初太后的遗言，太宗心中也就常怀猜忌。太宗被契丹打败，传闻一时之间下落不明，因而有人想拥立太祖之子德昭即位。太宗知道后大为不快。德昭曾经向太宗进谏，说征讨北汉没有论功行赏，太宗大怒道，等你自己做了天子再赏吧。德昭因此愤恨成疾，自杀而死。此后，德昭的兄弟德芳也病死了，其弟廷美的子女均被剥夺皇子皇女的身份。如此，北宋时天子之位由太宗的子孙继承。然而后来宋朝与金作战时，太宗子孙被金兵俘虏到了今天中国的东北，南宋的高宗是徽宗之子、太宗的后代，但他膝下无子，太宗世系由此断绝，所以在太祖的子孙中选择孝宗为帝，这样太祖的子孙继承了皇位。太宗行事阴险，因此给后世留下像"烛影斧声"这样不愉快的问题，不过真相未必如此。

第六章
北宋的承平时代

太宗崩后，继位的是其子真宗，随后是仁宗。而仁宗没有子嗣，改由旁系的英宗继位。此三代是北宋最太平的时代。这期间并非没有敌国外患，如契丹和西夏，不过大体上仍是太平之世。

太宗末年以后防御辽寇的策略

这一时期，与契丹的关系最为重要。真宗时代，北宋与契丹之间发生了一件大事。原来，有鉴于对辽战争的失败，太宗晚年便开始研究御辽策略，因此出现了一批擅长防御的名将。其中功绩最著的何承矩成功实施了屯田政策，即军队利用地势建设防御设施，并屯田种植粮食，主要依靠当地土地解决士兵补给，不用远道运粮。之前讲到，过去渤海湾延伸进北京和保定之间的遗迹，形成了一片长长的水洼。利用这片水洼来防御契丹实为上策，因为契丹主要是骑兵。除了这片天然水域之外，还在各处筑坝筑堤，使水洼之间互相连通，形成了一道防御工事，同时也可以利用水洼灌溉屯田。而在其西边与太行山脉之间的平地则由精兵防守。这一策略不仅在军事防御上取得了成功，而且种出了北方所不产的水稻，还产出了马蔺等水草和各种贝类，也为人民带来了诸多裨益。军队开垦土地，首先了解了地理情况，其次在北方培养了众多勇健的士兵。现在看来，此法实在是高明之举。当时尽管偶有契丹入侵，但都被轻易打退。

澶渊之战与寇準的相业

宋真宗景德元年（1004年），契丹再次入寇（此时辽国已改国号为"大契丹"，当时当地的碑文中也刻有"大契丹"字样）。辽萧太后与耶律隆运亲率大军深入宋境，通过今直隶一带南下，突破层层防线，到了澶州附近。在此，宋朝与契丹恢复和睦，订立了澶渊之盟。这个盟约对宋朝而言取得了相当的成功。当时，宋朝的宰相是寇準，职务是同平章事（事实上的宰相职位）兼枢密使（军事长官）。寇準对契丹入寇的情报毫不惊讶，力劝真宗亲征。其他宰相对此有赞成的，也有反对的。主要的反对者有参知政事（同平章事的次官）王钦若、同金（枢密使的次官）陈尧叟。王钦若主张逃往金陵，陈尧叟建言逃往蜀地。由于王钦若很会讨好皇帝，所以寇準先把他逐出京城做地方官，然后才敦促真宗离开汴京亲征。尽管蒙尘论还是有相当势力，但当时的大将都赞成寇準的主张，所以一路前进到澶州。黄河从澶州城中央穿过，将其分为南北两座城池。契丹军到达北城后，从三面将其围困起来。幸运的是，宋军射杀了契丹名将，振作了士气，而宋真宗又御驾亲征到了南城。寇準力劝皇帝趁此良机进入北城。当宋军士兵见到黄龙旗飘扬在城中后，顿时大喜过望，勇气倍增。契丹见此情景，灰心丧气，越发倾向和谈。宋朝派遣曹利用出使契丹。此时，为了安定人心，寇準大胆谋划，在大战之前与同僚把酒言欢，谈笑自若。和谈中，契丹希望宋朝归还周世宗收复的土地；宋朝主张，契丹若要土地，就只能一战，若每年要些金帛，则可以答应。寇準的态度非常强硬，要求契丹对宋称臣，以洗刷五代的耻辱。他认为，如果使契丹称臣，夺回石晋时期丢失的土地，则可保百年和平，不然，几十年后将再生祸端。但宋真宗内心软弱，觉得几十年后还不知道情形如何呢，所以只顾眼前的姑息苟且。真宗左右的小人也进谗言，称寇準之所以坚持主战，是因为战争持续下去，他就可以一直当宰相。不得已，寇準只能采纳支付岁币的折中方案，再次派曹利用为使议和。根据真宗的意见，可以支出岁币合计银绢百万两匹，但寇準威胁曹利用说，若超过三十万两匹就斩了你。于是，曹利用带着银十万两、绢二十万匹作为岁币送给了契丹，同时，以宋真宗为兄，契丹皇帝为弟，双方签订了平等条约。至此，两国缔结和平，重开贸易，恢复通商，人民终于放了心，但是这个和平花了大价钱。

寇準是中国少有的人物，是适合在时局艰难之际处理棘手问题的适当人选。他平素处事果决，即使在和平时期，也是令那些官僚气十足的官员头痛的人。他平生最得意之事是迫使契丹退兵。在选用人才方面，他特别喜欢录用做事踏实的贫寒官吏。虽然当时贵族政治早已终结，但遗风犹存，贫寒之士不被起用仍很普遍。寇準打破了这种做法，认为墨守成规旧例是普通官吏做的事，身为宰相这样做是不行的。

真宗的封禅及其影响

寇準罢相是由于王钦若采取了巧妙的手段构陷所致。当时，真宗看重寇準，视其为功臣，因此，王钦若将寇準看作眼中钉。一次，他对真宗说："陛下尊敬寇準，是因为他是社稷元勋之故吗？"真宗说："然也。"王钦若说："陛下难道不认为澶渊之盟是莫大之耻吗？"真宗惊问何故。王钦若答道："城下之盟在春秋时代是耻辱，澶渊之役就是城下之盟。陛下知道博弈吗？博弈中要输掉的一方会打出手中最后一张牌以挽回败局，这叫'孤注'。寇準就是把陛下当作孤注啊！"真宗听信其言，因此对寇準深感不快，不久就罢免了寇準的宰相之位。之后，真宗与王钦若商量怎样洗雪城下之盟的耻辱。王钦若先抓住真宗的弱点说："最好发动战争夺回被契丹占领的土地。"真宗果然不悦："好不容易才换来的和平，若再起战争只会劳民伤财。"王钦若顺势而言："如此，不妨建立一番大功业夸示外国，如去泰山封禅。"

封禅不只是举行一场大型祭祀就可以完成，而与真宗之后的财政及其他事情有很大关联，还需要以此谋生的方士。本来，真宗的封禅是在王钦若的劝说下才进行的，但真宗很在意别人的好恶评价，最初对封禅很踌躇，只是出于自我安慰才同意。王钦若对真宗说："行封禅必须要有天瑞。但天瑞不是什么时候都有的，因此自古以来都是人为制造，是圣人欺骗人民的把戏。陛下难道相信古人得到河图洛书是事实吗？其实都是所谓圣人以神道设教，用不可思议之事愚弄人民罢了。"虽然真宗是个天性善良的人，但听了之后，也就觉得封禅理所当然。当时有个宰相叫王旦，是个正直的人，不赞成这样做。王钦若便跟王旦说，封禅是真宗本人的意思。王旦听了没有表态是否同意。于是，真宗决定亲自出面收买王旦。一天，真宗叫王旦一起饮酒。辞别时，真宗特地赐酒给他，说这是一坛佳酿，你带回去和家里人一同喝吧。等回家一看，才发现那是一坛珍珠。从此，王旦就不再表示反对，封禅也一步步得到实施。某天夜里，真宗做了一个梦，说是梦中天书降临，传达了一份启示，命他尽快筹备祭典。这其实是王钦若玩的伎俩。不久，又传言"天书"降临在京城的城门上。打开一看，书中写的是保佑宋朝的话。由此，真宗开始着手筹备泰山封禅大典。其时大加反对的是《孟子正义疏》的作者孙奭。他认为自古都说"天何言哉"，根本没有天书降临的道理。这时，契丹也听到真宗封禅之事，便提出每年除岁币之外还要借贷一些钱帛。王旦用计巧妙地处理了此事，答应借给契丹银、绢各三万两匹，作为补偿从来年岁币中扣除相应份额。然而，第二年的岁币却并未扣除这部分，依然如数付给契丹。本来契丹想趁着宋朝支出庞大之时为难一下，结果宋朝根本不为这点钱犯愁。

只要进行封禅，朝中就会冒出"天书"，人民也会见到各色"天瑞"。各地纷纷呈献灵芝、嘉禾、瑞木，光是献上的灵芝甚至多达八千株。为了供奉这些祥瑞，必须营建堂宫，大兴土木，还要建造供道士作法的宫观，特别在中央建了一座用于存放"天书"的大宫观。王钦若对此非常得意，皇帝赏识的丁谓等人也跟着起哄。由于宫观建得实在太多了，皇帝近臣中也有人进谏劝阻。丁谓告诉皇帝，以没有皇嗣、向天祈福为由挡住了这些谏言。

当时，在这一动机驱使下，宋朝做了种种无用的工作，导致真宗朝官吏人数增加，俸禄支出增长，每年的财政开支膨胀。总之，在王钦若等人的策动下，原本正直的皇帝将与契丹的盟约视为失败而深感不快，同时，他们教唆皇帝采取这种逃避不快的手段来自欺欺人。皇帝原本是个好人，晚年很反感与道士交往过密的王钦若等人，因此将他罢官，重新任命寇準为相。王旦虽不如寇準性格刚直，但也是正人君子，因此力劝寇準出山。寇準复出后，由于有失态之举，在最后的宰相任期内并无多少成绩。当寇準再次拜相时，丁谓已身居参知政事。一次宴会上，为了讨好寇準，丁谓帮他梳理被汤汁弄脏的胡子。寇準嘲弄道："堂堂参知政事竟要为宰相溜须吗？"说完，便大笑起来。丁谓怀恨在心，从此结下了仇。

宰相权力缩小与君主把握全权

虽然大体同处宰相之位，宋朝相较于唐朝出现了很大变化。在唐代，宰相自信和天子一样，都是贵族出身，因而当自己是代天子执掌天下之政，而天子也从不把宰相当作仆人，更多是以友相待。所以，在此种条件下，宰相都是依据自己判断行事，不必特别取悦天子。这种贵族政治已于五代彻底废止，而宋朝认定人臣擅权是乱国的本源，因而从制度上人臣就无法专权。在唐朝制度中，尚书令才是最初的真宰相。但实际上从唐代起，已经不再任命此官职，宋朝也一样。中书令原是天子的秘书长，却跻身宰相之列，而门下省的侍中本负责审议中书省制定的方案。中书令和侍中可以说相当于真宰相，但实际上由比二者级别更低的官员处理宰相的事务，即同平章事。从唐朝到宋朝，一直都是如此。同平章事原为见习宰相，但却是真正的宰相。宋时，为了防止其专权，在其下设置了参知政事一职。太祖虽重用赵普为相，但由于赵普是个阴谋家，不能大意。为了牵制他，便设立了参知政事，又名参政或执政，虽无宰相之名，却与宰相并称为"宰执"。这是中国近世时代理想独裁政治的开始。与唐朝宰相一样，宋朝宰相也背负着辅佐天子的责任，但宰相和参政都没有全权，而纵观整个朝野都没有官吏能掌握全权。

宋朝兵权掌握在枢密使手中。以前，兵权都是交由皇帝身边的亲信统管，方便随时调拨。因而宦官把持了唐朝的兵权，有时甚至能决定天子的废立。推翻这一制度的是朱全忠，他将宦官悉数诛杀，并任命士人担任枢密使，掌握了兵马的全权。到了宋朝，枢密使下设副使，其权力又被分割，而宰相完全没有兵权。这样，君主一人独揽政事、军事全权，人臣不可代天子行使权力，这便是宋初政治制度建立的方式。

宰相风格的变化

实际上，越来越多成为宰相之人，逐渐从唐代风格的宰相转变为宋代风格的宰相。寇準还像唐代宰相一样，有着以一己之身承担全部责任的觉悟。太宗朝的吕蒙正、真宗朝的李沆仍有唐代宰相的遗风。宋代风格的宰相从王旦开始。可以说，他是与宋朝制度相适应的第一个宰相。他人品好，行事谨慎，不过问自己职权之外的事务，具有勤勉于本职工作的作风。而真宗罢免寇準时，理由是他擅自向某人许诺官职，这是侵犯天子大权的行为。因此，王旦代替寇準就任宰相时，真宗特别提醒他在这方面要谨慎。王旦素来谨小慎微，只在权限内行使职权，办事公正。一开始他并不提出自己的主张，只是在听取别人的意见后，对可以实行的意见表示赞成。虽然在封禅一事中被天子收买，但他并非凡事都逢迎天子之人。因此，真宗很尊重王旦的意见。曾经有一个受真宗宠信的宦官临死前要求加封节度使，王旦不同意，认为没有先例。真宗说，这个宦官快要病死了，临死之前封个节度使只是让他高兴一下而已，希望可以破例一次。王旦依然不应允，说若今天让他做节度使，明天就又会有人要求升迁枢密使。虽然天子主张打破先例，王旦没有选择听从。一个谨慎之人在坚持正确主张时，往往以先例作为挡箭牌。这样，有无先例就成为他在政治上的重要原则，即宰相的责任是遵循先例行事。

王旦属于宋代标准的宰相，而其后的王钦若、丁谓之流，不但一味迎合天子的意思，有时还会不顾天子好恶，欺骗天子，将其引入歧途。真宗晚年时中风，由皇后听政。这时，丁谓之辈就想尽一切办法挑唆皇后将寇準流放至偏远之地，甚至在途中假传天子之命想迫使寇準自尽。所幸寇準并没有遵从这道模棱两可的命令，称不见敕书绝不从命。而真宗的皇后也不愧女中英杰，虽然起初丁谓等人耍阴谋蒙蔽了皇后，但不久丁谓也触怒了皇后而遭到流放。自太宗朝到真宗朝，宋朝的政治制度基本确定，宋代的独特风气也逐渐形成。这段时期里，过去唐代的宰相风范消失了，新时代的官吏之风开始兴起。到了之后的仁宗时代，又出现了一种特殊的士人风格，并由此开辟了宋朝新的篇章。总之，在中国历史上，这是天子与宰相关系发生重大转变的过渡期。

刘太后垂帘听政，新士风的代表——范仲淹

仁宗初年，执政的是真宗的皇后刘太后。刘太后只是仁宗的嫡母，而非生母。宋朝有过多次太后垂帘听政，刘太后是第一次。太后精心养育了并非其亲生子的仁宗，以致仁宗最初都不知道自己还有生母。刘太后聪明过人，传说她罢黜丁谓后想重新召回寇準，可惜寇準已经去世了。

从仁宗初年开始，范仲淹便在士人中崭露锋芒。范仲淹可谓宋代士人新风气的开创者，他常说："先天下之忧而忧，后天下之乐而乐。"他在当时是最具人格魅力的人格论者。他认为，当官不能只为糊口，应该以其所倡导的"先忧后乐"的气节自励。聚集在范仲淹周围的人大多受到此种气节影响，从而形成了宋代的士人风气。宋代政治家中君子比较多也正是由于这些人的力量之故。唐代的宰相喜欢强调自己出生于世家望族，而范仲淹却从不考虑家世。他主张士人在世，必须立足于个人与天下全体的关系之上，不在乎家世门第，而要考虑完善个人的人格。这是唐宋士人的不同之处。后世宋代士人倡言"为万世开太平"，充分展现了个人立世当为天下国家、千秋万代计的宏大气魄。虽然范仲淹在官场生涯中没有一天可以安逸度日，但无论何时从不轻易言退，所以一生充满了曲折。仁宗初年，当范仲淹与宰相吕夷简爆发冲突而被罢免时，很多人纷纷声援范仲淹，甚至以与范仲淹一同罢官为荣。后来的朋党争议正是起源于此。

仁宗朝的财政状况

仁宗初年，宋朝取得天下后已经度过了四十多年太平时期，政治及其他方面也逐渐产生一种惯性。无论何时，在国家的开创期，开销都很大，天子和官吏都很节俭；最终平定乱世后，花费减少，就进入了财政富有结余的时期。真宗朝正是宋朝财政出现余裕的时期，没有连年战乱，人民生活太平安定。一方面是因为太祖和太宗时代，富裕的蜀、南唐、湖南、湖北、广东等地被纳入版图，国家收入激增；另一方面，此时军队不多，冗官也少，佛教和道教不太兴盛，人民生活也不流于奢侈，都比较富足。这便是真宗初年

的状态。真宗不仅用财富收买了契丹，还为了展示自己的财富进行封禅等活动。富裕的结果，是出现了真宗这个花钱玩政治的人。随着官吏和军人数量的增加、天子对亲王和大臣恩赏的增加、寺院的僧侣和宫观的道士增加，以及每年向契丹交纳的岁币，积累的财富逐渐被消耗一空。到仁宗初年，虽然表面太平，但实际上朝政已经很困难了。

按照原来的宋朝军队制度，所有的军队都要集中在中央手里，地方没有兵权。且士兵一生都要入兵籍，无用之兵就越来越多。最初只有六十万兵员，到仁宗初年已达百万之众。此外，从真宗封禅以来，祭祀之处越来越多。不单是宗教祭祀，给天子和皇太后的节庆贺礼也增加了。仁宗初年费用支出的项目非常多，因此开始注意节俭。在每年的祝祭庆典中，大型的道士祭祀活动从四十九次减少到二十次，第二等的祭祀活动由两千四百次减少到五百次，由此减少了部分费用支出。但是，这时防御西夏的军事费用又成了一道难题。因为过去的二十年里的军费支出都是固定数额，没有变化，可一旦出现战事就不够开支了。

北宋在百姓富裕后实行了更加严格的征税方式——和籴，即在粮食收获前，由官府和人民协议，按照议定的价格提前收购粮食。实际上，只是以"和"的名义从农民那里预支粮食。另外，也开始实行绢丝的"和买"政策，即在蚕没有长成前，官府和蚕农协商定价，之后由官府收购蚕丝，表面上是官府收买，实际上是官吏私自购买。由此导致物价持续上涨，人民生活就愈加困难。据此可见，虽然仁宗时期宋朝表面上太平，但内部的贫困非常严重。恰在此时，又发生了西夏事件，宋朝受到巨大打击。不过好在契丹对每年从宋朝得到足够的岁币感到满足，国内也富裕了，因而不再妄起战端。所以，当时只有作为新兴国家的西夏给宋朝的外交关系带来了麻烦。

西夏的崛起

西夏是党项族，其语言属于汉藏语系，居住在介于新疆突厥族和中原汉族之间的甘肃西北。西夏兴起时被称作拓跋部，实际上并不确定是否与北魏拓跋氏同源同种。唐末黄巢之乱中，党项首领拓跋思恭因平定所在地方的叛乱有功，而被唐朝赐姓李。五代之际，中原群雄割据，西夏与中原的往来没有留下记载。宋太宗时期，首领李继捧率一族之人入朝归附，将其土地全部献给宋朝，并提出自己也定居汴京。但是，李继捧的堂弟李继迁反对向宋朝纳土称臣，就带着祖先遗像逃回了自己的部落，谋求独立。这便是西夏与宋朝关系的开端。宋太宗因此讨伐李继迁，李继迁只得投降契丹，受封官职，与契丹结为婚姻。由于远离宋朝，其统治的地方逐渐安定下来，李继迁开始考虑恢复与宋朝的往来。游牧部落酋长一旦势力强盛，便追求奢侈的生活。为获得绢及其他特产，李继迁意图向宋入贡，宋朝则以称臣为许可条件。双方约定，李继迁对宋称臣，宋朝赐其姓名为"赵保吉"。赵为国姓。但西夏人仍在宋朝边境寇钞掳掠，即使酋长已经入贡，却不禁止部民掠夺。这种局面一直持续到仁宗时期。

这时，西夏出现了一位空前绝后的豪杰，即赵保吉之孙——赵元昊。他虽年少却已继承了父辈的大业。他的父亲还在世时，他就不满于向宋称臣献礼，劝父亲背叛宋朝。但其父认为三十年来能锦衣玉食、安享荣华都是宋朝的恩惠，便没有答应。赵元昊说，身穿毛皮、放牧牛羊才是游牧部落的生活方式，有必要穿丝绸吗？英雄当成王霸之业，不能屈身于几匹丝绸。他继位之后，便开始整顿兵备，建立官制，创办翻译学校，常在狩猎时组织军队演习，与部下一同喝酒吃肉，人缘很好。党项东侵宋朝，西击回鹘，扩大地盘，并建国都，定年号，养兵五十万，又创造自己的文字书写国书。所谓的西夏文字一直保存至今，形状类似隶书。由此，党项已具备了一个国家的大体框架。其统治范围主要在黄河上游，这里的土地都是黄河泥沙冲击形成的沃土。由于黄河流经山西、陕西，往下是陡坡，下游经常暴发洪水；而包头一带的水流却非常平缓，一点也没有泛滥，上游流下来的泥沙堆积在这里。自古以来就认为黄河造福西夏，祸害宋朝。宋都汴京就位于黄河泛滥的中心地带。上游的这片沃土至今仍然沟渠纵横，只要治水得力，即使地处北方仍盛产大米，据此足以立国。西夏建国时，宋朝国势和平，但社会发展趋于停滞。由于读书人数量多，考试落第的人也多，很多愤愤不平之人投靠外国，屡屡损害宋朝利益来发泄不满。赵元昊时期有很多加入西夏之人，他们教元昊建立制度，向他通报宋朝的内情，传授入侵宋朝的捷径。由于有这些人做参谋，赵元昊终于举起叛旗。

宋朝讨伐西夏及媾和

此时，宋朝保持与契丹的和平，全力防御西夏。发起防御之战的都是宋朝的名人，起初有范雍、夏竦，随后有范仲淹、韩琦等人。其中，前两人在朝中人缘不佳，被视作小人，而后两人则被赞为君子，乃有宋一代名臣。但不论是小人还是君子，对付西夏都失败了。有君子之称的两人在处理西夏的问题上产生了分歧：韩琦是积极的主战论者，主张只有在胜利的基础上才能赢得和平；范仲淹则认为宋朝承平四十余年，兵不习战，力主防守，反对贸然进攻，他抓紧训练军队，以求平安无事。这几人原来并非武将，实际上却在谋划军事工作。当时的情形如范仲淹所说，武官都是积累年功论资排辈提拔上来的，完全是兵卒出身，或来自外戚世家。这些人一直是文盲居多，没有当文官的资格。所以，将领不懂作战方法，士兵没有良好的训练，只是当兵吃粮而已。韩琦与范仲淹意见不一。宋仁宗一开始倾向主战，决定采用一战制胜的韩琦方案，结果招致大败。这场战争持续了三年，就宋朝方面来说毫无胜算，对于西夏来说也不是上策。宋朝不管是经济还是人口都是西夏的数百倍，西夏虽取胜却无法给予北宋致命打击，反倒因为战争中断了贸易往来，连衣服都涨价了。于是，元昊最早提出和解的建议，宋朝也希望这样。当时，宋朝有人认为可在南郊大礼时给西夏发出停战诏书。由此，双方开始和平对话。此时，从把西夏作为臣属的契丹那里传来了将要帮助宋朝讨伐西夏的消息。就这样，多方因素促成了宋、西夏两国达成和议：西夏不用宋朝年号，不对宋称臣，与宋朝为父子关系，信函不采用上表的形式，而采用"男，上书父大宋皇帝"的格式；作为和谈条件，宋朝每年要送给西夏绢十万匹、茶三万斤。后来，西夏对宋称臣，作为让步，宋朝合计给西夏银绮茶绢二十五万五千两匹斤，以增进和睦。

契丹渝盟与富弼出使

看到宋朝送给西夏如此大礼，一旁的契丹自然是按捺不住了。契丹在宋夏战争中看到了宋朝的不少弱点，想讹诈一下宋朝。而北宋派到契丹的谈判使臣是富弼。富弼聪明出众，深知契丹的弱点，被称为派往国外的古今使臣中的模范。我总结一下其中的原因。当时，契丹提出归还周世宗从契丹收复的土地，宋朝在给西夏岁币后也意识到契丹要增加岁币。富弼出使的任务便是怎样巧妙处理这两件事。契丹皇帝声称宋朝强化边境防御违背了和平条约，如果宋朝不交出土地就诉诸武力。富弼巧妙地回答，维持两国间的和平对契丹君主是有利的。倘若发生战争，虽然有利契丹臣子，对契丹君主却是灾祸，因为君主必须承担全部的战争责任；只要双方和平交往，君主每年都可以得到宋朝的岁币，过着奢侈享乐的生活，只需将岁币分给臣子一部分就可以了。如果发动战争，虽然士兵可以侵略宋朝进行一番掠夺，君主却会折损众多人马，耗费大量财力，再也得不到宋朝的岁币。这样受到主要影响的是君主还是人民呢？结论自然不言而喻。至于提到的后周土地，那是石晋割让给契丹的，后周又用武力收复，这都是异朝之事，宋朝不对此负责。我们为什么不停止无谓的抱怨，维持和睦呢？在增加岁币的谈判中，契丹极力主张重订名分，要求宋朝在每年的文书中使用文字"献"。富弼说，宋为兄，契丹为弟，没有兄长献礼物给弟弟的说法。最终没有使用"献"，而是用"纳"。富弼本不愿增加契丹岁币，便没有接受一般使者应得的恩赏。

宋与西夏关系破裂

至此，宋与契丹的关系先告一段落，随后西夏又开始了侵略。西夏赵元昊在四十岁左右英年早逝，其子赵谅祚继位，是一位游牧民族的英雄。到了仁宗之后的英宗时期，宋与西夏的和平被打破。北宋一代的困境与其说来自契丹，不如说来自西夏。

新一代将领的代表狄青

仁宗和英宗时期，承平日久导致军队缺乏战斗力，对外战争很少取胜，唯一一次成功是镇压广西地区的动乱。在其中发挥重要作用的是大将狄青，他是北宋时期从普通士兵成长起来的罕见名将。当时的士兵脸上都用墨刻上字，以防止士兵逃离兵籍。狄青是从士兵提拔上来的，所以脸上也有墨字。当他成为大将之后，皇帝想把他脸上的墨字消除掉。他说，自己能成为大将不是因为门第，而是从士兵一步步成长为将军，并为了激励部下考虑，不能消除墨字。从此开始，无数事实都证明，宋朝大将中出身外戚贵族的人能力不如从普通士兵提拔上来的将领。这种风气一直延续到后来，宋金之战中的岳飞、韩世忠都来自普通士兵。

朋党的出现，纲纪的废弛

在宋朝的内政方面，从范仲淹以名节自励，兴起有宋一代士大夫风气以来，具有意气和节操之人不断出现，向皇帝上表、与宰相相争而不介意被罢官之人也越来越多。这就是所谓的"朋党"。朋党视对方为小人，视己方为君子。总而言之，最初支持党派政治的是以范仲淹为中心而聚集在一起的一群人。这一时期的政治中，财政出现困难，纲纪败坏。朋党之人在自身的出处进退中重视名节，以自己的名节为贵，却无人能胜任国家之事。当时的政治议论中有很多是关于纲纪问题的，要求进行改革的论调很多。后来的英宗及神宗重用王安石进行改革，但却失败了。因此，很多人觉得像仁宗时代的政局一样太平无事可能更好。仁宗时代，表面上虽有不满意的地方，最终却能平安地度过。后来，有个叫刘琦的人为这个时代写了一首诗："桑麻不扰岁频登，边将无功吏不能。四十二年如梦觉，春风吹泪过昭陵。"昭陵就是仁宗的陵墓。这首写于王安石改革之后的诗歌，却是仁宗时代的写照。

英宗以旁系入嗣——濮议

仁宗没有子嗣，将哥哥的儿子过继为养子，他后来嗣位，就是英宗。在君主专制国家，直系断绝，旁系入嗣继位是国家衰微之兆。皇帝生活安逸势必不能长寿，就算长寿也可能无子。英宗继统正是宋朝衰微的征兆。仁宗虽然膝下无子，但又不知道会不会有儿子，因此一直未立太子。到其晚年，司马光为此事与他争执不下。仁宗无奈，便指定为人谨直的英宗为后嗣，但约定无论何时仁宗有了儿子，英宗的太子之位就要取消。因此，太子东宫一直空着，只放了点书而已。英宗继位之初，仁宗皇后垂帘听政。有段时间，英宗因为发烧而脾气不好，导致母子之间出现不和，在韩琦和欧阳修居间调停下才言归于好。之后，太后就将权力移交给了英宗。

由于英宗是旁系入嗣，引发了很多争议，即所谓"濮议"。英宗是仁宗的哥哥濮王之子，那么，英宗称呼仁宗为父亲还是叔叔就成了一个问题。若从血统上讲，应当称呼仁宗为叔叔而不是父亲，那么，仁宗的牌位就会移出历代宗庙中；若称仁宗为父，则会与生父断绝关系，与孝道不符。按照中国的家族制度，不可能同一代建两座宗庙。仁宗的哥哥濮王地位如何决定呢？这是一个引起很多争论的中国式继承问题。

真宗、仁宗、英宗三代是宋朝连续太平无事的时期，而以仁宗时期为中心。只是国家充满了惰性，虽然表面和平，但国家运行已不尽如人意，滋生出众多不满。到了改革势在必行之时，神宗便开始了改革。

第七章
文化的变迁

唐末文化的大众化倾向

我想谈一谈唐末到宋初的文化情况。

从唐末武宗、宣宗开始，文化的性质产生变化。之前的文化都伴随贵族制度而生，而这个时期的文化开始呈现大众化倾向。从诗歌类别来说，绝句等从唐初就有了大众化倾向，已经使用当时民间的俗语。唐末开始，诗之外又出现了词，即诗余。词不受句法限制，长短句都有，形式也不像诗那样固定，能自由使用俗语；但另一方面，词比诗更加严格遵守音乐的韵律，表达思想的方式比诗歌更加自由。可以说这就是艺术的大众化。当然，词作为一种形式出现后，可以承载各式各样的内容，但其形式并非固定的，而是可以有多种形式。同时，文章也出现了口语体。从唐朝中期开始，接近白话的小说、传奇逐渐盛行。在敦煌出土的文物中有许多这种东西，似乎这种体裁也用于事实的记述。唐代的小说用的古文与过去没有太大的差别，只是有的写得很华丽。除此之外，也有一些通俗的、叙述性的东西出现。这时产生了一种有别于古文的口语文，禅宗的语录等似乎也是从唐末开始口语化的。

印刷术也是这个时候兴起的，最早出现在蜀地。在唐朝咸通六年（865年）入唐的日本僧人圆载的《将来目录》中，可以看到西川印子本的《唐韵》《玉篇》。不仅蜀地出现了印刷品，近年从敦煌获得的《金刚经》中的文物也印有"咸通九年"字样（从近来英国传来的照片中可见，其背面是敦煌地区的文字，所以这里也使用了印刷术）。印刷术的兴起对弘扬学术起到了巨大作用，因而学问出现了大众化倾向。以上即是唐末文化性质的显著表现，其他艺术领域也出现了变化。

五代割据的形势与文化

从唐末的乱世到了五代，然而五代的割据形势与文化的发展之间关系如何呢？五代虽由九国或者说十国割据，但并不如唐末一般不安定。由于唐末激烈的战乱，贵族渐渐消亡，其文化也自然走向了衰落，但所幸在其夹缝中还残存着一些文化的余脉。如唐末黄巢之乱那样的举世混乱时期，对于文化而言是最不幸的时代。进入五代以后，虽然国家没有统一，但林立的小国都维持着相对安康的局面，并且积累了恢复因唐末动乱而衰微的文化的力量。各地的割据君主与历朝皇帝一样生活奢侈，人民的税负虽然很重，但相较唐末仍然减轻了。唐末的三十多个节度使分别统治着各地，过着贵族般的生活。到了五代，割据政权减少到九个或十个。可以认为，国家数量的减少意味着人民负担的减轻。古代的文化毕竟都是贵族奢侈生活的副产品，而非来自贫民。各个割据国家实现小康，虽然君主生活很奢靡，人民负担较重，但因政局安定，和平持续，没有过多阻碍文化的发展。相反，分裂割据反而促进了文化普及。如同日本的封建时代，各地文化蓬勃发展、各有千秋，促进了地方的进步。此时的中国，一些地区的文化向来就发达。如蜀地，五代以前就保存和积累了唐朝文化。南汉就是今广东一带，被称为岭南，距离唐朝首都非常远。在中国还未出现割据时，来此上任的大多是被贬的官员，他们并未在文化建设上表现出积极的建设性，只是把这些地方当作偏远乡村来治理。但是，当偏远的岭南成为独据一方的南汉时，为了与他国并驾齐驱，南汉的开创者们就开始显示出了很强的积极性。比如南汉的统治者刘氏，积极发展岭南地区的经济，利用与阿拉伯人的关系在与印度的贸易中致富。经济的发展自然也带动了岭南文化的发展，这从广东地区出土的近代以前的文物便可窥见一斑。在这里，有更早的汉代南越的文物，但不见以后直至唐代的文物，大部分文物都是南汉时期的，就连石碑、石钟上的铭文也是南汉之后的内容。这也说明，南汉的割据促进了广东的发展。五代时期，浙江地区的文化也有明显的进步。统治这一地区的是吴越王钱氏，虽然他生活奢侈，对百姓多有压榨，但对百姓而言，还是比生命财产得不到保护的战乱时期要好。总之，在钱氏的保护下，百姓生活较为平静。所以，这些过去在唐代文化并不发达的地区，反倒是进入到了五代的割据状态后，文化得到了较快的发展，各地区文化水平趋于接近，这种影响一直持续到近世。

此期间，过去有文化传统或经济富裕的地方有了新发展。若在清朝那样统一的时代，政府可以把富裕地区的财物调剂到贫穷地区。但在割据时代却无法做到，富裕地区的财富只用于发展本地的文化，因此一些地区的文化发展显著。就算在五代，也可以列举几个文化发达的国家。即使遭受长期战乱，在有传统文化的地方，正名分所必需的体裁仍得到维持，传统并未断送。五代中原战乱不已，但维护正统体面的制度并未崩溃。艺术图书没有出版，艺术家逃入了山林，但艺术以隐蔽的方式存在下来。较为富庶的南唐统治者建国伊始就较为关心本地人民的生活。由于土地肥沃，只要人民生活安定，君主的财富便会增加，文化也得到进步。南唐因此是五代中文化最发达的地区。相较之下，以前就富裕的蜀地的经济水平最高，在五代发展到极盛，也成为文化中心。其次，还有前面提到的浙江和南汉。

五代文化的焦点

那么，地方的文化是如何发展的，又处于何种状态呢？在中原，平息唐末以来的战乱是五代初期的当务之急，而统治者又出身于盗贼，不注意文化。直到后唐，庄宗富有音乐天才，独宠伶人，甚至本人也亲自作曲。庄宗本属夷狄，虽难以理解中国古典文化，但善解音律。类似的情况还有近代的蒙古人、满洲人，相比中原其他思想文化，他们更能理解的是音乐。因此，他们也特别重视音乐方面的进步，并由此促进了中国戏曲的发展。此时中原也有一段相对和平的时期。后唐由于打败了蜀国，疆域扩大，为之后的文化复兴提供了条件。前面说过的冯道，从道德廉耻方面说，他全无价值；但从保护乱世中的中国文化来说，他是有功劳的。比如，在冯道努力下，后唐时，"经书"出现了木刻版。"经书"是指《易》《尚书》《春秋三传》《三礼》《论语》等九部经书。这些经书都是以唐文宗开成年间在长安刻成的《开成石经》为底本，重新制作木刻版印刷。"经书"因是在国子监完成，故被称为"监本"，也是最早的监本。这可证明中原印刷术的发达，但其起源却是来自于蜀地的印刷术，是后唐灭亡前蜀之前在蜀地诞生的成果。艺术方面，后唐出现了大书法家杨凝式，他被称为唐以来书法集大成者。绘画方面，唐末荆浩、关同带来了水墨画的发达，但水墨画的进步并非由于出现了新的表现形式。自六朝以来，就有了不施彩色的白描画法；到唐代，吴道子等人则在白描的线条上增添了笔意；到荆浩、关同之时，则想到了一种笔墨并用，调整墨色浓淡的新画法。尤其是关同对画的内容进行了创新，不但用实景写生，还创造了用绘画展现胸中丘壑的风气。这种画法代替了唐代通过色彩展现鲜艳效果的画风，别有一番异趣。以上讲的是中原的情形。

在蜀地，印刷术的发展是最引人瞩目的。前已说到，该地从唐末就有了印刷术，印刷术传到中原已经是前蜀被后唐消灭的时候。蜀地的印刷术在后蜀时期依然进步很大，从五代一直到宋初都非常兴盛。此外，蜀地还出现了仿唐代石经的艺术形式，绘画也很盛行，出现众多画作。其中贯休的罗汉画一直影响到后代，贯休所画罗汉形态参差，各具特色，被后世作为罗汉画的典范。后来，蜀地还出现了许多水墨画，但几乎没有山水画。其中五代末至宋初的画家石恪的水墨人物画独领风骚。他的画传入日本后，日本视之为国宝。此外，蜀地绘画的兴盛期也诞生了大量绘画世家，以黄筌、黄居寀父子为代表。黄筌最擅长画花鸟，影响很大，其画风精工富丽，形象逼真，试图表现写生之上的境界。宋朝统一后，他们父子二人进入中原，黄氏一派也一度垄断了宋朝的鉴画权。

南唐也在诸多方面对后来的文化发生了影响。经济富庶，君主喜好艺术，都是原因之一。尤其是南唐后主李煜，能书善画，其书法自成一家，有《书法论》流传于世。此外，他还曾将唐代盛行的王羲之父子等的作品汇集成《升元帖》《澄清堂帖》。流传至今的《澄清堂帖》应该就是南唐版本的多次翻版。据说，所谓"集帖"正起源于此。书法兴盛促进了制墨技术的发展，当时在易州附近出现了远近闻名的墨工奚超、奚庭珪父子。由于他们技术高明，曾为李煜制墨，并被赐国姓李。李庭珪的墨自此时开始扬名，据说他所制的墨泡在水中三年都不会变质。绘画方面，徐熙的花鸟画独领风骚。

南唐的徐熙与蜀地的黄筌父子风格迥异。黄筌主要为蜀国君主细致描绘其所蓄养的珍稀鸟兽，色彩艳丽；徐熙则以疏笔画普通的野生鸟兽。宋初，黄筌画派独步画坛，徐熙的画作则难入黄筌的法眼。直到后来，徐熙之孙徐崇嗣创造了"没骨法"，一种与黄氏画风相调和的画法。徐熙一派的花鸟画风格更为自然，因此在宋代得到了公认。在山水画方面，南唐末年和宋初出现了一个董源，他的画对后世画坛产生了深远影响。虽然当时不被看好，且董源并非专习水墨画，但是后来受到米芾父子的推崇。由此，董源的水墨画成为后世效法的榜样。元朝以后都以模仿董源的画作为主，甚至说山水画非出董源不可。董源俨然成为后世南宗的鼻祖。同时代的中原则出了一个叫李成的大画家。李成作画，技巧和精神兼重，有当时"画坛第一"之称，远比董源等人更受推崇，一直到北宋中期都是最具代表的画家。自米芾推崇董源以后，其后学逐渐形成北宗画风。尽管有人不承认米芾为北宗鼻祖，但事实上其风格与李唐马夏都不一样。

学问方面亦然。中原和南唐的学问一起构筑了宋代学问的根柢。中原郭忠恕，南唐徐铉、徐锴兄弟，皆为文字学问方面的专家。郭忠恕的《汗简》，把五代尚存的唐代以来的学问传到了宋代。而二徐兄弟的学问则对后世产生了更大影响，二人都精通文字学。《说文》能流传到今天可以说是二徐之功劳。可以说，二徐在中古和近世文化之间发挥着承前启后的作用。综上，宋朝的文化是由蜀地文化、中原及南唐文化两部分发展而来。

五代浙江的佛教文化特别发达。吴越王钱俶制造的八万四千座镀金铜塔，举世闻名，现在中国还收藏有此类遗物，日本京都博物馆也可以见到。这一时期，由于本国的天台宗佛经已经残缺，吴越王还曾派使者出使日本进行搜集。此外，印刷术也在吴越得到了应用。最近西湖的雷峰塔倒塌，从中出土了钱氏时代用细字印刷的佛经。

上述就是整个五代时期的文化概观，宋初的文化正是在此之上继承发展的。

宋初文化特征——继承五代文化与企图复兴贵族文化

如前所述，宋初文化基本延续自五代末年，主要延续了中原、南唐及蜀地文化。五代以来的学者、艺术家均来自南北各地。宋朝太宗、真宗都倾向于复兴唐朝贵族文化，但仁宗以后逐渐违背了这种目的。总体来说，朝廷的工作显示出了保留和继承唐代文化的倾向。

就经学来说，唐代出现的《五经正义》，是为解释"注"的内容。宋时，孙奭与邢昺等补充了剩余的"五经"以外的部分。其中《论语》《尔雅》的注疏由邢昺完成，《孟子》的注疏由孙奭完成。诗歌方面，唐末李商隐（义山）的诗十分流行，此种风格一直延续到宋初，称为"西昆体"。以上都是宋初文化承袭唐文化的例证。

此外，宋朝还编纂了一批颇具学术价值的大部头丛书，有百科辞典《太平御览》一千卷、《文苑英华》一千卷、《册府元龟》一千卷、《太平广记》五百卷。《太平御览》是六朝到唐代各种类书的集大成者，是单纯的百科辞典；《太平广记》分门别类搜集了过去的各种小说；《文苑英华》是六朝以后，主要是唐代的诗文总集，既有实用性文章，又有美文；《册府元龟》是历史方面的类书，将历代天子事迹，分类编册，目的是方便后人查阅。这些编纂工作从唐代已经开始，在唐代诸多类书的基础上，宋代对其做了进一步的完善。

对艺术也做了大量整理工作。太宗时问世的《淳化法帖》是对南唐李后主法帖的增补，它主要收录王羲之父子的作品，并汇总印制了前后时代的作品。此帖印行后历久而不衰，在书法界长期处于支配地位。这一时期朝廷还创建了画院，集中了许多中原和蜀地的优秀画家，他们亦被称为"画院待诏"。这些画院待诏也留下了许多珍贵的作品，比如燕文贵的山水画，王齐翰的人物画，赵昌的花鸟画等。有实力的绘画大家基本都是画院成员。

印刷术在宋初也有了很大进步，《大藏经》就是在这一时期印刷的。《大藏经》的制版工作是在印刷术使用较早的蜀地完成，然后运到宋都汴京印刷。整个印刷过程，始于太祖开宝年间，一直到太宗时代才完成。本以为此版《大藏经》不存于世，但几年前日本南禅寺意外发现了一册，是开宝七年（974 年）的版本。最近又有一册从中国传入日本。后来，国子监陆续印刷了《五经正义》等不少书，但现存的《五经正义》只有南宋的重刻版，并非当时的版本。历史书的印刷也多了起来，英宗时尤其多，这类书多出自蜀地，所谓"眉山版"，即在蜀地眉山印刷而成。另外，这时还重刻了当时罕见的南北朝"七史"，与之后五代的"十七史"凑齐为一整套。

宋初的太平之世里，天子有了空闲，便开始研究学问和思想。因此，在宋初就开始引入佛教。太宗以后，从印度请来三藏，设立译经院，并让印度来的法天、法贤、施护三位高僧像唐代高僧玄奘一样翻译佛经。学习梵文的重要工具书《景祐天竺字源》于此时问世。这本书在中国已失传，但日本的博物馆还保存着其抄写本。此时中国本土僧人的著述也非常多。早在五代时期，吴越国所在的浙江的佛教文化就很兴盛，僧侣具有相当势力。当时，有一个博学的赞宁和尚从浙江来到汴京，曾编写《续高僧传》，其后又撰写了许多其他僧侣的传记。这些书至今仍存，是研究佛教的重要史料。五代时期还有一个叫义楚的和尚编纂了《释氏六帖》，是模仿白居易的《白式六帖》而成，这是一部佛教知识的类书，中国已无存，日本东福寺收藏有宋版《释氏六贴》。总之，宋初编纂了许多关于佛教的图书。之所以如此看重佛教，据说是因为过去五代时期，周世宗灭佛，但最后英年早逝。因此，宋太宗等迷信佛教，特别注意安抚佛教。周世宗排斥佛教的原因很多。当时财政困难，人民穷困，只能销毁奢侈的宗教设施。相较之下，宋太宗时期国家统一，社会稳定且经济逐渐恢复，因而佛教得以兴隆。

仁宗、英宗时代的文化——新文化的成熟期

太祖、太宗、真宗时代付出了很多努力以复兴唐代贵族文化，但要想把已经衰微的贵族复兴到之前的地步是不可能的。虽然宰相、大官之家也有延续两三代的，但几乎没有像唐代宰相世系表中见到的一个家族连续几十年出仕的现象。因而，在太宗、真宗之后的仁宗、英宗执政的五十余年，宋朝文

化的成熟期，唐代的贵族文化至此也寿终正寝了。不过，自唐中期开始就呈现出萌芽状态的新文化已经成熟，从各个方面均有所表现。

经学方面也是如此。像过去的《五经正义》那样为前代学者的"注"加上"疏"，重视传统学说的风气在这时已经意义不大。从中唐以来，更多的是对传统学说采取审视态度，在质疑和批判的基础上进行注释。当时的学者欧阳修就常提出疑问。欧阳修不认同前人对《易》《春秋》的注解，自己根据原文加上自己的见解。王安石也对《易》《周礼》等提出了新的观点，并从政治角度重新注释经书。甚至政治上的守旧派司马光也对《孟子》存疑，著有《疑孟》一书。

而欧阳修所倡导的古文对宋朝的学问、思想产生了深远影响。欧阳修的门人曾巩，以及王安石、三苏（苏洵、苏轼、苏辙）都积极支持欧阳修倡导的古文。当然，这是唐代的韩愈、柳宗元之后的事。他们主张，写文章不用四六体，不重视对句，要采用散文体进行书写。欧阳修倡导古文的时间是仁宗庆历年间。自此之后，兴起的古文派一改历来的文体，诗文风格发生了深刻变化。欧阳修、梅圣俞、王安石与苏轼及其弟子黄庭坚，都更推崇李杜诗风；"西昆体"也就此受到冷落。总之，比起语言，更注重文章的思想性。

书法艺术方面也发生了一些变化。这时，逐渐形成了书法四大名家，即蔡襄、苏轼、黄庭坚、米芾。他们改变了以往的书法风格，开创了宋代书法新气象。即脱离唐代柳公权、五代杨凝式以来的风格，复兴王羲之的风格。苏、黄、米都专注于转变这一风格。另外，绘画风格也有所转变。宋初的画院派注重写生、画风细腻优雅的御用画家的常态，米芾改变了为鉴赏而作画的观念，主张作画并非写生，应表达画家的精神，因而他更推崇董源的画风。

佛教方面，中国式的佛教出现了，即儒教化的佛教。这一时期出现了许多擅长诗文写作的僧人，如禅宗的契嵩（明教大师）、慧洪觉范（洪觉范），律宗的圆照等人。他们都有文集流传于世，诗文俱佳。尤其是契嵩，受到当时文坛领袖欧阳修的推崇。其文章观点虽攻击韩愈，但其文体风格却与韩愈一致；其推崇的教义也已儒教化，符合中国传统的风俗。当时，他们对天子自称是臣僧（过去，唐朝时期僧人自称沙门，沙门不拜君主，亦不对其称臣）。契嵩特别重视儒教中的孝，著有《孝论》。总之，这一时期佛教与中国的国民性进行了有效结合，一直延续至近代。之后，佛教还会与道教结合，但时间就更晚了。

综上所述，宋代的特色文化在真宗、仁宗、英宗时期已基本成型，出现了与唐朝贵族文化迥然不同的内容。

辽及西夏的文化

此时，宋朝的敌国也处于太平时代，契丹逐渐被中原文化同化。由于每年从宋获取了大量的钱财物资，契丹人的生活也开始富足起来，皇帝狩猎、钓鱼，到处玩乐。五代以来，音乐、戏剧为中原化了的夷狄所喜爱，因而不断发展。有的辽国皇帝甚至自己演戏。如辽兴宗让皇后扮演戏剧角色，皇后的父亲向他进谏不要与臣子一同演戏。兴宗因此大怒，打伤了岳父的脸。兴宗虽然是个横暴之君，但具有一定的艺术才干，擅长画鸟。他还赠送自己的画作给宋仁宗，仁宗也以自己的书法作品回赠。此外，辽国在中国北部、东北、蒙古地区建造了很多辽式佛塔。一些塔的碑文上记载了建造开支，可以看出耗资非常大，虽然这些费用大都来自宋朝的岁币。

辽国的佛教也很昌盛，最突出的例子是刻完了"房山石经"。房山在北京西南，距北京约二十日本里①。雕刻"房山石经"始于隋末唐初的僧人静琬，唐玄宗时因为安禄山之乱曾一度中止。辽代延续了刻碑计划，并最终完成。经文被刻在大约一万块石板上，然后保存在七个山洞里。当时契丹的《大藏经》应该已完成编纂，但不确定最终是否刻到了石板上。兴宗之前的皇帝辽圣宗，即宋朝真宗时，契丹与宋发生了澶渊之役，但自那以后两国未再开战。圣宗享国长久，是少有的文武兼备的夷狄君主。他会写中原的

---

①"日本里"指1891年日本公布的《度量衡法》规定的"里"，1里约为3.9公里。——编者

诗文，武艺也高强。在这样的太平时代里，辽国皇帝常举办盛宴，君臣同饮，载歌载舞，甚至让皇后弹琵琶助兴。宋辽长期和平共处，使中原文化得到长足发展，这是中国各代少有的时机。虽然新兴的西夏给宋朝制造了一些麻烦，但西夏也受到宋、辽文化的影响，着手创造本国文字，翻译佛经成西夏语。今甘肃武威的西夏文石碑，其经文传到了德、法各国，辞书传到了俄国。

第八章
宋神宗的政治改革

起用王安石

英宗之子为神宗，神宗朝是一个大改革的时代。他即位时，宋朝已有百余年太平景象，但是这种温和的太平却带来了官吏的碌碌无为和朝纲的衰颓不振。神宗自二十岁即位时起便胸怀抱负，对安享百年太平的宋朝无法制服西夏这样的小国深感愤慨。登基前，他已经听说学者王安石的大名；继位不久，就决定起用王安石，并将其提拔为执政。神宗与王安石交流对政治的意见。王安石认为，宋朝政治只是随遇而安，虽称太平，但财用不足，军力不强，国势不振。王安石基于愤慨，提出了一个如何处理的方案，并已经向仁宗上过万言书，陈述改革的主旨。书中首先指出由于教育制度不完备，导致人才不足，并详细阐述了如何养育人才、选拔人才、任用人才。在当时的改革论调中，王安石的观点最有理有据，因此他被称为当时理论最深刻的改革家。神宗即位前已经知晓这些，等到王安石向神宗详细阐明自己的观点后，神宗便开始大力支持，任其为宰相主持新法。

王安石的新法和反对新法的观点

王安石振兴国势之策，以强兵为关键，而强兵需要资金。由于长时间的承平状态，这个时候宋朝的贫富差距已经相当严重，故王安石想借变法之机来改变不平等的社会现状。他的新法主要包含以下几项主要内容：（一）农田水利，（二）青苗，（三）均输，（四）保甲，（五）免役，（六）市易，（七）保马，（八）方田，（九）免行钱。这些新法都是对于之前的消极政策提出的积极政策。所谓农田水利法主要是鼓励垦荒，兴修水利，增加土地收入。所谓青苗法是官府修建常平仓，仓中积蓄一定的粮食，在民间粮食价低时官府买进，价高时卖出，以平抑粮价，保护农民的利益。常平仓购买粮食需要本金，被称为"籴本"。实施青苗法所需的资金名为青苗钱。当农民春耕需要资金时，官府借钱给他们；等到秋收时，农民将本金和两分利息归还给官府。这积累起来的两分利息就作为"籴本"。这个政策从理论上说很好，王安石任地方官时亲自实施过，效果不错。此法对于实行者有一定要求，若是像王安石这样既有思想又为民着想的官吏，自然效果很好，但推广到全国就产生了很多问题，因为并非每一个官员都廉洁奉公如王安石。另一方面，所有官吏都要考虑怎样增加国库收入，因此，在具体实施过程中某些地方官强行让农民向官府借贷，而且随意提高利息，显示个人政绩，倘若回款困难，就对农民强行掠夺。而从农民角度看，春借秋还有利于艰苦劳动增加收成的人，但对已经过惯了自由散漫生活的人，勉强他借钱又硬性规定到时还钱，常常产生借钱乱花，还钱不出的情形。因此，一个政策出发点再好可能结果也不一定好，这也是王安石变法措施出现问题的原因。所谓均输法，想法本来很好，因为农民要费钱费力从大老远的地方将实物地租送到收税地点，想使农民交税时不交实物。这一方法要求农民在行情看涨时卖出要交纳的实物，再在附近的市场上价格低廉时买进，这样可以节约购价和运费，还能从市场买卖中获利，是一种巧妙的办法。不过，官吏首先要保证官府的财政收入，往往以高价强卖给人民，购买时又强行以低价买进，导致买卖双方都不乐意。中国官吏都有作为佣人的劣根性，往往不考虑人民的利益，即便是再好的政策也达不到效果。所谓保甲法，是兵制改革的办法，结合免役法，包括兵制和财政两方面。它要求半数成年人参加军事训练，战时出征。过去，宋朝实行的是终身职业兵役制，人民只负责养活军队，而现在则需要人民服兵役。所谓免役法是与保甲法相配合的制度。过去的法律规定人民有服徭役的义务，一年中要为官府做完规定天数的义务劳动。唐代租庸调制度中的"庸"即为徭役，它导致丁壮因恐惧徭役而躲藏起来。中国的人口调查失去信用的原因也在于此。为了解决这个问题，免役法要求按照家产多寡支付免役钱，将原来无偿的"差役"改为了有偿的"雇役"。而交纳免役钱的人可以免除徭役，这样，穷人服徭役可以拿到钱，富人也可交钱免除徭役。只有独子或全是妇女的家庭不愿服徭役，可向官府支付"助役钱"。对官府来说，这是一项增加财政收入的好政策，适应了当时的社会现状。在王安石所有的政治举措中，免役法是被公认真正有所裨益的一项。所谓市易法，是人民向官府借钱的办法，要求人民抵押土地或其他财产，到期偿还两分利息；未能偿还的，在利息之外每月罚款百分之二。所谓保马法，是关于军备的办法，仅限于某些地方。宋朝曾征募义勇军讨伐西夏，但受制于马匹不足。当时马是重要的物资。每户向政府租借一匹马，或政府出资助其市买。每年对马进行一次检查，有病死的，向养马户索取赔偿金。这是应付战时急用的借马规则。所谓方田均税法，即以千步为一方丈量土地面积，再检查确定肥田、瘠田，划分等级，不论收成如何，都按固定标准征税。这样，官府收入稳定，农民丰歉可以抵扣，租税的征缴原则由此确定。所谓免行钱，即商业行会的执照费，规定各行商铺依据赢利的多寡，每月交纳免行钱。免行钱确定了行会交纳营业税的标准。

以上即王安石变法的主要内容。从其意旨来说是良法。如果人民勤劳，积极利用政策增加收入，自然可以从中获利，官府收入也能增加。但是，政策虽好，但具体落实要求官吏廉洁奉公，人民勤劳努力，而现实是很多官吏不清廉，很多民众得过且过。王安石只顾一味实行先进政策，因而招来了许多非议。起初，如果周围的人不从中作梗，人民只要稍微吃点苦，新法坚持下去就一定会有成效。但是，由于新法没有立即产生成效，便迅速招来了许多攻击，局势逐渐恶化。当时，朝中有许多元老级官员都反对新法的实施。最先质疑的是重臣韩琦，随后与王安石曾为同僚好友的司马光也站出来反对他。他们反对变法的主要论点是：新法只会加深天子与人民之间的矛盾，因为它只考虑到了如何增加政府收入，增强国力，而忽略了基础的百姓利益。虽然这些反对派对变法多有质疑，但他们也不能提出更好的解决办法，所以神宗还是坚持王安石的方案，罢免了反对派官员，继续变法。当时，王安石的学问、文章已很有名气，得到许多先辈的尊敬，但是因为变法带来的争议，许多过去尊敬他的先辈和后学都走向了他的对立面。像苏轼、苏辙本在仁宗时期就积极呼吁改革，重振朝纲，但是当面对改革带来的社会问题，他们还是成了反对论的支持者。由于遭到学者和政治家们的反对，王安石必须寻找政治上的盟友，一些谋求政治发展的年轻官吏在这时则投其所好，站在了王安石一方。因为政策分歧，朝廷出现了与现在政党性质类似的两大党派。司马光成为反对党的首领。反对者中，有的人对新法全盘否定，有的人则认为王安石的某些观点有一定道理。

学校贡举改革

王安石在进行兵制、财政改革的同时，也非常关注人才的登用。前已说到，自上万言书始，他就对过去学校的贡举制度提出了不同意见。虽说唐朝已有学校，但是学校只对贵族子弟开放，故而没有真正的教育。且唐代通过贡举，即文官考试，选拔人才，这是唐代贵族的一项特权。应试时，分诗赋、明经两大科目。考诗赋，选拔的是能写文章的人，并不能知其实际的政治能力；而明经的应试者，也是以能背出多少经书来定优劣。对此，王安石认为，这种方式选拔不出有用之才，应建立专门的学校来培养人才。至于考试方法，他主张以策论、经义代替诗赋、明经。所谓策论，是让学生写出关于政治的论文，而经义则考查学生是否真正懂得经书，要其写出解释经书的论文。王安石自己是大学者，他写好经义的范本颁布天下。他的儿子王雱也博学多才，写出了"新经义"以供学子参考。对于子女，王安石亦十分疼惜，而对于他们的过度褒奖也成了他在朝中饱受诟病的原因之一。王安石的改革有一定道理，苏轼大为反对，却没有一个积极的成案。苏轼认为，得人才必先知人才，要知人才则需要判断其实绩。没有经过正规教育的人也有实绩，府吏胥徒中不乏有实绩者。不考察其实绩，仅凭学校贡举，是不能选出人才的。相比学校贡举，还是制定一个考察实绩的方法更重要。对文章而言，策论有用而诗赋无用；对政事而言，诗赋、策论都无用。过去很多人凭借诗赋及第，也成了优秀的政治家，所以相比考试方法，还是需要一种考察实绩的方法，而是否改变考试方法并不重要。神宗倾听了这些意见。而后来中国的考试仍采取了王安石的方法，即考经义、策论。这种考试对政治没有实际的作用。不过，由于某些调和论的作用，宋代并没有取消诗赋，只是科举变成了经义、诗赋、策论三科并行。学校虽然办起来了，不过还只是个名目，并未出实效。近年来还有中国学者议论说，如果当初遵从王安石意见兴办学校，那么中国的学校制度在一千多年前就已经存在了，并且发挥着像现在一样的作用。不过，学校制度对于今天究竟起到了怎么样的作用还是个暂待考虑的问题。中国人大概会认为，相比在学校学习的人，自发学习的人中出现的伟人更多。

王安石被罢官，吕惠卿的"手实法"

以上讲的是王安石改革。对于新法，皇族中也出现了反对者。神宗的母亲（英宗的皇后）反对改革，她听说新法导致人民生活艰难后，对神宗说不宜改变祖宗之法，劝神宗终止变法。神宗的弟弟岐王颢也站在太后一边劝说神宗。神宗虽然恼怒，不想听反对改革的话，但抵挡不住朝堂内外的反对声，罢免了王安石的宰相职务。

在王安石之后，吕惠卿出任了宰相。如果说王安石是君子改革家，那么吕惠卿便是小人改革家。虽然，他继续贯彻王安石新法的内容，使其服务于朝廷，但从人格上来说，他并没有一心一意为国谋利。吕惠卿上任后，实行"手实法"，把王安石的新法向更符合朝廷利益的方向推进。这种方法加剧了百姓生活的困苦。官府制定物价的标准，规定百姓将田地、宅地、动产、家畜等所有财产估价，将其中的五分之一作为财产税上交给国家。这一规定使得百姓无奈之下只能将除自身职业经营必不可少的器具和食物以外的东西全部隐藏起来。此外，他还规定了极为严苛的举报制度，如有隐匿，许人告发，并以查获资产的三分之一为赏。结果是，朝廷的收入增加了，但人际关系却变得十分紧张，其消极作用远大于王安石新法。吕惠卿本是由王安石举荐才拜相，但他在掌权后却处处为难王安石。在知道了他的小人行径后，神宗重新召回了王安石为宰相。这时的神宗已执政多年，有了一些政治经验，不再像过去一样将所有事委任于王安石了。

兵制的改革

　　神宗时代的改革还包括官制与兵制改革。过去，北宋设有禁军、厢兵。禁军即天子亲军，也负责四方征伐，镇抚边塞。厢军属地方军，像勤杂人员一样，到处巡视。他们更像是听差的，而不是军队。朝鲜国直到近年还把这种勤杂人员视为军人，据说也是受到宋朝的影响。除此之外，还设置了乡军、蕃军。乡军既可以说是各地乡村的义勇兵，也可以认为他们是听差的。蕃军则是驻守边疆的、具有军籍的边防军。宋初时算上上述勤杂人员，军队约有五十万人。此时军队数量不大，军饷比较充足。但后来增加到八十万人，到了和西夏打仗时竟增加到了一百三十万人。由于军饷减少，军队的战斗力反而下降。兵制改革便是基于这样的前提。将禁军调到边疆，并经常换防，士兵与将校彼此不熟悉，战斗力相当孱弱。兵制改革则将各地方的军队和将校在平时作为禁军使用，强化士兵与将校之间的关系，让军队变得本土化，类似于现在的军队中师级单位的行动方式。但是，当地方军队的军官和士兵享受了等同于禁军的待遇之后，却养成了骄奢放纵的毛病，专以饮酒作乐为正事，有的将校还与地方官发生冲突。对此，改革派又想起过去兵农合一的办法，不再征兵、建军籍，开始实行"保甲法"。所谓保甲法即五人为一组的制度。此法原为对付各地盗贼的警戒之法，并不是用来进行军事训练的，但是现在却将其用于军事训练。但是，许多乡民不愿意接受这种军事化的管理，开始逃往外地，这就造成了北宋流民增多，盗贼肆虐的现象，这都与兵制改革有关。

西夏经营失败及与辽的关系

　　神宗改革兵制本就是为讨伐西夏和辽做准备，但是要想一举就改变军队战斗力孱弱的现状还是不太现实的。不过，在神宗这代，宋朝在军事上还是小有成功的，其中王韶在征讨西夏的战争中取胜。王韶之所以成功，不是因为制度进步，而是在于他本人的足智多谋。王韶自幼便胸怀志向，中进士后无意仕途，来到宋和西夏边境，研究敌情。神宗刚即位，王韶向神宗陈述了攻取西夏的策略，为宋神宗所采纳。只可惜后来王韶去世得早，自此宋朝征讨西夏便经常受挫了。宋军曾兵分多路一度突入西夏国境，西夏坚壁清野，将主力撤到首都进行防御，但宋军未能取胜。特别是永乐城之战，宋军大败，损兵一万两千。宋军讨伐西夏前后阵亡人数已达六十万，其中除了官军、义勇军外，还有熟羌（归化了的羌人）。其实，神宗讨伐西夏的出发点很好，但是，此时的宋朝并没有能够统兵的将帅。神宗到晚年才明白这一点。结果是与西夏打了很多年，双方都精疲力尽，无力再战。宋朝好歹不再担忧西夏进犯。

在宋朝讨伐西夏屡屡受挫的同时，辽国也趁机向宋朝提出割地要求。当时，朝中有一个叫作沈括的官员对辽国情况颇有研究。神宗听取沈括的意见，使紧张的宋辽关系得以暂时缓解。沈括是宋儒中的经世派学者，著有《使契丹图抄》。此书也成了当时宋人了解契丹的重要文献资料。此后，契丹由于朝政腐败，国力渐颓，使得宋朝一直以来的外患得以免除。

西南开疆，与交趾的关系

这一时期，宋朝边疆政策取得成果的是云南。唐朝时期，云南、贵州自成一独立王国。唐朝出现了南诏国，其后又有大理国。到了宋代，许多当地的野蛮人占山为王，政权林立。宋神宗时，讨伐了这些地区，扩大了宋朝的边疆。在离其最近的湖南西南山谷地区，宋朝设立了沅、靖等州，划入宋朝行政版图。蜀南（云南地区）各山寨中也有酋长、寨主，得到了宋的加官封爵，成为了宋的官吏。此外，宋朝与交趾地区也有交流。交趾曾作为唐代的安南都护府，一直受中央政府的管辖。但唐末五代之乱后，交趾人自立，安南成为一个国家。在宋太祖平南汉后，交趾进贡，与宋朝保持藩属关系。神宗时期，与交趾交恶，并对其展开讨伐，但未获成功。后来，交趾上书谢罪，双方也就相安无事了。至此，中国的西南领土边境基本明确下来，这都与兵制改革有关。

对神宗的批评

这场改革持续了十八年。由于神宗在三十八岁时便去世了，改革没能继续下去。神宗作为个人并无失德，为国为民尽心持政。虽然神宗因为改革的方法和目的出现了偏离，没能改变北宋政治长期乏力的局面，但是，作为君主来说，他的确是勤政为民的典范，正如明末李贽（卓吾）对他的评价："求治真主"。如果有好的继承人，再加上一个好宰相，改革或许会取得成功。不过，他虽然在当政的十八年里没能实现理想，但此期间的不少政治举措都在后世继续发挥着效用。也有人认为他的政策之弊使国家覆亡。总的来说，神宗的确给中国政治带来了相当大的变化。

第九章
党争的激化和新法的弊端

宣仁太后临朝和司马光废止新法

神宗之后，年仅十岁的哲宗即位，奉神宗之母高氏为宣仁太后。此后，宣仁太后主持朝政。由于太后在神宗时期就反对变法，因而摄政一开始她就恢复旧制度，大力提拔保守派，以其中最有影响者司马光出任宰相。在反对新法者中，有人只是部分反对，但司马光是全盘反对。因此，司马光一上台就受到了民众的欢迎。他主张全部废止新法，之后仅用了一年的时间，新法便被完全废除了。但是，仅出任宰相一年，司马光便因病去世。在之后的九年之中，即整个元祐年间，吕公著、吕大防、范纯仁等宰相都继承了司马光的政策。后来，根据这一时期的年号，又将这些人称为"元祐党人"。其实，司马光全盘否定新法的做法让神宗时期许多卓有成效的政策也付之东流。比如，"免役钱"废除后，朝廷又施行了过去的"差役法"。虽然在当时来看免役法是符合社会实际情况的，就连反对派当中的苏轼也赞成此法，但免役法还是没能幸免。差役制度在神宗执政时就难以为继了。在差役制度下，只要获得地方官的认可，任何人都能替代他人去服徭役，这就给了地方上的胥吏以权谋私的机会。尽管苏轼等认为免役制度比差役制度更好，宰相司马光无论如何都不肯接受。新法除了考试制度有所保留，其余改革政策全都遭到了废除。可以说，司马光是从一个极端走向了另一个极端。但凡事物极必反，以司马光为首的反对派中也出现了不同声音。若是司马光多活些时日，苏轼等也迟早会被撵出中央。

保守派的内讧，吕大防调和新旧两派的政策

只有像司马光这样有能力的人才能够将反对新法者集合起来，他死后没有人能把这些人统一起来。他们分裂为几个小派别：其中较大的是以苏轼为首的蜀党，以有名的道学者程颐（伊川）为首的洛党，还有以刘挚为首的朔党。这些党人都是所谓的君子，具有高尚品德。比如，学者程颐是哲宗的老师，但他为人拘谨刻板，常对哲宗的过错加以劝谏，为此他也常常遭到哲宗的厌弃。苏轼认为他刻板无聊，屡加讥嘲，以致两人交恶。苏轼对王安石一派的处置也十分苛刻。其中大概也有些为自己复仇的意味。当神宗任用王安石主持变法改革时，由于苏轼与变法派的政见不合，遭受排挤，以诗罪下狱。在这样复杂的党派纷争下，司马光留下的同党虽压制住了敌对党派，但其内部却也出现诸多不睦。后来，吕大防为协调这种紧张的关系，任用了几名王安石党派的官员来改变现状。

哲宗亲政与绍述之议

王安石与司马光分别是改革派和保守派的首领，最后是在同一年死的，更巧合的是，二人也是同年生。但是，在两人过世后，其各自所属的党派并没有停止斗争。元祐八年（1093 年），宣仁太后去世。虽然在政治上她不能理解神宗时期的改革新主张，但其有德有才，处事公正，被称为"女中尧舜"。她唯一的过失，在于直到哲宗二十多岁仍未让其亲政，完全靠旧党维持朝局，被晾在一旁的哲宗自然不满于太后。旧党高官没有看出这个问题，也从未劝太后许可哲宗参政。因此，太后死后，反对的议论鼓噪，形成所谓"绍述之议"。哲宗以尽孝道的名义推行神宗成法，于次年改年号"绍圣"。他罢斥旧党的吕大防、范纯仁，任用王安石派的章惇为相，一改元祐以来的政治局势，重新确立了新法。此时的政争异常残酷，旧党成员中，司马光以下死了的人的谥号都被追回，健在的被贬谪边地。哲宗还废掉了之前的皇后，另立称心的刘婕妤为后。在这之中，新党发挥了重要作用，政争已波及皇帝后宫。但是，这些新党还要求对已过世的宣仁太后褫夺封号，贬为

庶民。后来由现任皇太后出面才制止了这样的过激行为。哲宗在位一共十五年时间，后五年里新党势力得到了恢复，尤其是宰相章惇，一度掌握了朝廷大臣的生杀大权。哲宗之后是其弟徽宗继位。

徽宗宠用蔡京及其弊政

徽宗初期，熙宁党（新法党）一度失势，元祐党又被起用，但没过多久就召回了熙宁党，其中的蔡京更是一直受到了徽宗的重用。蔡京擅长取悦上司。最初，蔡京为熙宁党，可在司马光力废新法后，身为开封知府的蔡京在五天内停止了实施新法，进而得到司马光嘉许。蔡京见风使舵，舞弄权术，也许算是一种才能，但这类人是毫无节操的危险分子。徽宗时期，曾一度恢复新法。新法再立后，徽宗改年号为崇宁，有"崇敬熙宁"之意。但是，这一时期新法产生了诸多危害。本来，王安石变法的目的在于富国强兵，尽管手段不尽合理，但目的是好的。但自吕惠卿、章惇之后新法却只顾不择手段地增加官府收入，根本上违背了王安石变法的目的。在中国，有这样一句古话："其父报仇杀人，其子杀人行劫。"说的是如果父辈为报仇杀了人，后辈也会模仿其杀人行径，只不过目的在于抢劫。王安石与吕惠卿、章惇的关系就是这样。到蔡京之时，官府收入已经非常可观。为取悦天子，蔡京与宦官童贯为伍，专行蠹财害民之事。他们时常劝说徽宗该及时享乐，纵容他的各种奢靡之举。蔡京提出所谓"丰亨豫大"之说，意思是要得到幸福就要实行宽松的政治，要想过上富足的生活，就不可过度节俭。熙宁变法以来的政策，已使朝廷拥有了超过五千万贯的财政盈余。但仅此远远不够，为了长期的奢侈生活，蔡京又琢磨出了新办法进一步增加朝廷财政收入，其中一条便是"盐钞法"。盐是必要的日常消费品，自古贩盐在中国就是暴利行业。"盐钞法"是盐商凭钞运销食盐的制度，规定由政府发行盐钞，令商人付现领券，商人持券至盐产地交验，领盐运销。但是，蔡京却采用频繁更换钞券的方法让盐商屡屡购买新钞来增加额外收入，有时盐商甚至要在途中换钞三次才能买到盐。并且在买钞时不能一次性全款支付，须先付定金，但换钞后，此定金一概不退。因此，许多富商大贾都因"盐钞法"的实行而破产。同时，在钱币政策上，宋徽宗时期大铸可作十文钱的钱币，比普通钱币更大，算作十文钱，但实际上分量不足，因而多出的分量便成了官府的额外收入。中国过去一般是在财政拮据等情形下才铸造大钱，而且往往会给财政带来恶果。徽宗时，财政并不紧张，却如此盘剥，还编造了一些理由，甚至是不能明说的阴谋。长期以来，宋朝便一直送岁币给辽和西夏，这笔钱也被辽和西夏用于铸造兵器，反而对宋朝造成威胁。后来，为了防止这类现象，宋朝开始在铜钱内加大铅和锡的比重，使钱币不能铸造兵器。结果是，因为钱的质量不达标，导致物价上涨，经济紊乱。钱币政策上，北宋还发行过一种纸币——"交子"。由于纸币易被仿制，民间很快出现伪钞，制造伪钞者受到进行严惩，许多人因此落入了犯罪的泥沼。除了交子制度，蔡京还推行过一种危害很大的兑换券——"钱引"。不过，蔡京还有点良心，没有在福建推行钱引，因为那里毕竟是他老家。以前，宋朝曾实行"常平仓"制度，即预先准备购进谷物的资金，在民间谷物低价时官府买进，高价时卖出。当时王安石在实行此制度时考虑了加利息的办法，以利息钱设置常平仓。但是，到了蔡京时期，这笔资金的余额全部变为了官府额外收入。地方官吏用这笔收入来讨好中央朝廷，原来的常平仓制度也就面目全非了。总之，蔡京为增加收入巧立名目，不惜破坏过往的好制度。

花石纲

大体来说，宋朝官吏收入丰厚，官僚队伍也比其他时代更庞大。这是由于此时民间经济发达，财政状况良好，朝廷滋生起奢靡风气。真宗时天下承平，国库也由此充裕起来，在封禅的喧嚣中，天下花费无度；仁宗时期民间持续富裕，但贫富两极分化，朝廷财政拮据；神宗时期由于王安石新法的实行，财政又再次好转起来，官僚队伍因新政施行而大为扩张。司马光废止新法，意图恢复真宗时代的朝廷局面，就要裁汰冗官，减少官吏俸禄和财政收入，但是膨胀起来的财政很难削减。因为变法中增加的官吏大部分是富有知识的中产阶层，在新政中收入增长，支持王安石的变法。

虽然新法废立无常，但逐渐被推广，最后作为既成事实被接受。新法带来的负面后果是，朝廷产生了只要压榨人民就能获得收入的观念，因而无所不用其极。新法的负面影响也在持续发酵，尤其是像蔡京这类善于敛财的官员鼓励徽宗过度挥霍。宋徽宗爱好艺术，喜欢收藏各类艺术品，想尽办法满足自己的文化享受。为此，宋徽宗曾大兴"花石纲"，派人到各处搜寻珍奇，运往朝廷。凡民家有一木一石、一花一草可供玩赏的，就立即派人以黄纸封之，称为供奉皇帝之物，强迫居民看守，稍有不慎，则获"大不恭"之罪，甚至搬走大件物品时不惜毁家坏屋。为此，稀世珍奇在当时被视作不祥之物，要在朝廷发现前尽量毁掉。倘若被发现，运输费用也要由这家人负担，被征花石的人家往往闹得倾家荡产，甚至卖儿卖女，到处逃难。搜刮全国各地的花石进官之后，宋徽宗便开始营造充满奇木异石的园林。后来，还陆续建造了藏有珍奇异兽的动物园。宋代画作中多有异兽题材，大概是因为在城内居住的民户也能听到皇宫中的鸟兽之声。有的人听到后，就暗中诅咒：不用多久官殿就会变成荒芜的山野。不祥的诅咒真的一言成谶。在这样的生活环境下，年轻的徽宗仍难耐寂寞，喜欢悄悄地出宫。在南宋人撰写的小说《大宋宣和遗事》中写了徽宗偷偷到妓院与李师师私会的事。当然，其中有想象的情节，但这类丑闻和平时期少有人知晓，一旦出事就广为人知。总的来说，这一时期皇帝极尽奢侈之事，耗尽了民脂民膏。

激烈的党争

元祐党和熙宁党的政治权力争夺更加激烈。徽宗时期，司马光以下一百二十人被扣上"元祐奸党"的帽子，在很多郡县树立"元祐党籍碑"。保存至今的仍有两块碑，据说其中一块的碑文是蔡京手笔。蔡京虽为人奸恶，但他的书法着实写得好，在当时享有盛誉。保存下来的党籍碑，一个还保留着蔡京写时的样子，一个修缮过两次。元祐、熙宁两派其内部也经常分化，党派成员亦互相转化，关系微妙。比如章惇原是熙宁党人，但因与蔡京不和，被其刻入元祐党籍碑。而蔡京对元祐党的迫害非常残酷，甚至禁止阅读苏轼及其门人黄庭坚的诗文。不过，对这些党人的迫害愈甚，后人反而对他们愈加尊重。比如，南宋孝宗很喜欢苏轼的诗文，还为其写序，南宋的士大夫们也以自己祖先列入元祐党籍碑为荣。

宰相的堕落

蔡京三次拜相，但当时宰相的实际地位已经出现变化。最初，北宋宰相并不像唐朝宰相一样有政治上的责任，只相当于皇帝的秘书官。王安石改变了制度，以宰相身份全权执政，宰相成了有实际权责的职务。但到了蔡京时，虽然他属于熙宁党，但并不像王安石那样尽职尽责，只是为了更好地取悦天子以保住个人地位，甚至与亲生儿子争宠。当时，蔡京有三子，其中长子蔡攸与徽宗年纪相近，而蔡攸的弟弟又是徽宗女婿，所以儿子与徽宗的关系比蔡京更亲密，每天都和徽宗一起玩。蔡京第三次拜相时，已老眼昏花不能办事，但皇帝仍然准许他每隔三天去一次政事堂。蔡京因此也变得患得患失，既感谢天子对他的恩惠，又深恐去得少与天子关系疏远，让自己儿子占据上风。由此可见，蔡京为相只为取悦天子，争权夺利，有时甚至还会为了专宠与自己儿子相争。

宦官之害

徽宗时期，还有一个显著的恶政，即信任宦官。自宦官童贯得宠后，宦官势力便渐渐跋扈。他们想了许多搜刮钱财的主意，其中尤其突出的，是制作用于田地买卖的田契敛财，此田契可以在民间转卖，这样一来田地所属和缴纳多少税都变得不清楚。就这样，这群宦官根据此法收敛了大量钱财。在徽宗时期，上至朝廷官府再到宫廷内部，宦官都无恶不作，这也是北宋灭亡的一个内因。

美术、考古学的发展

不过，在纵情享乐的过程中，徽宗时期的书画、古董等艺术却取得了长足发展。记载徽宗及其以前的艺术成果的是《宣和书谱》和《宣和画谱》，从中也可窥得这一时期的艺术收藏品类之全，说明当时的鉴赏水平、书画理论都取得了重大发展。另外，当时也很盛行搜集古董，著名的金石学著作《宣和博古图》便是在这一时期成书，集中了宋代所藏青铜器的精华。另外，欧阳修所著《集古录》也有对金石学的研究，此书也是中国金石学研究的发端。除朝廷搜集的青铜器图录《宣和博古图》外，此前问世的《考古图》，其中也有关于铜器的内容；此外，赵明诚夫妇编纂的《金石录》也有关于铜器的内容。这些考古学上的研究，之前已有萌芽迹象，在徽宗时则进一步得到发展。

徽宗不但搜罗古玩，还召集当时的名画家到宣和画院。写生画便是在这一时期实现飞跃。以徽宗为代表，当时皇族中有许多擅长作画的人。徽宗擅长画鹰，他的几个女婿也擅长作画。从这些皇族和高官之中还诞生了影响后来的文人画。许多山水画名家也出现在此时，如北宋的郭熙、南宋的米芾父子，他们两派的画风在当时中国的画坛长期居于统治地位。另外，这一时期仿造的青铜器几乎能以假乱真，即使是著名的学者亦难辨真假，以致后代常常以为是"三代"的青铜器。可以说，宋徽宗时代是中国美术的黄金时代。

佚乐的时代

神宗以来的政策使政府财政收入增加。虽然神宗征讨西夏最终失败，但西夏国力也因此衰退，而此时辽国也开始走向末路，无力再战。所以，没有了外患，整个时代一片太平之象。朝廷财富剧增，随后奢侈之风大兴，而这股奢靡之风亦传到了辽国、西夏，共享太平。正当辽、宋、西夏三国沉浸在安乐之中时，中国东北深山中的"野蛮人"开始崛起。辽国被他们一举消灭，随后宋朝也差点灭亡。时局急转直下，宋朝遭到残酷的命运，徽宗、钦宗被俘，徽宗搜集多年的奇珍异宝也伴随着这场国难消散殆尽。这就是金国崛起的结果。

第十章
金国的崛起与宋朝的南迁

契丹的盛衰及其佛教文化

辽圣宗在位四十九年，统治时期与宋真宗、宋仁宗同时，这也是辽国最为鼎盛的时代。辽国全盛时建有五京，即在中央都城之外另建有四楼（四个行宫，契丹语叫"捺钵"）。辽圣宗时，高丽发生内乱，契丹派兵征伐。辽军的征伐最后因中了高丽将军姜邯赞的计谋而失败；同时，辽国西征回鹘也没有取得胜利。圣宗之后的兴宗时期，辽内部出现了矛盾，辽国日益衰落，所以征伐西夏失败。兴宗之后，道宗即位。道宗在位时间长达四十六年，辽国进入了承平时期，并与宋朝和平相处，互不相扰。此时，契丹奖励文化建设，儒教和佛教均很兴盛。道宗时期还完成了中国佛教历史上的一件大事，即刻成了"房山石经"。"房山石经"自隋初始刻，中经多次续刻，至道宗朝终于全部刻完，总共一万块有余。石经刻成后，还将一部分赠予了高丽。当时，高丽也处于佛教盛行之时，著名的义天僧统大觉国师即高丽王之子，来到中国研究天台、华严、净土三宗的宗旨。此时正值宋元祐年间，他还曾与苏东坡有过交往。他从辽国得到了藏经，又从日本得到了佛书，于是便开始撰写《藏经续集》。不过，原版本已经很难见到，日本保留有后来的重刻本。总的来说，这一时期辽、宋乃至周边各国都属于承平时期，特别是辽国，因为长时间与宋的和睦，其野蛮气质也逐渐消失殆尽，战斗力随之下降。所以，到了下一代天祚帝时，辽国便被新崛起的女真一族消灭了。

金国的兴起

金国兴起的地方，是今哈尔滨附近的阿什哈。其种族为女真人，是中国东北的土著民族。古时中国东北的种族中还有高句丽人和渤海人。契丹攻灭渤海国后曾想向中原发展，辽太祖便把以渤海的故国（今天的宁古塔地区）为中心的中国东北北部交由其子人皇王管理，名之为东丹国。但是人皇王与其母及弟关系恶化后逃到了当时的后唐，归顺了后唐。当时，对于土地辽阔且不易管理的中国东北，契丹人的管理办法是将中国东北北部及其他远处的女真人迁至契丹都城附近，让其建设新的城池，但新建的城依然可以沿用过去女真人居住地的名称。《辽史·地理志》对于这一时期中国东北地名的记载是相当混乱的，想据此了解中国东北古代地理非常困难，也是很不明智的办法。《辽史·地理志》在记载这一时期历史时，也只是会写"何县原由渤海国何县县民所建，于何时迁至此地，与契丹、渤海人杂居……"，但不会记录此杂居的地方。由此也可见，当时对于地方的记录是比较错乱的。不过，通过《辽史·地理志》可以得知当时契丹统治中国东北的概况。

在此情形下，女真人便都废弃了原来的土地，辽国也放弃对其管理。当然，女真人并没有完全迁至辽国附近。在辽国两百多年的历史中，女真人仍然在辽国统治不到的地方繁衍生息。到了辽晚期，女真大致分为三股：熟女真、生女真以及中间非熟非生的部分。当时，由于辽兴宗名为"宗真"，忌用"真"字，女真便改名"女直"，这种叫法一直延续到了明代。熟女真住在辽东岫岩一带，即自辽阳至朝鲜的这条线上。当时，辽国还在此设置五个节度使以加强对该部的管理。这个部落又叫"曷苏馆"，即"防御城墙"的意思。辽国将熟女真放在女真通往契丹的最大入口处，大概也是为了防御其他两支女真部。再往里走，鸭绿江沿岸便是非生非熟女真。至于被称为生女真的各部，在今吉林省松花江沿岸附近。

金国的先祖来自生女真。生女真传说其祖先源于高丽，最初住在间岛一带，后代迁到哈尔滨附近的阿什哈（满语正确的说法是"阿勒楚喀"，《金史》认为此名源自按出虎水）。根据《金史·世纪》记载，此时由按出虎水经间岛至北朝鲜已经统一，但事实上存在诸多部落，分分合合，并未形成一个统一国家。从这时开始，这个民族极其勇猛，素称"女真不满万，满万不可敌"。因此可知当时没有把各部落统一起来。为了笼络女真人，契丹采取既不放弃治理，又不严格统治的策略，给部落酋长授予虚衔。在生女真部落中有年龄相近的兄弟两人先后作为"野蛮人"的酋长，建立起坚强有力的组织，成为家族的核心。这对兄弟酋长中，弟弟叫盈歌（《金史》称盈歌，中国人的记载称扬割，高丽人称延盖），被契丹封为节度使，当地人称他为"扬割太师"。盈歌死后，由兄长之子承袭官位。最先承袭的是金太祖阿骨打的哥哥，之后才轮到在兄弟中能力最强的阿骨打继位。当时，从哈尔滨附近经间岛到今朝鲜咸镜道一带，几乎成了女真的实际领土，并为此与高丽进行了七年战争。高丽举国参战，出动了十七万大军。此战是高丽这代王朝最著名的战争，高丽称之为"尹瓘北征"，但战局不分胜负，以和谈告终。由此可见，此时女真人的力量已经非常强大。这件金太祖之前的史事在《金史·世纪》中有简略的记载，但《高丽史》却当作一场大战。金国在太祖以前就已基本统一了中国东北北部。

辽金冲突

辽天祚帝喜好游猎。按照当时北方的习惯，常用一种叫海东青的鹰来打猎。此鹰体形不大，却很敏捷，产自女真地区。以前，此鹰都是作为贡品，每年由女真进贡给契丹，但数量很少，难以捕捉。因此，为给天祚帝捕鹰，盈歌从他手中得到了征伐的自由，对其临近部落进行征讨。同时，为了获得海东青，契丹还在女真派驻使者，但因使者玩弄女真族女子引起了女真人的愤慨。至此，辽国人渐渐失去了女真族的信任。从金太祖时起，女真与契丹之间关系越来越紧张。在松花江附近的拉林河（过去称来流水），女真用两千五百名士兵打败了辽军。此地位于哈尔滨以南，中东铁路双城堡东站西北方，约一天行程。至今那里还有一块"得胜陀碑"，是金世宗为纪念太祖的战功而在战场上竖立的。碑文用汉文和女真文两种文字书写。由于此役的胜利，阿骨打称帝。天祚帝兴兵征讨，结果又大败而归。此后，金辽时和时战，但女真的实力不断壮大。

契丹灭亡、西辽建国与宋金构衅

当宋徽宗时期，宦官童贯想为宋朝建功立业，向徽宗献策消灭契丹。因此，便联络女真，制定了一起夹攻契丹的计划。辽国居于宋金之间，宋金必须通过海路联络。宋朝使者从山东渡过渤海海峡来到金国，双方商定了共灭辽国的"海上之盟"。宋朝提出的条件是收复辽国从五代开始占据的土地，金国的条件是吞并辽国的固有领土。辽国遭到两面夹击，天祚帝被金国打败后向西方逃出很远。金国攻占辽国都城燕京，即今北京，之后，由于宋朝急功近利，宋金爆发争端。

五代时期，契丹占领的中原土地有两类：一是后晋石敬瑭乞求契丹帮助所贿赂的土地，即北京以西地区；二是唐末至五代初期刘守光割据的地盘，即北京至山海关一带。宋朝最初只希望收复石敬瑭丧失的土地，到后来又希望将刘守光丧失的土地也一并收复，与金国产生争议。宋朝在短时间里确实占据了几乎是座空城的北京，却要支付大量岁币给女真。此时，宋朝耍了很多小手段，后来甚至计划联合天祚帝一起对抗女真，等到金国俘虏了天祚帝，又勾结辽国残余势力，终于激怒了女真。辽国灭亡后，大石林牙即耶律大石的残军，穿越新疆逃亡到中亚的虎思斡耳朵；所建的国家延续了一百多年，史称"西辽"，西方人称之为"黑契丹"。

辽亡后，宋金边境直接接壤。不久，金太祖就死了，仅当政九年。传说这位"野蛮人"酋长是因为急着进入城市，沉湎酒色，损害健康而死。随后，他的弟弟太宗继位。

金军南下

宋朝违背了与金国定下的盟约，给了金国伐宋的借口。天祚帝被俘后，局势在不断变化。金军日益南下，逼近宋都汴京。徽宗无计可施，只能发罪己诏传位钦宗。此时汴京大乱，童贯、蔡京及其党羽要么被罢黜，要么被处决。迫于城外金军的压力，朝廷分裂为主战、主和两派。倘若主和，就要奉送大量岁币给金国。但自徽宗以来，民间财富差不多被搜刮殆尽，短期内无法准备齐全，所以没有主和的资本。因此，战和两派争执不下，难以决定，谁都没有让金军退兵的办法。钦宗只能亲自到金军大营投降，除钦宗外，徽宗、太后、皇族、宫人等男女三千余人也一起做了俘虏。女真人像串珠一样把他们捆成一线，带着掠夺的无数财宝一起回到了中国东北。

之后，为了防止有宋室血统的人重新在宋土掌权，金国立宋朝宰相张邦昌为"楚帝"。在宋金战争中，张邦昌曾和钦宗之弟康王（即南宋高宗）一起在金国当人质。徽钦二帝备受磨难，几乎被押着走到中国东北，关在现在叫三姓，当时叫五国城的地方。徽宗在位二十五年，钦宗才一年多。

宋朝南渡

金人离开后，张邦昌对自己的"天子"身份深感不安，想让康王继承宋祚。但之前在金国当过人质的康王，非常恐惧金军的勇悍，得了癔症，不愿意回汴京当皇帝。之后，他在南京即河南归德府即位，而汴京则交由将军宗泽守卫。宗泽和李纲都是主战论者，坚守汴京，期望高宗重返旧都。但高宗早已六神无主，不愿还都，宗泽因此积愤成疾去世。此时南宋还出现了一批忠臣，岳飞是其中比较有名的一位。宗泽死后，金军再度攻克汴京，之后长驱南下。高宗只能狼狈地往各处逃命，逃到杭州之时，不料亲军爆发骚乱，无奈之下只能传位皇子。不过，内乱很快就平定了，高宗复位。这时，金军已经追击过来，高宗仓皇之中逃往宁波，一口气没歇又乘船逃至温州。金军所到之处，掳掠杀戮，无恶不作，但入夏后因无法忍受南方的酷热，撤军回北方了。

宋朝一方，最初由宗泽制定了防御金军的计划，其部下涌现了许多名将，如韩世忠、张俊、岳飞、刘锜等人。文官张浚、赵鼎也都是主战派。宋朝依靠他们的力量终于复国。此时，金军将领兀术统兵追击宋军，由于过度深入，撤退时遭遇众多困难。兀术的军队渡过长江进入南方，但撤军时在镇江和扬州之间受到韩世忠的阻击。韩世忠意在阻断兀术渡江撤退的道路。兀术听取了一些宋人的意见，终于烧掉韩世忠的战船，夺路而逃。宋军已比之前更加英勇，此后金人再不敢像从前那般欺侮宋人了。

高宗初年的宋金形势和宋朝将帅

中国国土被一分为二，金国占领北方，宋朝偏安东南。金国在宋朝故地扶植的刘豫政权，以齐为国号，作为宋金之间的缓冲区。南宋高宗初年，从大体形势上看，宋金在四个地区展开对峙。陕西方面，由大将张浚率领其部下吴玠、吴璘兄弟与金兵交战。河南、湖北方面，则有岳飞坐镇。岳飞最初在湖北和湖南负责"剿匪"。中国一向是有了战乱，便匪患横行。岳飞平乱打通了湖北与河南之间的道路。今安徽一带，有刘锜镇守。东西两淮地方，由韩世忠负责防御。此时是宋军战斗力强大的时期。首要原因是，宋军不再像过去由缺乏军事经验的人当大将，许多将领都是身经百战从行伍中提拔上来的。韩世忠就是从士兵到将军的典型例子。岳飞的出身也很卑微，只是前宰相韩琦家的佃户。只有刘锜一人是将门之后。这些军功显赫之人都是从战场上拼杀出来的，不畏强敌，因此能在战争中对阵野蛮的金人。张浚本为文臣，但却是主战派，实际领兵作战的是其麾下吴氏兄弟。由于求胜心切，张浚在富平之战中败北，只得从汉中撤往四川。但其他三支军队都取得了胜利，尤其是岳飞部一路攻入河南，已挺进到距旧都汴京不远之处。

宋金媾和

南宋建国伊始内部就有主和的论调。究其原因，一是高宗患有癔病，畏惧金人，不敢与金国打仗；二是高宗的父亲徽宗、兄长钦宗都在金国当俘虏，高宗是代兄称帝，倘若救回钦宗自己只能让位，所以不愿进攻金国，营救父兄。当然第二点有些穿凿附会，但高宗的确厌倦战争，只想在有着"南宋一代行在"之称的临安（杭州）建都，做一个安乐公，而毫无收复失地的志向。正在此时，秦桧从金国放归。秦桧最初尚能秉持正论，反对金国扶植张邦昌为帝，认为宋朝应由宋室后裔继承大统。但在成为金国俘虏后，他与金国统治者达成协议方才生还，由此开始极力主和。其主要论调是不再打仗，河北人、南方人、刘豫的人各回各家。高宗虽然是北方人，但无家可归，因为害怕北方的战争，只能让秦桧掌权，执行主和派的意志。

　　鉴于此种形势，前线的岳飞被紧急召回。当时，太行山中的许多土匪趁着战乱壮大实力，先后被岳飞收编，配合宋军在背后偷袭金军，以图收复汴京。但岳飞所部实际上已经厌战，希望回家。中国史书说岳飞接到十二通金牌诏书后，只能无奈撤军，但事实是士兵们争着收拾行装。岳飞是当时一位非常出色的伟大人物，曾说："文臣不爱钱，武臣不惜死，天下太平矣。"不过，武将在战争中也赚了钱，猛将韩世忠的钱财够他享用一生了。在宋室南渡十四五年后，兀术和秦桧互相勾结，终于达成宋金和议，而这场和议的牺牲品就是岳飞。岳飞被扣上"莫须有"的罪名，以其可能有谋反之心被下狱处死，这是众所周知的疑案。同样被褫夺兵权的还有韩世忠等人，但他们的余生都生活安逸。韩世忠和岳飞均为宋朝名将，不过韩不问世事，胸无点墨，就像一个粗野无知的武夫，在被剥夺兵权后尽量不过问军事，因此一生平安无事。岳飞虽同样出身行伍，但却通学问，擅诗词，身为统兵大将却喜论天下大势，因此受到皇帝和秦桧的猜忌。其次，岳飞部属都是子弟兵，天子诏令在营中不如大将命令有效，连朱熹都提到过岳飞固执行事。凡此种种都成了岳飞狱中被害的祸根。

　　岳飞死后，秦桧的权威达到顶点。他为相十九年间，高宗将一切事务都交给他处理，从而逃避责任。高宗当然清楚秦桧的无法无天，所以等到秦桧一死就将其子逐出朝廷。总而言之，宋金和议后二十年间没有发生战乱，虽然宋朝国家形象受损，但人民免受战乱之苦。之前，从徽钦二帝末年至高宗初年，靠近战场的百姓死伤惨重。至今尚存的宋版书《一切经》中，卷首记载了当时百姓的惨状，两淮一带民家多遭掳掠屠杀，因此捐钱刻印佛经求佛保佑。岳飞的主张从国家尊严角度讲是正确的，但不合平民的心愿。此时，高宗向金国称臣，采用臣子上表的形式向金国皇帝递交国书。

第十一章
宋金的小康时代

自高宗之后，南宋又经历了孝宗、光宗、宁宗这几代皇帝。金国继太宗之后也经历了熙宗、海陵王、世宗、章宗等几代皇帝。其间两国偶有冲突，但总体可谓太平时代。这是因为此前的频繁战乱致使民不聊生，百姓都期盼和平。所以，若是谁在此期间发动战争就注定是要失败的。

金人的汉化与女真文字

金熙宗是太祖之孙。到熙宗时，由于汉人的施教，女真文化不断得到发展，熙宗周围的大部分人普遍汉化。皇族丧失了女真人质朴之风，不再有以往那种名为君臣但不分彼此的亲密关系，金国君主也开始学习宋朝注重尊严，臣下的阿谀奉承不绝于耳。此外，宫内装饰、服装等也越发奢侈。熙宗外出时也会像宋朝皇帝一般被众多宫女随从簇拥着，清空街道后才肯下轿行走。上京会宁府是最早的金国都城，遗址位于今阿什哈附近的白城地区。至今尚存的宋朝使者的纪行里还谈到，当时金国君主的住所称为"皇帝寨"。从中可知女真人半汉化时的情形。金建国时，皇帝上朝的乾元殿只是一座很大的、单独的宫殿，周围仅以柳树为墙，没有城墙。另外，无论天子家还是百姓家，都保留有火炕，有火炕的屋子都不分所谓的上座、下座。每当皇帝外出狩猎归来时，都是与臣下一同就炕落座。皇后和宫女像平民家庭的女人们一般，在宴会上伺候男人们的饮食。平时，大臣也会去天子家，同样天子也会去大臣家。在这种风俗下，君臣关系十分和谐密切。但在熙宗受到汉人学者教育后，这种传统习惯便消失了。而这样的变化带来的是众叛亲离，有时为防叛变会先发制人诛杀对方，因而内部就出现了力量无法统一的问题。

比如，熙宗与海陵王均为太祖之孙，但熙宗被海陵王所杀，海陵王又被宰相杀了。

虽然海陵王杀了熙宗，可他与熙宗一样崇尚中华文明。不过，这种崇拜徒有其表，其骨子里还保留着野蛮人乱伦的本性。在中国历史上，他可算是古往今来数一数二的暴君。自北齐的文宣帝以来，海陵王可谓在玩弄女性方面最肆无忌惮，他抢夺别人的妻女，杀掉这些女人的父亲和丈夫。他的奢侈生活不输隋炀帝，金国才到第三代就出了一个如此臭名昭著的君主。

自立国开始，金国就在契丹文化的影响下，很早就创制了女真文字。女真字由完颜希尹（希尹是汉名，女真名是谷神）创造，是把契丹字的形套用到女真语上。本来，两种语言非常不同，仅用契丹字母拼出了女真语，其形态酷似汉字。一开始形成的是"女真大字"，后来熙宗将大字分解，形成了所谓的"女真小字"。在金国第一代时，女真字就已通行，传说熙宗还可用其写诗。土著人均使用女真字，这也可说是某种意义的学问。直到明末的五百年间，中国东北地区始终都通用女真字，时至今日还保留着女真文石碑和字典。相比熙宗只用女真语接受汉文化，海陵王则主张全面的汉化。他基本上能用汉语写诗，能读懂汉语古籍，在任何方面都想效法中原皇帝，甚至产生了灭亡宋朝、统一天下的想法。

海陵王南侵的失败

海陵王统治时期，宋、金之间每年都互派使臣往来。从使臣口中，海陵王打听到了有关宋都的各种情况。当听说临安西湖的美景后，就让人绘制一幅西湖风光图，并在画上题诗："提兵百万西湖上，立马吴山第一峰。"所谓的"吴山第一峰"在西湖和钱塘江之间，从此处可一览西湖和钱塘江两方景致。海陵王嫌弃上京像个偏僻的乡村，便迁都到燕京即今北京，建造了类似宋朝汴京的宫殿。后来，他又不满意"燕京"这个名字，干脆改名为"中都"。但是他迁都后仍不满足，又大兴土木在汴京营建城池。如此，他一步步地将金国的都城往南迁移。有南宋大臣看出金国企图入犯，便上奏建议高宗提高警惕。然而，时任宰相的汤思退与秦桧结党，都是主和派，不相信战争的传言。汤思退派人去金国打探，结果探子回报没有发现金国有开战迹象。可是不久之后，为了炮制攻宋的理由，海陵王要求分割两国边境的土地。此举使一向畏战的高宗也下定决心抵抗。有一种很可笑的说法，认为高宗对金态度发生转变，是由于此时得知兄长钦宗已经死在金国的消息，不用顾虑让位才转而主战的。正当此时，南宋的宰相换成了陈康伯，陈是主战派，而金国也有亲宋之人当内应。即使如此，海陵王依然决定出动大军攻宋。大敌当前，南宋宿将只有刘锜等人，且老病缠身，起居都要人料理，无法统兵出战。此时，海陵王已经亲率军抵达长江沿岸，而南宋仍没有准备好防御。为了振作士气，文官虞允文担任钦差动员军队作战。在他的指挥下，宋军同仇敌忾击溃了海陵王的大军，取得了意想不到的胜利。本来金国上下无心攻宋，只有海陵王执意南侵，因此不得人心。此次战败引发内乱。金世宗此前一直住在辽阳，在部属拥戴下趁机黄袍加身，当了皇帝。听到这一消息后，海陵王的军队马上爆发叛乱，杀死了海陵王。世宗一族对海陵王抱有杀妻之恨，因为世宗之妻在面临海陵王强暴时守节自尽。海陵王南征失败后，宋军乘胜反攻，一直打到了金国领地。最后，南宋以胜促和，挽回了一定的颜面。

孝宗北伐失败与宋金维持和平

南宋这边也换了皇帝，高宗让位于孝宗。由于高宗没有亲生儿子，其让位就意味着变更血统。之前提到，北宋皇帝一直延续的是太宗血脉，但皇族在汴京沦陷后几乎全被金国俘虏，掳到了中国东北，所以高宗之后宋室便没有继承人了。朝廷寻找到太祖的七世孙孝宗，立他为正统。当时，金国是世宗朝，宋金都是新君执政，便将过去的君臣关系改为"叔侄"关系。同时，过去宋对金使用的上表文体改为国书体，岁贡也改称"岁币"，这样两国关系就接近对等了。

孝宗虽然年轻但抱负远大，极力振作国运，以"隆兴"为年号，并制定了北伐金国的计划。孝宗重新起用仍在世的高宗朝主战派将领张浚，令他统兵伐金，结果失败了。究其原因，在于孝宗误判了局势，本以为海陵王被杀后金国内部还会持续动荡，却不料金世宗也是一位明主，迅速平定内乱，稳住了政局。因而孝宗的计略没有成效。在两国都厌倦战乱的情形下，一方若发起战争则很可能失败。在这之后，两国的君主都专注于国内的治理问题，稳定地维持着和平往来。

光宁授受和韩侂胄的得势

孝宗执政二十七年，身为太上皇的养父高宗则过着隐居生活。孝宗极尽孝道侍奉高宗终老，并赠予高宗善谥。孝宗也让位给儿子光宗，但光宗却是不孝子，素来与孝宗不和，对父亲心存猜疑。孝宗为此非常苦恼，最后抑郁而终。这时，光宗却以患病为由，拒绝主持丧礼。对此，群臣与太皇太后（高宗的皇后）商议后，迫使光宗让位给宁宗。此事为时任宰相赵汝愚经办，可说是一次宫变。行废立皇帝之事，须用太皇太后身边之人，以其出入宫禁方便，如韩琦的曾孙韩侂胄。韩侂胄虽为名臣之后，但心术不正，一旦得势就夺取了谋划废立的赵汝愚的权力，甚至将其流放到偏远之地一直到死。

开禧之败

宋宁宗时期，一些人仍然坚持向金国复仇的主张。韩侂胄也想建立一番功名凸显自己的政绩，便利用这类复仇主张，策划了伐金方案。然而宋金长期没有开战，承平日久，主战派并不清楚战争的艰巨性。在欠缺理性认识的情况下，他们接受了过去主战派的思想，并追封岳飞为鄂王，给秦桧取了个恶谥"谬丑"。此时出了不少岳飞的史料，其孙岳珂所编的《桯史》影响广泛，但有些内容难辨真假。金国方面，世宗之孙章宗继位，是个不好战的明君，但对于宋军的攻势只能被迫迎敌，结果金胜宋败。南宋本未做好开战准备，长期和平导致士兵缺乏训练，又无名将统帅，在主战派的空言误导下贸然出兵招来大败，史称"开禧之败"。战争结果之一是，镇守四川的吴璘之曾孙吴曦叛逃金国，又给宋朝增加了一道耻辱。朝廷随后追究韩侂胄的责任，砍下他的首级送往金国谢罪。此次战败使南宋在两国交往中更加被动，除了增加岁币，"叔侄"关系也变为"伯侄"关系。虽然复仇主张在名分上无可厚非，但先挑起战争者会失败是当时大势所趋。

金国世宗、章宗时期的政治

世宗、章宗时代，金国进入稳定的承平期，但此时也出现了国力式微的征兆。世宗被誉为"小尧舜"，是不可多得的明君。同时，他也是保存金国国粹论者。虽说当时国都在中都（燕京），但出于恢复女真质朴风气的希望，世宗有空就回上京会宁府即阿什哈的白城，留下太子坐镇中都。在上京，世宗召来本国故老，按女真故俗与群臣同饮欢唱，使这些旧部感到轻松喜悦。这种作风产生了一定的政治影响，这一时期国家局势稳定、君臣关系和睦。另外，世宗还很有政治手腕，对当地的汉人既施仁政，又严格管制；对塞外的蒙古人则态度强硬，严刑峻法。故而，在世宗的统治下国内相安无事，天下承平。

这一时期金国的经济也很活跃，纸币发行广泛，都市一片繁荣。另外，这期间实行了一项特别的财政政策，即"推排物力"。类似北宋吕惠卿的"手实法"，此政策的实质是经常性地清查百姓的全部财产，通过估量财产多寡，来确定各家承担的税赋高低。虽然中国的政策有时目的很好，但结果却不一定好。实施这一政策，导致强行征税，民众互相监视、揭发各人的隐秘财产。在长期的和平时代，如果民间出现财富不均衡，政府采用此法或许是必需的。世宗和章宗时期平均每十年开展一次此类清查。

谈到女真人和汉人的关系，主要是女真人来到汉人聚居区进行屯田。屯田政策的目的也很好，一旦有事可以征召屯田兵，免去从国内征兵的经费和困难。在女真制度中，千夫长称"猛安"，百夫长称"谋克"。猛安、谋克带领屯田兵安身于汉人部落中，并以此为中心渐渐形成女真部落，即用军政手段做民政工作。从备战上讲，的确是个非常适用的方法，但让女真人生活在被征服的汉人中，这就让女真人的地位类似于日本的"旗本"[①]，因而这

---

① 幕府将军的直属家臣。——编者

些"猛安"和"谋克"傲慢无礼，时常对当地汉民滥施暴行。一直过了两三代以后，女真人越来越多，原来的耕地不够用，就开始强抢汉人土地。结果是，这一备战的好措施却在汉人中失去了民意。积怨已久，到女真人失势之时，到处都可见他们惨遭报复的景象。

女真族对待蒙古人就更为残忍，对他们随意猎杀。出于这种"减丁"政策，女真人还时常突然出兵塞外，杀掉每一个见到的蒙古人。为此，许多蒙古人都开始逃到远离金国边境的地方，倒是保障了金国国境的安全。这一残酷政策是从所谓"仁义皇帝"世宗时期开始实施的，到了章宗时期才稍稍受到限制，大概是因为章宗深受中华文化熏陶之故。虐杀政策一停，蒙古人又开始迅速繁盛，诞生了后来的成吉思汗。大体上说，世宗、章宗时代可谓金国的全盛期。

南宋的学派之争与朱子学

从这时开始，宋朝的内讧变得非常激烈，其中还掺杂了学派之争。事实上，自北宋晚期开始，学派之争已经出现，当时为苏东坡与二程之争。到了南宋孝宗时期，他开始大力提倡这类有益的学术争论，认为有助于恢复国势。孝宗特别赞赏苏东坡的文章，曾亲笔为其文集写序。南宋大儒朱熹也活跃于此时，但却未受到孝宗青睐。原因是朱熹属于二程学派，但天子却喜欢苏东坡一派，所以孝宗并不愿接受二程与朱子之学。当时，还有一个非常活跃的永嘉学派，以陈亮（字同甫，号龙川）为首，是一个与时代相呼应的功利派。陈亮非常有进取心，提出了许多重振国力的建议。比如，他曾提议迁都南京（过去称为建业），原因是他认为临安这个小地方不利于发展，而南京直抵长江，上接武昌，有利于伺机光复中原。不过，这个提议在当时太过激进，自然得不到实行。

朱子学派在韩侂胄拜相时期被指责为"伪学"，遭到查禁，因而没能进入朝堂之上。宁宗中期以后，朱子学才慢慢恢复影响力。朱子也主张复仇论，崇尚春秋大义。虽然朱熹的理论很严密，但朱子学的内容脱离了当时宋朝的国情。后来，韩侂胄被杀，史弥远拜相，朱子学才开始解禁。史弥远之后的宰相是贾似道。史、贾两任宰相都认为：从政策上说，应该采用颇有民间影响力的朱子学派的理论，但是采用民间舆论和重振国势是互不相关的两个问题。采用代表民间舆论的朱子学，只能减少读书人的抱怨，而只是礼遇学者却可能亡国。这个时期的朱子学理论大多陈义甚高，勾画的是千年之后才有的理想蓝图，与眼前的现实问题几乎无关。北宋大儒张载曾说过："为天地立心，为生民立命，为往圣继绝学，为万世开太平。"总而言之，政治上已经逐步在采用不实用的学问。

临安的繁荣和南宋的经济

承平日久，民众生活富庶，奢侈之风也会蔓延。《武林旧事》描绘了繁华无比的都城临安。根据该书记载，当时天子与百姓的生活都无与伦比。只要中国四五十年太平无事，经济就能取得长足发展，当时的奢华之风已蔓延到寻常百姓家。都城临安的长期和平环境为南宋后期的大繁荣提供了条件。当时临安城内兴建了许多游廊，其中使用的都是银制餐具，十分奢华。临安市民也得到更多优惠（与此相同，日本江户的町民比地方百姓得到更多的优遇）。因为，交纳租税的都是农民，而都城的人只管坐享其成。另一方面，都市产生了一群没有正经营生的人，他们与官吏、官里人相互勾结，有的违法乱纪，仗势欺人，有的以借用之名侵占官府的土地和房屋，甚至还被合法地免除租金。此外，每当灾害发生时，朝廷会发放救济金，建立施乐院、育儿院、养老院等慈善设施，还为无地可葬者提供坟地，做了不少好事。因此，许多游手好闲之徒纷纷涌入临安城，有的专门赌博，有的四处行窃。可见，临安城已经达到可以滋生一切文明社会中常见弊端的富裕水平。

朝廷鼓励艺术发展，建立宫廷画院。成为画院"待诏"是画家的莫大荣耀，能得到皇帝赏赐的金带。宫中还有御前围棋待诏。各种游艺无比发达，有讲谈、说经、小说（单口相声），还有唱演兼备的杂剧；耍口技的、变魔术的、猜谜的、男相扑、女相扑，各怀绝技。临安城熙攘繁盛，令人目不暇接。皇家宴会也充满艺术气息，奏一曲饮一杯，整个国家的生活从上到下全部艺术化了。

　　但换个角度讲，如此排场需要耗费巨资，给朝廷带来沉重的财政负担。因此，朝廷只得大量发行纸币，导致纸币最终无法兑换。其实，从北宋开始已经使用纸币，但有流通期限，通常规定三年一期，到期收回。回收期限截止后停止回收，发行下一期纸币。这样，旧纸币过期就无法兑换，自然贬值。到了南宋时期一期发行多达一亿贯，远超北宋时期一期发行的两三百万贯。纸币贬值，物价上涨，反倒促进了南宋时期海外贸易和民间经济的繁荣，特别是广东、福建一带与南洋、阿拉伯地区之间的贸易关系非常活跃，铜钱大量流出，虽然南宋曾设法以法律形式禁止铜钱外流，但没有成功。在日本出土的古币中，很多都是宋朝尤其是南宋铜钱。

　　虽然南宋只延续了一百五十年，但却是一个奢华时代。北宋徽宗朝廷够奢侈了，但其民间的奢华程度却远不能与南宋临安相比较。而年年向南宋索要岁币的金国也陶醉在繁华的太平幻梦中。当此之时，蒙古却在暗中壮大，这一浮华幻影的终结者成吉思汗横空出世。

第十二章
蒙古族的崛起和金国的灭亡

蒙古族的来历

从唐代开始，史书中才首次记载蒙古族，《旧唐书》《新唐书》中均有记载。《旧唐书》称之为"蒙兀室韦"，《新唐书》称之为"蒙瓦"。在唐代，"室韦"被认为是一个大种族，位于契丹的北面，"蒙兀室韦"只是室韦的一支。在近代即清朝以后的民族划分中，室韦属于索伦族。而"蒙古"一词在《辽史》中作"盟古"，在《金史》中作"盟骨"，在《契丹事迹》（逸书，宋朝的书）中作"朦古"，在宋书《松漠纪闻》中作"盲骨子"，在《契丹国志》中作"蒙古里"，皆指同一民族。至于蒙古族的活动范围，《旧唐书》认为在望建河，《新唐书》认为在宝建河，均在今黑龙江地区，大体是黑龙江南岸一带。

蒙古族的起源传说，与其他民族有相似之处，所以很难判断这些传说的真实性。起源传说主要有三种：一是"锻冶铺"传说，类似突厥的起源传说，许多蒙古传说总体上来自突厥传说；二是"动物元祖"传说，讲的是在蒙古有公狼和母鹿交配，生下了蒙古人的祖先，这多半也是来自突厥的民族起源说；三是"感生帝"的传说，即一个女人没有丈夫却生了儿子，成了蒙古人的祖先。这个传说广泛流行于中国、朝鲜、日本等东亚各国，蒙古的民族起源传说也来源于此。根据蒙古的宗谱，据说从成吉思汗开始至九代前的祖宗孛端察儿，都是这样出生的（参见《读史丛录》中的《蒙古开国之传说》）。

蒙古族的历史上曾先后出过几个大首领。合不勒罕是被邻国金国承认的第一位大首领，比成吉思汗早三代。金熙宗时期，合不勒罕来到金国朝廷，在酒宴上揪掉了熙宗的胡子，惹上了麻烦。熙宗是金国第三代皇帝，深受中原礼仪文化影响，虽对不守礼法的合不勒罕非常生气，但仍愿意予以谅解。不过，大臣们不同意，非要杀掉合不勒罕不可，合不勒罕情知不妙，便仓皇逃走了。这一逃，金国方面自是不肯罢休，派使者快马加鞭去追合不勒罕回来，合不勒罕不但没回来反而杀了使者。金国更加愤怒，出兵征讨，结果遭到大败。继承合不勒罕之位的是俺巴孩，与合不勒罕是同族。俺巴孩遭到金国人的暗害，蒙金关系比过去更加紧张。俺巴孩死后，合不勒罕的儿子忽图剌继位。忽图剌向金国宣战，金军统帅是著名的兀术。此事发生于南宋高宗绍兴初年。据说，蒙古的后人追尊忽图剌为太祖明元皇帝。不过，这里明显有后世中国人的虚构，很难说忽图剌自己是否知情。

成吉思汗统一诸部

　　成吉思汗是忽图剌的弟弟也速该之子。也速该也称"把阿兔儿"，意为"勇士"，没有可汗的武力和统治力，所以既非汗也非可汗。成吉思汗本名铁木真，十三岁时，父亲也速该为他和翁吉剌特的姑娘订了婚。在父子一起去翁吉剌特的归途中，路过塔塔儿（鞑靼）部，也速该被塔塔儿部毒死。由于当时蒙古盛行抢婚，铁木真就是也速该从塔塔儿部劫走的女子所生，因此塔塔儿部对也速该抱有夺妻之恨。此时的蒙古族非常弱小，缺乏能当可汗、统一各部的英雄，且苦于金国的"三年一减丁"政策，生计艰难。成吉思汗自小就在这样水深火热的环境下成长。那时，即使同族之间也不团结，铁木真还常被他们欺负。铁木真的父亲死后，除少数人外，原部众都被同族首领夺走。虽然铁木真的母亲很勇敢，亲自出面召集原来的部民，但怎样都无法挽回日趋明显的颓势。铁木真与翁吉剌特的姑娘成婚后，常常被塔塔儿部掠夺，连妻子也被掳走嫁给了塔塔儿部的男人。

　　不过被抢劫之后，铁木真很幸运地遇到了援助者：一个是叫札木合的勇士，他是铁木真的朋友，有着众多部下；另一个是王罕——因得到金国的封官，所以称王，是铁木真父亲的朋友。借助这两人之力，铁木真向同族内欺负自己的人和塔塔儿部展开还击。但是不多久，铁木真与札木合失和。铁木真对人富于同情心，自然容易获得别人的同情，札木合的部属渐渐归心铁木真，导致札木合与铁木真关系恶化。铁木真带领十三翼军队共三万与札木合会战，结果大败。所谓的三万士兵只是蒙古人常讲的一种套话，不可轻信。蒙古人表示数量众多时，张口就是三万。后来，铁木真与此战幸存的十九人同饮河水盟誓，这十九人后来也成为辅佐成吉思汗的有名功臣。

此时的蒙古人是游牧民族，以黑龙江沿岸为根据地，短时间就能到达外蒙古。牵上几匹马，一边骑马一边睡觉，每天行程四五十里，也不用带粮食，靠刺马饮血解决饥渴。如此这般，可以连续赶好几天的路。铁木真与札木合反目成仇后，与王罕交往频繁，依靠其援助统一了自己的部落。王罕主要活动在外蒙古地区，当时的乃蛮部（"乃蛮"是"八"之意，即八个联合部落）是外蒙古非常强大的部落。铁木真连续进攻乃蛮，把它赶出了外蒙古，由此王罕的力量变强了。后来王罕与札木合联合起来，铁木真与这两人组成的强大同盟开战，取得了最终的胜利，统一了中国东北的西北部到外蒙古全境。铁木真由此开始称汗，在他五十岁时，蒙古各部为他献上尊号——成吉思可汗。"可汗"是汗中之汗，意为大汗。在蒙古语中，"汗"和"可汗"有清楚的区分，但在满语中并无分别。

成吉思汗侵略外国

成吉思汗成为可汗是在南宋宁宗开禧年间，韩侂胄掌权时期，此时正是金国章宗时代。随着蒙古的壮大，金国逐渐承认了蒙古政权，视其为自己的附庸国。意即成吉思汗在章宗时期归附了金国。章宗之后，即位的是卫绍王。卫绍王是章宗的叔叔，是一个庸懦无能之人。从他当王开始，成吉思汗就知道他且瞧不起他。卫绍王即位后，命成吉思汗来到国境等待传达新帝登基的诏命。当听到新帝是卫绍王时，成吉思汗轻蔑地朝南吐口水："我原以为是天上人来做中原天子，不想却是这个庸懦之徒！"说完也不施礼便回去了。从此，成吉思汗便下定决心反叛金国。

不久，成吉思汗就与金国爆发冲突，并出兵进攻西边的西夏，还在中亚与花剌子模大动干戈。处于长期和平环境下的金国，军备废弛，在蒙古军队面前兵败如山倒。由于是金国主动向蒙古宣战，国内政局顿时大乱，出现了叛徒。在成吉思汗成为可汗八年后，契丹人耶律留哥割据中国东北，自封辽王，自定年号。为平定耶律留哥，金国派蒲鲜万奴率兵征讨，不料蒲鲜万奴也公开反叛，割据中国东北与朝鲜边境一带，建国号"大真"，后改称"东夏"。

如此，金国内乱更加严重，卫绍王也遭部属弑杀。之后，先后继位的宣宗、哀宗都是为人不错的皇帝，朝中尚有完颜陈和尚这样的优秀将领，在防御蒙古的战争中表现突出。当时，成吉思汗任命木华黎担任进攻中国东北的统帅，并将其领土划分给四大国王管辖，木华黎即为其中之一。成吉思汗自己则坐镇居庸关，挥军从山西、陕西两个方向挺进中原。金国此时定都中都，为了躲避蒙古侵扰，只能迁都汴京，并试图与蒙古媾和，但未成功。金国灭亡并非由于什么重大过失或皇帝暴虐，只是因为女真族在长期的和平环境中，锐气已经消磨殆尽，战斗力变得低下。

成吉思汗成为可汗后的一段时间里主要是对金国开战，之后才抽出力量进攻西夏，直到最后病死。西夏末代君主也是位明君，英勇抵抗成吉思汗的进攻。此时，蒙古军队正从中亚进军欧洲，中途遭到中亚大国花剌子模的阻挡。不久，花剌子模的苏丹阿剌哀丁就被入侵的蒙古军打败，但他并未因蒙古人的攻势而胆怯，父子两代都顽强抵抗成吉思汗。哲别和速不台是成吉思汗麾下负责西征的两位主将，参加西征的还有成吉思汗的儿子。成吉思汗在成为可汗后的十五年时间里，携征服乃蛮部之余威占领了中亚北部，攻占不花剌，随后入侵花剌子模。虽然阿剌哀丁之子札剌勒哀丁战斗勇猛，屡破蒙古军，但最后还是败在成吉思汗手下，逃到了印度。札剌勒哀丁突围的战斗无比壮烈，成吉思汗也被他的英雄气概感染，想予以生俘，命令禁止放箭，一路追到印度河边。札剌勒哀丁从河边悬崖上纵马一跃而下，渡河而去。传说，成吉思汗见此，回顾诸子说："这样的英雄，值得你们年轻人效仿。"

征服中亚以后，哲别和速不台率军继续西进，从撒马尔罕到巴格达，又打败钦察（今俄罗斯地区），继续进攻马札尔（今匈牙利地区）的广大地域，直到与日耳曼联军兵戎相见。成吉思汗在中亚以撒马尔罕为中心，指挥了这次西征。

出人意料地成功完成西征后，成吉思汗开始策划进攻金国。他计划从今甘肃、陕西一带出兵进攻汴京，但在两省交界的陇山山脉中的六盘山准备避过暑期等待调兵时，暴病而亡。此时为金哀宗时代，南宋理宗初期。传说，成吉思汗死前留下了进攻金国计划的遗言。为抗击蒙古入侵，金国军队集结在陕西与河南交界处的潼关。据传，成吉思汗在遗言中说："潼关地区一面傍山，一面临河，是易守难攻的要冲。其南面是南宋领土。倘若借道南宋，迂回攻向汴京，金国迫于情势可能会撤回潼关守军，此时必能趁乱攻下汴京。"这个遗言是否属实不能确定，但后来蒙古军确实这样作战，这件事攸关蒙古、南宋和金国的国运。

分封诸王和忽里勒台

成吉思汗把他一生占领的广阔土地一分为三，成立三个大国：第一，长子术赤分得钦察地区，建立金帐汗国；第二，次子察合台获得以撒马尔罕为中心的中亚地区，建立察合台汗国；第三,三子窝阔台得到中国境内的中亚的伊犁、新疆地区，建立窝阔台汗国。末子拖雷统治蒙古故地。这四人都是成吉思汗的第一任可敦——翁吉剌特的姑娘所生。根据蒙古过去的继承习俗，长子、次子、三子成年结婚后要住到女方的蒙古包，幼子与母亲掌握余下的财产。由女人管理蒙古包中的财产，最后幼子掌握所有权。按照这种继承习惯，拖雷掌握了成吉思汗的主要军队和财产。成吉思汗的弟弟合撒儿和斡赤斤（意为末子）分到了中国东北地区。蒙古的根据地在外蒙古的和林，拖雷在此建立了拖雷汗国。以此为中心，东边的中国东北是其左手国，西边至术赤领地的边境，是其右手国。

上述只是继承习惯问题，而统治全蒙古的可汗需要各方共同商议确定。当然，成吉思汗的遗言受到大家重视，但最终需要忽里勒台决定。忽里勒台是蒙古人的国会。在忽里勒台大会上，皇族、功臣选举三子窝阔台为新可汗。在成吉思汗的四个儿子中，长子术赤因为出生问题不清楚与次子察合台有隙。当年，塔塔儿部抢走了成吉思汗的妻子，将已有身孕的她嫁给了别的男人，直到回归时，她生下术赤。尽管成吉思汗承认术赤是自己的亲生儿子，一直保护术赤，尽量消除其他儿子的质疑，但术赤在兄弟中依然没有威信，其他兄弟仍不相信他是成吉思汗的儿子。此外，末子拖雷虽无战功，却与窝阔台关系非常好，次子察合台也与窝阔台相处融洽，所以，窝阔台以其温厚无争得到各方的信任，被推举为可汗。

金国的灭亡

金国在窝阔台即位六年后灭亡。窝阔台基本是按所谓成吉思汗遗言中的方案，借道南宋打败金国的。虽然南宋中途曾经变卦，蒙古军队仍然突破南宋防线包围了汴京。蒙古与南宋结盟，南宋派出名将孟珙，联合灭金。金哀宗逃出了汴京，但最终仍死于蒙古围困中，其弟义宗继位几天后也殒命。这是南宋理宗端平元年（1234 年）之事。此后，蒙古、金国、南宋的三国关系就变成蒙古与南宋两国的关系了。

第十三章
南宋与蒙古

宋蒙冲突和南宋的防御

金国灭亡后的一段时间里，蒙古军队似乎要撤回草原，南宋为收复过去被金国侵吞的土地，按照"恢复三京之议"的策略趁虚北上。"三京"即东京（汴京）、西京（洛阳）和南京（归德）。蒙古看到宋军都不知会就进入汴京和洛阳，抢了自己打下的土地，不愿让南宋捡便宜，便回师反攻。实际上，南宋收复的洛阳已不复往昔繁华，仅剩三百户人家，等于是一座空城。宋军虽然进了城，却连粮食都无法补给，紧接着又要面临蒙古军的反攻。不单洛阳如此，其他地方的情况也是如此，南宋军队收复之地皆一片荒凉，没有任何价值，且都遭受蒙古军队的反攻。蒙古使臣责难南宋撕毁盟约，南宋驳斥了蒙古所有的指责，两国开战。此事史称"端平入洛"。宋蒙开战后，南宋不但没能收复被金国占领的故土，反而丢掉了现有的部分土地。

位于今湖北境内的襄阳和樊城与河南接壤，北临河南、湖北交界处的山脉，在宋金对峙时期一直是边防重地。自岳飞攻下襄阳后，南宋一直屯扎重兵守卫。到南宋末年，襄阳已有五万户居民，存储了大量军粮，城防坚固，成为抵御北方入侵的坚固堡垒。同时，富庶的蜀地对于南宋也是一个重要地区，是其经济中心。相传蜀地向来富庶，其地所出纺织品不仅能承担当地的经费，而且南宋每年给金国的岁币也用蜀地的纺织品支付。宋蒙开战后，由于襄、樊守军接纳了金国降兵，导致两城失守；但在联蒙灭金的南宋名将孟珙的奋战下，又收复了这两座重镇。可以说，正是由于孟珙夺回襄、樊，才使南宋能在金亡后又延续了四十多年。蒙古军同时入侵蜀地，占领了成都等地，计划顺长江而下夺取湖北、湖南。得知情报后，孟珙凭借湖北、四川交界处的三峡天险构筑防线，阻止了蒙古的攻势。孟珙的出色防守使南宋免于迅速沦亡，但南宋因为丧失了蜀地最富饶的平原而财税锐减，导致临安附近的江浙一带要承担沉重的赋税。税负沉重又是造成南宋灭亡的重要因素。

蒙古的政治和耶律楚材

蒙古太宗窝阔台汗去世后，他的长子贵由继任可汗，是为定宗。从此，统一的蒙古出现了统治松懈的迹象。窝阔台经历过成吉思汗时代的各类战争，得到军队和人民的信服，但定宗时没有这种民意，尽管定宗得到了忽里勒台的推举，但在继位过程中行事不够光明正大。在蒙古人的思想中，他的叔叔、成吉思汗的末子拖雷才是正统继承人。蒙古人对于窝阔台成为第二任可汗，原本就有不同看法，因此太宗死后，汗位空了六年，定宗才继位。但定宗在位三年就死了，汗位又空了很多年。太宗与定宗的皇后在空位期先后掌权，导致朝局混乱。

太祖、太宗时期，蒙古统治的土地非常广袤，因此不能全国实行同样的政治。治理蒙古地区遵照蒙古过去的惯例，治理西域主要遵照伊斯兰教徒的风俗，治理原金国地区则按中原的习惯。蒙古在各地分别设置一种类似宰相的官职，蒙语称为"必阇赤"，汉语称为"中书"，而西域的必阇赤则是镇海。蒙古是游牧民族，家畜是主要财产。西域虽然也是游牧地区，但在有商队的地方建立了以商业为基础的国家，其经济计量单位是"丁"（人的数量单位），而原金国地区则主营农业，其经济计量单位是"户"（家）。可见，蒙古在各地因地制宜，采取不同方针政策。

蒙古自成吉思汗时代入侵宋朝以后，就因与宋朝人的习俗不同而产生众多麻烦。对于蒙古人而言，农民没有价值，耕地也不能转变成财富。成吉思汗西征回来后，基于汉人不能给蒙古人带来利益的认识，一部分人提出杀掉汉人，变耕地为牧场。从游牧民族的角度看，也许有他的道理，但在耶律楚材的反对下未能实现。耶律楚材断言：只要发挥汉人的才能就没有办不了的事，如要得到税收，仅原金国地区（今直隶、山西、陕西、甘肃地区）每年就能交纳五十万两银、八万匹绢、四十万石粮食。于是，成吉思汗就让耶律楚材负责征税的任务，由此形成了蒙古统治下的国家组织。因躲避战乱而离散的民众被耶律楚材召集起来，进行生产并实行征税。在此期间，他采用士人处理财政，纠正了过去中原胥吏政治的弊病。胥吏并非皇帝任命的正式官员，负责官民之间的事务性工作，却中饱私囊，损害官民两方的利益。耶律楚材改变的就是这种情况。总而言之，正是由于他的一句话，全中国北方人的性命被拯救。相传，成吉思汗再次出征归来，看到他呈递的税收账目后喜笑颜开。

耶律楚材在太宗当政时非常受重用，几乎所有事都交给他处理。但太宗由于过量饮酒，五十六岁就死了。蒙古人文化程度低，并不善于饮酒，成吉思汗也戒了酒。后来好几个蒙古可汗都因酗酒早逝。耶律楚材拿着被酒腐蚀的金勺子给太宗看，进谏说：酒能腐蚀金勺子，何况人的身体呢？太宗虽然看重耶律楚材的谏言，却最终没有戒掉酒。耶律楚材的酒量很大，虽然劝太宗少喝，自己还是只能陪喝酒，有时喝得烂醉被送回家。

太宗一死，皇后执政，耶律楚材就很难发挥才干了。太宗在位时曾推行"承包法"，即由西域商人承包收取租税的任务，君主只需要像西域商队一样，不费力地从骆驼背上取下财产，坐享其成。不过，这种方法不适合从事农耕的汉人，因为承包者的利润占比太大，但君主觉得省事，所以常常采用。皇后掌权后，计划由一个太宗在世时就得到任用的西域商人奥都剌合蛮掌管财权。耶律楚材表示反对：太宗留下遗言，由我管理财权，不论何人不先征得我同意，就不能征税。最后虽然阻止了征收土地税，但金银税却陷入混乱。据说，耶律楚材对此忧虑成疾，过早去世。

宪宗和忽必烈，蒙古利用汉文化

定宗死后，拖雷的儿子蒙哥即位，是为宪宗。宪宗以拖雷之子的身份，在蒙古本国深受拥戴。拖雷素重兄弟情义，对太宗无比忠诚，得到众人赞誉，自然为其子孙争取了人心。在中国，带"宪"字的皇帝多数比较残酷，蒙哥也是这样。蒙哥猜忌心重，虐待窝阔台的曾孙，除个别关系亲密的兄弟外，对成吉思汗的其他子孙都心存疑忌。从此，大蒙古汗国的分裂开始显露端倪。不过，由于自身势力内部比较团结，这一时期蒙古的统治秩序得到恢复。蒙哥与亲兄弟关系很好，尤其信任弟弟忽必烈（世祖）。蒙哥征伐南宋时，还让忽必烈统领大军，并由忽必烈总领漠南（多伦诺尔以南地区）事务，开府金莲川（开平，今多伦诺尔附近）。

忽必烈是个心胸宽广之人，不像兄长蒙哥，他在治理汉地方面早有成熟的谋划。在开平设府后，忽必烈就招募了大批汉人学者，并在开府前便任用诸如姚枢、许衡、张德辉等人。其中张德辉在忽必烈即位以前就被招到麾下，受到忽必烈的尊重和信任。张德辉写过一本外蒙古游记，加上前后所写的其他游记，对于介绍蒙古、西域的情况有重大价值。成吉思汗时代，长春真人（丘处机）写过一本《西游记》①。长春真人本是山东道士，成吉思汗曾在撒马尔罕召见他。耶律楚材的《西游录》也记录了自己到撒马尔罕的过程，只不过留下的已是残本。耶律楚材与长春真人曾以诗歌赠答往来。

蒙古在此时已开始利用汉文化。成吉思汗召见长春真人，希求长生之术。以前的道教徒常言饮长生之药可以不死，但长春真人不这样。他是道教中立论严谨之人，其教义传自王嘉（王重阳）。听到成吉思汗相求长生术，长春真人答道："吾乃卫生之道，故无长生之术。"成吉思汗起用的耶律楚材，不但究心汉学，也热衷禅学，曾拜金国曹洞宗大师万松老人为师，但他厌恶道教，与长春真人的关系并不好。忽必烈则开始在政治中引入儒家理论，注重吸收儒家学者的建议，如其幕僚许衡就是信奉朱子学的理学家。在原金国土地的战后恢复过程中，儒家思想起到了良好的作用，而同时期的南宋政局却更加混乱。

蜀地的防御与宪宗的南征

这一时期，宋蒙之间暂时没有爆发大战，两国仅在蜀地存在军事冲突。余玠接替孟珙管理蜀地，最初治理得井然有序。但朝廷疑心地方长官长驻一地，会背着朝廷行不轨之事，便下令召回余玠。余玠预料一旦回朝必被问

---

① 即丘处机的随行弟子李志常所著《长春真人西游记》。——编者

罪，只得服毒自尽。后来，朝廷将余玠的财产充公，还反诬余玠生前挥霍公帑，令其子孙偿付。平心而论，余玠镇蜀期间，蜀地防御井井有条。他在蜀地两条大河岷江与嘉陵江的交汇处，今重庆附近的合州，筑起防御工事，对防范蒙古入侵起到了重要作用。然而，就是这样一个尽心护国的功臣最后却因猜忌，被迫自尽。

此时，执掌南宋朝廷大政的是宰相贾似道。贾似道年轻时曾在邻近蒙古的地方生活过，比较明了敌情。后来，宋理宗封他的姐姐为贵妃，贾似道因此平步青云。一开始，他仅任淮东地方官，但由于能与宫中经常联络，所以握有实权，之后便逐渐升入朝堂，执掌大权。贾似道的上台加速了南宋灭亡。

正在此时，蒙古使臣来到南宋，声称因为南宋长期扣押蒙古使臣，激怒蒙古，宪宗亲率三路大军进攻蜀地。宪宗本人指挥的一路经东川、嘉陵江沿岸攻击合州，南宋合州守将为王坚。由于合州城防坚固，蒙古久攻不下，最出人意料的是，宪宗此时突患重病身亡。宪宗伐宋计划宏大，忽必烈最初参与了这一计划，随西路远征军从西宁出发，横渡长江上游的金沙江，荡平云南的大理国，抵达安南国境。此时，忽必烈中途撤回，西路军则在兀良合台的率领下继续按宪宗的计划攻破安南，入侵南宋广西，又由广西进入湖南。就行军里程而言并不算太长，但路途行进很困难。蒙古军队本来擅长骑马，但现在的崎岖山路导致其无法发挥骑兵优势。西路军出发时有几万人，进入湖南后仅剩三千人。清朝历史学家魏源认为，此次远征没有任何价值，但完成这次远征的蒙古人很伟大。

忽必烈即位，再次南征

从远征军撤回后，忽必烈挥师入侵南宋的中部，从淮西进攻湖北，一直打到了鄂州（武昌）。按原计划，忽必烈预备与兀良合台的远征军夹击南宋，但由于宪宗在远征军到来之前突然病死，忽必烈只能撤军。贾似道本想在鄂州组织防御，但没有取胜的把握，便向蒙古求和，承诺每年向蒙古纳岁币。忽必烈接受了南宋的和议后，回师当时的蒙古都城和林。宪宗南征时，忽必烈的弟弟阿里不哥驻守和林；宪宗一死，阿里不哥便图谋夺取可汗之位。因此，在汉人学者的策划下，忽必烈不等召开忽里勒台大会，便进入北京称帝即位。这样一来，蒙古内部关系迅速恶化，忽必烈与太宗窝阔台的后裔势同水火。

贾似道与忽必烈和解后，得知其是因内部问题而撤退，以为蒙古不会再南下攻宋，于是给朝廷编了个假报告，谎称鄂州大捷，蒙古败退，还写了本书来夸耀自己的战功。这时，忽必烈按早前与贾似道的约定，派使臣郝经到南宋要求南宋履约。贾似道担心蒙古使臣一旦入朝，自己的谎言便会败露，便劫持郝经到真州（今江苏仪征），将其拘禁了十九年，直到南宋灭亡才获释。忽必烈久不得回报，心知被骗，下定决心再征南宋。此时，南宋镇蜀大将刘整率三十万民户投降蒙古。蒙古军队借机向南宋步步进逼，襄阳和樊城首当其冲，但在襄阳守将吕文焕的顽强阻击下，坚持抵抗达五年之久。在这期间，为了突破蒙古对襄阳的重围，守军组织敢死队杀出包围圈打通了内外联络。然而，蒙古军从西域运来了火药，襄阳最终在火器轰击下陷落。

南宋危急和贾似道的恶政

此时，正当理宗去世，其弟之子度宗即位。在国家危急存亡的关头，贾似道却完全把皇帝蒙在鼓里。昏庸的度宗一味听信贾似道所谓蒙古败退、国泰民安的谎言。贾似道在西湖边修建的府第中，养了众多美女，过着声色犬马，穷尽奢华，堪比皇帝的宫廷生活。一天，度宗问贾似道："听闻襄阳被围三年，情况究竟如何？"贾似道回答："绝无此事，不知道是谁在您面前造谣？"度宗答："是听一个宫女所言。"于是，贾似道就随便给这个宫女安个罪名将其处死了。

此刻，蒙古已占领蜀地，并包围襄阳。南宋由于超发纸币，物价飞涨，财政几近崩溃。贾似道一改纸币与铜钱兑换的惯例，发行和白银兑换的纸币，导致新纸币一出，旧纸币贬值，加剧了物价上涨。这一时期，又开始施行征购公田政策，即官员用其田地换购相应的俸禄，扣除官员生活所需部分后，由政府征购剩余部分的三分之一。人民财产的剩余部分也是如此办理。

这样，政府收入增加了，财政充沛了。但政府在这种所谓的征购中并不付钱。因此反对这一政策的官员大都被贾似道指使的御史弹奏。最初，征购政策对缩小贫富差距起到一定效果，但到后来因为只顾及政府利益，对没有多少田产的农民也进行征购，导致贫农生计更加困难。名为征购，政府却无资金，只得开出类似空头支票的公债充数。这种公债包含"告身""度牒"等。告身就是官员任命状，度牒就是官方发给僧侣、道士的许可证。成为僧侣可以免除壮丁的徭役。这一政策只是权宜之计，由于徭役来源减少，最终仍旧不利国家。告身、度牒的价格有高有低，很多人因此破产。官府购买公田越多，政绩越大，所以越购越多；人民的田地变作公田后，税从六七斗变成了一石，在公田里劳作的佃农上缴的年贡比过去更多。人民负担不仅未因公田政策减轻，反而更重了，尤其是江浙一带人民的负担极重。贾似道垮台，南宋灭亡后，高税收政策仍继续实施，据说这就是近代江浙地区税收高过其他地区的原因所在。七百多年后的今天仍被贾似道苛政所殃及，江浙人民在高税之下，必须辛勤劳作，故而使得这一地区成为中国最繁盛的地方。

襄阳于被围五年后沦陷，守将吕文焕降元。此时（至元八年，1271年）蒙古改国号"大元"。忽必烈在诏书中说，取《易经》中"元亨利贞"之"元"，以定国号。不久，武昌也随之陷落，元兵已逼近临安。南宋朝廷这时才幡然醒悟。而度宗刚死，其幼子当了天子，最后投降元朝，被封为瀛国公。太皇太后即理宗的皇后摄政，将贾似道免职流放，中止了征购公田政策，将田产归还所有者，并想征用佃农服兵役，但未能实现。贾似道流放途中仍带着十几个姬妾，生活奢侈。有个押送者因父亲被贾似道流放，借机向其报复，不让他走路时躲避烈日，来到河边时就劝贾似道在此自尽。贾似道说，太皇太后只是流放他，并不想让他死。听到这里，这个人动手杀了他。

南宋的末路，文天祥和张世杰，元军名将伯颜

之后，贾似道的残党相继担任宰相，但一味推卸责任。眼见南宋气数已尽，官员们纷纷弃官逃跑。太皇太后不解，宋朝国祚绵延三百年，养了这么多士大夫，为何危急时刻纷纷逃走？于是，下诏阻止逃跑，却毫无作用。在

国家土崩瓦解之际，只有文官文天祥和武官张世杰二人愿意挺身而出，为国捐躯。

文天祥从中进士之后，就得到监考官，也是当时最有名的学者王应麟的推奖。当朝廷官吏四散奔逃之时，身为地方官的文天祥集合地方豪杰并招募一万多苗兵，举勤王之兵抗击元军。他的朋友认为南宋灭亡已成定局，没有复兴之望，不想与他一起举兵。但文天祥说，社稷存在一天，我就要为其效劳一天。文天祥在其他官员纷纷逃离都城之时，反而赶往都城。及至抵达都城时，南宋只剩下长江以南的部分土地。文天祥设计了保卫这部分土地的策略，将当时南宋的土地分为四个战区：广西和湖南为一个战区，总管府设于湖南长沙；广东和江西为一个战区，总管处设于江西隆兴；福建和江东（江苏和浙江地区）为一个战区，总管处设于鄱阳；淮东和淮西（长江以北）为一个战区，总管处设于扬州。虽然防御计划周密详备，可不符合现实，无法实施。文天祥从江西进军临安，经过平江（苏州）时，元军已打到附近的常州。文天祥率部抗击，结果这支临时拼凑起来的军队一触即溃。文天祥躲避元军追杀，终于进入临安。朝廷将文天祥由临安府知事升为宰相。此时，元军大将伯颜率领的军队也兵临城下，文天祥作为南宋代表前往元军大营议和，结果被伯颜扣押。

再谈谈张世杰。张世杰是归降蒙古的金国大将张柔的堂兄弟。他虽为武将，却有思想。也许是认为南宋皇帝才是正统的缘故，他逃出元军，投归风雨飘摇的南宋，并为其战至最后一息。张氏家族分为两支，另一支以张柔之子张弘范为首，他与张世杰相反，为灭亡南宋战斗到最后。

当时，元军突破淮东和淮西，兵锋直抵临安城下，很快攻破临安。天子和太皇太后投降元军。由于太皇太后正生病，伯颜等她痊愈后才连同皇帝一起带到北京。伯颜是个胸怀宽广的名将，未杀南宋皇族一人，并予以优待；命令仔细封好南宋国库中的财产、文书后都运往北京。这些东西直到民国以后才被解封，散失各地。伯颜本人则不贪一物，他从江南仅取一枝梅花的故事也被传为佳话。对于被带到北京的南宋皇族的情况，汪元量（水云）有详细记载。由于善弹琴，汪元量常出入南宋官禁，也跟随皇族到了北京。在《水云集》中，可以看到皇族一行在前往北京的途中得到很好的礼遇。在元世祖及其皇后的亲自主持下，南宋太皇太后受到连续十天的大宴款待，小天子也被忽必烈招为女婿。太皇太后的财物一直被原样不动地封存，后来交给了成年的小天子。

文天祥此刻被伯颜囚禁在军中，在伯颜军队北撤时逃出来，跑到守卫淮东、淮西的南宋军中。但守将李庭芝疑心文天祥是投降后回来劝降的，所以没收留他。文天祥只得从海路逃向温州，投奔天子的兄弟。武将陆秀夫这时保护着天子的哥哥和弟弟，从福建逃亡广东。因为元军基本占领陆地，他们只得乘船东躲西藏。不幸的是，天子的哥哥（宋端宗）落水染病，不久崩逝，由八岁的弟弟赵昺即位，同度宗的杨太妃逃至遥远的名为"崖山"的一座礁石岛上。此时追击小皇帝的正是张弘范。南宋残军在崖山被彻底击败，陆秀夫抱着小皇帝跳海，张世杰按杨太妃的命令向安南突围失败，杨太妃跳海自杀，张世杰最后也自杀。文天祥曾摆脱追击，领兵再次抵抗元军，终因众寡悬殊，战败被俘，监禁在北京。淮东和淮西守将李庭芝也领兵南下救援皇帝，但在途中遭部下出卖而遇害。南宋至此完全灭亡。

金国与南宋都被蒙古灭国，金国皇帝哀宗在拼死抵抗后自杀，他的儿子战死沙场，尽管金国战败，但直到国家灭亡那一刻都十分壮烈。而南宋的小皇帝和太皇太后降元，后来一直受到元的优待。

第十四章
世祖时代的蒙古内讧和外征

世祖统一中国，文天祥遇害

元世祖忽必烈时代不断征伐，经过至元十三年（即位后第十五年，1276年）攻克南宋都城临安和至元十六年彻底消灭南宋残军的崖山之战，统一了整个中国。南宋灭亡三年后，忽必烈在北京杀了文天祥。世祖宽仁大度，本不想杀他，但南方的暴动经常打着南宋皇帝和文天祥的旗号，最终只能扣留皇帝，处死文天祥。作为蒙古可汗，不但要处理上述与汉地有关之事，还要面对其他的大事。

世祖与阿里不哥之间的倾轧

世祖成为可汗，完全不经忽里勒台推选，登基后又不遵成例住在都城和林，并且一开始就没有建立起统一全国的完整制度。世祖的同胞兄弟中最小的是阿里不哥，世祖即位时阿里不哥按照幼子守家的蒙古惯例留守都城和林。阿里不哥在和林有很多追随者，自不量力以为能抗衡世祖。因此，阿里不哥从世祖登基伊始，就摆开架势与其对抗。随后，世祖依托上都（开平、金莲川，即今天的多伦诺尔附近）为根据地与和林的阿里不哥对峙，经过多年征战，终于打败阿里不哥。不过，世祖没有处死阿里不哥，准许他行动自如。这是近亲之间的冲突。

与海都的冲突

世祖与海都的冲突从其在位起一直延续到下一代。海都力量雄厚，兼具英雄气概，是太宗窝阔台之孙。他本就不满拖雷的后人担任可汗，尤其反对世祖未经忽里勒台推选自立为汗。成吉思汗的四子分为两派：长子术赤与四子拖雷交好，次子察合台与三子窝阔台结盟。察合台支持三弟，排挤长兄。世祖时期的察合台汗是笃哇，正是得到了海都的支持才登上汗位。所以，笃哇称汗后一直与海都联手。术赤之子巴秃也非常出色，曾在窝阔台当政时期两次远征欧洲，一直打到了奥地利，甚至宪宗也是借助了巴秃之力才登上汗位。巴秃生前，术赤家与拖雷家保持往来；但巴秃死后，与拖雷家的交往便中断了，甚至有的巴秃子孙入了海都一伙。到忽必烈之后的成宗时代，成吉思汗子孙的内讧还在持续。灭亡南宋之后，为防备海都，伯颜将防线一直部署到中亚，世祖的儿子也到中亚巡视边防。尽管有海都的存在，但阿里不哥迅速被平定，和林成为忽必烈的根据地。这一极其有利的优势巩固了世祖一系的正统地位。从所辖领土看，中原和蒙古加起来也只是全蒙古可汗统治范围的一部分而已。

伊儿汗国

忽必烈时期，世祖一系的支脉已经出现在中亚，世祖之弟旭烈兀在此建立了汗国。早在宪宗时代，旭烈兀就征伐过西域，主要是攻打伊斯兰教国家，最后定都波斯的巴格达城，建立起伊儿汗国。旭烈兀灭亡的伊斯兰教国家中，其中一个叫"木剌夷"。实际上，木剌夷不是个国家。普通伊斯兰教国家一般有苏丹来统治，而木剌夷没有苏丹，像一个共和国或一个部落。这个部族从事暗杀的勾当，首领奖励族人的暗杀活动，鼓动青年人逞血气之勇为部族和伊斯兰教主动做出牺牲，同时鼓吹有这种觉悟的人活着也能上天堂，甚至给年轻人服一种麻醉剂，使其体验到活着上天堂的快感。为此，他们都努力开展暗杀行动，想尽办法刺杀敌国大将，从不进行正面交锋。灭掉木剌夷之后所建的伊儿汗国，是拖雷一系在西域地区唯一的王国。因为同是拖雷后人，他们仍与世祖互通往来，两汗之间互通婚姻。《马可·波罗游记》记载了两国海路送亲之事。因为没法通过当时中亚的察合台汗国和窝阔台汗国领地，新娘只能走海路到伊儿汗国。

乃颜叛乱

中国东北地区是元朝的左手国，太祖成吉思汗将几个弟弟分封于此，其中幼弟斡赤斤的王国最大。忽必烈在位末期，斡赤斤的后人叛乱。此时，左手国的国王是乃颜。乃颜的堂兄弟哈丹也加入叛乱队伍。由于这一地区离元朝本土的上都很近，所以忽必烈没用几年就平定了叛乱。

征伐日本

除上述同族诸国间的倾轧与冲突之外，蒙古还征讨了海外邻国，主要是日本。蒙古在灭亡南宋之前就已经入侵过日本。南宋灭亡后第二年，即至元十七年（1280年），蒙古组织了最大规模的侵日行动。成吉思汗时期归附的高丽人为大军做向导。忽必烈宽仁大度，最初只要日本作为名义上的属国前来朝贡即可，并未计划进攻日本。忽必烈向其属国发送信函均采用诏书的形式，但对日本最初用的不是诏书而是国书，即以"大蒙古国皇帝奉书日本国王"或"大元皇帝致书日本国王"，落款都有"不宣白"字样。这些均记载在元朝出版的《经世大典》中。信函之中言辞恳切，语气谦和，此种发函方式意味着忽必烈并未将日本视作臣属。但是，出乎世祖的意外，日本断然拒绝了世祖的信函，甚至斩杀了元朝使臣。所以，忽必烈决心征日，征日军队由驻扎在山东和江苏北部的军队，以及投降的南宋水军组织，借道高丽进攻日本。由于不熟悉气候和地理状况，军队滞留海上长达二百一十天，最终失败。之后，忽必烈再一次筹备征日，也未能实施。

征伐安南、缅甸、爪哇

再讲征伐安南。早在宪宗时，为了大迂回运动到南宋后方，兀良合台就从云南出兵征伐过安南。忽必烈时期发动了第二次对安南的征伐战，安南都城陷落。之后，安南派使者来到元朝都城呈上表示臣服的表章，但安南国王始终不见踪影。元朝多次催促安南国王来上京，但不见任何回应。于是元朝第三次征讨安南，最终没有成功。

元朝远征缅甸，从腾越方向入缅。这一带山谷纵横，蒙古无法发挥骑兵优势，未能实现征伐目的。此外，蒙古军队还踏足安南前面的占城，以及更远的爪哇。当时，两万多元军乘千余艘战船，携一年军粮，远征爪哇。在爪哇登陆后，元军打败了当地土著国王，迫使其臣服进贡。

对世祖的评价

世祖对于江南出现的小骚动都会出兵征讨，连年征讨导致财政困乏。为此，世祖又推行新税法，更加重了人民负担。中国的历史学家批评他穷兵黩武。他的远征很多都失败了，却弘扬了元朝的国威。世祖这样的宽仁大度之君史上少有，只因他是蒙古人而被视作"夷狄"，而汉人中从未有过如此大度的君主。他宽恕敌人，也优遇孔子后裔，比历朝历代都更尊崇儒教。他虽是出身蒙古的君主，却最能理解中国文化，对汉人宽大为怀。

第十五章
大元国的制度

大元国的官制

　　大元国基本继承了宋朝制度。其国土自蒙古到长城内外、朝鲜，总共分成十一个地区。难以置信的是，统治这样广袤的土地却不设置地方官一类的官职。北京是大都，被称作"腹里"，此为元朝真正的中央政府所在地。中央政府机构包括：中书省，直属皇帝，掌管行政；御史台，负责监察百官；枢密院，总管兵权。一段时期还设有尚书省管理财政，财政也由皇帝亲自管理。以上就是元朝中央政府的官制。而在腹里以外的十个地区都设有行中书省、行御史台、行枢密院，如浙江设有负责管理地方事务的行中书省。行省以下的各级官职分类大体与宋朝相同。中书省设"平章政事"一职，相当于宰相，行中书省则设"行中书省平章政事"，换言之，中央政府在各地设立办事处，不设作为地方最高长官的地方官。此外，元代还设有具有蒙古特色的官职：达鲁花赤，主掌兵权，管理城防；札鲁克赤，负责处理政务和断案。总之，元代的地方机构和官员不隶属中央政府，中央和地方组织都直属天子一人。

种族歧视

　　元朝在官吏的任用方面带有很明显的种族歧视色彩。第一等是蒙古人；第二等是色目人，色目人并非纯粹的蒙古人，而是汉人所说的塞外人，很多是西域人；第三等是汉人，指中国北部原金国统治区的汉族人，通称为"汉儿"；第四等是南人，指南宋亡后归附的汉族人和中国南方的居民，通称为

"蛮子"。按这个顺序，任命官吏时进行区别对待。因此，南方的汉人很难当上大官。行中书省中一开始没有宰相，但任用了许多汉人。总的来说，蒙古政治是宽大的，尤其对特殊职业的人，如儒者、医者、僧侣、道士、基督教徒等给予特别待遇，免除他们的徭役和附带的租税。

国　都

蒙古的天子冬天住在北京，即大都，夏天回到上都，过着奢侈的生活。

贵族自由处理土地和人民，承包制下的征税法

蒙古统一中国后，中国社会产生了很大变化。从五代开始，中国的贵族政治已经解体，人民的平等权利得到基本承认。但在汉人看来，蒙古人刚征服南宋，其文化远比汉文化落后。蒙古的政治形态类似日本镰仓时代，仍是贵族政治，主要依靠武力进行统治。蒙古将这种政治应用到了中原，实际上是复辟了中国消失很久的封建政体。皇帝可以随意分封土地和人民给他的儿子、女婿、女儿，任由他们自行处理。耶律楚材明白蒙古人和汉人的习惯差异，受命亲自处理汉地的事务，禁止蒙古人胡作非为。但是，像耶律楚材这样得到君主信任的明白人之后再未出现，数百年前的落后政体复活了。受封的领主随心所欲、恣意妄为，其领地内的百姓实在不堪其苦。比如，武将率军攻占一个地方后，此地的人民就成了他可以随意处置的奴隶。虽然官府偶尔进行阻止，也未能禁止。因为担任地方官的汉人、南人官品一般太低，无法制止嚣张跋扈的武将。世祖忽必烈宽仁大度，非常纵容自己的亲族、臣下，但在他脑中却没有装下多少看不到的人民之事。忽必烈赏赐臣极其大方，但赏赐的财物却来源于从人民身上横征暴敛搜刮来的租税。

按照中国之前的制度，租、税都是依据土地、户口的情形而定。为防止擅自过度征收，租、税都有一定的比例，这种制度是符合农业国实情的。而忽必烈时代管理财政的官员大多不是汉人，很难实行对农业经营或汉人有利的制度，如有个西域的伊斯兰教徒阿合马，任财政官期间就随意增加征税，

从人民身上榨取钱财，因而深得官府信任。西域是游牧地区，征税时以商队的交易为基础，大多实行包干的一揽子征税制，这是适合西域地区的税制，因为游牧民商队的财产可以驮在骆驼或马背上。阿合马却在以土地和户口为本位的汉地强制推行这种税制，不论土地和人口多寡，全部包干交纳固定数额的税。人民不清楚交纳的税多少给了皇帝，多少被税吏中饱私囊。这种税制绝不适合农业国。阿合马独断专行，和汉人结怨严重，最后被汉人侠士王著刺杀。阿合马死后，接替其职务的是与阿合马同时被录用的财政官员卢世荣和桑哥。阿合马的税制便于操作，所以被其继任者沿用。这种不适合农业国的承包制征税法推行开来后，就像痼疾一样，习以为常。即使中国有税收账册，也不受重视，因而这种税制一直延续到了后来的明清时期。

纸币制度

元代财政的特征也体现在纸币的使用方面。金国和南宋都发行过纸币，但要数元朝最为盛行，那时几乎全部货币都是纸币，如太宗灭金后发行的"交钞"，世祖中统年间发行的"中统钞"，至元年间发行的"至元钞"。发行纸币当然要有东西可与之兑换，最初与纸币兑换的不是白银而是丝织品。纸币发行依据的是丝和银的行情，兑率是五十两银换丝钞一千两。至元时期，纸币使用得最多，币面价值分十文、二十文、三十文、百文、一贯文、二贯文，这一时期的纸币能与白银直接兑换，五贯文纸币与一两银等价。因此，元朝初期几乎没有铸造硬币，只在地方上设立平准行用库作为官署金库，以保证纸币流通顺畅。在此，一两银可兑换二贯至元钞，而用纸钞兑换一两银则需二贯五十文，一两金的价值是一两银的十倍。另外还设立了只兑换纸钞的回易库，在这里可以将旧纸币换成新纸币，兑换一贯纸钞收取三十文的手续费。回收的旧纸币立即烧毁。元代为了保证纸币流通，还规定纳税一般要用纸钞（一直到明、清还残留着此种方式。清朝虽不流通纸钞，但仍保留有"钞关"的叫法，明朝则规定内地用钞交纳关税，可见后来还有"钞"的叫法）。

但是，纸币制度之后滋生了大量弊病。纸币以旧兑新是在官府进行的，过程中常误收假币和错认旧币为假币。因为官吏收假币要受到严惩，所以又产生了拒收脏损旧币的现象。由此，导致旧币贬值，物价上涨，甚至民间多有伪造纸币而发财的人。最初发行顺利的纸币，后来却几乎无法流通。不过，中国历史上没有任何时期能像元朝一样广泛地流通纸币。原因之一便是元朝极其广袤的国土、非常便利的交通、庞大的交易量且携带大量硬币十分困难。还有一个原因是中国金、银的产出少。据《太平纪》记载，日本在后醍醐天皇时也发行了纸币，可能当时的日本纸币也是仿自元朝。

驿站制度

元朝国土广袤，因此对发展交通颇为重视，在中国历史上从未有过交通设施如此完备的时期。其中最突出的就是驿站制度。驿站，蒙语称为"站赤"，汉语称为"急递铺"。中国每隔十里设一个驿站，有专人负责和送信的快马，传递文书十分方便。驿站制度类似一种邮政制度。元朝的驿站制度创始于太宗时期。太宗说，他这一生做了"四善事"和"四恶事"，驿站制度就是"四善事"之一。驿站网络遍布蒙古的可汗国，连通中国和欧洲。从中国到钦察汗国需要三个月时间。在没有铁路和电信的年代，这样发达的邮政制度非常难得。直到近代，清朝传递文书时常有"五百里""六百里"的说法，意思是以一天五百里、六百里的速度传信，这也是传承了元朝的驿站制度。不过，这一制度并未传至日本，因为日本的地形不便于骑马送信。

海运的发展

此外，海运作为元朝交通制度的一个方面也十分发达。由于都城北京附近不产大米，粮食需从江南运过来。因需运米，又促进了海运的发展。元朝利用宋末的海盗，想出了海运制度。宋末海盗朱清有个手下叫张瑄，伯颜通过张瑄结识了朱清一伙。灭亡南宋后，伯颜利用这些习惯风涛的海盗将掳掠来的财物走水路运回北京。元朝的银制也产生于往北京运输所掠白银的过程中。南宋时，银作为通货，大都被分割成小块的碎银，因此不方便运输。于是，伯颜在扬州将所有碎银铸成五百目即五十两一锭的银块，再运往北京。从此，五十两一锭就成为中国银制的基本单位，甚至不久前还有称作"马蹄银"的银锭仍在流通。

元朝每年都往北京运米，至元时每年约四五百万石（中国一石为日本的二分之一石），元末每年也有约三百万石。运米推动了海运的进步。最开始选的是沿海航路，元朝三次改变航线，越改越远离海岸线，航行时间越短，危险性也越小。从平江（今苏州）附近的刘家港出发，绕过成山角，抵达天津直沽，最后运到北京。

运河的发达

运河运输与海运同步也取得大发展。为了应对紧急事件，元朝把江河水路连接起来，先到天津，后又延伸至北京。海运来的货物也是先到天津，再经运河转运北京。由于海拔高低不一，运河经过的一些地方难以通航，如从黄河以南到北面的卫河交汇处的河段水流太慢，导致此处的地势由于黄河泥沙的淤积不断变高，河道被淤塞。因此，忽必烈当政时开挖了会通河，解决了淤塞问题。此河长二百五十余里，相当于三十余日里，设置有三十多个能抬高或降低水位的水闸，直到今天还能见到这条运河的大体轮廓。运河全长四百日本里左右，一直连通北京东边的通州。当时通州与北京之间有河道连接，但从明代开始就断航了。当年，从北京西北的玉泉山引水汇聚于城中三海（南海、中海、北海），再从三海凿河连接通州的运河。这就是"通惠河"，虽然现已失去了航运功能，但仍给当地人民带来便利。

数学天才郭守敬是通惠河的设计师。他通晓水利、天文、历算，是天文台的奠基者。之前谈到的耶律楚材就精通天文、历算，制定过历法。在耶律楚材的基础上，郭守敬参考阿拉伯历法，编成"授时历"。日本在德川时代也使用授时历。当时使用的两台观测仪依然存在，但在明治三十三年（1900年）北清事变[①]时被法、德抢走。法国抢走的后来送回来了，按战后的裁决，

---

① 指 1900 年八国联军入侵北京。——编者

德国抢走的那个也应归还（清朝使用的观测仪不是这个）。这是蒙古统治时代在科学文化方面的珍贵纪念品，也是为推动世界科学文化发展做出的突出贡献。我想强调的一点是，除了有的人赞扬的蒙古人扩大了火药的使用范围之外，不要忘记蒙古人还有对世界科学文化的贡献。但元朝把政治搞成中亚式的 Cararan 组织，至今流毒不散，也应予以注意。

第十六章
蒙古人的统治和中国社会

帝系的混乱和宰相的权力

在蒙古人与汉人有着巨大文化差异的情况下，元朝政权持续了一百多年，一种变异的社会形态从中产生。由于蒙古人的社会形态非常初级，朝廷继承法则并不固定，因而屡次爆发继统之争。元朝帝王世系如下：

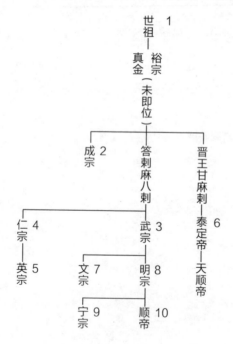

在泰定帝之后即位的天顺帝，由于迅速被废黜，故排除在外。此时，曾有一年三度改元的情况。

上述帝位继承方面的混乱情形，与上古时期的贵族政治相似。在殷代，就有过兄弟相继及平辈之间继承皇位的情形。可笑的是，武宗和仁宗本为手足兄弟，弟弟仁宗却被武宗立为皇太子。在家族关系非常严格的中原朝代里，有将弟弟立为皇太弟的例子。蒙古的皇位继承毫无规则可言，根本不管家族中的辈分次序，所以被汉人指责不懂人伦之道。宁宗和顺帝的情形更滑稽，弟弟宁宗的皇位被哥哥顺帝继承。明宗和文宗两兄弟之间的继承过程至今是个难解的谜团。本来是文宗出迎住在上都的明宗，明宗却不知何故死在来北京的途中，因此有人疑心是文宗从中作祟。在处理宁宗的后事时，顺帝表现得十分苛刻严酷。元朝内部的皇族关系非常混乱，一旦矛盾爆发，所谓佐命大臣的作用就大了。中国从宋朝起，君臣之间的等级关系更加严格，相权受到削弱。宰相被视作皇帝的秘书官，丧失了过去辅佐大臣的地位。只是由于南宋的情形特殊，宰相的权力比较大。南宋初期出现了棘手的继嗣问题，以致宰相权力得以复苏，但从整个政治组织来看，相权仍然遭到限制。蒙古也屡次产生继嗣问题，因为制度不及宋朝健全，导致宰相权力过重。根本原因在于蒙古的家族制度，它与基于汉文化建立起来的中原制度不同。

喇嘛的横暴

当时的汉人与蒙古人对待宗教的态度也不同。宋真宗消耗巨大财力在泰山封禅、祭祀，这并非出于信仰，而是为了满足皇帝炫耀的欲望，劳民伤财，愚弄人民，即古语所谓的"神道设教"。相比汉人淡薄的宗教信仰意识，蒙古人尚未脱离迷信时代。所以，蒙古人非常尊敬喇嘛，以至于后来喇嘛越来越横暴，成为元朝亡国的一大原因。

元朝给予喇嘛的待遇十分优厚，不只平民百姓，所有大小官吏都要向其敬礼，连亲王、公主也得为他们让道。骂喇嘛会被割掉舌头，打喇嘛会被剁手。皇族在路上遇到喇嘛，如果不向喇嘛施礼而被打，喇嘛不会因此受罚。从一个极端例子可见喇嘛的蛮横。有个叫杨琏真加的喇嘛是江南各寺院的总住持，竟胆大到盗掘南宋帝陵，掠夺墓中明器。由于这场盗墓，反倒使一桩怪异之事暴露了出来。被金国俘虏的宋徽宗死于中国东北后，宋高宗为求金国返还先帝棺椁，不惜忍辱称臣，缓和了敌对关系。徽宗夫妇的棺椁被送返后，未经检视便重新入土，因而人们一直疑心棺中是否真有徽宗夫妇尸体。杨琏真加盗墓时，发现棺中并没有尸骨，只有一些烛台，至此终于真相大白。

对人民的差别待遇

蒙古人与汉人的差异，不只体现于文化程度上，由于国情相异，蒙古人的政治与中原的传统政治相去甚远，也不适合中国。如果蒙古的将军占领了敌国的土地，那么，这块土地就会并入将军的封地，从而成为蒙古皇帝的领土，同时，此地人民也就成了这个将军的奴隶。如果军人被派往某地担任军事长官，这块皇帝直辖土地上的行政官员的地位也在军官之下，阻止不了军官对该地人民的奴役。军官的这些行为一向不被视作败坏官纪。

另外，元朝对人民实行差别待遇，即保护特权阶层的利益，肆意压榨没有权利的人民。当时的特权阶层各种各样，学者文人不受尊重。僧侣与喇嘛不一样，被称为和尚，道士被称为先生，学者文人像医者一样仅被看成能认字的人。由于能认字，是秀才，文人还是可以免除徭役，但这也是他们唯一的特权了。儒学家处境凄凉，虽无明文法令规定，但根据当时的传说，元朝把臣民分为十个等级，第九和第十等分别是儒士和乞丐，儒士仅比乞丐稍高一个等级。

无视科举制度，读书人阶层的诞生

科举制度是一种保护和奖励读书人的制度，在中原很早就出现了。但到了元朝，只在仁宗朝和顺帝末年偶尔开科考试，更多的时候不举行。对于中原读书人而言，科举是非常重要的入仕之途，但蒙古人对此基本无视。顺帝时，"南人"屡次上书要求重开科举考试，但时任宰相拒不答应。蒙古人的理由是，科举选拔的官员容易收取贿赂。科举与贿赂虽然没有必然关系，但在文化水平较高的中原政治组织中，科举与贿赂确实相伴而生。汉人已经想出了杜绝这种弊病的有效措施，但朴实的蒙古人却误以为科举是产生贿赂的病根，正如现在的日本人或其他外国人所认为的。蒙古人认为"南人"是狡猾的下等人。而在当时的汉人眼中，贿赂、谎言都是文化发达社会的副产品，蒙古人不说谎却野蛮。对汉人来说，不开科举考试是很痛苦的事情。为了满足学术和文艺的荣誉感，私设的考试组织便出现了。文人中间公推一名德高望重之人担任考官，由他品评各人所写的诗文，从中获得一种心理的满足感（类似日本连歌、俳谐组织中的点者——评判人）。若能在评比中获得好的评价，就能获得一种满足感。在文人群体中，此类活动必不可少。从此，南方开始流行把玩字画、设计庭院。此时，研习学问的主要是江苏、浙江一带的富家子弟，他们中间盛行风流文雅之气。南宋都城一带到现在这种传统仍未断绝，江浙是中国文艺最繁荣的地方。南宋的知识阶层以此传承了中国文化。元朝不用"南人"为官的政策，反而促进了民间文化奠定坚实的基础。

此类民间文化活动是沿袭南宋的传统。南宋时，以江浙为中心，各大学派经常进行学术论争，"道学家"作为一个阶层由此产生。过去的史书都将学者列入"儒林传"，只有元末编撰《宋史》时于"儒林传"外，又设"道学传"。后世有史家认为这有违成例，但也说明在元代道学家的继承者仍相当活跃，他们有在正史中增加"道学传"的影响力。但是，南宋视道学为伪学，一度予以排斥。因此，以朱熹为代表的道学家无法步入仕途，只能屏息于民间。然而这种艰难处境反而激发出一股不以学术求仕进的学风。民间讲学也能"为万世开太平"，治学不是只有进入朝廷，参与朝政一条路。无论是否为官，讲学派基本成了一个特别的阶层。从南宋到元朝，"南人"几乎无人仕途显赫，饱受蒙古人的歧视。因而，在野蛮的蒙古人的隔离下，他们组成了自己的社会，形成了自己的文化圈。这个文化圈里的成员相互交流，相互尊重。这个读书人阶层形成于宋元两百年间，到明清时期一直存在，甚至对现代中国文化中心势力的形成产生了影响。

另一方面，此时也有人异常执着于科举考试。虽说都是科举取士，清朝一次考试能有三五百人合格，而蒙古时代不过十几二十人。这些精英中确有行止非常之人，以至元亡时为元朝守节殉国。科举及第的人当时很少，因此都极其重视个人声誉，严格恪守效忠皇帝的责任。

政治与民众乖离，地方官员的处世哲学

在蒙古人看来，民众只是供其榨取租税的对象。在蒙古本土，由家畜出产财富；在中原，则是由民众生产财富。因此，蒙古人认为汉人与家畜并无差别。汉人也明白，政治就是官府治民的一种权术，政治针对的不是官府而只是平民。为维护民众利益，一些志士仁人挺身而出。泰定年间，陕西连遭五年大旱，出现大饥荒，但官府却全不关心，没有采取任何有效措施，只在文宗时期稍稍救助。据说文宗杀皇兄明宗而登基，故元朝皇族对文宗风评不佳。但文宗通晓汉文化，善于将蒙古政治转变为适用于汉人的中原式政治。文宗时期开始编纂八百余卷的《经世大典》，这部图书也是蒙古人珍贵的文化贡献。

为赈济陕西饥荒，文宗命张养浩负责赈灾。张养浩对蒙古统治本无好感，不得已才赴任。张养浩一旦领命便直奔灾区，在华山成功祈雨。但他来到陕西官署后，才知道祈雨并非赈灾的根本措施，便别创新的救济之法，其中一条就是改革利用纸币的方法。过去，蒙古利用纸币的方法是以旧币换新币，然后官署烧掉回收的全部旧纸币。按照张养浩的新法，旧纸币得到暂时保留，并发行与纸币一样的商品券，可以用来买米。张养浩的救济法很有效，但他也因过劳而病死。虽然张养浩赈灾是奉了皇帝的命令，但并不想为朝廷效劳，而是想在朝廷任命的位置上，尽一个中国人拯救中国的责任。所以，他实在是为拯救中国而牺牲的楷模。

张养浩的著作有《牧民忠告》等三部书，合称"三事忠告"，主要内容是讲民政官员如何执行自己的职务，并非法律方面的著作，而是他从政的心得，直到近代都被中国地方官奉为从政的金科玉律。这种官吏的心得在宋代就已存在，并不自张养浩开始。那时，地方官就已有获得朝廷制度以外的各色心得的必要。宋朝王安石以后的政治成了官本位政治。朝廷从事政治交易，地方官要忠于朝廷就会损害人民利益，要同情人民就不能忠于朝廷。除平民外，人民中还有种种类别，想面面都顾及委实不容易。要想立足官场，官吏需要非常高明的手段。因此，地方官的心得就显得非常重要，尤其在元朝。虽然张养浩的"三事忠告"也属于这类心得，但因为他诚实地为人民利益尽职尽责，因此是所有心得中最有说服力的，在日本德川时代大受欢迎。从人们喜欢读这类书，探究为官从政的经验，了解到中国的近代政治何其不严密。特别是联系元朝非常不规范的文化、政治情况来思考的话。由此可以认识到，元朝在中国近世社会的形成过程中是发挥过重大作用的朝代。从中唐开始，中国逐渐打破中古状态，而中国近世的形成时期则是从宋朝晚期到元朝。直到明朝以后，中国社会的情况再没有发生大的变化。

中国历史学家对蒙古政治的偏见

在蒙古统治中国的时代，不能说留给汉族的都是弊病。中国历史学家大都是纯粹的汉族人，书写历史时并未设身处地地从蒙古人的角度思考。哪怕像元世祖这样宽仁大度的君主，也被指出存在征收重税、生活奢侈、黩武好战等缺点。出身读书人阶层的历史学家似乎只看到蒙古政治消极的一面。但在元代除读书人阶层以外，多数人并不觉得蒙古政治全都不好。说起元朝弊病，总要提及纸币问题，但较少分析纸币问题产生的根源。元朝疆域非常大，贸易区域非常广，货物类别非常多，账目数字非常大，如以硬币结算难度很大，纸币无疑是最方便携带的一种货币。其实，纸币的弊端只是由于兑换问题没有得到有效解决，而这是官僚腐败导致的，并非纸币本身的原因。再者，蒙古人侵害人民的权利，奴役占领区的人民，将他们变成奴隶；但另一方面，他们成为皇族、贵族的奴隶后被免除政府的赋役，实惠很多。对人民而言，贵族政治并非全然不好。像日本曾归入庄园的人一样，奴婢反而比普通民众的状况更好。站在以中原文化为中心的读书人阶层的角度来说，元代政治制造了很多不便，但地位比较低的一般民众也许认为还可以。

元朝的灭亡

蒙古统治中国近百年后结果被驱逐出去。是何缘故呢？第一个因素是天灾。如果官吏都像张养浩一样，那么灾年并不是问题，但这样的官吏太少。要预防因为天灾产生暴乱是很困难的。天灾导致大量灾民四处流亡，滋生了造反的盗贼，终于使得元朝亡国。当时的天灾主要是洪水，如黄河的泛滥。之前，黄河与淮河的入海口都在江苏北部，但黄河经常改变流向。元末，黄河再次向北改道，改道当年黄河洪水泛滥成灾。元朝对如何治黄产生了不同意见。朝廷任用了主张使黄河复归古道的贾鲁，持反对意见的成遵未得任用。贾鲁受命，成为黄河治理工程的指挥。该工程于顺帝至正十一年（1351年）四月开工，七月疏通河道，九月通航，十一月完成堤防。此时流传着一个谣言："石人一只眼，挑动黄河天下反。"果然，人们在修筑黄河工程中挖出了一只眼的石人。从此，聚集在黄河工地的大批民夫开始暴动，盗贼逐渐兴起。虽然贾鲁成功地治理了黄河，但治理工程和元朝统治同时结束了。

民变从河南开始，渐渐蔓延到各处。领导中原暴动的是刘福通、韩山童及其子韩林儿。他们秘密组成了白莲社，暴动的依据来自一种佛教信仰，相信天下大乱，弥勒降生。与此同时，徐寿辉、陈友谅在湖南、湖北，张士诚、方国珍在江苏、浙江，明玉珍在四川，纷纷发起暴动。

为此，元朝发兵平乱。顺帝信仰喇嘛教，被认为是个荒淫之君，但其实他并不坏，只是性格懦弱而缺乏指挥能力。典型的例子是，平乱大军分由几名将军率领，而他不能有效地统一领导这些将军。皇太子很有魄力，对顺帝的懦弱感到愤慨，想凭借自己的威望代父指挥。但派往山西的扩廓帖木儿（王保保）与陕西将领李思齐、张良弼不和，不服从太子指挥。官军互不配合，江南起义军不断坐大。和清末相同，当时的地方官大半庸劣无能，朝廷只能采取招抚政策，招降义军领袖，授予官爵，承认其在地方的合法统治地位。但义军只是名义上接受朝廷的招安，实际上打着朝廷名号招兵买马，壮大实力。更使元朝元气大伤的是，张士诚、方国珍等到力量强大后，就切断了运往大都的粮食供给。元朝政权因此越发虚弱，濒临崩溃边缘。陈友谅的义军也更加强大，成为盘踞武昌的最大势力。此时的明太祖朱元璋介于官军和陈友谅之间，遂从北方南下，因而与相邻的陈友谅爆发冲突。明太祖出身贫苦，出生时连名字都没有，其家人大都死于饥荒，曾当过和尚到处化缘，后来投奔义军领袖郭子兴成为他的部下。在冲突中，陈友谅一直打到朱元璋占据的南京附近，但朱元璋击退了入侵，实力更加壮大，最终在江西的鄱阳湖大战中彻底击溃陈友谅，追到武昌消灭了他。此时，占据苏州的张士诚称王。他本是一个贩私盐的船主，被一个帮会首领推举为起义军大将。称王后，张士诚以其宽大之怀颇得人心，并优遇学者，但仍被朱元璋打败。由于张士诚素有威信，苏州人民都爱戴他，憎恨朱元璋。朱元璋对此很憎恶，便对苏州人征收重税，一直到清朝都是如此。相比南宋贾似道为了收买江浙的公田对当地征收的重税，朱元璋加的税有过之无不及。直到清末，苏州府、松江府、太仓州、常州府负担的租税比这几个州府之外的江苏全省租税总额还多。江苏一省的租税额大致等于除江苏外的全国租税总额。苏州、常州是中国税负最高的地区。

朱元璋统一江南后，派遣大将徐达、李善长等人远征元朝都城。北方的元将王保保虽为人杰，但因元军缺乏统一指挥，元大都很快就被明军夺取。之后长期坚持抵抗明军的王保保，被太祖朱元璋赞为"天下奇男子"，认为自己的手下大将都不如其骁勇善战。顺帝死在了从大都逃往上都的路上，皇太子改年号为宣光，但不久也死了。仅在明太祖时期，元朝皇帝或早逝，或出现意外变故，换了三四任，导致其终不能恢复元气。

元亡的直接原因是民间爆发内乱。元朝在对起义头目的方式方法上频频失误，招降的起义军头目和内部不统一、皇帝与太子不和、领兵将领各自为政，以致最后被驱逐出中原。

第五编

清朝史通论

QINGCHAO SHI TONGLUN

第一章
帝王及内治

　　本次京都大学的夏期讲演会，我拟用《清朝史通论》为题来讲解。但给我的时间总共才十二小时，所以，只能是非常简单地讲讲大概的内容。但即便是大概的内容，若要阐释明白其中涉及的史实，十二小时当然也远远不够。因此，我准备尽量避开那些广为人知的一般性清朝史著作，也尽量少涉及近年出版的有关拙著，即尽量避免重复《清朝衰亡论》与《支那论》两书中的内容。此外，友人稻叶岩吉近年所著《清朝全史》，对清朝的政治、军事和其他国家大事均有涉及。所以，我也不再赘述此书内容。在这么短的时间内作极为概略的讲演，我担心诸君听完讲演之后，很快头脑中就留不下什么东西了。因此，我把相关材料尽量发给你们，以便诸君看过后留有印象。另一方面，最近几年来有关清朝的史料陡然增多。要知道，在十五年前，就算想研究清史，也会因缺乏材料而痛苦，因此，那时的研究不能谓之真正地着手研究。后来，特别是自中国革命动乱以来，各种材料不断涌现。对此，我要讲的首先是目前我们能搜集到的有关材料究竟有多少。现在，我计划给诸君看的材料，得到本大学讲师富冈谦藏君的协助——我自 7 月 20 日从东京回来在短时间里匆忙搜集材料。终于，材料算是找齐了，但另一方面，要对过去研究中存在的问题进行深入分析，再在这里来给诸君演讲，时间上几乎不可能。因为我几乎把这十天时间都用于整理材料了，所以这只能算是非常笼统的、概略的讲演。不过，我希望讲过之后能留给诸君一些东西。所以，我把每天所讲的要点印刷出来，发给你们。今天是讲演的首日，这是发给诸君的材料；从明天开始，我会把下一日要讲的内容提前一日发给诸君。这样，诸君大可利用夏天的午休时间先预习讲义，这对次日的听讲是有所裨益的。以上，就是本课开始前的一些预先交代了。

一　关于清朝史的著述

首先，所讲内容是有关清朝史的著作。诸君知道，清帝退位不过三四年时间，是不太久远的事，因此，有关它的史料非常之多。不过，这些史料很多没有经过整理。当然，中国有分类细致准确的记录制度，只要不断积累每天的记载，就能将史料整理出来。在中国，每换一个帝王就要做一份"实录"。此处的纲目中有一栏叫"丰富的史料"，列举了诸种书籍的名称，其中就有各种"实录"。针对这些材料，政府大体作为职责来整理，而历史学家能从中选择材料，从新的角度来著述鲜活的历史。但因清朝刚刚灭亡不久，尚无足够时间开展此项工作。记录中国历朝历史的"正史"一旦完成，作为正史素材的史料大多会亡佚。但十分幸运的是，今天的我们还处在清朝史材料尚未亡佚的时代，可以充分利用其开展研究。但另一方面，材料卷帙浩繁，难以分析也是实情。以实录为例，明代的实录非常简括，前几年我曾抄录过全部明代实录，以日本的册数来算，十个帝王的实录仅七百余册。但清代直到今天为止的实录，比明代的十倍还多，实在是数量繁复。它们能否被我们全部看到呢？不能说没有这种机会，但现在却无法轻易看到。我们前些年在奉天调查古籍史料时，把自己想看的部分都看了。当时，我们欲将上述资料全部带回日本，但由于政府可能认为这些类似纸屑的玩意对日本没有什么意义，只是空费运力，就并没有同意。因此，尽管我见过以上所说的种种材料，但都眼看着它们溜过去了。总之，这些材料是存在的，只是现在不易见到，研究它们尚有困难。关于这些材料的类别，我在"丰富的史料"条目中分为"满文老档、三朝实录、方略、圣训、国史列传、谕折汇存"等名目，一会儿去参观那边的陈列室时，可看到展出的各类文献标本。那时，我会再对它们进行一些说明。

其次，是"《三朝实录采要》及《事略》"，这是日本人依据确凿的史料所作的最早的清朝史研究，所以，我专门把它记在这里。这是距今一百二十年前，与我同一旧藩的永根铉——后改名北条铉，也可能先叫北条——的著作，虽然这仅是实录的摘要，但他可以读懂清朝难懂的地名、人名，并把握要点，也委实不易。纲目中有摘抄《清实录》的中国书《东华录》，而较之

《东华录》,《三朝实录采要》某些地方更得《实录》的意味。这是日本有意识研究清史的开端。为了特别凸显此人此举的意义,我在此专门提出此书。

再稍往前看,此纲目的开头列有《圣武记》三种、《湘军志》、《湘军记》,此处只举出了三种有代表性的历史著作。《圣武记》是魏源所著,在日本也有部分的翻刻,而且原书也曾在日本流传,所以比较容易看到。此书出过三版,每版都有差别,这是中国人凭借自己的智识编著的新一代清史力作。《湘军志》《湘军记》是讲述近年太平军史事的书。《湘军志》作者是王闿运,他在书中记述了许多目睹的事件,除单纯的历史事实外还记录一些内情,是近年一种有名的历史著作。《湘军记》记载同样的事件,作者是王安定,但相较于前者,对某些事的记载不能说证据充分。

再者,《东华录》二种是《清实录》的摘要,并非著作,但对于现在很难看到《实录》的中国人和日本人来说,仍是不可或缺的研究材料。像这样的材料还有很多,现在要尽量搜集能看到的材料,就已经非常费力了,因此,研究它们就更是需要大量时间、精力的事了。

清朝曾花费六十年时间编纂明朝两百多年的历史。清史材料十倍于明朝。这样计算,就要六百年时间来编纂清史了,比清朝历史都长。难以想象要花如此长时间。所以,为了编纂清史,现在袁世凯政府开设了清史馆,不过至少也要十年到十五年时间吧。明初则用了急就章的方法,只用了一年不到的时间,就编撰完元朝一百多年的历史。如果按这样的速度,大概只要两三年时间就能编成清朝两百多年的历史。但我不清楚会如何编成。至少,中国人已经将所有史料收集起来,开始予以研究了。所以,我们几乎没有希望得到这些材料了,只能尽一切可能的努力。在某些问题上,尚未理出一个研究的头绪。今天,我只就一些刚起头的仅有的研究概况讲一讲。

这里有个标题是"帝王及内治",实际上只要"帝王"就行了。现在的世界大势是政治奠基于全体国民的意志之上,中国如今也建立了共和政体。但我现在要讲的清史,为什么要特别突出"帝王"呢?因为在清朝政治中,帝王占据着举足轻重的地位。我们到后面将逐渐明白这一点。所谓清朝的政治,可以说除了帝王,几乎就没有其他内容了。在别的朝代,除了帝王还有宰相,宰相也是在政治中地位非常重要的人。明太祖顾虑宰相一职的弊端,就废除了宰相制度。因此，在明朝以后，就没有可以称作宰相的官职了，但数代以后，如遇年轻帝王登基，就感到必须有宰相辅助。即使如此，也不称宰相，改称"内阁大学士"，实际执行宰相的职权。清朝也有内阁大学士，但不过虚名而已，几乎不能发挥宰相的职能。在君主幼弱时，清朝有摄政王、皇太后摄政的制度，宰相不能执政。仅在一个时期内设置过辅政大臣，帮助幼小的君主执政。这有点像宰相，但大多数情况是一旦君主成年，就全部辞退他们，把政治权力完全集中在自己手中。这是清朝政治的特别状态。所以，有必要把帝王作为清朝政治上的一大要素，并作为标题专门标出。

二　历代帝王及摄政王、训政太后

现在讲第二个题目，我已在这里写出了历代天子的名字。在最后部分是德宗景皇帝，即光绪帝，他的继任者宣统帝退位后中国便成了现在的局面。在那边的陈列室中也展出了这些天子的遗墨。

其次写着"入关前的二帝"，即太祖高皇帝和太宗文皇帝，被称为入关前的皇帝。所谓"入关"，即清朝从东北的龙兴之地进入中国的本部北京，因为要通过山海关，所以叫入关。这两位入关前的皇帝，起于东北山中距今奉天以东三十里的黑图阿喇（即赫图阿拉），在两代人共四十至五十年里，满洲迅速壮大实力，一直打到山海关以东十多里的地方。但山海关以东十多里之内，仍是明朝的控制区。此时明朝正爆发李自成起义，一时间势大难制，从西边的居庸关进攻北京。在明朝末帝即崇祯皇帝时，李自成攻陷了北京，崇祯帝在城中的景山自缢身亡。由于内乱，明朝就撤回了山海关的防御力量，清朝趁机从东北攻入中原。但当时，最初的两位皇帝已经去世，第三代为年号顺治的天子，七岁就登基称帝。这时由睿亲王摄政，率领大军攻入北京，随后迎接世祖顺治帝入京。有趣的是，清朝当初攻入北京时掌权的是摄政王，而今清帝在北京退位时掌权的也是摄政王，可谓以摄政王始，以摄政王终。一般说来，按照清朝的制度，王爷摄政理所当然，但皇太后摄政则并非顺理成章，更无人臣摄政之理。人臣摄政称为"辅政"。圣祖仁皇帝八岁即位，实行辅政的大臣叫辅政大臣。但最后到了西太后时，实际由她摄政。盖因文宗显皇帝，即咸丰帝死后，其弟恭亲王虽控制了政府，但据咸丰帝的遗诏，他死后掌权的人不应是恭亲王，而是当时最有势力的大臣之一肃顺，此外还有一个叫端华的亲王。但只有肃顺得到咸丰帝的青睐，接受了他的遗诏。当时，西太后还没有成为太后，当时的太后是东太后。这两位太后商量决定，除掉肃顺，自己掌权。于是，最初执政的是东太后，到后来，权力才慢慢转移到西太后手上。人们对有关西太后的评论至今仍记得很清楚，她是个很有政治能力的人。东太后是咸丰的皇后，西太后只是贵妃而已，但是，东太后才疏学浅，对奏折公文之事尚没有处理的能力。而西太后则主动地批阅奏折及其他文件，并降旨命内阁大学士或军机大臣办理，是一个富有决断力的女人。又由于她是继位的同治帝的生母，便在日后渐渐掌权，最终攀上太后之位。依靠她在政治上的出色才能，西太后的时代国势一度中兴。

再来讲讲最早的摄政王——睿亲王之事。今天的听讲者中有一位来自福井的上田君。就睿亲王及其他史事，我去年曾到过福井作过种种调查。有趣的是，在清朝从东北进入北京的那年，在日本一个叫新保的村子里，船夫们正要出海去松前，但不知何故，竟漂流到了中国东北。满洲人杀害了大多数船夫，只把其中的十三人押往奉天。当时，正好奉天的满洲八旗要迁往北京，就把他们也带到北京去了。当时的摄政睿亲王被称为九王子，即排行第九的王子，正在北京，顺治帝也从奉天迁到了这里。到了北京后，摄政王很可怜这些从日本漂流来的人，就召见了他们，其他的亲王们也感觉从日本漂来的人很稀罕，就让他们唱歌、喝酒。这些越前新保的漂流民见证了清朝初入北京时的景象，其中有一个叫竹内藤右卫门的人，回到日本后，写了一本《鞑靼物语》。我拟将去年以来对此事的调研结果写出来，但尚未写成。虽然作了大体研究，但还未整理成稿。总之，这群人经历了一次离奇之旅，又回到了日本。假如是今天，在北京看到清帝退位，也不算什么稀奇事，但能在当时的北京亲历清朝入主中国，还是非常稀奇的。这些漂流民回到日本后，还被特地叫到江户幕府去讲述他们的行踪见闻。当时的笔记中，还记着少量的满洲语和一些汉话。其中还记录了与睿亲王见面的情景，形容睿亲王看着是一个消瘦、慈祥的人。这很接近真实的睿亲王形象。由于身体不好，睿亲王有点像个病人，去世时只有三十九岁。但作为一个出身于荒凉落后地区的满洲人，他却具备相当优秀的才能以应对一切政治、军事上的事务。在当时的中国有许多人才，他都能不费力地驾驭这些人。同时，他接受汉人的建议，在定鼎北京后，很快就建立起中国式的统治，而不是用满洲式的政治来刁难汉人。他起用汉人做高官，恢复了正常的秩序。睿亲王只在北京摄政六年，但在这期间，中国整体上基本实现安定。因此，睿亲王是非常有政治能力的人。清朝最后的摄政醇亲王就没有睿亲王这样的能力，这或许也是清帝只能退位的一个原因。另外，醇亲王与睿亲王所采取的政治策略也恰恰相反，这在后面将提到。

三　清朝帝王的特点及其形成原因

第三，写着"清朝帝王的特点及其形成原因"。之前已提到的清朝皇帝的独裁权力，可以说正是其特点，此外，作为个人的帝王还有一个明显的特点，就是清朝皇帝都接受了非常完善的教育，并几乎成为一种传统。此点望诸君先有所认知，然后我们再来讲解这个特点形成的原因。

一开始清朝也并不看重教育，但清初时多少已有这样的趋势。为什么呢？一个重要原因就是皇帝的继承者或者说帝位并不是一开始就确定好的。最早的天子即太祖高皇帝死后，即位的是太宗文皇帝。按理说，太宗文皇帝即位成为天子后，其他兄弟应居于人臣之位，但事实不是如此。太祖死后，较有权势的有四个贝勒，太宗文皇帝是其中一个，是四贝勒，此外还有大贝勒、二贝勒、三贝勒。大贝勒代善是太宗真正的哥哥，太祖高皇帝的次子，后来封为礼亲王；二贝勒阿敏是太祖的侄子，太宗的堂兄弟，后来失了位；三贝勒莽古尔泰，也是太宗的哥哥，后来也失了位。这样，留下的就只有四贝勒太宗文皇帝了。

太祖刚死时，四个贝勒暂时都有作为君主的同等权力。新年贺礼时，大臣叩拜君主，四个贝勒同时南面受礼。其中四贝勒在军队中最得人心、素有威望，自然是最有实力的。因此，四贝勒逐渐得势，形成天子之位舍他其谁的局面。此时，二贝勒征伐朝鲜失利，后来又在征伐明朝即从山海关后面进攻长城回军时遭遇大败，所以也渐渐失势。另外，三贝勒莽古尔泰也想争夺天子之位，背后策划了种种计谋，与四贝勒的关系降到冰点。为此，莽古尔泰死后，在军队中有威望的太宗，搜集各种证据，击败了莽古尔泰的后裔。大贝勒与四贝勒一样，在军队中也威望颇著。其子萨哈廉非常聪明，他总认为国家大权终将归于四贝勒，因此，规劝父亲大贝勒让权给四贝勒。这样，虽然大贝勒是大哥，也只能让四贝勒做皇帝。但太祖去世时却并非如此考虑。因为按满洲人、蒙古人的继承习俗，一般由小儿子继位，与日本的长子承继恰好相反。因此，太祖最初拟传位给九王子，即前面说过的摄政睿亲王。睿亲王当时是太祖新子，但他非常明智，主动让位给了众望所归的四贝勒。总之，王位的继承并不是确定的。后来太宗死时，肃亲王（即今逃亡旅顺的肃亲王的祖先）是其长子。虽然有长子，但后来继承王位的也是排行第八还是第九的王子。虽然当时肃亲王凭借战功已声誉卓著，但仍由太宗年仅六岁的小儿子继承皇位。这可能还与母妃的出身等因素有关。当时，太宗文皇帝的皇后，即后来的世祖章皇帝（顺治帝）的母亲，与摄政睿亲王结了婚。身为皇后、皇太后的人竟能与别人结婚，是非常难以想象的，这说明满洲人距其淳朴时代并不远，所以才会发生这样的事。因而，在《实录》中记载，睿亲王最初位居皇叔父，后来晋升皇父。现在还可见到当时的考试答卷也有皇父的记载。因此，摄政睿亲王与世祖的母亲有一定的关系，才使这小孩子成了皇帝。这总不是什么好事，因而如此看来，不确定王位继承人也未必是什么好事。

等到圣祖仁皇帝时，清朝入主中原，成了中国的主人，曾一度立过太子，但太子没有成功即位。当时请求再立太子的各种呼吁不断，因为毫无疑问，中国的帝位必须由皇太子继承。因此，有人竟触碰天子的逆鳞，直言进谏，而天子当然不会饶恕他。从此，在清朝的家法中，不册立皇太子竟然成为惯例。所以，当时的情况是这样，天子会让全部皇子都能接受教育。在纲目中有"上书房的读书"一栏，就是让皇子们在"上书房"一起读书，接受教育，不明确谁当太子。如果清朝天子有了中意的人选，感觉必须考虑皇位继承人时，就会在一张纸上写明谁为皇储，再将它藏在乾清宫"正大光明"匾的背后。倘若天子死前未留遗言，则找到匾额后的遗嘱看继承人是谁；若天子是渐渐老死，当然就会有遗言立谁为继承人。总之，皇太子并非预先确立。为了能成为天子的候选人，皇子们都从幼年时起就勤奋读书，严守规矩，受到良好的教育。

其次，在纲目上写着"各帝的文化活动"一条，列举了诸事例。虽然清朝是以夷狄入主中国，但历代皇帝都擅长文事。这在那边的陈列室中都有证据予以证明，大家看后会有所认识。

在这条的开始有"世祖的中原文化爱好　遗诏"字样。世祖去世时只有二十四岁。他不被满洲人欢迎，因为他从中国东北到中原后，目睹中国文化的进步，就爱上了中原文化。明朝灭亡时，遗臣曾作《万古愁曲》，抒发明亡之悲叹。世祖非常喜爱这首曲子，咏唱不断。身为代替明朝的天子，竟还如此同情已亡的前朝。正因为他太偏爱中原，所以很难被满洲人欢迎。他二十四岁就死了，很可能是猝死，但留下了遗诏。遗诏共有二十多条，其中重要的一条是：我太过爱中原，有些疏离满洲人。一般而言，遗诏应写自己死后可立谁为太子，但也写到自己改变过去的政策所受到的议论。世祖在遗诏中却写上偏爱中原等事，虽含悔意，但也足以表明世祖对中原极其偏爱。

再次是圣祖，八岁就即位了，所以有辅政大臣。他年轻时就长于谋略，对辅政大臣的权势深感不安。他十三岁时，就找来一群力气大的小孩，常与他们一起摔跤。有时，等到他不满意的辅政大臣入朝时，就指挥孩子们突然捆住那个大臣，进行殴打。他就是这样一个小小年纪就擅长谋略的人，特别是在清朝定鼎中国以后的第一次叛乱时期，更突显了他的谋略。明朝降臣、被封为藩王的吴三桂和其他两个藩王，受到清朝重用，拥有大片的封地。吴三桂在云南，尚可喜在广东，耿精忠在福建，三人都是明末清初战功赫赫的将军，也曾对战清军。当时，清朝的宿将多已离世，几乎没有将军有能力抗衡这三位藩王。因此，战争伊始，清军就在三藩之役中多次被打败。其时圣祖仅有十九、二十岁，虽为青年，却能亲自谋划，从容指挥，一天阅览几百封奏折，并一一予以批示，谕令大学士各负其责去施行。因此，虽然清朝军力较弱，但因奇谋善策，只用七年时间便平定了三藩之乱。这位天子气度恢弘，并非只是为了入主中原而感佩中国文化。当时，西洋传教士已进入中国，他抱着利用世界知识以构建大帝国的雄图伟略，虚心向他们学习西洋知识。后来，蒙古准噶尔部叛乱，他亲自统兵讨伐。陈列室中有本书叫《亲征平定朔漠方略》，由此书可知圣祖平叛事略。总之，圣祖不仅具备杰出的军事才能，而且文化知识上也有过人之处，通晓西洋的语言和艺术。这正是圣祖出色的地方。由于他，清初的统治根基得以巩固。

纲目中，下面是"世宗的禅机　文字狱　朱批谕旨　猜疑之主"，世宗即雍正帝。他上承已开展各项工作的圣祖之后，是个极其擅长处理细密严肃工作的人。他并非按照预先定下的遗嘱继承帝位。他的儿子，即乾隆帝，从童年起就聪敏出众，气质良好，手腕高强，圣祖曾想立这个孙儿为储，但最终却立了世宗。世宗还是亲王时，想法就不同于圣祖，他主要密切关注地方官僚的举动。所以，他登基后，尤其擅长侦探政治，竭力探知臣子的事情，是非常危险之人。他与兄弟的感情，不是特别好，就是特别坏。对待关系坏的兄弟，就强加恶名进行迫害；对待关系好的兄弟，则予以优待。在学问上，他信仰佛教，研究喇嘛教，也爱好禅宗。雍和宫是他的寝宫。自康熙年间以来，中国人在清朝的政治压迫下，逐渐产生的不满情绪，越来越反映在言谈和学者书籍中，既有诗歌暗中讥刺清朝为蛮夷，还有许多类似的文章。由此，导致文字狱屡屡发生，其中以吕留良案最有名。雍正帝是侦探政治家，但气量大过一些日本的侦探政治家。对于探知的结果，他不是秘而不宣，而是全部公布，这也是他的杰出之处。对于中国人写的谩骂清朝的东西，他也并非秘而不宣，还亲自执笔反驳。如你是如此说，但事实上没有道理，一一予以辩驳。这些辩驳书中有名的就是《大义觉迷录》，在陈列室中也展览着。《大义觉迷录》就是雍正帝对吕留良一事的辩驳书。天子亲笔写作对臣子的辩驳书，令人多少有点奇怪，但也见得在他执政期间的开放性。他既有阴险之处，又有开明之处。还有他的朱批谕旨，这是他对上奏文书所作的汉语批注。谕注一般仅一两行，而雍正的批注却写得非常长，这就是朱批。后来，由于它成为清朝政治的标本，所以被专门印刷出来。雍正帝是猜疑心深重的人，所以，尤其加强政治上的管控。在他以前，遵循明朝以来的做法，除了中央政府规定的租税之外，地方官还要追加征税，把增收部分纳入个人的腰包，这已成为惯例。但雍正谕：从百姓处收来的租税必须全部上缴天子。如此就封住了地方官的钱包，但相应地，新发给地方官一种津贴——养廉银。这是为了使你们不违法乱纪，在每月薪水之外，再发给这些特殊津贴，但作为交换，你们从百姓手中收来的租税则必须全部上缴。由此可见，当时很多中国的官吏是不廉洁的。因此，从那时起，天子的收入有了很大增长。但实际上都是剥削人民得来，因此，政府收入确实是增加了，而减轻百姓负担却并无效果。虽然在他之前的圣祖也同样是具有雄心的天子，但一生却过得贫乏；从雍正帝起，才算是富裕起来。在雍正帝时代还不很明显，但到了他之后的一代就非常富裕了。

雍正帝之后是高宗乾隆帝。他在位六十年后，让位给次子，又活了四年，在八十多岁时离世。他二十五岁登基，年轻时擅长文事，以文事自鸣，认为只要是中国学者所能为，就没有自己不能为的。所以，他既作诗，又作文，什么都要尝试做。他在诗文里用了许多艰深晦涩的典故，并拿此去考中国的学者们：你们明白这些典故的来历吗？如果对方说不知道，他就非常高兴，以此显示自己学问之高深。在任何一个盛世，都会出现这样的天子。总之，他是一个富有才艺之人。此外，他也大力推奖自己的母语——满洲语，致力于复兴当时已经衰微的满洲语，为此，他专门编撰满洲语字典，还奖励振兴满洲语的各种工作。他规定：不论是满洲人，还是其他人，只要进入翰林院，都必须懂满洲语。这样，不管你多有才，如果不懂满洲语，就不能进翰林院。后来，他又平定了蒙古。与雍正帝不同，他与中国人同是儒教的信徒，一直不信仰佛教。但为了绥靖蒙古，他又提倡蒙古语的必要性。之后，因为和西藏喇嘛教的关系，又学习藏语。随后，由于平定了说维吾尔语的民族，又来研究维吾尔语。总之，他几乎研究过自己所平定的所有异民族语言，这在明天将详细讲到。他认为任何地方的语言其理论都一致，并且颇为自己的这一发现而得意。如此，他很熟悉这个统一国家的事务，亲自对各种事务进行处理。另一方面，为了振兴满洲，他特别给予满洲八旗以最高赏赐，将政治、军事上的重大事务也全交给满洲人办理，而自己却只是出于对中国学问的喜爱，埋首研究中国的学问。

他是造就中国鼎盛时代也可说是黄金时代的天子。国力在这六十年中臻于全盛，随后就逐渐显出衰势来。由于乾隆帝的榜样，清朝历代天子都有御制的诗文集，其中也有不是自己所作。但康熙、乾隆、嘉庆、道光、咸丰帝都是自己写作诗集、文集。不仅是登基以后的诗文，在登基以前的诗文也要编纂起来。在纲目中写着的"潜邸的全集"就是登基之前的作品。此外，还有"钦定书之多"一项，到底有多少钦定书，我尚未一一进行调查，但礼亲王昭梿非常熟悉清朝之事。他所著《啸亭杂录》，其中列举了一些目录，证明钦定书的确非常多，虽然统计得并不很充分。

因此，清朝历代皇帝都非常擅长文事。若与明代相比较，明太祖是比不过的。他是从乞丐到盗贼，从盗贼到天子的。他也写文章，写好后让学者改，改多了就发火。今天还留存着的明朝《高皇帝御制文集》中，也掺杂有非常差的恶文，但总之明太祖是写文章的。其后的明宣宗是个学者，真正做学问。尽管明朝是起于有文化底蕴的国家，但与清朝比较的话，还是清朝天子们的文才稍胜一筹。在臣子的上奏文书上的朱批，能亲笔写的天子大多自己写。明代天子的朱批中有俗语和口语中的俚语等，而清朝则断不用这类词语，全都是典雅华美的汉文。

这既是好事，也是坏事。推奖文章的成果是：康熙帝时有一种叫《古今图书集成》的一万卷的大型钦定书，乾隆帝时有《四库全书》这一卓绝古今的大部丛书。从一方面看，这留下了文化事业上的丰功伟绩，但我在纲目中还写着"违禁书目及其实例"。清朝在修《四库全书》时，对明代或清初讥讽清朝，以及在书中有"夷狄"字样的书籍，或部分删改，或全部销毁。这是修《四库全书》产生的一个副作用。所谓"违禁书目"就是列出一个妨碍统治的书目。谁看到所列的书籍就要送到朝廷进行销毁，但是总难真正贯彻实施。因此，虽经朝廷屡下严命，但仍然难以实行。我手里有一本书，就是一个典型的例子。因为这本书有部分内容违禁，所以在书目处附印着天子的禁令，写明已经删除了这部分，但当我翻到书中的删节之处，却发现这部分内容还在。只要在目录处写明已删除，就能逃过检查。虽然清朝取缔违禁书并不算彻底，但的确让许多书从此消失了。只有一些较早传到日本的书籍，虽然后来成了违禁书，在清朝看不到了，但在日本还能见到。此外，还有"武英殿聚珍版书"也是编纂《四库全书》的产物。在乾隆以前就有活字印刷术，但在乾隆时应用更广泛，所以，就有了"武英殿聚珍版书"。这些都表明了清朝帝王的特色，尽管他们的祖先起于夷狄，但却推崇文化，而且自己也致力于此。

其次，是"节俭　康熙帝的上谕"一项。明代宫中的宦官总数约有十万，而康熙帝时减少到只有四百人。两相比较，可见是非常节俭的。因此，康熙帝时宫中用度减少到明代的十分之一、二十分之一，甚至四十分之一。康熙帝时宫中尤为重视节俭，后来随着清朝财富的积累，才逐渐变得奢靡起来，但总体尚未达到明代的程度。明万历时皇太子大婚，从地方上一次就征收了一千两百万两白银。相较而言，清朝的特点就在于节俭。

再次，是"寡鲜失德　处置内宠、宦官的严肃"一项。在历朝天子中，清朝天子是较少失德的。明代的天子武宗为了自己宠爱的女人，到处巡游，而清朝没有这类事。清朝管束宦官也是十分严格的，它废除了宦官的衙门。即使西太后时宦官有点骄横，管束也还是严厉的。西太后有一个十分宠信的宦官安德海，他携带西太后的密令去湖南。但清朝鉴于明朝的教训，不允许宦官出都，若胆敢私自出都，捕获后会被杀头。在安德海路过山东时，时任山东巡抚丁宝桢下了很大的决心：即使是西太后的宠臣，也要将之缉拿归案。但不论士兵还是巡查，都很害怕，不敢靠近。结果，还是丁宝桢严令士兵将其拿下，斩首正法了。随后，丁宝桢向朝廷奏报："安德海称受了朝廷命令出都来此地，被我依法斩了。"可见，即使对于西太后所宠信的宦官，当时的宦官管理制度还是能够得到有效执行的。因此，清朝天子较少失德，与明代相比十分明显。此外，所谓西太后受到咸丰帝的宠爱才变得跋扈并非事实。虽然西太后生了咸丰帝的儿子同治帝，但她却是在同治登基之后，作为天子的生母才逐渐得势的，即她并非因为咸丰宠爱女色而得势。乾隆帝稍有此嫌，但基本上没有过分宠爱女色和宦官。少有天子失德之事，这是清朝天子的特色，也是清朝尽管系从周边入主中国，却能长期稳固执政的重要原因。

四　清朝政治的特色

谈起清朝政治有何特色，就不得不谈满汉双重体制。首先，在任命官吏方面，要设置满汉同样的官职。如设置吏部尚书，有满吏部尚书和汉吏部尚书；设置左侍郎、右侍郎，就有满左侍郎、汉左侍郎和满右侍郎、汉右侍郎。凡重要的官职均为满汉配套设置。其次，关于重要的典礼、记录，也都使用满汉两种文字书写，连一些奏折也要用满汉文字书写。虽然很费事，但在政治上总体实行满汉双轨制。此外，还有其他一些奇事。在中原，依照礼制，历代天子都要祭天。但是，依照满洲的礼制，中国东北另有一个叫堂子的地方，在这里举行祭天之礼。同样是祭天，满洲人在堂子里祭天，不同于汉人的祭天。如此，虽说在经济上不够节俭，但清朝盛时在其他方面节俭了，所以，这方面多些花费也没有大碍。但是这种双轨制的统治方式，既是清朝特色，又是给清朝带来弊病的本源。因为，怎样统治中国、统治汉人毕竟是重要的事情，而管理满洲人只是次要的事而已。但这种情势越往后发展，处于统治地位的满洲人的势力逐渐衰弱了，汉人的力量自然就壮大起来。这对满洲人而言是一种痛苦的矛盾，也是清朝政治走向衰败的原因之一。

此外，政治衰败的另一原因，就是我在下面写的"注重声名（不顾实惠） 实行免税"之事。像清朝这样从外部入主的政权，就有相似的缺点。在执政时，将政治的好名声看得最重。朝廷考核官员，也将在地方上是否名声好列为首要标准。如果只是对官员的做法还行，但皇帝自己执政时也是如此。清朝免除地租，有时半免，有时全免。这在前代从来未有，因而受到好评，但这是不讲实惠的。其实，从中国百姓那征来的租税，只有极少的部分上缴中央，很多则入了官吏的腰包。雍正帝曾消除了这种情况，但不久又一切照旧。实际上，由于雍正帝的政策，百姓的负担反而更重了。因为，虽然中央政府是免税了，准备好本年的财政一文不入，而以国库的剩余资金来开支，但是，那些依靠附加税过活的官吏，难以忍受此种情况。当然，也有诚实的好官，况且还有养廉银，但官员以下的胥吏并不能从政府那里领取薪俸，只能靠在百姓和政府之间盘剥中间费生活。由于没有定额收入，他们必须敲诈勒索百姓。但是，今年政府免税了，他们不能一直没有收入而等到来年，于是，想尽种种名目收税。因此，免掉了应向政府交纳的税，却免不了入官吏私囊的税。即使如此，中央政府还是实施了好几次免税，在民间得到了好评，皇帝被官吏们称为"千古一帝"。其实，每当中国历史上的弊政不断恶化时，就会出现这样的情况：政府不做任何实事，只求得到好的评价。

其次是"理想的独裁制度　军机处的创设（参照《枢垣记略》）"。正像之前说的，独裁制度到清朝达到了顶点。清朝废除了明代的内阁首辅制，将内阁大学士当作天子的秘书官，负责相当于宰相的工作，这样也仍不顶用，所以，雍正帝开始设立军机处，从朝廷大臣中——也不算太大的官，只是中层官吏——选出自己满意的人，安排进军机处，听从召唤，而让原衙门中的官员赋闲。这些大臣聚集在军机处，承担相当于皇帝秘书官的工作。而皇帝则实施独裁，把军机大臣当作文员，只是奉旨起草诏令。因此，就算是大臣也没有自己的责任心。今天的日本内阁也存在各种责任问题，如内务省在所管辖的事务上失态，导致大浦子爵引咎辞职。但中国官吏没有自己真正的责任，若违犯法律，当然要被革职，若触怒天颜，当然更会随时被革职，但唯独从不将自己的工作视为对国家应尽的责任。由于皇帝独断专行，所以，大臣只是俯伏天子脚下执行命令而已。因此，这些人既可能做种种好事，也会做种种坏事。这是清朝政治的一个特色，也可说是一个坏的特色。

再次是"对学者的优待　徐乾学编纂《一统志》　博学鸿词科（参照《鹤征录》《词科掌录》）"一项。优待学者是件大好事。像中国这样的文明古国，除了出仕的学者外，还有许多在野的其他学者。在今天的日本，从学校毕业的人也存在难以找到工作的情况，因而成为人们谈论的议题。而在几百年前的中国就是如此。当时的中国，可以出钱捐一个候补官职；成为候补官吏后，只要花钱就能变成正式的官员。因此，就算通过正式的考试，也可能做不了正式的官吏。另外，也有地方上有名的学者，在考试中落第。在中国，考试是一种命运。有一种很深的迷信观点认为，考不好是由于运气不好，而不是只要有学问就能一举成功。因此，很多有学问的人都遗留在了民间，这些人总需要有个处置。康熙帝曾拿出一笔钱给他喜欢的大臣徐乾学，让徐乾学隐居在太湖边的洞庭山上，汇聚了许多学者。但是这种权宜之计总不是个办法，后来就开设了"博学鸿词科"。这是在普通的文官考试之外，再用考试来选拔有学问的地方学者。如知道谁是某地有名的学者，就由地方官推举参加考试。其中，也有不参加考试的，也有准备考试却在途中游玩而不赴考的人。不过，有名的学者大致都网罗进来了。通过这一考试上榜的，要比考取普通的文官考试享有更多名誉。总之，学者得到了优待，即使对那些考试漏掉的或没有成为官吏的学者，也考虑了优待的方法，以至天下太平，没有不平之声。在国家富裕时，是可以实施这样的好办法的，但到贫弱之时就难以做到了。

由于这诸般情由，就有了"其弊端（参照《江楚会奏变法三折》、对策等）"这一项。所谓政治上的弊端一般是很难克服的。由于诸种原因，清朝逐渐踏上末路，积累的弊病不断显现。尤其到了清末，由于有了与世界诸国的交往，这些痼疾已非治理好一国就能解决了。实行独裁、重视名声之时，治理好一国就可以了，但只要与外国有了交往，这些政治弊病就毫无掩盖地显现出来了。张之洞、刘坤一两人想合作改变清朝的弊政，便联名上《江楚会奏变法三折》。此"江"是因为刘坤一在南京当两江总督，"楚"是因为张之洞在武昌当湖广总督，所以称"江楚"。当然，在他们之前也有过改革弊政的言论，但具体体现在这份上奏文中。其中，文官考试的"对策"文章有样本展出，据此可以看到在清末这种考试纯粹是一种毫无用处的形式。总之，政治痼疾渐渐累积起来，以致后来不得不有张之洞和刘坤一的变法奏折。关于这些痼疾，我在《支那论》及《清朝衰亡论》中都有所论述。从今天所说的内容，大体可以推想出逐渐出现弊端的缘由。

五　晚清的政治

这次要讲的是"晚清的政治"。"纲目"里写着"汉人的自奋"。由于地方官吏没有责任心，对政治事务从未尽职尽责，最终导致乾隆末到嘉庆初的白莲教起义。这是一场宗教迷信引发的民众暴动，先后持续达九年无法平定。其实这不过是一场农民起义，没有什么大不了的，但由于地方官缺乏责任心，不想派兵讨伐起义，只想纠合、唆使地方百姓去与起义军战斗。百姓一直在期盼官军平乱，但叛乱却迟迟平定不了，只好自己起来捍卫乡土，最后以一己之力平定了这场大起义。由此，汉人产生了依靠自身力量维持地方秩序的想法。其次，在咸丰到同治间的太平军之乱中，朝廷的官军也几乎毫无用处。平定叛乱的是此处写的曾、胡、左、李、彭等人，即曾国藩、胡林翼、左宗棠、李鸿章、彭玉麟等人。这些人率领民间的义勇兵参战，最终平定了长期的暴乱。地方百姓组织义勇兵，开始只是为了保卫乡土，但曾国藩却用它平定了太平天国大乱，证明了义勇兵作为民间生力军，不仅能绥靖地方，还有余力平定其他地方的动乱。

义勇军崛起也成为汉族官僚在政治上复兴的主因。此时，与外国关系极其紧张。道光末年的鸦片战争是与外国建立关系的开端，咸丰末年，英法联军入侵后，开始在北京设置各国公使馆，于是，才有所谓的外交，但让没有经验的北京朝廷内的满洲人来开展外交，几乎是不可能的。因此，就出现了"委任外交"，即于南京设置南洋大臣，于天津设置北洋大臣，外交事务就委任给北洋大臣。由于李鸿章多年担任北洋大臣，所以中国的外交由李鸿章全权办理。外国人有任何动作，都不用到北京与朝廷直接谈判。其间例外的，只有与日本的几次交往。日本比较了解中国的情况。如由于台湾事件，大久保利通需与中国朝廷谈判，虽明知中国有这惯例，却没去天津，而直接进北京与当时负责外交事务的官署进行谈判。又如，之前外国使者和公使都没有觐见过中国皇帝，但副岛种臣伯爵则专门持日本天皇的委任书，一定要觐见中国皇帝，竟然真的见到了。不过，一般的外国人都认为与李鸿章打交道就行了，不仅外国人这样认为，连中国人也如此认为。

当时中国的政治情形是，义勇兵不仅要保卫家乡，还要派驻全国各地，如湖南、安徽的义勇兵。一开始他们只是义勇兵，后来朝廷任命了官吏专门统带，并被派往全国，保卫各个要地，而外交则由李鸿章承担。这样，国家事务中的军事和外交大权，清朝就全部交由汉人掌管，自己不加过问。当然也不能说一切不问，如西太后就相当聪明地保持着足够的牵制力。虽然李鸿章也有不能按个人的想法左右朝廷之时，但他的意见对朝廷有着很大的影响力。总之，在影响中央政府方面，满洲朝廷中的汉人已开始渐露锋芒。

这就是清朝晚期的政治情势。到后来，先是败给法国，接着败给日本，又有北清事变的大暴乱，终于显露土崩瓦解之势。这时，清朝也先后发生改革的思潮，日清战争① 以后更盛。在与外国人交往中，李鸿章发现外国人是难以信任的，就想法防备他们，但最终却失败了。因此，有必要进行根本的

---

① 即中日甲午战争。——编者

革新，康有为就成为改革的先锋。随着改革的逐步推进，他们发现改革需要强大的经济作为后盾。特别是像清朝这样，一开始就有满汉双重机构，现在又增加了外国事务，就不得不在原有的机构之外又加上处理外国事务的机构。原本的政治机构没有废弃，又多设一个新的机构，这样就有了双重、三重的政治机构，这是很费钱的。据光绪十九年（1893年）和二十年的统计，朝廷的财政支出约为七八千万两，等到了光绪末年、宣统时，如果没有三亿两，就无论如何不能维持正常的政治运行。即使是日本这样工业发达，又与外国有很多贸易往来的国家，也承受不起这样庞大的财政开支。不仅如此，清政府还没有节制地增长行政开销，其他的事务就更无法开展，因为负担不了。

其次是"宗室政治与退位"。这期间，西太后死了，光绪帝死了，到了最近的醇亲王时代，即使重用那些重要的大臣，也无法取得所期盼的成绩。时机好时，就做点事；有危难时，就逃避。这怎么行呢？所以，晚清的政治逐渐成了一家一族的东西。这样，又促使它走向灭亡。清朝政治也可说是亲族政治，到处都是亲族任职，这样就只有一家一族担负责任。一旦出现大动乱，这一家亲族就像"平家"一样没落，以致后来延续了两百多年的清朝就只能垮台。这正是清朝末年的政治。

六 附论 清代的宗室

接着说说宗室之事。先讲"宗室与觉罗"。所谓"宗室"，是指清太祖的父亲的兄弟的后代。所谓"觉罗"，则是指其上一辈即太祖的祖父的兄弟的分支。这些人都具有特殊资格。宗室佩戴黄色绶带，觉罗佩戴红色绶带，以相区别，分别享有种种特权。清朝宗室可谓既有好处也有坏处。清朝宗室人数非常多，从山海关入北京时，宗室、觉罗共三千人，到道光末年达到两万人，到今天已有五六万或七八万人。这些宗室中也有给日本人教中国话的皇族教师。日本人认为中国的皇族都是殿下，中国当然有这样的皇族。但实际上，大部分中国皇族没有殿下的待遇，而日本却不加区分地一律以殿下待之，可谓吃了苦头。皇族的生活很不容易，供给皇族俸禄成为清朝的一大财政难题。有这些难事，也有好事。清朝皇族有自力更生、求学当官的，即与平民一样通过考试做官，做官的人还很多。这在另一方面也产生了弊病：由于这些人的特殊身份，北京的五城衙门在巡逻时，都是禁止进入这些宗室家中的。那么，宗室之家有何不能见人的弊病呢？原来，宗室之家都是赌博的赌场。清朝建立后不久就产生了这个弊病。许多宗室之家都成了赌场。即使在赌博，警察官也不能入内。在这些我行我素的人中，也有人有所作为。有一个人叫盛昱，我没有见过他，但他很有学问，当过大学校长。他招收汉人中的各种有用之才，在清末的危急时刻，让他们各尽所能，后来他那里就成了人才的汇集地。但他在私人生活上很不检点。他收集有很多珍贵的书籍和器物，都是从书店或文物店找到的，凡是看中的，不给钱就拿走。这就是我们近年来所接触到的好坏兼备的清朝宗室。与明代宗室相比，清朝宗室可以参加考试，从事各种工作，是其一大优点。坏处当然也有，就是过于任性放肆。明代宗室，既无大好处，也无大坏处。但若说到明代宗室的坏处，其中一个就是妇人坏事。与此相比，清朝宗室既有可以肯定的地方，也有一定的弊病。以上大致讲了"帝王及内治"。从明天起继续往下讲。

第二章
异族统一与外交、贸易

一 入关以前满、蒙、汉的三族统一（附朝鲜）

清代在中国古代史上是仅次于元代的拥有最大版图的时代，可以说，统一各个不同地域的民族是达到这一宏大版图的前提。清朝在中国东北还未进入中原之前，就已经支配了几个异族。当时的清朝还没有在奉天建都，只是以辽阳为中心。而在更早以前，清太祖势力尚微弱的时候就曾与蒙古发生过冲突。如今的长春一带，即曾经的南满铁路沿线，过去是蒙古族定居的地方。其中某些区域即使土地上住的是满洲人，其土地的酋长也仍是蒙古族人。比如在南满铁路从开原到东北的沿线上有一个叫叶赫的地方，酋长就是蒙古人。由于中国东北腹地有蒙古族人聚居，所以满洲的势力稍稍扩展便容易与蒙古族发生冲突。这一时期的满族和蒙古族已不属于臣属关系，而是类似能相互约束的同盟关系。其后，清朝（时称后金）侵略了辽东地区，取得辽阳、奉天等地的控制权，而那时辽阳、奉天以及开原一带，居住的都是汉族人。在这种情况下，满人使汉人归顺，最终统一了这一区域。当时的山东曾有一支明朝军队因故来降，所以除了统一这些地方的人民，满人还整编了一些来降军队——这也是满洲有汉人军队即汉军的开始。清太祖还让自己的军队去远方征战，最终使今天俄国沿海附近的疆域也纳入了清朝的版图。清太祖派出远征军的目的不只是扩张领土，最重要的是俘虏人民以达到增添兵力、壮大军队的目的。一支远征军大概一两千人，每攻陷一个地方，便把那里的百姓全部掳回，悉数驱赶到当时的都会兴京附近定居，让他们，尤其是让其中身强体壮、适合征战的男子为满洲效力。这样看来，他们实行的政策不是占领土地而是俘虏人民。在处理与蒙古的关系方面，当时的满人与蒙古的达尔罕亲王一家订立了条约，确立了同盟关系。但随着势力的渐渐壮大，清朝的野心也壮大起来，到第二代太宗皇太极时，即从崇德元年（1636年）开始，统治者就停止称满洲汗，而改称皇帝了。"皇帝"是中国古代最高统治者的称谓，其他藩属国都要从皇帝那里接受册封，皇太极还未入主中原的时候便要称帝，这显示出他巨大的野心。清朝就称帝一事与朝鲜商议，却遭到了极力反对，朝鲜人认为满洲称帝是不合适的，因此，清朝便出兵征伐朝鲜。与之相对的是蒙古等族对此事持赞成态度，满洲和蒙古的四十几个贝勒联名上书，劝太宗称帝。就这样，皇太极还在中国东北的时候，就成了大清皇帝。征服朝鲜的战事也取得了胜利，朝鲜投降时在三田渡地区建立了一块写着"大清宽温仁圣皇帝"的石碑。至此，清朝版图上可以说就已有了汉人、蒙人、满人的三族统一。关于这段历史的记载特别多，"崇谟阁记录"就是其中一种。明治三十八年（1905年），我在调查奉天的宝库时发现了这类文书，我对当时的将军，今日任北京清史馆总裁的赵尔巽说：宝库中有这类记录，想借出来看看。赵尔巽本来也没见过这些记录，因此十分惊讶。这些古老的记录藏在奉天宝库中，从中能看到，清主称皇帝前，与朝鲜有过这样的往来文书。在最初的书信中，朝鲜的来信及满洲给朝鲜的信，都把满洲的天子称为金国汗。还有其他一些实物证据，如奉天宝库中的文物，也可以证明满洲天子在做大清皇帝之前自称为金国汗。清朝在后来编撰《清实录》时，已经开始忌讳自称金国汗，并将此称呼从《清实录》中全部剔除了，所以《清实录》中金国汗的称呼并不可见。此外，在过去朝鲜的文书即明代的文书中，清太祖也被称为金国汗。依据崇谟阁文书和以上其他证据，可以证明清朝统治者在称大清皇帝之前确实是自称为金国汗的。今日袁世凯将这类文书自奉天转移到北京，不清楚藏在何处。我当时利用照相对它们进行了复制，但因自己没有经验而十分困难，于是与东京帝国大学的市村教授一起做这件事。

　　《同文汇考》是朝鲜的外交文书集，包含了朝鲜外交文书的全部记录。朝鲜过去的外交基本只限于与中国和日本两国，有人认为朝鲜对中国采取"事大主义"，并对此嗤之以鼻，但朝鲜人自己把与中国的往来文书就唤作"事大"，而把与日本的往来文书，谓之"交邻"，这两者汇总在一起便是

《同文汇考》了。其中的《别篇》记录了清朝仍在中国东北时与朝鲜的文书往来，可将其与之前所提的"崇谟阁记录"相结合阅读，二者都非常有参考价值。但在《同文汇考》中，只记载了朝鲜投降并归顺满洲之后的文书，即被征服后的朝鲜建了一块"三田渡碑"，以表示感谢满洲厚恩，而此前皇太极还未称帝，尚称金国汗时的文书则没有记载，与此相关的内容可另外参看《朝鲜国来书簿》。总之，《同文汇考》是清朝在统一满、蒙、汉的同时，也打算着手对付朝鲜的现存的有力证据。

除了以上所提及的，通文馆书籍版木也是研究清朝与朝鲜关系的极具参考价值的重要史料。所谓"通文馆"，是朝鲜王朝掌管外务翻译的机构。朝鲜的等级制度非常复杂，译官中的"中人"不能成为贵族，掌管翻译的工作是世代相传的，如某户是从事翻译工作的，他们一代一代就会流传下来许多关于翻译的教科书。这些教科书的种类很多，且它们的版木都保存在通文馆。京都大学的新村教授为此特地去了朝鲜，得知这些东西仍旧保存着，并且获赠了一部分，京都大学现在保存着几枚。由此可见，朝鲜今日保存的版木已经散乱，而教科书就更不容易得到了。当时朝鲜翻译使用的语言包括汉语、满语、蒙古语、日语等，各语种的教科书也应有尽有。于是在通文馆中既有蒙古语教科书，也有满语、汉语、日语的教科书。日语的书是德川时代的侍者所使用的敬语教科书。朝鲜感到使用满语、蒙古语、汉语的必要，因此做了教科书，这也正是满洲势力及于朝鲜的事实证据。这些教科书今日尚存的版木也在别室展出，以供观看。

以上就是入关以前的满洲统一了蒙古人、汉人，而且把朝鲜作为自己的属国的大致情况。

二 绥抚西藏

其次说到西藏，西藏很早就与满洲有了关系。众所周知，西藏在中国西部，是亚洲第一高地，亚洲正中心的高原，它与满洲的关系非常不可思议。这是因为佛教这个因素。如我们所知，西藏受法王支配，佛教最盛。而当时蒙古人也信仰西藏的佛教——喇嘛教，处在喇嘛教的势力范围内。西藏对世界上有君主势力的国家非常敏感。如现在与俄国交通，有很多联系。它在拉萨的山中开辟与俄国交通之路，又与在印度有势力的英国交通。总之，对世界的权力相当敏感。那时的蒙古，在东蒙古住着有名的林丹汗，即察哈尔林丹汗，曾一时势力很大，但与清太宗皇太极作战而大败，这使东蒙古地区几乎全部成为满洲的领地。住在蒙古的西藏喇嘛目睹了此事，并向西藏传信，于是遥远的西藏派来使者，还带来了从喇嘛那里奉获的颂文。颂文中写道：东方会有叫曼殊室利的皇帝兴起。曼殊室利相当于佛教中的文殊菩萨，这封远方使者送来的传信把满洲皇帝附会成文殊菩萨，表达出东方的曼殊室利皇帝即将兴起并一统天下的意味。把菩萨的名称用于人名并不是第一次了，此前蒙古的酋长中早有先例。现在西藏便是利用这种类似的方法，打通与新兴的满洲势力的往来。那时，从蒙古也来了喇嘛，即著名的摩诃迦罗佛喇嘛，传说是元世祖忽必烈时的佛派来的，日语中译为大黑天，他是恐怖神（不同于在日本他是福神），此佛像所经之处就是统一的国度。先是从蒙古来了喇嘛，现在又有从遥远的西藏而来的喇嘛带来你们将统一天下的消息，无疑极具煽动性。由于这些话深得满洲统治者的心，于是清太宗等人也信奉了喇嘛教。满人在奉天四周修建喇嘛塔，并认为这些佛塔建成之时便是统一天下之日。不过，这些佛塔修建完成的时候，清太宗已经去世。现在奉天城四周还留有东塔、西塔、南塔、北塔四座塔。日俄战争时这些塔一度被损坏，但现在仍存留着。除了造塔，满人还在许多寺庙立了碑，当时的碑文有四种文字，一种当然是满文，除此之外还有蒙古文、藏文，以及汉文。当时的满洲虽然不能说已经实际统治西藏，但从碑文中体现出他们想要统一这四种语言所属种族的考虑。这一时期的清朝已经是明确信仰藏传佛教的了，明末年轻的名将袁崇焕在与清朝交战、议和的过程中，就利用一位藏传佛教的喇嘛作为使者，从中起到沟通双方的作用。日本战国时代也有用和尚做使者的例子。袁崇焕利用喇嘛来缔结国际关系，因此，清朝初期便是信仰喇嘛教的。值得一提的是雍正皇帝，既信禅学，又信喇嘛教，登上帝位以后，还经常拜访自己做亲王时居住过的喇嘛教寺庙。但在乾隆之后，统治者渐渐地接受儒家思想的影响，不再有特别信仰喇嘛的风气，只是为了安抚和统治蒙古族，仍在表面上保持对喇嘛教的信仰。别室展出的"《喇嘛说》碑"体现了乾隆帝时对于喇嘛教的态度，它表示出清朝关于喇嘛教思想的一个转变。为了说明此关系，有两种材料展出。

如上所述，起初是出于对喇嘛教真实信奉，后来是因为政策上的利用，但总的来说清朝通过喇嘛教与西藏保持了非常密切的往来关系。除去政策上的利用之外，像乾隆帝这样的皇帝，也带有夸耀自己统一了他族的意图。明代时，蒙古人就信仰喇嘛教，他们将西藏的所有经书悉数翻译成了蒙古语。这些蒙文藏经大部分仍在奉天，它们本在蒙古，前面所提及的摩诃迦罗佛像运送到蒙古时，同时也带来了这些经书。对藏经的翻译大概是在太阳汗时期完成的。之后这些翻译过来的蒙文藏经大部分被运送到了奉天保存。这也在我前年调查的内容之中。日本官内省取走的部分今日保存在东京大学，我自己仅留下当时的一片。其外，西藏文的藏经也在别室陈列。

康熙帝时，中国的所有佛经经书都已有蒙古文和藏文的两种版本，且都是很好的版本。做成这些版本的版木现在还有不少存留着。我也抄下它们的目录，陈列在别室。

到了乾隆时代，一方面是为了信教，更重要的是为了谋求当时满语的复兴，所以计划把大部头的藏经翻译成满文。当时，乾隆帝找来了北京城东北称为嵩祝寺的章嘉呼图克图喇嘛来共商大计。章嘉呼图克图是一位很有学问、德高望重、十分具有影响力的喇嘛。在他的大力帮助下，又有了翻译成满文的藏经。后来只存于奉天四塔中的北塔的法轮寺中，那里还有读满文藏经的喇嘛。日俄战争中，日军从北方攻入奉天时，俄国人曾将此北塔作为兵营住宿，因此藏经受到了严重损坏。我发现了被损坏的藏经，将其中大部分拿到了军政署，因而得以将它们带到日本，现在在东京大学内。当时可以拿到京都大学的话，是要拿到京都大学的。但是京都大学那时还没有文科，就交给了东京大学。如此一来，清朝的蒙文、藏文、满文藏经在日本都有了，只不过稍有残缺而已。清朝就这样与西藏保持了密切的关系。由于藏语与印度语有联系，文字也是从印度传来的，乾隆帝认为音韵学非常重要，所以为了方便研究佛经，在乾隆初年下令编写了《同文韵统》一书，此书认为各国的音韵都有相同的根源。章嘉呼图克图喇嘛也参与了《同文韵统》的编纂。

因此，清朝与西藏的关系不仅是在政治方面，语言学上的关系也变得重要起来。实际上，清朝真正地征服西藏，将之收为自己的领土，是在康熙年间。当时，西藏发生内乱，被内蒙古某地区——今属新疆——的汗侵略，活佛被迫一时外逃，在这种情况下，清朝派兵帮助他们平定了内乱。从那时起，清朝向西藏派遣驻藏大臣，正式开始了对西藏的管辖。在此之前，清朝与西藏更多的只是宗教上的联系，有了领土上的关系之后，继而有了语言学上的关系。

清朝与西藏之间的关系大致如上所述。

三　征服准噶尔、回部

第三部分写着"征服准格尔、回部"，清朝最初只统一了蒙古的漠南部分，即沙漠以南的蒙古，西边的青海一带几乎都未包含在内。近日的《日支条约》①使人们常常耳闻东部蒙古或内蒙古，最初统一的就是这些地方，外蒙古未被统一。当时的准噶尔人在外蒙古到新疆一带非常跋扈。准噶尔是厄鲁特蒙古中的一个种族，在康熙帝时期势力十分强盛，由首领噶尔丹率领，当时的准噶尔已经统一了从蒙古到新疆一带，渐渐地准噶尔就不免与康熙帝发生冲突，最终爆发战争。战争持续了好几年，最后以噶尔丹的失败告终，康熙帝获得了胜利，而战败后逃亡的噶尔丹服毒自尽。对于清朝来说，噶尔丹是他们的敌人，因此，清朝方面的有关记载对噶尔丹大张挞伐。但也有例外，如我最近得到的手抄本《秦边纪略》里就有不同于其他书中的内容，此书对噶尔丹的描写有不少褒扬之语。噶尔丹是蒙古人所崇拜的英雄，在当时的蒙古人中有很大的威望，他们认为噶尔丹是因为未得"时利"才败给了康熙帝的。当时的清朝确实很忌惮噶尔丹，为了与噶尔丹这样的勇士作战，康熙帝还曾亲征朔漠地区，因而有了《亲征平定朔漠方略》之书，这是康熙帝第一次把手伸向蒙古。在这之后，准噶尔的残党在新疆地区屡屡暴乱，到了雍正、乾隆年间暴乱仍未完全平息。清朝为此费尽心思，但亲自出征的皇帝，唯有康熙一人。这时，从内蒙古到新疆的东部一带已属于清朝的版图，

---

①　即《中日民四条约》。——编者

到乾隆时期，回部也纳入了清朝的版图。由于此地是信仰伊斯兰教的人聚居的地方，故称为回部，这里的人大多是维吾尔族。乾隆帝时维吾尔族的土地归顺了清朝，曾有记载说今新疆地区的两万余土地都纳入了清朝的版图。这种说法多少有些夸张，不过今天的新疆确实是在乾隆时期开始成为清朝版图的一部分。就这样，在满、蒙、藏、汉四个民族之外，清朝又统一了维吾尔族。此后，道光帝时期有张格尔在新疆企图谋反，后又有阿古柏在新疆作乱，最后被左宗棠所击败。虽然仍有暴乱发生，但从乾隆帝时开始，维吾尔族人也被统一了。乾隆帝对统一维吾尔族一事感到非常自豪，并写了《伊犁剿讨志略》一书，后来又下令编撰了有关于西域的《皇舆西域图志》。乾隆平定维吾尔族时非常残酷，当地的男子几乎全部被杀光，只有妇孺被释放。乾隆帝还选中一名漂亮女子为自己的妃嫔，在北京的宫中专门修筑了维吾尔风格的建筑供其居住。有传言称，这个西域女子存有复仇之心，想暗中刺杀乾隆帝，然而最后反被皇太后所赐死。

随着疆域的扩大，以及语言学上的关系，乾隆帝对自己统治的自豪感愈发显现出来。康熙帝时出于保存满语的需要敕修了《清文鉴》，到乾隆帝时，先修了蒙文和满文的《清文鉴》，不久，又下令编纂满文、蒙文、汉文的《三合切音清文鉴》。后来又有《四体清文鉴》，最后又有了《五体清文鉴》，但它没有制成版。前几年我与富冈讲师及羽田君一起，在奉天库发现了它，并抄写下来。《五体清文鉴》即满文、蒙文、汉文、藏文、维吾尔文这五种文字的对译的辞书，是乾隆帝引以为豪的成果。这一时期还编写了《钦定蒙古回部王公表传》，为成为乾隆帝部下的王公作表或传。除此之外，为了统治蒙古，除却蒙古原来就有的律令，成立了理藩院后，理藩院颁布的律令也都用满、蒙、汉三种文字书写。近年出现了各种字典，民间也有了维吾尔语与汉语的对译词典。又，昨日别室展出的金字挂轴，是乾隆帝为来北京的西藏喇嘛准备的礼物，后来这喇嘛死了，礼物没有送出，留了下来，不知为何实物到了这里。它是用满、蒙、汉、藏四种文字分别写就的。

四　满语的效果

上　与欧译的关系

对语言学的重视产生了各种效果。以下简述重视满语的确切效果。

清朝时期已有西方的传教士来中国传教，他们在最开始研究汉语时非常困难，很难弄懂汉语。而满语的语法相较汉语要好懂很多，虽然没有西方语言那么精密，但容易让西方人接受。所以，他们为了读懂中国的书籍，就先学满文，再阅读满文译本的汉语书籍。如四书五经和各类史书，都是先看满文的版本。《通鉴纲目》在当时已经有了全部翻译成满文的版本，西方人就通过满文开始了对中国古籍的学习。有一个叫翟理思的人来中国购书学习，为了便于研究，收集了各种满汉对译的书目，编成了《汉满书籍文书目录》，这里面甚至记录了一些至今我们难以找到的失传书籍。总而言之，满文写成的书，西方人比较容易读懂，为了了解中国的情况，他们首先就开始研究满语。所以，康熙到乾隆年间对满语的重视，拓宽了世界各国了解中国情况的渠道。虽然这对中国来说到底是好事还是坏事还有待商榷，但从使中国逐渐走向世界的这一角度看，满语是起了促进作用的。

下　日本的满语研究

满语的影响和日本的国际关系，诸位应当已有一定的认识。关于此事，新村教授曾在《艺文》杂志上作文，我一直也较关注，以下便略述"日本的满语研究"。

日本最早关注满语的是大学者物徂徕。他注意到了当时传到日本的《正字通》，这是《康熙字典》出现之前流行的、最早用满文写成的辞书。在这本书中，在满文的旁边会用汉文注音。物徂徕发现了这本辞书，便用黑字写下子音，用红字写下母音，以此对满语的文字做了研究，但徂徕时代所做的也仅限于此。物徂徕对满语的解读程度与弘法大师对梵文的熟悉程度类似。后来，日本又传入了《千字文》的注释本，注释本将《千字文》的读音用满文写了出来。此书在日本出版后，可据此把满语文字与千字文的读音一一对照，我收藏的这本，便用了红笔一一对照着写。就这样，日本人开始注意满语文字。之后，俄国的北部发生库页岛问题，最上德内到达库页岛后，发现岛上的土著人拿着满语文书。库页岛上的土著每年从满洲官吏那里获得一些物品，满洲人给他们无足轻重的官爵、土特产，还有像绢一类的丝织品，而库页岛人则用皮类物品作为交换。满洲人拿来绢的同时，还带来了满文写成的文书。最上德内去库页岛时就是发现了这样的文书。曾有一个库页岛上的土著人到中国东北，被赐名为"杨忠贞"，然后他带回了满语的文书和绢。他带回的绢流落到了宗谷附近的阿伊奴手中，日本人称之为虾夷锦，但并不知道此物是从哪里来的。直到最上德内去了库页岛，看到了织物端头的满洲文字，才知道了由来。原来，中国设立了织造相关的衙门，如南方的杭州和苏州，织造衙门在把自己的织物送往北京时，会在织物上写下文字。最上德内发现那上面同时写着满文和汉文两种文字，因此推断出虾夷锦是来自中国南方的产物。这些实物后来被运用于度量衡研究，《度量衡说统》一书记载了此事。当时的人们无法把握清朝的尺量制度，就用满洲人送去库页岛的织物尺寸作为参考。因此，书写在织物上的满洲文字内容被记载在《度量衡说统》中。而杨忠贞带回的文书，据小川教授说由最上德内的后代保存了下来，近藤重藏的《边要分界图》中也有引用。这文书一直不为人知，无人问津，今日也依旧难于解读。根据文书的原文看，可知是在乾隆末年写下的，也有之后的嘉庆年间写的文书。

由此可见，因为日本北方的开拓之事，满语已不仅是物徂徕这样的学者的研究对象，事实上也成为一个重要课题。但当时，还没有真正开始对满语的研究。这里有一个有趣的历史事件：文化年间有俄国船只来到长崎，要求与日本进行贸易，并带来了写给日本的书信，然而书信都是用俄文和满文两种语言写的，并没有日语的内容。俄国人可能是认为满文是日本的邻国所用的语言，所以，日本人大概也能看懂满文。当时俄国对满洲已有所了解，所以才写了这样两种文字的书信。书信送入当时的日本国内，结果既没有人能看懂俄文，也没有人能看懂满文。那时在幕府中管天文台的高桥作左卫门，深感不能读懂满文是件遗憾之事。由于当时满语字典《清文鉴》已传入日本，存在德川家的库中。于是，高桥得以钻研满文达十多年。三年过后，他已经能进行一些满文的阅读了。那封俄国人送来的书信保存在宫内省的图书寮中，新村教授拍了照片，在别室展出。高桥作左卫门后来萌生了编撰满语字典的念头，又想编写满语与荷兰语对照的字典。满语虽然和日语相对接近，但和荷兰语相差甚远，高桥作左卫门用解读荷兰语的方式来进一步研究满语，最后用了十几年的时间，编成了满语字典和词典。字典可说是《满文辑韵》，词典可说是《满文散语解》。而后，高桥作左卫门因为西博尔德事件①——是他给了外国人地图——被捕入狱，并死在牢中。然而直到他入牢房的两天前，他还在从事于《满文辑韵》的著述。《满文辑韵》有草稿本和净书本两种版本，净书本的内容不到全书的三分之二，在其最后部分写着小字的日期，那就是他入牢房的前两天。尽管高桥作左卫门如此尽心尽力地钻研满语，然而因遭到了上述的祸患，所以，编书之事就终止了。

在这之后，日本的满语研究就基本上中断了。直到嘉永年间日本与外部的交流渐渐扩大起来，长崎的通事们又产生了要研究满语的想法。那一时期也有满洲的下层普通人来到长崎，于是便借助他们来研究满语。此事的开端，是今日在北京公使馆任职的名人郑永邦的祖父郑某，当时带领十七八个中国通事做满语研究。他们也想编字典，翻译中国的《清文鉴》，虽然着手做这件事，但没能完成。他们的稿本前些年被卖出，今日在东京大学一名教授手中。此前我见到稿本，却并不明白他们开始研究满语的原因。前几年我去北京，归途中顺路去了长崎，在寺庙中看到郑某的碑，碑文叙述了郑某研究满语的始末。后来我拜托长崎县的属官抄录碑文，这碑文也陈列在了别室。

由此可见，长崎是日本最早开始研究满语的地方，由于日本与俄国的国际关系，满语研究变得逐渐重要起来。这件事倏忽间已被遗忘，恍如一梦。中国推行满语的结果，一方面促进了西方对中国的进一步了解，另一方面对日俄的国际关系也有所影响。可以说，乾隆皇帝的这一举动具有世界性意义。

---

① 1828 年，德国学者西博尔德自日本回国，以《荷兰王国海外领土地图》与高桥作左卫门交换《大日本沿海舆地全图》。事发后，西博尔德被幕府驱逐出境，高桥作左卫门入狱。——编者

五   苗族、台湾、琉球及东南亚华侨

这个题目表示了清朝的势力范围不断扩大。首先是苗族，逐步地中国化后，明代就已经开始设置土官来管理和统治苗族。土官一般是当地的名门望族，接受了朝廷的封赐来统治这块土地。由于湖南、贵州的土官出现了一些叛乱，体现出这种制度的弊端，于是将土官改为流官。流官是在不同地方轮换着上任的官吏。到雍正年间，苗族的大部分地方都将土官换成了流官，这又进一步促进了中国内部的统一。当时，还出现了不少关于苗族的书籍，有的还画有图画，京都大学收藏了一些，别室也陈列了。

台湾在明末时期成为郑成功的根据地，经三十年，到了康熙年间，由于郑成功不承认清朝的正统地位，仍奉明朝的正朔，于是清政府出兵攻台，最后把台湾全部收归到了清朝的版图。相关内容在蓝鼎元、姚莹的著作中有详细的记载。但平定台湾以后，又有蛮族骚动，以及其他地方流落而来的人来到这里，屡次造成叛乱，清朝又出兵平定了这些叛乱，这也在蓝鼎元的书中有详细记载。此后，在中国著作的基础上，又出现了更详细的关于台湾的著作。到近几年，台湾不断被开垦，中国开始特别注意台湾，其根源是与日本的关系。西乡从道做了日本的大将后，对台湾的土著进行征伐。这一举动引起了中国朝廷对台湾的注意，因此着手对台湾进行开发，开始重视起蛮地的开垦。当时为在蛮地探险绘制的《台湾山内地图》，今日尚且存留。台湾总督府中或许藏有此图，我自己幸而也有一份。日本对台湾的征伐促进了清政府对台湾的进一步管理，这也是清朝对异族进行统一的一个重要事件。

琉球自古向中国朝贡，到了清朝也维持着这种朝贡关系，因此有人著《琉球国志略》一书。琉球人也认为自己是中国的属国，他们被允许到中国的福建福州去游学，所以琉球的文化多通过福州传播出去。琉球目前还保存着许多中国来的使者的书法遗迹，其中比较突出的是王文治的书法，他是当时的书法名家，所以，琉球的许多人都请他写字。直到今天，福建仍然在文化上与琉球有许多共通之处。

清朝的势力就这样渐渐地扩大，近些年"东南亚华侨"成了一大现象。因为每年都有许多中国人向南洋移居，他们在海外地区的贸易领域颇有势

力。除贸易外，在土地的开垦和农业方面也很有影响力。这在《华夷通语》《新建郑和碑》中都有所体现。《华夷通语》是汉语与马来语的对译辞书，不同于乾隆那样是为了夸耀国威而修撰，而是中国商人因为贸易往来，觉得有了解马来语知识的必要，所以编写了此书。但是马来语并没有用马来文字书写。关于郑和碑，在明代永乐到宣德年间，郑和曾十几次远征南洋，还曾到达了非洲东海岸。郑和的航行一方面为了贸易，另一方面也是为了显示国威。中国十几次向那些地方派出使者，派遣的数百只船十几次经过南洋一带。当时的南洋不一定知晓此事，但这对明朝来说则是声势浩大的事件。郑和又叫三保太监，《三保太监下西洋》的剧本即为此事而作，其名气可见一斑。在南洋定居的中国移民回忆起此事，就想在郑和的遗迹处建碑以作纪念。于是，他们在爪哇修建了郑和碑。总的来看，古代中国的贸易关系曾远及南洋，后来的中国移民在南洋也建立起了自己的势力。回顾历史以考察现状是不无趣味之事，将来这也许会成为民族上的问题。

在这些地方，中国人虽然没有进行实际上的领土开拓，但建立了紧密的贸易联系。明代时就设立了四夷馆，或称四译馆，以负责当时对外交流的翻译工作，明代的四译馆甚至能具备多达十三个国家语言的翻译，并配有各国语言的辞书。虽然这些辞书的翻译都比较粗略，但大体上是准确的，这一情况到清朝仍然延续着。此外，还出版了《八纮译史》，基本上是《四译馆译语》的翻版。以上这些都反映出中国人自古以来向海外发展的大致情况。四译馆时代主要是外国来华朝贡，中国人接见他们。在中国人看来是来朝贡，但从外国人的角度来看更像是贸易。国外来的使者都恭恭敬敬地奉上文书，而中国的翻译官员只是大致地写一些东西，再交还给他们。这种情况今天依旧如此，不仅影响了同外国的交流，对于中国今日在民族上的发展也有影响，甚至会产生重大问题。这话写在此处，也是一个提醒。

六　外交，与俄国的关系

除去贸易方面的往来，清朝在外交上最主要的就是处理与俄国的关系。清朝与俄国的外交很早就开始了，当清朝还在中国东北的时候就与俄国有了接触。入关后的第一个皇帝顺治在位时，俄国人的足迹已经到了中国东北的边境，清朝不得不在边境布置兵力来防御他们。但是，俄国人的武器与中国人的不同，他们的军队都配置了步枪，而中国当时主要还是使用弓箭。步枪的杀伤力极高，被枪打中，在那个时候几乎没有存活的可能。所以，为了抵御俄军，中国也必须派出拿枪的军队应战。日本是当时的东亚地区步枪军备最发达的国家，日本征伐朝鲜时，中国人、朝鲜人就吃过日本步枪的苦头，对此十分恐惧。这一时期的朝鲜人也配备了日本的那种步枪。因此俄国在顺治年间进犯中国东北北部边境时，清朝就从朝鲜征集了步枪手，将他们派到中国东北去对抗俄国。总的来说，与俄国之间在北方的往来和冲突，是中俄外交关系的开始。从《罗刹方略》中可以看出，在顺治年间到康熙年间，中国对俄国是十分关注的。罗刹即俄罗斯。后来，清朝与俄国的关系变得复杂起来，康熙二十七、二十八年的时候，中俄之间发生了重大冲突，在今天的涅尔琴斯克（尼布楚）、哈巴罗夫斯克（伯力）交战，由此签订了《中俄尼布楚条约》，开始正式划分中国与俄国的东部边界。这件事使中国人认识到不了解西方是不行的，所以就渐渐开始参考和采纳西洋来的传教士的知识、意见。当时为了让俄国人感到满意，清朝方面做出了让步，签订了条约，以期望能保持和平。此后，俄国人仍然一再来犯，清朝不得不时刻关注北方领土。咸丰年间，著名的史学家何秋涛撰写了《朔方备乘》，从中国人的角度对中俄自古以来的关系变化做了详细的调查和记录。后来，中国再次对俄国做出了重大让步，咸丰十年（1860 年）英法联军入侵中国时，俄国作仲裁，把当时的沿海州全部让渡给了俄方。可以说，中国与俄国的关系，最初是中国方面占优势，后来则渐渐转为弱势。

其后，纲目上还写着"曹廷杰《西伯利亚东偏纪要》手写本"。曹廷杰是对满洲十分了解的人。由于咸丰年间割让了一部分土地给俄国，到光绪年间慈禧太后势力兴起，在这种背景下曹廷杰就到俄国进行了考察，详细勘查了俄国沿海各州，最终写成了这书。曹廷杰不仅进行了政治上的调查，还对俄国历史、户籍制度等方面做了研究。当时的中国想再次恢复在东北地区的势力，但反而再次失势，所以这一时期仍然很注意与俄国的关系。由于中国没有好的地图，在外交谈判时很不方便，于是时任俄国公使的许景澄就整理绘制出了《中俄界图》这样一份中国与俄国的地图。后来，许景澄在义和团事件时因进谏而被杀害。

总的来看，清朝当时在对外关系方面以与领土相关的外交为主。后来，又因伊犁和其他事情建立了更多复杂的外交关系。在中国统一了各民族、扩大了疆域范围之后，开始面临为难、被压制的局面，而压制中国的就是俄罗斯。

七　贸易

接着谈谈贸易的情况。贸易与中国的国势关系紧密，以下便稍加论述。

1. 与日本的关系

日本与中国的贸易关系早在明代就开始了，日本的堺市等地就是因中日贸易而发展起来的城市。那时，中日之间有着密切的贸易往来，从中国输出的主要是药、绢丝一类的物品，从日本过去的主要是铜。日本是产铜的国家，当时有许多与铜相关的贸易。到了中国的清朝，也就是日本的德川幕府时代，两国在长崎进行贸易，每年都有叫"唐船"的中国船只来进行贸易。新井白石在《宝货事略》中对中日之间的铜贸易进行了最早的研究。虽然日本与中国的贸易频繁，但多是单方贸易，日本只是输入。这样的单方贸易维持了几十年，结果使得日本的金银非常匮乏，只能铸造劣质的金银货币，导致金银价值的下跌，造成了经济上的不稳定。新井白石就是在这一时期做了相关研究，对当时日本与外国贸易的关系进行了调查。当时从日本输出的金银数量巨大，给中国的是银和铜。德川初期到新井白石之时，仅八九十年间，就出口了大概两亿多斤铜。足利时代也向中国出口铜，但出口多少，还不能确知。足利时代日本向中国输送铜，用来造钱，这实在是件蠢事。总而言之，日本是产铜国，作为中国铜的供给地，从足利时代就开始了。之后，日本又有《天寿随笔》一书，这本书记载了新井白石之后，即从新井白石时代到宝历年间的事情。从这本书中可以知道这一时期日本输出给中国多少铜，那时的铜是非常贵重的。这样看来，日本与中国的关系，从中国方面看，日本是铜的供给地。铜的输入非常重要，对中国的经济有很大影响，因为中国真正流通的货币是铜钱。虽然有各种银代替铜钱流通，但银也是以铜钱来计算的，以其重量通用，不能作为货币的本位通用，所以只有铜钱是真正的通货。中国的通货的供给者是日本，这是一种很有意思的关系。为此，中国与日本的贸易关系长时期地维持着。当然，日本也因此输入了中国的文物。总而言之，中日双方有着各种各样的贸易关系。两国之间的关系，在《清俗纪闻》《南山俗语考》中有所反映。

2. 与海外诸国的关系

由于与英国贸易上的摩擦，引起了鸦片战争，此后中国的国势不断衰退，也大多是与外国的贸易关系所引起的。不同于与俄国的关系那样以政治关系为主，当时的中国与荷兰、英国、葡萄牙等国都是由贸易往来开始了国际外交。

随着这些贸易关系的发展，在近年出现了一个重大问题，那就是茶叶贸易。席间有我的同僚矢野副教授，他对此有详细的研究，尤其是中国的茶叶贸易在世界上的影响这个大问题。总之，茶叶贸易是清朝对外贸易中的重要部分。此外，清朝也向外国出口药品，如中药中的大黄。但影响最大的还是茶叶贸易，西方人专门设立了茶叶贸易方面的工会组织，为了使中国大量出口茶叶，屡有英国等国的使者来中国。乾隆帝末年就有使者来中国要求进行贸易往来，最主要也是为了中国的茶叶。当时的外国使者带回的中国土产都是茶叶，这在《粤道贡国说》中有所记载。总的来看，茶叶贸易在清朝中叶占有重要地位，对中国经济产生了巨大影响。

中国古代是铜本位，清朝时期真正的流通货币是铜钱。而事实上，在铜以外，也使用着别的货币——银。因为贸易的发达促进了商业的发展，也就产生对更轻的货币的需求。中国在金、元时期就使用过纸币，那时的纸币与支票有同样的性质。元代由官方发行纸币，几乎不铸铜钱，只用纸币。这一时期本来也铸造一些铜钱，但又设立了官方的纸币管理机构，由政府在各地方设立相关的办事处，但这在中国这样政治上弊病很多的国家是难以实行的，于是纸币的价值下降了。现在中国通用纸币，很多人喜欢又脏又旧的纸币，因为觉得它使用了好几年，不可能是假的。但过去的中国跟今天的日本一样喜欢新的纸币。如果把很陈旧的纸币拿到政府银行去，银行是不给兑换的，因此人民不免有损失，所以，他们很不喜欢纸币。到了明代，为了使纸币成为通用货币，政府就收取一种只允许交纸币的特别税种，今天也依旧残存于中国内地各处，即所谓的钞关，只能用纸币交纳通行税。特别是船只通过的地方，设立交纸币的税关。中国内地的税关就变成了通用纸币的机构，采取这种措施后，纸币的流通就多少变得比较广泛了。于是，设立了通用纸币的机构——钞关，这种钞关政策到了清朝仍有残存。从必须专门设立一个机构来使纸币流通的这种情况可以看出过去的中国是非常难以通用纸币的。为了代替纸币，也是出于对纸币不易保存的担心，只有那些看得见摸得着的、什么时候都可以通用的东西，才能渐渐流行开来，那就是银。银在古代是天子给大臣赏赐宝玉等物时一同赐下的东西，开始时并不用于交易，到明代，才渐渐流通起来。白银成了通货，政府由于必须制造一定数量的货币，就不得不考虑银的纯度了。所以，从明代起，对金、银纯度的研究花费了不少心思，如摸、吹、看、听音等等。从明代关于古董的书中可得知银也有各种种类的，最上等的银叫金花银，就这样，银也渐渐有了等级。但明代时中国流通的白银总量还很少。这从明末万历年间的租税总额中可窥探一二，当时全国的租税数额有明确的记录。明朝的税收并不统一，在出米的地方就交纳米，出草的地方就交纳草，万历年间所交银两不过四百万两，可见明代的银是很稀少、贵重的。丰臣秀吉征伐朝鲜时，中国七年时间只用了五百万两白银，但中国朝廷为此却出现了混乱，这也是明代衰亡的原因之一。仅仅是五百万两就引起了朝廷的混乱，所以后来万历年间皇太子结婚时用了一千二百万两，必然造成更大的不稳定。到万历末年征伐满洲，向全中国征收了一千六百万两左右的租税，反而引起了内乱，导致了明朝的灭亡。但到了清朝，白银就大量增多了。道光末年鸦片战争前后，中国的财政中，白银的收入约有四千五百万两，少的时候，也有三千七八百万两。明末只有四百万两，清朝的白银收入是过去的十倍，可见白银数量的增长之多。但说到底有多少白银产自中国本土，实际上却是很少的。清朝以后，矿山最多的地方是云南，康熙、乾隆年间，云南的开矿事业，既有政府行为，也允许民间开发，政府向其收税。关于矿业相关的情况，有一本书，叫《滇南矿厂图略》，记载了云南的矿藏情况。从这本书中可知云南有大量铜矿出产，但银的出产量是极为有限的。万历年间，政府曾在云南挖掘银矿，共开采了七年，这可以算是万历年间可数的重大事件之一。然而七年的时间里，只开采出了三百万两。也正是因为这七年的开采，导致万历的统治出现了很大的弊病。据《滇南矿厂图略》记载，这个地方在之后一直没有再出产银。但到了道光年间，中国的白银总量却增加了，这全是由于贸易而从海外流入的。近日墨西哥白银在中国广泛流通，而在这之前，还有许多的外国白银流入中国。

3. 贸易的影响

《古今钱略》中记载了流通到中国的外国钱币种类，据此可知各种外国货币。其中最主要的是西班牙的钱币。通过这本书还能了解到，外国的货币是如何在中国大量流通的。贸易是这些外国钱币流入中国的主要途径，大部分是药品和茶叶的交易，后来以茶叶为主。因此，到乾隆以前，中国靠贸易获得了非常大的利益。乾隆皇帝在位时可谓太平盛世，统治阶级过着极其奢侈、幸福的生活。国内也没有战乱，财政收入也增多了，与外国进行贸易使得大量货币流入中国，整个国家都富裕了起来。尽管如此，乾隆末年英国使者马戛尔尼来到中国要求通商时，乾隆还是拒绝了他。实际上，中国从对外贸易中获利颇多，中国是在不知不觉中从外国获得了利益，因外来的钱富裕了起来。而之后的情况就反过来了，这就是鸦片贸易。鸦片从明代起就输入到了中国，其中还有从暹罗进贡而来的鸦片。康熙、乾隆以来，南方一直流入鸦片，最初是把鸦片作为药品使用，后来就引起了吸食鸦片的泛滥。滥用鸦片已经在当时的台湾地区显现出了弊端，吸食鸦片对身体非常有害。尽管如此，还是有大量鸦片输入。就这样，至道光末年，每年由茶叶出口而积聚起来的银钱却不得不因为鸦片的贸易而流出，从而引发了财政方面的危机。此前变得低价的白银又再次贵重起来，银价高涨就造成了政府财政的困难。以往中国政府收税的方法是在民间先交铜钱，中途换成白银，而中途兑换时，如果汇兑行情大变，政府就会受到损失。当时的中央政府由于兑换银钱的行情变化，经常受到严重损失，这也是道光以来中国国力逐渐衰落的原因之一。由于这些情况，统治者也渐渐感受到了鸦片的危害，为了杜绝这种危害，就有林则徐虎门销烟一事，引起了动荡，最终发生了鸦片战争。虎门销烟在《中西纪事》《粤氛纪事》《夷匪犯境见闻录》《海外新话》以及《溃痈流毒》等书中都有记载，这些书对日本产生了重要影响。《夷匪犯境见闻录》的手抄本传入日本时，很快就被翻译成了《海外新话》，是由岭田枫江在嘉永年间翻译的。他去过北海道和东北地区，曾在我家短住，我父亲与他见过面。当时我父亲十三岁，他二十八岁。岭田枫江在年轻时对日本北方与俄国的疆界就非常关注，在那时就是个有识、有志之士，一读到《夷匪犯境见闻录》，就觉得此书十分有价值，便将其翻译成了《海外新话》。但在德川幕府时代，这样的书与幕府的精神意志是不统一的，于是被下令不得再版，还把岭田枫江驱逐出了江户，赶到上总，后来他一直活到明治二十几年。在《海外新话》中，他很有见解地提出必须注意贸易关系和外交关系，他的思想对之后的日本有很大影响。但在当时的中国，知道《夷匪犯境见闻录》这个书名的人寥寥无几，这本书在中国就是处于无人问津的状态，反而传到日本后引起了极大注意，并在日本人加强对西方人的警戒方面起了很大的作用。可以说，日本人总是对周围的事情十分敏感，这种敏感也为后来的发展带来了好处。除了《海外新话》，日本当时还出现了另外一些类似的书籍。鸦片战争时，中国宁波的乍浦有人写了《乍浦集咏》，这不是一本关于鸦片战争的书，而是与乍浦当地相关的诗集，其中收录了一些有关于鸦片战争的诗。这本诗集传到日本后，便引起了日本对鸦片战争的关注，很快就在日本多地同时出版。当时日本有名的学者伊藤圭介、小野湖山，还有其他人，都同时组织出版了《乍浦集咏》。这些书籍的出版都体现出鸦片战争给日本人带来的冲击，许多学者都意识到，在此种境地之下，日本也必须考虑这些问题。当时社会上的这种舆论为日本维新运动的兴起产生了一定的积极影响，这也成为后来日本逐渐强盛的原因之一。要之，中国在贸易关系上的转折，与日本产生非常的关系。也就是说，就引起日本的隆兴而言，渐渐地各种关系来来回回，都与日本自身产生直接的关系。如前所述，满洲统一成为满语兴盛的原因，而满语又给日本的国际关系以影响。从贸易方面讲，中国的贸易影响也关系到日本的国势。

　　刚才说到了各种钱币，别室也陈列了它们的样本。咸丰年间太平军起事，中国财政困窘，于是也发行了纸币。别室也陈列了这种纸币的样本。财政困难期间，为了节省，政府常常会造大钱。日本在财政困难的天保年间就造过天保通宝，一个相当于百文，所以叫"当百"。咸丰年间造了相当于五十文、一百文的大钱。这种事情只在财政困难时才会出现。在内乱兴起时，财政更加困窘，也就会出现这种事。清朝的钱形制多样，这里有一本《制钱通考》，与各种钱币同时展出。今天的讲演就讲到这里。

第三章
外国文化的输入

一 明代天主教传教士的到来

今日将要谈论清朝时期外国文化的输入情况。

中国很早就有自己的文明，对外国的文化很有影响，这在中国与日本的关系上便能看出来。但中国之大超乎想象，缺乏稳固的国民性，使其面对外国文化的传入往往采取比较包容的态度，不像日本那样国家主义的言论喧嚣纷扰，所以中国能够很自由地接纳外国的文化。更早的时期，如元朝，统治中国的君王并不是汉族人，上述所说的情况就更加明显。元朝的蒙古在统一中国之前先是征服了融汇中亚的各种文明的西域地区，因此，蒙古人是在接触了这些文明之后才来到中国，了解到中原文明，虽然认为中原文明有其特色，但也未必把中原文明放在至高的位置。可以说，元朝把中亚文明和中国文明等同看待。而在对人的待遇方面，中亚的人还比汉族人高一等。清朝的统治者也不是纯粹的汉族人，但与元代稍有不同，满洲人从在中国东北时起就已受到了中原文明的强烈影响。在统治中国之前，满洲人只不过是征服了蒙古等地。因此，清朝对中原文明的重视程度比元朝时高得多。满洲人也是外族人，所以，某一时期曾积极地探索中原文明以外的文明。恰好从明末开始，欧洲文明不断传入中国，明朝万历年间有传教士利玛窦来华。实际上，来中国的传教士并不是此时才有的，元朝还在蒙古时，就有旧教的传教士到来。此外，无关传教，明代中叶的正德年间，广东地区间或也有外国人来进行贸易。外国商人和传教士不断来华，利玛窦便是其中一位，而他带来的深远影响值得特别记述。

自利玛窦以后，不断有各种传教士来华，此时的传教士开始学习中国语言和中国的学问，致力于找到中国学问与天主教教义的统一性。其结果，利玛窦这类传教士在中国学者中得到了有力的信徒，最有名的就是徐光启。徐光启是今天中国上海县人，学识相当渊博，此人原本是利玛窦的翻译，后来就皈依了天主教，研究各类学问，并取了"保禄"这一教名。此时，传教士在中国传教较为顺利的原因是，他们在欧洲旧教的学校里所习得的各种学问，如天文、算术等知识，正是当时中国学问中最欠缺的部分。明朝的历法是沿袭元历而来，编排紊乱。元代著名的历算学家郭守敬，为了观测天文而制造的仪器，至今仍被安置在北京。原有两个，前些年北清事变，一个被法国拿走了，一个被德国拿走了。法国拿走的后来归还给了中国，而德国拿走的则一直没还，所以，今天只剩下一个。这可以说是非常精密的观测仪器。郭守敬被认为是天才，他参考当时西域地区使用的历法，确立了元历。又过了很长一段时间，历法才影响到日本等国。在德川时代贞享年间日本才开始受到此历法的影响。由此可以看出，日本是非常晚才有历法的国家。贞享以前一直使用唐历，虽然与日食、月食偏差较大，但被一直沿用。直到四百年后的德川贞享年间才开始用元历。此后中国在历法上又经历了种种改革。明初，明太祖也非常重视天文、历算，从中亚聘请精通蒙语的人来从事天文工作。因此，明朝是以此为基础来制定历法的，此历法也一直被沿用至万历年间，但此时的明历又相当不准了。如历书写着今天有日食，但当日并未发生此现象。此外，季节也产生偏差，动不动就误差两三天。最明显的还是对日食的观测，在预计的时间里没有出现日食，这是一般人也可以认识的错误。因此，修正历法在此时变得急切且必要，而近年从西洋来的传教士们恰好又掌握天文算法知识。他们虽然只是在普通的欧洲宗教学校里习得了一些内容，但也懂得历法计算。因此，他们通过传授这些知识给中国人，进而获得一部分中国人的信任。前面说到的徐光启，还有李之藻，都是引导西洋历法传入中国的主要人物。

此后，地理学相关的学问也极大地得到了发展。在此之前，元朝以来的地理学知识，完全没有对于西洋的概念和认识。利玛窦来华时期的欧洲正处在到世界各地开辟新大陆的时代，因此，正是这些经历了新发现，又掌握了新知识的传教士来到了中国。新知识中有比较精密的地理学知识。利玛窦来华后，中国首次制作了《坤舆万国全图》。这对东洋的学术造成了重大影响。其中有几部传入日本，现在的中国已经看不到这张古地图了，但幸运的是京都大学保存着一份完整的图，这是闲谈。对日本人德川时代三百年间的学术发展而言，这张万国地图发挥的作用意义非凡。大家熟知的新井白石是德川幕府中期学识十分渊博的人，他很早便开始关注当时的世界形势，被认为是复兴学术的著名人物。据说此人很早就听闻利玛窦绘制了万国全图。新井白石接待来日本的朝鲜使者的事非常有名，在一次笔谈中，当新井白石提及利玛窦的《坤舆万国全图》时，朝鲜人却对此毫不知情，所以只能适当应付回答，这些事都记录在新井白石与朝鲜人的笔谈中。不可思议的是前几年我竟在朝鲜发现了关于这些笔谈的书籍。这应该是通过日本人传到朝鲜去的，恐怕现在已传入朝鲜总督府的手中，可以确定的是，那个与新井白石笔谈的朝鲜使者叫赵泰亿。此人死后，他收藏的东西都一一卖掉了，其中有新井白石及其他日本学者所赠的诗文。与新井白石的笔谈也被卖掉了，幸运的是唯独新井白石所写关于《坤舆万国全图》的这一张纸还保存着。大概是朝鲜人出于对新井白石的学识的敬佩，所以特意留下笔谈中的这一张纸作为收藏。不仅在日本，即便放眼当时的东洋诸国，新井白石也是走在时代前列的大学者，他注意世界形势的原因，就是源自利玛窦《坤舆万国全图》这样的东西。今日的朝鲜被纳入日本的版图①，使日本人可以重新发现这份珍贵的笔谈。

《天学初函》的影响也很大，这是一本与天主教有关的书籍。当时天主教的传教士们非常希望可以在中国建立一个欧洲那样的大学。后来有《西学凡》这本书详细介绍了欧洲大学的结构，如理科大学对应的课程内容，宗教大学对应的课程内容，或者医科大学应该教些什么，并急切希望能够建立起一所这样的大学。但因明朝的迅速灭亡，此事未能实现。而中国人也开始意识到这一问题并加以考虑，他们把天主教中拜天的仪式与中国传统的祭天看作同一件事，如此一来，天主教被认为是西洋的儒教。因此，利玛窦也被当

_____

① 1910 年 8 月，《日韩合并条约》签订，日本正式吞并韩国，实行殖民统治，1945 年 9 月日本投降后，该条约才被废除。——编者

作西洋的儒者来对待。利玛窦在中国滞留了很长时间，出版了不少作品，致力于教化当时的中国人，最后在中国去世。他以后，仍然有许多传教士来华，这时已经有了关于天文学方面的著作。随着天文学的发展，开始有人指出朝廷天文台的错误。这样，西洋传教士与中国学者发生冲突在所难免，特别是那些在天文台任职的中国天文学家的利益受到了损害，对此传统的儒教学者并不在意。因为被西洋历法家批评，会被认为是自己的失职，因此，引发了许多论战。

二 明清之际历算家汤若望及其他传教士

明末来华的汤若望（Adam Schall）非常精通历算，他常常与中国天文学家发生争论。那时相信西洋天文学的中国官员聘请汤若望为掌管天文的官员，此事也曾遭到强烈反对。按常理来讲，这是天文方面专家之间的争论，一般人并不能辨别是非，但有趣的是，对于天文学上的专家争论，外行人不是不可以判断是非的。最简单的方式就是可以依据测量日影来判断是否正确。如某年某月的正午，在地上立一若干尺的杆，测量其影子的长度，就可以知道对还是不对。如此一来，复杂的问题通过简单的方法也可以做出正确的判断。以此来判断正误，可以说是一个外行人都能理解的最好的方法。为此汤若望做了充分的准备。今天在别室陈列的物件中，就有一件汤若望自制的日晷，这是如今正在京都的罗振玉带来的。它的制作原理就是立起一件东西，依据它与日影的角度来计算时间。使用这样简单的仪器便可以做精密的判断，但如没有这仪器，外行人立一根杆子也可以测量日影。当时传教士很受中国人信任，此方法就渐渐流传开来。但如前所说，直到明末，争论一直没有停止。汤若望也曾一时失败，入过监牢。

当时的西洋传教士，十分热衷历法研究，甚至忘记自己的本职。另一方面，当时对传教士的政策仍然是宽松管理，各地方都有许多传教士进入传教，后来遭到中国一些学者的抵制，才被迫全部撤离。《破邪集》就是当时传教士撤离情况的记录汇编。当时在南京的传教士们虽然被命令全部驱逐，但还是有以各种理由而没有遭到遣返回国的传教士，他们继续留在了南京。

现在日本所藏的《破邪集》是水户版，现在大多数中国人不知道此书，或许也已是不传之物了。

受到迫害一方面是因为传教，另一方面，明清之间的战争开始运用历法算术。传教士来华的主要目的是传教，但因为他们知晓天文、机械等知识，而中国正需要制造枪支，所以，传教士们就受明朝政府的委托，帮助政府制造枪支，后来甚至负责制造大炮。这些热兵器在与清朝的激战中非常有用，阻挡了清军的进攻。此时清太祖率领的满洲部队用的还是弓箭，而明朝当然也是以弓箭为主，由于清兵的强悍，明军接连败退。结果，清军逐渐取得了辽河以东的地区，随后继续向辽西扩张，占领了辽西的大部分地区，直至宁远附近。当时屡战屡败的明朝不得不考虑用传教士制作的新式武器进行抵抗，于是成功阻挡了清太祖击破宁远城，可以说是十分奏效。当时守城的名将有袁崇焕，最近的《大阪每日新闻》报道，此人是袁世凯的先祖，是一个十恶不赦的人，北京人都非常憎恶他，恨不得要烹吃了他。就事实而言，确实有很多人憎恶他，而他却未必有那么坏。而且，当时在战争方面像他那么有名的人几乎没有。最开始是袁崇焕向明末的天子建议：必须要有战争的准备，才可以应付战争；如果天下太平，则必须有和平的准备。当时，像他一样提出有备而战的将领几乎没有。此人出生于广东，年轻有为，年仅二十七八岁便担任宁远守城的重任。清太祖攻城时，认为面对的还是像往常一样的明朝军队，一路前进。刚开始时袁崇焕不事声张不予还击，等到清军兵临城下，突然一齐放出西洋人制造的火器，才大破清太祖的军队。宁远的失败使得百战百胜的清太祖丧失信心，甚至有传闻说他自己当时也受了伤。那时，有一个亲身经历了此事的朝鲜人，在他的书中写道，清太祖感叹明朝的军队突然变强，十分沮丧，最终染上疾病不治而亡。总之，袁崇焕在宁远给了满洲人一次沉重的打击。这次战役的胜利，袁崇焕的战略部署自不必说，但主要功劳应归于西洋的火器。而与之对抗的满洲军队后来击败明朝军队时，也开始使用西洋火器。昨日的讲演中有说到，曾有一支山东地方上的部队投降清朝，即在现今朝鲜西海中的离岛上，毛文龙所率的一支部队，他们归降了清朝。毛文龙虽然是大将，但更具有流氓地痞的特质，其部下也以此类人居多。此时明朝的军队都配备了火器，毛文龙的部队也不例外。因此，他是清朝背后最大的隐患。他以两三万的兵力，常年驻守离岛，却总是要求朝廷支给十万人的军费。他是一个讲义气的人，并没有把这些多余的军费私吞，而是与部下一起过着十分奢靡享乐的生活。但他能够不时从背后威胁清军，十分重要。当时袁崇焕考虑到长期的战争对军费的需求过高，必须强化管理，于是命令毛文龙到现今旅顺西面的双岛湾，随即将他除掉。毛文龙被杀后，他的部下便拿着火器投降了满洲人。此外，清军还用各种办法奖励火器的制造，同时也鼓励制造火器。不久，清军也配备了西洋的火器。当时的火器被叫作大将军，是一个很奇怪的名字，如大炮叫红衣大将军。此"衣"字是从"夷"字而来，清朝不喜欢"夷"字因而改为"衣"字。总之，火器的使用使清军有了对抗明军的力量，并最终战胜了明朝。因此，可以说，明末的传教士在其中做出了莫大的贡献。卫匡国著《鞑靼战纪》十分有益于今天的我们了解当时这些情况，京都大学所藏的这本书因其出版年代久远，十分珍贵。

上述内容是传教士来华以后与中国政治方面产生的种种联系，接下来简单论述学术及其他方面的影响。西洋人来华后，要学习中国的语言，而中国人也要了解西洋发生的种种事情，因此，对于新的音韵学的需求便产生了。有人很早便注意到这个问题，明末时，一个中国名字叫金尼阁的人作了一本名为《西儒耳目资》的书，也在别室陈列，这是一本用罗马字研究中国话发音的书，随着翻译事业的进步，这类型的书是十分必要的，而它又同时推进翻译工作。

如此一来，西洋学术也渐渐走向进步。清军入关后，政治方面的首脑全部改变，而之前因为其天文学家身份遭到迫害的汤若望也迎来了他一生中的全盛期。此时，在历算方面汤若望受到极大的信任，因此，清朝的历法是以西洋历法为基础而设立的。利玛窦、徐光启、汤若望的肖像，在克鲁赫儿所写的关于中国的书中有记载，现在也在别室展出。

三 历算的成功者南怀仁

随着越来越信用和接受西洋历算，等到康熙年间，南怀仁（Verbiest）

取得了最大的成功。如前所述，康熙帝个人极其醉心于西洋学问，又立志于统一各民族。因此，不仅仅重视中国学问，在尊重中国学问的同时，也接纳西洋的学问，在朝中大量任用洋人。南怀仁就是在此时受到了康熙帝的重用，在此之前，清朝一直是使用元朝的观测仪观测天文的，康熙却命令南怀仁制造新的观测仪。于是便有了今日放置在北京天文台的观测仪，直到北清事变前一直这样保存了下来，北清事变时两个观测仪分别被法国和德国拿走，由于德国始终未归还，就造了一个小的观测仪以补全，但现在保留的大部分仍是南怀仁当年制造的。此后，专设钦天监一职掌管天文，除一个中国人任钦天监正以外，同时还需要一个外国人担任钦天监正，这逐步演变成为一种制度，持续至道光年间，即直到鸦片战争前一直维持着这个模式。由此可见，清朝在天文上的制度是必须有一个外国人作为主要负责者的，这对中国学问造成了持续的影响。像天文、数学这样的学问无疑是受到影响最大的领域。因此，中国学者中出现两派，一派以研究自己国家的数学为主，另一派则开始研究西洋的算术。最具代表性的作品是梅文鼎的《历算全书》，这是中国人研究西洋数学的集大成之作。

四　康熙乾隆年间的地理探险及外交（传教士的任用）

康熙帝从此时便开始意识到，相较于中国人，西洋人具有更精密的、实用的知识，他想在其他的学问领域以及政治等实际工作中利用这些知识。推动地理探险并绘制地图便是其中之一，这也是天文学发展的结果。在此之前，中国绘制的地图不够精确，甚至可以说是十分奇怪。当时的制图方法以十里方圆为单位作为一基本方格，再在里面写上地名，合起来就算是地图。由于中国的天文学发展较慢，所以长期以来不注意测量土地的经纬度。但从康熙帝时开始懂得以经纬度来确定主要城市的位置，定下城市的位置就确立了地理的基准，然后才开始制图。这样的做法自然是效仿西洋，中国人按照此办法，终于绘制出了一系列新的地图。但在实际制图之前还有许多不太容易的准备工作需要布置，如要事先派遣大量具有地理相关知识的人，一部分是西洋人，深入到中国内地，包括到蒙古、中国东北等地区。从康熙到乾隆年间，甚至还派人前往至中亚等地区，类似的派遣活动一直没有停止过。经过了这些大量的准备工作，才绘制出了新的地图。此外，还有一些西洋人不能进入的地方，如西藏，这时就把极其简单的地理知识教授给一些有文化的蒙古人，让他们去西藏，并安排西藏人做他们的向导，从而绘制西藏的地图。可以说，中国真正有比较准确的地图是从这时候开始的。这不仅是中国绘制最早的准确的地图，而且此后很长一段时间里也没有这样的地图出现。当时的地图的精密程度达到一个顶峰，后来又逐渐退步。康熙年间的地图是因为有了西洋人的参与才如此精密准确，而道光以后历代所制的地图，则又向原来中国传统的绘图风格靠拢。现在，若是想要了解中国大体的地形，依据康熙年间的地图仍是最好的选择。此后虽然出了许多关于中国地理的书籍，但西洋人仍然都是依据当时所制的地图来考察中国的地形。这些地图，是由前述派遣到各地去的人首先分别绘制了不同地方的地图，最后由法国出版社整合并出版发行，被称为"唐维尔的《中国新图集》"。京都大学有收藏，现在别室也陈列着。此外，还有杜赫德的《中华帝国全志》也正在展出。这些地图以满文编写最早的底本，我在奉天的时候见到并拍摄了照片，小川教授在北京也拍了照片，现在也在别室展出，这是最早的底本，以此为基础，西洋人加上罗马字，运回本国。现在中国又做了汉字本的。此外，在康熙年间制成的地图，分为分图和全图两种，我们手中所有的，只是分图。分图上并没有表示经纬度，但却十分精密，一眼看去，描绘的山脉是最醒目的。以往中国的地图不重视山脉的描绘，只是会在有山的地方写上"山"这个字而已，而康熙年间绘制的地图是有山脉的。但这也只出现在康熙时的地图上，等到乾隆以后的这些地图，又回到用一个一个分散的符号来表示山，而不画山脉了。因此，运用西洋技术而绘制的康熙年间的地图是最精确的地图。在此之前，特别是关于中国东北、蒙古的地图都十分幼稚。我们大致也可以想象得出来当时地图有多么幼稚，幸运的是，前几年我在北京发现了这种地图，并全部誊抄，连续工作了三四日，补上了这些地名。现今看到这些地图时，就可以知道当时的地图是多么简单且不准确。后来，通过西洋人的知识和技术，地图的制作方式得到了大大的进步。现今的西洋人也仍然以那时的地图为依据，深入到中国的某地方进行探险活动，绘制出更加准确的地图。另一方面，中国在制图上的技术则渐渐退步，到清朝末期不得不重新总结西洋的方法。总之，康熙年间的地图已非常准确，与此相关的东西都在别室陈列。

其次洋人也被任用在外交方面。如昨天说到清朝在与俄国交涉时，急需掌握西洋知识的人。当时派了内大臣索额图去黑龙江对抗俄罗斯，同时，又派遣了中文名叫徐日昇、张诚的传教士作为参谋官同往。因此，在俄罗斯与中国的国界处所立碑的碑文上除了俄罗斯语、汉语，还有拉丁语。在中俄的界碑上刻上拉丁语，显示出此事与西洋传教士的密切关系。

值得注意的是，康熙帝在处理重要事务时大量使用西洋人，乾隆帝也继承了这一习惯，让他们帮助制作地图等。但如前所述，乾隆年间是十分富裕的时代，除了重视实用技术以外，也极大推动了享乐方面的文化发展。

五 西洋艺术的运用

1. 绘画

当时在艺术方面任用西洋人也是一个特别的现象。康熙帝时当然也有大量西洋人被用于艺术方面，康熙年间的《耕织图》就是著名的事例。按照中国古代的传统，体察百姓民情是天子的工作之一，所以，天子为表示体恤百姓的辛苦，命人画《耕织图》。元信的画在京都的寺庙中多有出现，大多描绘的是百姓耕种的图景，《耕织图》画的也是与此类似的东西。康熙帝推动中国人开始学习西洋画的技法便是从《耕织图》开始的，焦秉贞便是学习西洋画法的中国人之一，这图就是他画的。之所以说这幅画运用了西洋画的技法，在于它使用了透视法，可以把远近的事物清楚地区别出来的画法被称为透视法。传统的中国画往往不会运用透视画法。而焦秉贞在绘制《耕织图》时应用了西洋画法，远近不同的特点在图画上完美呈现出来。康熙非常喜欢焦秉贞，让他画了许多画，只不过他的真迹现在流传不多，所幸近年来（对中国人来说是不幸）因为社会动乱和爆发革命，这些东西又变得有可能见到。此外，著名的《南巡图》描绘了当时康熙帝到江南地区巡幸的情况，用的也是远近画法。这一点可以说是学习了西洋的特殊画法。罗振玉收藏着这幅《南巡图》。此外，翻译出版的外文书中也有关于西洋画透视法研究的书。这与当时中国人热心学习西洋画法是密不可分的，因此，康熙年间绘画方面的进步非常显著。当然，西洋画对中国画的影响在此之前就一直存在。

这里的顺序似乎有些混乱，"A"的地方写着"自然的感化"，如前所述，明末随着大量西洋人来华，许多西洋画也传入中国。而且，因为大多数来华洋人又是传教士，他们建立天主教堂后，接着就画壁画。此类壁画必定是西洋风格的壁画，如此精美的壁画也一定会影响到中国的绘画。其中吴历这个画家受西洋画影响最大。吴历是清初六大画家中的一个，此人的画大多数都运用了西洋画法，当然他也有没运用西洋画法的画。吴历有一幅画叫《枯木图》，被一位名叫大原的人收藏，就是运用了西洋画法。今天，我借来也放在别室中展出。据传记及其他资料可知，吴历与天主教的关系密切，因为他本人信仰西洋宗教，曾去当时西洋人最集中的地方——广东的澳门旅行，并记录下了沿途的所见所闻。他的书信真迹也在别室展出着。这是一封写给当时有名的画家王石谷的书信，王的出名程度在清朝几乎无人匹敌，从这封书信的内容上可以看出吴历是信奉天主教的。信的内容大体如下："忆在苏堂相会，计有二十余年，人生几何，违阔如是！仰惟先生之名与智，杰出于众，但百年一着，为之备否？若得今忘后，得地失天，非智也。为君计之，朝斯夕斯，省察从稚至老，纤愆无遗，盖告解时口心吐露而愿改，解后补赎得尝，虔领耶稣圣体、兼领圣宠，以增神力，即有升天之质。"吴历写了这样一封信给王石谷，王并不信奉天主教，而他则完全把别人当作天主教信徒来对待了，可见吴历极其信奉天主教。因此，毫无疑问他的画也受到天主教的影响。有幸今天我们能够看到他的真迹，也是十分有趣的一件事情。此外，还有一位画家甚至影响到了日本，就是黄檗宗画观音的陈贤。每当我观察黄檗宗陈贤的画，也感到多少受到过西洋画的影响。可见，不仅仅是吴历，当时有直接接触西洋人的中国画家多少都会受到影响。

如前所述，到康熙年间，天子推崇西洋画，因此，在中国人中西洋画受到的关注逐渐提高。后来，还出现了另外一种十分有趣的现象，即西洋画家又反过来学习中国风格的画法。意大利人郎世宁就是著名的例子。他是康熙中叶到乾隆中叶的人，最后在中国去世，是在中国的西洋画家中最有名的人。他的画至今留存有许多，京都大学也有收藏。最初他是作为西洋画家来华，在中国滞留长达六十余年，一直致力于学习中国画，画中国画。根据中国的记录，他能画中国的山水画。西洋人画中国画，一般会被中国人认为画得缺乏书卷气，但郎世宁所画的画，却受到中国人的赞赏，认为是表现出了所谓的书卷气。以今日的眼光来看，他尤其擅长写生，而山水画则并不是那么突出。总之，能学习中国画的西洋人是非常不同一般的。当然，郎世宁的西洋画也画得很好，据《竹叶亭杂记》记载，康熙、乾隆年间有四大天主教堂，即东堂、西堂、南堂、北堂，其中南堂的壁画就是郎世宁绘制的。此壁画完全运用西洋画法描绘而成，画上的人物栩栩如生，深浅远近也十分清晰。由此可见郎世宁的西洋画功底。那他为什么又对中国画感兴趣呢？大概是因为受到乾隆的信任，画了许多乾隆帝御用的画。此外，郎世宁只是当时画中国画的西洋人之一，但确是最重要的那一个。

以往历代的中国朝廷都会设置画院，从康熙到乾隆年间也仍然有这样的画院。清朝画院的名称叫如意馆。天子召集自己喜欢的画家，供养在如意馆中，郎世宁就是其中一个。此外，还有许多画中国山水画和写生画的人也被供养在如意馆内，乾隆年间最为壮观。在宋徽宗时开始设置画院，相应地形成了一派具有画院风格的画。明代宣德年间也设画院，画院里的许多画家也形成统一风格。此时主要是以帝王喜好玩赏的东西为画的对象，只注重有趣和漂亮，而不讲究气韵、个性等，画院画便逐渐形成这种倾向。清朝的画院画延续了这一倾向。即使其中有民间的山水画名家，能画出气韵高超的画，一旦进入宫廷，奉天子之命作画，也画成了画院风格的画。只要对照画院画家的画与其他画家的画，就可以看出明显的不同。此事在讲清朝书画发展时，还将讲到。值得注意的是，在此时的宫廷画院中，西洋人占有重要的位置。陈枚、郎世宁、吴历等这些画院画家的画，别室也正在展出，可供参考。他们的绘画是中国画院画的代表作，不可否认，这样的画风也极大受到了西洋画的影响。

2. 铜版画

在美术工艺方面也体现出外国文化的影响，其中最具代表性的就是铜版画。日本的铜版画是从西洋传入的，司马江汉将它移植到日本，从而成为日本画法的一种起源，一直被积极地延续下去。铜版画传入中国的时间要比日本早。刚开始时几乎全由西洋人所作，后来就有了中国人自己制作的铜版画，因此可以说不完全出自洋人之手，这么说是有依据的。乾隆年间铜版画比较盛行。乾隆帝是一个在任何事上都喜好夸耀的人，比如征伐期间获得了胜利（当然，中国所谓的战争胜利具有十分含糊的意义，只要达成和解就被认为是胜利），因为战争胜利就要写诗纪念。如果是更大的胜利，便会在大学里勒石竖碑。值得注意的是，中国自很早以前，就有战争胜利后在大学里庆祝凯旋的习惯。今日的日本，大概仍会对此感到不可思议，而中国一直保留有这样的习惯。当时相当于大学的地方被称为"辟雍"，在这里进行战争的凯旋报告。等到乾隆帝时又提出立碑这样的新事，即征伐某地取得了胜利以后，如征伐伊犁获胜，就把凯旋的报告刻在石碑上，立于大学内。因此，对于喜好夸耀的人来说，只要出兵征伐取得胜利，就不仅要在大学里勒石竖碑，还要描画出来。再加上因为传教士会制作铜版画，就命他们绘制，由此铜版画得到发展。今天在别室展出的铜版画，有最早的和比较新的一些。最早的应该是西洋人画的，绘制时把中国人的衣服画成西洋的样式。另外，落款的年号也是用西洋字写的。早期是由西洋人教中国人铜版画，后来中国人开始自己画。因此，道光年间的铜版画，其面容就近于中国人的脸了，山水也呈现了中国的风格。但此后，铜版画也逐渐走向衰弱，其样本在别室也有陈列。中国铜版画的出现在一定程度上可以说只是为了天子的享乐，其普及程度并没有日本广泛。但由于是为天子所做，因此，成品都十分出色。

3. 玻璃器

其次，所谓"乾隆玻璃"仍然是一个谜团。我曾就此事询问过罗振玉等中国学者，他也不太清楚。但它近年来在西洋备受推崇，因而出口到西洋。我的友人中川忠顺，从去年到今年远赴波士顿进行美术鉴赏调查，在那里展出着乾隆玻璃，但他也没能完全搞明白这东西是什么。但毫无疑问的是，这个在波士顿的东西确实是由中国人在中国造的，而不是洋人所造。它被称为"乾隆玻璃"，但实际上是在不同的时代制造的，从康熙到乾隆年间的都有。我曾到中国的日本旧货店去询问此事，传说产自山东博山地区。不过，我至今对此仍将信将疑。因为未能发现有关这方面的文献记载，这些口头传说并不完全可信。但西洋人认为那是当时中国风格的玻璃，比今天的玻璃更珍贵。总之，时至今日这仍然是一个未解之谜，幸运的是我们可以通过实物进行观察。

4. 音乐

不可否认，音乐方面也受到西洋的影响。如果今日我们到中国去听音乐的话，会有一种叫"洋琴"的东西，因为取名为"洋琴"，所以大概是受到西洋音乐影响的产物吧，虽然我个人对这件乐器的声音不太喜爱。另外，据中国相关文献的记载，中国人确实曾经研究过西洋音乐。康熙是一位对音乐非常有兴趣的天子，他命令编写了《御制律吕正义》一书。原本中国音乐有十二律吕，以第一个音为基准有十二个音调，这个基准又被称为黄钟之宫。那么，这到底是什么样的基准？历代音乐家为此争论不休，作《御制律吕正义》的目的就是为了给它在学术上做出定论。这时中国人与来华的西洋人共同研究，因此，就有了《律吕正义》续编，其中便记载了西洋音乐的内容。清朝在与俄罗斯外交时，任用过葡萄牙人徐日昇，他对音乐十分精通，向中国输入了西洋音乐。他用丝的音调的高低与声的高低相和，叫和声，并以和声为基准论述音乐的原理。后来，又有精通音律的意大利人德礼格来华。这两人的理论看来大体是相同的，并没有很大差异。此后，便根据他们的理论来记录西洋音乐，画出横线书写乐谱，使用西洋音乐中的符号，续编中的这些研究都是关于西洋音乐的。由此可知，在康熙年间作为对中国音乐的参考，研究西洋音乐的风气十分盛行。这是皇帝在研究上的想法。此外，有一些对西洋音乐感兴趣的人。如《圣武记》的作者，有名的历史学家魏源，他为了研究西洋学问专门赶往澳门（这就像日本人到长崎去了解西学一样，中国人一般是去澳门）。魏源来到澳门后，有一次应邀到一个西洋人家中去做客，当时一位美丽的西方姑娘为来客弹奏了钢琴。魏源听后十分激动，作长诗一首。西洋音乐在那个时代是非常时髦的。我们很难去推测魏源研究西洋后得出了怎样的结果，但至少他对于西洋十分佩服。通过皇帝和这些人的研究，渐渐地把西洋音乐带到中国人当中。但今日中国的音乐仍然是纯粹的中国音乐，这大概是因为古老的国家即使研究外国的东西，也只是把外国的东西内在化罢了，比如即使对西洋的东西进行研究，也只是停留在兴趣层面而已。

5. 数学的发展

数学方面，本人是门外汉，因此不能说得十分清楚。前文谈及，中国人出版的有关数学的书籍受到西洋的很大影响。这不仅影响了一批中国数学家，对历史学家、经学家也造成潜移默化的影响。西洋数学盛行的结果，使得有必要研究天文历算的经学家、历史学家的目光都转移到这上面来了。因此，出现了对西洋数学十分精通的中国学者，例如用它来推测日食。据历史学家说，在成吉思汗统治中央亚细亚时，有长春真人不远千里应邀去成吉思汗处，途中看到了日食。据此，中国的历史学家曾尝试计算出当地的经纬度，并推算出此日食是自古以来众多日食中的哪一次日食，以及其地的大致位置。这些记载体现出此时受到了西洋数学的影响，但从另一方面来说，中国人一般偏向保守，认为不仅西洋有数学，中国在很早之前就有数学了，于是也推动了中国古代数学的研究。但中国古代数学实际上并不能算发达，然而因为中国人自认为是高度发展的，所以对于中国数学的研究者也越来越多，中国的数学也得到一定的发展。不可否认，一般中国的学者都多少受到西洋数学的影响，后来，中国还出现了像李善兰这样有名的西洋数学的大家。他活跃于道光年间以后，翻译引进了许多西洋数学书籍，直到现在人们研究的西洋数学书籍，多数还是经此人之手写成的。

中国数学学者活跃的同时，由于中国外交上的关系，特别是鸦片战争爆发后，通过林则徐等人的引导，出现了《瀛环志略》之类的书籍。同时在日本也有翻刻出版此类书籍，在维新以前，因其对于了解西洋知识有用而被广泛阅读。还有《海国图志》，对日本人了解西洋知识也有密不可分的关系。

此外，根据小川教授提供的资料，今日的别室中还展出了地质学方面的一系列书籍，这些书都是鸦片战争时期的中国人关注西洋情况，然后翻译出来的，同样对日本了解西洋起到很大帮助。因此，可以说上述情况极大促进了日本西学的发展。

6. 兵器

其次，兵器方面这里也简单论述。以往的讲义中已经涉及一些清朝初期的兵器，而清朝末期对西洋兵器的利用，是从太平军暴乱开始的，具体来说是李鸿章委任英国戈登将军指挥作战的结果。那时运用西洋兵器的结果，使得西洋兵器迅速地传到了各地军队中，但也因为西洋兵器的广泛传播，使得清朝走向了灭亡。明朝也是相同的情况，明朝方面为了抵御清兵使用西洋武器，其结局是招致了自己的灭亡。而清朝利用西洋兵器的结果，使得湖北出现骚乱，最终迎来灭亡。

7. 中国与日本采用西洋文明的异同

以下写的是"与日本的采用的异同"，就此而论，自古以来中国就积极采用西洋文化，但在与本国学问融合的时候往往未能很好地结合在一起，而未能形成中国人自己的思想。其原因：一方面是中国本身有古老悠久的历史文明，这极大阻碍了外国思想的吸收；此外，面对外国文化时接纳方法也各有不同。日本庆长、宽永年间之前的历史暂且不提，一般认为西洋文化的输入是从第八代将军时开始的。当时，也与中国一样，最早从采用历算开始，此后，日本民间西洋学术盛行开来时，中国则致力于研究形而上的西洋数学，而日本则在医学、实验科学方面有所发展。日本今天发达的西学基础是由杉田玄白等人打下的。他们当时都是医生，后来，他们又向别的方面发展自己的"业余"事业，从事地理学、兵学等。德川时代末年的医生，有的是兵学者，还有从事其他各种行业的，但其事业基础是医学，中国往往与此不同。作为君主的个人喜好，中国的历算和艺术得到发展，以此入手，这些都是远离人民日常生活所需的事物。一开始日本虽然也是从历算入手的，但很快就有民间学者开始从事与人的实际生活接近的工作，比如医学事业，即考虑人民的实际需求。从这一点来看，比起中国人的思维模式，日本人更易于习惯西洋人的思考方式。当然，采用的方法有所不同。在中国，能够接触文明的人只有君主或者贵族等上层人士，这些人往往不太重视实验科学这类生活必需的东西。一般来说，贵族视百姓的生活为下等，因此不会太关注。这些人做的是数学等有些近于空想的东西。在日本，所谓的学者都是努力地做学问，不太富裕的人。虽然兰学在日本的发展大多也是靠了大名的保护，可以说是贵族的产物。但在中国，民间几乎无法接触与学问有关的事，相反，把学术当作是可有可无的事。因此，只在天文、数学方面出现了大量天才，同时也给经学、史学带来影响，但根本上并没有对下层百姓的生活和社会文明造成影响。今天为止也仍然如此，所谓的西洋学术，从文明的角度来看一直与人民脱节。而日本则恰好走向相反的道路，以医学为基础，积极采用西洋文明，使其影响扩大至国民的日常生活，以西洋优秀的文明，来重塑日本国家的文明。日本与中国的不同之处就在于此。这些是今日的内容，明天讲经学方面。

第四章
经　学

宋　学

　　今天就经学开讲。从今日起，主要就中国本国的文化，国内的文化开讲。总的来说，这次课程的内容要尽量避开政治层面的议题，如前所述，主要讲中国文化方面。此前主要讲了作为文化中心的帝王之事，其次讲了清朝与外国语有关的种种特殊现象，再其次讲到了贸易关系对财政经济的影响，可以说，这些都是文化的基础。接下来，又讲了帝王的行为——外国文化的输入。从今日开始，则专门讲讲中国国内的文化。

　　像中国这样具有悠久历史文化的国度，任何朝代，只要是太平之世，就自然致力于推动本国文化的进步。清朝也不例外，随着社会稳定，国势强盛，国内文化也空前发展起来。自唐代以来的中国，即使有战乱，也几乎没有因长时间的战乱所造成的黑暗时代。因此，可以说中国文化始终保持着发展的状态。所以，清朝文化的兴盛，并非意味着终结以往的黑暗时代，开创新的局面。因为此前的文化已经高度发展，只是随着时代的变迁，在文化发展的道路上逐渐显示出新的动向罢了。

　　学术依然是清朝文化中最繁盛的部分，而清朝的学术又以经学为中心。清朝出现了两汉以来所未有过的经学的高度发展，研究普及到一般的学者中，可以说是具有真正的学术性，这一点也是两汉时所没有的。清朝的经学，在中国学术发展史上是古所未有的。不用说，经学不是在清朝突然繁盛起来的。清朝之前的明朝，由于沿袭宋、元以来的学术传统，宋学十分盛行。宋学包括朱子学派和王阳明即陆王学派，明朝就有朱子学派即程朱学派与陆王学派的两派之争。明末时，一种新的风气在学者间流传开来，即讲学。讲学并不是只讲究学问，而是像今日我到此讲演一样，多少只是以学问为讲演的材料而已，然后进行禅宗式的问答，可谓口头空论地研究学问。这些学者不是从事实的角度来研究学问，而是作空泛的讨论，这就是所谓的讲学派。纲目中开篇所写的顾炎武、黄宗羲两人，对讲学派提出强烈的反对，但也仍然有学者坚持讲学派的主张。这里所写的孙奇逢、李中孚就属于讲学派，他们延续着明末以来的做法。而在明末讲学派中，程朱学派和陆王学派谁的势力更强？答案是陆王学派，即王阳明学派盛行。其代表人物就是在日本被看作小说批评家的、万历年间的学者李贽（李卓吾）等。这派学者身着僧服，执杖而行，几乎像僧人那样生活，而且以中国人所嫌恶的男女混杂的方式进行讲演，或作禅宗式的问答。为此，引来了对之极为反对的顾炎武派。原本是朱子学者的顾炎武，反对讲学派的学风问题，提出学问要做事实性的研究，这样一来便从朱子学中脱离出来，成为清朝反对朱子学派的汉学派的始祖。另一方面，从顾炎武的学术精神来说，他是传承了宋学精神的，但他又是清朝汉学复兴的始祖。与他齐名的黄宗羲，在明末时，为了帮助明朝恢复政权曾参加战争，此人还曾计划派遣使者去日本请求援兵，但最终看到明朝大势已去，无可奈何，便抛开了政治，过上了完全的隐士生活。他作为王阳明的同乡，继承了王阳明的学术精神，但因为是前朝残党，一直低调行事，因此十分排斥讲学派，同样认为学问应做事实性的研究。顾黄的学问盛行以后，中国学者为了区分把他们分为两派，以顾炎武为首的被称为浙西学派，黄宗羲则为浙东学派的始祖。这是一张浙东、浙西的地图，所谓钱塘江即浙江，浙江以东所出的学派叫浙东学派，这里是宁波，这里是余姚。黄宗羲是余姚人，余姚也是王阳明的故里。如此一来，两人分别成了浙东、浙西学派的始祖。两派学者的姓名在纲目中都有罗列，由于时间的关系，就不在此一一细讲了。顾炎武之下写着徐乾学，表示他继承了顾炎武学派的观点。黄宗羲下写着万斯大、万斯同，表示他们继承了黄宗羲学派。后来徐乾学深得康熙帝信任。如前所述，他在洞庭山召集了许多学者，编撰《一统志》，但他编书却不留自己的姓名。纲目中的"徐乾学"下有一个名叫"纳兰成德"的人，他是年轻的满洲旗人学者，天资聪慧。徐乾学派出于对满洲人策略上的考虑，有意拉拢他，使其成名，得到了极高的荣誉。他编撰了

《通志堂经解》，是宋、元、明三代经学著作的集成，这在当时十分重要。此时的清朝在宋学以外没别的学问，所以，就尽量收集宋学家的著作，出版了《通志堂经解》。但事实上这是徐乾学事前搜集编排好的资料，而以纳兰成德的名义出版。作为顾炎武的外甥，徐乾学多少继承了他的学统，但两人的性格完全不同，顾炎武因反对清朝，一生未入仕途，而徐乾学与顾炎武不同，擅长为人处世。但因他沿袭了顾炎武的学统，所以他身上多少可以看到宋学的影子。可以说，除宋学以外清初并无其他学问。

此外如孙奇逢等人，有的属程朱一派，有的属陆王一派，有的兼属陆王程朱，但与顾炎武、黄宗羲不一样的是这三个学派的人都是讲学出身。到了清朝，孙奇逢、李中孚等人仍讲学不辍而名声大噪。他们通过不断地讲学，扩大自身的影响力，为此，清朝曾诏李中孚等人出仕，使其进退两难。但这些学者都是讲学派出身的人。

这些人成就了清朝宋学的发展。但在康熙之前，清朝还未形成真正的宋学，只是出现略具清朝风格的宋学的萌芽。清朝风格的宋学具有哪种特质呢？就是一边通过讲学钻研宋学，虽不做事实性的研究，但也从书籍入手，多少进行一些事实性的研究，程朱学派的李光地便是代表人物之一，他曾阅读顾炎武最早的学术著作（而那时顾炎武并不认为自己是宋学家），在一定程度上倾向他。而到了康熙时代，清朝的宋学开始明显区别于明朝的宋学，浮华而不实的讲学不再流行，转而进行贴近书籍的学术研究。

其次，纲目中罗列的姚鼐、方东树等人，延续了宋学，这是较后的事了，暂且不提。此时清朝的宋学表现出受到所谓汉学影响之后的宋学特征，这在以后将会讲到。

汉　学

汉学是清朝经学中具有特色的部分。在日本或海外，研究中国的学问都被称为汉学，而清朝所谈论的汉学则是指汉朝的学问。由于人们渐渐反感宋学，于是转而追溯汉朝时期流行的经学。简而言之，从做学问的方式来看，汉学的特点用一句话来概括就是不讲学。与讲学派相对，汉学派非常注重朴学。所谓朴学，简单地说，就是把自己关在屋中，整天与书为伴，埋头苦读。中国的诸多学问中，华而不实的学问并不少见，如前所说以演说答辩式为主的讲学，还有通过作文、诗词来赢取名望的学问。但朴学只是在家中闭门读书，摒弃了所有这些获取世间名声的学问以及世俗流行的学问。清朝学者对朴学十分看重，即学问不是为了获取功名的，而完全出于学术目的，是实用性的东西。纵观汉学的发展历程，它的精神核心是"实事求是"。这句话出自《汉书·河间献王传》，即学问应做事实性的研究，而不是高谈阔论，这正是清朝汉学家的一致主张。

初　期

汉学在清朝经历了一个发展、变迁的过程。清初尚在草创阶段的汉学，代表人物有阎若璩、朱彝尊、胡渭等人。实际上这些学者也不是纯粹的汉学家，阎若璩等人也带有宋学背景，只是对朱子的学问不盲从，一本一本地读书，将之作为学问的基础，写下著名的《尚书古文疏证》。《古文尚书》一般作为《尚书》的通行本，经东晋时期整理后，一直沿用。到宋代，朱熹等人曾怀疑《古文尚书》中混入了伪作，阎若璩在此基础上又作了进一步的研究，他具体指出了《尚书》中的伪古文部分。当然他的基础还是朱熹对《古文尚书》的怀疑。阎若璩还著有《四书释地》，对四书的研究属于宋学的范畴，后来纯粹的汉学不再研究四书，但还是会研究《论语》《孟子》，只有《大学》《中庸》不再是研究对象了。从阎若璩研究四书来看，他还没有完全脱离宋学。此外，萧山县人毛奇龄的学问，多少受到王阳明学术的影响。他从王阳明学派出发对朱子学进行全面的抨击，因为反对朱子学，所以对阎若璩的《尚书古文疏证》也是持反对态度。但不可否认，阎若璩倾向汉学派，以阳明学派为基础的毛奇龄也是倾向汉学派的，康熙年间这类学者开始活跃，并对向来高谈阔论的宋学学风进行了激烈的批驳，这是复兴汉学的前兆。此外，张尔岐从事礼学研究，关于经书解题朱彝尊写出了著名的《经义考》。还有胡渭考证《尚书》中的地理部分，并深入研究《周易》的某一部分。虽然这些学者还都不是纯粹的汉学派，但开创了汉学实事求是的学风基础。

中期极盛期

汉学在经历清初的发展后已经逐渐形成体系。同时，又根据不同地区、师承关系形成了不同学派及门户。纲目中写着的吴派、皖派便是其中一些代表——我私自对这些派别进行了增减，也参考了前人之言——在"吴派、皖派、北学、扬州之学、闽学、浙东之学、常州之学"之后，写道"以上为中期极盛"。汉学的全盛时期是从吴派到常州学派。汉学从乾隆时代开始走向鼎盛。康熙年间宋学仍然占有一定的地位，从顾炎武到后来的阎若璩、毛奇龄等都是宋学的代表人物。而康熙个人也十分推崇宋学，李光地也是宋学的极力推崇者，他虽然算不上康熙帝的宋学老师，但也经常与康熙谈论。李光地的时代出版了《朱子全书》，当时朱子的所有著作以及关于朱子的书籍都收录在其中。天子尊崇宋学，民间也是宋学的世界。此时起，皇帝想厘定历来关于经书的学说，就出版了有名的《三礼义疏》等著作。此外，方苞等学者开始研究礼学，使学问逐渐远离空谈，而更倾向注重事实，这是康熙年间宋学的特质之一。宋学已不再拘泥于对四书的研究，虽被称为宋学，但也研究礼学等学问，这可以说是清代初期的学术转变。但到这时为止，仍然是宋学范畴。可是，从乾隆年间的各种书籍中可以看出，民间的学术风气已经改变，人们喜欢博览群书。其中吴派的创始人惠周惕仍然带有宋学的风气，等到他的第三代惠栋的时候，汉学学派才可以说正式形成。这一家作为苏州的名门，延续三代，对当地学术造成很大影响。其学术直接影响到余萧客、江声等人，还间接影响到兼治历史学的经学家王鸣盛、钱大昕等人。

皖派中的皖指安徽。安徽横跨长江两岸，特别是位于长江南岸的安徽地区，处于深山之中。因此，人们的气质十分坚强，近于顽固，学风自成一派。此学派以戴震为代表。戴震则受到江永的影响，江永的学问处于汉学与宋学之间，继承顾炎武之学，一部分一部分地细致探讨顾炎武的学问。戴震是集大成者，在某些方面得到突破。比如顾炎武还只是主张以实事求是为主的学问方法，没有形成固定的师法和家法。所谓师法和家法是一个学派的有组织性的学术方法。汉朝时就已盛行各种专门的学问，如专门研究《易》的就叫作易学，做《尚书》学问的就专门研究《尚书》，即不同学问有各自的学术方法，即家法。受所谓家法的限制，不得不做某项研究。清朝学者应用这种学风，主张学问必须有家法和师法。实际上这与汉朝的家法与师法又有不同之处。汉朝无论是研究《易经》的学派，还是研究《尚书》的学派，都尽传其先生的家学。如此一来，研究《尚书》的分为两家、三家的话，其研究方法也就各不相同，传续到清朝时，学术性和组织性稍多。而正是戴震在清朝时出色地创立这种体系。顾炎武时对其中的一部分，就已建立了一种家法，如中国所说的小学即语言音韵学。但从总体上来说，建立家法，即按照其规则进行学问研究，用当下的语言解释即建立有规范的学术，是从戴震开始的。因此，可以说戴震就是清朝的汉学代表人物。由此可见，此人是十分重要的人物。他虽然寿命不长，五十多岁就去世了，但仍然占据着清朝学术的重要地位。他的学问是在顾炎武基础上逐渐发展而来的，以语言音韵为主。为什么要从语言音韵入手？因为想要研究距今两三千年之前的事情时，如果不弄明白当时的语言环境，而以今日的语言去解释，便不够恰当。比如我们在读《万叶集》时，若是按照宋学家的做法，则会用今天的语言随意附会歌中的语言，是不准确的。汉学派的学者则主张必须以古代语言来解释古代的文章，因此，十分重视语言方面的学问。研究语言的学问在西洋叫作语言学，在中国则叫小学，包括文字的形式、文字的声韵、文字的含义，即小学包括文字、声韵、训诂三方面的学问。此说自顾炎武起始，经江永、戴震而最终确立。江永也十分重视礼学研究，而戴震对礼学的研究建立在更准确的基础上。《考工记》是《礼》中最难理解的部分，它记录了周朝时制造器物的方法。如车的制造方法，或铜器、木器的制作方法。如果不了解这些，也就无法搞清楚周朝的真实生活状况。戴震认为此过程很重要，便开始研究《考工记》，主要研究当时所使用的器物以及日常生活所需的实物。不过当时主要以书籍研究为主，还不太有所谓遗物的出土。除了音韵、训诂学之外，戴震还注重学问的精神，即学问的思想方面。他为研究宋人的思想，著有《孟子字义疏证》一书，此书探讨的是古人本来的思想还是曲解了古人的思想不得而知。但总体来说，清朝汉学在思想方面是不够发达的，而只是在礼学和小学方面有突出的贡献。戴震从这三个方面入手来研究学问，成为其学术的特色。

吴派与皖派的不同之处在于，惠栋为代表的吴派学问与苏州地区的经济文化风土有密切关系，这片区域盛行的学问种类繁多，如研究诗文方面等。作为汉学的始祖，惠栋本人一直对《易》和《尚书》深有研究，另一方面，对诗文也十分喜爱，写了一本注释名家诗的书，这与接下来将要谈论的王渔洋的学问相似。由此可见，吴派的学术多少以个人兴趣为端绪，具有悠然自得的态度，而不是一开始就树立一个严格的规则。与之相对应的皖派则是要订立一个规范性的目标，学术活动需要严格按照规则进行。这是清朝汉学的两大派别，也是清朝汉学的特点，但最值得关注的还是戴震的学问。后来的段玉裁、王念孙，以精研小学而出名。另有金榜、程瑶田、凌廷堪、三胡等则致力于礼学方面的研究。这些人奠定了清朝学术坚实的基础，这两大学派也是清朝汉学的基础。

接下来讲"北派"，这是我自己取的名字，因为这个学派的学者大都是北方人，但用别的名称也可以。其中的张之洞不是这个时代的人，但因为张之洞的思想属于这个学派，因此把他放进去了。这一学派以朱筠、纪昀等人为代表。朱筠本人没留下什么著作，但关照了许多学者，他是促使清朝汉学发达的保护者。他曾向天子建议鼓励发展汉学，还建议修撰《四库全书》。不可否认，他是推动汉学发展的功臣。朱筠出生于北京，后来，离北京不远的河间又出了一个大学者纪昀。朱筠所提出修撰的《四库全书》，就是由他完成的。《四库全书》对中国所有的书籍进行了解题。为了编写《四库全书》，动用了大量学者，纪昀任总编，一一修改别人写出来的东西。因此，可以说他真正执行了朱筠的计划。他的汉学精神在《四库全书》的提要中有所体现。内容多少对宋学含有反对的态度。总之，他是以汉学为基础为这本书作提要的。这是一件非常重要的事，发起此事的人是朱筠，纪昀是实践者。这些人都来自北方直隶。经学方面张之洞虽然没有什么特别的著作，但其行事方针与此二人相似，因此也归入这一学派。总之，此学派与建立汉学基础没有特别的关系，但不可否认的是，这些北方学者对于汉学在全中国范围内传播有很大功劳。

除此之外，还有各种学术，接下来谈"扬州学派"，汪中、刘台拱、阮元、焦循、刘宝楠、刘文淇、江藩等人都是这个学派的代表学者。清朝的扬州由于是盐商的集散地，非常繁华。在中国，盐是不可缺少的日用品，而淮南、淮北即两淮地域是中国最大的产盐基地。中国的盐业是官营的，由商人承办，因此盐商必定是富甲一方。而中国的大多数盐商都在扬州筑屋而居，享受着奢侈的生活。从这种奢侈的风气中便形成了扬州独有的学问。此派学者，不仅在经学研读上颇有建树，另一方面也很重视对诗文的研究。在经学上属第一流的是汪中，此人在文章方面也是一流的，后面还会提及他的文章。总之，大概只有扬州学者才可以做到既是很优秀的经学家，又是出色的文学家。如焦循既是经学家，又是词曲研究家。词曲在文学中不应该看作是俗的东西，而是研究"粹"①的学问，焦循就致力于这方面的研究。此外，江藩也是又做经学研究，又做文学研究。清朝文学的特点也是由这些人所做的文学研究形成而来的，即从宋到明一直盛行唐宋八大家文，到清朝以后，渐渐兴起反对唐宋八大家的文学。特别是江藩积极地反对唐宋八大家，而将之广泛传播的是阮元。阮元是学术的保护者，像北方的朱筠一样。此人与后来的毕沅，都是有益于当时学者的人，他们把学者网罗到自己门下进行编书活动，在这里一些怀才不遇的经学家也变得活跃起来。代表性的人物就是阮元。汉学中也有热闹的、夸张的研究倾向。阮元此人非常有钱，幸运地很早就科举及第，很早得到天子垂青，很早成为大家，诸事顺遂，而且高寿八十有余，圆满度过了一生。这一方面是因为扬州的地方风气，一方面是靠个人的境遇，还有一方面是因为他闲居时小题大做地研究汉学。汉学通过阮元这样的人在扬州得到大力推进，在经学之外，又以夸张的方式进行着文学研究，因而形成独有的特色。这也招致后来宋学的反对。

再其次是"闽学"，是福建地区的学者组成的学派。只有两三个重要人物，如陈寿祺、陈乔枞等人，其影响力有限。

还有"浙东之学"，最初从事小学研究，后来逐渐转移到史学上。章学诚十分注重对经学的论述，他与一般人的见解不同，是在经学之外来评判经学。往往人们认为经学就是经学，但他从史学的角度来解释经学，是从学术组织的基础上，即从全体学术的根本上来研究经学。他的著述《文史通义》

---

① "粹"在日语中原多指花街柳巷男女情欲之事，后来发展成一种关于男女情事的独特美学观念，九鬼周造《"粹"的构造》对此阐析甚详。——编者

十分有名，虽然最初完全不懂，但我十分推崇他的著作，也很愿意推荐给别人看。章学诚做学问的方式十分特别，他在清朝是独一无二的存在，而且能够继承他学问的人很少，他在学问上可以说是天赋异禀。他的学术渊源很长，简单概括就是以史学家的见解来看待经学。

接着是"常州学派"，它后来成为比较有影响力的学派。如前所述，奠定汉学基础的是吴派和皖派，即以惠栋为中心和以戴震为中心的两派学问，而常州学派就是在它们之后可以取而代之的。庄存与是此学派的创始人，后来此派学者层出不穷，使公羊学盛行起来。比起戴震，公羊学更将学问推入穷理之境。戴震的学问大体还是汉学的方法，到戴震为止学问的做法是将汉一分为二，即分为前汉和后汉，或西汉和东汉。其中东汉的学术是以许慎的《说文解字》为中心的小学，后来是郑玄的学术，因此汉学被称为许郑之学，以许慎、郑玄的学问为主。吴派、皖派也是这样的。但常州学派不做东汉的学问，而是直接上溯到西汉的学问。西汉中期汉武帝时正处于学问的鼎盛期，盛行公羊学。众所周知，《春秋》有《左氏传》《公羊传》《谷梁传》三传，公羊学派认为《左氏传》和《谷梁传》都是伪书，只有《春秋公羊传》才记录了真正的学问。孔子写作《春秋》的意旨，是表示自己与君王、天子拥有同样的权利。因此，孔子虽没有王位，但他把自己视作君王来写《春秋》，孔子在《春秋》中极力表现了大一统治国的思想。西汉时十分盛行这类学问思想。所以，公羊学派主张研究西汉的学问。当然，其中包含了各类学问，但是比许、郑的学问更往前上溯了一步，更接近孔子的真意，这也是常州学派发达的原因。庄存与创立此学派，而通过刘逢禄传播开来。刘逢禄是个缜密的人，擅长用独特的眼光判断事物。他还十分聪明，依靠敏锐的判断力治学，而厌弃以往的朴学。学问的全盛期中往往会出现一些天才人物，这些人对于具体细微的事物埋头研究而不嫌琐碎。龚自珍便是其中最出色的一位。前面所说的皖派的段玉裁是戴震学派的重要学者之一，他就是龚自珍的外祖父，但龚自珍与外祖父不同，在学问方面是个天才。虽然他没有自己的著作，但极力鼓吹公羊学，使得公羊学大为盛行，时至今日中国的年轻学者几乎无不受到公羊学的影响。但今天的学者受到公羊学的影响是因为康有为，而康有为的学问来自现在仍健在的八十多岁的湖南人王闿运。王闿运门下有一个叫廖平的人，现在在四川，此人的学问很特别，常用一种不可思议的解释方法进行学问研究，但这样做出来的学问又很有说服力。总之，他是一个有学问实力而又以不同一般的头脑来解释学问的人。康有为不是廖平的门人，但很佩服廖平异于常人的判断力，在其著作中，几乎可以说是盗用了廖平的观点，而廖平远在四川的深山之中，对此无可奈何。康有为有许多学徒，所以近年来他的学问十分盛行，然而这其实是廖平的学问。

总之，由于上述原因，今日中国的年轻学者几乎没有不受公羊学影响的。但公羊学者中，也有人比较谨慎地从事朴学性质的研究，皮锡瑞就是其中之一。此外，这里写着的戴望，特别之处在于通过注释《论语》来阐释公羊学。总之，公羊学者是一批天才学者组成的集团，而如今他们的影响力也是如此巨大。直到距今六七十年前的中国，汉学还是许郑学问的天下，即是吴派和皖派的天下，但六七十年来，眼看着公羊学逐渐走向兴盛，可以说，目前中国学术的大致形势，是公羊学统治汉学的局面。

此外，公羊学者的特别之处是，与扬州学派相似，许多学者在治经学的同时也从事文学。庄存与写有《春秋正辞》，把它作为文学作品来看，也很出色，此时已开始显示公羊学派的这一特性倾向。到后来的龚自珍、魏源，就更是中国著名的文学家了。今日的康有为等人，也都是优秀的文学家，在诗作、文章方面颇有建树。这一点与前述的扬州学派相似，而扬州学派的经学与吴派的经学相似。

晚清的大家（附说　清中叶以后的宋学）

在纲目中我罗列了清朝末年学术名家的姓名。第一个是俞樾，即著名的俞曲园。此人的学术系统兼容高邮王氏之学和公羊学。其次是孙诒让，他研究《周礼》，可以说近两百年来无人可以比肩。还有黄以周，他精通礼学，是从整体来考察礼的学问的人，留下了出色的著作。其次是郑珍，他来自中国贵州的乡野，通过不断地学习中国文明，最终从边缘人成为学问名家。由此可见，当时比较盛行对礼的研究。

其后列着吴大澂，此处写着"小学的新派"，指的是什么呢？以往的小学研究文字学和《说文》。研究音韵学和《唐韵》，顾炎武追溯到《唐韵》以上。至于训诂方面，则主要是从《尔雅》和《广韵》入手，但吴大澂的学问是从全新的金文研究开始。所谓金文即铜器的铭文，清朝时出土了大量古代遗物，因此以出土器物上面的文字为基础，发现以往文字学的错误。吴大澂十分重视用发掘物与之前的古人著作中的小学研究进行对照。现今在京都的罗振玉也是这方面的研究大家。当然，并非由吴大澂一人发起了金文研究，只是吴大澂的研究引人注目且特别优秀，所以这里以他为代表。

再次有陈澧，这里谈及的时代需要稍稍往前，即宋学方面的研究。由于汉学的不断发展、兴盛，宋学在汉学盛行时一度衰落了，就有人想要回到原本的宋学。但有一个叫姚鼐的文章妙手，又是经学家，尽管他文笔出色，但在编辑《四库全书》时不太得志。他对于经学的研究不能算是宋学，但由于当时唐宋八大家中的曾南丰很受推崇，姚鼐就从古文入手逐渐开始研究朱子的学问。但在他那个时候关于汉学的著作并不常见。后来的方东树，既是出色的古文家，又积极倡导宋学，他十分不满当时的汉学，因而作《汉学商兑》，极力批判当时的汉学家。不仅批评汉学家的经学，也批评他们的文学。一时之间汉学家与古文家展开激烈的争论，一开始阮元批判古文，江藩也非难古文，而方东树则继之反对汉学家所作的文章。由此，宋学出现复兴的趋势，但最终未能盛行起来。当时的北方即北京一带，出现了一种宋学，代表人物一个是湖南人唐鉴，一个是蒙古的旗人倭仁，他们在道光年间推动了宋学的复兴。湖南的曾国藩接触后深以为然，认为汉学家只是对着显微镜研究琐细的学问，而看不到学问的大义。研究学问的大义只能靠宋学，即只能靠程朱的学术，当时有曾国藩和罗泽南等人持这种观点。此时正值咸丰年间太平天国暴乱发生，曾国藩、罗泽南把宋学应用于人格方面，在学问方面则没有更进一步的发展。虽然如此，总之这是清朝中期汉学全盛、宋学衰落之时，但通过上述几人的努力，宋学出现了短暂的复兴倾向。

来自广东的陈澧，对汉学、宋学持中立态度，研究时兼采汉学和宋学，他写有著名的《东塾读书记》，此人虽然出身于边远之地，但日后的学问却产生了很大的影响。如张之洞就十分佩服陈澧的学问。清末已经过了汉学的全盛期，但陈澧的学问和公羊学的学问还有影响。当然不是宋学家式的讲学，也不高谈阔论，而只是接纳宋学家的学说。因而在清朝末年，保留有汉宋兼顾的学问和极端的公羊学。即使到今天，中国学者接受的大体是这两派的学术，形成了清朝学术的大纲目。这种学问的方法，不讲学，也不做空论性的学术研究，而是做实事求是的研究。这是接近汉学的旧学，仍属于旧学派。

宋学别派

此外，近年来重新回到人们视线的有颜元、李塨的学术。颜元的父亲在明末清军入侵长城时曾被清人俘虏，入清以后，他为了查证父亲是否还活着，一直寻父至辽东。他有鉴于明朝的灭亡，认为宋学不做事实性的研究，只做空论，才导致汉人抵抗不了满洲人的进攻，招致失败，因此想要把宋学转变到研究事实上来。但颜元、李塨的学问传至王源便断绝了，近年来，公羊学家戴望得其根本而加以复活，到最近此学问又渐渐复苏。颜、李曾极力不满中国面对外族入侵时的软弱，因此，强烈主张以兵农一致为本，即主张兵和农必须一致，并且兵由农出。

还有一位刘献廷主张与之相同。此外，他还主张学问应该博古通今，对中国各家的学问都应有所涉及，但此人的学问并没有延续下来，且没有什么著作留世，他的学问大概都记录在《广阳杂记》一书中。但他十分推崇学问贯通，与颜元、李塨的学术相同，以实行为学问的宗旨，认真思考当时中国的国势。这就是颜元、李塨、刘献廷一派的学术。

还有一位叫胡承诺的，学问出自宋学，但跳脱宋学的空论而进行事实性的研究，但他的著作并没有人记得，距今七八十年前，古文高手李兆洛推崇并复兴他的学术，才使得现今还有人知道胡承诺的学问。

还有一个值得注意的现象，就是在清朝中叶即乾隆时期佛学十分盛行。罗有高、汪缙、彭绍升、杨文会都是这一派，其中从彭绍升到杨文会之间，有公羊学派的人从事佛学研究。前面说到的龚自珍、魏源、俞樾等人都曾经研究佛学。彭绍升以前的佛学属于净土宗，出自明代云栖和尚，但治学方法上倾向净土与华严的结合。近年来出现了夏曾佑的佛教研究法。到章太炎之时，佛教研究渐趋广泛，不仅有做天台宗研究的，也有做华严宗研究的。总之，儒家中从事佛学研究的人很多，这不可不说是一项有趣的事实。当然，此前的中国，儒家研究佛教多少也是有的，也就是研究禅学。但到此时，主流的是对天台、华严二宗的研究，禅宗研究虽然也有，但与宋、明时期的禅宗有所不同，是根据佛教书籍经典来具体研究禅学。所以，龚自珍等所研究的禅学与明朝的禅学是有差别的，多少是宋学的别派，但其中夹杂着公羊学派。这些学问是在清朝中心学术以外的。

校勘学

校勘学和金石学是清朝经学的两大基础，甚至可以说是当时一切学问的基础，在清朝十分繁盛，因此这里有必要简单讲述。

校勘学就是校对书籍。书籍的错字随着时代的前进不断出现，不得不依照古本来进行校对，修改错字。现在你们看一眼就可以大致理解，纲目中也写了简单的注解。清朝非常盛行校勘学，前面提到的朱筠在编《四库全书》时大力倡导，他自己不从事实际的校勘，但可以说是校勘学的发起人。后来纪昀作《四库全书总目提要》，为此需要判别书籍不同版本的优劣，所以纪昀是校勘学的大家。

自古以来学术的盛行，就是经书本文研究的盛行。因此，从汉代就有石经了。因为经书有可能出现文字错误，为了避免，就将经书刻在石头上，立于太学之门。在当时这是一件非常严肃庄重的事，仍有一部分石经留存至今。因为古老的拓本早已不复存在，今天所能见到的都是残品。最近，赞岐的大西见山收集到一份宋代的拓本，如此精美的东西在日本实属首次得到。在中国，石经之学很是繁荣，汉朝以及后来的魏、唐、五代的蜀以及南宋都有石经，清朝乾隆帝也刻石经，结果就有了乾隆十三经石经。由于乾隆十三经是新石经，因而拓本难寻，无法阅读文本实在是一件遗憾的事情。若在北京，任何时候都可以去看，可是由于没有拓本，所以时至今日我们也无法看到它。当时，乾隆帝下令刻制此石经，由彭元瑞负责校勘，但也有持反对意见的人，主要是反对彭元瑞所做的校勘，甚至磨改了一部分石经。那是乾隆的宠臣和珅（在嘉庆年间被杀）指使他人反对彭元瑞的校勘。富冈君手里有一部关于这方面的书，十分珍贵。受命书写此石经的是书法家蒋衡，田中文求堂君手中有他的书法作品，正在别室中展出。最早的石经，汉朝的《熹平石经》的拓本我也从大西君处借来，放置于别室中展出。

清朝的校勘学在这些情况下开始了。毕沅、阮元召集大量学者，空闲之时进行书籍校勘、出版。身处太平盛世的毕沅、阮元，如果外出做官，建立功勋也不是一件容易的事情，不如召集学者食客做这些事，还可以获得名望声誉，所以召集了这么多学者让他们校勘群书。这是清朝校勘学发达的基础。当然，这和个人的努力勤奋也分不开。例如卢文弨是奠立清朝校勘学的重要人物。此外还有一些学识渊博却因贫困不能考试及第的人，他们以食客的身份，整理校勘古籍，做书稿以提供出版、发行，在这方面，有些人是留下了功绩的。其中有一个叫顾千里。其次，还有黄丕烈、秦恩复、张敦仁等，都是校勘学的名家。顾千里作为校勘工作的顾问，做过许多人的食客，从事出版。此外，陈鳣出版了《论语》的极好的版本。还有像顾千里一样的严可均，也是食客。曾国藩的幕僚中一个叫莫友芝的人，也是这方面的名家。此人得到一部唐写本的《说文》并将它出版。很多年前我在端方那里看到过十分精致的实物。近来，有一位叫陆心源的，后来他的儿子把书籍卖给了日本岩崎家。陆心源在校勘学方面也是颇有建树。

十分有趣的是，日本出版的一些书籍与清朝校勘学有关。日本物徂徕的门人有一个叫山井鼎的，他听闻下野的足利学校藏有经书古本后，就去到那里做了好几年的经书校勘，著有《七经孟子考文》。他的同学根本逊与他一同前往足利学校，复印并出版了皇侃的《论语义疏》。这两书传到中国后，中国人惊讶于竟有这样好的经书古本及《论语》的皇侃义疏传到了岛国日本，还有人为此做了相关研究。其结果是《七经孟子考文》和皇侃的《论语义疏》对中国校勘学造成很大的刺激。此外，通过这两本书，中国人还惊讶于《古文孝经》与《今文孝经》也在以前传到过日本，可以将之作为中国校勘学的基础。后来，又有林述斋作《佚存丛书》，收集在中国已经亡佚而在日本还保存着的书籍，用活字印刷复活。这在中国学界也是好评如潮。简言之，日本的校勘学对中国的书籍之学的繁兴是有大功劳的。

中国十分盛行藏书和刻书，到清朝尤为突出。这里只举出了其中大概。这些最有名的人的藏书和翻刻对清朝的校勘学做出了极大的贡献。依靠他们的帮助，根据正确的古代书籍研究学问，对古书不做任何随意的更改而出版，必须读没有经过改动的古代原本，这样的学问在清朝十分发达。这就是校勘学的大概。

金石学

金石学的金表示对铜器铭文的研究，石是对碑文的研究。如前所述，吴大澂以金石学开创了小学的新派。顾炎武可以说是金石学在清朝的始祖，他是最早注意到金石研究的人，著有《金石文字记》一文，主张金石研究对于历史学、经学十分有意义。金石学的渊源由来已久，这里只特别谈论顾炎武。这就是运用金文和碑文来纠正古书文字错误的由来。翁方纲奠定了金石学的基础，他对于碑文一字一字地进行仔细研究，不遗漏任何一处错误。其次是王昶，致力于收集、编纂金石文字。此外，黄易游访一方方的汉代石碑，并作拓本。还有阮元幕下的朱为弼、赵魏等人，从事金石的编纂工作。又有张廷济、刘喜海、张燕昌、翟云升等人，近年来又有陈介祺、徐同柏、吴式芬出现，至此金石学得到更进一步的发展。在陈介祺、徐同柏、吴式芬之前，金文方面铜器的鉴定有不足之处。乾隆帝时出版的有名的《西清古鉴》一书，虽然出色，但混淆真伪。而要等到陈介祺、徐同柏、吴式芬三人时才能把它们正确无误地加以鉴别出来，并把铜器上的铭文正确无误地读懂。后来，才有吴大澂、刘心源等人，我的朋友罗振玉也是其中之一。还有端方，此人虽然对金石学没有做过研究，但对铜器有兴趣，屡次为学者提供相关资料。他不仅是个政治家，同时也有一定的学问。总之，中国的金石学研究对经学、历史学产生了相当大的影响。

近年来金石学衍生出另一分支，例如古印的学问，或是玺印的学问，玺印之学进一步发展，后来又有了研究封泥的学问。如西洋人在封蜡上按印一样，古代的书信用丝卷起，在结口处用泥封住，再在泥上印上字，就是封泥。近年来这些东西被大量发现，因此这种学问特别发达。中国人一开始也不明白这是什么，后来才知道是封泥。

近年来殷墟甲骨学也十分兴盛，罗振玉对它有研究。这是在龟甲和兽骨上雕刻的文字。三千年前的古代中国占卜时，往往使用龟甲和兽骨，它比金石文字还要久远。明知三十五年（1902 年）我到中国去时，那时甲骨文字刚刚被发现不久，为了大量发掘，因此有必要修建铁路。据罗君所说，甲骨被特许专卖后，近年来有了关于这方面的出色的专门著作。可以说甲骨文研究是金石学发展到新时代的新分支，它在学问上的贡献不可估量。前面所谈的吴大澂所开创的小学新流派，也因此愈加兴盛。另外，由于在挖掘甲骨的同时还出土了古代器物，使得关于礼学的研究也一同兴盛。总之，到今天为止，中国学术的发展还有很大的空间。

中国汉学的主体（清朝学术的主体也是以汉学为主）大致经历上述所说的发展过程。此外还有各种学派，大体是从汉学发展、变化而来的，今后仍有进一步发展的空间。但由于中国的国势，会变成怎样尚不可知。也许传到日本，而在日本得到大力发展，但这也不能断言。总之，目前中国的学术达到鼎盛，是古来未有的。学问变成真正的学术，极尽鼎盛，对中国来说清朝是古来未有。这在了解清朝文化时最为重要，因此，在这里我专用一天的时间来讲述。

第五章
史学及文学

史　学

今天将要谈论清朝的史学和文学。

经学以外，清朝学问中比较发达的就是史学。值得一提的是，中国以经、史、子、集四部为基础的图书分类方法。经指经学，史即历史，子即荀子、墨子等诸子的学问，集即文学方面的著作，如文集、诗集之类。其中集的部分作为文学著作，不同于学术。集的第三项子是关于诸子的研究，在清朝未有明显的进步。如前所述，小学曾作为经学的基础学科而得到发展，与此同时，诸子学问作为经学的辅助才开始受到关注。由此可以看出，大致上诸子学问是与经书同时代发展起来的，或者说稍晚于经书的时代兴起。因此，研究经书，诸子书中所使用的语言也不可忽视。如某些在经书中不能理解的语言，在诸子中可以理解透彻。此外，经书中有缺佚的部分也可能在诸子中得到补录。诸子学也正是因为上述原因开始得到重视。这里简单列举关于用诸子之书补佚经书的研究。如经书中关于尧舜时代的内容记载不详，而诸子方面则有所记载，但实际上关于这方面的补佚的研究并没有取得很大的进步。但小学的进步则是较为突出的，即为了准确理解经书的语言，而研究诸子之语言的小学是必要的，因此取得了较大进步。代表人物有高邮王氏之学，王氏有《读书杂志》一书，近年又有诸子学大家俞樾的著作《诸子平议》。这些研究主要集中于解释诸子中所使用的文字，而把它们作为辅助工具来研究经书中的语言。但近年来，有人开始着手进行纯粹的诸子研究。昨天谈到的孙诒让，作有著名的《墨子间诂》一书，致力于研究墨子。还有此时仍健在的王先谦，著有《荀子集解》。总之，清朝较晚时期诸子学才总算发展起来。而日本的汉学发展轨迹则与之相反，日本汉学中的诸子学很早就开始有所发展了。徂徕时就开始注意诸子学的研究，他著有《读荀子》《增读韩非子》等书，徂徕之后也还有人继续研究诸子。而诸子研究在中国则起步较晚，然而日本的诸子研究虽然起步早，但没有出现类似《墨子间诂》这样的名著。中国主要是为了经书补佚才对诸子进行研究，张之洞认为这一目标有望实现。汉代王充也曾在《论衡》中提出可以用诸子来补佚经书，但他本人在这方面并没有什么成绩。不可否认，中国的诸子学研究一开始就被限定在一个狭小的范围内。与此相比，史学即历史学方面则有长足的进步，但史学研究实际上是受到经学研究的影响，由此逐渐波及而发展起来的。

清朝史学之祖黄顾二氏

我们所谓的把历史学作为学问来研究的东西并不多，这是中国最早的史学。虽然，无论在唐代，还是在南宋，有一些著名的学者把以往的历史作为如我们观念中的历史学来对待，但自从著名的《通鉴纲目》问世后，兴起于春秋时代的对于古人的褒贬黜陟思想更趋中国史学的主流。由于受这种思想的强烈影响，明朝几乎是沿着这样的轨迹推动史学发展的。因此，中国历朝对历史的事实做正确的研究并不常见。

但到了明末，经学方面的始祖即浙东、浙西两学派的创始人黄宗羲和顾炎武，开始推崇史学的研究。黄宗羲本人并没有留下关于历史的著作，他虽然经历了很多，但并未完成一部历史学著作。但他的门人万斯同著有《历代史表》，这是一部史学名作。此书补充了历代历史年表中缺省的部分，这显然是受到了黄宗羲的学问影响。正因为有了万斯同的成就才形成了浙东学派在历史学方面的特点。后来有全祖望，写有大量关于明末历史方面的文章，他也可以说是一位历史学家。此人后面我们还将说到，他在《水经》学问方面，即关于古代水道体系的学问方面颇有建树。总之，浙东学派中逐渐有活跃的历史学家出现。

如前所述，顾炎武的外甥徐乾学作有《资治通鉴后编》，这部书并非徐乾学独自完成，而是他召集了许多学者共同编撰而成的，近年来有出版此书的草稿部分。而顾炎武本人关于历史学方面的成就，有著名的《日知录》。

此书对史籍做仔细的调查、翻检，根据历史事实来验证史书上的种种记载，正是顾炎武的这部《日知录》开启了上述治学方式的先河。作为史学著作，《日知录》中包含了史学优秀的成分。总之，清朝历史学的始祖非黄宗羲、顾炎武二人莫属。

正 史

继黄、顾之后，中国史学研究渐渐分成若干流派，首先需要注意的是正史。正史是指朝代更迭后，新朝代来编撰前朝的历史，并作为官方的标准的史籍保存下来。在中国，自上古以来共有二十二部正史，所以称为"二十二史"。现在最晚的一部就是清朝修成的《明史》。《明史》的编撰方式有一点不同寻常，在此之前的正史以《通鉴纲目》为基础，按照《通鉴纲目》的标准，对历史事件、历史人物做褒贬黜陟，评判其善恶正邪，使褒贬黜陟的思想极端化。但这一点在修《明史》时有了新的变化。有一位叫朱彝尊的学者，他在经学方面也颇有成就。清朝在设立编撰明史的史馆时，朱彝尊上呈了史馆总裁一封自己的意见书，反对依据《通鉴纲目》来编撰史学，而要以新的历史见解来修史。其中最值得注意的一点是：宋学和朱子学的史家在为学者立传时，往往把学者分为两类，一是儒林传，自《史记》以来就有儒林传，学者的传一般都归于此部。但在编撰宋朝历史时，在儒林传之外，又立了道学传，即学者被分为两部分，道学传里记录的是从事朱子学的玄理空论，具有形而上色彩的学者，而把致力于以读书研究学问的人归入儒林传。但朱彝尊反对这种没必要的区分方式，这种区分后来也成为朱子学派与汉学派之间争端的根源之一。原本《明史》编撰还是实行着两分法的，但在朱彝尊提出这一意见后，实际编撰《明史》的过程中就取消了上述的两分法，而以儒林传一统，不再设道学传。这是应对朱子学的过程中史学理论的一个变化，清初就有这种变化了。

《明史》在最后汇总时，有一个叫王鸿绪的人，此人负责最后整理草稿，编成今天所能见到的《明史》。今天我们还能看到王鸿绪的《明史稿》，其中有"史例议"一部分，说明《明史》是本着"史例议"的原则而编撰的，这也是写作《明史》时所依据的基本条例。其中屡次出现批评朱子学的议论，体现出不依据《通鉴纲目》的准则来编史的编撰态度。这是不同于宋、元、明史学的思想征兆。

修补旧史

在其他方面清朝史学也颇具成就，如纲目中所列的"修补旧史"和"考证旧史"两项。明朝以前也有修补旧史，而考证旧史则是在清朝才有的。明朝就有不少关于修补旧史的著作存世，但清初吴任臣的《十国春秋》、邵远平的《续弘简录》，是对明朝历史著作的不足进行补佚、纠错，而以史学著作的形式重新编撰。但后来出现的从厉鹗到彭元瑞等人的一系列著作，使修补旧史的方法形成清朝特有的风格，这些著作与明朝的风格明显不同。明朝的风格不会对自己所用史料的正确与否做明确的判断，只依据自己所信任的部分对古代史学进行重新编订。而清朝的风格以罗列自己所运用的多种材料为主，使任何人做研究都可以运用这些材料，并且以极其客观的态度记录这些材料。例如把以往值得参考的书籍，尽可能收集起来，其中的代表著作《辽史拾遗》就是在某一件辽史事件上，尽量罗列齐全所有的材料，使读者可以得到全面的参考。这是清朝形成的新风格，虽然也不是全都如此，也需要加以判断，订正前人的错误，但清朝修补正史还是以公正地、客观地罗列材料的风格为主，秉持以供研究者参考的态度。如明朝修改古代《辽史》，而清朝却不这样做。但其中有一个特殊案例，就是周济的《晋略》。《晋书》是古代的作品，周济按照自己的意志将《晋书》中不合乎史法的地方做了修改，他不以事实的考证为主，而只是以自己理解的所谓史法为依据。周济在文学方面也有成就，是清朝数一数二的文章高手，写作时往往非常用心地锤炼文章，他希望恢复唐朝以前史书的写法。所以，在清朝修补旧史中周济是一个比较特殊的人。不订正史实，而对史法进行修改的这种做法，在当时其他学者及其著作中并不多见。

考证旧史

清朝在考证旧史方面最为发达，其中对史学全体进行考证的有王鸣盛、赵翼、钱大昕等人的著作。王鸣盛的《十七史商榷》《蛾术编》两书论述了经学与史学。赵翼的《廿二史札记》《陔余丛考》，也几乎是讲历史的。此外，钱大昕的《十驾斋养新录》，可以说是一部开启中国新史学的重要著作，该书依照史学始祖顾炎武的《日知录》为体例，涉及经学、史学及其他所有学问。他的治学是在实事求是的原则下进行的，因此十分缜密严谨。所以，他的研究结论时至今日大致上仍然是正确的，而且他的研究方法也仍为当下的中国学者争相效仿。

此三人名望都极高，其中相对来说比较差的，可以说是社会上颇为流行的，在日本也有翻刻出版的赵翼的《廿二史札记》。钱大昕最早为史学奠定了基础，正因为此人，清朝的史学才成为真正意义上的史学。他根据可靠的事实进行史学研究，尽可能地收集所有的资料，从中提取可信的事实。这在顾炎武时已被推崇，主张依据金石碑文研究史学。因此，人们才渐渐意识到史料方面应该用最根本的史料。若是谈及钱大昕在清朝史学上的地位，他就像前述的戴震在经学上的地位一样高，是非常值得注意的人。从他们开创了治学流派起，从事局部性研究的学者开始出现。

后来有王元启、梁玉绳、洪亮吉等人从事历史及地理学方面的研究。章宗源从事历史书籍目录的研究，沈钦韩研究两汉书，吴卓信对《汉书·地理志》进行研究，张敦仁致力于研究《通鉴》，汪士铎做南北史方面的研究，这里不一一举例，只列出他们的代表作以做参考。总之，因为这些学者的出现，推动了清朝史学的进一步发展。而且，一改以往史学只注重褒贬黜陟之空论的风气，历史学的主体开始以事实研究为主，而最基础的就是必须依据可信的一手史料。这是清朝史学的显著特点。

地　理

史学研究也带动了地理研究的发展。虽然在此之前也有人做过地理方面的研究，比如关于中国全体的历史地理著作，有顾祖禹的《读史方舆纪要》。历史地理的学问在今天的史学中，还属于萌芽阶段，顾祖禹的《读史方舆纪要》实质上是政治意义上的历史地理学，是研究心得逐渐积累的成果。书中以部分的、地方性的研究开篇，对每一地方都广泛地引用相关的文献资料，考订此地从古至今的名称的变化；然后，又从山东省、河南省开始，一省一省做全省性的通论，但主要是政治上的通论；接着，在此基础上，从全局角度考察中国历代的地理沿革，论述历代中国地理沿革的内容。即此书以中国式的学问为基础，既有部分性的研究，又有通论性的论述，与西洋人的学问方式有显著差异。但作为一部全面总结中国历史地理的名著，此书至今仍功不可没，十分珍贵。从此书中我们也受益匪浅。同时期还有从经学来研究历史地理的学者，如阎若璩、胡渭等人。这些人在顾炎武的外甥徐乾学编纂《一统志》时，都被招至幕中，参与编纂，但他们并非为了《一统志》的编纂而做研究。此时，历史地理学的研究已颇具规模，如顾祖禹被招到徐乾学处编《一统志》时，其实已完成了他的历史地理研究的大部分内容，因为编纂《一统志》得以接触更多的书籍，因而又推动他做进一步的研究。因此，需要注意的是，在学术发展过程中徐乾学对康熙朝的学者是有所帮助的。

此外，齐召南著有《水道提纲》一书，它记录的并非古代的地理，而是当代的地理。此人与我在先前一讲中讲到的西洋传教士绘制中国地图有密切关系，即西洋人地图中所描绘的水道（即水路，河道的网络）与齐召南《水道提纲》的记录是一致的。由此可知，齐召南《水道提纲》的内容，是依据传教士实地调查的结果而撰成的，是最新的地理研究成果。道光年间鸦片战争时，中国又开始对海外的地理进行研究。昨天有说到魏源，此人著有《海国图志》一书。目前，中国仍然盛行对海外的地理进行研究，近来有一个叫邹代钧的人去往西洋，想学习用西洋的方法来研究地理学。新地理学可谓方兴未艾，还有漫长的路要走。

塞外史学、地理

清朝历史学上的重要人物钱大昕前面已经谈及，钱大昕的学问中后来成为清朝史学的一个中心而得到相当发展的，就是塞外史学、西北地区的地理，即关于蒙古这样的中原外部夷狄区域的地理研究。钱大昕极大推动了塞外史学的发展。他认为《元史》是二十二史中最为粗略的一部史书，因而致力于重新编撰元史，着手元史的研究。用蒙古语写成的，记载成吉思汗和窝阔台汗两代历史的《元朝秘史》在当时被发现，他便根据此书来研究元史。他重新编撰元史，写出了长达一百卷的《元史稿》，不知道现在是否还保存着这份资料。元史研究即对蒙古的研究、蒙古地理的研究，这对中国史学的发展产生了非常大的影响，并推动清朝史学走向全盛时期。

此外，出于政治上实际需要的考虑，也有学者开始关注蒙古地区即西北地区的研究。祁韵士著有《皇朝藩部要略》一书，记载入清以来蒙古诸事，遗憾的是，他只写了此书的草稿就去世了，他的同乡张穆后来写成此书，这是一部优秀的作品。张穆也对蒙古历史十分感兴趣，原本计划写一本蒙古历史地理，但也是未完稿就去世了。何秋涛继承了他的遗志，完成了此书。何秋涛的《朔方备乘》，是皇帝恩赐的书名。但今日我们所见的《朔方备乘》已经经过他人的修订，与原本不符。此书以研究中国与俄国的边境问题为主，最早的书名叫《北徼汇编》。

总之，通过上述研究，关于蒙古的诸方面逐渐清晰，也推动了中国西北地理学的发展，而无论是张穆还是何秋涛，都受到钱大昕学问的影响。经张穆、何秋涛两代，蒙古史研究到洪钧时再一次有了突破。洪钧在做公使出使西洋时，发现并利用了西方的元史材料《皇元圣武亲征录》一书，撰成《元史译文证补》，把钱大昕以来的元史研究再向前推进了一步。此外，还有一些对元史研究十分重视的人，比如在我青年时期尚健在的文廷式，还有现在也仍健在的沈曾植，尽管他们并没有特别的著作留世。沈曾植尚有一本还未完成的元史研究草稿。如今的元史学者屠寄著有《蒙兀儿史记》，柯劭忞的《新元史》近年也出版了。

另一方面，元史的发展促使人们到西域即蒙古、新疆、西藏等地去做实地考察，同时也有学者开始依据这些考察结果做进一步的研究。被任命为西域地方大官的蒙古人松筠，他对历史非常热心，写了不少著作。他的著作使徐松受到影响，徐松在当官时，因某事坐罪而被流放至伊犁，在流放期间他对伊犁一带的地理做了实地考察和研究。当时魏源等人主张把国内的研究与海外的研究综合起来，才有了后来中国历史地理学的发展。不可否认，这在清朝史学发展过程中创造了显著的成就。

汉志水经之学

《水经注》是北魏时期记载河道情况的中国地理名著。《水经》学的兴起，以全祖望为首，其后门人为维护自己师傅的研究，围绕赵一清盗用了戴震之学，还是戴震盗用了赵一清之学等问题，产生了激烈的论战，学术往往就是在这种争论中得到进步。后来也做这方面研究的有董祐诚、陈澧等人，最后传到不久前去世的杨守敬，他是集大成者，但有关书籍尚未出版。

古地志

古地志的研究在此时也开始兴起。毕沅的《关中胜迹图志》对古都进行研究，李兆洛的《李氏五种合刊》是关于一般性地理的研究，书中涉及古地名的地方，就尽可能准确说明这些古地名相当于现在的何处何地。李兆洛的门下有一个叫六严的人，沿袭其学问，最后仍是由杨守敬集大成。

古　史

此时，有人对于远古时代的史学特别加以研究，著名的有康熙年间的马骕，他对于三代历史有详尽的研究，以至于被人称为"马三代"。承袭他研究的是满洲人李锴，李锴原为朝鲜人，是征伐日本的名将李如松的后代。李锴所著的《尚史》曾出版过。此外，还有林春溥、陈逢衡、崔述、程恩泽等学者对远古史学有过研究。

掌　故

掌故研究在清朝史学中自成一派，但不限于清朝如此，掌故是调查、研究官府故实的学问。明朝时民间盛行根据传说写成的史书，有混淆真正史书的趋势。因此，清朝时严禁野史之类的书籍，取代野史的是可以确信的掌故。所谓掌故，是根据可信的史料编撰的关于官府故实的学问，而不像野史那样仅凭民间传闻写成。这也反映出，相比明朝，清朝在史学思想方面更为进步。我在纲目中已列出这方面的名人，其中有盛昱、文廷式等人，虽然他们没有著作问世，但都是非常熟悉掌故的学者。

经　济

作为历史学的附属学科，经济的学问也有必要谈论。在中国，它从不同的方面渗入到历史学中，也可以说它是政策论的学问。包世臣的《安吴四种》是关于这方面最早的著作，此书论述的是黄河水利。此外，中国是依靠运河运送大米的国家，书中关于这一方面也有论述。关于经济方面的经世政策的研究，他复兴了顾炎武以来已断绝的学问精神。此外，由魏源、贺长龄分类编纂而成的《皇朝经世文编》，有益于我们了解清朝的经世政策，可以说我们从中受益匪浅。此外，龚自珍、俞正燮的单本著作中也有相关内容。蓝鼎元著有研究台湾的著作。陶澍有研究对中国关系重大的盐业的著作。严如熤致力于研究苗防事务，因为苗族犹如台湾土著一样，此书主要论述如何采取措施防御苗族。此外，《校邠庐抗议》是冯桂芬的名著，此书对今天的中国经世政策的影响力仍然没有衰退，他为中国拟定了十分优秀的经世国策。冯桂芬可以说是论述中国改革中最先进的策论者，近年来康有为的改革论都以此人的学问为基础整理而成。因此，我们不能忽视他在中国改革中发挥的作用。此外，近年来张之洞也有种种关于经世的议论和著作。在中国，这些经济著作都是归入史学的，作为政策论而被探讨。

上述大致就是清朝史学的发展过程，其中有自古以来就有的门类派别，也有新发展起来的部分。这里简单总结新发展起来的部分：旧史考证，西北历史地理以及关于古地志学问中的种种新要素。此外，过去也有掌故的学问，但在清朝尤其发达。

历史方法

最后，纵观史学研究，我们需要注意的是史学方法的学问。在唐朝，就有刘知几的名著《史通》讨论历史编纂的方法。后来南宋郑樵的《通志》一书中也有许多精彩的史论。通过这些十分优秀的前辈学者的努力，到清朝，关于文章的写法体例已形成一定的规则。如韩退之曾著文说，记事文的写法有哪些要求，编撰史书像写记事文一样，也有一定的规则，该怎样记述史实，该如何省略，都是有一定的规则需要遵循的。如果不按照此方法写，古文便不能称为古文，也不是历史书。方苞极力推崇编写史书需要有固定的写法。后来章学诚著《文史通义》，把郑樵的《通志》以来断绝的史学通论传统又复兴起来。在史学通论方面《文史通义》非常有名，中国人也极其尊敬章学诚。近来有张采田，模仿《文史通义》，写了《史微》一书。与《文史通义》相比，此书虽不能算是名著，但值得庆幸的是往往隔一段时间会有人想起它的重要性，并致力于复兴它。不过即便是今日，张采田的《史微》也是异于寻常的书，所以，我特意在此说明。以上就是清朝史学发展的大概样貌。

文　学

古　文

从古文与骈体文入手，可以了解中国文章的变迁。"古文"一词在中国，根据时代的不同，使用方法也不尽相同。我这里将要谈到的古文，是指文章方面的古文。文章方面的古文与经学方面的古文，有不同的含义。古文与今文的对立是经学方面研究的课题，古文即古的文字，篆书以前的、写于铜器等器物上的文字，隶书以后的文字被称为今文。古文学就是以古文写成的经书的学问，今文学则是以今文写成的经书的学问。在文章方面与古文相对立的是"时文"。中国的"时文"在日本指的是诏敕、书信、上奏文等。这样的误解我不知道是从何时开始的，在中国这些并不是"时文"。中国所谓的"时文"，是指文官考试时所使用的八股文。八股文是指从四书中出题作文章，用许多对句组成八个段落，按照这种固定规则写出的文章。这是文官考试的必要项目，如果不能写出这样的文章就不能通过文官考试。与此相对应的古文，指的是承袭唐宋八大家以来的写作传统的文章。但清朝以后，出现了与古文相对的时文之外的另一种文体，即骈体文。这是清朝特有的现象，在后面的讲述中还将谈及，这里我们先以古文为例。

草创期

清初的学者都模仿唐宋八大家文，沿袭明朝的习惯，而唐宋八大家中，其实真正盛行的只是金、元以来一直流行的苏东坡一家。真正能够模仿自韩退之以至苏东坡一脉文章风格的，是所谓清初的三大家。纲目中罗列的魏禧就属于此派，侯方域也属于此派。汪琬虽然与此派差异较大，但他十分讲究文章的规则。简言之，清初文学的特征大体是以模仿自韩退之到苏东坡一派为方针的。

后来随着文学研究不断发展，渐渐跳脱古文的写法，而是根据个人的学问爱好而写作。代表人物是黄宗羲、顾炎武等人，他们不重视文章的技巧，也能够自然而然地写出好的文章。后来，清朝那些运用各种历史掌故的人都是模仿此二人的文风，因此也能写出一些好文章。可以说，此二人奠定了清初文风的基础。等到朱彝尊、姜宸英时，清朝的文学风格已经形成，于是他们开创了一条区别于黄宗羲、顾炎武的清初文风与古文派风格之间的道路。即不同于韩退之、苏东坡之流的古文风，而是依靠自身学问的实力来作文章。

袁枚是清朝中期的文章天才，既擅长写古文，又能写骈体文。我在后面会讲到骈体文，总之，他是个能自由创作的高手，但他因待人轻薄，遭到不少责难。上述这些学者奠定了清朝文学风格的基础。但总的来说，此时仍处在清朝文风的形成阶段，不同派别的人物尚未出现。

极盛期

这个时期过后不同流派纷纷出现，古文和骈体文方面各有自己的派别。骈体文又称"四六文"，即用四字、六字的对句创作优美的文章。因为排列对句而叫骈体，古文因尽量不使用对句，所以又称"单文体"或"单行"。当清初盛行古文时，骈体文也开始被人注意，即纲目中"骈体文"栏目下的"旧派骈文家"已有出现。由此可见，古文和四六文家的发展过程具有一致性。另一方面，经学的发展导致文学研究进入一个新的阶段。因为经学学者反对宋学、朱子学，而固守唐宋八大家古文的朱子学，尤其推崇八大家中的曾南丰。而经学家们反对朱子学，因此也强烈批判唐宋八大家文。当时流传这样一种说法，即写古文的人懂得文章是什么吗？前述的阮元曾经提出过一种极端的言论，他认为古代所谓的"文"仅指骈体文。古代"文"与"笔"是有区别的，华美的文章才叫"文"；而只讲求实用，不注重文采的叫

"笔"。因此，唐宋八大家所写的古文只是"笔"，不算"文"，优美的文章必须是骈体文。方东树出于维护唐宋八大家之由，因而极其反对袁枚的理论。当时的情况错综复杂，既有反对古文派的，又同时出现以古文家为标榜的流派——桐城派。

说到桐城派，其起源是明朝的归有光，归有光以唐宋八大家文特别是曾南丰的文章为模范，极力反对明朝李王七子之文。入清以来，归有光的主张被方苞继承，传给刘大櫆，刘大櫆又延续到姚鼐，到姚鼐时与汉学发生冲突，转而打着古文旗号，跳脱汉学，专心研究古文。因此，他的门下聚集起不少桐城当地的学者，所以叫桐城派古文。桐城派信守唐宋八大家，特别是以曾南丰的古文为写文章的范本，桐城派在成立之初，就受到一些汉学家的强烈反对，因而兴起另外一个派别。阮元尤其抨击古文，欲置其于死地。方东树则遭到汉学派中主张骈体文的人的谩骂，于是从桐城派的古文中衍生出阳湖派古文，以恽敬、张惠言、董士锡、李兆洛为代表，此派是比较接近骈体派的古文派，虽说也是古文派，但与桐城派多少有些不同。

此后，出现了"崇佛家的古文"这一奇怪现象，这是我擅自拟的名称。如前所述，佛教学者中也有作古文的，纲目中提到的有罗有高、汪缙、彭绍升等人，他们都曾研究过佛教文章。但从他们的文章来看，这些人对佛教并不感兴趣，只是钦佩佛学的文章。他们广读佛教书籍，以此写作文章。也就是说，此时从佛教学者中派生出一个新的流派，虽未能流传开，但后来的龚自珍等人的文风也受到很大的影响。

"选体"是骈体四六文中的一种，但到后来，文选体的文风也影响了作古文的人。包世臣认为纯粹的古文难免乏味，文章还是需要一点味道，有点色彩，所以，提倡用适当接近文选体的文风来写作。因此，清朝的文风发展历程，最早从古文出发，后来写古文的人又用接近文选体即骈体的风格来写作。清朝的这种情况是比较特殊的现象，在明朝此种情况并不多见。

上述是从乾隆到道光之间的古文的发展情况，后来出现了曾国藩。此人不仅是出色的政治家，在其他方面也颇有建树，他的文章在清朝可谓开一代大家之风气。他沿袭姚鼐桐城派古文的文风开始习文，有一定阅读基础后，感到桐城派文章只用曾南丰的写法过于狭窄，于是运用更为广阔的视野，参考各种优秀的古代文章，一改桐城派文人几乎不仿效唐宋八大家以外的做法，广泛阅读并参考古代的经、子、史学著作等文章，从而成为清朝古文的一代大家。他早期受到姚鼐的影响，又掺杂了各种风格、流派，最终形成自己独特的风格，其门下有张裕钊以及最近去世的吴汝纶。这两人的文章都非常出名。此外，薛福成以及做过日本公使的黎庶昌也都是有名的文章家。他们的文章都秉承了曾国藩的风格，与桐城派不同，文章大气不拘泥。曾国藩的友人左宗棠也是出色的文章家。郑珍的文章也同样出色。这些人造就了古文的极盛期，溯其根源在于桐城派，而后逐渐扩大、吸收，形成清朝古文的全盛局面。

骈体文及骈散不分家

清朝的骈体文可以划分为两个阶段。前期承袭明朝以来的四六文，强求对句，以文章为乐趣，称为"旧派骈文家"。他们写文章注重是否有趣，而不论是否有游戏的成分，即使在游戏的状态下写出很好的对句，也算合乎情理。及至清朝后期，开始出现新的动向，兴趣变得多元化。新起的骈体文家认为不用勉强地作对句，只要能写出好文章就行，即以自己的学问根底与实力为基础。这些人多兼治经学，更看重文章的质量，即需要创作出色的骈体文，而不是浅薄的骈体文文章。他们还主张不要只写轻松有趣的东西，而要像古代文选那样以高远的基调作骈体文。事实上，这类学者们很好地实践了这一主张。因此，这一实践不仅带动古文的发展，也带来了骈体文的进步，而且，两者的界限逐渐模糊。其原因在于，如前所述，古文中桐城派纯粹是模仿唐宋八大家，到了阳湖派古文，多少有点跳脱此规则。而到了主张古文与骈体文相近的那些人时，就更脱离了原本的规范，因此，写古文的人与写骈体文的人并无差别。曾国藩门下的吴汝纶表现得尤为突出，他一开始主张写唐宋八大家文，但实际上，写《史记》《汉书》这样的古文更多。然而《史记》《汉书》中的文章，其实既不是古文，也不是骈体文，吴汝纶模仿它们写出的文章，逐渐接近骈体。刚开始写骈体文并没有什么明确的主张，只是对应古文而已。后来逐渐地发展成为认真地模仿《文选》，要求必须以学问来作骈体文，因此，骈体文与古文就互相靠拢。这就是"骈散不分家"。

清朝文选体文章极盛期时才有"骈散不分家"的说法，汪中写骈体文并不强求勉强对句，但文章写得十分高雅端庄，虽然其间也有如《文选》那样的艳体。尽管方东树等人极力抨击他，但他也算得上清朝十分优秀的文章家。汪士铎受他的影响，以及现在已八十多岁的湖南人王闿运也受他的影响。王闿运在文章方面是个天才，能将骈体文和散文的技巧烂熟于心，而所创作的文章既非骈体文又非散文。此外，谭献致力于写文章，就是他提出了"骈散不分家"，即不必去在意文体的不同，只要能在此两者之间写出好文章即可。他还主张应写从东汉到魏期间的文章，虽然这期间的文章有艳体，但并不乏味，而且，运用艳词多也不是缺乏学问、没有功底的表现，写文章的关键在于是否能把文章形式与内容很好地结合起来。因此，谭献提倡这种从东汉到魏期间的骈散不分家的文章，其门下的袁昶也继承了这一理论。袁昶在明治三十三年（1900 年）的北清事变中因给西太后上谏言书，遭致杀身之祸。若纵观清朝各个时期，要说独具清朝特色的文体，那就是这种骈散不分家的文体。值得注意的是，上述谈论的虽然是如何写作文章，但文章也关系到经学。

近年来，梁启超等人来到日本，阅读日本的报纸后，感叹文风的自由潇洒，于是学习用报纸文章的风格进行写作，因而，形成了所谓的近代文体。这是从广东人黄遵宪开始的，此人曾在日本公使馆做书记官，到后来康有为极力提倡，梁启超时的文章就几乎像是日本文的翻译文。其中康有为的文章接近于骈散不分家的文章，不像梁启超那样的新派。梁启超的写作完全是日本报纸的文章风格，目前在中国因实用而流行，不知道此风气能持续多久。关于文章的内容就讲到这里。

诗

诗的成就并非在清朝一蹴而就，而与明朝有关。在纲目中罗列的李梦阳、何景明，在明朝正德、嘉靖年间，提倡古文辞，主张用古人的语言套用诗与文，即诗文作得必须像出自古人的手笔一样。此后，到嘉靖、隆庆年间，又有王世贞等人认为诗文应该模仿古代经书和诸子学说，规范的、严肃的文章才是出色的文章。在诗的方面，此论调也盛行一时。当时一味地模仿以李白、杜甫为代表的盛唐诗歌（唐诗分四个时期，即初唐、盛唐、中唐、晚唐）。其中也有像何景明这样的主张比盛唐稍稍往前的初唐的诗风。总之，这些人都是以古人为范本创作诗。随着此类思想盛行以后，就有相应的反对派与之争论。其代表人物有钟惺、谭元春、袁宏道等人，主张诗可以任意随心地写作，以摹写自己的性情为主。这种论调也流行一时，但在中国这种主张可以说是异于寻常的，因此，最终未能流传开来。到明末出现陈子龙，他与李梦阳、何景明一样，多少限制在前人的框架内。明朝在诗方面虽有争论，但总体是把陈子龙的主张作为正确的意见而推崇的。

清初的大家

清初有钱谦益、吴伟业两大家。此二人是清诗的始祖，他们虽然各立门户，但也受到陈子龙的影响。此时顾炎武以他坚实的学力为基础写诗，虽然他的诗在后代也不是全无影响，但终究未能传世。不可否认，清朝诗风的创始者是钱谦益、吴伟业二人。但清朝以后，钱谦益被人逐渐遗忘了，这是有原因的。因为钱谦益作为明朝人，在降清后却做了大官，而在做清朝大官之后，又埋怨清朝，因此导致他被遗忘的命运。他常常在诗中暗示自己不是投降了清朝，而是明朝灭亡后，除了仕清别无选择。此举惹怒了当时的乾隆帝，钱谦益的诗集于是成了禁书，被下令全部焚毁。所以，钱谦益在清朝被人遗忘，也就不足为怪，但他们两人却是清诗的始祖。继此二人之后，不久就出现了王士禛，即有名的王渔洋，在钱、吴诗风的影响下，奠定了清朝诗风的根基。另外，钱谦益、吴伟业之后，又有龚鼎孳，也有人将他与钱谦益、吴伟业并列，称为"清初三大家"。此外还有吴兆骞，他在诗方面非常有天赋，尤其因为他曾获罪被流放到中国东北的特殊经历，所以，关于中国东北的诸事常常在他的诗中有所表达，一个像他这样具有满腔热血的南方男子被发配到严寒而陌生的北方，这样特殊的经历和环境使他的诗更有一种异于常人的感情特质。

康雍年间的大家名家

把王士禛视为清朝诗歌的始祖也合乎情理。一般把王渔洋的诗风称为神韵派或格调派，他仍是借用古代现成的文字创作诗歌，而不是自己随意遣词造句，余韵十足，因而受到人们的推崇。曾有人评论他的诗风，就是"华严楼阁，弹指即现"，这句话引自佛教经典《华严经》，以形容其神韵，即组成《华严经》里极乐世界的楼阁，弹指一挥间就能在空中忽然浮现。总之，王士祯推崇神韵，他的诗歌也就具有这种风格。但他的诗总是过多地使用典故，虽可显示其学问实力，但过多地使用典故，使故事繁杂而缺少诗情，这便是他的不足。当时，有人对此表示反对，反对他的是有"南施北宋"之称的施闰章，他就是用"华严楼阁，弹指即现"之语评论王士祯诗歌的人，他说王诗好像有如此法力一般，弹指一挥间就能使空中出现楼阁。但他本人却不采用这种风格作诗，他用建房子来比拟作诗，他主张作诗应该先打地基，再竖柱子，再起屋顶，有秩序地一步步层层累加、营造。这一派兼顾两方面，而王渔洋的诗大体上仍是模仿唐诗。此时虽已跳脱了李梦阳、何景明等人固守盛唐诗风的做法，但主流仍然是模仿唐诗。还有同时代或稍晚一些的查慎行，他认为盛唐的诗歌太深奥晦涩，应该作像白居易或苏轼那样的诗。因此，查慎行开创了另一派诗风。此时在诗歌方面的大家还有朱彝尊，他也是以学问实力来作诗，他初期所作的诗多晦涩难懂，后来的诗有所改变，逐渐倾向自由、活跃。总之，王士祯、朱彝尊、查慎行三人是康雍年间诗方面的大家。

此后，名家层出不穷，王渔洋在当时可以说是开一代风气之先河，但后来也逐渐出现反对他的人。甚至在他的亲戚中有一个叫赵执信的人，他曾经求教王渔洋如何写诗，由于王渔洋并没指导什么内容，他就自己探索、学习作诗，而且说了不少批评王渔洋的话。这些都是康熙、雍正年间的大家。与此同时，在杭州成立登楼社的柴绍炳、毛先舒等人，被称为"西泠十子"，以诗社的形式大力开展诗歌活动。此外，广东地区也出现了屈大均、梁佩兰等诗歌名家。

乾隆间的名家

以康雍年间的诗为基础，乾隆时代的诗歌得到了进一步的发展，沈德潜承袭王渔洋诗派，此人受到乾隆皇帝的青睐且十分长寿，他一生奉行王渔洋诗派的风格。作为王渔洋的正宗传人，沈德潜将其主张传给了王昶。但当时中国诗歌已渐渐偏离王渔洋的风格而另辟新路。此时的袁枚即袁随园极力反对王渔洋，他认为王渔洋有意模仿古诗、拘泥于富有神韵的写诗方式，而要求诗需要自由随性地反映创作者自己的思想。由此产生了与格调派相对立的性灵派。性灵派认为应当自由地抒写自己的思想感情，没有必要遵守所谓严格、繁复的古代准则。袁枚、蒋士铨、赵翼三人被称为"乾隆时代的三大家"。其中蒋士铨与袁枚、赵翼不同，是个十分认真的人。而赵翼写诗往往突破限制，认为只要是自由创作的诗歌，能够反映自己的思想感情，即使是玩笑也不在意。对以往的诗人，他虽没有明确反对王渔洋，但只推崇查慎行，以查慎行的诗为正宗。袁枚则明确地提出反对王渔洋，王渔洋在清朝被认为是最伟大的诗人，而袁枚仍敢起而反对。如前所述，赵翼推崇查慎行，私下反对王渔洋。由此可见，在清朝这种反对王渔洋的声音到处流传，恐怕会对一般的诗人造成影响。

我在纲目中都列出了此时期出现的有名的诗人，接下来逐一加以评述。其中也有袁枚派以外的诗人，从乾隆到嘉庆，随着时代的推移，除了乾隆时代的三大家之外，一些虽然气魄不足，但能写出洗练、风流、潇洒之诗的诗人不断出现。这些人也逐渐形成了新的风气。后来出现了像张问陶、杨芳灿等能写出优美、潇洒诗作的诗人。另一方面，值得注意的是，中国人一般认为诗之为物，首先在诗人的心中需要受到感动，然后，将此真情吐露出来表现为诗，这才是好诗，而按照诗歌的准则，仅凭新奇、特别的词汇写诗，就不能算是好诗。这是中国人一般关于诗的认识，及至道光、咸丰年间这种主张便有所显露。

道咸以来

道光、咸丰以来，清朝已经历了鼎盛期，随之而来的是乱世的前兆，使得诗人心灵受到未曾有过的刺激。此时的诗人不再有心情写作温和沉稳、悠游闲适的诗歌。龚自珍可谓道咸以来的诗人中，最自我的一位天才诗人，他作诗不拘泥于规则。与此同时，以魏源、欧阳绍洛、毛贵铭为代表的湖南派诗人兴起，他们的诗往往晦涩难懂。曾国藩也是此派的诗人，他们秉持异端的主张，又被称为"江西派"。他们有意模仿宋朝的苏东坡、黄山谷，并由此上溯至晚唐的李义山，更追溯至盛唐的杜甫。苏、黄二人尤其是黄山谷在写诗方面，主张即使没有天赋也无大碍，可以依凭自身的学问功底，加以反复练习，然后埋头努力作诗。苏、黄前面有李义山，李义山的诗不是用语言明确表达自己的思想感情，而是含蓄深远，因此诗的特点是含蓄且有深意。李义山之前是杜甫，要模仿杜甫的诗不是一件容易的事，因而，极少有人能够达到他的境界，大多数江西派诗人都停留在黄山谷的水平，无法超越前人。简言之，这一派的诗歌主张是按照上述的顺序而效仿学习的，这是道光、咸丰以来的事。而稍稍往前的时代，即受到查慎行等人影响，这些人并不是出自性灵派，因而不作乾隆、嘉庆之际的轻薄之诗，转而倾向学究性的诗风。总之，道咸以来随着世道的变化，刺激了许多诗人，所以，严肃的诗歌风格逐渐流行起来，到目前为止还是同样的情形。

后面罗列的这些人，这一流派占据了多数，特别是张之洞，也是这一派的重要人物。纲目中写着"乾隆以来诸家，多由苏黄入玉谿生，以窥工部"，玉谿生是李义山，工部是杜甫，由此可见，当时十分流行，但后来也出现了变化。即随着江西派的盛行，渐渐发展到以学问实力作诗，诗风为之一变。写文章方面也是以学问实力作四六体文，可以说是秉承了唐宋八大家达意的宗旨。即一方面是大量堆砌文字作四六体的文章，同时江西派的诗也重视学问功底，变成文选风格的诗。民间流行"近时作家往往宗选体"这一说法，即说明文章与诗都逐渐地转向文选体的方向。王闿运便是由选体而生，是位作诗的天才。还有谭献，比起王闿运，他的诗更为文质绮丽，但也因此缺乏力度。总之，近年来中国诗坛上最有影响的人非他们莫属，近来中国写诗的人，几乎没有不注意到他们的诗的，可以说十分流行。诗和文章都归于选体便是清朝诗风的结局。

旗人的文学

关于旗人的文学这里简单讲述。由于推崇学问，清朝的皇室宗亲即清朝的旗人中也有不少诗人、文人。嘉庆年间，铁保编有《熙朝雅颂集》，其中收录了蒙古旗人纳兰常安的作品，他就是一位写诗作文的天才。此外，还有盛昱收集旗人文学，编成《八旗文经》，其中不仅收录了诗人的代表作，也收录了他本人的诗作。蒙古人与满洲人不同，蒙古人精通中国文学的并不常见，虽不是完全没有，如西域的后代中也有作诗的人，但旗人则是竞相致力于中国文学，因而才有上述的诗文集，这在前朝的元或金都是未曾有过的现象，可见，对于中国文化的接纳和吸收程度上，满洲人是远远超出元或金的。诗文方面就讲到这里。

词、曲、传奇小说

最后在这里简单讲述词。一般认为诗到唐朝时就逐渐失去了歌唱的形式。唐初以前诗是配着乐器吟唱的，到唐中期时，就不再能唱了。因此，词便应运而生。这就好像日本的"春雨"或"黑发"由端歌到后来发展为"替歌"的情况一样。所谓春雨是指春雨的调子，遵循此调作歌就是词。如有某一个调子，作一个百字令，如是春雨的调子就是春雨词。依这个调子可以作许多不同的新词。到宋朝后，词不断发展起来，但它在中国，是在非汉族人统治即外部人统治的时期中成长起来的。对于没有中国文学素养的满洲人或蒙古人来说，突然接触并学习中国文学是一件困难的事，而词不需要扎实的学问功底，与俗语相似，平时又常被吟唱，词就常在耳中回响。这种带有旋律的词，从一定程度上来说，对于入主中原的外部民族在文化上是比较容易接受的。纳兰成德的词在清朝时有突出的成就。依靠徐乾学的实力编成《通志堂经解》的纳兰成德，他在词方面颇有天赋。此外，乾隆帝对词也花费了大量的精力和心血，乾隆帝是一个对任何学问都感兴趣的人。关于词的著作康熙帝时就已有问世，而最好的是乾隆帝命扬州黄文旸全面收集整理自古以来的词曲而编成的著作，因此，黄文旸也成为古代词曲研究的名家。

曲是由词演变而来的，再加上人的动作，形成戏曲的雏形。清朝以后，关于曲的名著逐渐出现，清初的名剧《桃花扇》，还有李笠翁这样天才的曲作家，而乾隆三大家之一的蒋士铨在曲方面也颇有成就，著有《藏园九种曲》。随着作曲的人多了，曲在清朝自然而然地得到很大的发展。元、明时期都盛行曲，但从清朝开始才有关于曲的研究。其代表人物有孔云亭，他是奉乾隆帝之命从事曲之研究的。

　　传奇小说在清朝也得到发展，其中最有名的是《红楼梦》，这本小说还受到西洋人的喜爱，被翻译成外文出版。清朝小说中不免有一些下流粗俗的内容，但也有像《品花宝鉴》这样的作品，表现了清朝的民族性的各个方面，因此对这些作品的研究是有必要的。此外，中国人喜好奇谈，如蒲松龄的《聊斋志异》、纪昀的《阅微草堂笔记》都属于志怪小说。纪昀除奉命编写《四库全书总目提要》外，将其他诸事都以麻烦为由推辞，虽说是著名的汉学家，却没有什么正经的著作遗留后世，闲暇之时就写一些志怪小说。袁枚也写有志怪小说，著有《新齐谐》一文。我认为十分有必要从这方面来研究中国人的民族性。特别是对于清朝代表性的文学作品《红楼梦》的研究，如今看来是很有必要的。

　　关于清朝史学、文学方面的内容到这里就结束了。由于时间的关系，只能粗略而谈。

第六章
艺　术

今天讲艺术，这是清朝文化中的主要部分。

艺术分门别类，在中国以书画为主。但要讲书画，如果仅仅是站在这讲台上说而看不着实物的话，就难以明白它们的发展演变过程。但藏有这些宝贝的书画收藏家们，都十分珍惜自己的藏品，所以，能够配备书画实物来讲演不是一件容易的事情。幸运的是，这次讲演我几乎借到了从东边的东京到西边的中国地区的著名收藏家的各种贵重收藏品，在别室陈列展出。因此，同学们可以在看到这些作品后，再听我的讲演，这一点我十分感激。对从事东洋史研究的我来说，也是一件非常幸运的事，当然对听讲者们来说，更是十分难得的幸事。

清朝的书法家

清初大家名家

谈论清朝的书法，需要追溯至清朝以前。明朝中期以来，中国书法逐渐形成一股新的风气。明初的书坛主要盛行的是元朝赵子昂的书风。到明朝中期时，有一个叫祝允明的人，他是当时极具代表性的人物，一改赵子昂的书风，极力推崇唐人风格，开创新的书风。同时期还有著名的文徵明，他仍坚持赵子昂以来的书风。如果要追溯赵子昂的书法风格，就要说到上回讲诗时谈到的黄山谷，他是这一派的创始者。因此，可以说，从赵子昂到文徵明一派，都是沿袭黄山谷的书风。这一派的书风发展到祝允明时，开创了新的风气，使书坛渐渐焕发活力。等到明末时，董其昌的书风大为流行，影响了当时的中国书坛，也给清朝的书法造成很大的影响，可以说清朝书法的七成都受到他的影响。

　　清朝的人都以从赵子昂到文徵明一派的书法作品作为范本进行习字，因为总有不断传下来的以往的书法真迹，就以这些真迹为范本习字。即使没有真迹，也有用真迹复制的临摹本，临摹本习字是受明朝书风影响最显著的特点。但祝允明以后，逐渐根据碑或帖来研究书法，明末这种风气最为盛行。纲目中写着的"阁帖"，即淳化阁的法帖。淳化阁法帖原是宋太宗时集古代书法而成的法帖，最开始的版本是木版雕刻，后来才有了石版刻印。虽然淳化阁法帖被宋朝以来的历代重视，但明末尤盛，还出版了它的翻刻本。因为真正的宋代《淳化阁帖》本在明末已真迹难寻，因此，就不断出现翻刻本。明末万历年间有一位富有的、叫肃王的亲王翻刻过一本叫肃府本的《淳化阁帖》。因此，《淳化阁帖》翻刻本就在社会上迅速流传开来，人们便按照《淳化阁帖》进行习字。值得注意的是，此种风气并未影响到像董其昌这样的一代名家，他仍然按照宋代以来的真迹写字。明末政纪松弛，人人都可以发挥个性，因此在学术上也出现不少奇异独特的学说，类似学者也不少见。书法也受到此类思想的影响，涌现出一批批表现个人独特个性的书法作品和书法家。像董其昌这样的书法家，实际上其书风在他活着的时候以及他死后的一段时间内，并没有广为流行，因为在明末各种奇特书风的人层出不穷。其中有一些人一直活到了清初，成为清朝书法史上的名家，纲目中的傅山、王铎便是如此。在明末时这些人还是以模仿淳化阁法帖为主的。傅山和王铎两人，在为人方面差异极大，傅山在明亡后隐居不出仕，是所谓的忠臣义士，他与自己的孩子一起归隐于田间村舍，以卖药为生。而王铎在明亡时，即明朝在南京失利时，就率先投降了清朝。不仅如此，弘光帝保卫南京一年后，逃出都城时被捕，押回南京，王铎见他后，竟破口大骂之。可见，傅山和王铎的性格截然相反，但他们的书风则是基本相似的。明末清初书坛风格多样化，但主流书法家还是以这些模仿淳化阁法帖的人为主，其代表人物即傅山、王铎。后面罗列的宋曹也是这一派的人，但是最有名的还是傅山和王铎。

　　此外，冒襄和周亮工也是明末独具个性的书法家。同一般的书法相比，明末的书法可以说看上去几乎不能算是字，把它们以条幅分开，勉强还可以欣赏。从这方面来看，当时的人几乎个个都极具天赋，而且相映成趣，留下了不少非常珍贵的东西，总之，明末的书法天才确实非常多。因为，世人都过着所谓堕落的生活，任意而为，书法创作任凭各自的爱好、兴趣，这一点反而促进人们在书法方面取得成就。在别室中展出的冒襄、周亮工的字，乍一看不能算是通常意义上的字，但他们熟练的笔法已经形成一种独特的风格。冒襄等人长期以来过着放荡的生活，在明末，有不少像这样过着放荡生活的人，可以说是如此的生活状态渗入到了他们的书法当中。

康雍间名家

康熙、雍正年间十分盛行董其昌的书法。康熙帝非常推崇董其昌的书法，在第一天讲演时展出的康熙帝的书法，就是他临摹董其昌的书法。康熙帝的书法中临董其昌书法的作品很多，可以说他是董其昌书法的追随者，因此社会上也纷纷追随董其昌。与目前的交通发达的情况有所不同，以前往往是人死了若干年以后，他的书法才受到重视。所以，董其昌的书法也是在他死后三四十年才渐渐流行开来。这里谈及几个董其昌的追随者，笪重光此人并非完全遵循董其昌，他开始受到董其昌的影响，而后来接近于米芾。其次，陈奕禧和汪士铉则是完全按照董其昌的风格。这里列出的其他名书法家，都是学习董其昌的。康熙帝时，随着社会政治趋于安定，人们的社会生活也渐渐走上正轨，于是转而不追求放浪不羁的生活。社会风气的转向自然也影响到当时的书风，使得大家都认真地研习书法。从另一方面来看，各种任性自然的书风就开始衰退，总之，刻苦钻研书风的风气渐渐流行起来。这是从康熙到雍正间的书风特点，大约持续了六七十年。

与此同时，碑帖方面的研究也有了端绪。碑即石碑，碑帖研究主要是研究从石碑上拓下的文字。一般来说，石碑是以记录历史上的某一事件为目的而篆刻的，帖则是从一开始就是以书法为目的而付梓的。在最早的时期，付梓印刷出来的字帖是不可能存在的，如王羲之等人的书法，都是临摹下来作为字帖的。后来，这样的临摹本也逐渐减少，就把以前的临摹本再次石刻或木刻，作为习字者的范本而付梓印刷成帖。而石碑，原本就不是为了书法的目的而作，而是为了记录某一事件的目的而刻勒的，因其俊美的书法而变成习字者的范本。简言之，碑和帖都在中国书法家的研究范围以内。在明朝以前，存世的作品中还有一些古代的真迹，靠这样的真迹可以进行习字学书。明朝以后，碑帖的学问就逐渐兴起，到清朝康熙、雍正年间，社会安定，学问繁荣，也就又出现了研究碑帖的人，有名的有姜宸英、王澍等人。他们非常精通碑帖研究，通过临碑临帖习字。这些人的书法有一种由碑帖而来的神韵。其中姜宸英的书法作品多少可以看出一些本人的风格，或者说沿袭了董其昌的书风，而王澍的优势在于完全临摹古人，特别擅长于临摹别人的书风，几乎不进行个人创作。因此，这类书法家又被称为"碑帖派"。上述的是康熙、雍正年间的情况。

乾嘉间的大家名家

乾隆、嘉庆的八九十年间，清朝文化已发展至成熟阶段。在书法上，也已形成了清朝风格。此时的大家以张照、刘墉为代表，也主要是由帖的学问发展而来的。从事帖学的人对碑文研究也十分精通，但几乎是从帖学起家的。而张照、刘墉就是清朝由帖学发展而来的著名书法大家，这两人在临帖方面的成就可以说是史无前例。与效仿《淳化阁帖》的傅山、王铎等人的风格趣味不同，他们具有一种与傅山、王铎的明末书风完全不一样的风格，这就是乾隆、嘉庆年间形成的具有清朝风格的书风。希望大家有空去观察实物，这里很难用简略的语言来说清楚这两者的区别。

总之，清朝前半期的大家非张照、刘墉二人莫属。继他们之后，也是名家辈出，纲目中罗列的梁同书、梁巘、王文治、宋葆淳、铁保等人就是后起的名家。实际上，清朝时期精通书法的人还有很多，以上讲到的只是专家中有代表性的人物，如前所述，这些人大多数出自董其昌，后来接近米芾且不失趣味，而不像以前的时代那些束缚于董其昌书风的人，他们大多数是直接从帖学入手而渐进于米芾的书风。可以说大多数是学米芾，但其中的宋葆淳则是完全学习颜真卿的书风。这些书法家也有因为地域而划分风格的，可以明显看出生于南方的人与生于北方的人风格不同。当时中国文化的中心已经南移，南方尤其兴盛，但北方的北京是天子的所在地，所以也是学者和文化的聚集地，此时，中国形成了南北两个文化中心。南北文化的差异就从这些人身上体现出来。如梁同书、梁巘、王文治等人代表了南方风格，他们的书风多少有些华丽，是因为南方物产丰富，以奢靡为风。而相对应的，满洲旗人中也有书法名家出现，当时，满洲旗人的艺术已发展到足以产生像铁保这样的书法家。铁保代表了北方的书风，具有敦实的风格，沉稳而厚重，不以精巧见长。因此，可以说，即使是在清朝安定的环境之下，看似具有同样倾向的清朝书风，也仍然存在南北两种不同的流派。

当时，北京有研究碑、帖的大家翁方纲。翁方纲可以说是同时精通碑、帖的最后的大家。关于碑，他先是把各种新的拓本和旧的拓本做比较，然后分门别类进行研究。他本人对于帖，也十分用功，以至达到最高境界。后来研究碑帖的人，其成就几乎没有超过翁方纲的。

道光以后

道光以后，书风为之一变。道光以后的大家人物在翁方纲晚年时已经出现，这些道光以后兴起的大家与此前的大家，围绕书风发生论战。道光以后最重要的是邓石如，此外还有包世臣，包写得并不好，但经他的提倡，北碑派的书风在道光以后十分盛行。虽然以北碑派自称，实际兼治碑帖，而此前碑帖兼治的人，都不重视对北碑的研究。那么，北碑研究的意义在哪呢？此前研究碑石的人，都以研究唐碑为主，即虞世南、欧阳询、褚遂良、颜真卿等有名人物的碑石，研究这些碑石的学者，往往精通碑帖。但到了道光以后，逐渐转向研究六朝碑石为主，山东和河南是六朝碑石的主要聚集地，而山东、河南地区在地理上属于中国的北方，所以，就把这里的碑石称为"北碑"。这也是北碑研究的由来。

由此可见，北碑的书法在唐以前，体现了非常独特的书法特色。即在形成唐朝严肃、拘谨的书风以前，北碑代表了从没有固定风格发展到具有固定风格的过渡期间的书风，非常值得我们研究。因此，北碑研究逐渐流行起来。同时期，随着金石学的发展，对汉碑的研究也开始活跃，六朝碑的研究也正是与此相关而兴起的。掌握北碑精髓的就是邓石如。此人生前曾到过北京，翁方纲等人见过他的书法，但翁方纲并不赞扬他的书法。当时确实有不少反对他的人，但也有像包世臣这样十分崇拜并极力推崇他的书法家。因为包世臣的大力推广，邓石如的书法在世上广为流传，终成一代大家。由于这两人对北碑的热心，短短数十年间，北碑的书风便成为社会的主流，甚至波及朝鲜，引起了朝鲜的书法革命。当时，朝鲜屡有使者来中国，其中有一个叫金正喜的人，他是大院君的老师，沉迷于北碑并将之传到朝鲜。而日本接触北碑是相当晚的事，最早是由明治年间的中村梧竹推广。不可否认，北碑派的影响远传朝鲜和日本。

像北碑派这样怪异的书法，在此之前有一个叫金农的人也写过，他既是书法家也是画家。只是他不像包世臣那样擅长讲大道理，因此，不能开创一派书风。当时，推崇北碑的著名人物还有前述的阮元。他从理论上去推广，不若包世臣一般师心自重，自任旗手。阮元著有《北碑南帖论》《南北书派论》，他文集中的这两篇短文引发了大规模的书风革命。但值得注意的是，阮元自己所写的书法，并不是他所提倡的革命性的新书法，而依旧沿袭以往的书风，他只能算是从理论上推广新书风的人。日本有人全然接受他的理论，并对他十分钦佩。阮元对以往的书风持彻底否定的态度，他的理论不能说完全没有错误。但当时的情况是汉学全面冲击宋学，与此相同，北碑的理论也彻底冲击着帖学，可以说，阮元运用了与经学同样的作风来推动书风革命。不可否认的是，他是处于翁方纲与邓石如之间，中国书法发展史上的一个关键节点。

与邓石如同时代的人中，也有反对邓石如书风的。无论是篆书，还是隶书，邓石如都非常精通，当时还有钱坫、钱伯坰等人，他们的篆书、隶书也写得十分出色，他们不仅看不上邓石如的书法，而且极力反对邓石如。钱坫的性格非常自傲，而钱伯坰因篆书、隶书而出名，也十分自负。虽遭到这些人的反对，邓石如的书风还是流行开来。与邓石如同时代的，还有满洲人钱泳，他作为固守旧派书风的代表者而出名。所谓固守旧派，就是反对改变书风，他们认为改变书风必然引起革命，但不是所有新东西就是好的，以往的东西就全是不好的，所以，他们愿意维持固有的书风。以上简要列举了反对邓石如的人。

此后，由于受到北碑派理论以及邓石如的影响，书风发展的方向并没有太大改变。这里列举的只不过是众多书法家中代表人物的名字。这些人都是推崇北派的人，其中吴熙载作为包世臣的弟子，他完全遵循包世臣的准则研习书法。而且，此时涌现出不少书法上堪称天才的人物，他们对鼓吹书风改革大有助力。

上述就是道光以后或道光、咸丰之间的事，后来还有赵之谦到最近的书法家，如现在的杨守敬和吴昌硕，他们也可以归为北碑派。其中有人侧重在理论上推广北碑，有的则侧重创作北派风格的书法，总之，这些大家都是北碑派，可以说，当今中国仍是北碑派的全盛期。治帖学的书法家几乎没有大家出现。但时至今日，恐怕又有新的书风变革。如把北碑派的书风传给日本的杨守敬等人，在日本极力提倡北碑，因为日本学者的多元化以及学者之间买卖的便利，他们这样做大多是为了向日本人出售北碑的作品，而他们并非完全相信北碑或认可北碑的质量。纲目中提到了杨守敬的《平碑记》《平帖记》二书，可见他是兼治碑帖的，即秉持回归以往时代的心态。他与以前时代的人不同，研究唐碑的同时也研究北碑，但研究结果使他逐渐将兴趣转向唐碑。此外，他也致力于清朝以前的帖学。那时的情况不像现在这样，很难见到唐朝的真迹，而他到日本后，特别是亲眼看到唐人的真迹、写经后更加深了对唐碑的兴趣。由于日本明治初期的废佛毁寺运动，奈良地区的寺院，把唐朝的写经如废纸般地丢出，杨守敬十分惊讶于此现象。因为这些是唐朝写经的真迹，于是杨守敬的想法开始转变，即遵循唐朝及唐以前的真迹来改变自己的书风，从真迹入手，从而影响自己的书风。但他也不提倡完全回归到古代的书风，只是让自己的书法结合古代书法的风格而已。最近，中国各地发现了大量的出土文物，如西域汉代的简牍、长城守备军的账本等。那时的文字多是记录在木片或竹片上的，随着这些东西大量发掘，它们被西方人带到了法国等地。此外，前述的用于占卜的龟甲也是在这一时期被大量发现的，有实物可作研究参考，也有用篆书写的东西，也有从已毁坏的石碑上发现的隶书。因此，学者罗振玉就开始考虑把传世的文献资料与这些出土文物互相参照，形成新的研究。另外，在中国的敦煌，发现了大量写在纸上的文物，大致是从六朝到宋初时期写下的，其中大部分被运往法国。这些东西的现世，一定会改变中国人的想法，也会给书坛带来深远的影响。总之，无论是北碑还是南帖，都会随时代的推移产生新的变化，或许将一统成为书法的共同源头。正如前述文学方面的发展历程一样，无论是古文还是骈体文，最终都合二为一。当下，前朝的书写实物纷纷重回人们的视线当中，若追溯书法的起源，或许也将出现合二为一的现象。虽然尚不清楚融合的程度，但今后书法的发展会随着各种新的研究的发展而不断前进。上述是清朝书法的大致发展历程。

这里简单说说清朝妇女中的书法名人。但遗憾的是，此次未能收集到她们的好作品。书家栏目中最后所举出的吴芝瑛是廉泉的妻子，廉泉非常为他的妻子自豪，对妻子的书法作品也十分钦佩，我也十分佩服他的这种骄傲。吴芝瑛的书法一开始沿袭董其昌，后来接近北碑的风格，因此可以说，她的书风经历了一个变化的过程。她晚期的作品可谓非常精妙。别室展出的是她前期接近于董其昌风格的作品。

最后，我在这里稍稍提一下论书名著，这个话题的展开会花很长的时间，所以，只用旧学与新学来区别。旧学是指研究帖学方面书风的人的著作，而做新的研究的著作称为"新学"，各自的代表人物在纲目中都有罗列。如果有同学要研究书法风格，读这些著作想必受益匪浅。书法方面就到此结束。

清朝的画家

这里讲述清朝绘画的发展历程。对清朝绘画的研究不是一件容易的事，因为它的范围十分广泛。首先我们需要注意的是在清朝绘画史上，随着时代的推移，不同时期最具代表性的画家是哪些人。如清朝初期在绘画方面有六位大家。当然，书法和绘画的时代划分不太一致。在书法方面，顺治年间是一个时代，康熙、雍正分为一个时代，接下来是乾隆、嘉庆时代，而道光以后是一个时代。但在绘画方面，清初的六大家可以看作是顺治、康熙年间的大家，此后，雍正、乾隆为一个时代，嘉庆、道光为一个时代，再是咸丰以后单独为一个时代，因此，时代的划分有所不同。这是因为文化艺术的各个领域在同一时代并不是携手并进的。例如，就唐朝的诗文来说，在初、盛、中、晚四个时期中，盛唐时就出现诗歌革命，即改变以往的诗风，形成盛唐诗风，但在文的方面，就稍微往后推迟了一些，直到中唐时才出现新变化。因此，虽然都是用手创作的艺术，书法和绘画发展的步调并不一致。

清初大家名家

前文谈到的清初六大家，世称"四王吴恽"，因为四人姓王再加上吴历和恽格，所以叫"四王吴恽"。此六人开创清朝画风。宋元以来直至明末的绘画传统，经此六人集大成。特别是排名第三位的王翚，被称为集古代画风于一身的大家。中国的绘画也分南派和北派，称为"南宗""北宗"。有人把南宗、北宗以南北不同地域来解释，但只以地域的南北并不能完全区别南宗、北宗。总之，此时它们是最具权威的两大派别，互不相容，各自发展。到王翚时，南宗和北宗的两种画风得到了融合统一。但最早的统一趋势不是由王翚开始的，在明中期就已经出现端绪，如有名的唐寅，他以北宗为背景，但其画风却与之前宋元时代的北宗非常不同，可以说是与南宗没有多大区别的北宗。所以，从那时起就有了南北合流的趋势。王翚可以说是南北合流的集大成者。把向来不同的南北两宗合二为一，便开创了后世新的画风，这六人也开创了清朝后来不同风格的画风。因此，他们不仅是清朝画坛上开风气之先河的重要人物，在中国历代绘画发展史上也有举足轻重的地位。

六人中的王时敏、王鉴依旧延续前代的画风。明末的董其昌不仅堪称书法上划时代的人物，在绘画上也同样是划时代的人物。王时敏、王鉴就是受到董其昌的影响，非常靠近董其昌的画风。王翚曾师从王鉴，年轻时被王时敏发现极具才华，得到王时敏的高度赞赏。王翚就是这样在继承董其昌的基础上，研究各派画风，将其进行统一融合。王原祁作有关于绘画的重要著作，他本是康熙帝身边的绘画鉴定官，他还参与编辑《佩文斋书画谱》这部堪称中国史无前例的书画著作。其次是吴历，如前所述，他学习西洋画法，是六人中与西洋画法最接近的人。此六人中恽格应该是最富有天赋的画家。另外，在纲目中，"奉常"即王时敏，"廉州"即王鉴，"石谷"即王翚，"南田"即恽格，"渔山"即吴历，"司农"即王原祁。

值得注意的是，这几个人都来自中国的两个地方，王时敏、王鉴出生于上海附近的太仓州，王翚、吴历出生于常熟，太仓州以前叫娄东，常熟古代叫虞山，因此来自娄东、虞山的大家，时人称之为"正统派"。后来，浙江又有浙派，江西出现江西派，福建成立闽派。各地画家层出不穷，但他们只是分支，都带有各地的习气，唯有娄东、虞山两地的画派没有地方习气。因此，清朝画坛认为，只有师从这两地的画家才算是正统画派。不可否认，这六人不仅是清朝，而且是中国历朝绘画史上的重要人物，而这些人正好同时出现在顺治到康熙的七八十年中。如前述的诗或文，一般会在开启新时代以后的若干年，才能完成一代风格的定型，但清朝的绘画风格，在此六人时就已经形成。不过他们是否可以代表整个清朝风格的画风，还有讨论的余地，从绘画史的角度来看，也许应该说是他们代表了清朝前期的画风。但与清朝其他时代的画家相比，从实力来看堪称大家的，只有这六人，所以不得不以这六人作为清朝的代表。而这六人的画也就自然成了清朝画的代表。如果纵观整个绘画史，不得不承认这六人只代表了清朝前期的画风，毕竟尚有清朝后期的画风与此相对。

其次，有释道济，号石涛，还有释髡残，号石谿，石涛、石谿代表了明末清初奇逸的画风，他们都擅长画特别的画。内容以山水画为主，充分发挥了放荡飘逸的个性，仅这一点就是从前人那里学不到的特色。

接下来有陈洪绶、萧云从，他们的风格也不同寻常，与前二人相近。陈洪绶擅长画人物，画那些当时被人遗忘的六朝人物，六朝画留存在世的不多，他应该是见到一些古画有感而发，恐怕不是跟谁学的。另外，此人的性格在明末清初也很特别，几乎有与一千五百年前的古代高人相似的心境，所以，爱好绘画古风人物。萧云从则以山水画见长，颇富逸趣，而且也是画当时不为其他画家所追求的古风画。这两人的作品在明末清初画风新奇的画家中尤为突出。石涛、石谿虽也颇具特色，但画的东西从某种层面来说，还是反映当时的社会心理，而到陈洪绶、萧云从，完全抛弃时代心理，转而尽可能展现古代人的心境。日本也受到萧云从的绘画影响，据说，此人的画谱曾传到日本，被祇园南海收藏，大雅堂据此学习南画，由此，开创日本的南画。

后来有龚贤、吕潜、戴本孝，他们一变传统的明末画风。其中龚贤受到西洋画的影响，从他的画中可以看出与以往不同的印象派的风格。

再有顾殷、朱耷（八大山人）、徐枋、姜实节等人，他们是明末逸士，清朝入关以后，隐居不仕，这些人并不看重名利，在他们的画中也可以看出高尚的情操，此外，还有很多作品体现了明末清初的个性化风格。

综上所述，明末清初具有个性化特色的画家，以石涛以下的诸家为代表，其中又可分为体现时代关怀、古人心理、逸人情操等不同风格的流派。

接下来有项奎、查士标、顾大申、王武、程邃、文点、罗牧、高其佩等人，他们沿袭明末平正的画风。明末以来个性化风格的画家，以道济、姜实节为代表，而项奎到高其佩则是明末以来严肃、寻常的画风的代表。这些人虽然不失自己的特色，但总体来说是沿袭了明末画风，他们中间多少有一些与雍正、乾隆以后即清朝中期的画风相似的东西。因为处于过渡期，他们的画风具有承前启后的意义，但大体上可以把他们归于同一画风中。若把结束前期画风与开创后代画风的人分开的话，康熙年间的画家可以作为分界线。在恽格的花鸟画兴起之前，王武的花鸟画曾十分盛行，被称为明末代表，但恽格兴起后，王武画的地位迅速下降，恽格遂成为清朝画风的始祖。因此，可以说是王武的画结束了明末画风。此外，从被称为正统的娄东虞山派角度来看罗牧的画，其画均以一些粗犷、野趣的村舍为主，因为罗牧出生于江西，遂成为江西派的始祖。最有趣的是高其佩的指画，这是一种十分特殊的艺术。他是铁岭出身的汉人，即在中国东北成长的汉人。中国东北是受中国文化影响较晚的边缘地区，就像日本的北海道，这样的地方出现了一位天才画家。

清朝的肖像画自成一派，肖像画的大家以禹之鼎为代表，他是沿袭明朝以来旧派肖像画的画家，乾隆以后肖像画受到西洋画的影响发生了极大改变。但禹之鼎既没有受到清朝新画风的影响，也没有受到西洋画的影响，他是康熙年间的人，仍属于旧派。

再有就是笪重光、高士奇，此二人是兼鉴赏家的画家代表，比起自己绘画，他们更擅长对画的鉴赏，而极高的鉴赏能力又使他们能画出妙趣横生的画。

雍乾间名家

清朝画的第二时期是雍正到乾隆年间。主要人物有黄鼎、沈宗敬、杨晋、唐岱、蒋廷锡，这些人的画已经完全看不到明末之风，而是沿袭康熙时代已出现的新画风。其中，黄鼎可以说是成就最大的，他吸收王原祁麓台之流风，是相当有实力的画家。沈宗敬也是实力派的画家。还有杨晋，属于王石谷的门下，几乎是完全承袭了其师的画风。在师父与门人之间，中国不像日本那样有严格的师承关系，若在日本不按照师父的风格绘画，就不会被师门承认，而近代中国画在这一点上是比较自由的，师徒之间不存在约束绘画行为的规定，可以说是近代中国画的进步。但像杨晋那样完全遵照其师石谷的画风的画家并不多见。这恐怕也是因为处于清朝初期，到后来，完全遵循师父画风的情况就更少了。满洲旗人画家中最有名的是唐岱，他师从四王吴恽，尤其沿袭了王原祁的画风，他是画院供奉的画家。所谓画院是天子设立的专供绘画的场所，在那里名家汇聚，也有擅长绘画的高官，形成了一种独特的画院风格，以精细见长，但缺乏雅趣。可以看出唐岱的画具有画院画的风格。蒋廷锡擅长花鸟画，但缺少像南田那样自由的、绝妙的生气，是致力于写生的人。上述的画家大致从康熙年间跨越到雍正、乾隆年间，其绘画风格主要体现康熙年间的沉稳、认真。

后来的李世倬、王昱、张庚、张鹏翀等人，这些人与此前没有太大差异，以康熙年间的画风为基础作画。只不过比起之前的画家，他们的画技更加成熟，其中张庚既是鉴赏家，又是绘画史家。

到钱载、钱维城、潘恭寿、尹锡等人时，画风为之一变，可以说是雍正、乾隆特别是乾隆年间的真正代表人物。康熙时经学仍以宋学为主，虽有异说但不跳脱宋学范畴，到乾隆时，学者多以汉学为研究对象，任何方面均想别出心裁，以求耳目一新。于是画坛也受思想界风气的影响。乾隆年间的画家逐渐转向画新画。以山水画举例来说，以往的画，着重描绘深山幽谷等景色奇异的地方，让人看到平常看不到的景色，往往有触目惊心，大气磅礴的气势。而现在的新画，描绘的是人们日常所见的平凡之景，景色虽然常见，但一旦入画，则美不胜收。这些画虽然平淡无奇，但仔细观赏则有一种沁人心脾的力量。由此可以看出，后来的画从之前的以技巧为主转变到以印象为主。明朝以前的画，重视笔力或笔意，而雍正、乾隆以后，画作的重心转变为表现人们的心境，笔势也变得随意起来。但这样也不是谁都可以画出好画。东京有人到京都来拜访一位收藏家，他说想让学校的学生学习南画，所以想借清朝名家的画，拿到学校去让学生模仿作画。我听说后，认为此人根本不懂南画的本质。原因在于中国宋明画院的画，在画法上有一定的技巧、法则，若按照其法则是可以模仿的。但雍正、乾隆以后的画不再追求技巧，以自由的手法来表现画家个性，体现画风的不同。当然，这些画也不是完全没有法则，但它们的确不拘泥于固定的模式，而只是以表现某种心境为主，因此，即便是下尽功夫、努力地模仿，也不一定能画出非同寻常的神韵。总之，让学校的学生模仿练习学画，北宗的画（即从南宋到明朝中期的画）是合适的选择。而想用这种方法学习清朝画，只能说明此人并未搞清楚清朝的新画风。

值得注意的是，清朝新画风有哪些特点。此时才华横溢的大家，他们用笔极轻，从技巧上来说，逐渐地从湿墨改用渴笔，在笔势轻捷之间自然地把画作成，从而减少笔力。这是这一时代的主要特点。而纵观画的笔力，宋元明的大家自不用说，清初特别是顺治、康熙时代的大家，他们绘画的笔力也是后人所远不能及的。以个人成就来看，四王吴恽这样的大家在此后再也没有出现过。但纵观清朝画的全体，在这之后的画坛出现了许多非同一般且不同类型的人物。简言之，像四王吴恽这样的画家，即使他们表现出了高超的绘画天赋，那也只是反映了他们个人的画风。而乾隆以后的情况是各式各样的人画各种各样的画，虽然从个人层面来看，没有比得上四王吴恽的，但这些渺小的个体都有不同的长处。因此，从整个清朝后期的画来看，任何画风都是必要的，其有趣之处、独特之处皆不相同。若把这些特色全部结合起来，融会贯通，势必超越四王吴恽等大家的成就。也就是说，乾隆后的画坛缺少一个整体性的大家，但从整个时代来看，它丝毫不逊色于四王吴恽的时代以及此后没有大家的时代。虽然大家并未出现，但通过众多名家的成就，也成功展示出这个时代的艺术特征。

在这些非同一般的人中，有金农、郑燮二人。像日本琳派的画那样，金农的画带有更为粗犷、野性的情趣，他的字如画一样。郑燮即郑板桥，所画多兰、竹等简单的东西，也都带着野性的情趣。他们是极端反对技巧的代表人物，在乾隆年间属于异派。

像高凤翰、华喦、李鱓、边寿民这些人在日本人看来很普通，但在中国多少有些逸气。因为用中国人的眼光来看，日本画几乎以乡野风格为主，像娄东派、虞山派这样讲究技巧的正统派，在日本画家中非常少。中国人认为日本画大多限制在一种风格内，即乡野村舍的东西。将来会朝着怎样的方向发展尚不可断言，但此前东洋文化是以中国为中心的，所以，日本处于边缘地位。基于国家主义立场来说，这样说有点抱歉，但画本来就是中国文化的产物，自然以中国画为正统，而日本画就难免显得俗气。反过来，从日本人的角度看中国画，则认为中国画多少欠缺力度。因此，前述高凤翰、华喦、李鱓、边寿民等人的画在日本是比较容易被认同和接受的，而对于中国人来说，则是奇怪、不同寻常的东西。日本人应该会喜欢这样的画，实际上传入日本的且受日本人喜欢的清朝画中，这些人的作品占了大部分。他们的画符合日本人的审美，具有粗犷的、乡野的气息。

接下来的两人都是名家之后，即王玖、王宸二人。王玖是王石谷之后，王宸是王原祁之后。他们虽都承袭了自家画风，但也无可避免受其所在时代的影响，因此，与石谷、麓台的画风相比有所差异。他们也不是前面讲到的那种剑走偏锋的画法，作为时代风格的代表，他们是以认真严肃为特点的画家。

张宗苍可以说是雍正、乾隆年间的划时代人物，他具有力度，擅长大篇幅的绘画，其身在画院却并未沾染画院的俗气。他是在乾隆南巡时被赏识而招至画院的，因此，受到画院俗气的影响不多，但也不是完全没受到画院画风的影响。他是那个时代入画院而不失个性，风格独特的画院画家。他在入画院之前已是画坛大家，所以他的成长并不是在画院。他的画在乾隆时代的画中规模最宏大、最有力度，因此，可以说他是乾隆时期有意复兴四王吴恽旨趣的人。一般的画家在成为大家之前，往往可能画出特立独行的画，而一旦成为大家，就很少再画奇异的东西。张宗苍的画展示了这样的倾向。张宗苍的画具有一种乾隆时代所不常见的风格，这正是张宗苍厉害的地方，称他是中国绘画史上超越时代的大家也不为过。因为他的画具有乾隆时代所没有的特色，所以把他作为中国画的代表意义非凡。

接下来是邹一桂、董邦达、董诰、张若霭等人，他们都属于画院画家。他们是官员出身，并非专业绘画的人，在为官上表现出优秀的政治才能，同时他们也能作画。他们作为画院的供奉，奉天子之命作画，绘画完全遵循画院风格。乾隆帝是个兴趣十分广泛的人，当时的中国受到西洋文化的影响，因此，乾隆设置的如意馆画院中的一些画家，也开始用细描的手法进行绘画。画院画讲究宫廷的嗜好，如宋徽宗、明宣宗，都喜欢画笔精细的，乾隆帝也是如此，但他的宫廷嗜好又有不同之处，即十分喜爱极其细密的写生画，而且极力推崇西洋画的画法。董邦达等人奉命所画的是细密的画，而日常画的是豪放的画。邹一桂的名作《百花卷》，其手法极其细致，可见受西洋画的影响相当大。

此外，乾隆时的沈铨，在日本也很出名，被称为沈南蘋。他处在改革旧画风的新时代里，依旧画着像明朝画院那样的平常而无生趣的写生画。他在日本受到极高的推崇，他的画被看作是写生画的极品，而在中国人看来他无疑是落后于时代，不识风趣的人。但是，日本人对他的画赞赏有加，幕府还特地礼聘他到长崎来绘画，因此他的画对日本画坛造成很大的影响，使得此前一直以明朝边景昭的画为范本的日本画坛开启了新风象，圆山应举等大画家就是受了他的影响出现的。暂且不说画的质量高低，只从时代来看，日本的画坛也落后于中国。沈铨的画在当时已是落后于时代的画，他完全遵循明朝画风作画，而日本却十分珍惜，特地让他作画，使之在日本盛行一时。我在这里展开一点来说，日本文化在学习西洋文化之前，任何时候都要比中国文化迟一百五十年到两百年左右，因此，在大多数时间里我们不得不跟着中国人早已走过的旧路向前走。

再来是袁派三袁，即袁雪、袁江、袁耀，他们的画又开创了另一种异体。不过在日本人来看，也算不上奇异。此派初受北宗影响，后学习西洋画风，以水彩画为主。日本德川末年，能画写生的山水画的人，正统画家方面有谷文晁，浮世绘方面有歌川广重，此袁派的画风介于谷文晁与歌川广重之间，但没有谷文晁那样的高雅气韵，也缺少歌川广重所具有的关东地区的独特风格。总之，是吸收了西洋风格的山水画，具有写实派的画风。陆暶也属于此派，相当于日本的四条派。这种缺乏高雅气韵、毫无生气的写实画在画院十分盛行，随后民间也开始流行这种画风，可谓开辟了一种时代风潮。但由于直到近年来为止，日本对这种情况并不了解，所以，虽然与德川末年的画风相似，但并无影响到日本画坛的迹象。同样是写生的山水画，日本谷文晁的画要比袁派出色得多。值得注意的是，在中国，缺乏高雅气韵的画居然能够自成一派，并在乾隆时代的各种画派中成为一派的代表并广为流传，这件事从侧面反映出乾隆时代在文化上的特点。

最后讲一讲上官周、黄慎两人，他们出生于福建，所以称为"闽派"，此派以画人物画为主。上官周成名于康熙末年，黄慎则是在上官周后秉持其风格的人。黄慎号瘿瓢，他们的画中可以看出福建的地方特色，甚至有可能被误认为是日本画，与日本的松村吴春、长泽芦雪等人的画风类似。在中国则被看作是乡下人的画，野气粗俗，而就是这样被中国瞧不起的画，拿来与日本的大家松村吴春、长泽芦雪的画做比较，也丝毫不逊色。

嘉道间的名家

乾隆之后，不同画派迎来了全盛期，风格逐渐走向统一。在山水画方面，嘉庆、道光以后的画大致继承了四王吴恽的风格，王原祁即王司农的风格尤为凸显。若在四王吴恽的画中分出高下的话，王原祁应该是最次的，但具有一般人的趣味。这种趣味在中国被称为"士人气"而受到推崇。近来中国的艺术开始认可所谓外行人的情趣，因为具有商业买卖气味的专业画家的画，往往带有匠气，所以，近来又偏好远离专业艺术的风气，认为循规蹈矩的画缺少情趣，转而爱好粗俗的风气。四王吴恽中王石谷的画最为精巧，被后来的鉴赏家称为"能品"。而王原祁的画是最具有外行人情趣即士人气的代表，但也不是粗俗的画。那种打破平衡的，然而在情趣上见长的可以列为逸品，而王原祁等人的画是严肃画的最高境界，被称为"神品"。总之，与王石谷相比的话，王原祁的画士人气略高一筹。康熙帝时王原祁任鉴赏官，了解了许多名画，作为阅画无数的鉴赏家，他表现出蔑视技巧的态度，所以，他本人绘画时常常带有士人气而不重视技巧。嘉庆以后，这种士人气逐渐发展，走上飘逸的、洒脱的、明确的方向。虽然不是嘉庆以后所有的画家，但画坛上形成了这样一种风气。

这里举出的康涛、张崟、罗聘、奚冈、黄易、王霖、钱杜、王学浩、黄均、朱昂之等人，都是嘉庆、道光年间的名家。这些人的画免不了具有文人气质，其中最具修养的是张崟的画，绘画技巧与文人气质兼而有之。奚冈、王霖、钱杜等人的画，尽管表现出熟练的技巧，但从他们精致的画面可以感受到，想要表达文人气质的痕迹。钱杜即钱叔美，同样具有高超的绘画技巧，虽然擅长描绘精致的画面，但却致力于跳脱专业画家的匠气，尽量在画中展现清新飘逸的气韵。这些不是他们自然而然的风格，而是有意训练的结果，促使职业画家的技艺进一步得到发展，淘汰那些不具备技巧和天赋的所谓的艺术家。因此，从风格上说，他们超越了以往的职业画家，展现出业余画家的文人气质，但这样的业余水平也是非常专业的，可以说是职业画家的文人趣味所达不到的境界。从力度上来看，这些人的画确实不如四王吴恽，但从艺术风格来说，却代表了四王吴恽时代所不具备的趣味境界。这正是嘉庆、道光年间独有的特色。王原祁虽然是开创者，但无论从哪一方面来说，钱杜、黄易都比他们所师从的王原祁更为洒脱飘逸。在力量和技巧上虽说可能没有超过王原祁，但其文人气质的艺术趣味是王原祁所不及的。

咸丰以后的名家

咸丰以后清朝开始走向衰退期，几乎没什么发展。嘉庆、道光年间以来盛行的飘逸清隽的风格也逐渐转向，这是因为道光末年接连的内忧外患，导致社会动荡不安。与文学不同，美术不会因社会的激荡起伏而发出相应的激烈雄壮之声，因此，美术很少有乱世出英雄的说法，名家辈出也需要安定的社会环境。在为数不多的名家中，既能够应对时代的变迁，又不失个性趣味的人，则一定是成就非凡的人。

咸丰以后，有汤贻汾、戴熙二人，堪称此大动荡时代的代表性人物。这二人的力量在嘉庆、道光年间的名家之上。他们虽然在画风的清隽飘逸方面比不过嘉道年间名家，但在疏宕沉实的力量上则是超过前代的名家的。道光末年以后，人心随着时代变动而变化，影响到艺术、诗文方面，具体表现为奋发向上的激情，绘画层面也多少受到影响。与太平盛世不同，缺少了悠闲环境的书画艺术没有之前那么活跃，所以，首先带来的影响是画家人数的减少。加上长达十几年的太平天国暴乱，这样凄惨绝伦的世道更迭，使得此时的艺术大体上呈现式微的趋势，但也不意味着这个时代没有具有代表性的大家。在嘉道年间优雅的画风基础上，汤贻汾又加上其疏宕的骨力，戴熙则更具有回到清初画家的沉实的力量，从他们的心境上来看，也表达出对乱世无奈的情怀。总之，当代的大家非这二人莫属，在绘画趣味上可能比不过四王吴恽，但从本质上来看，是可以与四王吴恽并称的。遗憾的是这二人都在太平天国暴乱中殉难。

接下来有沈宗骞、秦祖永二人，他们是画论家也擅长绘画。在他们之前，与同时代的专业画家的画相比，画论家或鉴赏家等非专业画家的画有明显的区别。但到了此二人时，专业画家的画与画论家或鉴赏家等非专业画家的画区别已经很小。简言之，清朝前期非专业画家与专业画家之间存在着相当大的差距，到了后期，这种区别就逐渐消失了。或者有一种可能性，即画坛全体都转向非专业画家的趣味。这正是清朝前、后期画风变化最引人注意的地方。

再往后的时代，代表人物有王素、赵之谦、张熊、任伯年、顾若波、钱吉生、陆恢，其中陆恢还健在。他们是同治、光绪年间的画家。清末时期，战乱频发，画家人数骤减，但也不是完全没有极具绘画天赋的人。赵之谦的画就具有卓越的特色，可以说是纯粹的印象派作品。赵之谦本以金石研究闻名，在书法艺术上也颇有成就，师从北碑派邓完白。当时学习北碑的人有不少，都很难摆脱唐碑的习气，但赵之谦的书法风格则与以往的北碑书法家完全不同，可以说是真正完全掌握了北朝人的风格。他的画与书法风格颇为相似，都脱离俗套。嘉庆、道光以后的画家，大都极力推崇清新飘逸的画，但也免不了受到元明大家及四王吴恽的影响。那时的画家都以沿袭下来的法则来作画，但赵之谦打破固有的法则，所画均为纯粹的印象性的画。他擅长画花卉，他在四五十年前所画的画，让人感觉就好像是今天的西洋画家画出的日本画作品。当下日本的画家欲在文部省的画展上显示自己新探索的画作，而这些赵之谦在很早以前就已经若无其事地画过了。在中国画风走向衰落时，突然出现了这样的天才人物，这是中国人中出现天才的不可思议的现象。因此，他的作品十分值得我们注意。此外，大多数人步前人的后尘，学习嘉道以后的画风，因此，很少有堪称大家的人物出现。根据现在的形势来看，画风仍处在衰退阶段。但是近年的画家品位，仍然延续了中国人所独有的长处。一般认为清朝文化在乾隆、嘉庆年间达到鼎盛，绘画方面在经历了各种盛况后，也已经走过了自己的极盛期，但此时出现了像赵之谦这样的天才画家，如此看来，中国艺术仍有值得被发掘的地方，若不久后社会安定，文化复兴，画坛或许又将出现新的变化，形成新的风气。到那时，赵之谦的画风会怎样影响将来的画坛走向，这是我们要去关注的。

接着还有顾洛、姜埙、余集、改琦、费丹旭、汤禄名等人，他们擅长画美人。这里之所以要把画美女的画家提出来，是因为前述讲到康熙年间的禹之鼎为止，人物画家一般都沿袭自古以来的传神写照的方法来画人物，此后的人物画家认为肖像画只是出自工匠之手的次品，而大多数画家以山水为主题，若画人物的话，也只限于画美女，因此，中国美女画发展起来。乾隆、嘉庆、道光以后颇为流行。这里所罗列的诸人，都是嘉庆、道光以来到咸丰年间的画家，其中汤禄名是前面提到的山水画大家汤贻汾的儿子。相较于明朝画美女的画家而言，清朝画美女的画家经历过一场变革，明朝著名画家仇英是美女画家的代表，此后画美女的人几乎都承袭了仇英的画风，到清朝中期，依然受到此画风的影响。但是从嘉庆时代开始，清朝画坛出现新的画风，美女画随之受到波及，也有了新的风气。改琦、费丹旭二人是开启新的美女画风的主要代表人物，他们打破仇英那样的以纤丽柔弱的表情来画美女的做法，而是致力于表现活泼、清新的女子形象，也尽量依照现实生活中的美女形象来表现画中美女的姿态，因而摆脱了以往想象的旧式美女的常套。这就是嘉庆以后美女画的特点，可以说是表现了时代趣味的新式美女画。

最后讲讲顾媚、李因、马荃、陈书等几位女画家，她们是清朝妇女画家的代表。特别是恽南田一家，女子画画的很多。陈书是她们中间有名的女画家，一直到老，她仍然作画不止。但她们这些人还不足以影响到一代画风。

综上所述，纵观清朝画风的演变轨迹，与其他文化如经学、史学、文学等的发展道路大体上是一致的，但绘画与经学、诗文也存在不同的地方。随着时代的发展，经学、诗文将以前各种不同的流派或风格都渐渐地统一方向，到清末，仍然有许多颇具实力的学者或文学家出现，而相比之下，清末的画坛，则处在一直衰退的阶段。自古以来，像画这样的艺术，在乱世或国家动荡的时代，从事的人就会锐减，名家也会相应减少，除了特殊极具天赋的人出现以外，难以奢望会有名家辈出的盛况。在汤贻汾、戴熙二人于咸丰年间去世后，中国绘画方面再也没有出现过大家。赵之谦这样的特殊天才，也不能算是通常意义上的有代表性的大家。最近，中国正在经历社会的大变动，或许会出现代表人物。但是，不像学者的著作那样，画家的作品往往很少在同时代就得到流传，所以，仍不清楚近几年来中国画坛上的名家的情况。这主要有两个原因，一是因为中国的交通不便，二是因为我们的见闻有限。但纵观文化整体的发展趋势，经学、史学、诗文、绘画等在它们的发展变迁过程中，总是遵循一个共同的脉络前进。可以确定的是，清朝的绘画与其他时代相比是毫不逊色的。

　　原本想对这六天来的讲演做一次概括性、结论性的总结，但是因为时间的关系，不得不作罢。而且，若诸位能够自己综合回顾这六天来所讲的内容，即使我不做总结，相信听讲者得出结论也不是难事。因此，在这里我决定省略下结论这一步。讲演到此结束。最后，我要在这里说的是，此次讲演得到日本著名的收藏家们的支持，他们惠借出非常珍贵的收藏品来供我们陈列。还有，大阪的上野理一君、东京的山本悌二郎君以及其他诸位，也给予了多方帮助。在此，我对以上诸位表示由衷的感谢。

《清朝史通论》纲目

帝王及内治

一　关于清朝史的著述

《圣武记》三种　《湘军志》《湘军记》

《东华录》二种

丰富的史料（满文老档　三朝实录　方略　圣训　国史列传　谕折汇存）

《三朝实录采要》及《事略》

《清朝全史》《清朝衰亡论》《支那论》

　　以上有实物展阅

二　历代帝王及摄政王、训政太后

太祖高皇帝　天命

太宗文皇帝　天聪　崇德

世祖章皇帝　顺治

圣祖仁皇帝　康熙

世宗宪皇帝　雍正

高宗纯皇帝　乾隆

仁宗睿皇帝　嘉庆

宣宗成皇帝　道光

　　以上可参照笔迹、肖像

文宗显皇帝　咸丰

穆宗毅皇帝　同治

德宗景皇帝　光绪

　　以上可参照肖像

宣统皇帝　　参照笔迹

摄政睿亲王　参照《鞑靼物语》

摄政醇亲王

西太后

　　以上参照英文《西太后治下的中国》及照片

1. 入关前的二帝

2. 入关时的摄政王

3. 退位时的摄政王及人臣摄政

4. 训政的先例　西太后时代的中兴

三　清朝帝王的特点及其形成原因

1. 教育的完善　上书房的读书　不立皇太子的制度

2. 各帝的文化活动

　　A. 世祖的中国文化爱好　遗诏

　　B. 圣祖的机略　爱好西洋文物　规模之大

　　C. 世宗的禅机　文字狱　朱批谕旨　猜疑之主

　　D. 高宗的多艺　矛盾的方针　满人复兴的企图

　　　　对于汉文艺的夸耀　蒙回诸语的研究

　　E. 各代御制集的浩瀚　潜邸的全集　钦定书之多

　　F. 与明代帝王的比较

　　参照《万古愁曲》《世祖实录》

　　　　《康熙几暇格物编》

　　　　谕定禅书

　　　　《大义觉迷录》

　　　　朝服

　　　　违禁书目及其实例

　　　　御制集　潜邸集　《盛京赋》　东巡诗等

　　　　《古今图书集成》《四库全书》　武英殿聚珍版书

　　　　《明太祖文集》　明写邸钞残本

　　3. 节俭　康熙帝的上谕

　　4. 寡鲜失德　处置内宠、宦官的严肃

四　清朝政治的特色

　　1. 满汉二重的政治（参照会典、满文奏议、文书）

　　2. 注重声名（不顾实惠）　实行免税（参照版画《下江南》）

　　3. 理想的独裁制度　军机处的创设（参照《枢垣记略》）

　　4. 对学者的优待　徐乾学编纂《一统志》　博学鸿词科（参照《鹤征录》《词科掌录》）

　　5. 其弊端（参照《江楚会奏变法三折》、对策等）

五　晚清的政治

　　1. 汉人的自奋（上）　川湖陕的民乱

　　2. 汉人的自奋（下）　太平天国之乱

　　　　　参照英文《太平贼》《李秀成供状》《满清纪事》

　　　　　　曾、胡、左、李、彭诸人的笔迹

　　　　　　名贤手札

　　　　　　曾公手书日记石印

　　3. 南北洋大臣　委任的外交

　　　　　参照《李文忠全集》

　　4. 宗室政治与退位

六　附论　清代的宗室

　　1. 宗室与觉罗

　　2. 宗室的贡举及其文事

　　3. 短处　善恶两方面的代表性人物、祭酒盛昱

异族统一与外交、贸易

一　入关以前满蒙汉的三族统一（附朝鲜）

参照三田渡碑　崇谟阁文书　《同文汇考》　通文馆书籍版木

二　绥抚西藏

参照奉天的四体文碑

《喇嘛说》碑

翻译藏经

《同文韵统》

三　征服准噶尔、回部

参照《钦定蒙古回部王公表传》

满蒙汉《理藩院则例》

《秦边纪略·噶尔丹传》

《西域同文志》

《清文鉴》

《满蒙清文鉴》

《三合切音清文鉴》

《四体清文鉴》

《五体清文鉴》

《钦定蒙文汇书》

汉回合璧及中国人写《古兰经》

乾隆帝赠班禅画

四之上　满语的效果　与欧译的关系

参照《满文老档》

满译经书、小说、佛经

翟理思《汉满书籍文书目录》

四之下　满语的效果　日本的满语研究

参照物徂徕《满文考》

日本版满文《千字文》

库页岛杨忠贞文书

最上德内《度量衡说统》

近藤重藏《边要分界图考》

高桥景保的研究遗书

长崎郑氏碑文写本

五　苗族、台湾、琉球及东南亚华侨

参照《皇清职贡图》

《苗蛮图》

蓝鼎元《东征集》

姚莹《东槎纪略》

黄叔璥《台海使槎录》等

台湾山内地图

《中山传信录》

《琉球国志略》

《华夷通语》

新建郑和碑

《四译馆译语》

《八纮译史》

六　外交　与俄国的关系

参照《平定罗刹方略》

《朔方备乘》

曹廷杰《西伯利亚东偏纪要》手写本

许景澄《中俄界图》

写本《交涉档案》

七 贸易

1. 与本邦的关系

  参照《清朝探事》

    《译家必备》

    《清俗纪闻》

    《南山俗语考》

    新井白石《本朝宝货通路用史略》

    《天寿随笔》

2. 与海外诸国的关系

  参照暹罗馆表文

    《粤道贡国说》

    《马戛尔尼游记》

    《中西纪事》

    《粤氛纪事》

    《夷匪犯境闻见录》及《海外新话》

    《溃痈流毒》

    耆英、林则徐等人的笔迹

3. 贸易的效果

  参照《石渠余纪》

    清朝制钱、大钱、楮钞类

    《古今钱略》(外国钱)

    《大钱图录》

    《制钱通考》

外国文化的输入

一 明代天主教传教士远来中国

1. 利玛窦与徐光启

参照克鲁赫儿《中国》

徐氏笔记

《坤舆万国全图》

《天学初函》

2. 继此而来的传教士

参照卫匡国《鞑靼战纪》

《破邪集》

二　明清之际历算家汤若望及其他传教士

参照克鲁赫儿《中国》

《东印度公司使节团访华纪实》

三　历算的成功者南怀仁

参照观象台写真

历算诸书

四　康熙乾隆年间的地理探险及外交（使用传教士）

参照杜赫德《中华帝国全志》

唐维尔《中国新图集》

康熙时代的方舆分图及满文旧地图

胡林翼《大清中外一统舆图》

折叠本河源图以及地图照片各种

耶稣会传教士关于信教的上奏及圣祖圣旨（满汉文，拉丁语译）

五　采用西洋艺术

1. 绘画

A. 自然的感化　吴历及诸家

参照吴历《枯木图》

吴历书牍

　　　　　吴历文集

　　　　　吴历画跋

　　B. 有意的模仿　焦秉贞的《耕织图》及《南巡图》（参照实物）

　　　参照年希尧的《视学精蕴》

　　C. 西洋人的中国画　郎世宁

　　　参照郎世宁的画及《竹叶亭杂记》中的记事

　　D. 附清朝的画院

2. 铜版画

　　　参照《平定准部回部得胜图》及其他

3. 玻璃器　乾隆玻璃（参照实物）

4. 音乐

　　　参照《御制律吕正义》所载西洋音阶

　　　　　魏源《澳门花园听夷女洋琴歌》

5. 数学的发展

　　　参照《畴人传》及其他

6. 兵器　初期及末期的差距

7. 中国与日本采用西洋文明的异同

经　学

宋　学

　顾炎武　出于朱子（浙西）　徐乾学　纳兰成德　《通志堂经解》出自徐氏而以纳兰氏之名行世

　黄宗羲　出于王阳明（浙东）　万斯大　万斯同

　　二人皆非讲学派，所以竟为汉学派之祖。

　孙奇逢　魏象枢　汤斌　陆王兼程朱

　陆世仪　张履祥　魏裔介　陆陇其　李光地　杨名时　程朱学

　李中孚　李绂　陆王学

以上皆自讲学派出，为清初之宋学。然李光地以下已渐流入于顾氏之学。

姚鼐　方东树

以上古文家兼宋学，为中叶之风。

唐鉴　倭仁　曾国藩　罗泽南

以上清末宋学，全脱宋明之窠臼。钱仪吉经苑出于此际。

汉　学

阎若璩　毛奇龄　张尔岐　朱彝尊　胡渭

以上清初之学，尚属草创。

惠周惕　惠士奇　惠栋　余萧客　江声

王鸣盛　钱大昕　孙星衍

以上吴派

江永　戴震　段玉裁　王念孙　王引之　高邮王氏之学

金榜　程瑶田　凌廷堪　胡匡衷　胡承珙　胡培翚

以上皖派

朱筠　纪昀　张之洞

以上北派

汪中　汪喜孙　刘台拱　阮元　焦循　刘宝楠　刘文淇　江藩

以上扬州之学

陈寿祺　陈乔枞

以上闽学

邵晋涵　全祖望　章学诚

以上浙东之学，变作史学。

庄存与　庄述祖　刘逢禄　宋翔凤　龚自珍　魏源　邵懿辰　戴望　王闿运　廖平　李滋然　康有为　皮锡瑞　谭献

以上常州之学，即公羊学派。

以上为中世极盛之期，间类及于晚季。

俞樾　高邮王氏之学兼公羊学

孙诒让　黄以周（父式三）　孙、黄为礼学之大成

郑珍　贵州之学

吴大澂　小学的新派

陈澧　主汉学兼采宋学

以上晚季大家　又章炳麟、刘师培等为新进名家

王夫之　方苞　陈厚耀　顾栋高　王懋竑　崔述

以上出于宋学而近于汉学者

颜元　李塨　王源　戴望

以上颜李学派

刘献廷

胡承诺　李兆洛

以上两派又别为一家

罗有高　汪缙　彭绍升　杨文会

以上为释教派，又公羊学家归佛者有龚、魏、俞、康诸人。其余文廷式、夏曾佑、章炳麟也皆好佛，然皆与理学家趋向异也。

以上综为宋学别派。

校勘学

朱筠　提出《四库全书》之议

纪昀　奉敕撰《四库全书总目提要》

彭元瑞　奉敕校《十三经》

毕沅　阮元　二人皆为学者之提倡

卢见曾　卢文弨　顾千里　黄丕烈　秦恩复　张敦仁　陈鳣　严可均　孙星衍　莫友芝　陆心源　缪荃孙

本邦刻《七经孟子考文》《论语义疏》《佚存丛书》，尤有提醒之功。

藏书家

藏书刻书二家可以羽翼校勘之学，叶昌炽《藏书纪事诗》可以参考。

天禄琳琅　毛晋　季振宜　钱曾以及近世四大家　陆、杨、瞿、丁

刻书家

毛晋　鲍廷博　黄丕烈　伍崇曜以及近时黎庶昌、杨守敬

金石学家

顾炎武　翁方纲　王昶　黄易　朱为弼　赵魏　张廷济　刘喜海　张燕昌　翟云升　陈介祺　徐同柏　吴式芬　端方　刘心源　罗振玉　倪模

以下古泉之学

初尚龄　鲍康　李佐贤

史　学

浙东　黄宗羲　万斯同《历代史表》　全祖望　本集

浙西　顾炎武　徐乾学《资治通鉴后编》

顾黄二氏为众流之源

正　史

明史

朱彝尊　王鸿绪

修补旧史

吴任臣《十国春秋》

邵远平《续弘简录》

此二人可属旧派

厉鹗《辽史拾遗》　杭世骏《金史补》　谢启昆《西魏书》

毕沅《续资治通鉴》　梁廷枏《南汉书》

沈炳震《新旧唐书合钞》　彭元瑞《五代史记注》

周济《晋略》

考证旧史

王鸣盛《十七史商榷》《蛾术编》

赵翼《廿二史札记》《陔余丛考》

钱大昕《廿二史考异》《十驾斋养新录》

钱氏子弟皆多著作，都为家学。

王元启　梁玉绳　洪亮吉　章宗源　沈钦韩　吴卓信　张敦仁　汪士铎

地　理

顾祖禹《读史方舆纪要》

阎若璩《四书释地》

胡渭《禹贡锥指》

以上皆为徐乾学所招修《一统志》。

齐召南《水道提纲》

道光以后魏源、徐继畬等为海外地理之学，乃习耶稣会士所遗及《瀛环志略》等而扩之，不主考订。近时邹代钧最为专门之家。

塞外史学、地理

钱大昕　　考元史以钱氏为大宗，清朝史学自此一变。

祁韵士《皇朝藩部要略》　张穆《蒙古游牧记》　何秋涛《朔方备乘》　李文田《元秘史注》　洪钧《元史译文证补》　文廷式　沈曾植　屠寄《蒙兀儿史记》　柯劭忞《新元史》

龚自珍

魏源《海国图志》《元史新编》

松筠　徐松《西域水道注》

汉志水经之学

全祖望　赵一清　董祐诚　杨守敬

戴震　陈澧

古地学

徐松《唐两京城坊考》　周城《宋东京考》　毕沅《关中胜迹图志》　李兆洛《李氏五种合刊》　六严　杨守敬

古 史

马骕《绎史》 李锴《尚史》

林春溥《竹柏山房十五种》 陈逢衡《竹书纪年集证》 崔述《考信录》 程恩泽《国策地名考》

掌 故

礼亲王《啸亭杂录》 盛昱 文廷式 王庆云《石渠余纪》 吴振棫《养吉斋丛录》

陈康祺《郎潜纪闻》

经 济

包世臣《安吴四种》 魏源 贺长龄《皇朝经世文编》 龚自珍 俞正燮《癸巳存稿》《癸巳类稿》 蓝鼎元《平台纪略》 姚莹《东槎纪略》 陶澍盐法 严如熤《苗防备览》 冯桂芬《校邠庐抗议》 张之洞

史 法

方苞（古文义法）

章学诚《文史通义》 张采田《史微》

文 学

古 文

侯方域 魏禧 汪琬（三家皆袭宋明之风）

黄宗羲 顾炎武（两家皆不以文为主，而其文辞卓然，自然为家，后考订家文多从二氏出）

朱彝尊 姜宸英 李绂（此诸人已与侯魏诸家自异趋向，清代古文始可信矣）

袁枚（后来骈散不分之体已兆于此）

　　以上为古文草创之期

明归有光　方苞　刘大櫆　姚鼐　刘开　方东树　吴德旋　梅曾亮　管同　朱琦　吴敏树　邵懿辰　孙衣言（桐城派古文）

恽敬　张惠言　董士锡　李兆洛（阳湖派古文）

罗有高　汪缙　彭绍升（崇佛家古文）

龚自珍　包世臣　魏源（古文近于选体者）

曾国藩　张裕钊　薛福成　吴汝纶　黎庶昌　郑珍

左宗棠（出于桐城派而综合众家者）

　　以上古文极盛之期

骈体文

陈维嵩　胡天游　邵齐焘　吴锡麒　杨芳灿　曾燠　彭兆荪（旧派骈文家）

孔广森　纪昀

孙星衍　洪亮吉　董祐诚　皮锡瑞　樊增祥（考订家兼骈文家者）

骈散不分家　乃为选体极盛之期

汪中　汪士铎　王闿运　谭献　袁昶

新体古文

黄遵宪　康有为（出于选体）　梁启超

诗

明代诗派（李梦阳、何景明、李攀龙、钟惺、谭元春、袁宏道）　王世贞　陈子龙

清初大家

钱谦益　吴伟业　顾炎武

南施北宋　施闰章　宋琬

龚鼎孳　吴兆骞

康雍间大家名家

王士祯（为一代正宗）

朱彝尊

查慎行（出于白苏）

冯班　赵执信（私淑冯班）　毛奇龄　宋荦　田雯

吴雯　柴绍炳　毛先舒（西泠十子柴毛为主）　尤侗

屈大均　梁佩兰

乾隆间名家

沈德潜　王昶（称为王士祯正脉）

袁枚　蒋士铨　赵翼　（三人皆出新意，袁氏尤有意与王士祯为敌人，赵亦推查排王，盖一时风气如此）

以上二脉或谓为格调派、性灵派，并立门户主持坛坫。

厉鹗　黄之隽　严遂成　吴锡祺　黄景仁　孙星衍

洪亮吉　张问陶　杨芳灿　吴嵩梁　陈文述　郭麟　舒位　孙原湘　刘嗣绾　乐钧　屠倬

乾嘉间作家如林，今特举其表表者。

道咸以后

龚自珍　魏源　何绍基　郑珍　李鸿裔　欧阳绍洛

曾国藩　毛贵铭　高心夔　翁同龢　许宗衡　李慈铭

张之洞　袁昶　沈曾植　郑孝胥

乾嘉以来诸家，多由苏黄入玉谿生，以窥工部，所谓江西诗派者也。

王闿运　谭献

近时作家往往宗选体，王湘绮尤以此体主盟一代。

旗人文学

铁保编《熙朝雅颂集》（诗）

盛昱辑选《八旗文经》（文）

词

纳兰成德

曲

孔云亭《桃花扇》　李笠翁《十种曲》　蒋心馀《九种曲》

传奇小说

《红楼梦》《品花宝鉴》《海上花列传》《儿女英雄传》《镜花缘》

蒲松龄《聊斋志异》 纪昀《阅微草堂笔记》 袁枚《新齐谐》

艺 术

书 家

（所举皆专门名家，其儒林文苑，兼善临池者，概不载入）

清初大家名家

傅山

王铎

此二人皆学阁帖。明末清初之风气，此为大宗。

宋曹（亦属阁帖派）

冒襄

周亮工

清初人亦有务以奇袤横逸自喜者，此二人可以代表斯派。

康雍间名家

笪重光

陈奕禧

汪士铉

沈铨

查昇

康雍间名家多由董入米，稍就收敛。亦为治世之风格，以上诸人皆属斯派。

姜宸英

王澍

风气新开，乃有兼习碑帖，此二人者可为其先驱者。

乾嘉间大家名家

张照

刘墉

入自帖学，另出机轴，可谓集大成矣。有清一代，谁能争锋。

梁同书

梁巘

王文治

宋葆淳

铁保

皆主帖学，联镳并驰，桃李竞芳。但梁王南人，动失轻俊，冶亭北士，辄病钝重。成哲亲王亦宜入斯派。

翁方纲

兼习碑帖，此为后劲，风气一变，争趋北碑，看者须知关捩之处。

道光以后

邓石如

包世臣

北碑一派，善之者邓，倡之者包，不数十年而风行宇内，施及朝鲜日域，虽乘时之利，亦豪杰之士也。先是试而不倡者金农，当年倡而不染者阮元。

钱坫

钱泳

萨迎阿

以上诸人在书法鼎革后，不变其格，亦可谓有识矣。

伊秉绶

桂馥

姚元之

陈潮

陈鸿寿

吴熙载

何绍基

以上诸人皆为北派之前驱。

赵之谦

杨沂孙

杨岘

翁同龢

潘存

张裕钊

杨守敬

吴昌硕

北派至此极其盛运，而杨星吾新以隋唐遗墨，欲变其格，未及大成，罗叔言复依殷龟汉简，溯源籀篆，匡谬分隶，唐抚王迹，魏写麻笺，亦将混一南北，泯灭辙迹，六书之变，似穷实通，真不知其所届夫。

附女士

清初　顾眉生　柳如是

清末　吴芝瑛

论书名家

冯班《钝吟书要》

王澍《论书剩语》

又《竹云题跋》《虚舟题跋》

朱履贞《书学捷要》

梁同书《书论》

段玉裁《述笔法》

　以上旧学

阮元《北碑南帖论》《南北书派论》

包世臣《艺舟双楫》

康有为《广艺舟双楫》

杨守敬《平碑记》《平帖记》

又《学书迩言》

　以上新学

画　家

清初大家名家

王时敏

王鉴

王翚

王原祁

吴历

恽格

清初大家，推四王吴恽，举世无异辞，一代风气，尽自此开。奉常廉州，犹诗之钱吴；石谷南田，犹诗之朱王；渔山独造，时用西法；司农士气，实启来者。娄东虞山，竟为丹青之丰沛矣。

释道济

释髡残

二石夭矫奇辟，迥不犹人，真所谓散僧入圣者。

陈洪绶

萧云从

老莲人物高华渊穆，尺木山水，萧疏韶秀，并不愧逸品。

龚贤

吕潜

戴本孝

行笔用墨，独辟境地，往往出入西法，而能泯其迹。

顾殷

朱耷

徐枋

姜实节

遗逸之作，不食烟火，顾姜二人，几逼专家。

项奎

查士标

顾大申

王武

程邃

文点

罗牧

高其佩

项查顾王，存晚明之风度，穆倩南云，启雍乾之气格，饭牛丘壑，派称江西，且园指画，亦备一体。

禹之鼎

传神写照，为清朝第一，如其风格，仍是实父余派。

笪重光

高士奇

赏鉴之家，时自濡毫，另有逸趣。

雍乾间名家

黄鼎

沈宗敬

杨晋

唐岱

蒋廷锡

诸家沉厚苍浑，守四王之矩矱，存恽吴之余韵，未得以不能变轻之。

李世倬

王昱

张庚

张鹏翀

以上诸家画格，亦为前五家之亚，未至领新标异，以辟乾隆风气也。

钱载

钱维城

潘恭寿

尹锡

乾隆中叶以后，画家竞喜新异，笔情轻俊，傅彩靓冶，此诸人犹未染时习，然已殊于康雍诸家之重厚矣。

金农

郑燮

冬心奇古，老莲之亚，板桥豪荡，逸趣天成，故自属别格。

高凤翰

华嵒

李鱓

边寿民

以上四家皆以疏宕纵逸见长，卉木翎毛，别具神趣，亦为一格。

王玖

王宸

二子皆为名家后人，虽承家学，每出新意。

张宗苍

山水气体，苍莽深稳，虽入画院不染其甜熟之习，在乾隆中，故应推大家。

邹一桂

董邦达

董诰

张若霭

以上诸家奉敕作画，辄入院体，虽乏韵致，精妙无匹，东山父子，仍饶风骨。

沈铨

墨守明格，不求新异，似禹尚吉，犹足以起我邦百年来之画风，不亦异乎？

袁雪

袁江

袁耀

陆㬇

袁氏一派，山水工致，入由北宗，出由西法，日为奇癖，格似穆倩，皆在我文晁广重之间。

上官周

黄慎

闽派之画，不脱犷气，竟于我吴春芦雪为近。

嘉道间名家

康涛

张崟

罗聘

奚冈

黄易

王霖

钱杜

王学浩

黄均

朱昂之

清画松秀韶俊，至嘉道之际而极矣，但夕庵犹带沉着之气，两峰自多朴古之韵，小松独有萧散之趣，叔美竟饶冲淡之意，在诸家中，当推白眉。

咸丰以后名家

汤贻汾

戴熙

道咸间推二子为大家，雨生意致清新，有加乾嘉诸家，醇士墨气沉厚，几近康雍名人，前后同殉于发匪之难矣。

沈宗骞

秦祖永

二家先后擅长论画，而其自运亦时臻妙境。

王素

赵之谦

张熊

任伯年

顾若波

钱吉生

同光之际，画家寥寥若晨星，扬叔挺生晚季，花卉之妙，独领神理，其余诸家亦有可观。

陆恢

近日山水，尤推廉夫，而其时已入民国矣。

顾洛

姜埙

余集

改琦

费丹旭

汤禄名

有明以来，仕女一派，皆宗十洲，乾隆以后，才脱其圈套者，数子之力，西梅静穆，晓泉妍雅，秋室秀媚，七芗清艳，晓楼潇洒，乐民幽闲，就中改费二氏，尤极清楚艳异之致。

附闺秀

顾媚

李因

马荃

陈书

附录　清朝书画谱目录

书　家

所举多为专门名家，其儒林文苑，兼善临池者，概不载入。

清初大家名家

傅山

王铎

宋曹

晋唐真迹气味，索于有明中叶，而阁帖之学，代兴于清初，青主觉斯，实为其大宗，射陵江北之杰，亦与傅王同其归趣。

丁元公

归庄

金俊明

纪映钟

吴山涛

清初之画，袭明格者，不出祝董二家范围，但逸民一派，若丁归金等，自有高韵，其人品使然，纪吴诸人，已骎入于康雍风格矣。

冒襄

周亮工

清初人有专以奇衷横逸自喜者，盖习明末张二水等之风而加太甚，然亦可备一格，若此二人即是。

康雍间名家

陈弈禧

沈铨

沈楫

查昇

汪士铉

高士奇

汤右曾

　　康雍间名家多由董入米，藏锋敛锷，渐就规矩，虽乏奇气，亦为治世之风格，以上诸人皆属斯派。

王鸿绪

赵执信

　　横云腴润，学华亭董氏，秋谷清秀，出虞山冯氏，王弱赵板，动受诋讥，要自为康雍名手。

郑簠

林佶

　　清初分隶，多学曹全碑，画家若王奉常，学人若朱竹垞，皆可名家，谷口吉人，亦斯派之表表者。

姜宸英

何焯

王澍

杨宾

蒋衡

　　风气新开，乃有兼学碑帖者，姜何王杨诸人，为其先驱，拙存学书于大瓢，而实与张得天为近，亦风气所致。

乾嘉间大家名家

张照

刘墉

入自帖学，另出机轴，华亭以后风格，此谓集大成。有清一代，谁能争锋。

梁同书

梁巘

王文治

铁保

宋葆淳

皆主帖学，联镳并驰，桃李竞芳。但二梁梦栖南人，动失轻俊，冶亭帅初北士，辄病钝重，成哲亲王亦宜侧此诸人间。

翁方纲

兼习碑帖，此为后劲，而后风气一变，争趋北碑，看者须知时世有关捩之处。

道光以后大家名家

邓石如

包世臣

北碑一派，善之者邓，倡之者包，不数十年而风行宇内，施及朝鲜日域，虽乘时之利，亦豪杰之士也。先是学而不倡者金农，当时倡而不染者阮元。

钱坫

钱泳

萨迎阿

以上诸人在书法鼎革后，不变其格，亦具特识，非无所见而后时也。

伊秉绶

桂馥

姚元之

陈鸿寿

陈潮

吴熙载

吴云

何绍基

以上诸人，皆脱唐碑之拘牵，为北派启途径，篆隶真行，有急风舞雪、天花乱坠之妙。

赵之谦

杨沂孙

杨岘

翁同龢

潘存

张裕钊

杨守敬

吴昌硕

北派至今，运称极盛，而杨星吾新以隋唐真迹，欲变其格，未及大成，罗叔言复依殷龟汉简，溯源籀篆，匡谬分隶，唐抚王迹，魏写麻笺，亦将混一南北，泯灭辙迹，六书之变，似穷实通，真不知其所届夫。

附 女士

吴芝瑛

画 家

清初大家名家

王时敏

王鉴

王翚

王原祁

吴历

恽格

　　清初大家，推四王吴恽，举世无异辞，一代风气，尽自此开。奉常廉州，犹诗之钱吴；石谷南田，犹诗之朱王；渔山独造，时用西法；司农士气，实启来者。娄东虞山，竟为丹青之丰沛矣。

释道济

释髡残

　　二石夭娇奇辟，迥不犹人，真所谓散僧入圣者。

陈洪绶

萧云从

　　老莲人物高华渊穆，尺木山水，萧疏韶秀，并不愧逸品。

龚贤

吕潜

戴本孝

　　行笔用墨，独辟境地，往往出入西法，而能泯其迹。

顾殷

朱耷

徐枋

姜实节

　　遗逸之作，不食烟火，顾姜二人，几逼专家。

项奎

查士标

顾大申

王武

程邃

文点

罗牧

高其佩

　　项查顾王，存晚明之风度，穆倩南云，启雍乾之气格，饭牛丘壑，派称江西，且园指画，亦备一体。

禹之鼎

传神写照，为清朝第一，如其风格，仍是实父余派。

笪重光

高士奇

赏鉴之家，时自濡毫，另有逸趣。

院画名家

焦秉贞

陈枚

郎世宁

清代院画，尤喜海西之法，绘影设色，以分明暗，焦陈诸人，由东学西，郎氏西人，参以东法，其归一也。

雍乾间名家

黄鼎

沈宗敬

马元驭

杨晋

唐岱

蒋廷锡

诸家沉厚苍浑，守四王之矩矱，存恽吴之余韵，未得以不能变轻之。

李世倬

王昱

张庚

张鹏翀

以上诸家画格，亦为前六家之亚，未至领新标异，以辟乾隆风气也。

钱载

钱维城

潘恭寿

尹锡

乾隆中叶以后，画家竞喜新异，笔情轻俊，傅彩靓冶，此诸人犹未染时习，然已殊于康雍诸家之重厚矣。

金农

郑燮

冬心奇古，老莲之亚，板桥豪荡，逸趣天成，故自属别格。

高凤翰

边寿民

华嵒

李鱓

以上四家皆以疏宕纵逸见长，卉木翎毛，别具神趣，亦为一格。

王玖

王宸

二子皆为名家后人，虽承家学，每出新意。

张宗苍

山水气体，苍莽深稳，虽入画院不染其甜熟之习，在乾隆中，故应推大家。

邹一桂

张若霭

董邦达

董诰

以上诸家奉敕作画，辄入院体，虽乏韵致，精妙无匹，东山父子，仍饶风骨。

沈铨

墨守明格，不求新异，似禹尚吉，犹足以起我邦百年来之画风，不亦异乎？

袁雪

袁江

袁耀

陆暐

袁氏一派，山水工致，入由北宗，出由西法，日为奇癖，格似穆倩，皆在我文晃广重之间。

上官周

黄慎

闽派之画，不脱犷气，竟于我吴春芦雪为近。

嘉道间名家

康涛

张鉴

罗聘

黄易

奚冈

钱杜

王霖

王学浩

朱昂之

黄均

清画松秀韶俊，至嘉道之际而极矣，但夕庵犹带沉着之气，两峰自多朴古之韵，小松独有萧散之趣，叔美竟饶冲淡之意，在诸家中，当推白眉。

咸丰以后名家

汤贻汾

戴熙

道咸间推二子为大家，雨生意致清新，有加乾嘉诸家，醇士墨气沉厚，几近康雍名人，前后同殉于发匪之难矣。

沈宗骞

秦祖永

二家先后擅长论画，而其自运亦时臻妙境。

赵之谦

王素

胡义赞

胡璋

顾沄

钱慧安

同光之际，画家寥寥若晨星，扐叔挺生晚季，花卉之妙，独领神理，其余诸家亦有可观。

陆恢

近日山水，尤推廉夫，而其时已入民国矣。

顾洛

姜埙

余集

改琦

费丹旭

汤禄名

有明以来，仕女一派，皆宗十洲，乾隆以后，才脱其圈套者，数子之力，西梅静穆，晓泉妍雅，秋室秀媚，七芗清艳，晓楼潇洒，乐民幽闲，就中改费二氏，尤极清楚艳异之致。

附 闺秀

顾媚

陈书

马荃

第六编

清朝衰亡论

QINGCHAO SHUAIWANG LUN

绪　言

这本小册子原来的标题是《清朝的过去及现在》，是明治四十四年（1911年）十一月二十四日、十二月一日、十二月八日连续三次在京都帝国大学特别讲演（即星期五讲演）的速记。讲演结束以后，该大学的以文会说想要出版它，于是粗略地订正了字句的谬误。虽然时局每日变化无常，但讲演之际只是坦言当时的感想，因此没有因后来之事对论旨加以订正。不过，不管时局有多少小的曲折，大势所趋之处，结局只有一个，这是讲演者深信不疑的。

明治四十五年一月十五日

讲演者识

第一章
兵力上的变迁

因为职业的关系，数年前我曾专注于清朝现时的局势，但自担任京都大学教官以来，研究范围不断扩宽，就不仅仅是关注时势。要承认的是，对于当前问题的判断有许多不够准确或没能进行充分预计的地方。

我的讲题是"清朝的过去与现在"，讲演分为三次。比起清朝的过去及现在，今天的人们或许更想听到清朝将来的情况，但一周前我就定下了这个题目。从今天起到讲演结束，需要两周的时间，我们甚至不清楚清朝的状况在这两周内会变得如何。在我讲演期间，只有清朝的过去及现在是确定的，是否存在将来还是一个疑问。所以，这里暂且不提将来。但如果在最后一次演讲的当日清朝还有未来的话，再稍加展望。

此演讲预计从今天开始分三次讲完，每次会对所讲内容进行小结。谈及过去与现在，时间的范围其实非常广，谈论的话题以及到哪里停止都没有限制。也是基于此想法才定下这个题目。目前清朝的局势每天都在发生变化，今天我站到这里之前，都很难确定说什么话合适。但到昨日为止的情况是既成事实，所以，就这些情况来谈我想是安全的。因此，我选了一些不论说什么都行的题目，每次一项项地叙述并做小结。今天主要讲清朝兴起以来兵力的变迁。

兵力的变迁很大程度上导致了今天的清朝走向衰退。当然，兵力对国家兴盛有举足轻重的影响，与之相同，兵力的衰颓也可能是导致国家衰退的重大原因。所以，今天主要谈兵力的话题，接下来的第二次讲演则是讲述经济上的变迁。第三次现在还很难决定，视清朝是否有将来而定。

侵入中国本土之前

在清军还没有进入中国本土之前，即在还没有攻下北京之前，就有引人注目的鲜明特色。清朝兴起的中国东北地区，对以前的中国人来说当然就是野蛮人、非常强悍的民族居住的地方。今天清朝朝廷称为满洲的，清朝以前称之为"女真"或"女直"。有谚语说女直这个民族自古就异常强悍，即"女直不满万，满万不可敌"，意思是说没有达到一万人的女直军队，如果有，那便无人能敌。总之，自古以来就有关于女真族强悍的评价。因其兴起于北方，这个民族一般被认为与蒙古人一样，但其实与蒙古人非常不同。蒙古人是游牧民族，最初的满洲人并不是。满洲人虽然靠射猎为生，但不是游牧民族，与蒙古人大相径庭，这是一些清朝历史学家的观点。自古以来被认为强悍的满洲人，其强悍程度与其他强悍的民族相比究竟如何，仍是一个疑问。与东方各国的强悍民族做比较，庆幸的是日本还存在着可以与满洲民族相比较的标准。

努尔哈赤的兵制

首先需要对满洲初期的兵制有一定的了解，谁都知道，满洲兴起时就通过所谓八旗的组织建立军队。这是满洲始祖，也就是清太祖努尔哈赤建立的兵制，以三百人为一单位构成最小的军队，由此逐渐往上增加，以三百人的五倍又组成一支大军队。又以此数的五倍再组成一队，是为一旗。所以，一旗有七千五百人，八旗合计六万人。此后又设立蒙古八旗、汉人八旗，但最初的兵制是以纯粹的满洲八旗为基础的。

清朝的《实录》中记载了这些军队列阵作战的战法。八旗初建之时亦有书籍记录此兵法，但此兵书已失传。不过清朝《实录》中记载了大致情况。观其阵列，与敌人交战时，身穿坚甲，手持长矛和大刀的人作为先锋，身着轻甲的弓箭手在其身后攻击敌人。这里的坚甲和轻甲，在满洲被称为"铁甲"和"绵甲"。满洲的铁甲是用缎子或棉布做成的衣服，在其内部用铁钉缀上长二寸、宽一寸三四分大小的薄铁板，袖子和身体部位也相应缀上薄铁板。在腰部之下是草折，用长方形的细铁片编织而成，与日本的铠类似，缀在缎子或棉布的衣服内侧。与蒙古、朝鲜一样，盔、铠也都是铁制的，只有披肩部分是在缎子或棉布内侧缀上铁板。这种铁甲就叫"坚甲"。绵甲的话只是以缎子或棉布制成，完全没有附着铁片。缎子做的铁甲作为将领的服装，普通的军队穿的是棉布做成的铠甲状的衣服。穿绵甲的士兵也被称为"轻甲"。

如此一来，军队被分成两类。穿铁甲者在前列，持大刀或长枪。穿绵甲者立于后方，作为射手。除此之外，还设有精兵。第一列、第二列的士兵都下马而立——虽说满洲人几乎都是骑兵，但这些人都是下马而立——只有精兵不下马，隐藏于战场的某个角落，以便伺机而动，突入敌军阵中。以上就是满洲军队的阵列方式。这与同时代的日本，即战国时代的阵列相比，有很大差异。

虽然日本中世纪的军队阵列也存在各种不同的兵法，但铁炮出现后，当时持炮的士兵脚步轻快，最初在较远的地方射击，然后很快地撤退，接下来是射手，分散地发射箭矢，这样逐渐靠近敌方。此时持长枪的士兵从背后突进，最后是旗本的武士与敌人短兵相接。这是日本常见的阵列方式，与满洲的顺序相反，满洲士兵中持长枪者在前，弓箭手隐蔽其后。即满洲的阵列中穿铁甲的相当于日本防御敌人射箭的持盾士兵。射手一般身着轻巧且隐蔽，从暗处射箭。最后，当敌阵出现混乱时采取由骑兵突入，进而破阵的作战方式。这种阵列对于日本那样战斗渐酣后短兵相接的白刃战是好是坏暂且不论。总之，从满洲军队的阵列方式上来看，日本的列阵方式是胆小怯懦的。对射来的箭雨毫无畏惧的士兵站在最前方，从隐蔽处战斗的作战方式，相较于日本兵的排兵布阵方式，其强悍程度要高得多。他们不同于日本兵那样从一开始就认为会遭受敌人的打击。

满兵与明兵的比较

因为时代背景不同，如果把他们与全盛时期蒙古的军队相比较是不合理的，但从战绩来看，全盛时期的蒙古军队强得多。元初因其特别的作战方式，无论金还是南宋，都无力与之抗衡。满洲兴起时，明朝能够与清对抗，这不能说明明兵的强大，而是因为这个时候满洲军队还不太强大。从日本征伐朝鲜时的战斗来看，可以了解明朝军队的强弱，由于对战争逐渐习惯，明朝的军队到明末反倒变得能够对抗满洲军队。特别是明朝军队一开始认为满洲兵非常强悍，野战会让自己陷入不利的境地。于是，明末经略辽东的袁崇焕等人在思考如何以较弱的明兵对抗满洲兵方面下了苦心，野战会产生较大的战损，因此筑起坚固的城墙，并且把此时开始传入的西方火器运用到实战当中，这为明兵对抗满洲兵打下了坚实的基础。然而清太祖到目前为止几乎百战百胜，只在攻击宁远时，因为明军用到了前述的方式，即以坚固的城墙加上西方火器进行抵抗，清太祖未能成功攻破此城。这是未曾有过的惨烈的战败，他也因此患病而亡。可以说这种守城方法对明军是非常合适的。取得胜利后，明军自然信心大增，不再那么惧怕满军，明军的战斗力有所提高。当时有祖大寿、祖大弼兄弟两个名将（虽然最后也投降了满洲），特别是弟弟祖大弼异常凶猛，曾突入到清太宗的大本营中，与之短兵相接，差点虏获太宗。又曾企图夜袭清太宗的阵营进行大决斗，用火药爆破阵营，由此可见后来明军的实力。因此，虽然明朝灭亡，满洲入主中国，但实际上，明兵不是败于满军，而是亡于内乱。明朝被来自北方的满洲人夺走天下是一件非常意外的事情。所以，满洲军队虽然不能说是弱，但与蒙古族所向无敌、横扫中国的情况完全不同。其强弱的程度最初就可以看出差异。

清太宗时期，虽然几度侵入扰乱北京附近到山东边界一带，但山海关外的四城始终没有沦陷，因此一直未能实现灭亡明的目的。直到清世祖继位，其幼年时，明因内乱而亡。当时驻守山海关的吴三桂针对李自成发起复仇之战，有意借用满洲军，当时清的摄政王知道了吴三桂的请求后，便帮助他取得复仇战的成功，最终自己也因此得到了北京，随即建国。得以成功建国，拥有较强的军队可以说是基础，但不久后，便显示出弱化的迹象。

吴三桂之乱

距离清朝攻占北京才三十年，引导清兵亡明的吴三桂便企图谋反。吴三桂是经验丰富的将领，他早年在辽东起家，在灭亡明的过程中，又立下大功。清兵入关后，他成为清的爪牙，入侵中国的中部地区，最后被封为云南藩王。他于康熙十二年（1673年）末反叛，此时已是七十多岁的老人，给了清朝很大的打击。虽然是古稀之年的老人，但他身经百战，手下还跟随了一些同样身经百战的大将。于是从云南进入贵州，又打到湖南。与吴三桂同样由明降清立功而受封藩王的，还有福建的耿仲明、广东的尚可喜，吴三桂趁机拉拢他们一起谋反，形成中国南方的大动乱。入侵湖南时，清朝派大军进行抵抗，当时，攻打明朝建立战功的皇族、大将们大部分都已去世，更没有能够与吴三桂匹敌的名将，所以清朝的士兵狼狈不堪，被吴三桂的军队打得四处溃逃。然而清兵最终平定了叛乱，主要是因为吴三桂年事已高，长年征战养成的习惯便是过分谨慎。在进入湖南省洞庭湖畔的岳州后，没有进一步从岳州挺进湖北境内。此时，从四川到陕西一带有响应吴三桂的叛清军队，如果从湖北向中原挺进，孤注一掷进行决战，那么形势的走向无法预测，但由于吴三桂过分谨慎，没有从岳州进入湖北。这时，康熙帝年仅十九、二十，但他从小敏锐且精力过人，每天一个人阅读四面八方来的军事报告，告诉身边的大臣让他们怎样怎样做，从早到晚差不多要批阅三四百份奏折，以此指挥前线的战事。虽然清兵软弱，屡屡逃亡，但因为做了完善的防备部署，不至于大败。这时吴三桂去世，导致叛军大乱，最终清军成功平定了这场叛乱。当时清军兵力的部署可谓十分完善，从北京到西安凡两千六百五十里，到荆州三千三百八十里，五日之内报告可以送达。到浙江是三千三百里，四日可以到达。到甘肃一带遥远的西部，有五千多里，九日可以送达。一天之中可以跑五六百里到七八百里。这就是清朝的驿传制度，此时被充分利用，每天奔驰五百里或六百里传递战事报告。借助驿传制度，清朝取得了胜利。但取得胜利的重要因素，不是因为满洲军队的强大，而是起用大量汉人作为征伐大将。康熙帝的方针是：古代就有用汉人平定汉人叛乱的先例，因此，没有必要派满洲人带兵，汉人带兵上前线是可行的。所以，当时汉人多有立功。也就是以汉人征伐汉人，而不是以满洲人征伐叛军。据此可知，满洲人陷入腐败比一般的判断更早。这样，并不是满洲人凭借自身实力的强大平定了这场大乱，这一点是很明白的。

　　康熙帝以后继位的是雍正帝，他也善于任用汉人为将。岳钟琪就是雍正时期非常有名的汉人大将。曾有汉人文臣劝他谋反，可见其权势之大。此人精通战事，却没有谋反的胆量，在朝廷知晓他被人劝导谋反一事后，遭到了严厉的处罚。

乾隆时代

　　接下来是乾隆时期。此时距离清朝入关已有九十年，对于将领的任用方式也有一些变化。乾隆帝致力于大量起用满洲人，乾隆帝时期在战争中立功的很多是满洲人。其中征伐台湾和西藏的福康安和海兰察即为其例。但立功也并非因为满洲军事实力的强大，而是由于清朝的财政十分富足，用大量金钱鼓励征伐的胜利。给予征伐将卒的恩赏丰厚，极大调动了将士们的积极性。重赏将卒是乾隆时期的事情，清初的恩赏是很少的。比如立下战功或战死，大概也只是他儿子中的一个会有特殊待遇，有入国子监即大学读书的资格而已，在当时已经是相当大的恩赏了。清初有一个从明代叛降过来的人叫洪承畴，曾被任命为五省经略，立有大功，也只是封了三等轻车都尉这样低等的爵位。根据清朝封爵的规定，此爵只相当于二十几等，立下非常之功，末了只被封了这么一个爵位。汉人名将赵良栋、王进宝两人在平定吴三桂的叛乱中立功，也只封了子爵。到了乾隆时，对将士的恩赏才变重。此时立功的福康安等，超越了公、侯、伯、子、男而受封郡王。导致这一情况的主要原因是天下趋于稳定，不重赏就难以调动将士作战的积极性。

　　除此之外，在提拔方式上出现了破格录取的情况。若立下一些战功，在一年或半年之内，就能连续升官两级、三级、四级、五级。这也是从乾隆时期形成的风气，但此时不让汉人立功，尽量让满洲人立功。乾隆帝对中国的学问也颇有研究，但他大力保存满洲国粹，抑制了入关后满洲八旗逐渐汉化的趋势。在此前的金代，金世宗极力主张保存国粹，清太宗也效仿金世宗，乾隆帝有过之而无不及，曾大力推行国粹主义。他还下令编撰满洲语的辞书，通过汉语的转译，把原本贫乏的满洲语词汇变得丰富起来，且给予那些努力保存满语的满洲人重要的政治职位。

乾隆帝在位六十年，二十五岁时即位，到八十五岁时让位于其子嘉庆后，又过了四年才去世。晚年乾隆帝的施政方针更加宽大，不如说是不加约束。因他是让位的天子，故称为"太上皇"，但依然像日本的太上皇一样开始训政。近来西太后的训政，就是效仿乾隆帝，可以说他开了一个不好的先例。乾隆在世期间，即使让了位，但实际的政治权力却掌握在他的手上。而且，一味地采取宽大放任的政策，宠幸有名的贪污权臣和珅，导致政治腐败，使得乾隆末年到嘉庆初年的七年间中国出现了大动乱（花费几乎九年的时间才完全平定）。

白莲教匪的叛乱

被叫做白莲教的一种邪教的起义，在今天的湖南、湖北、四川、陕西四省连续兴起。虽然是一次起义，但也是持续了七年之久的大动乱。为平定白莲教的叛乱，花费了一亿两以上的军费。当时，满洲八旗军队不堪使用，大将皆以战败告终。一般来说带兵打仗失败应受到严厉的惩处，而事实上并没有严惩，反而总是给予宽大的处理。这时候，清朝纲纪已然松弛。乾隆帝时期是清朝的鼎盛期，乾隆帝也以此自夸，作《十全记》夸耀自己的功绩。这"十全"是指两次征伐蒙古和新疆地区的准噶尔，一次出征新疆的伊斯兰教徒，两次出兵四川西部金沙江（即长江上游），平定台湾一次，征伐安南一次，征伐西藏西南廓尔喀两次，征伐缅甸一次①，共计十次征伐。这十次征伐号称武功圆满，但实际上这里的"全"只是中国式圆满。在征伐廓尔喀时，廓尔喀人正举兵攻入西藏，因此，众多军队列阵而行，实际上只是追击驱散很少的敌兵。即使这样，众军在抵达国境的险要之地时，仍然久攻不下，最终派使者前去诱降，才使之降服。所以，"十全"只是清朝口中的胜利，并不是军事意义上真正的取胜。即便如此，乾隆帝还是非常自夸这十次对外征伐。当然，此时的清朝处于鼎盛期。朝廷尽可能任用满人，但需要很大的恩

---

① 十次征伐，日文原文中仅列举九次，"征伐缅甸一次"为编者根据史实所加。——编者

赏，不宽大处理就驱使不动，这是满洲军队显示出的显著弊端。

白莲教引起的动乱，暴露了满洲军队的缺点，同时，还为后来遗留下了弊端。白莲教的叛乱对清朝兵力盛衰的变化造成极大的影响，这不仅是一次起义骚动，从这个关系上说是一个绝不可轻视的事件。

八旗及绿营的腐败

关于清朝的兵制，如前所述，满洲八旗当然十分重要，后来又扩展出蒙古八旗和汉军八旗，汉军八旗驻守北京，又叫"禁旅八旗"。比起日本的近卫兵，更像德川幕府的旗本。它由二十四旗组成，共计十万人。此外，地方上有类似八旗分遣队的军队，但并不是各省都有，只有重要地方才设置驻防八旗。驻防八旗一处约三千人。除此之外，各省还有由汉人组成的绿旗兵（一般称为"绿营"），作为各省的常备军。他们受驻防八旗的监督，共同维持地方稳定。但嘉庆时白莲教的叛乱，各省的绿营兵和驻防八旗几乎没有派上用场，从北京前来增援的禁旅八旗也无济于事，一切都证明清朝常备军的无用，因此动乱持续了那么长时间。其实，从很早开始军队就有弊端，乾隆时期第一个晋爵为王的福康安等人更是助长了这种弊端。乾隆时期对外征伐的将领，归来时都暴富发家。因为乾隆时期为数不多的征伐，耗费了大量财力。比如，两次出征大小金川就花费了七八千万两。后来的白莲教动乱，更是成为大将军们的大好机会，大部分军费都被他们私吞了。因此，暴乱没有很快平息，而是一直持续，结果军费开支超过一亿两。无论清朝的财政有多么富足，也经不住这七八年持续的大笔开销。

乡　勇

接着到了嘉庆时期，他加强了对军队的管理，镇压了白莲教匪。在兵制上，他采用了什么手段呢？他依靠的是乡勇，即地方义勇兵。最初白莲教匪侵入到湖北随州地区时，官兵无论如何也抵抗不了白莲教的攻击，只得四处逃散，因此此地遭到白莲教匪的蹂躏。这里的百姓意识到必须依靠自己的力量进行防备，遂开创"坚壁清野"的作战方法，即焚烧城外土地，深挖壕沟，一城人民团结起来保卫城池。结果，此前一直打胜仗的白莲教匪最终没能攻克随州。随州义勇兵的作用为朝廷所知，朝廷渐渐地开始使用义勇兵对抗白莲教。使用义勇兵后，正式常备军的将领们更加卑鄙。原来各省的绿营，即常备军，必须向朝廷上报战死的人数，禁旅八旗这样的近卫军也要向朝廷一一报告谁战死了，这些是无论如何都不能隐瞒的。但使用义勇兵后，临时募集了多少兵，报告是胡编乱造的，战死多少人也不见得会报告。如此一来，一场仗打下来不清楚是胜是败。这简直太方便了，便大规模地招募义勇兵，只要给他们武器就可以，粮食等物资可以从地方征收。

　　义勇兵不仅用于地方防卫，也用于野战。这时候野战的阵形很有趣。站在最前面第一列的是义勇兵，其后是绿营军，再后面是北京来的禁旅八旗。义勇兵最先吃到苦头，败阵溃散，其后的绿营军斩杀这些逃兵。而绿营军支撑不住败下阵来时，又被最后的禁旅八旗斩杀。白莲教匪渐渐也得到了启发。他们认为与义勇兵即地方人民作战并不能得到什么，于是，攻打某一地方时，就胡乱地捕捉俘虏，让这些俘虏手持武器去参加战争。于是，白莲教匪的阵列，也是俘虏在最前面，让他们对战义勇兵。因此，战争双方站在最前面的，都是本地人。这些人即便战死也不必真实汇报，非常便利，所以义勇兵被广泛使用。弊端也渐渐出现。乾隆去世，嘉庆亲政以后，也渐渐适当嘉奖义勇兵的功劳，义勇兵的将校们也可以向常备军提出恩赏要求。最后，暴乱得到了平定，但大部分的义勇兵却没有得到恩赏。总之，平乱靠的是义勇兵不是常备军之力。

　　这成为清朝军队后来发生重大变化的基础。当时，地方官中有人已经察觉到这种趋势。他们认为征发使用义勇兵极为便利，这从朝廷大计而言十分重要，但不免让人以为只要给人民兵器，他们拿起武器就能作战，附带而来的是官兵并不可怕的想法。等到嘉庆时期战乱平息后，就以收买人民持有的武器为名，用金钱解除地方武装力量，解散了义勇兵。当时这件要事就此了结。但是从那时起，清朝过去的兵制已经无用，不得不变革，这一点已经很明显了。

太平军

近年来又发生了太平军之乱。这一骚乱发生在六十年前，持续十五年左右，不同于嘉庆年间的白莲教匪之乱，是波及中国十八省份的大动乱。发生这场动乱，表示嘉庆时期已逐渐显现的征兆成为现实。动乱从发生到镇压，简单来讲还是依靠了义勇兵的力量。此时的功臣曾国藩、胡林翼、李鸿章、左宗棠等人，都是以义勇兵立功的。太平军从广西兴起，经湖南、湖北到南京，一路长驱直入。这个时候已经有人带着义勇兵前来加入军队，如江忠源等人。动乱初期，用常备军对抗叛军，但觉得不能与之抗衡。于是，曾国藩组建了能够对抗太平军的军队。

曾国藩的湘军

曾国藩是湖南人，时任礼部侍郎，因母亲过世而回乡服丧。皇帝对他十分信任，让他募集义勇兵。皇帝原本只是为了镇抚湖南地区，曾国藩也是出于这样的考虑而组建义勇兵。但太平军攻入南京，又回头溯长江而上入侵湖南，于是曾国藩训练的义勇兵首次与太平军展开激战。从此次交锋来看，义勇兵的战斗力极强。其强大的原因在于，曾国藩一开始就深知常备军毫无用处，因此采取与官兵完全不同的方式训练义勇兵。他阅读明代征讨倭寇的著名将领戚继光的兵书《纪效新书》（在日本，此书也受到徂徕等人的推崇，曾翻刻出版），按照此书编练军队。此时曾国藩的一个朋友——朱子学者罗泽南，也参与义勇兵的训练，起了很大的作用。此人在地方上拥有自己的弟子，他让自己的门人担任将校，曾国藩十分信任罗泽南，将万事都托付于他，用其门人组织将校，完全不采用常备军制度。如果用常备军的将校训练军队，清军的恶习会传染过来，所以完全不用。完全不曾参加过战争的百姓，完全按照书上的方法组成军队，这样渐渐投入战争，效果并不差。这些义勇兵并没有使用特别优良的武器，只是将校与士兵之间是子弟关系，加之是一个地方的人，彼此相识。此外，因为义勇兵是招募而来的，自然是要发放饷银的。这些用饷银雇来的应募兵与将校之间有着非常紧密的凝聚力，所以作战中即使出现军官逃跑的现象，他们也不会临阵脱逃。从这点可以看出义勇兵非常有效，陆军、水军都是。用这种方式训练，逐渐地能够抵挡太平军。这就是湘军，在平定太平军方面起了重大作用。

另一方面，此时已出现义勇兵将士只被与自身有关系的大将驱使，而不听朝廷命令的现象。曾国藩率领湘军从湖南进入湖北，再到江西时，在被敌军围困的关键时刻，曾国藩的父亲突然去世，他不得不返乡奔丧。因此湘军失去了主心骨，曾国藩部下的将校们只得分成各部率领各自的部队。虽说是义勇兵，当然是为朝廷服务的，因此从道理上说应该服从朝廷官员的命令。但是，江西巡抚及朝廷派来的新的大将，对曾国藩的湘军发出的命令，一项都没有执行，谁也不受朝廷官吏的驱使。相对于朝廷的命令，他们更听自己主将的节制，这种现象在当时已经慢慢出现了。总之，曾国藩利用湘军平定了大动乱。这就是曾国藩、胡林翼等人的练军方式，虽然是驱使自己的部下，但如同日本陆军一样，不是靠将校之间上下级的关系，而是靠师友关系互相激励。因此，将士们并不是迅速执行长官的命令，而是出于个人恩义奋战，平定了叛乱。

平定太平军叛乱后，并没有解散义勇兵。湖南省的湘勇、李鸿章出生地安徽省的淮勇，以及胡林翼长期做巡抚的湖北省的楚勇都在各地平叛中发挥了重要作用。战争结束后，朝廷并没有收回武器，就地解散他们。依照中国兵制，向来只有常备军在名义上存在，不得不发给饷银。如今，新的义勇兵也被看作是常备军的一种，也必须发给特别的饷银。如此一来，不得不维持二重兵制。

洋式兵器与戈登将军

在这场战争中，李鸿章对其下的名将戈登十分依赖，任用戈登对义勇兵进行西式训练，效果最显著的，就是所谓"常胜军"。从此以后，就让义勇兵携带洋兵器。曾国藩去世后，李鸿章主导中国政治，给义勇兵配备新式武器，相信这样能够训练出精兵，但是，这时候发生了日清战争。李鸿章原本认为凭借西式训练，再配备西洋武器，不管这支军队在哪里作战，都能取得胜利。中国拥有了与西方一样的新兵和新式武器，是一件很了不起的事。但从日清战争中与日本兵的冲突来看，还是不行。李鸿章手下拿着西式兵器的义勇兵在与日本兵对阵时，很快就败了下来。这导致清朝的军备观念又一次改变，意识到必须从根本上进行新式教育、推行新式组织。这就是当前正在企图革命的新军的源起。

袁世凯的新军

日清战争结束后，人们意识到，至今为止中国式的练兵方法是不行的，仅靠装备西洋的武器或依靠西洋人布置海防，并不能形成有效的军备力量，必须雇佣日本、西洋的士官，接受完全西化的训练，培养出新兵。袁世凯是最早开始进行这类训练的。在小站这个地方，袁世凯仅以一万人开始编练新军。效果非常显著。北清事变之前，时人评论中国只有袁世凯的军队是最优良的军队。北清事变后，因为袁世凯去了山东，没有与外国军队发生冲突，所以不清楚这支新军的实力，但当时一般认为，袁世凯的军队是能够与外国军队抗衡的。北清事变结束，袁世凯被任命为直隶总督，训练了数倍于过去的士兵，于是有直隶第几镇、第几镇，以之为基础，成立了现在的新军。

留学生士官

今天的新军在制度上稍有不同。士兵仍然依靠招募而来，但对待士兵的做法在招募之前及之后有很大差异。原本士兵大多是无赖之徒，因此，中国有一句谚语"好铁不打钉，好男不当兵"，即以前应征入伍的都是最下等的无赖汉。但是，袁世凯编练新兵的时候，会寻找一些多少识字的人，招募后让他们受教育读书，这样他们的品类与之前的兵大为不同，要好得多。同时清廷还考虑到，只雇佣外国士官是行不通的，于是雇佣外国士官先创设兵校，再从这里向国外的士官学校派遣留学生，让他们能担当起培养未来军队的重任，因此向日本派遣了许多的武官留学生。最近在石家庄被杀的吴禄贞等就是第一期的毕业生。

就这样，以向日本为主送出了大量留学生。但是，送到日本或其他国家的留学生到了外国，接受了新的教育，没想到带回来的竟然是对朝廷不利的知识。所以，清廷认为去往日本的留学生都成为了革命党。实际上并不是来日本后成为革命党，而是来日本的留学生最多，自然在数量上出身日本的革命者也就最多。总之，他们到了国外，读了新书，就不愿再臣服于清朝的统治，这成为革命的基础。如前所述，在太平军之乱时，士兵不听朝廷派遣的大将的命令，只为组织自己军队的主将的恩义而战。现在，接受了外国新思想的士官在训练士兵的同时，也训练了革命思想。在此种风气的影响下，革命党的数量也日渐增加。这样，无事时士兵是顺从的，即使有革命思想，也没有展示的机会。如果士官们没有谋反的意图，自然风平浪静，但一旦士官们有谋反的意愿，就会立刻造成今天的局面。也就是说，以满洲兵为中心，有一个渐进的变化：（一）使用汉人，（二）利用义勇兵，（三）义勇兵成为常备兵（产生尾大不掉的弊端），（四）新军和革命思想养成。从这个发展过程来看，虽然如果尽早防备的话也许还有手段，但大势所趋，不得不然，因而造成了今天的局面。今天革命在武昌突然发生，变成一场大骚动，震惊了世界的耳目，然而探究其根本原因，完全没有不可思议之处。总而言之，清朝在两百多年间从政策上自然养成了针对自身的革命思想。今天革命骚乱的发生，不能归咎于任何人。

第二章
财政经济上的变迁

众所周知，清朝是由中国东北的荒野而入主广大的中国。在此前后，中国本土即明朝的财政状况是怎样的呢？有必要预先知道一点。

明末的财政

明朝灭亡，一大原因是在财政上。明朝的财政，在处理各种收入时非常复杂。清朝时主要以银核算岁入岁出，但明朝并不只以银计算，接受米等食物，马料等以草缴纳。此外，明朝的特殊通货本应是银——但在中国，人们并不认为银是通货，实际流通过程中纸币被大量使用，称为"钞"。当然，明末纸币大幅贬值，主要用于官方征税以及支付薪俸，除此之外，纸币几乎不流通。明初时，钞一贯文相当于银一两，但到明末只相当于银三厘，一两之下依次是钱、分、厘，因此，一贯钞只相当于原来的三百三十三分之一。因此，虽然名义上银、钞通用，但实际生活中已经不通用了。但到万历年间为止，政府的收入和支出，仍是用钞计算的。有实际效力的是铜钱和银，因为铜钱不便于向远方运送，因此，军费等需要向远方运输的就使用银，银就成为岁入岁出的主要部分。但在收支方面也还使用除银以外的东西计算，因此今天只看银的话，岁入岁出的定额是很小的。

根据万历中期户部官员核算后所上的奏折来看，银一项的岁入、岁出是四百万两。到明末支出急剧增加，导致财政不支。为应对日本征伐朝鲜而出兵是其主要原因之一。战争持续了七年，正规的军费开支是五百八十三万两。此外，还有各种附属费用，数额在三百万两左右，共计支出了八百八十余万两。明朝财政因此受到巨大影响，同时导致万历之后明朝走向衰弱。

紧接着，随着满洲的强盛，征伐满洲也成了一大问题，这被称为辽东征伐，其军费开支也非常庞大。以往岁出、岁入不过四百万两，明灭亡前九年即崇祯八年（1635年），岁出升至一千二三百万两左右，当然岁出的增加是以增税来实现的。到明亡之际岁出渐增至一千六百七十万两。银的支出增长至正常定额的四倍以上，就不得不征收重税，因而引起各方内乱，最终导致明朝在被满洲灭亡之前就被起义骚动灭亡了。

清朝的初期

如上所述，明朝灭亡的原因在财政上。随后清朝从中国东北而来，取代明朝。对清朝来说有一点很有利，那就是进入明朝的土地时，完全不需要像明朝征伐满洲那样，在财政上支出大量军费。所以，清朝免除了万历至崇祯年间的苛捐杂税。但是，清朝入主中国之初，并未完全获得中国的十八个省份，所以岁入比不上明末。此后，年年出现岁入不足的情况。但满洲这样的偏僻小国，野蛮人成为中国中原的大帝，就像贫穷的农民突然进入大都市，摇身一变成为拥有几百万两收入的大富豪，因此在开支方面与明代有很大差异。任何国家走向毁灭时都是如此——帝室开支庞大，明朝末期也不例外。但对清朝这样从偏僻地区兴起的国家来说，并不需要如此大量的帝室费用。而且，清朝也渐渐意识到，不要像明朝那样在帝室费用方面耗费巨资。如此等等，因而财政渐渐宽裕起来。关于此事，康熙帝，即进入北京的第二代皇帝，曾把明代的费用情况与清朝尤其是自己这一代以来厉行节俭的费用情况进行了对比。

宫廷的节俭

明朝宫廷花费高达九十六万两白银，康熙帝将此全部用作军费。此外，无论明朝还是清朝，均设有专管宫中用度的机构——光禄寺，工部专司建筑营造事务。这些都需要很多的费用，明朝光禄寺每年向宫中送去的费用是二十四万两，到康熙帝时减至三万两。且薪炭和营缮的费用也加以节减，光禄寺节省了明朝十分之九的费用，工部的费用也减至二三十万两，后又减至十五万两。官中使役的人数当然也大为减少。康熙帝时还有自从明朝就在官中服侍的老宦官，据他所言，明朝官中每年所使用的胭脂、白粉就要花费四十万两。此话虽然有夸大的成分，但也可以反映出明朝宫廷开支很大。清世祖入北京后，这些费用都被省去了。明朝官中使役的女子多达九千人，宦官有十万人。为了维持这些人的生活，就不知会有多少人因饥饿而死。当然这些话肯定有夸张的成分，但如果相信这个宦官的话，那明朝的状况大致如此。到康熙帝时，官中使役的男女总共只有四五百人。康熙帝还把光禄寺的费用从明朝的六七十万两减至四五万两，工部的费用原来每年大约是一百万两，也减至十五万两。官中大行节俭之风。换言之，乡下人即使成为身份高贵的人，也不需要明朝那么多的花费。因此，到康熙帝末年时国库出现大量盈余。关于盈余的数目有各种不同的记载，这是中国人自己记录的数字，这些数据之间的差距还挺大的。据魏源的说法，康熙帝十分节俭，其末年留下了八百万两；另有一种说法是康熙四十八年（1709 年）国库剩余金额达五千万两。这两者的差距很大，不可能都是错的。也许是由于计算方法不同导致了上述结果，譬如只计算中央，或把中央和地方合在一起计算。总之，盈余逐渐累积是事实。

厉行节俭，以此减轻百姓的负担。尤其清朝是从外部入主中国的，努力取悦人民，所以大力减轻其负担。

壮丁税的废除

减轻百姓负担的手段，首先是废除壮丁税。从明朝起中国没有人头税，但有壮丁税。十六岁到六十岁之间的男子要缴纳壮丁税。而且根据地方不同，壮丁税的高低也有很大差异。低的壮丁税只有银一分几厘，即一两白银的百分之十几，高的壮丁税每人缴纳四两以上，这是明末内乱导致的不平均。总之，平均每人须缴二钱即一两的十分之二（相当于现在日本钱的二十五六钱）的壮丁税。但乾隆五年（1740 年）废除了壮丁税，而将其摊入地租中一并征收。因摊入地租一起收取，实际上并非完全废除。那何以说减轻了负担？原因在于此前每隔五年要进行一次人口普查，调查五年中增加的人口以收取壮丁税。乾隆五年后便废除了五年一次的人口普查，因此减轻了负担。由于摊入地租，地租是定额收取的，不会增加，这样负担有所减轻。

雍正的财政政策

虽说百姓的负担减轻，但国库的收入却在大大增加。康熙帝之后是雍正帝，雍正在位仅十三年，但他在财政上的功绩不可小视。他信奉禅学，是一个严肃的人，使用了很多的密探。关于雍正密探有一段逸话，即某大臣在北京的家中与友人一起玩骨牌，其间一张骨牌不知何时不见了。三四日后他去谒见皇帝，皇帝问他，某日某时你在做什么？这个大臣诚实地回答说：实在抱歉，当时在玩骨牌。雍正帝大悦，认为此人是不欺君可信的大臣，表扬了他，并拿出了他丢失的那张骨牌。这便是雍正使用密探的一例。他对财政的管理也十分严明。在位仅十三年，但因为他，财政收入大大增加。当然，这样作风的雍正皇帝与他的许多兄弟关系并不好，对其兄长处以非常残酷的刑罚。但他作为一个政治家是伟大的。

耗羡归公

雍正帝整理财政、增加收入，措施之一就是把耗羡作为地租的附加税，计入政府收入。耗羡是指百姓纳税时，因为意外的灾难中途会有损耗，影响政府收入，因此要附加缴纳保险金。附加税的金额因地方的不同存在巨大的差异。浙江杭州一带较低，每一两附加四分，即附加税是百分之四。高的是二钱，即附加税是百分之二十。耗羡制度原本就存在，但它是作为地方税，充作地方官厅的杂用（实际上进入中国地方官的口袋）。雍正帝时对此下了严令，禁止一切侵吞公款之举，使得租税的收入平均增加了一成到一成二三分。当然，作为补偿，雍正帝也给官吏们大量津贴，即所谓的"养廉银"。但即便这样也并不能完全遏制官吏们私吞公款。虽说是减少了官吏的额外收入，但又出现了其他名头，因此，只能向人民加税。总之，用这种方法增加了政府收入。

捐例和盐课

在中国每逢发生意外，便通过捐官的形式卖官鬻爵。政府在遭遇事变时也往往实行这一特殊政策，如出几百两就可以做县官。但到雍正帝时，有了好歹也算官的候补官，但这类官并不是实任，因此每年都可以卖，捐官成了年年都有的常例。通过捐官每年就可以增加大约三百万两的收入。

此外，因为国家太平，人口不断增加，食用了大量的盐，盐的消费也大量增加。乾隆时一年的盐税与清初相比就增加了三百余万两。

关　税

中国在自己国境内也设关口。这里的关口，不是像日本德川时代那样审查人们的资格，而是收取货物通行税。在此前，收取的关税只能维持这个关口的开支，因为天下承平日久，没有战争，货物的流通也逐渐增多，所以雍正、乾隆时期关税收入就开始增多。雍正末年，收入更是大幅度提高。

到底当时的岁入有多少？大致能达到四千五六百万两，且每年岁入都会产生剩余，雍正帝末年国库的剩余金额高达六千余万两。当时，因为出兵讨伐蒙古、新疆等地，用掉了一半，到乾隆初年只有两千四百万两左右。

乾隆朝的全盛

乾隆帝统治期很长，有六十年即一个甲子，其间有多次大征伐。如前所述，征伐时在金钱的使用上非常浪费，与清初非常不同。当时将领私吞现象严重，而且战争结束后的恩赏增多，因此开支便大了很多。乾隆帝时新疆纳入中国的版图，为此发动的征伐花费了三千余万两。但此时国库的剩余金额仍有七千余万两。乾隆四十一年（1776 年），四川的深山之中，长江上游险阻的大小金川地区蛮贼作乱，为平叛而用兵，花费七千万两平定，但同年的上谕中明确写有国库剩余六千万两。紧接着到乾隆四十六年国库剩余金额又达七千八百余万两。乾隆年间一共实行四次全国性地租全免。地租全免是一件非常不可思议的事，但总之只是免除了输向中央政府的，即《赋役全书》这个中央政府账本上所载的地租额。此项地租额一年有三千五百万两的收入，然而竟然免收了四次。此外，还两次免除了中国南方七省每年要向北京运送的大米。这些事情似乎都很不可思议。当然，只是免除给中央政府的地租这一点也存在争议。因为名义上这些做法都是惠及百姓的，但地租免除并没有给百姓带来实际的好处。官吏在收取政府税金时，往往增设种种附加税，从而中饱私囊。现在地租全免，本税全无，附加税也就无由征收。免税，官吏就无从获得收入，实则并非如此。纳入政府的这部分租税虽然是免去了，但地方官吏却以其他各种名义收税，导致附加税不减反增。因此，地租全免是皇帝得到了好名声，而百姓并没有得到实惠。不管怎么说，中央政府免除了税收，国库收入也自然减少。

国库充盈的乾隆时期，造就了中国的全盛时代，乾隆帝四处巡幸。江南地区风景秀美，为表达孝心，乾隆帝带皇太后不远万里从北京出发到南京、苏州、杭州一带游玩。乾隆一生六次外出巡游，途经之地皆免去租税。而巡幸又有很多花费。全中国地租的免除、南方七省漕粮的免除以及六次巡幸江南，导致国库减少了总共两亿两的收入。可见乾隆帝明知会减少国库盈余而坚持巡幸。即使是这样，乾隆五十年的国库剩余金额仍然有七千万两。

这时清朝极尽昌盛，乾隆年间还提高了武官的薪俸。当时兵员数当然是增加了，此外给全体成为武官的兵卒提高薪俸，一年的支出需要增加三百万两。从那时起，就有一些异议。当时有名的大臣阿桂担任地方官，上奏说：以增加三百万两的支出来救济武官的穷困是没有问题的，但如果成为常例，那此后每年就必须多支出三百万两。若是一时之举尚且可以承受，但如果成为常例会对将来的财政不利。而且国家的收入终归有限，没有特别的增收，突然增加的三百万两支出从何而来？但由于乾隆时每年能增收五百万两左右，因此，乾隆帝认为增加武官俸禄三百万两不会影响国库财政，也并未采纳阿桂的建议。

总之，自清初以来到此时为止，清朝财政收入一直在不断增加。这一百五十年间，清朝国库的岁出入一直呈增长态势，清朝迎来了全盛期。中国历史上的任何朝代都有这样一个重要的情形：高居人民之上的官吏，几百年来都是如此，既不会由于朝廷行善政而使百姓受益，也不会因为行了特别的恶政而陷于困难。通常中国只要没有连年的战争，人口就会不断增加，而且中国这样国土辽阔的国家，未开垦的地区不断被开发，国库收入也会随之增加，国库收入增加，随之而来的是朝廷开始奢侈起来，文学兴盛，又大兴土木，以此粉饰太平。中国的历朝历代，大体都是在中期的第四五代达到鼎盛，讴歌太平，其实就是这样的结果，并不是因为某个皇帝格外伟大。

衰　运

清朝也是这样，在一百四五十年间逐渐走向全盛，此后逐渐衰败。历史学家曾研究过清朝衰败的原因。探究清朝走向衰败的原因并非易事，经过不断研究，结果发现岁出的增加是原因之一。从乾隆末年到道光末年的六十年间，因为岁出增加而造成了清朝严重的衰运。

皇族的增加

岁出增加的原因有很多，皇族增加是其中之一。中国皇族历来人数众多，满洲兴起时太祖的伯父、叔父的后代都是皇族，称为"宗室"。此后，每十年查一次族谱，此族谱收藏在奉天及北京的宫殿里，这些族谱足够装满整整一个大仓库。太祖的祖父的兄弟们的后代是准皇族，称为"觉罗"。宗室和觉罗均有一定特权，其中宗室又被称为"黄带子"，有系黄带子的特权，觉罗又被称为"红带子"，有系红带子的特权。这些皇族的人数十分庞大。清朝在进入北京时，皇族有两千余人，但到了道光末年，经过调查，皇族人数已达三万人。这是中国的制度，不仅清朝，明朝也是这样。明末皇族有十万余人。皇族增加如此之多，就按现在统计也是个非常庞大的数字。宗室的俸禄也不断增加，也就是帝室的开销大幅增长。原本中国的宗室不像日本的皇族那样，会得到许多津贴，所以，现在北京等地的宗室后裔，为了一个月拿五元或七元的报酬而上门做官话老师的情况也不少见。总之，清朝衰败的原因之一，是皇族数量增加致使皇室开销激增。

地租收入减少

地租收入在逐渐减少。地租收入减少，是一件很重要的事，这是清朝实行所谓仁政的结果。在中国，通常是每十年调查一次地租减收的情况。每十年一次，把那些征收无望的地租销账。因为有这样的惯例，每当地方遭遇大灾时，可以申请免除地租，或延长收租期限，到了十年这一期限就可销账。由于这样的政策，地租减收就逐渐增多。自康熙到雍正年间，一年的地租减收达六十万两，而乾隆以后到嘉庆、道光年间，一年的未进额升至两百万两。又过了四五年，未进额高达千万两左右。账面上应该征收多少数额，实际收入却不断减少。当然这是清朝引以为傲的仁政带来的结果，即遭遇天灾的地方不缴租，而新开垦的地方也不必缴纳地租。乾隆年间制作了《赋役全书》，今天也仍然按照此书征收租税。如某河的两岸有两个县，由于这条河洪水泛滥，两县的面积一方增加，一方减少，但地租却仍按照以前的规定收取，面积减少的县自然征税减少，而新开垦的土地也会免税，如此一来，实际收入便会减少。

此外，还有些事似乎应是收入减少的原因，但实际不然。如八旗人口不断增多，按理来说会导致费用的增多，但实际并没有。这就像日本德川时代的军队一样，八旗的全部俸给是固定的，所以并不构成支出增加的原因。

收入逐渐减少，可以从道光末年即道光二十五年到二十九年间（1845—1849年）的岁入岁出情况看出。岁入定额本来应是四千五百一十七万两，道光二十五年是四千零六十一万两，到道光二十九年变成两千七百零一万两，收入锐减。当然，收入减少，支出也减少了，但较之过去，总之是大幅减少。因此，军队的俸禄缩减为原来的七八成。在中国，政府按照标准发放俸禄的情况比较少见，大致上应发一元，实际只发八十钱左右，以至于必须全额发放时，需要预先在文书中写明情况。这也是收入逐渐减少带来的后果，不这样不行。上述情况是通过对政府的收入支出进行计算得出的，此为清朝衰败之财政方面的原因。

物价的腾贵

另外还有一个经济上的原因，对政府的财政有很大打击，那就是两百六十年间物价的持续上涨。距今三四十年前，有一位叫冯桂芬的名士，他对清朝物价上涨进行了调查。太平天国之乱时，上海的绅董将一艘汽船送往曾国藩的安庆大本营，以请求援兵，冯桂芬因写下一份乞援书，受到曾国藩的赞赏，称"尔来东南大局，全在公之一书"。此人是中国改革论的先锋，今天来到日本的康有为最初关于中国改革的意见，主要就是采纳了他的主张。此人擅长西洋数学，聪颖无比。他曾是一甲及第的进士，后来入李鸿章之幕，成为其参谋官，此人针对各种物价的上涨做了调查。这里举一例，康熙年间圣祖皇帝喜好西洋实学，以西洋数学为基础写了一本名为《数理精蕴》的书，书中的数学问题记录了物价，与写此书时的实际物价差别不大。如春、秋两季祭孔时要用羊祭祀，一头羊在康熙帝时是一钱八分即一两的百分之十八，换成日本的钱，只是二十四五钱。到了冯桂芬的时代，羊的价格整整上升了六倍。冯桂芬还见过韩桂舲家的旧账本，那是顺治年间清朝刚入北京时的。根据账本，当时木匠、泥瓦匠的工钱大概是一天二十八文，童工减半。但到了道光初年，即顺治之后的一百七八十年，木匠的工钱涨到了八十四文，涨了三倍。又过了三四十年到了咸丰、同治年间即冯桂芬的时代，此价格又涨到了二百二十文，与清朝初期相比几乎涨了八倍。由此可知，物价的上涨极大造成了政府财政困难。

银价的变化

另一个对中国经济产生重大影响的是银价的变化。清初的银价，一两可以换七八百文铜钱。冯桂芬认为当时的银价只相当于今天的十分之四五，即从顺治初到咸丰、同治时期，银价上涨了一倍，这对清朝财政造成了极大影响。清初军队的饷银是一天五分，五分即一两的二十分之一，相当于日本钱的六七钱左右。太平天国之后义勇兵兴起，后逐渐成为常备兵，当时给士兵的饷银是一天两钱，两钱相当于日本的二十六七钱。可以看出给士兵的钱增加了。因此一旦有大的工程，就耗资巨大。清初黄河泛滥，一次花费百万两左右，到了道光、咸丰年间，黄河泛滥一次，不得不花费上千万两工程费。开支的激增，导致政府收入鲜有增加。

可以明确物价上涨造成了清朝财政的贫乏，那么，为什么银价的上涨也会造成清朝的财政困境？这也是制度导致的。在中国，向人民收取地租时，并不是直接收取白银，而是收零散的铜钱，然后再把铜钱兑换成银两送往北京。当银价低时，银与铜钱之间存在一定的兑换比率，如一两银相当于两千文铜钱（当然，那时起用铜钱纳税有增额）。但随着银价上涨，铜钱就会贬值，原本两千文铜钱可以兑换一两银，现在没有三千文就兑换不到一两银。这样，政府收入就大大减少，清朝财政由是遭受很大打击。

银价上涨的原因有很多，最主要的原因是从印度大量输入鸦片，因而白银大量流出。忧国忧民之士强烈要求禁止鸦片输入，结果引发了鸦片战争，为此，又必须支出大量军费。这也是银价上涨的一大原因。鸦片战争以前，即开埠以前，清朝与外国之间的贸易，每年向国外输出大量货物，与日本长崎的贸易一样。但鸦片贸易以后，中国白银告缺，从而导致银价上涨。因此，道光、咸丰年间，即便天下太平，财政也现出穷乏之势。

军费的增加

这里要说到最近的时势。如前所述，军费所耗巨大。以前作为常备军的八旗及各省的绿营，已经派不上用场，因此在支付八旗和绿营兵饷银的同时，各省的义勇兵同样成为常备军，也要给他们支付饷银。平定太平军时，军费一度告急，厘金税便应运而生。

厘金税

厘金税指的是内地的通行税，是一种向通过内地各省之间关卡的货物征收的税目。通行税越来越重，近年来已由一千万两上升到两千万两左右。最初中国政府也知道这当然是一项酷重的恶税，宣称战争结束就会废止。但是，战争结束后，因为义勇兵并未解散，通行税也就没有废止。最近的情况是，明治二十七八年以后，中国走入改革时代，形成三种常备军。在旧式兵、义勇兵之外，还有新军。如今的新军在名义上由二十个师团组成，这些新军又需要新的费用。当然，这一时期削减绿营兵，义勇兵也逐渐减少，但整体而言，还是在原有的兵制基础上，层层累加，就像在主菜之外又附上第二道、第三道菜一样。

新旧制度的重复

新旧制度的重复并不只体现在兵制上，这一情况在官制上也有体现。比如说，以前有国子监这样的名义上的大学，一直由朝廷发放经费。后来，又新设了京师大学堂，需要从别的地方增加收入来维持费用。这就是在旧有机构外设置新的机构，相应地费用也不断增加，其结果就是岁出增加。道光末年岁出入为四千五百万两，但实际只有三千七百万两，日清战争时，中国的岁出入为八千九百万两，近乎翻了一倍。当然，原因之一是海外贸易，使得海关税增收一千万两以上，盐税的收入也不断增加。总之，道光末年到距离现在十八九年前，清朝的岁出入成倍增加。而调查近年岁出入的情况，可以看出较之以往有所增加，如今的岁出入增加到了三亿两，财政出现异常的膨胀。日本也曾出现过财政膨胀，但由此实行了与明治维新前完全不同的财政方式。近年来，因为财政上的窘迫日本政府厉行节俭，同时也出现了要求进行税制改革的声音。然而，中国的岁出入从四千几百万两上升到八千几百万两，再上升到如今的三亿两，财政上出现如此异常的膨胀，却依然沿袭旧的财政方式，丝毫未加整治。因此，每当兴办新事业，财政便会陷入困境。

还有一个情况值得注意，当一个朝代接近灭亡时就会在财政上出现类似以下的现象。国家初期，中央财政在地方岁出入的比例较少，随着朝廷衰败，中央财政膨胀，其中的皇室费用尤其会膨胀。这是中国历史呈现出的特定现象，明末也是如此。明朝的定额收入为四百万两，到了明末这一数据激增至一千六百七十万两，其中皇室费用占了很多。例如，明末万历二十七年（1599 年），皇太子大婚，需要两千四百万两，但当时的户部即财政部没有办法凑到这笔钱，是以下令严查各省的积蓄情况，明朝以来，各省的积蓄有几十万两，但这是制度尚未变坏之时的情况。将各省积蓄收缴起来举办皇太子的婚礼。中央财政膨胀的结果，明末皇室仍有相当的财力。后来，出征满洲的军队失败，户部一时拿不出紧急派兵增援的费用。于是，以内币即由皇室拿出几十万两来补充军费。由此可见，即便国家走向衰亡，皇室仍掌控大量钱财，如今的清朝也是如此。

皇室的资产

如今皇室的手中握有多少资产尚不清楚，但根据前几日的报纸，袁世凯调查皇室财政后得知皇室有几千万两金银，这是有可能的。皇室手中何以拥有这么多钱财？其原因在于除常规收入外，皇室还有种种额外收入。比如，皇室接受官员从人民那里剥削而来的贿赂。地方官升任更大的官时一定要贿赂皇室，特别是西太后时，年年上贡以求其欢心，当然上贡之物就是钱了。此外，知县等进京拜谒即被召见，会被记载在吏部的档案中，这是升官的资格之一，然而，这种拜谒不单是拜谒，是要花钱的。如此这般，皇室直接从官吏获得的钱财很多，朝廷也拥有许多与政府收入无关的钱财。所以，如今的皇太后拥有几千万两的钱财，也并不特别不可思议。这是皇室收入的一种膨胀。

近年来，中央政府的费用也大大增加。明治二十六年（1893 年）财政数据为八千九百万两，其中中央政府财政收入为五千三百万两，地方财政收入为三千六百万两。但近年的岁出入变成三亿两，而地方财政却没有很大的变化。这说明中央政府的经费总是膨胀，用去了财政的大部分。特别是明治三十三年的北清战争以来，中国年年加强中央集权，中央财政随之膨胀。

财政与国运

不仅中央财政，皇室收入也持续膨胀，这样继续下去，朝廷就要灭亡，这次事件将如何演变，虽然从财政上、从兵略上不好预言，但总而言之，如果不整顿税制和币制，不从根本上改革财政方式，那么朝廷即便以兵力镇压了革命党，从目前的财政状况来看，不久也难免进退维谷，最后垮台。日本也有类似的情况。胜伯爵曾说：德川幕府的倒台，不是因为萨长同盟，而是因为德川末年的财政，使其不得不倒。因为胜伯爵的话，人们开始注意到德川末期的财政状况，可以说给后人留下了一个大教训。如今的中国在财政方面与德川幕府相同，到了无法维持的地步。

就目前的形势看，清朝在一周的时间之内大概还是有将来的。所以，下一次我将谈论清朝将来的情况。

第三章（上）
思想上的变迁

第一次讲演是从兵力上看，第二次是从财力上看，讲述的都是从过去到现在逐渐向衰运发展的事实。今天稍微从思想上讲讲从过去到现在的变迁，最后对将来之事只稍稍谈及。即便从思想上说，近年来的倾向也对清朝不利。

有关思想的情况，这里暂且分为两类：一是种族观念的勃兴，一是尊孔思想的变迁。为了尽量在这次讲完，只能讲得极为简单，不知道能不能完全尽意，但整体的要点不会遗漏。

种族观念的勃兴

种族观念的勃兴，与清代中国在世界上的地位的巨大变化很有关系。众所周知，中国自尊自大，自称中华或中国，将其他任何国家都称为蛮夷戎狄，只有自己的国家是中国，中国人才真的是人，外国人是蛮夷，与禽兽相去不远。因此，他们不认为自己的国家是国，中国人所说的国指的是春秋战国时代的列国以及汉代以后与郡国并称的诸侯的领土，也就是说，"国"指的是自己国家范围内进一步划分的各国，整个中国则指的是天下。天下即普天之下的土地都是中国，自己居于天下的正中，外国则附属居于边缘，称为四裔。这是过去的想法，到最近已经不是这样了，这种渐变仅是这七八十年间的事。

英使马戛尔尼

距今约一百一十年前的乾隆末期，有一位英国使者来华。他叫马戛尔尼，身受来自国王的重要使命，要求与中国通商。在以往来华的外国人中，这位使者最有见识，不轻视中国人。但当他谒见乾隆帝时，发生了礼仪冲突。因为中国人将从外国来的人视为来自夷狄之国的朝贡者，因此，即使是从英国来的使者，也必须像中国的臣民一样对天子行礼，比如谒见天子时要行三跪九叩之礼，即对天子行三度跪拜、九度叩头这样不合理的尊敬之礼。马戛尔尼俨然拒绝了这个要求，认为这不是无礼，自己是英国使者，而非中国臣民，没有理由向皇帝行臣民一样的礼。争论到最后，马戛尔尼说自己带来了英国国王的肖像，他强烈主张如果中国与他同等地位的官吏，对英国国王的肖像三拜九叩的话，他就可以对中国皇帝行同样的礼。马戛尔尼曾经去过热河，谒见过在大蒙古包中接见当时的蒙古王的乾隆帝。关于行礼的争论，结果怎样不大清楚，有人说行了三跪九叩之礼，有人说没有。总之，在来华的外国使臣中，如此固守自身的尊严，他是第一人。尽管如此，乾隆帝在回复英国国书时，开头写道"谕英吉利国王"，接着写道"尔等"如何如何，使用的是"尔等"这样的词。气态昂扬的马戛尔尼带回的书信，与中国皇帝回复夷狄君主的信没什么两样。这发生于一百一十年前。到了嘉庆帝时期，也有使者来华，但待遇也没有变好。总之，中国承认外国与自己平等，是与外国战争失败的结果。

对外战争的失败

道光二十年到二十二年（1840—1842 年）的鸦片战争，距今七八十年。中国战败，其结果是开五口通商，与外国订立条约。中国人自己的记录依然说是"绥抚"外国人。但在正式的条约文本上，必须使用对等的语言，从这时开始，中国与外国在语言的使用方面实现了平等。后来，英法联军入侵中国北部，北京几乎被攻陷，中国人此时方才领悟到夷狄的强大和可怕。这时，出现了专门处理外国事务的衙门。在此之前，并不存在这样的机构。以前处理外国事务的是"理藩院"和"四译馆"，处理与蒙古这样的属国，以及缅甸、暹罗等朝贡国之间的事务。在广东，地方官需要针对到来的外国船只处理一些事务。英法联军入侵之后，中国设置了总理各国事务衙门，可以说这时候中国人才开始承认外国人与自己是平等关系。总理衙门是后来外交部的前身。但即使成立了总理衙门，在中国人的认知里，西洋人只不过是一群拥有军舰、侵扰清朝边防海岸的人。此时中国人只认识到了洋人的可怕，对邻国日本却没有一丝畏惧感，他们认为日本征伐台湾土著、废琉球藩、侵入朝鲜半岛等等，只是效仿西方，并不了解日本的实力，说起来日本不过是一个狂妄的东夷小丑而已。然而，中国人在明治二十七八年的战争中惨败，这才意识到，不管国家多大多小，外国并不是容易欺侮的，清朝只不过是世界上的一个国家而已，而且还是实力最弱的国家之一。意识到这些后，中国人就明白了外国的强大与可怕，变法自强主义兴起，同文同种的观念产生，也就是种族的想法渐渐发生。夷狄并不是附属在中国的边缘，反而是不同种族建立了不同的独立国家，并且这些国家都比自己要强大。

因此，种族观念首先产生于较早与外国接触的地方。鸦片战争时广东人最早与外国人接触，因此最早具有种族观念。不仅是鸦片战争，每当中国的对外战争失败后，都会产生种族观念。在蒙古灭宋朝的时候，宋朝产生了强烈的种族观念，一直抗战到最后。中国发生过很多革命，但多为重复性的，很少会奋战到最后。但宋朝灭亡时，以前所未有的奋发手段战斗到最后。这是因为有不甘心被蒙古人这样的族群灭亡的种族观念。明朝被清朝灭亡时也是因为这个抗争到了最后。因此，在被外国侵略或战败后，种族观念再次兴起。但是，当国家强大之后，所谓好了伤疤忘了疼，又开始以中国为尊。总的来说，源自夷狄的清朝，一旦统治了中国，也就自称中国之主，开始蔑视四方蛮夷。如此就会招致失败，继而再次兴起种族观念。清朝是从夷狄入主中国的王朝，其统治中国期间又开启了与外国的关系，是以如今中国的种族观念有双重内容。

双重的种族观念

所谓双重的种族观念，其一是整个中国面对外国人所产生的种族观念，其二是回想明朝被清朝灭亡时的历史，对清朝所产生的种族观念。日清战争后公开面世的新作以及旧籍新刊中，有十分明显的反抗满洲人的思想。中国人的反清思想在清朝建立后的两百年间未曾中断过，但康熙、雍正、乾隆时期大力镇压过这种反清思想，使其一时沉寂。日清战争以后，中央政府日益软弱，这种反抗思想又开始复兴。乾隆时代，明令销毁明代有侮辱满洲语言的书籍、讲述明朝遗民和其他人士对清朝的不满或谩骂清朝的书籍。当然，此后不仅禁止出版此类书籍，甚至收藏此类书的人都会遭受刑罚。而如今这些书籍再次面世，再次公开出版和买卖。也就是说，清朝在对外国关系上，促使百姓产生对于外国的种族观念，同时又使自己所统治的百姓产生对自己的种族观念。

是以如今的革命军也以"兴汉灭满"为标榜，这是近来兴起的种族观念的渊薮。此前的义和团事件由于排斥外国人而兴起，大体而言，现在已经没有这种情绪。今天的革命党曾在外国留学，具有进步思想，因此对外国人的种族观念没有了，注意力更多地集中于第二种的内部的种族观念之上。并且对外国人的反抗思想，一经产生就被击溃。与之不同，清朝极度衰弱，已是强弩之末，一旦反抗观念兴起，就会像今天这样不出旬日就形成土崩瓦解的局势。这是现今清朝在思想上遭受的打击之一。

尊孔思想的变迁

现在要讲的与清朝没有直接关系，但在中国人的思想上近年隐然引起非同小可的变化。目前尚不清楚这种情形是否已遍及所有中国人，但在受过教育的阶层中已普遍存在。

这就是尊孔思想的变迁。要说它的由来，那就很长了，这里暂且不论古代历史，只就最近出现的情况进行讨论。鸦片战争前不久，与外国因素无关，中国学者中兴起一种变化了的思想。它对孔子极端尊敬，在距今七八十年前兴起，是公羊学的一派。《春秋》有三传，即《左氏传》《公羊传》《穀梁传》，其中主张公羊传之学说的学派即为公羊学派。公羊学派主张经书并非孔子对古来已有的文献的修改整理而成，而是全部出自孔子之手，也就是说，六经皆为孔子所作。孔子对以往的制度进行了变革，作《春秋》是为创造符合自己理想的新制度。所以，《春秋》中的微言大义实际上是孔子口述给自己的得意门生的。《公羊传》便是基于孔子的口述所做的笔记。此书留下孔子经世之真意，《公羊传》无疑是最重要的。因此，必须用《公羊传》的思想批判其他一切经书。这样的思想进一步扩大，就是所有与《公羊传》同时期的西汉流行的今文之学都是孔子的正传，而不该采用东汉以后盛行的古文之学。古文、今文之学比较复杂，简单来说，今文是汉代通行的隶书，古文是当时已不通用的籀文以前的文字。秦始皇焚书后，汉初要复兴学术，便请一位叫伏生的老人口述《尚书》，用当时通用的文字记录。除此之外，其他经书同样使用隶书书写。孔子时期通行的文字当然为古文，到了西汉，古文已不通用，西汉时用隶书所写的经书就是今文经书，西汉时期今文经书被立为官学。后来，人们在孔子旧宅的墙壁中发现或在其他地方挖掘出以古文书写的书。西汉末年，人们开始研究这些古文经书，东汉的学者都参考今文经书以外的古文经书。其中《周礼》只有古文经书，而没有今文经书，称为古文之学。春秋三传中，《左传》与《周礼》一样，是古文系统，今文时代主要流行《公羊传》，因此《公羊》是今文学，《左传》是古文学。古文、今文的说法是为了区分西汉、东汉的学问，它与《尚书》的今文和伪古文的区别是两码事。今文学家认为今文学为孔子以来微言大义的嫡传，排斥东汉以来章句训诂的古文学。古文学则认为孔子以前就有六经，孔子只是对其内容进行增减，即古文《逸礼》是周公以来就有的，并未经孔子整理。《公羊传》反对这一主张，对孔子的出生，也有类似历代帝王降生的说法，多有奇妙祥瑞之处。公羊学一派还借助当时流行的纬书中喜好说奇事的学问，表现对孔子的极端尊敬，近年来这种思想大大复兴。改革派的重要人物康有为，此时正住在须磨，他便属于此学派。康有为认为孔子如基督一样，尊为中国之教主。如此极端地尊敬孔子，超过对于帝王，这种思想最近非常有影响。

但有趣的是，在如此尊敬孔子的同时，康有为一派同样也十分崇尚诸子百家。也就是说，自孔子以后不断提出中国古代各种新学说的诸子百家像孔子一样也得到尊敬。康有为等人主张孔子是中国的教主，但是继承了孔子之学的儒家，与属于其他学派的诸子是同等的，不能只尊儒家。这个说法很妙。近年来关于诸子学问的研究十分盛行，与此学派之主张的流行不无关系。

对老子、墨子的研究

对诸子百家学问的研究，尤以对老子、墨子的研究最为盛行。特别是墨子的学说与西洋的理学有相似之处，是以对墨学的研究更为兴盛，人们对墨子的尊敬几与孔子相等。随着这种思想日益激烈，革命党的最大学者章太炎表现出尊敬老子胜于尊敬孔子的倾向。若单从学术批判的角度上来评价，或许不是一件坏事。当时社会流传一种论调：孔子在道术上不及其末辈孟子、荀子，但孔子是拥有特别才能的人，堪称经世之才。这一论调的盛行，可以看出人们对孔子的尊崇观念日渐低落。不过这个章太炎并不是公羊学派。近年出现了反对公羊学派的学派，以古文学的《周礼》《左传》为中心。章太炎就是其中之一，他大肆宣扬《左传》，此人与众不同，在东京的中国留学生中拥有很高的威望和势力。他长期执笔的《民报》在中国留学生中很受欢迎。这极大地影响了最近的思想界，进而促使以孔子为中心的崇拜观念日渐淡薄。

中国近来的思想发生着从极端尊孔到不太尊孔的演变。与此同时，还有一种让人觉得不可思议的现象：极端尊敬孔子的公羊学派，其信仰逐渐脱离孔子。

对佛教的研究

此外，公羊学者之间相当盛行研究佛教。公羊学派中研究佛教最为有名的学者是龚定庵。此人沉溺于读《大藏经》，以天台宗为主，禅宗和华严宗均通晓，自身笃信佛教。他将佛教称为"大法"，尊为西方圣人之教。

魏源是龚定庵的友人，字默生，著有《圣武记》，是著名的历史学家。此人与龚定庵非常要好，是最有声望的公羊学家，晚年皈依佛教。金陵刻经处南京杨文会版的《净土四经》，将净土宗的三部经与华严宗的《普贤行愿品》合刻，魏源是校录者，以"菩萨戒弟子魏承贯"自称，为此书作了序文（《魏源集》中未收入此序文）。魏源也喜好老子，作有《老子本义》，与龚定庵一样皈依了佛教，十分向往净土宗。这里说说杨文会，其人号仁山，与日本南条博士有往来，在南京一生致力于出版佛教书籍。我于明治三十二年（1899 年）在南京访问杨文会，当时问他"所安如何"，仁山的回答是："信仰在净土，义理在华严。"杨文会的答复与魏源《净土四经》的精神宗旨是一致的，由此可知仁山佛教信仰的由来。此外，在《净土四经》的出版捐资者中，我们可以看到西洋数学大家李善兰、德清戴子高的名字，更是一件有趣的事情。德清的戴子高是非常杰出的学者，很早以前就去世了，他抄写过《龚定庵文集》，他的公羊学与同乡友人俞曲园的公羊学存在一定关系。俞曲园是近代经学大家，也对道教感兴趣，写下了《太上感应篇缵解》，对佛教也感兴趣，曾解释《金刚经》。结合这些前后关系可以看出，戴子高、俞曲园不仅是公羊学者，在佛教方面也深受龚、魏的感化，又将这种感化扩及其他公羊学者。由此可见，公羊学派与佛教的关系，并非一时的、一两个人的特例，而是因缘相续形成的结果。（12 月 30 日补记）

这种倾向，特别是在与康有为同时代的人中最为明显，康有为自称研究华严多年。公羊学者之外，也盛行佛教研究，我认识的、时下一流的历史学家沈曾植即如此，早逝的文廷式、活着的曾佑都是对唯识宗颇有研究之人。除了唯识，禅宗也很盛行。章太炎便既研究禅宗又研究唯识宗。章太炎认为中国国民懦弱，应当强化对禅宗的研究，与在日本将禅宗研究当作养成人胆量的手段是一样的。总的来说，佛教思想在中国学者中兴起，影响学者颇深，人们将孔子当作伟人来尊敬，但将孔子视为信仰目标的思想在逐渐淡薄。

因此，去国外留学的年少气锐的青年，一旦接触了国外的新思想，就容易无视中国的历史和思想而企图实行共和政治。儒教向来最重五伦，其中父子、君臣是非常重要的条目。而实行共和政体，就意味着儒教中的君臣一项完全没有了，这是对伦理的重大破坏。如此无视社会秩序，就不只是政治上的革命，自然也要进行伦理上的革命。这绝不是一朝一夕所致，而是近世思想变化造成的必然结果。在遭遇动乱之时，会产生各种异于常规、畸形的思想，这在中国历史上是常有的事，如太平军便是因信仰基督教而起的畸形存在，但这类事物不能长久存续。

妇女地位的突飞猛进也是一例，从中国过去的教化来看，这是不可能出现的现象，现在却时常发生这类反常之事。明朝末年有一个叫秦良玉的妇女参加了战争，太平军中也有女兵。中国人的教义与实际不大一致，实际上，他们相当惧内。中国妇女的地位实际上是比较高的，因此"惧内""畏内"成了通行语。但若从中国的传统文化对女性的规范来看，妇女是不应该活跃在社会上的。通常而言，妇女活跃的时期一般都是社会秩序紊乱之时，也是思想变化之时，这种变化是七八十年来各种情况累积的结果。如今革命思想盛行，实行共和政治，传统的五伦纲常被打破，社会秩序也陷于紊乱，主要是因为最近人们接受的教育中，革命思想在不断扩大。

如上所言，外来刺激引发的种族观念和国人内部思想上产生变化，这两个原因促使国人对朝廷的尊敬丧失殆尽，遇到合适的机会就可能爆发。像今天这样，革命一经爆发，便不可收拾，也不是令人吃惊的事情。然而，我们不清楚这种思想是否能打破依照孔子教义而形成的社会秩序，是否能永久地存在，是否能永久地在国人之中保持长盛不衰之势。或许遇到什么时机，又会出现对今天的革命思想的反动。我甚至可以举出这样的事例，但太费时间，就此略去。简言之，尽管尚无从知晓目前的思想状况是否能永久地支配中国，但现下的情况，可以说是清朝幼年皇帝与生俱来的厄运。总而言之，从思想上来说，因为丧失了对清朝的尊敬，官兵在如今的事变中纷纷逃亡。而在太平天国之乱时，还有许多地方官都赴死坚守城池，临阵脱逃的地方官会遭受严惩，而如今连惩罚都做不到了。所以说，一旦革命兴起，朝廷会不可避免地陷入摇摇欲坠的境地。

第三章（下）
结　论

迄今为止，我所谈论的都是清朝的过去和现在。接下来会稍微触及将来。常有人以目前清朝的局势来问我中国的走向，这是一个相当复杂的问题，也不是一两句话能够说明白的。这里只参照过去的情况，对中国的未来进行一个大概的判断。

在此之前的讲演，我只是陈述客观事实，基本不太带有个人态度。下面的讲话也许会混杂一点我个人的态度。希望大家注意。

关于中国的将来，即使只是问中国的明天是怎样的，也不容易回答。对于中国的未来，一般人也在进行各种各样的观察。专家们则通过自身的相关工作，基于事实来做评论。接下来，我将从这一角度进行评价。

自动乱发生以来，清朝朝廷的命运时刻都在倾覆之中，连发诏敕，最近又在太庙中宣誓宪法十九条。说不清究竟时运好还是不好，宣誓的第二天，被革命军攻陷的汉阳得以收复了。根据宣誓的宪法十九条，中国将从一极端专制的国家一下转变为极端民主的国家，君主权力将不复存在。而且，外交权、军事权等也不属于君主，这是十分极端的宪法。紧接着摄政王辞职。大抵而言，清朝廷的前路基本上已经可以预料。那么，对于这次事变，日本方面、世界方面又有怎样的议论呢？据说，近期出现了一些诸如尝试仲裁、尝试调停的说法。

仲裁讲和论

目前有一种说法是：到底去哪里尝试仲裁？或者确如报纸所言，当前是讲和的好时机。但是，究竟是谁和谁讲和不得而知。社会上一些人认为最上策是讲和。对此观点，我持反对看法。就像前面说的那样，目前并不明确究竟谁与谁讲和及向谁作仲裁的问题。现在清朝朝廷宣誓宪法，根据宪法可以知道，朝廷并不具有高于民众的权力。再加上作为目前皇帝父亲的摄政王也辞职了，只剩下一个五六岁的小孩做天子，难不成让这个孩子与革命党讲和吗？这样的讲和真的能够成立吗？即便这个五六岁的皇帝具备讲和的能力，且有英明的皇太后的辅佐，但根据宪法，皇帝已经不具有任何权力了，还有讲和的权力吗？倘若皇帝还有权力去讲和，那讲和也无妨；倘若皇帝没有权力去讲和，那讲和的双方究竟是谁呢？

袁世凯

这样考虑的话，革命党的讲和对象一定是当下北京朝廷得势的袁世凯。也就是说，是袁世凯与革命党首领讲和。而革命党和袁世凯之间只能由列强，即日本、英或美进行仲裁。清朝朝廷形式上是否还在不得而知，但就实际而言，已经形同虚设。尚在北方孤军坚守的袁世凯与南方的革命党之间势必讲和，因此，列强要在讲和中起一定的作用。但列强能起到什么作用呢？倘若满洲朝廷还有价值而得以保留，且它的君主具备与列强之君主同等的实权和地位，作为一国权力中心的主权者而存在，那么与这样的君主谈判，而列强进行仲裁，依旧存在很多问题。更何况是不知是否掌握实权，不知是否能在满洲朝廷做主的袁世凯与革命党谈判，这样的仲裁具备怎样的效力呢？可以说，日、英、美诸国若真要为此谈判作仲裁，基本可以说是异想天开。令人惊讶的是堂堂大国却不明白这当中的道理，从近日报纸的内容来看，似乎正朝着这个趋势发展。

南北分立论

仲裁之外，还有一想法，即把中国一分为二，以南北二国的形式来维持当前局面。这应该也不会有结果。从报纸来看，日本政府也主张这种方针，受政府之命前往北京的人便带着这样的意图。此事是否属实尚不能肯定，但如果日本当局确是这样观察时局的话，又是无异于异想天开。但我想日本内阁不致如此。

南北分立论听起来比前面的仲裁说有道理，但在中国实行南北分立果真能够成立吗？中国南有长江，北有黄河，河流所经之处一边是南方，一边是北方。南北分立，是从两条河流之间正中的位置划出一条线以分南北吗？从地图上看，画一条线没什么不妥的地方，但国家的分合不能如此轻率地在地图上划线就算。这是无视中国历史的说法，是对中国近世历史全无知识的人的言论。我在别的地方也曾详细讲过此事，在这里只简单论说。

北方是指直隶、山东、山西、陕西、甘肃、新疆、东北三省及蒙古等地。南方是指江苏、安徽、江西、湖北、湖南、四川、浙江、福建、广东、广西、贵州、云南等地。乍看之下，把它们一分为二、各自独立似乎是容易的事。但实际上非常困难。困难在哪里呢？我们都知道蒙古曾是横亘亚欧的非常大的国家，如此大国，其最终灭亡的重要原因就是南部各省的叛乱。浙江沿海有方国珍为首的海贼——我这里所说的地名均改用了今天的名称——其势力逐渐扩大。张士诚在江苏起义，从湖北到江西、安徽有陈友谅起义，明玉珍在四川起义。此时，明太祖从安徽东部兴起，将南京作为根据地，开始对强敌陈友谅发起攻势，随即攻打张士诚，接下来进攻福建、广东，平定了南方，然后再征伐北方，灭了元朝。此时的元朝并非没有兵力。在山西有王保保统领大军，山东、河南等地有皇太子亲率的军队，在陕西也有军队。总之，元朝的军队支配着北方一带。即便如此，当明军从南方一路向北行进时，很快便占领了山东，又将河南拿下，接着攻陷北京，山西、陕西的军队不攻自破，全部被赶出中原地区。元朝迅速灭亡的原因在于此前南方的叛乱使元朝朝廷的财力非常衰弱。那么为什么会财力衰弱，陷入财政困境呢？很久以前，从唐代开始，直隶即今天的北京附近就依靠南方运来的粮食。虽然都城设置在这里，但此处的资源并不足以维持中央政府的运转，这就需要每年从南方运来大米和金钱。元朝时，大米同样需要从南方运来，每年江苏向北京运送多达三百三四十万石左右的大米。而日本一年的用量只有这个数目的一半。此外，湖北、湖南也通过运河向北方运送大米。这种情况虽始于元代，但直到明清时期依旧延续着。明代以来，即使海运暂时停止，把江南的大米运送到北方以维持北方政府的做法也没有改变过。然而，从元朝末期江南等地全部叛乱，拒绝向朝廷纳粮，元朝曾试图用官职笼络他们使之继续纳粮，但他们只接受了官职。像张士诚从头到尾只给朝廷送了一次十万石的粮。如此持续了二十年，元朝遂陷入困境。是以明太祖平定南方后，乘势北伐，最终消灭了元朝。这是元朝的情况。读中国历史的人，因为看到中国总是由于来自北方的侵略而亡国，总觉得北方强大。实际上，如果深入中国内部进行观察，如前所述，南方的收入关系重大。因此，在我看来，当下若真正实行南北分立的话，北方能否与南方对抗还是一个疑问。

但是，一般人对于这件事情的看法是很不相同的。最近我看到有一位某大政党的政治家兼文学家在杂志上发表文章提出"中国南方能否对抗北方"的疑问。我们思考的是北方是否具备对抗南方的能力，他却对南方是否有能力对抗北方持有疑问。之所以这样，当然是因为政治家的研究方法，与我们这些学者的研究方法不一样。

形势的不利

根据现下的形势，虽然汉阳被官军收复了，但武昌还在革命军手中。南京也落入革命军之手。江西一带正往湖北派送援兵，如此一来，湖北与江南之间就有了联系，在不久的将来南方就会形成一个整体。比起元朝末期，如今朝廷处在更为恶劣的境地。目前山东等地势态不明，元朝末期山东等地尚有王信率义兵守卫，如今的山东是独立还是取消独立还未可知。山西也出现叛军，不受北京朝廷的管辖，且山西省的商人以太原府为中心，掌握着北方的钱庄即银行的全权。其他地方也兴起了革命军：陕西不再听命于朝廷，蒙古也已经独立。还能执行朝廷命令的只剩下直隶省和袁世凯的故乡河南省。直隶省的中心、接近北京朝廷的天津，其地方议会谘议局正在强烈反对北京朝廷向外国借款用于征讨，此为朝廷同盟军中的反对力量。当下北京的形势大抵如此，较之元末还要差得多。

要克服这个难关，必须向外国借债。朝廷为之费了很多力气，但看不到效果。实际上，从如今清朝的形势来看，没有一个人敢像发酒疯一样借钱给它。借不到外国的资金，江南输送的物资也被断绝，单靠直隶省和河南省的财力想要讨伐南方各省的革命军无异于天方夜谭。即便取用内币，能起到的作用也十分有限。若各国保持沉默而袖手旁观，放任事态肆意发展，结局便会非常明确。

如果外国不干涉，即使北方九省听命于北京朝廷，也很难与南方抗衡。这是经济上的原因决定的。明治二十六年（1893 年）前后，詹姆森对南北各省承担的国家份额进行了调查，调查结果显示，南方各省承担的份额较之北方各省多得多，总额八千九百万两之中南方多负担了两千万两左右。这是从财政方面来说。从贸易额方面来看，南北双方也存在巨大差距，南方的贸易额远远超过北方的贸易额。北方各省的贸易中心天津的贸易额是六千万两或七千万两时，南方的中心上海，其贸易额已达两亿六七千万两之巨。换言之，从经济实力来看，南方是北方的四倍或五倍。若外国不干涉南北双方的任意一方，而把中国分成南北两半，南北对战，可以预见，北方的财力不足以与南方抗衡。现在朝廷能收回汉阳，也是因为北方形式上还有中央政府的存在，中央政府多少还具备一些信用，得以从外国秘密地购入武器。假如外国丝毫不进行干涉的话，北方到底是无力与南方对抗的。

所以，如果发生与外国无关的内战，或者形成了独立的两个国家，大概维持不了五年、十年。倘若两个国家长期延续下去，想必北方的国家情况会特别糟糕，而南方的国家情况会好很多，南方依靠自身财富逐渐发展，北方则日益疲惫，最终沦落为今天的波斯。袁世凯再没眼光也不会接受这样的国家。因此，现在提议要实行南北分立的人，可以说完全不懂中国的情况。

总之，中国应该是统一的国家。不管是清朝复兴，还是袁世凯依靠骗局获得中国的统一，或是革命党组建共和政府实现统一，无论如何是归于一统的。即便外国干涉，迫使中国一分为二，北方也无人接手。即使委任于日本，日本政府最好拒绝。如果日本政府曾考虑过这件事，那必定是费力不讨好的空想而已。本人绝对不是革命党的间谍，我在这里称赞革命党，即使通过无线电传到中国去，也不会助其收复汉阳。而且，我也不认为我的看法会让北京朝廷蒙尘。这只是一个学者的结论而已。

中国后续的势态会如何发展呢？

将　来

基于上述事实，可以预想其结果会如何发展，但中国的事情往往不会这样迅速发展，因此我急于说些什么也没什么用。想要更进一步去揣测中国的将来比较困难，也无益处。总而言之，革命党会取得胜利，革命主义和革命思想的成功是无疑的。

现在很多日本人担心，日本的邻国中将出现一个大的共和国，担心其革命思想会影响到日本国民。当然，对任何事情提前担心是好的，但不必过于担心。即使中国实行君主立宪制，也与日本不同。即便想要效仿日本明治维新，在中国也是行不通的。况且，干涉他国内政，左右他国政体的选择，我不清楚在欧洲遥远的神圣同盟时代情况如何，但在今天是行不通的。我认为保持沉默，作为旁观者就好，不需要过于担心。因为大势不可逆，一两场战争的胜败也不会对大局造成什么重大影响，这是中国特有的情况。始终都是胜方却最后灭亡，这样的例子是有的。比如说，项羽没有打过败仗，逐步走向强大的同时却迎来了灭亡。元末同样如此，讨伐南方叛乱的元朝大将从未打过败仗，最后元朝也灭亡了。所以今天中国的状态，是大势推移，自然形成的结果，现下官军胜利，革命军失败，但大局不会改变。革命主义和革命思想取得胜利是可以确定的。这是近几百年来的大趋势，如今已经到了必须发生改变的时刻。此时列国应该停止仲裁或干涉，首先应该静观其大势的走向。这是我作为学者经过思考得出的结论。我的演讲到这里结束了。

附录（一） 清朝创业时期的财政
（中国财政通考之片段）

　　探讨东方形势和研究中国历史的人最容易忽略，却又最难理清头绪的，是中国经济的沿革。司马迁的慧眼是，在《平准书》外另立《货殖列传》，借以展示物货集散、商旅贸易的形势。然而，后世的愚昧之人却讥讽司马迁以贫贱谈仁义，认为其不近于道，无人知其着意之妙。司马迁之后的修史者班固，也未能明白《货殖列传》的遗意，单单记录素封家之事。因此除了从散见于历代正史中的《食货志》或《九通》等得其零碎片段以外，已经找不到可以作为依据的完整的书籍。中国理财的思想与实绩非常发达，从数千年前便开始影响与之有关的西域及海外，这样的大国之民，对于经济上的沿革，每每有望洋迷津之叹。中国已然习惯了各种革命动乱，财政史料与历代掌故、王者命数一起消失，无从再加搜罗，只能以疏泛的《食货志》《九通》为基础，对历代地志、诸家杂录爬梳剔抉，旁引曲证。只有现在清朝的掌故还能检阅，虽然暂时无法明确其经济社会整体的状况，但其政府财政梗概，大抵可知。遗憾的是，这些问题往往被我们这些学者忽视，得以在日本流传的彼邦掌故之书可以说绝无仅有地少见。此前学者们研究中国历史，完全未将世运升降之大关系纳入思考的范围，现在的东方论者在论及此问题时，不免有悬空立言的地方。

　　本人自不量力，有志于此研究，如今姑且不论前代邈远之事，只说考察清代的财政对追寻近世史原委和对东方问题的解决都十分紧要。为了理清头绪已经颇费力气，事情本身已经很困难，加之我自身藏书不足，又不足以副其企望，十分苦恼自己未能得其要领。关于日清战争之前的国用，英人詹姆森著有《中国度支考》，刑部主事李希圣著有《光绪会计录》，德国亦有论述，但它们在细目上存在各种分歧，难以辨别孰可信据。这些著述的大纲，倒是可以归纳大略之处，然而总不免各种纷争。道光、咸丰之后，经过发捻回匪之乱，相较于承平时代，清朝财政已发生重大改变，如今越加紊乱。而欲了解清朝财政原委的人，一定要先熟知清朝创业的顺治、康熙之缔造艰难之状及守成的雍正、乾隆之丰亨盛大之运，然后便能看出清朝日渐式微。魏源便生在这个由盛转衰的时期，目睹了国家在民力、物力方面的变迁，颇为感慨，因此著有《圣武记》，魏源三度提及国家财政丰歉、国运升降的原因，却始终语焉不详，因此，仅仅依据此书是不足以证明国家财政丰歉与国运升降的实际情形。王庆云所著《熙朝纪政》可以与之相互参照，但是其篇目分类，便于一部之考索，不方便总揽大体。因此，上自明史，下至清朝的各种撰述，全部细细翻阅，对其原委进行考察，打算编写清朝盛时财政考，从创业时代开始着笔，来写这一篇。顺治以前，清朝的疆域没有超出中国东北范围，与清朝两百余年的财政关系不大，因此最好作为别录，似不必在此论列，这一篇主要论述清朝入关以后的财政。

顺治元年（1644年），燕都空虚，闯贼乘机夺城，正处于明朝覆灭后四海动乱之际，此时没有什么财政可言。同年五月摄政睿亲王率先进入北京，规定北京城内房屋被圈的官民，可免除三年赋税；提供房屋与满人同居者，免除一年赋税；军队所经之处，凡有田地受损者，免除当年一半的田赋；河北各府州县免除三分之一的赋税。此举属于一时权宜之计，不会对财政造成永久的影响。而三饷的免除，则与财政有重大关系，现在说到清朝的财政，有必要先述及明代财政的梗概。

我们可以将明朝万历年间比作"大御所时代"①，这一时期，官民田产合计多达七百零一万三千余顷，夏税可以收米麦共计四百六十万五千余石，

---

① 即文化文政时代，日本历史上以城市文化繁荣为特征的一个时代（1804—1829）。18世纪末期，德川幕府曾经颁布严格的改革法和节约法。但第11代将军德川家齐上台后，挥霍浪费一时成风。商人们寻欢作乐，文士们舞文弄墨，城市文化极为繁荣。幕府和各藩经济日益困窘，灾荒和农民起义时有发生。——编者

收上来的米麦，一百九十万三千余石运往都城北京，剩余的存于各行省，钞（纸币）五万七千九百余锭（此存官府所用之空名，在外毫无信用，弘治、正德年间已未实际流通），绢二十万六千余匹，秋粮米共计两千二百零三万三千余石，其中运往都城北京一千三百三十六万二千余石，剩余的全部留存，钞两万三千六百余锭，屯田六十三万五千余顷，花园仓基一千九百余所，征粮四百五十八万四千余石，将粮草换成银两，数额在八万五千余两，布五万匹，钞五万余贯，由各运司提举之大小引盐两百二十二万八千余引。以上均在《明史·食货志》中有记载，与同志记载的洪武（即初期）、弘治（即中期）两个时代的田税比较，并没有太大差异，因此，可以从中看出明朝一代财政的大部分情况。其余岁入数目为：

内承运库慈宁、慈庆、乾清三宫子粒银四万九千余两，金花银一百零一万二千余两，金二千两，广惠库河西务等七钞关钞二千九百二十八万余贯，钱五千九百七十七万余文（即内国关税，以下诸钞关同）

京卫屯钞五万六千余贯

天财库京城九门钞六十六万五千余贯，钱二百四十三万余文（京城门关税）

京通二仓并蓟密诸镇漕粮四百万石

京卫屯豆二万三千余石

太仓银库南北直隶、浙江、江西、山东、河南派剩麦米折银二十五万七千余两（折银即换为银两，下同）

丝绵税丝农桑绢折银九万余两

绵布苎布折银三万八千余两

百官禄米折银二万六千余两

马草折银三十五万三千余两

京五草场折银六万三千余两

各马房仓麦豆草折银二十余万两

户口盐钞折银四万六千余两

蓟密永昌易辽东六镇民运改解银八十五万三千余两

各盐运提举余盐盐课盐税银一百万三千余两

黄白蜡折银六万八千余两

霸大等马房子粒银二万三千余两

备边并新增地亩银四万五千余两

京卫屯牧地增银一万八千余两

崇文门商税牙税一万九千余两，钱一万八千余贯

张家湾商税二千余两，钱二千八百余贯

诸钞关折银二十二万三千余两

泰山香税二万余两

臧罚银十七万余两

商税鱼课富户历日民壮弓兵并屯折改折月粮银十四万四千余两

北直隶、山东、河南解各边镇麦米豆草盐钞折银八十四万二千余两（解即送达）

诸杂物条目烦琐，在此不具体记载。只对起运于都城北京和边镇的岁入进行计算，存余部分不计入。清朝的岁入大致依照万历年间的做法，我在这里不厌其烦地抄录《明史·食货志》中的记载也是这个原因，只不过清朝有所取舍罢了。

上面所述为明朝财政的基本状况。自中期正德、嘉靖年间以来，赋额屡增，即便正供已非其旧，财政紊乱已经初现端倪。这时候，除在北方诸府及广西、贵州增额以外，还以俺答入寇为由，加派银一百一十五万。万历八年（1580 年）张居正理政时，对天下的民田进行丈量，一时之间，民田增多达到三百万顷。这时候，张居正因大肆征收额外的税赋而与官吏产生纷争，因为改用小弓（缩小量尺）使田增多，或者将现田产课重税以充虚额，或一田征收双重赋税，或无田也课税，遂造成财政紊乱。到了万历末年，出兵辽东，加赋五百二十万两（每亩加九厘），称为"辽饷"。崇祯二年（1629 年），又因兵饷不足，在万历末年每亩加九厘的基础上，每亩再增三厘。崇祯十年，杨嗣昌又请求加增两百八十万，对比旧额的粮食，每亩加六合，一石折银八钱（一两为十钱），是为"剿饷"。尽管剿饷预计征收的时间是一年，但是，到了崇祯十二年，饷尽而贼未平，杨嗣昌再次请求在剿饷之外，增"练饷"七百三十万两，前后一共增收一千六百七十余万两，加上旧饷，将近两

千二百万之巨，称之"三饷"。睿亲王谕告军民，"惟此三饷，数倍正供"。又说"更有召买粮料，名为当官平市，实则计亩加征。初议准作正粮，既而不与销算，有时米价腾贵，每石四五两不等，部议止给五分之一"。此为明末最显著的恶政，睿亲王先下蠲免谕示，至世祖登基，更加坚定此意，对明朝其他岁入，多少予以免除，以此作为财政方针。而此时四方依旧处于动荡之中，到了顺治八九年，财政的征收额除一部分外，并无可明证的条目。顺治三年（1646 年）户部下谕："今特遣大学士冯铨前往尔部，与公英俄尔岱彻底察核，在京各衙门钱粮款项数目原额若干，现今作何收支销算；在外各直省钱粮，明季加派三项（所谓"三饷"），蠲免若干，现在田土民间实种若干，应实征、起解、存留若干。在内责成各该管衙门，在外责成抚按，严核详稽，拟订《赋役全书》，进朕亲览，颁行天下。"顺治八年（1651 年）六月，魏象枢上奏曰："国家钱粮，部臣（指户部）掌出，藩臣（指各直省布政使）掌入。入数不清，故出数不明。请自八年为始，各省布政使司于每岁终会计通省钱粮，分别款项，造册呈送该督抚按查核。恭缮黄册一卷，抚臣会题总数，随本进呈御览。仍造清册，咨送在京各该衙门互相查考，既可杜藩臣之欺隐，又可核部臣之参差。"根据上述论说，可以看出对岁入岁出的整理核算从此时已有雏形。张玉书虽认为出入不可相偿，而《实录》记载田地小荡畦亩地数、对银米豆麦草的征额，实际上是从这一年开始的。

康熙年间，张玉书（官大学士，谥文贞）所记，总括顺治一朝的财政始末，得其要领，曰：

> 从来创业之主，享有胜国之资，不烦征敛而国用滋富。汉之承秦，唐之承隋，明之承元，皆是道也。惟宋当五代纷争之后，海内衰耗，差逊汉唐，而左藏之库，积金如山，则犹有余蓄焉。前明之末，秕政厉民，始以军兴旁午，议而加辽饷，继以民贫盗起，复加剿饷，终以各边抽练，复加练饷，催科无艺，中外萧然。迄国家以仁义之师，入关靖寇，而中原赤子，业已析骸断骨于百战之余，其所谓内库之帑藏，又已尽罹贼劫，盖实遗我一空虚之国也。世祖章皇帝既定大业，衽席疲民，下诏首除三饷，如拯焚溺，继定《赋役全书》，一准前明万历中年旧额，税敛亦綦薄矣。独是多方未靖，虎旅四征，今年下两浙，明年定八闽，

又明年克楚蜀、克两粤，辇金输粟，相望于道。方顺治八九年间，岁入额赋一千四百八十五万九千有奇。而诸路兵饷，岁需一千三百余万，加以各项经费二百余万，计岁出至一千五百七十三万四千有奇，出浮于入者，凡八十七万五千有奇，至十三年以后，又增饷至二千万，嗣又增至二千四百万，时额赋所入，除存留款项外，仅一千九百六十万，饷额缺至四百万，而各项经费，犹不与焉。国用之匮乏，盖视前代以为独甚。而我先皇帝，爱民如子，必不忍为苟且目前之计，于额赋外，少加毫末。汰冗员，抑繁费，躬行俭约，为天下先。自亲政以来，在宥十年，未尝兴一不急之工，采一玩好之物，军需浩穰，悉取给于节省之余，而发帑金以赈凶荒，赐田租以苏疾困，数岁之中，诏书屡降，自古开创之主，宽仁恭俭，未有若斯之盛者也。

但顺治年间，财政有疑惑的地方是：入关初年，以何作为兵饷及其他经费。据顺治元年（1644年）九月睿亲王谕："将盛京帑银，取至百余万，后又挽运不绝。"顺治二年十月，朝鲜国遵照谕旨送来白米五万七百八十余石，因其腹地中国东北的积蓄，用来充当燕京附近驻屯的兵饷仍有不足，则取之于朝鲜。然而兴盛之时，大兵所经之处征粮免除一半，大兵未经之处而归顺朝廷的，征粮免除三分之一。根据上述情况，清朝在开创期间，尽管簿册未进行记录，但绝对不是完全不征收钱粮。又顺治元年九月，睿亲王在给城堡营卫军民的谕告中："尔等但备办粮草，齐送至军前，此外秋毫无犯。"由此可见，兵饷多来自新领土征发，除了其所说的三饷和拯焚溺者，不清楚是否将实惠给予人民。顺治七年，睿亲王在边外筑一城以为避暑地，为此加派九省钱粮两百五十四万两，在睿亲王死后，这一工程即停止，因担忧官吏和征税吏营私舞弊，是以下令按照原定数目征完，再按照数目于次年正额钱粮中扣除。至顺治八年，根据魏象枢所奏："有司派征钱粮，皆假手吏胥里役，或被蒙蔽，或通同作弊，朝廷虽有浩荡之恩，而小民未免剥削之苦。"以此事为基础推敲其他，比如，清人大力称赞顺治年间不加额赋的政策，但实际上百姓究竟得到多少实惠仍然是一个疑问，从当时发生的事情来看，这是理所当然的。总的来说，顺治年间，一切处于草创之时，是财政非常困难的时期，作为财政困难的补充手段，依顺治六年户部等衙门所奏："边疆未定，师旅频兴，一岁之入，不足供一岁之出"，开监生、吏典、承差等授纳之例，给内外僧道以度牒（至顺治八年，以琐屑非体，免此僧道度牒之项），准许折赎为徒杖等罪（换罚金也）。同年，江南巡抚士国宝因兵饷不足请旨增派，除此之外，均以裁汰冗官冗兵作为唯一的节省策略。十八年间，每年都记载有此等事件发生，此处不一一详述。凡需节俭经费者，都落实到细节，地方上甚至因担心钱粮靡废就连土特产的进贡都停止了。一方面，《赋役全书》已经编成，至顺治十四年重订，编定所谓的一代良法，而读康熙三年（1664年）之上谕，自顺治元年至十七年（1644—1660年）间，拖欠（指未纳额）银共两千七百万有余，米七百万石有余，药材十九万斤有余，绸绢布匹等项九万有余。到世祖一朝结束时，支出之数常超过收入，而顺治帝的遗诏发于其宾天之后，自陈己罪，有一项为："国用浩繁，兵饷不足，而金花钱粮，尽给宫中之费，未尝节省发施。及度支告匮，每令会议，诸王大臣未能别有奇策，祇议裁减俸禄，以赡军饷，厚己薄人，益上损下。"应将顺治帝的自责言辞，与张玉书等盛赞之言斟酌参照，推测当时的实情。直到世祖去世后，不得不将直隶各省的田赋，按照明末练饷之例，于顺治十八年这一年间，加派一分，征银五百万两，以充军需。

据《会典》记载，顺治十八年，全国田土五百四十九万三千五百七十六顷有余，赋银二千一百五十七万六千零六两有余，粮六百四十七万九千四百六十五石有余，每亩赋银约三分九厘，粮一升一合有余。与《东华录》记载相比较，《实录》的数额与之虽有差别，但也无法断定二者谁更为可信，大体而言不会有大的出入。对比万历年间，田亩的数量已减少两百余万顷，万历年间赋额以米麦计算，今者以银两计算，康熙四五年时，江浙二省白粮每石按例改折为二两，据此推算（当时民间米价每石不过七八钱，故推算为二两，对百姓已是重税），得出的数据仅一千万石有余，远远少于鼎盛时期。根据康熙帝所言，自清朝入关以来，对外廷军国的开支与明朝相似，而财政款项不够支配的原因，不难明了，绝不仅是顺治遗诏中自责的那些原因。

魏源说："康熙初年，三藩叛乱，云、贵、川、湖、闽、粤、陕、浙、江西各省变动，天下财赋复去三分之一。开捐例三载，仅入二百万，则其时海内之欹盅可知。今见于《方略》者，若裁节冗费，改折漕贡，量增盐课杂税，稽查隐漏田赋，核减军需报销，亦皆所裨无几。而其时领兵将帅，借夫马、舟船、器械、刍秣为名，需索苛派；甚者輂金置产，以至隔省购妾，无一不达上听，则又知其供给之浩穰。以今思之，竟不知当日庙堂如何经营，内外如何协济，始能戡大难，而造丕基也。"自顺治末年，南方各省的叛乱趋于戡定，罢诸种营造等，节省巨额费用。效仿明朝所加派之练饷，也于康熙元年（1662年）以后趋于停止。康熙二年朝廷免除顺治元年至十五年（1644—1658年）的民欠，康熙四年朝廷又免除顺治十八年（1661年）以前的民欠，到康熙九年，朝廷减免江南南昌七州县的浮粮十四万九千余石，米折银十九万五千余两等，这样不同程度的免除，每年都有。一方面，朝廷的财政整理亦渐就绪。康熙二年户部决议，准给事中吴国龙奏："直隶各省送京之各项钱粮，自顺治元年，总归户部，至七年复由各部寺分管催收，款目繁多，易滋奸弊，以康熙三年为始，一切杂项，俱称地丁钱粮，每年正月，除分拨兵饷之外，其余悉解户部，每省各造简明赋役册，送户部查核。至各部寺衙门应用钱粮，各于年前开具数目，次年由户部支付，仍于年终核报。"收解的制度，就这样定了下来。康熙十一年户部议时，准给事中赵之符上奏："顺治十六年，出征云南时，平西王（吴三桂）并经略巡抚等会议，因粮米不敷，以四斛作一石征收，今地方已定，此项加征米麦，应于康熙十二年为始除免。"如此一来，康熙十二年，即便已经有各项免除，此时的征银也已至两千五百万以上，米豆麦至六百余万，突然遭遇三藩叛乱，财政一时又陷入困境。三藩即平西王吴三桂、平南王尚之信、靖南王耿精忠。康熙十二年末，以吴三桂为首相继起兵造反，西南八九省沦为战场。据《东华录》记载，康熙十四年、十五年、十六年比以前的十二年、十三年，减少征银四百万左右，康熙十七年、十八年、十九年、二十年减少三百万左右，若把其他支绌包含在一起，可知魏源所言天下赋收减少三分之一并未夸大。其捐输助饷的缘由，可见康熙十六年宋德宜所奏，奏曰："频年发帑行师，度支不继，皇上俯允廷臣之请，开例捐输，实以酌便济时，天下万世共知为不得已。计开例三载，所入二百万有余。捐纳最多者，莫如知县，至五百余人……请敕部限期停止。"这便是不管采取何种细微的手段，都必须厉行节俭之原因。

三藩叛乱，势同韩彭俎醢，虽是不得已的事情，但起因也与财政问题有关。魏源《圣武记》写道："顺治十七年部臣奏，计云南省俸饷，岁九百余万，除召还满兵外，议裁绿营兵五分之二，而三桂谓，边疆未定，兵力难减。于是倡缅甸、水西各役以自固。加以闽、粤二藩，运饷岁需二千余万，近省挽输不给，一切仰诸江南；绌则连章入告，赢则不复请籍核，天下财赋半耗于三藩。"其势乃以三藩恭顺自守，不得已裁撤而使财政归于正常。因此三藩叛乱，使财政一时陷入巨大困境，其实以中央财政长远的规模来看，可杜绝尾大不掉之势。因为筹饷困难，所以更加要累积节俭之德。康熙年间，内廷费用节省，实在出人意料。据康熙帝所言，宫中之服用，"今以我朝各宫计之，尚不及当日妃嫔一宫之数"，三十六年间，尚不及当时一年所用。康熙二十九年（1690年），朝廷将明朝的宫殿楼亭门名并慈宁宫、宁寿宫、乾清宫及老媪数目宣示外廷。天子谕告，天旱，欲减宫人及所用器物，自来不曾有多余的，是以不能再减，因此让群臣查阅明宫中的用度情况。不久廷臣奏明："查故明宫内，每年用金花银九十六万四千四百余两，今悉已充。明光禄寺每年送内所用各项钱粮二十四万余两，今每年只用三万余两。每年木柴二千六百八十六万余斤，今只用七八万斤。每年用红螺等炭共一千二百八万余斤，今只百万余斤。各宫床帐、舆轿、花毯等项，每年共用银二万八千二百余两，今俱不用。又查故明宫、殿、楼、亭、门共七百八十六座，今不及前明十分之三。"至于各宫殿之基址墙垣，瓦用临清，木用楠木，今禁中修造，断不得已者，只用常瓦松木而已。除"慈宁宫、宁寿宫外，乾清宫嫔妃以下，使令老媪、洒扫宫女以上，合计一百三十四人，可谓至少"，"不独三代以下所无，虽三代以上亦未有如此者"。康熙三十九年九月，工部上奏销算杂项修理的钱粮时，帝曰："一月内杂项修理，即用银三四万两，殊觉浮多，明代宫中一日万金有余。今朕交内务府总管，凡一应所用之银，一月只六七百两，并合一应赏赐之物，亦不过千金。从前光禄寺一年所用银两，亦甚浮多，朕节减大半。工部情弊甚多，自后凡有修理之处，将司官笔贴式俱奏请派出，每月支用之钱粮，分析细数，造册具奏，若三年内有塌坏者，着赔修。如此则工程坚固，钱粮亦不致妄费也。"康熙四十五年十月，谕户部："国家钱粮，理当节省，否则必至经费不敷。每年有正额蠲免，有河工费用，必能大加节省，方有裨益。前光禄寺一年用银一百万两，今止用十万两；工部一年用银二百万两，今止用银二三十万两。"和前朝相比，十可省九也，到康熙末年，更减至光禄寺年用四五万，工部十五万余。康熙四十九年又谕大学士等曰："万历以后，所用内监，曾有御前服役者，故朕知独详。明朝费用甚奢，兴作亦广，一日之费，可抵今一年之用。其宫中脂粉银四十万两，供用银数百万两。至世祖皇帝登极，始悉除之。紫禁城内砌地砖横竖七层，一切工作俱派民间。今则器用朴素，工役皆见钱雇觅。明季宫女至九千人，内监至十万人，饭食不能遍及，日有饿死者。今则宫中不过四五百人而已。明季宫中用马口柴、红螺炭以数千万斤计，俱取诸昌平等州县。今此柴仅天坛焚燎用之。"以上大致是内府用度的节省情况。

据《会典》记载，康熙二十四年，天下田土六百零七万八千四百三十顷有余，赋两千四百四十四万九千七百二十四两有余，粮四百三十三万一千一百三十一石有余，此与《东华录》所引《实录》的记载有差别。《实录》记载平定三藩之后，赋银便增长到两千六百余万两，米豆麦增至六百三十余万，此数据每年都在增加，到康熙五十年前后，赋银增至三千万左右。据康熙四十八年之谕："自此以前库贮不过二千万，至是户部之库银存贮五千余万两。时当承平，无军旅之费，又无土木工程，朕每年经费，极其节省，此存库银两，并无别用。去年蠲免钱粮，至八百余万两，而所存尚多。因思从前恐内帑不足，故将外省钱粮，尽收入户部，以今观之，未为尽善。天下财赋，止有此数，在内既赢，则在外必绌，若以部库一二千万，分贮各省库中，于地方似可济之。"这一年有旨，因打算将康熙五十年的全国钱粮，一概蠲免，是以召集诸臣合议。据大学士张鹏翮所奏，从康熙元年到现在，免除的钱粮，据查户部册籍记录，共万万两有余（即一亿两）。又如康熙四十四年大学士等所奏：康熙元年以来，免除钱粮之数九千万有余。由此可知，绝对不是随口所说的数据。不久又有谕曰，自康熙五十年开始，三年以内，天下钱粮通免一周，无论远近皆受其恩泽。这样一来，三年内所免除的全国地丁粮赋，新旧合计三千八百余万两（谕旨为三千二百余万两，这一数据是根据旧的民欠计算得出的）。按照惯例，最初稻谷不入蠲免，因台湾有谷无银，巡抚黄秉中请求一同免除。

　　会计检查的方法，也逐渐缜密，产生作用。康熙十七年，规定了对各省擅动钱粮的处分，只有在军事紧急之时，才能明记动支款项后动用，对于虚报军需者，视作贪官处理。康熙二十三年，由于督抚贪污库帑，廷臣受命详议条例以奏闻。从这以后，户、工二部咨取钱粮达二三十万两的人，可以只凭借咨文取得，无须奏明。到了康熙四十五年，才开始在月底之时将咨取的大小款项一一奏之。康熙四十八年，有谕："光禄寺岁用二十余万两，工部自四十五万至百万两，虽较前略省，然委官于未估计之先，领银备用，浮支肥己，弊实殊多，嗣后十五日一次，将委官姓名及支给银数上奏。又竣工销算，有迟至十年十二年者，稽延作弊，嗣后销算有逾一年者，即奏闻罢斥云。"康熙四十八年有谕："自是以后，光禄寺供应官中之用，每年银七十万两有余，渐次节省，今一年仅需七万两。理藩院每年赏赐供应外藩宾客，需银八十万两，今裁减浮费，一年止需八万两。户工两部，每年所用钱粮过多，今十日一次，使将用过数目，所需钱粮，已为极少云。"这一时期，清朝内外厘清财政非常之细致。即使在康熙五十年以后，在康熙五十二年，第二次免除全国整年的房地租税，兼除逋欠，这一年又免除山西、河南、陕西西安等府当年的田租。康熙五十四年又免除直隶省的田租，免除各省屯卫之带征银两百三十九万，四十九万漕项银减免一半。当时，太仓有余粮，因此皇帝下诏，用太仓陈粮四百三十余万石赏赐官兵。康熙五十七年，由于西边有战事，免除陕甘第二年地丁一百八十余万，频繁遭受军队肆虐的地方，减免之事屡屡有之，库存因此间告匮乏。但是，各省钱粮的亏空（即所谓的滥用而少于定额者）也是难以避免的。康熙五十九年时，制定了钱粮亏空条例，而从康熙六十年的谕来看，有平定三逆的时候，原任湖广布政使徐惺用支用的兵饷，这笔款项直到康熙四十余年，依旧未能补上。由此可知，当时的疏节阔目情况。雍正即位初年，不得已首先颁发财政上谕，可见实际上亏空的严查与胥吏的私吞并存。

　　乾隆四十六年（1781年），大学士阿桂上疏云："查康熙六十一年，部库所存八百余万两，雍正年间渐积至六千余万。"及至康熙四十八年，库贮仅五千余万，反而减少了这么多，颇为费解。但是，康熙四十八年在议论免收全国地丁钱粮时，户部尚书希福纳奏："每年天下地丁钱粮及盐课关税杂项钱粮内，除照常存留各省应用及解往别省协济之外，一年共起解银一千三百万两有余，京城俸饷等项，一年需用九百万两有余，每年所积不过一二百万两。"然而在康熙五十一二年时，免除一次地丁钱粮之数目已达到三千二百余万。当时临近省府需要支调财政，由户部发放。再加上康熙末年战事起，需要拨发库帑等，使得库贮数目减少很多。魏源曰："康熙六十载之休养，何以部帑只存八百余万，不及乾隆七分之一耶？曰：耗羡未归公一也，常例未捐输二也……盐课未足额三也，关税无盈余四也。是皆雍正十余载清厘整饬之功，故收效若是。"现将对此四项稍加说明。

火耗源自明朝，指的是在正额之外再加收的部分，在清初屡屡遭到禁止。顺治元年（1644 年）有令："官吏征收钱粮，私加火耗者，以赃论。"康熙四年，法律准许百姓控告官吏额外科敛。康熙十七年时，规定上司不得隐瞒克取火耗者。然而并不能实际禁止，因此暗加限制。康熙四十八年，圣祖谕河南巡抚鹿祐曰，所谓廉吏，并非分文不取，如果不拿丝毫，则无法维持平常日用及家人胥役。州县官们，只取一分火耗，不超过便称为好官，若一律严查，则属吏不胜参检。这一时期，各个省的耗羡，每两不超过一钱，只有湖南加收达到每两二三钱，圣祖挑选了廉洁耿介的赵申乔、陈瑸作为偏远地区的巡抚，让他们在自己掌管的地区力行禁止此种行为。康熙六十一年，听闻陕西财政亏空，总督年羹尧、巡抚喀什图奏："秦省之火耗，每两有加至二三钱、四五钱者，请酌留各官之用度，其余俱令捐出弥补。"圣祖不许。又说："私派之罪甚重，火耗一项，特以州县用度不敷，故于正项之外略加些微，原是私事，朕曾谕陈瑸云，加一火耗，似尚可宽容，陈瑸奏云，此是圣恩宽大，但不可说出许其加添。"这是由于官吏俸禄过低导致的（与此事关系密切，需要特别详论），假如朝廷以加收一分火耗表示绵薄之意，大官就会扬言要求数倍。尽管康熙时期始终不曾公开准许此种做法，雍正时期则将之收归国库，公开加征，以之作为官吏养廉或地方公费的补充。虽然《会典》事例没有记载火耗起存拨用的款目，无法知道总数，从差异来看，少的地方如浙江仁和、钱塘两县，每两增收四分火耗，多的地方如云南，多达每两二钱，据称直隶涿州、良乡、昌平、顺义、怀柔、通州、三河、蓟州没有征收火耗，实际应不下三四百万两。

常例的捐输，如捐监、捐封、捐级等，每年数额在三百万两左右。康熙时期平定三藩之乱，以及康熙三十年大举征伐噶尔丹时的开捐，据户部奏书记载，输运粮草者，作贡监，及记录加级、复级、封赠、准与捐免保举各例，称之为"常例未捐输者"。至乾隆、嘉庆时期才确定常例的捐输。

顺治初年，盐课数额五十六万两有余，尽管各省逐渐归入清朝版图，合起来也不过两百余万。到康熙末年，这一数据也不过三百七十余万两，到了乾隆时期，数据增加到五百七十余万，实际增加了两三百万。

所有关税中，户部掌管二十四关，工部掌管六关，这些关的盈余定额在四百余万两。但是，康熙年间，关差由专员任职，私吞现象严重，不但无盈余，反而入不敷出。雍正时加以清理，于是报有盈余者前后相继，不闻有缺额。乾隆年间，以雍正十三年（1735 年）的关税数据为基准，固定了关税盈余额度。

合计以上四类税目，其数目已增加到千余万两，这是康熙年间不曾有的，到了乾隆时期，这些税目收入全数收入国库，乾隆时期财政丰歉之差，其真正的原因在这里。圣祖康熙四十九年十月谕："朕自践祚已五十年，除水旱灾伤例应蠲免外，其直省钱粮次第通蠲，一年屡经举行，更有一年蠲及数省，一省连蠲数年，前后蠲除之数，据户部奏称，共计已逾万万。朕一无所顾惜。百姓足，君孰与不足？朝廷恩泽不施及于百姓，将安施乎？朕每岁供御所需，概从俭约，各项奏销浮冒，亦渐次清厘。外无师旅饷馈之烦，内无工役兴作之费。因以历年节捐之储蓄，为频岁涣解之恩膏。朕之蠲免屡行，而无国计不足之虑，亦恃此经画之有素也。"由此可知，此为真实的言论。此篇是为清朝创业时代财政的概略，清朝守成时代的财政状况另说。

［明治三十三年（1900 年）七月一日发行《太阳》第六卷第九号］

附录（二） 清朝兴衰的关键

如今的清朝正是极度衰败之时，分崩离析几乎到了自身难保的地步。回顾清朝兴隆鼎盛之时，开拓元代以来未曾有的疆域，在北方与俄国争夺西伯利亚，能挫其锋芒；在西北征准噶尔而威震中亚；向西征服西藏，与廓尔喀议和；使得缅甸、安南等地入贡。回忆当年，未有不惊于古今变化之大者。今日探究清朝兴衰的关键，不失为一件趣事。因此，欲试加论述罗列，遂作此稿。

人们动不动便全然相信北强南弱的言论，甚至有人认为北方夷人征服汉人是自然之数。但此论说依据不足。在章潢的《图书编》中，只听说北方人惧怕南方人，没听说南方人惧怕北方人。计东的《筹南论》中，也认为吴楚之地盛产劲兵，可以用吴楚之地的劲兵经略西北。不用说太远的事情，就从明末时期明清交战的事迹来看，明军未必打不过清军。袁崇焕通晓边事，认为应当采取守势，找到挫败满洲骑射优势的方法，避开野战，坚守城池，用西洋大炮数次击退清军的进攻，太祖努尔哈赤为之苦恼，最终抑郁而崩。又有祖大弼在锦州以五百骑迎击清军，刀刃直逼太宗的马腹。祖大弼又率领一百二十名死士，夜袭白云山太宗的营帐，放火烧营，惊扰诸官。其骁勇者未尝不如清兵。因此，永平、滦州等关内四座城池，忽然间沦陷，又忽然间收复。至于关外四座城池，在吴三桂开城接纳清军之前，清军始终不能攻破。因不能攻破此四城，清军便屡屡从独石、喜峰等他口深入，导致直隶、山东的州县，遭到清军的践踏蹂躏。尽管燕京告急，恟恟惊扰，但太宗最终未能对明得志。

明亡的原因，在于其失政者多，被流贼所灭，并不是外寇。明朝时期，山海关内外设置了二总督，在昌平、保定又设二总督，千里之内共有四总督。在现在的直隶一省及山海关外未到牛庄范围内，又设置六巡抚（宁远、永平、顺天、密云、天津、保定）、八总兵（宁远、山海、中协、西协、昌平、通州、天津、保定）等，星罗棋布，权力分散，又让宦官太监进行监督，手握重兵加以牵制等，这些都是不合时宜的措施。像袁崇焕那样的英才，便因为反间计被抓入狱以至诛死。明朝的兵饷，从万历年间往后，每年征收辽饷六百六十万两，崇祯中期，又加收剿饷两百八十万两、练饷七百三十万两，合计数额高达一千六百七十万两，这些银两全数用于补充山海关以东的战费，因此，袁崇焕主张的"以辽人守辽土，以辽土养辽人"的长久之策也并未被采用。于是中原盗贼蜂起，而担任剿讨的将帅，以招抚为主，或放任而不穷追，于是祸事终于到了不可救药的地步。因此，明朝的灭亡，并非不能抵挡满洲的军队所致。

《盛京通志》中记载：萨尔浒之战，清军以五百兵力打败四十万明军。魏源辩称：明军分四路，实际不过二十万人，加上朝鲜、叶赫，则为二十四万人，每路六万人。清军在萨尔浒攻破的明朝军队，仅杜松一路。当时明朝安排两万人围界藩，四万人驻扎萨尔浒。太祖太宗安排六旗进攻萨尔浒。每旗兵力为七千五百人，因此，两军交战实际兵力为四万多对四万。太祖太宗派遣二旗兵支援界藩，双方兵力为一万五千对两万，杜松军溃败后，清军全数在尚间厓集结；马林军溃败后，清军全数在布达里冈集结。明朝仅有四千人留守都城，而八旗五万余人尽数前去，堪称倾国之师。战争并不是一日就结束，兵力也分多路，其用兵可为后世所鉴。绝不能以"五百人破四十万"这种虚妄之言，让人读史生疑。

乾隆四十三年（1778年），天子巡狩盛京时，上谕曰："山海关，京东天险。明代重兵守此以防我朝，而大军每从喜峰、居庸间道内袭，如入无人之境，然终有山海关控扼其间，则内外声势不接，即如其他口，而彼得挠我后路。故贝勒阿敏弃滦、永、遵、迁而归，太宗虽怒谴之，而自此遂不亲统大军入口，所克山东、直隶郡邑，则不守而去，皆由山海关阻隔之故。"上述事实足以证明，明朝的兴亡，不是由于北强南弱。并且后来吴三桂叛变时，清军皆畏缩不前，即便宗室、亲王、贝勒这些贵族，都有因此受罚的。这些也可以证明我所说的并不是虚妄之言。

世祖入关后，清朝采取以汉人平定汉人的手段经略南方。任命明朝降臣洪承畴经略五省；命孔有德治广西，尚可喜、耿仲明管辖广东，吴三桂统筹四川、云南。以上皆明朝降将，这些将领在平定地方时，兵力除了由汉军构成的绿旗兵外，还借助于地方招募的兵力。史可法的失利，是因为马士英与左良玉频繁内讧，导致人心涣散，不能固守南京。魏源曰："国朝兵事大者，有前三藩、后三藩。前三藩：明福王、唐王、桂王。后三藩：平西王吴三桂、平南王尚之信、靖南王耿精忠。语敌寇之名号，则前顺而后逆。语国家之兵力，则前甫新造，后乘全盛。语戡定之战功，则前若拉朽，后似摧山。事倍功半、劳佚相百者，何哉？势重则藩镇剧于殷顽，助少则守成劳于创业。"日本的德川氏并未因关原、大阪之役疲劳，却因岛原教民之乱而倾尽全力，这可以作为一个例子。清朝夺取明朝的天下时，起用归顺于清朝的明朝人，开垦明朝的土地，依靠明朝的粮饷，这样反而比较容易。到了康熙时期的三藩之乱，尽管只是小范围的叛乱，但是对朝政来说存在减少土地之收入，失去民心之祸患。且顺治八九年间（1651—1652 年），岁出超过岁入八十余万两，顺治十三年以后，尽管频繁增加粮饷，但岁出与岁入的差额仍然有四百万两之巨。因此财政亏空，到了康熙初年，财政依旧没有余裕。再加上三藩都是身经百战、刻意培养谋臣猛将、借积威威胁朝廷之人，而当时的清廷，没有一名将领可以抵挡吴三桂。就像赵翼所说，当时朝廷并不信任汉人，汉军中也多有与三藩想法相似之人，因此朝廷能够仰仗的只有宗室王公及满洲大臣，是以朝廷屡次催促这些人。但迟迟不进，朝廷问其老师糜饷之罪，无辞自解，犹仅下诏严饬，交由王公大臣议奏，责以后效，不骤然之间加以革斥，训之励之，最终到不得已而用之。那么试问一下，三藩之乱的平定，仰仗的真是满人的力量吗？答案是否定的。魏源读《平定三逆方略》，列举朝廷庙胜之策，其中一项是这样的："谕绿旗诸将等，从古汉人之叛乱，止用汉兵剿平，岂待满兵助战？"因此，一时之间，张勇、赵良栋、王进宝、孙思克在陕西奋战，蔡毓荣、徐治都、万正邑在楚奋战，杨捷、施琅、姚启圣、吴兴祚在闽奋战，李之芳在浙奋战，傅宏烈在粤奋战，群策群力，同仇敌忾，又任岳乐、傅喇塔于宗室，拔图海、穆占、硕岱于满洲，虽然一时之间宿将已尽，诸臣中没有能抵抗吴三桂之人，但终于也能够像击败蚩尤于涿鹿，消灭陈豨、英布一样的三藩于荆吴。因此清朝兴盛的原因，在善于任用汉人。研究清朝史时，这是必须注意的一点。

但是，清朝也并非完全不依靠满洲人。魏源曰："夫草昧之初，以一成一旅敌中原，必先树羽翼于同部。故得朝鲜人十，不若得蒙古人一；得蒙古人十，不若得满洲部落人一。族类同，则语言同，水土同，衣冠居处同，城郭土著射猎习俗同。故命文臣依国语制国书，不用蒙古、汉字；而蒙古、汉军各编旗籍，不入满洲八旗。所以齐风气，一心志，固基业，规模宏窈矣。"魏源引乾隆帝《御制实胜寺记》云："西师之役，命健锐云梯兵数千为先锋，凡行阵参伍弥缝之际，略觉鼓馁旗靡处，得健锐兵数十屹立其间，则整而复进。斩将搴旗，虽以索伦兵驰突一往，而知方守节，终不如我满洲世仆，其心定，其气盛。"魏源因附记曰："乾隆尚尔，国初可知；索伦尚不如，绿营可知。故草昧经营，北讨南征，日无暇给，皆禁旅与驻防迭供挞伐，而周召荣散出入行间。"于是将禁旅八旗、驻防八旗作为全军的中坚力量，大抵类于今天宪兵的地位。而让索伦的骁骑、绿营的汉兵在禁旅八旗和驻防八旗前面，不能不致死力，可以说是一个不多损伤其世仆而收全功的办法。在一军之中已然如此执行，进而将此法推广及于天下，以便将天下纳入自己的掌控之中。这可以算是爱新觉罗家的遗法，世世相承，终于兴隆。尽管如此，清朝原来居中国东北一隅之地，依然努力招徕汉人，以扩大自身规模。洪承畴、孔有德、尚之信、耿精忠几人均依靠归降清朝得以建功。而在清朝极盛时期，即乾隆时期，国家南征西伐时大为效力的多是满人，如福康安、阿桂、傅恒等，均立下大功，汉人之中几乎没有可以与之相提并论者。是以，乾隆时期大力发扬满洲国粹，出现颠倒是非、粉饰史事者颇多。这时候，以满洲人为中坚的法则得以确定。乾隆帝尤其依赖满洲世仆的言论，也为之不得不发。这就类似日本德川氏在关原、大阪两大战役中，尽力依靠丰臣氏的臣仆，以削弱丰臣氏的势力。等到天下太平之时，如掌握权力，确定武事等，则专门依靠三河①的旧臣。而在清

---

① 三河国又称"三州"，以境内有南川、丰川、矢作川三条河流纵向穿过而得名，同时也是日本古代的六十六国（州）之一。在今爱知县南部，战国时期曾为德川氏领地。——编者

朝建立国家的过程中，竟然没有类似关原之战这样，攻破强劲有力的敌人，且能决定是否得以一举夺得天下的战役，也就没有建立战功的机会。与德川氏相比，清朝的建国过程，更为弱势，而鼎盛时期得以粉饰太平者，大多是逐渐积威所导致。

此法带来了兴隆，同样也带来了衰颓。历代优待满洲臣仆的做法，导致其内部逐渐腐败崩坏。日本德川氏三代家光，处于极盛时期，已经开始接济麾下之穷乏。相较而言，清朝八旗的世禄制度比德川时代更刻薄，更加不合理。是以，清朝入关后不久，财政即告急也不足为奇。清朝八旗原本为山野骑射的夷人，在遵礼守纪方面无法与日本三河武士相比，他们多有侵害良民的不法行为。以下罗列诸事，足可见当时逐渐穷乏及法度紊乱的情况。

顺治五年（1648年），禁王府商人及旗员家人往外省贸易。初，禁东来之人，借卖参为名，扰害地方，犹许于南京、济宁、临清贸易，至是并禁止，止令在京市易，违者重罪。

顺治十年，赈八旗贫人。满、蒙二佐领，布六十匹、棉六百斤、米百石，汉军半之。旋每赈增至三百石（一佐领统率三百人）。顺治十二年，发内帑银赈八旗穷兵。顺治十四年同。

顺治十七年，内大臣伯索尼奏：商民捆载至京者，满洲大臣家人出城迎截强买，商人畏缩不前。又以诸大臣私占边外商人采木山场，请并禁之。

康熙三年（1664年），八旗庄田灾，赈米粟二百余万斛。康熙十年同。

康熙五年谕：内外奸棍，妄称显要名色，于各处贸易，霸占船只关津，着严拿送部。

康熙十八年，廷臣遵旨议定：包衣下人，王公大臣家人，领资本霸占关津生理，倚势欺人者，立斩。

康熙三十年，偿还八旗兵丁债务，以后许以官银借贷，特派大臣管理。至六十一年，犹有王公家人争买草炭、居积牟利之禁。王庆云曰：盖旗人不善谋生，又悍仆豪奴，衺民驵侩，导致纵暴以为利，故屡烦朝廷之禁约。

雍正五年，谕管理旗务王大臣曰："从来先帝轸念兵士战功，为其偿还债务，发帑金五百四十余万两，一家平均赐给数百两。然不闻置有何等产业，一二年间，荡然无余。其后先帝又赐六百五十余万两，亦如前次，立即用尽。朕即位以来，八旗兵丁每回赐给三十五六万，已有数次。不待数日，又悉妄用，此库银非百姓之膏脂乎？彼等将来若不改恶习，虽加以恩惠，终于无益。"乾隆元年（1736年），谕曰："朕因旗兵寒苦者多，借给库银营运，自应仰体朕心，撙节以为久远之计。乃闻领银到手，不知爱惜，而市肆将绸缎衣物增长价值，以巧取之。乃令各该管官晓谕。是年借给官俸兵饷一年，至次年又借给兵饷半年；而帑银未领，钱物之价已腾。以御史明德奏，复严行晓谕。"

此年又谕曰："八旗从前风俗，最为近古。迨承平日久，生齿日繁，渐及侈靡。如服官外省，奉差收税，即恣意花销，亏帑犯法，亲戚朋侪牵连困顿，而兵丁闲散，惟知鲜衣美食，荡费成风，旗人贫乏，率由于此。朕自即位以来，轸念伊等生计艰难，优恤备至，其亏空钱粮，令部奏免，入官坟茔地亩，已令归还。毕退之世职，亦查明请旨。无非欲令其各个家给人足，返朴还淳而已，惟不可频邀旷典。旗人等宜深思猛省，自为室家之谋。如冀朝廷格外之赏，以供挥霍，济其穷困，焉有是理乎？"

至于清的宗室，礼、郑、豫、睿、肃各位亲王及克勤郡王等，在创业之初，全都亲身穿着戎装，驰骋于各大战事之间，倾力拥护王室。像礼烈亲王，他身为长兄，因为没有太祖的遗训，让贤于太宗，拥戴太宗，此举颇为明人惊叹。再比如睿王，他在入关之时，成就了周公辅弼成王之功，甚至于可能他成就此功绩较之周公更为艰难。此后王族中也多出才艺之人，实为历朝所罕见（如怡贤、庄格两位亲王辅佐的功劳，成亲王的书法，礼亲王的学问，都是可以流传后世的）。再后来，宗室等日趋傲慢，最终成为王室祸患。比如现在，端郡王与无赖勾结，大发国难财。根据礼亲王《啸亭杂录》的记载，可知其冰冻三尺非一日之寒。《杂录》中曰：

> 近日宗室蕃衍，入仕者少，饱食终日，毫无所事。又食指繁多，每患贫窭，好为不法之事，累见于奏牍。盖宗室习俗倨傲，不惟汉士大夫不肯亲昵，即满洲亲戚，稍知贵重者，亦不肯甘为之下。惟市井小人，日加谄媚，奉为事主，宗室乐与之狎，一朝失足，遽难回步。每有淫佚干上之事，有司以其天潢，故为屈法，市井之良善者又多畏其威势，不

敢与抗，适足以长其凶焰，其俗日渐卑恶也。

康熙时，曾令亲王、郡王典兵，到了乾隆、嘉庆时期，宗胄已经无人专门从事征讨。据魏源所说：自嘉庆以后，造成财政岁入、岁出之差额的重大原因是增加了宗室的俸禄。顺治年初，跟随入关的宗室为两千余人；道光年间，宗室人数增至三万余，每年支给宗室的银两数百万计。如此众多的宗室人数，使得宗室成为恶棍的聚集地，其多有犯事，侵害良民，却不可彻查。所以，清朝的衰退，早在号称极盛的乾隆末年、嘉庆初年之川、湖、陕教匪暴乱中显示出来。

嘉庆四年（1799年），太上皇（乾隆帝）去世，天子命军机大臣传谕四川、湖北、陕西的将帅督抚："迩年皇考春秋日高，从事宽厚，即如贻误军事之永保，严交刑部治罪，仍旋邀宽宥。其实各路纵贼，何止永保一人，奏报粉饰，掩败为功，其在京谙达侍卫章京，无不营求赴军，其归自军中者，无不营置田产，顿成殷富，故将吏日以玩兵养寇为事。"同时诏谕中又写道："川楚之军需，三年时间，经费已超过七千万，前所未有之。"这些都是在内有和珅（乾隆末年专权的宰相，于嘉庆四年被诛），在外有福康安、和琳陋习累累，军中喝酒吃肉，寻欢作乐，时常用国帑填补其浮冒，却迟迟不给各路官兵乡勇发饷，使得他们腹内空空，无裤可穿，以牛皮裹足，在山谷中行走。早在毕沅在湖北时，这一弊端就已现端倪，而宜绵、英善在四川之时，这一弊端延续下来。也就是从这时候起，开始使用乡勇团练。使用乡勇团练的原因在于，襄阳之贼侵犯孝感时，只有随州命令居民村庄，事先挖好壕沟、垒好土山，进行严密防御，贼无计可施，孝感得以免于焚掠，于是谕各州县用此法，使乡勇团练与官军互为犄角。又诏：如果征调黑龙江的兵力，往返数千里，需要巨大的军需供给，并且士兵水土不服，又不熟悉贼情。算下来，征调一名黑龙江士兵，其花费可募数十乡勇，同时还能保卫身家，免于被掳的威胁，可以将此法作为剿匪的计策。然而这时候，双方对战之时，官兵让乡勇居于队伍之前，绿营兵在其后，满兵、吉林、索伦之兵又在其后。而贼营也让难民在队伍之前，以之对抗清军，真正的贼都在队伍后面观望，因此，战争多为乡勇与难民交锋，而兵、贼很少相遇。又因为乡勇伤亡无须上报朝廷，因此得以掩败为功，而京师禁旅凡有伤亡，必当具奏，远不是绿营兵那样，只咨报部即可。因此，京师禁旅通常不直面敌人，及至战争取胜，后队的弁兵，又开始以有功自居，那些在最前面冲锋陷阵的乡勇，反而没有功劳。因此，保奏时，皆满兵居多，绿营兵偶尔有一些，几乎很少见乡勇奏于朝廷。因此，满兵既可以驱使由汉人组成的绿营兵，受绿营驱使的乡勇也为满兵所用，让乡勇直面受匪贼胁迫的难民。至是诏：立下功劳的乡勇，一律保奏，阵亡者一律议恤，以期达到同仇敌忾的效果。此文末尾处，除列举刘清、罗思举、桂涵以外，并无几人得以记录功劳。就这么几个人，奏牍上也很少见到他们的事迹，魏源特此叙述，足以见满人骄盈、腐败成风。

日本德川幕府末期，屡屡禁止庶民习武。此举恰好反映出麾下士人的惰弱，滔滔禁令无法阻止庶民习武，即便麾下有所谓八万骑，依旧未能阻止江户幕府的终结。清朝也是如此。在寇乱大爆发时期，陕甘总督长麟上奏，陕甘地区团练密集，尽管在贼势日益紧迫之时，此举有益于当下，但对将来有极大危害。随着民势逐渐强悍，这些人要么聚众械斗，要么抗拒官差的抓捕，不可不防，基于此情形，奏请遏制此现象的措施。诏谕：虽然不能容许这种现象发展下去，针对得胜而归的乡勇，可采取由官方出价收购其枪矛的办法来遏制，此法可保一时无事。但是，清朝颓势愈显，以至于太平天国之乱发生时，无论满兵、绿营兵均不可抵挡，即便有勇将塔齐布作为满人的后盾，但最终得以平定太平天国之乱，楚勇、湘勇功不可没。朝廷除了要养定额兵以外，还要养楚、湘、皖诸勇用以自卫。至此，与征收厘金的办法相区别的是，此举使清朝的兵制财政发生了重大的变革，以满洲人为清朝之中坚力量的政策，至是成为废纸。简言之，使得清朝兴隆而优宠满人、驱使汉人的办法，其所产生的弊端，最终成此转旋之势。这一微妙的时机，实际上产生于乾隆、嘉庆之际。乾隆时期对满人的宠信达到巅峰程度，从嘉庆以后，徒受弊害而已，清朝国势的衰弱由此而来。这可以说是清朝兴衰的关键，需要格外留心。

这一结论仅从国势、兵力对王朝兴衰的影响出发，但一个朝代的兴衰，并不是仅仅只有兵力、国势的原因，与民力、物力的盛衰，府帑的丰歉也有关系，都是长期积累所致。本人曾论及清朝创业时代的财政情况，而后又将论清朝极盛时期与衰颓时期的财政，以期有始有终。将之与此篇进行对比参照，在阐明清朝兴衰的原委上，希望可以有更大的发现。

附云：吴三桂等三藩叛乱，其局面的浩大，自然是非日本岛原弹丸之地可比，其兵力的强度，也不是教民起义可比拟的。[1]但是，康熙帝在年方二十余岁，亲政时间尚短之时，又是以怎样的手段勘定大难，取得胜利的，需要一探究竟。本论所谈只举其最为重大者，摘要而论述。本论言及之外，亦有不可忽略的地方，故在下文中补充说明。

魏源云：这时候，多方起乱，气势旺盛，情形每一日都有变化。因此中原之地，全都屯驻重兵随时应援。楚地吃紧则调安庆之兵支援楚地，再调河南之兵填补安庆减少的兵力，又调兵屯河南以继之。蜀地紧急则调西安之兵援蜀，再从太原调兵填补西安减少的兵力，又调兵屯太原以继之。闽地紧急则调江宁、江西之兵支援闽浙，调兖州之兵支援江宁，又调兵屯兖州以继之，不让贼出湖南一步。各地虽有边乱，但江淮得以安定，能够转输财赋，以解军兴之急。而贼只能以一隅敌天下，既缺兵饷又缺钱财，重敛劳怨，遂至瓦解。且羽书不断，命令兵部在驿递之外，每隔四百里——各置笔帖式、拨什库，以加速邮传，诘奸宄，防诈伪。这样一来，九日即可到达甘肃之西五千余里之地；五日可到达荆州、西安；四日可到达浙江。每天的军报多达三四百疏，皇帝手批口谕，发号指示，洞的中窾，执行皇命者无一不战胜敌人，不执行皇命者，全都战败。用能数千里之外指麾臂使，八载一日之余健行默运，兵士众多却不惊扰百姓，军饷支出巨大，却不增加税赋，做到这一步，百里均震惊不已，能够不损失匕鬯，可以说古来聪明睿智，神武而不能者也。虽然当时的军队没有经过系统训练，自是不能与今日文明国家的军队

---

[1] 1637 年 12 月，九州西部岛原半岛（今属长崎县）和天草岛（今属熊本县）的农民（多信奉天主教）不堪封建剥削和宗教迫害，以天草四郎（益田时贞）为首发动武装起义；占据岛原城，并准备进攻长崎。幕府调集大军并求借荷兰军舰炮轰城垒。次年 4 月起义被镇压。随后幕府加紧迫害天主教徒，并颁布《锁国令》。——编者

相比，但当时军制的战略组织，足以与摩鲁特克①相提并论。其不依赖任何一个局部的骁勇锐利，全凭绵密的计划、快速的情报、齐备的补给，立于不败之地，而全部由一个人统率，即便是近世泰西名将，也未必能做到。据称荆州距京师三千三百八十里，西安距离京师两千六百五十里，却能在五日内抵达。浙江距离京师三千三百里，其情报在四日内即可送达，难道不是无电报时代最快速的情报网络吗？可以说，康熙帝的头脑为近世帝王中最伟大者之一，毫不夸张。吴三桂自恃其宿将老练，天子年少，也不敢急于进犯陕西、湖北，扩张势力至于中原，吴三桂的失策是康熙迅速成功的原因之一，而康熙帝的文明战略，扭转其弱势，转而成为最强有力的防剿法，除驱使汉人之外，此举无疑为庙堂之间稳操胜券的重要原因。

　　且顺治、康熙时期，军用开销大，而恩赐不重。魏源曰：朝廷对军功的赏赐，到乾隆年间开始日趋加重。清朝初期，斩将搴旗，殉难死绥之人，朝廷给予的恩赐也往往只是让其一子进入国子监读书。经略洪承畴虽收复五省，得胜而归，仅封世袭三等轻车都尉。赵良栋、王进宝在川陕力战，大破滇省逆贼，朝廷仅封子爵。乾隆四十年（1775 年）开始，一概改为世袭。主要因为天下太平已久，人们习惯了安逸，不这样做的话，没办法振奋军心，激励兵士。乾隆时期，征伐一律使用满洲世仆，不许以如此重赏，根本没办法期待他们立下军功。由此可见，乾隆帝依靠世仆的政策，并未取得多好的效果，这个时期清朝的腐败征兆已经难以掩盖了。这一论述可以与我的论述互相启发，因而又将之附记于此。

　　（本文所述均依据魏源《圣武记》、礼亲王《啸亭杂录》、赵翼《皇朝武功纪盛》、王庆云《熙朝纪政》及《皇朝开国之方略》等。并请参考王先谦的《东华录》《大清会典》《经世文编》，计东的《筹南论》，章潢的《图书编》等。）

　　　　　［明治三十四年（1901 年）三月五日发行，《太阳》第九卷第三号］

---

　　① 即马穆鲁克，中世纪埃及阿尤布王朝的奴隶骑兵，采取严密复杂的终身训练制度，战斗技能十分娴熟，是阿拉伯历史上一支精锐的军事力量，曾在抵抗十字军东征和蒙古入侵中发挥重要作用。——编者